2013
THE ALMANAC OF CHINA REAL ESTATE

中国房地产年鉴

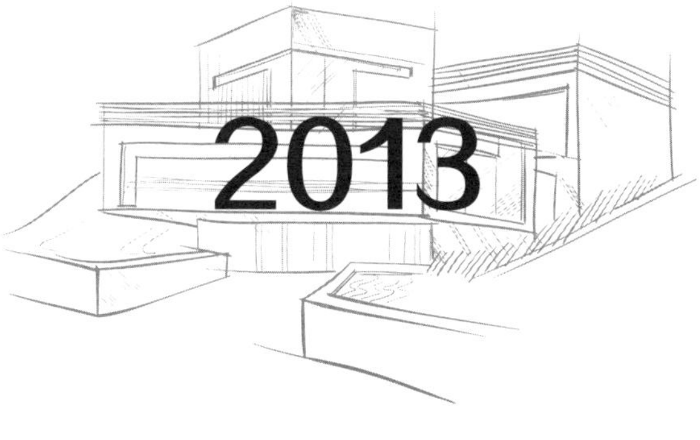

2013

编 著

中国房地产研究会
中国房地产业协会
克而瑞信息集团
北京中房研协技术服务有限公司

天津大学出版社
TIANJIN UNIVERSITY PRESS

图书在版编目（CIP）数据

2013中国房地产年鉴/中国房地产研究会等编著

天津：天津大学出版社，2013.5

ISBN：978-7-5618-4670-4

I. ①2… II. ①中… III. ①房地产业—中国—2013—年鉴 IV. ①F299.233-54

中国版本图书馆CIP数据核字（2013）第091118号

出版发行	天津大学出版社
出 版 人	杨欢
地　　址	天津市卫津路92号天津大学内（邮编：300072）
电　　话	发行部：022-27403647
网　　址	publish.tju.edu.cn
印　　刷	北京市媛明印刷厂
地　　址	北京市通州区张家湾镇太玉园内
经　　销	全国各地新华书店
开　　本	210mm*285mm
印　　张	51
字　　数	1298千
版　　次	2013年5月第1版
印　　次	2013年5月第1版
定　　价	498.00元

编委会

序言

2012年，房地产调控保持常态化运行，既不放松，又不加码，保持了政策的连续性和稳定性。在国家“稳中有进”宏观经济政策及相关货币政策等影响下，加上企业“以价换量”的策略，自住性需求不断保持释放，我国房地产市场从6月开始出现了回暖的迹象，之后市场不断向好发展。土地购置面积、房屋新开工面积在绝对值负增长的情况下降幅收窄，房地产开发投资、房屋施工、竣工面积增幅趋缓但仍保持一定增长，商品房销售面积和销售额稳定上升。房地产开发投资增速放缓符合国家经济转型发展的要求且与国家GDP增速放缓相一致。商品房销售面积和商品房销售金额创出了历史新高。

房地产市场的需求总体依然旺盛，但土地购置面积和房屋新开工面积同比下降也提醒我们，增加普通住房用地和普通商品房的有效供应，仍然是关系到房地产市场持续健康发展的重要问题。

房地产市场是发展不平衡的市场。开发投资、销售面积、销售价格等在不同地区（东中西部）之间，在不同城市（一、二线和三、四线城市）之间，在不同企业（大型品牌房地产企业和中小房地产企业）之间，差异性明显存在。

以新开工770多万套，基本建成590多万套保障性安居工程的业绩，超额完成了全年计划任务，但配套资金的落实、建筑质量和公开分配等问题仍应关注。

综上所述，2012年中国房地产市场总体上是平稳健康发展的。

为客观如实地反映2012年中国房地产的发展史，以便更好地为政府决策服务，为行业平稳健康发展服务，为会员单位提供市场信息等服务，中国房地产研究会、中国房地产业协会、克而瑞信息集团和北京中房研协技术服务有限公司在总结前两年编撰房地产年鉴经验的基础上，编撰了《2013中国房地产年鉴》。该年鉴包括政策、数据、市场、保障、企业、城市、金融和大事记等八个篇章，旨在为业内及相关机构和人士提供一个了解和把握中国房地产业发展脉搏的重要参考工具。需要说明的是，《2010中国房地产年鉴》和《2011中国房地产年鉴》反映的都是当年的情况，而《2013中国房地产年鉴》，反映的是2012年的情况。

年鉴内容涉及面广、专业性强，很多问题也处于探索之中，再加上《2013中国房地产年鉴》成书时间短和我们的水平有限，年鉴中的有些内容难免还存在一定的局限和不足。我们愿意听取广大读者的意见，恳请大家批评指正。

本年鉴在编写过程中，得到住房和城乡建设部有关领导、部办公厅、住房改革和发展司、住房保障司、房地产市场监管司、住房公积金监管司等有关领导的大力支持，在此一并表示感谢！

《2013中国房地产年鉴》编委会

2013年4月

2013中国房地产年鉴
THE ALMANAC OF CHINA REAL ESTATE
CONTENTS

目录

第一篇 政策篇

导读

2013中国房地产年鉴
THE ALMANAC OF CHINA REAL ESTATE
CONTENTS

目录

第二篇　数据篇

导读

第三篇　市场篇

导读

第四篇 城市篇

导读

2013中国房地产年鉴
THE ALMANAC OF CHINA REAL ESTATE
CONTENTS

目录

第五篇　企业篇

导读

第六篇　保障篇

导读

第七篇　金融篇

导读

第八篇　大事记

导读

卓越集团
Excellence Group
构筑价值的艺术
解读中国主流商务精英，创造城市标杆商务美学！
卓越集团 中国城市商务地标综合运营商
卓越集团扎根深圳，历经16载沉淀与开拓，
已发展成为领先城市商务的美学地产创造者，于深圳、上海、杭州、青岛等多个城市，
成功开发和运营多个地标性项目，通过使用定制式的品质标准和服务模式，
开创集区域影响力和品牌向心力于一身的可持续发展模式，
践行建筑与城市的未来时间价值，同时倡导文化关怀，履行社会型企业职责，
致力于成为首席中国城市商务地标综合运营商。
深圳
卓越·世纪中心
青岛
卓越·世纪中心
杭州
卓越时代广场
青岛
卓越大厦
上海
卓越·世纪中心
深圳
卓越时代广场
中国领先的综合地产运营商
为缘而卓越
www.excegroup.com
本广告内容仅供参考 不构成法律意义上的邀约 所有细节以政府最后批准之法律文件及双方签订的商品房屋买卖合同为准
卓越集团
Excellence Group
商务标杆
了解更多卓越 www.excegroup.com

InJOY
ZARA
ZARA

天津
泰州
南通
常州
扬州
太仓
上海
苏州
湖州
长兴
舟山
绍兴
重庆

上海建工房产

凝心聚力十五载，转型助力新跨越
诚信立业、用户为上、和谐发展、共同进步
上海建工房产有限公司始终坚持“市场为导向、用户是根本”的经营理念，宏扬建工品牌，建筑一流房产，创造更多价值。

SIG
上投房产
上海国际集团成员企业之一 A SIG Company
金融地产 引领生活新境界
FINANCIAL & REAL ESTATE
TO LEAD A NEW REALM OF LIFE
SIG
金融地产
上海市上投房地产有限公司成立于1991年8月，隶属于上海国际集团有限公司。公司坚持"市场化、专业
协同化"原则，探索构建"金融地产"商业模式，积极转型发展成为国内领先的房地产专业投资管理机构。

生活在河南
居住在建业

中原兴则天下兴，闪耀中国五千年文明史，河南接续历史气脉，以中原经济区建设之雄伟战略谋定崛起之势，酝酿无穷发展机遇。《建业人的长征》深刻地阐明了河南的未来：明日河南之于中国，必同于今日中国之于世界。

二十年来，建业致力于为中原父老提供无瑕疵的产品与一流的服务，以作品回馈众望，以大服务体系的逐步建构改变中原人居。2013年，建业以在河南18个地市20个县级城市的纵深布局，继续领跑中原地产。“建业”成为河南地产的代名词，亦成为深受河南人民信赖的房地产领导品牌。

沿着战略指引的方向，第三个十年，建业将进入河南100个县城；第四个十年，建业将进入500个镇。向下，再向下，让河南人民都住上好房子！

Hillsun®
喜地山集團
Build
「共建幸福美好人生」 a happy life
东方国际广场
ORIENTAL PLAZA
东方国际广场

YanGO 陽光城
深交所上市代码000671
有阳光 有梦想
WHERE YANGO IS, WHERE A DREAM IS
www.yango.com.cn

HAILIANG
海亮地产
品质创新 生活梦想
中国房地产企业50强
■海亮地产，海亮集团旗下品牌城市运营商，
自2003年进入房地产行业以来，
始终强调“居住改变生活，创造地产精品，服务社会大众”的开发理念。
■十年来，布局上海、苏州、杭州、重庆、合肥、南昌、银川、拉萨等十八座重要城市，开发楼盘50余个，
已逐步形成全国化战略格局，总资产超200亿元。
■无论是精品住宅、都市综合体，还是星级酒店、专业市场，海亮地产谨怀社会责任和精品意识，
用实力践行梦想，以品质承载经典，把每一个楼盘打造成建筑经典，
铸就恒久典藏的城市力作。
海亮地产控股集团
HAILIANG REAL ESTATE HOLDING GROUP
add/ 中国·上海 | tel/ 021-62091553 | www.hlland.com.cn
品质创新 生活梦想

雨润地产全国战略布局图

The Strategic Layout Map Of Yurun Real Estate In China

雨润地产 YURUN REAL ESTATE

城市综合体（雨润国际广场）

旅游地产

城市布局

传承雨润品质，构筑地产精品

十年成就，雨润地产战略布局全国

作为雨润控股集团旗下的地产业务主平台，雨润地产2002年始涉足房地产开发领域。十年来，始终坚持高质量、高效率、高品位的市场定位，现已成长为以开发高档住宅、城市综合体及旅游地产等高端产品线为主的大型房地产企业集团。

雨润地产现已开发了地标性城市景观豪宅“星雨华府”、新一代顶级城市综合体“雨润国际广场”等经典产品线；在旅游资源日益稀缺的大背景下，雨润地产在海南、千岛湖、黄山、九华山等国内炙手可热的旅游区开发多个项目，成为国内房地产开发行业中最具行业价值链整合能力的企业之一。

目前雨润地产战略布局全国，在近30个城市投资项目，在建项目20多个，计划从2012年到2015年新开工面积1800万平米，竣工面积达400万平米，总销售收入超过600亿元，成为业界认可的国内一流房地产开发企业。

雨润控股 YURUN HOLDINGS

雨润控股集团

中国企业500强，中国民企8强

雨润控股集团是一家集食品、农产品物流、现代商业、酒店管理、地产、金融和建设等七大产业同步发展的大型民营企业，创建于1993年。总部位于江苏南京，员工总数近11万人，下属子分公司300多家，遍布全国30多个省、直辖市和自治区，旗下拥有雨润食品（1068.HK）、南京中商（600280.SH）两家上市公司。

2012年，雨润销售收入首次突破千亿元。企业综合实力位列中国企业500强中第118位，中国制造业500强第46位，中国民营企业500强第8位，中国肉食品加工业第1位。

雨润控股集团总部实景图

雨润控股集团总部实景图

南京·星雨华府实景图

青岛·星雨华府实景图

雨润·棋子湾旅游度假区效果图

黄山翡翠谷高尔夫球场实景图

雨润·北海湾效果图

铜陵·星雨华府效果图

尊重城市 关爱人
厦门 · 上海 · 成都 · 长沙
福州 · 漳州 · 泉州 · 龙岩 · 建阳
建发房产
打造钻石人生
建发房产
打造钻石人生
www.cndrealty.com

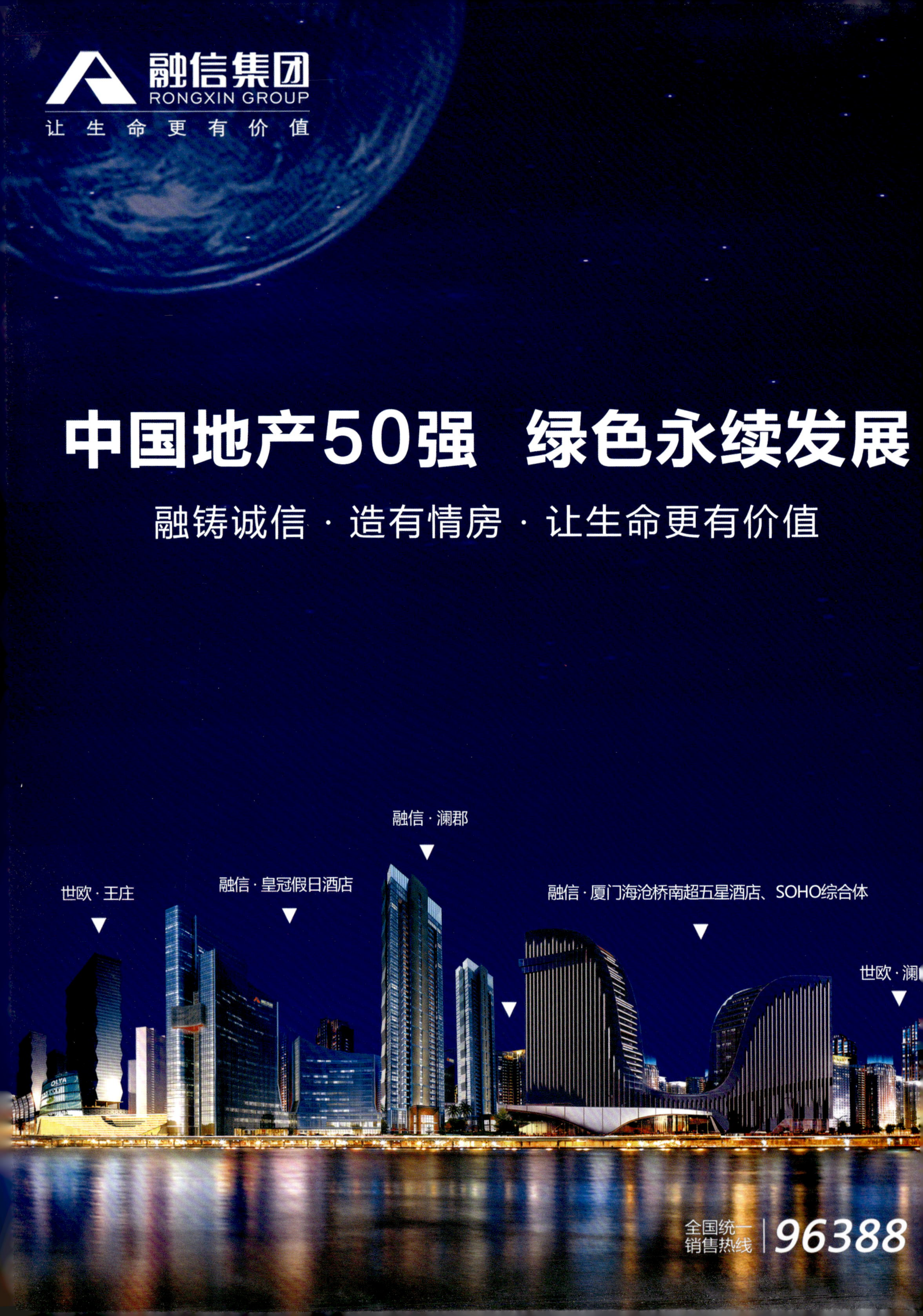
融信集团
RONGXIN GROUP
让 生 命 更 有 价 值
中国地产50强 绿色永续发展
融铸诚信 · 造有情房 · 让生命更有价值
融信 · 澜郡
世欧 · 王庄
融信 · 皇冠假日酒店
融信 · 厦门海沧桥南超五星酒店、SOHO综合体
世欧 · 澜
全国统一
销售热线
96388

新湖中宝
价值地产的倡导者
新湖·明珠城/沈阳
环渤海经济圈
新湖·青蓝国际
新湖·仙林金谷
沈阳市
新湖·北国之春
大连项目一级土地开发
新湖·商业项目
新湖·香格里拉
大连市
天津市
新湖·玫瑰园
泰安市
泰山·新湖绿园
新湖·香格里拉/天津
新湖·仙林翠谷/南京
新湖·长江长现代城/芜湖
新湖·明珠城/九江
新湖·景城/衢州
新湖国际/丽水
新湖·明珠城/苏州
新湖·明珠城/上海
新湖·香格里拉/杭州
长三角经济圈
新湖·翔宇花园
启东项目一级土地开发
新湖·山水华庭
新湖·仙林翠谷
新湖·明珠城
淮安市
蚌埠市
南京市
苏州市
启东市
上海市
新湖·长江长现代城
芜湖市
湖州市
嘉兴市
舟山市
杭州市
新湖·御景国际
新湖·维多利亚广场
黄山市
新湖·香格里拉
九江市
兰溪市
衢州市
新湖·柴桑春天
新湖·庐山国际
新湖·景城
丽水市
新湖国际
温州市
新湖·香格里拉
新湖·果岭
新湖·武林国际
新湖·明珠城
新湖·青蓝国际
新湖·华商大公馆
嘉兴·公园国际
桐乡新湖·香格里拉
新湖·绿都
绿城新湖·百合新城
新湖·风泽湖洲
新湖·瑞安外滩
新湖·绿都
平阳项目一级土地开发

网址：www.zjjiayuan.com.cn

富思特
FIRST
建筑涂料保温专家

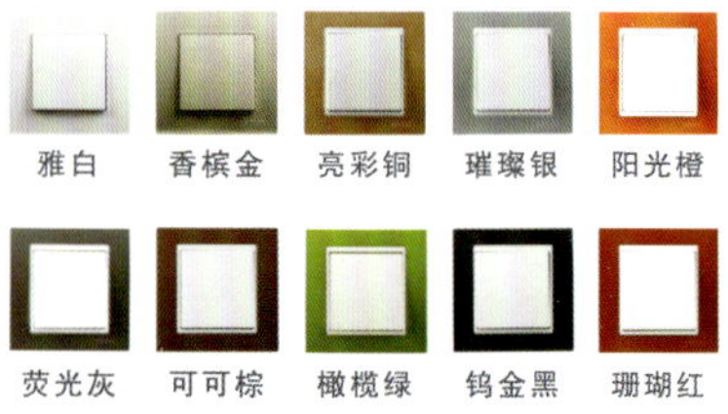

V5系列开关八大特性

- 十大色彩组合，随心选择
- 超大触点,16A超强电流承载能力,安全更有保障
- 金属芯轴,分断更快,开关使用更安全
- 45° 斜式接线,有效保护导线,用电更安全
- 小功能件,接线空间更大,安装更方便
- 插座整体载流件,无需铆接,更安全
- 采用新型电子技术,适用范围更广、更低碳、更安全
- 儿童锁功能 ，宝宝安全，妈妈放心

simon西蒙电气
1916 · BARCELONA
60
佳彩
series
独创联体结构
整齐有序
simon开关独创的多位联体设计，可自由搭配各种开关插座功能件，最多至五位。安装后呈一条直线，更显整齐大气，洁净有序。

始于1976
唯一有37年墙纸生产历史的企业
特普丽墙纸
咨询热线：400-065-8868
北京市房山区周口店 邮编 102451
电话/TEL：010-69301133 69301299
传真/FAX：010-69303539
E-Mail: topli@topli.com.cn
Http://www.topli.com.cn
合作伙伴
绿城集团 GREENTOWN
恒大地产集团 EVERGRANDE REAL ESTATE GROUP
FORTE 复地
中国驰名商标
保利地产
万达集团 WANDA GROUP
远洋地产
Longfor 龙湖地产
合生创展 HOPSON
万科
富力地产 R&F PROPERTIES
北京金隅股份有限公司 BBMG CORPORATION
碧桂园 COUNTRY GARDEN
星河湾
...

01 CHAPTER

政策篇

导/读 INTRODUCTION

2012年国务院及相关部委继续严格执行各项房地产调控政策。抑制投机投资需求，释放合理自住需求是政策的重点。保障性安居工程建设相关政策逐步细化深入，从土地、融资、建设、分配、监管等各个方面，推进保障性安居工程建设的顺利进行。

本篇选取2012年国家发展与改革委员会、住房和城乡建设部、财政部、国土资源部、中国人民银行、国家税务总局、中国银行业监督管理委员会、中国保险监督管理委员会等相关部委出台的房地产市场调控政策及措施，全面展示年度政府对房地产市场的调控脉络。

政策汇编

01

中华人民共和国
发展与改革委员会

关于发展改革系统要继续加大工作力度切实做好2012年保障性安居工程建设工作的通知

发改投资〔2012〕321号

各省、自治区、直辖市及计划单列市发展改革委，新疆生产建设兵团发展改革委：

根据中央经济工作会议和全国住房保障工作座谈会的精神，为全面完成2012年保障性安居工程建设任务，发展改革系统要继续加大工作力度，扎实推进有关工作。现将有关要求通知如下：

一、提高加大保障性安居工程建设力度的认识

中央经济工作会议提出了2012年经济发展的主要目标任务，也对经济发展方式转变和经济结构调整明确了要求。正确处理好速度、结构、物价三者的关系，保证经济发展“稳中求进”，扩大内需是战略基点，而保障性安居工程是现阶段扩大内需的一项重大举措，事关增长、结构、物价三者的平衡，事关民生改善和社会和谐稳定。2012年是实施“十二五”保障性安居工程建设规划的第二年，是在建工作量最大的一年，也是开工、竣工、分配、管理任务并重的一年，需要充分估计困难，以坚定不移、坚韧不拔、坚持不懈的精神和扎实有效的工作措施加以应对。各级发展改革部门一定要从全局和战略的高度，进一步提高认识，把保障性安居工程建设工作摆在突出重要位置，作为份内

之事列入工作日程，抓紧、抓实、抓好。

二、加大保障性安居工程建设投资计划落实力度

2012年中央进一步加大了资金支持力度，地方政府也要加大资金筹措力度。各级发展改革部门要配合住房城乡建设、财政、金融等部门做好建设资金平衡工作，积极协调落实政府财政性资金、企业债券、金融机构贷款等方面资金，加强建设资金统筹和组织实施工作，确保保障性安居工程年度建设任务的完成。要创新融资机制，充分发挥地方政府融资平台作用，通过直接和间接融资多渠道筹集保障性安居工程建设资金，鼓励引导社会力量参与建设保障性住房及配套设施。要按照确定的保障性安居工程目标任务和下达的年度投资计划，尽快将中央补助投资和省级配套资金分解下达到市、县，落实到项目。分解下达的计划要与已签订目标责任书相应的建设任务相衔接。

三、完善保障性安居工程配套基础设施

为保证保障性住房建成后尽快投入使用，2012年中央专门安排投资支持与保障性安居工程直接相关的配套基础设施建设。各级发展改革部门要会同有关部门落实好建设项目，中央补助投资要统筹用于去年已开工和今年拟开工的保障性安居工程直接相关的配套基础设施建设，不得用于与此无关的其他市政设施，北方地区要重点用于配套的供热设施建设。中央投资支持的项目要统筹考虑市县的建设任务、资金筹措能力等，优先安排特殊困难地区。

四、做好保障性安居工程项目的前期工作

各级发展改革部门要积极配合有关部门，处理好加快进度与规范管理的关系，千方百计采取措施加快项目前期工作。认真履行审批或核准手续，缩短周期，简化流程、提高效率。加强部门间的衔接，发挥综合部门职能优势，协调促进规划、计划、土地、资金等条件的落实，为项目早日开工创造条件。

五、强化保障性安居工程建设项目管理

2012年是加快推进保障性安居工程建设的关键一年，既要加强新开工项目工作力度，也要抓好在建项目的建设。要加强项目实施管理，严格落实项目法人责任制、招标投标制、合同管理制和工程监理制，加强建设资金监管，狠抓工程质量。在保证工程质量的前提下，督促项目加快建设进度，确保完成竣工目标。

六、严格保障性安居工程项目监督检查

要进一步完善监督检查机制，加大督促检查力度，强化保障性安居工程建设各环节的监督检查。发展改革系统要充分发挥稽查队伍的作用，把保障性安居工程作为年度稽查的重点，对疏于管理、进度缓慢、配套资金落实不力、存在质量安全隐患的，要及时通报、限期整改。同时要配合有关部门做好保障性住房分配、使用、管理等工作，确保这项重大民生工程办好办实。

各级发展改革部门要按照党中央、国务院的统一部署，切实做好各项工作，努力实现经济发展预期目标，以优异的成绩迎接党的十八大胜利召开。

国家发展改革委

二〇一二年二月十日

政策汇编 02

中华人民共和国 住房和城乡建设部

关于进一步加强住房公积金监管工作的通知

建金〔2012〕10号

各省、自治区住房和城乡建设厅：

管好用好住房公积金，事关推动实现“住有所居”目标、维护职工合法权益、促进社会和谐稳定的大局。加强住房公积金监管，保证资金安全和有效使用，是各省(区)住房城乡建设厅的重要职责。近年来，各省（区）住房城乡建设厅在加强住房公积金制度建设、规范管理和队伍建设等方面做了大量工作，取得积极成效。但也存在监管工作落实不到位，工作力量薄弱，监管手段单一，监管能力不足等问题。随着住房公积金规模快速增长，业务范围不断拓宽，缴存、提取、个人贷款、资金存储、财务核算等方面的风险隐患不断积累，监管工作面临不少新情况和新问题，监管任务十分繁重。为进一步强化省（区）住房城乡建设厅对住房公积金的监管职能，根据《住房公积金管理条例》、《住房公积金行政监督办法》等规定，现通知如下：

一、加强对管委会决策的监督

会同有关部门，对各设区城市(含省直、行业，下同）制定的住房公积金缴存、提取、贷款、增值收益分配等政策进行合规性审查。对不符合规定的政策，应责令限期纠正。各设区城市住房公积金管理委员会（以下简称管委会）审议重大决策事项时，住房城乡建设厅可列席会议；加强对管委会会议纪要和决策事项的备案管理。

二、加强文件报备审核

各省（区）住房城乡建设厅或会同有关部门制定的住房公积金有关规定，应报住房城乡建设部备案；对突破《住房公积金管理条例》规定的，应报住房城乡建设部审核。

三、定期开展监督检查

每年组织对各设区城市住房公积金业务管理、政策执行、风险控制和规范服务等工作开展检查，重点检查涉险资金回收、分中心机构调整、骗提骗贷和大额资金转存等情况。协调组织开展年度审计工作。对检查和审计中发现的问题，责令整改并通报管委会。对拒不整改的，约谈管委会和住房公积金管理中心（以下简称公积金中心）负责人。

四、实施管理绩效考核

每年3月底前，会同同级财政、人民银行等部门对公积金中心上一年度管理情况进行全面考核，将考核结果通报管委会，并抄送设区城市人民政府。对考核优秀的，予以表彰；对考核不合格的，通报批评，责令限期整改。对连续2年考核不合格的，向当地人民政府提出撤换公积金中心负责人的建议。

五、加快监管系统建设

按照住房城乡建设部的统一部署，加快推进住房公积金监管信息系统建设，确保资金、人员、设备及时到位。逐步统一住房公积金业务管理信息系统技术标准，规范本地区业务系统建设，加强数据安全管理。

六、加强业务指导

深入基层开展调查研究，全面了解本地区住房公积金管理运行情况，定期召开会议，研究处理影响本地区住房公积金健康发展的问题，总结推广先进经验。按照有关规定，结合本地实际开展业务创新，努力提高科学化、标准化、规范化和精细化管理水平。

七、组织开展全员培训

制定住房公积金管理人员培训规划和年度培训计划，每年参训人员不低于从业人员的20%。组织开展政治素质、廉洁从政和业务知识培训，不断提高管理人员的政治素质和业务能力。指导公积金中心开展岗位技能培训，提高从业人员的业务能力和服务水平。

八、加强信息报送工作

及时准确报送统计报表等相关信息。对本地区住房公积金管理中发生的资金风险、信息安全、人员违规违纪、重要社会舆情等问题，及时向上级监管部门报告。每年组织公积金中心对住房公积金管理运行情况进行总结汇报。每半年总结本省（区）住房公积金监管工作情况并报送住房城乡建设部。

九、做好信息公开工作

充分利用报纸、电视、电台、网络等新闻媒体，做好信息公开工作。每年定期向社会公开住房公积金管理运行情况和相关政策规定。督促公积金中心落实信息公开制度，接受社会监督。向社会公布投诉举报电话和网站，受理住房公积金相关投诉举报，及时调查处理。依法做好住房公积金行政复议工作。

十、加强部门协调

积极与财政、人民银行、纪检监察、审计、银监等部门沟通协调，充分发挥相关部门的职能作用，形成监管合力。主动与专家学者沟通，广泛听取社会各界对加强和改进住房公积金管理工作的意见和建议。

十一、加强队伍建设

加强住房公积金监管机构建设，充实经济、金融、财会、法律、房地产、计算机等相关专业人员，保持人员相对稳定。保障专项检查和监管工作经费，确保住房公积金监管工作有序开展。

各地可根据本《通知》要求，制定具体实施措施，报住房城乡建设部备案。

中华人民共和国住房和城乡建设部

二〇一二年二月六日

关于印发《建设用地容积率管理办法》的通知

建规〔2012〕22号

各省、自治区住房和城乡建设厅，直辖市规划局（委）：

为规范建设用地容积率管理，提高城乡规划依法行政水平，促进反腐倡廉工作，根据《城乡规划法》、《城市、镇控制性详细规划编制审批办法》，我部制定了《建设用地容积率管理办法》，现印发你们，请认真贯彻落实。

中华人民共和国住房和城乡建设部

二〇一二年二月十七日

建设用地容积率管理办法

第一条　为进一步规范建设用地容积率的管理，根据《中华人民共和国城乡规划法》、《城市、镇控制性详细规划编制审批办法》等法律法规，制定本办法。

第二条　在城市、镇规划区内以划拨或出让方式提供国有土地使用权的建设用地的容积率管理，适用本办法。

第三条　容积率是指一定地块内，总建筑面积与建筑用地面积的比值。

容积率计算规则由省（自治区）、市、县人民政府城乡规划主管部门依据国家有关标准规范确定。

第四条　以出让方式提供国有土地使用权的，在国有土地使用权出让前，城市、县人民政府城乡规划主管部门应当依据控制性详细规划，提出容积率等规划条件，作为国有土地使用权出让合同的组成部分。未确定容积率等规划条件的地块，不得出让国有土地使用权。容积率等规划条件未纳入土地使用权出让合同的，土地使用权出让合同无效。

以划拨方式提供国有土地使用权的建设项目，建设单位应当向城市、县人民政府城乡规划主管部门提出建设用地规划许可申请，由城市、县人民政府城乡规划主管部门依据控制性详细规划核定建设用地容积率等控制性指标，核发建设用地规划许可证。建设单位在取得建设用地规划许可证后，方可向县级以上地方人民政府土地主管部门申请用地。

第五条　任何单位和个人都应当遵守经依法批准的控制性详细规划确定的容积率指标，不得随意调整。确需调整的，应当按本办法的规定进行，不得以政府会议纪要等形式代替规定程序调整容积率。

第六条　在国有土地使用权划拨或出让前需调整控制性详细规划确定的容积率的，应当遵照《城市、镇控制性详细规划编制审批办法》第二十条的规定执行。

第七条　国有土地使用权一经出让或划拨，任何建设单位或个人都不得擅自更改确定的容积率。符合下列情形之一的，方可进行调整：

（一）因城乡规划修改造成地块开发条件变化的；

（二）因城乡基础设施、公共服务设施和公共安全设施建设需要导致已出让或划拨地块的大小及相关建设条件发生变化的；

（三）国家和省、自治区、直辖市的有关政策发生变化的；

（四）法律、法规规定的其他条件。

第八条　国有土地使用权划拨或出让后，拟调整的容积率不符合划拨或出让地块控制性详细规划要求的，应当符合以下程序要求：

（一）建设单位或个人向控制性详细规划组织编制机关提出书面申请并说明变更理由；

（二）控制性详细规划组织编制机关应就是否需要收回国有土地使用权征求有关部门意见，并组织技术人员、相关部门、专家等对容积率修改的必要性进行专题论证；

（三）控制性详细规划组织编制机关应当通过本地主要媒体和现场进行公示等方式征求规划地段内利害关系人的意见，必要时应进行走访、座谈或组织听证；

（四）控制性详细规划组织编制机关提出修改或不修改控制性详细规划的建议，向原审批机关专题报告，并附有关部门意见及论证、公示等情况。经原审批机关同意修改的，方可组织编制修改方案；

（五）修改后的控制性详细规划应当按法定程序报城市、县人民政府批准。报批材料中应当附具规划地段内利害关系人意见及处理结果；

（六）经城市、县人民政府批准后，城乡规划主管部门方可办理后续的规划审批，并及时将变更后的容积率抄告土地主管部门。

第九条　国有土地使用权划拨或出让后，拟调整的容积率符合划拨或出让地块控制性详细规划要求的，应当符合以下程序要求：

（一）建设单位或个人向城市、县城乡规划主管部门提出书面申请报告，说明调整的理由并附拟调整方案，调整方案应表明调整前后的用地总平面布局方案、主要经济技术指标、建筑空间环境、与周围用地和建筑的关系、交通影响评价等内容；

（二）城乡规划主管部门应就是否需要收回国有土地使用权征求有关部门意见，并组织技术人员、相关部门、专家对容积率修改的必要性进行专题论证；

专家论证应根据项目情况确定专家的专业构成和数量，从建立的专家库中随机抽取有关专家，论证意见应当附专家名单和本人签名，保证专家论证的公正性、科学性。专家与申请调整容积率的单位或个人有利害关系的，应当回避；

（三）城乡规划主管部门应当通过本地主要媒体和现场进行公示等方式征求规划地段内利害关系人的意见，必要时应进行走访、座谈或组织听证；

（四）城乡规划主管部门依法提出修改或不修改建议并附有关部门意见、论证、公示等情况报城市、县人民政府批准；

（五）经城市、县人民政府批准后，城乡规划主管部门方可办理后续的规划审批，并及时将变更后的容积率抄告土地主管部门。

第十条　城市、县城乡规划主管部门应当将容积率调整程序、各环节责任部门等内容在办公地点和政府网站上公开。在论证后，应将参与论证的专家名单公开。

第十一条　城乡规划主管部门在对建设项目实施规划管理，必须严格遵守经批准的控制性详细规划确定的容积率。

对同一建设项目，在给出规划条件、建设用地规划许可、建设工程规划许可、建设项目竣工规划核实过程中，城乡规划主管部门给定的容积率均应符合控制性详细规划确定的容积率，且前后一致，并将各环节的审批结果公开，直至该项目竣工验收完成。

对于分期开发的建设项目，各期建设工程规划许可确定的建筑面积的总和，应该符合规划条件、建设用地规划许可证确定的容积率要求。

第十二条　县级以上地方人民政府城乡规划主管部门对建设工程进行核实时，要严格审查建设工程是否符合容积率要求。未经核实或经核实不符合容积率要求的，建设单位不得组织竣工验收。

第十三条　因建设单位或个人原因提出申请容积率调整而不能按期开工的项目，依据土地闲置处置有关规定执行。

第十四条　建设单位或个人违反本办法规定，擅自调整容积率进行建设的，县级以上地方人民政府城乡规划主管部门应按照《城乡规划法》第六十四条规定查处。

第十五条　违反本办法规定进行容积率调整或违反公开公示规定的，对相关责任人员依法给予处分。

第十六条　本办法自2012年3月1日起施行。

关于做好2012年城镇保障性安居工程工作的通知

建保〔2012〕38号

各省、自治区住房城乡建设厅，北京市住房城乡建设委，上海市城乡建设交通委、住房保障和房屋管理局，天津市国土资源和房屋管理局，重庆市城乡建设委、国土资源房屋管理局，新疆生产建设兵团建设局：

为贯彻落实《国务院办公厅关于保障性安居工程建设和管理的指导意见》（国办发〔2011〕45号）精神，全面推进2012年城镇保障性安居工程建设，进一步加强保障性住房分配和质量管理工作，现将有关要求通知如下：

一、积极落实建设项目，加快项目建设进度

各省（区、市）住房城乡建设（住房保障）部门要会同发展改革、农业、林业等部门，尽快将各省（区、市）人民政府确定的年度建设任务目标落实到市县，并督促各市县尽快分解落实到具体建设项目。对具备改造条件的铁道、有色、黄金等行业棚户区，要统一纳入改造计划。要督促市县住房城乡建设（住房保障）部门积极协调有关部门，优化审批程序，提高工作效率，抓紧开展新开工项目的选址立项、规划、土地、施工手续办理等前期工作，落实各项建设条件，保证项目尽早开工建设；对季节性停工项目，要抓紧复工，加快建设进度。列入年度建设计划的开工项目、基本建成（竣工）项目，由各省（区、市）住房城乡建设（住房保障）部门负责建立年度建设计划项目库，并于2012年6月15日前报住房城乡建设部备案。年度计划实施过程中，项目发生变更的，要及时更新并报备。年度建设计划项目库作为各级、各部门督促检查的重要资料。

二、加大基础设施投入，加强质量安全管理

要结合实际，优化2012年建设项目的规划布局，提高规划设计水平。集中建设的，选址要尽量安排在交通便利、基础设施齐全地段，做到给排水、供电、燃气、供暖、消防等设施齐全。要加大配套基础设施投入，提高投资完成率，尽快形成有效供应；对配套基础设施投入压力大的地区，要在中央和省级补助资金的安排上给予倾斜。根据需要，同步规划建设教育、卫生、文体、物业管理、社区服务等公共服务设施和配套商业设施，加快完善公共交通系统。要严把规划设计关、建材供应关、施工质量关、竣工验收关，切实加强项目管理，确保质量安全处于受控状态。要严格执行基本建设程序，完善相关手续，对手续不全、基础设施不配套、达不到入住条件的项目，不得组织验收；验收不合格的项目不得交付使用。

三、拓宽资金来源渠道，做好建设资金安排

各省（区、市）住房城乡建设（住房保障）部门要会同发展改革、财政部门，按照财政部《关于切实做好2012年保障性安居工程财政资金安排等相关工作的通知》（财综〔2012〕5号）文件要求，指导市县做好2012年保障性安居工程建设投资需求测算，合理确定年度投资规模，积极拓宽资金来源渠道，做好资金筹集安排，并具体分解落实到各类建设项目，确保各类资金来源渠道落实到位，不留缺口。各级住房城乡建设（住房保障）部门要积极配合财政部门，研究公共租赁住房商业银行贷款具体贴息政策，创新财政支持方式，支持和吸引社会资本参与保障性住房建设、运营和管理。中央补助资金下达后，各省（区、市）住房城乡建设（住房保障）部门要配合有关部门，在规定时限内将补助资金分解落实或明确到具体建设项目，并报住房城乡建设部备案。

四、建立健全监管机制，加强分配和运营管理

各省（区、市）住房城乡建设（住房保障）部门要督促市县，完善申请、审批、公示、轮候、复核制度，建立健全信息共享、部门联动的审查机制；完善经济适用住房、限价商品住房上市交易收益调节办法，合理确定收益分配比例；制定出台公共租赁住房管理办法，加强建设、分配和运营管理；加强廉租住房和公共租赁住房租赁合同、经济适用住房等销售合同管理，规范配租、配售行为；探索建立物业管理新机制，规范物业服务，完善使用管理。要指导、督促市县住房城乡建设（住房保障）部门主动公开分配政策、分配程序、分配房源、分配对象、分配过程、分配结果等情况，主动接受社会监督，确保准入分配工作公开、公平、公正。

五、做好信息公开工作，主动接受社会监督

各省（区、市）住房城乡建设（住房保障）部门要于年度计划确定后20个工作日内，在当地政府网站公开本地区及所辖市（地、州、盟）年度建设计划，并按月公开开工和基本建成（竣工）情况。要督促市县住房城乡建设（住房保障）部门按照住房城乡建设部《关于公开城镇保障性安居工程建设信息的通知》（建保〔2011〕64号）要求，及时公开当地年度建设计划、开工和竣工项目信息，并按月公开开工和基本建成（竣工）情况。各省（区、市）住房城乡建设（住房保障）部门要制定信息公开办法，做好信息公开组织实施工作。信息公开工作纳入各级、各部门督促检查的重点，作为各级政府和部门重点考核内容。

六、强化部门协调配合，做好统计管理工作

各级住房城乡建设（住房保障）部门要配合统计等有关部门，建立强有力的工作机制，做好《保障性安居工程统计报表制度》（国统字〔2011〕57号）的实施；建立统计信息分析与发布协调机制，及时审核评估统计数据，做好统计信息分析与发布工作。各级住房城乡建设（住房保障）部门要继续做好保障性安居工程统计快报工作，动态监测年度目标任务完成情况。严格执行《关于城镇保障性安居工程统计口径有关问题的通知》（建保规函〔2011〕30号）规定，统计开工、基本建成（竣工）要以单体工程为单位，开工以规划设计的永久性工程已正式破土刨槽（地基处理或打永久桩）为准，基本建成以按批准的设计文件要求主体工程完工并基本达到使用条件为准。快报统计周期为：上月26日到本月25日。要扎实做好数据采集和汇总上报工作，确保上报数据真实、准确、完整、及时。要会同有关部门加强对市县统计工作的监督指导，对虚报、瞒报或者伪造、篡改统计资料的，要提请有关部门按照《统计违法违纪行为处分规定》（监察部、人力资源和社会保障部、国家统计局令第18号）等规定，依法追究相关人员的责任。

七、完善相关工作机制，抓好组织实施工作

各级住房城乡建设（住房保障）部门要会同有关部门，建立健全联席会议制度，进一步明确职责分工，建立健全部门协调配合、齐抓共管的工作机制，积极发挥工会、行业、社区等各类组织的作用，扎实推进保障性安居工程建设和分配管理工作。要进一步完善监督检查机制，加大督促检查力度，强化建设、分配和管理各环节的监督检查。要积极配合审计部门，做好专项审计工作。对监督检查和审计中发现的问题，要及时研究处理，限期整改。各省住房城乡建设（住房保障）部门要会同有关部门，建立健全约谈、问责制度，对建设项目不落实、信息不公开、管理不到位、进展迟缓、存在质量安全隐患的，要及时通报、限期整改，对相关责任人员要予以约谈、问责，对玩忽职守、弄虚作假、以权谋私的，要依法追究法律责任。

中华人民共和国住房和城乡建设部

二〇一二年三月十四日

关于做好2012年住房保障信息公开工作的通知

建办保〔2012〕20号

各省、自治区住房城乡建设厅，北京市住房城乡建设委，天津市国土资源和房屋管理局，上海市城乡建设和交通委、住房保障和房屋管理局，重庆市城乡建设委、国土资源和房屋管理局，新疆生产建设兵团建设局：

为贯彻落实《国务院办公厅关于印发2012年政府信息公开重点工作安排的通知》（国办发〔2012〕26号），做好2012年住房保障信息公开工作，现就有关问题通知如下：

一、充分认识信息公开的重要意义

推进政府信息公开有利于促进政府依法行使权力、履行职责，提高公信力和执行力，有利于发挥政府信息对人民群众生产、生活和经济社会活动的服务作用，有利于保障人民群众的知情权、参与权和监督权。住房保障工作是政府履行公共服务职责的重要内容，关系到人民群众的切身利益，社会关注度高。公开住房保障信息，既是人民群众的迫切要求，又是建设行为规范、公开透明、廉洁高效的行政管理体制的要求。各地要统一思想、提高认识，进一步完善工作机制、畅通信息渠道，采取有效措施扎实推进住房保障信息公开工作。

二、进一步明确信息公开的内容

（一）保障性安居工程建设信息公开

1. 年度建设计划信息。按廉租住房、公共租赁住房、经济适用住房、限价商品住房、城市棚户区、国有工矿棚户区、国有林区（场）棚户区（危旧房）、国有垦区危房、中央下放地方煤矿棚户区类别公开市、县保障性安居工程年度建设计划任务量和具体建设项目信息。

（1）年度建设计划任务量。内容：开工套数、基本建成套数。时限：在确定年度计划后20个工作日内公开。本通知下发之前已经确定的，应在本通知下发之后20个工作日内公开。

（2）年度建设计划项目清单。公开列入年度开工计划的建设项目清单。内容：项目名称、建设地点、总建筑面积、住宅面积、计划开工时间等。时限：本通知下发之后20个工作日内，一次性公开已审批立项的项目清单，以后有新项目立项的，应在项目立项后20个工作日内更新项目清单。

2. 年度建设计划完成情况信息。分类别公开保障性安居工程年度建设计划完成情况。

（1）年度建设计划任务量完成进度。内容：实际开工套数、基本建成套数。时限：每月后10个工作日内公开。

（2）已开工项目基本信息。内容：项目名称、建设地址、建设方式、建设总套数、开工时间、年度计划开工套数、年度计划基本建成套数、建设、设计、施工和监理单位名称等。时限：项目开工后20个工作日内公开。

（3）已竣工项目基本信息。内容：项目名称、建设地址、建设单位、竣工套数和竣工时间等。时限：项目竣工后20个工作日内公开。

（二）保障性住房分配和退出信息公开

1. 分配政策信息

（1）政策法规。市县政府和有关部门发布的保障性住房分配和管理等规范性文件。内容：文件名称、文号、发布部门、发布日期、实施日期、正文。时限：年内6月30日前一次性公开，以后于新文件制定后20个工作日内更新。

（2）住房保障办事指南。内容：申请审批的具体事项、依据、条件、程序、期限以及需提交的全部材料目录等。时限：年内6月30日前一次性公开，以后于修订后20个工作日内更新。

2. 分配对象信息

（1）已申请登记保障对象名册。内容：申请人姓名、身份证号码（隐蔽部分号码）、申请住房保障类型、登记日期等。时限：年内6月30日前一次性公开，以后于每月后10个工作日内更新。

（2）保障性住房批次分配对象信息。内容：分配批次、分配时间、申请人姓名、身份证号码（隐蔽部分号码）、申请租购项目名称等。时限：每批次分配报名申请结束后20个工作日内公开。

3. 分配房源信息

（1）保障性住房待分配房源情况。内容：项目名称、保障房类型、竣工日期、住房套数、已分配套数、待分配套数等。时限：年内6月30日前一次性公开，以后于每月后10个工作日内更新。

（2）保障性住房批次分配房源信息。内容：分配批次、保障房类型、分配时间、建设项目名称、住房套数、套型比例等。时限：分配房源确定后20个工作日内公开。

4. 分配程序信息

按照批次分配计划，制定保障性住房批次分配程序，并公开。具体内容由市县住房保障部门确定。时限要求：分配程序制定后20个工作日内公开。

5. 分配过程信息。

市县住房保障部门执行批次分配程序产生的信息，应当及时公开。具体内容由市县住房保障部门确定。时限要求：每个分配程序节点结束后20个工作日内公开。

6. 分配结果信息。

内容：分配对象姓名、分配保障性住房类型、套型面积、所在建设项目名称等。时限：分配结果确定后20个工作日内公开。

7. 退出情况信息。

内容：原保障对象姓名、原租购保障性住房类型、套型面积、所在建设项目名称等。时限：年内6月30日前一次性公开，以后于每月后10个工作日内更新。

三、切实做好信息公开的组织实施

（一）明确信息公开责任主体

市、县住房城乡建设（住房保障）部门是住房保障信息公开的责任主体，会同有关部门做好组织实施。各省级住房城乡建设（住房保障）部门要加强对信息公开工作的监督指导，并将信息公开工作情况于2012年9月底前报部住房保障司。

（二）加强门户网站等信息公开渠道建设

加强市县住房城乡建设（住房保障）部门门户网站建设，发挥好信息公开第一平台的作用。要在门户网站设立住房保障专栏，突出信息公开栏目。没有设立门户网站的，要充分利用当地政府和上级部门门户网站开展信息公开工作。要充分发挥新闻发布会、报刊、广播、电视以及信息公开栏等渠道的作用。已开工建设项目，还应在项目建设地点公开有关信息。

（三）加强机构和队伍建设

要从实际出发，健全工作机构，配齐工作人员，加强工作力量。要给予信息公开工作必要经费支持，保证工作条件。要制定信息公开培训计划，切实加强信息公开教育培训。

中华人民共和国住房和城乡建设部办公厅

二○一二年五月二十八日

公共租赁住房管理办法

《公共租赁住房管理办法》已经第84次部常务会议审议通过，现予发布，自2012年7月15日起施行。

住房和城乡建设部部长　姜伟新

二○一二年五月二十八日

公共租赁住房管理办法

第一章　总则

第一条　为了加强对公共租赁住房的管理，保障公平分配，规范运营与使用，健全退出机制，制定本办法。

第二条　公共租赁住房的分配、运营、使用、退出和管理，适用本办法。

第三条　本办法所称公共租赁住房，是指限定建设标准和租金水平，面向符合规定条件的城镇中等偏下收入住房困难家庭、新就业无房职工和在城镇稳定就业的外来务工人员出租的保障性住房。

公共租赁住房通过新建、改建、收购、长期租赁等多种方式筹集，可以由政府投资，也可以由政府提供政策支持、社会力量投资。

公共租赁住房可以是成套住房，也可以是宿舍型住房。

第四条　国务院住房和城乡建设主管部门负责全国公共租赁住房的指导和监督工作。

县级以上地方人民政府住房城乡建设（住房保障）主管部门负责本行政区域内的公共租赁住房管理工作。

第五条　直辖市和市、县级人民政府住房保障主管部门应当加强公共租赁住房管理信息系统建设，建立和完善公共租赁住房管理档案。

第六条　任何组织和个人对违反本办法的行为都有权进行举报、投诉。

住房城乡建设（住房保障）主管部门接到举报、投诉，应当依法及时核实、处理。

第二章　申请与审核

第七条　申请公共租赁住房，应当符合以下条件：

（一）在本地无住房或者住房面积低于规定标准；

（二）收入、财产低于规定标准；

（三）申请人为外来务工人员的，在本地稳定就业达到规定年限。

具体条件由直辖市和市、县级人民政府住房保障主管部门根据本地区实际情况确定，报本级人民政府批准后实施并向社会公布。

第八条　申请人应当根据市、县级人民政府住房保障主管部门的规定，提交申请材料，并对申请材料的真实性负责。申请人应当书面同意市、县级人民政府住房保障主管部门核实其申报信息。

申请人提交的申请材料齐全的，市、县级人民政府住房保障主管部门应当受理，并向申请人出具书面凭证；申请材料不齐全的，应当一次性书面告知申请人需要补正的材料。

对在开发区和园区集中建设面向用工单位或者园区就业人员配租的公共租赁住房，用人单位可以代表本单位职工申请。

第九条　市、县级人民政府住房保障主管部门应当会同有关部门，对申请人提交的申请材料进行审核。

经审核，对符合申请条件的申请人，应当予以公示，经公示无异议或者异议不成立的，登记为公共租赁住房轮候对象，并向社会公开；对不符合申请条件的申请人，应当书面通知并说明理由。

申请人对审核结果有异议，可以向市、县级人民政府住房保障主管部门申请复核。市、县级人民政府住房保障主管部门应当会同有关部门进行复核，并在15个工作日内将复核结果书面告知申请人。

第三章　轮候与配租

第十条　对登记为轮候对象的申请人，应当在轮候期内安排公共租赁住房。

直辖市和市、县级人民政府住房保障主管部门应当根据本地区经济发展水平和公共租赁住房需求，合理确定公共租赁住房轮候期，报本级人民政府批准后实施并向社会公布。轮候期一般不超过5年。

第十一条　公共租赁住房房源确定后，市、县级人民政府住房保障主管部门应当制定配租方案并向社会公布。

配租方案应当包括房源的位置、数量、户型、面积，租金标准，供应对象范围，意向登记时限等内容。

企事业单位投资的公共租赁住房的供应对象范围，可以规定为本单位职工。

第十二条　配租方案公布后，轮候对象可以按照配租方案，到市、县级人民政府住房保障主管部门进行意向登记。

市、县级人民政府住房保障主管部门应当会同有关部门，在15个工作日内对意向登记的轮候对象进行复审。对不符合条件的，应当书面通知并说明理由。

第十三条　对复审通过的轮候对象，市、县级人民政府住房保障主管部门可以采取综合评分、随机摇号等方式，确定配租对象与配租排序。

综合评分办法、摇号方式及评分、摇号的过程和结果应当向社会公开。

第十四条　配租对象与配租排序确定后应当予以公示。公示无异议或者异议不成立的，配租对象按照配租排序选择公共租赁住房。

配租结果应当向社会公开。

第十五条　复审通过的轮候对象中享受国家定期抚恤补助的优抚对象、孤老病残人员等，可以优先安排公共租赁住房。优先对象的范围和优先安排的办法由直辖市和市、县级人民政府住房保障主管部门根据本地区实际情况确定，报本级人民政府批准后实施并向社会公布。

社会力量投资和用人单位代表本单位职工申请的公共租赁住房，只能向经审核登记为轮候对象的申请人配租。

第十六条　配租对象选择公共租赁住房后，公共租赁住房所有权人或者其委托的运营单位与配租对象应当签订书面租赁合同。

租赁合同签订前，所有权人或者其委托的运营单位应当将租赁合同中涉及承租人责任的条款内容和应当退回公共租赁住房的情形向承租人明确说明。

第十七条　公共租赁住房租赁合同一般应当包括以下内容：

（一）合同当事人的名称或姓名；

（二）房屋的位置、用途、面积、结构、室内设施和设备，以及使用要求；

（三）租赁期限、租金数额和支付方式；

（四）房屋维修责任；

（五）物业服务、水、电、燃气、供热等相关费用的缴纳责任；

（六）退回公共租赁住房的情形；

（七）违约责任及争议解决办法；

（八）其他应当约定的事项。

省、自治区、直辖市人民政府住房城乡建设（住房保障）主管部门应当制定公共租赁住房租赁合同示范文本。

合同签订后，公共租赁住房所有权人或者其委托的运营单位应当在30日内将合同报市、县级人民政府住房保障主管部门备案。

第十八条　公共租赁住房租赁期限一般不超过5年。

第十九条　市、县级人民政府住房保障主管部门应当会同有关部门，按照略低于同地段住房市场租金水平的原则，确定本地区的公共租赁住房租金标准，报本级人民政府批准后实施。

公共租赁住房租金标准应当向社会公布，并定期调整。

第二十条　公共租赁住房租赁合同约定的租金数额，应当根据市、县级人民政府批准的公共租赁住房租金标准确定。

第二十一条　承租人应当根据合同约定，按时支付租金。

承租人收入低于当地规定标准的，可以依照有关规定申请租赁补贴或者减免。

第二十二条　政府投资的公共租赁住房的租金收入按照政府非税收入管理的有关规定缴入同级国库，实行收支两条线管理，专项用于偿还公共租赁住房贷款本息及公共租赁住房的维护、管理等。

第二十三条　因就业、子女就学等原因需要调换公共租赁住房的，经公共租赁住房所有权人或者其委托的运营单位同意，承租人之间可以互换所承租的公共租赁住房。

第四章　使用与退出

第二十四条　公共租赁住房的所有权人及其委托的运营单位应当负责公共租赁住房及其配套设施的维修养护，确保公共租赁住房的正常使用。

政府投资的公共租赁住房维修养护费用主要通过公共租赁住房租金收入以及配套商业服务设施租金收入解决，不足部分由财政预算安排解决；社会力量投资建设的公共租赁住房维修养护费用由所有权人及其委托的运营单位承担。

第二十五条　公共租赁住房的所有权人及其委托的运营单位不得改变公共租赁住房的保障性住房性质、用途及其配套设施的规划用途。

第二十六条　承租人不得擅自装修所承租公共租赁住房。确需装修的，应当取得公共租赁住房的所有权人或其委托的运营单位同意。

第二十七条　承租人有下列行为之一的，应当退回公共租赁住房：

（一）转借、转租或者擅自调换所承租公共租赁住房的；

（二）改变所承租公共租赁住房用途的；

（三）破坏或者擅自装修所承租公共租赁住房，拒不恢复原状的；

（四）在公共租赁住房内从事违法活动的；

（五）无正当理由连续6个月以上闲置公共租赁住房的。

承租人拒不退回公共租赁住房的，市、县级人民政府住房保障主管部门应当责令其限期退回；逾期不退回的，市、县级人民政府住房保障主管部门可以依法申请人民法院强制执行。

第二十八条　市、县级人民政府住房保障主管部门应当加强对公共租赁住房使用的监督检查。

公共租赁住房的所有权人及其委托的运营单位应当对承租人使用公共租赁住房的情况进行巡查，发现有违反本办法规定行为的，应当及时依法处理或者向有关部门报告。

第二十九条　承租人累计6个月以上拖欠租金的，应当腾退所承租的公共租赁住房；拒不腾退的，公共租赁住房的所有权人或者其委托的运营单位可以向人民法院提起诉讼，要求承租人腾退公共租赁住房。

第三十条　租赁期届满需要续租的，承租人应当在租赁期满3个月前向市、县级人民政府住房保障主管部门提出申请。

市、县级人民政府住房保障主管部门应当会同有关部门对申请人是否符合条件进行审核。经审核符合条件的，准予续租，并签订续租合同。

未按规定提出续租申请的承租人，租赁期满应当腾退公共租赁住房；拒不腾退的，公共租赁住房的所有权人或者其委托的运营单位可以向人民法院提起诉讼，要求承租人腾退公共租赁住房。

第三十一条　承租人有下列情形之一的，应当腾退公共租赁住房：

（一）提出续租申请但经审核不符合续租条件的；

（二）租赁期内，通过购买、受赠、继承等方式获得其他住房并不再符合公共租赁住房配租条件的；

（三）租赁期内，承租或者承购其他保障性住房的。

承租人有前款规定情形之一的，公共租赁住房的所有权人或者其委托的运营单位应当为其安排合理的搬迁期，搬迁期内租金按照合同约定的租金数额缴纳。

搬迁期满不腾退公共租赁住房，承租人确无其他住房的，应当按照市场价格缴纳租金；承租人有其他住房的，公共租赁住房的所有权人或者其委托的运营单位可以向人民法院提起诉讼，要求承租人腾退公共租赁住房。

第三十二条　房地产经纪机构及其经纪人员不得提供公共租赁住房出租、转租、出售等经纪业务。

第五章　法律责任

第三十三条　住房城乡建设（住房保障）主管部门及其工作人员在公共租赁住房管理工作中不履行本办法规定的职责，或者滥用职权、玩忽职守、徇私舞弊的，对直接负责的主管人员和其他直接责任人员依法给予处分；构成犯罪的，依法追究刑事责任。

第三十四条　公共租赁住房的所有权人及其委托的运营单位违反本办法，有下列行为之一的，由市、县级人民政府住房保障主管部门责令限期改正，并处以3万元以下罚款：

（一）向不符合条件的对象出租公共租赁住房的；

（二）未履行公共租赁住房及其配套设施维修养护义务的；

（三）改变公共租赁住房的保障性住房性质、用途，以及配套设施的规划用途的。

公共租赁住房的所有权人为行政机关的，按照本办法第三十三条处理。

第三十五条　申请人隐瞒有关情况或者提供虚假材料申请公共租赁住房的，市、县级人民政府住房保障主管部门不予受理，给予警告，并记入公共租赁住房管理档案。

以欺骗等不正手段，登记为轮候对象或者承租公共租赁住房的，由市、县级人民政府住房保障主管部门处以

1000元以下罚款，记入公共租赁住房管理档案；登记为轮候对象的，取消其登记；已承租公共租赁住房的，责令限期退回所承租公共租赁住房，并按市场价格补缴租金，逾期不退回的，可以依法申请人民法院强制执行，承租人自退回公共租赁住房之日起五年内不得再次申请公共租赁住房。

第三十六条　承租人有下列行为之一的，由市、县级人民政府住房保障主管部门责令按市场价格补缴从违法行为发生之日起的租金，记入公共租赁住房管理档案，处以1000元以下罚款；有违法所得的，处以违法所得3倍以下但不超过3万元的罚款：

（一）转借、转租或者擅自调换所承租公共租赁住房的；

（二）改变所承租公共租赁住房用途的；

（三）破坏或者擅自装修所承租公共租赁住房，拒不恢复原状的；

（四）在公共租赁住房内从事违法活动的；

（五）无正当理由连续6个月以上闲置公共租赁住房的。

有前款所列行为，承租人自退回公共租赁住房之日起五年内不得再次申请公共租赁住房；造成损失的，依法承担赔偿责任。

第三十七条　违反本办法第三十二条的，依照《房地产经纪管理办法》第三十七条，由县级以上地方人民政府住房城乡建设（房地产）主管部门责令限期改正，记入房地产经纪信用档案；对房地产经纪人员，处以1万元以下罚款；对房地产经纪机构，取消网上签约资格，处以3万元以下罚款。

第六章　附则

第三十八条　省、自治区、直辖市住房城乡建设（住房保障）主管部门可以根据本办法制定实施细则。

第三十九条　本办法自2012年7月15日起施行。

关于印发进一步鼓励和引导民间资本进入市政公用事业领域的实施意见的通知

建城〔2012〕89号

各省、自治区住房和城乡建设厅，直辖市建（交）委，北京市市政市容委、园林绿化局、水务局，天津市市容园林委、水务局，上海市绿化和市容管理局、水务局，重庆市市政委、园林事业管理局，海南省水务厅，各计划单列市建委（建设局），新疆生产建设兵团建设局，有关单位：

为了落实《国务院关于鼓励和引导民间投资健康发展的若干意见》（国发〔2010〕13号）要求，支持民间资本参与市政公用事业建设，促进市政公用事业健康发展，现将《关于进一步鼓励和引导民间资本进入市政公用事业领域的实施意见》印发你们，请认真贯彻执行。

中华人民共和国住房和城乡建设部

二〇一二年六月八日

关于进一步鼓励和引导民间资本进入市政公用事业领域的实施意见

为贯彻落实《国务院关于鼓励和引导民间投资健康发展的若干意见》（国发〔2010〕13号）要求，支持民间资本参与市政公用事业建设，深化市政公用事业改革，促进市政公用事业又好又快发展，现制定以下实施意见：

一、充分认识民间资本进入市政公用事业的重要意义

市政公用事业是为城镇居民生产生活提供必需的普遍服务的行业，是城市重要的基础设施，是有限的公共资源，直接关系到社会公众利益和人民群众生活质量，关系到城市经济和社会的可持续发展。进一步鼓励和引导民间资本进入市政公用事业，是适应城镇化快速发展的需要，是加快和完善市政公用设施建设、推进市政公用事业健康持续发展的需要。

进一步鼓励和引导民间资本进入市政公用事业，有利于完善社会主义市场经济体制，充分发挥市场配置资源的基础性作用，建立公平竞争的市场环境；有利于充分发挥民间资本的积极作用，加快形成市政公用事业多元化投资格局，完善市场竞争机制，进一步增强企业活力，提高运行效率和产品服务质量；有利于加快城市基础设施建设，提高城镇建设质量，改善人居生态环境，更好地满足城镇居民和社会生产生活需要。

二、进一步鼓励引导民间资本参与市政公用事业建设

（一）鼓励和引导民间资本进入市政公用事业领域的基本原则

坚持公平竞争。民间资本参与市政公用事业建设，应与其他投资主体同等对待，不对民间投资另设附加条件。凡是实行优惠政策的投资领域，其优惠政策同样适用于民间投资。

实行分类指导。根据不同地区、不同行业、不同业务环节的实际，采用合适的途径和方式，有序推进民间资本进入市政公用事业领域。

强化政府责任。确保政府对市政管网设施、市政公用公益性设施和服务等领域的必要投入。加强行业监管，切实保障社会公共利益和投资者利益。

（二）民间资本进入市政公用事业领域的途径和方式

要进一步打破垄断，引入市场竞争机制，开放市政公用事业投资、建设和运营市场，鼓励民间资本参与市政公用设施的建设和运营。允许跨地区、跨行业参与市政公用设施的建设与运营。

鼓励民间资本采取独资、合资合作、资产收购等方式直接投资城镇供气、供热、污水处理厂、生活垃圾处理设施等项目的建设和运营。鼓励民间资本以合资、合作等方式参与城市道路、桥梁、轨道交通、公共停车场等交通设施建设。

鼓励民间资本通过政府购买服务的模式，进入城镇供水、污水处理、中水回用、雨水收集、环卫保洁、垃圾清运、道路、桥梁、园林绿化等市政公用事业领域的运营和养护。

鼓励民间资本通过购买地方政府债券、投资基金、股票等间接参与市政公用设施的建设和运营。

鼓励民间资本通过参与企业改制重组、股权认购等进入市政公用事业领域。根据行业特点和不同地区的实际，政府可采取控股或委派公益董事等方法，保持必要的调控能力。

（三）营造公平竞争的制度环境

各地要严格贯彻执行《市政公用事业特许经营管理办法》（建设部令第126号），坚持公开、公正、公平的原则，及时、广泛、充分发布特许经营项目的相关信息，在招标、评标等环节中，平等对待民间资本，严格按照招投标程序，择优选择特许经营者，为民间资本创造良好的公平竞争环境。

（四）完善价格和财政补贴机制

逐步理顺市政公用产品和服务的价格形成机制，制定合理的价格，使经营者能够补偿合理成本、取得合理收益。研究建立城镇供水、供气行业上下游价格联动机制。实行煤热联动机制，全面推行按用热量计价收费。建立并规范城镇污水处理和生活垃圾处理运营费按月核拨制度。对民间资本进入微利或非营利市政公用事业领域的，城市人民政府应建立相应的激励和补贴机制，鼓励民间资本为社会提供服务。

（五）加强财税、土地等政策扶持

坚持市政公用事业公益性和公用性的性质，民营企业与国有企业享有同样的税收和土地等优惠政策。市政公用行业事业单位改制为企业的，按照国家税收政策的有关规定，享受既有优惠政策。政府投资可采取补助、贴息或参股等形式，加大对民间投资的引导力度，降低民间资本投资风险。要保障市政公用设施建设用地，符合《划拨用地目录》的，应准予划拨使用。

（六）拓宽融资渠道

深化市政公用事业投融资体制改革，进一步拓宽融资渠道。鼓励金融机构支持民间资本投资市政公用设施建设。积极利用地方政府债券用于市政项目建设。支持符合条件的市政公用企业发行企业债券。

（七）加强技术指导服务

各级政府要发挥科研院所、大专院校和国有企业的科研、人才、技术等优势，为进入市政公用事业领域的民营企业提供技术推广、技术咨询、员工培训等服务，提升民间资本公平竞争的能力。各级市政公用行业学会协会要发挥桥梁纽带作用，吸纳民营企业入会，建立民间资本反映诉求和信息沟通渠道。

（八）完善信息公开制度

充分发挥行业信息对投资的导向作用，积极为民间资本投资者提供宏观政策和国内外市政公用事业领域的市场信息，及时发布行业政策、市场需求、建设项目、行业发展规划、国内外行业动态等信息，增加政策透明度，保障民营企业及时享有相关信息。鼓励民间资本参与国际竞争，承揽国外市政公用设施工程和服务，提高国际知名度和竞争力。

三、落实政府责任，促进民间投资健康发展

（九）完善法规政策体系

各地要加快制定鼓励和引导民间资本进入市政公用事业领域的实施细则和相关政策，进一步清理和修订不利于民间资本发展的法规和政策性规定。在政策制定过程中，要充分听取民间资本投资者的意见建议，反映其合理要求。积极研究《市政公用事业特许经营条例》等立法工作。

（十）确保政府投入

要加大对市政公用事业的必要投入，加快完善基础设施，确保对城市供水、供气、供热、污水管网以及生活垃圾处理、园林绿化等公益性基础设施建设、改造和维护的投入。充分发挥政府投资的导向作用，引导民间资本健康有序发展。对国有企事业单位改组改制的，涉及转让、出让市政公用企业国有资产的价款，除用于原有职工的安置和社会保障费用外，应主要用于市政公用事业的发展。城市人民政府应采取必要的措施，保障城市低收入家庭和特殊困难群体享用基本的市政公用产品和服务。

（十一）落实政府监管责任

各地要严格贯彻执行《关于加强市政公用事业监管的意见》（建城〔2005〕154号），切实加强对市政公用事业的投资、建设、生产、运营及其相关活动的管理和监督，确保市政公用产品与服务质量。

健全市政公用产品、服务质量和工程验收等标准规范，组织有关部门定期对市政公用产品和服务质量进行检验、检测和检查。严格按照有关产品和服务质量标准的要求，对企业提供的产品和服务质量实施定点、定时监测。监测结果要按有关规定报上级主管部门，必要时应通过适当的途径向社会公布。

完善特许经营制度，严格组织实施。要严格按照特许经营制度的要求，规范市场准入，完善退出机制，认真签订和执行特许经营项目协议，加强项目实施和运行情况监管，确保项目运行质量和服务水平。

组织编制市政公用事业近、远期发展规划和市政公用基础设施年度投资建设计划，组织并督促有关方面和相关市政公用企业予以实施。

加强对市政公用产品和服务的价格、成本监管，通过产品和服务成本定期监审制度，及时掌握企业经营成本状况，为政府定价提供基础依据，形成科学合理的价格形成机制，防止成本和价格不合理上涨。

城市人民政府及其有关部门要切实加强对生产运营和作业单位安全生产的监管，监督企业建立和完善各项安全保障制度，严格执行安全操作规程，消除各种安全隐患。

（十二）建立预警和应急机制

要建立健全安全预警和应急救援工作机制，提高应对突发事件的应急反应能力，妥善应对重大安全和突发事件，防范和及时化解运营风险。要制定特殊情况下临时接管的应急预案。实施临时接管的，必须报当地政府批准，并向上一级主管部门报告。必要时，上一级主管部门可跨区域组织技术力量，为临时接管提供支持和保障，确保市政公用事业生产、供应和服务的连续性、稳定性。

（十三）健全公众参与和社会监督制度

按照政务公开的要求，鼓励公众参与监督，完善公众咨询、投诉和处理机制，建立及时畅通的信息渠道，尊重公众的知情权。有关主管部门和企业要将特许经营协议执行情况、产品和服务的质量信息、企业经营状况等关系公众利益的重要信息，以适当的方式予以公开，自觉接受公众的监督。推进信用体系建设，建立诚信管理体系和诚信信息发布平台，建立黑名单制度和失信惩戒机制，引导民间投资健康发展。

（十四）加强组织领导

城市人民政府及其有关管理部门要依据有关法律法规，认真履行职责，加强对民间资本进入市政公用事业领域投资、建设、生产、运营活动的管理和监督，抓好有关扶持政策的落实。理顺管理体制机制，落实管理机构和人员，维护市场秩序，保障社会公众利益和民间资本的合法权益，确保市政公用行业安全高效运行。各省、自治区、直辖市市政公用行业主管部门负责本辖区内相关工作的指导和监管。住房和城乡建设部负责鼓励和引导民间资本进入市政公用事业领域工作的指导、协调和监督，会同国家发展改革委、财政部等有关部门研究制定相关引导和扶持政策。

关于鼓励民间资本参与保障性安居工程建设有关问题的通知

建保〔2012〕91号

各省、自治区、直辖市住房城乡建设厅（委、局），发展改革委，财政厅（局），国土资源厅（局），中国人民银行上海总部、各分行、营业管理部、省会（首府）城市中心支行、副省级城市中心支行，各省、自治区、直辖市和计划单列市国家税务局、地方税务局，银监局，新疆生产建设兵团建设局、发展改革委、财务局、国土资源局：

根据《国务院关于鼓励和引导民间投资健康发展的若干意见》（国发〔2010〕13号）、《国务院办公厅关于鼓励和引导民间投资健康发展重点工作分工的通知》（国办函〔2010〕120号）和《国务院办公厅关于保障性安居工程建设和管理的指导意见》（国办发〔2011〕45号）的有关规定，现就支持、鼓励和引导民间资本参与保障性安居工程建设的有关问题通知如下：

一、多种方式引导民间资本参与保障性安居工程建设

鼓励和引导民间资本根据市、县保障性安居工程建设规划和年度计划，通过直接投资、间接投资、参股、委托代建等多种方式参与廉租住房、公共租赁住房、经济适用住房、限价商品住房和棚户区改造住房等保障性安居工程建设，按规定或合同约定的租金标准、价格面向政府核定的保障对象出租、出售。具体方式如下：

（一）直接投资或参股建设并持有、运营公共租赁住房。

（二）接受政府委托代建廉租住房和公共租赁住房，建成后由政府按合同约定回购。

（三）投资建设经济适用住房和限价商品住房。

（四）在商品住房项目中配建廉租住房和公共租赁住房，按合同约定无偿移交给政府，或由政府以约定的价格回购。

（五）参与棚户区改造项目建设。

（六）市、县政府规定的其他形式。

二、落实民间资本参与保障性安居工程建设的支持政策

民间资本参与保障性安居工程建设的，享受下列政策支持：

（一）对实行公司化运作并符合贷款条件的项目，银行业金融机构依据《关于认真做好公共租赁住房等保障性安居工程金融服务工作的通知》（银发〔2011〕193号）的有关规定，按照风险可控、商业可持续原则给予积极支持。

（二）地方政府可采取贴息方式对公共租赁住房建设和运营给予支持，贴息贷款只能用于公共租赁住房建设和运营，不得用于与此无关的项目及开支，贴息幅度及年限按照财政部有关规定执行，具体办法由市、县人民政府制定。民间资本参与各类棚户区改造，享受与国有企业同等的政策。

（三）可以在政府核定的保障性安居工程建设投资额度内，通过发行企业债券进行项目融资。

（四）符合财政部、国家税务总局《关于廉租住房经济适用住房和住房租赁有关税收政策的通知》（财税〔2008〕24号）、《关于城市和国有工矿棚户区改造项目有关税收优惠政策的通知》（财税〔2010〕42号）和《关于支持公共租赁住房建设和运营有关税收优惠政策的通知》（财税〔2010〕88号）规定的，可以享受有关税收优惠政策。同时，按规定免收行政事业性收费和政府性基金。

（五）用地上适用国家规定的保障性安居工程土地供应和开发利用政策。

（六）公共租赁住房项目可以规划建设配套商业服务设施，统一管理经营，以实现资金平衡。

三、营造民间资本参与保障性安居工程建设的良好环境

各地要高度重视，积极采取措施，消除民间资本参与保障性安居工程建设的政策障碍，加强对民间资本参与保障性住房建设和运营的指导监督，为民间资本参与保障性住房投资、建设、运营和管理创造良好的环境。

（一）今年8月底前，各地要对本地区民间资本参与保障性安居工程建设和管理的各项政策进行一次梳理，对其中不符合法律、法规和有关政策的规定，予以取消。

（二）列入年度建设计划的保障性安居工程项目，市、县住房城乡建设部门要及时公布项目名称、位置、占地面积、建设规模、套型结构、总投资、开竣工时间等信息，便于民间资本参与。

（三）民间资本参与建设的保障性住房，在分配、使用、上市交易、退出管理和财务核算等方面，要遵守国家和地方的有关规定。

（四）各地住房城乡建设部门要严格落实民间资本参与建设的保障性住房的质量责任，切实履行监督管理职责，加大工程质量责任追究力度，依法严肃查处各种违法违规行为。

中华人民共和国住房和城乡建设部
中华人民共和国国家发展和改革委员会
中华人民共和国财政部
中华人民共和国国土资源部
中国人民银行
国家税务总局
中国银行业监督管理委员会
二〇一二年六月二十日

关于做好2012年扩大农村危房改造试点工作的通知

建村〔2012〕87号

河北、山西、内蒙古、辽宁、吉林、黑龙江、江苏、浙江、安徽、福建、江西、山东、河南、湖北、湖南、广东、广西、海南、重庆、四川、贵州、云南、西藏、陕西、甘肃、青海、宁夏等省、自治区、直辖市住房城乡建设厅（建委）、发展改革委、财政厅（局）：

为贯彻落实党中央、国务院关于加快农村危房改造和扩大试点的要求，切实做好2012年扩大农村危房改造试点工作，现就有关事项通知如下：

一、试点范围与改造任务

2012年中央扩大农村危房改造试点实施范围是中西部地区全部县（市、区、旗）和辽宁、江苏、浙江、福建、山东、广东等省全部县（市、区）。任务是支持完成400万农村贫困户危房改造，其中：优先完成陆地边境县边境一线13万贫困农户危房改造，支持东北、西北、华北等“三北”地区和西藏自治区试点范围内13.08万农户结合危房改造开展建筑节能示范。各省（区、市）危房改造任务由住房和城乡建设部会同国家发展改革委、财政部确定。

二、补助对象与补助标准

中央扩大农村危房改造试点补助对象重点是居住在危房中的农村分散供养五保户、低保户、贫困残疾人家庭和其他贫困户。各地要按照优先帮助住房最危险、经济最贫困农户解决最基本安全住房的要求，合理确定补助对象。要坚持公开、公平、公正原则，规范补助对象的审核、审批程序，实行农户自愿申请、村民会议或村民代表会议民主评议、乡（镇）审核、县级审批。同时，要建立健全公示制度，将补助对象基本信息和各审查环节的结果在村务公开栏公示。县级政府要组织做好与经批准的危房改造农户签订合同或协议工作。

2012年中央补助标准为每户平均7500元，在此基础上对陆地边境县边境一线贫困农户、建筑节能示范户每户再增加2500元补助。各省（区、市）要依据农村危房改造方式、建设标准、成本需求和补助对象自筹资金能力等不同情况，合理确定不同地区、不同类型、不同档次的分类补助标准。

三、资金筹集和使用管理

2012年中央安排扩大农村危房改造试点补助资金318.72亿元（含中央预算内投资35亿元），由财政部会同国家发展改革委、住房和城乡建设部联合下达。中央补助资金根据试点地区农户数、危房数、地区财力差别、上年地方补助资金落实情况、试点工作绩效等因素进行分配。各地要采取积极措施，整合相关项目和资金，将抗震安居、游牧民定居、自然灾害倒损农房恢复重建、贫困残疾人危房改造、扶贫安居等资金与农村危房改造资金有机衔接，通过政府补助、银行信贷、社会捐助、农民自筹等多渠道筹措扩大农村危房改造试点资金。地方各级财政要将扩大农村危房改造试点地方补助资金和项目管理等工作经费纳入财政预算，省级财政要切实加大资金投入力度。

各地要按照《中央农村危房改造补助资金管理暂行办法》（财社〔2011〕88号）等有关规定加强扩大农村危房改造试点补助资金的使用管理。补助资金要实行专项管理、专账核算、专款专用，并按有关资金管理制度的规定严格使用，健全内控制度，执行规定标准，严禁截留、挤占和挪用。各级财政部门要会同发展改革、住房和城乡建设部门加强资金使用的监督管理，及时下达资金，加快预算执行进度，并积极配合有关部门做好审计、稽查等工作。

四、科学制定试点实施方案

各省级住房和城乡建设、发展改革、财政等部门要认真组织编制2012年扩大农村危房改造试点实施方案，明确试点范围、政策措施、任务分配、资金安排、监管要求，并于今年7月初联合上报3部委。危房改造任务分配要综合考虑各试点县的实际需求、建设与管理能力、地方财力、工作绩效等因素，优先支持陆地边境地区、贫困地区、少数民族地区和革命老区，适当向集中连片特殊困难地区倾斜。各试点县要细化落实措施，合理安排各乡（镇）、村改造户数。

五、合理选择改造建设方式

原则上拟改造农村危房属整体危险（D级）的应拆除重建，属局部危险（C级）的应修缮加固。各地要因地制宜，积极探索符合本地实际的危房改造方式，提高补助资金使用效益。重建房屋以农户自建为主，农户自建确有困难且有统建意愿的，地方政府要发挥组织、协调作用，帮助农户选择有资质的施工队伍统建。坚持以分散分户改造为主，在同等条件下危房较集中的村庄可优先安排任务。积极编制村庄规划，统筹协调道路、供水、沼气、环保等设施建设，整体改善村庄人居环境。陆地边境一线农村危房改造重建以原址翻建为主，确需异址新建的，应靠紧边境、不得后移。

六、严格执行建筑面积标准

翻建新建或修缮加固住房建筑面积原则上控制在每户40至60平方米。地方政府要积极引导，防止出现群众盲目攀比、超标准建房的问题。各地要组织技术力量编制可分步建设的农房设计方案并出台相关配套措施，指导农户先建40至60平方米的安全房，同时又便于农民富裕后扩建。农房设计要符合农民生产生活习惯，体现民族和地方建筑风格，注重保持田园风光与传统风貌。要加强地方建筑材料利用研究，传承和改进传统建造工法，探索符合标准的就地取材建房技术方案，推进农房建设技术进步。要结合建材下乡，组织协调主要建筑材料的生产、采购与运输，并免费为农民提供主要建筑材料质量检测服务。

七、强化质量安全管理

各地要建立农村危房改造质量安全管理制度，严格执行《农村危房改造抗震安全基本要求（试行）》（建村〔2011〕115号），积极探索抗震安全检查合格与补助资金拨付进度相挂钩的具体措施。地方各级尤其是县级住房城乡建设部门要组织技术力量，开展危房改造施工现场质量安全巡查与指导监督。加强乡镇建设管理员和农村建筑工匠培训与管理，提高其农房建设抗震设防技术知识水平和业务素质。编印和发放农房抗震设防手册或挂图，向广大农民宣传和普及抗震设防常识。开设危房改造咨询窗口，面向农民提供危房改造技术服务和工程纠纷调解服务。各地要健全和加强乡镇建设管理机构，提高服务和管理农村危房改造的能力。

农房设计要符合抗震要求，可以选用县级以上住房和城乡建设部门推荐使用的通用图，也可使用有资格的个人或有资质的单位的设计方案，还可由承担任务的农村建筑工匠设计。农村危房改造必须由经培训合格的农村建筑工匠或有资质的施工队伍承担。承揽农村危房改造项目的农村建筑工匠或者单位要对质量安全负责，并按合同约定对所建房屋承担保修和返修责任。乡镇建设管理员要在农村危房改造的地基基础和主体结构等关键施工阶段，及时到现场逐户进行技术指导和检查，发现不符合抗震安全要求的当即告知建房户，并提出处理建议和做好现场记录。

八、完善农户档案管理

各地要按照危房改造农户档案管理有关要求，实行一户一档，批准一户、建档一户，完善危房改造农户纸质档案管理。农户纸质档案必须包括档案表、农户申请、审核审批、公示、协议等材料，其中档案表必须按照信息系统公布的最新样表制作。在此基础上，严格执行危房改造农户纸质档案表信息化录入制度，将农户档案表及时、全面、真实、完整、准确录入信息系统。危房改造农户档案录入情况及相关数据是绩效考评的重要内容和依据，各地要加强对已录入农户档案信息的审核与抽验，并逐步向社会公开农户档案有关信息。改造后农户住房产权归农户所有，并根据实际做好产权登记。

九、推进建筑节能示范

建筑节能示范地区各试点县要安排不少于五个相对集中的示范点（村），有条件的县每个乡镇要安排一个示范点（村）。省级住房和城乡建设部门要及时总结近年建筑节能示范经验与做法，制定和完善技术方案与措施；充实省级技术指导组力量，加强技术指导与巡查；及时组织中期检查和竣工检查，开展典型建筑节能示范房节能技术检测。县级住房和城乡建设部门要按照建筑节能示范监督检查要求，实行逐户施工过程检查和竣工验收检查，并做好检查情况记录。建筑节能示范户录入信息系统的“改造中照片”必须反映主要建筑节能措施施工现场。要组织农村建筑工匠和农民学习节能技术和建造管理，做好宣传推广。

十、健全信息报告制度

省级住房和城乡建设部门要严格执行工程进度月报制度，于每月5日前将上月危房改造进度情况报住房和城乡建设部。省级发展改革、财政部门要按照有关要求，及时汇总并上报有关农村危房改造计划落实、资金筹集、监督管理等情况。各地要组织编印农村危房改造工作信息，将建设成效、经验做法、存在问题和工作建议等以简报、通报等形式，定期或不定期上报。省级住房和城乡建设部门要会同发展改革、财政部门及时组织对年度危房改造实施情况进行检查，于2013年1月底前将2012年任务落实检查情况、年度总结报告以及2013年度危房改造任务和补助资金申请报3部委。

十一、完善监督检查制度

各地要认真贯彻落实本通知要求和其他有关规定，主动接受纪检监察、审计和社会监督。要定期对资金的管理和使用情况进行监督检查，发现问题，及时纠正，严肃处理。问题严重的要公开曝光，并追究有关责任人员的责任，涉嫌犯罪的，移交司法机关处理。加强农户补助资金兑现情况检查，坚决查处冒领、克扣、拖欠补助资金和向享受补助农户索要"回扣"、"手续费"等行为。财政部驻各地财政监察专员办事处和发改稽查机构将对各地扩大农村危房改造试点资金使用管理等情况进行检查。

要建立农村危房改造试点年度绩效考评制度，逐级开展年度绩效考评，健全激励约束并重、奖惩结合的任务资金分配与管理机制。地方各级住房和城乡建设部门要会同有关部门制定年度绩效考评办法，全面监督检查当地农村危房改造任务落实与政策执行情况。住房和城乡建设部、国家发展改革委、财政部对各试点省份实行年度绩效考评，综合评价各地政策执行、资金落实与使用、组织管理、工程质量与进度、建筑节能示范管理监督检查等情况，公布绩效考评结果与排名，并将考评结果作为安排下一年度改造任务的重要依据。

十二、加强组织领导与部门协作

各地要加强对扩大农村危房改造试点工作的领导，建立健全协调机制，明确分工，密切配合。各地住房和城乡建设、发展改革和财政部门要在当地政府领导下，会同民政、民族事务、国土资源、扶贫、残联、环保、交通运输、水利、农业、卫生等有关部门，共同推进扩大农村危房改造试点工作。地方各级住房和城乡建设部门要通过多种方式，积极宣传农村危房改造政策，认真听取群众意见建议，及时研究和解决群众反映的困难和问题。

中华人民共和国住房和城乡建设部
中华人民共和国国家发展和改革委员会
中华人民共和国财政部
二〇一二年六月二十九日

住房城乡建设部关于印发全国城镇住房发展规划（2011~2015年）的通知

建房改〔2012〕131号

各省、自治区住房城乡建设厅，直辖市建委（建交委）及有关部门，新疆生产建设兵团建设局：

为推动我国城镇住房事业科学发展，努力实现广大群众住有所居，根据《中华人民共和国国民经济和社会发展第十二个五年规划纲要》和党中央国务院关于加强住房工作的决策部署，我部组织编制了《全国城镇住房发展规划（2011~2015年）》。现印发给你们，请认真组织实施。

二〇一二年九月六日

全国城镇住房发展规划（2011~2015年）

为推进我国城镇住房事业科学发展，努力实现广大群众住有所居，根据《中华人民共和国国民经济和社会发展第十二个五年规划纲要》制定本规划。

本规划主要阐明“十二五”时期我国城镇住房发展的指导思想、基本原则和发展目标，明确城镇住房发展的主要任务和政策措施，是我国“十二五”时期完善城镇住房供应体系、强化住房保障工作、加强和改善房地产市场调控、促进住房发展方式转型、引导相关资源合理配置的重要依据。

一、现实基础与面临形势

（一）现实基础

“十一五”时期是我国住房事业快速发展的重要时期，保障性安居工程大规模推进，房地产市场调控逐步加强，住房事业对促进国民经济和社会发展发挥了重要作用。

住房建设规模不断扩大。“十一五”期间，城镇新建住宅累计37.68亿平方米，比“十五”期间增长27.6%。“十一五”期间，商品住宅销售面积达到36.44亿平方米，比“十五”期间增长132.4%。

城镇居民居住条件显著改善。在人口快速增加情况下，城镇居民人均住宅建筑面积由2005年的27.8平方米提高到了2010年的31.6平方米。住房品质不断提高，居住环境进一步改善，社区绿地和娱乐休闲空间增加，公共设施配套更加齐全。

住房保障工作快速推进。基本形成了以廉租住房（含发放租赁补贴）为基础，以公共租赁住房为重点，包括适当发展经济适用住房和限价商品住房、加快各类棚户区改造在内的城镇住房保障制度，逐步明确了财政、土地、金融、税收等相关配套政策。通过大规模实施保障性安居工程等措施，“十一五”期间，以实物保障和租金补贴方式，累计解决了1500多万户城镇中低收入家庭住房困难问题。

住房公积金制度进一步完善。住房公积金支付覆盖面不断扩大，缴存人数稳步上升，资金规模持续增长。住房公积金支持住房消费作用日益突出，截至“十一五”期末，住房公积金缴存职工人数达8606万，缴存总额3.25万亿元，提取总额1.48万亿元，累计为1338万户职工家庭发放了1.86万亿元个人住房贷款，大批职工通过住房公积金制度改善了住房条件。

住房建设对经济社会发展的促进作用明显。房地产业增加值占国内生产总值的比重逐步提高，2010年达到5.5%。“十一五”期间，城镇住宅建设共完成固定资产投资13.4万亿元，有力带动了就业和税收的增长，同时也推动了建材、建筑和装饰装修、家电、家具等行业的快速发展。

在肯定成绩的同时，必须清醒地看到我国住房事业发展过程中还存在一些亟待解决的问题：城镇中低收入家庭住房困难问题仍然突出，还有不少城镇低收入家庭住房条件亟待改善，城镇中等偏下收入家庭和新就业职工住房困难问题日益显现，外来务工人员住房困难问题尚待解决；房地产市场秩序有待进一步规范，一些城市投机投资性购房问题较为突出，房地产开发、建设、交易以及中介服务等环节的违法违规行为时有发生；住房建设和消费模式不合理，住房建设模式粗放、资源能源消耗大、产业化程度低，中小套型普通商品住房供应比例偏低，尚未形成量力而行、逐步改善的梯度消费观念；住房政策体系和管理体制机制亟待完善。

（二）面临形势

“十二五”时期，是我国全面建设小康社会的关键时期，是深化改革开放、加快转变经济发展方式的攻坚时期，也是我国住房事业发展的战略机遇期。随着工业化、城镇化持续快速发展、国民收入稳步提高和消费结构不断升级，新增住房需求和改善性住房需求持续增加，住房在国民经济和社会发展中仍将发挥积极推动作用。同时，各级政府在大规模推进保障性安居工程建设、加强和改善房地产市场调控方面积累了丰富的经验，为“十二五”期间住房事业的进一步发展奠定了基础。

“十二五”时期，也是我国住房发展的重要转型期，住房发展同时也面临着诸多严峻挑战。一是住房供需矛盾依然存在，仍需增加住房有效供给，调整住房供应结构。二是住房保障需求持续增长且日趋多样化，应当继续加快保障性住房建设，扩展住房保障覆盖范围。三是住房发展的资源环境约束进一步强化，发展节能省地环保型住宅、提高住宅产业化水平显得更为迫切。四是人口老龄化趋势显著，在住宅设计、设施配套、住区环境营造、涉老工程建设与改造等方面都须积极应对。

二、指导思想、基本原则和发展目标

（一）指导思想

以邓小平理论和“三个代表”重要思想为指导，深入贯彻落实科学发展观，突出加快转变经济发展方式，突出保障和改善民生，着力强化政府住房保障职责，加强和改善房地产市场调控，推进住房建设和消费模式转型，建立健全符合国情的住房政策体系，促进住房事业科学发展，努力实现广大群众住有所居。

（二）基本原则

强化住房发展的社会功能。把解决群众的基本居住问题作为住房发展的首要目标，更加突出住房的居住属性和改善保障民生的社会功能，促进住房资源优化配置，满足城镇居民基本居住需求和合理住房改善需求。

坚持发挥市场配置资源的基础作用。继续深化城镇住房制度改革，均衡发展商品住房买卖和租赁市场，主要依靠市场满足居民多层次住房需求。

坚持政府调控与市场调节相结合。强化政府住房保障职责，加快解决城镇中低收入家庭住房困难问题。正确运用政府调控和市场机制两种手段，促进房地产市场平稳健康发展。

坚持住房发展与我国基本国情相适应。促进住房发展转型，引导形成符合国情的住房建设和消费模式；从国情出发，建立健全基本住房保障制度，满足城镇居民基本住房需求；在国家统一政策框架下，鼓励各地因地制宜解决住房问题。

（三）发展目标

总体发展目标：到“十二五”期末，形成总量基本平衡、结构基本合理、房价与消费能力基本适应的住房供需格局，使城镇中低收入家庭住房困难问题得到进一步缓解，基本形成符合国情的住房发展体制机制和政策体系。

具体发展目标：

1. 住房建设进一步加快。“十二五”期间，全国城镇新建住房约6500~7000万套，建筑面积约为50~55亿平方米。

2. 居民居住条件进一步改善。住房居住功能更加完善，住区居住环境更加优美，配套设施更加健全。

3. 保障力度进一步加大。到“十二五”期末，全国城镇保障性住房覆盖面达到20%左右。“十二五”期间，建设城镇保障性住房和各类棚户区改造住房3600万套。到“十二五”期末，全国住房公积金归集总额和贷款总额分别达到6万亿元和3万亿元以上。

4. 供应结构进一步优化。提高中小套型普通商品住房和保障性住房在城镇新建住房中的比重。大力规范和发展房屋租赁市场和住房二级市场，提高租赁住房和二手住房的供应比例。

5. 住宅质量水平进一步提升。住宅工程质量验收合格率达到100%，住宅质量投诉率下降，住宅工程质量总体水平稳中有升。进一步提高新建住宅全装修比率，扩大产业化住宅施工面积。

三、主要任务

（一）完善住房供应体系

立足保障基本需求、引导合理消费，加快构建以政府为主提供基本保障、以市场为主满足多层次需求的住房供应体系。

以政府为主提供基本住房保障。为城镇低收入住房困难家庭提供廉租住房或租赁补贴。为城镇中等偏下收入住房困难家庭、新就业无房职工和在城镇稳定就业的外来务工人员提供公共租赁住房。面向有一定支付能力的城镇中低收入住房困难家庭，适当发展经济适用住房和限价商品住房。对居住在各类棚户区内的居民，实施住房改造，改善居住条件。

以市场为主满足多层次住房需求。对城镇中高收入家庭，实行租赁和购买商品住房相结合的制度。通过完善土地、财税、金融等政策，增加商品住房供应总量，特别是增加中小套型普通商品住房供应，满足居民合理住房需求。

（二）加强住房保障工作和住房公积金管理

进一步完善制度、健全机制、加大投入，坚持建管并重，继续推进保障性安居工程建设，加强保障性住房分配运营管理。

健全住房保障方式。实行实物保障和货币补贴相结合的保障方式。在“十二五”期间，政府投入资金以用于实物保障为主、货币补贴为辅。一定时期以后，随着住房供求关系缓和以及住房租赁市场不断发展，政府投入资金可以逐步转为以货币补贴为主。

加快保障性住房建设。强化各级政府责任，加大保障性安居工程建设力度，基本解决保障性住房供应不足的问题。重点发展公共租赁住房，通过在普通商品住房开发项目中配建、支持企业和其他机构投资建设、鼓励产业园区建设等方式，切实提高公共租赁住房在保障性安居工程建设中的比重，逐步使其成为保障性住房的主体，并逐步实现与廉租住房统筹建设、并轨运行。

加强分配运营管理。建立健全多部门联动的收入（财产）和住房情况动态监管机制，制定公平合理、公开透明的保障性住房配租配售政策和监管程序，严格规范准入、退出管理和租费标准。健全纠错机制，防范和严查骗购骗租以及以权谋私等行为。完善经济适用住房和限价商品住房上市交易收益分配机制，消除牟利空间。建立健全保障性住房管理服务机构，提升住房保障管理人员素质，加强规范化管理。建立全国住房保障基础信息管理平台，促进全国住房保障业务系统互联互通。

专栏1 住房保障管理能力建设重点工程
01 建立住房保障基础信息管理平台 建立全国住房保障基础信息管理平台，促进全国住房保障业务互联互通，中央财政对困难地区住房保障信息化建设给予资金支持。 **02 编制住房保障管理技术标准规范和工作规程** 编制完成10个住房保障管理类的技术标准规范或工作规程；实施住房保障规范化管理示范，每年评选100个规范化管理示范单位，每年建设100个规范化服务示范窗口，中央财政给予适当资金奖励。

完善住房公积金制度。不断扩大住房公积金制度覆盖范围，强化资金归集管理，进一步增强对城镇中低收入家庭解决住房困难的支持力度。研究拓宽资金使用渠道，提高住房公积金使用效率。推进住房公积金运行监管系统建设，确保资金安全。抓紧制定住房公积金管理人员准入、绩效考核、责任追究、信息披露等监管配套制度，加强和改进服务，规范业务管理。加强住房公积金廉政风险防控，监督落实住房公积金廉政风险防控各项措施。

专栏2 住房公积金制度建设重点工程
01 推进住房公积金信息化建设 建立并完善住房公积金监管信息系统，实现信息化监管，制定并推行住房公积金业务信息系统技术标准。 **02 提升住房公积金服务能力** 加强住房公积金网点建设；建设12329服务热线，建立健全咨询、投诉和举报机制，逐步将各地服务热线整合成集中管理、分级运行的全国住房公积金服务热线；制定住房公积金归集、提取、个人贷款等业务规范。

（三）促进房地产市场健康发展

综合运用经济手段、法律手段和必要的行政手段，建立多部门协作的调控和监管机制，充分考虑不同地区和城市的差异性，进一步提高房地产市场调控的针对性、有效性和精细化程度，促进房地产市场平稳健康发展。

增加普通商品住房有效供给。优先保证保障性安居工程和普通商品住房建设用地供应。加强土地供应和开发建设全过程监管，缩短从供地到供房的开发周期。调整住房供应结构，制定行之有效的财税和土地配套政策，鼓励开发企业增加中小套型普通商品住房供应。加快对普通商品住房规划、建设和销售的审批，尽快形成住房有效供应。

抑制不合理住房消费。严格执行并逐步完善差别化的住房税收、信贷政策，在支持合理的自住需求的同时，坚决抑制投资投机性需求。对房价上涨过快、投机投资性购房活跃的城市，在一定时期内采取必要的限制新购住房套数的措施。

强化市场监管。严格商品住房预售管理，加强预售资金监管。强化价格监管，打击价格欺诈、价格串通以及利用虚假合同偷逃税款等违法行为。加大对捂盘惜售、囤地炒地、散布虚假信息、扰乱市场秩序等违法违规行为的查处力度。完善外资进入房地产市场的监管机制。加强对房地产中介机构和从业人员的监管，规范中介服务行为，引导行业健康有序发展。

建立健全住房信息系统。加快全国城镇个人住房信息系统建设。完善房地产市场统计指标体系和信息发布制度，整合土地、规划、开发、交易、保有等环节信息，实现资源共享。实时开展全国住房普查工作，为住房保障、实施房产税和加强市场管理提供可靠依据。全面及时准确公布市场供求和房价情况，增强房地产市场信息透明度。

专栏3 住房市场调控与发展重点工程
01 建设城镇个人住房信息系统 以设区城市数据为基础，通过部、省、市三级城镇住房业务信息网的建设，全面完整、及时准确地采集房屋登记和交易等数据，建设全国城镇个人住房信息数据中心，逐步实现全国城镇个人住房信息互联互通。 **02 适时开展全国住房普查** 在条件具备的情况下，适时开展全国住房普查，掌握全国住房详细情况，为引导和调控房地产市场健康发展提供依据，主要调查内容包括各地住房基本情况、居民住房状况、住房保障情况等。

（四）推动住房建设和消费模式转型

按照建设资源节约型、环境友好型社会的总体要求，合理引导住房建设和消费，加快住房发展方式转变，促进住房事业可持续发展。

大力发展节能省地环保型住宅。加快住房建设模式转型，有效节约能源资源，保护环境，集约用地，努力提高住宅的安全性能、耐久性能、经济性能、舒适性能和环境性能。加强新建住房节能监管，严格执行建筑节能强制性标准。以大规模建设保障性安居工程为契机，大力发展绿色建筑。优先推进可再生能源在保障性住房中的应用。强化既有居住建筑节能改造工作，加大北方既有居住建筑供热计量和节能改造力度。

专栏4 建筑节能与绿色建筑重点工程
01 实施既有居住建筑节能改造 以维护结构、供热计量和管网热平衡为重点，实施北方采暖地区既有居住建筑供热计量及节能改造4亿平方米；以建筑门窗、遮阳、自然通风等为重点，实施夏热冬冷地区既有居住建筑节能改造5000万平方米。 **02 实施绿色建筑行动计划** 2014年直辖市、计划单列市及省会城市建设的保障性住房执行绿色建筑标准。引导商业房地产开发企业建设绿色住宅小区。2015年，北京市、上海市、重庆市、江苏省、浙江省、福建省、山东省、广东省、海南省、深圳市、厦门市、宁波市及大连市城镇新建房地产项目50%以上达到绿色建筑标准。

提高住宅产业化发展水平。以中小套型普通商品住房和保障性住房为重点，进一步加强住宅产业化成套技术的研究开发，完善住宅产业标准化体系和产业技术政策。积极推行住宅性能认定和住宅部品认证制度。通过税费减免、信贷优惠及政府补贴等措施，鼓励新技术、新材料、新设备、新工艺在住宅建设中的推广应用。鼓励和推广新建商品住房全装修。继续组织实施国家康居住宅示范工程。

专栏5 住宅产业化重点工程
01 推进国家康居住宅示范工程 通过示范工程率先推广应用装配式工业化住宅建造技术及节能、节水、节地、节材等先进、适用的成套技术，推广全装修住宅，引导和促进住宅建设技术创新，科学规划，合理设计建设节能省地环保型住宅。 **02 培育国家住宅产业化基地** 培育一批产业关联度高、带动能力强的龙头企业和试点城市，推进住宅建筑工业化，促进技术集成创新。

加强住宅工程质量监管。严格执行法定建设程序和工程建设标准，加强对勘察、设计、施工、监理、验收等全过程质量管理。严格执行建材进场检验和复检制度，坚决杜绝不合格材料用于住宅工程建设。加强住宅工程质量监督检查，强化质量责任落实。全面实行住宅工程质量分户验收，保证住宅工程结构安全和使用功能质量。严格执行住宅工程永久标牌制度，参建单位法定代表人、关键岗位执业人员负终身质量责任。建立保障性住房建材和部品部件采购、供应终身质量责任追究制度。

引导合理、梯度住房消费。引导居民根据自身经济能力，利用新建住房和存量住房两个市场，采取购买和租赁两种方式，多种渠道改善居住条件。通过完善信贷税收政策，引导居民将自住以外的住房面向市场出租，鼓励房地产开发企业等机构投资者长期持有和开发租赁型住房，增加市场租赁房资源。加强租赁市场管理，保护租赁双方合法权益。

（五）促进住区合理布局和品质提升

优化住区空间布局，完善配套设施，有序推进城镇既有住区有机更新，加强社区建设和物业管理，不断改善人居环境，营造便捷、舒适、安全的居住空间。

促进职住平衡和居住融合。发挥城市规划的引导和综合协调作用，在居住用地空间布局中充分考虑居住空间与就业空间的均衡。保障性住房实行分散配建和集中建设相结合，倡导与普通商品住房配套建设，新建与存量利用并重，实现保障性住房布局的空间相对均衡，促进社会融合。集中建设的保障性住房，要优先安排在交通便利、基础设施齐全、公共事业完备、就业方便的区域。

积极稳妥推进城市既有住区有机更新。全面推进各类棚户区改造。逐步开展基础设施简陋、建筑密度大、集中连片的城镇旧住宅区综合整治，稳步实施“城中村”改造，改善基础设施条件，完善居住功能。在改造过程中，要积极与保障性住房建设统筹推进，注重保护历史文化资源和生态环境。规范国有土地上房屋征收与补偿行为，保障群众在住区更新改造过程中的合法权益。

提升住区环境质量和特色。合理确定住区人口规模、建筑密度和容积率，完善市政基础设施和公共服务设施配套，增加绿地和公共开放空间，创建住区宜居环境。优化住宅设计，尊重和传承地域、民族文化传统，延续和彰显文化特色。

改善老年人居家养老条件和社区养老环境。以居家为基础、社区为依托、机构为支撑，将养老服务设施建设纳入居住小区公建配套规划；全面推行涉老工程技术标准规范、无障碍设施改造和新建小区老龄化设施配套建设规划标准；支持有需求的老年人实施家庭无障碍设施改造，加快推进无障碍社区建设，方便老年人出行和参与社会生活；引导开发老年宜居住宅和代际亲情住宅，鼓励家庭成员与老年人共同生活或就近居住。

促进物业管理与社区管理的协调发展。进一步扩大物业管理覆盖面，城镇新建住宅小区全面实施物业管理，推动旧住宅区逐步实施物业管理，探索保障性住房物业服务模式。加强社区文化建设。积极建立业主大会与社区居委会的良性互动关系。完善质价相符的物业管理价格机制，建立形成全方位、多层次的物业管理纠纷解决机制。继续完善住宅专项维修资金缴存、管理和适用等各项制度，促进物业服务行业持续健康发展。

四、政策措施

（一）加强长效机制建设

加强理论研究和顶层设计，完善符合国情的住房政策体系和基本住房保障制度。研究建立可持续的保障性住房建设和运营机制。健全促进房地产市场平稳健康发展的长效机制。鼓励地方因地制宜，积极探索，创造解决住房问题的成功经验。

推进住房立法工作。适时出台《住房保障条例》，建立住房保障各项基本制度；加快修订《城市房地产管理法》，强化政府宏观调控和市场监管职责；抓紧修订《住房公积金管理条例》，明确制度定位，扩大制度覆盖范围，拓宽资金使用渠道。鼓励各地结合实际，制定地方性住房法规、规章和技术标准。

推进住房行政管理改革，加强管理机构和人才队伍建设，强化住房保障、房地产市场调控和监管方面的行政资源配置。

（二）确保住房用地供应

根据城市住房建设规划和年度实施计划，编制住房建设用地供应计划，调整优化城市建设用地结构，增加住房建设用地总量。涉及保障性安居工程新增建设用地的，要在年度土地利用计划中优先安排，单独列出，做到应保尽保。依法收回的闲置土地、具备净地出让条件的储备土地和农用地转用计划指标，应优先保证保障性住房用地。

改进普通商品住房用地出让方式，有效控制普通商品住房用地地价过快上涨。研究保障性住房用地模式创新，结合各地发展实际，多种渠道筹集保障性住房用地。商品住房价格较高、建设用地紧缺的直辖市和少数省会城市，确需利用农村集体建设用地进行公共租赁住房建设试点的，由省级人民政府审批同意试点方案并报国土资源部审批后，可以开展试点工作。

严格落实保障性住房、棚户区改造住房和中小型普通商品住房用地不低于住房建设用地供应总量70%的要求。

（三）强化财税政策支持

加大中央、省和地方政府对保障性安居工程建设和城镇中低收入住房困难家庭租金补贴的财政性资金投入，保证资金足额及时到位。土地出让净收益用于保障性住房建设、各类棚户区改造的比例不低于10%，保障性住房建设公共预算支出安排不足的地区，要提高土地出让收益比重。研究制定对开发建设节能省地环保型住宅的财税支持政策。

对保障性住房和棚户区改造住房，要切实落实建设、经营等环节税收优惠政策，免收城市基础设施配套费等各种行政事业性收费和政府性基金。强化土地增值税调节作用，引导房地产企业合理定价。加强住房交易个人所得税管理，抑制投机炒房。稳步推进房产税改革试点工作。

（四）加大金融扶持力度

拓宽保障性住房融资渠道。支持保险资金、信托资金、房地产信托投资基金等投资保障性安居工程建设和运营。支持符合条件的地方政府融资平台公司和其他企业发行企业（公司）债券、上市公司债券，多渠道筹集建设资金。鼓励商业银行发放公共租赁住房等保障性住房中长期贷款。住房公积金增值收益在提取贷款风险准备金和管理费用后，全部用于廉租住房和公共租赁住房建设。继续推进利用住房公积金贷款支持保障性住房建设的试点工作。

加大对中小套型普通商品住房建设的信贷支持力度。健全差别化信贷政策，落实好首付款比例和利率等相关优惠政策，支持合理的自住性住房需求。积极探索房地产金融市场体系和制度建设，推动房地产金融产品创新，强化房地产金融监管，维护房地产金融稳定。

五、组织实施

（一）落实各级政府责任

进一步落实各级政府促进住房发展的职责，把保障基本住房、稳定住房市场纳入各地经济社会发展的工作目标，由省级人民政府总责，市、县人民政府负直接责任，并列入对地方各级政府的考核指标。按照“政府主导、部门协作”的原则，明确各级住房城乡建设、发展改革、国土、财政、税收、金融、监察等部门的职责分工和相关任务，健全信息沟通、政策协调和工作协同机制，各负其责，密切配合，形成工作合力。

（二）完善住房规划体系

建立完善包括全国城镇住房发展规划、省区城镇住房发展规划、城市住房建设规划和年度实施计划在内的住房发展规划体系。各省、自治区编制本行政区域城镇住房发展规划，贯彻全国城镇住房发展规划的要求，结合实际情况，提出本地区住房发展的目标任务和政策措施。各城市编制城市住房建设规划和年度计划，根据国家和省区住房发展规划的总体要求，明确住房建设的总量、结构、时序和空间布局。强化各级住房发展规划与城市规划、土地利用规划等规划的衔接协调。

（三）强化规划实施管理

加强对规划实施工作的监督检查，适时评估规划实施情况以及各项任务的完成情况。建立规划动态调整机制，根据住房发展中的新情况、新问题，及时调整，提高规划的科学性和可操作性。建立规划实施考核机制，强化政策落实，保证规划实施效果。

（四）鼓励社会广泛参与

住房发展规划的编制，要广泛征求并充分考虑专家和公众的意见，科学民主决策。规划批准后应及时向社会公布，接受社会监督。加大住房发展规划宣传力度，营造良好的社会氛围，充分发挥相关行业协会和中介组织作用，加强行业自律，维护市场秩序。动员和鼓励社会力量参与保障性住房建设和运营管理，为实现住有所居贡献力量。

关于组织开展2012年度住房城乡建设领域节能减排监督检查的通知

建办科〔2012〕43号

各省、自治区住房城乡建设厅，直辖市、计划单列市住房城乡建委（建设交通委、建设局），新疆生产建设兵团建设局：

为贯彻落实《节约能源法》、《民用建筑节能条例》和《国务院关于印发“十二五”节能减排综合性工作方案的通知》（国发〔2012〕26号），进一步推进住房城乡建设领域节能减排工作，我部定于2012年12月上旬开展专项监督检查。现将有关事项通知如下：

一、检查目的

检查了解各地住房城乡建设领域2012年度节能减排工作进展，总结推广各地推进节能减排工作的经验和做法，查找工作中的不足并提出改进措施。

二、检查内容

根据国务院明确的住房城乡建设领域节能减排任务，检查建筑节能、供热计量改革、城市照明节能及城镇污水处理、生活垃圾处理设施建设运行管理方面的情况。

（一）建筑节能

1. 贯彻落实《节约能源法》、《民用建筑节能条例》各项规定及有关配套政策措施情况。

2. 各地完成国务院确定的建筑节能和推进绿色建筑发展各项工作任务情况，重点检查新建建筑工程执行建筑节能强制性标准情况、推进绿色建筑发展情况、北方采暖地区既有居住建筑供热计量及节能改造任务完成情况、公共建筑节能监管体系建设情况、可再生能源建筑应用推广情况等。

3. 中央财政资金支持的各项工作的进展情况及配套能力建设情况等。

4. 对2011年专项检查中发现的问题和下发执法告知书的工程整改情况进行复查。

（二）北方采暖地区供热计量改革

1. 供热计量工程“两个不得”落实执行情况。

（1）对不符合民用建筑节能强制性标准的新建建筑，不得出具竣工合格验收报告的落实执行情况；

（2）对不符合民用建筑节能强制性标准的新建建筑，不得销售或使用的落实执行情况。

2. 供热计量收费机制的落实执行情况。

（1）基本热价降至30%，取消“面积上限”的实施情况；

（2）供热计量热价和管理办法的完善情况；

（3）供热企业定期告知用户用热量和热费的落实执行情况。

（三）城市照明节能

1. 贯彻落实《城市照明管理规定》、《“十二五”城市绿色照明规划纲要》以及国家有关城市照明节能规定的情况。

2. 落实《城市夜景照明设计规范》、《城市道路照明设计标准》中有关能耗、照明技术指标规定和节能措施的情况。

3. 地级及以上城市和东中部地区县级城市完成城市照明规划情况。

4. 城市道路照明淘汰低效照明产品的情况。

5. 严格控制景观照明建设规模、公用设施及大型建筑物等景观照明能耗的情况。

（四）城镇污水处理

1.重点检查《“十二五”全国城镇污水处理及再生利用设施建设规划》落实情况以及中央资金支持的城镇污水处理设施及其配套管网建设进展情况。

2.重点检查已建成投运的城镇污水处理厂运行负荷情况、达标排放情况和污染物削减情况。

3.未建成投运城镇污水处理厂的市（县）设施建设进展情况。

4.对2011年度住房城乡建设领域节能减排检查中存在问题项目的整改落实情况进行“回头看”。

（五）生活垃圾处理设施运行管理

1. 各地贯彻落实《关于进一步加强城市生活垃圾处理工作的意见》（国发〔2011〕9号）的情况，落实《“十二五”全国城镇生活垃圾无害化处理设施建设规划》（国办发〔2012〕23号）的情况及各地“十二五”规划的编制、落实情况，受检城市生活垃圾处理设施建设和运行情况。

2. 按照《关于做好城镇生活垃圾处理信息报送工作的通知》（建办城函〔2009〕226号）精神，报送垃圾处理信息系统相关信息情况。

3. 餐厨垃圾试点工作情况。按照批复的各试点城市（区）《餐厨废弃物资源化利用和无害化处理试点城市建设实施方案》和《推进餐厨废弃物资源化利用和无害化处理试点工作承诺书》，重点检查一、二批试点城市的餐厨废弃物收集、运输、利用和处理体系建设工作，以及法规、标准、管理体系等能力建设工作。

三、检查时间及组织方式

（一）检查时间：2012年12月上旬。

（二）检查地区：北京、天津、河北、山西、内蒙古、辽宁、吉林、黑龙江、上海、江苏、浙江、安徽、福建、江西、山东、河南、湖北、湖南、广东、广西、海南、重庆、四川、贵州、云南、陕西、甘肃、宁夏、新疆、青海省（自治区、直辖市）及新疆生产建设兵团，大连、青岛、宁波、厦门、深圳市。每个省（自治区）检查省会城市（自治区首府），抽查1个地级市、1个县；直辖市、计划单列市检查市本级，抽查1个区（县）。

（三）组织方式：本次专项监督检查共分10个检查组，每组检查2～3个省（区、市）。各省（区、市）受检地级城市及县（区）由检查组确定，并于2012年12月5日前通知相关省、自治区住房城乡建设主管部门。

各检查组的具体日程安排另行通知。

四、有关要求

（一）建筑节能专项检查

1. 受检省（区、市）和市（县）住房城乡建设主管部门向检查组汇报本地区贯彻落实国家建筑节能有关政策法规，推进建筑节能及绿色建筑工作，贯彻执行建筑节能标准的情况，中央财政资金支持的各项重点工作进展及配套能力建设情况，并提供相关书面材料。

2. 受检市（县）提供2012年通过施工图审查的项目清单及施工进度符合检查要求的在建项目清单，由检查组抽查。地级以上城市检查6个项目（4个公建项目，2个居住项目）的施工图设计文件和6个项目（4个公建项目，2个居住项目）的施工现场；县级城市检查3个项目（1个公建项目，2个居住项目）的施工图设计文件和3个项目（1个公建项目，2个居住项目）的施工现场。

3. 受检省提供本地区全部获得绿色建筑评价标识建筑项目及其他绿色建筑示范工程清单，由检查组抽查1-2个项目。

4. 受检省将按照《关于报送中央财政资金支持建筑节能有关工作总结的通知》（建科节函〔2012〕211号）要求准备的总结材料提交检查组。

5. 省级住房城乡建设主管部门认真组织填写《建筑节能基本情况统计表》，并于2012年12月20日前报我部建筑节能与科技司。

（二）北方采暖地区供热计量改革专项检查

1. 受检省（区）和市住房城乡建设（供热）主管部门根据检查内容向检查组汇报本地区供热计量改革工作情况，并提供书面汇报材料。

2. 受检市提供2012年竣工验收新建（含既有建筑节能改造）民用建筑工程项目清单和2012-2013采暖期民用建筑供热计量收费项目清单，由检查组随机抽查6个项目（2个既有居住建筑改造项目、2个新建居住建筑项目、1个新建公共建筑项目、1个既有公共建筑改造项目）的供热计量工程“两个不得”落实执行和计量收费机制的落实执行情况。

3. 受检省（区）和市住房城乡建设（供热）主管部门分别填写《供热计量改革专项检查表》并加盖公章后返给检查组。

（三）城市照明专项检查

1. 请受检城市的城市照明主管部门向检查组汇报城市照明节能的总体情况，并提供书面汇报材料。

2. 请受检城市的城市照明主管部门对照检查要求，认真开展城市照明节能自查工作，填写城市照明节能专项检查表和城市道路照明现场检测结果统计表，并向检查组书面提供。

3. 请受检城市的城市照明主管部门提供2012年竣工验收的城市照明工程项目清单、设计文件，由检查组抽查。现场检查大型公建、公园广场、商业步行街项目3~5个，城市道路3~5条。

（四）城镇污水处理专项检查

1. 受检省（区、市）和市（县）住房城乡建设（城镇排水）主管部门向检查组汇报本地区贯彻落实国家“十二五”城镇污水处理及其配套管网设施相关规划、推进设施建设和运行管理工作等方面的情况，并提供相关书面材料。

2. 受检省（区、市）住房城乡建设（城镇排水）主管部门认真组织填写《“十二五”全国城镇污水处理及再生利用设施建设规划进展情况表》、《2011~2012年中央财政城镇污水处理配套管网专项资金集中支持项目建设完成情况清算表》、《城镇污水处理设施运营情况检查表》、《未建成运行城镇污水处理设施的县（市、旗）情况检查表》和《2011年度存在问题项目整改进展情况表》，填写完成的表格应在检查组离开受检省（区、市）前提交检查组，并同时报我部城市建设司。

3. 受检省（区、市）住房城乡建设（城镇排水）主管部门尽快组织补报未纳入“全国城镇污水处理管理信息系统”（以下简称“信息系统”）的项目。

4. 受检市（县）提供本地区城镇污水处理及配套管网设施清单（含在建项目），由检查组抽取现场检查项目。地级及以上城市检查不少于3个项目，县级市和县城检查不少于2个项目。

（五）生活垃圾处理设施运行管理专项检查

1. 受检省（区、市）和市（县）主管部门向检查组汇报落实国发〔2011〕9号文件的具体举措和取得的效果，垃圾处理设施建设及运行情况、餐厨废弃物资源化利用和无害化处理试点城市建设情况等，并提交书面材料。

2. 受检省（区、市）认真填写《生活垃圾处理设施基本情况表》、《生活垃圾处理设施情况汇总表》，填写完成的表格应在检查组离开受检省（区、市）前提交检查组，并同时报我部城市建设司。

3. 受检市（县）提供本地区生活垃圾处理设施清单（含在建项目），由检查组抽取现场检查项目。

五、检查结果处理方式

（一）检查组向省级住房城乡建设主管部门反馈检查情况。

（二）对检查中发现的问题，要求提出整改措施，并跟踪督导。对违反《节约能源法》、《民用建筑节能条例》及有关标准中强制性条文的工程项目，下发执法告知书。

（三）建筑节能、供热计量改革专项检查将针对主管部门工作情况进行评分，并由高到低排序。

（四）对具备供热计量收费条件拒不按照用热量计价收费的供热企业将公布城市和企业名单，进行通报。

中华人民共和国住房和城乡建设部办公厅
二〇一二年十一月二十三日

关于加快推进棚户区（危旧房）改造的通知

建保〔2012〕190号

各省、自治区、直辖市住房城乡建设厅（建委、建交委、住房保障房屋管理局、国土资源房屋管理局）、发展改革委、财政厅（局）、农垦部门、林业厅（局）、侨务办公室、总工会，新疆生产建设兵团建设局、发展改革委、财务局、农业局、林业局、侨务办公室、总工会，内蒙古、龙江、大兴安岭森工（林业）集团公司：

为认真贯彻《国家基本公共服务体系“十二五”规划》（国发〔2012〕29号）和《国务院办公厅关于保障性安居工程建设和管理的指导意见》（国办发〔2011〕45号）精神，全面落实全国资源型城市与独立工矿区可持续发展及棚户区改造工作座谈会部署，扎实推进各类棚户区（危旧房）改造，现将有关要求通知如下：

一、总体要求

深入贯彻落实科学发展观，适应工业化、城镇化发展的需要，以改善群众住房条件为出发点和落脚点，把棚户区（危旧房）改造作为城镇保障性安居工程的重要内容，加快推进集中成片棚户区（危旧房）改造，积极推进非成片棚户区（危旧房）改造，逐步开展基础设施简陋、建筑密度大的城镇旧住宅区综合整治，稳步实施城中村改造，着力推进资源型城市及独立工矿区棚户区改造。到“十二五”期末，全国成片棚户区（危旧房）力争基本完成改造，住房使用功能得到改善，基础设施得到完善，居住质量得到提高。

二、全面推进城市棚户区（危旧房）改造

城市棚户区（危旧房），指城市规划区范围内，简易结构房屋较多、建筑密度较大，使用年限久，房屋质量差，建筑安全隐患多，使用功能不完善，配套设施不健全的区域。“十二五”期间，各地要按照《国家基本公共服务体系“十二五”规划》要求，加快推进非成片棚户区（危旧房）改造、城中村改造和城镇旧住宅区综合整治。城市棚户区（危旧房）改造具体范围由市县人民政府结合当地实际情况确定。

城市棚户区（危旧房）改造要因地制宜，采取拆除新建、改建（扩建、翻建）、综合整治等多种方式。注重旧住宅区有机更新、旧住宅性能充分利用和历史文化街区保护。居民安置采取实物安置和货币补偿相结合；安置住房采取原地重建和异地建设相结合，能就近安置的，尽可能就近安置。在改造中可配套建设一定数量的廉租住房、公共租赁住房等保障性住房，统筹用于符合条件的保障家庭。各地要按照《关于开展旧住宅区整治改造的指导意见》（建住房〔2007〕109号）规定，加快城镇旧住宅区综合整治，加强环境综合整治和房屋维修改造，完善使用功能和配套设施，提高建筑节能水平。要加大投入力度，完善配套基础设施和公共服务设施。

对城市规划区内的城中村，要按照城镇规划稳步实施改造。要合理利用城镇土地，调整用地结构，完善城镇功

能，增强综合承载能力。对城市建成区内，已无农村户口和集体用地、撤消了乡村行政建制、实施街道办事处居委会城镇管理的区域，要优先安排改造。对城市规划区范围内，土地已被全部或部分征用，原农村居民已全部或部分转变为城镇户口，已被建成区包围或半包围的自然村，要稳步实施改造。对城市规划区范围内其他自然村，要结合当地城镇化发展和城市基础设施建设等实际情况，区分轻重缓急，有序实施改造。

“十二五”期间，城市棚户区（危旧房）改造范围内的居民安置住房筹建（新建、购买、货币补偿等）工程和原居民住房改建（扩建、翻建）工程，统一纳入国家城镇保障性安居工程规划计划，其他工程不纳入规划计划。

三、加快推进国有工矿棚户区改造

国有工矿棚户区位于城市规划区内的，要统一纳入城市棚户区改造范围；位于城市规划区外的，要统一纳入国有工矿棚户区改造范围。铁路、钢铁、有色、黄金等行业棚户区，要按照属地原则纳入各地棚户区改造规划计划组织实施。已纳入中央下放地方煤矿棚户区改造范围的煤矿棚户区，2013年年底前要基本建成，其他煤矿棚户区统一纳入国有工矿棚户区改造范围。

国有工矿（煤矿）各级行业主管部门和工会组织，要加强对棚户区改造工作的监督指导，做好督促检查工作。地方各级政府和工矿（煤矿）企业要加大对棚户区改造的投入力度，保质保量完成改造任务。

四、大力推进国有林区棚户区和国有林场危旧房改造

任务较少的省（区、市）要争取在2013年年底前完成改造，其他省（区、市）要力争在2015年年底前基本完成。对林区（场）没有经济来源的特殊困难家庭，要探索通过多种方式妥善安置。要尽快研究房屋产权证明办理问题，健全具有林业特色的住房管理办法，维护职工群众的合法权益。其他林业基层单位符合条件住房困难职工，纳入当地城镇住房保障体系统筹解决。

五、积极推进国有垦区危房改造

加快剩余国有垦区危房改造，力争在2015年年底前全面完成，有条件的地区要争取在2014年年底基本完成。要注重规划先行，优化垦区危房改造布局，方便生产生活，促进垦区产业发展和小城镇建设。要探索通过多种方式妥善安置，切实解决好特困职工安居问题。将华侨农场非归难侨危房改造，统一纳入国有垦区危房改造中央补助支持范围，加快实施改造。

六、进一步做好各类棚户区（危旧房）调查摸底

各地要按照属地原则，对辖区内截至2012年底尚未实施改造、在改造的各类棚户区（危旧房），逐个调查摸底，登记造册。市县住房城乡建设（住房保障）、发展改革、财政、农业、林业、侨务等部门，要协商制定调查方案，明确职责分工，建立健全部门协调配合、齐抓共管的工作机制，注意发挥好工会、行业、社区等各类组织的作用，认真组织做好调查摸底工作。省级住房城乡（住房保障）、发展改革、财政、农业、林业、侨务等部门要加强对市、县调查工作的指导，确保调查范围内的棚户区（危旧房）不遗不漏，调查数据真实、准确、完整；要做好上报数据的汇总、审核和分析工作，保证调查质量。各地要认真做好调查总结，将调查情况连同附表，于2013年1月底前报送住房城乡建设部、国家发展改革委、财政部、农业部和国家林业局。

按照《关于对国有工矿棚户区情况进行调查的通知》（建保〔2011〕199号）要求，已完成国有工矿棚户区调

查摸底和上报工作的地区，要进一步核实情况，并纳入本次调查一并上报。

七、切实抓好各类棚户区（危旧房）改造的组织实施

各地要在调查摸底的基础上，按照统筹规划、分步推进、量力而行、尽力而为的原则，合理安排改造时序，有序推进各类棚户区（危旧房）改造。要充分尊重居民群众的意愿，扩大群众参与，切实维护群众合法权益。要落实好土地、财税、信贷等各项优惠政策。要拓宽融资渠道，加大投入力度，加快基础设施配套，着力完善小区居住功能。要把好规划设计关、施工质量关、建筑材料关和竣工验收关，确保工程质量安全。要加强改造后的住房管理，完善社区公共服务，确保居民安居乐业。

中华人民共和国住房和城乡建设部

中华人民共和国国家发展和改革委员会

中华人民共和国财政部

中华人民共和国农业部

国家林业局

国务院侨务办公室

中华全国总工会

二〇一二年十二月十二日

政策汇编

03 中华人民共和国国土资源部

关于严格土地利用总体规划实施管理的通知

国土资发〔2012〕2号

各省、自治区、直辖市国土资源主管部门，新疆生产建设兵团国土资源局，各派驻地方的国家土地督察局，部有关直属单位，部机关各司局：

国务院批准《全国土地利用总体规划纲要（2006-2020年）》（以下简称《纲要》）以来，各省（区、市）根据《纲要》确定的各项土地利用目标和要求，积极推进地方各级土地利用总体规划修编和审批工作。目前，地方各级土地利用总体规划修编工作已基本完成，大部分规划已批准实施。从2012年4月1日起，土地管理各项相关工作以经批准的新一轮土地利用总体规划和数据库为依据。为严格实施土地利用总体规划，充分发挥土地利用总体规划的统筹管控作用，落实最严格的土地管理制度，保障和促进科学发展，现就有关事项通知如下：

一、充分认识严格实施土地利用总体规划的重要意义

土地利用总体规划是指导土地管理的纲领性文件，是落实土地宏观调控和土地用途管制的重要依据，事关国家和人民长远利益。各级国土资源主管部门要充分认识土地利用总体规划在土地管理工作中的基础地位和引领作用，切实做好土地利用总体规划实施管理工作，不断提高土地资源对经济社会全面协调可持续发展的保障能力。

土地利用总体规划一经批准，具有法定效力，任何单位和个人不得违反。各级国土资源主管部门要严格依据土地利用总体规划，从严审查各地区、各部门、各行业编制的城乡建设、区域发展、产业布局、基础设施建设、生态环境建设等相关规划，不得以任何名义改变土地利用总体规划确定的用地规模、结构和布局安排，确保各类规划在土地利用上与土地利用总体规划相衔接。凡不符合土地利用总体规划的，必须及时调整和修改，核减用地规模，调整用地布局，强化土地利用总体规划对土地利用的整体管控作用。

二、严格依据规划划定和保护基本农田

（一）及时划定基本农田

各地要严格按照土地利用总体规划确定的基本农田保护目标、保护区布局及管制规则，在土地利用总体规划批准之后3个月内完成基本农田划定工作。基本农田划定后，实行永久保护，任何单位和个人未经批准不得改变或者占用。

（二）完善基本农田保护区管理

列入县、乡级土地利用总体规划设定的交通廊道内，或已列入土地利用总体规划重点建设项目清单的民生、环保等特殊项目，在不突破多划基本农田面积额度的前提下，占用基本农田保护区中规划多划的基本农田时，按一般耕地办理建设用地审批手续，不需另外补划基本农田，但用地单位必须落实补充耕地任务，按占用基本农田标准缴纳税费和对农民进行补偿。未在土地利用总体规划设定的交通廊道内，未列入土地利用总体规划项目清单的民生、环保等特殊项目，或超出多划基本农田面积额度的，均按占用基本农田认定。

（三）建立基本农田建设集中投入制度

各级国土资源主管部门要将新增建设用地土地有偿使用费、耕地开垦费、土地复垦费、土地出让收入用于农业开发部分等土地整治专项资金向基本农田保护区、集中区和整备区倾斜，积极试点探索“以奖代投、以补促建”模式，加快建设旱涝保收高标准基本农田，改善基本农田生产条件，提高基本农田质量，引导基本农田整备区内建设用地等其他土地逐步退出，将零星分散的基本农田集中布局，形成集中连片、高标准农产品生产基地。

三、强化建设用地空间管制

（一）落实建设用地管制边界和管制区域

各地要严格按照土地利用总体规划划定的“三界四区”（即城乡建设用地规模边界、扩展边界和禁止建设边界，允许建设区、有条件建设区、限制建设区和禁止建设区），尽快将城镇建设用地管制边界和管制区域落到实地，明确四至范围，确定管制边界的拐点坐标，在主要拐点设置标识，并向社会公告，防止城镇建设无序蔓延扩张。

（二）认真执行各项空间管制规则

城乡建设用地允许建设区在面积不改变的前提下，空间布局可在有条件建设区内进行形态调整，但不得突破建设用地扩展边界。城乡建设用地规模边界的调整，须经规划原批准机关的同级国土资源主管部门批准。城乡建设用地扩展边界原则上不得调整，如需调整，应按规划修改程序报规划原批准机关批准。禁止建设用地边界，除法律法规另有规定外，不得进行调整。

四、严格土地利用总体规划实施

（一）加强土地利用计划调控

土地利用计划是实施土地利用总体规划的重要手段，各地要依据土地利用年度计划，严格建设用地审批。凡不

符合国家产业政策和供地政策的建设项目，不得安排计划指标，没有计划指标的不得批准用地。要积极推进计划差别化、精细化管理，努力化解土地供需矛盾，保障科学发展用地。

各地要采取措施，加强土地利用计划执行监管，认真做好土地利用计划安排使用登记统计，落实计划安排使用网络直报制度，实时监控计划执行情况。要加强土地利用计划执行考核，全面落实计划指标奖罚，提高计划的约束力，确保计划有效执行。

（二）严格建设项目用地预审

强化建设项目用地规划审查，凡不符合法律规定和土地利用总体规划的，不得通过建设项目用地预审。做好经营性和工业项目出让土地的用地预审，在项目审批（核准）前，必须先按程序进行用地预审，预审意见提出的要求，要作为出让条件纳入出让方案。

加强对部委托建设项目用地预审的管理，除法律法规规章明确的项目用地外，对部有关政策性文件明确的灾后重建等特殊地区的项目用地委托预审事宜，实行一事一报制度。

（三）严格依据规划审查各类用地

单独选址建设项目，已列入土地利用总体规划重点建设项目清单，在土地利用总体规划设定的交通廊道内，或选址在土地利用总体规划确定的独立工矿区的，要按照规定及时审查报批用地；未列入土地利用总体规划，但符合《土地管理法》第26条规定的，要按照有关规定，根据国务院和省级人民政府对项目的批准文件，及时修改规划，并将规划修改方案与建设用地报批资料一并报批；未列入土地利用总体规划，也不符合《土地管理法》第26条规定的，不得批准用地，确需建设的项目，需先修改规划，按规定程序报规划原批准机关批准后才能审批用地。

城镇村建设用地，在土地利用总体规划确定的城乡建设用地允许建设区内选址的，按照规定审查报批用地。需要改变允许建设区的空间布局形态，在有条件建设区进行选址建设的，要在确保允许建设区规模不增加的前提下，编制规划布局调整方案，经规划原批准机关的同级国土资源主管部门批准后才能审批用地。因城镇化进程加快，超过规划城镇建设用地规模，需要在允许建设区规模之外使用有条件建设区的，必须在对规划进行定期评估后，在确保耕地保有量和基本农田保护面积不减少、质量有提高，建设用地规模不增加、布局更合理的前提下，编制规划布局调整方案，经规划原批准机关同级国土资源主管部门批准后才能审批用地。

围填海造地，涉及围填海的规模、用途和布局符合土地利用总体规划的，要按照规定审查报批；未纳入土地利用总体规划的，要编制规划修改方案，经规划原批准机关批准后审查报批。

土地整治项目，应当优先在土地利用总体规划及土地整治规划确定的土地整治重点区域、重大工程、示范区和基本农田保护区、集中区、整备区内安排。

（四）严格中心城区规划控制范围的管控

各级国土资源主管部门要严格控制中心城区规划控制范围内、中心城区规划建设用地扩展边界外的规划修改，国务院批准的城市土地利用总体规划确定的中心城区规划控制范围内、中心城区规划建设用地扩展边界外的规划修改，须报国土资源部备案。

（五）规范土地利用总体规划评估修改

经国务院批准的大型能源、交通、水利、矿山、军事设施等建设项目，需要改变土地利用总体规划的，根据国务院的批准文件修改土地利用总体规划；经省、自治区、直辖市人民政府批准的能源、交通、水利、矿山、军事设施等建设项目，需要改变土地利用总体规划的，属于省级人民政府土地利用总体规划批准权限内的，根据省级人民政府的批准文件修改土地利用总体规划。

建立土地利用总体规划实施定期评估和适时修改机制，严格规范土地利用总体规划修改。对土地利用总体规划的修改，必须就修改的必要性、合理性和合法性等进行评估，组织专家论证，依法组织听证，并向社会公示。规划实施评估报告经规划原批准机关同级国土资源主管部门同意后，方可开展规划修改。凡涉及改变城乡建设用地扩展边界、禁止建设用地边界，改变约束性指标，调整重大布局等原则性修改，必须经规划原批准机关批准。严禁擅自通过修改下级土地利用总体规划，扩大建设用地规模和改变建设用地布局，降低耕地保有量和基本农田保护面积。

（六）补充和深化土地利用总体规划安排

在土地利用总体规划的控制和指导下，积极推进地方各级土地整治规划编制工作；县（区、市）可根据当地实际，编制土地复垦规划、后备土地资源开发规划、建设用地再开发规划，补充和深化土地利用总体规划安排。今后，凡开展土地整治、低丘缓坡荒滩等未利用地开发利用、工矿废弃地复垦调整利用等相关工作，必须符合土地利用总体规划、土地整治规划和相关专项规划。

五、保障土地利用总体规划有效实施

（一）加快推进土地利用规划数据库建设

建立与土地利用总体规划编制审批实施相适应的数据库建设、维护和更新长效机制。省级国土资源主管部门要加强对地方各级土地利用总体规划数据库建库、维护和更新的组织指导，严格规范数据的检查和汇交，保障成果质量，保证规划数据库建设各项工作与规划同步完成，并按统一标准和规定时限将数据库成果汇交到部。开展城乡建设用地增减挂钩、低丘缓坡荒滩等未利用土地开发利用、工矿废弃地复垦调整利用等试点的地方，必须将项目区信息上图入库，按规定时限汇交到部。各类规划数据库均纳入部“一张图”和综合监管平台进行统一管理。今后，土地审批和执法督察等工作中审核、审查是否符合土地利用总体规划和专项规划，均以纳入部“一张图”和综合监管平台的相关数据为准。

（二）制订完善土地利用总体规划管理的地方配套法规

各地要根据《土地管理法》及其配套条例、规章，结合各地实际，制订和完善土地利用规划管理的地方配套法规，规范土地利用总体规划各项管理工作，维护土地利用总体规划的严肃性和权威性。

（三）加大土地利用总体规划宣传力度

经批准的土地利用总体规划，应当依法公告，采用网络、报纸发布和张贴布告、设立公告牌等形式，对规划主要内容进行广泛宣传和解读，让全社会了解规划、监督规划的有效实施。

（四）加强土地利用总体规划实施动态监管

通过“一张图”和综合监管平台，加大土地利用总体规划实施情况的监测，及时发现、制止违反土地利用总体规划的行为。加大执法力度，对违法修改土地利用总体规划的行为要严肃查处，限期改正，并依法追究相关责任人的责任。对违反规划批地用地的行为，坚决依法查处。非法占用土地，违反土地利用总体规划的，责令限期拆除违法占地新建建筑物，拒不执行的，依法申请人民法院强制执行。

（五）发挥国家土地督察机构的监督作用

市、县、乡级土地利用总体规划经依法批准后一个月内，省级国土资源主管部门须将土地利用总体规划文本、图件和批准文件送派驻地方的国家土地督察局备案。各派驻地方的国家土地督察局在对地方人民政府土地利用和管理情况的监督检查中，要加强对土地利用总体规划批准、备案和实施情况的监督检查，发现问题后及时向有关地方人民政府和省级国土资源主管部门提出督察意见，并向国家土地总督察报告。

（六）加强土地利用规划专业人才队伍建设

各级国土资源主管部门要加强土地利用规划专业人才队伍建设，采取专业技术知识更新培训、学历学位教育、实践锻炼等多种方式，不断提高专业人才队伍的政治素质和业务素质。严格规范土地利用规划甲级机构管理，进一步稳定、扩大土地利用规划编制机构队伍。省级国土资源主管部门可参照土地利用规划甲级机构审查要求，结合实际，指导省级土地学会积极开展土地利用规划乙级机构的申报认定工作，健全、充实和稳定土地利用规划技术队伍。

二〇一二年二月二十二日

关于做好2012年房地产用地管理和调控重点工作的通知

国土资发〔2012〕26号

各省、自治区、直辖市国土资源主管部门，新疆生产建设兵团国土资源局，各派驻地方的国家土地督察局，部机关相关司局（办）：

2011年，国土资源系统上下齐心协力，攻坚克难，较好地落实了《国务院办公厅关于进一步做好房地产市场调控工作有关问题的通知》（国办发〔2011〕1号）要求，城市住房用地管理和调控工作取得明显成效，住房用地供应稳中有升，结构持续优化；保障房用地应保尽保，提前两月完成供地；住房用地价格调整合理，高价地异常情况趋稳，促进了土地市场平稳健康发展。为贯彻落实中央经济工作会议、全国住房保障工作座谈会议和全国国土资源工作会议精神，继续坚持并深入贯彻中央关于房地产市场的调控政策，按照部重点工作安排，切实做好2012年房地产用地管理和调控工作，现将有关问题通知如下：

一、坚持房地产调控政策不动摇，进一步明确重点工作任务

今年房地产用地管理和调控的基本要求和重点任务是：立足本职、有所作为，坚持方向不改变、态度不动摇、力度不放松，上下联动、各负其责，以保障并合理供应住房用地和促进房地产市场持续健康发展为根本出发点，继续严格落实中央各项调控政策措施，加大监管和调控力度，巩固已有调控成果，促进房价合理回归；继续以保障性安居工程用地落实为重点做好住房用地供应工作，努力保持土地市场平稳运行，避免土地供应总量、结构和价格大起大落，合理引导市场预期；继续以促进形成住房有效供应为重点做好已供住房用地的监管工作，加强住房宗地供应和开发利用的动态监测监管，严格督促按合同约定条件建设和开竣工，及时发现处置闲置土地，坚决打击违法转让土地行为。

二、全力抓好住房用地供应，切实惠及民生

做好住房用地供应计划编制、填报和公布工作。各地要认真总结前两年工作，从实际出发，实事求是，全面分析存量可供土地情况、已供住房用地开发利用情况，充分考虑征迁难度加大等困难，科学合理地编制2012年住房用地供应计划。计划总量原则上应不低于过去5年年均实际供应量，其中保障性住房、棚户区改造住房和中小套型普通商品住房用地不低于总量的70%。确保保障性安居工程住房用地。因地制宜，合理增加普通商品住房用

地，严格控制高档住宅用地，不得以任何形式安排别墅类用地。3月底前，市、县住房用地供应计划应在土地市场动态监测与监管系统中填报，经省级国土资源主管部门审核报部并抄送各派驻地方的国家土地督察局，同时向社会公布。

大力抓好住房用地供应工作。各地要切实把握好供地时序和节奏，努力保持平稳运行。继续坚持和完善招拍挂制度，总结好经验好作法，积极探索“限房价、竞地价”、“限房价、限套型、竞地价、竞配建”等有效的公开出让方式，推动土地供应转向“稳定市场、保证民生、促进利用”等多目标统筹兼顾的管理。继续稳步推进网上交易试点，做好试点评估、验收工作。各省级国土资源主管部门要加强对不同地区住房市场形势研判分析工作，对房价上涨过快、计划实施缓慢的地区，要督促指导加快供应节奏、加大已供住房用地开发利用的督查力度。部将分别于今年7月、2013年1月向社会公布全国及各省（区、市）住房用地供应计划执行进展和落实情况。

做好住房用地供应计划评估调整工作。各地要在编制住房用地供应计划时，做好应对市场波动的用地安排预案。计划实施过程中要密切跟踪市场走势，定期研判供需变化，评估计划实施效果和预期完成率。按照中央调控要求，市、县根据当地市场形势变化，确需在年中调整住房用地供应计划的，在6月底前，可以按照国有建设用地供应计划编制规范要求和保障性安居工程建设任务实施情况调整，同时在线报部并按要求向社会公布。

三、坚决落实保障性安居工程建设用地，实现“应保尽保”

今年继续对保障性安居工程建设用地实行计划指标单列。国务院批准用地城市中心城区经部审查通过的保障性安居工程用地，由部安排计划指标，其它城市由省（区、市）安排计划指标。各省级国土资源主管部门要及时与住房城乡建设（房地产、规划、住房保障）主管部门沟通协调，根据本地区承担的建设任务，分项细化测算用地量，合理提出新增建设用地需求。

对保障性安居工程建设用地特事特办、加快审批。国务院批准用地城市按部规定要求，对保障性住房用地单独组卷，先行申报，其它市、县由各省级国土资源主管部门组织专项报批，计划单列，审批结果于3月底前在线报部。保障性安居工程用地要优先安排使用存量土地，鼓励在商品住房小区多安排配建，以有利于方便群众生活和工作，减轻新建设施配套成本压力。

继续对落实国家保障性安居工程建设用地情况实行目标责任考核，由地方各级国土资源主管部门主要负责同志负全责。各地在3月底前向社会公布住房用地供应计划时，要将保障性安居工程用地供应计划单独列出向社会公示。部将视各地工作进展情况，不定期开展督促检查，并从3季度起对用地落实情况实行月调度，对落实不力的将予以公开通报。

加强利用集体建设用地建设租赁住房试点管理。对于商品住房价格较高、建设用地紧缺的直辖市和少数省会城市，确需利用农村集体建设用地进行租赁住房建设试点的，要按照“严格审批、局部试点、封闭运行、风险可控”的要求，由省级人民政府审核同意试点方案并报部审核批准后，可以开展试点工作。

四、严厉打击违法违规，大力促进开发建设

加强对市县出让公告的审查。各省级国土资源主管部门要依托土地市场动态监测监管系统，进一步完善土地出让公告审核制度，掌握拟出让宗地的具体情况，及时制止违反单宗出让面积规定、捆绑出让、“毛地”出让和容积率低于1等违规出让行为。对一年内连续出现两次及以上违规出让的市县，要在全省公开通报，严肃批评。对违法违规出让土地的行为，要依法依规严肃查处。

强化住房用地的供后监管。各地要严格落实开竣工申报制度，在签订出让合同时，约定用地者在项目开工、竣工时或于开竣工前要向国土资源管理部门书面申报。在合同约定期限内未开工、竣工的，通过增加出让合同和

划拨决定书条款或签订补充协议等方式，对申报内容进行约定监管。今年上半年，各省级国土资源主管部门负责，建立住房用地供后巡查监管制度。重点是要求市县国土资源主管部门要会同相关部门，充分运用土地市场动态监测监管平台，以按时开竣工为重点，做好住房用地供后开发利用中存在问题的预警、巡查、督办、反馈、通报工作，切实解决好已供土地开发利用中闲置土地、违法转让、擅自改变用途性质、违反合同条款建房等问题的及时发现、及时处置。严肃查处改变保障性安居工程土地用途、改变容积率、违反单套建筑面积标准等问题。部将在今年7月下旬抽查部分省（区、市）开展土地利用巡查督办工作情况。

促进已供住房用地开发建设，尽快形成住房有效供应。各省级国土资源主管部门要抓紧开展未竣工住房用地的清查，组织市县国土资源主管部门，以监测监管系统中未竣工的项目为基础，进行全面清理和核实，并于3月底前在监测监管系统中更新有关信息。对已竣工但未在系统中录入的，及时更新竣工信息；对未按期开工的，及时调查认定；对构成闲置的，市县国土资源主管部门应逐宗在国土资源部门户站的中国土地市场网上公开，依法严肃查处并按部要求暂停相关单位参加新的项目竞买资格直至处置完毕；对未按要求在监测监管系统中录入出让合同或划拨决定书的，要及时补录并加强监管。部将按季度对未按时开竣工项目和在建住房用地情况进行通报，并依据监测监管系统数据，对系统数据填报不准确、预警反馈不及时、督办落实不到位的省（区、市）和重点城市开展专项督办。《闲置土地处置办法》修订后，各省要依据新的要求，加强闲置土地预警、处置和公示等工作，促进土地开发利用。

五、强化监测分析和新闻宣传，积极引导市场

各地要进一步加强城市地价动态监测工作，密切关注地价变化，及时、真实、准确、完备、规范在线上报地价监测信息。季度地价涨幅超过10%的，城市国土资源主管部门应及时查找原因，提出对策，向当地政府及省级国土资源主管部门汇报后报部备案。省级国土资源主管部门要组织估价行业协会和专家，加强监督指导。

严格落实和进一步完善房地产用地异常交易地块备案制度，严禁瞒报，杜绝漏报、错报。加强土地出让价格评估管理，完善决策程序，合理确定招拍挂起始价、底价，不得为规避异常交易地块备案制度而随意提高起始价、底价。自今年起，除招拍挂出让中溢价率超过50%、成交总价或单价创历史新高的房地产用地外，流标、流拍的也要通过土地市场动态监测与监管系统及时在线上报。省级国土资源部门要密切关注房地产用地出让价格变化情况，防范住房用地价格非理性上涨。

各地要加强对增量存量土地供应、用地结构、开发利用和价格变化等指标的分析研判，及时准确把握市场预期，做好政策储备和预评估。要适时向社会公布土地供应总量、用地和建房结构、土地价格等市场动态监测监管信息，及时回应人民群众关心关注的热点难点问题，加大主动宣传力度，积极引导舆论，引导市场健康发展，巩固已有的调控成果。

今年是进一步贯彻落实中央调控政策，促进住房价格合理回归的关键年，各级国土资源主管部门一定要坚定不移地按照中央决策和部的工作要求，在政府领导下和相关部门配合协作下，努力克服困难，确保做好以保障性安居工程为重点的城乡住房供地和监管工作，以优异的工作实绩，迎接党的十八大召开。

二〇一二年二月十五日

关于大力推进节约集约用地制度建设的意见

国土资发〔2012〕47号

各省、自治区、直辖市及副省级城市国土资源主管部门，新疆生产建设兵团国土资源局，解放军土地管理局，各派驻地方的国家土地督察局，部机关有关司局：

《国务院关于促进节约集约用地的通知》（国发〔2008〕3号）下发以来，各地积极贯彻落实，节约集约用地工作取得明显进展。但目前节约集约用地制度体系仍不健全，内容不完善，政策措施不配套，落实不到位，推进节约集约用地制度建设的任务还相当艰巨。为进一步贯彻落实十七届三中、五中全会《决定》和中央领导同志对建立最严格的节约用地制度、实施节约优先战略的指示，现就推进节约集约用地制度建设提出以下意见：

一、深刻认识大力推进节约集约用地制度建设的重大意义

党中央、国务院高度重视节约集约用地工作，明确提出要建立健全严格的节约集约用地制度，并将资源节约确定为基本国策和优先战略，多次对实行严格的节约用地制度提出明确要求。节约集约用地制度是我国土地管理制度中的一项基础性制度，是保障和促进经济社会科学发展的战略举措。积极推进节约集约用地制度建设和实施，是健全最严格的土地管理制度的重要组成部分；是完善节约集约用地法制、体制、机制的重要工作任务；是促进转变土地利用方式和经济发展方式，全面落实节约优先战略的重要着力点；是落实最严格的耕地保护制度的重大举措；是提升土地资源对经济社会发展的承载能力和利用效益，破解“两难”问题，促进城乡建设用地合理布局和节约集约利用，保障和促进经济社会可持续发展的重要途径。各级国土资源主管部门要把思想认识统一到党中央、国务院的决策部署上来，要从国家战略和为子孙后代负责的高度，把加快推进节约集约用地制度建设和实施作为当前必须做好的一项重要工作任务，切实增强使命感和紧迫感，加快建设体系完备、措施有力、切实可行的节约集约用地制度。

二、大力推进节约集约用地制度建设的总体要求和基本原则

大力推进节约集约用地制度建设的总体要求是：紧紧围绕科学发展主题和加快发展方式转变主线，以保障经济社会可持续发展为目标，以提升土地资源利用效率和土地投入产出水平为着力点，合理控制建设用地规模，优化土地利用布局和结构，拓展符合资源国情的建设用地新空间，创新节约集约用地模式，加强节约集约用地评价考核，促进各项建设少占地、不占或少占耕地，实现以较少的土地资源消耗保障支撑更大规模的经济增长。

大力推进节约集约用地制度建设的基本原则是：坚持统筹城乡用地，合理确定用地布局和结构；坚持建设用地总量控制和用途管制，促进土地利用和经济发展方式转变；坚持市场配置土地资源，提高土地承载能力和利用效率；坚持土地使用标准控制，严格用地约束；坚持节约集约用地评价考核，促进制度有效落实。

三、建立健全节约集约用地制度的基本内容

各地要按照“规划管控、计划调节、标准控制、市场配置、政策鼓励、监测监管、考核评价、共同责任”的框架体系，重点建立健全以下八项节约集约用地制度。

（一）土地利用总体规划管控制度

实行建设用地总量控制，科学确定各类建设用地总量，落实土地利用总体规划确定的建设用地规模、布局、结构和时序安排；实行以人均建设用地为基本标准的城镇工矿用地规模控制，按照土地利用总体规划确定的人均建设用地标准从严控制规划期内城镇工矿用地；实行农村建设用地规模控制，提高农村土地利用效率，确保农村现有建设用地总量不增加；实行建设用地布局和结构控制，以土地利用总体规划统筹各区域、各业发展用地，强化产业发展、城乡建设、基础设施布局、生态环境建设等相关规划与土地利用总体规划的衔接；实行耕地和基本农田总量及空间（布局）控制，依据土地利用总体规划划定基本农田保护区并实行永久保护；实行建设用地功能区控制和空间管制，按照土地利用总体规划划定城乡建设用地规模边界、扩展边界和禁止建设边界，划定允许建设区、有条件建设区、限制建设区和禁止建设区，落实建设用地管制边界和管制区域；实行土地利用总体规划自上向下逐级控制，下一级规划不得突破上一级规划确定的约束性指标和分区管制规定；实行土地利用总体规划成果公告和调整评估制度，规划编制要扩大公众参与，规划一经批准应依法予以公告；调整规划的，必须就调整的必要性和合理性等进行评估，依法组织听证和专家论证，并向社会公示。

（二）土地利用计划调节制度

加强和改进土地利用年度计划管理，严格控制新增建设用地总量和新增建设用地占用耕地的数量，降低经济发展对土地资源的过度消耗；实行差别化的计划区域调节政策，依据国家区域发展战略，从严控制东部发达地区新增建设占用耕地计划指标，合理安排中部和东北地区新增建设用地计划指标，适当增加西部欠发达地区未利用地计划指标；实行有保有控的产业用地政策，优先安排保障性住房和农民住房、环保、医疗卫生和现代服务业用地，合理安排重点能源、交通、水利等基础设施项目用地，支持战略性新兴产业和高技术、高附加值、低消耗、低排放的新产业、新工艺、新产品项目用地；统筹安排城乡建设用地增减挂钩、围填海用地和盘活存量建设用地；鼓励符合条件的地区开展工矿废弃地复垦调整利用和低丘缓坡荒滩等未利用地开发利用。

（三）建设用地使用标准控制制度

实行建设项目用地准入标准，修订和实施限制禁止用地目录，控制资源消耗高、环境危害大、产能过剩、土地利用强度低、投入产出效益差的项目用地；实行城乡统一的建设用地指标控制，完善科学可行的建设用地标准体系，修订和实施工程建设项目用地指标，合理确定城镇规划区范围以外的农村宅基地和宅基地建筑占地最高控制面积，控制建设项目用地规模，逐步形成覆盖城乡、覆盖各类产（行）业的建设用地使用标准体系；实行工业项目建设用地指标控制，适时修订工业项目建设用地控制指标，明确工业项目投资强度、容积率、建筑系数、绿地率、非生产设施占地比例等控制性指标要求，实现工业用地节约集约和优化配置；探索建立经营性建设项目投资和产出标准体系，综合评定土地利用效率和效益。

（四）土地资源市场配置制度

实行土地资源市场配置，完善国有土地出让、租赁、作价入股等配置方式；实行经营性基础设施用地有偿使用，缩小划拨供地范围；坚持和完善国有土地招标拍卖挂牌出让制度，依据规划确定用途，通过市场竞争确定土地价格和用地者；加快推进经营性集体建设用地使用制度改革，城镇建设用地范围外依法取得的集体经营性建设用地使用权，可按有关规定采取公开规范的方式转让，与国有土地享有平等权益；鼓励集体土地使用权人以土地使用权联营、入股等形式兴办企业，盘活利用闲置土地和低效用地。

（五）节约集约用地鼓励政策制度

实行开发区节约集约用地鼓励政策，完善开发区节约集约利用评价、考核与升级扩区、优先安排建设用地指标相挂钩的激励机制。实行工业用地节约集约利用鼓励政策，深化完善工业用地提高利用率和容积率不再增收土地价款的规定；实行优先发展产业的地价政策，各省（区、市）确定的优先发展产业且用地集约的工业项目，出让底价可按不低于《工业用地出让最低价标准》的70%确定。鼓励地上地下空间开发利用，完善地上地下建设用地使用权配置方式、地价确定、权利设定和登记制度。实行城市改造中低效利用土地“二次开发”的鼓励政策，在符合法律和市场配置原则下，制定规划、计划、用地取得、地价等支持政策，鼓励提高存量建设用地利用效率。

（六）土地利用监测监管制度

实行土地供应全程监管，以供地前发布实施供地计划、供后规范履行出让合同（划拨决定书）为重点，以国土资源遥感监测“一张图”为基础的综合监管平台为支撑，对土地供应总量、布局、结构、价格和开发利用情况实行全面监管，形成“全国覆盖、全程监管、科技支撑、执法督查、社会监督于一体”的综合监管体系；实行土地利用巡查，以乡镇国土所为平台和依托，以建设项目开工、竣工、土地用途改变、土地闲置、土地开发利用强度为重点，开展动态巡查；实行土地开发利用信息公开，定期公布批而未供、供而未用、低效用地、合同履行等情况，扩大公众参与，发挥社会监督作用。

（七）土地利用评价考核制度

实行城乡建设用地节约集约利用评价考核，以上一级政府对下一级政府单位国内生产总值建设用地面积下降为考核重点，定期公布考核结果，作为控制区域建设用地规模、下达土地利用年度计划的依据；定期开展开发区土地集约利用评价，评价结果作为开发区升级、扩区的依据；开展重点城市建设用地节约集约利用潜力评价，全面掌握城市建设用地利用状况、集约利用程度、潜力规模与空间分布，评价结果作为科学用地管地、制定相关用地政策的重要依据。

（八）节约集约用地共同责任制度

努力争取各级党委政府对节约集约用地的领导，加强部门协同联动，充分调动社会力量参与，着力构建“党委领导、政府负责、部门协同、公众参与、上下联动”的共同责任制度。

四、大力推进节约集约用地各项制度的有效落实

各地要按照本《意见》确立的节约集约用地制度体系，加快制度落实和体制机制创新。近期重点开展以下工作。

（一）全面部署开展节约集约用地制度建设工作

各省级国土资源主管部门要按照本《意见》要求，抓紧部署安排，全面开展制度建设的各项工作，2012年底前，基本建立符合本地区经济社会发展水平、土地资源利用条件和发展需要的节约集约用地制度，研究出台制度建设的规范性文件。各市、县要按照部、省要求，抓紧制订针对性强、可操作的政策措施，有效落实节约集约用地制度。同时，要按照“十二五”单位国内生产总值建设用地下降30%的目标，细化分解任务，逐级落实到市、县，并建立年度实施评估制度。

（二）加快制定规划管控和计划调节的专项制度

为加快节约集约用地制度供给，部正在研究土地利用总体规划实施管理、规划定期评估和适时调整、土地利用计划差别化管理、工矿废弃地复垦调整利用、农民住房用地先使用后核准等规划管控和计划调节的专项制度和政策。各地要严格落实规划管控制度，依据新一轮土地利用总体规划划定和保护基本农田，尽快落实建设用地管制边界和管制区域；严格土地利用总体规划审查，城乡建设、区域发展、基础设施建设等相关规划不符合土地利用总体规划的，不得通过规划审查；突破土地利用总体规划确定的约束性指标的，必须报原规划审批机关批准。要实行土地利用计划差别化管理，统筹安排区域用地计划，优先保障农民宅基地等民生用地指标；合理安排城乡

建设用地增减挂钩指标，重点支持小城镇和中心村建设。

（三）进一步完善节约集约用地鼓励政策

支持企业利用已有存量土地和原厂房兴办商务和信息服务、研发设计、文化创意、物品储运、鲜活农产品销售等服务业，鼓励用地单位利用已有土地开发地下空间和“二次开发”。各地要加快研究促进经济发展方式转变和市场配置土地要求的供地政策和地价政策。进一步贯彻落实国家出台的鼓励企业兼并重组、促进旅游业和现代服务业发展、支持农产品批发市场建设等用地政策，促进企业依法依规和节约集约利用土地。

（四）积极开展节约集约用地试点创新

继续深化已开展的增减挂钩、工矿废弃地复垦调整利用、低丘缓坡荒滩等未利用地开发、采矿用地临时使用等节约集约用地改革试点，适时总结推广。为规范推进改革，凡报国土资源部批准的节约集约用地改革试点，必须在“一张图”为基础的国土资源综合监管平台上运行，达不到条件的，不得开展试点。2012年，省级国土资源主管部门要重点推进节约集约用地制度实施中的试点创新，及时总结、评估，形成制度性成果。各市、县要结合本地实际，研究制定行之有效的政策措施，创新节地模式，推广节地技术，提升节地科技水平，推进节约集约用地制度在试点创新中不断健全完善。

（五）严格执行建设用地标准，加强监测监管

2012年，各地要对建设用地使用标准进行全面清理，不符合节约集约用地要求的，应及时废止；严格执行禁止和限制用地项目目录，目录明确不得用地的项目，不得办理各项用地手续；严格执行《工业项目建设用地控制指标》、国家和地方颁布的建设项目用地标准，出让合同或划拨决定书要明确项目用地标准，并规定达不到标准的违约责任和处罚措施；对符合供地政策和产业政策、没有用地标准或超过用地标准的建设项目，要依据项目节地评价结果供地。对国家相关部门颁布建设标准但尚未出台用地标准的项目类别，各地要结合本地区土地资源条件和经济社会发展现状，加快制定用地标准。

完善土地市场监测监管系统和城市地价监测系统，有效发挥以国土资源遥感监测“一张图”为基础的综合监管平台对推进节约集约用地制度建设的重要支撑作用。要通过监测监管系统，逐步建立闲置土地的发现、转办、反馈、核实、处置、利用的常态化工作制度，推进批而未供土地的及时供应和开发利用。对房地产闲置土地，要加大公开督办力度。

节约集约用地制度建设是一项系统工程，涉及面广、政策性强，任务繁重，潜能巨大。各级国土资源主管部门要深刻领会节约集约用地制度建设的重大意义，认真把握总体要求和基本原则，加快研究落实《意见》确定的“八项制度”，切实加强组织领导，主要领导要亲自抓、负总责，周密部署，确保工作的扎实推进。各省级国土资源主管部门要在2012年11月底前将落实本《意见》的情况报国土资源部。

本文件自下发之日起执行，有效期八年。

二○一二年三月十六日

关于印发《保发展保红线工程2012年行动方案》的通知

国土资发〔2012〕58号

《保发展保红线工程2012年行动方案》已于2012年3月15日第7次部长办公会审议通过，现予印发，请遵照执行。

二〇一二年三月三十日

保发展保红线工程2012年行动方案

为贯彻落实党中央、国务院关于土地管理工作的一系列决策部署，运用土地宏观调控政策，服务经济社会发展；落实最严格的耕地保护制度和最严格的节约用地制度，确保耕地保护数量不减少，质量有提高，促进经济发展方式转变，国土资源部决定在2012年继续实施保发展保红线工程（以下简称“双保工程”）。

一、行动主题

节约集约保发展，严格规范守红线。

二、总体目标和任务

围绕“稳增长、调结构、抓改革、促和谐”的主要目标，促进地方各级政府依法依规管好用好土地。在保发展方面，严格落实中央经济调控政策，加大规划管控力度，促进发展方式转变，保障科学合理的用地需求；在保红线方面，确保耕地数量稳定的基础上，加大基本农田保护力度，提高耕地质量，实现耕地保护数质并重。全力推进节约集约用地制度建设，基本建立符合各地经济社会发展水平、土地资源利用条件和发展需要的节约集约用地制度。

“双保工程”2012年行动在扎实推进土地利用和管理工作的基础上，更加注重提纯和凝练，着力在“破解难题”上下功夫，通过改革创新，形成制度性成果。在工作部署上，分为主体工作和基础工作，主体工作由宏观调控、耕地保护、节约集约、督察执法和制度供给组成，“双保工程”2012年行动将对主体工作完成情况加大跟踪落实和检查力度；基础工作侧重国土资源管理信息化建设和干部培训，促进信息化和业务工作的融合，加强国土资源管理基础建设。

三、主体工作

工作目标：围绕宏观调控、耕地保护、节约用地、督察执法和制度供给等五个方面的工作，在保持土地调控政策稳定性和连续性的基础上，以保护耕地、保障发展为主线，实施差别化的土地管理政策；既要保障经济稳定增长的用地需求，又要促进经济结构调整；既要保护耕地红线，又要依法依规管好用好土地，实现土地管理更加有效服务于经济社会发展。

（一）加强宏观调控

1. 全面完成新一轮土地利用总体规划修编。在坚持节约集约用地的前提下，合理安排新增建设用地规模、结构和时序，强化产业发展、城乡建设、基础设施布局、生态建设和环境保护等相关规划与土地利用总体规划的协调衔接。完成省级和报国务院审批的城市土地规划数据库数据的汇交、检查、整理和入库，实现与建设用地审批系统的集成应用，同步推进省级及以下土地利用总体规划数据的接收、检查和入库。出台土地利用总体规划实施定期评估和适时调整的指导意见。部署开展城镇建设用地管制边界划定试点，强化城镇建设用地空间管控。

2. 实施计划差别化管理，合理安排2012年土地利用计划。合理确定2012年全国土地利用计划总量。进一步完善计划差别化管理政策措施，建设用地计划与供地率挂钩，提高计划管理有效性和针对性。重点保障“三农”、保障性住房、社会事业等建设，支持欠发达地区、科技创新、节能环保、战略性新兴产业、国家重大基础设施在建和续建项目合理用地。加强计划管理信息化建设，严格计划监管考核，确保计划有效执行。

3. 严格土地供应管理。加强对2012年供地计划编制工作的指导，强化对计划执行情况的跟踪和分析。全面落实新修订的《限制用地项目目录》和《禁止用地项目目录》。积极拓展建设用地新空间，推进低丘缓坡等劣质农用地和未利用地开发利用试点，开展工矿废弃地复垦调整利用试点，积极探索形成支持政策和措施。坚持陆海统筹，强化用海用地衔接，确保围填海适度有序开展。探索加强和改善土地调控的有效措施。

（二）严格耕地保护

4. 大力实施土地整治推进高标准基本农田建设。印发《全国土地整治规划（2011—2015年）》和《关于加快编制和实施土地整治规划大力推进高标准基本农田建设的通知》。分解落实“十二五”期间4亿亩高标准基本农田建设任务。对地方进行督促指导，落实2012年度1亿亩高标准基本农田建设任务，全面总结116个国家级基本农田保护示范区建设情况，启动500个高标准基本农田示范县建设，扩大示范效应。加快10个土地整治重大项目建设，重点支持10个示范省建设，筹备新的土地整治重大项目，加大对重大工程和示范省建设的督促指导力度。启动500个土地复垦方案实施示范工程，并重点对10个省份、20个市、30个县、50个矿山企业土地复垦方案实施情况进行跟踪指导。

5. 深化耕地保护机制建设。组织完成2011年度省级政府耕地保护责任目标履行情况检查，继续促进落实领导干部耕地保护考核评价、离任审计制度。总结推广江苏金坛等地农民自发成立耕地保护协会先进经验和典型事例。总结推广成都、佛山等地建立耕地保护补偿机制的经验，在东中部经济发达地区、国家综合配套改革试验区等地区选择部分地方扩大试点。

6. 继续加强耕地占补平衡监管，改进考核方法。利用综合信息监管平台和国土资源一张图，加强补充耕地日常监管，落实耕地占补平衡。在2010年度考核的基础上，继续利用监管系统核对建设项目耕地占补平衡挂钩情况，并开展实地抽查，形成2011年度批准建设用地项目的耕地占补平衡考核通报，并通报全国。

7. 推进永久基本农田保护和耕地质量管控。依托一张图和综合监管平台，加强基本农田数据库建设，初步建立基本农田动态监管系统；强化耕地质量管理，全面推进耕地质量等级变更和评价，严格土地整治新增耕地质量评定和验收，优化耕地质量等级监测布局，提升管理水平。

（三）推进节约集约

8. 完成节约集约指标的分解和考核。逐级分解落实“十二五”规划纲要提出的“单位国内生产总值建设用地下降30%“的目标。开展重点行业、区域和城市节约集约用地情况评价，指导各地探索开展多种形式的节约集约用地成效评价。完成年度新增建设用地消耗考核。

9. 加强土地利用的动态监管。修订《闲置土地处置办法》，加大闲置土地处置力度。加强不同类型、不同区域开发区节约集约用地管理的分类指导和动态监管。做好2012年度开发区土地集约利用评价成果更新工作，相关成果纳入国土资源“一张图”和综合监管平台，实施动态管理并向社会公开。

10. 推进节约集约制度建设。制定节约集约用地制度建设的意见，2012年底前各地基本建立起符合本地区特点的节约集约用地制度框架体系。深入推进国土资源节约集约模范县（市）创建活动，扩大创建活动评选对象，拉开创建活动层级。总结推广节约集约利用好机制、好模式，促进节约集约理论创新。策划宣传节约集约模范地区和典型案例，促进全社会节约集约意识提高，进一步形成社会合力。

（四）加强督察执法

11. 加强对地方政府执行土地管理政策情况的督察。选择一定数量的重点城市，针对土地利用和管理情况实施例行督察。全面开展审核督察，督促地方政府规范农用地转用和土地征收行为。统筹开展专项督察，加大对重大土地违规违法问题或一定时段、一定区域内倾向性苗头性问题的检查力度。关注被督察地区整改工作情况，适时开展回头看和整改后续效果的跟踪回访，针对督察之后，整改不到位或者出现反弹的地区，加大督察力度。加强同中央巡视机构等部门协作，提升督察效能。

12. 强化执法监管共同责任机制，提升土地矿产卫片执法检查工作水平。继续会同铁道部、交通运输部、水利部推进解决重点工程项目用地未批先用问题。与最高人民法院、最高人民检察院、公安部、监察部等召开部级联席会议，进一步完善共同责任机制。根据2010年度土地矿产卫片执法检查结果，配合监察部做好责任追究工作。组织开展2011年度土地矿产卫片执法检查工作，充分发挥“一张图”和综合信息监管平台的作用，确立“统筹谋划、突出重点、协同推进、提高效率”的总体思路，提高工作效率和质量。完善公开通报和挂牌督办国土资源领域违规违法案件制度，加强实地复核，跟踪处理意见的落实，推动对事对人依法依规处理到位。

（五）加强制度供给。

13. 总结试点经验，形成制度规范。总结成都统筹城乡土地管理制度改革经验，推进城乡土地管理制度改革。总结重庆地票交易制度，提出示范推广意见。总结耕地占补平衡指标市场化交易实践，出台相关管理办法。总结针对不同产业特点的差别化出让方式实践，深化土地招拍挂等出让制度的创新。总结广东“三旧改造”、上海张江等城市低效土地利用二次开发及节约集约试点经验，深化推广。研究提出围海造地与建设用地统筹管理的意见。推进完善土地权利制度试点，研究制定《关于地上地下土地权利确定与登记的指导意见》。

14. 持续推进改革，建立制度储备。部署全国“两会”期间部省联合调研，促成调研成果的转化应用。推进城市用地审批制度改革，完成试点城市评估工作，提出调整改进城市用地审批制度试点范围的意见。继续改进单独选址项目建设用地审批工作。部署开展集体经营性建设用地流转改革试点。总结海南、福建等地征地拆迁补偿经验，推进征地制度改革。继续推进集体建设用地建设租赁住房改革试点。选择有条件地区，开展土地调控差别化政策的试点探索。开展国家重点项目建设用地占补平衡、农村宅基地管理等问题的调研，为制定政策提供依据。

四、基础工作

工作目标：加强地籍调查和地籍信息系统建设，夯实现代地籍管理基础。加强“一张图”和综合监管平台建设与应用，扩展综合监管覆盖范围。完成土地登记信息动态监管系统建设和年度土地变更调查与遥感监测，加强地质信息资料服务和管理，开展大规模干部国土资源法律法规培训，为国土资源管理提供基础支撑。

15. 完成全国土地登记信息监管查询系统建设工作并试运行。拓展土地登记信息应用的广度和深度，做好全国土地登记信息监管查询系统的软件开发、网络构建以及相关制度、标准和规范的完善，并试点运行。指导地方加快地籍管理规范化和信息系统建设，加强地籍数据库的应用、更新与维护。抓好土地登记信息的规范化和标准化建设，对增量的土地登记信息及时录入信息系统，对存量土地登记信息要抓紧数字化。

16. 完成年度土地变更调查与遥感监测工作。出台《土地变更调查技术规程》，全面完成2011年度全国土地变更调查与遥感监测工作，更新2011年度全国土地利用遥感影像数据库和土地利用现状数据库，开展年度土地利用变化情况分析，部署开展2012年度全国土地变更调查与遥感监测工作，拓展变更调查和遥感监测成果应用领域，提高数据监管服务水平。加快推进全国宗地统一代码编制工作。探索建立土地调查人员机构管理制度。

17. 加快推进地籍调查工作。加快推进以保护权益为核心的地籍调查工作，印发《关于推进地籍调查 加强地籍信息化建设工作的通知》，开展《地籍调查规程》修订工作，做好《地籍调查规程》出台后的宣传培训等相关工作，印发《关于开展2012年城镇地籍调查数据更新汇总工作的通知》，部署开展2012年城镇地籍调查工作。”

18. 推进国土资源“一张图”和综合监管平台建设与应用。完善全国统一的数据架构和更新机制，保持各级数据的完整性和一致性，形成全国国土资源“一张图”核心数据库。进一步完善和拓展部综合监管平台，加快综合监管平台在国土资源工作各领域、管理各环节中的应用，形成常态化运行机制，印发《关于加快推进国土资源遥感监测“一张图”和综合监管平台建设与应用的通知》，推进各省国土资源“一张图”和综合监管平台建设与应用。

19. 进一步提高地质资料信息管理和服务水平。建立全国统一的地质资料管理系统和共享服务平台，全面实现对地质资料汇交的网上监管。进一步提高地质资料信息服务的集群化、产业化水平，着力推进四项服务。一是推进数字化服务。加大地质资料数字化力度，加快构建便捷、安全、低成本的数字化服务体系，积极为重大工程、民生项目提供数字资料产品服务。二是推进地质资料电子阅览室服务。召开电子阅览室建设现场会，全面推进电子阅览室建设。三是推进网络共享服务。按照分布式保管，网络共享服务的思路，建立统一的覆盖全国的地质资料信息集群化共享服务平台。四是推进专题服务。优先开展找矿突破战略行动确定的整装勘查区内地质资料数字化、地质资料系列产品集成、钻孔数据清查和重要钻孔数据库建设试点工作等。

20. 扎实开展大规模干部培训。开展大规模的国土资源法律法规培训和宣传，加强对换届后地方党委政府领导干部和公务员队伍国土资源政策法规教育培训，在市（地）、县（市）国土资源局长培训班开展“双保工程”专题培训。向地方党委政府领导发放《领导干部国土资源管理实用手册》，做好国土资源干部培训系列教材的宣传推广，抓好教材的学习和运用，推动地方政府更好履行共同责任，提升干部整体素质和能力。

五、工作要求

“双保工程”是部省合作，破解“两难”，推动国土资源管理工作的重要平台。2012年行动中，各级国土资源管理部门要认真贯彻党中央、国务院的一系列重要部署，深入贯彻落实科学发展观，进一步完善推动“双保工程”实施的工作机制，在服务大局、破解困局、完善布局、优化格局上下功夫，保证各项重点任务目标圆满完成。

（一）推动“双保工程”有效运转

部“双保工程”联席会议成员单位明确各项重点任务的牵头负责单位，建立定期会议制度，加强情况沟通和信息交流，加强检查和调研工作的统筹整合，加强对地方落实情况的监督检查。国家土地总督察办公室承担部“双保工程”日常协调工作，建立同地方“双保工程”具体负责部门的沟通联系机制。各督察局牵头，建立与省级政府和国土资源主管部门的工作协同推动机制，5月、9月分别召开督察区域“双保工程”推进会，部联席会议有关成员单位参加，检查督促主体任务完成情况，会商解决工作难题。

各省（区、市）国土资源主管部门要进一步加强“双保工程”的组织领导，根据部的统一部署，结合本地区实际，制定“双保工程”2012年行动实施方案，落实好重点任务。省级国土资源主管部门要制定宣传工作方案，会同国土资源报社协调驻各地记者站加强2012年行动重点任务落实情况、地方典型经验的宣传。

（二）加强宣传，营造有利氛围

组织有关媒体记者对“双保工程”2011年行动成效显著单位进行采访报道，在国土资源报上开辟专栏，报道

“双保工程”动态消息，挖掘和推广“双保工程”的新思路、新办法、新经验。以访谈、署名文章、通讯报道、新闻通气会等各种形式，大力宣传“双保工程”。充分利用6.25全国“土地日”等重要节点，运用群众喜闻乐见的宣传方式，加强公众参与，努力在全社会营造“双保工程”良好的社会舆论氛围。

（三）跟踪督导，确保各项工作取得实效

部将根据“双保工程”进展情况，适时部署对主体工作完成情况调研督导，并召开会议指导“双保工程”顺利推进。各省（区、市）国土资源主管部门应加强督导检查，确保“双保工程”不走过场。省级国土资源主管部门于2012年6月20日前形成2012年行动半年工作总结，12月20日前形成年度总结，报国家土地总督察办公室。

2012年年底前组织遴选“双保工程”成效显著单位，予以公开通报表扬。各级国土资源主管部门要探索建立推动“双保工程”的激励机制，将年度任务落实情况作为土地利用计划指标奖扣、土地整治资金分配等的重要因素，对成效显著的地区予以倾斜。

关于进一步加强和改进建设项目用地预审工作的通知

国土资发〔2012〕74号

各省、自治区、直辖市国土资源主管部门，新疆生产建设兵团国土资源局，解放军土地管理局，各派驻地方的国家土地督察局，部有关直属单位，机关各司局：

建设项目用地预审（以下简称用地预审）制度实施以来，在严格执行土地利用总体规划、加强土地政策与产业政策的协同配合等方面发挥了重要作用，有力地促进了土地用途管制制度的落地，促进了耕地保护和节约集约用地，促进了国家宏观调控政策的有效落实。但是，随着土地使用制度改革和投资管理体制改革的不断深入，用地预审工作中也出现了一些新情况、新问题，预审内容有待进一步深化，与项目审批（核准、备案）以及建设用地审批、供应之间的衔接有待进一步加强，跟踪监管有待进一步强化。为了适应深化改革和规范管理的需要，经研究，现就进一步加强和改进用地预审工作通知如下：

一、切实发挥用地预审的前置把关作用

（一）严格执行用地预审相关法律政策规定

用地预审是《土地管理法》确立的一项基本管理制度，是实施土地利用总体规划、严格土地用途管制的一项基本政策工具，也是国家基本建设管理程序的必要环节。《国务院关于深化改革严格土地管理的决定》（国发〔2004〕28号）明确要求：“项目建设单位向发展改革等部门申报核准或审批建设项目时，必须附国土资源部门预审意见；没有预审意见或预审未通过的，不得核准或批准建设项目”。《建设项目用地预审管理办法》（国土资源部令第42号，以下简称《预审办法》），对用地预审的依据、内容、程序和效力等作出了全面系统的规定。各级国土资源管理部门必须进一步提高对用地预审工作必要性和重要性的认识，坚持依法行政，严格预审管理，确保用地预审制度真正落实。

（二）深化对用地预审内容的实质性审查

按照深化土地审批制度改革的要求，进一步做好用地预审与建设用地审批内容的衔接，既避免重复审查、提高审批效率，又更好地发挥用地预审的前置把关作用。要加强对预审内容的实质性审查，进一步做好对拟建项目选址、用地规模、占地类型、补充耕地初步方案等内容的审查，确保耕地保护和节约集约用地各项政策要求的落实；强化对建设项目征地补偿费标准的审查，切实维护被征地农民的合法权益；加强对矿山项目等土地复垦资金落实情况的审查，促进矿山环境恢复治理和生态环境保护。需在用地预审阶段提交地质灾害危险性评估报告和压覆重要矿产资源证明材料的，要做好对有关内容的审查把关。

（三）强化现场踏勘和专家论证

按照《关于在建设项目用地预审中做好实地踏勘和论证工作有关问题的通知》（国土资厅发〔2008〕41号）要求，对纳入论证范围的建设项目，要严格论证程序、突出论证重点、保证论证质量，把保护耕地和节约用地作为建设方案比选的重要内容，防止为降低投资成本等而占用大量耕地特别是基本农田。要强化前期介入，引导建设项目统筹规划、科学选址、节约用地，不占或少占耕地。要坚持专家论证与行政审查相分离的原则，确保专家论证意见的独立性、公正性和严肃性，更好地发挥专家咨询作用。

二、严格规范经营性和工业项目用地预审管理

（四）严格实行经营性和工业项目用地前置预审

经营性和工业项目，应按照《土地管理法》和《预审办法》的有关规定进行用地预审。预审意见由项目审批（核准、备案）部门同级的国土资源主管部门出具，预审意见提出的有关要求，作为土地出让条件纳入招拍挂方案，履行招拍挂程序后，由取得土地使用权人严格落实。

（五）规范经营性和工业项目用地预审

各级国土资源主管部门要严格执行前置预审规定，规范经营性和工业项目用地预审申请主体、办理程序和有关内容等，做好项目用地预审与招拍挂出让供地的衔接。严禁以土地招拍挂出让为名，规避用地预审；严禁以先行签订土地出让合同、核发土地使用证等代替用地预审意见。

三、认真做好用地预审与项目审批（核准、备案）的衔接

（六）依建设项目管理权限做好用地预审

需人民政府或有批准权的人民政府投资主管部门审批（核准、备案）的建设项目，由该人民政府的国土资源管理部门负责用地预审。对部有关政策性文件明确的项目用地委托预审事宜，实行一事一报制度，由省级国土资源主管部门向部提出对单个项目进行授权委托申请，经研究同意授权并出具委托函后，由省级国土资源主管部门对项目进行用地预审，用地预审意见报部备案。

（七）严格执行建设项目前期告知有关规定

按照国发〔2004〕28号文件的规定，对符合国家产业政策和供地政策，已纳入同级政府或投资主管部门批准的行业规划等，投资主管部门有明确意见需加快推进的建设项目，各级国土资源主管部门应按照严格规范管理、积极主动服务的要求，指导建设单位按要求组织用地预审报件，符合相关规定和要求的，及时出具用地预审意见。对未纳入行业规划的项目，申请用地预审时必须取得同级投资主管部门开展前期工作的书面告知意见，未取得书面告知意见的，各级国土资源主管部门不得受理用地预审申请。

（八）切实落实用地预审意见的前置把关要求

建设项目使用土地，必须严格按照有关规定申请用地预审，未经预审或预审未通过的，不得申请审批（核准）项目，不得申请建设用地审批。不涉及新增用地，在已批准的建设用地范围内进行改(扩)建的项目,报投资主管部门审批（核准）时，可以不进行用地预审。本通知下发前，通过招拍挂方式取得土地使用权,并已取得地方政府颁发的土地使用证的，报投资主管部门审批（核准）项目时，可以不再补办用地预审手续。

四、加强建设项目用地预审的在线备案和跟踪监管

（九）严格执行用地预审在线备案制度

各级国土资源主管部门完成用地预审后，必须通过网络在线备案系统实时逐级上报，经省级国土资源主管部门汇总审核后，在线报部备案。同时抄送相关派驻地方的国家土地督察局。对未按要求及时报部备案的省份，部暂停受理其报部用地预审的项目。

（十）加强用地预审跟踪监管

用地预审意见是项目审批（核准）的前置条件，也是建设用地审批的重要依据。预审意见提出的相关要求，在建设用地审批环节必须加以落实。各级国土资源主管部门应在建设用地审批的审查环节，进一步加大对预审意见落实情况的审核力度，对未能落实预审意见提出的要求的，不得通过审核，必要时应当组织专家论证。为进一步加强用地预审和建设用地审批的衔接，切实发挥用地预审的前置把关作用，部将不定期抽查各地用地预审制度的执行情况，国家土地督察机构将其纳入督察范围，对未按规定进行用地预审和用地预审意见落实不到位的，将依据有关规定严肃处理。

二〇一二年五月一日

关于进一步改进建设用地审查报批工作提高审批效率有关问题的通知

国土资发〔2012〕77号

各省、自治区、直辖市国土资源主管部门，新疆生产建设兵团国土资源局，各派驻地方的国家土地督察局，部机关各司局：

近年来，国土资源主管部门积极适应国家宏观经济调控的需要，主动应对自然灾害、国际金融危机带来的影响，按照积极主动服务、严格规范管理的要求，锐意进取、改革创新，不断改进建设用地审查报批工作，提高用地审查报批效率，有力保障了经济建设发展用地需要，促进了稳增长、调结构和经济发展方式的转变。

随着我国工业化、城镇化、农业现代化同步推进，土地供需矛盾依然突出，结构调整压力凸显，双保难度加大。为更好地适应经济社会发展需要，必须进一步改进和规范建设项目用地审查报批工作，切实提高用地审批效率，增强用地保障能力。现通知如下：

一、部省联动，强化各级职责

建设用地审查报批从建设单位向县（市）提出用地申请，到逐级审查上报，涉及层级多，是一项系统性、

整体性较强的工作。做好用地审查报批工作，需要各级国土资源主管部门共同努力，积极履行各自职责，主动作为，部省联动，提升用地服务水平和质量，提高用地审批效率。

各级国土资源主管部门要按照《国土资源部关于改进报国务院批准单独选址建设项目用地审查报批工作的通知》（国土资发〔2009〕8号）中明确的职责要求，认真做好用地审查报批工作。市、县国土资源主管部门要做好用地组卷报批工作，对申报材料的真实性负责；省级国土资源主管部门履行好实质性审查职责，对审查内容和意见的真实性、合法合规性负责；部重点对省级国土资源主管部门的审查内容和意见进行复核性审查，必要时依据有关规定进行实地核实。各地要进一步完善用地审查工作规章制度，健全岗位责任制，将用地审查报批工作纳入绩效考核管理，确保职责履行到位。

二、优化程序，简化报件

（一）改进用地审查要求

一是优化用地审查中地质灾害危险性评估审核程序。按照《建设项目用地预审管理办法》（部第42号令）规定，对于批准项目建议书的审批类建设项目与备案类建设项目，在项目用地预审环节审核涉及的地质灾害危险性评估相关内容，用地报批时不再重复审查；对于其他审批与核准类建设项目，在项目用地预审环节不审核地质灾害危险性评估相关内容，但在预审复函中要求建设单位依据地质灾害防治规划，对于项目用地位于地质灾害易发区的，要按规定做好地质灾害评估和防治工作，在用地报批时由负责地质灾害评估备案一级国土资源主管部门对相关内容审核把关。

二是改进用地压覆重要矿产资源审查要求

建设项目用地压覆已设置矿业权重要矿产资源时，对于建设单位与矿业权人在短期内难以签订补偿协议的，建设单位与矿业权人可先签订意向性协议，协议应包括建设单位承诺按有关规定给予矿业权人合理补偿、矿业权人同意压覆等内容。在省级国土资源主管部门承诺负责按有关规定协调解决压覆矿产补偿等相关事宜、积极采取措施防止因压矿纠纷引发群体事件和安全生产事故后，即可按照《国土资源部关于进一步做好建设项目压覆重要矿产资源审批管理工作的通知》（国土资发〔2010〕137号）规定的权限履行压矿审批手续，经批准后可组卷报批用地。用地报批期间，建设单位应与矿业权人具体协商补偿标准并签定协议，按规定办理压覆登记手续。用地批准后，尚未完成补偿协议、办理压覆登记手续的，省级国土资源主管部门不得转发用地批复，市、县国土资源主管部门不得办理供地手续。

三是改进耕地占补平衡审查要求

目前，所有补充耕地项目都需报部备案，包括补充耕地地块边界拐点坐标，并运用耕地占补平衡动态监管系统对占用与补充耕地项目予以挂钩确认。因此，用地报批时报送占补平衡挂钩确认信息号，不再重复报送补充耕地地块边界拐点坐标表。

四是简化用地申报内容。考虑到与土地供应方式衔接，部对下发的用地批复进行了改进，对于经批准的用地，要求由当地人民政府按照有关规定提供，不再明确具体建设用地单位。因此，报部用地报件不需报送建设单位向县（市）提交的建设项目用地申请表。

上述优化程序、简化报件后，报国务院批准单独选址建设项目用地报部材料减为8件，详见附件 1；省级国土资源主管部门审查报告也作相应调整，文本格式详见附件2。

（二）合理确定市、县申报材料

各省（区、市）可以结合本地土地管理基础工作和业务建设情况，从优化程序、简化报件、提高效率出发，因地制宜，合理确定省、市、县各级受理用地报件要求。确定报件要求，应以各级职责履行到位为前提，确保用地符合土地利用总体规划、纳入计划，符合国家产业政策和土地供应政策，耕地占补平衡落实到位，征地补偿安置切实可行等。

三、采取措施，支持重点建设项目

（一）提前介入，主动服务

重点项目建设对带动区域经济社会发展、促进经济发展方式转变、改善民生等具有十分重要的作用。各级国土资源主管部门要加强与投资及行业主管部门的沟通衔接，及时了解和掌握本区域内重点建设项目用地需求；在建设项目批准（核准）后的初步设计阶段，市、县国土资源主管部门就要提前介入，开展勘测定界、征地补偿安置等前期准备工作；项目具备用地申报条件后，及时组卷上报；地（市）和省级国土资源主管部门逐级抓紧审查报批，提高运转效率。

（二）规范重点建设项目先行用地

对于已通过部用地预审、项目批准立项并完成初步设计的国家重点建设项目，属于控制工期的单体工程，以及因工期紧或受季节影响确需动工建设的其他工程，可向部申请办理先行用地。申请用地时，必须说明拟用地符合预审要求和土地使用标准，权属清楚，地类、面积准确；涉及征收农村集体土地的，征地补偿安置应征得农民同意并确保补偿及时足额支付到位，地方政府应确保不因先行用地发生信访问题和突发事件。同时，严格限制动工建设范围，不得超出先行用地批准范围动工建设，超出的按违法用地严肃查处。

先行用地由省级国土资源主管部门向部提出申请，报批材料目录详见附件3，省级国土资源主管部门请示文件文本格式详见附件4。

四、强化基础建设，提高用地报批效率

（一）大力推进用地审查报批信息化建设

各地在推进国土资源信息化建设中，要将用地审查报批作为信息化建设的重要内容，加大用地审批中信息化手段运用，全面实现用地审批网上运行、远程报批，加快建设用地的受理、审查和报批运转，提高审批效率。

（二）加强培训提高报件质量

针对当前一些地方存在用地报件质量低、补正率高、补正时间长的突出问题，省级国土资源主管部门要高度重视，加强对市、县用地报批工作的指导，定期开展业务培训，指导基层做好用地申报工作；严格审查申报用地，按部规定的格式、内容和规范要求提交审查报告，全面、准确、真实地反映申报用地情况，切实履行好实质性审查职责。

（三）部加大报件受理审查把关力度

部将加大政务大厅对用地报件合规性审查的力度，对于不符合报批要求的用地报件，坚决不予接收；对于发出补正通知但迟迟不予补正，或存在反复补正问题的用地报件，坚决予以退回。部将完善用地报件质量通报制度，定期对各省（区、市）用地报件质量情况进行通报。

此通知自下发之日起执行，有效期为5年。

二〇一二年五月五日

闲置土地处置办法

中华人民共和国国土资源部令 第53号

《闲置土地处置办法》已经2012年5月22日国土资源部第1次部务会议修订通过，现予以发布，自2012年7月1日起施行。

部 长 徐绍史

二〇一二年六月一日

闲置土地处置办法

（1999年4月26日国土资源部第6次部长办公会议通过，2012年5月22日国土资源部第1次部务会议修订）

第一章 总 则

第一条 为有效处置和充分利用闲置土地，规范土地市场行为，促进节约集约用地，根据《中华人民共和国土地管理法》、《中华人民共和国城市房地产管理法》及有关法律、行政法规，制定本办法。

第二条 本办法所称闲置土地，是指国有建设用地使用权人超过国有建设用地使用权有偿使用合同或者划拨决定书约定、规定的动工开发日期满一年未动工开发的国有建设用地。

已动工开发但开发建设用地面积占应动工开发建设用地总面积不足三分之一或者已投资额占总投资额不足百分之二十五，中止开发建设满一年的国有建设用地，也可以认定为闲置土地。

第三条 闲置土地处置应当符合土地利用总体规划和城乡规划，遵循依法依规、促进利用、保障权益、信息公开的原则。

第四条 市、县国土资源主管部门负责本行政区域内闲置土地的调查认定和处置工作的组织实施。

上级国土资源主管部门对下级国土资源主管部门调查认定和处置闲置土地工作进行监督管理。

第二章 调查和认定

第五条 市、县国土资源主管部门发现有涉嫌构成本办法第二条规定的闲置土地的，应当在三十日内开展调查核实，向国有建设用地使用权人发出《闲置土地调查通知书》。

国有建设用地使用权人应当在接到《闲置土地调查通知书》之日起三十日内，按照要求提供土地开发利用情况、闲置原因以及相关说明等材料。

第六条 《闲置土地调查通知书》应当包括下列内容：

（一）国有建设用地使用权人的姓名或者名称、地址；

（二）涉嫌闲置土地的基本情况；

（三）涉嫌闲置土地的事实和依据；

（四）调查的主要内容及提交材料的期限；

（五）国有建设用地使用权人的权利和义务；

（六）其他需要调查的事项。

第七条 市、县国土资源主管部门履行闲置土地调查职责，可以采取下列措施：

（一）询问当事人及其他证人；

（二）现场勘测、拍照、摄像；

（三）查阅、复制与被调查人有关的土地资料；

（四）要求被调查人就有关土地权利及使用问题作出说明。

第八条 有下列情形之一，属于政府、政府有关部门的行为造成动工开发延迟的，国有建设用地使用权人应当向市、县国土资源主管部门提供土地闲置原因说明材料，经审核属实的，依照本办法第十二条和第十三条规定处置：

（一）因未按照国有建设用地使用权有偿使用合同或者划拨决定书约定、规定的期限、条件将土地交付给国有建设用地使用权人，致使项目不具备动工开发条件的；

（二）因土地利用总体规划、城乡规划依法修改，造成国有建设用地使用权人不能按照国有建设用地使用权有偿使用合同或者划拨决定书约定、规定的用途、规划和建设条件开发的；

（三）因国家出台相关政策，需要对约定、规定的规划和建设条件进行修改的；

（四）因处置土地上相关群众信访事项等无法动工开发的；

（五）因军事管制、文物保护等无法动工开发的；

（六）政府、政府有关部门的其他行为。

因自然灾害等不可抗力导致土地闲置的，依照前款规定办理。

第九条 经调查核实，符合本办法第二条规定条件，构成闲置土地的，市、县国土资源主管部门应当向国有建设用地使用权人下达《闲置土地认定书》。

第十条 《闲置土地认定书》应当载明下列事项：

（一）国有建设用地使用权人的姓名或者名称、地址；

（二）闲置土地的基本情况；

（三）认定土地闲置的事实、依据；

（四）闲置原因及认定结论；

（五）其他需要说明的事项。

第十一条 《闲置土地认定书》下达后，市、县国土资源主管部门应当通过门户网站等形式向社会公开闲置土地的位置、国有建设用地使用权人名称、闲置时间等信息；属于政府或者政府有关部门的行为导致土地闲置的，应当同时公开闲置原因，并书面告知有关政府或者政府部门。

上级国土资源主管部门应当及时汇总下级国土资源主管部门上报的闲置土地信息，并在门户网站上公开。

闲置土地在没有处置完毕前，相关信息应当长期公开。闲置土地处置完毕后，应当及时撤销相关信息。

第三章 处置和利用

第十二条 因本办法第八条规定情形造成土地闲置的，市、县国土资源主管部门应当与国有建设用地使用权人协商，选择下列方式处置：

（一）延长动工开发期限。签订补充协议，重新约定动工开发、竣工期限和违约责任。从补充协议约定的动工开发日期起，延长动工开发期限最长不得超过一年；

（二）调整土地用途、规划条件。按照新用途或者新规划条件重新办理相关用地手续，并按照新用途或者新规划条件核算、收缴或者退还土地价款。改变用途后的土地利用必须符合土地利用总体规划和城乡规划；

（三）由政府安排临时使用。待原项目具备开发建设条件，国有建设用地使用权人重新开发建设。从安排临时使用之日起，临时使用期限最长不得超过两年；

（四）协议有偿收回国有建设用地使用权；

（五）置换土地。对已缴清土地价款、落实项目资金，且因规划依法修改造成闲置的，可以为国有建设用地使用权人置换其它价值相当、用途相同的国有建设用地进行开发建设。涉及出让土地的，应当重新签订土地出让合同，并在合同中注明为置换土地；

（六）市、县国土资源主管部门还可以根据实际情况规定其他处置方式。

除前款第四项规定外，动工开发时间按照新约定、规定的时间重新起算。

符合本办法第二条第二款规定情形的闲置土地，依照本条规定的方式处置。

第十三条　市、县国土资源主管部门与国有建设用地使用权人协商一致后，应当拟订闲置土地处置方案，报本级人民政府批准后实施。

闲置土地设有抵押权的，市、县国土资源主管部门在拟订闲置土地处置方案时，应当书面通知相关抵押权人。

第十四条　除本办法第八条规定情形外，闲置土地按照下列方式处理：

（一）未动工开发满一年的，由市、县国土资源主管部门报经本级人民政府批准后，向国有建设用地使用权人下达《征缴土地闲置费决定书》，按照土地出让或者划拨价款的百分之二十征缴土地闲置费。土地闲置费不得列入生产成本；

（二）未动工开发满两年的，由市、县国土资源主管部门按照《中华人民共和国土地管理法》第三十七条和《中华人民共和国城市房地产管理法》第二十六条的规定，报经有批准权的人民政府批准后，向国有建设用地使用权人下达《收回国有建设用地使用权决定书》，无偿收回国有建设用地使用权。闲置土地设有抵押权的，同时抄送相关土地抵押权人。

第十五条　市、县国土资源主管部门在依照本办法第十四条规定作出征缴土地闲置费、收回国有建设用地使用权决定前，应当书面告知国有建设用地使用权人有申请听证的权利。国有建设用地使用权人要求举行听证的，市、县国土资源主管部门应当依照《国土资源听证规定》依法组织听证。

第十六条　《征缴土地闲置费决定书》和《收回国有建设用地使用权决定书》应当包括下列内容：

（一）国有建设用地使用权人的姓名或者名称、地址；

（二）违反法律、法规或者规章的事实和证据；

（三）决定的种类和依据；

（四）决定的履行方式和期限；

（五）申请行政复议或者提起行政诉讼的途径和期限；

（六）作出决定的行政机关名称和作出决定的日期；

（七）其他需要说明的事项。

第十七条　国有建设用地使用权人应当自《征缴土地闲置费决定书》送达之日起三十日内，按照规定缴纳土地闲置费；自《收回国有建设用地使用权决定书》送达之日起三十日内，到市、县国土资源主管部门办理国有建设用地使用权注销登记，交回土地权利证书。

国有建设用地使用权人对《征缴土地闲置费决定书》和《收回国有建设用地使用权决定书》不服的，可以依法申请行政复议或者提起行政诉讼。

第十八条　国有建设用地使用权人逾期不申请行政复议、不提起行政诉讼，也不履行相关义务的，市、县国土资源主管部门可以采取下列措施：

（一）逾期不办理国有建设用地使用权注销登记，不交回土地权利证书的，直接公告注销国有建设用地使用权登记和土地权利证书；

（二）申请人民法院强制执行。

第十九条　对依法收回的闲置土地，市、县国土资源主管部门可以采取下列方式利用：

（一）依据国家土地供应政策，确定新的国有建设用地使用权人开发利用；

（二）纳入政府土地储备；

（三）对耕作条件未被破坏且近期无法安排建设项目的，由市、县国土资源主管部门委托有关农村集体经济组织、单位或者个人组织恢复耕种。

第二十条　闲置土地依法处置后土地权属和土地用途发生变化的，应当依据实地现状在当年土地变更调查中进行变更，并依照有关规定办理土地变更登记。

第四章　预防和监管

第二十一条　市、县国土资源主管部门供应土地应当符合下列要求，防止因政府、政府有关部门的行为造成土地闲置：

（一）土地权利清晰；

（二）安置补偿落实到位；

（三）没有法律经济纠纷；

（四）地块位置、使用性质、容积率等规划条件明确；

（五）具备动工开发所必需的其他基本条件。

第二十二条　国有建设用地使用权有偿使用合同或者划拨决定书应当就项目动工开发、竣工时间和违约责任等作出明确约定、规定。约定、规定动工开发时间应当综合考虑办理动工开发所需相关手续的时限规定和实际情况，为动工开发预留合理时间。

因特殊情况，未约定、规定动工开发日期，或者约定、规定不明确的，以实际交付土地之日起一年为动工开发日期。实际交付土地日期以交地确认书确定的时间为准。

第二十三条　国有建设用地使用权人应当在项目开发建设期间，及时向市、县国土资源主管部门报告项目动工开发、开发进度、竣工等情况。

国有建设用地使用权人应当在施工现场设立建设项目公示牌，公布建设用地使用权人、建设单位、项目动工开发、竣工时间和土地开发利用标准等。

第二十四条　国有建设用地使用权人违反法律法规规定和合同约定、划拨决定书规定恶意囤地、炒地的，依照本办法规定处理完毕前，市、县国土资源主管部门不得受理该国有建设用地使用权人新的用地申请，不得办理被认定为闲置土地的转让、出租、抵押和变更登记。

第二十五条　市、县国土资源主管部门应当将本行政区域内的闲置土地信息按宗录入土地市场动态监测与监管系统备案。闲置土地按照规定处置完毕后，市、县国土资源主管部门应当及时更新该宗土地相关信息。

闲置土地未按照规定备案的，不得采取本办法第十二条规定的方式处置。

第二十六条　市、县国土资源主管部门应当将国有建设用地使用权人闲置土地的信息抄送金融监管等部门。

第二十七条　省级以上国土资源主管部门可以根据情况，对闲置土地情况严重的地区，在土地利用总体规划、土地利用年度计划、建设用地审批、土地供应等方面采取限制新增加建设用地、促进闲置土地开发利用的措施。

第五章　法律责任

第二十八条　市、县国土资源主管部门未按照国有建设用地使用权有偿使用合同或者划拨决定书约定、规定的期限、条件将土地交付给国有建设用地使用权人，致使项目不具备动工开发条件的，应当依法承担违约责任。

第二十九条　县级以上国土资源主管部门及其工作人员违反本办法规定，有下列情形之一的，依法给予处分；构成犯罪的，依法追究刑事责任：

（一）违反本办法第二十一条的规定供应土地的；

（二）违反本办法第二十四条的规定受理用地申请和办理土地登记的；

（三）违反本办法第二十五条的规定处置闲置土地的；

（四）不依法履行闲置土地监督检查职责，在闲置土地调查、认定和处置工作中徇私舞弊、滥用职权、玩忽职守的。

第六章　附则

第三十条　本办法中下列用语的含义：

动工开发：依法取得施工许可证后，需挖深基坑的项目，基坑开挖完毕；使用桩基的项目，打入所有基础桩；其他项目，地基施工完成三分之一。

已投资额、总投资额：均不含国有建设用地使用权出让价款、划拨价款和向国家缴纳的相关税费。

第三十一条　集体所有建设用地闲置的调查、认定和处置，参照本办法有关规定执行。

第三十二条　本办法自2012年7月1日起施行。

关于进一步鼓励和引导民间资本投资国土资源领域的意见

国土资发〔2012〕100号

各省、自治区、直辖市国土资源主管部门、工商联，新疆生产建设兵团国土资源局、工商联，中国地质调查局及部其他直属单位，各派驻地方的国家土地督察局，部机关各司局：

进一步鼓励和引导民间资本投资国土资源领域，是新形势下各级国土资源主管部门服务国家发展大局、促进经济长期平稳较快发展的重要任务，也是工商联在政府管理和服务中发挥助手作用的一项重要内容。《国务院关于鼓励和引导民间投资健康发展的若干意见》（国发〔2010〕13号）明确提出，鼓励、支持和引导民间资本进入土地整治、矿产资源勘查开发等国土资源领域。各级国土资源主管部门必须高度重视、提高认识，会同各级工商联，切实履行职责，进一步做好服务和保障工作。国土资源部、全国工商联共同研究，就贯彻落实国发〔2010〕

13号文件提出如下意见：

一、保持公平竞争的国土资源市场环境

（一）保障民间资本投资主体参与国土资源领域市场竞争的平等权利

在土地整治和矿山环境恢复治理工程招投标、土地供应、矿业权出让和矿产资源整合中，市场准入标准、支持政策和管理程序要公开、公正和透明，切实保证民间资本投资主体与其他投资主体平等进入、公平竞争的待遇，充分发挥市场配置资源的基础性作用。进一步规范市场交易秩序，维护良好的市场环境，积极鼓励、支持和引导民间资本有序进入土地和矿业权市场。

（二）鼓励民间资本投资主体盘活利用国有建设用地

民间资本投资主体以出让方式取得的土地，可依法通过转让、租赁、作价出资入股等方式盘活利用。对确需调整建设用地用途等土地使用条件的，应当经出让方同意，报原批准用地的人民政府批准，其中，在城市规划区内改变土地用途的，在报批前，应当先经有关城市规划行政主管部门同意。出让方依据批准文件与土地使用权人重新签订《国有建设用地使用权出让合同》，调整国有土地使用权出让价款。对工业用地在符合规划、不改变原用途的前提下，支持企业增加土地容积率，不再增收土地出让价款。原有以划拨方式取得的土地，经有批准权的人民政府依法批准，按法定程序办理相关手续、补交土地出让金后，可以用于经营性开发建设或转让。在依法合规的前提下，支持、鼓励民间资本投资主体以市场交易、合资合作等方式盘活利用其他国有建设用地。

（三）保障民间资本投资矿产勘查开采的合法权益

积极为民间资本提供相关政策、技术、法律等服务，严格按照国家相关政策规定，保障民间资本在矿产勘查开采领域的合法权益。支持不同所有制投资者之间探矿权采矿权依法有序流转，依法保障民间资本优先取得其探矿权范围内矿产资源的采矿权。

二、鼓励和引导民间资本参与矿产资源勘查开发

（四）鼓励民间资本投资矿产资源勘查

鼓励民间资本自主组建勘查单位，申请勘查资质，参与“找矿突破战略行动”，开展地质勘查。除国家政策有特殊规定的矿种外，鼓励民间资本、地方财政资金参与地质勘查基金项目的投资合作，民间资本与地质勘查基金合作投资形成的勘查成果按照投资比例和合同约定转让，民间资本方有优先购买权。鼓励民间资本按照“三优先”原则，积极参与整装勘查区找矿突破工作，即大投入进行深部钻探验证的优先、与国有地勘单位联合成立企业实行资本与技术结合的优先、与勘查单位联合成立企业实行探采一体化的优先。支持民间资本积极参加境外矿产资源勘查开发活动。推进民间资本和找矿技术有机结合，形成多渠道地质勘查投入新机制。

（五）加大对民间资本投资矿产勘查开采的支持力度

在符合国土资源部《关于印发‹涉密地质资料管理细则›的通知》（国土资发〔2008〕69号）相关规定的基础上，公益性地质资料和成果信息全面向投资矿产资源勘查开采的民间资本投资主体公开。加大境外矿产资源风险勘查、矿产资源节约综合利用等专项资金对民间资本矿山企业的支持力度。对民间资本投资开发共伴生矿产、尾矿和低品位矿产资源的，根据《矿产资源补偿费征收管理规定》（国务院第150号令）及有关规定，减免矿产资源补偿费。对民间资本采用和推广先进技术和工艺，并在矿产资源节约与综合利用中取得显著成效的，给予奖励。鼓励民间资本研发先进技术，并积极向国土资源主管部门提出先进推广技术目录申请，加快成果转化，努力提高自主创新能力，形成自主知识产权。支持民间资本参与矿产资源节约与综合利用技术行业标准修制订工作，将企业标准升级为行业标准。

>>

三、鼓励和引导民间资本参与油气资源勘查开采

（六）支持民间资本参与非常规油气资源勘查开采

鼓励和支持民间资本投资主体依法开展页岩气、煤层气、油砂、页岩油等非常规油气资源勘查开发。民间资本投资主体无相应勘查资质的，可与符合资质条件的单位以合资、合作等形式，参与竞争，获得非常规油气资源探矿权。

（七）依法保护民间资本参与石油天然气勘查开采的合法权益

鼓励和规范国有石油企业与民间资本在石油天然气勘查开采领域的合作。国有石油企业应当审查合作区域的勘查开发方案，将合作合同报登记管理机关备案，并承担合作区域勘查开发行为所产生的相关法律责任。在合作区域，国有石油企业也应投入相应的勘查开发资金，不得以收取管理费等形式非法转让或转包油气矿业权区块。

四、鼓励和引导民间资本参与土地整治和矿山地质环境恢复治理

（八）引导民间资本参与土地整治

民间资本投资主体可根据地方国土资源主管部门公告的土地整治规划、土地整治项目库，向当地国土资源主管部门申报土地整治项目，经批准后，利用自筹资金或者结合生产建设活动，开展土地整治。土地整治项目经国土资源主管部门验收合格后，属于集体所有土地的，如集体经济组织和农民同意，经乡（镇）人民政府批准，可以承包或租赁等方式确定给整治单位或个人使用；属于开发未确定使用权的国有荒山、荒地、荒滩从事种植业、林业、畜牧业、渔业生产的，经县级以上人民政府批准，可优先确定给开发单位或个人使用。有条件的地方，可通过补贴或奖励的方式，实行“先建后补（奖）、以补（奖）促建”，对民间资本投资主体进行补贴或奖励。

（九）鼓励民间资本参与土地复垦和矿山地质环境恢复治理

难以确定复垦治理义务人的历史遗留的工矿废弃地和废弃矿山，民间资本投资主体可通过招标挂牌等方式参与土地复垦和矿山地质环境恢复治理工作。土地复垦项目和矿山地质环境恢复治理项目经国土资源主管部门验收合格后，从事种植业、林业、畜牧业、渔业生产的，经县级以上人民政府批准，可以优先确定给复垦治理单位或个人使用。

五、加强对民间资本投资国土资源领域的服务和规范管理

（十）做好民间资本投资国土资源领域的服务工作

各级国土资源主管部门要切实做好国土资源市场监测和分析工作，及时把握投资动态，合理引导民间资本投向国土资源领域。加快地质资料信息集群化共享服务平台建设，积极为民间资本投资主体提供国内外地质资料信息服务。鼓励民间资本投资设立地质资料服务中介机构，利用全国地质资料馆和各省（区、市）地质资料馆藏机构保管的地质资料进行二次开发和服务。加强国土资源遥感监测“一张图”和综合监管平台建设，实时公布国土资源开发利用状况，及时向社会公布国土资源政策、规划、标准等管理信息，引导民间资本投资主体正确判断形势，减少盲目投资。国土资源领域协会要在服务民间资本投资主体和行业自律中发挥作用。

（十一）切实加强土地和矿产资源开发利用监督管理

各级国土资源主管部门在鼓励、支持和引导民间资本投资国土资源领域的同时，要依据有关法律法规规定，严格规范管理，切实加强监管，督促民间资本投资主体履行用地、用矿手续，确保依法依规、节约集约用地、用矿。

（十二）充分发挥工商联的推动作用

各级工商联要发挥联系民间资本投资主体的优势，积极引导民间投资主体根据自身条件，参与国土资源领域投资和境外矿产资源开发。与国土资源主管部门共同开展对民间资本投资主体的政策、信息、技术、人才等方面的服务。积极引导民间资本投资主体树立国土资源法制意识和责任意识，自觉履行法律义务和社会责任，营造严格保护和合理利用国土资源的良好氛围。

（十三）加强国土资源主管部门与工商联的协调沟通

国土资源部与全国工商联建立协调机制，推进本意见的执行。地方各级国土资源主管部门、工商联要建立相应的协调机制，研究解决新情况、新问题，不断完善制度，严格规范管理，促进民间资本投资国土资源领域的持续健康发展。

二〇一二年六月十五日

关于进一步严格房地产用地管理巩固房地产市场调控成果的紧急通知

国土资电发〔2012〕87号

各省、自治区、直辖市国土资源主管部门，住房城乡建设（房地产、城乡规划）主管部门：

去年以来，各级国土资源主管部门、住房城乡建设（房地产、城乡规划）主管部门按照中央要求，认真贯彻落实国务院有关房地产调控政策，做了大量工作，发挥了应有的作用，促进了房地产和土地市场平稳运行。但今年5月份以来，部分城市商品房销售量明显回升，新建住宅价格出现环比上涨，土地市场也随之出现了一些波动，部分城市再现高价地，引发社会热议。为更好地落实中央要求，巩固已有调控成果，切实维护好房地产和土地市场的稳定，现就有关工作通知如下：

一、进一步提高认识，坚持房地产市场调控不放松

近期房地产和土地市场出现的一些波动，虽并未改变市场整体格局，但市场运行的复杂性和不稳定性在增加，房地产市场调控仍然处在关键时期，任务还很艰巨。对此，各级国土资源主管部门、住房城乡建设（房地产、城乡规划）主管部门要有清醒认识，要坚持调控不放松，密切配合做好各项工作，不断巩固调控成果，坚决防止房价反弹。

二、加大住房用地供应力度，提高计划完成率

各地要把落实住房用地供应计划作为下半年的重点工作切实抓好，应保尽保保障性安居工程用地，并以提高计划完成率、增加有效供应为首要目标，进一步加大普通商品住房用地的供应力度。省级国土资源主管部门接到本通知后，要根据市县保障性安居工程用地和普通商品住房用地计划的落实情况，分别制订督促措施，按月跟进。从7月开始，国土资源部将对保障性安居工程用地和普通商品住房用地供应实行月度指导，对落实情况较差的将予以公开通报，年底对各省（区、市）进行目标责任考核。

三、继续探索完善土地交易方式，严防高价地扰乱市场预期

地价是衡量房地产状况的重要指标，过高过快的地价变化影响市场预期。下半年，各地要密切跟踪市场形势，切实把握好土地出让节奏、时序和价格，防止出现商服和住宅高价地，扰乱市场预期，破坏市场稳定。市县国土资源主管部门要进一步完善地价专业评估和集体决策程序，合理确定起始价、底价，在土地出让前还应全面分析、研判市场形势，对可能出现高价地的要及时调整竞价方式，制定出让方案和现场预案。对预判成交价创历史总价最高，或单价最高，或溢价率超过50%的房地产用地，包括商服、住宅或商住综合，要及时调整出让方案，采用“限房价、竞地价”或配建保障房、公共设施等办法出让土地。省级国土资源主管部门要密切关注市县出让公告，及时掌握拟出让宗地的具体情况，督促市县严格执行异常交易宗地备案制度。市县应在成交确认书签订（中标通知书发出）后2个工作日内，在土地市场动态监测监管系统在线填写《房地产用地交易异常情况一览表》，分别上报国土资源部和省级国土资源主管部门。对不及时上报、错报、漏报或瞒报的，国土资源部将予以通报或约谈。

四、严格执行现有政策，加强监管增加住房有效供给

各地要严格执行房地产市场调控政策，不得擅自调整放松要求。已放松的，要立即纠正。房地产用地出让不能超过面积上限，不得捆绑出让、“毛地”出让。住宅用地容积率不得小于1。各类住房建设项目要在划拨决定书和出让合同中约定土地交付之日起一年内开工建设，自开工之日起三年内竣工。严格实施竞买人资格审查，落实不得使用银行贷款缴交土地出让价款的规定。土地出让竞买保证金不得低于出让最低价的20%。土地出让成交后，必须在10个工作日内签订出让合同，合同签订后1个月内必须缴纳出让价款50%的首付款，余款要按合同约定及时缴纳，最迟付款时间不得超过一年。土地出让后，任何单位和个人无权擅自更改规划和建设条件。

各级住房城乡建设（房地产、城乡规划）主管部门要建立保障性住房和普通商品住房建设项目审批快速通道，提高行政办事效率，加快此类项目的建设和上市，尽快形成保障性住房和普通商品住房的有效供应。城乡规划主管部门要优先办理建设用地规划许可、建设工程规划许可手续，建设主管部门应当要求施工图审查机构优先进行施工图审查，优先办理施工许可手续，房地产主管部门要优先办理商品房预售许可手续。要鼓励和引导开发企业将在建的大套型、高档住房依法依规转化为中小套型普通商品住房。

各地要严格落实《闲置土地处置办法》（国土资源部第53号令），及时处理土地市场动态监测监管系统显示的闲置土地预警信息，做到早发现、早制止，促进已供土地及时形成有效供给。接到本通知后，市、县国土资源主管部门要逐宗清理超期1年未开工构成闲置的土地，按照53号令的要求及时调查认定，并在监测监管系统中确认并据实填写闲置原因，进一步加大处置力度，同时在国土资源部门户网站的中国土地市场网上公开。对用地者欠缴土地出让价款、闲置土地、囤地炒地、土地开发规模超过实际开发能力以及不履行土地使用合同的，市、县国土资源管理部门要禁止其在一定期限内参加土地竞买。

五、强化监测分析和新闻宣传，积极引导市场

各级国土资源主管部门、住房城乡建设（房地产、城乡规划）主管部门要密切关注市场变化，加强部门联动，发挥政策合力。要加强对增量存量土地供应、用地结构、开发利用和价格变化等指标的分析研判，进一步提

高敏锐性，密切关注市场动向，及时采取措施应对新情况新问题。要加大主动宣传力度，及时回应人民群众关心关注的热点难点问题，全面客观地向社会公布各类监测信息，努力引导和稳定市场预期。

国土资源部　住房和城乡建设部

二〇一二年七月十九日

关于严格执行土地使用标准大力促进节约集约用地的通知

国土资发〔2012〕132号

各省、自治区、直辖市及副省级城市国土资源主管部门，新疆生产建设兵团国土资源局，解放军土地管理局，各派驻地方的国家土地督察局：

土地使用标准是建设用地审批、土地供应、土地利用评价考核和供后监管的重要政策依据和制度规范。严格执行各类土地使用标准，是落实土地使用标准控制制度的重要内容，是实行最严格的节约集约用地制度的必然要求，是促进转变土地利用方式和经济发展方式的有效措施。近年来，各地认真执行土地使用标准，严格用地准入，控制建设用地规模，促进了土地节约集约利用。但是，土地使用标准执行的成效还是初步的、阶段性的，一些地方对标准实施不重视，标准使用没有实现全覆盖，对建设用地审批、供应和开发利用的约束力不够等问题还没有从根本上解决。为深入落实节约优先战略，大力推进节约集约用地制度建设，切实提高节约集约用地水平，现就有关问题通知如下：

一、严格执行和不断完善土地使用标准

（一）严格执行各类土地使用标准

对国家发布的《限制用地项目目录》和《禁止用地项目目录》、《工业项目建设用地控制指标》，公路、铁路、民用航空运输机场、电力、煤炭、石油和天然气工程项目建设用地等控制指标，房地产用地宗地规模、容积率控制等各类土地使用标准，各地要坚决贯彻执行。对依法实行招标拍卖挂牌出让的工业和经营性用地等，市、县国土资源主管部门要将土地使用标准的相关控制要求纳入出让方案和出让公告，写入出让合同并严格执行。凡纳入禁止用地项目目录，不符合限制用地项目目录规定条件，投资强度、容积率、建筑系数、行政办公生活服务设施用地所占比重、绿地率不符合工业项目控制指标要求，工程建设项目用地总面积或各功能分区用地面积突破用地指标控制上限，宗地面积和容积率不符合住宅供地条件的各类建设用地，不得办理土地审批、供应和用地手续。本通知发布实施后，其他各类标准、指标、考核要求中，涉及的用地指标不符合国家和地方发布实施的土地使用标准要求的，不得作为办理土地审批、供应和用地的依据。

对国家尚未颁布土地使用标准的，各地应依据本地区资源条件、项目类型及建设要求，制订适用于地方的土地使用标准，进而办理建设用地审批、供地和用地手续。对国家和地方尚未颁布土地使用标准和建设标准的特殊建设项目，应先进行项目节地评价并组织专家评审，依据节地评价结果和专家评审意见，办理用地、供地手续。

对因安全生产、地形地貌、工艺技术等有特殊要求的建设项目确需突破土地使用标准的，用地单位应报请当地国土资源主管部门同意。国土资源主管部门应组织有关专家论证评估，集体决策，合理确定项目用地规模，出

具审查意见，报同级人民政府批准后，方可办理相关用地审批、供应手续。

（二）不断完善土地使用标准

各地要按照节约集约用地的原则，在严格执行国家颁布的土地使用标准、满足功能和安全要求的前提下，结合本地土地资源条件、经济社会发展水平、产业发展规划等，抓紧研究制定或修订完善土地使用标准。对国家尚未颁布土地使用标准的产业（事业）项目和重点发展培育的战略性新兴产业，要加大标准研究力度。部将依据国家供地政策和产业政策，适时制订、修订土地使用标准，不断健全完善土地使用标准体系。

二、明确土地使用标准的审查内容和使用环节

（一）对土地使用标准规范格式和实质性内容进行严格审查

自本通知下发之日起，凡报上级审查的建设项目用地，各地要按照部规定的示范格式要求，规范填写建设项目用地报件，明确建设项目用地适用的供地政策和土地使用标准。未按规范格式填写、或项目用地不符合供地政策和土地使用标准要求的，不予受理。地方国土资源主管部门要加快建立和完善土地使用标准审查的制度规范，加大供地政策和土地使用标准的审查力度，切实做到报件格式规范，适用供地政策正确，不超过土地使用标准控制上限。

（二）切实加强土地使用标准使用环节的审查

县级国土资源主管部门要加强对用地单位和勘察设计单位的政策指导，督促其依据土地使用标准要求，合理测算建设项目用地规模，规范编报建设项目可行性研究报告和初步设计文件。依法必须招标拍卖挂牌出让的工业、商业、旅游、娱乐、商品住宅等经营性用地，市、县国土资源主管部门在拟订出让方案和编制出让文件时，要明确土地使用标准的控制要求，落实国家规定并向社会公示；对经营性用地以外的其他建设项目用地，市、县国土资源主管部门要重点加强报件中土地使用标准适用情况的审核，并对适用标准的真实性负责。

对上报国务院或省级人民政府批准的建设项目用地，省级国土资源主管部门应履行好实质性审查职责，对报件中适用土地使用标准的真实性、合规性负责。对上报国务院批准的建设项目用地，部将重点对省级国土资源主管部门出具的审查内容和意见进行复核性审查，审查中发现未执行土地使用标准、或超过标准未进行论证评估的，将建设项目申报材料退回地方，地方国土资源主管部门应及时纠正整改并重新上报。

三、进一步加强土地使用标准执行的监管和评价

（一）切实加强土地使用标准执行的监管

今后，地方各级国土资源主管部门要把土地使用标准执行情况作为土地供后监管的重要内容，研究制定政策措施，加大工作推进力度。市、县国土资源主管部门要在国有建设用地划拨决定书和出让合同中，及时增补土地使用标准的相关内容。在核发划拨决定书、签订出让合同时，要明确规定或约定建设项目用地总面积、各功能分区面积及土地用途、容积率控制要求、违规违约责任等，划拨决定书和出让合同要及时上传土地市场动态监测监管系统。对突破土地使用标准但已进行论证评估并经人民政府批准的建设项目用地，供地方案、划拨决定书、出让合同、专家评估意见和政府批准文件等相关材料，通过土地市场动态监测监管系统报省级国土资源主管部门备案。省级国土资源主管部门要密切关注市、县出让公告、出让合同、划拨决定书中土地使用标准的确定和执行情况，加强监督检查，对违反土地使用标准控制要求的供地、用地行为，要责令纠正。对报国务院审批的建设项目用地，部将对土地使用标准的执行情况进行重点检查。

自本通知下发之日起，省级国土资源主管部门要对本地区发布实施的土地使用标准进行清理，不符合节约集约用地原则，或不符合国家颁布的土地使用标准要求的，应及时废止。各省级国土资源主管部门要在2013年5月底前，将土地使用标准清理情况形成书面报告报国土资源部。

（二）定期开展执行土地使用标准的评价

省级国土资源主管部门要积极探索和加快建立土地使用标准执行情况的评价体系，抓紧开展省以下国土资源主管部门土地使用标准执行情况的评价，定期公布评价结果。评价结果可作为制定节约集约用地政策，落实土地使用标准控制制度，修订完善土地使用标准的依据。

四、认真开展土地使用标准的培训和宣传

（一）全面开展土地使用标准的培训

省级国土资源主管部门应于2013年上半年前，组织完成本地区系统内相关人员的业务培训，确保国土资源主管部门工作人员熟练掌握和应用土地使用标准。各级国土资源主管部门要会同相关行业主管部门，对用地单位和勘察设计单位开展土地使用标准应用的系统培训，进一步强化其标准控制理念，提高节约集约用地水平。部将适时开展国土资源系统的土地使用标准业务培训。

（二）切实加大土地使用标准的宣传力度

各地要制定切实可行的宣传方案，大力宣传土地使用标准在工程项目设计、建设项目准入、土地供应和审批、土地开发利用、供后监管中的重要作用，为在全社会树立节约集约用地意识，形成用标准管地、用地、节地的工作环境营造良好的舆论氛围。

本文件自下发之日起执行，有效期五年。

二○一二年九月六日

关于规范土地登记的意见

国土资发〔2012〕134号

各省、自治区、直辖市及副省级城市国土资源主管部门，新疆生产建设兵团国土资源局，解放军土地管理局，各派驻地方的国家土地督察局：

土地登记规范化建设是规范土地登记行为，提高土地登记公信力，保障土地交易安全，维护社会和谐稳定的重要措施。近年来，全国土地登记规范化建设取得了较好成效，土地登记规范化水平不断提高，但仍不同程度存在不规范的问题。为进一步加强土地登记规范化建设，根据《物权法》、《土地管理法》等相关法律法规及《土地登记办法》，提出以下意见：

一、严格划分宗地

土地以宗地为单位进行登记。宗地应当依据合法的土地权属来源材料，结合实际使用情况，按照地籍调查程序划定。宗地的地号应当依据宗地代码编制规则编写。

宗地一经确定，不得随意调整。宗地确需分割、合并或调整边界的，应经国土资源主管部门会同有关部门同意。

二、准确界定土地登记用途

土地登记的用途应当严格依据合法的土地权属来源材料，按照《土地利用现状分类》（GB / T21010-2007）二级类填写。根据国有建设用地使用权出让合同、用地批准文件等，依法批准的用途与《土地利用现状分类》二级类不对应的，按照《土地利用现状分类》二级类重新确定归属地类，按照新归属地类办理登记，同时在土地证书“记事栏”内标注批准用途。

三、规范土地出让年限起算时点

国有建设用地使用权出让年限的起算时点应当依据出让合同的约定确定；合同没有约定或者约定不明确的，按照实际交付土地日期确定，实际交付日期以交地确认书确认的时间为准；对违法用地补办出让手续的，以违法用地处理意见确定的违法行为发生之日起算。

四、规范储备土地登记

按照《土地储备管理办法》的有关规定，申请储备土地登记的机构应为市(县)人民政府批准成立、具有独立的法人资格、隶属于国土资源主管部门、统一承担本行政辖区内土地储备工作的事业单位。除法律另有规定外，其他单位申请储备土地登记的，不予受理。

土地储备机构申请登记土地的，应当提交土地登记申请书、申请人身份证明资料、地籍调查表、宗地图及宗地界址坐标、政府批准的储备计划、批准纳入储备的文件、相关土地利用总体规划和城市总体规划等材料。经市（县）人民政府批准，对产权清晰、申请资料齐全的储备土地，可办理登记，核发国有土地使用证。储备土地登记的使用权类型统一确定为“其他（政府储备）”，登记的用途应依据土地利用总体规划确定，能够细化到《土地利用现状分类》二级类的，应当按《土地利用现状分类》二级类填写。未确定规划用途的，不予登记。

五、规范土地抵押登记

依据相关法律、法规规定，经中国银行业监督管理委员会批准取得《金融许可证》的金融机构、经省级人民政府主管部门批准设立的小额贷款公司等可以作为放贷人申请土地抵押登记。

以部分宗地申请土地使用权抵押登记的，不予受理。规划用于社会公益设施的储备土地，不得办理抵押登记。为第三方提供担保的储备土地不得办理抵押登记。

六、进一步明晰有关超面积宅基地登记政策

对1987年《土地管理法》实施后，农村村民建房占用的宅基地登记发证，应按照批准面积填写使用权面积。实际占用面积超过批准面积的，可在《集体土地使用证》“记事栏”内注明超过批准的面积，宗地图按实际占用范围绘制，能确定超占范围的，要在宗地图上用虚线标注超占部分。

七、严格土地登记统一管理

县级以上人民政府是国有土地使用权、集体土地所有权和集体土地使用权登记发证的法定主体，除法律另有

规定外，政府派出机构一律不得登记发证。各级国土资源主管部门要明确由地籍业务部门统一负责各类土地登记工作。

八、依法审查土地登记申请资料

申请人申请土地登记，应当如实向国土资源主管部门提交有关材料和反映真实情况，并对申请材料实质内容的真实性负责。国土资源主管部门应当按照《物权法》、《土地登记办法》等法律、规章要求，对申请人提供的申请材料进行合理审慎审查。

九、建立土地登记会审制度

土地登记审查过程中涉及土地用途、出让年限起算时点无法准确界定的，土地登记人员认为上级作出的有关土地登记的决定或命令与国家土地登记有关规定不相符的，以及其他超出地籍业务部门职权范围的事项，应当提请国土资源主管部门领导召集相关业务部门进行集体会审。各部门要协作配合，立足职能，认真审查，形成书面意见。

十、建立健全土地登记档案资料管理制度，推进土地登记信息化建设

土地登记档案资料应当由土地登记机构集中统一管理，不得在各业务部门、土地管理所分散保管。土地登记资料以宗地为单位组卷，土地登记簿应专门管理。已建立电子登记簿的，要同时保留纸质登记簿，并签字盖章。要建立健全土地登记资料收集整理、立卷归档、安全保管、提供利用等制度。各地要在地籍数据库的基础上，建成以土地登记和信息服务为主要内容的地籍管理信息系统。建立地籍数据的更新维护机制，通过日常土地变更登记，实时更新地籍数据库，切实做到在线监管。加快全国土地登记信息动态监管查询系统建设，拓展土地登记信息应用的广度和深度，进一步提升土地监管能力和社会化服务水平。

十一、严格执行土地登记人员持证上岗制度

未取得国土资源部颁发的《土地登记上岗资格证》的人员，不得从事土地权属审核和登记审查工作。土地登记审批表中的 “审查人”与“负责人”，在签发审查意见时应当填写土地登记上岗资格证号。各地要加强土地登记持证上岗人员的继续教育，不断提高土地登记从业人员的素质。

十二、完善土地登记代理制度

各省（区、市）国土资源主管部门要加快土地登记代理机构建设，促进地方行业协会的建立发展，真正发挥土地登记代理制度的作用。地籍业务部门要加强对土地登记代理机构的业务指导。

十三、完善土地登记资料公开查询制度

各级国土资源主管部门要认真落实《土地登记资料公开查询办法》，切实推进土地登记资料公开查询工作，丰富查询方式，规范查询程序，明确查询收费标准，提高服务水平。除提供纸质查询外，有条件的地方应实行信息化查询，并通过网络逐步实现土地登记资料的异地查询。

各地要依据本文件的有关规定，结合本地实际情况，进一步完善有关政策，细化有关规定，不断提高土地登

记规范化水平。

此文件自下发之日起执行，有效期为5年。

二〇一二年九月六日

关于加强土地储备与融资管理的通知

国土资发〔2012〕162号

各省、自治区、直辖市及副省级城市国土资源主管部门、财政厅（局），新疆生产建设兵团国土资源局、财务局，中国人民银行上海总部、各分行、营业管理部、省会（首府）城市中心支行、副省级城市中心支行，各银监局：

为加强土地储备机构、业务和资金管理，规范土地储备融资行为，切实防范金融风险，保障土地储备工作规范和健康运行，现将有关问题通知如下：

一、加强土地储备机构管理

国土资源主管部门统一归口管理土地储备工作，按照《土地储备管理办法》（国土资发〔2007〕277号）的规定，建立土地储备机构名录（以下简称“名录”）。市、县国土资源主管部门应将符合规定的机构信息逐级上报至省级国土资源主管部门，经省级国土资源主管部门审核后报国土资源部，列入名录并定期更新。国土资源部将名录或更新结果抄送财政部、中国人民银行和银监会，地方各级国土资源主管部门将经审核后的名录抄送同级财政部门、人民银行分支机构和银行业监督管理部门。

国土资源部利用土地市场动态监测与监管系统，监测监管土地储备机构业务开展情况。列入名录的土地储备机构，应将纳入储备土地、已供储备土地、储备资金收支、各类融资等相关信息，通过国土资源主干网录入上传，尚未开通国土资源主干网的市、县，通过互联网录入上传，作为土地管理、财政预算、金融贷款监督检查的主要依据。同级国土资源主管部门应监督核准上传信息。国土资源部及省级国土资源主管部门定期向同级财政及人民银行分支机构、银行业监督管理部门抄送相关信息。

二、合理确定储备土地规模结构

土地储备机构要加强对当地经济社会发展及土地市场形势分析，根据用地需求预测及市场调控的方向提出合理建议，严格控制土地储备总规模和融资规模。

土地储备机构应于每年第三季度，编制下一年度土地储备计划。年度土地储备计划是制定年度土地储备资金收支预算、确定年度土地储备融资规模的主要依据。年度土地储备计划中，新增储备土地规模（含本年度收储已在本年度供应的储备土地），原则上应控制在市、县本级前三年平均年供应的储备土地量之内。优先收购储备空闲、低效利用及其他现有建设用地，积极开展工业用地储备。储备土地应优先用于保障性安居工程及其他公益性事业。同级国土资源、财政部门和人民银行分支机构负责审核调整年度土地储备计划，报同级人民政府批准，并报上级国土资源主管部门备案。

三、加强储备土地前期开发管理

土地储备机构应组织开展对储备土地的前期开发，为政府供应“净地”提供有效保障。进行道路、供水、供电、供气、排水、通讯、照明、绿化、土地平整等基础设施建设的，应通过公开招标方式选择工程设计、施工和监理等单位，不得通过下设机构进行工程建设。有下设或挂靠从事工程建设机构的，必须与土地储备机构彻底脱钩。前期开发工程施工期间，土地储备机构要予以监督管理，工程完成后，土地储备机构要组织开展验收，验收工作参照相关工程验收有关规定执行。对储备土地的管护和临时使用，土地储备机构可设立内部机构进行管理，也可通过公开招标方式选择管理单位。

四、加强土地收储及管护工作

列入名录的土地储备机构，同级国土资源主管部门可依据土地储备计划，按照相关规定将依法收回的国有土地、收购的土地、行使优先购买权取得的土地、已办理农用地转用、征收批准手续并完成征地的土地以及政府依法取得的其他土地等交由其储备。

纳入政府储备的土地必须是产权清晰的土地。相关土地纳入储备前，土地储备机构应对土地取得方式及程序的合规性、经济补偿（政府无偿收回的除外）、土地权利（包括他项权利）等情况进行认真核查，对取得方式及程序不合规、补偿不到位、土地权属不清晰、未办理土地登记手续、应注销而未注销原土地登记手续、已设立土地他项权利未依法解除的，不得纳入储备。

土地储备机构应对纳入储备的土地采取自行管护、委托管护、临时利用等方式进行管护。建立巡查制度，对侵害储备土地权利的行为要做到早发现、早制止、早处理。

储备土地的临时利用，应报同级人民政府国土资源主管部门、财政部门同意。其中，在城市规划区内储备土地的临时使用，需搭建建筑物、构筑物的，在报批前，应当先经城市规划行政主管部门同意；设立抵押权的储备土地临时使用，应征得抵押权人的书面同意。土地储备机构应与土地使用者签订临时使用土地合同，明确土地用途、期限、经济补偿、不得修建永久性建筑物、到期地面建筑物处理及提前终止使用经济关系的处理等事宜。临时使用储备土地的期限不得超过二年，且不得转包。临时使用储备土地取得的收入，按照非税收入收缴管理办法规定，全部缴入同级国库，纳入公共预算，实行“收支两条线”管理。

五、规范土地储备融资行为

土地储备机构确需融资的，应纳入地方政府性债务统一管理，执行地方政府性债务管理的统一政策。同级财政部门应会同国土资源主管部门、人民银行分支机构，根据年度土地储备计划，核定土地储备融资规模，经同级人民政府审核后，按财政管理级次逐级上报至省级财政部门。省级财政部门依据地方政府性债务管理法律法规和政策规定核准后，向土地储备机构核发年度融资规模控制卡，明确年度可融资规模并同时反映已发生的融资额度。土地储备机构向银行业金融机构申请融资时，除相关文件外，还应出示融资规模控制卡。银行业金融机构批准融资前，应对融资规模控制卡中的已有融资额度进行认真核对，拟批准的融资额度与本年度已发生的融资额度（包括本年度贷款已在本年度归还部分）累计不得超过年度可融资规模，对本年融资额度已达到年度可融资规模的土地储备机构，不得批准新的项目融资。

列入名录的土地储备机构可以向银行业金融机构贷款。在国家产业政策指导下，银行业金融机构应按照相关法律法规及监管要求，遵循市场化原则，在风险可控的前提下，向列入名录的土地储备机构发放并管理土地储备贷款。银行业金融机构应按照有关部门关于土地储备贷款的相关规定，根据贷款人的信用状况、土地储备项目周期、资金回笼计划等因素合理确定贷款期限，贷款期限最长不超过五年。名录内土地储备机构所属的储备土地，具有合法的土地使用证，方可用于储备抵押贷款。贷款用途可不对应抵押土地相关补偿、前期开发等业务，但贷款使用必须符合规定的土地储备资金使用范围，不得用于城市建设以及其他与土地储备业务无关的项目。本《通知》下发前名录以外的机构（含融资平台公司）名下的储备土地，应严格按照《通知》的要求逐步规范管理。

土地储备融资资金应按照专款专用、封闭管理的原则严格监管。纳入储备的土地不得用于为土地储备机构以外的机构融资担保。土地储备机构将贷款挪作他用的，有关主管部门应依法依规予以严肃处理；银行业金融机构应及时采取贷款处置和资产保全措施，暂停对该土地储备机构发放新的贷款，并按照法律法规的规定和借款合同的约定追究该土地储备机构的违约责任。

六、严格土地储备资金管理

土地储备机构应于每年第三季度根据年度土地储备计划，编制下一年度土地储备资金收支预算，经国土资源主管部门审核后，报同级财政部门审定。其中，属于政府采购范围的，应当按规定编制政府采购预算，严格执行政府采购有关规定。资金收支预算涉及土地储备贷款的事项，应征求所在地人民银行相关分支行、银监局的意见。

加强国有土地收益基金的管理。国有土地收益基金要按规定比例及时计提，并按规定用于土地储备。土地储备机构必须按规定用途使用土地储备资金，不得挪用。土地储备工作中发生的地籍调查、土地登记、地价评估以及管护中围栏、围墙等建设的支出，经同级财政部门批准，列入土地储备资金使用范围。土地储备资金预算执行中，需财政部门核拨资金的，土地储备机构应提出用款申请，经国土资源主管部门审核后，报同级财政部门审批。土地储备资金的支付要按照财政国库管理制度有关规定执行。土地储备机构应于每年年终，按规定编制土地储备资金收支决算，由同级财政部门审核并上报同级人民政府批准。

本通知自印发之日起实施。各地区相关部门和单位要严格执行本通知各项规定。对于违反本通知规定的单位和个人，将依照相关法律法规规定进行处理。

国土资源部
财政部
中国人民银行
中国银行业监督管理委员会
二〇一二年十一月五日

土地复垦条例实施办法

《土地复垦条例实施办法》已经2012年12月11日国土资源部第4次部务会议审议通过，现予以发布，自2013年3月1日起施行。

部 长 徐绍史

二〇一二年十二月二十七日

土地复垦条例实施办法

（2012年12月11日国土资源部第4次部务会议审议通过）

第一章 总 则

第一条 为保证土地复垦的有效实施，根据《土地复垦条例》（以下简称条例），制定本办法。

第二条 土地复垦应当综合考虑复垦后土地利用的社会效益、经济效益和生态效益。

生产建设活动造成耕地损毁的，能够复垦为耕地的，应当优先复垦为耕地。

第三条 县级以上国土资源主管部门应当明确专门机构并配备专职人员负责土地复垦监督管理工作。

县级以上国土资源主管部门应当加强与发展改革、财政、城乡规划、铁路、交通、水利、环保、农业、林业等部门的协同配合和行业指导监督。

上级国土资源主管部门应当加强对下级国土资源主管部门土地复垦工作的监督和指导。

第四条 除条例第六条规定外，开展土地复垦调查评价、编制土地复垦规划设计、确定土地复垦工程建设和造价、实施土地复垦工程质量控制、进行土地复垦评价等活动，也应当遵守有关国家标准和土地管理行业标准。

省级国土资源主管部门可以结合本地实际情况，补充制定本行政区域内土地复垦工程建设和造价等标准。

第五条 县级以上国土资源主管部门应当建立土地复垦信息管理系统，利用国土资源综合监管平台，对土地复垦情况进行动态监测，及时收集、汇总、分析和发布本行政区域内土地损毁、土地复垦等数据信息。

第二章 生产建设活动损毁土地的复垦

第六条 属于条例第十条规定的生产建设项目，土地复垦义务人应当在办理建设用地申请或者采矿权申请手续时，依据国土资源部《土地复垦方案编制规程》的要求，组织编制土地复垦方案，随有关报批材料报送有关国土资源主管部门审查。

具体承担相应建设用地审查和采矿权审批的国土资源主管部门负责对土地复垦义务人报送的土地复垦方案进行审查。

第七条 条例施行前已经办理建设用地手续或者领取采矿许可证，条例施行后继续从事生产建设活动造成土地损毁的，土地复垦义务人应当在本办法实施之日起一年内完成土地复垦方案的补充编制工作，报有关国土资源主管部门审查。

第八条 土地复垦方案分为土地复垦方案报告书和土地复垦方案报告表。

依法由省级以上人民政府审批建设用地的建设项目，以及由省级以上国土资源主管部门审批登记的采矿项目，应当编制土地复垦方案报告书。其他项目可以编制土地复垦方案报告表。

第九条　生产建设周期长、需要分阶段实施土地复垦的生产建设项目，土地复垦方案应当包含阶段土地复垦计划和年度实施计划。

跨县（市、区）域的生产建设项目，应当在土地复垦方案中附具以县（市、区）为单位的土地复垦实施方案。

阶段土地复垦计划和以县（市、区）为单位的土地复垦实施方案应当明确土地复垦的目标、任务、位置、主要措施、投资概算、工程规划设计等。

第十条　有关国土资源主管部门受理土地复垦方案审查申请后，应当组织专家进行论证。

根据论证所需专业知识结构，从土地复垦专家库中选取专家。专家与土地复垦方案申请人或者申请项目有利害关系的，应当主动要求回避。土地复垦方案申请人也可以向有关国土资源主管部门申请专家回避。

土地复垦方案申请人或者相关利害关系人可以按照《政府信息公开条例》的规定，向有关国土资源主管部门申请查询专家意见。有关国土资源主管部门应当依法提供查询结果。

第十一条　土地复垦方案经专家论证通过后，由有关国土资源主管部门进行最终审查。符合下列条件的，方可通过审查：

（一）土地利用现状明确；

（二）损毁土地的分析预测科学；

（三）土地复垦目标、任务和利用方向合理，措施可行；

（四）土地复垦费用测算合理，预存与使用计划清晰并符合本办法规定要求；

（五）土地复垦计划安排科学、保障措施可行；

（六）土地复垦方案已经征求意见并采纳合理建议。

第十二条　土地复垦方案通过审查的，有关国土资源主管部门应当向土地复垦义务人出具土地复垦方案审查意见书。土地复垦方案审查意见书应当包含本办法第十一条规定的有关内容。

土地复垦方案未通过审查的，有关国土资源主管部门应当书面告知土地复垦义务人补正。逾期不补正的，不予办理建设用地或者采矿审批相关手续。

第十三条　土地复垦义务人因生产建设项目的用地位置、规模等发生变化，或者采矿项目发生扩大变更矿区范围等重大内容变化的，应当在三个月内对原土地复垦方案进行修改，报原审查的国土资源主管部门审查。

第十四条　土地复垦义务人不按照本办法第七条、第十三条规定补充编制或者修改土地复垦方案的，依照条例第二十条规定处理。

第十五条　土地复垦义务人在实施土地复垦工程前，应当依据审查通过的土地复垦方案进行土地复垦规划设计，将土地复垦方案和土地复垦规划设计一并报所在地县级国土资源主管部门备案。

第十六条　土地复垦义务人应当按照条例第十五条规定的要求，与损毁土地所在地县级国土资源主管部门在双方约定的银行建立土地复垦费用专门账户，按照土地复垦方案确定的资金数额，在土地复垦费用专门账户中足额预存土地复垦费用。

预存的土地复垦费用遵循“土地复垦义务人所有，国土资源主管部门监管，专户储存专款使用”的原则。

第十七条　土地复垦义务人应当与损毁土地所在地县级国土资源主管部门、银行共同签订土地复垦费用使用监管协议，按照本办法规定的原则明确土地复垦费用预存和使用的时间、数额、程序、条件和违约责任等。

土地复垦费用使用监管协议对当事人具有法律效力。

第十八条　土地复垦义务人应当在项目动工前一个月内预存土地复垦费用。

土地复垦义务人按照本办法第七条规定补充编制土地复垦方案的，应当在土地复垦方案通过审查后一个月内预存土地复垦费用。

土地复垦义务人按照本办法第十三条规定修改土地复垦方案后，已经预存的土地复垦费用不足的，应当在土地复垦方案通过审查后一个月内补齐差额费用。

第十九条　土地复垦费用预存实行一次性预存和分期预存两种方式。

生产建设周期在三年以下的项目，应当一次性全额预存土地复垦费用。

生产建设周期在三年以上的项目，可以分期预存土地复垦费用，但第一次预存的数额不得少于土地复垦费用总金额的百分之二十。余额按照土地复垦方案确定的土地复垦费用预存计划预存，在生产建设活动结束前一年预存完毕。

第二十条　条例实施前，采矿生产项目按照有关规定向国土资源主管部门缴存的矿山地质环境治理恢复保证金中已经包含了土地复垦费用的，土地复垦义务人可以向所在地国土资源主管部门提出申请，经审核属实的，可以不再预存相应数额的土地复垦费用。

第二十一条　土地复垦义务人应当按照土地复垦方案确定的工作计划和土地复垦费用使用计划，向损毁土地所在地县级国土资源主管部门申请出具土地复垦费用支取通知书。县级国土资源主管部门应当在七日内出具土地复垦费用支取通知书。

土地复垦义务人凭土地复垦费用支取通知书，从土地复垦费用专门账户中支取土地复垦费用，专项用于土地复垦。

第二十二条　土地复垦义务人应当按照条例第十七条规定于每年12月31日前向所在地县级国土资源主管部门报告当年土地复垦义务履行情况，包括下列内容：

（一）年度土地损毁情况，包括土地损毁方式、地类、位置、权属、面积、程度等；

（二）年度土地复垦费用预存、使用和管理等情况；

（三）年度土地复垦实施情况，包括复垦地类、位置、面积、权属、主要复垦措施、工程量等；

（四）国土资源主管部门规定的其他年度报告内容。

县级国土资源主管部门应当加强对土地复垦义务人报告事项履行情况的监督核实，并可以根据情况将土地复垦义务履行情况年度报告在门户网站上公开。

第二十三条　县级国土资源主管部门应当加强对土地复垦义务人使用土地复垦费用的监督管理，发现有不按照规定使用土地复垦费用的，可以按照土地复垦费用使用监管协议的约定依法追究土地复垦义务人的违约责任。

第二十四条　土地复垦义务人在生产建设活动中应当遵循“保护、预防和控制为主，生产建设与复垦相结合”的原则，采取下列预防控制措施：

（一）对可能被损毁的耕地、林地、草地等，应当进行表土剥离，分层存放，分层回填，优先用于复垦土地的土壤改良。表土剥离厚度应当依据相关技术标准，根据实际情况确定。表土剥离应当在生产工艺和施工建设前进行或者同步进行；

（二）露天采矿、烧制砖瓦、挖沙取土、采石，修建铁路、公路、水利工程等，应当合理确定取土的位置、范围、深度和堆放的位置、高度等；

（三）地下采矿或者疏干抽排地下水等施工，对易造成地面塌陷或者地面沉降等特殊地段应当采取充填、设置保护支柱等工程技术方法以及限制、禁止开采地下水等措施；

（四）禁止不按照规定排放废气、废水、废渣、粉灰、废油等。

第二十五条　土地复垦义务人应当对生产建设活动损毁土地的规模、程度和复垦过程中土地复垦工程质量、土地复垦效果等实施全程控制，并对验收合格后的复垦土地采取管护措施，保证土地复垦效果。

第二十六条　土地复垦义务人依法转让采矿权或者土地使用权的，土地复垦义务同时转移。但原土地复垦义务人应当完成的土地复垦义务未履行完成的除外。

原土地复垦义务人已经预存的土地复垦费用以及未履行完成的土地复垦义务，由原土地复垦义务人与新的土地复垦义务人在转让合同中约定。

新的土地复垦义务人应当重新与损毁土地所在地国土资源主管部门、银行签订土地复垦费用使用监管协议。

第三章　历史遗留损毁土地和自然灾害损毁土地的复垦

第二十七条　历史遗留损毁土地和自然灾害损毁土地调查评价，应当包括下列内容：

（一）损毁土地现状调查，包括地类、位置、面积、权属、损毁类型、损毁特征、损毁原因、损毁时间、污染情况、自然条件、社会经济条件等；

（二）损毁土地复垦适宜性评价，包括损毁程度、复垦潜力、利用方向及生态环境影响等；

（三）土地复垦效益分析，包括社会、经济、生态等效益。

第二十八条　符合下列条件的土地，所在地的县级国土资源主管部门应当认定为历史遗留损毁土地：

（一）土地复垦义务人灭失的生产建设活动损毁的土地；

（二）《土地复垦规定》实施以前生产建设活动损毁的土地。

第二十九条　县级国土资源主管部门应当将历史遗留损毁土地认定结果予以公告，公告期间不少于三十日。土地复垦义务人对认定结果有异议的，可以向县级国土资源主管部门申请复核。

县级国土资源主管部门应当自收到复核申请之日起三十日内做出答复。土地复垦义务人不服的，可以向上一级国土资源主管部门申请裁定。

上一级国土资源主管部门发现县级国土资源主管部门做出的认定结果不符合规定的，可以责令县级国土资源主管部门重新认定。

第三十条　土地复垦专项规划应当包括下列内容：

（一）土地复垦潜力分析；

（二）土地复垦的原则、目标、任务和计划安排；

（三）土地复垦重点区域和复垦土地利用方向；

（四）土地复垦项目的划定，复垦土地的利用布局和工程布局；

（五）土地复垦资金的测算，资金筹措方式和资金安排；

（六）预期经济、社会和生态等效益；

（七）土地复垦的实施保障措施。

土地复垦专项规划可以根据实际情况纳入土地整治规划。

土地复垦专项规划的修改应当按照条例第二十二条的规定报本级人民政府批准。

第三十一条　县级以上地方国土资源主管部门应当依据土地复垦专项规划制定土地复垦年度计划，分年度、有步骤地组织开展土地复垦工作。

第三十二条 条例第二十三条规定的历史遗留损毁土地和自然灾害损毁土地的复垦资金来源包括下列资金：

（一）土地复垦费；

（二）耕地开垦费；

（三）新增建设用地土地有偿使用费；

（四）用于农业开发的土地出让收入；

（五）可以用于土地复垦的耕地占用税地方留成部分；

（六）其他可以用于土地复垦的资金。

第四章 土地复垦验收

第三十三条 土地复垦义务人完成土地复垦任务后，应当组织自查，向项目所在地县级国土资源主管部门提出验收书面申请，并提供下列材料：

（一）验收调查报告及相关图件；

（二）规划设计执行报告；

（三）质量评估报告；

（四）检测等其他报告。

第三十四条 生产建设周期五年以上的项目，土地复垦义务人可以分阶段提出验收申请，负责组织验收的国土资源主管部门实行分级验收。

阶段验收由项目所在地县级国土资源主管部门负责组织，总体验收由审查通过土地复垦方案的国土资源主管部门负责组织或者委托有关国土资源主管部门组织。

第三十五条 负责组织验收的国土资源主管部门应当会同同级农业、林业、环境保护等有关部门，组织邀请有关专家和农村集体经济组织代表，依据土地复垦方案、阶段土地复垦计划，对下列内容进行验收：

（一）土地复垦计划目标与任务完成情况；

（二）规划设计执行情况；

（三）复垦工程质量和耕地质量等级；

（四）土地权属管理、档案资料管理情况；

（五）工程管护措施。

第三十六条 土地复垦阶段验收和总体验收形成初步验收结果后，负责组织验收的国土资源主管部门应当在项目所在地公告，听取相关权利人的意见。公告时间不少于三十日。

相关土地权利人对验收结果有异议的，可以在公告期内向负责组织验收的国土资源主管部门书面提出。

国土资源主管部门应当在接到书面异议之日起十五日内，会同同级农业、林业、环境保护等有关部门核查，形成核查结论反馈相关土地权利人。异议情况属实的，还应当向土地复垦义务人提出整改意见，限期整改。

第三十七条 土地复垦工程经阶段验收或者总体验收合格的，负责验收的国土资源主管部门应当依照条例第二十九条规定出具阶段或者总体验收合格确认书。验收合格确认书应当载明下列事项：

（一）土地复垦工程概况；

（二）损毁土地情况；

（三）土地复垦完成情况；

（四）土地复垦中存在的问题和整改建议、处理意见；

（五）验收结论。

第三十八条　土地复垦义务人在申请新的建设用地、申请新的采矿许可证或者申请采矿许可证延续、变更、注销时，应当一并提供按照本办法规定到期完工土地复垦项目的验收合格确认书或者土地复垦费缴费凭据。未提供相关材料的，按照条例第二十条规定，有关国土资源主管部门不得通过审查和办理相关手续。

第三十九条　政府投资的土地复垦项目竣工后，由负责组织实施土地复垦项目的国土资源主管部门进行初步验收，验收程序和要求除依照本办法规定外，按照资金来源渠道及相应的项目管理办法执行。

初步验收完成后，依照条例第三十条规定进行最终验收，并依照本办法第三十七条规定出具验收合格确认书。

国土资源主管部门代复垦的项目竣工后，依照本条规定进行验收。

第四十条　土地权利人自行复垦或者社会投资进行复垦的土地复垦项目竣工后，由项目所在地县级国土资源主管部门进行验收，验收程序和要求依照本办法规定执行。

第五章 土地复垦激励措施

第四十一条　土地复垦义务人将生产建设活动损毁的耕地、林地、牧草地等农用地复垦恢复为原用途的，可以依照条例第三十二条规定，凭验收合格确认书向所在地县级国土资源主管部门提出出具退还耕地占用税意见的申请。

经审核属实的，县级国土资源主管部门应当在十五日内向土地复垦义务人出具意见。土地复垦义务人凭国土资源主管部门出具的意见向有关部门申请办理退还耕地占用税手续。

第四十二条　由社会投资将历史遗留损毁和自然灾害损毁土地复垦为耕地的，除依照条例第三十三条规定办理外，对属于将非耕地复垦为耕地的，经验收合格并报省级国土资源主管部门复核同意后，可以作为本省、自治区、直辖市的补充耕地指标，市、县政府可以出资购买指标。

第四十三条　由县级以上地方人民政府投资将历史遗留损毁和自然灾害损毁的建设用地复垦为耕地的，经验收合格并报省级国土资源主管部门复核同意后，依照条例第三十五条规定可以作为本省、自治区、直辖市的补充耕地指标。但使用新增建设用地有偿使用费复垦的耕地除外。

属于农民集体所有的土地，复垦后应当交给农民集体使用。

第六章 土地复垦监督管理

第四十四条　县级以上国土资源主管部门应当采取年度检查、专项核查、例行稽查、在线监管等形式，对本行政区域内的土地复垦活动进行监督检查，并可以采取下列措施：

（一）要求被检查当事人如实反映情况和提供相关的文件、资料和电子数据；

（二）要求被检查当事人就土地复垦有关问题做出说明；

（三）进入土地复垦现场进行勘查；

（四）责令被检查当事人停止违反条例的行为。

第四十五条　县级以上国土资源主管部门应当在门户网站上及时向社会公开本行政区域内的土地复垦管理规定、技术标准、土地复垦规划、土地复垦项目安排计划以及土地复垦方案审查结果、土地复垦工程验收结果等重大事项。

第四十六条　县级以上地方国土资源主管部门应当通过国土资源主干网等按年度将本行政区域内的土地损毁情况、土地复垦工作开展情况等逐级上报。

上级国土资源主管部门对下级国土资源主管部门落实土地复垦法律法规情况、土地复垦义务履行情况、土地复垦效果等进行绩效评价。

第四十七条　县级以上国土资源主管部门应当对土地复垦档案实行专门管理，将土地复垦方案、土地复垦资金使用监管协议、土地复垦验收有关材料和土地复垦项目计划书、土地复垦实施情况报告等资料和电子数据进行档案存储与管理。

第四十八条　复垦后的土地权属和用途发生变更的，应当依法办理土地登记相关手续。

第七章 法律责任

第四十九条　条例第三十六条第六项规定的其他徇私舞弊、滥用职权、玩忽职守行为，包括下列行为：

（一）违反本办法第二十一条规定，对不符合规定条件的土地复垦义务人出具土地复垦费用支取通知书，或者对符合规定条件的土地复垦义务人无正当理由未在规定期限内出具土地复垦费用支取通知书的；

（二）违反本办法第四十一条规定，对不符合规定条件的申请人出具退还耕地占用税的意见，或者对符合规定条件的申请人无正当理由未在规定期限内出具退还耕地占用税的意见的；

（三）其他违反条例和本办法规定的行为。

第五十条　土地复垦义务人未按照本办法第十五条规定将土地复垦方案、土地复垦规划设计报所在地县级国土资源主管部门备案的，由县级以上地方国土资源主管部门责令限期改正；逾期不改正的，依照条例第四十一条规定处罚。

第五十一条　土地复垦义务人未按照本办法第十六条、第十七条、第十八条、第十九条规定预存土地复垦费用的，由县级以上国土资源主管部门责令限期改正；逾期不改正的，依照条例第三十八条规定处罚。

第五十二条　土地复垦义务人未按照本办法第二十五条规定开展土地复垦质量控制和采取管护措施的，由县级以上地方国土资源主管部门责令限期改正；逾期不改正的，依照条例第四十一条规定处罚。

第八章　附 则

第五十三条　铀矿等放射性采矿项目的土地复垦具体办法，由国土资源部另行制定。

第五十四条　本办法自2013年3月1日起施行。

政策汇编 04

中华人民共和国
财政部、国家税务总局

关于切实做好2012年保障性安居工程财政资金安排等相关工作的通知

财综〔2012〕5号

各省、自治区、直辖市、计划单列市财政厅（局），新疆生产建设兵团财务局：

按照《国务院办公厅关于保障性安居工程建设和管理的指导意见》（国办发〔2011〕45号）和全国住房保障工作座谈会精神，为确保完成2012年全国保障性安居工程任务，现就做好财政资金安排等事宜通知如下：

一、切实落实资金来源，确保不留资金缺口

各级财政部门要根据本级政府签订2012年住房保障目标责任书中确定的任务，会同有关部门认真分类测算需要政府出资的资金数额，严格按照规定的资金来源渠道落实资金，并具体分解落实到各类保障性安居工程项目。2012年中央财政安排保障性安居工程补助资金将大于2011年，省级财政也要加大对本地区财政困难市、县支持力度，省级安排的补助资金要比2011年有所增加。市县财政部门要切实加大公共预算安排用于保障性安居工程资金规模，确保土地出让收益和住房公积金增值收益按规定用于保障性安居工程建设。各级财政部门在安排财政预算资金时，既要“量力而行”，又要“尽力而

为”，确保政府资金来源落实到位，不留资金缺口。

二、拓宽资金来源渠道，加大保障性安居工程投入力度

在认真落实保障性安居工程现有资金来源基础上，要进一步采取措施，拓宽资金渠道。一是2012年增加的地方政府债券收入要优先用于保障性安居工程，加大地方政府债券收入用于保障性安居工程的投入力度。二是个人住房房产税试点地区取得的房产税收入，要专项用于保障性安居工程。三是各地可从国有资本经营预算中适当安排部分资金用于支持国有企业棚户区改造。四是各地要从城市维护建设税、城镇公用事业附加费、城市基础设施配套费中安排资金，加大保障性安居工程小区外配套基础设施投入，完善配套功能。

三、创新财政支持方式，引导社会资金投资保障性安居工程

各级财政部门要积极支持成立专门企业，负责建设、运营、管理公共租赁住房等保障性住房，严格按照有关规定足额安排资本金，引导企业通过银行贷款、发行企业债券、社会投资等筹集建设资金。各级财政部门还可以通过投资补助、贷款贴息等方式，支持现有企业进行公共租赁住房等保障性住房建设、运营和管理。各地对商业银行发放的公共租赁住房建设贷款可以按规定予以贴息，贴息幅度可按2个百分点左右掌握，贴息期限按贷款期限确定，原则上不超过15年，具体贴息政策由市、县人民政府确定。同时，各级财政部门要积极配合住房城乡建设部门，研究扩大住房公积金贷款支持保障性安居工程的试点范围和规模，重点支持公共租赁住房建设。

四、落实税费优惠政策，努力降低保障性安居工程成本

一是严格按照国家有关规定，继续落实好保障性安居工程建设、运营、管理涉及的各项行政事业性收费和政府性基金免缴政策。二是各地建设廉租住房、城市棚户区改造中的安置住房、经济适用住房，以及面向经济适用住房对象供应的公共租赁住房建设用地，严格按照规定实行行政划拨方式供应，除依法支付土地补偿费、拆迁补偿费外，一律免缴土地出让收入。三是继续落实廉租住房、经济适用住房、公共租赁住房以及棚户区改造涉及的营业税、房产税、城镇土地使用税、土地增值税、印花税、契税等税收减免优惠政策，切实降低保障性安居工程建设和运营管理成本。

五、保证资金及时到位，提高资金使用效益

各级财政部门要积极配合住房城乡建设部门分解落实保障性安居工程目标任务，并将目标任务尽快落实到具体项目和地块，以尽快做好项目前期准备工作。中央财政已于2011年9月底提前通知2012年部分中央补助资金数额，并将于2012年4月底前下达剩余的中央补助资金。省级财政部门要按规定于2012年5月底前将中央和省级补助资金全部拨付到市县。市、县财政部门要按照保障性安居工程建设项目合同（协议）约定的期限和项目工程进度及时拨付财政资金，均衡预算拨款，保障预算执行进度，确保工程建设资金需要。中央财政将研究建立地方保障性安居工程财政资金落实情况考核机制，考核结果将作为分配中央保障性安居工程专项补助资金的重要依据，并对资金落实较好的地区给予适当奖励。

六、加强资金监督管理，确保资金专款专用

各级财政部门要督促住房城乡建设部门严格按照规定用途使用保障性安居工程资金，确保资金专款专用，不

得滞留、挤占和挪用。要建立健全保障性安居工程财政资金来源和使用情况的监督检查机制，严格监督管理。对于资金不到位、不落实、使用不符合规定的，要及时通报并予以纠正。同时，要建立健全保障性安居工程建设财政资金统计分析制度，按年分季报送资金筹集和使用情况，按月跟踪分析保障性安居工程财政资金支出进度，及时了解和掌握保障性安居工程投资、建设、运营过程中存在的主要问题，并采取有效措施予以解决。

保障性安居工程是重大的标志性民生工程。各级财政部门要按照党中央、国务院的统一部署，立足经济社会发展全局，积极创新政策、完善机制、筹措资金，大力支持保障性安居工程建设，确保2012年全国保障性安居工程任务顺利完成。

财政部

二〇一二年一月十八日

关于企业参与政府统一组织的棚户区改造支出企业所得税税前扣除政策有关问题的通知

财税〔2012〕12号

各省、自治区、直辖市、计划单列市财政厅（局）、国家税务局、地方税务局，新疆生产建设兵团财务局：

为鼓励企业积极参与棚户区改造，帮助解决低收入家庭住房困难，共享改革发展成果，现将国有工矿企业、国有林区企业和国有垦区企业参与政府统一组织的棚户区改造支出企业所得税税前扣除政策问题通知如下：

一、国有工矿企业、国有林区企业和国有垦区企业参与政府统一组织的棚户区改造，并同时满足一定条件的棚户区改造资金补助支出，准予在企业所得税前扣除。

二、本通知所称同时满足一定条件的棚户区改造补助支出，是指同时满足以下条件的棚户区改造补助支出：

（一）棚户区位于远离城镇、交通不便，市政公用、教育医疗等社会公共服务缺乏城镇依托的独立矿区、林区或垦区；

（二）该独立矿区、林区或垦区不具备商业性房地产开发条件；

（三）棚户区市政排水、给水、供电、供暖、供气、垃圾处理、绿化、消防等市政服务或公共配套设施不齐全；

（四）棚户区房屋集中连片户数不低于50户，其中，实际在该棚户区居住且在本地区无其他住房的职工（含离退休职工）户数占总户数的比例不低于75%；

（五）棚户区房屋按照《房屋完损等级评定标准》和《危险房屋鉴定标准》评定属于危险房屋、严重损坏房屋的套内面积不低于该片棚户区建筑面积的25%；

（六）棚户区改造已纳入地方政府保障性安居工程建设规划和年度计划，并由地方政府牵头按照保障性住房标准组织实施；异地建设的，原棚户区土地由地方政府统一规划使用或者按规定实行土地复垦、生态恢复。

三、本通知所称国有工矿企业、国有林区企业和国有垦区企业包括中央和地方的国有工矿企业、国有林区企业和国有垦区企业。

四、本通知自发布之日起实施。本通知发布之日前国有工矿企业、国有林区企业和国有垦区企业参与政府统一组织的棚户区改造支出税前扣除事项可按本通知规定的原则处理。

财政部 国家税务总局

二○一二年一月十日

关于印发《新增建设用地土地有偿使用费资金使用管理办法》的通知

财建〔2012〕151号

各省、自治区、直辖市、计划单列市财政厅（局）、国土资源厅（局），新疆生产建设兵团财务局、国土资源局：

为促进新增建设用地土地有偿使用费的科学、合理、有效使用，加强和规范资金使用管理，提高资金使用效益，财政部、国土资源部对2008年制定的《中央分成新增建设用地土地有偿使用费资金使用管理办法》进行了修订。现将修订后的《新增建设用地土地有偿使用费资金使用管理办法》印发给你们，请遵照执行。

附件：新增建设用地土地有偿使用费资金使用管理办法

财政部 国土资源部

二○一二年四月十二日

附件：

新增建设用地土地有偿使用费资金使用管理办法

第一章 总 则

第一条 为了规范新增建设用地土地有偿使用费（以下简称新增费）使用管理，提高资金使用效益，根据《中华人民共和国预算法》、《中华人民共和国土地管理法》和国家有关法律法规的规定，制定本办法。

第二条 本办法适用于中央分成和地方留用新增费的使用管理。

第三条 新增费纳入政府性基金预算管理，专款专用，任何单位和个人不得截留、挤占或挪用。

第四条 鼓励以土地整治项目为平台，统筹安排新增费、用于农业土地开发的土地出让收入、耕地开垦费、土地复垦费和其他涉农资金，充分发挥资金整体效益。

第二章 使用范围

第五条 新增费专项用于土地整治支出及其他相关支出。土地整治支出包括基本农田建设支出、土地整理支出、耕地开发支出。其他相关支出包括基本农田保护支出、土地整治管理支出和财政部商国土资源部确定的其他支出。

第六条 基本农田建设支出，是指为促进基本农田综合生产能力提高，建设适应现代农业发展条件的旱涝保收、高产稳产高标准基本农田，对基本农田进行综合整治发生的支出。

第七条 土地整理支出，是指为了增加耕地面积，提高耕地综合生产能力，对基本农田保护区以外的农村土地进行田、水、路、林、村综合整治发生的支出；对生产建设活动和自然灾害损毁的土地，采取整治措施，使其达到可供利用状态所发生的支出；为提高节约集约用地水平而进行的农村建设用地整理支出；项目区内为改善农村生产条件而进行的道路、电力、水源、输排水（含排洪、排碱）等基础设施、农田防护措施和为开展土地整治工作而进行的拆迁补偿等支出。

第八条 耕地开发支出，是指在保护和改善生态环境的前提下，以增加耕地面积为主要目的，对滩涂、盐碱地、荒草地、裸地、空闲地等宜农未利用土地进行适度开发，使之达到可利用状态所发生的支出。

第九条 土地整治按照项目进行管理，具体要求按国家有关土地整治项目管理的规定执行。土地整治内容包括土地平整工程、灌溉与排水工程、田间道路工程、农田防护与生态环境保持工程等。

有条件的地方，依据土地整治规划，可通过“以补促建”的形式，稳步推进以农村集体经济组织和农民为主体开展的土地整治。具体管理办法由省级国土资源管理、财政部门制定。

第十条 土地整治项目支出包括：工程施工费、设备费、其他费用和不可预见费。其他费用包括前期工作费、工程监理费、竣工验收费、业主管理费和拆迁补偿费。

支出标准按照《土地开发整理项目预算定额标准》（财综〔2011〕128号）的规定执行，预算定额标准中没有规定的，可参照当地相关工程建设的预算定额标准执行。《土地开发整理项目预算定额标准》未涉及的其他项目建设内容，省级财政、国土资源部门可结合各地实际情况，制定省级补充定额标准，报财政部、国土资源部备案。

第十一条 基本农田保护支出，是指确保基本农田面积不减少、质量有提高、用途不改变所发生的支出。具体包括基本农田利用现状、权属调查及成果维护支出；基本农田划定和调整、动态监管支出；基本农田保护标识、标志的设立支出等。

第十二条 土地整治管理支出，是指为开展土地整治管理工作所发生的支出。具体包括耕地后备资源调查、土地整治规划编制、耕地质量等级评价与监测、信息化建设、前期选址、立项报批和审核论证支出；项目实施和资金使用的监督检查、绩效考评支出；项目竣工后的新增耕地核查、后续管护、提高耕地质量等级支出等。

第十三条 新增费不得用于下列支出：

（一）项目区外不直接与项目相配套的道路工程、灌溉与排水工程、电力工程和村庄改造等基础设施建设工程支出。

（二）与项目实施无关的车辆、机械等设备购置；以及农业生产用具、设备等不属于项目规划设计需要的设备购置支出。

（三）办公场所改扩建、发放奖金津贴、补充工作经费、平衡公共预算。

（四）对外投资；赞助和捐赠支出；支付的滞纳金、罚款、违约金、赔偿金以及与项目实施无关的其他支出。

第十四条 为土地整治项目配套的灌溉与排水工程按规定需有关部门批准的，应按规定程序报经批准后实施。

第三章 预算管理

第十五条 新增费预算草案编制遵循以收定支、专款专用、收支平衡、结余结转下年使用的原则。

第十六条 中央分成新增费支出预算分为中央本级支出预算和对地方转移支付预算两部分。

中央本级支出预算草案由国土资源部按照规定编制，报财政部审核。中央本级支出预算中对由国土资源部直属单位承担的新增费支出，列入部门预算；对已确定支出项目但尚未明确承担单位的，可暂列部门本级支出；对因特殊情况暂时无法细化到具体支出项目和承担单位的，可暂列代编预算，不列入部门预算。

对由地方承担的新增费支出项目，列入对地方转移支付预算。

第十七条 地方国土资源管理部门应当按照规定编制年度地方留成的新增费收支预算草案，报同级财政部门审核。

第十八条 新增费的资金支付按照财政国库管理制度有关规定执行，并按规定填列《政府收支分类科目》相关科目。

第十九条 新增费资金使用单位要严格按照批准下达的预算，合理安排使用资金，不得扩大支出范围，提高开支标准；不得用于本办法规定的新增费支出范围以外的其他支出。

第二十条 新增费资金使用单位要按照国家有关财务会计制度的规定，做好新增费资金核算工作，及时办理年度结算和财务决算。

第二十一条 新增费结转和结余资金的管理按照财政拨款结转和结余资金管理的有关规定执行。

第四章 中央对地方新增费转移支付预算管理

第二十二条 中央对地方新增费转移支付支出采取因素法、项目法或因素法与项目法相结合的方式分配。具体分配方式由财政部商国土资源部确定。

第二十三条 因素法分配新增费，由财政部会同国土资源部综合考虑各省（含自治区、直辖市、计划单列市、新疆兵团，下同）基本农田面积、灌溉水田面积和实际补充耕地面积等因素确定资金分配方案，重点支持中西部地区和粮食主产区、产粮大县。

分配因素的调整，由财政部商国土资源部确定。

第二十四条 项目法分配新增费，支持范围主要包括整体推进农村土地整治示范建设项目、土地整治重大工程项目、一般土地整治项目。

整体推进农村土地整治示范建设项目是指以农田整治整村连片推进为重点，以有效统筹各类涉农资金共同投入为手段的土地整治项目。项目预算由财政部、国土资源部与示范省份通过签订示范协议确定。

土地整治重大工程项目是指以落实土地整治规划确定的重点区域内大规模耕地整理、大面积节水增地、大幅度提高高产稳产基本农田比重为目的的土地整治项目。项目预算由财政部、国土资源部组织专家通过实地考察、论证后确定。

一般土地整治项目是指与国务院批准实施的各类区域发展规划相配套的土地整治项目、灾毁地复垦项目以及其他与土地开发利用有关的项目。项目预算由财政部商国土资源部确定。

第二十五条 中央按因素法分配的新增费和地方留成新增费要结合国家级或省级重点工程项目统筹使用，发挥新增费的规模效益。

第五章 监督检查

第二十六条 各级财政、国土资源管理部门负责对新增费项目实施情况和资金使用情况的监督检查，确保新增费专款专用，切实提高新增费使用管理效率。

第二十七条 各级财政、国土资源管理部门要建立健全新增费使用管理的绩效评价制度，逐步完善绩效考评工作，并将新增费资金的分配与绩效考评结果相挂钩。

第二十八条 新增费使用单位要自觉接受财政、审计等部门的监督检查，及时提供相关资料。

第二十九条 对违反本办法规定使用新增费的行为，依照《财政违法行为处罚处分条例》（国务院令第427号）及有关法律法规予以处理。

第六章 附 则

第三十条 省级财政、国土资源管理部门可根据本办法的规定，结合本地实际，制定新增费使用管理的具体实施办法。

第三十一条 本办法自印发之日起实施。此前有关规定与本办法不一致的，以本办法规定为准。原《财政部、国土资源部关于印发‹中央分成新增建设用地新增费资金使用管理办法›的通知》（财建〔2008〕157号）同时废止。

关于加快推动我国绿色建筑发展的实施意见

财建〔2012〕167号

各省、自治区、直辖市、计划单列市财政厅（局）、住房城乡建设厅（委、局），新疆建设兵团财务局、建设局：

按照《国务院关于印发“十二五”节能减排综合性工作方案的通知》（国发〔2011〕26号）统一部署，为进一步深入推进建筑节能，加快发展绿色建筑，促进城乡建设模式转型升级，特制定以下实施意见：

一、充分认识绿色建筑发展的重要意义

绿色建筑是指满足《绿色建筑评价标准》（GB/T 50378-2006），在全寿命周期内最大限度地节能、节地、节水、节材，保护环境和减少污染，为人们提供健康、适用和高效的使用空间，与自然和谐共生的建筑。

我国正处于工业化、城镇化和新农村建设快速发展的历史时期，深入推进建筑节能，加快发展绿色建筑面临难得的历史机遇。目前，我国城乡建设增长方式仍然粗放，发展质量和效益不高，建筑建造和使用过程能源资源消耗高、利用效率低的问题比较突出。大力发展绿色建筑，以绿色、生态、低碳理念指导城乡建设，能够最大效率地利用资源和最低限度地影响环境，有效转变城乡建设发展模式，缓解城镇化进程中资源环境约束；能够充分体现以人为本理念，为人们提供健康、舒适、安全的居住、工作和活动空间，显著改善群众生产生活条件，提高人民满意度，并在广大群众中树立节约资源与保护环境的观念；能够全面集成建筑节能、节地、节水、节材及环境保护等多种技术，极大带动建筑技术革新，直接推动建筑生产方式的重大变革，促进建筑产业优化升级，拉动节能环保建材、新能源应用、节能服务、咨询等相关产业发展。

各级财政、住房城乡建设部门要充分认识到推动发展绿色建筑，是保障改善民生的重要举措，是建设资源节约、环境友好型社会的基本内容，对加快转变经济发展方式，深入贯彻落实科学发展观都具有重要的现实意义。要进一步增强紧迫感和责任感，紧紧抓住难得的历史机遇，尽快制定有力的政策措施，建立健全体制机制，加快推动我国绿色建筑健康发展。

二、推动绿色建筑发展的主要目标与基本原则

（一）主要目标

切实提高绿色建筑在新建建筑中的比重，到2020年，绿色建筑占新建建筑比重超过30%，建筑建造和使用过程的能源资源消耗水平接近或达到现阶段发达国家水平。“十二五”期间，加强相关政策激励、标准规范、技术进步、产业支撑、认证评估等方面能力建设，建立有利于绿色建筑发展的体制机制，以新建单体建筑评价标识推

广、城市新区集中推广为手段，实现绿色建筑的快速发展，到2014年政府投资的公益性建筑和直辖市、计划单列市及省会城市的保障性住房全面执行绿色建筑标准，力争到2015年，新增绿色建筑面积10亿平方米以上。

（二）基本原则

加快推动我国绿色建筑发展必须遵循以下原则：因地制宜、经济适用，充分考虑各地经济社会发展水平、资源禀赋、气候条件、建筑特点，合理制定地区绿色建筑发展规划和技术路线，建立健全地区绿色建筑标准体系，实施有针对性的政策措施。整体推进、突出重点，积极完善政策体系，从整体上推动绿色建筑发展，并注重集中资金和政策，支持重点城市及政府投资公益性建筑在加快绿色建筑发展方面率先突破。合理分级、分类指导，按照绿色建筑星级的不同，实施有区别的财政支持政策，以单体建筑奖励为主，支持二星级以上的高星级绿色建筑发展，提高绿色建筑质量水平；以支持绿色生态城区发展为主要抓手，引导低星级绿色建筑规模化发展。激励引导、规范约束，在发展初期，以政策激励为主，调动各方加快绿色建筑发展的积极性，加快标准标识等制度建设，完善约束机制，切实提高绿色建筑标准执行率。

三、建立健全绿色建筑标准规范及评价标识体系，引导绿色建筑健康发展

（一）健全绿色建筑标准体系

尽快完善绿色建筑标准体系，制（修）订绿色建筑规划、设计、施工、验收、运行管理及相关产品标准、规程。加快制定适合不同气候区、不同建筑类型的绿色建筑评价标准。研究制定绿色建筑工程定额及造价标准。鼓励地方结合地区实际，制定绿色建筑强制性标准。编制绿色生态城区指标体系、技术导则和标准体系。

（二）完善绿色建筑评价制度

各地住房城乡建设、财政部门要加大绿色建筑评价标识制度的推进力度，建立自愿性标识与强制性标识相结合的推进机制，对按绿色建筑标准设计建造的一般住宅和公共建筑，实行自愿性评价标识，对按绿色建筑标准设计建造的政府投资的保障性住房、学校、医院等公益性建筑及大型公共建筑，率先实行评价标识，并逐步过渡到对所有新建绿色建筑均进行评价标识。

（三）加强绿色建筑评价能力建设

培育专门的绿色建筑评价机构，负责相关设计咨询、产品部品检测、单体建筑第三方评价、区域规划等。建立绿色建筑评价职业资格制度，加快培养绿色建筑设计、施工、评估、能源服务等方面的人才。

四、建立高星级绿色建筑财政政策激励机制，引导更高水平绿色建筑建设

（一）建立高星级绿色建筑奖励审核、备案及公示制度

各级地方财政、住房城乡建设部门将设计评价标识达到二星级及以上的绿色建筑项目汇总上报至财政部、住房城乡建设部（以下简称“两部”），两部组织专家委员会对申请项目的规划设计方案、绿色建筑评价标识报告、工程建设审批文件、性能效果分析报告等进行程序性审核，对审核通过的绿色建筑项目予以备案，项目竣工验收后，其中大型公共建筑投入使用一年后，两部组织能效测评机构对项目的实施量、工程量、实际性能效果进行评价，并将符合申请预期目标的绿色建筑名单向社会公示，接受社会监督。

（二）对高星级绿色建筑给予财政奖励

对经过上述审核、备案及公示程序，且满足相关标准要求的二星级及以上的绿色建筑给予奖励。2012年奖励标准为：二星级绿色建筑45元/平方米（建筑面积，下同），三星级绿色建筑80元/平方米。奖励标准将根据技术进步、成本变化等情况进行调整。

（三）规范财政奖励资金的使用管理

中央财政将奖励资金拨至相关省市财政部门，由各地财政部门兑付至项目单位，对公益性建筑、商业性公共建筑、保障性住房等，奖励资金兑付给建设单位或投资方，对商业性住宅项目，各地应研究采取措施主要使购房者得益。

五、推进绿色生态城区建设，规模化发展绿色建筑

（一）积极发展绿色生态城区

鼓励城市新区按照绿色、生态、低碳理念进行规划设计，充分体现资源节约环境保护的要求，集中连片发展绿色建筑。中央财政支持绿色生态城区建设，申请绿色生态城区示范应具备以下条件：新区已按绿色、生态、低碳理念编制完成总体规划、控制性详细规划以及建筑、市政、能源等专项规划，并建立相应的指标体系；新建建筑全面执行《绿色建筑评价标准》中的一星级及以上的评价标准，其中二星级及以上绿色建筑达到30%以上，2年内绿色建筑开工建设规模不少于200万平方米。

（二）支持绿色建筑规模化发展

中央财政对经审核满足上述条件的绿色生态城区给予资金定额补助。资金补助基准为5000万元，具体根据绿色生态城区规划建设水平、绿色建筑建设规模、评价等级、能力建设情况等因素综合核定。对规划建设水平高、建设规模大、能力建设突出的绿色生态城区，将相应调增补助额度。补助资金主要用于补贴绿色建筑建设增量成本及城区绿色生态规划、指标体系制定、绿色建筑评价标识及能效测评等相关支出。

六、引导保障性住房及公益性行业优先发展绿色建筑，使绿色建筑更多地惠及民生

（一）鼓励保障性住房按照绿色建筑标准规划建设

各地要切实提高公租房、廉租房及经济适用房等保障性住房建设水平，强调绿色节能环保要求，在制定保障性住房建设规划及年度计划时，具备条件的地区应安排一定比例的保障性住房按照绿色建筑标准进行设计建造。

（二）在公益性行业加快发展绿色建筑

鼓励各地在政府办公建筑、学校、医院、博物馆等政府投资的公益性建筑建设中，率先执行绿色建筑标准。结合地区经济社会发展水平，在公益性建筑中开展强制执行绿色建筑标准试点，从2014年起，政府投资公益性建筑全部执行绿色建筑标准。

（三）切实加大保障性住房及公益性行业的财政支持力度

绿色建筑奖励及补助资金、可再生能源建筑应用资金向保障性住房及公益性行业倾斜，达到高星级奖励标准的优先奖励，保障性住房发展一星级绿色建筑达到一定规模的也将优先给予定额补助。

七、大力推进绿色建筑科技进步及产业发展，切实加强绿色建筑综合能力建设

（一）积极推动绿色建筑科技进步

各级财政、住房城乡建设部门要鼓励支持建筑节能与绿色建筑工程技术中心建设，积极支持绿色建筑重大共性关键技术研究。加大高强钢、高性能混凝土、防火与保温性能优良的建筑保温材料等绿色建材的推广力度。要根据绿色建筑发展需要，及时制定发布相关技术、产品推广公告、目录，促进行业技术进步。

（二）大力推进建筑垃圾资源化利用

积极推进地级以上城市全面开展建筑垃圾资源化利用，各级财政、住房城乡建设部门要系统推行垃圾收集、

运输、处理、再利用等各项工作，加快建筑垃圾资源化利用技术、装备研发推广，实行建筑垃圾集中处理和分级利用，建立专门的建筑垃圾集中处理基地。

（三）积极推动住宅产业化

积极推广适合住宅产业化的新型建筑体系，支持集设计、生产、施工于一体的工业化基地建设；加快建立建筑设计、施工、部品生产等环节的标准体系，实现住宅部品通用化，大力推广住宅全装修，推行新建住宅一次装修到位或菜单式装修，促进个性化装修和产业化装修相统一。

各级财政、住房城乡建设部门要按照本意见的部署和要求，统一思想，提高认识，认真抓好各项政策措施的落实，要与发改、科技、规划、机关事务等有关部门加强协调配合，落实工作责任，及时研究解决绿色建筑发展中的重大问题，科学组织实施，推动我国绿色建筑快速健康发展。

财政部　住房和城乡建设部

二〇一二年四月二十七日

关于印发《中央补助廉租住房保障专项资金管理办法》的通知

财综〔2012〕42号

辽宁、福建、山东、山西、吉林、黑龙江、安徽、江西、河南、河北、湖南、湖北、海南、内蒙古、广西、重庆、四川、贵州、云南、陕西、甘肃、宁夏、新疆、西藏、青海省、自治区、直辖市财政厅（局），新疆生产建设兵团财务局：

根据城市廉租住房保障工作进展新情况、新要求，为支持财政困难地区及新疆生产建设兵团做好城市廉租住房保障工作，加强中央补助廉租住房保障专项资金管理，提高财政资金使用效益，经商住房城乡建设部同意，我部重新制定了《中央补助廉租住房保障专项资金管理办法》。现印发给你们，请遵照执行。

附件：中央补助廉租住房保障专项资金管理办法

财政部

二〇一二年六月二十日

附件：

中央补助廉租住房保障专项资金管理办法

第一章　总则

第一条　为支持财政困难地区做好城市廉租住房保障工作，加强中央补助廉租住房保障专项资金管理，提高财政资金使用效益，根据《国务院关于解决城市低收入家庭住房困难的若干意见》（国发〔2007〕24号）等有关规定，制定本办法。

第二条　本办法所称中央补助廉租住房保障专项资金（以下简称专项资金），是指由中央财政设立的用于补助财政困难地区及新疆生产建设兵团（以下简称相关地区）廉租住房保障工作的专项资金。

第三条　专项资金按照公开、公平、公正、透明的原则分配给相关地区。具体补助范围包括：西部12会城市和计划单列市）。

第四条　专项资金管理根据相关地区廉租住房保障工作进展情况适时调整。

第二章　分配与计算

第五条　专项资金在优先满足发放廉租住房租赁补贴的前提下，可用于购买、改建或租赁廉租住房支出。其中，购买廉租住房可以购买旧房，也可以购买新房。在完成当年廉租住房保障任务的前提下，经同级财政部门批准，可以将专项资金用于购买、新建、改建、租赁公共租赁住房。

第六条　专项资金原则上按照有关地区年度发放租赁补贴户数以及购买、改建、租赁廉租住房套数等因素，并结合财政困难程度系数计算分配。2012年，发放租赁补贴户数以及购买、改建、租赁廉租住房套数两项因素所占权重分别为80%和20%，以后年度两项因素权重由财政部根据各年度廉租住房保障情况适时调整。财政困难程度参照财政部均衡性转移支付财政困难程度系数确定。

第七条　专项资金分配相关地区的计算公式：某地区专项资金总额=〔（该地区年度租赁补贴户数×该地区上年度财政困难程度系数）÷Σ（各地区年度租赁补贴户数×相应地区上年度财政困难程度系数）×相应权重+（该地区年度购买、改建、租赁廉租住房套数×该地区上年度财政困难程度系数）÷Σ（各地区年度购买、改建、租赁廉租住房套数×相应地区上年度财政困难程度系数）×相应权重〕×年度专项资金总额。其中：年度租赁补贴户数是指当年计划发放租赁补贴户数，减去上年度未实施的计划发放户数，加上上年度超计划实施的发放户数；年度购买、改建、租赁廉租住房套数是指当年计划购买、改建、租赁廉租住房套数，减去上年度未实施的计划套数，加上上年度超计划实施的套数。上述租赁补贴户数和购买、改建、租赁廉租住房套数实施情况，以是否实际发放租赁补贴以及签订购买、改建、租赁合同为准。廉租住房套数不得跨保障方式、跨施工年度、跨取得方式等重复申报。

第八条　财政困难地区有关省、自治区、直辖市人民政府财政部门（以下简称省级财政部门）、新疆生产建设兵团财务局应当会同廉租住房主管部门，在汇总审核各市、县（师、团场）是否按照规定申报后，于每年2月28日之前向当地财政监察专员办事处提交下列资料：

（一）本地区廉租住房保障规划及年度保障计划，各市、县（师、团场）廉租住房保障规划及年度保障计划。

（二）加盖部门印章的本办法附表1、附表2。

（三）本地区年度发放租赁补贴户数和购买、改建、租赁廉租住房套数等有关资料。

（四）省级财政部门及廉租住房主管部门对市、县（师、团场）申报材料审核情况的说明。

（五）其他与审核有关的材料。

第九条　财政困难地区省级财政部门、新疆生产建设兵团财务局应当会同廉租住房主管部门，于3月31日前将当地财政监察专员办事处审核认定后的附表1、附表2和相关文字说明报送财政部、住房城乡建设部。对于未附财政监察专员办事处审核意见的，财政部、住房城乡建设部不予受理。对于未按规定时间报送有关资料的地区，视同不申请专项资金处理。

第十条　财政部驻相关省、自治区、直辖市财政监察专员办事处应当确保实地抽查不少于3个地级市（含省直管县），抽查廉租住房保障数据比例不低于全省（自治区、直辖市）申报数据的20%。对于抽查审核剔除率较高的，应当及时商相关地区省级财政部门或兵团财务局将申报材料退回，重新调整数据后再报。对于未按规定时限向相关财政监察专员办事处报送审核资料或者审核发现严重弄虚作假或重大违规等问题，应当及时向财政部报告。财政监察专员办事处审核工作结束后，应于3月31日前将审核意见表（附表3）报送财政部，并于4月30日前上报审核总结报告。

第三章　拨付与使用

第十一条　财政部会同住房城乡建设部，于每年4月30日之前将专项资金分配下达省级财政部门、新疆生产建设兵团财务局。根据相关地区廉租住房保障任务完成情况、专项资金使用管理情况、是否按时向财政监察专员办事处报送审核资料、上报数据是否及时准确等因素，在下一年度分配专项资金时可以采取适当的奖惩措施，适当增加或减少相关地区的专项资金。

第十二条　财政困难地区省级财政部门、新疆生产建设兵团财务局收到中央财政下达的专项资金数额后，应当参照中央财政的分配方案，于每年5月31日前下达相关市、县财政部门或师、团场，并将下达文件同时抄送财政部驻当地财政监察专员办事处。市、县财政部门或师、团场收到专项资金后，应当会同廉租住房主管部门制定专项资金使用计划，做好资金使用安排，报省级财政部门、廉租住房主管部门备案。专项资金应当与其他各项廉租住房保障资金一起，按照规定用于市、县或师、团场廉租住房保障开支。

第十三条　财政困难地区省级财政部门、新疆生产建设兵团财务局，以及市、县财政部门或者师、团场，应当对专项资金实行专项管理、分账核算，并严格按照规定用途使用，不得截留、挤占、挪作他用，不得用于平衡本级预算。专项资金支付，严格按照财政国库管理制度有关规定执行。相关地区应当切实提高专项资金使用效率，根据廉租住房保障工作进度及时下达预算并拨付资金，保障预算执行进度，确保廉租住房保障资金需要。对于年底专项资金结余较多的地区，中央财政可以酌情减少安排该地区下一年度专项资金数额。

第十四条　市、县财政部门或师、团场安排使用专项资金时，根据专项资金用途，分别填列《政府收支分类科目》221类“住房保障支出”01款“保障性安居工程支出”01项“廉租住房”科目和06项“公共租赁住房”科目。

第四章　监督管理

第十五条　财政困难地区省级财政部门、新疆生产建设兵团财务局应当确保将专项资金及时拨付到市、县财政部门或师、团场。市、县财政部门或师、团场应当确保专项资金按照规定用途使用。

对于违反规定，骗取专项资金，不按规定分配使用专项资金的，相应扣减下一年度分配该地区或兵团的专项资金数额，按照《财政违法行为处罚处分条例》（国务院令第427号）的规定进行处理，并依法追究有关责任人员的行政责任。

第十六条　财政部驻相关省、自治区、直辖市财政监察专员办事处应当对专项资金申报基础数据的真实性、补助资金分配使用情况开展监督检查，保障专项资金按照规定用途使用。财政困难地区省级财政部门、新疆生产建设兵团财务局要加强对市、县或师、团场专项资金使用情况的监督检查，杜绝挤占、挪用等违法违纪行为的发生。

第十七条　每年年度终了，财政困难地区省级财政部门、新疆生产建设兵团财务局应当汇总本地区或者兵团上年度专项资金收支和结余情况，填写《________年度中央补助廉租住房保障专项资金收支情况表》（附表2），于每年3月31日之前报送财政部。

第五章　附则

第十八条　如遇发生重大自然灾害等特殊情况，专项资金分配时可以适当向受灾地区倾斜。

第十九条　财政困难地区省级财政部门、新疆生产建设兵团财务局，可以根据本办法，结合各地实际，制定具体实施办法，并报财政部备案。

第二十条　本办法由财政部负责解释。

第二十一条　本办法自2012年1月1日起施行，《中央补助廉租住房保障专项资金管理办法》（财综〔2010〕110号）同时废止。

关于印发《中央补助城市棚户区改造专项资金管理办法》的通知

财综〔2012〕60号

各省、自治区、直辖市、计划单列市财政厅（局）、住房和城乡建设厅（局），新疆生产建设兵团财务局、建设局：

为支持地方做好城市棚户区改造工作，加强中央补助城市棚户区改造专项资金管理，提高财政资金使用效益，根据《国有土地上房屋征收与补偿条例》（国务院令第590号），以及城市棚户区改造工作进展的新情况、新要求，我们修订了《中央补助城市棚户区改造专项资金管理办法》。现印发给你们，请遵照执行。

附件：中央补助城市棚户区改造专项资金管理办法

财政部　住房城乡建设部

二〇一二年八月六日

附件：

中央补助城市棚户区改造专项资金管理办法

第一章　总 则

第一条　根据住房城乡建设部、国家发展改革委、财政部、国土资源部、人民银行《关于推进城市和国有工矿棚户区改造工作的指导意见》（建保〔2009〕295号）的规定，为支持地方做好城市棚户区改造工作，中央财政设立补助城市棚户区改造专项资金（以下简称城市棚改补助资金）。为规范城市棚改补助资金管理，提高资金使用效益，制定本办法。

第二条　城市棚改补助资金的补助范围为城市规划区内已纳入省级人民政府批准的棚户区改造规划和年度改造计划的城市棚户区改造项目，不包括城市规划区内的煤矿、垦区和林区棚户区改造项目。

第三条　城市棚改补助资金按照公开、公平、公正、透明的原则分配给实施城市棚户区改造的省、自治区、直辖市、计划单列市（以下简称地区），专项用于纳入补助范围的城市棚户区改造项目征收（收购）、安置、建设以及相关的基础设施配套建设等开支，不得用于城市棚户区改造中回迁安置之外的住房开发、配套建设的商业和服务业等经营性设施建设支出。

第四条　各地区应当按照“专项管理、分账核算、专款专用、跟踪问效”的原则，加强城市棚改补助资金管理，确保资金安全、规范、有效使用。

第五条　城市棚改补助资金分配使用管理根据城市棚户区改造工作进展情况适时调整。

第二章 资金的计算与分配

第六条 城市棚改补助资金实行多改造多补助、不改造不补助的分配政策。

第七条 城市棚改补助资金按照各地区城市棚户区改造的征收（收购）面积、征收（收购）户数等两项因素以及相应权重，并结合财政困难程度进行分配。

征收（收购）面积、征收（收购）户数两项因素权重分别为30%、70%，根据城市棚户区改造情况，财政部可以会同住房城乡建设部适时调整两项因素权重。

征收（收购）面积和户数，以征收（收购）人与被征收（收购）人签订的征收补偿（收购）协议或者市、县级人民政府作出的征收补偿决定为依据。征收（收购）面积包括住房和非住房建筑面积；征收（收购）户数包括实物安置住房户数（原地安置和异地安置）和货币补偿户数，均为永久安置住房户数，不包括临时安置住房户数。

财政困难程度参照财政部均衡性转移支付测算的财政困难程度系数确定，作为中央财政分配城市棚改补助资金的调节系数。

第八条 城市棚改补助资金按公式法分配。计算公式如下：

分配给某地区的专项补助资金总额=〔（经核定的该地区年度征收（收购）面积×该地区上一年财政困难程度系数）÷Σ（经核定的各地区年度征收（收购）面积×相应地区上一年财政困难程度系数）×相应权重+（经核定的该地区年度征收（收购）户数×该地区上一年财政困难程度系数）÷Σ（经核定的各地区年度征收（收购）户数×相应地区上一年财政困难程度系数）×相应权重〕×年度城市棚改补助资金总规模。

公式中，经核定的该地区年度征收（收购）面积是指该地区当年计划征收（收购）面积，减去上年度未完成的计划征收（收购）面积，加上上年度超计划完成的征收（收购）面积；经核定的该地区年度征收（收购）户数是指该地区当年计划征收（收购）户数，减去上年度未完成的计划征收（收购）户数，加上上年度超计划完成的征收（收购）户数。上述有关计划征收（收购）面积和户数的完成情况，以是否签订征收补偿（收购）协议或市、县级人民政府作出征收补偿决定为准。

第九条 各地区省级财政部门应会同同级城市棚户区改造主管部门汇总审核各市、县申报资料，并于每年2月28日之前向财政部驻当地财政监察专员办事处（以下简称专员办）提交下列资料：

（一）经省级人民政府批准的本地区城市棚户区改造规划及本年度改造计划，各市、县城市棚户区改造规划和本年度改造计划；规划计划和列入规划计划的项目发生变更的，以市县政府出具的文件为准。

（二）加盖部门印章的本办法附表1、附表2。

（三）上年度各市、县的城市棚户区改造计划，城市棚户区改造项目征收补偿（收购）方案，以及签订的征收补偿（收购）协议和补偿决定复印件。

（四）省级财政部门、城市棚户区改造主管部门对市、县申报材料审核情况的说明。

（五）与审核有关的其他材料。

第十条 专员办应对地方报送的相关资料进行认真审核，确保实地抽查审核比例不少于3个地级市（含省直管县），抽查城市棚户区改造数据比例不低于全省（自治区、直辖市）申报数据的20%。重点核查征收补偿（收购）协议的签订、实施情况。抽查审核结果与报送数据相差较大的，应当及时将申报材料退回，要求省级财政部门会同同级城市棚户区改造主管部门核实数据后重新报送。对于未按规定时限向专员办报送审核资料、审核发现严重弄虚作假或重大违规等问题，应及时向财政部报告。专员办审核工作结束后，应于3月31日前将审核意见表（附表3）报送财政部，并于4月30日前上报审核总结报告。

第十一条 每年3月31日之前，各地区省级财政部门会同同级城市棚户区改造主管部门将专员办审核认定后的附表1、附表2和相关文字说明，分别报送财政部、住房城乡建设部。未附专员办审核意见的，不予受理。对于未按规定时间报送有关资料的地区，视同不申请城市棚改补助资金处理。

第三章 资金的拨付和使用

第十二条 财政部会同住房城乡建设部在对各地区报送的有关资料进行审核汇总后，于每年4月30日之前将城市棚改补助资金分配下达各地区省级财政部门。

根据各地区城市棚户区改造任务完成情况、补助资金使用管理情况、是否按时向专员办报送审核资料、上报数据是否及时准确等因素，财政部会同住房城乡建设部在下一年度分配城市棚改补助资金时采取适当的奖惩措施，适当增加或减少相关地区的补助资金。

第十三条 各地区省级财政部门收到中央财政下达的城市棚改补助资金数额后，应当参照中央财政的分配方案，于每年5月31日前会同同级住房城乡建设部门一次下达已经实施城市棚户区改造的市、县财政部门，并将下达文件同时抄送专员办。

市、县财政部门收到城市棚改补助资金后，应会同住房城乡建设部门尽快将资金分解或明确到具体建设项目并报上级财政部门、住房城乡建设部门备案。

第十四条 各地区县级以上财政部门应当对城市棚改补助资金实行专项管理、分账核算，并严格按照规定用途使用；不得截留、挤占、挪作他用，不得用于平衡本级预算。

城市棚户区改造主管部门及项目实施单位应当严格按照本办法规定使用城市棚改补助资金，不得挪作他用。

第十五条 城市棚改补助资金的支付，按照财政国库管理制度的有关规定执行。

第十六条 各地区要切实提高资金使用效率，根据城市棚户区改造工作进度及时下达预算并拨付资金，保障预算执行进度，确保城市棚户区改造资金需要。对于年底城市棚改补助资金结余较多的地区，中央财政将酌情减少安排该地区下一年度补助资金数额。

第十七条 市、县财政部门安排使用城市棚改补助资金时，填列《政府收支分类科目》221类“住房保障支出”01款“保障性安居工程支出”03项“棚户区改造”支出科目。

第四章 监督管理

第十八条 专员办应当对城市棚改补助资金申报基础数据的真实性、城市棚改补助资金分配使用情况开展监督检查，确保城市棚改补助资金按照规定用途使用。

实施城市棚户区改造的各地区财政部门应当加强对本地区城市棚改补助资金使用情况的监督检查，防止发生挤占、挪用等违法违纪行为。

第十九条 违反本办法规定，弄虚作假，违规虚报城市棚改补助资金申请数据问题严重的，在全国范围内通报，并按有关规定追究相关人员的责任。

第二十条 违反本办法规定，采取虚报、多报等方式骗取城市棚改补助资金，或者不按规定分配使用城市棚改补助资金的，由财政部收回已安排的城市棚改补助资金或者扣减下一年度该地区城市棚改补助资金，并依照《财政违法行为处罚处分条例》（国务院令第427号）等国家有关规定追究法律责任。

第五章 附则

第二十一条 中央财政对新疆生产建设兵团城市棚改补助资金的分配、拨付、使用、管理以及相关资料申报与审核按照本办法规定执行。

第二十二条 如遇发生重大自然灾害等特殊情况，城市棚改补助资金分配时可以适当向受灾地区倾斜。

第二十三条 各地区省级财政部门以及新疆生产建设兵团财务局会同同级城市棚户区改造主管部门可以根据本

办法，结合各地区实际制定具体实施办法，并报财政部、住房城乡建设部备案。

第二十四条　本办法由财政部会同住房城乡建设部负责解释。

第二十五条　本办法自2012年1月1日起施行，《中央补助城市棚户区改造专项资金管理办法》（财综〔2010〕46号）同时废止。

关于农产品批发市场 农贸市场房产税 城镇土地使用税政策的通知

财税〔2012〕68号

各省、自治区、直辖市、计划单列市财政厅（局）、地方税务局，西藏、宁夏、青海省（自治区）国家税务局，新疆生产建设兵团财务局：

为支持农产品流通体系建设，减轻农产品批发市场、农贸市场经营负担，根据国务院常务会议精神，现将农产品批发市场、农贸市场有关房产税和城镇土地使用税政策通知如下：

一、对专门经营农产品的农产品批发市场、农贸市场使用的房产、土地，暂免征收房产税和城镇土地使用税。对同时经营其他产品的农产品批发市场和农贸市场使用的房产、土地，按其他产品与农产品交易场地面积的比例确定征免房产税和城镇土地使用税。

二、农产品批发市场和农贸市场，是指经工商登记注册，供买卖双方进行农产品及其初加工品现货批发或零售交易的场所。农产品包括粮油、肉禽蛋、蔬菜、干鲜果品、水产品、调味品、棉麻、活畜、可食用的林产品以及由省、自治区、直辖市财税部门确定的其他可食用的农产品。

三、本通知自2013年1月1日至2015年12月31日执行。各地已按《财政部税务总局关于房产税和车船使用税几个业务问题的解释与规定》（财税地字〔1987〕3号）第三条、《国家税务局关于印发‹关于土地使用税若干具体问题的补充规定›的通知》（国税地字〔1989〕140号）第五条规定对农产品批发市场、农贸市场给予免征房产税和城镇土地使用税的，可继续按原免税政策执行。

四、符合上述免税条件的企业需持相关材料向主管税务机关办理备案手续。

财政部 国家税务总局

二〇一二年九月三日

关于企业以售后回租方式进行融资等有关契税政策的通知

财税〔2012〕82号

各省、自治区、直辖市、计划单列市财政厅（局）、地方税务局，西藏、宁夏、青海省（自治区）国家税务局，新疆生产建设兵团财务局：

经研究，现就近期各地反映的契税政策执行中若干问题通知如下：

一、对金融租赁公司开展售后回租业务，承受承租人房屋、土地权属的，照章征税。对售后回租合同期满，承租人回购原房屋、土地权属的，免征契税。

二、以招拍挂方式出让国有土地使用权的，纳税人为最终与土地管理部门签订出让合同的土地使用权承受人。

三、市、县级人民政府根据《国有土地上房屋征收与补偿条例》有关规定征收居民房屋，居民因个人房屋被征收而选择货币补偿用以重新购置房屋，并且购房成交价格不超过货币补偿的，对新购房屋免征契税；购房成交价格超过货币补偿的，对差价部分按规定征收契税。居民因个人房屋被征收而选择房屋产权调换，并且不缴纳房屋产权调换差价的，对新换房屋免征契税；缴纳房屋产权调换差价的，对差价部分按规定征收契税。

四、企业承受土地使用权用于房地产开发，并在该土地上代政府建设保障性住房的，计税价格为取得全部土地使用权的成交价格。

五、单位、个人以房屋、土地以外的资产增资，相应扩大其在被投资公司的股权持有比例，无论被投资公司是否变更工商登记，其房屋、土地权属不发生转移，不征收契税。

六、个体工商户的经营者将其个人名下的房屋、土地权属转移至个体工商户名下，或个体工商户将其名下的房屋、土地权属转回原经营者个人名下，免征契税。

合伙企业的合伙人将其名下的房屋、土地权属转移至合伙企业名下，或合伙企业将其名下的房屋、土地权属转回原合伙人名下，免征契税。

本通知自发文之日起执行。《财政部 国家税务总局关于城镇房屋拆迁有关税收政策的通知》（财税〔2005〕45号）第二条同时废止。

财政部　国家税务总局

二〇一二年十二月六日

关于做好2013年城镇保障性安居工程财政资金安排等相关工作的通知

财综〔2012〕99号

各省、自治区、直辖市、计划单列市财政厅（局），新疆生产建设兵团财务局：

为支持城镇保障性安居工程工作，确保2013年城镇保障性安居工程任务顺利完成，进一步做好财政资金筹措与保障工作，现就有关事项通知如下：

一、严格按照规定渠道筹集城镇保障性安居工程财政资金

地方各级财政部门要根据本地区城镇保障性安居工程任务，严格按照规定渠道，从公共预算、住房公积金增值收益、土地出让收益、国有资本经营预算、地方政府债券收入中安排资金，用于廉租住房、公共租赁住房、城市棚户区改造等需要政府支持的城镇保障性安居工程项目。省级财政部门要继续加大对困难市县城镇保障性安居工程支持力度，安排并及时下达省级补助资金。同时，要严格按照财政部规定，将中央财政提前下达的2013年城镇保障性安居工程补助资金及时分解到市县财政部门。市级财政部门要督促住房公积金管理中心按照财务制度规定及时分配住房公积金增值收益，并将应当用于补充城镇廉租住房保障资金的增值收益及时足额上缴同级国库。市县财政部门要落实土地出让收益不低于10%用于城镇保障性安居工程的规定，对于因2013年本地区城镇保障性安居工程任务减少、财政资金来源多渠道、工程跨年度实施、按工程进度拨付财政资金等客观原因，造成当年土地出让收益实际用于城镇保障性安居工程支出难以达到10%的，市县财政部门要主动向住房城乡建设部门、审计部门说明情况，争取相关部门的理解。

二、采取投资补助或贷款贴息方式支持企业参与公共租赁住房建设运营管理

对于企业投资建设和运营管理公共租赁住房的项目，市县财政部门可以对企业给予适当的投资补助或贷款贴息，具体政策由市县财政部门商住房城乡建设部门按国家政策要求确定。企业获得的贴息贷款要严格按规定用于公共租赁住房项目，不得用于其他项目。由企业代建政府回购的公共租赁住房项目，市县财政部门要加强对代建公共租赁住房项目成本核算的监管和审计，保障公共租赁住房项目工程质量，政府回购资金要纳入当年财政预算。

三、切实落实城镇保障性安居工程涉及的税费优惠政策

地方各级财政部门要严格按照《财政部关于切实做好2012年保障性安居工程财政资金安排等相关工作的通知》（财综〔2012〕5号）等规定，继续落实好城镇保障性安居工程建设和运营管理涉及的行政事业性收费、政府性基金（含土地出让收入）与相关税收减免政策，切实减轻城镇保障性安居工程建设和运营管理费用，不得违反规定对城镇保障性安居工程建设和运营管理收取应当减免的税费。

四、严格按照城镇保障性安居工程项目进度及时拨付财政资金

地方各级财政部门要督促相关部门和单位严格按照规定用途使用城镇保障性安居工程财政资金，确保财政资金专款专用，不得滞留、挤占和挪用，禁止将城镇保障性安居工程财政资金用于补充相关部门和单位工作经费；

要督促相关部门和单位做好城镇保障性安居工程项目前期准备和项目组织实施工作，根据项目工程进度及时拨付财政资金，不得采取以拨代支的方式违规拨付财政资金；要加强对城镇保障性安居工程项目进度和资金使用情况的监督管理，提高工程项目投资完成率，推动本地区按期完成当年城镇保障性安居工程建设任务。

五、加强廉租住房和公共租赁住房租金“收支两条线”管理

政府投资建设和房地产开发企业按政府规定比例配建并无偿划归政府所有的廉租住房、公共租赁住房的租金收入，以及政府投资建设廉租住房和公共租赁住房项目中配建的商业设施出售出租收入，要按照政府非税收入管理的规定缴入同级国库，纳入政府性基金预算，实行“收支两条线”管理。廉租住房租金收入，专项用于廉租住房的维护、管理等支出；公共租赁住房租金收入，专项用于偿还政府投资建设的公共租赁住房建设贷款本息和公共租赁住房维护、管理等支出；政府配建的商业设施出售出租收入，专项用于补充政府廉租住房和公共租赁住房的维护、管理等开支。

六、选择部分市县开展城镇保障性安居工程绩效评价试点

按照财政部印发的《预算绩效管理工作规划（2012－2015）》要求，“十二五”期间，保障性安居工程将纳入财政预算绩效评价范围。为提高城镇保障性安居工程财政资金使用效益，财政部决定在山东、河北、湖南、湖北、四川等省各选取1到2个市县进行城镇保障性安居工程财政预算绩效评价试点，具体试点市县名单由省级财政部门与市县财政部门协商确定，并报财政部备案。预算绩效评价内容主要包括年度城镇保障性安居工程财政资金到位情况、开工情况、租赁补贴发放情况，以及工程实施取得的成效等，试点地区要积极探索城镇保障性安居工程财政预算绩效评价范围、评价内容、评价指标、评价程序、结果应用等，并制定绩效评价方案。财政部将在试点基础上总结经验，适时将城镇保障性安居工程财政预算绩效评价扩展到全国。

财政部

二〇一二年十二月二十六日

政策汇编 05

中国人民银行
中国银行业监督管理委员会、中国保险监督管理委员会

关于进一步扩大信贷资产证券化试点有关事项的通知

（银发〔2012〕127号）

国家开发银行，各政策性银行、国有商业银行、股份制商业银行，中国邮政储蓄银行，各金融资产管理公司，各会计师事务所，各信托公司、企业集团财务公司、汽车金融公司：

根据国务院批复精神和前期信贷资产证券化试点实践经验，结合国际金融危机以后国际资产证券化业务监管的趋势性变化，为了进一步完善制度，防范风险，扎实推进我国信贷资产证券化业务健康可持续发展，现就扩大信贷资产证券化试点有关事项通知如下：

一、基础资产

信贷资产证券化入池基础资产的选择要兼顾收益性和导向性，既要有稳定可预期的未来现金流，又要注重加强与国家产业政策的密切配合。鼓励金融机构选择符合条件的国家重大基础设施项目贷款、涉农贷款、中小企业贷款、经清理合规的地方政府融资平台公司贷款、节能减排贷款、战略性新兴产业贷款、文化创意产业贷款、保障性安居工程贷款、汽车贷款等多元化信贷资产作为基础资产开展信贷资产证券化，丰富信贷资产证券化基础资产种类。信贷资产证券化产品结构要简单明晰，扩大试点阶段禁止进行再

证券化、合成证券化产品试点。

二、机构准入

扩大试点阶段，金融机构信贷资产证券化业务准入条件及审批程序继续按照《信贷资产证券化试点管理办法》（中国人民银行　中国银行业监督管理委员会公告〔2005〕第7号公布）和《金融机构信贷资产证券化试点监督管理办法》（中国银行业监督管理委员会令2005年第3号发布）有关规定执行。鼓励更多经审核符合条件的金融机构参与信贷资产证券化业务。银监会在收到发起机构和受托机构联合报送的完整申请材料之日起五个工作日内决定是否受理申请。银监会决定不受理的，应当书面通知申请人并说明理由；决定受理的，应当自受理之日起三个月内做出批准或者不批准的书面决定。

三、风险自留

扩大试点阶段，信贷资产证券化各发起机构应持有由其发起的每一单资产证券化中的最低档次资产支持证券的一定比例，该比例原则上不得低于每一单全部资产支持证券发行规模的5%，持有期限不得低于最低档次证券的存续期限。本通知施行前，已经发行的资产支持证券不受此规定限制。发起机构原则上应担任信贷资产证券化的贷款服务机构，切实履行贷款服务合同各项约定。

四、信用评级

资产支持证券在全国银行间债券市场发行与交易初始评级应当聘请两家具有评级资质的资信评级机构，进行持续信用评级，并按照有关政策规定在申请发行资产支持证券时向金融监管部门提交两家评级机构的评级报告。鼓励探索采取多元化信用评级方式，支持对资产支持证券采用投资者付费模式进行信用评级。参与资产支持证券评级的各信用评级机构要努力提高对资产支持证券信用评级的透明度和公信力。同时，资产支持证券投资者应建立内部信用评级体系，加强对投资风险自主判断，减少对外部评级的依赖。

五、资本计提

扩大试点阶段，各银行业金融机构仍按照《商业银行资本充足率管理办法》（中国银行业监督管理委员会令2007年第11号发布）、《金融机构信贷资产证券化试点监督管理办法》（中国银行业监督管理委员会令2005年第3号发布）和《商业银行资产证券化风险暴露监管资本计量指引》（银监发〔2009〕116号）等规定，计提监管资本。本通知施行后，如中国银行业监督管理委员会发布新的资产监管规定，按新规定有关要求执行。

六、会计处理

扩大试点阶段，信贷资产证券化会计处理按照《企业会计准则第23号——金融资产转移》（财会〔2006〕3号）及财政部发布的相关《企业会计准则解释》的有关规定执行。参与资产证券化业务的个会计师事务所应严格执行财政部相关规定，按要求做好信贷资产证券化会计处理工作。

七、信息披露

信贷资产证券化发起机构、受托机构、信用评级机构或其他证券化服务机构应严格按照《信贷资产证券化试点管理办法》(中国人民银行　中国银行业监督管理委员会公告〔2005〕第7号公布)、《资产支持证券信息披露规则》(中国人民银行公告〔2005〕第14号公布)、《信贷资产证券化基础资产池信息披露有关事项》(中国人民银行公告〔2007〕第16号公告)等政策规定，做好信贷资产证券化业务信息披露工作，按投资人要求及时、准确、真实、完整披露资产支持证券相关信息。在遵循法律法规有关信贷资产证券化相关方私密性权利规定要求的基础上，鼓励创造条件逐步实现对每一笔入池资产按要求进行规范信息披露。

八、投资者要求

稳步扩大资产支持证券机构投资者范围，鼓励保险公司、证券投资基金、企业年金、全国社保基金等经批准合规的非银行机构投资者投资资产支持证券。单个银行业金融机构购买持有单支资产支持证券的比例，原则上不得超过该单资产支持证券发行规模的40%。

九、中介服务

信贷资产证券化各受托机构、贷款服务机构、资金保管机构、信用增级机构和承销机构及其他为资产证券化发行交易提供服务的中介服务机构，应认真总结前期资产证券化试点实践经验，勤勉尽责，规范经营，在有效识别、计量、监测和控制相关风险的前提下，合理匹配证券风险收益，进一步提高中介服务的质量和水平。

十、本通知自发布之日起施行

前期试点过程中已经发布的信贷资产证券化有关政策规定中的具体条款有与本通知不一致的，在扩大试点阶段按照本通知有关规定执行。本通知执行过程中遇到的相关情况和问题，请及时报告。

中国人民银行

银监会

财政部

二〇一二年五月十七日

关于保险资金投资股权和不动产有关问题的通知

保监发〔2012〕59号

各保险集团(控股)公司、保险公司、保险资产管理公司：

为进一步规范保险资金投资股权和不动产行为，增强投资政策的可行性和有效性，防范投资风险，保障资产安全，根据《保险资金运用管理暂行办法》、《保险资金投资股权暂行办法》(以下简称《股权办法》)和《保险资金投资不动产暂行办法》(以下简称《不动产办法》)，现就有关事项通知如下：

一、调整事项

1. 保险公司投资股权或者不动产，不再执行上一会计年度盈利的规定；上一会计年度净资产的基本要求，均调整为1亿元人民币；偿付能力充足率的基本要求，调整为上季度末偿付能力充足率不低于120%；开展投资后，偿付能力充足率低于120%的，应当及时调整投资策略，采取有效措施，控制相关风险。

2. 保险公司投资自用性不动产，其专业人员的基本要求，调整为资产管理部门应当配备具有不动产投资和相关经验的专业人员。

3. 保险资金直接投资股权的范围，增加能源企业、资源企业和与保险业务相关的现代农业企业、新型商贸流通企业的股权，且该股权指向的标的企业应当符合国家宏观政策和产业政策，具有稳定的现金流和良好的经济效益。

4. 保险资金投资股权投资基金，发起设立并管理该基金投资机构的资本要求，调整为注册资本或者认缴资本不低于1亿元人民币。

5. 保险资金投资的股权投资基金，包括成长基金、并购基金、新兴战略产业基金和以上股权投资基金为投资标的的母基金。其中，并购基金的投资标的，可以包括公开上市交易的股票，但仅限于采取战略投资、定向增发、大宗交易等非交易过户方式，且投资规模不高于该基金资产余额的20%。新兴战略产业基金的投资标的，可以包括金融服务企业股权、养老企业股权、医疗企业股权、现代农业企业股权以及投资建设和管理运营公共租赁住房或者廉租住房的企业股权。母基金的交易结构应当简单明晰，不得包括其他母基金。

6. 保险资金投资的股权投资基金，非保险类金融机构及其子公司不得实际控制该基金的管理运营，或者不得持有该基金的普通合伙权益。

7. 保险公司重大股权投资和购置自用性不动产，除使用资本金外，还可以使用资本公积金、未分配利润等自有资金。保险公司非重大股权投资和非自用性不动产投资，可以运用自有资金、责任准备金及其他资金。

8. 保险公司投资未上市企业股权、股权投资基金等相关金融产品，可以自主确定投资方式，账面余额由两项合计不高于本公司上季末总资产的5%调整为10%。其中，账面余额不包含保险公司以自有资金直接投资的保险类企业股权。

保险公司投资同一股权投资基金的账面余额，不高于该基金发行规模的20%；保险集团（控股）公司及其保险子公司，投资同一股权投资基金的账面余额，合计不高于该基金发行规模的60%，保险公司及其投资控股的保险机构比照执行。

9. 保险公司投资非自用性不动产、基础设施债权投资计划及不动产相关金融产品，可以自主确定投资标的，账面余额合计不高于本公司上季末总资产的20%。其中，投资非自用性不动产的账面余额，不高于本公司上季末总资产的15%；投资基础设施债权投资计划和不动产相关金融产品的账面余额，合计不高于本公司上季末总资产的20%。

保险公司投资同一基础设施债权投资计划或者不动产投资计划的账面余额，不高于该计划发行规模的50%，投资其他不动产相关金融产品的账面余额，不高于该产品发行规模的20%。保险集团（控股）公司及其保险子公司，投资同一基础设施债权投资计划或者不动产相关金融产品的账面余额，合计不高于该计划（产品）发行规模的60%，保险公司及其投资控股的保险机构比照执行。

10. 保险公司和托管机构向中国保监会提交投资股权和不动产季度报告的时间，调整为每季度结束后30个工作日内；保险公司、投资机构和托管机构向中国保监会提交投资股权和不动产年度报告的时间，调整为每年4月30日前。

二、明确事项

1. 保险集团（控股）公司及其保险子公司投资股权和不动产，可以整合集团内部资源，在保险机构建立股权和不动产投资专业团队，由该专业团队统一提供咨询服务和技术支持。该专业团队所在的保险机构，应当分别符合《股权办法》有关专业机构、《不动产办法》有关投资机构的规定。不动产投资机构仅为保险公司投资不动产提供咨询服务和技术支持的，应当具有10名以上不动产投资和相关经验的专业人员，其中具有5年以上相关经验的不少于2名，具有3年以上相关经验的不少于3名。

保险公司投资股权和不动产，聘请专业机构或者投资机构提供投资咨询服务和技术支持的，该保险公司资产管理部门应当配备不少于2名具有3年以上股权投资和相关经验的专业人员，以及不少于2名具有3年以上不动产投资和相关经验的专业人员。保险公司间接投资股权或者不动产相关金融产品的，专业人员的基本要求不变。

2. 保险资金投资的股权投资基金，发起设立并管理该基金的投资机构，其退出项目的最低要求，是指该机构专业人员作为投资主导人员，合计退出的项目数量；其管理资产的余额，是指在中国境内以人民币计价的实际到账资产和资金的余额。

3. 保险资金以间接方式投资公共租赁住房和廉租住房项目，该类项目应当经政府审定，权证齐全合法有效，地处经济实力较强、财政状况良好、人口增长速度较为稳定的大城市。

4. 保险公司不得用其投资的不动产提供抵押担保。保险公司以项目公司股权方式投资不动产的，该项目公司可用自身资产抵押担保，通过向其保险公司股东借款等方式融资，融资规模不超过项目投资总额的40%。

5. 保险公司根据业务发展需求，可以自主调整权属证明清晰的不动产项目属性，自用性不动产转换为投资性不动产的，应当符合投资性不动产的相关规定，并在完成转换后30个工作日内，向中国保监会报告。

三、其他事项

1. 保险公司投资股权和不动产，应当制定完善的管理制度、操作流程、内部控制及稽核规定，防范操作风险、道德风险和利益输送行为，杜绝不正当关联交易和他项交易。保险公司高级管理人员和相关投资人员，不得以个人名义或假借他人名义，投资该公司所投资股权或不动产项目。

2. 保险公司以股权方式投资不动产，应当严格规范项目公司名称，限定其经营范围。项目公司不得对外进行股权投资。

3. 保险公司投资不动产项目，应当明确投资人定位，委托具备相应资质的开发机构代为建设，不得自行开发建设投资项目，不得将保险资金挪做他用。

4. 保险公司投资不动产，不得以投资性不动产为目的，运用自用性不动产的名义，变相参与土地一级开发。保险公司转换自用性不动产和投资性不动产属性时，应当充分论证转换方案的合理性和必要性，确保转换价值公允，不得利用资产转换进行利益输送或者损害投保人利益。

5. 保险公司以外币形式出资，投资中国境内未上市企业股权或者不动产，纳入《保险资金境外投资管理暂行办法实施细则》管理。

中国保险监督管理委员会

二〇一二年七月十六日

政策汇编 **06**

中华人民共和国

最高人民法院

关于办理申请人民法院强制执行国有土地上房屋征收补偿决定案件若干问题的规定

法释〔2012〕4号

《最高人民法院关于办理申请人民法院强制执行国有土地上房屋征收补偿决定案件若干问题的规定》已于2012年2月27日由最高人民法院审判委员会第1543次会议通过，现予公布，自2012年4月10日起施行。

二〇一二年三月二十六日

（2012年2月27日最高人民法院审判委员会第1543次会议通过）

为依法正确办理市、县级人民政府申请人民法院强制执行国有土地上房屋征收补偿决定（以下简称征收补偿决定）案件，维护公共利益，保障被征收房屋所有权人的合法权益，根据《中华人民共和国行政诉讼法》、《中华人民共和国行政强制法》、《国有土地上房屋征收与补偿条例》（以下简称《条例》）等有关法律、行政法规规定，结合审判实际，制定本规定。

第一条　申请人民法院强制执行征收补偿决定案件，由房屋所在地基层人民法院管辖，高级人民法院可以根据本地实际情况决定管辖法院。

第二条 申请机关向人民法院申请强制执行，除提供《条例》第二十八条规定的强制执行申请书及附具材料外，还应当提供下列材料：

（一）征收补偿决定及相关证据和所依据的规范性文件；

（二）征收补偿决定送达凭证、催告情况及房屋被征收人、直接利害关系人的意见；

（三）社会稳定风险评估材料；

（四）申请强制执行的房屋状况；

（五）被执行人的姓名或者名称、住址及与强制执行相关的财产状况等具体情况；

（六）法律、行政法规规定应当提交的其他材料。

强制执行申请书应当由申请机关负责人签名，加盖申请机关印章，并注明日期。

强制执行的申请应当自被执行人的法定起诉期限届满之日起三个月内提出；逾期申请的，除有正当理由外，人民法院不予受理。

第三条 人民法院认为强制执行的申请符合形式要件且材料齐全的，应当在接到申请后五日内立案受理，并通知申请机关；不符合形式要件或者材料不全的应当限期补正，并在最终补正的材料提供后五日内立案受理；不符合形式要件或者逾期无正当理由不补正材料的，裁定不予受理。

申请机关对不予受理的裁定有异议的，可以自收到裁定之日起十五日内向上一级人民法院申请复议，上一级人民法院应当自收到复议申请之日起十五日内作出裁定。

第四条 人民法院应当自立案之日起三十日内作出是否准予执行的裁定；有特殊情况需要延长审查期限的，由高级人民法院批准。

第五条 人民法院在审查期间，可以根据需要调取相关证据、询问当事人、组织听证或者进行现场调查。

第六条 征收补偿决定存在下列情形之一的，人民法院应当裁定不准予执行：

（一）明显缺乏事实根据；

（二）明显缺乏法律、法规依据；

（三）明显不符合公平补偿原则，严重损害被执行人合法权益，或者使被执行人基本生活、生产经营条件没有保障；

（四）明显违反行政目的，严重损害公共利益；

（五）严重违反法定程序或者正当程序；

（六）超越职权；

（七）法律、法规、规章等规定的其他不宜强制执行的情形。

人民法院裁定不准予执行的，应当说明理由，并在五日内将裁定送达申请机关。

第七条 申请机关对不准予执行的裁定有异议的，可以自收到裁定之日起十五日内向上一级人民法院申请复议，上一级人民法院应当自收到复议申请之日起三十日内作出裁定。

第八条 人民法院裁定准予执行的，应当在五日内将裁定送达申请机关和被执行人，并可以根据实际情况建议申请机关依法采取必要措施，保障征收与补偿活动顺利实施。

第九条 人民法院裁定准予执行的，一般由作出征收补偿决定的市、县级人民政府组织实施，也可以由人民法院执行。

第十条 《条例》施行前已依法取得房屋拆迁许可证的项目，人民法院裁定准予执行房屋拆迁裁决的，参照本规定第九条精神办理。

第十一条 最高人民法院以前所作的司法解释与本规定不一致的，按本规定执行。

CHAPTER 02

数据篇

导/读 INTRODUCTION

房地产市场基础数据既是政府制定房地产调控政策的基本依据，也是房地产企业经营决策的重要参考，更是广大消费者判断市场走向的平台窗口。

“数据篇”中宏观经济的数据，全国各省、直辖市、自治区的数据，四十个重点城市的数据以及七十个大中城市价格数据，主要来源于国家统计局以及各地统计局公报；部分重点城市的预售证及经营性土地成交数据，来源于中国房地产决策咨询系统（CRIC）；另有部分企业数据和房地产上市企业股价变化的数据，来自于公开报道。全国性的数据不包括港、澳、台地区相关数据。

篇中数据为统计快报数据。鉴于一些部门对于房地产市场的数据系统及采集方法等都在不断完善中，加上收集数据时点的局限性，本篇各类数据只具有相对性。

一、全国宏观经济数据

表2-1　2012年全国宏观经济月度数据

单位：亿元、亿美元、%

	1月	2月	3月	4月	5月	6月	7月	8月	9月	10月	11月	12月
工业增加值同比增幅	——	11.4	11.9	9.3	9.6	9.5	9.2	8.9	9.2	9.6	10.1	10.3
固定资产投资额	——	——	26676	27727	33332	41786	33602	33646	38975	35609	33694	38599
进口总额	1226.6	1459.54	1603.11	1448.3	1484.8	1517.9	1513.13	1586.8	1435.79	1484.8	1597.5	1676.1
进口总额同比增幅	–15.3	39.6	5.3	0.3	6.3	4.7	–2.6	2.4	2.4	6.3	0.0	6.0
出口总额	1499.4	1144.71	1656.58	1632.5	1802.0	1769.4	1779.73	1863.5	1755.71	1802.0	1793.8	1992.3
出口总额同比增幅	–0.5	18.4	8.9	4.9	11.3	1.0	2.7	9.9	11.6	11.3	2.9	14.1
社会消费品零售总额	——	33669	15650	15603	16585	16315	16659	18227	18934	16585	18477	20334
社会消费品零售总额同比增幅	——	14.7	15.2	14.1	13.7	13.1	13.2	14.2	14.5	13.7	14.9	15.2
新增贷款总额	7321	7107	10100	6818	7932	9198	5401	7039	6232	5052	5229	4543
新增贷款同比增幅	–29.0	32.7	48.7	–7.8	43.8	–41.3	28.3	32.6	–13.9	–7	–29.1	–41.3
PPI同比增幅	0.7	0.0	–0.3	–0.7	–2.1	–2.9	–3.5	–3.6	–2.8	–2.1	–2.2	–1.7
CPI同比增幅	4.5	3.2	3.6	3.4	2.2	1.8	2.0	1.9	1.7	2.2	2.0	2.5
PMI	50.5	51	53.1	53.3	50.2	50.1	49.2	49.8	50.2	50.2	50.6	50.6

数据来源：国家统计局

表2-2　2012年全国宏观经济月度累计数据

单位：亿元、亿美元、%

	1~2月	1~3月	1~4月	1~5月	1~6月	1~7月	1~8月	1~9月	1~10月	1~11月	1~12月
工业增加值累计同比增幅	11.4	11.6	11	10.7	10.5	10.3	10.1	10.0	10.0	10.0	10.0
固定资产投资额	21189	47865	75592	108924	150710	184312	217958	256933	292542	326236	364835
同比增幅	21.5	20.9	20.5	20.1	20.4	20.4	20.2	20.5	20.7	20.7	20.6
进口总额累计	2686.4	4293.6	5739.4	7364.9	8854.6	10371.4	11885.1	13470.8	14906.6	16503.7	18178.3
同比增幅	7.7	6.9	5.1	6.7	6.7	6.4	5.1	4.8	4.6	4.1	4.3
出口总额累计	2643.95	4300.2	5932.4	7744.0	9543.8	11312.4	13091.2	14953.9	16709.0	18499.1	20489.4
同比增幅	6.9	7.6	6.9	8.7	9.2	7.8	7.1	7.4	7.8	7.3	7.9
消费品零售总额	33669	49319	64922	81637	98222	114537	131195	149422	168356	186833	207167
同比增幅	14.7	14.8	14.7	14.5	14.4	14.2	14.1	14.1	14.1	14.2	14.3
新增贷款总额累计	14488	24588	31406	39338	48536	53937	60976	67208	72260	77489	82032
同比增幅	–8.1	9.0	4.9	10.9	16.4	15.7	17.0	18.3	15.3	13.5	9.8

数据来源：国家统计局、中国海关总署

表2-3　2012年国内生产总值各季度同比增长数据

单位：亿元、%

	1季度	2季度	3季度	4季度
各季度国民生产总值	108486.4	119548.6	125688.6	165598.5
同比增幅	8.1	7.6	7.4	7.9

数据来源：国家统计局

表2-4 2012年国内生产总值数据

单位：亿元、%

	1季度	1~2季度	1~3季度	1~4季度
国内生产总值	108486.4	228035.0	353723.6	519322.1
同比增幅	8.1	7.8	7.7	7.8

数据来源：国家统计局

表2-5 全国2008~2012年城镇居民家庭人均可支配收入

单位：元

	2008年	2009年	2010年	2011年	2012年
全　国	15781	17175	19109	21810	24565
北　京	24725	26738	29073	32903	36469
天　津	19423	21402	24293	26921	29626
河　北	13441	14718	16263	18292	20543
山　西	13119	13997	15648	18124	20412
内蒙古	14431	15849	17698	20408	23150
辽　宁	14393	15761	17713	20467	23223
吉　林	12829	14006	15411	17797	20208
黑龙江	11581	12566	13857	15696	17760
上　海	26675	28838	31838	36230	40188
江　苏	18680	20552	22944	26341	29677
浙　江	22727	24611	27359	30971	34550
安　徽	12990	14086	15788	18606	21024
福　建	17961	19577	21781	24907	28055
江　西	12866	14022	15481	17495	19860
山　东	16305	17811	19946	22792	25755
河　南	13231	14372	15930	18195	20443
湖　北	13153	14367	16058	18374	20840
湖　南	13821	15084	16566	18844	21319
广　东	19733	21575	23898	26897	34044
广　西	14146	15451	17064	18854	21243
海　南	12608	13751	15581	18369	20918
重　庆	14368	15749	17532	20250	22968
四　川	12633	13839	15461	17899	20307
贵　州	11759	12863	14180	16495	18700
云　南	13250	14424	16065	18576	21075
西　藏	12482	13544	14980	16196	18056
陕　西	12858	14129	15695	18245	20734
甘　肃	10969	11930	13189	14989	17237
青　海	11648	12692	13855	15603	17566
宁　夏	12932	14025	15345	17579	19831
新　疆	11432	12258	13644	15514	18151

数据来源：国家及各地统计局、统计公报、新华社、人民网

二、2012年全国房地产数据表

表2-6　2008~2012年全国房地产数据

单位：亿元、万平方米、%

	2008年		2009年		2010年		2011年		2012年	
	数值	同比	数值	同比	数值	同比	数值	同比	数值	同比
开发投资	30580	20.9	36232	16.1	48267	33.2	61740	27.9	71804	16.2
住宅投资	6416	50.7	25619	14.2	34038	32.9	44308	30.2	49374	11.4
办公楼	1112	7.4	1378	18.1	1807	31.2	2544	40.7	3367	31.6
商业投资	3200	14.9	4172	24.4	5599	33.9	7370	30.5	9312	25.4
土地购置费	5795	10.9	6039	0.7	9992	20.7	11413	14.1	12100	5.0
施工面积	274149	16.0	319650	12.8	405539	26.6	507959	25.3	573418	13.2
住宅	216671	16.0	250804	12.5	314943	25.3	388439	23.4	428964	10.6
办公楼	9191	10.4	9985	4.2	12140	21.4	15950	31.3	19434	21.5
商业营业用房	16224	11.4	34440	13.0	44616	29.2	56278	26.1	65814	17.6
新开工面积	97574	2.3	115385	12.5	163777	40.7	190083	16.2	177334	-7.3
住宅	79889	1.4	92463	10.5	129468	38.8	146035	12.9	130695	-11.2
办公楼	2284	6.7	2814	13.8	3678	28.6	5361	46.2	5986	10.9
商业营业用房	9321	2.5	12352	23.0	17461	40.6	20671	18.3	22077	6.2
竣工面积	58502	-3.5	70219	5.5	75961	4.5	89244	13.3	99425	7.3
住宅	47750	-4.2	57694	6.2	61216	2.7	71692	13.0	79043	6.4
办公楼	1648	6.7	1607	-12.0	1748	5.8	2179	20.0	2315	2.1
商业营业用房	5489	-10.0	6515	1.6	7931	16.2	9045	9.2	10226	8.0
商品房销售面积	62089	-19.7	93713	42.1	104349	10.1	109946	4.9	111304	1.8
住宅	55886	-20.3	85294	43.9	93052	8.0	97030	3.9	98468	2.0
办公楼	1111	-24.2	1513	30.8	1882	21.9	2008	6.2	2254	12.4
商业营业用房	3852	-17.1	5222	24.2	6921	29.9	7878	12.6	7759	-1.4
商品房销售额	24071	-19.5	43995	75.5	52479	18.3	59119	12.1	64456	10.0
住宅	20424	-20.1	38157	80.0	43953	14.4	48619	10.2	53467	10.9
办公楼	955	-24.8	1618	66.9	2149	31.2	2502	16.1	2773	12.2
商业营业用房	2286	-14.7	3601	45.5	5354	46.3	6702	23.7	7000	4.8
资金来源	38146	1.8	57128	44.2	72494	25.4	83246	14.1	96538	12.7
国内贷款	7257	3.4	11293	48.5	12540	10.3	12564	0.0	14778	13.2
利用外资	726	13.3	470	-35.5	796	66.0	814	2.9	402	-48.8
自筹资金	15081	28.1	17906	16.9	26705	48.8	34093	28.0	39083	11.7
其他资金	15082	-16.4	27459	71.9	32454	15.9	35775	8.6	42275	14.7

数据来源：国家统计局

表2-7　2012年全国房地产月度数据

单位：亿元、万平方米

	1~2月	3月	4月	5月	6月	7月	8月	9月	10月	11月	12月
房地产开发投资额	5431	5496	4908	6378	8397	6164	6914	7358	6583	7093	7032
商品住宅开发投资额	3713	3730	2738	4917	5781	4347	4764	5136	4578	4902	4768
房屋新开工面积	20049	19898	14522	18392	19520	11525	19036	12074	11778	15621	14921
房屋竣工面积	10094	7786	4415	5010	5953	5349	5995	5964	7750	9389	31719
住宅竣工面积	7936	6390	3483	4006	4904	4234	4849	4808	6183	7518	24733
全国商品房销售面积	7004	8235	6323	7290	11112	8629	8822	11026	10302	12962	19599
住宅销售面积	6118	7269	5625	6546	9789	7731	7907	9900	9207	11408	16968
全国商品房销售额	4145	4527	3749	4511	6382	5385	5312	6343	5947	7225	10930
住宅销售额	3366	3733	3154	3757	5313	4544	4517	5404	5037	5958	8684
国房景气指数	97.89	96.92	95.62	94.9	94.71	94.57	94.64	94.39	94.56	95.71	95.59

数据来源：根据国家统计局整理

表2-8　2012年全国房地产月度累计数据

单位:亿元、万平方米、%

	1~2月	1~3月	1~4月	1~5月	1~6月	1~7月	1~8月	1~9月	1~10月	1~11月	1~12月
房地产开发投资额	5431	10927	15835	22213	30610	36774	43688	51046	57629	64722	71804
同比增幅	27.8	23.5	18.7	18.5	16.6	15.4	15.6	15.4	15.4	16.7	16.2
住宅开发投资额	3713	7443	10818	15098	20879	25226	29990	35126	39704	44606	49374
同比增幅	23.2	19.0	13.9	13.6	12.0	10.7	10.6	10.5	10.8	11.9	11.4
房屋新开工面积	20049	39946	54468	72859	92380	103905	122940	135014	146792	162413	177334
同比增幅	5.1	0.3	-4.2	-4.3	-7.1	-9.8	-6.8	-8.6	-8.5	-7.2	-7.3
房屋施工面积	394901	409221	427187	451364	475614	489216	511657	525377	538149	556658	573418
同比增幅	35.5	25.0	21.2	19.6	17.2	15.3	15.6	14.0	13.3	13.3	13.2
房屋竣工面积	10094	17880	22296	27306	33259	38608	44603	50567	58317	67706	99425
同比增幅	45.2	39.3	30.2	26.3	20.7	19.0	20.2	16.4	17.3	14.1	7.3
住宅竣工面积	7936	14325	17809	21815	26719	30952	35801	40609	46792	54310	79043
同比增幅	47.9	40.0	30.1	26.5	21.1	19.0	20.4	16.5	17.1	13.7	6.4
全国商品房销售面积	7004	15239	21562	28852	39964	48593	57415	68441	78743	91705	111304
同比增幅	-14.0	-13.6	-13.4	-12.4	-10.0	-6.6	-4.1	-4.0	-1.1	2.4	1.8
住宅销售面积	6118	13387	19012	25558	35347	43078	50985	60885	70092	81500	98468
同比增幅	-16.0	-15.5	-14.9	-13.5	-11.2	-6.6	-4.8	-4.3	-1.2	2.3	2.0
全国商品房销售额	4145	8672	12421	16932	23314	28699	34011	40354	46301	53526	64456
同比增幅	-20.9	-14.6	-11.8	-9.1	-5.2	-0.5	2.2	2.7	5.6	9.1	10
住宅销售额	3366	7099	10253	14010	19323	23867	28384	33788	38825	44783	53467
同比增幅	-24.7	-17.5	-13.5	-10.6	-6.5	-1.1	2.3	3.3	6.6	10.4	10.9

数据来源：国家统计局

三、全国各地区房地产开发投资数据

表2-9　2008~2012年全国各地区房地产开发投资

单位：亿元

	2008年	2009年	2010年	2011年	2012年
总　计	30579.82	36231.71	48267.07	61739.78	71803.79
东部地区	18325.29	21101.28	28009.07	35606.66	40541.36
北　京	1908.74	2337.71	2901.07	3036.33	3153.44
天　津	653.72	735.18	866.64	1080.04	1260
河　北	1062.62	1517.2	2264.83	3069.55	3086.52
辽　宁	2058.09	2640.56	3465.76	4487.56	5455.82
上　海	1366.87	1464.18	1980.68	2170.31	2381.36
江　苏	3064.45	3338.58	4301.85	5552.69	6206.1
浙　江	1999.3	2253.57	3030.04	4137.25	5226.27
福　建	1114.22	1136.35	1818.86	2402.61	2824.12
山　东	1975.6	2428.73	3251.78	4108.08	4708.31
广　东	2932.34	2961.32	3659.69	4899.19	5352.79
海　南	189.31	287.9	467.87	663.05	886.64
中部地区	6287.49	7938.46	10516.65	13197.33	15762.82
山　西	326.72	477.27	592.24	789.92	1010.45
吉　林	625.43	756.34	921.01	1165.39	1310.03
黑龙江	453.24	563.92	843.12	1219.37	1535.84
安　徽	1351.6	1667.54	2251.8	2590.07	3151.61
江　西	544.32	634.52	706.82	852.69	969.62
河　南	1185.64	1553.76	2114.08	2620.01	3035.29
湖　北	904.13	1200.44	1618.24	2063.21	2539.46
湖　南	896.41	1084.66	1469.33	1896.66	2210.52
西部地区	5967.04	7191.97	9741.35	12935.79	15499.61
内蒙古	736.08	815.46	1120.02	1650.02	1291.44
广　西	621.64	813.68	1206.22	1500.46	1554.94
重　庆	991	1238.91	1620.26	2015.09	2508.35
四　川	1430.16	1586.76	2194.63	2836.71	3266.4
贵　州	307.84	369.69	556.69	878.67	1467.6
云　南	557.59	737.46	900.44	1272.72	1782.14
西　藏	12.97	15.72	8.96	5.13	6.87
陕　西	749.23	943.73	1160.23	1420.53	1835.93
甘　肃	170.69	204.14	266.41	362.88	561.02
青　海	50.38	72.85	108.19	144.77	189.68
宁　夏	117.4	162.74	254.37	330.55	429.15
新　疆	222.05	230.84	344.93	518.26	606.09

数据来源：国家统计局

表2-10　全国各地区2012年月度累计房地产开发投资

单位：亿元

	1~2月	1~3月	1~4月	1~5月	1~6月	1~7月	1~8月	1~9月	1~10月	1~11月	1~12月
总　计	5431.46	10927.17	15835.19	22212.93	30609.83	36774.48	43687.88	51045.93	57628.75	64772.40	71803.79
东部地区	3327.12	6592.59	9353.87	13035.90	17809.01	21294.74	25116.12	29173.45	32823.16	36719.36	40541.36
北　京	187.56	419.92	633.93	927.95	1283.18	1624.39	1876.21	2203.72	2518.61	2810.54	3153.44
天　津	67.52	198.64	318.44	445.59	675.80	757.09	856.42	980.76	1042.96	1128.64	1260.00
河　北	125.05	412.98	645.31	944.93	1370.88	1621.90	1949.86	2286.83	2602.85	2912.34	3086.52
辽　宁	111.20	392.01	718.50	1282.19	2242.78	2776.09	3371.29	4057.88	4659.37	5126.00	5455.82
上　海	315.86	471.81	613.18	821.12	1042.43	1231.57	1449.04	1664.86	1894.65	2150.07	2381.36
江　苏	755.93	1306.63	1764.34	2291.73	2902.25	3450.85	3996.98	4502.88	4979.22	5553.56	6206.10
浙　江	530.89	960.32	1327.01	1790.97	2335.10	2803.97	3269.38	3792.09	4282.16	4747.21	5226.27
福　建	283.01	586.87	776.14	1036.70	1335.94	1520.24	1742.93	2016.11	2225.10	2495.18	2824.12
山　东	335.18	745.06	1068.77	1492.77	2039.84	2467.34	2922.13	3374.33	3788.59	4251.41	4708.31
广　东	523.05	945.12	1276.16	1708.84	2193.39	2593.92	3143.00	3672.09	4133.02	4745.23	5352.79
海　南	91.89	153.23	212.10	293.10	387.43	447.39	538.88	621.91	696.64	799.18	886.64
中部地区	996.08	2070.26	3158.52	4471.62	6327.77	7685.74	9313.07	10943.65	12395.30	14035.04	15762.82
山　西	16.34	65.37	124.76	202.50	320.11	416.78	523.44	637.50	740.08	847.72	1010.45
吉　林	4.42	7.55	45.44	187.91	417.16	579.30	750.69	935.27	1075.48	1223.39	1310.03
黑龙江	8.29	27.20	82.99	198.34	378.21	568.46	805.32	999.49	1196.83	1343.51	1535.84
安　徽	375.18	609.88	863.07	1127.08	1436.04	1669.94	2011.96	2314.40	2572.61	2894.60	3151.61
江　西	87.70	165.37	248.30	339.82	431.08	507.23	589.43	701.73	784.06	875.52	969.62
河　南	167.94	417.36	689.26	943.00	1271.84	1529.76	1811.02	2100.07	2359.91	2696.15	3035.29
湖　北	158.00	408.27	581.27	778.31	1159.65	1342.60	1556.75	1768.79	1981.88	2223.16	2539.46
湖　南	178.21	369.26	523.44	694.68	913.68	1071.67	1264.46	1486.39	1684.44	1930.98	2210.52
西部地区	1108.26	2264.32	3322.80	4705.40	6473.05	7794.00	9258.69	10928.83	12410.29	14018.01	15499.61
内蒙古	1.53	34.11	111.97	256.44	442.14	605.00	821.88	1006.57	1174.45	1263.67	1291.44
广　西	149.50	307.34	406.06	547.38	769.91	863.32	970.82	1083.35	1229.94	1383.38	1554.94
重　庆	247.57	436.62	584.02	783.25	996.16	1218.92	1454.35	1751.44	1949.34	2203.04	2508.35
四　川	345.67	665.33	911.77	1193.99	1551.48	1823.05	2074.12	2352.58	2644.55	2939.50	3266.40
贵　州	81.53	219.81	322.17	436.63	574.79	699.23	832.58	1000.32	1139.77	1329.05	1467.60
云　南	150.80	289.67	431.54	585.13	792.27	923.20	1061.56	1246.98	1385.43	1573.37	1782.14
西　藏	0.02	0.46	0.89	1.16	2.21	3.10	3.97	4.67	5.31	6.33	6.87
陕　西	119.42	224.65	335.13	506.74	734.92	856.09	1019.11	1226.39	1408.35	1636.16	1835.93
甘　肃	7.08	41.18	89.19	146.93	221.60	278.77	341.11	416.27	477.10	528.54	561.02
青　海	——	7.10	22.37	41.17	65.71	90.35	112.98	136.42	171.00	185.99	189.68
宁　夏	0.98	20.77	53.34	93.86	142.17	188.22	235.73	292.55	343.94	398.83	429.15
新　疆	4.16	17.29	54.35	112.73	179.71	244.75	330.48	411.29	481.09	570.15	606.09

数据来源：国家统计局

表2-11　2008~2012年全国各地区住宅开发投资

单位：亿元

	2008年	2009年	2010年	2011年	2012年
总　计	22081.26	25618.74	34038.14	44308.43	49374.21
东部地区	12983.3	14445.66	19233	25214.76	27648.93
北　京	940.56	906.62	1508.95	1778.31	1627.99
天　津	459.33	494.86	565.39	678.98	843.05
河　北	847.18	1218.32	1785.65	2296.31	2317.13
辽　宁	1575.11	1932.94	2481.1	3413.44	3961.95
上　海	843.63	918.68	1229.83	1398.75	1451.94
江　苏	2296.62	2424.15	3159.94	4085.85	4354.63
浙　江	1419.65	1580.76	2058.47	2699.82	3436.74
福　建	748.12	743.3	975.13	1591.56	1751.98
山　东	1562.13	1860.35	2513.4	3202.04	3473.23
广　东	2132.52	2103.92	2538.02	3495.43	3704.98
海　南	158.44	261.78	417.11	574.27	725.32
中部地区	4802.78	5986.26	7859.67	9831.79	11063.5
山　西	227.94	379.46	457.45	615.03	735.61
吉　林	520.92	604.88	731.82	903.6	987.74
黑龙江	321.84	442.48	656.93	938.82	1122.52
安　徽	1003.07	1173.36	1607.83	1884.16	2059.29
江　西	444.72	509.17	544.77	656.91	684.21
河　南	946.16	1235.21	1685.21	2022.06	2203.06
湖　北	669.39	804.16	1040.86	1327.21	1698.38
湖　南	668.73	837.54	1134.79	1484.01	1572.67
西部地区	4295.19	5186.81	6945.47	9261.88	10661.79
内蒙古	572.09	573.82	782.14	1112.02	845.63
广　西	425.09	577.17	878.89	1073.59	1069.64
重　庆	619.53	789.02	1091.49	1438.45	1706.77
四　川	1021.94	1149.17	1535.28	1998.11	2197.75
贵　州	194.05	248.01	328.63	579.97	930.31
云　南	423.64	552.96	654.67	873.9	1152.5
西　藏	10.99	11.37	6.99	3.74	4.25
陕　西	586.64	782.33	938.53	1180.11	1477.57
甘　肃	124.19	137.32	187.93	258.06	412.51
青　海	42.7	55.47	75.2	90.2	141.1
宁　夏	87.56	126.08	187.29	235.8	279.49
新　疆	186.77	184.09	278.43	417.93	444.27

数据来源：国家统计局

表2-12 全国各地区2012年月度累计住宅开发投资

单位：亿元

	1~2月	1~3月	1~4月	1~5月	1~6月	1~7月	1~8月	1~9月	1~10月	1~11月	1~12月
总 计	3713.43	7443.07	10818.27	15097.65	20878.57	25226.45	29989.61	35126.17	39704.12	44606.47	49374.21
东部地区	2243.04	4455.20	6347.71	8803.11	12087.10	14531.19	17120.88	19870.90	22390.09	25070.18	27648.93
北 京	83.79	208.66	305.77	463.10	655.60	811.72	978.13	1117.39	1287.93	1451.26	1627.99
天 津	38.23	123.32	208.15	297.59	450.59	498.61	570.85	661.25	697.30	754.55	843.05
河 北	96.39	308.10	483.01	703.11	1016.50	1207.87	1445.13	1699.64	1937.73	2177.95	2317.13
辽 宁	82.07	291.67	532.22	925.85	1616.46	2006.34	2423.11	2922.57	3367.82	3723.85	3961.95
上 海	205.42	293.67	386.38	515.65	662.81	778.64	901.16	1033.80	1144.10	1282.62	1451.94
江 苏	523.33	891.45	1221.09	1572.05	2005.33	2421.10	2800.50	3162.13	3502.42	3906.32	4354.63
浙 江	338.97	618.55	858.51	1161.71	1520.64	1846.27	2152.61	2500.79	2826.65	3134.67	3436.74
福 建	186.95	376.65	493.66	636.54	812.75	944.30	1081.75	1244.39	1370.74	1540.99	1751.98
山 东	241.51	544.14	783.94	1091.17	1492.11	1822.23	2157.13	2492.13	2805.13	3134.64	3473.23
广 东	376.12	676.95	903.90	1202.95	1542.84	1832.76	2176.43	2542.09	2891.83	3314.81	3704.98
海 南	70.26	122.03	171.07	233.37	311.45	361.35	434.08	494.71	558.44	648.50	725.32
中部地区	693.29	1416.74	2172.87	3086.45	4376.47	5357.70	6513.49	7682.74	8728.83	9865.36	11063.50
山 西	12.25	45.01	85.87	140.41	223.47	291.40	368.06	452.86	532.30	616.60	735.61
吉 林	2.61	5.49	34.16	147.57	318.52	444.53	574.83	712.70	822.01	935.21	987.74
黑龙江	6.68	20.62	62.39	152.13	288.59	432.59	611.07	762.73	902.32	1012.32	1122.52
安 徽	245.10	403.15	564.57	726.45	920.71	1078.89	1311.88	1502.59	1672.16	1875.95	2059.29
江 西	62.43	117.72	176.07	244.26	311.04	366.87	419.44	505.05	562.70	621.69	684.21
河 南	125.94	299.31	495.94	669.03	911.85	1100.08	1297.84	1512.78	1711.27	1947.96	2203.06
湖 北	110.01	265.66	381.21	512.15	759.45	887.93	1044.11	1189.67	1340.71	1488.66	1698.38
湖 南	128.27	259.78	372.66	494.45	642.84	755.40	886.26	1044.35	1185.37	1366.97	1572.67
西部地区	777.11	1571.13	2297.69	3208.10	4415.00	5337.56	6355.25	7572.53	8585.19	9670.93	10661.79
内蒙古	0.81	20.38	67.54	157.19	279.10	391.19	540.62	668.33	775.79	832.15	845.63
广 西	105.79	210.58	278.06	378.13	529.40	597.12	668.98	747.94	847.74	955.45	1069.64
重 庆	170.30	304.68	409.62	535.01	671.25	814.55	985.11	1208.31	1336.05	1500.69	1706.77
四 川	238.28	455.45	621.36	803.56	1035.78	1220.27	1391.57	1590.19	1790.43	1987.02	2197.75
贵 州	53.40	143.16	214.16	271.95	361.01	444.77	535.44	644.75	738.90	844.07	930.31
云 南	101.31	195.38	279.08	374.99	510.70	594.50	681.21	815.30	902.52	1017.92	1152.50
西 藏	——	0.33	0.58	0.75	1.25	2.00	2.45	2.95	3.16	3.90	4.25
陕 西	98.26	182.27	275.14	414.15	599.93	702.44	818.29	990.19	1131.45	1319.46	1477.57
甘 肃	5.10	28.47	60.71	101.35	155.86	202.37	250.11	309.04	354.09	391.92	412.51
青 海	——	4.69	16.94	31.18	49.73	69.74	88.45	101.66	126.79	138.89	141.10
宁 夏	0.71	13.38	35.21	60.19	92.10	123.17	155.71	192.89	226.01	259.95	279.49
新 疆	3.14	12.36	39.31	79.64	128.89	175.44	237.29	300.98	352.25	419.53	444.27

数据来源：国家统计局

四、全国各地区房地产开发企业到位资金状况

表2-13 2008~2012年全国各地区房地产开发企业到位资金

单位：亿元

	2008年	2009年	2010年	2011年	2012年
总 计	38146.03	57127.63	72494.34	83245.94	96537.67
东部地区	24445.64	36910.95	45186.36	49945.1	57763.36
北 京	3321.8	6129.77	5790.61	5358.09	6084.55
天 津	999.64	1413.07	1665.54	1997.82	2146.28
河 北	1180.51	1842.37	2686.64	3437.76	3712.99
辽 宁	2196.52	3268.8	5071.82	5607.39	6328.76
上 海	2112.1	2927.39	3229.29	3206.93	3968.51
江 苏	4176.17	6236.21	7856.73	7912.88	9856.89
浙 江	2858.23	4473.4	5385.57	6029.57	6530.86
福 建	1367.81	1936.01	2527.86	3326.51	4120.73
山 东	2226.21	3344.77	4431.35	5253.75	5755.09
广 东	3762.08	4909.21	5743.77	6889.45	7918.27
海 南	244.56	429.96	797.18	924.95	1340.42
中部地区	6903.73	10192.34	13360.42	15985.91	19210.49
山 西	360.61	531.81	786.46	840.49	1033.69
吉 林	608.35	786.87	968.45	1190.35	1431.68
黑龙江	472.35	678.73	1044.61	1536.48	1711.04
安 徽	1465.81	2246.41	2863.7	3149.47	3835.34
江 西	609.16	876.67	1008.16	1118.26	1477.22
河 南	1339.3	1927.88	2468.79	2845.25	3455.04
湖 北	1042.94	1714.19	2216.43	2801.02	3363.83
湖 南	1005.21	1429.79	2003.8	2504.59	2902.66
西部地区	6796.65	10024.34	13947.56	17314.93	19563.82
内蒙古	732.59	852.57	1168.55	1794.69	1409.08
广 西	675.64	1126.66	1538.57	1691.2	2007.36
重 庆	1242.62	1848.3	2859.53	3295.69	3869.54
四 川	1652.57	2303.04	3143.99	4029	4222.67
贵 州	405.4	662.56	926.97	1271.26	1418.17
云 南	713.27	1000.59	1300.66	1648.09	2134.02
西 藏	13.87	34.09	14.99	9.66	8.13
陕 西	764.57	1319.1	1692.23	1929.28	2317.40
甘 肃	181.07	245.49	317.21	390.65	651.24
青 海	59.33	88.74	124.73	148.67	228.45
宁 夏	124.03	196.31	359.14	433.18	499.80
新 疆	231.69	346.89	500.99	673.57	797.95

数据来源：国家统计局

表2-14　全国各地区2012年月度累计房地产开发企业到位资金

单位：亿元

	1~2月	1~3月	1~4月	1~5月	1~6月	1~7月	1~8月	1~9月	1~10月	1~11月	1~12月
总　计	14150.92	20846.60	26667.25	34170.56	43329.02	50832.14	59713.95	68231.62	76397.06	85802.04	96537.67
东部地区	8323.44	12686.52	16216.36	20756.86	26042.03	30567.93	35841.47	40914.33	45654.51	51222.82	57763.36
北　京	519.50	920.80	1363.77	1827.62	2278.00	2725.67	3295.89	3946.57	4452.02	5087.68	6084.55
天　津	328.72	573.20	774.85	806.24	956.86	1140.56	1294.26	1466.38	1583.79	1695.53	2146.28
河　北	505.92	877.49	1125.82	1480.44	1897.55	2139.34	2462.68	2823.56	3142.48	3462.98	3712.99
辽　宁	369.80	873.03	1252.24	1830.80	2725.79	3247.06	3947.23	4594.39	5305.98	5901.81	6328.76
上　海	961.62	1256.90	1395.58	1693.38	2034.47	2315.03	2644.35	2986.91	3250.36	3647.58	3968.51
江　苏	1584.51	2431.29	3062.19	3861.30	4714.10	5474.83	6351.66	7145.07	7868.10	8767.60	9856.89
浙　江	1117.22	1436.62	1796.13	2304.67	2859.42	3441.51	4014.41	4597.72	5178.62	5764.22	6530.86
福　建	732.13	955.20	1188.53	1500.83	1853.70	2184.59	2512.66	2866.68	3216.20	3637.73	4120.73
山　东	815.31	1308.66	1665.97	2112.25	2648.70	3116.31	3680.65	4141.30	4567.10	5111.43	5755.09
广　东	1127.48	1727.84	2182.92	2777.83	3420.18	4023.44	4764.43	5397.91	6060.82	6973.35	7918.27
海　南	261.23	325.47	408.37	561.48	653.27	759.59	873.24	947.86	1029.04	1172.91	1340.42
中部地区	2706.70	3795.89	4962.96	6398.58	8400.80	9846.30	11697.25	13415.12	15018.24	16923.50	19210.49
山　西	77.85	145.33	220.40	298.65	406.77	488.12	584.60	686.90	784.17	884.27	1033.69
吉　林	13.15	43.72	178.33	278.89	531.05	693.25	859.67	1021.53	1150.63	1303.46	1431.68
黑龙江	126.02	132.34	205.16	312.78	522.68	680.95	923.24	1125.77	1334.62	1498.03	1711.04
安　徽	838.87	1007.13	1238.08	1563.39	1863.08	2100.01	2487.89	2763.02	3015.70	3404.05	3835.34
江　西	215.20	365.22	445.79	556.32	672.37	771.16	923.34	1056.86	1173.86	1332.54	1477.22
河　南	391.70	624.92	887.35	1163.55	1502.89	1797.25	2099.59	2429.26	2728.36	3072.28	3455.04
湖　北	459.82	768.60	927.65	1162.15	1547.88	1772.88	2037.77	2302.26	2567.41	2873.65	3363.83
湖　南	584.10	708.64	860.21	1062.84	1354.08	1542.67	1780.85	2029.51	2263.50	2555.23	2902.66
西部地区	3120.79	4364.18	5487.93	7015.12	8886.19	10417.91	12175.23	13902.17	15724.31	17655.72	19563.82
内蒙古	26.87	93.93	222.25	371.87	540.34	721.30	931.42	1113.12	1272.97	1361.73	1409.08
广　西	443.62	499.67	599.53	784.25	914.11	1051.16	1248.64	1386.36	1543.02	1794.83	2007.36
重　庆	618.96	842.68	1083.78	1362.75	1635.20	1996.72	2344.32	2661.36	2980.00	3350.14	3869.54
四　川	913.62	1209.55	1422.56	1726.43	2155.28	2449.77	2729.05	3086.17	3435.33	3764.85	4222.67
贵　州	251.61	380.14	460.51	546.77	683.47	823.50	938.19	1047.69	1166.26	1321.81	1418.17
云　南	397.00	557.14	653.70	829.46	1124.84	1189.15	1341.50	1516.13	1746.69	1977.87	2134.02
西　藏	0.15	0.40	1.82	1.69	2.51	3.69	4.48	5.15	6.22	7.30	8.13
陕　西	340.51	482.89	578.64	757.17	974.51	1113.38	1357.77	1555.18	1819.86	2082.95	2317.40
甘　肃	51.39	116.89	150.74	203.57	276.11	344.11	395.50	483.22	541.95	595.32	651.24
青　海	——	43.75	58.59	70.33	96.15	126.80	148.49	174.45	200.46	219.31	228.45
宁　夏	16.02	57.06	93.47	135.70	182.50	232.73	281.66	341.08	389.88	447.85	499.80
新　疆	61.03	79.38	162.33	225.14	301.16	365.61	454.22	532.25	621.68	731.78	797.95

数据来源：国家统计局

表2-15 2008~2012年房地产开发企业到位资金中国内贷款

单位：亿元

	2008年	2009年	2010年	2011年	2012年
总 计	7256.55	11292.69	12540.48	12563.79	14778.39
东部地区	5349.13	8259.18	8837.85	8655.23	10174.09
北 京	889.37	2367.77	1439.08	1167.95	1484.74
天 津	284.49	363.18	539.59	521.53	570.37
河 北	158.01	268.59	285.61	277.64	295.57
辽 宁	275.62	472.96	622.72	762.26	850.76
上 海	549.55	637.14	819.57	741.18	975.78
江 苏	929.22	1195.88	1544.85	1543.22	1890.71
浙 江	644.22	865.13	1020.2	1085.61	1125.48
福 建	308.89	393.05	436.09	399.36	523.63
山 东	409.13	633.07	756.57	794.7	677.51
广 东	869.13	971.15	1237.93	1218.65	1507.53
海 南	31.5	91.27	135.65	143.12	272.02
中部地区	885.88	1455.88	1642.18	1711.02	2037.00
山 西	30.24	84.98	87.54	68.76	60.87
吉 林	24.6	55.53	62.11	53.6	109.70
黑龙江	29.25	73.77	48.55	59.53	87.64
安 徽	177.12	296.86	323.73	339.38	406.23
江 西	92.28	123.96	146.4	135.2	164.90
河 南	134.03	199.5	244.5	271.3	321.09
湖 北	227.11	388.45	415.43	453.49	512.05
湖 南	171.25	232.83	313.93	329.76	374.52
西部地区	1021.53	1577.62	2060.45	2197.54	2567.30
内蒙古	27.93	83.75	50.28	65.16	79.60
广 西	128.14	229.14	248.6	241.59	263.84
重 庆	245.62	332.24	584.72	695.08	720.80
四 川	245.73	317.52	436.83	449.2	459.24
贵 州	78.88	129.07	160.18	175.95	230.61
云 南	96.67	139.52	160.82	129.5	216.12
西 藏	0.69	2.75	0.37	2.4	——
陕 西	116.78	217.47	219	231.17	280.36
甘 肃	32.35	41.32	56.6	67.02	129.08
青 海	9.85	13.13	26.9	17.13	37.39
宁 夏	16.98	28.81	56.07	50.87	59.40
新 疆	21.92	42.9	60.1	72.45	90.87

数据来源：国家统计局

表2-16 全国各地区2012年月度累计房地产开发企业国内贷款

单位：亿元

	1~2月	1~3月	1~4月	1~5月	1~6月	1~7月	1~8月	1~9月	1~10月	1~11月	1~12月
总 计	3116.22	4318.52	5220.64	6296.41	7591.82	8723.00	9885.92	11008.12	12105.68	13207.78	14778.39
东部地区	2039.82	2918.89	3579.70	4329.29	5209.39	6004.78	6786.06	7539.11	8291.95	9069.14	10174.09
北 京	144.06	297.24	461.20	586.53	664.04	750.02	853.74	1040.26	1163.63	1284.70	1484.74
天 津	134.87	207.32	278.32	229.42	260.21	328.57	355.09	403.18	446.51	466.70	570.37
河 北	71.89	111.36	123.50	149.43	191.74	205.79	214.97	239.66	252.44	269.98	295.57
辽 宁	85.05	184.40	216.23	269.57	423.27	475.75	603.73	678.92	763.96	800.11	850.76
上 海	253.90	336.03	365.01	464.02	543.38	604.61	654.65	727.68	782.31	889.64	975.78
江 苏	428.11	556.38	659.99	817.57	980.39	1138.87	1299.17	1432.94	1563.95	1694.99	1890.71
浙 江	258.81	312.31	389.77	504.37	598.63	695.72	793.22	860.38	966.21	1031.18	1125.48
福 建	95.60	123.82	166.05	205.10	234.42	290.47	319.18	352.82	405.73	438.08	523.63
山 东	181.76	257.98	296.81	339.07	400.18	446.69	493.55	537.01	579.72	628.70	677.51
广 东	322.22	457.00	519.32	626.81	759.44	878.29	999.35	1059.10	1153.92	1328.34	1507.53
海 南	63.55	75.05	103.52	137.39	153.69	190.00	199.43	207.16	213.55	236.73	272.02
中部地区	470.50	663.18	776.78	896.75	1053.25	1181.54	1337.70	1507.62	1667.97	1824.07	2037.00
山 西	10.21	15.88	23.68	24.52	27.03	33.71	39.46	45.05	49.42	52.78	60.87
吉 林	1.10	1.76	20.58	28.06	41.59	56.16	65.60	82.63	90.47	103.82	109.70
黑龙江	6.32	7.54	13.10	17.53	20.96	26.22	42.65	54.40	72.14	79.65	87.64
安 徽	140.38	159.43	176.66	208.62	236.41	256.54	284.85	303.99	326.73	353.33	406.23
江 西	31.07	59.16	66.63	78.33	86.70	97.34	111.65	129.77	141.42	151.15	164.90
河 南	56.82	86.03	120.00	140.69	166.64	185.96	210.97	244.77	272.17	285.70	321.09
湖 北	93.91	185.63	199.11	203.42	260.79	294.48	333.95	371.87	410.38	460.09	512.05
湖 南	130.71	147.75	157.03	195.58	213.13	231.13	248.56	275.13	305.23	337.56	374.52
西部地区	605.89	736.45	864.16	1070.37	1329.18	1536.68	1762.16	1961.39	2145.77	2314.57	2567.30
内蒙古	6.48	15.41	16.65	22.92	31.32	50.78	63.29	68.23	72.36	74.16	79.60
广 西	82.67	87.20	107.31	116.36	138.18	156.83	174.54	199.01	212.86	230.51	263.84
重 庆	175.68	178.05	221.22	296.49	331.85	426.71	487.57	538.17	580.19	633.27	720.80
四 川	149.70	173.00	181.64	212.24	264.85	284.80	318.26	353.69	388.79	414.04	459.24
贵 州	38.02	67.31	74.94	96.73	109.97	150.06	160.31	181.34	204.63	219.47	230.61
云 南	56.56	59.09	77.58	103.83	182.74	147.08	155.29	168.59	186.78	198.67	216.12
西 藏	——	——	——	——	——	——	——	——	——	——	——
陕 西	76.25	96.19	105.88	127.80	142.59	162.88	214.99	226.21	240.77	261.06	280.36
甘 肃	11.18	29.54	32.90	40.83	56.16	64.33	77.79	96.54	104.13	111.66	129.08
青 海	——	13.44	14.53	10.06	11.57	18.05	21.35	29.90	33.61	36.46	37.39
宁 夏	3.50	10.33	15.12	19.94	25.43	33.50	37.11	41.36	46.94	54.18	59.40
新 疆	5.85	6.89	16.40	23.17	34.52	41.64	51.66	58.35	74.71	81.09	90.87

数据来源：国家统计局

表2-17　2008~2012年房地产开发企业到位资金中利用外资

单位：亿元

	2008年	2009年	2010年	2011年	2012年
总　计	726.33	469.73	795.56	813.63	402.09
东部地区	509.78	364.19	545.78	534.38	300.38
北　京	38.87	29.82	13.9	2.6	4.22
天　津	24.1	11.49	8.34	12.48	3.47
河　北	3.52	——	3.0	14.52	10.93
辽　宁	114.13	114.92	177.28	199.02	117.88
上　海	71.33	25.4	96.05	43.55	26.12
江　苏	103.29	53.18	93.68	85.65	61.57
浙　江	17.87	15.19	24.47	43.86	16.00
福　建	38.73	13.86	18.17	17.66	7.84
山　东	19.13	12.87	18.87	27.37	15.91
广　东	65.37	57.26	91.3	81.41	29.06
海　南	13.44	30.2	0.71	6.25	7.37
中部地区	61.05	47.39	114.02	138.23	57.63
山　西	0.32	——	——	——	0.03
吉　林	2.05	0.91	0.04	5.03	1.89
黑龙江	1.38	2.59	1.5	3.35	0.02
安　徽	21.25	15.85	6.18	7.34	1.39
江　西	5.47	4.46	2.9	6.08	0.79
河　南	14.21	2.75	1.76	6.69	1.13
湖　北	10.14	15.83	97.29	43.9	1.27
湖　南	6.24	5.00	4.35	65.84	51.12
西部地区	155.5	58.15	135.76	141.02	44.08
内蒙古	——	——	0.16	——	——
广　西	4.89	2.87	8.59	7.11	0.33
重　庆	48.53	37.02	83.93	59.92	20.13
四　川	94	12.52	33.33	66.64	16.93
贵　州	1.22	0.11	0.72	4.47	4.29
云　南	4.3	0.4	0.85	0.9	——
西　藏	——	——	——	——	——
陕　西	2.43	5.23	5.62	0.24	2.40
甘　肃	0.13	——	——	——	——
青　海	——	——	2.32	1.53	——
宁　夏	——	——	0.25	——	——
新　疆	——	0.01	——	0.22	——

数据来源：国家统计局

表2-18 全国各地区2012年月度累计房地产开发企业利用外资

单位：亿元

	1~2月	1~3月	1~4月	1~5月	1~6月	1~7月	1~8月	1~9月	1~10月	1~11月	1~12月
总 计	107.20	111.78	126.79	167.99	202.01	228.34	293.30	316.88	337.21	370.78	402.09
东部地区	50.69	73.84	87.01	125.40	146.58	164.95	211.95	229.71	244.90	275.10	300.38
北 京	2.94	3.75	3.75	3.75	3.75	4.22	4.22	4.22	4.22	4.22	4.22
天 津	3.09	8.18	8.18	5.49	5.50	5.50	5.50	5.50	3.09	3.47	3.47
河 北	2.94	4.09	4.23	4.45	8.59	10.70	10.72	10.75	10.81	10.82	10.93
辽 宁	14.08	22.30	24.22	52.18	61.37	71.90	85.24	96.39	103.38	115.08	117.88
上 海	7.11	7.11	9.21	12.99	19.70	21.80	21.91	22.93	24.78	25.07	26.12
江 苏	4.39	9.16	12.15	18.61	16.35	18.79	37.02	37.60	40.11	48.26	61.57
浙 江	5.87	5.27	5.32	6.08	6.28	6.50	6.56	9.22	9.95	11.01	16.00
福 建	1.51	1.48	1.74	1.94	2.17	2.43	2.66	3.07	6.49	7.16	7.84
山 东	0.73	4.80	5.30	6.68	7.30	7.53	14.67	15.04	15.37	15.70	15.91
广 东	7.93	7.59	12.80	13.21	15.57	15.58	16.07	17.62	19.34	26.94	29.06
海 南	0.10	0.10	0.10	—	—	—	7.37	7.37	7.37	7.37	7.37
中部地区	14.80	22.63	24.25	25.44	36.63	42.67	47.94	51.36	53.30	55.72	57.63
山 西	—	—	—	—	—	—	—	—	—	—	0.03
吉 林	0.01	—	—	—	—	—	—	1.80	1.89	1.89	1.89
黑龙江	—	—	0.02	0.02	0.02	0.02	0.02	0.02	0.02	0.02	0.02
安 徽	2.06	1.39	1.39	1.64	1.73	1.73	1.39	1.39	1.39	1.39	1.39
江 西	0.38	0.10	0.10	0.10	0.10	0.10	0.10	0.10	0.10	0.77	0.79
河 南	0.99	0.22	0.57	0.65	0.95	1.03	1.03	1.13	1.13	1.13	1.13
湖 北	0.02	—	1.00	0.50	0.50	1.50	1.50	0.50	0.50	0.55	1.27
湖 南	11.34	20.93	21.18	22.54	33.33	38.29	43.91	46.43	48.28	49.98	51.12
西部地区	41.71	15.31	15.53	17.15	18.81	20.72	33.40	35.80	39.00	39.96	44.08
内蒙古	—	—	—	—	—	—	—	—	—	—	—
广 西	26.92	0.32	0.32	0.32	0.32	0.32	0.33	0.33	0.33	0.33	0.33
重 庆	0.39	0.20	0.20	0.20	0.20	0.20	12.86	12.86	16.02	16.02	20.13
四 川	14.25	14.37	13.94	15.56	15.56	16.86	16.88	16.88	16.92	16.92	16.93
贵 州	—	0.36	0.95	0.95	2.72	3.34	3.34	3.34	3.34	4.29	4.29
云 南	0.14	0.06	0.12	0.12	—	—	—	—	—	—	—
西 藏	—	—	—	—	—	—	—	—	—	—	—
陕 西	—	—	—	—	—	—	—	2.40	2.40	2.40	2.40
甘 肃	—	—	—	—	—	—	—	—	—	—	—
青 海	—	—	—	—	—	—	—	—	—	—	—
宁 夏	—	—	—	—	—	—	—	—	—	—	—
新 疆	—	—	—	—	—	—	—	—	—	—	—

数据来源：国家统计局

表2-19 2008~2012年房地产开发企业到位资金中利用自筹资金

单位：亿元

	2008年	2009年	2010年	2011年	2012年
总 计	15081.27	17905.99	26704.58	34093.4	39082.68
东部地区	8365.99	9763.03	15556.96	18917.03	21716.75
北 京	931.79	1026.8	1762.97	1746.18	1611.91
天 津	319.77	332.1	457.74	645.44	831.71
河 北	568.22	891.62	1488.79	2001.75	2195.48
辽 宁	1141.13	1583.77	2802.48	2820.67	3310.51
上 海	595.21	622.21	1070.88	1192.87	1385.96
江 苏	1319.9	1371.27	2165.13	2432.98	3087.53
浙 江	721.12	770.43	1267.41	1838.29	2178.56
福 建	420.67	458.09	1016.44	1401.77	1426.79
山 东	1009.65	1272.11	1787.79	2351.55	2675.86
广 东	1249.67	1327.3	1581.64	2162.76	2414.64
海 南	88.86	107.33	155.7	322.68	597.81
中部地区	3620.94	4450.62	5952.15	7851.56	9107.01
山 西	178.2	238.09	288.43	377.14	550.70
吉 林	470.34	527.7	596.93	709.92	878.38
黑龙江	329.11	360.43	645.77	1045.6	1104.07
安 徽	739.63	929.3	1211.07	1497.06	1686.80
江 西	282.14	314.86	391.29	464.12	504.79
河 南	705.87	971	1336.57	1654.38	1920.72
湖 北	450.28	577.18	782.56	1198.02	1425.31
湖 南	465.36	532.05	699.53	905.32	1036.23
西部地区	3094.35	3692.34	5195.47	7324.81	8258.92
内蒙古	614.29	643.06	938.19	1502.18	1031.07
广 西	251.55	365.19	547.43	679.96	788.45
重 庆	403.34	540.31	685	853.72	1182.06
四 川	730.54	792.29	1204.9	1639.08	1728.97
贵 州	153.57	171.72	268.89	544.92	518.44
云 南	265.06	296.79	461.22	773.24	975.03
西 藏	4.33	14.2	10.27	2.61	2.13
陕 西	413.88	585.7	648.01	701.5	1120.44
甘 肃	78.45	96.72	132.7	169.81	304.97
青 海	40.95	47.07	56.78	79.36	113.35
宁 夏	41.53	54.18	103.32	147.39	196.32
新 疆	96.85	85.11	138.76	231.03	297.69

数据来源：国家统计局

表2-20　全国各地区2012年月度累计房地产开发企业自筹资金

单位：亿元

	1~2月	1~3月	1~4月	1~5月	1~6月	1~7月	1~8月	1~9月	1~10月	1~11月	1~12月
总　计	5994.88	8910.35	11144.02	14517.94	18590.98	21284.48	25039.88	28437.71	31514.57	35374.25	39082.68
东部地区	3424.24	5257.17	6494.93	8414.29	10545.82	11989.39	13995.25	15855.08	17482.91	19604.17	21716.75
北　京	132.00	228.14	317.95	406.31	528.55	627.07	796.04	949.35	1069.60	1274.72	1611.91
天　津	112.02	230.02	310.86	369.88	434.47	497.73	555.71	609.51	636.77	673.10	831.71
河　北	285.83	518.95	655.32	897.09	1151.17	1284.80	1480.83	1683.21	1891.84	2076.89	2195.48
辽　宁	183.11	432.09	660.15	994.71	1491.06	1780.63	2129.23	2473.16	2837.32	3111.59	3310.51
上　海	450.55	571.34	591.64	677.31	786.84	862.42	993.02	1109.91	1183.01	1341.00	1385.96
江　苏	586.83	896.95	1084.58	1384.89	1665.59	1804.62	2049.01	2275.28	2436.65	2761.53	3087.53
浙　江	461.68	596.91	710.43	899.22	1097.26	1257.60	1433.79	1619.12	1779.30	1956.86	2178.56
福　建	320.93	408.63	457.10	580.33	706.34	809.02	902.90	1037.07	1140.30	1283.83	1426.79
山　东	372.49	621.95	788.80	1011.43	1259.24	1459.55	1776.01	1983.47	2157.86	2406.92	2675.86
广　东	421.50	642.46	780.95	972.36	1152.77	1296.24	1504.50	1704.80	1892.77	2194.69	2414.64
海　南	97.30	109.74	137.16	220.76	272.54	309.65	374.21	410.19	457.49	523.05	597.81
中部地区	1236.06	1728.01	2306.78	3104.49	4186.70	4861.39	5800.65	6581.26	7271.12	8164.63	9107.01
山　西	29.17	62.36	103.17	154.98	219.53	262.46	313.22	369.35	421.27	469.14	550.70
吉　林	9.45	30.60	102.20	162.14	352.23	451.34	553.75	651.75	729.67	824.22	878.38
黑龙江	92.58	85.14	131.50	206.30	364.74	462.15	616.60	753.82	888.96	995.22	1104.07
安　徽	420.31	496.04	609.58	782.64	902.16	986.59	1179.26	1277.12	1346.67	1512.17	1686.80
江　西	94.79	156.24	178.85	225.18	263.35	296.04	353.21	387.24	412.59	463.42	504.79
河　南	199.53	339.89	496.67	677.52	880.21	1047.58	1212.90	1379.43	1547.17	1746.90	1920.72
湖　北	204.72	304.26	374.58	504.31	703.69	798.81	916.66	1031.98	1120.11	1246.42	1425.31
湖　南	185.50	253.48	310.23	391.43	500.78	556.43	655.06	730.57	804.68	907.14	1036.23
西部地区	1334.58	1925.17	2342.32	2999.17	3858.46	4433.70	5243.98	6001.37	6760.54	7605.45	8258.92
内蒙古	14.02	60.04	157.36	275.67	404.19	523.55	686.27	821.61	937.38	1003.08	1031.07
广　西	164.73	208.54	241.84	340.11	382.78	412.37	525.25	568.70	637.70	703.87	788.45
重　庆	194.63	309.32	353.48	411.78	506.79	616.03	727.82	824.11	922.86	1043.89	1182.06
四　川	405.17	558.72	633.59	773.51	980.60	1092.80	1205.34	1336.63	1430.37	1577.79	1728.97
贵　州	129.33	182.69	204.00	207.20	255.97	283.22	318.68	367.99	404.90	480.32	518.44
云　南	207.33	256.86	294.21	376.19	500.89	536.98	614.61	690.78	785.94	906.73	975.03
西　藏	0.10	0.17	0.28	0.43	0.51	0.89	1.07	1.19	1.61	1.93	2.13
陕　西	162.74	212.57	243.29	324.64	436.43	480.18	589.97	711.45	878.14	1019.69	1120.44
甘　肃	19.31	55.41	71.58	100.86	134.19	175.59	191.61	234.10	262.18	288.06	304.97
青　海	——	21.82	30.20	34.42	50.50	66.98	78.44	88.61	102.15	111.81	113.35
宁　夏	5.71	24.66	40.80	59.29	82.45	100.50	121.50	146.35	163.44	182.28	196.32
新　疆	31.50	34.37	71.68	95.06	123.14	144.62	183.44	209.85	233.88	286.00	297.69

数据来源：国家统计局

表2-21 2008~2012年房地产开发企业到位资金中其他资金

单位：亿元

	2008年	2009年	2010年	2011年	2012年
总 计	15081.88	27459.22	32453.72	35775.12	42274.52
东部地区	10220.74	18524.55	20245.77	21838.46	25572.14
北 京	1461.77	2705.39	2574.66	2441.36	2983.68
天 津	371.28	706.30	659.88	818.37	740.73
河 北	450.76	682.17	909.25	1143.85	1211.02
辽 宁	665.64	1097.15	1469.34	1825.44	2049.61
上 海	896.03	1642.64	1242.78	1229.32	1580.66
江 苏	1823.76	3615.88	4053.08	3851.04	4817.07
浙 江	1475.01	2822.66	3073.48	3061.81	3210.82
福 建	599.52	1071.02	1057.16	1507.61	2162.47
山 东	788.30	1426.71	1868.11	2080.14	2385.81
广 东	1577.91	2553.49	2832.90	3426.63	3967.04
海 南	110.76	201.16	505.12	452.90	463.22
中部地区	2335.87	4238.45	5652.07	6285.10	8008.86
山 西	151.86	208.75	410.49	394.59	422.09
吉 林	111.36	202.72	309.38	421.80	441.71
黑龙江	112.61	241.95	348.79	428.00	519.32
安 徽	527.80	1004.39	1322.72	1305.70	1740.92
江 西	229.27	433.39	467.57	512.86	806.74
河 南	485.20	754.63	885.96	912.89	1212.10
湖 北	355.42	732.72	921.16	1105.61	1425.21
湖 南	362.36	659.91	986.00	1203.66	1440.78
西部地区	2525.28	4696.22	6555.88	7651.56	8693.51
内蒙古	90.36	125.75	179.91	227.35	298.41
广 西	291.07	529.46	733.96	762.54	954.75
重 庆	545.13	938.74	1505.89	1686.98	1946.55
四 川	582.30	1180.70	1468.94	1874.08	2017.53
贵 州	171.74	361.66	497.18	545.92	664.82
云 南	347.24	563.89	677.78	744.45	942.87
西 藏	8.85	17.15	4.35	4.64	6.00
陕 西	231.48	510.70	819.60	996.36	914.21
甘 肃	70.15	107.45	127.92	153.82	217.19
青 海	8.53	28.54	38.72	50.65	77.70
宁 夏	65.51	113.32	199.50	234.92	244.09
新 疆	112.92	218.88	302.13	369.86	409.38

数据来源：国家统计局

表2-22 全国各地区2012年月度累计房地产开发企业其他资金

单位：亿元

	1~2月	1~3月	1~4月	1~5月	1~6月	1~7月	1~8月	1~9月	1~10月	1~11月	1~12月
总　计	4932.63	7505.94	10175.80	13188.22	16944.21	20596.33	24494.85	28468.90	32439.60	36849.24	42274.52
东部地区	2808.69	4436.62	6054.72	7887.88	10140.24	12408.81	14848.21	17290.43	19634.75	22274.41	25572.14
北　京	240.50	391.68	580.87	831.04	1081.65	1344.36	1641.89	1952.74	2214.57	2524.04	2983.68
天　津	78.75	127.67	177.49	201.45	256.67	308.75	377.96	448.18	497.41	552.27	740.73
河　北	145.26	243.09	342.77	429.47	546.06	638.06	756.15	889.94	987.39	1105.29	1211.02
辽　宁	87.56	234.24	351.63	514.33	750.08	918.78	1129.03	1345.92	1601.32	1875.03	2049.61
上　海	250.06	342.43	429.72	539.05	684.56	826.19	974.78	1126.38	1260.26	1391.87	1580.66
江　苏	565.18	968.81	1305.48	1640.23	2051.77	2512.56	2966.47	3399.25	3827.39	4262.82	4817.07
浙　江	390.86	522.14	690.61	895.00	1157.26	1481.64	1780.84	2109.00	2423.16	2765.17	3210.82
福　建	314.09	421.27	563.64	713.46	910.78	1082.67	1287.92	1473.71	1663.68	1908.66	2162.47
山　东	260.34	423.93	575.06	755.07	981.99	1202.54	1396.42	1605.77	1814.16	2060.11	2385.81
广　东	375.82	620.80	869.86	1165.45	1492.39	1833.33	2244.51	2616.40	2994.79	3423.38	3967.04
海　南	100.28	140.58	167.59	203.32	227.04	259.94	292.24	323.15	350.63	405.77	463.22
中部地区	985.33	1382.07	1855.15	2371.90	3124.22	3760.71	4510.96	5274.87	6025.85	6879.08	8008.86
山　西	38.47	67.09	93.55	119.15	160.22	191.94	231.91	272.49	313.47	362.35	422.09
吉　林	2.59	11.36	55.54	88.69	137.23	185.75	240.62	285.35	328.61	373.54	441.71
黑龙江	27.11	39.66	60.55	88.93	136.96	192.56	263.97	317.54	373.51	423.14	519.32
安　徽	276.12	350.27	450.46	570.50	722.77	855.15	1022.40	1180.53	1340.91	1537.16	1740.92
江　西	88.97	149.72	200.21	252.72	322.22	377.69	458.39	539.75	619.75	717.20	806.74
河　南	134.35	198.79	270.12	344.69	455.08	562.68	674.68	803.93	907.88	1038.55	1212.10
湖　北	161.17	278.70	352.96	453.92	582.89	678.10	785.66	897.91	1036.41	1166.59	1425.21
湖　南	256.55	286.49	371.78	453.29	606.84	716.83	833.32	977.38	1105.32	1260.54	1440.78
西部地区	1138.61	1687.25	2265.93	2928.44	3679.76	4426.81	5135.69	5903.60	6779.00	7695.74	8693.51
内蒙古	6.37	18.48	48.25	73.29	104.83	146.98	181.86	223.28	263.23	284.49	298.41
广　西	169.29	203.62	250.08	327.46	392.83	481.63	548.52	618.32	692.13	860.11	954.75
重　庆	248.26	355.11	508.88	654.29	796.36	953.79	1116.06	1286.23	1460.93	1656.96	1946.55
四　川	344.50	463.55	593.39	725.11	894.27	1055.30	1188.58	1378.97	1599.25	1756.09	2017.53
贵　州	84.26	129.79	180.62	241.89	314.81	386.88	455.87	495.02	553.40	617.73	664.82
云　南	132.97	241.74	281.79	349.32	441.22	505.08	571.60	656.76	773.96	872.47	942.87
西　藏	0.05	0.24	1.55	1.26	2.00	2.80	3.42	3.96	4.61	5.37	6.00
陕　西	101.52	174.13	229.47	304.73	395.50	470.31	552.81	615.13	698.55	799.81	914.21
甘　肃	20.90	31.94	46.26	61.88	85.76	104.19	126.11	152.58	175.65	195.60	217.19
青　海	——	8.48	13.86	25.85	34.07	41.77	48.70	55.94	64.70	71.03	77.70
宁　夏	6.80	22.06	37.55	56.47	74.61	98.73	123.06	153.37	179.50	211.39	244.09
新　疆	23.69	38.12	74.24	106.90	143.50	179.35	219.12	264.05	313.10	364.69	409.38

数据来源：国家统计局

五、全国各地区土地购置面积

表2-23　2008~2012年全国各地区土地购置面积

单位：万平方米

	2008年	2009年	2010年	2011年	2012年
总　计	36785.37	31906.08	40969.53	40972.95	35666.80
东部地区	16943.08	14369.6	19596.61	19728.54	15868.71
北　京	823.44	625.01	858.75	507.04	305.99
天　津	512.76	444.78	652.46	596.59	299.75
河　北	1598.97	2026.55	2844.26	2737.89	1760.99
辽　宁	3032.08	2103.68	3652.01	3307.12	3199.52
上　海	271.47	185.3	432.44	562.76	300.62
江　苏	2687.17	1850.81	2224.24	2409.68	3071.00
浙　江	1656.18	1307.97	1833.69	1987.59	1256.11
福　建	1022.26	1120.61	1532.47	1288.38	925.64
山　东	2288.92	2161.97	3290.53	3641.96	2610.03
广　东	2635.58	2257.53	1755.61	2289.69	1805.44
海　南	414.26	285.39	520.16	399.83	333.62
中部地区	10467.72	9488.64	11790.59	11257.12	10691.35
山　西	748.00	618.24	838.56	654.85	718.36
吉　林	704.82	718.55	935.91	1280.25	1539.01
黑龙江	847.24	833.31	1137.81	1703.71	929.91
安　徽	2307.96	1918.59	2611.07	2601.91	2618.78
江　西	981.2	694.48	777.15	1002.29	733.17
河　南	1956.47	2701.54	2864.32	1534.8	1742.63
湖　北	1012.27	1002.4	1529.68	1414.23	1303.19
湖　南	1909.75	1001.51	1096.09	1065.08	1106.29
西部地区	9374.57	8047.85	9582.34	9987.29	9106.74
内蒙古	1991.77	1112.17	2006.14	1692.7	902.76
广　西	1431.19	1287.15	1183.88	907.43	541.71
重　庆	1164.41	1227.79	1369.22	1676.12	2183.07
四　川	829.41	1044.28	963.31	961.51	892.22
贵　州	566.47	385.77	980.1	911.07	707.51
云　南	1545.67	1269.82	1031.39	1425.38	1602.39
西　藏	28.16	5.23	4.55	5.77	1.34
陕　西	592.00	420.13	579.49	488.71	473.03
甘　肃	311.67	344.75	279.48	287.52	419.33
青　海	107.98	178.16	112.43	140.31	197.03
宁　夏	154.8	374.29	548.81	520.54	425.69
新　疆	651.05	398.3	523.54	970.24	760.67

数据来源：国家统计局

表2-24　全国各地区2012年月度累计土地购置面积

单位：万平方米

	1~2月	1~3月	1~4月	1~5月	1~6月	1~7月	1~8月	1~9月	1~10月	1~11月	1~12月
总　计	4683.92	7858.87	9657.32	13532.14	17543.19	18982.06	23623.63	26033.32	27659.40	31638.02	35666.80
东部地区	2124.54	3715.53	4684.58	6639.49	8079.1	8557.01	10618.85	11563.77	12297.22	14252.26	15868.71
北　京	7.80	51.25	54.71	61.44	108.45	135.89	135.69	159.38	192.56	261.54	305.99
天　津	19.24	31.98	31.98	40.18	43.24	45.21	55.76	79.13	79.13	82.46	299.75
河　北	228.52	556.64	626.3	779.85	931.96	918.54	1172.64	1285.49	1503.89	1644.42	1760.99
辽　宁	158.77	498.55	828.69	1258.18	1879.2	2102.91	2439.83	2674.28	2841.86	3093.91	3199.52
上　海	22.37	34.67	41.02	89.39	117.53	131.81	162.88	190.40	248.55	264.02	300.62
江　苏	440.04	653.25	731.72	1177.97	1518.56	1506.02	1828.31	1952.52	2100.16	2617.06	3071.00
浙　江	246.61	355.18	424.95	512.16	602.43	661.08	797.73	887.72	990.19	1169.24	1256.11
福　建	89.60	160.15	188.9	287.12	365.08	393.07	485.21	576.33	600.98	775.42	925.64
山　东	494.73	632.59	875.24	1198.38	1383.45	1494.46	2063.75	2181.08	2109.69	2438.92	2610.03
广　东	250.00	501.05	583.27	856.54	962.03	991.94	1254.98	1345.73	1398.50	1626.25	1805.44
海　南	166.87	240.22	297.8	378.27	167.19	176.07	222.07	231.71	231.71	279.02	333.62
中部地区	1555.60	2185.04	2633.43	3613.85	4910.64	5579.41	7154.77	7789.26	8202.63	9429.48	10691.35
山　西	1.86	76.47	87.52	174.89	249.03	303.96	387.81	435.74	503.82	535.68	718.36
吉　林	44.53	55.38	161.73	326.46	668.64	912.24	1000.29	1159.66	1187.02	1379.73	1539.01
黑龙江	111.80	160.73	166.27	197.6	302.19	365.87	581.10	637.85	657.24	780.60	929.91
安　徽	450.65	625.21	605.56	964.91	1308.22	1369.85	2002.68	2075.90	2146.93	2473.68	2618.78
江　西	182.26	198.81	247.5	333.14	348.62	374.06	467.13	509.54	562.86	641.69	733.17
河　南	405.78	548.15	701.47	696.91	870.38	951.91	1125.77	1220.74	1315.57	1539.32	1742.63
湖　北	214.74	328.33	415.1	556.89	743.28	831.58	923.25	1016.11	1052.92	1144.68	1303.19
湖　南	143.98	191.97	248.27	363.06	420.29	469.94	666.73	733.72	776.26	934.11	1106.29
西部地区	1003.78	1958.30	2339.3	3278.8	4553.45	4845.64	5850.01	6680.29	7159.55	7956.28	9106.74
内蒙古	4.30	37.17	100.46	245.18	377.04	486.86	652.36	722.16	785.52	797.00	902.76
广　西	143.53	197.21	181.38	257.02	276.84	293.67	339.50	372.85	394.26	464.54	541.71
重　庆	263.90	520.40	601	781.35	968.98	1082.91	1355.37	1509.90	1567.06	1687.58	2183.07
四　川	100.62	184.41	236.2	263.31	463.7	496.15	556.19	649.91	724.13	775.87	892.22
贵　州	129.09	274.50	221.01	211.24	280.2	336.47	371.69	478.26	550.20	639.85	707.51
云　南	185.05	385.55	468	711.99	1000.18	918.58	1022.71	1122.10	1238.28	1462.23	1602.39
西　藏	——	——	——	1.34	1.34	1.34	1.34	1.34	1.34	1.34	1.34
陕　西	25.34	54.80	87.53	118.37	191.91	194.72	241.36	351.57	396.85	440.18	473.03
甘　肃	67.72	95.40	129.58	251.57	354.41	282.80	364.24	387.87	396.73	409.71	419.33
青　海	——	16.43	50.81	59.24	108.45	122.02	151.87	167.13	165.59	171.75	197.03
宁　夏	32.77	84.68	103.56	119.54	210.71	246.37	272.43	342.60	347.36	380.85	425.69
新　疆	51.45	107.75	159.76	258.64	319.69	383.74	520.95	574.60	592.23	725.39	760.67

数据来源：国家统计局

六、全国各地区房地产建设数据

表2-25　2008~2012年全国各地区房屋施工面积

单位：万平方米

	2008年	2009年	2010年	2011年	2012年
总　计	274149.01	319649.54	405538.91	507959.39	573417.52
东部地区	149655.54	167153.48	209590.11	262005.4	289323.21
北　京	10014.32	9719.08	10300.86	12065.38	13122.49
天　津	5704.27	6052.16	7160.74	9075.39	9864.22
河　北	7879.7	12739.3	20790.28	26835.37	27577.83
辽　宁	14702.58	18575.55	26824.5	34511.89	38502.02
上　海	10390.67	9961.6	11295.03	12983.32	13249.97
江　苏	28188.14	29802.55	35063.76	40738.08	45097.54
浙　江	19094.97	19920.95	23824.53	30318.08	33422.97
福　建	11372.26	11681.15	14184.85	19212.77	21121.5
山　东	17925.48	21988.49	28229	36293.3	42958.91
广　东	22992.63	24719.87	29217.6	36311.94	39296.27
海　南	1390.52	1992.78	2698.96	3659.88	5109.49
中部地区	60654.22	75615.39	95866.41	119260.5	138172.71
山　西	3891.04	5491.42	7616.35	9325.63	11714.28
吉　林	4527.01	5356.87	7099.96	8963.42	10935.8
黑龙江	3624.31	4520.3	7543.71	12065.32	13484.97
安　徽	11339.56	14142.13	17541.9	20744.07	24836.06
江　西	6034.68	6755.6	7229.94	8210.88	9465.63
河　南	13566.96	16075.85	20394.18	25280.95	29559.36
湖　北	7790.14	9546.53	11620.91	13923.9	16819.71
湖　南	9880.52	13726.69	16819.46	20746.32	21356.89
西部地区	63839.26	76880.67	100082.39	126693.49	145921.6
内蒙古	6889.13	8234.48	11517.78	16378.1	16507.4
广　西	6933.34	8346.07	12050.65	14448.23	15018.46
重　庆	11639.27	13052.6	17138.5	20397.24	22009.03
四　川	15412.85	17609.17	21158.47	27315.44	29865.5
贵　州	5104.18	6062.29	7902.39	10395.27	13245.31
云　南	5370.73	6837.88	8784.97	10597.88	14362
西　藏	135.2	8.26	72.31	48.73	47.33
陕　西	5564.93	8260.87	9965.18	12179.97	15410.57
甘　肃	1914.52	2543.1	3130.4	3810	5634.95
青　海	707.28	900.39	1423.97	1659.03	1891.23
宁　夏	1582.81	1952.02	2940.53	4040.83	5033.26
新　疆	2585	3073.56	3997.24	5422.77	6896.55

数据来源：国家统计局

表2-26　全国各地区2012年月度累计施工面积

单位：万平方米

	1~2月	1~3月	1~4月	1~5月	1~6月	1~7月	1~8月	1~9月	1~10月	1~11月	1~12月
总　计	394900.82	409221.49	427187.37	451363.70	475613.77	489216.14	511657.29	525376.54	538149.20	556657.88	573417.52
东部地区	209257.26	216958.18	225256.07	235346.75	246216.39	251805.69	261600.49	267641.73	273215.40	281257.89	289323.21
北　京	8174.69	9247.12	9935.84	10485.41	11020.67	11390.67	11742.63	12044.13	12364.78	12786.07	13122.49
天　津	6785.91	6040.57	6273.25	6701.96	7279.08	7593.77	7644.66	7855.25	7971.09	8160.96	9864.22
河　北	19956.28	19402.14	21293.18	22299.12	23462.30	23912.85	24933.54	25803.00	26390.58	27071.32	27577.83
辽　宁	26462.69	26932.69	28160.61	29218.15	32424.07	33439.47	35140.33	36163.32	37291.87	38218.26	38502.02
上　海	10361.76	10964.00	11277.02	11787.71	12057.50	12199.04	12605.29	12754.27	13011.22	13189.87	13249.97
江　苏	33450.42	35012.15	35494.20	36847.00	38340.73	39007.79	40431.67	41096.57	41921.36	43335.06	45097.54
浙　江	25824.13	26625.53	27124.48	28220.97	29014.62	29583.30	30606.53	31379.61	32168.75	32861.55	33422.97
福　建	16751.24	17227.35	17544.45	18033.15	18489.95	18929.35	19273.20	19718.92	20062.33	20475.16	21121.50
山　东	29431.10	31851.64	33484.20	35563.02	36895.79	37733.06	39444.54	40219.09	40815.24	42056.04	42958.91
广　东	28686.60	30112.97	30984.89	32267.37	33124.42	33824.29	35302.86	36017.91	36556.92	38130.69	39296.27
海　南	3372.43	3542.03	3683.94	3922.88	4107.26	4192.10	4475.23	4589.67	4661.25	4972.91	5109.49
中部地区	90904.65	91531.46	96605.52	103284.09	110386.29	114312.85	120577.36	124312.15	127898.33	133263.01	138172.71
山　西	7198.59	7498.75	8041.75	8489.27	9257.53	9721.68	10175.41	10581.76	10919.48	11209.00	11714.28
吉　林	6164.98	4302.84	5410.55	6779.07	8062.73	8563.45	9186.82	9586.10	9909.36	10439.26	10935.80
黑龙江	8730.22	8275.78	8738.18	9603.54	10523.08	11076.80	11928.03	12439.59	12699.88	13189.03	13484.97
安　徽	16881.49	17601.17	18202.74	19353.32	20184.41	20688.25	22237.55	22660.40	23123.81	24191.91	24836.06
江　西	6981.62	7219.91	7404.64	7683.56	7880.90	8020.34	8318.47	8527.28	8760.26	9156.25	9465.63
河　南	19706.58	20253.49	21075.08	22091.18	23563.49	24391.71	25527.04	26326.15	27294.70	28515.71	29559.36
湖　北	9313.30	10992.66	11845.47	12515.70	13608.89	13983.40	14586.71	15137.61	15575.63	16111.54	16819.71
湖　南	15927.87	15386.85	15887.11	16768.45	17305.27	17867.23	18617.33	19053.26	19615.21	20450.32	21356.89
西部地区	94738.90	100731.85	105325.78	112732.85	119011.09	123097.60	129479.44	133422.67	137035.48	142136.98	145921.60
内蒙古	10250.61	10132.56	9882.69	11958.57	13125.07	13937.66	15264.64	15630.62	15918.21	16122.94	16507.40
广　西	11975.56	12005.05	12298.07	12740.18	13370.27	13539.27	13890.12	13919.05	14095.49	14662.36	15018.46
重　庆	16703.21	16641.91	16921.17	17578.51	18056.30	18661.65	19602.45	20422.33	20749.21	21442.19	22009.03
四　川	21727.82	22900.78	23494.05	24205.16	25507.18	26196.96	26627.41	27383.36	28113.25	29029.88	29865.50
贵　州	8181.82	8817.59	9345.06	10340.92	10691.14	11104.10	11661.84	11991.95	12257.27	12949.12	13245.31
云　南	7649.27	8753.09	9578.42	10267.20	10952.69	11388.13	12289.76	12746.34	13374.16	13756.97	14362.00
西　藏	3.21	16.76	27.46	27.62	29.05	39.07	42.54	42.54	42.54	46.12	47.33
陕　西	9809.20	10243.57	10700.37	11344.96	11967.10	12179.88	13166.39	13577.29	13961.72	14918.88	15410.57
甘　肃	1053.37	2886.50	3611.55	4040.06	4370.74	4593.44	4909.93	5114.84	5316.50	5491.90	5634.95
青　海	893.38	1021.90	1237.63	1395.33	1556.02	1639.60	1684.16	1693.30	1838.47	1886.53	1891.23
宁　夏	3035.49	3304.34	3523.25	3707.13	3948.05	4173.84	4280.88	4607.21	4861.85	4982.66	5033.26
新　疆	3455.97	4007.79	4706.08	5127.22	5437.49	5644.00	6059.32	6293.83	6506.80	6847.43	6896.55

数据来源：国家统计局

表2-27　2008~2012年全国各地区房屋新开工面积

单位：万平方米

	2008年	2009年	2010年	2011年	2012年
总　计	97573.90	115385.34	163776.67	190082.70	177333.62
东部地区	48751.72	54942.93	80866.52	94717.56	83232.11
北　京	2337.22	2246.60	2974.24	4246.05	3224.21
天　津	2440.24	2555.50	2911.67	3484.21	2565.19
河　北	3354.74	6804.13	9636.28	11298.70	7641.80
辽　宁	6634.56	8299.72	12627.39	12425.86	13828.92
上　海	2586.57	2490.63	3030.59	3644.06	2724.05
江　苏	10015.75	9080.93	13729.61	14721.11	13908.44
浙　江	5094.76	5623.53	7890.63	10216.94	7816.80
福　建	2759.95	2416.06	4679.56	7033.35	5342.97
山　东	6499.94	8358.37	12357.46	14029.44	13902.72
广　东	6505.62	6262.46	9892.98	11968.66	10615.73
海　南	522.38	804.99	1136.12	1649.19	1661.29
中部地区	25629.41	32636.06	41830.85	49007.73	48325.48
山　西	1418.47	2396.39	2759.02	2838.30	4166.34
吉　林	2617.73	3224.21	3553.85	4749.81	4826.76
黑龙江	2245.90	2986.00	5018.42	7195.27	5074.35
安　徽	4565.06	5319.72	7317.60	8308.17	7874.22
江　西	2418.81	2300.96	2344.98	3308.49	3261.03
河　南	5436.68	7120.09	8610.57	9823.23	10515.11
湖　北	3112.91	3975.87	5765.52	5605.60	5976.06
湖　南	3813.86	5312.82	6460.90	7178.86	6631.62
西部地区	23192.77	27806.34	41079.29	46357.41	45776.03
内蒙古	3709.15	4207.37	6289.60	8537.91	5423.42
广　西	2211.60	3020.02	4750.57	3760.22	3741.88
重　庆	3508.62	3813.68	6312.64	6824.36	5813.48
四　川	4554.02	4953.82	7731.66	8473.27	8367.21
贵　州	1577.78	1725.82	2871.15	2912.81	3787.67
云　南	2158.92	2820.84	3702.76	4984.70	6037.53
西　藏	8.23	8.26	13.98	4.53	22.68
陕　西	1859.01	2821.58	3329.19	3843.17	4738.32
甘　肃	777.62	1075.50	1395.98	1546.59	2404.51
青　海	309.81	505.13	700.67	532.33	772.90
宁　夏	867.91	1160.26	1808.73	1954.46	1842.78
新　疆	1650.10	1694.04	2172.38	2983.06	2823.65

数据来源：国家统计局

表2-28　全国各地区2012年月度累计新开工面积

单位：万平方米

	1~2月	1~3月	1~4月	1~5月	1~6月	1~7月	1~8月	1~9月	1~10月	1~11月	1~12月
总　计	20048.65	39946.27	54467.80	72859.30	92379.67	103904.55	122940.43	135014.43	146792.20	162413.22	177333.62
东部地区	10272.96	20688.92	26855.50	35869.74	44815.48	49917.58	58272.29	63706.75	68585.28	75799.08	83232.11
北　京	154.09	491.21	699.38	1048.32	1461.00	1724.38	1963.98	2210.16	2516.50	2897.28	3224.21
天　津	217.62	447.12	641.43	809.18	977.52	1072.34	1117.63	1153.95	1222.09	1372.60	2565.19
河　北	326.03	1797.11	2542.89	3241.97	4234.61	4640.50	5509.66	6203.27	6578.37	7202.71	7641.80
辽　宁	436.32	1740.39	3018.66	4987.12	7881.60	8859.77	10331.66	11371.37	12466.58	13359.54	13828.92
上　海	518.23	783.28	948.15	1293.28	1467.41	1596.82	1984.17	2119.86	2338.01	2532.45	2724.05
江　苏	2220.61	4240.07	4499.80	5817.24	7031.68	7950.38	9280.52	9980.78	10744.13	12092.65	13908.44
浙　江	1145.55	1870.03	2386.19	3281.61	3980.56	4366.66	5254.72	6033.86	6744.89	7366.62	7816.80
福　建	877.12	1642.32	1976.16	2437.94	2918.99	3200.96	3528.51	3938.73	4226.15	4620.22	5342.97
山　东	2331.25	4242.56	5721.60	7342.41	8388.60	9145.11	10718.74	11427.90	12006.96	13044.62	13902.72
广　东	1775.62	2974.16	3862.35	4861.35	5563.48	6393.49	7397.21	7997.90	8429.11	9766.41	10615.73
海　南	270.53	460.69	558.90	749.31	910.02	967.17	1185.48	1268.97	1312.48	1543.98	1661.29
中部地区	5604.60	10134.69	14175.25	19007.22	24721.77	27817.51	33252.87	36632.80	39606.24	44109.73	48325.48
山　西	118.62	470.47	824.29	1214.50	1956.42	2354.33	2820.93	3147.28	3463.64	3710.62	4166.34
吉　林	26.37	44.38	585.66	1568.97	2583.61	2973.15	3405.91	3824.19	4000.04	4420.12	4826.76
黑龙江	26.37	210.74	531.46	1244.22	2192.74	2592.15	3524.04	4042.51	4278.57	4743.40	5074.35
安　徽	1488.63	2234.79	2722.65	3356.51	3846.40	4236.05	5473.49	5949.16	6413.61	7356.98	7874.22
江　西	1034.77	1435.95	1605.42	1790.94	1986.52	2096.50	2318.57	2472.95	2670.99	2985.32	3261.03
河　南	1171.30	2554.64	3520.13	4209.94	5405.72	6085.66	7074.33	7804.08	8622.46	9619.25	10515.11
湖　北	498.36	1316.08	2000.82	2647.41	3394.16	3645.98	4163.19	4563.53	4932.91	5375.01	5976.06
湖　南	1240.18	1867.64	2384.82	2974.74	3356.20	3833.68	4472.40	4829.10	5224.03	5899.03	6631.62
西部地区	4171.09	9122.66	13437.05	17982.34	22842.43	26169.46	31415.27	34674.89	38600.68	42504.41	45776.03
内蒙古	51.39	517.70	1120.63	1894.93	2623.18	3293.22	4555.60	4850.17	5139.66	5320.31	5423.42
广　西	743.25	1201.96	1349.30	1667.27	2107.60	2223.22	2555.53	2656.77	2850.22	3249.53	3741.88
重　庆	628.93	1399.29	1892.91	2414.92	2823.97	3225.41	3901.65	4311.31	4713.91	5319.79	5813.48
四　川	982.84	1981.55	2537.33	3138.66	4240.83	4753.82	5168.89	5812.98	7014.91	7648.38	8367.21
贵　州	374.55	647.97	979.59	1391.43	1763.58	2179.69	2550.15	2788.12	3039.71	3507.67	3787.67
云　南	773.83	1549.50	2043.68	2612.98	3106.72	3496.52	4158.46	4591.77	5157.13	5460.18	6037.53
西　藏	——	——	6.20	6.38	7.83	17.85	17.86	17.86	17.87	21.46	22.68
陕　西	485.38	884.61	1261.66	1728.46	2144.22	2322.91	3057.79	3386.50	3718.42	4369.93	4738.32
甘　肃	79.59	484.91	982.07	1151.67	1406.86	1559.97	1846.52	2007.19	2144.49	2337.60	2404.51
青　海	——	48.97	151.35	261.65	409.55	484.93	523.28	595.09	731.77	768.20	772.90
宁　夏	12.50	242.07	412.02	600.46	828.55	1016.51	1127.91	1455.88	1693.96	1804.07	1842.78
新　疆	38.85	164.12	700.32	1113.52	1379.54	1595.41	1951.64	2201.24	2378.62	2697.28	2823.65

数据来源：国家统计局

表2-29　2008~2012年全国各地区房屋竣工面积

单位：万平方米

	2008年	2009年	2010年	2011年	2012年
总　计	58502.01	70218.76	75960.97	89244.25	99424.96
东部地区	32168.03	36253.38	39166.71	45578.01	49483.00
北　京	2557.99	2678.55	2386.71	2245.24	2390.86
天　津	1769.23	1902.06	2098.55	2105.32	2542.75
河　北	1103.18	1896.40	3028.58	5145.32	4894.56
辽　宁	3540.77	4037.34	4466.50	6359.15	6438.15
上　海	2475.04	2104.98	1941.25	2240.62	2305.06
江　苏	6705.00	7706.55	8265.61	8040.88	9848.40
浙　江	4132.67	3673.13	4049.47	4423.32	4292.94
福　建	1712.42	2240.26	2244.66	2614.88	2232.78
山　东	3579.16	4950.46	4999.72	6226.85	7324.97
广　东	4359.24	4695.13	5234.59	5800.52	6356.12
海　南	233.32	368.51	451.08	375.91	856.41
中部地区	13761.23	17096.11	20307.23	23898.91	26221.68
山　西	882.79	793.28	1089.72	2084.20	1732.99
吉　林	1056.00	1240.28	1871.38	1656.17	1927.87
黑龙江	1341.43	1876.23	2166.77	2992.61	3245.73
安　徽	2365.50	2861.25	3020.57	3063.87	3965.39
江　西	1245.65	1646.80	1822.20	1777.42	1747.48
河　南	2758.69	3400.98	4427.14	5307.13	5870.54
湖　北	2070.01	2312.11	2558.94	3083.54	3273.71
湖　南	2041.17	2965.17	3350.51	3933.97	4457.97
西部地区	12572.76	16869.27	16487.03	19767.33	23720.28
内蒙古	1694.07	2237.32	2192.01	2453.11	2449.13
广　西	1206.09	1441.63	1564.31	2183.90	2333.58
重　庆	2367.94	2907.05	2626.59	3424.33	3990.63
四　川	2916.25	4086.93	3966.77	4308.71	5866.58
贵　州	605.81	1210.86	1028.73	1462.44	1416.77
云　南	1051.23	1680.56	1535.99	1450.76	1851.57
西　藏	45.06	——	11.90	21.69	9.23
陕　西	698.70	916.97	860.79	1104.45	1653.94
甘　肃	349.09	545.16	598.66	655.99	844.50
青　海	221.99	178.07	267.67	505.91	416.20
宁　夏	611.63	741.23	936.86	942.77	1151.97
新　疆	804.91	923.50	896.76	1253.27	1736.17

数据来源：国家统计局

表2-30　全国各地区2012年月度累计竣工面积

单位：万平方米

	1~2月	1~3月	1~4月	1~5月	1~6月	1~7月	1~8月	1~9月	1~10月	1~11月	1~12月
总　计	10093.92	17880.40	22295.87	27305.52	33258.81	38607.92	44602.87	50566.62	58317.09	67706.00	99424.96
东部地区	4879.61	8809.34	10919.81	13169.65	16020.94	18742.18	21786.65	24796.84	28326.90	33037.43	49483.00
北　京	90.35	176.67	280.22	437.90	568.75	690.08	797.51	971.62	1255.87	1518.75	2390.86
天　津	42.30	158.83	257.44	296.78	463.36	505.21	513.57	576.49	605.45	799.07	2542.75
河　北	173.92	666.48	887.65	1077.56	1396.04	1674.00	2096.95	2527.14	3009.93	3592.09	4894.56
辽　宁	198.37	727.12	1030.19	1276.09	1728.01	2040.05	2535.97	2973.14	3691.53	4460.24	6438.15
上　海	244.54	428.90	601.59	768.75	974.16	1125.99	1292.15	1381.77	1507.83	1609.86	2305.06
江　苏	1481.47	2201.99	2499.51	2937.04	3435.62	4208.31	4789.29	5171.57	5614.37	6592.94	9848.40
浙　江	528.92	794.85	910.96	1122.50	1315.71	1567.61	1784.05	1963.00	2294.97	2644.75	4292.94
福　建	447.77	602.70	684.14	797.87	899.68	1037.32	1113.01	1172.69	1417.94	1591.35	2232.78
山　东	790.00	1516.47	1826.66	2198.43	2639.10	2851.70	3338.85	3920.31	4433.15	5068.94	7324.97
广　东	866.59	1411.46	1715.08	1998.72	2326.81	2721.91	3146.18	3705.96	4035.26	4623.68	6356.12
海　南	15.39	123.87	226.38	258.01	273.70	320.01	379.13	433.15	460.60	535.76	856.41
中部地区	2528.98	4371.16	5608.80	7145.42	8810.05	10223.59	12017.23	13589.64	15401.88	17786.84	26221.68
山　西	53.37	186.32	253.81	371.50	502.25	579.36	663.13	822.53	892.86	1053.58	1732.99
吉　林	19.20	48.38	201.42	321.13	410.61	496.76	747.19	808.70	1031.00	1225.89	1927.87
黑龙江	69.33	213.89	168.59	461.99	556.06	730.46	978.80	1186.23	1527.11	1995.20	3245.73
安　徽	481.06	762.95	968.91	1142.35	1469.04	1698.66	1971.99	2171.27	2334.58	2762.93	3965.39
江　西	404.27	601.28	685.22	740.96	792.23	862.94	992.57	1066.69	1163.80	1315.24	1747.48
河　南	349.44	757.34	1184.30	1498.58	1845.62	2247.20	2572.17	2976.41	3374.30	3745.19	5870.54
湖　北	279.34	630.85	774.27	964.40	1256.68	1390.42	1648.22	1865.12	2109.96	2369.50	3273.71
湖　南	872.98	1170.16	1372.29	1644.51	1977.55	2217.78	2443.15	2692.69	2968.27	3319.31	4457.97
西部地区	2685.33	4699.90	5767.26	6990.45	8427.82	9642.15	10798.99	12180.15	14588.31	16881.73	23720.28
内蒙古	10.44	76.69	223.92	400.05	562.25	685.65	882.98	976.27	1360.97	1641.00	2449.13
广　西	409.03	848.90	899.55	1005.87	1183.03	1342.33	1453.85	1574.91	1732.87	1853.63	2333.58
重　庆	573.79	883.55	1131.60	1299.61	1560.99	1736.51	1913.13	2211.53	2841.02	3195.03	3990.63
四　川	1046.82	1402.67	1568.11	1821.76	2203.99	2459.23	2679.89	2925.11	3389.20	3806.23	5866.58
贵　州	126.46	330.71	431.56	546.92	598.97	628.44	668.60	720.02	770.41	927.53	1416.77
云　南	244.59	402.08	444.99	527.30	634.76	820.09	909.53	1013.93	1210.63	1364.35	1851.57
西　藏	——	9.23	9.23	9.23	9.23	9.23	9.23	9.23	9.23	9.23	9.23
陕　西	166.15	405.21	448.42	536.86	626.61	689.40	756.29	891.56	1052.08	1211.97	1653.94
甘　肃	30.08	81.24	156.73	224.94	265.33	356.73	417.45	494.84	604.94	677.84	844.50
青　海	——	17.81	38.49	64.98	75.60	93.91	108.07	104.02	154.66	270.58	416.20
宁　夏	32.05	86.12	133.81	210.47	266.96	317.61	409.13	540.37	650.97	885.22	1151.97
新　疆	45.92	155.70	280.86	342.45	440.10	503.02	590.86	718.35	811.33	1039.12	1736.17

数据来源：国家统计局

表2-31　2008~2012年全国各地区住宅施工面积

单位：万平方米

	2008年	2009年	2010年	2011年	2012年
总　计	216671.36	250804.25	314942.59	388438.59	428964.05
东部地区	113645.10	126227.98	157008.32	194081.66	211109.99
北　京	5538.23	5551.88	6176.02	7168.12	7510.36
天　津	4306.33	4517.83	5117.60	6435.79	6923.52
河　北	6915.61	10907.15	17274.45	21483.03	21895.95
辽　宁	11587.30	14527.05	20669.88	26742.21	29284.88
上　海	6872.10	6550.73	7313.85	8386.26	8315.68
江　苏	21968.45	22657.26	26349.91	30469.01	33412.17
浙　江	13623.51	13946.54	16149.97	20023.78	21656.38
福　建	8639.93	8856.81	10570.84	13719.68	14731.19
山　东	14965.77	18020.31	22881.77	29014.62	33715.25
广　东	18022.38	18929.42	22176.17	27452.39	29253.24
海　南	1205.50	1763.01	2327.86	3186.79	4411.38
中部地区	50466.25	62290.46	77848.36	95665.44	107040.28
山　西	3282.68	4635.91	6252.79	7727.98	9299.62
吉　林	3813.85	4428.87	5785.69	7144.34	8512.60
黑龙江	2927.94	3692.19	6112.02	9593.72	10471.96
安　徽	9195.97	11262.49	13770.20	16058.40	18182.58
江　西	5146.08	5768.56	6064.62	6781.84	7319.85
河　南	11347.82	13464.61	16902.19	20576.45	23466.99
湖　北	6653.99	7737.46	9170.94	11058.67	13013.01
湖　南	8097.91	11300.36	13789.92	16724.04	16773.68
西部地区	52560.01	62285.81	80085.91	98691.48	110813.77
内蒙古	5598.25	6265.62	8246.59	11298.24	11181.66
广　西	5630.74	6719.08	9768.56	11497.68	11846.86
重　庆	9166.21	10338.12	13744.78	15923.84	16997.85
四　川	13031.87	14680.52	17289.74	21596.31	22590.16
贵　州	4120.96	4684.49	5968.65	7780.42	9654.03
云　南	4472.35	5535.52	7046.37	7973.23	10432.11
西　藏	123.22	4.74	66.43	36.28	31.01
陕　西	4797.88	7106.49	8595.32	10488.13	13030.16
甘　肃	1604.58	2097.54	2557.70	3141.26	4431.21
青　海	630.43	765.99	1179.25	1359.46	1513.51
宁　夏	1193.91	1506.79	2285.56	3059.76	3622.63
新　疆	2189.59	2580.90	3336.95	4536.88	5482.59

数据来源：国家统计局

表2-32 全国各地区2012年月度累计住宅施工面积

单位：万平方米

	1~2月	1~3月	1~4月	1~5月	1~6月	1~7月	1~8月	1~9月	1~10月	1~11月	1~12月
总 计	297604.77	307652.86	321372.59	339036.14	357392.40	367373.77	383558.42	393777.17	403202.74	416656.99	428964.05
东部地区	153316.19	158535.35	164675.13	171670.64	179934.46	183957.73	190916.04	195378.59	199403.74	205053.02	211109.99
北 京	4708.09	5444.05	5852.29	6157.19	6511.37	6664.34	6876.31	7028.76	7212.03	7356.76	7510.36
天 津	4772.11	4176.68	4269.71	4550.24	4997.23	5222.67	5267.01	5423.17	5503.97	5610.69	6923.52
河 北	15849.86	15403.63	16930.06	17706.77	18590.79	18954.00	19740.26	20479.23	20925.32	21451.01	21895.95
辽 宁	20113.98	20437.52	21356.82	22095.84	24647.24	25311.05	26559.81	27366.06	28282.31	29048.70	29284.88
上 海	6711.73	7097.71	7249.31	7520.79	7699.62	7810.32	7970.46	8053.29	8188.02	8241.12	8315.68
江 苏	24893.04	25895.10	26260.73	27159.12	28323.22	28915.99	29941.59	30471.39	31063.80	32129.03	33412.17
浙 江	16909.81	17412.24	17718.17	18284.12	18844.70	19217.62	19863.84	20345.87	20843.44	21300.37	21656.38
福 建	11892.24	12192.00	12390.32	12681.25	12973.87	13298.95	13519.03	13786.21	14035.06	14259.63	14731.19
山 东	23154.26	24919.28	26282.05	27972.58	29043.60	29728.88	30982.95	31613.53	32071.30	32975.05	33715.25
广 东	21406.47	22520.81	23165.40	24131.90	24740.95	25206.83	26322.25	26846.21	27246.44	28396.89	29253.24
海 南	2904.61	3036.31	3200.26	3410.85	3561.87	3627.08	3872.54	3964.88	4032.05	4283.76	4411.38
中部地区	71634.68	71486.77	75284.77	80463.81	85946.66	89037.86	93747.39	96531.94	99410.35	103382.64	107040.28
山 西	5819.33	5982.90	6373.48	6730.06	7354.84	7675.78	8047.18	8351.44	8679.50	8907.97	9299.62
吉 林	4826.16	3298.81	4187.57	5348.32	6326.44	6729.88	7223.60	7528.43	7812.91	8249.47	8512.60
黑龙江	6935.52	6591.97	6918.57	7583.95	8296.05	8751.52	9424.15	9805.86	9991.69	10322.20	10471.96
安 徽	12805.38	13262.15	13696.60	14455.12	14930.19	15295.74	16393.45	16630.82	16983.56	17751.43	18182.58
江 西	5526.21	5622.38	5774.45	5987.21	6128.66	6242.56	6469.57	6615.73	6788.38	7074.35	7319.85
河 南	15713.85	16014.60	16542.71	17381.04	18684.59	19351.72	20225.20	20877.83	21631.79	22568.12	23466.99
湖 北	7288.66	8466.50	9215.62	9722.93	10556.30	10838.34	11254.68	11697.97	12057.60	12453.68	13013.01
湖 南	12719.58	12247.47	12575.77	13255.19	13669.60	14152.32	14709.57	15023.87	15464.90	16055.40	16773.68
西部地区	72653.89	77630.73	81412.69	86901.69	91511.29	94378.17	98894.99	101866.64	104388.66	108221.33	110813.77
内蒙古	6608.86	6550.66	6648.34	8136.62	8968.56	9477.85	10374.84	10611.47	10776.47	10919.39	11181.66
广 西	9490.09	9547.24	9789.30	10149.46	10654.03	10785.60	11033.65	11009.26	11148.40	11586.10	11846.86
重 庆	12872.38	13004.97	13137.12	13635.79	14005.93	14429.64	15200.21	15890.41	16091.94	16556.61	16997.85
四 川	16962.18	17787.29	18213.65	18720.58	19628.01	20142.45	20435.71	20965.39	21470.59	22103.03	22590.16
贵 州	6061.25	6550.78	6973.85	7739.37	7960.50	8254.59	8603.76	8808.81	8970.38	9464.74	9654.03
云 南	5605.24	6556.62	7149.11	7612.29	8047.85	8325.37	8863.78	9203.64	9682.04	10011.51	10432.11
西 藏	0.04	10.53	14.78	14.78	14.78	24.20	27.61	27.61	27.61	31.01	31.01
陕 西	8394.35	8727.32	9118.86	9648.91	10191.48	10364.82	11123.96	11499.58	11829.88	12638.61	13030.16
甘 肃	837.13	2315.56	2871.54	3222.93	3485.80	3657.01	3901.55	4082.25	4214.30	4355.19	4431.21
青 海	705.16	827.40	1005.70	1147.29	1268.70	1342.64	1379.00	1366.29	1470.24	1512.01	1513.51
宁 夏	2270.43	2469.50	2622.25	2728.84	2899.82	3060.12	3126.11	3348.33	3503.94	3589.71	3622.63
新 疆	2846.78	3282.86	3868.18	4144.83	4385.84	4513.89	4824.82	5053.62	5202.88	5453.44	5482.59

数据来源：国家统计局

表2-33　2008~2012年全国各地区住宅新开工面积

单位：万平方米

	2008年	2009年	2010年	2011年	2012年
总　计	79889.10	92463.47	129467.93	146034.57	130695.42
东部地区	38547.84	42837.10	62243.18	71003.05	60461.97
北　京	1565.30	1380.28	2063.40	2596.45	1627.50
天　津	1889.22	1904.46	2026.89	2374.29	1764.76
河　北	2957.91	5832.29	7857.55	9017.52	5983.78
辽　宁	5465.07	6634.30	9848.46	9896.26	10644.03
上　海	1762.01	1721.02	2111.11	2473.60	1563.39
江　苏	7908.37	6978.45	10620.32	11158.20	10285.49
浙　江	3578.31	3952.42	5240.23	6674.46	4946.83
福　建	2217.53	1855.93	3399.53	4828.29	3565.11
山　东	5558.08	6946.63	10290.65	11305.66	10837.97
广　东	5189.91	4903.67	7804.41	9242.84	7840.26
海　南	456.12	727.65	980.63	1435.49	1402.85
中部地区	21788.35	27185.40	34147.09	39438.37	36737.28
山　西	1253.75	2065.84	2253.58	2418.95	3271.11
吉　林	2216.56	2707.45	2920.00	3780.22	3683.39
黑龙江	1850.29	2429.99	4079.40	5734.93	3785.55
安　徽	3759.53	4218.04	5770.46	6428.52	5468.39
江　西	2119.92	1956.02	1956.47	2684.43	2400.09
河　南	4663.95	6183.26	7299.94	8158.35	8424.45
湖　北	2692.51	3213.93	4483.91	4480.39	4650.79
湖　南	3231.85	4410.88	5383.32	5752.59	5053.52
西部地区	19552.91	22440.96	33077.65	35593.14	33496.17
内蒙古	3004.24	3055.82	4486.54	5988.45	3670.18
广　西	1881.78	2470.90	3905.84	2951.41	2910.11
重　庆	2857.70	2989.72	5268.76	5214.42	4345.14
四　川	3919.10	4210.24	6270.79	6562.20	5962.51
贵　州	1303.91	1327.32	2250.29	2179.78	2578.41
云　南	1790.61	2231.07	2960.81	3618.18	4166.88
西　藏	7.70	4.74	13.32	0.04	17.07
陕　西	1624.36	2446.74	2887.08	3364.05	3928.91
甘　肃	690.09	896.72	1169.10	1289.98	1933.52
青　海	287.08	423.61	569.01	447.77	605.33
宁　夏	727.68	920.85	1444.86	1457.54	1228.74
新　疆	1458.67	1463.22	1851.26	2519.31	2149.36

数据来源：国家统计局

表2-34 全国各地区2012年月度累计住宅新开工面积

单位：万平方米

	1~2月	1~3月	1~4月	1~5月	1~6月	1~7月	1~8月	1~9月	1~10月	1~11月	1~12月
总 计	14832.38	29427.25	40606.05	53882.17	68617.26	77139.64	90754.61	99668.02	108396.34	119905.33	130695.42
东部地区	7456.52	15002.30	19679.51	25989.46	32751.82	36494.03	42395.12	46350.44	49937.04	55147.10	60461.97
北 京	41.02	239.37	349.49	521.87	775.60	886.29	1031.03	1111.65	1319.97	1454.97	1627.50
天 津	141.25	317.32	493.73	619.27	756.76	839.13	879.14	905.57	959.29	1026.98	1764.76
河 北	239.14	1372.23	1929.18	2472.44	3235.38	3567.51	4215.92	4799.68	5079.36	5602.22	5983.78
辽 宁	330.98	1344.66	2356.44	3827.71	6123.87	6764.28	7848.91	8655.20	9535.97	10294.99	10644.03
上 海	323.25	508.95	577.78	775.60	905.98	999.90	1152.83	1241.94	1354.26	1464.19	1563.39
江 苏	1621.45	3013.96	3209.50	4116.80	5028.54	5763.04	6770.75	7324.34	7889.81	8932.08	10285.49
浙 江	671.90	1134.33	1445.36	1931.98	2423.94	2696.90	3267.24	3758.21	4215.76	4632.33	4946.83
福 建	620.22	1088.34	1361.10	1631.45	1951.36	2171.18	2380.46	2633.67	2849.47	3055.56	3565.11
山 东	1887.37	3369.70	4563.97	5801.91	6619.38	7247.91	8372.44	8937.57	9374.91	10126.46	10837.97
广 东	1365.54	2250.43	2940.78	3673.36	4180.72	4768.84	5497.05	5931.37	6267.90	7264.50	7840.26
海 南	214.38	363.01	452.18	617.09	750.29	789.05	979.36	1051.25	1090.33	1292.83	1402.85
中部地区	4168.73	7601.39	10786.67	14420.90	18853.79	21263.78	25368.50	27889.44	30200.04	33589.63	36737.28
山 西	94.81	324.28	615.85	924.83	1520.34	1781.24	2177.45	2417.23	2728.68	2918.33	3271.11
吉 林	21.48	35.27	483.00	1285.68	2032.74	2346.47	2692.35	3013.41	3148.60	3475.97	3683.39
黑龙江	20.22	172.02	417.10	955.92	1695.58	2011.68	2742.70	3132.43	3294.31	3604.83	3785.55
安 徽	1079.54	1566.26	1920.06	2346.78	2637.16	2934.37	3796.95	4089.76	4438.76	5128.12	5468.39
江 西	665.10	985.28	1134.71	1278.46	1419.94	1510.64	1673.58	1790.07	1944.49	2173.56	2400.09
河 南	947.33	2089.86	2821.76	3356.88	4391.01	4921.69	5688.99	6263.54	6894.70	7672.19	8424.45
湖 北	398.05	1025.17	1607.86	2024.96	2652.52	2838.80	3180.15	3506.49	3784.22	4129.44	4650.79
湖 南	942.20	1403.25	1786.34	2247.39	2504.51	2918.89	3416.33	3676.52	3966.29	4487.20	5053.52
西部地区	3207.14	6823.55	10139.87	13471.81	17011.65	19381.84	22990.98	25428.14	28259.26	31168.60	33496.17
内蒙古	34.79	330.32	757.20	1279.51	1794.04	2251.62	3087.10	3297.73	3473.17	3600.94	3670.18
广 西	585.34	935.36	1074.73	1337.88	1683.35	1772.38	2007.34	2067.16	2218.16	2525.50	2910.11
重 庆	469.21	1052.82	1436.74	1795.66	2113.70	2407.97	2943.12	3225.28	3532.01	3945.47	4345.14
四 川	771.50	1520.63	1926.24	2357.64	3108.30	3485.10	3796.98	4255.13	5116.60	5555.06	5962.51
贵 州	264.58	442.41	702.76	1025.34	1267.31	1550.15	1775.45	1916.35	2065.14	2390.06	2578.41
云 南	581.16	1113.09	1434.61	1853.48	2181.76	2432.53	2766.59	3091.92	3532.67	3765.21	4166.88
西 藏	——	——	4.25	4.25	4.25	13.67	13.67	13.67	13.67	17.07	17.07
陕 西	398.09	709.74	1043.29	1416.61	1774.64	1924.80	2483.49	2783.21	3066.82	3624.32	3928.91
甘 肃	59.54	389.71	796.27	934.34	1141.94	1269.42	1487.94	1629.02	1725.46	1883.49	1933.52
青 海	——	37.43	127.18	218.26	327.98	394.83	425.10	470.48	572.05	603.83	605.33
宁 夏	10.03	171.27	286.51	398.02	560.73	688.48	753.28	985.05	1125.01	1207.64	1228.74
新 疆	32.90	120.78	550.10	850.83	1053.64	1190.89	1450.93	1693.12	1818.47	2050.02	2149.36

数据来源：国家统计局

表2-35 2008~2012年全国各地区住宅竣工面积

单位：万平方米

	2008年	2009年	2010年	2011年	2012年
总 计	47749.73	57694.43	61215.72	71692.33	79043.2
东部地区	25305.4	28776.95	30400.48	35299.17	38065.07
北 京	1399.3	1613.23	1498.48	1316.13	1522.72
天 津	1462.39	1580.82	1603.65	1641.68	1913.97
河 北	1000.76	1639.44	2651	4250.37	3978.1
辽 宁	3029.68	3404.01	3662.51	5259.86	5132.29
上 海	1763.33	1508.81	1396.05	1549.66	1609.13
江 苏	5489.81	6226.75	6268.44	6147.76	7687.13
浙 江	3059.1	2670.91	2756.5	2986.62	2917.26
福 建	1272.47	1690.85	1717.07	1993.32	1564.62
山 东	3151.36	4262.12	4212.76	5197.97	6086.71
广 东	3476.22	3836.69	4248.36	4611.54	4918.16
海 南	200.99	343.32	385.67	344.26	734.99
中部地区	11744.04	14645.2	17016.34	20142.46	21631.05
山 西	747.63	697.94	896.93	1867.13	1435.69
吉 林	917.56	1095.54	1562.4	1371.31	1613.59
黑龙江	1107.66	1563.99	1778.16	2396.04	2646.21
安 徽	2002.49	2350.59	2402.42	2422.58	3123.15
江 西	1073.12	1437.51	1554.93	1513.22	1440.48
河 南	2372.54	2991.79	3852.8	4646.63	4888.17
湖 北	1804.73	2007.34	2137.3	2647.5	2795.21
湖 南	1718.3	2500.5	2831.41	3278.05	3688.55
西部地区	10700.3	14272.28	13798.9	16250.71	19347.08
内蒙古	1432.08	1886.04	1799.4	1939.2	1816.1
广 西	1007.05	1220.43	1342.87	1836.76	1956.57
重 庆	1951.35	2384.51	2179.81	2826.78	3386.35
四 川	2524.56	3520.52	3390.01	3520.09	4713.61
贵 州	493.38	1028.48	809.06	1106.85	1120.17
云 南	883.19	1408.03	1258.44	1182.14	1492.28
西 藏	43.86	——	11.22	19.28	6.46
陕 西	652.83	790.94	762.97	972.79	1413.75
甘 肃	308.06	462.28	501.05	554.15	710.03
青 海	201.61	157.01	242.12	435.22	371.06
宁 夏	479.09	603.1	746.32	762.2	922.26
新 疆	723.22	810.93	755.64	1095.24	1438.43

数据来源：国家统计局

表2-36　全国各地区2012年月度累计住宅竣工面积

单位：万平方米

	1~2月	1~3月	1~4月	1~5月	1~6月	1~7月	1~8月	1~9月	1~10月	1~11月	1~12月
总　计	7935.74	14325.24	17808.54	21814.55	26718.74	30952.27	35801.40	40609.12	46791.70	54309.68	79043.20
东部地区	3650.73	6741.65	8357.86	10107.44	12377.85	14424.06	16798.66	19206.10	21918.91	25716.34	38065.07
北　京	43.84	99.02	169.45	290.50	379.52	454.28	520.28	641.16	842.12	1021.05	1522.72
天　津	33.35	137.86	201.52	215.38	318.69	352.54	360.39	406.46	433.13	607.28	1913.97
河　北	143.12	552.26	743.30	884.53	1153.61	1365.94	1688.10	2053.66	2448.10	2932.90	3978.10
辽　宁	138.51	572.86	824.19	1023.85	1408.86	1666.01	2060.67	2416.32	2963.43	3601.82	5132.29
上　海	168.15	300.70	421.33	550.58	709.88	804.00	935.84	1003.85	1099.93	1161.07	1609.13
江　苏	1060.93	1611.02	1857.78	2205.85	2607.53	3207.59	3666.79	3970.11	4312.06	5122.04	7687.13
浙　江	367.75	542.85	613.23	743.85	877.03	1037.10	1170.34	1294.90	1528.86	1773.08	2917.26
福　建	351.55	438.61	473.49	537.96	619.61	724.95	787.94	817.09	990.18	1127.11	1564.62
山　东	656.78	1262.77	1509.18	1839.21	2216.08	2392.16	2809.39	3327.27	3743.01	4270.77	6086.71
广　东	673.56	1113.83	1348.44	1591.08	1848.13	2147.04	2482.95	2926.08	3181.67	3647.97	4918.16
海　南	13.19	109.87	195.95	224.64	238.90	272.47	315.97	349.20	376.40	451.25	734.99
中部地区	2065.95	3598.35	4631.14	5909.53	7335.21	8518.51	10019.00	11289.27	12764.09	14651.62	21631.05
山　西	40.26	139.01	192.28	290.27	405.92	473.17	542.66	673.67	728.64	856.07	1435.69
吉　林	16.94	46.16	180.31	283.86	368.84	443.92	651.22	703.67	892.56	1049.90	1613.59
黑龙江	65.33	182.70	134.19	389.59	464.05	607.81	808.00	984.02	1245.79	1618.89	2646.21
安　徽	376.36	605.57	778.37	887.78	1143.56	1328.08	1540.86	1690.51	1825.85	2140.08	3123.15
江　西	337.65	501.78	570.65	621.42	664.02	720.23	828.90	876.38	949.12	1068.10	1440.48
河　南	293.28	659.35	1008.16	1280.98	1623.49	1958.68	2243.01	2558.55	2901.09	3198.02	4888.17
湖　北	236.19	508.38	639.97	803.60	1051.00	1164.12	1386.55	1582.00	1765.70	1982.02	2795.21
湖　南	699.94	955.39	1127.21	1352.02	1614.33	1822.51	2017.81	2220.47	2455.33	2738.54	3688.55
西部地区	2219.07	3985.24	4819.53	5797.58	7005.68	8009.70	8983.74	10113.75	12108.71	13941.73	19347.08
内蒙古	7.33	57.16	153.76	290.22	413.23	503.24	673.67	747.93	1053.29	1262.22	1816.10
广　西	350.12	713.29	750.09	844.86	995.53	1119.09	1214.00	1322.15	1463.83	1560.91	1956.57
重　庆	425.79	747.01	920.55	1060.77	1257.10	1419.69	1578.67	1854.31	2407.35	2718.25	3386.35
四　川	888.36	1197.12	1335.64	1539.17	1869.58	2080.14	2256.06	2440.27	2798.18	3132.15	4713.61
贵　州	99.74	263.86	347.57	430.37	477.46	501.80	535.79	579.15	617.29	735.30	1120.17
云　南	205.27	331.30	359.41	423.67	517.07	661.18	727.84	820.08	981.89	1097.53	1492.28
西　藏	——	6.46	6.46	6.46	6.46	6.46	6.46	6.46	6.46	6.46	6.46
陕　西	150.33	371.02	409.33	488.12	574.50	625.33	685.48	785.57	924.04	1048.13	1413.75
甘　肃	26.26	70.86	140.95	184.75	215.14	288.13	342.28	412.69	496.87	565.20	710.03
青　海	——	15.93	36.06	60.93	71.04	87.79	99.65	95.46	142.18	236.68	371.06
宁　夏	26.51	72.15	110.07	169.07	220.53	269.25	338.60	447.93	536.16	720.72	922.26
新　疆	39.36	139.09	249.66	299.18	388.04	447.61	525.26	601.75	681.19	858.18	1438.43

数据来源：国家统计局

表2-37 2008~2012年全国各地区办公楼施工面积

单位：万平方米

	2008年	2009年	2010年	2011年	2012年
总 计	9190.53	9984.75	12139.78	15949.87	19434.17
东部地区	6542.64	6785.59	8077.04	10572.7	12058.63
北 京	1287.18	1132.19	1054.84	1422.66	1711.86
天 津	307.37	348.46	396.61	687.88	792.4
河 北	77.46	196.99	384.2	572.14	598.79
辽 宁	314.23	428.61	582.95	611.63	778.99
上 海	1084.47	958.64	1103.18	1158.34	1284.68
江 苏	814.44	909.8	1167.65	1362.12	1539.84
浙 江	1085.81	1173.55	1479.17	1967.1	2099.17
福 建	313.01	314.67	452.19	769.11	987.37
山 东	430.15	460.17	476.82	759.82	1051.82
广 东	792.43	842.56	943.49	1218.97	1176.38
海 南	36.09	19.93	35.94	42.92	37.34
中部地区	1273.75	1539.16	1960.42	2436.28	3665.46
山 西	97.1	111.4	182.54	172.92	216.67
吉 林	81.43	97.07	103.83	161.5	207.22
黑龙江	40.11	58.61	74.76	122.68	177.66
安 徽	300.46	432.86	521.89	498.18	789.46
江 西	54.17	65.24	114.25	130.64	280.19
河 南	380.04	370.4	510.84	755.96	976.49
湖 北	153.28	209.55	241.71	317.47	576.52
湖 南	167.16	194.03	210.6	276.91	441.25
西部地区	1374.14	1660.01	2102.32	2940.9	3710.08
内蒙古	230.13	281.41	486.14	675.56	643.1
广 西	101.55	133.25	183.04	246.72	279.76
重 庆	232.18	210.29	247.56	386.84	499.85
四 川	227.84	330.59	413.26	598.48	834.65
贵 州	111.85	124.07	149.32	171.87	300.5
云 南	85.44	105.08	154.77	319.66	427.16
西 藏	1.3	——	0.74	0.76	1.68
陕 西	214.91	260.62	229.63	248.77	338.57
甘 肃	36.78	49.99	50.96	60.68	99.85
青 海	8.34	8.08	23.64	26.29	29.23
宁 夏	55.17	71.08	74.17	102.33	119.14
新 疆	68.66	85.55	89.08	102.94	136.61

数据来源：国家统计局

表2-38 全国各地区2012年月度累计办公楼施工面积

单位：万平方米

	1~2月	1~3月	1~4月	1~5月	1~6月	1~7月	1~8月	1~9月	1~10月	1~11月	1~12月
总 计	13420.78	14091.67	14509.21	15377.03	15972.61	16420.18	17222.81	17620.94	18094.50	18886.01	19434.17
东部地区	8689.81	9060.22	9373.15	9892.44	10162.27	10456.17	10916.84	11146.02	11383.87	11801.99	12058.63
北 京	1008.38	1069.58	1168.01	1248.59	1298.39	1388.99	1447.06	1497.94	1506.61	1624.74	1711.86
天 津	547.80	531.88	561.53	579.75	632.40	674.80	678.56	688.36	688.36	718.09	792.40
河 北	455.13	433.24	480.81	533.77	555.16	565.03	569.10	584.41	590.35	614.60	598.79
辽 宁	571.22	570.92	602.50	618.47	660.70	719.69	765.64	772.44	781.70	778.94	778.99
上 海	908.55	968.58	1002.97	1076.28	1093.19	1100.09	1182.60	1209.97	1232.64	1288.18	1284.68
江 苏	1168.76	1236.87	1250.21	1344.30	1346.08	1353.59	1415.75	1428.24	1477.11	1524.90	1539.84
浙 江	1667.19	1685.58	1708.92	1809.05	1816.85	1849.69	1921.17	1967.57	2030.58	2057.15	2099.17
福 建	709.34	774.42	803.18	840.11	854.29	866.38	887.54	916.63	934.69	972.32	987.37
山 东	685.03	783.67	790.78	816.95	856.74	868.85	949.68	958.65	987.91	1037.32	1051.82
广 东	917.85	955.86	981.43	1002.31	1021.09	1037.91	1066.71	1088.65	1120.76	1148.80	1176.38
海 南	50.57	49.61	22.81	22.88	27.38	31.15	33.04	33.15	33.15	36.95	37.34
中部地区	2227.72	2466.50	2579.40	2715.69	2848.58	2909.95	3095.36	3201.11	3321.01	3543.34	3665.46
山 西	149.12	161.39	168.87	175.76	186.12	189.91	198.64	202.39	205.45	211.48	216.67
吉 林	143.58	118.75	121.20	126.97	142.22	143.53	146.45	146.73	147.44	156.26	207.22
黑龙江	96.10	90.46	101.00	106.49	107.44	108.66	132.63	146.17	157.47	170.37	177.66
安 徽	537.24	597.64	596.41	631.86	672.38	682.16	706.60	742.33	743.79	784.30	789.46
江 西	182.18	200.95	200.79	202.76	205.06	207.74	217.00	227.59	252.45	271.23	280.19
河 南	618.79	660.78	713.70	735.16	723.75	749.78	822.15	846.71	885.28	962.73	976.49
湖 北	240.28	399.69	404.85	454.71	463.64	477.39	512.04	519.15	544.64	558.88	576.52
湖 南	260.44	236.84	272.58	281.98	347.96	350.78	359.85	370.04	384.50	428.09	441.25
西部地区	2503.25	2564.95	2556.66	2768.90	2961.76	3054.05	3210.61	3273.81	3389.62	3540.68	3710.08
内蒙古	606.56	599.80	495.94	574.25	603.44	597.92	606.02	589.14	603.45	616.13	643.10
广 西	211.12	210.64	213.43	221.35	233.65	237.50	241.65	240.75	240.50	250.15	279.76
重 庆	367.14	346.80	359.60	366.51	378.02	403.38	423.04	448.99	450.56	486.56	499.85
四 川	512.90	558.06	578.91	609.83	648.37	655.75	658.94	678.13	722.55	763.29	834.65
贵 州	97.45	108.11	114.61	127.22	175.57	215.13	261.29	285.70	287.30	297.94	300.50
云 南	292.85	273.31	292.49	325.49	365.19	371.48	399.94	403.04	420.73	428.37	427.16
西 藏	——	0.11	0.46	0.47	0.47	0.47	0.47	0.47	0.47	0.47	1.68
陕 西	213.67	225.86	234.09	248.99	251.31	252.99	287.00	288.71	295.68	313.52	338.57
甘 肃	21.80	54.31	70.88	78.79	81.29	85.29	88.56	92.85	97.01	99.82	99.85
青 海	20.57	22.03	21.64	21.62	22.17	22.25	23.05	23.78	27.64	29.23	29.23
宁 夏	75.55	78.92	84.12	92.78	98.43	100.13	101.84	102.93	110.39	118.14	119.14
新 疆	83.63	86.99	90.48	101.61	103.84	111.77	118.81	119.33	133.34	137.07	136.61

数据来源：国家统计局

表2-39 2008~2012年全国各地区办公楼新开工面积

单位：万平方米

	2008年	2009年	2010年	2011年	2012年
总 计	2284.20	2813.57	3678.01	5360.94	5986.46
东部地区	1546.71	1733.25	2290.03	3471.29	3247.75
北 京	159.75	255.96	203.29	489.40	536.82
天 津	141.25	179.63	206.73	278.26	231.02
河 北	43.75	97.79	147.43	253.58	187.61
辽 宁	85.04	148.87	214.05	116.18	234.61
上 海	262.64	164.93	147.39	225.72	303.91
江 苏	233.17	207.67	374.63	507.13	402.53
浙 江	296.22	303.90	477.18	593.55	413.88
福 建	37.28	77.44	183.46	300.38	252.38
山 东	101.29	135.76	157.78	373.36	378.27
广 东	163.46	159.41	164.00	311.83	288.94
海 南	22.84	1.90	14.08	21.89	17.78
中部地区	370.27	534.24	660.14	835.98	1381.59
山 西	28.80	30.32	54.70	29.50	66.62
吉 林	34.12	31.76	23.75	69.08	88.50
黑龙江	28.41	41.49	40.61	74.93	92.79
安 徽	82.58	163.47	163.46	148.53	233.75
江 西	18.27	28.52	41.82	60.50	137.02
河 南	96.80	89.04	171.02	252.65	360.08
湖 北	47.92	91.60	102.24	101.20	218.38
湖 南	33.35	58.05	62.53	99.57	184.44
西部地区	367.22	546.08	727.84	1053.68	1357.11
内蒙古	92.53	160.25	285.83	266.26	160.55
广 西	19.68	39.57	59.75	101.07	103.03
重 庆	22.33	62.98	57.20	154.44	160.64
四 川	42.07	77.24	128.53	140.72	314.46
贵 州	21.12	26.81	29.22	20.08	176.24
云 南	38.86	45.70	55.87	173.42	222.37
西 藏	0.05	——	——	——	1.57
陕 西	62.30	43.21	38.08	76.91	99.03
甘 肃	2.84	13.31	11.53	23.03	23.22
青 海	1.40	3.53	17.26	6.51	7.79
宁 夏	20.54	36.71	21.25	50.67	38.60
新 疆	43.51	36.76	23.33	40.55	49.63

数据来源：国家统计局

表2-40　全国各地区2012年月度累计办公楼新开工面积

单位：万平方米

	1~2月	1~3月	1~4月	1~5月	1~6月	1~7月	1~8月	1~9月	1~10月	1~11月	1~12月
总　计	594.67	1287.05	1666.50	2362.27	2818.16	3226.00	3924.67	4295.79	4751.97	5410.37	5986.46
东部地区	365.44	735.27	914.54	1337.11	1519.38	1764.54	2164.59	2347.55	2547.54	2921.29	3247.75
北　京	29.80	58.69	67.84	130.00	169.02	247.80	297.39	342.41	350.54	481.52	536.82
天　津	4.65	30.97	31.68	33.70	46.94	46.75	50.45	51.89	51.89	81.61	231.02
河　北	4.11	58.12	95.75	121.23	144.01	149.86	156.00	164.55	170.38	190.14	187.61
辽　宁	10.16	17.34	26.56	70.19	112.79	173.62	215.39	221.83	229.03	233.72	234.61
上　海	39.01	58.40	80.98	131.95	136.35	143.05	223.22	234.29	256.23	282.90	303.91
江　苏	81.37	128.57	143.19	212.97	220.89	232.97	278.79	299.14	344.22	377.68	402.53
浙　江	91.03	121.50	150.39	228.18	233.75	242.73	300.20	339.23	378.90	398.72	413.88
福　建	16.90	58.91	60.74	100.88	112.18	127.65	146.27	167.48	182.69	229.62	252.38
山　东	37.43	118.57	146.67	178.43	197.37	214.94	295.30	300.80	328.97	366.16	378.27
广　东	43.87	77.10	101.62	120.46	135.77	171.10	186.05	210.29	239.03	261.82	288.94
海　南	7.10	7.10	9.12	9.12	10.31	14.08	15.54	15.66	15.66	17.39	17.78
中部地区	150.38	295.12	399.45	563.88	661.81	719.39	884.93	992.52	1113.79	1277.55	1381.59
山　西	2.84	19.12	25.26	25.20	39.32	43.94	50.68	54.42	56.48	62.51	66.62
吉　林	0.18	0.18	1.37	6.66	21.48	25.71	27.27	27.66	29.51	37.75	88.50
黑龙江	——	2.54	4.50	8.47	14.94	17.28	47.04	60.78	72.87	86.73	92.79
安　徽	35.51	71.37	97.31	124.54	130.70	141.51	164.43	201.08	207.22	232.17	233.75
江　西	64.21	74.98	79.01	80.10	82.33	83.16	92.12	102.71	115.92	132.71	137.02
河　南	16.57	43.13	84.01	97.57	116.08	136.55	196.15	224.33	265.74	340.75	360.08
湖　北	8.20	36.12	31.97	135.91	139.87	148.57	176.57	180.67	210.66	221.42	218.38
湖　南	22.87	47.67	76.04	85.42	117.09	122.67	130.68	140.87	155.39	163.50	184.44
西部地区	78.85	256.66	352.51	461.29	636.98	742.07	875.15	955.72	1090.64	1211.54	1357.11
内蒙古	——	31.41	50.85	69.99	102.30	111.89	130.59	132.29	143.93	156.67	160.55
广　西	3.48	29.51	29.98	40.21	46.21	49.63	53.71	57.72	58.04	67.11	103.03
重　庆	18.58	34.53	47.38	61.03	73.91	80.13	85.93	110.91	115.39	151.80	160.64
四　川	19.86	56.57	76.69	103.38	130.86	141.10	144.40	155.11	234.20	254.17	314.46
贵　州	2.74	12.98	14.95	18.70	65.64	104.77	141.30	165.69	167.52	175.12	176.24
云　南	20.41	65.56	92.72	103.56	140.42	165.65	190.21	192.55	207.54	218.08	222.37
西　藏	——	——	0.35	0.36	0.36	0.36	0.36	0.36	0.36	0.36	1.57
陕　西	9.84	11.62	14.49	21.96	24.28	24.84	53.56	58.19	65.16	74.00	99.03
甘　肃	3.38	11.11	11.14	9.14	9.74	11.16	14.20	18.06	19.64	23.15	23.22
青　海	——	0.31	0.34	0.51	1.06	1.16	1.93	2.66	6.52	7.79	7.79
宁　夏	——	0.79	3.78	12.44	18.09	19.87	21.89	22.98	29.87	37.60	38.60
新　疆	0.55	2.27	9.84	20.02	24.11	31.52	37.09	39.20	42.46	45.70	49.63

数据来源：国家统计局

表2-41　2008~2012年全国各地区办公楼竣工面积

单位：万平方米

	2008年	2009年	2010年	2011年	2012年
总　计	1647.97	1606.55	1748.44	2179.42	2315.36
东部地区	1259.42	1117.51	1282.41	1620.55	1663.38
北　京	364.60	316.59	198.42	245.17	226.79
天　津	48.18	83.67	102.42	146.72	166.80
河　北	15.49	15.10	19.60	111.16	94.53
辽　宁	41.11	37.36	75.29	73.16	99.74
上　海	205.67	135.02	150.69	174.33	206.87
江　苏	138.38	139.44	290.54	239.26	237.18
浙　江	167.11	136.20	195.86	290.53	218.35
福　建	81.85	47.44	35.20	56.70	119.20
山　东	53.19	118.56	84.52	113.51	130.29
广　东	140.72	86.21	118.01	169.15	159.63
海　南	3.12	1.94	11.85	0.88	3.99
中部地区	197.12	211.00	269.05	273.84	290.49
山　西	7.23	11.07	19.73	23.66	14.90
吉　林	17.63	9.02	11.98	16.08	16.43
黑龙江	12.56	18.29	20.27	20.62	28.52
安　徽	35.00	62.65	49.89	58.06	49.98
江　西	14.60	5.52	23.41	6.79	31.89
河　南	61.91	32.59	56.17	66.72	82.01
湖　北	28.92	29.72	52.89	45.46	27.37
湖　南	19.29	42.14	34.71	36.44	39.39
西部地区	191.43	278.03	196.98	285.02	361.49
内蒙古	48.77	50.00	28.92	31.91	67.23
广　西	9.19	7.93	13.01	19.12	25.33
重　庆	45.18	46.36	30.03	44.77	30.37
四　川	22.93	48.19	35.16	61.78	119.35
贵　州	9.32	19.01	18.36	31.77	16.16
云　南	16.98	34.35	16.73	26.94	26.54
西　藏	0.14	——	——	0.20	0.11
陕　西	8.03	27.70	11.79	14.57	19.48
甘　肃	7.17	11.85	7.94	7.91	8.56
青　海	——	1.54	3.86	4.59	3.41
宁　夏	17.09	12.95	17.34	23.35	9.85
新　疆	6.64	18.14	13.83	18.12	35.10

数据来源：国家统计局

表2-42 全国各地区2012年月度累计办公楼竣工面积

单位：万平方米

	1~2月	1~3月	1~4月	1~5月	1~6月	1~7月	1~8月	1~9月	1~10月	1~11月	1~12月
总 计	172.99	359.80	478.05	597.88	660.40	823.61	924.57	1020.33	1189.15	1347.44	2315.36
东部地区	121.31	248.29	320.26	419.18	462.50	590.74	655.04	709.41	826.73	913.44	1663.38
北 京	10.23	22.44	23.38	33.11	44.80	58.31	66.21	72.57	100.83	119.28	226.79
天 津	——	2.52	19.46	19.46	19.46	19.69	19.69	26.10	26.10	26.10	166.80
河 北	——	2.42	12.20	27.50	33.20	41.63	44.51	52.98	55.42	67.16	94.53
辽 宁	10.47	22.72	23.58	25.60	27.60	28.46	32.30	33.26	44.11	49.15	99.74
上 海	16.58	38.76	47.83	55.01	58.33	103.52	110.98	114.69	119.61	139.19	206.87
江 苏	39.93	49.14	57.10	71.14	74.30	95.61	104.96	108.50	116.32	130.23	237.18
浙 江	16.99	25.04	32.40	54.15	61.19	88.58	112.06	121.65	146.42	155.92	218.35
福 建	13.13	45.75	45.82	72.39	76.52	77.22	77.45	77.45	80.15	81.15	119.20
山 东	8.36	25.75	39.82	41.84	45.97	50.32	52.52	56.17	68.00	71.18	130.29
广 东	5.55	13.65	18.59	18.79	20.20	26.48	32.99	44.68	68.41	72.70	159.63
海 南	0.08	0.08	0.08	0.21	0.92	0.92	1.35	1.35	1.35	1.35	3.99
中部地区	32.02	58.45	87.43	93.56	87.39	104.30	123.86	139.36	170.24	198.86	290.49
山 西	2.86	3.99	6.45	7.46	7.49	8.65	8.65	9.48	9.48	9.73	14.90
吉 林	——	0.39	——	1.33	1.33	1.33	5.63	5.67	6.41	7.53	16.43
黑龙江	——	——	3.72	3.72	6.04	6.43	8.58	9.81	12.25	15.69	28.52
安 徽	7.20	8.61	8.76	9.18	19.63	26.69	33.76	37.33	37.79	38.31	49.98
江 西	11.77	12.55	12.14	12.14	12.21	12.32	12.37	13.07	25.04	27.34	31.89
河 南	0.45	15.42	36.86	36.86	7.87	15.39	15.39	23.45	33.64	47.37	82.01
湖 北	1.63	5.95	6.29	7.59	13.51	13.93	17.47	18.08	23.13	26.27	27.37
湖 南	8.11	11.53	13.22	15.29	19.31	19.55	22.00	22.48	22.49	26.60	39.39
西部地区	19.65	53.06	70.36	85.14	110.52	128.57	145.68	171.56	192.18	235.14	361.49
内蒙古	0.84	0.84	9.05	9.64	14.70	20.92	21.87	23.94	28.43	29.95	67.23
广 西	0.87	13.72	13.85	13.85	14.47	19.81	20.57	21.01	21.55	21.84	25.33
重 庆	3.10	6.50	8.90	9.14	18.53	21.23	22.41	22.43	23.01	26.31	30.37
四 川	5.94	14.26	14.36	14.84	23.22	23.32	29.23	30.03	41.33	52.37	119.35
贵 州	3.64	5.49	6.97	7.38	7.38	7.51	7.51	7.51	7.51	10.60	16.16
云 南	4.56	8.15	13.69	21.70	22.92	24.37	28.24	28.24	30.45	33.87	26.54
西 藏	——	0.11	0.11	0.11	0.11	0.11	0.11	0.11	0.11	0.11	0.11
陕 西	0.25	0.25	0.28	2.25	2.25	2.97	3.75	8.63	8.63	15.43	19.48
甘 肃	——	——	0.31	3.29	3.53	3.53	3.71	4.35	4.50	5.48	8.56
青 海	——	1.10	0.30	0.30	0.30	0.95	0.95	0.95	1.75	3.02	3.41
宁 夏	——	0.35	0.60	0.60	1.02	1.02	2.83	3.22	3.78	9.41	9.85
新 疆	0.46	2.30	1.95	2.04	2.08	2.81	4.49	21.14	21.14	26.75	35.10

数据来源：国家统计局

表2-43 2008~2012年全国各地区商业营业用房施工面积

单位：万平方米

	2008年	2009年	2010年	2011年	2012年
总 计	28895.35	34439.58	44615.72	56278.18	65813.91
东部地区	16224.13	18818.57	24243.79	29494.29	32753.02
北 京	1429.84	1323.38	1229.33	1187.48	1236.89
天 津	601.71	682.35	1004.47	1031.65	1045.23
河 北	593.09	1041.52	1964.76	2885.03	2798.25
辽 宁	1982.33	2650.11	3954.62	5028.99	5698.58
上 海	1222.53	1112.33	1292.96	1365.89	1449.91
江 苏	3630.44	4069.09	4824.87	5503.92	6071.07
浙 江	1950.97	2109.24	2620.40	3197.38	3642.28
福 建	934.54	1014.23	1272.69	1956.68	2246.11
山 东	1854.48	2427.31	3280.50	4074.98	4887.12
广 东	1923.29	2264.47	2623.18	3062.86	3355.53
海 南	100.93	124.53	176.02	199.42	322.06
中部地区	6321.49	7836.37	10281.09	12958.07	16105.04
山 西	393.93	491.53	785.75	831.91	1253.00
吉 林	449.85	572.45	814.95	1110.16	1470.87
黑龙江	447.57	507.65	862.63	1378.01	1569.99
安 徽	1420.80	1820.75	2300.21	2790.02	3840.09
江 西	593.81	655.09	734.09	869.58	1188.94
河 南	1354.24	1507.56	1952.08	2413.57	2941.81
湖 北	622.28	1015.35	1281.29	1609.56	1760.44
湖 南	1039.00	1265.99	1550.10	1955.26	2079.91
西部地区	6349.73	7784.65	10090.84	13825.82	16955.84
内蒙古	811.32	1265.35	2035.13	3062.00	3083.05
广 西	739.41	855.62	1111.02	1342.48	1406.52
重 庆	1248.64	1344.49	1549.77	1956.25	2028.90
四 川	1192.99	1318.67	1593.47	2393.79	3136.25
贵 州	577.53	701.44	908.43	1293.82	1729.94
云 南	564.40	800.75	934.79	1272.57	1869.51
西 藏	9.62	3.43	4.22	11.69	14.65
陕 西	417.39	582.16	707.68	889.59	1186.64
甘 肃	176.12	255.74	332.15	391.25	632.82
青 海	57.14	91.29	141.98	164.48	207.67
宁 夏	275.47	258.78	360.99	507.76	818.67
新 疆	279.70	306.93	411.21	540.14	841.22

数据来源：国家统计局

表2-44　全国各地区2012年月度累计商业营业用房施工面积

单位：万平方米

	1~2月	1~3月	1~4月	1~5月	1~6月	1~7月	1~8月	1~9月	1~10月	1~11月	1~12月
总　计	44281.91	45707.11	47779.02	50788.14	53576.51	55223.01	58266.36	59969.09	61531.32	63828.90	65813.91
东部地区	23776.98	24695.38	25693.28	26864.06	28007.66	28574.92	29802.30	30472.38	31121.74	32101.00	32753.02
北　京	834.36	905.73	992.04	1017.05	1038.30	1058.38	1071.50	1138.07	1171.11	1233.82	1236.89
天　津	767.25	669.17	776.72	855.73	882.35	915.53	916.51	929.07	938.21	982.52	1045.23
河　北	2054.50	1975.74	2170.91	2269.92	2398.04	2443.94	2571.09	2642.59	2698.05	2766.54	2798.25
辽　宁	3953.43	4037.98	4210.67	4447.48	4866.45	5068.67	5321.51	5455.21	5587.28	5668.83	5698.58
上　海	1060.59	1136.89	1172.88	1236.98	1257.32	1266.21	1340.77	1364.79	1431.61	1469.43	1449.91
江　苏	4570.61	4831.10	4914.73	5106.60	5264.43	5284.59	5479.02	5534.86	5634.03	5830.86	6071.07
浙　江	2733.75	2845.52	2916.64	3039.59	3135.66	3218.84	3335.57	3396.77	3491.47	3593.44	3642.28
福　建	1713.92	1821.62	1843.40	1920.55	1985.04	1984.16	2021.96	2092.74	2122.29	2196.11	2246.11
山　东	3454.73	3729.22	3878.26	4027.06	4153.18	4223.35	4428.48	4513.81	4603.15	4784.89	4887.12
广　东	2438.69	2518.47	2584.15	2703.71	2773.85	2846.83	3036.43	3112.68	3150.31	3261.43	3355.53
海　南	195.16	223.94	232.88	239.39	253.05	264.43	279.46	291.79	294.23	313.14	322.06
中部地区	10206.01	10153.57	10858.38	11720.91	12511.48	12999.62	13832.75	14360.25	14666.45	15360.00	16105.04
山　西	742.34	815.88	904.40	944.69	984.51	1099.05	1124.84	1184.54	1168.32	1196.35	1253.00
吉　林	779.08	567.83	720.64	845.45	1044.99	1117.47	1191.44	1264.86	1295.93	1343.76	1470.87
黑龙江	921.98	807.92	908.33	1016.28	1116.73	1157.36	1250.74	1320.87	1357.84	1452.86	1569.99
安　徽	2299.76	2469.65	2553.51	2777.00	2987.95	3084.10	3387.37	3480.32	3534.88	3701.85	3840.09
江　西	854.24	884.66	903.04	937.00	978.12	992.26	1035.18	1063.43	1089.15	1153.48	1188.94
河　南	1959.48	1995.45	2146.19	2246.37	2359.34	2435.38	2558.71	2631.51	2731.33	2860.24	2941.81
湖　北	1149.41	1147.45	1208.14	1318.61	1410.31	1451.80	1517.69	1585.50	1609.42	1686.09	1760.44
湖　南	1499.72	1464.72	1514.14	1635.52	1629.52	1662.21	1766.77	1829.22	1879.58	1965.37	2079.91
西部地区	10298.92	10858.16	11227.36	12203.17	13057.38	13648.46	14631.31	15136.46	15743.12	16367.90	16955.84
内蒙古	2046.02	1974.83	1804.40	2176.36	2361.16	2574.93	2827.18	2904.20	2976.38	3006.76	3083.05
广　西	1092.58	1072.69	1084.81	1114.42	1175.81	1193.58	1262.47	1289.97	1319.85	1368.91	1406.52
重　庆	1586.34	1518.83	1573.40	1604.76	1629.02	1693.88	1775.60	1800.75	1889.10	1983.81	2028.90
四　川	1986.37	2179.60	2257.60	2361.37	2582.92	2649.63	2717.59	2813.34	2888.75	2989.80	3136.25
贵　州	980.24	1101.81	1167.89	1274.15	1316.32	1361.04	1437.59	1493.20	1571.30	1673.74	1729.94
云　南	972.00	1073.10	1153.42	1236.68	1362.02	1436.67	1615.18	1678.98	1743.39	1793.64	1869.51
西　藏	3.17	6.12	12.22	12.36	13.79	14.39	14.47	14.47	14.47	14.65	14.65
陕　西	701.69	705.34	727.93	796.03	846.35	864.89	989.06	1010.32	1036.82	1125.15	1186.64
甘　肃	113.74	292.10	365.67	403.85	455.16	486.11	523.82	531.14	564.65	573.90	632.82
青　海	88.61	91.71	121.15	127.11	142.95	150.70	154.15	172.03	201.00	204.47	207.67
宁　夏	382.78	416.97	460.65	519.12	556.92	579.85	611.38	684.53	765.69	803.94	818.67
新　疆	345.38	425.06	498.22	576.95	614.98	642.78	702.84	743.53	771.72	829.14	841.22

数据来源：国家统计局

表2-45　2008~2012年全国各地区商业营业用房新开工面积

单位：万平方米

	2008年	2009年	2010年	2011年	2012年
总　计	9321.15	12352.16	17460.98	20670.72	22006.85
东部地区	4893.85	5986.56	8807.65	9822.62	9854.12
北　京	287.07	228.45	242.42	306.43	325.61
天　津	210.53	315.17	407.83	436.57	202.16
河　北	219.21	584.74	1007.15	1199.31	831.34
辽　宁	758.03	1128.91	1838.67	1577.01	1922.63
上　海	248.80	205.92	298.10	240.00	365.17
江　苏	1281.54	1232.25	1680.26	1836.81	1928.27
浙　江	546.53	598.01	868.85	1041.92	911.76
福　建	207.62	247.81	454.55	824.57	640.96
山　东	609.47	875.73	1250.35	1349.82	1590.80
广　东	497.41	520.74	692.85	917.97	998.18
海　南	27.65	48.83	66.63	92.20	137.25
中部地区	2373.85	3320.64	4474.36	5399.20	6104.55
山　西	95.28	191.97	288.34	199.31	442.44
吉　林	256.67	343.16	423.93	615.94	699.35
黑龙江	252.38	352.63	578.35	830.38	728.46
安　徽	564.75	696.21	958.36	1125.75	1440.55
江　西	200.74	232.80	250.13	365.43	480.42
河　南	468.21	590.78	759.29	866.24	985.31
湖　北	210.32	419.59	658.42	693.53	615.35
湖　南	325.50	493.50	557.54	702.61	712.68
西部地区	2053.45	3044.96	4178.97	5448.90	6048.17
内蒙古	457.30	755.81	1101.40	1573.30	977.63
广　西	184.18	283.88	394.85	309.84	376.32
重　庆	325.37	404.15	433.68	708.12	539.04
四　川	306.50	388.13	634.66	833.06	1089.37
贵　州	145.38	205.02	304.59	413.58	567.91
云　南	228.72	363.25	391.68	611.10	882.77
西　藏	0.44	3.43	0.66	4.50	4.04
陕　西	120.87	200.82	257.27	239.77	419.70
甘　肃	54.74	99.89	160.52	157.51	251.68
青　海	18.37	57.28	69.38	43.73	97.38
宁　夏	95.65	129.55	214.55	250.01	421.02
新　疆	115.95	153.76	215.74	304.38	421.32

数据来源：国家统计局

表2-46 全国各地区2012年月度累计商业营业用房新开工面积

单位：万平方米

	1~2月	1~3月	1~4月	1~5月	1~6月	1~7月	1~8月	1~9月	1~10月	1~11月	1~12月
总 计	2594.14	5047.37	6598.11	8989.28	11372.76	12712.50	15375.96	16893.73	18316.09	20200.17	22006.85
东部地区	1299.83	2639.24	3252.30	4378.57	5425.52	5985.26	7070.66	7710.08	8262.62	9083.95	9854.12
北 京	71.51	85.85	127.18	136.76	158.98	161.37	160.89	235.35	264.22	299.32	325.61
天 津	28.34	44.68	54.10	63.30	76.52	79.71	80.69	68.95	68.99	104.87	202.16
河 北	40.18	209.63	309.55	387.01	474.01	513.83	640.05	699.91	753.31	801.14	831.34
辽 宁	31.67	237.93	377.95	698.28	1107.68	1290.87	1514.60	1661.43	1793.18	1856.62	1922.63
上 海	84.63	104.14	129.19	171.54	187.69	196.22	268.36	279.75	310.41	343.46	365.17
江 苏	353.64	683.66	713.12	915.27	1068.02	1192.96	1348.01	1403.54	1487.01	1664.56	1928.27
浙 江	174.49	249.87	309.53	402.11	488.71	528.13	631.09	690.29	779.88	878.52	911.76
福 建	93.85	239.21	253.99	339.99	402.00	398.56	432.76	502.06	527.16	596.01	640.96
山 东	246.89	458.23	588.52	770.49	891.33	961.23	1172.12	1262.36	1343.12	1499.89	1590.80
广 东	141.00	264.74	322.34	422.01	485.09	567.67	716.41	789.50	815.95	908.86	998.18
海 南	33.63	61.31	66.84	71.80	85.47	94.72	105.69	116.94	119.39	130.72	137.25
中部地区	836.63	1336.46	1771.18	2399.20	3091.34	3451.21	4149.67	4617.18	4911.65	5468.89	6104.55
山 西	18.73	77.84	121.70	152.57	193.76	304.77	328.63	386.86	370.26	395.21	442.44
吉 林	3.65	5.48	68.60	182.38	353.87	399.24	446.56	518.70	551.40	597.71	699.35
黑龙江	1.33	12.29	63.27	159.20	273.90	308.01	408.61	478.24	516.18	608.30	728.46
安 徽	251.23	417.06	471.01	605.22	726.85	779.46	1036.86	1132.38	1189.35	1327.96	1440.55
江 西	237.92	257.21	263.88	287.24	326.44	337.62	370.69	381.70	403.09	452.37	480.42
河 南	140.85	241.92	349.97	442.43	526.92	577.38	674.72	742.62	827.58	912.02	985.31
湖 北	60.37	125.74	198.03	270.25	325.66	348.50	416.25	463.68	500.14	557.03	615.35
湖 南	122.55	198.93	234.71	299.90	363.94	396.23	467.34	513.01	553.63	618.29	712.68
西部地区	457.69	1071.66	1574.63	2211.52	2855.90	3276.03	4155.63	4566.48	5141.81	5647.33	6048.17
内蒙古	1.99	80.09	180.89	358.59	472.04	600.46	841.22	871.21	930.81	952.50	977.63
广 西	55.57	105.07	109.58	133.44	173.49	188.44	255.17	280.63	301.32	335.75	376.32
重 庆	71.15	141.55	176.07	215.66	231.81	275.88	350.90	373.21	430.15	507.60	539.04
四 川	100.59	226.33	296.17	378.66	581.97	636.63	681.06	765.97	884.70	972.71	1089.37
贵 州	53.34	109.91	153.06	195.13	237.00	279.49	337.14	373.79	452.35	520.07	567.91
云 南	105.13	199.36	275.10	341.81	417.31	467.11	637.46	696.66	749.75	815.25	882.77
西 藏	——	——	1.60	1.77	3.21	3.81	3.82	3.83	3.84	4.03	4.04
陕 西	53.36	75.80	95.03	155.21	192.85	207.09	299.79	318.19	341.59	393.30	419.70
甘 肃	12.34	55.20	95.82	111.51	142.56	159.48	194.56	205.47	233.41	241.45	251.68
青 海	——	5.43	12.85	21.53	36.29	42.54	46.01	67.34	90.90	94.18	97.38
宁 夏	1.01	40.04	77.71	135.50	172.94	191.15	228.75	291.45	374.63	406.36	421.02
新 疆	3.21	32.89	100.74	162.70	194.44	223.96	279.76	318.73	348.37	404.12	421.32

数据来源：国家统计局

表2-47　2008~2012年全国各地区商业营业用房竣工面积

单位：万平方米

	2008年	2009年	2010年	2011年	2012年
总　计	5488.58	6515.36	7931.4	9045.27	10226.45
东部地区	2972.87	3450.97	4270.1	4622.79	5061.98
北　京	313.11	322.45	271.92	232.43	240.06
天　津	187.72	115.85	235.29	154.27	301.42
河　北	68.74	151.07	234.36	468.85	503.8
辽　宁	320.99	435.86	535.72	720.1	762.07
上　海	221.56	201.05	176.41	231.8	177.65
江　苏	701.49	882.26	1127.1	1063.34	1168.74
浙　江	367.18	364.7	546.25	466.82	453.11
福　建	154.94	209.32	165.82	266.03	238.83
山　东	270.49	420.3	497.5	595.27	682.6
广　东	349.61	332.61	448.59	403.03	473.58
海　南	17.05	15.5	31.14	20.83	60.15
中部地区	1366.7	1584.92	2110.45	2404.39	2834.71
山　西	97.2	50.06	117.64	104.79	182.54
吉　林	93.86	104.49	204.16	172.98	223.07
黑龙江	169.48	194.59	258.61	424.25	340.25
安　徽	254.03	366.61	430.68	464.22	577.19
江　西	115.3	159.94	173.97	200.04	205.59
河　南	255.65	280.05	369.63	418.18	562
湖　北	166.65	183.93	270.79	263.74	300.19
湖　南	214.53	245.24	284.95	356.18	443.88
西部地区	1149	1479.48	1550.86	2018.09	2329.76
内蒙古	175.57	220.87	277.25	371.26	403.68
广　西	125.37	119.8	121.89	188.58	205.02
重　庆	215.56	258.4	229.44	298.79	282.23
四　川	234.01	279.65	283.94	378.9	518.93
贵　州	77.66	107.6	126.79	195.66	162.36
云　南	96.48	171.44	157.72	150.77	183.06
西　藏	0.49	——	0.67	2.21	2.66
陕　西	31.42	81.5	58.99	88.79	145.59
甘　肃	23.12	53.79	60.42	82.03	93.85
青　海	16.22	17.28	18.12	41.41	23.88
宁　夏	95.7	102.68	122.5	113.77	131.04
新　疆	57.39	66.47	93.13	105.92	177.45

数据来源：国家统计局

表2-48　全国各地区2012年月度累计商业营业用房竣工面积

单位：万平方米

	1~2月	1~3月	1~4月	1~5月	1~6月	1~7月	1~8月	1~9月	1~10月	1~11月	1~12月
总　计	1185.31	1919.41	2392.30	2930.61	3549.20	4091.28	4707.59	5314.79	6101.54	7043.50	10226.45
东部地区	674.08	1062.78	1295.72	1517.98	1813.16	2079.83	2400.80	2680.90	3014.61	3437.49	5061.98
北　京	19.57	31.74	44.31	50.92	55.51	64.54	67.56	88.17	104.42	119.18	240.06
天　津	8.27	13.04	21.51	45.60	96.59	99.82	100.18	100.50	100.71	111.54	301.42
河　北	28.99	65.24	81.69	108.83	139.90	182.34	245.55	284.71	315.74	374.30	503.80
辽　宁	32.66	78.07	126.47	156.71	200.44	237.56	296.03	327.92	433.73	510.26	762.07
上　海	23.69	33.10	56.92	68.25	81.29	84.21	93.18	99.27	111.33	116.97	177.65
江　苏	292.42	415.94	434.24	484.01	540.62	625.58	692.98	745.97	795.41	884.67	1168.74
浙　江	82.07	117.83	134.71	161.21	176.15	197.19	216.86	227.06	254.77	290.40	453.11
福　建	45.86	62.72	83.08	90.73	97.41	107.63	112.56	135.47	150.56	165.53	238.83
山　东	82.04	144.72	180.49	199.10	244.98	258.91	303.98	344.98	400.09	468.27	682.60
广　东	58.48	96.58	122.51	140.62	167.55	200.09	241.06	284.62	305.46	353.70	473.58
海　南	0.04	3.80	9.79	12.00	12.72	21.96	30.86	42.24	42.38	42.69	60.15
中部地区	299.94	464.98	590.53	762.12	950.60	1099.12	1288.85	1481.23	1685.24	1993.02	2834.71
山　西	5.38	29.87	40.08	55.90	65.57	73.66	82.67	100.95	112.24	133.77	182.54
吉　林	0.89	0.91	9.40	20.59	25.30	34.10	61.63	69.34	96.05	123.24	223.07
黑龙江	3.97	14.48	22.79	43.41	51.23	72.29	107.69	126.40	168.54	233.97	340.25
安　徽	78.63	118.38	138.83	190.17	236.00	256.54	297.35	339.77	360.40	436.52	577.19
江　西	41.26	70.01	79.91	83.04	88.24	100.36	115.41	122.60	140.54	166.75	205.59
河　南	43.14	57.85	99.46	132.51	161.85	206.31	234.92	288.77	318.14	340.11	562.00
湖　北	29.16	59.21	67.25	81.84	114.08	131.35	150.91	168.33	196.92	222.36	300.19
湖　南	97.51	114.26	132.81	154.67	208.33	224.50	238.27	265.06	292.41	336.30	443.88
西部地区	211.29	391.66	506.04	650.51	785.45	912.33	1017.94	1152.66	1401.70	1612.99	2329.76
内蒙古	1.68	14.34	45.02	72.97	95.28	110.48	133.00	143.38	194.02	240.36	403.68
广　西	32.89	73.89	80.74	83.76	113.57	137.28	142.64	148.94	157.31	169.67	205.02
重　庆	33.67	68.97	91.24	104.88	131.60	143.67	152.52	163.78	220.05	233.19	282.23
四　川	82.42	105.52	121.30	155.26	176.98	209.92	232.59	259.52	310.42	335.60	518.93
贵　州	16.36	32.20	40.74	61.43	64.80	67.95	71.34	78.11	83.13	100.93	162.36
云　南	23.97	42.73	52.45	57.65	68.17	81.42	93.10	102.39	117.69	130.36	183.06
西　藏	——	2.66	2.66	2.66	2.66	2.66	2.66	2.66	2.66	2.66	2.66
陕　西	11.60	23.44	26.90	34.15	37.41	44.30	49.50	79.05	90.39	109.32	145.59
甘　肃	3.06	8.43	10.95	23.58	31.90	46.63	51.70	55.80	78.35	79.63	93.85
青　海	——	0.36	1.57	2.61	2.95	3.81	5.84	5.97	8.87	15.84	23.88
宁　夏	3.60	9.98	12.83	27.03	29.61	31.41	44.68	51.74	65.71	88.85	131.04
新　疆	2.03	9.15	19.65	24.54	30.52	32.80	38.37	61.31	73.10	106.59	177.45

数据来源：国家统计局

七、全国各地区房地产销售数据

表2-49　2008~2012年全国各地区各地区商品房销售面积

单位：万平方米

	2008年	2009年	2010年	2011年	2012年
总　计	62088.94	93713.04	104349.11	109945.56	111303.65
东部地区	30906.45	48248.21	50822.01	51052.25	53223.76
北　京	1335.37	2362.25	1639.53	1440.04	1943.74
天　津	1252.04	1590.02	1564.52	1643.11	1661.69
河　北	1919.53	2849.14	4532.99	5901.36	5144.92
辽　宁	4016.43	5375.07	6798.15	7561.39	8827.95
上　海	2296.12	3372.45	2055.53	1771.3	1898.46
江　苏	5412.26	9922.73	9377.74	7982.67	9019.18
浙　江	2880.33	5525.38	4809.96	3827.08	4005.29
福　建	1621.32	2723.23	2575.65	2696.16	3258.94
山　东	5011.65	6931.7	9291.21	9579.6	8632.76
广　东	4824.41	7035.89	7322.01	7761.34	7898.99
海　南	336.99	560.34	854.73	888.19	931.84
中部地区	15275.16	21758.58	26223.44	29311.92	30139.86
山　西	904.35	1014.39	1163.38	1263.19	1497.88
吉　林	1377.9	1823.22	2319.64	2364.25	2452.42
黑龙江	1498.42	2015.53	2718.06	3395.42	3806.82
安　徽	2756.96	4053.92	4113.88	4581.55	4828.81
江　西	1464.55	2280.91	2469.67	2335.36	2397.10
河　南	2971.02	4338.6	5452.23	6304.41	5968.49
湖　北	1926.64	2718.3	3513.63	4190.09	4037.85
湖　南	2375.31	3513.72	4472.97	4877.65	5150.48
西部地区	15907.34	23706.24	27303.66	29581.39	27940.03
内蒙古	2141.01	2463.01	3020.54	3620.12	2523.52
广　西	1734.47	2383.76	2793.92	2934.05	2759.26
重　庆	2872.19	4002.89	4314.39	4533.5	4522.40
四　川	3205.92	5888.67	6396.92	6664.7	6455.93
贵　州	859.09	1619.25	1730.69	1889.95	2186.95
云　南	1643.35	2229.95	2959.43	3107.12	3237.75
西　藏	63.27	14.23	19.09	19.36	22.50
陕　西	1416.5	2086.97	2590.18	3068.63	2755.59
甘　肃	471.32	696.26	756.51	815.89	978.44
青　海	136.26	218.32	281.04	348.2	262.96
宁　夏	508.67	775.29	935.98	842.89	804.43
新　疆	855.27	1327.64	1504.96	1736.98	1430.31

数据来源：国家统计局

表2-50　全国各地区2012年月度累计商品房销售面积

单位：万平方米

	1~2月	1~3月	1~4月	1~5月	1~6月	1~7月	1~8月	1~9月	1~10月	1~11月	1~12月
总　计	7004.15	15239.15	21561.66	28852.45	39964.38	48593.23	57414.82	68441.41	78742.94	91704.99	111303.65
东部地区	3310.19	7350.81	10483.67	14098.45	19666.68	23845.61	28263.20	33721.75	38650.85	44752.45	53223.76
北　京	103.69	217.15	327.58	465.74	620.87	819.03	975.38	1146.88	1313.41	1531.74	1943.74
天　津	172.18	305.60	418.29	561.32	679.64	754.35	866.04	1035.96	1184.67	1313.28	1661.69
河　北	163.09	708.75	983.12	1256.98	1869.18	2200.94	2618.63	3183.64	3652.47	4265.56	5144.92
辽　宁	198.34	866.28	1326.10	1898.28	3124.36	3778.35	4577.16	5686.16	6628.84	7763.52	8827.95
上　海	202.99	316.47	442.58	624.63	793.66	953.98	1093.31	1229.94	1426.30	1609.58	1898.46
江　苏	771.61	1520.48	2104.27	2693.26	3570.93	4335.08	5032.70	5751.54	6520.41	7481.15	9019.18
浙　江	316.46	558.76	780.02	1040.50	1418.69	1799.00	2151.95	2564.57	2962.80	3394.26	4005.29
福　建	212.42	423.19	624.43	874.97	1203.57	1485.76	1778.65	2093.49	2403.53	2763.76	3258.94
山　东	467.78	1050.45	1532.23	2129.22	2996.71	3617.72	4275.22	5328.31	6054.30	7089.95	8632.76
广　东	621.95	1196.66	1700.25	2249.39	2977.00	3639.46	4347.77	5066.48	5814.90	6728.29	7898.99
海　南	79.70	187.02	244.80	304.15	412.07	461.95	546.39	634.77	689.22	811.37	931.84
中部地区	1682.00	3703.79	5157.08	6961.54	9879.42	12143.09	14440.78	17247.78	19929.81	23452.10	30139.86
山　西	45.72	143.72	252.13	356.77	502.49	612.62	708.47	851.23	988.99	1149.16	1497.88
吉　林	27.22	38.27	159.50	374.32	619.52	853.50	1093.99	1357.76	1596.93	2010.32	2452.42
黑龙江	44.05	208.92	330.40	546.91	910.99	1204.97	1620.54	2015.32	2318.06	2818.65	3806.82
安　徽	503.02	910.56	1139.11	1441.72	1886.59	2242.24	2601.49	3028.07	3453.51	3964.13	4828.81
江　西	176.84	361.62	455.26	614.97	785.35	988.68	1181.94	1381.89	1598.80	1819.65	2397.10
河　南	271.56	725.53	1027.14	1314.35	1870.78	2293.50	2682.28	3264.88	3826.44	4558.09	5968.49
湖　北	319.93	669.08	882.25	1084.09	1460.78	1726.37	1997.95	2354.49	2674.67	3085.22	4037.85
湖　南	293.67	646.10	911.29	1228.41	1842.92	2221.22	2554.11	2994.13	3472.42	4046.88	5150.48
西部地区	2011.96	4184.55	5920.91	7792.46	10418.27	12604.53	14710.84	17471.88	20162.27	23500.43	27940.03
内蒙古	19.49	106.02	287.87	437.75	667.03	944.39	1113.98	1417.03	1831.86	2118.51	2523.52
广　西	310.86	511.88	653.10	860.06	1146.51	1316.07	1510.13	1749.34	1960.87	2273.73	2759.26
重　庆	465.14	891.73	1216.92	1500.15	1868.94	2157.49	2516.73	2946.84	3296.71	3815.90	4522.40
四　川	461.36	986.95	1385.80	1841.36	2526.27	3050.27	3511.79	4061.54	4645.34	5392.43	6455.93
贵　州	176.13	376.80	473.18	729.72	865.76	1095.97	1293.70	1483.90	1676.45	1941.02	2186.95
云　南	317.62	559.06	711.37	848.91	1198.11	1425.68	1586.63	1927.16	2208.44	2590.68	3237.75
西　藏	0.25	1.85	3.37	4.70	5.97	9.88	12.00	13.82	15.15	19.59	22.50
陕　西	141.46	365.78	482.87	652.87	918.48	1089.35	1317.26	1673.63	1971.58	2336.23	2755.59
甘　肃	28.26	91.51	183.65	230.74	326.01	421.03	513.14	648.72	746.64	840.64	978.44
青　海	——	40.15	59.63	80.59	107.67	123.84	152.55	180.24	213.46	247.60	262.96
宁　夏	33.51	97.06	162.67	216.14	278.22	355.32	424.49	491.57	575.64	678.54	804.43
新　疆	57.89	155.77	300.48	389.46	509.28	615.24	758.45	878.10	1020.11	1245.58	1430.31

数据来源：国家统计局

表2-51　2008~2012年全国各地区各地区商品房销售金额

单位:亿元

	2008年	2009年	2010年	2011年	2012年
总　计	24071.41	43994.54	52478.72	59119.09	64455.79
东部地区	15732.07	29904.86	33203.34	34628.05	38412.81
北　京	1658.31	3259.66	2915.36	2425.80	3308.56
天　津	753.16	1094.85	1282.43	1473.11	1365.53
河　北	546.65	941.83	1605.82	2350.04	2303.90
辽　宁	1507.72	2168.29	3059.88	3576.31	4362.78
上　海	1895.45	4330.22	2959.94	2568.88	2669.49
江　苏	2223.89	4955.42	5430.71	5186.00	6067.01
浙　江	1816.35	4302.98	4448.70	3728.16	4262.66
福　建	732.58	1478.22	1610.99	2070.94	2817.70
山　东	1540.31	2436.46	3666.42	4259.17	4111.80
广　东	2879.96	4585.93	5476.48	6199.18	6407.81
海　南	177.69	351.00	746.61	790.44	735.57
中部地区	3964.97	6507.81	9138.84	11895.36	13020.46
山　西	211.60	275.77	404.59	434.67	579.89
吉　林	359.84	540.26	836.65	1040.08	1016.95
黑龙江	421.27	652.52	1010.10	1357.51	1548.30
安　徽	806.84	1378.39	1732.66	2183.10	2329.88
江　西	321.25	602.80	776.40	953.57	1137.35
河　南	706.49	1156.60	1658.79	2201.22	2286.67
湖　北	580.10	959.88	1313.14	1872.99	2036.20
湖　南	557.57	941.60	1406.52	1852.22	2085.23
西部地区	4374.37	7581.88	10136.54	12595.68	13022.51
内蒙古	527.98	733.22	1065.03	1360.82	1022.80
广　西	490.59	777.17	995.19	1111.68	1159.83
重　庆	800.00	1377.76	1846.94	2146.09	2297.35
四　川	1001.04	2074.91	2647.34	3270.85	3517.72
贵　州	206.22	467.81	581.01	734.70	900.08
云　南	440.46	653.53	934.60	1133.61	1362.83
西　藏	17.82	4.73	5.55	6.69	7.35
陕　西	438.11	672.72	973.44	1517.23	1420.75
甘　肃	102.23	174.59	227.81	276.95	349.32
青　海	32.75	54.90	84.40	114.16	106.46
宁　夏	123.94	239.53	309.22	314.53	317.58
新　疆	193.24	351.01	466.02	608.38	560.45

数据来源：国家统计局

表2-52　全国各地区2012年月度累计商品房销售金额

单位：亿元

	1~2月	1~3月	1~4月	1~5月	1~6月	1~7月	1~8月	1~9月	1~10月	1~11月	1~12月
总　计	4144.58	8672.03	12421.09	16932.16	23314.04	28699.47	34011.11	40353.67	46300.76	53525.93	64455.79
东部地区	2507.07	5214.74	7508.22	10259.47	14129.71	17449.29	20741.85	24598.02	28100.79	32240.24	38412.81
北　京	134.79	319.89	518.49	774.80	1077.81	1441.08	1748.78	2063.29	2369.46	2695.35	3308.56
天　津	141.80	258.75	353.81	464.59	558.01	621.50	710.85	893.05	989.32	1074.11	1365.53
河　北	84.51	308.09	423.22	538.79	837.54	984.19	1163.35	1418.64	1613.68	1857.19	2303.90
辽　宁	103.63	434.28	652.28	928.42	1540.00	1855.67	2250.91	2781.02	3258.70	3807.12	4362.78
上　海	228.10	389.79	551.90	780.74	1064.72	1345.88	1564.68	1766.13	2047.35	2316.96	2669.49
江　苏	513.62	992.58	1388.62	1836.88	2405.95	2933.68	3415.82	3931.25	4424.61	5046.26	6067.01
浙　江	311.29	545.02	796.67	1061.86	1467.98	1903.01	2285.75	2742.16	3158.83	3610.96	4262.66
福　建	161.02	344.57	503.68	728.32	1008.72	1269.64	1528.73	1781.54	2030.70	2331.40	2817.70
山　东	242.78	505.72	722.96	1009.16	1391.15	1705.82	2032.57	2542.04	2876.53	3373.97	4111.80
广　东	485.53	921.67	1341.23	1823.62	2398.18	2967.30	3561.16	4147.91	4769.06	5476.37	6407.81
海　南	100.01	194.38	255.37	312.30	379.64	421.52	479.23	530.99	562.55	650.57	735.57
中部地区	734.45	1591.86	2235.80	3071.54	4387.75	5425.58	6457.95	7657.23	8861.16	10345.84	13020.46
山　西	20.25	54.18	96.82	137.22	193.73	241.66	275.32	328.07	385.44	450.94	579.89
吉　林	7.56	19.65	75.35	173.23	274.50	378.94	484.72	599.62	694.98	858.57	1016.95
黑龙江	17.05	97.46	158.86	250.57	403.20	521.07	695.58	852.87	976.43	1170.67	1548.30
安　徽	242.83	454.39	567.12	716.53	948.15	1119.34	1300.19	1504.09	1715.68	1962.48	2329.88
江　西	69.38	146.44	195.07	269.96	354.14	455.08	555.80	659.90	767.26	879.89	1137.35
河　南	111.81	264.25	382.92	503.78	725.35	900.35	1055.52	1274.68	1513.37	1781.64	2286.67
湖　北	154.14	308.70	413.57	538.63	740.89	899.33	1031.57	1200.89	1366.45	1567.23	2036.20
湖　南	111.43	246.79	346.09	481.61	747.78	909.80	1059.24	1237.11	1441.55	1674.43	2085.23
西部地区	903.07	1865.42	2677.07	3601.14	4796.59	5824.61	6811.30	8098.41	9338.81	10939.85	13022.51
内蒙古	6.25	43.65	116.12	177.93	270.95	387.05	467.58	598.85	749.92	854.51	1022.80
广　西	113.08	187.66	246.46	341.04	474.61	545.05	631.63	731.88	822.54	953.34	1159.83
重　庆	237.43	436.89	617.76	776.69	968.57	1135.73	1300.73	1507.17	1687.73	1949.94	2297.35
四　川	236.66	497.56	706.95	967.94	1319.79	1601.17	1861.10	2155.06	2449.99	2929.43	3517.72
贵　州	68.07	153.54	194.62	308.37	361.80	462.70	542.58	618.33	694.57	810.04	900.08
云　南	121.73	233.52	292.80	351.40	468.38	560.79	635.63	793.05	925.94	1084.20	1362.83
西　藏	0.07	0.96	1.10	1.47	1.86	3.16	3.72	4.42	5.06	6.46	7.35
陕　西	72.74	172.51	238.48	328.28	467.26	558.44	682.87	873.56	1040.45	1210.83	1420.75
甘　肃	9.49	30.15	65.03	84.71	117.83	148.31	177.82	223.21	259.09	293.05	349.32
青　海	——	14.75	23.65	33.36	44.80	50.79	62.01	71.53	87.17	99.05	106.46
宁　夏	13.25	36.38	63.24	84.88	110.26	140.48	167.72	196.19	229.81	269.87	317.58
新　疆	24.30	57.87	110.87	145.06	190.48	230.94	277.89	325.16	386.53	479.12	560.45

数据来源：国家统计局

表2-53　2008~2012年全国各地区住宅销售面积

单位：万平方米

	2008年	2009年	2010年	2011年	2012年
总　计	55886.47	85294.42	93051.56	97030.26	98467.51
东部地区	27349.50	43287.85	44308.52	44466.13	46648.67
北　京	1031.43	1880.45	1201.39	1034.96	1483.37
天　津	1135.35	1461.47	1352.61	1454.84	1511.40
河　北	1838.64	2708.08	4213.12	5311.77	4622.46
辽　宁	3667.53	4864.42	6011.37	6631.84	7655.40
上　海	1965.86	2928.04	1685.35	1473.72	1592.63
江　苏	4730.26	8775.70	8041.62	6789.64	7923.37
浙　江	2394.83	4745.46	3832.98	3006.06	3316.23
福　建	1255.00	2420.83	2139.26	2207.49	2741.96
山　东	4627.30	6401.88	8443.23	8745.79	7745.87
广　东	4378.37	6556.64	6553.40	6969.10	7157.63
海　南	324.91	544.89	834.19	840.92	898.35
中部地区	13909.42	19991.19	23848.79	26157.72	26917.09
山　西	804.25	945.69	1057.33	1150.62	1390.44
吉　林	1202.82	1660.08	2062.73	2060.73	2159.43
黑龙江	1302.36	1750.00	2380.76	2914.45	3226.22
安　徽	2523.54	3669.44	3604.87	3970.33	4275.43
江　西	1363.96	2108.07	2265.66	2084.95	2125.90
河　南	2742.99	4019.26	5092.49	5747.77	5455.50
湖　北	1810.43	2576.32	3241.90	3784.68	3620.10
湖　南	2159.07	3262.34	4143.06	4444.17	4664.08
西部地区	14627.55	22015.38	24894.26	26406.42	24901.75
内蒙古	1866.26	2148.65	2534.81	3000.38	2104.22
广　西	1609.65	2249.70	2607.15	2724.00	2546.96
重　庆	2669.93	3771.22	3986.31	4063.42	4105.11
四　川	2976.63	5484.63	5849.34	5944.35	5679.33
贵　州	804.95	1509.10	1596.30	1705.92	2002.40
云　南	1477.84	2040.33	2658.99	2716.42	2789.68
西　藏	60.99	13.48	18.57	18.40	20.65
陕　西	1339.57	1995.73	2471.95	2885.85	2530.84
甘　肃	451.03	657.33	692.07	734.38	893.36
青　海	130.06	209.52	266.43	332.11	246.85
宁　夏	446.84	677.98	816.79	701.86	707.57
新　疆	793.80	1257.71	1395.55	1579.33	1274.80

数据来源：国家统计局

表2-54　全国各地区2012年月度累计住宅销售面积

单位：万平方米

	1~2月	1~3月	1~4月	1~5月	1~6月	1~7月	1~8月	1~9月	1~10月	1~11月	1~12月
总　计	6118.29	13386.83	19012.04	25557.78	35346.97	43077.88	50984.85	60884.51	70092.06	81499.51	98467.51
东部地区	2827.94	6319.89	9079.58	12321.22	17220.95	20939.61	24859.56	29719.53	34086.75	39427.71	46648.67
北　京	82.72	166.37	250.87	360.38	479.44	621.38	739.60	880.77	1013.14	1179.21	1483.37
天　津	155.32	242.98	319.42	459.26	574.94	654.83	764.17	936.70	1082.25	1196.34	1511.40
河　北	136.66	637.27	880.85	1133.24	1674.12	1964.12	2339.99	2857.78	3289.22	3849.19	4622.46
辽　宁	183.46	745.38	1144.12	1645.08	2709.31	3292.82	3984.43	4944.48	5771.73	6737.64	7655.40
上　海	178.27	275.20	392.70	556.67	702.87	844.24	962.89	1083.91	1213.28	1368.68	1592.63
江　苏	643.25	1297.18	1813.02	2347.00	3133.09	3816.95	4433.89	5079.46	5779.61	6625.15	7923.37
浙　江	229.59	429.54	615.44	833.76	1155.26	1485.05	1793.90	2149.16	2470.38	2834.75	3316.23
福　建	179.63	352.30	529.54	737.35	1001.38	1246.79	1495.60	1746.38	2025.08	2321.33	2741.96
山　东	417.06	940.51	1383.36	1934.39	2707.25	3267.62	3867.91	4821.91	5477.89	6397.12	7745.87
广　东	545.82	1051.18	1512.61	2019.30	2686.71	3303.49	3952.29	4607.05	5302.34	6137.50	7157.63
海　南	76.15	181.99	237.65	294.79	396.60	442.32	524.90	611.92	661.85	780.81	898.35
中部地区	1494.82	3303.39	4618.66	6236.91	8812.38	10854.14	12934.46	15471.63	17880.07	21010.58	26917.09
山　西	44.08	134.40	225.77	323.86	462.27	564.78	658.49	789.50	918.70	1068.38	1390.44
吉　林	23.42	33.36	134.38	319.24	526.68	742.20	957.84	1193.11	1401.71	1767.46	2159.43
黑龙江	36.10	166.37	265.75	439.40	721.01	971.30	1331.38	1680.90	1944.02	2372.29	3226.22
安　徽	417.98	760.70	963.68	1240.00	1638.51	1959.27	2277.96	2667.63	3056.27	3508.72	4275.43
江　西	157.83	321.16	411.25	556.80	708.73	886.94	1060.48	1235.32	1430.32	1618.93	2125.90
河　南	252.38	678.03	952.85	1216.12	1721.88	2117.94	2477.50	3022.41	3527.62	4201.53	5455.50
湖　北	301.51	624.17	827.20	1009.12	1346.98	1576.03	1826.22	2155.02	2435.40	2789.52	3620.10
湖　南	261.53	585.20	837.79	1132.37	1686.33	2035.69	2344.60	2727.73	3166.04	3683.75	4664.08
西部地区	1795.53	3763.55	5313.80	6999.66	9313.64	11284.13	13190.83	15693.34	18125.23	21061.22	24901.75
内蒙古	16.03	88.20	244.65	364.15	562.28	792.84	938.31	1206.05	1542.67	1770.66	2104.22
广　西	295.69	484.45	617.25	811.63	1073.06	1233.59	1408.16	1629.27	1830.58	2115.50	2546.96
重　庆	413.93	805.82	1083.31	1359.82	1700.30	1968.43	2300.88	2683.73	3012.25	3492.72	4105.11
四　川	407.53	885.53	1245.00	1648.23	2240.02	2709.76	3127.36	3622.03	4141.83	4764.64	5679.33
贵　州	160.47	345.33	433.85	668.38	790.78	1004.43	1188.53	1361.18	1542.37	1782.31	2002.40
云　南	268.41	483.28	616.10	729.09	1010.18	1200.20	1344.03	1644.34	1902.02	2237.02	2789.68
西　藏	0.25	1.60	3.12	4.43	5.53	9.10	11.06	12.66	13.87	17.92	20.65
陕　西	130.08	335.08	442.90	600.34	842.08	1003.12	1208.77	1546.69	1827.94	2158.03	2530.84
甘　肃	23.56	79.87	168.36	208.01	294.04	382.98	462.61	592.31	679.71	764.99	893.36
青　海	——	36.44	53.67	73.93	99.14	115.17	142.91	169.98	199.71	231.83	246.85
宁　夏	28.15	79.27	133.66	180.36	238.42	308.77	370.15	429.16	505.22	599.97	707.57
新　疆	51.44	138.66	271.92	351.28	457.80	555.73	688.05	795.93	927.06	1125.63	1274.80

数据来源：国家统计局

表2-55 2008~2012年全国各地区住宅销售金额

单位：亿元

	2008年	2009年	2010年	2011年	2012年
总 计	20424.06	38157.21	43953.33	48619.39	53467.18
东部地区	13223.54	25786.48	27448.77	28362.59	32045.05
北 京	1201.37	2486.77	2060.52	1606.04	2455.50
天 津	635.57	965.36	1070.27	1242.27	1210.57
河 北	514.58	881.55	1453.64	1998.08	1914.61
辽 宁	1309.33	1883.66	2585.07	3010.84	3611.21
上 海	1608.47	3620.23	2395.35	1981.91	2208.96
江 苏	1831.36	4222.34	4462.03	4125.75	5089.06
浙 江	1482.38	3734.58	3573.11	2924.97	3541.63
福 建	588.26	1299.09	1299.83	1627.14	2293.90
山 东	1361.70	2176.20	3223.36	3760.14	3529.51
广 东	2519.34	4173.72	4591.50	5326.19	5488.39
海 南	171.18	342.99	734.10	759.27	701.72
中部地区	3401.38	5669.97	7809.74	9767.16	10722.15
山 西	179.39	242.62	351.64	372.32	513.20
吉 林	306.40	470.27	711.87	863.62	836.80
黑龙江	341.09	536.21	830.41	1080.22	1201.93
安 徽	703.97	1179.69	1408.41	1736.81	1921.86
江 西	284.10	530.56	670.33	789.96	931.39
河 南	595.07	1005.21	1454.57	1790.97	1915.57
湖 北	525.87	879.33	1134.64	1566.32	1689.86
湖 南	465.49	826.07	1247.87	1566.93	1711.55
西部地区	3799.14	6700.77	8694.82	10489.64	10699.98
内蒙古	417.77	573.24	755.67	997.57	769.39
广 西	423.87	704.76	881.70	973.48	995.82
重 庆	704.82	1231.71	1610.64	1825.41	1972.42
四 川	907.20	1890.59	2330.85	2727.35	2816.49
贵 州	175.53	400.52	501.63	595.27	739.96
云 南	360.75	555.58	769.32	921.80	1077.10
西 藏	17.01	4.32	5.15	6.07	6.16
陕 西	399.24	621.29	906.00	1353.91	1215.57
甘 肃	95.01	159.50	201.47	235.55	301.60
青 海	30.19	51.13	77.06	103.28	91.14
宁 夏	98.94	191.47	253.76	237.74	256.19
新 疆	168.81	316.66	401.57	512.20	458.14

数据来源：国家统计局

表2-56 全国各地区2012年月度累计住宅销售金额

单位：亿元

	1~2月	1~3月	1~4月	1~5月	1~6月	1~7月	1~8月	1~9月	1~10月	1~11月	1~12月
总 计	3365.78	7099.00	10252.88	14010.39	19322.79	23866.92	28383.71	33787.70	38824.51	44783.05	53467.18
东部地区	2015.24	4234.33	6187.54	8492.65	11758.56	14573.49	17372.55	20682.50	23658.09	27160.40	32045.05
北 京	106.08	238.41	383.72	582.02	812.31	1067.64	1304.07	1554.37	1791.93	2032.84	2455.50
天 津	124.10	203.76	269.20	371.56	461.21	520.87	607.72	781.98	874.10	950.94	1210.57
河 北	57.62	255.04	356.42	456.39	704.87	823.62	974.87	1199.86	1376.82	1597.83	1914.61
辽 宁	91.44	344.22	522.68	753.61	1252.96	1522.29	1842.32	2280.60	2693.13	3151.32	3611.21
上 海	195.17	326.86	476.12	663.37	912.93	1154.78	1344.30	1519.85	1720.64	1952.22	2208.96
江 苏	396.97	791.72	1126.08	1499.34	1981.43	2441.39	2853.52	3306.99	3739.49	4267.01	5089.06
浙 江	220.23	415.97	624.69	848.23	1192.80	1576.21	1914.75	2304.22	2649.91	3031.85	3541.63
福 建	130.77	277.46	418.18	593.97	817.18	1038.18	1246.47	1439.96	1647.03	1885.87	2293.90
山 东	200.13	430.31	623.04	880.92	1213.68	1482.96	1766.85	2216.01	2509.57	2935.31	3529.51
广 东	396.36	761.02	1138.33	1539.05	2040.46	2538.89	3055.68	3567.68	4120.07	4734.86	5488.39
海 南	96.37	189.59	249.06	304.19	368.73	406.66	461.99	510.99	535.40	620.35	701.72
中部地区	599.29	1313.24	1833.32	2522.60	3589.80	4461.79	5346.24	6341.19	7349.46	8563.17	10722.15
山 西	18.95	48.74	82.86	119.31	170.54	213.14	244.80	292.87	343.67	402.63	513.20
吉 林	5.97	16.37	59.52	135.18	216.83	309.51	402.51	496.67	572.63	707.95	836.80
黑龙江	13.69	71.00	110.11	175.34	280.36	372.34	516.19	647.92	744.91	893.82	1201.93
安 徽	178.26	331.30	421.82	547.27	736.76	891.82	1042.22	1219.56	1408.11	1616.77	1921.86
江 西	59.41	124.71	165.36	230.47	302.57	384.51	467.48	550.24	640.80	725.76	931.39
河 南	94.96	229.52	321.83	424.88	611.30	761.92	895.57	1083.71	1276.25	1510.41	1915.57
湖 北	138.24	281.56	372.90	472.96	641.25	761.20	879.70	1021.57	1160.99	1319.63	1689.86
湖 南	89.82	209.95	298.92	417.19	630.20	767.35	897.77	1028.64	1202.09	1386.20	1711.55
西部地区	751.24	1551.42	2232.02	2995.15	3974.43	4831.64	5664.92	6764.00	7816.96	9059.48	10699.98
内蒙古	4.77	31.12	89.01	134.02	208.20	296.84	357.80	462.82	571.81	644.38	769.39
广 西	102.37	171.47	221.58	304.91	410.82	473.57	548.03	637.17	719.65	828.99	995.82
重 庆	200.49	372.20	525.46	673.04	842.55	983.55	1130.82	1310.75	1474.25	1699.79	1972.42
四 川	196.19	418.05	597.13	801.88	1085.87	1321.22	1543.30	1789.36	2032.87	2355.99	2816.49
贵 州	54.08	120.70	155.22	252.03	292.38	380.47	447.29	510.05	574.67	667.01	739.96
云 南	92.29	180.79	228.90	269.75	359.00	424.09	485.57	617.14	732.12	860.98	1077.10
西 藏	0.07	0.81	0.94	1.29	1.60	2.72	3.20	3.77	4.28	5.38	6.16
陕 西	62.84	144.97	200.40	276.63	395.12	476.62	577.90	747.43	898.70	1040.71	1215.57
甘 肃	7.30	24.69	56.34	71.03	99.60	127.33	151.19	193.35	222.03	250.66	301.60
青 海	——	11.96	18.67	27.44	36.97	42.85	53.53	62.57	74.98	84.62	91.14
宁 夏	10.15	26.37	45.93	62.47	85.29	111.02	133.94	156.85	185.72	220.27	256.19
新 疆	20.67	48.30	92.45	120.66	157.03	191.37	232.36	272.73	325.88	400.71	458.14

数据来源：国家统计局

表2-57　2008~2012年全国各地区办公楼销售面积

单位：万平方米

	2008年	2009年	2010年	2011年	2012年
总　计	1110.67	1513.30	1882.00	2007.90	2253.65
东部地区	771.56	1098.93	1318.51	1299.61	1368.62
北　京	139.37	255.77	208.15	211.42	253.50
天　津	29.30	29.55	35.29	42.80	28.17
河　北	2.06	17.53	38.74	60.70	74.78
辽　宁	36.09	30.14	64.71	54.08	79.15
上　海	145.87	203.00	162.89	147.40	111.73
江　苏	88.98	173.92	204.09	217.12	200.83
浙　江	122.04	198.91	271.91	226.18	188.75
福　建	65.99	32.89	82.20	110.02	150.83
山　东	54.73	59.53	82.50	69.36	135.38
广　东	85.79	93.75	162.56	154.40	141.47
海　南	1.34	3.95	5.47	6.10	4.04
中部地区	142.40	198.54	246.52	375.87	418.59
山　西	13.42	7.32	10.76	14.28	9.54
吉　林	12.92	9.41	6.99	8.94	14.75
黑龙江	8.95	19.42	8.21	8.05	24.26
安　徽	28.72	49.54	87.28	88.31	62.00
江　西	4.79	9.21	19.02	20.76	47.56
河　南	41.05	65.94	60.79	150.93	126.49
湖　北	11.58	14.10	24.19	34.57	69.75
湖　南	20.98	23.59	29.27	50.05	64.25
西部地区	196.70	215.82	316.97	332.41	466.44
内蒙古	39.53	24.61	29.73	45.12	36.56
广　西	9.81	12.45	18.58	16.68	9.60
重　庆	34.87	29.15	62.60	43.88	62.30
四　川	30.94	62.09	83.84	85.44	157.37
贵　州	10.68	20.20	26.27	27.03	14.88
云　南	22.07	22.97	21.50	41.68	90.87
西　藏	——	——	——	——	0.43
陕　西	32.22	19.72	40.04	38.77	65.97
甘　肃	3.08	6.26	5.67	8.20	2.97
青　海	0.94	1.38	1.00	0.57	0.21
宁　夏	6.62	11.80	15.40	9.27	6.82
新　疆	5.95	5.20	12.35	15.79	18.47

数据来源：国家统计局

表2-58 全国各地区2012年月度累计办公楼销售面积

单位：万平方米

	1~2月	1~3月	1~4月	1~5月	1~6月	1~7月	1~8月	1~9月	1~10月	1~11月	1~12月
总 计	175.41	387.13	492.13	640.72	851.34	1047.86	1199.65	1369.29	1561.75	1821.44	2253.65
东部地区	124.47	278.32	342.47	431.28	566.87	695.42	789.10	904.42	1028.35	1168.09	1368.62
北 京	7.20	17.56	31.12	46.98	64.72	100.41	122.93	142.18	164.97	191.85	253.50
天 津	5.15	49.26	53.91	54.12	54.89	56.90	57.72	64.88	65.15	65.40	28.17
河 北	11.12	19.51	24.26	25.56	30.56	42.25	46.58	50.59	59.49	62.69	74.78
辽 宁	1.68	8.72	11.05	25.15	37.55	40.84	43.32	53.56	60.81	72.26	79.15
上 海	7.14	17.16	17.69	27.46	40.76	51.49	57.37	62.37	83.55	94.87	111.73
江 苏	24.39	49.37	60.25	67.52	86.83	107.70	117.62	129.38	141.36	163.79	200.83
浙 江	41.79	50.39	57.37	65.81	86.25	99.24	111.02	125.07	143.29	159.45	188.75
福 建	5.12	16.42	22.17	34.13	57.33	69.70	87.21	104.70	119.17	133.91	150.83
山 东	7.77	16.87	21.63	29.35	44.19	52.71	62.10	79.78	88.42	108.17	135.38
广 东	13.13	33.00	42.88	54.30	62.87	70.29	79.20	87.88	98.10	111.67	141.47
海 南	——	0.07	0.14	0.92	0.92	3.90	4.04	4.04	4.04	4.04	4.04
中部地区	22.66	39.97	62.56	92.91	128.33	156.99	187.83	212.11	248.11	295.97	418.59
山 西	0.27	1.23	3.19	4.17	4.71	5.77	6.37	6.62	7.42	8.51	9.54
吉 林	——	0.10	5.11	8.89	9.57	11.80	12.48	12.53	13.04	13.56	14.75
黑龙江	0.68	0.81	1.03	3.06	5.51	6.05	9.52	9.56	11.76	18.41	24.26
安 徽	5.70	15.50	16.68	20.70	26.29	33.29	39.11	42.60	46.33	54.05	62.00
江 西	1.55	5.28	7.27	9.85	12.84	17.63	22.66	29.39	33.78	39.21	47.56
河 南	3.15	5.35	11.53	17.14	26.95	34.81	41.88	48.22	61.54	73.97	126.49
湖 北	3.55	3.79	6.88	14.52	23.53	26.27	33.09	37.03	43.00	49.55	69.75
湖 南	7.78	7.90	10.87	14.57	18.93	21.37	22.73	26.16	31.25	38.70	64.25
西部地区	28.28	68.84	87.09	116.52	156.14	195.45	222.71	252.76	285.29	357.38	466.44
内蒙古	0.84	6.01	4.87	7.33	9.62	13.29	14.95	19.96	23.24	28.89	36.56
广 西	0.08	0.85	1.14	1.19	5.95	6.05	6.06	6.11	6.35	7.07	9.60
重 庆	4.50	7.51	10.58	12.75	19.67	28.00	31.09	34.50	39.61	43.10	62.30
四 川	6.44	13.22	24.48	34.61	51.19	61.78	67.69	76.66	94.08	131.04	157.37
贵 州	1.67	2.35	2.44	3.80	6.92	7.05	10.96	11.39	12.18	14.16	14.88
云 南	8.83	25.62	23.10	30.58	32.39	45.68	46.79	54.49	57.24	63.75	90.87
西 藏	——	——	——	——	——	——	——	——	——	0.35	0.43
陕 西	4.04	8.89	11.71	16.66	18.88	20.33	29.36	32.66	34.75	48.78	65.97
甘 肃	0.04	0.10	1.02	1.25	1.58	1.65	2.00	2.17	2.28	2.41	2.97
青 海	——	——	——	0.19	0.19	0.19	0.19	0.19	0.21	0.21	0.21
宁 夏	1.44	2.26	3.45	3.49	3.84	3.96	4.98	5.42	5.82	6.04	6.82
新 疆	0.40	2.03	4.29	4.67	5.92	7.47	8.66	9.23	9.53	11.55	18.47

数据来源：国家统计局

表2-59 2008~2012年全国各地区办公楼销售金额

单位：亿元

	2008年	2009年	2010年	2011年	2012年
总 计	954.66	1617.84	2148.81	2501.74	2773.43
东部地区	795.21	1417.30	1753.40	1919.66	1974.25
北 京	230.72	431.14	487.32	500.96	560.59
天 津	28.67	32.90	48.90	53.55	37.61
河 北	0.77	6.99	18.24	41.90	50.34
辽 宁	17.19	18.71	52.45	32.37	76.35
上 海	172.29	438.43	307.67	371.81	234.62
江 苏	59.88	124.20	161.12	211.48	181.73
浙 江	120.05	169.45	300.10	265.33	240.53
福 建	35.59	20.64	71.78	115.57	182.77
山 东	33.46	45.01	54.99	54.23	117.73
广 东	95.81	127.89	247.32	266.61	289.98
海 南	0.78	1.95	3.53	5.85	2.01
中部地区	64.17	86.31	156.52	309.52	389.24
山 西	8.23	3.87	6.06	10.13	7.47
吉 林	4.34	3.00	2.39	8.11	11.79
黑龙江	2.51	8.04	3.54	3.92	13.82
安 徽	14.29	21.44	54.19	58.83	46.01
江 西	1.37	4.21	15.70	18.95	50.62
河 南	18.60	29.75	50.31	138.59	111.57
湖 北	5.93	6.23	13.38	27.94	85.67
湖 南	8.91	9.77	10.95	43.06	62.30
西部地区	95.28	114.23	238.88	272.55	409.95
内蒙古	19.08	11.79	18.59	27.46	22.07
广 西	4.93	7.87	14.54	13.84	15.02
重 庆	16.28	15.08	59.70	51.28	71.61
四 川	15.50	34.96	74.16	83.07	140.93
贵 州	4.03	9.28	13.73	16.33	12.14
云 南	10.73	12.57	14.47	22.07	71.57
西 藏	——	——	——	——	0.23
陕 西	17.72	10.10	22.09	33.52	53.38
甘 肃	1.13	2.83	2.15	6.36	2.06
青 海	0.31	0.49	0.22	0.18	0.14
宁 夏	2.47	6.03	8.13	6.73	3.45
新 疆	3.10	3.23	11.10	11.73	17.33

数据来源：国家统计局

表2-60　全国各地区2012年月度累计办公楼销售金额

单位：亿元

	1~2月	1~3月	1~4月	1~5月	1~6月	1~7月	1~8月	1~9月	1~10月	1~11月	1~12月
总　计	186.88	401.57	542.97	771.63	1039.07	1299.98	1481.86	1705.26	1950.48	2239.49	2773.43
东部地区	145.09	313.51	409.72	577.31	758.75	956.24	1092.54	1261.93	1448.07	1636.90	1974.25
北　京	14.80	39.61	71.53	108.30	152.02	227.03	274.25	321.77	369.28	421.29	560.59
天　津	5.06	40.28	47.20	51.49	52.43	57.91	58.71	67.56	67.99	68.26	37.61
河　北	7.61	11.56	15.71	16.81	19.79	28.94	32.28	34.46	39.48	41.39	50.34
辽　宁	2.58	8.88	11.81	24.57	40.81	42.06	44.17	56.65	66.44	72.87	76.35
上　海	10.53	31.33	35.69	65.06	87.57	111.67	123.33	133.83	183.64	203.88	234.62
江　苏	27.17	48.91	59.12	66.04	86.32	104.93	113.55	122.82	132.62	153.48	181.73
浙　江	41.02	47.99	60.25	69.57	93.27	112.85	129.78	152.91	175.04	196.20	240.53
福　建	4.32	14.92	18.28	39.88	65.84	79.29	103.32	126.50	142.61	161.64	182.77
山　东	6.86	14.49	19.48	25.64	35.44	43.53	50.70	64.65	71.90	89.40	117.73
广　东	25.13	55.49	70.57	109.62	124.92	146.51	160.45	178.79	197.07	226.48	289.98
海　南	——	0.04	0.09	0.32	0.33	1.51	2.01	2.01	2.01	2.01	2.01
中部地区	19.74	33.30	58.98	92.90	134.61	160.25	184.52	211.66	246.51	284.46	389.24
山　西	0.56	0.88	1.89	2.61	3.11	3.79	4.16	4.40	5.32	6.62	7.47
吉　林	——	0.10	4.82	8.83	9.26	9.98	10.35	10.40	10.76	11.25	11.79
黑龙江	0.24	0.33	0.45	1.10	2.42	2.62	4.17	4.26	7.00	10.54	13.82
安　徽	6.94	13.21	14.02	17.59	22.21	26.88	31.85	34.64	36.41	41.64	46.01
江　西	1.08	4.27	7.07	9.79	12.68	16.47	20.73	29.11	33.45	41.31	50.62
河　南	3.30	6.46	16.69	23.94	31.69	41.49	48.52	56.99	70.86	77.91	111.57
湖　北	2.12	2.65	6.85	19.00	35.47	39.60	44.25	48.39	52.39	58.78	85.67
湖　南	5.50	5.41	7.20	10.05	17.76	19.41	20.48	23.47	30.33	36.41	62.30
西部地区	22.06	54.76	74.26	101.42	145.71	183.50	204.80	231.68	255.90	318.12	409.95
内蒙古	0.32	4.64	1.78	3.39	4.61	7.78	8.67	13.28	14.75	18.24	22.07
广　西	0.12	0.32	0.52	0.60	12.82	12.96	12.97	13.08	13.30	13.57	15.02
重　庆	4.67	8.26	13.05	15.14	22.57	31.52	35.06	39.24	43.31	47.13	71.61
四　川	5.73	11.33	21.76	36.36	50.55	60.79	65.06	73.11	85.96	121.03	140.93
贵　州	0.88	1.36	1.43	2.09	5.34	5.74	8.84	9.35	10.00	11.95	12.14
云　南	6.12	19.43	18.77	22.31	24.50	37.05	38.51	44.77	47.49	51.35	71.57
西　藏	——	——	——	——	——	——	——	——	——	0.18	0.23
陕　西	3.26	6.79	9.93	13.74	15.56	16.79	23.53	25.81	27.26	39.18	53.38
甘　肃	0.07	0.17	0.53	0.78	0.95	0.99	1.30	1.45	1.60	1.73	2.06
青　海	——	——	——	0.12	0.12	0.12	0.12	0.12	0.14	0.14	0.14
宁　夏	0.58	0.95	1.51	1.54	1.70	1.79	2.30	2.57	2.85	3.01	3.45
新　疆	0.28	1.50	4.99	5.36	6.99	7.96	8.43	8.90	9.25	10.62	17.33

数据来源：国家统计局

表2-61 2008~2012年全国各地区商业营业用房销售面积

单位：万平方米

	2008年	2009年	2010年	2011年	2012年
总 计	3852.07	5222.29	6921.46	7878.19	7759.28
东部地区	1929.57	2754.41	3658.72	3626.16	3639.79
北 京	112.41	157.07	142.07	108.69	113.97
天 津	74.89	60.85	103.64	104.50	72.17
河 北	59.57	85.89	192.97	368.05	316.70
辽 宁	259.11	393.35	509.86	592.27	775.93
上 海	117.27	126.49	125.56	95.57	120.01
江 苏	496.82	819.82	954.70	842.59	763.95
浙 江	226.19	362.00	458.49	375.48	332.64
福 建	87.43	121.31	176.37	180.18	209.88
山 东	268.32	374.72	609.86	604.25	553.75
广 东	217.39	241.99	371.28	328.29	360.57
海 南	10.17	10.92	13.92	26.30	20.23
中部地区	1038.06	1295.28	1739.20	2262.02	2212.53
山 西	75.16	52.78	80.49	81.26	79.50
吉 林	131.77	122.99	206.08	237.90	219.49
黑龙江	156.93	192.12	237.17	362.84	410.87
安 徽	185.99	299.02	386.86	482.31	428.42
江 西	76.77	120.70	150.52	183.26	189.46
河 南	168.22	219.84	246.44	332.08	297.96
湖 北	74.78	106.64	183.77	287.75	256.87
湖 南	168.43	181.18	247.87	294.64	329.97
西部地区	884.44	1172.61	1523.53	1990.00	1906.96
内蒙古	200.44	234.60	353.60	394.41	270.17
广 西	83.47	83.75	108.21	120.78	149.83
重 庆	126.53	157.15	194.25	266.32	221.89
四 川	156.52	248.44	294.25	403.85	438.53
贵 州	40.73	74.07	80.91	125.27	144.56
云 南	117.66	132.09	182.56	250.94	277.54
西 藏	2.28	0.75	0.52	0.95	1.42
陕 西	38.89	65.37	63.36	112.65	124.34
甘 肃	13.84	30.27	53.44	62.08	63.99
青 海	5.11	6.63	13.21	14.81	15.48
宁 夏	52.36	78.73	89.94	114.53	82.92
新 疆	46.61	60.74	89.27	123.42	116.31

数据来源：国家统计局

表2-62 全国各地区2012年月度累计商业营业用房销售面积

单位：万平方米

	1~2月	1~3月	1~4月	1~5月	1~6月	1~7月	1~8月	1~9月	1~10月	1~11月	1~12月
总 计	532.63	1107.79	1548.26	1996.24	2829.69	3361.68	3942.17	4613.41	5259.57	6175.92	7759.28
东部地区	261.95	554.28	793.48	989.11	1393.06	1626.58	1928.42	2246.26	2538.93	2937.23	3639.79
北 京	6.55	22.24	31.29	39.00	50.57	57.93	67.14	73.98	82.42	91.89	113.97
天 津	11.04	12.42	44.01	46.55	48.21	39.29	40.10	26.94	29.67	35.32	72.17
河 北	12.53	35.47	54.56	68.95	117.85	140.20	175.50	196.17	213.68	252.18	316.70
辽 宁	9.26	88.30	134.99	180.82	309.94	367.54	447.76	551.25	611.48	698.04	775.93
上 海	14.61	19.74	24.32	29.64	33.00	37.90	45.89	51.59	77.80	86.80	120.01
江 苏	88.96	149.60	198.55	232.26	298.36	350.38	411.87	465.04	512.32	587.57	763.95
浙 江	34.25	56.81	78.78	99.74	122.77	143.78	162.69	192.84	231.92	263.99	332.64
福 建	15.72	29.39	40.87	57.29	78.78	90.64	109.16	128.00	146.31	175.12	209.88
山 东	28.26	67.08	92.30	116.37	178.16	218.73	255.66	314.16	356.50	431.03	553.75
广 东	37.60	68.84	87.61	111.82	146.84	170.57	201.61	234.02	260.18	296.97	360.57
海 南	3.17	4.39	6.21	6.68	8.60	9.64	11.08	12.26	16.66	18.32	20.23
中部地区	128.32	284.16	379.33	505.18	737.74	894.01	1042.14	1237.22	1425.80	1688.49	2212.53
山 西	1.32	6.75	19.95	25.13	31.21	37.25	38.26	45.43	52.32	59.66	79.50
吉 林	1.59	2.52	13.38	32.45	64.05	78.46	95.48	117.43	141.66	180.03	219.49
黑龙江	2.73	31.64	47.71	78.77	125.83	157.91	196.22	231.19	261.83	309.15	410.87
安 徽	62.97	114.43	136.94	155.45	192.34	214.49	245.95	274.70	302.24	343.18	428.42
江 西	11.67	27.51	27.78	37.88	49.46	65.13	78.00	94.54	109.63	133.81	189.46
河 南	13.81	35.49	51.52	65.33	102.30	117.03	133.00	162.58	197.99	227.62	297.96
湖 北	12.35	22.88	30.61	42.35	60.21	90.18	101.72	122.34	138.37	174.00	256.87
湖 南	21.88	42.95	51.45	67.82	112.33	133.58	153.49	189.01	221.77	261.04	329.97
西部地区	142.36	269.35	375.45	501.95	698.88	841.09	971.60	1129.94	1294.84	1550.20	1906.96
内蒙古	1.27	9.40	25.40	45.45	64.09	96.58	113.92	136.54	185.18	216.91	270.17
广 西	11.00	19.40	25.73	33.36	49.39	56.88	74.19	84.75	92.04	113.74	149.83
重 庆	34.02	59.82	76.28	84.14	97.46	112.10	123.60	136.27	146.08	175.25	221.89
四 川	31.42	62.30	77.30	109.01	160.60	190.27	219.83	253.64	288.25	354.06	438.53
贵 州	12.87	26.38	32.35	50.83	59.81	72.92	81.15	96.63	106.42	124.02	144.56
云 南	36.42	38.04	55.80	69.11	116.46	138.12	151.47	180.48	195.77	227.70	277.54
西 藏	——	0.25	0.25	0.28	0.44	0.78	0.94	1.15	1.28	1.31	1.42
陕 西	3.93	14.91	22.20	28.28	44.80	51.20	62.24	74.35	85.81	103.87	124.34
甘 肃	3.82	9.50	11.41	17.88	25.83	30.30	37.58	41.51	49.58	56.46	63.99
青 海	——	3.40	5.64	6.10	7.96	8.09	9.05	9.63	13.09	15.07	15.48
宁 夏	3.39	14.14	23.36	29.80	33.04	39.32	45.46	52.54	59.63	66.91	82.92
新 疆	4.21	11.80	19.75	27.71	38.99	44.51	52.17	62.44	71.71	94.90	116.31

数据来源：国家统计局

表2-63 2008~2012年全国各地区商业营业用房销售金额

单位：亿元

	2008年	2009年	2010年	2011年	2012年
总 计	2286.38	3601.36	5354.02	6702.46	6999.57
东部地区	1408.13	2252.55	3311.93	3561.57	3666.25
北 京	192.76	299.86	318.99	270.85	233.36
天 津	77.43	54.49	109.31	138.58	93.87
河 北	27.12	44.77	108.89	259.93	297.49
辽 宁	160.21	235.29	332.31	411.08	546.40
上 海	77.51	192.73	197.57	181.66	194.62
江 苏	311.09	567.72	751.46	794.57	746.69
浙 江	168.92	320.69	484.10	443.77	405.36
福 建	73.93	118.23	180.53	253.57	262.01
山 东	127.35	193.91	342.11	387.78	392.20
广 东	186.35	219.15	478.14	400.78	468.51
海 南	5.45	5.72	8.52	19.00	25.74
中部地区	451.74	672.43	1035.34	1625.89	1672.97
山 西	21.38	27.66	44.06	47.25	54.58
吉 林	40.19	57.13	105.03	145.34	141.31
黑龙江	68.38	87.25	137.36	225.65	264.54
安 徽	84.64	167.72	258.56	374.28	336.48
江 西	32.15	56.45	80.51	130.13	140.23
河 南	89.41	113.86	137.09	247.51	228.15
湖 北	37.81	68.20	142.01	241.76	224.62
湖 南	77.79	94.16	130.71	213.99	283.08
西部地区	426.51	676.37	1006.75	1515.00	1660.35
内蒙古	81.38	133.43	252.77	262.98	187.60
广 西	52.70	53.35	75.54	100.78	129.07
重 庆	68.73	112.28	155.46	216.58	212.47
四 川	67.75	126.16	183.05	366.12	488.40
贵 州	25.74	53.40	56.76	108.03	139.21
云 南	61.02	73.07	118.48	159.91	182.26
西 藏	0.81	0.40	0.40	0.61	0.97
陕 西	19.10	39.45	40.11	114.23	132.38
甘 肃	5.73	11.79	23.00	32.51	41.57
青 海	2.23	3.19	7.00	10.42	15.02
宁 夏	22.13	40.51	43.97	64.75	55.44
新 疆	19.19	29.35	50.22	78.09	75.98

数据来源：国家统计局

表2-64 全国各地区2012年月度累计商业营业用房销售金额

单位：亿元

	1~2月	1~3月	1~4月	1~5月	1~6月	1~7月	1~8月	1~9月	1~10月	1~11月	1~12月
总 计	509.86	1016.62	1409.07	1862.59	2550.20	3037.03	3564.24	4166.01	4732.92	5555.80	6999.57
东部地区	300.07	572.93	785.55	1019.41	1387.38	1630.32	1934.36	2241.75	2530.83	2884.62	3666.25
北 京	11.54	37.29	56.65	74.84	100.22	122.20	143.14	157.76	177.74	198.26	233.36
天 津	12.10	14.20	36.96	40.79	43.50	38.41	39.51	35.32	39.04	48.10	93.87
河 北	18.70	34.98	44.23	57.20	98.18	113.85	138.45	158.75	168.48	185.32	297.49
辽 宁	7.91	67.83	99.46	125.76	211.71	252.01	312.12	380.67	423.19	478.41	546.40
上 海	21.25	29.84	36.92	47.74	56.02	69.80	85.14	99.33	125.72	139.57	194.62
江 苏	83.71	142.85	190.74	251.95	317.26	363.79	421.67	471.11	518.10	587.36	746.69
浙 江	45.67	72.26	99.24	126.34	159.34	183.71	205.40	242.03	284.14	325.51	405.36
福 建	19.63	39.58	51.42	70.23	92.93	112.09	133.92	156.03	183.69	217.04	262.01
山 东	30.78	52.14	68.61	85.24	117.97	150.70	182.05	220.80	246.41	293.12	392.20
广 东	45.90	78.12	96.34	133.86	183.08	213.93	261.49	306.05	343.52	388.94	468.51
海 南	2.89	3.84	4.97	5.48	7.16	9.84	11.45	13.89	20.82	23.00	25.74
中部地区	98.15	215.09	304.71	405.43	584.84	710.07	816.42	971.67	1111.80	1312.31	1672.97
山 西	0.71	4.04	11.51	14.62	19.25	23.70	25.16	28.56	33.72	38.67	54.58
吉 林	0.93	1.81	8.17	23.88	40.43	50.58	59.87	76.92	92.72	116.04	141.31
黑龙江	2.12	21.95	40.31	61.25	94.46	114.96	137.17	157.73	178.14	210.33	264.54
安 徽	47.83	98.74	119.55	138.50	174.96	184.41	208.27	228.93	248.31	278.72	336.48
江 西	7.14	14.67	18.80	25.09	32.38	45.59	58.33	70.43	81.80	100.71	140.23
河 南	12.95	25.82	40.75	50.51	76.39	89.51	101.67	123.43	152.89	173.91	228.15
湖 北	12.64	19.27	28.49	40.86	55.05	87.53	95.68	117.80	131.34	161.59	224.62
湖 南	13.84	28.80	37.13	50.71	91.92	113.79	130.27	167.88	192.88	232.32	283.08
西部地区	111.64	228.60	318.82	437.75	577.98	696.55	813.45	952.60	1090.28	1358.88	1660.35
内蒙古	0.64	7.02	18.63	30.97	44.70	66.09	82.82	101.39	132.59	152.13	187.60
广 西	8.63	13.52	21.19	30.55	44.64	51.49	62.72	70.95	77.71	96.91	129.07
重 庆	26.33	49.33	63.42	73.38	85.83	103.95	115.07	130.65	141.73	172.51	212.47
四 川	28.92	58.12	74.74	110.49	153.37	182.27	212.58	246.99	279.83	394.09	488.40
贵 州	12.78	30.56	36.50	51.99	61.29	72.86	82.50	94.10	104.66	123.55	139.21
云 南	22.57	30.20	40.34	53.04	69.86	82.67	93.05	111.41	122.92	145.18	182.26
西 藏	——	0.16	0.16	0.18	0.26	0.43	0.52	0.65	0.78	0.90	0.97
陕 西	4.64	16.24	24.47	32.23	47.73	55.11	69.76	87.50	99.46	114.91	132.38
甘 肃	1.93	4.84	7.38	11.94	16.17	18.66	22.45	25.30	32.06	36.95	41.57
青 海	——	2.70	4.88	5.68	7.58	7.70	8.23	8.69	11.90	14.11	15.02
宁 夏	2.46	8.72	15.23	20.20	22.40	26.67	30.18	35.32	39.69	44.90	55.44
新 疆	2.75	7.21	11.89	17.10	24.16	28.76	33.58	39.65	46.95	62.75	75.98

数据来源：国家统计局

八、全国四十个重点城市土地购置面积

表2-65　全国四十个重点城市2008~2012年土地购置面积

单位：万平方米

	2008年	2009年	2010年	2011年	2012年
北　京	823.44	625.01	858.75	507.04	305.99
天　津	512.76	444.78	652.46	596.59	299.75
石家庄	232.06	252.62	657.36	448.6	274.23
太　原	240.76	181.6	193.67	143.85	88.34
呼和浩特	351.01	224.97	412.23	215.86	109.44
沈　阳	1549.85	475.73	1314	755.89	810.35
大　连	205	427.04	624.31	588.51	509.69
长　春	435.38	485.17	499.55	722.13	749.73
哈尔滨	348.12	375.83	388.58	678.45	334.63
上　海	271.47	185.3	432.44	562.76	300.62
南　京	269.58	284.92	150.8	41.96	120.60
无　锡	408.06	173.42	192.23	240.46	248.30
苏　州	169.566	342.57	430.93	186.6	352.43
杭　州	425.72	375.67	435.9	226.57	112.39
宁　波	164.94	196.14	286.72	220.44	57.33
温　州	30.91	72.30	18.38	123.46	60.37
合　肥	288.71	324.46	325.54	449.69	476.41
福　州	96.91	295.89	332.39	286.14	214.32
厦　门	157.41	210.45	309.92	52.16	188.91
南　昌	100.41	153.27	164.45	208.93	129.45
济　南	222.32	128.14	531.98	193.81	272.72
青　岛	357.82	301.83	478.81	684.29	240.06
郑　州	434.39	424.4	717.95	216.4	349.86
武　汉	321.15	228.78	274.55	251.28	456.95
长　沙	965.48	392.6	288.48	341.95	311.15
广　州	186.37	565.64	156.9	338.85	142.97
深　圳	28.67	30.42	13.87	39.3	97.34
南　宁	282.77	149.4	189.58	161.52	101.34
北　海	212.33	90.00	61.73	169.57	63.49
海　口	172.51	72.75	53.91	18.94	34.90
三　亚	1.32	——	22.98	14.75	80.63
重　庆	1164.41	1227.79	1369.22	1676.12	2183.07
成　都	278.81	217.8	218.25	195.79	152.71
贵　阳	273.56	184.28	596.11	331.54	197.17
昆　明	649.29	536.97	325.72	350.65	466.95
西　安	327.29	227.36	395.18	230.54	168.66
兰　州	122.9	197.09	119.71	100.44	64.11
西　宁	71.37	135.17	87.91	99.74	162.31
银　川	61.47	109.54	106.85	162.36	179.55
乌鲁木齐	127.27	56.92	108.69	105.92	93.82

数据来源：国家统计局

表2-66 全国四十个重点城市2012年月度累计土地购置面积

单位：万平方米

	1~3月	1~4月	1~5月	1~6月	1~7月	1~8月	1~9月	1~10月	1~11月	1~12月
合　计	2403.75	2894.54	4163.26	5787.34	6248.51	7339.66	8146.74	8808.86	10058.30	11563.03
北　京	51.25	54.71	61.44	108.45	135.89	135.69	159.38	192.56	261.54	305.99
天　津	31.98	31.98	40.18	43.24	45.21	55.76	79.13	79.13	82.46	299.75
石家庄	127.96	136.44	152.20	163.20	163.91	167.28	175.94	233.97	264.57	274.23
太　原	30.69	9.40	14.13	24.32	41.79	63.27	75.59	78.36	80.78	88.34
呼和浩特	8.43	18.33	48.26	52.84	57.01	82.37	95.32	106.32	109.44	109.44
沈　阳	61.96	243.13	374.86	753.24	805.95	745.48	749.96	755.25	790.32	810.35
大　连	152.26	155.46	211.58	263.83	272.81	357.41	377.74	448.35	508.00	509.69
长　春	——	14.53	99.23	321.49	401.40	418.84	508.11	522.37	681.31	749.73
哈尔滨	62.07	49.86	74.16	74.95	119.53	170.06	178.32	182.06	241.65	334.63
上　海	34.67	41.02	89.39	117.53	131.81	162.88	190.40	248.55	264.02	300.62
南　京	85.24	82.95	79.66	64.77	75.69	75.69	77.19	82.10	93.29	120.60
无　锡	32.17	66.82	129.14	149.95	138.94	178.60	231.25	261.18	316.48	248.30
苏　州	26.25	33.82	33.82	75.68	183.31	214.15	228.58	271.02	306.00	352.43
杭　州	11.29	11.07	19.02	19.02	21.66	35.97	55.21	74.08	100.21	112.39
宁　波	16.23	16.23	16.23	21.26	22.67	29.21	30.96	41.70	46.59	57.33
温　州	4.16	16.01	11.58	15.08	18.82	27.83	42.76	53.10	56.08	60.37
合　肥	104.49	104.62	123.24	298.28	313.41	379.53	391.77	429.38	449.01	476.41
福　州	68.22	30.69	36.68	70.90	98.16	107.50	115.15	118.28	165.38	214.32
厦　门	22.27	55.83	75.60	75.60	75.60	75.60	80.78	83.88	173.00	188.91
南　昌	20.87	22.88	40.38	45.34	57.05	65.48	72.63	113.88	117.67	129.45
济　南	42.80	68.40	144.49	169.49	169.74	237.23	257.73	258.63	296.84	272.72
青　岛	75.32	95.82	151.03	158.77	158.77	241.49	241.52	246.16	266.40	240.06
郑　州	115.19	139.55	152.50	188.20	201.22	207.27	249.29	255.64	318.11	349.86
武　汉	128.28	168.87	167.67	246.89	290.38	313.70	344.54	351.07	392.16	456.95
长　沙	27.98	47.69	89.34	84.69	85.09	171.70	187.49	198.33	229.24	311.15
广　州	15.48	15.58	66.47	71.23	71.23	94.82	95.86	103.19	142.74	142.97
深　圳	12.37	9.75	25.88	29.79	36.92	63.22	70.73	70.73	97.26	97.34
南　宁	23.73	21.91	35.49	42.56	45.26	43.12	43.12	50.02	57.00	101.34
北　海	30.13	30.31	32.06	39.54	39.09	39.26	52.62	56.71	63.49	63.49
海　口	113.44	113.44	113.44	——	8.89	19.55	19.55	19.55	34.90	34.90
三　亚	6.42	6.43	33.78	6.66	6.66	6.59	8.52	8.52	40.21	80.63
重　庆	520.40	601.00	781.35	968.98	1082.91	1355.37	1509.90	1567.06	1687.58	2183.07
成　都	49.35	51.05	57.11	66.99	70.09	77.72	79.94	94.10	106.78	152.71
贵　阳	121.98	101.14	102.07	144.65	186.88	189.01	192.26	192.26	197.09	197.17
昆　明	126.80	112.83	230.91	459.37	302.43	330.25	394.12	430.87	460.69	466.95
西　安	18.35	18.35	31.20	86.16	88.61	127.85	134.08	142.97	158.85	168.66
兰　州	——	15.79	111.32	120.23	41.15	47.28	52.84	58.56	62.19	64.11
西　宁	10.46	47.21	48.54	85.65	97.79	119.14	134.40	165.59	136.95	162.31
银　川	9.65	21.70	21.70	46.59	49.13	62.74	115.47	116.40	128.54	179.55
乌鲁木齐	3.12	11.93	11.93	11.93	35.65	43.74	46.63	46.99	73.48	93.82

数据来源：国家统计局

九、全国四十个重点城市房地产开发投资数据

表2-67　全国四十个重点城市2008~2012年房地产开发投资额

单位：亿元

	2008年	2009年	2010年	2011年	2012年
北　京	1908.74	2337.71	2901.07	3036.33	3153.44
天　津	653.72	735.18	866.64	1080.04	1260.00
石家庄	281.76	374.97	538.00	789.86	833.21
太　原	121.60	165.01	241.09	312.08	359.24
呼和浩特	177.07	178.29	254.35	344.49	447.99
沈　阳	1010.91	1188.70	1450.08	1684.72	1942.96
大　连	495.82	578.94	768.02	1107.46	1396.52
长　春	352.89	443.93	542.76	666.42	649.65
哈尔滨	215.76	278.75	360.74	562.00	789.04
上　海	1366.87	1464.18	1980.68	2170.31	2381.36
南　京	508.17	595.68	748.35	871.43	971.96
无　锡	449.72	463.37	611.76	872.99	971.30
苏　州	718.08	724.34	935.80	1199.13	1263.36
杭　州	596.63	704.68	956.20	1302.27	1600.37
宁　波	307.75	374.51	557.27	712.87	884.35
温　州	219.39	253.34	271.09	480.55	687.06
合　肥	565.30	670.36	802.65	880.29	913.80
福　州	309.80	361.80	670.69	956.45	972.27
厦　门	323.96	267.42	396.13	436.31	518.88
南　昌	163.3	198.25	230.15	279.66	344.36
济　南	274.12	332.56	484.50	527.16	664.01
青　岛	373.14	459.48	602.44	782.72	932.10
郑　州	429.95	513.83	775.16	923.64	1095.14
武　汉	570.36	778.59	1017.4	1274.17	1574.86
长　沙	469.47	497.36	683.98	887.47	1034.35
广　州	762.43	817.34	983.66	1306.74	1370.45
深　圳	440.49	437.46	458.47	590.21	736.84
南　宁	199.30	226.73	317.50	377.16	362.73
北　海	39.24	58.12	97.34	135.40	176.17
海　口	71.25	78.00	103.79	145.14	175.66
三　亚	76.18	97.89	132.84	178.84	238.45
重　庆	991.00	1238.91	1620.26	2015.09	2508.35
成　都	912.51	945.14	1278.34	1595.64	1889.23
贵　阳	170.10	210.33	310.47	467.36	901.03
昆　明	261.83	369.43	440.75	625.97	919.07
西　安	540.10	696.34	842.34	1002.67	1269.93
兰　州	92.51	98.61	118.28	159.67	209.74
西　宁	44.72	63.84	95.40	117.29	160.14
银　川	68.40	85.10	144.32	176.19	275.70
乌鲁木齐	93.28	101.01	141.63	189.28	220.69

数据来源：国家统计局

表2-68 全国四十个重点城市2012年月度累计房地产开发投资额

单位：亿元

	1~3月	1~4月	1~5月	1~6月	1~7月	1~8月	1~9月	1~10月	1~11月	1~12月
合 计	6053.43	8650.41	12278.91	16955.13	20248.25	23844.08	27844.23	31453.12	35153.27	39055.79
北 京	419.92	633.93	927.95	1283.18	1624.39	1876.21	2203.72	2518.61	2810.54	3153.44
天 津	198.64	318.44	445.59	675.80	757.09	856.42	980.76	1042.96	1128.64	1260.00
石家庄	98.38	168.57	249.49	369.61	434.22	525.59	606.75	688.76	784.04	833.21
太 原	27.74	46.73	72.76	114.10	151.17	187.68	229.05	268.00	302.81	359.24
呼和浩特	9.57	33.61	74.88	128.09	176.40	252.14	323.25	397.44	440.06	447.99
沈 阳	124.19	252.57	467.17	841.85	1071.78	1304.49	1550.49	1740.04	1839.58	1942.96
大 连	113.25	168.91	307.64	538.33	637.91	757.00	957.68	1128.66	1283.60	1396.52
长 春	1.39	13.67	78.44	219.25	289.93	362.14	452.27	517.16	597.94	649.65
哈尔滨	21.32	50.05	109.37	198.76	280.62	391.71	458.82	567.98	652.30	789.04
上 海	471.81	613.18	821.12	1042.43	1231.57	1449.04	1664.86	1894.65	2150.07	2381.36
南 京	225.49	297.83	390.28	488.29	583.51	665.10	737.83	809.76	899.60	971.96
无 锡	230.69	304.21	403.62	513.16	586.22	667.06	752.34	823.82	892.63	971.30
苏 州	255.12	357.45	461.13	592.92	719.89	834.29	939.53	1046.58	1145.13	1263.36
杭 州	244.26	335.89	483.42	651.22	782.82	930.57	1101.53	1264.98	1423.61	1600.37
宁 波	194.78	263.47	347.31	451.23	534.73	610.56	697.03	758.92	811.05	884.35
温 州	118.51	178.03	238.40	303.06	366.51	437.67	509.12	589.09	656.71	687.06
合 肥	238.62	333.64	406.69	506.92	584.79	673.38	751.22	815.96	873.33	913.80
福 州	194.45	263.55	352.49	475.84	526.22	603.18	691.44	755.07	843.06	972.27
厦 门	122.82	144.09	192.87	225.73	254.47	284.88	341.44	383.19	438.37	518.88
南 昌	48.60	82.08	110.58	141.61	172.07	211.48	243.67	278.00	310.12	344.36
济 南	137.45	164.37	224.84	324.50	371.15	431.72	506.60	557.00	612.36	664.01
青 岛	151.72	244.31	337.83	441.17	524.40	593.65	684.97	770.29	864.70	932.10
郑 州	164.49	265.83	360.03	489.02	578.90	666.85	771.35	856.95	975.36	1095.14
武 汉	250.59	358.28	470.05	746.92	864.40	999.41	1125.93	1247.06	1387.16	1574.86
长 沙	204.00	288.21	371.43	487.75	564.22	646.65	754.41	839.40	928.55	1034.35
广 州	204.64	281.44	387.63	520.04	614.31	773.85	906.04	1037.28	1187.06	1370.45
深 圳	112.86	160.55	210.92	266.22	320.70	406.16	487.61	566.63	667.67	736.84
南 宁	62.01	83.18	109.97	157.80	179.84	205.86	232.52	266.61	310.81	362.73
北 海	60.37	71.80	84.89	116.92	120.95	126.59	134.89	153.21	163.61	176.17
海 口	33.65	41.75	56.12	76.07	85.15	111.03	125.33	140.83	158.88	175.66
三 亚	42.54	61.73	87.22	110.64	124.74	144.17	166.89	191.15	221.58	238.45
重 庆	436.62	584.02	783.25	996.16	1218.92	1454.35	1751.44	1949.34	2203.04	2508.35
成 都	360.06	496.76	659.91	884.24	1031.43	1178.17	1327.71	1499.01	1678.33	1889.23
贵 阳	128.51	204.19	272.59	350.59	439.48	520.06	628.71	713.36	818.42	901.03
昆 明	142.60	225.10	303.77	432.57	491.54	558.42	654.47	727.78	817.96	919.07
西 安	157.35	158.39	348.98	523.00	600.67	713.35	858.24	980.76	1126.58	1269.93
兰 州	21.03	34.42	57.98	85.36	101.86	120.95	148.01	173.42	189.35	209.74
西 宁	5.12	18.46	33.44	54.01	75.30	92.42	112.13	171.00	156.75	160.14
银 川	10.49	28.73	51.90	77.26	99.80	123.30	153.50	175.79	203.18	275.70
乌鲁木齐	7.80	18.98	35.99	53.47	74.19	96.54	120.70	146.60	198.75	220.69

数据来源：国家统计局

表2-69　全国四十个重点城市2008~2012年住宅开发投资额

单位：亿元

	2008年	2009年	2010年	2011年	2012年
北　京	940.56	906.62	1508.95	1778.31	1627.99
天　津	459.33	494.86	565.39	678.98	843.05
石家庄	195.87	284.50	412.25	548.70	592.27
太　原	73.89	116.75	185.16	246.53	257.02
呼和浩特	139.49	126.93	254.35	257.70	302.19
沈　阳	729.50	802.12	1004.34	1262.79	1331.43
大　连	401.63	477.24	575.65	869.69	1055.41
长　春	288.74	347.39	427.46	502.53	493.22
哈尔滨	133.63	220.28	288.56	421.43	544.79
上　海	843.63	918.68	1229.83	1398.75	1451.94
南　京	410.03	439.41	570.62	637.52	660.94
无　锡	296.86	300.65	430.21	582.95	613.28
苏　州	515.01	514.66	667.20	882.57	851.65
杭　州	449.29	509.82	676.27	800.81	1004.22
宁　波	194.00	237.64	323.12	396.06	515.65
温　州	153.13	174.29	193.13	324.25	466.32
合　肥	439.39	468.19	550.13	636.44	578.50
福　州	239.16	252.19	384.28	687.51	628.48
厦　门	209.63	182.10	207.43	254.53	289.49
南　昌	136.61	158.66	171.27	206.10	221.33
济　南	220.64	255.71	364.56	402.33	445.38
青　岛	271.81	313.75	450.99	570.78	595.00
郑　州	338.07	394.16	555.75	627.37	675.65
武　汉	424.97	498.04	595.33	737.31	991.41
长　沙	368.87	392.90	516.16	684.73	701.01
广　州	514.38	502.24	548.45	780.81	827.61
深　圳	314.98	289.78	304.89	393.35	474.60
南　宁	130.73	158.46	228.12	263.37	253.98
北　海	26.23	36.78	66.95	95.08	129.17
海　口	52.93	67.90	82.57	116.70	130.21
三　亚	73.98	93.72	124.40	160.79	183.19
重　庆	619.53	789.02	1091.49	1438.45	1706.77
成　都	602.12	634.43	804.29	1039.75	1171.16
贵　阳	96.72	136.52	165.02	306.28	568.49
昆　明	211.25	289.52	326.62	419.58	585.99
西　安	412.25	568.30	842.34	833.37	1003.85
兰　州	58.37	51.76	67.00	89.05	131.72
西　宁	37.58	47.49	64.11	68.09	118.69
银　川	49.83	63.98	101.62	120.72	175.51
乌鲁木齐	78.44	80.51	112.80	154.64	174.47

数据来源：国家统计局

表2-70 全国四十个重点城市2012年月度累计住宅开发投资额

单位：亿元

	1~3月	1~4月	1~5月	1~6月	1~7月	1~8月	1~9月	1~10月	1~11月	1~12月
合 计	3918.45	5565.15	7889.80	10932.47	13105.47	15483.01	18127.29	20478.82	22898.69	25373.02
北 京	208.66	305.77	463.10	655.60	811.72	978.13	1117.39	1287.93	1451.26	1627.99
天 津	123.32	208.15	297.59	450.59	498.61	570.85	661.25	697.30	754.55	843.05
石家庄	69.60	116.26	174.19	263.64	310.15	371.09	426.71	484.68	557.12	592.27
太 原	20.36	33.58	51.19	76.39	101.68	128.63	158.99	188.90	217.31	257.02
呼和浩特	6.43	21.85	50.69	87.84	124.14	175.84	227.60	273.45	299.60	302.19
沈 阳	86.72	177.26	316.15	578.80	739.60	890.57	1052.42	1183.57	1254.89	1331.43
大 连	87.90	132.63	237.01	408.16	484.63	572.65	729.98	857.80	982.61	1055.41
长 春	1.07	9.73	63.03	172.45	228.48	286.83	349.98	398.76	462.58	493.22
哈尔滨	16.15	37.39	81.76	148.28	208.40	292.28	340.95	413.05	474.07	544.79
上 海	293.67	386.38	515.65	662.81	778.64	901.16	1033.80	1144.10	1282.62	1451.94
南 京	162.29	209.06	272.01	330.70	401.68	454.25	500.00	546.48	606.93	660.94
无 锡	133.80	186.14	248.24	310.66	357.98	409.64	468.61	510.83	561.02	613.28
苏 州	177.51	244.50	312.60	403.45	485.76	562.16	628.15	706.54	774.52	851.65
杭 州	149.04	206.35	296.39	396.67	487.47	576.20	691.18	791.14	891.72	1004.22
宁 波	106.43	145.00	194.95	258.31	309.74	354.28	404.12	445.04	474.07	515.65
温 州	82.93	122.20	161.89	206.86	251.27	301.65	349.48	403.70	448.33	466.32
合 肥	150.64	206.18	244.52	302.82	354.01	416.07	465.03	508.92	547.46	578.50
福 州	136.38	175.88	222.00	297.20	341.17	387.72	449.51	490.60	546.41	628.48
厦 门	69.93	84.10	109.07	127.99	148.84	166.23	189.43	211.58	244.69	289.49
南 昌	33.67	56.27	77.12	96.48	116.04	143.17	163.42	184.35	201.09	221.33
济 南	85.81	98.89	138.22	204.84	239.59	281.74	336.25	373.94	411.92	445.38
青 岛	100.56	164.44	220.90	283.54	339.82	383.40	440.83	492.01	547.77	595.00
郑 州	108.70	168.12	217.64	300.82	357.16	407.89	474.58	529.34	597.14	675.65
武 汉	154.06	220.36	290.27	461.85	542.64	641.17	720.74	802.45	878.07	991.41
长 沙	136.71	195.39	252.13	321.99	373.71	428.23	503.19	561.42	627.32	701.01
广 州	131.09	171.77	242.37	326.35	382.56	460.08	544.22	638.63	731.89	827.61
深 圳	81.05	112.54	144.31	176.84	212.24	265.22	313.93	369.67	433.20	474.60
南 宁	40.76	53.13	72.44	104.54	120.43	142.40	163.71	187.83	220.31	253.98
北 海	42.88	51.38	61.63	82.52	86.16	90.61	97.43	113.67	121.52	129.17
海 口	23.91	29.21	36.68	53.84	60.00	80.29	91.21	102.44	116.52	130.21
三 亚	33.11	48.00	64.75	83.24	93.96	108.00	119.47	141.17	168.09	183.19
重 庆	304.68	409.62	535.01	671.25	814.55	985.11	1208.31	1336.05	1500.69	1706.77
成 都	227.78	309.86	402.31	535.11	627.68	720.82	822.64	933.46	1046.70	1171.16
贵 阳	82.44	135.27	163.92	213.92	272.81	332.28	406.98	463.58	518.49	568.49
昆 明	92.96	138.76	184.00	270.04	308.97	347.74	421.60	464.18	524.49	585.99
西 安	127.30	127.85	284.21	424.30	488.84	561.50	680.51	772.71	894.45	1003.85
兰 州	12.25	18.91	32.66	47.99	60.32	74.26	92.01	108.30	119.74	131.72
西 宁	3.08	13.67	25.26	40.83	58.68	72.68	83.06	126.79	116.74	118.69
银 川	6.79	18.59	33.29	50.37	66.34	83.02	102.47	116.07	132.49	175.51
乌鲁木齐	6.02	14.70	28.29	42.58	59.03	77.19	96.14	116.39	158.30	174.47

数据来源：国家统计局

表2-71　全国四十个重点城市2008~2012年房地产开发国内贷款

单位：亿元

	2008年	2009年	2010年	2011年	2012年
北　京	889.37	2367.77	1439.08	1167.95	1484.74
天　津	284.49	363.18	539.59	521.53	570.37
石家庄	34.86	71.38	52.83	87.67	72.34
太　原	8.45	34.16	49.70	40.13	24.28
呼和浩特	4.71	8.62	10.21	16.67	25.33
沈　阳	84.34	183.24	256.34	180.32	246.96
大　连	130.89	168.70	210.03	365.32	303.79
长　春	13.57	41.50	47.36	42.92	74.99
哈尔滨	20.10	57.87	35.23	46.47	75.31
上　海	549.55	637.14	819.57	741.18	975.78
南　京	243.07	296.18	287.31	355.1	416.68
无　锡	130.70	166.80	244.12	237.26	274.29
苏　州	290.19	390.16	528.54	450.02	560.75
杭　州	345.68	432.46	465.43	451.73	495.59
宁　波	52.42	92.35	157.19	177.08	219.08
温　州	40.29	63.65	38.59	65.16	51.64
合　肥	64.53	142.14	142.30	162.88	138.49
福　州	107.20	107.93	147.16	121.94	214.92
厦　门	87.14	140.86	146.43	127.28	139.51
南　昌	47.53	61.28	79.92	82.49	101.28
济　南	36.21	95.23	75.32	116.27	119.25
青　岛	158.69	232.17	321.76	323.61	244.32
郑　州	67.06	105.71	116.41	95.67	110.94
武　汉	180.08	313.29	292.88	312.85	366.46
长　沙	107.43	141.69	208.29	218.31	235.51
广　州	209.31	306.51	375.00	352.37	411.85
深　圳	289.15	258.83	199.89	220.02	302.88
南　宁	50.91	49.88	76.42	90.53	97.44
北　海	1.86	7.35	11.56	16.09	15.44
海　口	14.39	27.17	40.87	58.6	87.64
三　亚	15.18	42.26	53.86	44.28	88.77
重　庆	245.62	332.24	584.72	695.08	720.80
成　都	194.53	251.39	314.14	326.98	334.44
贵　阳	43.52	80.58	96.40	104.36	146.78
昆　明	57.80	99.98	103.69	77.07	158.38
西　安	91.57	182.35	189.22	189.17	222.44
兰　州	23.16	22.95	35.86	39.85	68.84
西　宁	9.82	12.93	26.81	16.41	36.36
银　川	11.75	19.62	42.12	32.55	36.60
乌鲁木齐	9.52	27.45	35.05	45.81	46.41

数据来源：国家统计局

表2-72　全国四十个重点城市2012年月度累计房地产开发国内贷款

单位：亿元

	1~3月	1~4月	1~5月	1~6月	1~7月	1~8月	1~9月	1~10月	1~11月	1~12月
合　计	2894.54	3516.32	4233.99	5139.52	5951.71	6803.69	7627.89	8397.08	9166.62	10317.67
北　京	297.24	461.20	586.53	664.04	750.02	853.74	1040.26	1163.63	1284.70	1484.74
天　津	207.32	278.32	229.42	260.21	328.57	355.09	403.18	446.51	466.70	570.37
石家庄	28.76	30.35	35.02	43.42	45.16	47.38	56.64	60.93	64.65	72.34
太　原	9.50	13.49	12.36	12.66	17.02	19.93	19.93	21.76	22.55	24.28
呼和浩特	7.31	4.29	4.68	7.66	10.85	20.47	21.96	24.02	24.32	25.33
沈　阳	47.17	53.04	72.90	130.37	141.75	193.58	212.25	231.51	239.52	246.96
大　连	68.35	77.81	84.60	125.01	150.54	198.64	234.18	261.68	279.16	303.79
长　春	0.80	13.51	19.28	29.66	41.12	47.37	56.09	60.22	70.69	74.99
哈尔滨	7.51	12.83	15.29	18.37	21.48	34.31	45.47	62.51	68.58	75.31
上　海	336.03	365.01	464.02	543.38	604.61	654.65	727.68	782.31	889.64	975.78
南　京	93.06	119.23	165.42	196.98	234.04	266.35	298.55	337.99	360.45	416.68
无　锡	82.46	94.87	113.21	156.38	188.50	197.83	210.44	230.77	249.80	274.29
苏　州	164.82	192.18	225.85	276.92	312.16	376.34	421.90	446.69	485.69	560.75
杭　州	109.20	135.37	194.53	227.31	275.34	327.11	361.87	418.36	444.28	495.59
宁　波	64.61	84.99	104.74	130.51	151.76	170.49	185.28	199.70	211.77	219.08
温　州	16.72	18.43	25.82	30.24	32.91	35.63	37.75	43.72	46.96	51.64
合　肥	56.23	62.14	66.50	81.88	91.77	103.68	109.26	117.09	126.32	138.49
福　州	44.65	59.28	81.03	86.35	112.36	128.14	141.03	172.43	176.99	214.92
厦　门	30.42	46.08	50.11	61.03	72.71	80.08	90.27	94.98	107.50	139.51
南　昌	29.59	34.01	40.98	46.63	54.98	63.79	77.35	85.35	92.64	101.28
济　南	34.76	40.87	47.94	70.60	80.87	85.39	92.70	100.77	109.52	119.25
青　岛	118.69	128.14	140.74	156.60	174.77	197.33	213.17	225.32	232.97	244.32
郑　州	30.30	39.51	45.02	58.92	65.58	72.10	83.78	94.72	95.43	110.94
武　汉	142.37	148.20	147.90	193.81	216.24	241.47	266.73	292.46	331.50	366.46
长　沙	94.89	99.56	129.66	142.81	152.83	160.83	177.46	195.51	216.46	235.51
广　州	88.59	96.35	107.03	138.91	197.82	236.46	255.89	282.82	337.27	411.85
深　圳	99.08	114.55	141.69	164.66	176.38	212.71	225.70	240.11	287.25	302.88
南　宁	28.88	41.66	43.79	49.62	58.09	64.27	70.47	73.38	82.68	97.44
北　海	6.59	5.97	6.56	10.87	11.41	12.69	12.50	13.44	14.36	15.44
海　口	24.50	27.12	39.53	46.26	59.15	62.31	65.44	68.08	81.88	87.64
三　亚	34.86	48.94	60.21	60.50	69.78	72.42	73.05	74.06	78.23	88.77
重　庆	178.05	221.22	296.49	331.85	426.71	487.57	538.17	580.19	633.27	720.80
成　都	119.86	125.29	146.77	185.39	200.62	225.36	252.21	280.23	297.96	334.44
贵　阳	39.93	44.64	56.75	64.61	96.41	104.06	117.36	134.31	142.00	146.78
昆　明	38.48	54.34	76.20	152.38	114.98	120.39	128.43	144.00	145.79	158.38
西　安	78.78	78.78	105.09	117.23	131.99	178.81	183.19	193.96	206.17	222.44
兰　州	13.34	15.55	20.22	27.89	31.47	34.93	46.75	49.05	54.42	68.84
西　宁	13.36	14.43	9.83	11.34	17.81	20.67	29.21	33.61	35.50	36.36
银　川	4.74	7.19	9.91	13.79	17.29	20.22	23.95	27.05	30.54	36.60
乌鲁木齐	2.72	7.62	8.12	12.50	13.83	19.09	20.40	31.84	40.47	46.41

数据来源：国家统计局

表2-73　全国四十个重点城市2008~2012年房地产开发利用外资

单位：亿元

	2008年	2009年	2010年	2011年	2012年
北　京	38.87	29.82	13.90	2.60	4.22
天　津	24.10	11.49	8.34	12.48	3.47
石家庄	0.05	——	2.50	——	——
太　原	——	——	——	——	0.03
呼和浩特	——	——	——	——	——
沈　阳	76.35	83.64	101.50	121.11	68.67
大　连	29.50	10.34	32.46	18.72	9.16
长　春	2.05	0.41	0.04	4.77	1.89
哈尔滨	1.11	1.10	/	2.70	0.02
上　海	71.33	25.40	96.05	43.55	26.12
南　京	0.63	9.51	19.62	15.66	5.51
无　锡	14.64	6.63	12.93	12.90	18.63
苏　州	57.69	15.30	25.08	12.75	13.7
杭　州	——	6.23	10.50	17.37	3.87
宁　波	9.81	5.00	3.85	9.25	3.44
温　州	2.62	——	0.43	3.67	——
合　肥	11.92	15.46	3.02	3.71	1.39
福　州	11.42	9.44	1.52	10.33	0.04
厦　门	19.05	0.78	8.79	0.84	3.99
南　昌	3.12	2.68	——	3.29	0.79
济　南	4.22	4.07	7.28	0.49	6.11
青　岛	6.36	1.65	7.63	18.97	1.46
郑　州	11.27	——	——	5.00	——
武　汉	10.11	15.2	96.75	42.80	1.27
长　沙	4.12	1.85	0.94	60.38	44.79
广　州	24.59	13.91	46.72	48.15	6.73
深　圳	1.49	1.39	10.33	2.06	——
南　宁	1.63	0.2	4.54	0.06	——
北　海	——	——	——	0.07	——
海　口	4.14	0.03	——	——	——
三　亚	1.60	1.57	——	3.16	6.47
重　庆	48.53	37.02	83.93	59.92	20.13
成　都	90.13	12.52	33.14	66.64	16.93
贵　阳	1.14	0.11	0.70	4.41	4.29
昆　明	4.25	0.40	0.50	0.14	2.4
西　安	1.81	5.17	5.56	——	——
兰　州	0.10	——	——	——	——
西　宁	——	——	2.32	1.53	——
银　川	——	——	——	——	——
乌鲁木齐	——	——	——	609.49	——

数据来源：国家统计局

表2-74 全国四十个重点城市2012年月度累计房地产开发利用外资

单位：亿元

	1~3月	1~4月	1~5月	1~6月	1~7月	1~8月	1~9月	1~10月	1~11月	1~12月
合 计	65.66	74.20	110.64	137.23	153.89	202.38	222.81	236.39	250.07	275.50
北 京	3.75	3.75	3.75	3.75	4.22	4.22	4.22	4.22	4.22	4.22
天 津	8.18	8.18	5.49	5.50	5.50	5.50	5.50	3.09	3.47	3.47
石家庄	——	——	——	——	——	——	——	——	——	——
太 原	——	——	——	——	——	——	——	——	——	0.03
呼和浩特	——	——	——	——	——	——	——	——	——	——
沈 阳	8.37	8.92	32.94	37.00	42.88	51.80	61.24	64.72	67.69	68.67
大 连	5.40	5.40	6.18	6.82	6.82	6.82	7.21	7.21	7.33	9.16
长 春	——	——	——	——	——	——	1.80	1.89	1.89	1.89
哈尔滨	——	0.02	0.02	0.02	0.02	0.02	0.02	0.02	0.02	0.02
上 海	0.71	9.21	12.99	19.70	21.80	21.91	22.93	24.78	25.07	26.12
南 京	0.56	0.56	0.56	0.56	0.94	5.51	5.51	5.51	5.51	5.51
无 锡		0.05	6.38	6.38	6.38	10.79	10.84	12.34	17.49	18.63
苏 州	0.11	2.90	2.90	2.90	2.90	2.90	2.90	3.00	3.00	13.70
杭 州	——	——	——	——	——	——	2.61	2.61	2.61	3.87
宁 波	0.54	0.59	1.05	1.19	1.41	1.45	1.50	1.81	2.13	3.44
温 州	——	——	——	——	——	——	——	——	——	——
合 肥	1.39	1.39	1.64	1.73	1.73	1.39	1.39	1.39	1.39	1.39
福 州	——	——	0.04	0.04	0.04	0.04	0.04	0.04	0.04	0.04
厦 门	——	——	——	——	——	——	——	3.36	3.36	3.99
南 昌	0.10	0.10	0.10	0.10	0.10	0.10	0.10	0.10	0.77	0.79
济 南	——	——	0.71	——	——	6.11	6.11	6.11	6.11	6.11
青 岛	——	0.02	——	1.13	1.13	1.37	1.39	1.40	1.44	1.46
郑 州	——	——	0.50	——	——	——	——	——	——	——
武 汉	——	1.00	16.90	0.50	1.50	1.50	0.50	0.50	0.55	1.27
长 沙	15.30	15.55	1.77	27.69	31.95	37.58	40.10	41.95	43.65	44.79
广 州	0.69	1.47	——	3.75	4.16	3.83	4.97	5.20	6.23	6.73
深 圳	——	——	——	——	——	——	——	——	——	——
南 宁	——	——	——	——	——	——	——	——	——	——
北 海	——	——	——	——	——	——	——	——	——	——
海 口	——	——	——	——	——	——	——	——	——	——
三 亚	——	——	——	——	——	6.47	6.47	6.47	6.47	6.47
重 庆	0.20	0.20		0.20	0.20	12.86	12.86	16.02	16.02	20.13
成 都	13.94	13.94	0.20	15.56	16.86	16.88	16.88	16.92	16.92	16.93
贵 阳	——	0.95	15.56	2.70	3.34	3.34	3.34	3.34	4.29	4.29
昆 明	——	——	0.95	——	——	——	——	——	——	2.40
西 安	——	——	——	——	——	——	2.40	2.40	2.40	——
兰 州	——	——	——	——	——	——	——	——	——	——
西 宁	——	——	——	——	——	——	——	——	——	——
银 川	——	——	——	——	——	——	——	——	——	——
乌鲁木齐	——	——	——	——	——	——	——	——	——	——

数据来源：国家统计局

十、全国四十个重点城市房地产建设数据

表2-75 全国四十个重点城市2008~2012年房屋施工面积

单位：万平方米

	2008年	2009年	2010年	2011年	2012年
北 京	10014.32	9719.08	10300.86	12065.38	13122.49
天 津	5704.27	6052.16	7160.74	9075.39	9864.22
石家庄	1110.84	2344.60	4237.68	4967.99	4677.18
太 原	1314.67	1780.36	2366.52	2859.89	3651.05
呼和浩特	1787.12	1832.92	2461.13	3531.92	4442.06
沈 阳	5848.51	6847.89	8851.45	10289.91	11002.63
大 连	3328.63	3489.06	5060.54	6201.04	6213.43
长 春	2183.48	2377.10	3089.42	4087.87	5123.72
哈尔滨	1610.76	1922.84	2911.04	4528.17	5577.06
上 海	10390.67	9961.60	11295.03	12983.32	13249.97
南 京	4098.63	4366.07	4517.97	5644.43	6050.06
无 锡	3333.96	3260.25	4474.59	5162.64	5568.89
苏 州	7036.91	6929.95	8019.55	8218.73	8403.89
杭 州	4953.68	5121.49	6227.05	7739.69	8299.84
宁 波	3057.97	3104.34	3820.70	5295.67	6080.51
温 州	2390.57	2320.22	2507.50	3226.07	3745.92
合 肥	3808.63	4751.29	5338.63	5645.79	6071.64
福 州	2486.23	2635.06	3599.46	4989.92	5704.68
厦 门	3367.26	3094.96	3088.53	3592.70	3579.73
南 昌	1825.93	1782.03	2146.18	2609.87	3123.29
济 南	1571.51	2130.54	2363.53	3520.89	3819.44
青 岛	3704.72	4309.94	5058.40	5690.39	6497.69
郑 州	4864.18	5207.27	6255.49	7425.82	8253.94
武 汉	3798.10	4487.38	5068.42	5961.06	6862.97
长 沙	4220.10	6172.75	6687.29	7685.55	7376.26
广 州	5500.37	5505.56	6464.12	7704.34	7845.62
深 圳	3276.30	3112.36	2939.94	3082.46	3216.69
南 宁	2190.07	2620.22	3147.52	3608.46	3747.04
北 海	367.00	423.44	841.83	1304.32	1397.75
海 口	650.04	673.25	874.24	1189.42	1591.47
三 亚	400.79	515.79	584.95	636.53	899.52
重 庆	11639.27	13052.60	17138.50	20397.24	22009.03
成 都	7391.80	8317.09	9778.90	12664.51	14150.98
贵 阳	2464.18	3088.57	3982.84	4794.03	5664.10
昆 明	2011.11	2694.49	3547.50	4184.81	5885.00
西 安	3526.47	5708.63	6697.39	8215.57	9893.11
兰 州	991.45	1256.06	1467.21	1686.70	2342.49
西 宁	579.49	723.64	1146.00	1276.21	1479.95
银 川	876.81	1067.68	1605.26	2141.05	2948.53
乌鲁木齐	966.35	1203.93	1499.77	1710.37	2390.52

数据来源：国家统计局

表2-76 全国四十个重点城市2012年月度累计房屋施工面积

单位：万平方米

	1~3月	1~4月	1~5月	1~6月	1~7月	1~8月	1~9月	1~10月	1~11月	1~12月
合 计	188498.94	195559.59	208753.06	212939.19	218378.24	226547.22	231723.72	237492.84	243902.77	251824.36
北 京	9247.12	9935.84	10485.41	11020.67	11390.67	11742.63	12044.13	12364.78	12786.07	13122.49
天 津	6040.57	6273.25	6701.96	7279.08	7593.77	7644.66	7855.25	7971.09	8160.96	9864.22
石家庄	3504.96	3765.75	3882.74	4106.44	4187.39	4282.94	4396.82	4519.72	4655.13	4677.18
太 原	2759.18	2905.70	3000.09	3153.00	3209.55	3332.21	3458.13	3549.02	3556.71	3651.05
呼和浩特	3244.24	3362.10	3556.78	3629.35	3805.05	4159.84	4217.93	4306.41	4401.89	4442.06
沈 阳	7767.39	8004.52	8609.90	9522.86	9776.58	10292.97	10559.11	10851.67	10982.49	11002.63
大 连	5167.50	5321.13	4824.45	5348.50	5451.05	5623.45	5717.05	5870.75	5999.56	6213.43
长 春	3339.72	3416.90	3519.83	4067.69	4188.16	4326.25	4440.69	4486.57	4834.30	5123.72
哈尔滨	3588.40	3818.25	4114.20	4498.06	4684.02	4935.17	5005.59	5203.74	5350.01	5577.06
上 海	10964.00	11277.02	11787.71	12057.50	12199.04	12605.29	12754.27	13011.22	13189.87	13249.97
南 京	5170.53	5186.99	5402.94	5534.96	5612.79	5666.92	5738.46	5828.78	5940.40	6050.06
无 锡	4469.27	4568.61	4589.14	4884.96	5052.66	5190.51	5226.33	5386.06	5458.18	5568.89
苏 州	6794.32	6919.54	7155.71	7488.99	7691.51	7890.55	7973.50	8102.80	8210.22	8403.89
杭 州	6579.81	6650.35	7058.88	7204.34	7293.92	7647.66	7837.40	8016.01	8160.86	8299.84
宁 波	4699.37	4799.21	2010.31	5214.87	5385.69	5555.13	5778.17	5911.75	6011.41	6080.51
温 州	2939.10	3050.84	3158.75	3242.23	3382.22	3468.18	3542.57	3642.69	3719.01	3745.92
合 肥	4810.33	4978.35	5213.55	5314.51	5390.41	5583.16	5732.29	5826.57	5980.10	6071.64
福 州	4644.78	4703.41	4792.90	4913.12	5089.63	5154.57	5233.51	5289.22	5390.37	5704.68
厦 门	3047.37	3105.01	3151.58	3211.92	3244.15	3310.97	3389.09	3412.52	3491.14	3579.73
南 昌	2484.94	2554.54	2588.42	2612.41	2663.24	2759.94	2817.58	2923.55	3053.73	3123.29
济 南	2997.08	3084.96	3212.18	3378.92	3415.93	3590.60	3655.23	3714.22	3800.23	3819.44
青 岛	5135.84	5302.35	5677.84	5796.96	5876.53	6128.33	6233.35	6274.36	6440.87	6497.69
郑 州	6283.34	6583.33	6680.05	6997.30	7144.81	7334.47	7543.40	7739.71	7991.92	8253.94
武 汉	4697.59	5085.20	5182.89	5875.12	6073.64	6150.99	6262.26	6393.23	6602.22	6862.97
长 沙	5774.14	5986.65	6204.96	6394.24	6483.80	6788.49	6904.44	7012.58	7182.19	7376.26
广 州	6660.21	6763.00	6881.28	6974.28	7119.90	7344.90	7407.03	7483.85	7734.74	7845.62
深 圳	2272.65	2420.76	2607.38	2649.44	2774.97	2904.46	2946.05	2962.26	3155.56	3216.69
南 宁	2855.99	3042.22	3105.12	3266.23	3276.25	3306.89	3313.02	3376.83	3576.82	3747.04
北 海	1166.25	1221.80	1250.50	1315.12	1339.25	1355.55	1363.98	1397.21	1407.37	1397.75
海 口	1233.57	1266.38	1289.63	1361.02	1365.68	1459.11	1493.73	1495.75	1587.45	1591.47
三 亚	568.22	614.18	645.81	676.38	699.98	732.43	755.34	774.87	858.83	899.52
重 庆	16641.91	16921.17	17578.51	18056.30	18661.65	19602.45	20422.33	20749.21	21442.19	22009.03
成 都	10848.78	11099.58	11314.49	11740.28	12021.18	12300.34	12631.43	13122.06	13598.23	14150.98
贵 阳	4052.10	4291.62	4605.88	4730.98	4897.26	5142.62	5262.73	5359.10	5530.86	5664.10
昆 明	3399.58	3947.53	4195.08	4544.48	4668.51	5019.57	5151.09	5463.18	5703.97	5885.00
西 安	7217.83	7346.35	7675.32	7890.87	7952.13	8679.12	8804.13	9068.84	9560.62	9893.11
兰 州	1525.17	1637.70	1903.80	2107.97	2200.15	2242.66	2326.76	2422.00	2298.78	2342.49
西 宁	797.20	964.78	1095.62	1211.21	1283.64	1310.20	1317.46	1838.47	1475.26	1479.95
银 川	1553.80	1694.08	1747.47	1820.26	1877.34	1922.30	2127.75	2198.74	2258.79	2948.53
乌鲁木齐	1554.80	1688.60	1804.64	1846.36	1954.20	2058.72	2084.38	2171.44	2363.49	2390.52

数据来源：国家统计局

表2-77　全国四十个重点城市2008~2012年住宅施工面积

单位：万平方米

	2008年	2009年	2010年	2011年	2012年
北　京	5538.23	5551.88	6167.02	7168.12	7510.36
天　津	4306.33	4517.83	5117.60	6435.79	6923.52
石家庄	919.34	1912.77	3487.13	3889.87	3663.6
太　原	1061.47	1477.53	1922.21	2378.23	2854.11
呼和浩特	1462.19	1452.39	1901.16	2540.16	3127.18
沈　阳	4410.34	5068.49	6634.19	7705.61	8039.85
大　连	2637.48	2812.98	4010.24	4924.65	4833.42
长　春	1781.42	1895.76	2454.11	3145.87	3798.82
哈尔滨	1288.49	1605.80	2408.05	3525.34	4172.56
上　海	6872.10	6550.73	7313.85	8386.26	8315.68
南　京	3180.05	3188.18	3174.48	4035.64	4229.09
无　锡	2659.53	2398.87	3416.34	3677.40	3842.91
苏　州	5189.80	5024.23	5806.63	6028.9	6049.39
杭　州	3631.53	3658.83	4249.18	4924.07	5027.28
宁　波	1967.18	1911.64	2235.78	2961.69	3362.08
温　州	1754.98	1665.17	1789.09	2246.28	2555.28
合　肥	3083.33	3679.42	4005.80	4100.74	4235.88
福　州	2131.69	2244.38	2908.55	3853.62	4275.69
厦　门	2095.85	1945.70	1891.48	2154.92	2111.07
南　昌	1541.40	1483.99	1743.33	2100.18	2231.62
济　南	1330.25	1761.41	1868.37	2608.14	2696.72
青　岛	2740.39	3057.98	3602.77	4003.56	4481.82
郑　州	3717.89	3939.56	4582.79	5338.39	5603.64
武　汉	3222.14	3580.99	3811.68	4500.77	5068.97
长　沙	3485.66	5103.35	5445.71	6056.72	5330.98
广　州	3659.65	3420.09	3983.84	4848.07	4917.57
深　圳	2210.36	2087.47	2025.14	2089.87	2107.59
南　宁	1669.80	1952.83	2378.66	2661.53	2734.92
北　海	312.73	380.38	747.41	1124.19	1211.23
海　口	501.94	556.47	674.91	953.99	1279.36
三　亚	380.03	461.44	518.63	548.73	780.74
重　庆	9166.21	10338.12	13744.78	15923.84	16997.85
成　都	6064.84	6676.52	7550.32	9390.52	9855.11
贵　阳	1987.67	2356.36	2967.72	3561.52	4031.54
昆　明	1679.61	2158.32	2835.63	2974.30	4228.62
西　安	2977.50	4901.59	5777.71	7074.47	8251.38
兰　州	779.62	968.98	1119.44	1320.25	1740.06
西　宁	510.88	605.16	934.01	1027.80	1167.72
银　川	625.37	783.60	1202.26	1590.45	2049.47
乌鲁木齐	822.97	988.13	1230.37	1408.35	1920.89

数据来源：国家统计局

表2-78　全国四十个重点城市2012年月度累计住宅施工面积

单位：万平方米

	1~3月	1~4月	1~5月	1~6月	1~7月	1~8月	1~9月	1~10月	1~11月	1~12月
合　计	134674.39	139448.42	148969.63	151456.96	155291.61	160759.42	164186.27	168207.43	172276.19	177615.58
北　京	5444.05	5852.29	6157.19	6511.37	6664.34	6876.31	7028.76	7212.03	7356.76	7510.36
天　津	4176.68	4269.71	4550.24	4997.23	5222.67	5267.01	5423.17	5503.97	5610.69	6923.52
石家庄	2733.34	2939.37	3035.92	3234.94	3292.42	3368.08	3443.52	3536.82	3642.54	3663.60
太　原	2228.73	2305.08	2373.35	2485.87	2535.32	2610.88	2713.24	2794.32	2789.79	2854.11
呼和浩特	2336.30	2412.10	2549.16	2603.05	2702.25	2941.08	2979.64	3026.74	3098.71	3127.18
沈　阳	5612.13	5768.75	6189.24	6911.01	7108.66	7460.40	7661.13	7918.21	8022.64	8039.85
大　连	4066.14	4165.14	3797.75	4175.63	4255.74	4403.34	4474.63	4577.69	4686.87	4833.42
长　春	2522.88	2573.53	2670.09	3038.60	3138.08	3250.79	3346.01	3387.55	3677.16	3798.82
哈尔滨	2778.36	2926.27	3120.51	3418.05	3581.00	3781.15	3819.75	3966.03	4080.03	4172.56
上　海	7097.71	7249.31	7520.79	7699.62	7810.32	7970.46	8053.29	8188.02	8241.12	8315.68
南　京	3627.13	3655.84	3740.09	3842.52	3899.35	3926.32	3978.89	4044.09	4139.10	4229.09
无　锡	3099.35	3178.17	3169.37	3381.43	3531.34	3632.86	3653.74	3725.47	3764.94	3842.91
苏　州	4991.31	5056.31	5181.22	5418.56	5576.21	5714.37	5757.39	5862.12	5935.74	6049.39
杭　州	4070.13	4110.76	4316.86	4435.32	4481.03	4673.55	4750.85	4835.22	4931.34	5027.28
宁　波	2579.27	2624.34	2725.00	2862.10	2986.16	3076.00	3200.22	3284.13	3333.51	3362.08
温　州	2047.15	2115.10	2159.23	2209.43	2299.98	2363.10	2410.90	2476.43	2531.48	2555.28
合　肥	3443.26	3553.29	3706.88	3747.98	3804.17	3937.59	4015.95	4072.95	4175.50	4235.88
福　州	3512.11	3553.32	3610.62	3690.54	3831.10	3878.33	3903.98	3953.68	4015.26	4275.69
厦　门	1871.03	1894.27	1921.03	1958.71	1983.72	2026.58	2059.00	2073.24	2077.26	2111.07
南　昌	1801.34	1848.88	1880.00	1893.96	1934.13	2020.17	2045.25	2107.29	2191.20	2231.62
济　南	2116.36	2195.23	2286.98	2406.69	2436.02	2554.68	2610.31	2649.35	2683.92	2696.72
青　岛	3537.73	3665.70	3955.38	4047.38	4087.45	4238.56	4292.76	4343.63	4436.56	4481.82
郑　州	4288.41	4452.59	4523.62	4792.11	4900.52	5014.61	5161.86	5269.81	5395.85	5603.64
武　汉	3426.61	3819.80	3900.87	4419.66	4551.61	4540.99	4612.83	4717.70	4850.94	5068.97
长　沙	4416.32	4508.53	4648.74	4744.34	4808.74	5003.89	5061.92	5127.84	5193.54	5330.98
广　州	4192.20	4254.71	4341.61	4411.52	4494.82	4612.34	4656.39	4692.38	4851.33	4917.57
深　圳	1536.22	1628.88	1768.07	1791.12	1874.42	1961.42	1970.42	1980.39	2077.14	2107.59
南　宁	2080.51	2217.56	2260.22	2378.65	2387.54	2412.66	2418.72	2485.95	2643.86	2734.92
北　海	1006.46	1060.40	1085.82	1137.31	1158.37	1169.98	1176.74	1204.26	1213.01	1211.23
海　口	979.00	1048.17	1069.18	1125.46	1127.26	1201.08	1223.27	1225.23	1276.84	1279.36
三　亚	481.64	526.62	557.45	586.36	598.78	626.28	640.85	668.03	743.02	780.74
重　庆	13004.97	13137.12	13635.79	14005.93	14429.64	15200.21	15890.41	16091.94	16556.61	16997.85
成　都	7848.26	8021.53	8156.39	8369.68	8562.83	8751.65	8968.62	9285.25	9577.16	9855.11
贵　阳	3006.74	3214.27	3454.97	3494.14	3590.98	3713.75	3775.35	3820.98	3951.83	4031.54
昆　明	2435.43	2823.95	2973.70	3214.28	3308.38	3539.90	3650.92	3906.93	4126.15	4228.62
西　安	6118.10	6218.69	6461.42	6644.85	6696.97	7228.91	7332.01	7566.35	7994.74	8251.38
兰　州	1125.54	1213.05	1429.19	1584.09	1653.53	1682.62	1752.16	1814.57	1705.94	1740.06
西　宁	627.97	771.72	895.46	975.29	1041.64	1061.70	1047.46	1470.24	1166.22	1167.72
银　川	1136.68	1227.23	1258.33	1311.92	1356.32	1387.04	1525.87	1587.78	1624.17	2049.47
乌鲁木齐	1270.82	1390.82	1468.46	1500.28	1587.82	1678.79	1698.09	1752.82	1905.69	1920.89

数据来源：国家统计局

表2-79　全国四十个重点城市2008~2012年办公用房施工面积

单位：万平方米

	2008年	2009年	2010年	2011年	2012年
北　京	1287.18	1132.19	1054.84	1422.66	1711.86
天　津	307.37	348.46	396.61	687.88	792.40
石家庄	20.76	61.99	129.34	202.93	191.65
太　原	50.76	46.91	87.15	73.12	94.56
呼和浩特	100.45	72.36	99.24	158.14	170.21
沈　阳	194.29	255.94	329.22	321.23	376.55
大　连	58.92	90.02	106.52	120.31	133.21
长　春	53.58	75.41	83.42	123.44	183.33
哈尔滨	21.87	15.83	28.37	77.94	131.42
上　海	1084.47	958.64	1103.18	1158.34	1284.68
南　京	151.00	137.62	191.54	263.92	313.28
无　锡	94.11	138.20	142.08	248.66	326.71
苏　州	227.10	273.44	378.37	304.82	295.32
杭　州	394.64	458.53	563.63	788.54	831.98
宁　波	214.46	219.61	334.39	473.36	512.54
温　州	81.77	74.05	72.65	96.34	89.88
合　肥	220.27	302.89	365.81	315.99	412.73
福　州	30.15	29.69	95.48	191.15	323.86
厦　门	221.77	210.29	262.60	340.84	349.58
南　昌	20.03	38.50	80.40	99.82	222.43
济　南	81.23	96.69	72.33	200.00	215.71
青　岛	171.60	181.68	166.93	186.13	285.67
郑　州	290.71	270.51	409.45	518.05	649.93
武　汉	115.78	159.50	170.29	254.70	450.74
长　沙	92.06	105.74	93.64	146.88	272.15
广　州	455.78	467.16	525.10	658.65	665.27
深　圳	201.55	189.09	182.36	194.57	156.93
南　宁	46.24	75.75	75.54	91.77	128.28
北　海	2.89	0.78	3.88	3.56	5.72
海　口	34.95	14.56	29.67	33.30	22.18
三　亚	0.68	0.88	1.35	3.78	5.65
重　庆	232.18	210.29	247.56	386.84	499.85
成　都	173.11	261.97	370.29	539.05	763.48
贵　阳	68.67	88.61	97.81	115.79	219.57
昆　明	58.42	72.35	117.72	251.18	338.56
西　安	189.31	221.46	205.42	205.68	277.85
兰　州	31.15	40.47	40.25	47.14	73.87
西　宁	7.74	7.93	23.61	24.16	24.45
银　川	46.65	62.75	62.48	69.77	93.84
乌鲁木齐	48.40	56.96	53.75	47.71	62.99

数据来源：国家统计局

表2-80　全国四十个重点城市2012年月度累计办公用房施工面积

单位：万平方米

	1~3月	1~4月	1~5月	1~6月	1~7月	1~8月	1~9月	1~10月	1~11月	1~12月
合　计	10137.88	10548.85	11077.73	11433.44	11740.04	12294.03	12589.21	12916.12	13520.96	13960.85
北　京	1069.58	1168.01	1248.59	1298.39	1388.99	1447.06	1497.94	1506.61	1624.74	1711.86
天　津	531.88	561.53	579.75	632.40	674.80	678.56	688.36	688.36	718.09	792.40
石家庄	157.70	170.11	175.03	177.03	182.61	184.61	184.61	184.82	197.06	191.65
太　原	79.68	85.52	86.32	87.37	87.43	92.12	95.00	95.60	93.94	94.56
呼和浩特	142.04	152.45	158.91	160.24	166.83	175.42	156.71	158.02	167.81	170.21
沈　阳	319.16	322.82	332.28	349.23	349.30	379.46	379.54	382.94	376.25	376.55
大　连	104.15	125.97	110.62	119.62	127.67	128.45	128.70	133.05	133.12	133.21
长　春	114.65	114.65	115.28	127.69	128.03	127.34	127.58	127.58	134.10	183.33
哈尔滨	67.97	77.25	81.85	82.21	82.51	100.33	111.10	121.91	124.33	131.42
上　海	968.58	1002.97	1076.28	1093.19	1100.09	1182.60	1209.97	1232.64	1288.18	1284.68
南　京	240.42	238.43	277.01	277.38	284.98	287.12	287.27	292.90	310.70	313.28
无　锡	274.16	276.55	278.48	287.54	294.81	309.26	315.22	332.20	334.57	326.71
苏　州	261.26	270.24	284.41	277.92	277.00	283.16	288.58	299.34	299.12	295.32
杭　州	670.57	672.79	728.82	730.95	737.44	770.79	794.53	831.34	837.55	831.98
宁　波	421.38	432.85	450.79	450.77	461.17	479.51	483.06	496.10	506.51	512.54
温　州	75.55	75.55	84.40	84.51	85.67	86.05	85.82	85.99	89.41	89.88
合　肥	329.84	340.10	356.16	364.88	370.09	384.13	399.55	399.55	416.92	412.73
福　州	246.41	271.22	286.71	293.17	299.45	304.95	317.42	318.99	318.99	323.86
厦　门	284.45	288.56	288.49	290.59	290.59	290.59	302.59	309.00	344.17	349.58
南　昌	161.76	162.12	162.49	163.13	165.30	166.20	176.68	200.80	217.97	222.43
济　南	170.62	168.08	180.15	189.46	190.32	199.94	197.85	207.38	210.26	215.71
青　岛	213.30	214.18	219.62	221.11	223.28	255.15	262.27	260.29	285.66	285.67
郑　州	449.99	491.73	501.14	489.67	499.20	534.50	548.46	570.47	636.50	649.93
武　汉	343.02	342.94	352.69	359.38	369.46	399.26	405.83	423.55	435.20	450.74
长　沙	136.60	166.73	171.97	203.40	205.82	211.59	218.32	230.72	269.10	272.15
广　州	563.55	583.40	587.03	587.41	588.12	603.04	605.96	632.93	645.50	665.27
深　圳	123.80	126.73	129.28	134.35	131.03	137.62	150.09	148.71	154.99	156.93
南　宁	88.32	90.23	90.23	99.28	99.28	99.50	99.50	98.56	98.97	128.28
北　海	2.50	4.00	4.02	4.04	4.24	4.26	4.44	4.46	5.05	5.72
海　口	40.03	14.17	14.24	17.75	17.75	18.17	18.17	18.17	22.02	22.18
三　亚	5.65	5.65	5.65	5.65	5.65	5.65	5.65	5.65	5.65	5.65
重　庆	346.80	359.60	366.51	378.02	403.38	423.04	448.99	450.56	486.56	499.85
成　都	504.05	518.77	549.35	586.59	593.14	595.22	611.53	650.76	692.00	763.48
贵　阳	58.18	58.57	61.83	105.86	144.20	187.56	211.78	211.78	216.79	219.57
昆　明	223.45	240.58	271.28	307.20	311.68	329.26	330.20	336.41	339.67	338.56
西　安	187.52	192.53	204.22	205.11	205.41	234.65	236.53	239.05	253.46	277.85
兰　州	51.02	52.97	60.16	64.05	64.66	64.67	68.39	72.50	73.84	73.87
西　宁	20.17	19.24	19.13	19.16	19.25	20.01	20.59	27.64	24.45	24.45
银　川	44.54	48.82	57.19	62.84	62.84	64.48	64.48	64.99	68.20	93.84
乌鲁木齐	43.59	40.24	44.74	44.90	46.56	48.73	49.96	63.80	63.61	62.99

数据来源：国家统计局

表2-81 全国四十个重点城市2008~2012年商业用房施工面积

单位：万平方米

	2008年	2009年	2010年	2011年	2012年
北　京	1429.84	1323.38	1229.33	1187.48	1236.89
天　津	601.71	682.35	1004.27	1031.65	1045.23
石家庄	129.77	248.23	459.24	599.41	533.88
太　原	160.82	137.00	208.66	202.17	336.72
呼和浩特	148.11	205.52	335.33	558.24	756.98
沈　阳	879.72	1222.41	256.09	1715.92	1843.56
大　连	397.28	358.96	525.82	643.56	707.40
长　春	242.41	253.70	330.30	501.05	685.88
哈尔滨	194.23	185.33	256.09	462.21	638.57
上　海	1222.53	1112.33	1292.96	1365.89	1449.91
南　京	395.71	525.20	546.72	568.18	590.22
无　锡	413.51	479.36	644.92	899.58	976.42
苏　州	1095.33	1047.60	1142.88	1147.58	1162.84
杭　州	354.67	364.55	464.58	604.4	686.11
宁　波	297.95	333.97	417.64	624.8	738.74
温　州	201.61	210.86	206.14	263.09	345.93
合　肥	312.96	477.48	578.48	707.68	817.04
福　州	144.00	156.43	227.64	353.31	392.11
厦　门	220.32	206.86	208.83	250.87	275.68
南　昌	153.17	173.76	205.00	245.31	372.69
济　南	95.37	160.85	268.66	343.88	379.75
青　岛	412.41	584.18	661.63	752.99	813.92
郑　州	557.91	564.57	658.33	782.09	877.45
武　汉	208.19	354.53	466.58	681.76	608.49
长　沙	272.69	344.61	389.49	529.83	686.77
广　州	617.32	756.49	866.20	858.73	881.92
深　圳	346.45	328.27	298.62	325.14	339.25
南　宁	217.57	272.72	290.77	331.11	354.64
北　海	33.76	22.91	45.31	76.08	74.31
海　口	74.99	57.54	64.25	75.95	99.79
三　亚	10.92	27.12	35.06	35.42	60.93
重　庆	1248.64	1344.49	1549.77	1956.25	2028.90
成　都	491.53	516.36	634.98	1008.18	1474.53
贵　阳	214.92	276.13	318.10	437.98	585.29
昆　明	141.20	277.72	280.41	428.26	529.51
西　安	252.39	366.12	427.23	542.12	742.67
兰　州	100.66	123.28	157.17	158.15	228.94
西　宁	49.78	77.53	112.70	120.90	160.84
银　川	161.19	129.33	180.12	230.32	454.39
乌鲁木齐	63.66	89.71	116.12	105.39	147.88

数据来源：国家统计局

表2-82 全国四十个重点城市2012年月度累计商业用房施工面积

单位：万平方米

	1~3月	1~4月	1~5月	1~6月	1~7月	1~8月	1~9月	1~10月	1~11月	1~12月
合 计	19657.96	20591.54	22022.35	22527.12	23052.78	24071.86	24750.30	25403.18	26172.71	27122.96
北 京	905.73	992.04	1017.05	1038.30	1058.38	1071.50	1138.07	1171.11	1233.82	1236.89
天 津	669.17	776.72	855.73	882.35	915.53	916.51	929.07	938.21	982.52	1045.23
石家庄	394.08	410.51	421.18	441.03	457.86	469.24	497.45	512.07	526.99	533.88
太 原	243.41	266.53	275.70	292.65	297.50	311.85	315.81	317.86	326.20	336.72
呼和浩特	528.07	535.64	574.43	585.34	623.59	698.01	719.35	741.86	748.17	756.98
沈 阳	1347.89	1386.34	1491.02	1607.79	1653.09	1732.20	1786.88	1818.56	1841.87	1843.56
大 连	548.51	571.97	519.14	593.44	600.54	614.34	622.56	649.16	662.23	707.40
长 春	439.96	460.71	456.58	559.89	568.57	575.98	592.26	594.01	613.96	685.88
哈尔滨	330.84	395.51	438.62	462.76	473.92	487.65	500.50	518.20	528.84	638.57
上 海	1136.89	1172.88	1236.98	1257.32	1266.21	1340.77	1364.79	1431.61	1469.43	1449.91
南 京	531.22	536.13	569.84	581.69	583.26	594.60	595.05	596.81	594.66	590.22
无 锡	816.68	831.68	842.96	887.99	909.38	919.12	926.83	963.98	973.71	976.42
苏 州	929.21	965.08	1034.30	1069.14	1067.59	1090.97	1099.77	1100.61	1123.08	1162.84
杭 州	538.05	549.75	575.39	585.58	601.18	633.52	668.21	674.85	679.57	686.11
宁 波	567.36	569.81	588.70	611.96	641.22	660.27	683.22	699.89	718.02	738.74
温 州	233.65	262.00	276.63	296.56	311.19	317.56	328.44	338.21	346.42	345.93
合 肥	592.71	618.73	660.88	699.37	710.29	731.83	757.11	760.71	782.41	817.04
福 州	382.64	373.04	375.90	385.24	351.92	358.82	377.41	372.93	392.08	392.11
厦 门	210.09	213.12	221.58	226.45	228.39	233.05	244.89	246.27	265.70	275.68
南 昌	268.75	282.99	280.49	288.42	291.22	292.59	310.71	322.74	351.03	372.69
济 南	282.68	286.05	279.59	293.15	296.05	329.96	332.92	336.29	379.52	379.75
青 岛	698.15	709.14	722.25	733.35	753.48	774.83	799.27	791.73	807.28	813.92
郑 州	659.99	708.10	718.35	748.48	758.91	775.74	795.24	821.79	852.08	877.45
武 汉	391.39	406.68	450.69	505.77	531.41	548.01	566.34	564.67	601.50	608.49
长 沙	457.08	491.14	536.15	561.15	563.45	615.35	631.31	640.53	665.04	686.77
广 州	707.21	718.55	724.61	731.74	760.61	830.32	845.52	851.10	882.59	881.92
深 圳	238.53	248.06	259.14	262.18	285.17	306.16	312.73	312.20	322.67	339.25
南 宁	271.70	283.53	287.10	297.72	298.17	298.09	298.09	308.21	321.03	354.64
北 海	70.68	65.12	68.16	74.72	75.29	75.52	75.91	77.98	78.50	74.31
海 口	74.37	75.03	76.05	80.26	82.12	88.12	91.14	91.20	98.64	99.79
三 亚	32.75	35.06	35.86	36.81	45.65	47.41	55.56	47.92	55.99	60.93
重 庆	1518.83	1573.40	1604.76	1629.02	1693.88	1775.60	1800.75	1889.10	1983.81	2028.90
成 都	998.40	1031.34	1049.77	1167.11	1190.44	1243.12	1288.02	1342.94	1383.97	1474.53
贵 阳	405.87	438.59	441.42	453.08	470.58	491.39	503.30	544.34	565.20	585.29
昆 明	314.36	368.81	397.36	430.87	434.53	490.17	491.84	508.92	517.33	529.51
西 安	447.55	455.30	509.25	532.87	537.92	649.80	660.57	670.58	700.81	742.67
兰 州	157.00	157.23	175.17	218.12	227.94	232.46	233.43	241.52	226.74	228.94
西 宁	71.11	88.05	89.30	102.24	108.69	111.02	128.72	201.00	157.64	160.84
银 川	151.51	181.28	188.98	194.11	199.67	206.78	248.27	254.41	268.12	454.39
乌鲁木齐	93.87	99.88	117.62	121.13	127.98	131.64	133.03	137.13	143.54	147.88

数据来源：国家统计局

表2-83　全国四十个重点城市2008~2012年房屋新开工面积

单位：万平方米

	2008年	2009年	2010年	2011年	2012年
北　京	2337.22	2246.60	2974.24	4246.05	3224.21
天　津	2440.24	2555.50	2911.66	3484.21	2565.19
石家庄	317.45	1371.97	1290.15	1821.97	1138.86
太　原	246.37	444.65	687.02	704.23	821.8
呼和浩特	578.34	483.15	1263.00	1837.73	1345.1
沈　阳	2364.82	2451.10	3655.44	2951.48	3822.17
大　连	1112.07	1131.91	1837.30	1464.64	1615.12
长　春	1116.26	1217.29	1283.89	1980.83	1539.1
哈尔滨	833.99	1151.94	1589.49	2466.68	1827.9
上　海	2586.57	2490.63	3030.59	3644.06	2724.05
南　京	937.04	1157.46	1702.26	2082.05	1462.31
无　锡	1233.41	1331.24	1927.764	1927.76	1680.85
苏　州	2124.01	1516.65	2120.08	2120.08	2060.51
杭　州	1254.12	1081.12	1929.08	2490.57	1816.03
宁　波	764.03	812.03	1406.02	1886.78	1470.51
温　州	479.89	566.98	1021.05	1021.05	945.84
合　肥	1152.17	1477.09	1750.70	1893.40	1488.75
福　州	539.45	545.85	1451.48	1630.50	1509.05
厦　门	421.57	249.27	722.45	1073.07	817.57
南　昌	517.92	359.87	509.10	862.96	1015.5
济　南	482.75	504.56	971.81	1220.82	1243.38
青　岛	1143.50	1329.88	1712.39	1813.09	1763.15
郑　州	1370.06	1443.96	1811.77	1790.67	2169.34
武　汉	1447.28	1651.17	2626.27	2097.84	2123.27
长　沙	1632.69	1781.30	2302.41	2328.38	1824.23
广　州	1193.92	1073.79	1955.49	2143.32	1554.34
深　圳	752.60	492.40	470.96	628.47	905.24
南　宁	541.07	701.86	967.56	857.62	693.21
北　海	133.15	217.63	495.41	495.41	441.06
海　口	196.28	206.02	240.68	433.77	261.97
三　亚	137.75	135.01	209.96	206.96	297.44
重　庆	3508.62	3813.68	6312.64	6824.36	5813.48
成　都	1784.37	1413.62	2698.23	3188.42	3568.87
贵　阳	771.33	719.08	1350.31	1079.28	1615.88
昆　明	629.63	1092.02	1300.62	1914.67	2453.07
西　安	900.30	1693.38	2043.82	2280.07	2796.83
兰　州	259.77	395.08	406.19	385.21	656.05
西　宁	219.84	405.98	552.06	347.44	637.09
银　川	441.72	560.06	959.43	949.78	1002.13
乌鲁木齐	548.20	539.48	719.71	546.95	650.04

数据来源：国家统计局

表2-84　全国四十个重点城市2012年月度累计房屋新开工面积

单位：万平方米

	1~3月	1~4月	1~5月	1~6月	1~7月	1~8月	1~9月	1~10月	1~11月	1~12月
合　计	15015.89	20125.88	27545.42	34437.43	38676.84	45597.65	50071.90	55311.49	60769.03	67360.50
北　京	491.21	699.38	1048.32	1461.00	1724.38	1963.98	2210.16	2516.50	2897.28	3224.21
天　津	447.12	641.43	809.18	977.52	1072.34	1117.63	1153.95	1222.09	1372.60	2565.19
石家庄	273.91	401.87	437.48	636.42	685.91	777.69	875.54	1000.01	1099.98	1138.86
太　原	119.72	181.68	264.94	402.98	444.37	578.17	684.20	763.50	792.31	821.80
呼和浩特	168.91	296.53	462.06	547.87	723.77	1090.53	1147.00	1239.43	1334.91	1345.10
沈　阳	473.90	746.86	1465.18	2298.25	2564.36	3064.52	3373.12	3659.12	3803.52	3822.17
大　连	248.55	354.87	534.07	928.73	1007.28	1161.32	1237.54	1339.58	1455.15	1615.12
长　春	——	27.33	176.95	681.73	824.21	888.09	1022.96	1070.10	1308.76	1539.10
哈尔滨	203.57	279.09	479.58	834.81	923.86	1232.29	1329.64	1482.21	1607.40	1827.90
上　海	783.28	948.15	1293.28	1467.41	1596.82	1984.17	2119.86	2338.01	2532.45	2724.05
南　京	537.84	565.44	801.08	932.06	1024.56	1078.69	1150.24	1240.56	1345.39	1462.31
无　锡	577.42	608.50	697.86	1024.56	1186.81	1324.71	1375.91	1490.78	1556.37	1680.85
苏　州	598.57	651.87	817.22	984.74	1356.30	1554.63	1661.64	1769.31	1857.61	2060.51
杭　州	353.63	443.99	769.33	907.11	951.19	1247.95	1434.87	1580.80	1701.30	1816.03
宁　波	316.44	416.33	615.49	798.17	847.44	996.53	1216.06	1320.00	1415.49	1470.51
温　州	160.90	268.46	362.68	439.29	578.91	664.87	738.26	838.37	927.75	945.84
合　肥	510.56	648.13	758.87	819.44	868.24	1042.59	1181.96	1277.34	1403.15	1488.75
福　州	480.79	597.48	669.69	785.74	850.69	915.91	988.00	1050.82	1145.80	1509.05
厦　门	268.14	287.09	328.51	416.82	453.07	517.33	592.46	612.32	690.76	817.57
南　昌	503.97	565.44	615.76	661.74	697.73	757.28	793.11	873.19	976.18	1015.50
济　南	476.11	604.78	747.26	825.94	849.02	1015.26	1082.67	1148.49	1228.91	1243.38
青　岛	455.35	629.66	922.22	1041.42	1116.13	1367.80	1480.90	1573.15	1708.22	1763.15
郑　州	514.47	729.49	838.21	1036.64	1152.46	1335.49	1542.00	1730.05	1952.84	2169.34
武　汉	540.26	826.79	990.76	1427.65	1520.89	1615.02	1668.73	1792.83	1909.97	2123.27
长　沙	549.04	800.18	923.24	1028.96	1075.39	1333.40	1457.97	1567.93	1676.59	1824.23
广　州	405.48	524.90	630.86	725.06	847.46	1055.53	1118.92	1197.00	1444.57	1554.34
深　圳	209.72	254.57	410.75	442.67	620.41	678.94	714.48	733.64	866.95	905.24
南　宁	166.49	152.27	184.79	298.17	300.95	342.59	347.33	388.58	505.23	693.21
北　海	199.03	292.87	320.29	388.77	397.06	409.05	415.12	443.85	453.95	441.06
海　口	75.07	66.51	79.86	115.08	119.20	178.54	186.64	190.54	241.73	261.97
三　亚	34.85	80.39	108.13	138.70	153.17	176.73	199.63	199.67	256.38	297.44
重　庆	1399.29	1892.91	2414.92	2823.97	3225.41	3901.65	4311.31	4713.91	5319.79	5813.48
成　都	813.84	1011.80	1192.97	1550.91	1719.18	1933.79	2170.81	2855.92	3110.53	3568.87
贵　阳	266.11	450.96	625.11	792.53	966.64	1144.35	1256.11	1347.81	1478.27	1615.88
昆　明	480.06	794.04	1027.20	1346.60	1482.96	1679.78	1822.86	2123.05	2259.12	2453.07
西　安	507.71	700.56	995.67	1217.93	1272.06	1794.94	1964.04	2170.91	2541.26	2796.83
兰　州	250.44	275.61	323.34	386.20	428.24	477.67	534.82	587.08	635.56	656.05
西　宁	33.12	124.50	220.57	332.86	399.97	426.54	496.86	731.77	632.39	637.09
银　川	75.76	156.57	211.81	269.34	316.40	364.72	572.75	641.07	697.35	1002.13
乌鲁木齐	45.24	126.60	205.31	241.68	331.61	406.96	441.45	490.23	625.26	650.04

数据来源：国家统计局

表2-85 全国四十个重点城市2008~2012年住宅新开工面积

单位：万平方米

	2008年	2009年	2010年	2011年	2012年
北 京	1565.30	1380.28	2063.40	2596.45	1627.50
天 津	1889.22	1904.46	2026.89	2374.29	1764.76
石家庄	272.07	1130.27	1047.59	1394.79	886.91
太 原	222.52	366.19	555.61	610.14	576.41
呼和浩特	516.83	364.40	1901.16	1295.43	904.12
沈 阳	1879.29	1879.75	2916.66	2293.46	2890.08
大 连	957.31	920.93	1416.46	1175.16	1190.40
长 春	937.42	972.61	1059.36	1508.65	1050.75
哈尔滨	680.97	957.22	1299.20	1872.34	1284.42
上 海	1762.01	1721.02	2111.11	2473.60	1563.39
南 京	751.59	803.45	1236.75	1530.23	996.97
无 锡	1013.56	970.02	1430.25	1334.50	1092.55
苏 州	1626.96	1152.46	2118.72	1617.10	1396.84
杭 州	914.91	760.41	1267.43	1451.95	1027.89
宁 波	488.02	502.10	776.99	1058.91	830.32
温 州	341.95	400.82	384.94	699.80	598.61
合 肥	949.78	1097.41	1327.34	1383.19	958.01
福 州	458.08	474.99	1119.54	1173.18	1097.75
厦 门	282.66	135.34	421.56	658.71	437.00
南 昌	467.84	279.59	416.69	662.76	664.31
济 南	389.61	371.17	758.87	829.94	850.52
青 岛	867.67	951.43	1319.03	1316.01	1234.22
郑 州	1040.02	1158.78	1315.10	1300.12	1363.51
武 汉	1232.98	1247.61	1931.53	1583.01	1598.66
长 沙	1403.40	1464.90	1899.02	1777.03	1158.80
广 州	756.45	682.55	1313.76	1477.10	980.36
深 圳	471.80	328.04	355.17	417.49	561.89
南 宁	417.41	515.39	767.78	614.43	484.82
北 海	123.46	198.65	367.89	414.75	381.58
海 口	148.30	174.57	167.43	355.68	199.06
三 亚	126.69	119.09	171.73	171.93	267.44
重 庆	2857.70	2989.72	5268.76	5214.42	4345.14
成 都	1466.63	1162.27	1980.06	2259.54	2241.19
贵 阳	631.09	553.05	1106.11	821.73	1014.57
昆 明	518.57	811.09	1016.51	1203.81	1644.64
西 安	762.64	1467.03	1771.33	2004.25	2271.07
兰 州	224.63	301.20	318.38	292.28	491.14
西 宁	200.75	332.02	441.26	285.50	494.65
银 川	355.17	420.51	743.33	702.89	630.24
乌鲁木齐	470.69	472.88	617.69	454.89	493.91

数据来源：国家统计局

表2-86 全国四十个重点城市2012年月度累计住宅新开工面积

单位：万平方米

	1~3月	1~4月	1~5月	1~6月	1~7月	1~8月	1~9月	1~10月	1~11月	1~12月
合 计	10237.51	13859.99	18811.7	23662.81	26585.29	31161.96	34033.46	37754.37	41350.29	45546.39
北 京	239.37	349.49	521.87	775.60	886.29	1031.03	1111.65	1319.97	1454.97	1627.50
天 津	317.32	493.73	619.27	756.76	839.13	879.14	905.57	959.29	1026.98	1764.76
石家庄	222.83	314.72	339.50	511.10	548.34	617.56	674.11	773.75	859.29	886.91
太 原	64.81	119.84	176.84	277.16	314.53	402.52	491.02	563.71	568.78	576.41
呼和浩特	126.01	219.32	326.14	385.25	484.88	736.52	774.75	826.56	898.54	904.12
沈 阳	364.40	539.67	1058.34	1716.43	1924.14	2263.34	2500.06	2761.09	2875.48	2890.08
大 连	179.14	256.17	395.51	680.11	735.22	872.58	916.43	981.87	1095.85	1190.4
长 春	——	26.41	143.36	471.56	588.68	645.54	756.97	798.31	978.86	1050.75
哈尔滨	165.45	217.04	343.09	616.53	690.52	932.15	988.91	1103.12	1199.19	1284.42
上 海	508.95	577.78	775.60	905.98	999.90	1152.83	1241.94	1354.26	1464.19	1563.39
南 京	362.00	392.99	493.48	595.49	666.00	692.96	746.08	811.71	908.05	996.97
无 锡	306.00	328.95	384.79	617.30	762.64	864.14	896.22	955.40	1002.02	1092.55
苏 州	407.21	427.92	541.52	637.21	889.70	1047.40	1114.53	1202.06	1260.85	1396.84
杭 州	170.35	216.49	395.85	504.49	536.79	712.27	788.87	857.55	943.66	1027.89
宁 波	180.47	225.59	323.30	443.36	475.94	555.98	682.21	754.93	802.51	830.32
温 州	102.14	168.06	212.19	261.67	352.41	415.53	463.29	528.82	582.80	598.61
合 肥	339.55	421.35	476.46	517.61	549.70	667.01	734.52	795.30	900.97	958.01
福 州	323.49	424.87	470.65	550.60	635.37	684.05	717.91	782.82	831.09	1097.75
厦 门	143.84	155.70	183.81	244.50	270.52	311.10	342.82	353.76	355.59	437.00
南 昌	287.28	336.36	376.92	408.32	437.70	488.80	507.68	563.93	630.70	664.31
济 南	368.75	444.79	520.71	572.71	588.40	701.68	759.09	809.71	838.93	850.52
青 岛	326.51	459.70	683.06	771.34	812.06	963.43	1023.18	1106.88	1196.40	1234.22
郑 州	367.89	480.23	546.77	701.38	760.15	861.38	996.46	1092.25	1199.14	1363.51
武 汉	406.34	701.63	770.62	1141.43	1188.56	1193.00	1228.78	1306.16	1390.03	1598.66
长 沙	390.00	539.71	611.48	636.05	665.80	846.14	922.57	982.37	1055.57	1158.80
广 州	294.15	368.52	453.47	522.59	578.14	690.97	735.20	772.35	927.64	980.36
深 圳	124.98	158.44	269.75	285.69	411.48	445.95	452.51	463.54	545.36	561.89
南 宁	106.20	92.77	118.14	213.12	215.83	248.31	253.06	286.77	378.13	484.82
北 海	180.53	253.29	277.09	331.66	339.18	348.51	353.27	376.29	384.98	381.58
海 口	40.53	40.23	48.58	77.41	80.18	129.46	137.32	141.22	179.12	199.06
三 亚	29.43	72.27	100.63	129.55	133.40	155.30	169.86	177.54	229.35	267.44
重 庆	1052.82	1436.74	1795.66	2113.70	2407.97	2943.12	3225.28	3532.01	3945.47	4345.14
成 都	584.55	715.33	825.42	997.23	1097.85	1254.50	1411.39	1858.59	2026.49	2241.19
贵 阳	177.14	322.53	456.57	532.70	629.46	721.57	786.52	828.34	922.92	1014.57
昆 明	305.80	500.27	665.96	878.34	961.66	1037.93	1155.98	1410.48	1511.76	1644.64
西 安	384.58	565.96	789.57	979.73	1026.93	1401.71	1555.05	1735.11	2059.55	2271.07
兰 州	182.56	201.01	236.76	283.04	315.70	349.02	396.57	439.45	478.86	491.14
西 宁	24.20	104.84	186.58	265.22	326.65	346.72	390.98	572.05	493.15	494.65
银 川	42.09	89.57	122.88	163.26	198.18	226.70	374.19	432.04	464.67	630.24
乌鲁木齐	37.87	99.70	160.70	189.66	259.30	324.09	350.65	383.00	482.41	493.91

数据来源：国家统计局

表2-87　全国四十个重点城市2008~2012年办公用房新开工面积

单位：万平方米

	2008年	2009年	2010年	2011年	2012年
北　京	159.75	255.96	203.29	489.40	536.82
天　津	141.25	179.63	206.73	278.26	231.02
石家庄	10.15	31.80	26.22	102.87	36.97
太　原	5.89	7.78	29.79	4.37	28.38
呼和浩特	25.98	12.62	60.71	90.75	57.93
沈　阳	33.84	99.10	97.50	54.63	85.85
大　连	14.97	11.73	31.91	6.56	37.42
长　春	12.73	22.00	11.02	41.67	73.99
哈尔滨	19.11	9.16	18.36	58.71	65.11
上　海	262.64	164.93	147.39	225.72	303.91
南　京	18.54	16.54	66.72	108.63	70.58
无　锡	17.14	64.07	31.61	81.29	105.65
苏　州	62.26	44.39	114.05	85.46	48.48
杭　州	101.08	105.63	152.07	269.55	156.59
宁　波	26.01	45.47	165.29	122.09	90.38
温　州	21.24	11.40	8.05	25.28	14.33
合　肥	53.23	105.28	102.00	80.36	109.85
福　州	5.05	2.88	54.35	92.01	80.51
厦　门	18.69	41.47	94.51	84.56	79.75
南　昌	2.16	20.87	31.58	47.66	104.13
济　南	19.55	27.39	29.20	126.90	62.57
青　岛	36.71	38.03	19.43	57.62	88.07
郑　州	66.90	47.08	144.93	120.32	248.78
武　汉	35.28	77.75	60.76	70.47	138.61
长　沙	11.95	22.88	28.06	59.61	130.74
广　州	94.59	90.52	89.11	163.83	128.79
深　圳	46.61	31.79	15.26	25.89	50.69
南　宁	3.12	20.64	5.93	29.49	55.60
北　海	0.30	0.39	1.94	0.04	1.55
海　口	21.94	0.69	10.21	14.79	8.98
三　亚	0.68	0.05	0.47	3.34	2.30
重　庆	22.33	62.98	57.20	154.44	160.64
成　都	30.71	52.22	119.57	122.14	286.88
贵　阳	11.61	18.81	15.37	9.56	150.95
昆　明	25.02	34.66	42.68	149.92	178.00
西　安	45.57	35.64	32.90	52.54	78.80
兰　州	0.89	6.57	5.61	12.88	10.88
西　宁	1.40	3.38	17.22	4.42	5.43
银　川	17.14	32.89	16.62	25.56	26.25
乌鲁木齐	31.50	17.00	10.25	8.85	17.85

数据来源：国家统计局

表2-88　全国四十个重点城市2012年月度累计办公用房新开工面积

单位：万平方米

	1~3月	1~4月	1~5月	1~6月	1~7月	1~8月	1~9月	1~10月	1~11月	1~12月
合　计	809.58	1073.16	1518.19	1832.68	2098.66	2575.19	2841.84	3162.62	3654.35	4150.00
北　京	58.69	67.84	130.00	169.02	247.80	297.39	342.41	350.54	481.52	536.82
天　津	30.97	31.68	33.70	46.94	46.75	50.45	51.89	51.89	81.61	231.02
石家庄	2.02	12.61	13.37	16.23	17.74	21.27	24.26	27.67	36.05	36.97
太　原	7.58	13.18	13.98	15.03	15.09	19.78	22.66	22.66	28.16	28.38
呼和浩特	3.46	12.22	19.97	30.97	37.56	46.91	47.19	48.14	57.92	57.93
沈　阳	10.25	12.59	42.68	61.67	61.82	89.30	89.38	90.38	85.31	85.85
大　连	1.43	3.29	8.76	14.03	28.13	29.13	29.13	33.12	37.24	37.42
长　春	——	——	0.63	13.04	16.95	16.27	16.50	17.12	23.64	73.99
哈尔滨	2.54	2.93	6.02	7.50	8.92	32.66	44.08	55.68	59.06	65.11
上　海	58.40	80.98	131.95	136.35	143.05	223.22	234.29	256.23	282.90	303.91
南　京	12.76	13.02	52.07	52.53	58.82	60.96	61.11	66.73	70.07	70.58
无　锡	48.08	51.73	46.69	58.76	66.02	73.73	79.69	97.36	99.73	105.65
苏　州	11.87	20.71	20.66	23.69	28.53	34.67	39.65	46.09	46.11	48.48
杭　州	49.73	56.58	96.78	97.18	97.63	120.10	139.49	159.96	160.20	156.59
宁　波	25.03	36.50	47.86	47.87	50.93	65.59	69.14	71.97	82.38	90.38
温　州	3.47	3.47	12.32	11.93	13.09	13.47	13.69	13.86	13.86	14.33
合　肥	44.82	60.34	69.17	74.60	77.87	91.91	107.42	107.42	109.67	109.85
福　州	18.38	26.91	39.51	45.79	51.99	57.27	62.04	63.61	74.06	80.51
厦　门	12.57	12.57	19.39	19.39	19.39	19.39	31.39	37.80	72.97	79.75
南　昌	60.40	63.39	63.76	64.40	64.91	65.51	75.98	88.45	103.64	104.13
济　南	19.83	36.28	42.44	43.33	44.19	53.81	51.72	58.24	61.12	62.57
青　岛	23.38	23.46	29.57	31.05	32.96	65.18	72.31	72.31	88.07	88.07
郑　州	26.70	65.53	73.45	82.65	88.58	122.97	137.42	169.33	235.36	248.78
武　汉	24.13	14.13	76.11	77.82	86.39	108.59	112.31	134.40	142.48	138.61
长　沙	23.56	47.29	52.74	83.85	89.06	96.48	104.29	118.16	121.30	130.74
广　州	28.12	44.51	45.81	46.19	55.69	64.50	68.32	95.57	108.14	128.79
深　圳	14.86	16.90	19.44	24.67	32.80	32.81	42.47	42.47	48.75	50.69
南　宁	23.39	23.27	23.30	25.89	25.89	26.09	26.09	25.86	26.12	55.60
北　海	0.17	0.15	0.17	0.20	0.25	0.26	0.29	0.31	0.90	1.55
海　口	7.10	7.10	7.10	7.33	7.33	7.33	7.33	7.33	8.82	8.98
三　亚	——	2.02	2.02	2.02	2.02	2.02	2.02	2.02	2.30	2.30
重　庆	34.53	47.38	61.03	73.91	80.13	85.93	110.91	115.39	151.80	160.64
成　都	46.55	60.13	87.62	113.87	123.28	125.34	134.74	208.64	226.31	286.88
贵　阳	7.75	7.85	8.47	51.87	89.96	123.26	147.47	147.47	149.60	150.95
昆　明	52.06	78.49	86.44	123.14	146.47	162.99	163.93	167.47	173.22	178.00
西　安	8.97	9.22	13.88	14.77	15.07	39.01	43.64	46.16	54.41	78.80
兰　州	5.90	3.90	1.55	2.05	2.67	2.67	6.39	7.92	10.81	10.88
西　宁	——	——	0.09	0.12	0.22	0.99	1.57	6.52	5.43	5.43
银　川	——	0.09	8.46	14.11	14.11	15.75	15.75	15.75	18.96	26.25
乌鲁木齐	0.16	2.94	6.77	6.93	8.59	10.26	11.48	14.58	14.32	17.85

数据来源：国家统计局

表2-89 全国四十个重点城市2008~2012年商业用房新开工面积

单位：万平方米

	2008年	2009年	2010年	2011年	2012年
北　京	287.07	228.45	242.42	306.43	325.61
天　津	210.53	315.17	407.83	436.57	202.16
石家庄	31.00	138.97	157.60	217.29	151.35
太　原	13.80	24.53	60.23	28.84	92.71
呼和浩特	16.11	73.61	182.14	322.94	218.62
沈　阳	322.60	395.46	495.94	462.44	572.90
大　连	70.90	117.67	204.99	154.66	235.94
长　春	116.34	137.92	125.37	275.90	230.20
哈尔滨	91.31	115.30	148.53	273.75	258.65
上　海	248.80	205.92	298.10	240.00	365.17
南　京	77.49	159.19	147.47	170.82	113.18
无　锡	144.21	204.91	206.43	385.94	324.28
苏　州	299.23	184.74	308.39	233.68	371.63
杭　州	93.15	78.05	161.73	234.21	164.65
宁　波	85.86	81.75	135.06	224.23	143.85
温　州	43.95	47.58	38.29	85.55	119.31
合　肥	90.98	171.09	177.00	241.04	233.15
福　州	35.23	23.30	91.42	155.35	96.48
厦　门	11.80	32.52	44.98	63.58	94.80
南　昌	30.72	44.63	38.73	99.17	147.36
济　南	52.43	53.82	125.99	59.69	148.02
青　岛	107.40	186.27	172.31	215.40	191.80
郑　州	138.57	118.50	157.59	161.62	217.26
武　汉	57.88	163.65	274.66	310.46	165.87
长　沙	69.29	92.42	130.43	199.86	223.45
广　州	149.53	95.33	192.38	141.66	204.31
深　圳	84.90	61.05	38.69	64.46	103.47
南　宁	60.36	73.60	59.60	75.02	66.44
北　海	5.27	5.47	19.32	27.83	21.10
海　口	13.63	17.16	10.39	26.93	20.79
三　亚	7.56	11.16	9.33	6.59	22.85
重　庆	325.37	404.15	433.68	708.12	539.04
成　都	107.43	84.19	214.80	281.39	456.04
贵　阳	53.62	63.33	78.02	142.22	206.54
昆　明	37.74	156.35	106.29	221.89	245.02
西　安	58.17	112.75	148.60	114.10	256.84
兰　州	17.35	30.44	48.87	39.54	66.79
西　宁	15.00	49.86	49.13	25.30	80.42
银　川	51.60	48.28	107.50	98.03	235.89
乌鲁木齐	26.78	28.04	50.87	22.61	44.13

数据来源：国家统计局

表2-90 全国四十个重点城市2012年月度累计商业用房新开工面积

单位：万平方米

	1~3月	1~4月	1~5月	1~6月	1~7月	1~8月	1~9月	1~10月	1~11月	1~12月
合 计	1812.42	2365.41	3265.17	4080.9	4502.67	5386.38	5964.13	6457.71	7103.72	7978.11
北 京	85.85	127.18	136.76	158.98	161.37	160.89	235.35	264.22	299.32	325.61
天 津	44.68	54.1	63.3	76.52	79.71	80.69	68.95	68.99	104.87	202.16
石家庄	33.33	48.33	55.83	77.34	86.95	98.19	125.93	131.99	142.59	151.35
太 原	27.01	28.34	37.44	53.53	56.95	71.11	74.53	75.58	87.22	92.71
呼和浩特	21.29	29.85	70.67	76.2	114.22	186.21	187.25	207.7	214.01	218.62
沈 阳	62.25	102.05	219.14	338.6	383.95	463.33	521.72	546.13	570.42	572.9
大 连	27.88	42.89	64.02	128.27	132.47	140.38	158.91	183.11	189.09	235.94
长 春	——	——	17.12	116.77	125.56	126.02	144.17	146.67	166.62	230.2
哈尔滨	11.7	26.68	60.82	90.34	95.54	114.07	126.28	140.09	149.07	258.65
上 海	104.14	129.19	171.54	187.69	196.22	268.36	279.75	310.41	343.46	365.17
南 京	43.07	42.31	76.22	87.48	92.35	103.69	104.14	105.62	108.39	113.18
无 锡	172.26	169.14	196.93	244.18	264.52	281.7	293.63	310.51	313.16	324.28
苏 州	123.32	142.97	184.41	209.84	287.57	305.06	313.99	317.67	337.43	371.63
杭 州	50.52	63.06	72.58	82.28	83.84	105.73	140.54	155.04	159.78	164.65
宁 波	26.34	28.77	47.71	70.89	73.65	93.95	116.86	120.49	135.06	143.85
温 州	17.91	44.14	58.76	74.14	88.82	95.19	97.57	107.33	119.83	119.31
合 肥	76.82	94.6	130.93	140.35	150.78	169.49	195.98	198.9	207.19	233.15
福 州	84.86	85.16	89.02	96.55	49.11	55.59	72.91	67.21	86.29	96.48
厦 门	33.56	34.79	41.83	47.71	50	54.65	66.49	67.94	88.8	94.8
南 昌	91.52	95.47	99.6	111.53	112.47	113.89	116.46	122.83	143.34	147.36
济 南	23.42	27.14	59.82	61.92	64.83	98.53	102.47	104.1	147.33	148.02
青 岛	53.39	69.19	98.26	112.97	133.91	154.7	180.06	181.08	184.6	191.8
郑 州	38.55	67.65	92.02	101.69	109.59	126.64	148.84	170.07	193.66	217.26
武 汉	25.97	51.68	70.2	97.77	110.18	126.79	130.8	144.75	162.64	165.87
长 沙	46.95	78.07	104.43	136.53	138.64	165.93	179.8	191.45	203.25	223.45
广 州	25.71	39.29	42.56	51.66	77.46	143.1	158.5	163.45	194.25	204.31
深 圳	26.63	30.5	39.87	42.63	58.83	74.44	80.13	80.21	93.66	103.47
南 宁	12.59	12.46	14.68	19.19	19.22	22.31	22.31	26.06	34.1	66.44
北 海	8.56	12.48	15.43	21.84	21.86	23.17	23.52	25.52	26.04	21.1
海 口	10.39	9.24	10.88	13.77	13.78	16.23	16.46	16.46	20.79	20.79
三 亚	3.39	3.84	3.93	4.88	13.51	13.71	21.87	14.22	17.91	22.85
重 庆	141.55	176.07	215.66	231.81	275.88	350.9	373.21	430.15	507.6	539.04
成 都	74.26	102.46	114.42	219.92	238.85	256.35	283.32	348.55	378.89	456.04
贵 阳	53.77	79.63	85.32	101.62	114.93	130.66	138.18	178.15	190.11	206.54
昆 明	34.97	82.12	101.78	135.7	139.79	201.42	203.37	212.52	236.22	245.02
西 安	38.81	48.12	98.82	122.42	126.94	211.31	218.69	226.66	245.95	256.84
兰 州	33.11	30.55	31.84	47.92	54.77	60.07	63.81	68.35	64.6	66.79
西 宁	3.9	9.45	13.62	24.46	29.8	32.13	53.28	90.9	77.22	80.42
银 川	15.28	36.47	43.45	46.71	50.72	63.4	96.25	106.52	120.22	235.89
乌鲁木齐	2.92	9.98	15.17	16.29	23.14	26.42	27.84	30.12	38.74	44.13

数据来源：国家统计局

表2-91　全国四十个重点城市2008~2012年商品房竣工面积

单位：万平方米

	2008年	2009年	2010年	2011年	2012年
北　京	2557.99	2678.55	2386.71	2245.24	2390.86
天　津	1769.23	1902.06	2098.55	2105.32	2542.75
石家庄	212.11	268.20	499.05	1088.11	870.93
太　原	154.25	149.83	129.58	226.37	230.94
呼和浩特	252.61	456.25	462.78	404.98	357.98
沈　阳	1291.65	1293.55	1393.22	2017.68	2066.37
大　连	748.56	549.65	570.97	949.38	750.00
长　春	482.42	580.66	963.73	748.06	913.87
哈尔滨	467.28	529.32	500.78	526.75	1095.82
上　海	2475.04	2104.98	1941.25	2240.62	2305.06
南　京	1058.58	1422.53	1039.57	1169.09	1699.73
无　锡	711.39	677.52	1001.65	813.33	814.05
苏　州	1481.24	1488.10	1594.70	1280.55	1827.56
杭　州	893.24	763.95	1100.18	1135.00	1055.09
宁　波	777.69	665.08	642.47	881.10	839.91
温　州	479.89	341.11	306.32	417.58	348.36
合　肥	411.63	600.55	794.61	654.89	921.02
福　州	256.19	485.90	345.81	588.93	534.33
厦　门	618.27	711.08	680.41	605.41	422.41
南　昌	331.06	365.21	399.12	440.23	417.92
济　南	172.20	467.22	245.75	594.54	492.25
青　岛	657.27	814.24	1020.51	905.86	1211.57
郑　州	691.78	642.97	944.62	1485.98	1449.83
武　汉	869.83	945.05	919.40	1064.06	1054.45
长　沙	745.38	1314.71	1392.55	1452.40	1402.27
广　州	943.76	961.24	1094.59	1263.20	1290.79
深　圳	629.73	402.01	344.43	343.36	425.75
南　宁	436.57	439.71	519.41	512.45	664.53
北　海	75.30	47.09	9.03	95.65	251.49
海　口	109.49	80.03	111.40	33.17	307.42
三　亚	66.56	119.18	130.03	86.85	161.73
重　庆	2367.94	2907.05	2626.59	3424.33	3990.63
成　都	964.75	1636.85	1577.86	1573.20	2107.73
贵　阳	307.59	740.05	532.60	621.72	584.50
昆　明	445.64	690.14	590.78	515.46	629.63
西　安	353.88	542.81	463.65	633.97	1063.70
兰　州	144.00	215.09	206.97	175.97	168.28
西　宁	210.67	146.23	195.75	417.57	361.04
银　川	340.98	428.14	458.18	525.27	744.38
乌鲁木齐	300.38	339.95	253.90	303.90	650.78

数据来源：国家统计局

表2-92　全国四十个重点城市2012年月度累计商品房竣工面积

单位：万平方米

	1~3月	1~4月	1~5月	1~6月	1~7月	1~8月	1~9月	1~10月	1~11月	1~12月
合　计	7214.74	8893.26	10916.59	12827.93	15124.85	17177.78	19341.71	22327.07	26027.75	41417.68
北　京	176.67	280.22	437.90	568.75	690.08	797.51	971.62	1255.87	1518.75	2390.86
天　津	158.83	257.44	296.78	463.36	505.21	513.57	576.49	605.45	799.07	2542.75
石家庄	138.31	169.09	208.11	279.99	344.48	512.04	600.27	656.41	749.69	870.93
太　原	11.87	12.66	34.51	51.12	53.15	78.28	107.92	107.92	121.26	230.94
呼和浩特	10.44	82.16	120.32	147.86	153.04	162.01	175.17	187.96	209.30	357.98
沈　阳	282.29	424.75	492.31	659.61	719.79	823.69	916.01	1082.72	1204.62	2066.37
大　连	146.58	178.54	199.58	266.24	299.68	399.06	469.15	537.30	676.44	750.00
长　春	——	67.47	140.32	181.1	194.99	307.11	354.5	391.94	437.09	913.87
哈尔滨	168.67	75.47	136.92	154.36	243.42	300.30	312.72	326.94	510.58	1095.82
上　海	428.90	601.59	768.75	974.16	1125.99	1292.15	1381.77	1507.83	1609.86	2305.06
南　京	220.13	251.62	293.98	349.18	412.37	419.55	449.46	486.62	583.21	1699.73
无　锡	255.16	277.16	300.08	365.14	409.46	453.23	495.87	525.85	598.21	814.05
苏　州	252.18	257.94	297.25	359.30	721.65	885.18	992.73	1075.53	1243.03	1827.56
杭　州	190.06	206.60	221.19	265.06	325.26	378.70	456.91	581.47	654.28	1055.09
宁　波	145.72	173.31	242.44	294.40	336.17	365.00	364.20	454.38	558.83	839.91
温　州	68.25	68.25	68.25	74.94	90.40	92.55	98.85	107.57	144.09	348.36
合　肥	170.83	218.45	270.33	349.96	420.75	480.71	542.06	558.21	731.51	921.02
福　州	140.34	159.19	173.32	173.32	193.96	202.38	216.43	249.17	328.71	534.33
厦　门	131.71	152.55	197.06	200.79	244.33	244.33	254.97	272.98	304.58	422.41
南　昌	164.16	177.83	198.74	206.33	223.75	228.42	261.12	291.16	334.53	417.92
济　南	145.69	148.37	162.09	189.61	202.06	219.00	228.99	235.56	237.21	492.25
青　岛	244.58	304.16	347.93	374.97	424.24	484.18	498.57	589.13	746.56	1211.57
郑　州	177.39	295.70	320.17	310.85	417.82	430.32	511.19	576.00	653.26	1449.83
武　汉	247.38	295.79	329.87	469.05	506.61	550.13	559.89	668.62	781.55	1054.45
长　沙	428.46	422.54	477.20	594.62	661.60	740.27	876.33	935.33	1042.41	1402.27
广　州	223.52	289.37	343.37	380.34	457.79	523.88	582.12	632.84	670.55	1290.79
深　圳	85.99	124.73	124.73	149.07	192.99	241.22	253.12	257.82	327.62	425.75
南　宁	136.68	158.14	175.21	244.44	308.24	346.93	350.03	405.67	456.27	664.53
北　海	98.40	103.89	114.32	121.11	133.45	165.02	196.95	218.35	220.79	251.49
海　口	32.40	73.19	77.45	80.44	80.95	118.82	152.36	155.15	160.93	307.42
三　亚	32.98	47.10	47.10	47.10	76.99	77.21	77.21	101.10	103.34	161.73
重　庆	883.55	1131.60	1299.61	1560.99	1736.51	1913.13	2211.53	2841.02	3195.03	3990.63
成　都	481.96	519.80	582.29	693.02	758.77	839.42	956.40	1154.02	1286.21	2107.73
贵　阳	111.77	169.11	199.87	206.52	210.09	218.14	221.58	234.79	324.76	584.50
昆　明	174.24	214.07	232.79	244.72	347.44	372.40	405.48	520.92	536.77	629.63
西　安	290.16	309.03	362.25	408.30	439.50	468.90	562.86	691.02	791.84	1063.70
兰　州	73.89	52.41	99.59	106.05	117.22	123.54	129.74	140.55	140.40	168.28
西　宁	9.67	29.71	54.09	64.21	75.04	80.85	75.09	154.66	224.34	361.04
银　川	21.30	28.21	47.13	61.40	106.51	139.20	246.44	302.55	491.98	744.38
乌鲁木齐	53.63	84.04	96.34	136.18	163.12	189.47	247.63	248.70	318.27	650.78

数据来源：国家统计局

表2-93　全国四十个重点城市2008~2012年住宅竣工面积

单位：万平方米

	2008年	2009年	2010年	2011年	2012年
北　京	1462.39	1613.23	1498.48	1316.13	1522.72
天　津	1462.39	1580.82	1603.65	1641.68	1913.97
石家庄	184.31	216.71	429.00	882.51	681.64
太　原	135.62	121.36	99.39	205.15	201.30
呼和浩特	224.43	369.33	349.09	334.03	290.80
沈　阳	1077.64	1075.75	1107.70	1637.41	1644.76
大　连	630.11	472.15	461.29	803.77	588.14
长　春	414.34	503.76	798.54	622.9	736.29
哈尔滨	394.41	448.15	421.31	450.99	898.97
上　海	1763.33	1508.81	1396.05	1549.66	1609.13
南　京	891.17	1170.60	737.43	864.15	1362.23
无　锡	589.55	522.30	789.53	601.09	560.83
苏　州	1131.91	1102.00	1117.16	923.61	1386.17
杭　州	693.54	582.14	802.29	770.09	674.01
宁　波	552.49	422.41	371.09	512.5	530.61
温　州	455.38	246.62	225.22	297.92	252.27
合　肥	356.53	477.66	579.38	479.47	725.28
福　州	227.07	423.59	294.57	505.87	402.46
厦　门	373.99	475.62	433.63	370.92	215.55
南　昌	297.09	326.61	314.04	381.43	325.42
济　南	164.61	374.01	204.10	451.34	365.65
青　岛	495.77	644.42	732.72	658.71	928.85
郑　州	569.13	530.19	751.86	1237.84	1043.20
武　汉	768.23	824.58	733.48	921.98	900.90
长　沙	631.34	1104.64	1160.47	1196.57	1131.00
广　州	673.92	715.68	774.69	831.68	800.86
深　圳	443.77	269.54	251.11	247.29	289.40
南　宁	352.04	361.03	433.34	408.49	521.10
北　海	67.52	44.43	8.06	82.22	221.80
海　口	84.05	71.71	79.71	28.13	228.44
三　亚	64.60	113.92	110.67	74.66	142.26
重　庆	1951.35	2384.51	2179.81	2826.78	3386.35
成　都	817.90	1377.06	1301.21	1194.15	1590.23
贵　阳	255.00	641.83	410.89	457.07	443.89
昆　明	369.16	585.71	455.19	416.28	519.25
西　安	339.19	453.49	412.44	558.55	903.82
兰　州	123.97	165.89	155.90	143.06	128.91
西　宁	191.64	128.06	172.99	355.1	322.71
银　川	261.78	342.64	338.64	403.77	594.86
乌鲁木齐	267.00	295.16	195.88	259.38	536.72

数据来源：国家统计局

表2-94　全国四十个重点城市2012年月度累计住宅竣工面积

单位：万平方米

	1~3月	1~4月	1~5月	1~6月	1~7月	1~8月	1~9月	1~10月	1~11月	1~12月
合　计	5617.08	6825.96	8406.67	9861.92	11565.22	13128.52	14769.60	17056.16	19932.78	31522.75
北　京	99.02	169.45	290.50	379.52	454.28	520.28	641.16	842.12	1021.05	1522.72
天　津	137.86	201.52	215.38	318.69	352.54	360.39	406.46	433.13	607.28	1913.97
石家庄	116.90	139.38	163.20	228.61	262.69	385.07	453.53	505.00	572.96	681.64
太　原	10.69	9.34	31.19	47.80	49.17	67.69	97.05	97.05	108.01	201.30
呼和浩特	7.33	44.64	76.34	99.33	103.29	112.26	124.59	137.38	150.24	290.80
沈　阳	213.80	333.04	392.35	550.34	599.96	685.76	765.09	893.11	998.78	1644.76
大　连	108.25	135.85	149.10	204.43	234.47	309.56	368.34	414.23	527.88	588.14
长　春	——	54.64	116.94	154.96	166.90	251.85	295.43	327.16	365.19	736.29
哈尔滨	142.30	64.01	118.77	132.92	205.38	254.13	264.87	277.21	429.07	898.97
上　海	300.70	421.33	550.58	709.88	804.00	935.84	1003.85	1099.93	1161.07	1609.13
南　京	168.52	187.30	226.21	264.16	313.46	320.24	348.39	377.22	456.65	1362.23
无　锡	150.68	170.05	192.31	236.22	267.66	290.35	323.07	346.25	411.08	560.83
苏　州	187.67	194.28	222.95	267.95	537.28	664.89	739.55	782.79	936.59	1386.17
杭　州	131.15	140.85	147.08	175.32	216.00	239.50	295.60	374.41	417.45	674.01
宁　波	98.65	105.45	150.46	184.87	197.81	209.54	207.27	277.05	344.26	530.61
温　州	49.42	49.42	49.42	55.51	67.81	69.83	74.73	76.93	101.18	252.27
合　肥	142.35	182.16	227.57	282.48	328.77	377.08	431.51	440.66	571.53	725.28
福　州	123.61	129.24	141.29	141.29	157.72	165.35	167.72	195.11	264.02	402.46
厦　门	48.85	50.58	57.88	57.88	92.29	92.29	92.41	105.04	126.60	215.55
南　昌	141.28	154.74	174.63	182.22	197.99	202.66	216.82	230.40	257.69	325.42
济　南	118.38	120.93	134.08	156.70	165.00	177.87	185.50	191.28	192.69	365.65
青　岛	174.11	209.88	250.33	274.43	311.12	357.58	370.88	429.54	560.44	928.85
郑　州	123.82	205.51	226.30	241.25	316.21	324.31	363.86	404.27	456.56	1043.20
武　汉	197.43	243.10	273.75	386.47	421.28	455.31	461.18	528.14	619.12	900.90
长　沙	348.41	345.91	384.58	464.46	521.41	588.74	698.32	745.98	819.26	1131.00
广　州	142.96	192.52	233.54	251.17	291.94	339.03	369.68	394.09	413.79	800.86
深　圳	73.62	101.65	101.65	123.41	148.13	189.19	198.92	198.92	245.27	289.40
南　宁	104.72	124.57	140.15	172.63	214.14	246.76	249.87	304.90	352.09	521.10
北　海	89.75	94.45	104.09	110.04	120.28	147.34	178.00	195.15	195.99	221.80
海　口	27.32	58.50	61.74	63.42	63.63	90.04	103.66	106.19	111.97	228.44
三　亚	31.04	41.34	41.34	41.34	59.14	59.27	59.27	83.15	85.35	142.26
重　庆	747.01	920.55	1060.77	1257.10	1419.69	1578.67	1854.31	2407.35	2718.25	3386.35
成　都	418.61	450.19	497.56	590.24	649.56	707.50	790.45	929.14	1019.43	1590.23
贵　阳	87.87	137.35	159.60	163.55	166.75	171.68	175.12	183.78	246.16	443.89
昆　明	145.47	179.61	187.95	198.20	276.88	289.91	322.99	420.90	440.96	519.25
西　安	273.65	292.46	338.51	381.80	408.26	435.33	499.04	607.29	676.98	903.82
兰　州	59.90	45.38	73.98	80.11	90.03	94.88	100.17	108.68	107.70	128.91
西　宁	8.53	28.01	50.77	60.40	70.08	74.82	69.06	142.18	195.85	322.71
银　川	17.90	23.97	38.48	51.37	95.84	116.42	205.72	245.81	395.30	594.86
乌鲁木齐	47.56	72.82	82.50	119.47	146.40	169.32	196.15	197.22	251.06	536.72

数据来源：国家统计局

表2-95 全国四十个重点城市2008~2012年办公用房竣工面积

单位：万平方米

	2008年	2009年	2010年	2011年	2012年
北　京	364.60	316.59	198.42	245.17	226.79
天　津	48.18	83.67	102.42	146.72	166.8
石家庄	8.29	2.73	12.04	23.09	25.13
太　原	2.53	5.15	5.30	1.00	3.02
呼和浩特	6.26	30.32	16.58	9.21	9.21
沈　阳	26.58	15.42	21.12	25.54	55.66
大　连	8.08	7.84	23.25	28.93	18.52
长　春	13.20	5.29	7.63	8.79	12.91
哈尔滨	2.74	3.88	4.60	3.88	7.09
上　海	205.67	135.02	1150.69	174.33	206.87
南　京	28.12	24.07	54.36	51.64	37.97
无　锡	10.84	21.48	21.49	34.90	57.07
苏　州	35.29	30.44	85.64	37.01	40.82
杭　州	41.61	25.07	61.34	103.92	95
宁　波	44.76	45.36	61.28	80.19	45.22
温　州	16.11	8.61	2.64	14.46	6.74
合　肥	17.78	42.35	35.35	35.99	18.09
福　州	2.18	5.00	1.38	3.60	26.14
厦　门	66.04	25.70	25.14	44.70	73.59
南　昌	2.58	0.08	15.53	3.91	28.42
济　南	0.58	52.32	4.21	45.89	35.91
青　岛	31.23	32.35	36.41	21.31	32.16
郑　州	39.59	17.06	35.89	45.74	58.42
武　汉	20.51	17.53	32.39	24.05	17.07
长　沙	12.15	28.34	17.59	18.12	9.49
广　州	84.37	44.68	64.83	122.21	118.4
深　圳	27.55	25.05	32.05	20.97	12.3
南　宁	6.38	4.78	10.07	3.05	17.94
北　海	0.43	0.06	——	——	1.57
海　口	2.80	——	10.90	——	3.85
三　亚	——	——	0.68	0.13	0.01
重　庆	45.18	46.36	30.03	44.77	30.37
成　都	13.28	35.04	26.10	48.15	108.41
贵　阳	4.54	16.88	8.89	26.80	9.45
昆　明	13.22	22.48	8.85	24.62	14.52
西　安	3.10	24.09	7.63	11.34	17.71
兰　州	6.49	11.21	4.07	7.08	7.14
西　宁	——	1.54	3.86	4.21	1.89
银　川	15.73	11.54	15.27	21.14	9.29
乌鲁木齐	2.02	10.69	10.63	6.16	21.96

数据来源：国家统计局

表2-96 全国四十个重点城市2012年月度累计办公用房竣工面积

单位：万平方米

	1~3月	1~4月	1~5月	1~6月	1~7月	1~8月	1~9月	1~10月	1~11月	1~12月
合 计	253.56	340.70	415.54	442.17	568.72	642.73	699.22	835.71	952.60	1688.94
北 京	22.44	23.38	33.11	44.80	58.31	66.21	72.57	100.83	119.28	226.79
天 津	2.52	19.46	19.46	19.46	19.69	19.69	26.10	26.10	26.10	166.80
石家庄	1.51	5.42	5.42	11.13	17.13	18.93	20.39	22.67	27.75	25.13
太 原	0.48	2.51	2.51	2.51	2.51	2.51	2.51	2.51	2.51	3.02
呼和浩特	0.84	9.05	9.05	9.05	9.05	9.05	9.05	9.05	9.05	9.21
沈 阳	6.20	6.37	6.37	6.37	6.52	6.52	6.65	13.19	14.86	55.66
大 连	11.90	11.90	12.10	12.53	12.68	14.61	14.61	15.83	18.43	18.52
长 春	——	——	1.29	1.29	1.29	5.11	5.11	5.17	5.85	12.91
哈尔滨	——	——	——	1.70	1.70	2.53	2.53	2.53	4.39	7.09
上 海	38.76	47.83	55.01	58.33	103.52	110.98	114.69	119.61	139.19	206.87
南 京	2.71	4.92	5.66	5.66	5.69	5.69	5.69	5.69	7.50	37.97
无 锡	17.04	17.04	23.74	23.74	23.74	29.69	29.85	32.12	32.12	57.07
苏 州	——	2.21	4.21	5.22	20.54	21.60	24.96	28.15	25.53	40.82
杭 州	9.53	10.96	16.01	21.39	27.15	39.77	44.12	63.46	71.93	95.00
宁 波	6.51	12.23	12.23	13.29	23.91	31.69	32.81	33.98	33.98	45.22
温 州	1.10	1.10	1.10	1.10	1.10	1.10	1.10	5.37	5.39	6.74
合 肥	0.19	0.16	0.18	9.29	14.43	14.43	15.85	15.95	16.00	18.09
福 州	1.24	1.24	1.67	1.67	2.18	2.18	2.18	2.18	2.18	26.14
厦 门	39.57	39.57	65.40	67.50	67.50	67.50	67.50	67.50	67.50	73.59
南 昌	9.91	9.91	9.91	9.91	9.91	9.91	10.61	22.39	24.45	28.42
济 南	2.76	2.76	2.76	3.96	3.96	3.96	3.96	3.96	3.96	35.91
青 岛	11.58	24.26	24.72	24.72	24.80	25.03	25.03	26.93	28.12	32.16
郑 州	13.35	33.85	33.85	——	7.33	7.33	13.24	23.13	34.12	58.42
武 汉	5.70	4.96	5.57	7.22	7.38	10.92	10.99	13.78	16.89	17.07
长 沙	2.55	1.98	2.37	4.93	5.18	5.21	5.28	5.28	8.99	9.49
广 州	6.99	7.07	4.72	5.78	12.37	18.63	19.22	38.40	41.59	118.40
深 圳	0.28	0.28	0.28	0.28	0.28	0.28	1.70	4.40	4.40	12.30
南 宁	9.49	9.49	9.49	10.11	15.32	15.40	15.40	15.40	15.55	17.94
北 海	0.22	0.26	0.26	0.26	0.26	0.26	0.71	0.73	0.73	1.57
海 口	0.08	0.08	0.08	0.80	0.80	1.23	1.23	1.23	1.23	3.85
三 亚	——	——	——	——	——	——	——	——	——	0.01
重 庆	6.50	8.90	9.14	18.53	21.23	22.41	22.43	23.01	26.31	30.37
成 都	9.48	9.48	9.48	14.61	14.69	19.76	20.46	31.32	44.76	108.41
贵 阳	3.49	3.49	3.49	3.49	3.49	3.49	3.49	3.49	6.58	9.45
昆 明	4.22	7.61	15.29	15.29	16.19	19.99	19.99	21.87	21.87	14.52
西 安	0.02	0.02	1.99	1.99	1.99	2.41	7.29	7.29	14.04	17.71
兰 州	2.71	0.03	3.01	3.01	3.01	3.01	3.10	3.10	4.06	7.14
西 宁	1.10	0.30	0.30	0.30	0.95	0.95	0.95	1.75	1.50	1.89
银 川	0.35	0.35	0.35	0.70	0.70	2.50	2.50	3.01	8.09	9.29
乌鲁木齐	0.26	0.26	0.26	0.26	0.26	0.26	13.37	13.37	15.85	21.96

数据来源：国家统计局

表2-97　全国四十个重点城市2008~2012年商业用房竣工面积

单位：万平方米

	2008年	2009年	2010年	2011年	2012年
北　京	313.11	322.45	271.92	232.43	240.06
天　津	187.72	115.85	235.29	154.27	301.42
石家庄	18.97	16.34	39.29	115.77	109.74
太　原	7.99	17.32	19.14	12.85	8.20
呼和浩特	16.16	33.65	72.84	44.80	41.05
沈　阳	127.31	164.77	202.86	261.89	246.71
大　连	54.85	42.26	55.31	72.11	62.01
长　春	40.91	50.19	99.43	61.09	121.93
哈尔滨	50.72	51.23	48.61	37.63	83.25
上　海	221.56	201.05	176.41	231.80	177.65
南　京	74.47	104.38	116.20	105.95	111.94
无　锡	70.52	96.69	125.25	118.33	134.80
苏　州	197.77	230.49	249.88	180.34	221.56
杭　州	48.58	60.57	96.59	89.27	72.30
宁　波	51.57	58.95	73.19	82.41	95.64
温　州	35.77	38.05	26.75	40.61	25.38
合　肥	13.97	56.95	120.77	92.16	98.82
福　州	9.36	17.33	23.37	31.28	41.52
厦　门	56.36	41.63	31.88	59.83	45.12
南　昌	24.53	32.20	51.43	41.47	50.26
济　南	4.04	21.87	17.98	41.10	16.64
青　岛	55.40	76.14	154.50	120.01	105.18
郑　州	55.48	59.83	79.20	123.84	168.01
武　汉	43.93	40.58	96.44	69.34	86.25
长　沙	54.70	69.28	68.21	85.93	121.37
广　州	72.65	86.26	131.46	110.86	151.09
深　圳	59.79	32.20	25.27	36.39	39.75
南　宁	36.68	21.66	25.93	51.80	78.29
北　海	5.97	1.31	0.97	8.80	12.26
海　口	12.13	4.91	10.53	1.78	35.67
三　亚	0.70	1.35	8.89	8.64	12.19
重　庆	215.56	258.40	229.44	298.79	282.23
成　都	55.59	64.56	80.84	109.59	145.79
贵　阳	30.41	40.75	58.20	64.59	58.99
昆　明	29.44	54.84	55.69	36.94	43.97
西　安	10.12	54.79	23.82	44.74	85.77
兰　州	7.06	23.09	31.37	17.56	17.08
西　宁	15.16	14.40	15.32	34.11	19.54
银　川	52.83	57.05	65.88	66.59	71.25
乌鲁木齐	19.14	15.96	28.48	17.37	35.25

数据来源：国家统计局

表2-98　全国四十个重点城市2012年月度累计商业用房竣工面积

单位：万平方米

	1~3月	1~4月	1~5月	1~6月	1~7月	1~8月	1~9月	1~10月	1~11月	1~12月
合　计	668.61	861.01	1042.64	1282.70	1506.79	1711.77	1952.33	2235.41	2537.40	3875.93
北　京	31.74	44.31	50.92	55.51	64.54	67.56	88.17	104.42	119.18	240.06
天　津	13.04	21.51	45.60	96.59	99.82	100.18	100.50	100.71	111.54	301.42
石家庄	14.54	18.94	33.49	33.88	52.93	78.96	89.88	90.93	107.39	109.74
太　原	0.27	0.27	0.27	0.27	0.93	5.21	5.48	5.48	5.48	8.20
呼和浩特	1.68	20.14	26.00	30.55	31.78	31.78	31.97	31.97	35.79	41.05
沈　阳	29.45	52.49	55.84	60.33	60.59	77.39	87.02	111.17	120.99	246.71
大　连	17.57	21.87	23.64	26.52	29.27	41.70	41.99	47.57	57.88	62.01
长　春	——	4.40	12.56	15.15	16.46	33.38	36.45	40.85	43.33	121.93
哈尔滨	10.40	6.90	10.54	12.02	24.17	27.87	29.16	29.53	50.09	83.25
上　海	33.10	56.92	68.25	81.29	84.21	93.18	99.27	111.33	116.97	177.65
南　京	31.91	37.15	39.03	43.88	49.80	50.20	51.35	54.50	61.47	111.94
无　锡	70.13	71.80	67.19	80.17	89.74	99.78	105.03	109.02	112.59	134.80
苏　州	50.64	43.40	49.19	57.99	96.11	122.31	145.31	160.05	160.88	221.56
杭　州	16.06	16.90	17.60	21.80	24.86	27.21	30.00	37.55	39.35	72.30
宁　波	10.32	19.40	31.94	35.11	45.49	49.13	49.39	53.79	66.88	95.64
温　州	3.00	3.00	3.00	3.17	3.53	3.53	4.05	4.47	11.14	25.38
合　肥	18.21	21.60	25.10	37.27	43.97	51.87	56.82	63.66	82.07	98.82
福　州	4.64	19.25	20.77	20.77	21.80	22.11	33.78	34.50	37.65	41.52
厦　门	22.99	22.90	23.51	24.08	24.83	24.83	33.41	35.23	38.30	45.12
南　昌	10.76	10.87	11.88	11.88	13.02	13.02	14.18	27.38	40.56	50.26
济　南	5.05	5.05	5.05	5.39	5.59	7.41	7.66	7.86	8.10	16.64
青　岛	38.92	44.05	32.83	33.72	34.95	39.69	40.63	60.62	73.20	105.18
郑　州	21.26	26.82	28.88	36.24	53.17	55.07	73.12	77.92	80.62	168.01
武　汉	14.59	18.52	20.44	42.99	44.44	47.03	50.40	67.22	78.78	86.25
长　沙	29.78	30.67	32.14	61.41	64.01	67.41	79.46	82.72	102.21	121.37
广　州	22.33	31.94	39.28	49.70	63.17	67.25	87.13	88.59	97.04	151.09
深　圳	3.52	5.54	5.54	6.74	13.06	16.19	16.88	18.88	27.93	39.75
南　宁	12.78	12.88	13.56	42.80	58.77	59.25	59.25	59.69	62.69	78.29
北　海	3.53	5.21	5.61	5.82	7.59	8.88	9.15	10.17	11.13	12.26
海　口	0.30	3.31	3.76	4.35	4.65	10.22	21.11	21.26	21.26	35.67
三　亚	0.84	2.93	2.93	2.93	11.87	11.96	11.96	11.96	12.00	12.19
重　庆	68.97	91.24	104.88	131.60	143.67	152.52	163.78	220.05	233.19	282.23
成　都	17.73	20.48	28.42	32.68	36.17	42.45	51.96	76.53	80.85	145.79
贵　阳	5.01	8.20	11.82	11.85	12.03	13.78	13.78	15.74	26.40	58.99
昆　明	16.83	20.27	20.50	24.52	29.12	36.05	36.05	39.46	38.98	43.97
西　安	9.89	9.89	14.91	17.57	20.61	21.76	46.78	56.04	72.69	85.77
兰　州	4.59	3.79	11.44	11.61	12.61	13.26	13.79	15.58	15.38	17.08
西　宁	——	1.21	2.25	2.59	3.03	3.91	3.91	8.87	12.41	19.54
银　川	0.45	0.87	4.64	5.30	5.79	11.15	17.43	27.28	41.52	71.25
乌鲁木齐	1.79	4.12	4.58	4.67	4.67	5.34	14.86	14.86	21.48	35.25

数据来源：国家统计局

十一、全国四十个重点城市房地产销售数据

表2-99　全国四十个重点城市2008~2012年商品房销售面积

单位：万平方米

	2008年	2009年	2010年	2011年	2012年
北　京	1335.37	2362.25	1639.53	1440.04	1943.74
天　津	1252.04	1590.02	1564.52	1643.11	1661.69
石家庄	292.65	340.66	469.31	900.27	768.73
太　原	169.17	183.04	258.82	206.16	324.81
呼和浩特	331.08	374.99	471.60	576.37	478.18
沈　阳	1465.05	1532.93	1746.52	2178.15	2469.65
大　连	821.93	1152.68	1215.33	910.24	1076.36
长　春	571.41	715.72	863.08	880.95	908.00
哈尔滨	586.13	704.06	881.75	953.10	1195.28
上　海	2296.12	3372.45	2055.53	1771.30	1898.46
南　京	699.34	1187.27	823.17	767.70	950.87
无　锡	537.35	1007.93	1008.23	654.41	923.73
苏　州	1007.36	2181.01	1453.54	1155.92	1466.29
杭　州	716.38	1441.18	988.34	829.81	1092.50
宁　波	434.12	815.18	688.34	641.25	590.22
温　州	173.33	313.96	228.46	135.51	202.86
合　肥	921.90	1297.95	1004.91	1246.60	1242.48
福　州	344.10	690.13	597.83	622.18	841.50
厦　门	408.04	529.29	426.77	438.26	615.34
南　昌	335.48	494.69	520.84	498.80	689.86
济　南	361.42	439.77	531.49	594.06	659.56
青　岛	769.15	1261.86	1360.69	1027.95	950.92
郑　州	699.64	1200.61	1558.72	1556.71	1441.87
武　汉	732.07	1086.99	1207.97	1323.51	1576.11
长　沙	822.59	1407.30	1680.21	1500.17	1526.93
广　州	1079.68	1375.42	1405.13	1251.48	1333.13
深　圳	466.71	762.15	465.59	512.15	525.83
南　宁	484.79	731.74	666.48	696.48	629.01
北　海	107.15	175.55	179.63	161.52	133.76
海　口	168.93	190.68	209.76	225.55	266.95
三　亚	77.27	114.51	140.83	163.69	180.03
重　庆	2872.19	4002.89	4314.39	4533.50	4522.40
成　都	1273.54	2693.10	2559.28	2713.45	2844.09
贵　阳	412.56	818.16	801.56	828.29	1023.84
昆　明	560.16	821.93	1242.48	1114.92	1051.35
西　安	758.84	1256.02	1587.81	1796.03	1532.90
兰　州	178.35	241.89	228.21	184.61	190.35
西　宁	62088.94	93713.00	104349.11	109945.56	177.04
银　川	1335.37	2362.25	1639.53	1440.04	450.26
乌鲁木齐	1252.04	1590.02	1564.52	1643.11	371.61

数据来源：国家统计局

表2-100 全国四十个重点城市2012年月度累计商品房销售面积

单位：万平方米

	1~3月	1~4月	1~5月	1~6月	1~7月	1~8月	1~9月	1~10月	1~11月	1~12月
合 计	6075.30	8656.62	12126.86	16150.19	19767.69	23350.24	27532.15	31482.79	36114.19	42728.48
北 京	217.15	327.58	465.74	620.87	819.03	975.38	1146.88	1313.41	1531.74	1943.74
天 津	305.60	418.29	561.32	679.64	754.35	866.04	1035.96	1184.67	1313.28	1661.69
石家庄	144.60	195.49	223.50	370.22	430.06	486.39	563.16	635.77	711.09	768.73
太 原	30.89	53.28	74.24	104.73	127.29	150.01	203.51	244.72	275.25	324.81
呼和浩特	30.69	46.50	71.48	146.16	192.29	227.95	339.07	366.89	379.97	478.18
沈 阳	173.33	277.11	416.96	764.94	956.54	1172.49	1439.95	1757.66	2117.81	2469.65
大 连	96.92	157.58	228.32	354.45	446.92	563.17	667.36	785.64	952.57	1076.36
长 春	18.16	78.89	171.67	277.76	369.47	474.06	595.76	694.90	802.66	908.00
哈尔滨	105.57	146.86	214.16	370.88	503.16	663.21	745.39	826.18	903.29	1195.28
上 海	316.47	442.58	624.63	793.66	953.98	1093.31	1229.94	1426.30	1609.58	1898.46
南 京	163.46	254.77	332.05	416.80	498.52	577.07	653.63	721.80	822.17	950.87
无 锡	183.06	247.63	315.13	396.43	484.62	554.20	623.67	705.63	789.14	923.73
苏 州	184.13	281.30	441.46	614.67	764.73	908.46	1045.78	1159.77	1298.80	1466.29
杭 州	143.52	224.41	302.10	437.75	562.30	674.04	772.94	869.73	978.76	1092.50
宁 波	66.82	94.50	139.88	193.26	257.78	327.00	373.12	441.73	501.22	590.22
温 州	9.95	19.27	33.38	49.11	66.08	81.73	107.36	126.37	154.16	202.86
合 肥	253.15	333.45	451.19	555.81	676.01	770.07	896.03	1009.66	1123.27	1242.48
福 州	94.14	154.73	213.59	289.87	365.97	440.55	532.36	599.08	693.22	841.50
厦 门	84.15	122.24	189.48	268.26	334.40	382.75	438.33	481.20	543.40	615.34
南 昌	82.51	131.24	188.48	253.49	319.48	391.02	470.81	543.01	614.64	689.86
济 南	99.14	137.48	192.80	254.39	314.81	379.57	467.36	521.26	590.60	659.56
青 岛	150.09	193.21	257.09	333.35	423.52	500.21	606.82	655.46	775.94	950.92
郑 州	165.66	233.25	321.81	472.55	594.49	690.86	819.79	949.66	1134.93	1441.87
武 汉	284.93	365.40	451.83	629.18	733.36	838.88	943.76	1081.06	1220.80	1576.11
长 沙	217.55	294.12	409.63	594.36	744.31	874.09	1021.67	1179.75	1325.14	1526.93
广 州	184.01	268.08	364.04	480.45	605.42	742.48	881.03	1021.93	1162.22	1333.13
深 圳	79.09	144.19	189.20	233.42	272.53	323.05	351.04	397.91	472.25	525.83
南 宁	103.55	134.67	174.58	244.52	291.52	334.54	398.51	433.41	520.06	629.01
北 海	22.37	30.65	36.76	54.56	64.56	74.51	83.14	96.51	104.99	133.76
海 口	34.76	46.64	55.61	130.27	147.33	174.10	198.48	215.73	241.29	266.95
三 亚	38.74	49.27	62.13	72.45	84.57	100.45	121.45	125.09	154.49	180.03
重 庆	891.73	1216.92	1500.15	1868.94	2157.49	2516.73	2946.84	3296.71	3815.90	4522.40
成 都	440.20	641.76	872.17	1172.67	1417.53	1623.72	1847.89	2097.69	2485.65	2844.09
贵 阳	172.16	222.21	377.70	428.35	592.64	687.69	776.39	845.35	934.51	1023.84
昆 明	169.87	206.09	240.00	348.23	394.29	439.39	614.94	736.53	874.72	1051.35
西 安	183.93	245.82	343.26	499.13	597.72	732.42	945.48	1130.83	1298.77	1532.90
兰 州	33.41	43.36	53.68	76.46	91.51	108.49	125.59	142.00	146.49	190.35
西 宁	11.41	25.37	46.29	68.17	77.62	97.07	116.57	213.46	166.24	177.04
银 川	46.50	72.94	89.38	110.32	136.90	161.21	188.49	213.63	257.17	450.26
乌鲁木齐	41.93	77.48	97.25	119.66	142.60	171.88	195.91	234.67	316.04	371.61

数据来源：国家统计局

表2-101　全国四十个重点城市2008~2012年住宅销售面积

单位：万平方米

	2008年	2009年	2010年	2011年	2012年
北　京	1031.43	1880.45	1201.39	1034.96	1483.37
天　津	1135.35	1461.47	1352.61	1454.84	1511.40
石家庄	286.51	324.44	446.43	769.38	697.08
太　原	147.43	168.67	235.49	181.19	308.13
呼和浩特	307.34	309.10	394.46	511.14	414.31
沈　阳	1307.18	1369.31	1516.06	1952.14	2201.45
大　连	770.07	1093.41	1126.68	833.42	966.89
长　春	517.42	653.91	786.19	786.62	775.19
哈尔滨	503.89	626.70	809.89	881.62	1031.61
上　海	1965.86	2928.04	1685.35	1473.72	1592.63
南　京	655.27	1114.03	754.82	680.89	876.25
无　锡	456.96	883.33	1008.23	529.07	782.59
苏　州	830.26	1881.86	1453.54	941.19	1263.11
杭　州	627.48	1300.99	797.59	682.43	922.24
宁　波	343.74	651.97	492.59	444.34	458.74
温　州	141.12	272.50	228.46	113.38	180.58
合　肥	863.01	1180.33	863.86	1066.31	1117.33
福　州	320.68	648.28	531.10	536.87	733.96
厦　门	169.64	401.30	238.68	263.77	480.27
南　昌	326.46	463.63	489.30	435.69	595.33
济　南	320.32	403.50	477.31	536.79	559.92
青　岛	689.78	1151.15	1209.87	917.54	842.50
郑　州	625.27	1085.14	1428.61	1300.67	1226.18
武　汉	683.24	1041.39	1091.49	1169.26	1390.47
长　沙	767.12	1358.48	1624.04	1385.56	1385.33
广　州	933.05	1253.60	1111.66	1027.31	1128.51
深　圳	413.65	717.39	413.80	482.85	488.44
南　宁	443.47	685.08	601.83	598.85	575.52
北　海	101.71	168.88	179.63	157.49	131.04
海　口	161.60	182.29	199.70	196.83	251.49
三　亚	76.95	113.80	140.83	162.35	178.02
重　庆	2669.93	3771.22	3986.31	4063.42	4105.11
成　都	1191.36	2531.99	2289.92	2320.29	2424.61
贵　阳	390.56	760.39	733.55	733.72	948.47
昆　明	494.32	751.22	1097.42	928.33	917.73
西　安	710.47	1202.12	1523.24	1687.08	1379.13
兰　州	170.75	221.97	206.81	164.22	176.75
西　宁	100.78	148.08	206.78	250.27	165.85
银　川	222.69	382.75	404.32	318.36	388.33
乌鲁木齐	236.10	453.95	394.89	396.91	337.30

数据来源：国家统计局

表2-102 全国四十个重点城市2012年月度累计住宅销售面积

单位：万平方米

	1~3月	1~4月	1~5月	1~6月	1~7月	1~8月	1~9月	1~10月	1~11月	1~12月
合计	5264.49	7505.95	10580.32	14130.91	17350.51	20521.91	24268.51	27763.13	31803.65	37393.16
北 京	166.37	250.87	360.38	479.44	621.38	739.60	880.77	1013.14	1179.21	1483.37
天 津	242.98	319.42	459.26	574.94	654.83	764.17	936.70	1082.25	1196.34	1511.40
石家庄	137.78	186.25	213.41	343.58	386.17	436.18	508.35	579.88	650.91	697.08
太 原	29.98	51.43	71.10	99.87	121.19	143.53	193.16	232.47	261.34	308.13
呼和浩特	25.50	38.08	56.10	121.76	160.28	191.67	293.38	315.10	324.77	414.31
沈 阳	155.70	243.39	372.17	691.08	863.61	1046.46	1276.05	1558.77	1883.86	2201.45
大 连	79.76	136.88	203.36	312.96	396.16	497.42	595.67	705.68	860.98	966.89
长 春	16.07	63.61	139.21	219.27	298.60	393.19	502.31	586.67	684.60	775.19
哈尔滨	86.73	121.15	174.38	285.85	405.81	552.95	628.59	701.25	766.84	1031.61
上 海	275.20	392.70	556.67	702.87	844.24	962.89	1083.91	1213.28	1368.68	1592.63
南 京	145.67	229.76	301.60	381.34	456.89	531.04	604.61	667.91	758.73	876.25
无 锡	146.08	201.29	263.65	333.03	409.07	467.85	528.98	603.24	676.62	782.59
苏 州	162.50	239.63	381.07	528.93	663.16	786.85	906.71	1012.09	1130.35	1263.11
杭 州	118.67	191.16	260.43	379.90	489.22	588.90	668.93	750.30	838.64	922.24
宁 波	44.05	63.26	99.23	138.85	196.61	253.48	292.92	340.50	389.78	458.74
温 州	6.97	15.13	25.56	40.68	55.03	69.16	93.79	110.64	136.15	180.58
合 肥	199.38	272.23	382.95	479.88	590.36	675.82	793.86	900.20	1006.24	1117.33
福 州	82.95	138.28	188.88	254.61	321.47	380.38	457.51	511.46	594.23	733.96
厦 门	61.42	96.33	146.92	204.21	261.04	300.96	332.89	381.14	420.27	480.27
南 昌	73.89	113.99	167.77	224.78	282.74	344.61	414.67	480.52	535.53	595.33
济 南	87.47	121.01	169.61	222.55	268.56	323.11	399.43	447.08	504.39	559.92
青 岛	127.81	165.15	223.31	291.68	374.08	441.03	538.72	585.67	694.40	842.50
郑 州	150.42	207.06	287.63	419.86	530.38	617.03	734.09	837.50	998.11	1226.18
武 汉	263.27	337.47	412.82	567.85	661.14	755.24	852.71	963.79	1085.80	1390.47
长 沙	204.73	277.94	385.33	555.34	696.92	817.99	940.28	1084.49	1215.65	1385.33
广 州	151.12	226.34	305.33	401.67	511.89	629.43	754.09	879.59	998.55	1128.51
深 圳	70.46	131.42	173.21	216.22	251.21	297.76	322.67	366.60	435.87	488.44
南 宁	97.31	126.13	161.09	221.27	264.86	306.43	365.48	397.37	478.76	575.52
北 海	22.34	30.43	36.52	53.59	63.14	72.70	81.18	94.51	102.68	131.04
海 口	33.65	45.00	53.63	123.07	139.13	164.67	188.83	202.92	226.61	251.49
三 亚	37.97	48.44	61.23	71.56	83.58	99.33	119.66	123.59	152.77	178.02
重 庆	805.82	1083.31	1359.82	1700.30	1968.43	2300.88	2683.73	3012.25	3492.72	4105.11
成 都	391.59	569.53	773.14	1025.59	1240.62	1423.87	1623.80	1837.93	2143.06	2424.61
贵 阳	160.53	206.51	351.06	398.02	555.29	640.13	719.96	783.75	866.07	948.47
昆 明	130.01	163.35	184.90	285.70	324.73	366.51	532.38	646.00	771.04	917.73
西 安	158.83	215.96	304.75	450.61	544.25	661.50	859.65	1031.88	1172.99	1379.13
兰 州	31.68	41.00	50.12	71.87	85.80	100.84	117.00	131.06	135.11	176.75
西 宁	9.20	21.04	41.47	61.71	71.11	90.34	109.48	199.71	155.18	165.85
银 川	34.57	54.77	68.65	87.33	109.98	131.76	155.76	178.15	217.57	388.33
乌鲁木齐	38.07	69.28	87.58	107.30	127.55	154.27	175.87	212.81	292.26	337.30

数据来源：国家统计局

表2-103 全国四十个重点城市2008~2012年办公用房销售面积

单位：万平方米

	2008年	2009年	2010年	2011年	2012年
北　京	139.37	255.77	208.15	211.42	253.50
天　津	29.30	29.55	35.29	42.80	28.17
石家庄	0.27	1.47	8.15	12.10	17.46
太　原	9.63	5.17	4.04	7.44	5.02
呼和浩特	4.35	8.86	8.76	14.64	14.05
沈　阳	15.67	15.40	25.07	12.19	21.82
大　连	4.24	7.94	19.96	5.70	24.58
长　春	7.29	4.42	4.04	7.88	12.90
哈尔滨	2.63	12.83	2.54	2.26	10.57
上　海	145.87	203.00	162.89	147.40	111.73
南　京	15.34	23.53	14.78	38.28	32.93
无　锡	10.74	15.31	29.18	29.14	45.55
苏　州	17.52	59.86	66.51	38.42	34.35
杭　州	49.43	71.73	102.33	70.36	86.04
宁　波	25.37	57.06	67.39	66.91	45.53
温　州	13.80	11.27	6.67	5.24	3.97
合　肥	20.85	40.16	65.30	52.49	33.51
福　州	2.58	3.55	18.00	30.23	49.64
厦　门	56.25	22.00	54.75	50.24	36.25
南　昌	0.66	5.79	12.57	16.36	42.42
济　南	19.56	8.21	23.38	16.05	29.36
青　岛	16.77	31.17	27.80	15.82	42.22
郑　州	31.54	54.25	50.94	130.46	110.11
武　汉	7.81	9.61	20.88	25.10	58.95
长　沙	8.75	10.99	11.39	37.93	42.34
广　州	57.77	47.26	112.28	115.76	103.10
深　圳	5.59	19.63	15.00	9.90	5.98
南　宁	4.45	4.73	11.06	10.87	7.21
北　海	0.66	——	——	0.08	0.09
海　口	1.34	3.22	5.44	1.81	0.23
三　亚	——	——	——	——	——
重　庆	34.87	29.15	62.60	43.88	62.30
成　都	24.49	57.86	77.90	79.89	148.14
贵　阳	6.70	19.77	23.05	22.70	12.17
昆　明	19.15	19.81	18.31	39.82	72.40
西　安	29.62	18.23	35.46	31.58	56.92
兰　州	2.57	4.87	3.71	7.28	2.18
西　宁	0.92	1.38	1.00	0.38	0.16
银　川	6.18	10.38	13.73	8.81	6.26
乌鲁木齐	3.72	4.16	11.31	11.02	12.70

数据来源：国家统计局

表2-104　全国四十个重点城市2012年月度累计办公用房销售面积

单位：万平方米

	1~3月	1~4月	1~5月	1~6月	1~7月	1~8月	1~9月	1~10月	1~11月	1~12月
合计	281.44	366.76	482.47	641.82	791.75	906.86	1031.94	1175.15	1371.03	1682.82
北　京	17.56	31.12	46.98	64.72	100.41	122.93	142.18	164.97	191.85	253.50
天　津	49.26	53.91	54.12	54.89	56.90	57.72	64.88	65.15	65.40	28.17
石家庄	0.32	0.59	0.90	2.30	10.52	13.49	13.64	14.25	15.66	17.46
太　原	0.41	0.63	0.84	1.38	1.86	2.23	2.48	3.06	4.02	5.02
呼和浩特	2.93	4.15	6.43	7.49	8.53	9.15	12.80	13.86	13.89	14.05
沈　阳	0.72	1.56	2.27	4.68	4.74	5.57	10.59	13.58	20.05	21.82
大　连	6.35	6.66	12.62	20.84	21.22	22.34	22.56	24.07	24.23	24.58
长　春	0.10	4.54	8.23	8.66	10.90	11.58	11.63	12.05	12.39	12.90
哈尔滨	0.71	0.79	1.30	1.76	1.64	2.57	2.59	4.78	6.52	10.57
上　海	17.16	17.69	27.46	40.76	51.49	57.37	62.37	83.55	94.87	111.73
南　京	10.59	12.87	14.79	18.24	20.87	22.13	22.78	24.38	30.70	32.93
无　锡	16.22	19.72	12.36	18.15	24.06	27.13	30.03	34.57	39.74	45.55
苏　州	3.55	7.40	14.96	19.40	23.01	23.98	26.28	25.30	29.15	34.35
杭　州	16.44	21.30	26.33	33.41	40.55	46.26	54.39	61.15	68.80	86.04
宁　波	10.68	13.83	15.01	23.26	26.30	29.06	32.02	38.58	41.25	45.53
温　州	0.84	1.04	1.32	1.47	1.55	2.04	2.32	2.94	3.29	3.97
合　肥	8.05	8.53	11.28	13.83	18.95	22.99	25.24	27.81	31.63	33.51
福　州	1.68	4.12	8.18	15.36	21.21	29.68	37.43	40.89	45.98	49.64
厦　门	7.66	9.16	14.60	21.38	23.93	26.65	29.88	31.83	33.53	36.25
南　昌	4.00	6.87	8.54	11.24	15.46	20.34	26.89	31.17	36.36	42.42
济　南	1.62	2.92	4.47	7.19	9.62	12.62	15.24	16.87	22.84	29.36
青　岛	7.68	9.46	11.44	13.24	17.74	20.91	24.38	26.08	29.78	42.22
郑　州	4.95	10.38	14.88	22.13	28.87	32.78	38.52	51.21	62.35	110.11
武　汉	3.43	6.26	13.64	22.23	24.77	30.13	32.94	36.97	41.70	58.95
长　沙	5.10	5.86	8.35	12.41	14.00	14.51	17.29	21.16	27.17	42.34
广　州	23.40	29.13	37.51	44.22	49.07	55.01	61.77	69.58	79.02	103.10
深　圳	0.41	0.82	1.14	1.17	1.73	1.97	2.66	3.08	5.66	5.98
南　宁	0.04	0.11	0.16	4.91	4.96	4.96	4.96	5.07	5.26	7.21
北　海	——	0.04	——	——	0.05	0.05	0.09	0.09	0.09	0.09
海　口	——	——	——	——	0.10	0.23	0.23	0.23	0.23	0.23
三　亚	——	——	——	——	——	——	——	——	——	——
重　庆	7.51	10.58	12.75	19.67	28.00	31.09	34.50	39.61	43.10	62.30
成　都	12.29	22.81	32.86	48.92	59.33	64.73	72.65	87.99	124.81	148.14
贵　阳	2.04	2.12	2.52	5.63	6.07	9.98	10.41	11.03	13.01	12.17
昆　明	25.24	22.72	30.08	30.82	35.32	36.15	43.86	46.43	50.26	72.40
西　安	8.67	10.51	15.23	17.42	18.76	25.77	27.85	29.38	43.34	56.92
兰　州	0.55	0.69	0.92	0.95	0.97	1.31	1.38	1.49	1.63	2.18
西　宁	——	——	0.14	0.14	0.14	0.14	0.14	0.21	0.16	0.16
银　川	2.20	3.33	3.35	3.70	3.82	4.56	4.88	5.20	5.41	6.26
乌鲁木齐	1.10	2.51	2.76	3.85	4.34	4.76	5.23	5.52	5.90	12.70

数据来源：国家统计局

表2-105 全国四十个重点城市2008~2012年商业用房销售面积

单位：万平方米

	2008年	2009年	2010年	2011年	2012年
北 京	112.41	157.07	142.07	108.69	113.97
天 津	74.89	60.85	103.64	104.50	72.17
石家庄	5.78	6.83	7.64	88.54	36.72
太 原	7.10	9.14	14.65	15.74	8.69
呼和浩特	16.33	50.33	51.80	35.33	44.78
沈 阳	121.40	121.27	167.31	171.50	191.81
大 连	35.54	41.98	50.65	47.74	58.87
长 春	35.32	46.23	59.55	66.87	99.14
哈尔滨	66.87	49.46	49.41	49.02	102.57
上 海	117.27	126.49	125.56	95.57	120.01
南 京	23.87	41.85	43.42	35.02	29.23
无 锡	64.92	107.20	122.04	93.87	91.37
苏 州	137.31	199.89	211.57	158.87	149.90
杭 州	26.46	53.17	70.19	56.39	66.57
宁 波	40.65	59.44	73.07	89.75	55.31
温 州	10.39	20.41	20.41	13.67	14.57
合 肥	33.22	57.44	63.28	113.86	67.19
福 州	11.03	22.00	28.38	20.23	38.55
厦 门	8.84	14.16	18.91	15.67	22.08
南 昌	7.45	19.84	16.23	45.03	46.38
济 南	8.11	11.89	13.73	14.11	22.08
青 岛	41.93	60.55	89.56	67.60	50.56
郑 州	39.28	57.09	59.70	97.40	65.77
武 汉	20.69	25.57	50.37	86.45	73.80
长 沙	39.32	28.52	32.66	51.25	73.50
广 州	44.50	53.82	119.33	67.46	75.20
深 圳	33.58	18.07	21.89	18.79	21.00
南 宁	17.45	20.96	17.40	37.41	26.81
北 海	4.64	5.22	4.11	2.68	2.41
海 口	5.54	4.76	3.93	13.23	9.24
三 亚	0.20	0.66	0.03	0.75	1.43
重 庆	126.53	157.15	194.25	266.32	221.89
成 都	38.36	53.23	71.77	161.50	172.82
贵 阳	14.20	28.60	28.17	54.51	54.72
昆 明	30.84	31.43	53.60	87.33	33.39
西 安	16.14	33.01	22.80	57.69	69.47
兰 州	4.87	13.75	16.72	12.71	11.40
西 宁	3.60	4.71	8.92	9.47	10.95
银 川	23.81	41.74	37.51	53.35	50.36
乌鲁木齐	17.75	17.93	20.29	19.13	12.12

数据来源：国家统计局

表2-106 全国四十个重点城市2012年月度累计商业用房销售面积

单位：万平方米

	1~3月	1~4月	1~5月	1~6月	1~7月	1~8月	1~9月	1~10月	1~11月	1~12月
合 计	376.41	557.06	760.69	961.50	1132.81	1350.51	1542.47	1761.35	2033.79	2488.77
北 京	22.24	31.29	39.00	50.57	57.93	67.14	73.98	82.42	91.89	113.97
天 津	12.42	44.01	46.55	48.21	39.29	40.10	26.94	29.67	35.32	72.17
石家庄	4.61	6.66	7.15	14.62	22.24	28.76	31.71	31.86	34.15	36.72
太 原	0.45	1.15	2.23	3.40	4.15	4.16	4.95	6.21	6.93	8.69
呼和浩特	1.67	3.21	7.12	14.11	19.95	23.45	28.84	33.78	36.82	44.78
沈 阳	12.43	25.31	34.70	58.62	75.68	97.40	123.14	143.38	162.76	191.81
大 连	9.28	11.28	9.25	16.07	21.86	34.89	40.38	45.89	54.46	58.87
长 春	0.24	6.17	17.37	40.26	48.94	55.94	66.46	78.29	86.25	99.14
哈尔滨	15.17	19.23	30.72	50.78	59.96	69.00	74.96	80.14	86.96	102.57
上 海	19.74	24.32	29.64	33.00	37.90	45.89	51.59	77.80	86.80	120.01
南 京	4.85	9.14	11.79	13.17	15.46	17.78	19.82	22.89	25.22	29.23
无 锡	20.65	26.18	36.01	44.57	50.77	57.96	63.17	64.95	69.31	91.37
苏 州	15.48	30.97	39.06	56.06	66.50	84.18	97.35	105.49	121.08	149.90
杭 州	6.36	9.17	11.43	19.78	24.15	29.08	39.32	47.42	57.55	66.57
宁 波	8.34	12.48	18.83	21.70	23.42	28.90	31.05	40.28	43.48	55.31
温 州	1.65	2.57	5.67	6.05	7.75	8.56	9.11	10.40	12.14	14.57
合 肥	33.55	39.37	42.62	46.62	50.02	53.74	56.99	59.96	63.03	67.19
福 州	5.69	7.59	9.83	12.32	14.05	19.95	25.54	32.58	35.77	38.55
厦 门	2.61	2.35	3.45	5.49	7.49	9.26	10.23	11.44	19.39	22.08
南 昌	2.28	7.50	8.80	12.73	16.53	21.21	24.34	25.99	37.37	46.38
济 南	0.85	1.24	1.56	1.80	10.33	13.47	16.43	18.23	19.59	22.08
青 岛	11.63	14.77	16.56	21.77	24.13	30.22	34.90	34.62	41.43	50.56
郑 州	8.45	12.74	15.36	24.65	28.93	34.15	40.53	50.39	56.36	65.77
武 汉	5.71	10.11	15.00	18.68	25.19	29.18	31.50	37.51	47.92	73.80
长 沙	5.74	8.44	13.59	20.83	26.84	34.17	45.29	54.09	61.10	73.50
广 州	6.86	9.34	17.15	29.58	34.31	43.88	50.07	53.99	64.17	75.20
深 圳	8.06	8.50	11.26	12.43	13.41	14.97	16.96	18.96	20.70	21.00
南 宁	3.82	5.59	7.64	11.26	13.21	14.34	18.65	20.08	23.49	26.81
北 海	0.02	0.17	0.21	0.94	1.30	1.68	1.77	1.82	2.05	2.41
海 口	0.86	1.43	1.50	2.56	3.38	4.23	4.38	7.52	8.41	9.24
三 亚	0.45	0.44	0.45	0.45	0.53	0.64	1.28	0.97	1.16	1.43
重 庆	59.82	76.28	84.14	97.46	112.10	123.60	136.27	146.08	175.25	221.89
成 都	21.18	25.90	35.75	56.92	67.22	79.91	91.63	106.97	141.22	172.82
贵 阳	8.55	11.66	21.11	21.05	26.15	32.11	39.98	44.36	48.92	54.72
昆 明	10.67	13.35	16.11	19.80	20.81	22.65	23.81	25.61	31.70	33.39
西 安	10.45	14.34	16.88	20.79	22.64	31.04	41.42	50.28	61.86	69.47
兰 州	1.16	1.66	2.64	3.63	4.58	6.15	6.92	9.13	9.73	11.40
西 宁	2.18	4.29	4.60	6.24	6.29	6.51	6.87	13.09	10.81	10.95
银 川	8.72	13.17	15.49	17.05	20.58	21.97	24.46	26.66	30.37	50.36
乌鲁木齐	1.49	3.69	4.41	5.47	6.83	8.29	9.47	10.15	10.87	12.12

数据来源：国家统计局

表2-107 全国四十个重点城市2008~2012年商品房销售额

单位：亿元

	2008年	2009年	2010年	2011年	2012年
北 京	1658.31	3259.66	2915.36	2425.8	3308.56
天 津	753.16	1094.85	1281.91	1473.11	1365.53
石家庄	78.39	129.55	182.34	433.09	379.06
太 原	65.56	87.71	186.37	146.51	221.05
呼和浩特	90.45	146.03	193.51	240.2	260.38
沈 阳	604.69	684.36	945.05	1281.93	1561.13
大 连	474.57	720.32	856.04	732.85	861.47
长 春	198.98	296.42	446.91	540.16	503.05
哈尔滨	222.34	297.59	468.26	529.31	659.51
上 海	1895.45	4330.22	2959.94	2568.88	2669.49
南 京	355.88	853.07	787.38	714.72	960.98
无 锡	——	631.25	775.31	567.92	775.10
苏 州	——	1408.97	1184.35	1049.19	1336.43
杭 州	612.13	1511.45	1396.77	1083.92	1469.27
宁 波	320.56	732.98	775.39	678.91	663.39
温 州	——	426.54	307.31	229.09	354.52
合 肥	333.65	548.77	593.34	788.75	764.86
福 州	194.98	457.61	502.96	627.81	941.49
厦 门	238.86	420.82	379.12	448.1	755.67
南 昌	116.11	186.72	237.80	294.45	442.82
济 南	154.45	215.79	332.64	398.59	450.64
青 岛	390.28	703.67	895.29	771.04	766.07
郑 州	279.49	515.20	772.70	887.96	901.62
武 汉	350.01	579.22	694.73	955.86	1157.51
长 沙	273.36	513.58	742.33	882.07	931.56
广 州	955.86	1286.15	1674.99	1583.19	1754.75
深 圳	591.09	1113.88	892.55	1084.97	1030.10
南 宁	191.32	333.45	342.84	370.63	377.59
北 海	——	57.32	75.94	72.91	58.84
海 口	77.29	102.35	168.12	150.08	182.09
三 亚	——	127.24	243.88	209.25	209.24
重 庆	800.00	1377.76	1846.94	2146.09	2297.35
成 都	626.71	1329.00	1519.33	1811.32	2072.84
贵 阳	129.85	307.49	353.46	417.18	496.17
昆 明	215.05	317.96	455.06	525.84	603.97
西 安	317.56	488.55	707.00	1100.6	1016.97
兰 州	55.40	87.36	96.51	82.37	108.45
西 宁	29.17	44.85	72.25	95.18	83.53
银 川	78.45	162.60	186.45	176.63	205.97
乌鲁木齐	86.27	168.21	196.37	229.79	209.56

数据来源：国家统计局

表2-108　全国四十个重点城市2012年月度累计商品房销售额

单位：亿元

	1~3月	1~4月	1~5月	1~6月	1~7月	1~8月	1~9月	1~10月	1~11月	1~12月
合　计	4641.55	6819.29	9628.47	13050.48	16265.75	19325.22	22722.79	25987.53	29714.88	35168.57
北　京	319.89	518.49	774.80	1077.81	1441.08	1748.78	2063.29	2369.46	2695.35	3308.56
天　津	258.75	353.81	464.59	558.01	621.50	710.85	893.05	989.32	1074.11	1365.53
石家庄	63.71	90.00	104.08	184.54	217.05	245.63	284.47	317.59	349.70	379.06
太　原	21.43	38.81	51.87	72.12	91.86	106.76	135.78	165.54	188.11	221.05
呼和浩特	13.51	20.58	31.87	65.63	95.01	123.75	179.69	201.07	209.54	260.38
沈　阳	109.75	180.00	266.14	480.39	602.13	737.88	924.85	1113.78	1341.95	1561.13
大　连	94.63	131.91	186.64	286.33	347.98	431.59	505.18	615.20	728.01	861.47
长　春	13.24	52.21	103.40	160.15	209.68	272.75	341.32	394.40	450.49	503.05
哈尔滨	56.68	90.43	133.44	220.39	282.04	361.32	404.56	455.32	506.28	659.51
上　海	389.79	551.90	780.74	1064.72	1345.88	1564.68	1766.13	2047.35	2316.96	2669.49
南　京	159.83	248.61	325.63	415.84	505.49	590.18	673.69	746.46	836.81	960.98
无　锡	147.80	208.55	281.08	349.60	418.23	474.94	534.33	596.37	663.94	775.10
苏　州	162.67	249.73	390.79	541.55	679.05	808.40	938.57	1040.47	1168.57	1336.43
杭　州	171.16	281.79	381.00	566.27	743.61	881.90	1026.94	1165.92	1303.64	1469.27
宁　波	73.67	106.26	156.53	217.11	296.66	374.51	427.09	499.50	571.42	663.39
温　州	22.19	41.44	63.55	87.32	121.70	151.81	202.28	241.93	289.36	354.52
合　肥	156.75	206.64	273.03	347.52	421.43	479.40	551.19	622.32	692.55	764.86
福　州	99.94	161.38	220.46	316.02	393.07	482.39	565.11	643.10	734.77	941.49
厦　门	92.17	134.63	225.95	303.08	394.83	460.95	525.56	580.74	649.54	755.67
南　昌	46.13	74.78	110.23	150.89	191.43	239.40	291.60	339.50	391.32	442.82
济　南	62.08	86.86	126.18	162.14	206.04	253.20	310.63	347.11	397.97	450.64
青　岛	119.89	152.82	201.47	260.24	343.02	410.36	493.72	534.42	626.92	766.07
郑　州	99.07	145.48	201.79	302.35	387.83	450.20	536.35	633.24	733.68	901.62
武　汉	176.30	235.18	314.20	446.40	532.80	609.12	689.61	783.41	894.63	1157.51
长　沙	121.18	166.37	238.34	356.21	452.82	532.72	609.46	710.58	798.23	931.56
广　州	220.48	318.63	463.91	616.69	785.08	965.02	1144.92	1309.21	1486.42	1754.75
深　圳	142.32	249.47	337.18	421.63	511.98	621.69	695.31	801.22	925.81	1030.10
南　宁	51.16	68.46	95.05	146.39	174.82	206.60	246.39	268.07	310.96	377.59
北　海	8.90	12.82	15.35	24.50	29.00	33.12	36.34	41.76	46.10	58.84
海　口	23.96	34.09	41.69	81.72	99.62	118.58	134.12	149.29	165.01	182.09
三　亚	59.88	72.84	94.10	107.82	119.44	138.57	160.03	159.69	184.09	209.24
重　庆	436.89	617.76	776.69	968.57	1135.73	1300.73	1507.17	1687.73	1949.94	2297.35
成　都	286.34	420.05	587.63	788.33	954.09	1105.93	1261.59	1430.07	1764.76	2072.84
贵　阳	79.37	103.72	182.40	204.95	281.20	330.93	374.97	412.03	458.66	496.17
昆　明	101.65	122.89	138.52	181.39	209.40	239.84	335.74	416.72	488.78	603.97
西　安	112.91	158.50	223.48	321.28	387.13	479.72	624.25	749.08	858.20	1016.97
兰　州	16.65	22.84	29.28	40.09	47.74	56.19	65.82	76.43	81.45	108.45
西　宁	7.05	14.71	24.00	34.11	38.46	47.40	54.72	87.17	77.70	83.53
银　川	21.09	34.14	42.94	53.97	69.01	81.91	96.60	109.74	129.17	205.97
乌鲁木齐	20.72	39.73	51.36	66.42	80.81	95.51	110.36	135.21	173.98	209.56

数据来源：国家统计局

表2-109　全国四十个重点城市2008~2012年住宅销售额

单位：亿元

	2008年	2009年	2010年	2011年	2012年
北　京	1201.37	2486.77	2060.52	1606.04	2455.50
天　津	635.57	965.36	1069.75	1242.27	1210.57
石家庄	75.81	121.14	169.78	338.55	328.57
太　原	52.43	75.88	165.93	121.83	197.35
呼和浩特	77.21	100.53	143.88	199.78	198.79
沈　阳	504.07	574.59	774.55	1095.96	1318.55
大　连	432.55	675.13	761.55	660.82	733.29
长　春	172.89	262.36	400.72	469.50	408.79
哈尔滨	177.13	259.91	419.07	471.38	527.45
上　海	1608.47	3620.23	2395.35	1981.91	2208.96
南　京	313.59	767.90	696.45	572.95	847.76
无　锡	——	538.70	627.99	427.75	606.15
苏　州	——	1196.56	923.51	852.74	1134.28
杭　州	523.76	1374.00	1137.29	860.74	1225.97
宁　波	241.46	591.18	577.83	473.17	522.29
温　州	——	383.84	266.00	191.61	318.00
合　肥	298.5	483.38	475.17	600.42	642.94
福　州	173.01	417.55	418.17	511.62	781.26
厦　门	169.29	358.57	276.63	341.22	622.11
南　昌	109.71	168.64	211.9	230.08	350.06
济　南	136.46	193.55	291.14	358.37	372.38
青　岛	328.22	619.64	776.81	658.00	638.90
郑　州	228.09	439.88	656.55	610.16	691.94
武　汉	319.79	541.37	606.01	791.38	958.78
长　沙	245.52	479.95	701.91	759.87	776.13
广　州	793.25	1126.8	1180.03	1169.38	1354.31
深　圳	530.41	1032.28	784.30	1007.28	927.84
南　宁	164.97	305.75	298.01	307.38	323.37
北　海	——	54.45	73.17	70.28	56.05
海　口	72.42	96.94	161.14	131.17	163.77
三　亚	——	126.93	243.82	206.63	203.49
重　庆	704.82	1231.71	1610.64	1825.41	1972.42
成　都	580.12	1234.33	1334.38	1464.24	1619.26
贵　阳	111.92	265.55	310.48	334.07	424.22
昆　明	177.69	273.78	373.99	422.66	496.02
西　安	288.14	450.71	661.27	977.30	858.37
兰　州	51.72	77.69	84.04	66.52	95.81
西　宁	26.96	41.62	66.10	86.03	71.39
银　川	62.89	129.63	153.70	127.98	162.61
乌鲁木齐	73.10	152.32	169.00	195.66	177.25

数据来源：国家统计局

表2-110　全国四十个重点城市2012年月度累计住宅销售额

单位：亿元

	1~3月	1~4月	1~5月	1~6月	1~7月	1~8月	1~9月	1~10月	1~11月	1~12月
合　计	3780.88	5591.05	7889.53	10760.66	13448.88	16036.77	18928.64	21664.75	24690.17	28982.95
北　京	238.41	383.72	582.02	812.31	1067.64	1304.07	1554.37	1791.93	2032.84	2455.50
天　津	203.76	269.20	371.56	461.21	520.87	607.72	781.98	874.10	950.94	1210.57
石家庄	59.79	84.78	98.11	167.57	186.14	209.26	243.47	275.72	305.21	328.57
太　原	20.05	34.59	45.98	63.89	81.41	94.80	121.21	147.81	167.70	197.35
呼和浩特	11.29	17.01	24.04	49.70	70.66	93.04	137.43	151.79	157.06	198.79
沈　阳	91.06	147.52	224.03	415.70	517.45	624.43	773.57	935.66	1130.39	1318.55
大　连	68.92	103.55	152.46	229.35	284.69	353.03	420.03	519.27	623.10	733.29
长　春	11.55	40.59	79.74	122.48	163.24	219.63	276.82	319.12	368.02	408.79
哈尔滨	43.07	62.80	93.47	150.99	203.29	274.25	312.09	353.72	392.91	527.45
上　海	326.86	476.12	663.37	912.93	1154.78	1344.30	1519.85	1720.64	1952.22	2208.96
南　京	129.21	208.78	276.07	357.79	437.96	515.89	594.57	658.43	735.31	847.76
无　锡	109.11	153.84	202.44	257.18	315.06	360.78	410.82	465.08	521.83	606.15
苏　州	141.67	210.72	332.60	456.47	576.63	685.99	799.33	891.52	1000.00	1134.28
杭　州	137.86	235.26	323.62	482.60	638.29	759.72	874.88	994.65	1106.15	1225.97
宁　波	49.70	73.25	112.43	157.97	230.87	296.43	343.03	394.53	456.62	522.29
温　州	16.61	33.98	50.67	73.29	104.36	132.12	180.83	216.51	259.52	318.00
合　肥	104.36	148.04	203.75	270.40	335.11	385.03	448.80	514.43	577.23	642.94
福　州	81.67	137.40	188.67	265.39	330.64	396.57	457.95	514.75	590.18	781.26
厦　门	73.81	115.44	180.40	244.30	325.04	382.25	429.77	484.93	534.93	622.11
南　昌	39.37	61.49	93.18	127.90	162.12	200.51	241.16	281.73	315.10	350.06
济　南	55.61	77.90	113.70	144.42	175.45	213.44	263.52	295.21	334.55	372.38
青　岛	93.40	119.45	162.28	211.76	284.67	338.62	411.81	450.85	528.94	638.90
郑　州	79.90	108.42	155.04	235.32	304.85	354.96	424.70	491.86	575.10	691.94
武　汉	163.42	212.54	272.79	379.86	452.72	521.98	594.20	670.87	756.10	958.78
长　沙	110.33	149.87	213.66	311.96	394.52	467.32	520.95	606.27	678.16	776.13
广　州	161.02	243.46	334.88	448.77	589.51	735.84	890.21	1028.72	1173.17	1354.31
深　圳	127.01	228.76	308.94	390.01	463.63	561.04	622.07	719.84	827.84	927.84
南　宁	46.68	61.46	82.91	119.22	144.60	174.54	210.08	229.31	268.10	323.37
北　海	8.87	12.55	15.09	23.45	27.31	31.17	34.22	39.59	43.71	56.05
海　口	22.83	32.46	39.87	77.69	92.97	110.23	125.03	133.76	148.01	163.77
三　亚	57.60	70.41	91.46	105.18	116.56	135.42	155.53	155.67	179.29	203.49
重　庆	372.20	525.46	673.04	842.55	983.55	1130.82	1310.75	1474.25	1699.79	1972.42
成　都	244.08	358.43	490.45	652.92	789.82	919.86	1050.90	1184.21	1386.82	1619.26
贵　阳	68.94	89.56	158.43	176.07	245.65	285.27	321.97	352.15	391.76	424.22
昆　明	69.66	88.39	97.31	134.80	153.86	180.86	269.35	342.09	404.84	496.02
西　安	89.28	128.98	184.11	272.70	333.45	406.51	532.18	644.40	729.06	858.37
兰　州	15.05	20.63	25.74	35.42	42.39	49.54	57.91	65.66	70.55	95.81
西　宁	4.91	10.46	18.96	27.38	31.66	40.45	47.40	74.98	66.22	71.39
银　川	13.86	22.07	28.50	37.81	49.66	60.47	72.39	83.62	99.64	162.61
乌鲁木齐	18.12	31.75	41.88	53.97	65.81	78.57	91.55	115.14	151.27	177.25

数据来源：国家统计局

表2-111　全国四十个重点城市2008~2012年办公用房销售额

单位：亿元

	2008年	2009年	2010年	2011年	2012年
北　京	230.72	431.14	487.32	500.96	560.59
天　津	28.67	32.90	48.90	53.55	37.61
石家庄	0.24	0.54	4.03	11.44	14.64
太　原	6.56	3.30	2.79	7.28	5.26
呼和浩特	1.68	4.24	5.06	7.08	10.21
沈　阳	10.38	11.77	17.39	9.17	24.63
大　连	2.26	4.14	28.42	7.42	38.01
长　春	3.10	1.86	1.84	7.73	11.19
哈尔滨	0.95	5.94	1.65	1.55	8.71
上　海	172.29	438.43	307.67	371.81	234.62
南　京	19.92	29.53	19.02	74.01	54.30
无　锡	——	10.35	25.88	25.99	38.97
苏　州	——	43.99	53.77	32.47	27.90
杭　州	57.90	74.82	154.91	117.11	148.38
宁　波	26.88	53.53	74.38	72.86	42.97
温　州	——	12.37	10.88	13.02	8.09
合　肥	11.94	18.69	44.59	41.52	28.58
福　州	2.01	2.44	29.63	49.65	81.85
厦　门	32.04	15.16	38.00	41.51	49.88
南　昌	0.47	3.29	12.13	15.76	47.40
济　南	10.41	4.13	17.43	13.93	29.62
青　岛	15.11	30.32	23.57	18.65	49.40
郑　州	16.13	26.74	47.53	131.43	104.12
武　汉	4.91	5.03	11.98	24.79	79.02
长　沙	4.48	6.22	5.13	37.47	51.84
广　州	72.56	71.27	189.55	221.14	234.41
深　圳	10.65	40.99	34.28	25.03	24.98
南　宁	2.62	3.04	9.09	9.26	14.04
北　海	——	——	——	0.06	0.11
海　口	0.78	1.60	3.52	4.47	0.71
三　亚	——	——	——	——	——
重　庆	16.28	15.08	59.70	51.28	71.61
成　都	14.07	34.03	72.29	80.45	136.40
贵　阳	3.20	9.15	12.52	14.77	11.47
昆　明	10.08	11.70	13.86	21.48	61.15
西　安	17.12	9.62	21.29	30.82	48.79
兰　州	0.92	2.58	1.67	5.99	1.79
西　宁	0.30	0.49	0.22	0.07	0.13
银　川	2.34	5.63	7.72	6.65	2.99
乌鲁木齐	2.55	3.03	10.69	9.74	15.00

数据来源：国家统计局

表2-112　全国四十个重点城市2012年月度累计办公用房销售额

单位：亿元

	1~3月	1~4月	1~5月	1~6月	1~7月	1~8月	1~9月	1~10月	1~11月	1~12月
合　计	329.43	456.87	666.13	900.13	1131.71	1289.65	1482.92	1696.51	1946.52	2411.38
北　京	39.61	71.53	108.30	152.02	227.03	274.25	321.77	369.28	421.29	560.59
天　津	40.28	47.20	51.49	52.43	57.91	58.71	67.56	67.99	68.26	37.61
石家庄	0.28	0.51	0.74	1.85	9.53	11.75	11.88	12.33	13.22	14.64
太　原	0.41	0.67	0.95	1.45	1.97	2.28	2.51	3.19	4.42	5.26
呼和浩特	0.93	1.42	2.95	3.55	5.11	5.47	9.45	10.11	10.13	10.21
沈　阳	0.61	2.44	1.74	3.64	3.70	4.41	13.78	18.43	23.21	24.63
大　连	7.64	7.96	19.04	33.13	33.34	34.54	35.11	37.68	37.72	38.01
长　春	0.10	4.61	8.61	9.00	9.73	10.09	10.14	10.49	10.85	11.19
哈尔滨	0.27	0.34	0.52	0.95	0.89	1.35	1.43	4.16	5.93	8.71
上　海	31.33	35.69	65.06	87.57	111.67	123.33	133.83	183.64	203.88	234.62
南　京	21.10	24.58	27.45	33.16	37.18	38.97	39.94	42.79	51.23	54.30
无　锡	13.57	17.20	11.25	16.05	21.13	23.50	25.93	29.51	34.34	38.97
苏　州	2.94	5.26	11.24	16.41	19.38	20.17	21.87	20.56	23.41	27.90
杭　州	22.08	29.61	35.56	45.27	58.93	68.81	87.74	99.78	113.60	148.38
宁　波	9.07	12.53	14.07	22.30	25.33	29.16	30.79	36.71	39.47	42.97
温　州	1.60	2.11	2.56	2.97	3.22	4.18	4.87	5.78	6.55	8.09
合　肥	8.19	8.68	11.09	12.97	17.01	20.63	22.46	24.11	27.14	28.58
福　州	4.23	5.48	8.95	23.71	31.26	45.64	58.11	64.10	72.17	81.85
厦　门	5.79	6.94	23.15	27.83	29.98	34.13	38.89	41.84	44.53	49.88
南　昌	3.92	6.89	9.11	11.86	15.18	19.34	27.61	31.89	39.69	47.40
济　南	1.04	2.06	3.55	5.38	7.28	9.63	11.38	12.79	20.28	29.62
青　岛	8.47	11.33	13.58	16.53	21.65	24.91	29.13	31.64	36.36	49.40
郑　州	6.35	16.08	22.89	29.70	38.96	44.83	52.85	66.41	72.61	104.12
武　汉	2.40	6.35	18.34	34.49	38.53	42.04	45.69	48.57	53.55	79.02
长　沙	4.42	5.11	7.53	15.19	16.55	16.96	19.54	25.92	31.33	51.84
广　州	42.60	52.86	88.16	101.58	117.80	129.25	144.28	159.23	177.75	234.41
深　圳	1.52	3.09	4.36	4.59	8.66	9.51	11.91	13.45	23.25	24.98
南　宁	0.07	0.16	0.25	12.32	12.40	12.40	12.40	12.62	12.74	14.04
北　海	——	0.04	——	——	0.06	0.06	0.11	0.11	0.11	0.11
海　口	——	——	——	——	0.22	0.71	0.71	0.71	0.71	0.71
三　亚	——	——	——	——	——	——	——	——	——	——
重　庆	8.26	13.05	15.14	22.57	31.52	35.06	39.24	43.31	47.13	71.61
成　都	10.97	20.88	35.43	49.34	59.43	63.30	70.56	82.79	117.96	136.40
贵　阳	1.17	1.23	1.69	4.94	5.52	8.63	9.14	9.69	11.64	11.47
昆　明	19.32	18.67	22.15	23.11	29.51	30.93	37.19	39.78	42.32	61.15
西　安	6.66	8.30	11.98	13.78	14.95	20.58	22.20	23.45	35.31	48.79
兰　州	0.46	0.46	0.72	0.76	0.77	1.08	1.18	1.33	1.46	1.79
西　宁	——	——	0.11	0.11	0.11	0.11	0.11	0.14	0.13	0.13
银　川	0.90	1.41	1.42	1.59	1.67	1.95	2.17	2.38	2.53	2.99
乌鲁木齐	0.86	4.14	4.42	5.99	6.64	7.03	7.46	7.81	8.30	15.00

数据来源：国家统计局

表2-113　全国四十个重点城市2008~2012年商业用房销售额

单位：亿元

	2008年	2009年	2010年	2011年	2012年
北　京	192.76	299.86	318.99	270.85	233.36
天　津	77.43	54.49	109.31	138.58	93.87
石家庄	2.33	5.70	5.58	71.76	26.58
太　原	4.80	8.49	16.30	15.68	17.45
呼和浩特	10.64	38.42	37.00	27.13	48.77
沈　阳	81.11	86.25	130.30	151.72	186.29
大　连	33.57	35.80	50.45	52.54	74.51
长　春	18.64	28.07	38.71	53.78	72.61
哈尔滨	39.62	25.18	36.04	46.70	97.48
上　海	77.51	192.73	197.57	181.66	194.62
南　京	20.11	51.10	65.64	58.43	52.16
无　锡	——	81.71	119.84	111.96	127.45
苏　州	——	158.67	187.94	157.67	166.39
杭　州	23.23	55.13	94.20	93.48	83.54
宁　波	39.87	64.79	91.93	111.96	83.84
温　州	——	25.88	26.40	22.83	26.46
合　肥	21.93	41.22	69.38	142.39	82.56
福　州	16.32	30.59	43.45	44.47	64.68
厦　门	13.06	24.39	33.04	32.41	45.14
南　昌	5.79	12.63	12.33	47.34	41.90
济　南	5.38	13.06	18.33	16.26	27.70
青　岛	37.07	49.42	82.32	80.05	71.74
郑　州	34.10	47.01	59.88	135.46	89.99
武　汉	16.76	28.54	58.54	114.95	97.08
长　沙	21.65	24.36	31.25	73.72	96.04
广　州	55.52	72.09	235.76	138.85	135.79
深　圳	38.51	33.62	55.08	51.74	52.02
南　宁	17.68	18.08	19.04	37.96	33.52
北　海	——	2.52	2.28	2.41	2.56
海　口	3.92	3.56	3.20	9.25	15.72
三　亚	——	0.28	0.06	1.77	4.24
重　庆	68.73	112.28	155.46	216.58	212.47
成　都	26.13	46.58	66.70	201.81	281.41
贵　阳	14.29	29.72	25.15	58.83	57.16
昆　明	21.73	25.02	41.94	62.51	35.16
西　安	11.01	27.07	21.46	80.56	94.28
兰　州	2.71	6.76	10.61	9.69	10.83
西　宁	1.88	2.65	5.81	8.80	11.99
银　川	12.97	26.36	22.38	38.71	38.19
乌鲁木齐	9.14	11.35	14.69	20.41	12.99

数据来源：国家统计局

表2-114 全国四十个重点城市2012年月度累计商业用房销售额

单位：亿元

	1~3月	1~4月	1~5月	1~6月	1~7月	1~8月	1~9月	1~10月	1~11月	1~12月
合 计	458.26	668.25	926.81	1197.94	1434.78	1705.45	1969.61	2243.00	2632.87	3200.58
北 京	37.29	56.65	74.84	100.22	122.20	143.14	157.76	177.74	198.26	233.36
天 津	14.20	36.96	40.79	43.50	38.41	39.51	35.32	39.04	48.10	93.87
石家庄	3.18	4.20	4.67	10.82	15.91	20.36	24.27	24.46	25.48	26.58
太 原	0.91	3.47	4.86	6.69	8.38	9.58	11.13	13.55	15.00	17.45
呼和浩特	1.05	1.81	4.15	11.36	17.69	23.65	30.89	37.18	40.05	48.77
沈 阳	13.86	24.83	34.71	53.76	72.16	93.10	118.62	137.04	158.79	186.29
大 连	16.93	18.96	12.98	20.28	24.92	38.34	44.20	51.50	58.69	74.51
长 春	0.39	4.79	11.75	23.95	31.20	36.38	46.80	55.55	61.77	72.61
哈尔滨	11.82	23.53	34.27	53.58	61.25	67.34	72.02	77.81	85.36	97.48
上 海	29.84	36.92	47.74	56.02	69.80	85.14	99.33	125.72	139.57	194.62
南 京	8.38	13.37	49.51	22.14	26.67	30.87	34.55	40.45	45.45	52.16
无 锡	25.05	37.34	65.32	76.05	81.69	90.14	96.92	100.22	105.80	127.45
苏 州	16.98	32.28	44.14	64.16	77.85	96.75	111.31	121.42	137.82	166.39
杭 州	9.81	14.78	19.31	35.64	41.34	47.22	57.87	64.65	74.71	83.54
宁 波	13.30	18.03	25.89	31.48	34.01	40.69	44.34	57.27	62.92	83.84
温 州	3.74	5.08	10.00	10.72	12.85	14.14	15.14	18.12	21.70	26.46
合 肥	37.90	43.14	51.00	56.72	61.09	65.31	69.11	72.50	76.64	82.56
福 州	11.08	14.82	17.81	21.17	24.25	32.22	40.21	53.76	59.92	64.68
厦 门	6.50	5.24	9.42	13.59	19.39	21.81	23.71	26.26	36.74	45.14
南 昌	1.86	4.98	6.14	8.51	11.49	16.82	20.06	22.79	33.40	41.90
济 南	1.20	1.75	2.03	2.36	12.07	16.60	20.01	22.59	24.23	27.70
青 岛	17.22	20.97	23.46	29.26	33.72	43.63	49.06	48.08	57.39	71.74
郑 州	11.87	19.63	22.65	35.17	41.65	47.57	55.95	70.57	78.61	89.99
武 汉	6.78	12.66	19.50	25.94	34.84	37.82	41.59	48.29	67.22	97.08
长 沙	5.91	10.84	16.39	27.30	39.42	45.63	63.79	72.35	82.42	96.04
广 州	13.62	17.97	35.33	59.55	66.01	86.04	95.25	101.41	113.28	135.79
深 圳	13.16	14.29	20.01	23.12	26.24	32.05	40.82	45.57	50.87	52.02
南 宁	3.53	5.90	9.99	12.55	15.06	16.76	20.75	22.50	25.83	33.52
北 海	0.02	0.22	0.25	1.03	1.56	1.82	1.93	1.98	2.18	2.56
海 口	1.04	1.53	1.64	2.75	5.13	6.13	6.85	13.27	14.40	15.72
三 亚	1.47	1.45	1.49	1.49	1.70	1.90	3.20	2.66	3.37	4.24
重 庆	49.33	63.42	73.38	85.83	103.95	115.07	130.65	141.73	172.51	212.47
成 都	25.74	33.72	51.15	72.15	86.99	103.40	118.84	138.93	231.58	281.41
贵 阳	8.91	12.29	21.23	22.62	28.17	35.08	41.57	47.73	52.63	57.16
昆 明	11.16	13.60	16.02	19.37	20.62	22.24	23.13	26.03	31.42	35.16
西 安	12.66	17.80	22.00	27.81	30.71	42.88	59.27	69.24	81.19	94.28
兰 州	1.14	1.74	2.82	3.91	4.52	5.50	6.63	9.33	9.41	10.83
西 宁	2.14	4.24	4.90	6.59	6.66	6.81	7.18	11.90	11.32	11.99
银 川	6.04	10.17	12.45	13.82	16.81	18.37	20.79	22.42	25.58	38.19
乌鲁木齐	1.25	2.85	3.86	4.99	6.40	7.65	8.79	9.39	11.27	12.99

数据来源：国家统计局

十二、2012年全国七十个大中城市住宅月度销售价格变动情况

表2-115　2012年七十个大中城市新建住宅月度价格定基指数

	1月	2月	3月	4月	5月	6月	7月	8月	9月	10月	11月	12月
北　京	102.5	102.4	102.0	101.8	101.8	102.1	102.3	102.5	102.6	102.8	103.4	104.2
天　津	103.2	103.2	103.2	103.0	103.1	103.1	103.3	103.7	103.6	103.6	104.0	104.2
石家庄	107.7	107.6	107.6	107.5	107.5	107.8	108.5	108.7	108.9	108.9	109.4	109.0
太　原	101.7	101.7	101.7	101.6	101.5	101.6	101.7	101.9	101.9	101.9	102.1	102.8
呼和浩特	105.0	105.0	104.9	104.8	104.7	104.5	104.5	104.1	103.7	103.6	104.1	104.1
沈　阳	106.1	106.0	105.8	105.7	105.5	105.6	105.6	105.5	105.6	105.3	105.7	105.9
大　连	105.4	105.4	105.2	105.2	105.3	105.7	105.9	106.1	106.3	106.5	106.7	107.0
长　春	104.0	103.7	103.5	103.5	103.4	103.3	103.4	103.7	103.7	104.0	103.7	104.3
哈尔滨	103.5	103.4	103.5	103.8	103.7	103.7	103.8	103.8	103.9	103.0	103.6	104.0
上　海	101.6	101.4	101.1	100.9	100.8	101.0	101.0	101.0	101.0	101.0	101.2	101.7
南　京	99.5	99.4	99.2	99.1	99.1	99.3	99.6	99.9	100.0	100.1	100.3	100.9
杭　州	99.4	99.1	94.7	91.6	91.0	91.5	91.8	92.1	92.4	92.1	92.0	92.3
宁　波	99.9	99.8	98.2	96.2	94.6	94.3	93.8	93.4	93.3	93.0	93.0	93.1
合　肥	101.8	101.7	101.6	101.5	101.4	101.4	101.6	101.7	101.7	101.9	102.3	102.7
福　州	103.7	103.5	103.2	103.2	103.0	103.0	103.7	104.0	104.0	103.9	104.2	105.3
厦　门	105.5	105.3	105.1	105.0	104.7	104.8	105.2	105.3	105.4	105.5	105.7	106.3
南　昌	105.9	105.9	105.8	105.1	105.3	105.4	105.9	106.4	106.5	106.8	106.7	107.3
济　南	103.2	103.2	103.0	102.4	102.2	102.2	102.5	102.7	102.8	102.9	102.9	103.3
青　岛	103.0	102.8	101.6	100.0	99.9	100.0	99.8	99.7	99.3	99.3	99.3	99.8
郑　州	106.2	106.1	105.9	105.8	105.7	105.8	106.1	106.3	106.5	106.7	106.9	107.4
武　汉	103.9	103.7	103.5	103.4	103.2	103.4	103.4	103.5	103.4	103.7	104.1	104.9
长　沙	107.7	107.5	107.6	107.5	107.4	107.4	107.6	107.8	107.9	108.1	108.7	108.8
广　州	103.8	103.6	103.4	103.2	103.1	103.3	103.5	103.9	104.3	104.7	105.3	106.5
深　圳	103.3	103.0	102.7	102.3	102.0	101.9	101.9	102.1	102.2	102.6	103.2	104.3
南　宁	101.9	101.5	101.2	101.1	101.1	101.1	101.3	101.3	101.4	101.7	101.9	101.7
海　口	101.3	101.2	101.3	101.1	101.0	100.9	100.9	101.0	100.9	100.9	101.5	101.2
重　庆	102.7	102.6	102.9	102.8	102.9	102.9	103.0	103.2	103.1	103.3	103.9	104.3
成　都	102.8	102.8	102.6	102.5	102.1	102.2	102.5	102.5	102.6	102.6	103.0	103.4
贵　阳	105.2	105.2	105.3	105.3	105.3	105.3	105.4	105.6	105.8	106.1	106.0	106.3
昆　明	106.0	105.9	105.9	105.8	105.7	105.6	106.0	106.0	106.2	106.2	106.8	107.4
西　安	104.4	104.3	104.0	103.9	104.0	104.1	104.1	104.4	104.7	104.9	105.1	105.3
兰　州	107.3	107.3	107.2	107.1	107.0	107.0	107.0	107.0	107.0	106.9	107.4	107.5
西　宁	107.2	107.3	107.4	107.6	107.7	107.7	107.8	108.1	108.3	108.8	109.2	109.4
银　川	103.5	103.5	103.6	103.5	103.4	103.3	103.6	104.0	104.3	104.4	104.9	105.3
乌鲁木齐	109.5	109.5	109.5	109.6	109.5	109.6	110.0	110.2	110.5	111.1	111.7	112.1

（续表）

	1月	2月	3月	4月	5月	6月	7月	8月	9月	10月	11月	12月
唐　山	101.7	101.6	101.4	101.4	101.4	101.4	101.2	101.1	101.3	101.3	101.6	101.6
秦皇岛	106.3	106.3	106.3	106.3	106.2	106.2	106.6	106.8	107.0	107.1	107.0	107.4
包　头	103.9	104.0	103.9	103.7	103.7	104.0	104.1	104.2	104.3	104.4	104.6	104.7
丹　东	107.7	107.6	107.6	107.6	107.5	107.5	107.9	107.3	107.2	107.4	107.4	107.6
锦　州	105.2	105.1	105.0	104.9	104.9	104.7	105.0	104.8	104.7	104.5	105.3	105.1
吉　林	105.7	105.7	105.5	105.4	105.4	105.4	105.7	105.4	105.5	105.5	106.0	106.0
牡丹江	106.9	106.8	106.8	106.5	106.5	106.6	106.7	106.5	106.4	106.4	106.8	106.7
无　锡	101.4	101.3	101.0	101.0	101.0	101.0	101.4	101.9	101.9	101.8	101.9	101.8
扬　州	103.6	103.5	103.4	103.5	103.3	103.3	103.4	103.4	103.3	103.3	103.2	103.9
徐　州	103.0	102.9	102.6	102.5	102.3	102.3	102.6	102.4	102.4	102.3	102.6	102.7
温　州	92.7	92.3	91.3	88.0	86.4	85.8	85.2	84.8	84.2	83.9	83.3	83.2
金　华	103.5	103.4	98.7	98.2	97.9	97.4	97.4	96.5	96.2	96.1	96.4	97.3
蚌　埠	103.5	103.4	103.3	103.2	103.1	103.1	103.1	103.2	103.0	103.1	103.1	103.4
安　庆	103.3	103.1	103.0	103.0	102.9	102.8	103.1	103.1	103.1	103.2	103.5	103.6
泉　州	100.9	100.8	100.5	100.3	100.1	100.0	100.3	100.2	100.2	100.1	100.0	100.1
九　江	102.5	102.4	102.5	102.3	102.2	102.3	102.4	102.3	102.3	102.3	102.5	102.9
赣　州	105.0	104.8	104.8	104.8	104.8	104.7	104.6	104.6	104.3	104.2	104.3	104.7
烟　台	103.4	103.2	103.0	102.8	102.7	103.0	102.8	102.6	102.6	102.8	102.7	103.1
济　宁	103.1	103.0	103.0	103.0	102.9	102.9	103.1	103.3	103.4	103.3	103.7	103.6
洛　阳	106.8	106.9	106.7	106.5	106.4	106.3	106.5	106.3	106.2	106.2	106.4	106.6
平顶山	104.8	104.6	104.6	104.5	104.2	104.2	104.2	104.4	104.3	104.5	104.4	104.6
宜　昌	104.4	104.2	103.9	103.6	103.4	103.3	103.4	103.8	104.0	104.0	104.4	104.8
襄　阳	106.3	106.2	105.5	105.2	104.9	104.8	104.7	104.7	104.8	105.1	105.5	105.9
岳　阳	106.8	106.8	106.9	106.7	106.7	106.7	106.7	106.8	106.7	106.8	106.8	106.8
常　德	104.7	104.7	104.7	104.7	104.6	104.7	104.5	104.5	104.5	104.5	104.5	105.4
惠　州	104.8	104.5	104.5	104.3	104.3	104.4	104.6	104.5	104.3	104.6	104.7	105.0
湛　江	105.4	105.3	105.2	105.3	105.3	105.7	106.0	106.0	106.0	106.3	106.8	107.2
韶　关	106.2	106.2	106.4	106.4	106.3	106.2	106.3	106.3	106.7	106.9	107.4	107.7
桂　林	106.1	106.0	105.8	105.8	105.8	105.9	106.0	106.2	106.1	106.0	106.0	105.8
北　海	101.9	101.6	101.5	101.3	101.2	101.2	101.5	101.5	101.3	101.4	101.8	101.5
三　亚	101.4	101.3	101.2	100.9	100.7	100.6	100.5	100.5	100.5	100.4	100.5	100.9
泸　州	102.2	102.2	102.1	102.0	102.0	102.2	102.6	102.7	102.6	102.3	103.3	103.8
南　充	99.8	99.7	99.6	99.5	99.5	99.3	99.5	99.7	99.9	100.0	100.4	101.2
遵　义	105.4	105.3	105.5	105.4	105.2	105.4	105.5	106.0	105.6	105.8	106.0	106.4
大　理	101.7	101.6	101.7	101.7	101.6	101.5	101.6	101.5	101.6	101.4	101.3	101.5

注：定基以2010年价格为100

数据来源：国家统计局

表2-116 2012年七十个大中城市新建商品住宅月度价格定基指数

	1月	2月	3月	4月	5月	6月	7月	8月	9月	10月	11月	12月
北 京	103.2	103.0	102.4	102.3	102.2	102.5	102.9	103.1	103.2	103.5	104.3	105.4
天 津	103.6	103.6	103.5	103.3	103.5	103.5	103.7	104.1	104.0	104.0	104.5	104.7
石家庄	107.8	107.8	107.7	107.7	107.7	107.9	108.7	108.9	109.1	109.1	109.6	109.2
太 原	101.8	101.8	101.7	101.7	101.6	101.7	101.8	101.9	102.0	101.9	102.2	102.9
呼和浩特	105.1	105.1	105.0	104.9	104.9	104.7	104.6	104.2	103.8	103.7	104.2	104.3
沈 阳	106.6	106.4	106.2	106.2	105.9	106.0	106.1	106.0	106.1	105.8	106.1	106.4
大 连	105.4	105.4	105.2	105.2	105.3	105.7	106.0	106.2	106.3	106.5	106.8	107.0
长 春	104.1	103.9	103.6	103.6	103.5	103.4	103.5	103.8	103.8	104.1	103.8	104.4
哈尔滨	103.6	103.6	103.7	103.9	103.8	103.8	104.0	103.9	104.1	103.2	103.8	104.2
上 海	101.8	101.6	101.3	101.0	100.9	101.1	101.2	101.1	101.1	101.1	101.3	102.0
南 京	99.3	99.2	98.9	98.8	98.7	99.0	99.5	99.8	99.9	100.1	100.4	101.1
杭 州	99.3	99.1	94.5	91.2	90.6	91.1	91.4	91.8	92.0	91.7	91.6	91.9
宁 波	99.9	99.8	98.1	95.9	94.3	94.0	93.5	93.1	92.9	92.7	92.7	92.7
合 肥	101.8	101.7	101.6	101.5	101.4	101.4	101.6	101.7	101.7	102.0	102.3	102.8
福 州	103.8	103.6	103.3	103.3	103.0	103.1	103.7	104.0	104.1	104.0	104.2	105.4
厦 门	105.6	105.5	105.3	105.1	104.9	105.0	105.3	105.4	105.6	105.7	105.9	106.5
南 昌	106.0	105.9	105.9	105.1	105.3	105.5	106.0	106.5	106.7	106.9	106.9	107.5
济 南	103.2	103.2	103.0	102.4	102.2	102.2	102.5	102.7	102.8	102.9	102.9	103.3
青 岛	103.1	102.9	101.7	100.0	99.9	99.9	99.7	99.6	99.2	99.2	99.3	99.8
郑 州	106.3	106.2	106.0	105.9	105.9	105.9	106.2	106.5	106.6	106.9	107.1	107.5
武 汉	104.1	103.9	103.6	103.6	103.4	103.6	103.6	103.7	103.6	103.9	104.4	105.2
长 沙	107.8	107.6	107.6	107.6	107.5	107.5	107.7	107.9	108.0	108.2	108.8	108.9
广 州	103.8	103.6	103.4	103.2	103.2	103.3	103.6	103.9	104.3	104.7	105.4	106.6
深 圳	103.3	103.1	102.7	102.3	102.0	102.0	102.0	102.1	102.2	102.6	103.3	104.4
南 宁	101.9	101.6	101.2	101.2	101.1	101.2	101.4	101.3	101.5	101.8	101.9	101.8
海 口	101.3	101.2	101.3	101.1	101.0	100.9	100.9	101.0	100.9	100.9	101.5	101.2
重 庆	102.8	102.7	102.9	102.9	102.9	103.0	103.1	103.3	103.2	103.4	104.0	104.4
成 都	102.9	102.8	102.6	102.5	102.1	102.2	102.5	102.5	102.6	102.6	103.0	103.4
贵 阳	105.4	105.5	105.5	105.5	105.6	105.5	105.7	105.8	106.1	106.4	106.4	106.6
昆 明	106.4	106.4	106.3	106.2	106.1	106.0	106.5	106.5	106.7	106.8	107.4	108.1
西 安	104.7	104.6	104.2	104.2	104.2	104.4	104.3	104.7	105.1	105.3	105.4	105.7
兰 州	107.4	107.4	107.3	107.2	107.2	107.1	107.1	107.1	107.2	107.1	107.6	107.6
西 宁	107.2	107.3	107.4	107.6	107.7	107.7	107.8	108.1	108.3	108.8	109.2	109.4
银 川	103.7	103.7	103.8	103.6	103.6	103.5	103.7	104.2	104.5	104.7	105.2	105.6
乌鲁木齐	109.6	109.6	109.5	109.6	109.6	109.7	110.0	110.3	110.6	111.2	111.8	112.2

（续表）

	1月	2月	3月	4月	5月	6月	7月	8月	9月	10月	11月	12月
唐 山	101.9	101.8	101.6	101.5	101.5	101.5	101.3	101.2	101.5	101.4	101.7	101.7
秦皇岛	107.0	107.0	107.0	107.0	106.9	106.9	107.3	107.6	107.8	107.9	107.8	108.2
包 头	104.0	104.1	103.9	103.7	103.8	104.0	104.2	104.3	104.4	104.5	104.8	104.9
丹 东	107.7	107.6	107.7	107.6	107.5	107.5	107.9	107.4	107.2	107.4	107.4	107.7
锦 州	105.2	105.1	105.0	104.9	104.9	104.7	105.0	104.8	104.7	104.5	105.3	105.1
吉 林	105.9	105.9	105.7	105.5	105.6	105.6	105.9	105.6	105.7	105.7	106.2	106.2
牡丹江	107.0	106.8	106.9	106.6	106.5	106.6	106.8	106.6	106.4	106.4	106.9	106.8
无 锡	101.4	101.3	101.0	101.0	101.0	101.0	101.4	101.9	102.0	101.9	101.9	101.9
扬 州	103.7	103.6	103.5	103.5	103.4	103.4	103.5	103.4	103.4	103.4	103.3	104.0
徐 州	103.2	103.1	102.7	102.6	102.4	102.4	102.7	102.6	102.5	102.4	102.7	102.8
温 州	92.2	91.8	90.8	87.2	85.6	85.0	84.3	83.9	83.3	82.9	82.3	82.3
金 华	103.5	103.4	98.7	98.2	97.9	97.4	97.4	96.4	96.1	96.1	96.4	97.3
蚌 埠	103.6	103.4	103.3	103.2	103.2	103.2	103.2	103.2	103.1	103.1	103.1	103.5
安 庆	103.3	103.1	103.0	103.0	102.9	102.8	103.1	103.1	103.1	103.2	103.5	103.6
泉 州	100.9	100.8	100.5	100.4	100.2	100.0	100.3	100.2	100.2	100.2	100.0	100.1
九 江	102.6	102.5	102.7	102.5	102.4	102.4	102.5	102.4	102.4	102.4	102.7	103.0
赣 州	105.0	104.9	104.8	104.8	104.8	104.7	104.7	104.6	104.3	104.2	104.3	104.7
烟 台	103.5	103.2	103.1	102.9	102.8	103.0	102.9	102.6	102.6	102.8	102.8	103.1
济 宁	103.2	103.1	103.1	103.1	103.0	103.0	103.2	103.4	103.5	103.4	103.8	103.7
洛 阳	106.9	107.0	106.8	106.7	106.5	106.4	106.6	106.4	106.3	106.3	106.5	106.7
平顶山	104.8	104.7	104.6	104.5	104.3	104.2	104.3	104.4	104.4	104.6	104.4	104.7
宜 昌	104.4	104.2	104.0	103.6	103.4	103.4	103.4	103.8	104.0	104.1	104.5	104.9
襄 阳	106.3	106.2	105.5	105.2	105.0	104.8	104.7	104.7	104.9	105.1	105.5	105.9
岳 阳	107.7	107.7	107.7	107.5	107.4	107.5	107.5	107.6	107.4	107.6	107.7	107.7
常 德	104.8	104.7	104.8	104.8	104.7	104.8	104.5	104.6	104.6	104.5	104.6	105.5
惠 州	104.8	104.5	104.5	104.3	104.3	104.4	104.6	104.5	104.3	104.6	104.7	105.1
湛 江	105.4	105.3	105.2	105.3	105.3	105.7	106.0	106.0	106.0	106.3	106.8	107.2
韶 关	106.3	106.3	106.6	106.6	106.4	106.3	106.5	106.5	106.9	107.1	107.6	107.9
桂 林	106.2	106.1	105.9	105.9	105.9	106.1	106.1	106.3	106.2	106.2	106.1	106.0
北 海	101.9	101.6	101.5	101.3	101.2	101.2	101.5	101.5	101.3	101.4	101.8	101.5
三 亚	101.4	101.3	101.2	100.9	100.7	100.6	100.5	100.5	100.5	100.4	100.5	100.9
泸 州	102.3	102.2	102.2	102.1	102.1	102.2	102.7	102.7	102.7	102.4	103.4	103.9
南 充	99.8	99.7	99.6	99.5	99.5	99.3	99.5	99.7	99.9	100.0	100.5	101.2
遵 义	106.0	106.0	106.1	106.0	105.8	106.1	106.2	106.7	106.3	106.5	106.7	107.2
大 理	101.8	101.7	101.8	101.7	101.6	101.5	101.7	101.6	101.6	101.4	101.3	101.5

注：定基以2010年价格为100

备注：本表所列北京市“新建商品住宅价格指数”与北京市有关部门发布的“新建普通住房价格”在统计口径、统计标准等方面均有不同。

数据来源：国家统计局

表2-117　2012年七十个大中城市二手住宅月度价格定基指数

	1月	2月	3月	4月	5月	6月	7月	8月	9月	10月	11月	12月
北　京	98.1	97.8	98.0	98.3	98.3	98.5	98.8	99.0	99.2	99.2	99.5	100.4
天　津	98.6	98.9	99.2	99.3	99.4	99.6	100.2	100.7	100.4	100.3	101.2	101.7
石家庄	98.0	98.2	98.6	98.4	98.2	98.1	98.0	97.8	97.9	97.9	97.8	97.8
太　原	105.2	105.2	105.4	105.6	106.5	107.0	107.3	108.1	108.8	109.7	110.3	111.0
呼和浩特	103.9	103.9	104.0	104.0	104.0	104.0	104.0	104.0	104.1	104.1	104.2	104.3
沈　阳	104.0	103.6	103.5	103.4	103.4	103.5	103.6	103.8	103.9	103.6	103.9	104.0
大　连	101.9	102.3	102.1	101.8	101.8	103.0	104.0	104.8	105.3	105.8	105.8	105.4
长　春	99.9	99.9	99.7	99.6	99.8	99.7	100.0	100.3	100.7	100.7	101.0	101.1
哈尔滨	99.2	99.3	99.6	99.5	99.4	99.4	99.4	99.3	99.3	98.7	98.6	98.7
上　海	101.2	100.9	100.4	100.4	100.7	100.9	101.1	101.4	101.6	101.8	102.0	102.3
南　京	96.6	96.1	96.3	96.2	96.1	96.3	96.8	96.7	96.9	97.0	97.2	97.1
杭　州	95.4	94.8	94.5	93.9	93.8	93.9	94.6	95.1	94.7	94.7	94.8	95.0
宁　波	95.9	95.0	94.6	93.8	93.2	93.5	93.0	92.8	92.4	92.5	92.2	92.1
合　肥	99.0	99.3	100.0	100.0	99.7	99.6	99.7	100.0	99.1	99.4	99.4	99.8
福　州	94.7	94.2	93.8	93.7	94.2	93.9	94.1	94.3	94.3	94.5	94.8	95.2
厦　门	100.6	100.0	100.1	100.6	100.7	101.0	101.0	101.2	101.4	101.4	101.7	102.2
南　昌	98.2	98.0	97.9	97.9	98.3	98.5	98.6	98.8	99.1	99.6	100.0	100.4
济　南	102.5	102.4	102.2	102.2	102.0	101.8	101.9	102.0	102.0	102.0	101.8	101.8
青　岛	100.9	100.8	100.6	100.3	99.7	99.6	99.7	100.0	100.0	100.0	100.0	99.9
郑　州	102.5	102.0	101.7	101.7	101.5	101.9	102.1	102.5	102.8	102.9	103.0	103.2
武　汉	101.0	101.0	101.1	100.9	101.0	101.4	101.5	101.5	101.4	101.6	101.9	102.1
长　沙	101.1	101.0	100.9	100.9	100.8	100.7	100.6	100.7	100.8	100.9	101.0	101.2
广　州	102.9	102.4	102.2	101.9	101.7	102.3	103.0	103.9	104.5	104.9	105.4	106.0
深　圳	102.9	102.9	102.9	103.0	103.0	103.1	103.3	103.4	103.5	103.9	104.2	104.8
南　宁	101.2	101.1	101.3	101.4	101.6	101.8	101.9	101.7	101.9	101.9	102.0	101.8
海　口	95.6	95.6	95.6	95.4	95.3	95.3	95.4	95.4	95.3	95.2	95.2	95.2
重　庆	99.9	100.1	100.0	100.1	100.1	100.1	100.1	100.1	100.2	100.3	100.4	100.4
成　都	99.5	99.0	98.9	98.3	98.1	98.2	98.4	98.4	98.4	98.5	98.7	99.1
贵　阳	107.8	108.0	108.3	108.5	108.6	108.6	108.1	108.1	107.7	107.9	107.8	108.0
昆　明	103.0	102.4	101.9	101.9	102.2	103.2	105.5	105.6	105.3	105.1	105.7	106.8
西　安	102.4	102.0	101.7	101.6	101.7	101.6	101.0	100.5	100.8	101.0	101.2	101.4
兰　州	98.4	98.7	98.5	98.4	98.4	98.4	98.3	98.3	98.2	98.2	98.3	98.4
西　宁	106.2	106.4	106.4	106.4	106.5	106.8	107.1	107.2	107.3	107.4	107.5	107.6
银　川	102.9	102.2	101.8	101.7	101.5	101.5	101.6	101.8	101.8	101.9	102.3	102.5
乌鲁木齐	108.2	107.6	106.7	106.1	106.2	106.4	106.5	106.7	106.8	106.9	106.8	107.0

（续表）

	1月	2月	3月	4月	5月	6月	7月	8月	9月	10月	11月	12月
唐　山	103.9	103.2	102.9	102.9	102.5	102.2	102.0	102.0	102.0	102.0	102.0	102.1
秦皇岛	100.6	100.4	100.2	100.2	100.0	100.2	100.7	100.8	100.8	100.9	101.1	101.3
包　头	101.1	100.5	100.2	100.1	100.0	100.9	101.5	101.3	100.8	100.3	99.6	100.1
丹　东	102.3	102.3	102.3	102.3	102.3	102.4	102.4	102.1	102.3	102.4	102.3	102.2
锦　州	100.2	100.2	100.2	100.2	100.2	100.4	100.2	100.1	100.2	99.9	99.0	98.9
吉　林	104.2	104.0	104.0	103.9	103.9	103.9	103.8	103.9	103.9	103.8	103.6	103.4
牡丹江	101.7	101.6	101.5	101.4	101.3	101.3	101.3	101.3	101.3	101.3	101.3	101.2
无　锡	104.6	104.8	104.7	104.4	104.5	104.2	103.9	103.8	104.1	103.4	103.4	104.7
扬　州	101.9	101.7	101.1	100.3	99.6	99.5	99.3	99.1	98.7	98.6	98.4	98.7
徐　州	97.0	96.9	96.6	96.6	96.6	97.7	97.7	97.7	97.7	97.8	97.9	98.1
温　州	93.1	92.6	92.4	90.1	89.7	89.5	90.0	90.2	90.0	89.8	89.4	89.3
金　华	95.6	95.3	94.9	94.4	93.4	93.3	93.5	94.1	94.1	94.1	93.9	94.0
蚌　埠	104.1	104.1	104.1	104.1	104.2	104.2	104.3	104.4	104.4	104.5	104.4	104.5
安　庆	98.9	98.9	98.8	98.8	98.8	98.8	98.9	99.0	99.0	99.0	99.1	99.1
泉　州	98.8	97.1	96.5	96.5	96.4	96.4	96.5	96.4	96.4	96.4	96.2	96.2
九　江	100.9	100.5	100.1	100.0	100.1	100.3	100.6	100.5	100.6	100.8	101.0	100.8
赣　州	99.1	99.0	99.0	98.9	98.9	98.9	98.9	99.0	99.0	98.9	98.8	98.9
烟　台	103.1	102.7	102.0	101.7	100.8	100.2	99.9	99.1	98.9	98.8	98.5	98.2
济　宁	105.3	105.1	105.1	105.1	105.0	105.1	105.0	105.3	105.3	105.3	105.1	105.0
洛　阳	106.5	106.0	105.7	105.4	105.2	105.0	105.0	104.9	104.9	104.9	105.1	105.0
平顶山	106.0	105.4	105.2	105.1	105.0	104.9	104.9	105.2	105.3	105.4	105.4	105.4
宜　昌	102.2	102.1	102.0	98.7	98.8	98.5	98.6	98.7	98.8	98.9	98.9	99.2
襄　阳	105.6	105.5	105.4	105.4	105.4	105.4	105.4	105.6	105.6	105.7	105.8	105.9
岳　阳	106.7	106.8	107.0	107.1	107.3	107.5	107.7	108.0	108.4	108.8	109.0	109.3
常　德	108.1	108.1	108.1	107.3	107.2	107.3	106.4	105.9	106.2	106.2	104.9	104.5
惠　州	104.6	104.5	104.4	104.3	104.5	104.9	104.6	104.3	103.9	104.2	104.4	104.4
湛　江	106.2	106.2	106.2	106.2	106.2	106.2	106.7	106.8	106.7	106.6	106.6	106.8
韶　关	103.2	103.1	103.3	103.3	103.2	103.2	103.2	103.5	103.7	103.7	104.2	104.2
桂　林	102.0	101.5	101.6	101.7	101.4	101.4	101.6	101.6	101.7	101.6	101.7	101.7
北　海	101.7	101.4	101.1	101.0	101.0	101.0	101.0	101.2	101.3	101.3	101.3	101.6
三　亚	95.1	94.6	94.4	94.2	94.0	93.8	93.7	93.7	93.8	93.8	93.8	94.0
泸　州	100.1	100.1	100.1	100.1	100.1	100.2	100.3	100.3	100.4	100.4	100.5	100.8
南　充	100.7	100.7	100.6	100.6	100.5	100.6	100.5	100.5	100.6	100.7	100.8	100.9
遵　义	108.2	108.2	108.0	108.0	108.0	107.8	107.7	107.8	107.6	107.0	106.6	106.7
大　理	103.3	103.3	103.3	103.3	103.3	103.3	103.1	103.0	102.9	102.8	102.7	102.6

注：定基以2010年价格为100

数据来源：国家统计局

表2-118　2012年七十个大中城市新建住宅月度价格环比指数

	1月	2月	3月	4月	5月	6月	7月	8月	9月	10月	11月	12月
北　京	99.9	99.9	99.6	99.9	100.0	100.3	100.3	100.1	100.1	100.2	100.6	100.8
天　津	99.8	100.0	100.0	99.8	100.2	100.0	100.2	100.3	100.0	100.0	100.4	100.2
石家庄	99.7	100.0	100.0	99.9	100.0	100.2	100.7	100.2	100.2	100.0	100.4	99.7
太　原	100.0	100.0	100.0	100.0	99.9	100.1	100.1	100.2	100.0	100.0	100.3	100.6
呼和浩特	100.0	100.0	99.9	99.9	99.9	99.8	100.0	99.6	99.6	99.9	100.4	100.1
沈　阳	99.9	99.9	99.8	100.0	99.8	100.1	100.1	99.9	100.1	99.7	100.4	100.2
大　连	99.9	100.0	99.8	99.9	100.1	100.4	100.2	100.2	100.1	100.2	100.2	100.2
长　春	99.9	99.8	99.7	100.0	100.0	99.8	100.1	100.3	100.0	100.3	99.7	100.5
哈尔滨	100.0	99.9	100.1	100.2	99.9	100.0	100.1	100.0	100.1	99.1	100.6	100.4
上　海	99.9	99.8	99.8	99.8	99.9	100.2	100.0	100.0	100.0	100.0	100.2	100.6
南　京	99.6	99.9	99.8	99.9	100.0	100.2	100.4	100.2	100.1	100.1	100.2	100.6
杭　州	99.9	99.7	95.6	96.6	99.4	100.6	100.3	100.3	100.3	99.7	99.9	100.3
宁　波	99.8	99.9	98.4	97.9	98.4	99.7	99.4	99.6	99.8	99.7	100.0	100.0
合　肥	99.9	99.9	99.8	99.9	100.0	99.9	100.2	100.1	100.0	100.3	100.3	100.4
福　州	99.8	99.8	99.8	100.0	99.8	100.0	100.7	100.3	100.0	99.9	100.2	101.1
厦　门	99.9	99.8	99.8	99.9	99.8	100.1	100.4	100.1	100.1	100.1	100.2	100.5
南　昌	99.8	100.0	100.0	99.3	100.2	100.2	100.4	100.4	100.2	100.2	100.0	100.5
济　南	99.9	100.1	99.8	99.4	99.9	100.0	100.2	100.2	100.1	100.1	100.1	100.4
青　岛	99.7	99.8	98.8	98.4	99.9	100.0	99.8	99.9	99.6	100.0	100.0	100.5
郑　州	99.7	99.9	99.8	99.9	100.0	100.0	100.3	100.2	100.1	100.2	100.2	100.4
武　汉	99.9	99.8	99.8	100.0	99.8	100.1	100.1	100.1	99.9	100.2	100.5	100.7
长　沙	99.6	99.8	100.0	100.0	99.9	100.0	100.1	100.2	100.1	100.2	100.6	100.1
广　州	99.7	99.8	99.8	99.8	99.9	100.2	100.2	100.3	100.4	100.4	100.6	101.2
深　圳	99.8	99.8	99.7	99.6	99.7	99.9	100.0	100.1	100.1	100.4	100.6	101.0
南　宁	99.6	99.6	99.7	100.0	100.0	100.1	100.2	100.0	100.2	100.3	100.1	99.9
海　口	99.7	100.0	100.0	99.9	99.8	99.9	100.1	100.1	99.9	100.0	100.5	99.8
重　庆	99.8	99.9	100.2	100.0	100.0	100.0	100.1	100.2	99.9	100.2	100.5	100.4
成　都	99.9	100.0	99.8	99.9	99.7	100.0	100.3	100.0	100.1	100.0	100.4	100.4
贵　阳	100.0	100.0	100.0	100.0	100.1	100.0	100.1	100.1	100.2	100.2	100.0	100.2
昆　明	100.0	100.0	99.9	100.0	99.9	99.9	100.4	100.0	100.2	100.0	100.5	100.6
西　安	99.9	99.9	99.7	100.0	100.0	100.2	99.9	100.3	100.3	100.2	100.1	100.2
兰　州	100.0	100.0	99.9	99.9	100.0	100.0	100.0	100.0	100.0	99.9	100.4	100.0
西　宁	100.0	100.1	100.2	100.2	100.1	100.1	100.0	100.4	100.2	100.4	100.4	100.2
银　川	99.9	100.0	100.1	99.9	100.0	99.9	100.2	100.4	100.3	100.1	100.5	100.4
乌鲁木齐	100.0	100.0	99.9	100.1	100.0	100.1	100.3	100.2	100.3	100.5	100.6	100.3

（续表）

	1月	2月	3月	4月	5月	6月	7月	8月	9月	10月	11月	12月
唐 山	100.0	99.9	99.8	100.0	100.0	100.0	99.8	99.9	100.2	99.9	100.3	100.0
秦皇岛	99.8	100.0	100.0	100.0	99.9	100.0	100.3	100.3	100.1	100.1	99.9	100.4
包 头	99.8	100.1	99.9	99.8	100.1	100.2	100.2	100.0	100.1	100.1	100.3	100.1
丹 东	100.0	99.9	100.0	100.0	99.9	100.0	100.3	99.5	99.8	100.2	100.0	100.3
锦 州	100.0	100.0	99.8	99.9	100.0	99.8	100.3	99.8	99.9	99.8	100.7	99.8
吉 林	99.7	99.9	99.8	99.9	100.0	100.0	100.3	99.7	100.1	100.0	100.5	100.0
牡丹江	100.0	99.9	100.0	99.7	100.0	100.1	100.1	99.8	99.8	100.0	100.4	99.9
无 锡	99.8	99.9	99.7	100.0	100.0	100.0	100.3	100.5	100.0	99.9	100.1	99.9
扬 州	99.8	99.9	99.9	100.0	99.9	100.0	100.1	100.0	99.9	100.0	99.9	100.7
徐 州	99.9	99.9	99.6	99.9	99.9	100.0	100.3	99.9	99.9	99.9	100.3	100.0
温 州	99.4	99.5	98.9	96.4	98.2	99.4	99.2	99.6	99.2	99.6	99.2	100.0
金 华	99.8	99.9	95.4	99.5	99.7	99.5	100.0	99.0	99.7	100.0	100.3	100.9
蚌 埠	100.0	99.8	99.9	99.9	100.0	100.0	100.0	100.0	99.9	100.0	100.0	100.3
安 庆	99.7	99.8	99.9	100.0	99.9	99.9	100.3	100.0	100.0	100.1	100.3	100.1
泉 州	99.9	99.9	99.7	99.9	99.8	99.9	100.3	99.9	100.0	100.0	99.9	100.1
九 江	99.8	99.9	100.1	99.8	99.9	100.0	100.1	99.9	100.0	100.0	100.2	100.4
赣 州	100.0	99.8	100.0	100.0	100.0	99.9	100.0	99.9	99.8	99.9	100.1	100.4
烟 台	99.6	99.8	99.8	99.8	99.9	100.2	99.8	99.8	100.0	100.2	99.9	100.3
济 宁	99.8	99.8	100.0	100.0	99.9	100.0	100.2	100.3	100.1	99.9	100.3	100.0
洛 阳	99.9	100.0	99.8	99.9	99.9	99.9	100.1	99.9	99.9	100.0	100.2	100.2
平顶山	100.0	99.9	99.9	99.9	99.8	99.9	100.0	100.2	100.0	100.2	99.8	100.3
宜 昌	100.0	99.8	99.8	99.6	99.8	100.0	100.0	100.4	100.2	100.1	100.3	100.4
襄 阳	99.9	99.9	99.3	99.8	99.7	99.9	99.9	100.0	100.2	100.2	100.4	100.4
岳 阳	99.9	100.0	100.0	99.8	100.0	100.0	100.0	100.0	99.9	100.1	100.0	100.0
常 德	99.6	100.0	100.0	100.0	99.9	100.1	99.8	100.1	100.0	100.0	100.1	100.9
惠 州	99.9	99.8	99.9	99.8	100.0	100.1	100.2	99.9	99.8	100.3	100.2	100.3
湛 江	100.0	99.9	100.0	100.0	100.0	100.4	100.3	100.0	100.0	100.3	100.5	100.4
韶 关	100.0	100.0	100.2	100.0	99.9	99.9	100.1	100.0	100.4	100.2	100.5	100.2
桂 林	100.0	99.9	99.8	100.0	100.0	100.1	100.0	100.2	99.9	100.0	99.9	99.9
北 海	99.8	99.7	99.8	99.9	99.9	100.0	100.3	100.0	99.8	100.1	100.4	99.7
三 亚	100.0	100.0	99.8	99.7	99.8	99.9	99.9	100.0	100.0	99.9	100.1	100.4
泸 州	100.0	99.9	100.0	99.9	100.0	100.2	100.4	100.1	99.9	99.7	100.9	100.5
南 充	99.9	99.9	99.9	99.9	99.9	99.9	100.2	100.2	100.2	100.1	100.5	100.7
遵 义	100.0	100.0	100.1	99.9	99.8	100.2	100.1	100.5	99.6	100.2	100.1	100.4
大 理	100.0	100.0	100.1	100.0	99.9	99.9	100.1	99.9	100.0	99.8	99.9	100.2

注：环比以上月价格为100

数据来源：国家统计局

表2-119　2012年七十个大中城市新建商品住宅月度价格环比指数

	1月	2月	3月	4月	5月	6月	7月	8月	9月	10月	11月	12月
北　京	99.9	99.8	99.5	99.8	99.9	100.3	100.3	100.2	100.1	100.3	100.8	101.0
天　津	99.8	100.0	100.0	99.8	100.2	100.0	100.2	100.4	100.0	100.0	100.5	100.2
石家庄	99.7	100.0	100.0	99.9	100.0	100.2	100.7	100.2	100.2	100.0	100.4	99.7
太　原	100.0	100.0	100.0	100.0	99.9	100.1	100.1	100.2	100.0	100.0	100.3	100.6
呼和浩特	100.0	100.0	99.9	99.9	99.9	99.8	100.0	99.6	99.6	99.9	100.5	100.1
沈　阳	99.9	99.9	99.8	100.0	99.8	100.1	100.1	99.9	100.1	99.7	100.4	100.2
大　连	99.9	100.0	99.8	99.9	100.1	100.4	100.2	100.2	100.1	100.2	100.2	100.2
长　春	99.8	99.7	99.7	100.0	100.0	99.8	100.1	100.3	100.0	100.3	99.7	100.6
哈尔滨	100.0	99.9	100.1	100.2	99.9	100.0	100.2	100.0	100.1	99.1	100.6	100.4
上　海	99.8	99.8	99.7	99.8	99.8	100.2	100.1	100.0	100.0	100.0	100.2	100.7
南　京	99.5	99.8	99.7	99.8	100.0	100.3	100.5	100.3	100.2	100.2	100.3	100.8
杭　州	99.9	99.7	95.4	96.5	99.4	100.6	100.3	100.4	100.3	99.7	99.9	100.3
宁　波	99.8	99.9	98.3	97.8	98.3	99.7	99.4	99.6	99.8	99.7	100.0	100.0
合　肥	99.9	99.9	99.8	99.9	99.9	99.9	100.2	100.1	99.9	100.3	100.3	100.5
福　州	99.8	99.8	99.8	100.0	99.8	100.0	100.7	100.3	100.0	99.9	100.2	101.1
厦　门	99.9	99.8	99.8	99.8	99.8	100.1	100.4	100.1	100.1	100.1	100.2	100.6
南　昌	99.8	100.0	100.0	99.3	100.2	100.2	100.4	100.5	100.2	100.2	100.0	100.6
济　南	99.9	100.1	99.8	99.4	99.9	100.0	100.2	100.2	100.1	100.1	100.1	100.4
青　岛	99.7	99.8	98.8	98.3	99.9	100.0	99.8	99.9	99.6	100.0	100.0	100.5
郑　州	99.7	99.9	99.8	99.9	100.0	100.0	100.3	100.2	100.1	100.2	100.2	100.4
武　汉	99.9	99.8	99.8	100.0	99.8	100.1	100.1	100.1	99.9	100.3	100.5	100.8
长　沙	99.6	99.8	100.0	100.0	99.9	100.0	100.1	100.2	100.1	100.2	100.6	100.1
广　州	99.7	99.8	99.8	99.8	99.9	100.2	100.2	100.3	100.4	100.4	100.6	101.2
深　圳	99.8	99.8	99.7	99.6	99.7	99.9	100.0	100.1	100.1	100.4	100.6	101.1
南　宁	99.6	99.6	99.7	100.0	100.0	100.1	100.2	99.9	100.2	100.3	100.1	99.9
海　口	99.7	100.0	100.0	99.9	99.8	99.9	100.1	100.1	99.9	100.0	100.5	99.7
重　庆	99.8	99.9	100.2	100.0	100.0	100.0	100.1	100.2	99.9	100.2	100.6	100.4
成　都	99.9	100.0	99.8	99.9	99.7	100.0	100.3	100.0	100.1	100.0	100.4	100.4
贵　阳	100.0	100.1	100.0	100.0	100.1	100.0	100.1	100.2	100.2	100.3	100.0	100.3
昆　明	100.0	100.0	99.9	100.0	99.9	99.9	100.5	100.0	100.2	100.0	100.6	100.7
西　安	99.9	99.9	99.7	100.0	100.0	100.2	99.9	100.4	100.3	100.2	100.2	100.3
兰　州	100.0	100.0	99.9	99.9	100.0	100.0	100.0	100.0	100.0	99.9	100.4	100.0
西　宁	100.0	100.1	100.2	100.2	100.1	100.1	100.0	100.4	100.2	100.4	100.4	100.2
银　川	99.9	100.0	100.1	99.9	100.0	99.9	100.3	100.4	100.4	100.1	100.5	100.4
乌鲁木齐	100.0	100.0	99.9	100.1	100.0	100.1	100.3	100.2	100.3	100.5	100.6	100.3

（续表）

	1月	2月	3月	4月	5月	6月	7月	8月	9月	10月	11月	12月
唐　山	100.0	99.9	99.8	100.0	99.9	100.0	99.8	99.9	100.3	99.9	100.3	100.0
秦皇岛	99.7	100.0	100.0	100.0	99.9	100.0	100.4	100.3	100.2	100.1	99.9	100.4
包　头	99.8	100.1	99.9	99.8	100.1	100.2	100.2	100.0	100.1	100.1	100.3	100.1
丹　东	100.0	99.9	100.0	100.0	99.9	100.0	100.3	99.5	99.8	100.2	100.0	100.3
锦　州	100.0	100.0	99.8	99.9	100.0	99.8	100.3	99.8	99.9	99.8	100.7	99.8
吉　林	99.7	99.9	99.8	99.9	100.0	100.0	100.3	99.7	100.1	100.0	100.5	100.0
牡丹江	100.0	99.9	100.0	99.7	100.0	100.1	100.1	99.8	99.8	100.0	100.4	99.9
无　锡	99.8	99.9	99.7	100.0	100.0	100.0	100.4	100.6	100.0	99.9	100.1	99.9
扬　州	99.8	99.9	99.9	100.0	99.9	100.0	100.1	100.0	99.9	100.0	99.9	100.7
徐　州	99.9	99.9	99.6	99.9	99.9	100.0	100.3	99.9	99.9	99.9	100.3	100.0
温　州	99.3	99.5	98.9	96.1	98.1	99.4	99.2	99.6	99.2	99.6	99.2	100.0
金　华	99.8	99.9	95.4	99.5	99.7	99.5	100.0	99.0	99.7	100.0	100.3	100.9
蚌　埠	100.0	99.8	99.9	99.9	100.0	100.0	100.0	100.0	99.9	100.0	100.0	100.4
安　庆	99.7	99.8	99.9	100.0	99.9	99.9	100.3	100.0	100.0	100.1	100.3	100.1
泉　州	99.9	99.9	99.7	99.8	99.8	99.9	100.3	99.9	99.9	100.0	99.9	100.1
九　江	99.8	99.9	100.1	99.8	99.9	100.0	100.1	99.9	100.0	100.0	100.2	100.4
赣　州	100.0	99.8	100.0	100.0	100.0	99.9	100.0	99.9	99.8	99.9	100.1	100.4
烟　台	99.6	99.8	99.8	99.8	99.9	100.2	99.8	99.8	100.0	100.2	99.9	100.3
济　宁	99.8	99.8	100.0	100.0	99.9	100.0	100.2	100.3	100.1	99.9	100.3	100.0
洛　阳	99.9	100.0	99.8	99.9	99.9	99.9	100.1	99.9	99.9	100.0	100.2	100.2
平顶山	100.0	99.9	99.9	99.9	99.8	99.9	100.0	100.2	100.0	100.2	99.8	100.3
宜　昌	100.0	99.8	99.8	99.6	99.8	100.0	100.0	100.4	100.2	100.1	100.3	100.4
襄　阳	99.9	99.9	99.3	99.8	99.7	99.9	99.9	100.0	100.2	100.2	100.4	100.4
岳　阳	99.8	100.0	100.0	99.8	100.0	100.0	100.0	100.1	99.9	100.2	100.0	100.0
常　德	99.6	100.0	100.0	100.0	99.9	100.1	99.8	100.1	100.0	100.0	100.1	100.9
惠　州	99.9	99.8	99.9	99.8	100.0	100.1	100.2	99.9	99.8	100.3	100.2	100.3
湛　江	100.0	99.9	100.0	100.0	100.0	100.4	100.3	100.0	100.0	100.3	100.5	100.4
韶　关	100.0	100.0	100.2	100.0	99.9	99.9	100.1	100.0	100.4	100.2	100.5	100.2
桂　林	100.0	99.9	99.8	100.0	100.0	100.1	100.0	100.2	99.9	100.0	99.9	99.9
北　海	99.8	99.7	99.8	99.9	99.8	100.0	100.3	100.0	99.8	100.1	100.4	99.7
三　亚	100.0	100.0	99.8	99.7	99.8	99.9	99.9	100.0	100.0	99.9	100.1	100.4
泸　州	99.9	99.9	100.0	99.9	100.0	100.2	100.4	100.1	99.9	99.7	101.0	100.5
南　充	99.9	99.9	99.9	99.9	99.9	99.9	100.2	100.2	100.2	100.1	100.5	100.8
遵　义	100.0	100.0	100.1	99.9	99.8	100.3	100.1	100.5	99.6	100.2	100.1	100.5
大　理	100.0	100.0	100.1	100.0	99.9	99.9	100.2	99.9	100.0	99.8	99.9	100.2

注：环比以上月价格为100

备注：本表所列北京市“新建商品住宅价格指数”与北京市有关部门发布的“新建普通住房价格”在统计口径、统计标准等方面均有不同。

数据来源：国家统计局

表2-120　2012年七十个大中城市二手住宅月及其价格环比指数

	1月	2月	3月	4月	5月	6月	7月	8月	9月	10月	11月	12月
北　京	99.1	99.8	100.2	100.4	99.9	100.2	100.3	100.3	100.1	100.0	100.3	101.0
天　津	99.7	100.3	100.3	100.0	100.2	100.2	100.6	100.5	99.7	99.9	100.9	100.4
石家庄	98.8	100.1	100.4	99.9	99.8	99.8	99.9	99.8	100.1	100.0	100.0	100.0
太　原	100.0	100.0	100.2	100.2	100.9	100.4	100.3	100.7	100.7	100.8	100.5	100.6
呼和浩特	99.9	100.0	100.1	100.0	100.0	100.0	100.0	100.0	100.0	100.0	100.1	100.1
沈　阳	99.7	99.6	99.9	99.9	100.1	100.1	100.1	100.2	100.1	99.7	100.3	100.1
大　连	99.5	100.4	99.9	99.7	100.0	101.1	101.0	100.8	100.5	100.4	100.0	99.6
长　春	99.5	100.0	99.8	99.9	100.1	100.0	100.3	100.3	100.4	100.0	100.3	100.2
哈尔滨	99.6	100.1	100.3	99.9	100.0	100.0	100.0	99.9	100.0	99.3	99.9	100.2
上　海	99.3	99.7	99.5	100.1	100.3	100.2	100.2	100.3	100.2	100.2	100.2	100.4
南　京	99.4	99.6	100.2	99.9	99.9	100.2	100.5	99.9	100.2	100.1	100.3	99.9
杭　州	98.6	99.4	99.7	99.4	99.9	100.1	100.8	100.5	99.6	100.0	100.1	100.2
宁　波	99.2	99.0	99.6	99.2	99.3	100.4	99.5	99.8	99.6	100.0	99.8	99.9
合　肥	98.8	100.3	100.8	100.0	99.7	99.8	100.2	100.2	99.1	100.3	100.0	100.4
福　州	99.3	99.4	99.6	100.0	100.4	99.8	100.2	100.2	99.9	100.2	100.4	100.4
厦　门	99.0	99.4	100.1	100.4	100.1	100.3	100.1	100.2	100.1	100.1	100.3	100.5
南　昌	99.4	99.8	99.9	100.0	100.3	100.2	100.1	100.2	100.3	100.4	100.4	100.4
济　南	99.9	99.9	99.8	100.0	99.8	99.8	100.1	100.2	99.9	100.0	99.8	100.0
青　岛	99.8	99.9	99.8	99.7	99.5	99.9	100.1	100.3	100.1	100.0	100.0	99.9
郑　州	99.4	99.5	99.7	100.0	99.8	100.3	100.2	100.4	100.3	100.1	100.1	100.2
武　汉	99.8	99.9	100.1	99.8	100.1	100.4	100.1	100.0	100.0	100.2	100.2	100.3
长　沙	99.9	99.9	99.9	100.0	99.9	99.9	99.9	100.1	100.1	100.1	100.2	100.1
广　州	99.6	99.6	99.8	99.6	99.9	100.5	100.7	100.9	100.6	100.4	100.5	100.5
深　圳	99.2	100.0	100.1	100.0	100.0	100.2	100.2	100.1	100.1	100.4	100.3	100.6
南　宁	100.0	99.9	100.2	100.2	100.2	100.1	100.1	99.9	100.2	100.0	100.0	99.9
海　口	99.7	100.0	100.0	99.8	99.9	100.0	100.1	100.0	99.9	100.0	99.9	100.1
重　庆	99.8	100.1	99.9	100.1	100.0	100.0	100.0	100.0	100.1	100.1	100.1	100.0
成　都	99.2	99.5	99.9	99.3	99.9	100.0	100.2	100.0	100.1	100.1	100.2	100.4
贵　阳	100.1	100.2	100.3	100.2	100.0	100.0	99.6	100.0	99.6	100.2	100.0	100.1
昆　明	99.8	99.5	99.5	100.0	100.3	101.0	102.2	100.1	99.7	99.8	100.5	101.1
西　安	99.6	99.6	99.6	100.0	100.1	99.9	99.4	99.5	100.2	100.2	100.1	100.2
兰　州	99.4	100.3	99.7	99.9	100.0	100.0	99.9	100.0	99.8	100.1	100.0	100.1
西　宁	100.0	100.2	100.0	100.0	100.0	100.3	100.3	100.1	100.1	100.2	100.1	100.1
银　川	99.8	99.4	99.5	99.9	99.9	100.0	100.1	100.2	100.0	100.2	100.4	100.2
乌鲁木齐	99.8	99.5	99.1	99.4	100.1	100.2	100.1	100.1	100.2	100.0	100.0	100.1

（续表）

	1月	2月	3月	4月	5月	6月	7月	8月	9月	10月	11月	12月
唐　山	99.5	99.3	99.8	100.0	99.6	99.7	99.8	100.0	100.0	100.0	100.0	100.1
秦皇岛	99.3	99.7	99.8	100.0	99.8	100.2	100.5	100.1	100.0	100.1	100.2	100.2
包　头	99.7	99.3	99.7	100.0	99.8	100.9	100.6	99.8	99.5	99.5	99.3	100.5
丹　东	100.0	100.0	100.0	100.0	100.0	100.1	100.0	99.7	100.2	100.1	99.8	99.9
锦　州	100.0	100.0	100.0	100.0	100.0	100.3	99.8	99.9	100.0	99.8	99.0	99.9
吉　林	99.7	99.8	100.0	100.0	100.0	100.0	99.9	100.1	100.0	99.9	99.8	99.9
牡丹江	98.7	99.9	99.9	99.9	99.9	99.9	100.0	100.0	100.0	100.0	100.0	99.9
无　锡	99.7	100.2	99.9	99.7	100.1	99.7	99.7	99.9	100.4	99.3	100.0	101.2
扬　州	99.7	99.8	99.4	99.3	99.3	99.9	99.8	99.8	99.6	99.9	99.8	100.3
徐　州	99.9	99.9	99.7	100.0	100.0	101.1	100.0	100.1	100.0	100.1	100.0	100.2
温　州	98.7	99.4	99.9	97.5	99.6	99.8	100.6	100.2	99.8	99.7	99.6	99.8
金　华	99.2	99.7	99.5	99.5	98.9	99.9	100.2	100.6	100.0	99.9	99.8	100.1
蚌　埠	100.0	100.0	100.0	100.0	100.0	100.0	100.1	100.1	100.0	100.1	99.9	100.0
安　庆	98.5	100.0	99.9	100.0	100.0	100.0	100.0	100.2	100.0	100.0	100.1	100.1
泉　州	99.5	98.2	99.5	99.9	99.9	100.0	100.1	99.8	100.0	100.1	99.8	100.0
九　江	99.6	99.7	99.6	99.9	100.1	100.2	100.3	100.0	100.1	100.1	100.2	99.9
赣　州	100.0	99.9	100.0	99.9	100.0	100.0	100.0	100.0	100.0	99.9	99.9	100.1
烟　台	99.7	99.7	99.3	99.7	99.1	99.4	99.7	99.2	99.8	99.8	99.7	99.8
济　宁	100.1	99.9	100.0	100.0	99.9	100.1	99.9	100.3	100.1	99.9	99.9	99.8
洛　阳	99.2	99.6	99.7	99.7	99.8	99.9	99.9	100.0	100.0	100.0	100.1	100.0
平顶山	99.7	99.5	99.8	99.9	99.9	99.9	100.0	100.3	100.1	100.1	100.0	100.1
宜　昌	100.0	99.9	99.9	96.8	100.1	99.7	100.1	100.1	100.1	100.1	100.0	100.3
襄　阳	100.1	99.9	99.9	100.0	100.0	100.0	100.0	100.1	100.0	100.1	100.1	100.1
岳　阳	100.0	100.1	100.1	100.1	100.1	100.2	100.1	100.3	100.3	100.4	100.2	100.3
常　德	99.9	100.0	100.0	99.2	99.9	100.1	99.2	99.5	100.2	100.0	98.8	99.5
惠　州	99.4	99.9	99.9	99.9	100.2	100.3	99.7	99.7	99.6	100.3	100.2	100.0
湛　江	100.0	100.0	100.0	100.0	100.0	100.0	100.4	100.1	99.9	99.9	100.0	100.1
韶　关	100.1	99.9	100.2	100.0	99.9	100.0	100.0	100.2	100.3	100.0	100.5	100.0
桂　林	99.9	99.5	100.1	100.1	99.7	100.0	100.2	100.0	100.1	99.9	100.1	100.0
北　海	99.7	99.7	99.7	99.9	100.0	100.0	100.0	100.2	100.1	100.0	100.0	100.3
三　亚	99.6	99.5	99.8	99.8	99.8	99.8	99.9	100.0	100.1	100.0	100.1	100.2
泸　州	99.9	99.9	100.0	100.0	100.0	100.1	100.1	100.0	100.1	100.0	100.1	100.3
南　充	99.6	100.0	99.9	100.0	100.0	100.1	99.9	100.0	100.1	100.1	100.1	100.1
遵　义	100.1	100.0	99.8	99.9	100.0	99.8	99.9	100.1	99.8	99.9	99.1	100.1
大　理	100.0	100.0	100.0	100.0	100.0	100.0	99.8	99.9	99.9	99.9	99.9	99.9

注：环比以上月价格为100

数据来源：国家统计局

十三、全国四十个重点城市商品房销售均价

表2-121　全国四十个重点城市2008~2012年商品房销售均价

单位：元/平方米

	2008年	2009年	2010年	2011年	2012年
北　京	12418	13799	17782	16845	17022
天　津	6015	6886	8194	8965	8218
石家庄	2679	3803	3885	4811	4931
太　原	3875	4792	7201	7107	6806
呼和浩特	2732	3894	4103	4167	5445
沈　阳	4127	4464	5411	5885	6321
大　连	5774	6249	7044	8051	8004
长　春	3482	4142	5178	6132	5540
哈尔滨	3793	4227	5311	5554	5518
上　海	8255	12840	14400	14503	14061
南　京	5089	7185	9565	9310	10106
无　锡	——	6263	7690	8678	8391
苏　州	——	6460	8148	9077	9114
杭　州	8545	10488	14132	13062	13449
宁　波	7384	8992	11265	10587	11240
温　州	——	13586	13451	16906	17476
合　肥	3619	4228	5904	6327	6156
福　州	5666	6631	8413	10090	11188
厦　门	5854	7951	8883	10225	12281
南　昌	3461	3774	4566	5903	6419
济　南	4273	4907	6259	6710	6832
青　岛	5074	5576	6580	7501	8056
郑　州	3995	4291	4957	5704	6253
武　汉	4781	5329	5751	7222	7344
长　沙	3323	3649	4418	5880	6101
广　州	8853	9351	11921	12651	13163
深　圳	12665	14615	19170	21185	19590
南　宁	3946	4557	5144	5321	6003
北　海	——	3265	4228	4514	4399
海　口	4575	5368	8015	6654	6821
三　亚	——	11112	17317	12783	11623
重　庆	2785	3442	4281	4734	5080
成　都	4921	4935	5937	6675	7288
贵　阳	3147	3758	4410	5037	4846
昆　明	3839	3868	3663	4716	5745
西　安	4185	3890	4453	6128	6634
兰　州	3106	3612	4229	4462	5697
西　宁	2766	2900	3328	3649	4718
银　川	3091	3715	4010	4525	4574
乌鲁木齐	3272	3511	4548	5225	5639

数据来源：根据国家统计局数据整理

表2-122 全国四十个重点城市2012年月度累计商品房销售均价

单位：元/平方米

	1~3月	1~4月	1~5月	1~6月	1~7月	1~8月	1~9月	1~10月	1~11月	1~12月
均　价	7640	7878	7940	8081	8228	8276	8253	8255	8228	8231
北　京	14731	15828	16636	17360	17595	17929	17990	18041	17597	17022
天　津	8467	8458	8277	8210	8239	8208	8621	8351	8179	8218
石家庄	4406	4604	4657	4985	5047	5050	5051	4995	4918	4931
太　原	6938	7284	6987	6886	7217	7117	6672	6764	6834	6806
呼和浩特	4402	4426	4459	4490	4941	5429	5299	5480	5515	5445
沈　阳	6332	6496	6383	6280	6295	6293	6423	6337	6336	6321
大　连	9764	8371	8174	8078	7786	7664	7570	7831	7643	8004
长　春	7291	6618	6023	5766	5675	5753	5729	5676	5612	5540
哈尔滨	5369	6158	6231	5942	5605	5448	5427	5511	5605	5518
上　海	12317	12470	12499	13415	14108	14311	14359	14354	14395	14061
南　京	9778	9758	9807	9977	10140	10227	10307	10342	10178	10106
无　锡	8074	8422	8919	8819	8630	8570	8568	8452	8413	8391
苏　州	8835	8878	8852	8810	8880	8899	8975	8971	8997	9114
杭　州	11926	12557	12612	12936	13224	13084	13286	13406	13319	13449
宁　波	11025	11244	11190	11234	11508	11453	11446	11308	11401	11240
温　州	22302	21505	19038	17780	18417	18575	18841	19145	18770	17476
合　肥	6192	6197	6051	6252	6234	6225	6151	6164	6165	6156
福　州	10616	10430	10322	10902	10740	10950	10615	10735	10599	11188
厦　门	10953	11014	11925	11298	11807	12043	11990	12069	11953	12281
南　昌	5591	5698	5848	5953	5992	6122	6194	6252	6367	6419
济　南	6262	6318	6545	6374	6545	6671	6646	6659	6738	6832
青　岛	7988	7910	7837	7807	8099	8204	8136	8153	8079	8056
郑　州	5980	6237	6270	6398	6524	6517	6543	6668	6465	6253
武　汉	6187	6436	6954	7095	7265	7261	7307	7247	7328	7344
长　沙	5570	5657	5818	5993	6084	6095	5965	6023	6024	6101
广　州	11982	11886	12743	12836	12968	12997	12995	12811	12789	13163
深　圳	17995	17301	17821	18063	18786	19244	19807	20136	19604	19590
南　宁	4941	5084	5444	5987	5997	6176	6183	6185	5979	6003
北　海	3979	4183	4176	4490	4492	4445	4371	4327	4391	4399
海　口	6893	7309	7497	6273	6762	6811	6757	6920	6839	6821
三　亚	15457	14784	15146	14882	14123	13795	13177	12766	11916	11623
重　庆	4899	5076	5177	5182	5264	5168	5115	5119	5110	5080
成　都	6505	6545	6738	6723	6731	6811	6827	6817	7100	7288
贵　阳	4610	4668	4829	4785	4745	4812	4830	4874	4908	4846
昆　明	5984	5963	5772	5209	5311	5458	5460	5658	5588	5745
西　安	6139	6448	6511	6437	6477	6550	6602	6624	6608	6634
兰　州	4984	5268	5455	5243	5217	5179	5241	5382	5560	5697
西　宁	6179	5798	5185	5004	4955	4883	4694	4084	4674	4718
银　川	4535	4681	4804	4892	5041	5081	5125	5137	5023	4574
乌鲁木齐	4942	5128	5281	5551	5667	5557	5633	5762	5505	5639

数据来源：根据国家统计局数据整理

表2-123　全国四十个重点城市2008~2012年住宅销售均价

单位：元/平方米

	2008年	2009年	2010年	2011年	2012年
北　京	11648	13224	17151	15518	16554
天　津	5598	6605	7909	8539	8010
石家庄	2646	3734	3803	4400	4714
太　原	3556	4499	7046	6724	6405
呼和浩特	2512	3252	3648	3909	4798
沈　阳	3856	4196	5109	5614	5989
大　连	5617	6175	6759	7929	7584
长　春	3341	4012	5097	5969	5273
哈尔滨	3515	4147	5174	5347	5113
上　海	8182	12364	14213	13448	13870
南　京	4786	6893	9227	8415	9675
无　锡	——	6099	6229	8085	7745
苏　州	——	6358	6354	9060	8980
杭　州	8347	10561	14259	12613	13293
宁　波	7024	9068	11730	10649	11385
温　州	——	14086	11643	16900	17610
合　肥	3459	4095	5501	5631	5754
福　州	5395	6441	7874	9530	10644
厦　门	9979	8935	11590	12936	12953
南　昌	3361	3637	4331	5281	5880
济　南	4260	4797	6100	6676	6651
青　岛	4758	5383	6421	7171	7583
郑　州	3648	4054	4596	4691	5643
武　汉	4680	5199	5552	6768	6895
长　沙	3201	3533	4322	5484	5602
广　州	8502	8989	10615	11383	12001
深　圳	12823	14389	18954	20861	18996
南　宁	3720	4463	4952	5133	5619
北　海	——	3224	4073	4463	4277
海　口	4481	5318	8069	6664	6512
三　亚	——	11154	17313	12727	11431
重　庆	2640	3266	4040	4492	4805
成　都	4869	4875	5827	6311	6678
贵　阳	2866	3492	4233	4553	4473
昆　明	3595	3644	3408	4553	5405
西　安	4056	3749	4341	5793	6224
兰　州	3029	3500	4064	4051	5421
西　宁	2675	2811	3197	3437	4304
银　川	2824	3387	3801	4020	4187
乌鲁木齐	3096	3355	4280	4930	5255

数据来源：根据国家统计局数据整理

表2-124　全国四十个重点城市2012年月度累计住宅销售均价

单位：元/平方米

	1~3月	1~4月	1~5月	1~6月	1~7月	1~8月	1~9月	1~10月	1~11月	1~12月
均　价	7182	7449	7457	7615	7751	7814	7800	7803	7763	7751
北　京	14330	15296	16150	16943	17182	17632	17648	17687	17239	16554
天　津	8386	8428	8090	8022	7954	7953	8348	8077	7949	8010
石家庄	4340	4552	4597	4877	4820	4798	4789	4755	4689	4714
太　原	6688	6726	6467	6397	6718	6605	6275	6358	6417	6405
呼和浩特	4427	4467	4285	4082	4409	4854	4684	4817	4836	4798
沈　阳	5848	6061	6020	6015	5992	5967	6062	6003	6000	5989
大　连	8641	7565	7497	7328	7186	7097	7051	7358	7237	7584
长　春	7187	6381	5728	5586	5467	5586	5511	5440	5376	5273
哈尔滨	4966	5184	5360	5282	5009	4960	4965	5044	5124	5113
上　海	11877	12124	11917	12989	13678	13961	14022	14182	14264	13870
南　京	8870	9087	9154	9382	9586	9715	9834	9858	9691	9675
无　锡	7469	7643	7678	7722	7702	7711	7766	7710	7712	7745
苏　州	8718	8794	8728	8630	8695	8718	8816	8809	8847	8980
杭　州	11617	12307	12426	12703	13047	12901	13079	13257	13190	13293
宁　波	11283	11579	11330	11377	11743	11694	11711	11587	11715	11385
温　州	23831	22459	19824	18016	18964	19104	19280	19569	19061	17610
合　肥	5234	5438	5321	5635	5676	5697	5653	5715	5737	5754
福　州	9846	9936	9989	10423	10285	10426	10010	10064	9932	10644
厦　门	12017	11984	12279	11963	12452	12701	12910	12723	12728	12953
南　昌	5328	5394	5554	5690	5734	5818	5816	5863	5884	5880
济　南	6358	6437	6704	6489	6533	6606	6597	6603	6633	6651
青　岛	7308	7233	7267	7260	7610	7678	7644	7698	7617	7583
郑　州	5312	5236	5390	5605	5748	5753	5785	5873	5762	5643
武　汉	6207	6298	6608	6689	6848	6911	6968	6961	6964	6895
长　沙	5389	5392	5545	5617	5661	5713	5540	5590	5579	5602
广　州	10655	10756	10968	11173	11516	11691	11805	11695	11749	12001
深　圳	18026	17407	17836	18038	18456	18842	19279	19636	18993	18996
南　宁	4797	4873	5147	5388	5459	5696	5748	5771	5600	5619
北　海	3970	4124	4132	4376	4325	4287	4215	4189	4257	4277
海　口	6785	7213	7434	6313	6682	6694	6621	6592	6531	6512
三　亚	15170	14536	14937	14698	13946	13633	12998	12596	11736	11431
重　庆	4619	4851	4949	4955	4997	4915	4884	4894	4867	4805
成　都	6233	6293	6344	6366	6366	6460	6472	6443	6471	6678
贵　阳	4295	4337	4513	4424	4424	4456	4472	4493	4523	4473
昆　明	5358	5411	5263	4718	4738	4935	5059	5296	5251	5405
西　安	5621	5972	6041	6052	6127	6145	6191	6245	6215	6224
兰　州	4751	5032	5136	4928	4941	4913	4950	5010	5222	5421
西　宁	5337	4971	4572	4437	4452	4478	4330	3754	4267	4304
银　川	4009	4030	4151	4330	4515	4589	4648	4694	4580	4187
乌鲁木齐	4760	4583	4782	5030	5160	5093	5206	5410	5176	5255

数据来源：根据国家统计局数据整理

表2-125 全国四十个重点城市2008~2012年办公用房销售均价

单位：元/平方米

	2008年	2009年	2010年	2011年	2012年
北　京	16554	16857	23412	23695	22114
天　津	9785	11134	13857	12512	13351
石家庄	8889	3673	4945	9455	8385
太　原	6812	6383	6906	9785	10478
呼和浩特	3862	4786	5776	4836	7267
沈　阳	6624	7643	6937	7523	11288
大　连	5330	5214	14238	13018	15464
长　春	4252	4208	4554	9810	8674
哈尔滨	3612	4630	6496	6858	8240
上　海	11811	21598	18888	25225	20999
南　京	12986	12550	12869	19334	16490
无　锡	——	6760	8869	8919	8555
苏　州	——	7349	8084	8451	8122
杭　州	11714	10431	15138	16644	17245
宁　波	10595	9381	11037	10889	9438
温　州	——	10976	16312	24847	20378
合　肥	5727	4654	6828	7910	8529
福　州	7791	6873	16461	16424	16489
厦　门	5696	6891	6941	8262	13760
南　昌	7121	5682	9650	9633	11174
济　南	5322	5030	7455	8679	10089
青　岛	9010	9727	8478	11789	11701
郑　州	5114	4929	9331	10074	9456
武　汉	6287	5234	5738	9876	13405
长　沙	5120	5660	4504	9879	12244
广　州	12560	15080	16882	19103	22736
深　圳	19052	20881	22853	25283	41773
南　宁	5888	6427	8219	8519	19473
北　海	——	——	——	7500	12222
海　口	5821	4969	6471	24696	30870
三　亚	——	——	——	——	——
重　庆	4669	5173	9537	11686	11494
成　都	5745	5881	9280	10070	9208
贵　阳	4776	4628	5432	6507	9425
昆　明	5264	5906	7570	5394	8446
西　安	5780	5277	6004	9759	8572
兰　州	3580	5298	4501	8228	8211
西　宁	3261	3551	2200	1842	8125
银　川	3786	5424	5623	7548	4776
乌鲁木齐	6855	7284	9452	8838	11811

数据来源：根据国家统计局数据整理

表2-126 全国四十个重点城市2012年月度累计办公用房销售均价

单位：元/平方米

	1~3月	1~4月	1~5月	1~6月	1~7月	1~8月	1~9月	1~10月	1~11月	1~12月
均 价	11705	12457	13807	14025	14294	14221	14370	14437	14198	14329
北 京	22557	22985	23052	23489	22610	22309	22631	22385	21959	22114
天 津	8177	8755	9514	9552	10178	10172	10413	10436	10437	13351
石家庄	8750	8644	8222	8043	9059	8710	8710	8653	8442	8385
太 原	10000	10635	11310	10507	10591	10224	10121	10425	10995	10478
呼和浩特	3174	3422	4588	4740	5991	5978	7383	7294	7293	7267
沈 阳	8472	15641	7665	7778	7806	7917	13012	13571	11576	11288
大 连	12031	11952	15087	15897	15712	15461	15563	15654	15567	15464
长 春	10000	10154	10462	10393	8927	8713	8719	8705	8757	8674
哈尔滨	3803	4304	4000	5398	5427	5253	5521	8703	9095	8240
上 海	18258	20175	23693	21484	21688	21497	21457	21980	21490	20999
南 京	19924	19099	18560	18180	17815	17610	17533	17551	16687	16490
无 锡	8366	8722	9102	8843	8782	8662	8635	8536	8641	8555
苏 州	8282	7108	7513	8459	8422	8411	8322	8126	8031	8122
杭 州	13431	13901	13506	13550	14533	14875	16132	16317	16512	17245
宁 波	8493	9060	9374	9587	9631	10034	9616	9515	9568	9438
温 州	19048	20288	19394	20204	20774	20490	20991	19660	19909	20378
合 肥	10174	10176	9832	9378	8976	8973	8899	8670	8580	8529
福 州	25179	13301	10941	15436	14738	15377	15525	15676	15696	16489
厦 门	7559	7576	15856	13017	12528	12807	13015	13145	13281	13760
南 昌	9800	10029	10667	10552	9819	9508	10268	10231	10916	11174
济 南	6420	7055	7942	7483	7568	7631	7467	7582	8879	10089
青 岛	11029	11977	11871	12485	12204	11913	11948	12132	12210	11701
郑 州	12828	15491	15383	13421	13495	13676	13720	12968	11646	9456
武 汉	6997	10144	13446	15515	15555	13953	13871	13138	12842	13405
长 沙	8667	8720	9018	12240	11821	11688	11301	12250	11531	12244
广 州	18205	18146	23503	22972	24007	23496	23358	22884	22494	22736
深 圳	37073	37683	38246	39231	50058	48274	44774	43669	41078	41773
南 宁	17500	14545	15625	25092	25000	25000	25000	24892	24221	19473
北 海	——	——	——	——	12000	12000	12222	12222	12222	12222
海 口	——	——	——	——	22000	30870	30870	30870	30870	30870
三 亚	——	——	——	——	——	——	——	——	——	——
重 庆	10999	12335	11875	11474	11257	11277	11374	10934	10935	11494
成 都	8926	9154	10782	10086	10017	9779	9712	9409	9451	9208
贵 阳	5735	5802	6706	8774	9094	8647	8780	8785	8947	9425
昆 明	7655	8217	7364	7498	8355	8556	8479	8568	8420	8446
西 安	7682	7897	7866	7910	7969	7986	7971	7982	8147	8572
兰 州	8364	6667	7826	8000	7938	8244	8551	8926	8957	8211
西 宁	——	——	7857	7857	7857	7857	7857	6667	8125	8125
银 川	4091	4234	4239	4297	4372	4276	4447	4577	4677	4776
乌鲁木齐	7818	16494	16014	15558	15300	14769	14264	14149	14068	11811

数据来源：根据国家统计局数据整理

表2-127 全国四十个重点城市2008~2012年商业用房销售均价

单位：元/平方米

	2008年	2009年	2010年	2011年	2012年
北　京	17148	19091	22453	24919	20476
天　津	10339	8955	10547	13261	13007
石家庄	4031	8346	7304	8105	7239
太　原	6761	9289	11126	9962	20081
呼和浩特	6516	7634	7143	7679	10891
沈　阳	6681	7112	7788	8847	9712
大　连	9446	8528	9961	11005	12657
长　春	5277	6072	6500	8042	7324
哈尔滨	5925	5091	7294	9527	9504
上　海	6610	15237	15735	19008	16217
南　京	8425	12210	15117	16685	17845
无　锡	——	7622	9820	11927	13949
苏　州	——	7938	8883	9924	11100
杭　州	8779	10369	13421	16577	12549
宁　波	9808	10900	12581	12475	15158
温　州	——	12680	12935	16701	18161
合　肥	6601	7176	10964	12506	12288
福　州	14796	13905	15310	21982	16778
厦　门	14774	17225	17472	20683	20444
南　昌	7772	6366	7597	10513	9034
济　南	6634	10984	13350	11524	12545
青　岛	8841	8162	9192	11842	14189
郑　州	8681	8234	10030	13908	13683
武　汉	8101	11162	11622	13297	13154
长　沙	5506	8541	9568	14384	13067
广　州	12476	13395	19757	20583	18057
深　圳	11468	18605	25162	27536	24771
南　宁	10132	8626	10943	10147	12503
北　海	——	4828	5547	8993	10622
海　口	7076	7479	8142	6992	17013
三　亚	——	4242	20000	23600	29650
重　庆	5432	7145	8003	8132	9575
成　都	6812	8751	9294	12496	16283
贵　阳	10063	10392	8928	10793	10446
昆　明	7046	7961	7825	7158	10530
西　安	6822	8201	9412	13964	13571
兰　州	5565	4916	6346	7624	9500
西　宁	5222	5626	6513	9293	10950
银　川	5447	6315	5966	7256	7583
乌鲁木齐	5149	6330	7240	10669	10718

数据来源：根据国家统计局数据整理

表2-128　全国四十个重点城市2012年月度累计商业用房销售均价

单位：元/平方米

	1~3月	1~4月	1~5月	1~6月	1~7月	1~8月	1~9月	1~10月	1~11月	1~12月
均　价	12174	11996	12184	12459	12666	12628	12769	12735	12946	12860
北　京	16767	18105	19190	19818	21094	21320	21325	21565	21576	20476
天　津	11433	8398	8763	9023	9776	9853	13111	13158	13618	13007
石家庄	6898	6306	6531	7401	7154	7079	7654	7677	7461	7239
太　原	20222	30174	21794	19676	20193	23029	22485	21820	21645	20081
呼和浩特	6287	5639	5829	8051	8867	10085	10711	11007	10877	10891
沈　阳	11150	9810	10003	9171	9535	9559	9633	9558	9756	9712
大　连	18244	16809	14032	12620	11400	10989	10946	11222	10777	12657
长　春	16250	7763	6765	5949	6375	6503	7042	7095	7162	7324
哈尔滨	7792	12236	11156	10551	10215	9759	9608	9709	9816	9504
上　海	15117	15181	16107	16976	18417	18553	19254	16159	16079	16217
南　京	17278	14628	41993	16811	17251	17362	17432	17671	18021	17845
无　锡	12131	14263	18139	17063	16090	15552	15343	15430	15265	13949
苏　州	10969	10423	11301	11445	11707	11493	11434	11510	11383	11100
杭　州	15425	16118	16894	18018	17118	16238	14718	13633	12982	12549
宁　波	15947	14447	13749	14507	14522	14080	14280	14218	14471	15158
温　州	22667	19767	17637	17719	16581	16519	16619	17423	17875	18161
合　肥	11297	10958	11966	12166	12213	12153	12127	12091	12159	12288
福　州	19473	19526	18118	17183	17260	16150	15744	16501	16751	16778
厦　门	24904	22298	27304	24754	25888	23553	23177	22955	18948	20444
南　昌	8158	6640	6977	6685	6951	7930	8242	8769	8938	9034
济　南	14118	14113	13013	13111	11684	12324	12179	12392	12369	12545
青　岛	14807	14198	14167	13441	13974	14437	14057	13888	13852	14189
郑　州	14047	15408	14746	14268	14397	13930	13805	14005	13948	13683
武　汉	11874	12522	13000	13887	13831	12961	13203	12874	14028	13154
长　沙	10296	12844	12060	13106	14687	13354	14085	13376	13489	13067
广　州	19854	19240	20601	20132	19239	19608	19023	18783	17653	18057
深　圳	16328	16812	17771	18600	19567	21409	24068	24035	24575	24771
南　宁	9241	10555	13076	11146	11400	11688	11126	11205	10996	12503
北　海	10000	12941	11905	10957	12000	10833	10904	10879	10634	10622
海　口	12093	10699	10933	10742	15178	14492	15639	17646	17122	17013
三　亚	32667	32955	33111	33111	32075	29688	25000	27423	29052	29650
重　庆	8246	8314	8721	8807	9273	9310	9588	9702	9844	9575
成　都	12153	13019	14308	12676	12941	12940	12970	12988	16399	16283
贵　阳	10421	10540	10057	10746	10772	10925	10398	10760	10758	10446
昆　明	10459	10187	9944	9783	9909	9819	9714	10164	9912	10530
西　安	12115	12413	13033	13377	13564	13814	14310	13771	13125	13571
兰　州	9828	10482	10682	10771	9869	8943	9581	10219	9671	9500
西　宁	9817	9883	10652	10561	10588	10461	10451	9091	10472	10950
银　川	6927	7722	8037	8106	8168	8361	8500	8410	8423	7583
乌鲁木齐	8389	7724	8753	9122	9370	9228	9282	9251	10368	10718

数据来源：根据国家统计局数据整理

十四、四十个城市经营性土地成交列表

表2-129　2012年北京市经营性用地成交总价前二十明细表

单位：平方米、万元

序号	公告号/宗地编号	区域	土地属性	占地面积	容积率	出让底价	成交价格	受让方
1	京土整储招（西）[2012]054号	西城	商服;综合	16174	7.20	——	342477	金融街控股股份有限公司
2	京土整储招（西）[2012]058号	西城	商服;综合	18544	8.09	——	295000	金融街控股股份有限公司
3	京土整储挂（海）[2012]020号	海淀	住宅	38870	2.00	186600	263000	北京赫华恒瑞房地产开发有限公司
4	京土整储挂（朝）[2012]001号	朝阳	住宅;商服综合	107036	2.44	237000	237000	招商局地产（北京）有限公司 大连盈致企业管理有限公司
5	京土整储挂（兴）[2012]022号	大兴	住宅;商服	96724	2.57	151680	220000	中冶置业集团有限公司 北京市第五建筑工程有限公司
6	京土整储挂（兴）[2012]047号	大兴	住宅;商服综合	175270	2.24	148100	202000	北京融创恒基地产有限公司 保利（北京）房地产开发有限公司
7	京土整储招（通）[2012]060号	通州	住宅;办公商服	77236	4.36	——	192000	大连万达商业地产股份有限公司
8	京土整储挂（东）[2012]008号	东城	住宅;商服综合	32648	5.20	133870	191500	南昌市政公用投资控股有限责任公司
9	京土整储招（丰）[2012]006号	丰台	商服;综合	29310	7.34	——	171700	中国铁路物资股份有限公司
10	京土整储挂（开）[2012]032号	大兴	住宅	81487	2.00	117360	162700	北京城建兴华地产有限公司
11	京土整储挂（朝）[2012]026号	朝阳	商服;综合	9579	6.65	56300	151500	北京宝鸿天城房地产开发有限公司
12	京土整储挂（朝）[2012]035号	朝阳	住宅;商服综合	104877	1.10	135280	147000	北京通瑞万华置业有限公司
13	京土整储挂（开）[2012]033号	大兴	住宅	57826	2.50	104100	144300	北京万科企业有限公司 北京金第房地产开发有限责任公司
14	京土整储招（通）[2012]059号	通州	住宅;办公商服	74233	3.28	——	140000	大连万达商业地产股份有限公司
15	京土整储挂（兴）[2012]040号	大兴	住宅;商服综合	167818	1.76	99550	138000	保利（北京）房地产开发有限公司 北京首都开发股份有限公司
16	京土整储招（顺）[2012]029号	顺义	住宅;商服综合	383220	2.00	——	129215	北京首都开发控股（集团）有限公司
17	京土整储挂（昌）[2012]050号	昌平	住宅	76674	2.28	90000	128000	盘锦运河石油房地产开发有限公司
18	京土整储挂（兴）[2012]045号	大兴	住宅;商服综合	103116	2.40	77600	108000	北京住总万科房地产开发有限公司
19	京土整储挂（兴）[2012]046号	大兴	住宅	58116	2.30	77900	106000	北京融创恒基地产有限公司 保利（北京）房地产开发有限公司
20	京土整储挂（兴）[2012]044号	大兴	住宅;商服综合	105150	2.25	73000	103000	北京鑫苑万众置业有限公司

注：本章含38个重点城市经营性用地成交总价前二十排行榜，土地已剔除纯工业用地。呼和浩特、温州数据缺失。

资料来源：中国房地产决策咨询系统（CRIC）

表2-130　2012年天津市经营性用地成交总价前二十明细表

单位：平方米、万元

序号	公告号/宗地编号	区域	土地属性	占地面积	容积率	出让底价	成交价格	受让方
1	津南天（挂）2012-117号	南开	住宅;商服	104324	2.95	369600	462000	北京顺义新城建设开发有限公司
2	津西卫(挂)2012-066号	河西	住宅;商服	79956	2.85	223440	297000	中海地产集团有限公司
3	津和大（挂）2012-041号	和平	住宅;商服	27541	7.64	175000	175000	金融街融展（天津）投资有限公司
4	津滨中（挂）2012-13号	塘沽	商服	174097	3.00	141290	141290	中投发展（天津）滨海有限责任公司
5	津西解放（挂）2011-229号	河西	住宅	72640	2.38	111610	111610	天津城投置地投资发展有限公司 天津瑞鼎置业有限公司
6	津南南（挂）2011-265号	南开	住宅;商服	29107	3.68	99510	99510	天津地铁资源投资有限公司
7	津东新（挂）2012-098号	河东	住宅;商服	31726	4.57	92000	98500	天津市富都房地产开发有限公司
8	津西解放（挂）2011-263号	河西	住宅;商服	43850	2.74	98400	98400	天津物业置业发展有限公司
9	津北律(挂)2012-091号	河北	住宅;商服	33597	4.20	87000	89000	北京中铁华升房地产开发有限责任公司
10	津西解放（挂）2012-099号	河西	住宅;商服	62205	2.00	87300	87400	天津万城置业有限公司
11	津南（挂）2011-30号	津南	商服	318313	1.91	78688	78688	深南（天津）房地产开发有限公司
12	津丽（挂）2012-01号	东丽	住宅;商服	292985	1.74	75870	75870	宝能投资有限公司
13	津滨塘（挂）2012-2号	塘沽	住宅;商服	84004	2.66	73890	73890	天津滨海建泰投资有限公司
14	津西青（挂）2012-02号	西青	商服	240844	1.93	64300	64300	天津乐宝乐尔旅游科技发展有限公司
15	津南（挂）2011-34号	津南	住宅	142772	2.00	64248	64248	天津褐石房地产开发有限公司
16	津红纪（挂）2012-118号	红桥	住宅;商服;公建配套	33489	2.39	50000	63400	天津金侨城投资有限公司
17	津西解放（挂）2011-262号	河西	住宅;公建配套	39734	1.90	62700	62700	天津物产置业发展有限公司
18	津武（挂）2011-267号	武清	住宅;商服	197113	2.00	59200	59200	北京裕昌置业集团天津投资有限公司
19	津滨中（挂）2012-8号	塘沽	住宅;商服	31012	3.70	57130	57130	中投发展（天津）滨海有限责任公司
20	津滨塘（挂）2011-48号	塘沽	住宅;商服	75162	2.00	50000	57000	中铁建工集团深圳投资有限公司

资料来源：中国房地产决策咨询系统（CRIC）

表2-131　2012年石家庄市经营性用地成交总价前二十明细表

单位：平方米、万元

序号	公告号/宗地编号	区域	土地属性	占地面积	容积率	出让底价	成交价格	受让方
1	石国土资[2012]143号/[2012]042号	裕华	住宅;商服	153281	3.00	115000	163000	北京旭睿投资有限公司 北京美银投资有限公司
2	石国土资[2012]129号/[2012]038号	裕华	住宅;商服	146455	3.25	124800	124800	河北天海房地产开发有限公司
3	石国土资[2012]44号/[2012]011号	长安	住宅;商服	120703	3.50	103300	103300	石家庄荣泰房地产开发有限公司
4	石国土资[2012]201号/[2012]058号	桥东	住宅;商服	92507	6.22	80200	80200	石家庄中迪房地产开发有限公司
5	石国土资[2012]117号/[2012]032号	新华	住宅;商服	101127	3.20	69900	69900	石家庄兴跃房地产开发有限公司
6	石国土资[2012]129号/[2012]035号	长安	住宅;商服公建配套	86692	3.11	61800	61800	河北祈福乾悦房地产开发有限公司
7	石国土资[2011]298号/[2011]063	裕华	住宅;商服	122006	3.00	60000	60000	河北众美房地产开发有限公司
8	石国土资[2012]44号/[2012]012	裕华	住宅;公建配套	69851	3.20	47000	47000	石家庄市魏通房地产开发有限公司
9	石国土资[2012]7号/[2012]002号	长安	住宅;商服	56722	2.85	39300	39300	河北祈福乾悦房地产开发有限公司
10	石国土资[2012]201号/[2012]061号	长安	住宅	67344	3.50	37800	37800	河北宇辰房地产开发有限公司
11	石国土资[2012]7号/[2012]001号	长安	商服	87488	3.80	37000	37000	石家庄润鑫房地产开发有限公司
12	石国土资[2012]129号/[2012]037号	长安	住宅;商服	58169	3.21	34400	34400	石家庄地益嘉房地产开发有限公司
13	石国土资[2012]201号/[2012]055号	桥东	住宅;商服	63499	4.50	33800	33800	河北省国际商会
14	石国土资[2011]298号/[2011]066	桥西	住宅;商服	55754	3.50	31100	31100	石家庄鸿瑞杰生房地产开发有限公司
15	石国土资[2012]44号/[2012]010号	新华	商服	14531	6.50	27500	27500	河北金指数房地产开发有限公司
16	石国土资[2012]117号/[2012]028号	新华	住宅;商服	42458	3.22	27200	27200	石家庄雍和房地产开发有限公司
17	石国土资[2012]117号/[2012]033号	桥西	住宅	38075	2.07	23200	23200	河北东丽房地产开发有限公司
18	石国土资[2012]129号/[2012]036号	新华	住宅;商服	29502	5.00	23200	23200	河北金恒基房地产开发有限公司
19	石国土资[2012]37号/[2012]005号	开发区	住宅	85541	2.85	22810	22810	河北涞泽房地产开发有限公司
20	石国土资[2012]201号/[2012]060号	长安	住宅	36348	3.19	19300	19300	河北宇辰房地产开发有限公司

资料来源：中国房地产决策咨询系统（CRIC）

表2-132　2012年太原市经营性用地成交总价前二十明细表

单位：平方米、万元

序号	公告号/宗地编号	区域	土地属性	占地面积	容积率	出让底价	成交价格	受让方
1	并国土公出告字[2012]50号/CG-1250	万柏林	商服	198107	3.50	46660	47160	太原市锦绣家园投资管理有限公司
2	并国土公出告字[2012]54号/CP-1256	万柏林	住宅;商服	37060	6.00	41700	41700	太原万科房地产有限公司
3	并国土公出告字[2012]58号/CG-1260	小店	住宅;商服	53276	5.70	38040	40041	山西茂翔盛房地产开发有限公司
4	并国土公出告字[2012]1号/LG-1201	小店	商服	81758	3.50	22075	24575	山西杏花村国际贸易公司
5	并国土公出告字[2011]45号/CG-1150	万柏林	住宅;商服	64330	4.00	17853	18353	山西龙昌房地产开发有限公司
6	并国土公出告字[2012]47号/CG-1247	万柏林	住宅;商服	101801	2.20	18330	18330	山西钢兴房地产开发有限公司
7	并国土公出告字[2012]60号/CP-1254	小店	住宅;商服	23534	4.20	16570	18200	山西广鑫房地产开发有限公司
8	并国土公出告字[2012]2号/CG-1202	晋源	商服	29332	5.50	15840	16340	太原长风置业有限公司
9	并国土公出告字[2012]26号/CG-1225	万柏林	住宅;商服	63519	3.50	12625	15625	山西翔建房地产开发有限公司
10	并国土公出告字[2012]48号/CG-1248	万柏林	住宅;商服公建配套	80665	2.00	14520	14520	山西钢兴房地产开发有限公司
11	并国土公出告字[2012]18号/CG-1217	小店	商服	71132	8.00	13880	13880	山西盛联置业投资有限公司
12	并国土公出告字[2011]43号/CG-1148	小店	住宅	39185	3.80	10581	11781	太原市银河房地产开发有限公司
13	并国土公出告字[2012]19 号/CG-1218	小店	商服	64173	2.30	10590	10590	山西盛联置业投资有限公司
14	并国土公出告字[2012]60号/CP-1255	小店	住宅;商服	14200	3.50	9650	9950	山西嘉生繁祉投资有限公司
15	并国土公出告字[2011]42号/CG-1147	小店	住宅;公建配套	33281	3.00	8598	9798	山西万坤房地产开发有限公司
16	并国土公出告字[2012]62号CG-1263	小店	住宅;商服	29463	3.50	7830	8130	山西鼎晨房地产开发集团有限公司
17	并国土公出告字[2011]36号/CG-1141	小店	商服	67357	2.10	6063	7001	山西金房子建业发展有限公司
18	并国土公出告字[2012]34号/CP-1230	杏花岭	住宅;商服	10451	4.00	5430	6930	山西宝佳房地产开发有限公司
19	并国土公出告字[2012]61号/CG-1262	小店	商服	12982	6.00	5850	6426	山西谐程房地产开发有限公司
20	并国土公出告字[2012]34号/CP-1231	万柏林	住宅;商业	14386	3.5	4770	5780	山西立地房地产开发有限公司

资料来源：中国房地产决策咨询系统（CRIC）

表2-133　2012年沈阳市经营性用地成交总价前二十明细表

单位：平方米、万元

序号	公告号/宗地编号	区域	土地属性	占地面积	容积率	出让底价	成交价格	受让方
1	沈土挂[2012]39号/2012-019	沈河	商服	83857	10.5	352551	352551	沈阳华强金廊城市广场置业有限公司
2	沈土挂[2012]54号/2012-036	沈河	住宅;商服	58424	13.5	230071	230071	沈阳市宝能泰盛地产有限公司
3	沈土挂[2012]16号/2012-005	沈河	住宅;商服	187850	2.5	98621	103505	广州金地房地产开发有限公司
4	沈土拍[2012]109号/2012-070	于洪	住宅;商服	114135	3.3	87419	102071	沈阳丽晶房地产开发有限公司
5	沈土挂[2012]39号/2012-021	和平	住宅;商服	25791	12.0	99934	99934	沈阳瑞鼎华航置业有限公司
6	沈土拍[2012]37号/CB2012-2	和平	住宅;商服	107295	3.1	96458	96625	超智资源有限公司
7	沈土拍[2012]69号/2012-045	于洪	住宅	170085	2.4	89927	96051	沈阳万科公园大道房地产开发有限公司
8	沈土拍[2012]16号/2012-004	沈河	住宅;商服	55916	4.5	88570	88696	五矿置业（沈阳）有限公司
9	沈土拍[2012]92号/2012-059	于洪	住宅;商服	170307	2.5	84600	87410	沈阳泰华林房地产开发有限公司
10	沈土挂[2012]39号/2012-023	和平	商服	13675	25.0	71520	71520	沈阳宏发龙轩房地产开发有限公司
11	沈土挂[2011]42号/2011-062	沈北新区	住宅;商服	170877	3.5	65728	65967	沈阳华强新城市发展有限公司
12	沈土挂[2011]77号 2012-054	和平	商服	7667	10.0	64849	64849	沈阳新世界酒店有限公司
13	沈土拍[2012]99号/MR2012-04	和平	住宅;商服	180995	2.5	54887	58959	保利房地产（集团）股份有限公司
14	沈土挂[2011]69号/2012-049	和平	住宅;商服	23217	8.5	55315	57289	辽宁容壹地产有限责任公司
15	沈土挂[2011]74号/2012-064	于洪	住宅;商服	68928	3.2	42614	55801	辽宁宝郡房地产开发有限公司(原竞得人吴铁军）
16	沈土拍[2011]40号/皇姑2011-08-2	皇姑	住宅;商服	159512	2.5	54832	55032	沈阳嘉俊置业有限公司
17	沈土拍[2012]37号/CB2012-1	和平	住宅;商服	46869	4.8	54105	54218	华润万家（香港）有限公司
18	沈土拍[2012]53号/2012-033	大东	商服	141758	1.5	50565	50622	沈阳地利农副产品有限公司
19	沈土挂[2012]47号/B04-07	大东	住宅	150057	2.5	48769	49069	沈阳荣安房地产开发有限公司
20	沈土拍[2012]78号/DL-12055	东陵	住宅;商服	125247	2.2	47641	47696	（9号竞拍者）

资料来源：中国房地产决策咨询系统（CRIC）

表2-134 2012年大连市经营性用地成交总价前二十明细表

单位：平方米、万元

序号	公告号/宗地编号	区域	土地属性	占地面积	容积率	出让底价	成交价格	受让方
1	2012年第120号/大城(2012)-35号	中山	住宅;公建配套	176600	4.22	290879	290879	亿达集团有限公司 住友不动产株式会社
2	2012年第95号/大城(2012)-19号地	中山	住宅;公建配套	90200	3.00	202879	202879	中合才华（大连）置业有限公司
3	2012年第99号/大城(2012)-21号	中山	住宅;公建配套	85700	2.80	169000	202800	颖泽投资有限公司
4	大国土房屋告字[2012]54号/大城(2012)-2号地	中山	住宅;公建配套	62800	3.00	——	165176	常州嘉南置业有限公司
5	2012年第120号/大城(2012)-39号地	甘井子	住宅;商服	120900	3.10	132431	136631	大连宏宇置业有限公司
6	2012年第120号/大城(2012)-38号地	甘井子	住宅;商服	107900	3.10	117177	117377	盈佳创富有限公司 杭州涛力投资管理有限公司
7	2012年第85号/大金(2012)-51号地	金州	住宅	74838	8.00	115700	115700	大连德泰投资有限公司
8	大金国土房屋告字[2011]142号/大金(2011)-126号地	金州	商服	300374	3.00	——	110600	大连金渤海岸开发管理有限公司
9	2012年第99号/大城(2012)-20号地	甘井子	住宅	125100	1.71	89759	107700	大连万科房地产开发有限公司
10	2012年第73号/大庄(2012)-34号地	庄河市	住宅	444106	3.00	99920	99920	大连隆锦实业发展有限公司
11	2012年第86号/大城(2012)-5号地	中山	办公;商服	39600	5.50	99071	99071	大连港龙地产有限公司
12	2012年第52号/大金(2012)-39号地	开发区	住宅	49500	8.10	——	98000	大连德泰控股有限公司
13	2012年第73号/大庄(2012)-33号地	庄河	住宅	418033	3.00	94050	94050	大连隆锦实业发展有限公司
14	2012年第54号/大城(2012)-4号地	中山	住宅;公建配套	49000	3.00	——	91625	大连港龙地产有限公司
15	大金国土房屋告字[2011]142号/大金(2011)-125号地	金州	商服	200000	3.00	——	80000	大连金渤海岸开发管理有限公司
16	2012年第118号/大城[2012]-34号地	甘井子	住宅;商服	128300	1.40	74207	74207	大连润泽房屋开发有限公司 大连晟源投资有限公司
17	2012年第52号/大金(2012)-37号地	开发区	住宅	38900	7.00	——	69000	大连德泰控股有限公司
18	2012年第109号/大金(2012)-71号地	开发区	住宅	103108	3.00	68100	68100	中国地能有限公司
19	2012年第79号/大城(2012)-18号地	甘井子	住宅;公建配套	99000	1.77	64835	64835	大连中海地产有限公司
20	2012年第61号/大城(2012)-14号地	沙河口	住宅;商业	30200	4.3	60746	60746	大连国运房地产开发有限公司

资料来源：中国房地产决策咨询系统（CRIC）

表2-135　2012年长春市经营性用地成交总价前二十明细表

单位：平方米、万元

序号	公告号/宗地编号	区域	土地属性	占地面积	容积率	出让底价	成交价格	受让方
1	长国土公发[2012]7号/43-66-363	南关	住宅;商服	166390	2.80	83069	83069	长春宝丰阁房地产开发有限公司
2	长国土公发[2012]7号/43-66-361	南关	住宅;商服	179173	2.50	81345	81345	长春宝丰阁房地产开发有限公司
3	长国土公发[2011]202号/56-28-82、83、84、85、89、90、92	南关	住宅;商服	197658	1.50	74062	74062	吉林万晟房地产开发有限公司 吉林省广居房地产开发有限公司 长春市隆德房地产开发有限公司
4	长国土公发[2012]117号/220102010011GB00019	南关	住宅;商服	137223	2.50	66485	66485	长春万科房地产开发有限公司
5	长国土公发[2012]7号/43-66-364	南关	住宅;商服	141244	2.60	65371	65371	长春宝丰阁房地产开发有限公司
6	长国土公发[2012]153号/220103003010GB00005、220103003016GB00004	宽城	住宅;商服	62476	3.30	59047	59047	长春市宽城区城市建设开发有限责任公司
7	长国土公发[2011]214号/29-90-86	南关	住宅;商服	88268	3.20	56124	56124	吉林省红晟房地产开发有限公司
8	长国土公发[2012]84号/7-56-59、5-55-39、5-34-63	绿园	住宅;商服	129045	3.50	54831	54831	吉林省成城房地产开发有限公司
9	长国土公发[2012]100号/220102013011GB00006 220102013011GB00009	南关	住宅;商服	120979	2.80	53118	53118	吉林省鼎晟房地产有限公司
10	长国土公发[2012]131号/220102011312GB00002	净月	住宅;商服	134998	2.00	47384	47384	吉林省伟峰实业有限公司
11	长国土公发[2012]145号/55-21-20、55-21-97	净月	住宅;商服	115679	2.70	47056	47056	长春盛程房地产开发有限公司
12	长国土公发[2012]145号/220102014358GB00011	净月	住宅;商服	187439	1.30	46517	46765	吉林华庭置业有限公司
13	长国土公发[2012]117号/220102010011GB00014、220102010011GB00015、220102010011GB00016	南关	住宅;商服	85120	4.00	46372	46372	长春典约房地产开发有限公司
14	长国土公发[2012]131号/220104007006GB00018、19	朝阳	住宅;商服	51849	4.30	45228	45228	吉林省宏佳羿房地产开发有限公司
15	长国土公发[2012]100号/220102013011GB00010 220102013011GB00015	南关	住宅;商服	94682	2.80	41703	41703	吉林省鼎晟房地产开发有限公司
16	长国土公发[2012]131号/220102011312GB00004、220102011312GB00005	净月	住宅;商服	130926	3.40	41084	41084	领达（香港）有限公司 领恒有限公司 伟峰实业有限公司
17	长国土公发[2012]153号/220103016117GB00017、220103016117GB00020	高新	住宅;商服	191790	3.00	41044	41044	长春市富源晟和房地产开发有限公司
18	长国土公发[2012]103号/55-10-22、23	净月	住宅;商服	111481	2.50	35300	35300	长春市尚都房地产开发有限公司
19	长国土公发[2011]162号/2-1-553、57-150-2、3	宽城	住宅;商服	139093	2.00	34885	34885	长春市万龙房地产有限责任公司
20	长国土公发[2012]120号/220102016396GB00002	净月	住宅;商服	131943	1.50	34873	34873	吉林省亚泰房地产开发有限公司

资料来源：中国房地产决策咨询系统（CRIC）

表2-136　2012年哈尔滨市经营性用地成交总价前二十明细表

单位：平方米、万元

序号	公告号/宗地编号	区域	土地属性	占地面积	容积率	出让底价	成交价格	受让方
1	哈土交告字[2012]15号/2012HTH005	南岗	住宅;商服	139481	2.57	71488	71488	哈尔滨市南岗区2012HTH005号地块项目开发公司
2	哈土交告字[2012]29号/2012HT009	香坊	住宅	158727	2.51	48360	48360	黑龙江中昊房地产开发有限公司
3	哈土交告字[2012]28号/2012HTH006	南岗	住宅;商服	100769	2.20	42461	42461	黑龙江省昌和汇龙房地产开发有限责任公司
4	哈土交告字[2012]2号/2012HTH001	南岗	商服	43574	3.50	31610	31610	哈尔滨市哈西新区房地产开发有限责任公司
5	哈土交告字[2011]39号/2011HTQZ011	道里	住宅;商服	36495	3.60	——	28457	上海星泽投资管理有限公司（联合）
6	哈土交告字[2012]14号/2012HTG009	平房	住宅;商服	162121	1.66	19360	19360	哈尔滨宇光投资置业发展有限公司
7	哈土交告字[2012]33号/2012HT013	香坊	住宅;公建配套	39454	3.50	18290	18290	哈尔滨恒祥泰和房地产开发有限公司
8	哈土交告字[2012]15号/2012HTH004	南岗	商服	15280	5.00	15855	15855	哈尔滨凯盛源置业有限责任公司
9	哈土交告字[2012]15号/2012HTH003	南岗	商服	14806	5.00	15357	15357	哈尔滨凯盛源置业有限责任公司
10	哈土交告字[2011]39号/2011HTQZ012	道里	商服	30614	3.00	——	14851	上海星泽投资管理有限公司（联合）
11	哈土交告字[2012]13号/2012HT006	道外	商服	154099	4.00	14000	14000	哈尔滨华南城有限公司
12	哈土交告字[2011]63号/2011HTH011	南岗	住宅;商服	101187	2.07	13954	13954	黑龙江省哈大铁路客运专线有限责任公司
13	哈土交告字[2012]19号/2012HTG012	平房	住宅;商服	176602	1.05	13790	13790	绿地集团哈尔滨绿洋置业有限公司
14	哈土交告字[2012]19号/2012HTG015	平房	商服	117851	1.50	13660	13660	绿地集团哈尔滨绿洋置业有限公司
15	哈土交告字[2012]30号/2012HT010	道外	商服	100769	2.50	12300	12300	哈尔滨毅德商贸城有限公司
16	哈土交告字[2012]1号/2012HT001	香坊	住宅;公建配套	14506	5.00	11910	11910	黑龙江省华侨房地产综合开发公司
17	哈土交告字[2012]19号/2012HTG013	平房	住宅;商服	112388	1.05	11150	11150	绿地集团哈尔滨绿洋置业有限公司
18	哈土交告字[2011]60号/2011HTG070	平房	住宅;商业	151014	1.20	10540	10540	哈尔滨凯盛源置业有限责任公司
19	哈土交告字[2012]13号/2012HT005	道外	商业	109365	2.00	9900	9900	哈尔滨华南城有限公司
20	哈土交告字[2012]28号/2012HTG021	平房	住宅;商业	95145	1.05	9540	9540	绿地集团哈尔滨绿洋置业有限公司

资料来源：中国房地产决策咨询系统（CRIC）

表2-137　2012年上海市经营性用地成交总价前二十明细表

单位：平方米、万元

序号	公告号/宗地编号	区域	土地属性	总用地面积	容积率	出让底价	成交价格	受让方
1	沪告字[2012]第187号/201218701	虹口	办公;商服	40577	6.00	469000	568000	上海国际港务（集团）股份有限公司 威旺置业有限公司
2	沪告字[2012]第183号/201218301	徐汇	办公;商服	149356	4.50	543100	543100	上海万科房地产公司、上海玖致酒店管理公司、广州港捷企业管理公司
3	沪告字[2012]第129号/201212901	徐汇	住宅;办公;商服	66530	2.50	315000	450000	上海保利建锦房地产公司、信保（天津）股权投资基金管理公司
4	沪告字[2012]第130号/201213001	杨浦	住宅;办公;商服	71160	4.00	325840	325940	上海盛垣房地产开发有限公司
5	沪告字[2012]第177号/201217701	黄浦	办公;商服	18676	4.30	——	277000	上海外滩滨江综合开发有限公司 中国太平洋财产保险股份有限公司
6	沪告字[2012]第161号/201216102	虹口	住宅	60641	3.39	224075	224075	彩虹湾置业（上海）有限公司
7	沪转告字[2012]第6号/2012Z00601	浦东	住宅;商服	75091	1.60	133100	212400	上海保利建锦房地产有限公司 上海融创绿城房地产开发有限公司
8	沪告字[2012]第115号/201211501	浦东	商服	11789	6.00	205000	205000	上海申电投资有限公司
9	沪告字[2012]第080号/201208001	闵行	住宅;办公;商服	112864	1.58	203202	203202	上海沪彤置业有限公司
10	沪告字[2012]第196号/201219604	宝山	住宅	102028	1.60	117994	184500	绿地地产集团有限公司
11	沪告字[2012]第196号/201219601	闸北	住宅	57250	2.00	146190	183000	上海象屿置业有限公司
12	沪告字[2012]第003号/201200301	普陀	住宅;办公;商服	94332	4.00	170000	170000	上海馨堃投资管理有限公司 领弘有限公司
13	沪告字[2012]第072号/201207202	浦东	住宅	72803	1.50	120125	164400	上海绿顺房地产开发有限公司
14	沪告字[2012]第098号/201209801	闵行	商服	45516	2.50	130664	130664	重庆协信远航投资顾问有限公司
15	沪告字[2012]第112号/201211202	闸北	办公;商服	63751	3.00	109410	126246	重庆协信远达商业投资发展有限公司
16	沪告字[2012]第127号/201212702	嘉定	住宅	85589	1.60	89012	115803	上海三湘（集团）有限公司 康毅
17	沪告字[2012]第159号/201215901	嘉定	住宅	89126	2.30	77896	102533	绿地地产集团有限公司
18	沪告字[2012]第091号/201209101	松江	住宅	99356	1.00	86000	96500	上海世盈投资管理有限公司
19	沪告字[2012]第167号/201216701	宝山	住宅	76807	1.50	80648	96200	中国铁建房地产集团有限公司
20	沪告字[2012]第076号/201207602	松江	住宅	50871	2.50	63720	89300	上海信达银泰置业有限公司 上海信达立人投资管理有限公司

资料来源：中国房地产决策咨询系统（CRIC）

表2-138　2012年南京市经营性用地成交总价前二十明细表

单位：平方米、万元

序号	公告号/宗地编号	区域	土地属性	占地面积	容积率	出让底价	成交价格	受让方
1	2012年第13号/NO.2012G50	下关	住宅;商服	598972	1.99	562000	562000	中冶集团（南京老城改造建设投资公司）
2	2012年第01号/NO.2012G01	栖霞	住宅;商服	167767	2.14	233500	233500	南京金浦东部房地产开发有限公司
3	2012年第10号/NO.2012G40	白下	住宅	210021	2.00	143300	190000	上海世贸建设
4	2012年第18号/NO.2012G75	江宁	住宅	74557	3.00	95500	152000	南京朗诗地产有限公司 南京乾朗投资有限公司
5	2012年第04号/NO.2012G16	建邺	住宅	60825	2.40	114000	150000	深圳市昶恒投资发展有限公司
6	2012年第11号/NO.2012G45	建邺	商服	132917	6.48	141000	141000	上海升龙投资集团有限公司
7	2012年第02号/NO.2012G05	白下	住宅	45413	2.60	105000	131000	嘉里置业（中国）有限公司
8	2011年第20号/NO.2011G97	栖霞	住宅	87547	2.20	125000	125000	栖霞建设与江苏汇金联合
9	2012年第04号/NO.2012G15	雨花台	商服	135432	4.10	116900	116900	海门证大滨江置业有限公司 嘉联国际发展有限公司
10	2012年第07号/NO.2012G31	栖霞	住宅	133003	1.05	83300	108000	南京朗诗地产有限公司 上海君元置业有限公司
11	2012年第03号/NO.2012G07	雨花台	住宅;商服	108496	2.39	92100	94100	南京站东投资咨询有限公司
12	2012年第14号/NO.2012G54	下关	商服	85241	3.60	91000	91000	中储发展股份有限公司
13	2012年第11号/NO.2012G44	雨花台	住宅	157094	2.40	80000	90000	杭州宋都房地产集团有限公司
14	2012年第11号/NO.2012G43	雨花台	住宅;商服	63250	2.96	68100	87100	南京站东投资咨询有限公司
15	2012年第09号/NO.2012G37	栖霞	住宅	87742	2.50	67400	81400	保利地产
16	2011年第19号/NO.2011G89	浦口	住宅	161424	1.60	73000	73000	南京诚久房地产开发有限公司
17	2011年第20号/NO.2011G95	秦淮	商服	13453	3.00	59000	65000	深圳茂业
18	2012年第15号/NO.2012G58	江宁	住宅	105124	1.70	56600	57500	中国武夷实业股份有限公司
19	2011年第19号/NO.2011G88	浦口	住宅	115876	1.60	53000	53000	南京市浦口区国有资产投资经营有限公司
20	2012年第08号/NO.2012G33	建邺	住宅	42900	1.50	44000	44500	保利江苏房地产发展有限公司

资料来源：中国房地产决策咨询系统（CRIC）

表2-139　2012年无锡市经营性用地成交总价前二十明细表

单位：平方米、万元

序号	公告号/宗地编号	区域	土地属性	占地面积	容积率	出让底价	成交价格	受让方
1	锡国土(经)2012-38/XDG-2012-25	滨湖	办公;商服	434460	2.50	229947	229947	无锡市建设发展投资公司
2	锡国土(经)2012-75/XDG-2011-65	北塘	住宅;办公商服	166683	3.50	130000	148000	苏州圆融发展集团有限公司
3	锡国土(经)2012-35/XDG-2012-24	滨湖	办公;商服	242675	2.00	79985	79985	无锡市建设发展投资公司
4	锡国土(经)2012-52/XDG-2011-49	新区	住宅;办公商服	105704	2.80	72740	72740	无锡金科嘉润房地产开发有限公司
5	锡国土(经)2012-70/XDG(XQ)-2012-24	新区	住宅;商服	93429	2.80	72439	72639	保利房地产(集团)股份有限公司
6	锡国土(经)2012-33/XDG-2011-100	滨湖	办公;商服	164643	2.05	49810	49810	无锡市轨道交通发展有限公司
7	锡国土(经)2012-78/XDG-2012-84	北塘	住宅;商服	66010	3.00	41260	41760	吉宝湖畔(无锡)房地产开发有限公司
8	锡国土(经)2012-41/XDG-2012-63	锡山	住宅	123904	1.50	40008	40008	无锡龙湖地产发展有限公司
9	锡国土(经)2012-39/XDG-2012-23	滨湖	商服;公建配套	230713	1.60	38600	38600	无锡马山不夜城文化发展有限公司
10	锡国土(经)2012-26/XDG-2012-12	滨湖	办公;商服	39015	3.20	38600	38600	无锡金匮投资发展有限公司
11	锡国土(经)2012-23/XDG-2012-18	滨湖	商服;公建配套;综合	272100	0.50	38330	38330	无锡灵山实业有限责任公司
12	锡国土(经)2012-27/XDG-2012-13	滨湖	办公;商服	39055	3.33	37400	37400	无锡金匮投资发展有限公司
13	锡国土(经)2012-12/XDG-2011-95	滨湖	住宅	154753	1.20	35000	35000	江苏富安投资集团有限公司
14	锡国土(经)2012-76/XDG-2012-64	锡山	住宅;办公商服	141507	2.20	34740	34740	中农企业投资集团有限公司
15	锡国土(经)2012-40/XDG-2012-1	崇安	住宅;商服	37945	2.50	26900	26900	无锡市崇安新城龙博投资有限公司
16	锡国土(经)2012-16/XDG-2011-51	锡山	住宅;商服	55578	2.50	24500	24500	恒大地产集团有限公司
17	锡国土(经)2012-66/XDG-2012-28	滨湖	商服	33061	2.50	22222	22222	无锡太湖城建设发展有限公司
18	锡国土(经)2012-46/XDG-2012-27	滨湖	商服	61847	2.50	20850	20850	深圳市海岸投资集团有限公司
19	锡国土(经)2012-54/XDG-2011-44	锡山	住宅;商服	104150	1.50	18740	18740	无锡市鸿威置业有限公司
20	锡国土(经)2012-22/XDG-2012-6	滨湖	办公;商业公建配套	24707	2.20	18600	18600	无锡市恒大投资发展有限公司

资料来源：中国房地产决策咨询系统（CRIC）

表2-140　2012年苏州市经营性用地成交总价前二十明细表

单位：平方米、万元

序号	公告号/宗地编号	区域	土地属性	占地面积	容积率	出让底价	成交价格	受让方
1	苏地2012-G-98号	姑苏	住宅	86018	3.0	154832	232000	新辉置业有限公司
2	苏地2012-G-97号①号地块	姑苏	住宅	133911	2.5	199000	199000	中海地产集团有限公司
3	苏地2012-G-102号	吴中	住宅;商服	197856	2.3	——	172986	中国海外兴业有限公司
4	苏园土挂[2012]13号	园区	住宅;商服	123091	2.0	98473	129200	苏州天地源房地产开发有限公司
5	苏地2012-G-111号	吴中	住宅;商服	193452	2.8	——	115994	尼盛置业（苏州）有限公司
6	苏地2012-G-95号	姑苏	住宅;商服	73441	2.8	110161	110161	苏州中锐地产集团有限公司
7	苏地2012-G-103号	吴中	住宅;商服	126912	2.1	87569	89000	中国海外兴业有限公司
8	苏地2012-G-127号	新区	住宅	213002	4.1	——	87288	绿地集团苏州高新置业有限公司
9	苏园土挂[2012]11号	园区	住宅;商服	104486	1.8	67708	86000	江苏苏南万科房地产有限公司
10	苏园土挂[2012]12号	园区	住宅;商服	121748	1.8	83276	83700	中海发展（苏州）有限公司
11	苏地2012-G-21号	吴中	住宅;商服	82596	2.3	61947	76500	苏州新城创佳置业有限公司
12	苏地2012-G-12号A块地	金阊	商服	121551	1.5	72930	72930	苏州虎丘婚纱投资有限公司
13	苏地2012-G-23号	吴中	住宅;商服	74810	2.5	53863	72000	苏州新城创佳置业有限公司
14	苏地2012-G-104号	吴中	住宅;商服	93928	2.5	59175	71000	上海旭盛房地产经纪有限公司
15	苏地2012-G-76号	吴中	住宅	68333	1.8	51249	69000	招商局地产（苏州）有限公司
16	苏地2012-G-120号	新区	住宅;商服	111689	2.1	62546	62546	金科集团苏州房地产开发有限公司
17	苏地2012-G-82号	新区	商服	47751	6.0	55868	55868	南京沁伦投资中心（有限合伙） 上海信达汇融股权投资基金管理有限公司
18	苏地2012-G-110号	吴中	住宅	81237	1.2	42649	52000	苏州世茂投资发展有限公司
19	苏地2012-G-84号	新区	住宅	42852	2.2	42852	43000	旭辉集团股份有限公司
20	苏地2012-G-109号	吴中	住宅	56527	2.0	27981	41200	苏州朗华置业有限公司

资料来源：中国房地产决策咨询系统（CRIC）

表2-141 2012年杭州市经营性用地成交总价前二十明细表

单位：平方米、万元

序号	公告号/宗地编号	区域	土地属性	占地面积	容积率	出让底价	成交价格	受让方
1	杭政储出[2012]16号	滨江	住宅;公建配套	77345	3.20	235129	235229	杭州龙嘉房地产开发有限公司
2	杭政储出[2012]5号	江干	办公;商服	24461	8.00	230912	231012	中国平安人寿保险股份有限公司 昆山联诚股权投资管理有限公司 深圳嘉新投资发展有限公司
3	杭政储出[2012]41号/R21-02	江干	住宅;公建配套	29318	3.50	133449	198839	中海地产集团有限公司
4	杭政储出[2012]40号/R21-01	江干	住宅;公建配套	28723	3.50	129655	193185	中海地产集团有限公司
5	杭政储出[2012]42号/S-R21/B1-01	江干	住宅;公建配套	26214	4.00	111903	166735	中海地产集团有限公司
6	杭政储出[2012]55号/D-02	上城	住宅;公建配套	24423	2.80	109846	153800	杭州市房地产开发集团有限公司
7	杭政储出[2012]58号/A-19、A-20	西湖	住宅;公建配套	75998	2.00	136797	136897	浙江万科南都房地产有限公司
8	杭政储出[2012]30号/BJ01-R21-12	滨江	住宅;公建配套	66521	2.50	99932	136000	浙江万科南都房地产有限公司
9	杭政储出[2012]57号/A-18	西湖	住宅;公建配套	73321	2.00	131978	132178	中国海外兴业有限公司
10	余政储出[2012]21号	余杭	住宅;商服;公建配套	120369	2.54	130144	130164	浙江万科南都房地产有限公司
11	杭政储出[2012]11号	西湖	办公;商服	43395	3.00	104565	114865	慧展科技（杭州）有限公司
12	杭政储出[2012]56号/B-04	上城	住宅;公建配套	20480	2.90	95485	112000	杭州市城建开发集团有限公司
13	余政储出[2012]47号	余杭	住宅;商服	86274	5.50	76353	104100	北京银泰置地商业有限公司 理想四维地产集团有限公司
14	萧政储出[2012]18号	萧山	住宅	45154	2.50	83120	98500	顺发恒业有限公司
15	杭政储出[2012]43号/R21-B-14-05	之江开发区	住宅	54407	1.70	81181	98250	嘉里置业（中国）有限公司
16	杭政储出[2012]31号/R21-11	拱墅	住宅;公建配套	45311	2.50	71818	97800	重庆宝嘉房地产开发有限公司
17	杭政储出[2012]54号/R21-04	江干	住宅;公建配套	47622	2.20	77529	95600	中大房地产集团有限公司
18	余政储出[2012]49号	余杭	住宅;商服	60599	2.50	72719	95000	杭州滨江房产集团股份有限公司 杭州普特元腾股权投资合伙企业
19	杭政储出[2012]52号/R21-02	江干	住宅;公建配套	42415	2.40	75330	94660	浙江保利房地产开发有限公司
20	杭政储出[2012]23号/R21-14	拱墅	住宅;公建配套	42368	2.70	74356	94500	杭州紫元置业有限公司

资料来源：中国房地产决策咨询系统（CRIC）

表2-142　2012年宁波市经营性用地成交总价前二十明细表

单位：平方米、万元

序号	公告号/宗地编号	区域	土地属性	占地面积	容积率	出让底价	成交价格	受让方
1	甬土资告[2012]12号	江东	住宅;商服	97456	2.50	——	198915	宁波银亿房地产开发有限公司
2	甬鄞土告字[2012]47号	鄞州	住宅;商服	192471	2.00	184772	184772	中国海外兴业有限公司
3	甬鄞土告字[2012]47号	鄞州	住宅;商服	186211	2.00	178763	178763	中国海外兴业有限公司
4	甬土资告[2012]21号	江北	住宅;商服	36752	7.68	169505	169506	绿地控股集团有限公司
5	甬土资告[2012]1号	海曙	住宅	89124	2.50	——	167108	宁波市海捷投资开发有限公司
6	甬北土公[2012]第7号	江北	住宅;商服	94082	2.16	152185	152388	绿地控股集团有限公司
7	甬土资告[2012]16号	江东	住宅	66833	2.00	——	144359	上海万科房地产有限公司
8	甬土资告[2012]20号	江东	住宅	68894	2.11	109012	139245	宁波维科置业有限公司
9	甬鄞土告字[2012]48号	鄞州	住宅	71052	1.95	110841	110841	宁波鸿城置地有限公司
10	甬鄞土告字[2012]44号	鄞州	住宅	93577	2.30	102470	102900	宁波维科置业有限公司
11	甬土资告[2012]4号	江北	住宅	51367	1.80	48799	97084	港中旅置业（深圳）有限公司
12	甬鄞土告字[2012]31号	鄞州	住宅	35165	2.80	93539	93539	宁波丁香置业有限公司
13	甬鄞土告字[2012]31号	鄞州	住宅	33315	2.80	88618	88618	宁波新萃置业有限公司
14	甬鄞土告字[2012]39号	鄞州	住宅	30110	2.80	84097	84097	宁波新曙光房地产开发有限公司
15	慈土资告[2012]162号	慈溪	住宅	88992	1.80	66800	66800	宁波市恒厚实业有限公司
16	甬土资告[2011]17号	海曙	住宅;商服	14170	4.00	66316	66316	维科控股集团股份有限公司
17	甬鄞土告字[2012]48号	鄞州	住宅	30331	2.20	60055	60055	宁波鸿城置地有限公司
18	慈土资告[2012]162号	慈溪	住宅	75641	1.80	56800	56800	宁波市恒厚实业有限公司
19	余国土告字[2012]17号	余姚	住宅;商服	58259	1.80	41073	51123	宁波金翔房地产发展有限公司
20	甬鄞土告字[2012]23号	鄞州	住宅;商服	61551	2.20	48071	48071	宁波奥克斯置业有限公司

资料来源：中国房地产决策咨询系统（CRIC）

表2-143 2012年合肥市经营性用地成交总价前二十明细表

单位：平方米、万元

序号	公告号/宗地编号	区域	土地属性	占地面积	容积率	出让底价	成交价格	受让方
1	合国土资公告[2012]23号/合经区2012-3	经济	住宅	196114	3.50	158263	158264	合肥联创智融房地产开发有限公司
2	合国土资公告[2012]31号/N1211	庐阳	住宅;商服	198668	2.80	95360	131120	合肥万科置业有限公司
3	合国土资公告[2012]23号/合经区2012-2	经济	住宅;商服其他	205481	5.50	127911	127911	合肥联创智融房地产开发有限公司
4	合国土资告字[2012]14号/BH2012-10	滨湖	住宅;商服	201581	5.00	122460	122460	合肥万科置业有限公司 喜悦零售物业（香港）有限公司 高速零售物业（香港）有限公司
5	国土资公告[2012]34号/KA1-2、KA1-3	高新	住宅	193814	2.60	75587	115997	重庆海宇置业（集团）有限公司
6	合国土资公告[2012]31号/N1210	庐阳	住宅	176268	2.75	74032	105760	合肥万科置业有限公司
7	合国土资告字[2012]10号/KE2-2	高新	住宅;商服	274048	2.80	61661	102768	祥源房地产集团有限公司 浙江新光建材装饰城开发有限公司
8	合国土资公告[2012] 48号/BH2012-14	滨湖	住宅	111967	2.60	77257	101778	浙江佳源房地产集团有限公司 安徽蓝鼎置地发展有限公司
9	合国土资公告[2012]28号/BH2012-21	滨湖	住宅;商服	157774	5.00	99397	100107	安徽华冶置业有限责任公司
10	合国土资公告[2012]45号/BH2012-11	滨湖	住宅	107161	2.80	73940	96605	浙江佳源房地产集团有限公司 安徽蓝鼎置地发展有限公司
11	合国土资公告[2012]28号/BH2012-20	滨湖	住宅;商服	154914	5.50	93645	93877	安徽高速公路房地产有限责任公司 合肥百货大楼集团股份有限公司
12	合国土资公告[2012]46号/BH2012-12	滨湖	住宅	99987	2.80	68991	93738	浙江佳源房地产集团有限公司 安徽蓝鼎置地发展有限公司
13	合国土资公告[2012]31号/N1212	庐阳	住宅	141961	2.50	68141	93694	合肥万科置业有限公司
14	合国土资公告[2012]34号/ZWQTD-006-007	政务	住宅;商服	69034	4.50	52811	68136	广州杰锐投资有限公司以
15	合国土资公告[2012]40号/XZQTD146	新站	办公;商服	646403	3.30	67872	67872	合肥京商融合置地有限公司
16	合国土资公告[2012]34号/W1204	蜀山	住宅	100021	2.50	42008	64363	安徽大富房地产开发有限公司 安徽富广投资有限公司
17	合国土资公告[2012]39号/XZQTD145	新站	办公;商服	596870	3.00	62671	62671	合肥京商融合置地有限公司
18	合国土资公告[2012]34号/AX-7-2	高新	住宅	123987	2.50	45565	55422	合肥市乐富强房地产开发有限公司
19	合国土资公告[2012] 38 号/XZQTD144	新站	办公;商服	506069	2.60	53137	53137	合肥京商融合置地有限公司
20	合国土资公告[2012]20号/S1205	肥西县	住宅	96000	3.00	34560	50544	合肥禹洲房地产开发有限公司

资料来源：中国房地产决策咨询系统（CRIC）

表2-144 2012年福州市经营性用地成交总价前十三明细表

单位：平方米、万元

序号	公告号/宗地编号	区域	土地属性	占地面积	容积率	出让底价	成交价格	受让方
1	榕土让[2012]03号/2012-05	仓山	住宅;商服	173201	1.47	101900	159000	福建阳光房地产有限公司
2	榕土让[2012]03号/2012-06	仓山	住宅	141301	1.8	101800	136000	保利房地产（集团）股份有限公司
3	榕土让[2012]04号/2012-13	仓山	住宅;商服	134789	1.6	78000	78000	融信（福建）投资集团有限公司
4	榕土让[2012]02号/2012-02	仓山	住宅	39050	2.3	45000	63600	福建杉林地产有限公司
5	榕土让[2012]03号/2012-07	晋安	住宅	45018	2	36000	53700	福建中联房地产有限公司
6	榕土让[2011]18号/2011-36	晋安	商服;公建配套	812591	0.78	36600	36600	重庆融汇投资有限公司
7	榕土让[2011]17号/2011-33	台江	住宅;办公商服	18758	4.2	28200	28200	福州富妇闽基金会
8	榕土让[2012]02号/2012-04	仓山	住宅;商服	13704	2.4	13400	26500	福建中茂房地产有限公司
9	榕土让[2012]03号/2012-08	晋安	商服	19467	2.2	14600	25700	梅园酒店（三明）管理有限公司
10	榕土让[2012]03号/2012-09	台江	商服	17268	3.3	20800	20800	上海宝钢集团有限公司
11	榕土让[2012]02号/2012-03	台江	办公;商服	9862	3.6	11900	11900	富邦实业（福建）有限公司
12	榕土让[2012]04号/2012-12	鼓楼	商服	2656	3	6950	6950	福州鼓楼区房地产开发有限公司
13	榕土让[2012]01号/2012-01	鼓楼	商服	7244.8	1.8	4800	4800	福州市鼓楼区房地产开发有限公司

资料来源：中国房地产决策咨询系统（CRIC）

表2-145 2012年厦门市经营性用地成交总价前二十明细表

单位：平方米、万元

序号	公告号/宗地编号	区域	土地属性	占地面积	容积率	出让底价	成交价格	受让方
1	2012第099号/H2012P03	海沧	住宅;办公;商服;公建配套	137934	5.15	113300	151800	厦门市万科房地产有限公司
2	2012第108号/2012JP03	集美	住宅;办公;商服;公建配套	134967	2.98	99050	132400	中交投资有限公司
3	2012第086号/2012JP01	集美	综合	176232	2.09	121080	121080	PALMYMAXLIMITED
4	2012第037号/2012XP02	翔安	住宅;商服	113036	2.52	72810	100400	福建阳光地产开发有限公司 福州开发区鑫秋夏商贸有限公司
5	2012第084号/H2012Y01	海沧	办公;商服;公建配套	151344	2.12	87100	87100	融信（福建）投资集团有限公司
6	2012第064号/J2012P03	集美	住宅;商服	138035	1.54	42850	80200	厦门联发（集团）房地产有限公司
7	2012第064号/J2012P04	集美	住宅;商服	137642	1.78	49430	76400	重庆恒弘投资有限公司
8	2012第135号/2012TP05	同安	住宅;办公;商服	112527	2.45	69080	69080	华鑫通国际招商集团股份有限公司
9	2012第099号/H2012P03	海沧	办公;商服;公建配套	78508	3.54	60400	60400	厦门海沧投资集团有限公司
10	2012第135号/2012P18	思明	综合	36939	6.23	50700	50700	豪德(厦门)石材有限公司
11	2012第099号/H2012P02	海沧	办公;商服	25946	5.88	50600	50600	厦门海沧投资集团有限公司
12	2012第064号/J2012P02	集美	住宅;商服	68428	2.41	28690	50100	重庆恒弘投资有限公司
13	2012第064号/J2012P05	集美	住宅;商服	64115	1.86	23090	47200	龙采企业有限公司
14	2012第037号/2011P17	思明	办公;商服;公建配套	22668	6.18	28490	37990	厦门市开元国有资产投资有限公司
15	2012第085号/X2012P02	翔安	住宅;商服	20439	2.69	17510	30800	福州泰禾房地产开发有限公司
16	2012第134号/2012JTP01	集美	住宅;商服	44019	2.9	26310	26310	洛阳双瑞房地产开发有限公司
17	2012第086号/2012P07	湖里	办公;商服	18351	7.36	26060	26060	厦门鼎晖泰和股权投资有限公司、宏泰大中华投资有限公司
18	2012第037号/T2012P01	同安	办公;商服	47973	2.06	14390	24100	厦门市舜弘置业有限公司竞得
19	2012第135号/2012P16	湖里	办公	14701	4.76	23360	23360	厦门象屿集团有限公司
20	2012第037号/J2012P01	集美	住宅;商服	15300	2.49	14440	22840	厦门舜弘置业有限公司 厦门新景地集团有限公司

资料来源：中国房地产决策咨询系统（CRIC）

表2-146　2012年南昌市经营性用地成交总价前二十明细表

单位：平方米、万元

序号	公告号/宗地编号	区域	土地属性	占地面积	容积率	出让底价	成交价格	受让方
1	[2012]AA042号/DAEJ2012025号	红谷滩	住宅;商服	269455	2.75	191986	191986	深圳莱蒙鼎盛投资发展有限公司 莱盈商业集团有限公司
2	[2012]AA062号/DAEJ2012044号	红谷滩	住宅;商服	83846	3.50	44020	113570	南昌轨道交通地产开发有限公司
3	[2012]AA046号/DABJ2012032号	西湖	住宅;商服	101695	2.00	58881	69559	联发集团有限公司
4	[2012]AA013号/DAEJ2012010号	红谷滩	住宅;商服	181450	2.64	68316	68316	江西明润投资有限公司
5	[2012]AA059号/DAFJ2012042号	高新区	住宅;商服	186523	2.60	64350	64350	上海绿地集团江西申江置业有限公司
6	[2012]AA062号/DAFJ2012047号	高新区	住宅;商服	163213	2.18	57043	57043	江西万科益达置业投资有限公司
7	[2012]AA041号/DAEJ2012026号	红谷滩	住宅;商服	166352	2.84	52650	52650	南昌赣铁置业有限公司
8	[2012]AA027号/DAEJ2012016号	红谷滩	商服;公建配套	36349	5.50	35658	48907	广东新中美实业投资发展有限公司
9	[2012]AA014号/DABJ2012009号	西湖	住宅	83419	2.00	48550	48550	南昌国贸地产有限公司
10	[2012]AA049号/DAEJ2012037号	红谷滩	住宅;商服	76997	2.90	44812	44812	上海绿地集团江西申江置业有限公司
11	[2012]AA005号/DAGJ2012005号	经技开发区	住宅;商服	92203	2.00	27660	39001	南昌市奥克斯置业有限公司
12	[2012]AA005号/DAGJ2012004号	经技开发区	住宅;商服	87730	2.00	26320	37506	南昌市奥克斯置业有限公司
13	[2012]AA033号/DAGJ2012017号	经技开发区	住宅;商服 公建配套	194082	2.30	35808	35808	江西坤佳实业有限公司
14	[2012]AA048号/DABJ2012035号	西湖	住宅;商服	43444	5.00	32584	32584	南昌市天虹置业有限公司
15	[2012]AA031号/DABJ2012019号	西湖	住宅	47374	2.20	25582	30414	江西汇通实业有限公司 江西省建业投资有限公司
16	[2012]AA047号/DAGJ2012034号	经技开发区	住宅;商服	319798	1.60	29741	29741	南昌盛源领航投资有限公司
17	[2012]AA037号/DACJ2012024号	青山湖	住宅;商服	41675	2.20	22942	23442	海亮地产控股集团有限公司
18	[2012]AA023号/DAIJ2012013号	湾里	住宅	192123	1.50	22478	22478	江西江中天宁房地产有限责任公司
19	[2012]AA044号/DAGJ2012027号	经技开发区	住宅;商服	99426	2.00	22371	22371	江西瑞祥置业有限公司
20	[2012]AA035号/DAEJ2012023号	红谷滩	住宅;其他	96882	1.05	21798	21798	江西恒邦房地产开发有限公司

资料来源：中国房地产决策咨询系统（CRIC）

表2-147　2012年济南市经营性用地成交总价前二十明细表

单位：平方米、万元

序号	公告号/宗地编号	区域	土地属性	占地面积	容积率	出让底价	成交价格	受让方
1	济国土资告字[2012]28号/2012-G103	历城	住宅	180514	3.80	——	161000	南海置富发展有限公司
2	济国土资告字[2012]32号/2012-G114	历下	住宅	191418	3.60	——	158000	济南万科房地产开发有限公司
3	济国土资告字[2012]3号/2012-G011	历下	住宅	103654	3.00	139932	139932	济南恒大翡翠华庭置业有限公司
4	济国土资告字[2012]17号/2012-G070	历下	住宅	112393	3.60	121000	121000	山东保利嘉园置业有限公司
5	济国土资告字[2012]3号/2012-G012	槐荫	商服	108572	7.00	78660	78660	济南恒大城西置业有限公司
6	济国土资告字[2012]10号/2012-G038	历下	住宅	181839	2.90	——	77737	济南市城市建设投资集团有限公司
7	济国土资告字[2012]3号/2012-G009	槐荫	住宅	108508	2.80	68360	68360	济南恒大西区置业有限公司
8	济国土资告字[2012]4号/2012-G014	历下	住宅	171359	1.50	68115	68115	济南市城市建设投资有限公司
9	济国土资告字[2012]4号/2012-G013	历下	住宅	154714	2.00	66140	66140	济南城市建设投资有限公司
10	济国土资告字[2012]5号/2012-G019	槐荫	住宅	98063	3.00	63251	63251	济南西城投资开发集团有限公司
11	济国土资告字[2012]5号/2012-G018	槐荫	住宅	97484	3.00	62877	62877	济南西城投资开发集团有限公司
12	济国土资告字[2012]4号/2012-G016	历下	住宅	191681	1.00	60379	60379	济南城市建设投资有限公司
13	济国土资告字[2012]22号/2012-G082	槐荫	商服	87361	6.50	60260	60260	济南西城投资开发集团有限公司
14	济国土资告字[2012]6号/2012-G024	市中	住宅	150004	2.60	57375	57375	华润置业（山东）发展有限公司
15	济国土资告字[2012]10号/2012-G037	历下	住宅	126188	3.50	——	56784	济南市城市建设投资集团有限公司
16	济国土资告字[2012]22号/2012-G081	槐荫	商服	79203	6.50	54648	54648	济南西城投资开发集团有限公司
17	济国土资告号[2012]9号/2012-G036	历下	住宅	71835	3.45	——	54000	山东莱钢建设置业有限公司
18	济国土资告字[2012]6号/2012-G025	市中	住宅	152264	1.20	52544	52544	华润置业（山东）发展有限公司
19	济国土资告字[2012]10号/2012-G041	历下	住宅	113049	3.50	——	50871	济南市城市建设投资集团有限公司
20	济国土资告字[2012]26号/2012-G099	天桥	住宅	93349	4.40	50835	50835	山东北大资源地产有限公司

资料来源：中国房地产决策咨询系统（CRIC）

表2-148　2012年青岛市经营性用地成交总价前二十明细表

单位：平方米、万元

序号	公告号/宗地编号	区域	土地属性	占地面积	容积率	出让底价	成交价格	受让方
1	青[2012]05号/Ⅱ-D-2011-49（B-02）	李沧	住宅;商服;公建配套	323191	1.66	151071	151071	青岛世园（集团）有限公司
2	青[2012]16号/349-345-370213-006-008-0020	李沧	住宅;商服	34043	5.61	96338	96338	青岛奥克斯置业有限公司
3	青[2012]23号/347-322-370205-006-001-1016	四方	住宅;商服	103113	2.50	94510	94510	绿地地产集团股份有限公司 山东鲁信投资集团股份有限公司 山东省国际信托有限公司
4	青[2012]21号/312-351-1200100161048	崂山	住宅;商服;公建配套	26920	2.63	88571	92323	广州华储房地产开发有限公司
5	青[2012]20号/330-321-370205-003-001-1009	四方	住宅;商服	60430	2.50	57919	87238	广州良宝房地产投资咨询有限公司
6	青[2012]11号/327-335-370205-007-009-1012	四方	住宅;商服	52096	3.50	81321	81321	青岛创和嘉祺实业有限公司
7	青[2012]10号/330-332-370205-007-002-1012	四方	住宅;商服	106080	2.17	77718	77718	青岛优四方置业有限公司
8	莱[2012]04号/LX12-025	莱西市	商服	721310	——	64918	64918	青岛昌阳投资开发有限公司
9	莱[2012]第05号/LX12-027	莱西市	商服	666667	——	60000	60000	青岛昌阳投资开发有限公司
10	莱[2012]第05号/LX12-028	莱西市	商服	666667	——	60000	60000	青岛昌阳投资开发有限公司
11	莱[2012]第05号/LX12-030	莱西市	商服	666667	——	60000	60000	青岛昌阳投资开发有限公司
12	莱[2012]04号/LX12-024	莱西市	商服	666667	——	60000	60000	青岛昌阳投资开发有限公司
13	青[2012]01号/I-C-2011-7-I	四方	住宅;商服	24463	5.30	58993	58993	青岛永基地产有限公司
14	青[2012]06号/Ⅱ-C-2011-36	四方	商服	38775	3.20	56891	56891	青岛万科企业有限公司
15	青[2012]21号/360-329-370213-003-001-0001	李沧	住宅;商服	68072	2.80	54646	54646	建荣国际发展有限公司
16	即[2012]22号/JY12-15	即墨市	住宅;商服;公建配套	856349	1.10	52023	52023	青岛海琴置业、海阁置业、海文置业、海澜置业、海轩置业有限公司
17	青[2012]230号/QDCYP-2012-1	城阳	住宅;公建配套	258478	1.22	49300	49300	北京汇晟投资有限公司
18	青[2012]21号/360-329-370213-003-001-0006	李沧	住宅;商服	60473	2.70	46469	46469	建荣国际发展有限公司
19	西[2012]09号/LX12-067	莱西市	商业	666674	——	45000	45000	青岛莱西市资产运营有限公司
20	西[2012]09号/LX12-069	莱西市	商业	666667	——	45000	45000	青岛莱西市资产运营有限公司

资料来源：中国房地产决策咨询系统（CRIC）

表2-149 2012年郑州市经营性用地成交总价前二十明细表

单位：平方米、万元

序号	公告号/宗地编号	区域	土地属性	占地面积	容积率	出让底价	成交价格	受让方
1	郑政新出[2012]25号	郑东新区	住宅	153702	2.00	151015	151015	郑州市高择置业有限公司
2	郑政新出[2012]24号	郑东新区	住宅	103952	1.70	96680	96680	郑州市高择置业有限公司
3	郑政新出[2012]38号	郑东新区	住宅	129220	3.00	69975	69975	河南省国龙置业有限公司
4	郑政新出[2012]40号	郑东新区	住宅	43906	3.50	40330	63330	河南英地置业有限公司
5	郑政新出[2012]9号	郑东新区	住宅	37671	1.70	37400	52900	郑州市轨道交通置业有限公司
6	郑政出[2012]14号	二七	住宅	104715	5.00	46640	46640	河南省多元投资开发有限公司
7	郑政出[2012]7号	金水	住宅;商服	86601	6.03	40997	40997	河南仁信置业有限公司
8	郑政出[2012]26号	金水	住宅;商服	91945	2.50	39611	39611	信和（郑州）置业有限公司
9	郑政出[2012]41号	中原	住宅;商服	143725	3.28	37574	37574	河南锦寅置业有限公司
10	郑政出[2012]90号	金水	商服	34176	5.50	——	35372	河南龙宇房地产开发有限公司
11	郑政新出[2012]19号	郑东新区	住宅	34582	4.00	28427	34427	河南期望置业有限公司
12	郑政出[2012]17号	惠济	住宅;商服	128943	2.50	33610	33610	河南民泰置业有限公司
13	郑政新出[2012]28号	郑东新区	商服	31185	5.00	25360	33160	河南宏光正商置业有限公司
14	郑政新出[2012]15号	经济技术开发区	住宅	88980	3.00	32407	32407	河南九鼎实业有限公司
15	郑政出[2012]107号	惠济	住宅	81188	2.00	21417	32125.5	河南正商置业有限公司
16	郑政新出[2012]10号	郑东新区	住宅	16119	3.50	15160	31960	东方鼎盛地产发展有限公司
17	郑政出[2012]10号	金水	住宅;商服	41885	7.91	31945	31945	河南仁信置业有限公司
18	郑政出[2012]94号	二七	住宅;商服	50383	6.00	26432	26432	河南亚星置业集团有限公司
19	郑政出[2012]29号	中原	住宅	43923	3.50	25036	26236	河南怡昌置业有限公司
20	郑政新出[2012]39号	郑东新区	住宅	48184	3.00	26095	26095	河南广电投资有限公司

资料来源：中国房地产决策咨询系统（CRIC）

表2-150 2012年武汉市经营性用地成交总价前二十明细表

单位：平方米、万元

序号	公告号/宗地编号	区域	土地属性	占地面积	容积率	出让底价	成交价格	受让方
1	武告字[2012]16号/P[2012]267号	汉阳	住宅;商服	190368	6.00	219300	219300	武汉十里新航置业有限公司
2	武告字[2012]14号/P[2012]212号	东湖高新	住宅;商服	137297	4.88	206100	206100	武汉菩提金枝江置业有限公司
3	武告字[2012]16号/P[2012]266号	汉阳	住宅;商服	194016	5.00	181800	181800	武汉新航胜置业有限公司
4	武告字[2011]20号/P[2011]265号	东湖高新	住宅;商服	170919	4.09	167750	167750	武汉保利金谷房地产有限公司
5	武告字[2012]7号/P[2012]072号	武昌	住宅;商服	189386	4.58	167000	167000	武汉融侨置业有限公司
6	武告字[2012]16号/P[2012]269号	青山	住宅;商服	134640	4.00	164095	164095	中国建筑第三工程局
7	武告字[2012]13号/P[2012]198号	东湖高新	住宅;商服	117285	4.05	146600	146600	武汉金地普盈置业有限公司
8	武告字[2012]16号/P[2012]268号	江汉	住宅;商服	163392	4.90	137900	137900	湖北福星惠誉常青置业有限公司
9	武告字[2011]19号/P[2011]238号	汉阳	住宅;公建配套	179616	4.16	136300	136300	湖北汉江新世纪投资有限公司
10	武告字[2011]20号/P[2011]255号	洪山	住宅;商服	159760	4.20	131500	131500	武汉市福星惠誉欢乐谷有限公司
11	武告字[2011]19号/P[2011]243号	江岸	住宅;商服	170500	3.34	130900	130900	武汉美联地产有限公司
12	武告字[2012]11号/P[2012]144号	江岸	住宅;商服	170158	5.93	128780	128780	武汉塔子湖置业有限公司
13	武告字[2012]16号/P[2012]264号	江岸	住宅;商服	134401	4.00	121030	121030	武汉格律师房地产开发有限公司
14	武告字[2011]19号/P[2011]241号	硚口	住宅;商服	152420	3.76	120300	120300	武汉市新华房地产开发有限公司
15	武告字（2012年）9号/P[2012]106号	江岸	住宅;商服	141800	2.88	96200	120100	越秀地产
16	武告字[2011]20号/P[2011]260号	东湖高新	住宅;商服	119884	3.85	120040	120040	武汉市金地房地产开发有限公司
17	武告字（2012年）14号/P[2012]211号	东湖高新	住宅	86838	4.07	108950	108950	武汉菩提城置业有限公司
18	武告字（2012年）7号/P[2012]081号	汉阳	住宅;商服	103822	4.65	108750	108750	武汉惠誉华天置业有限公司
19	武告字[2011]20号/P[2011]256号	洪山	住宅;商服	125990	4.20	103700	103700	武汉福星惠誉欢乐谷有限公司
20	武告字[2011]20号/P[2011]261号	东湖高新	住宅	111444	3.86	103220	103220	武汉市金地房地产开发有限公司

资料来源：中国房地产决策咨询系统（CRIC）

表2-151 2012年长沙市经营性用地成交总价前二十明细表

单位：平方米、万元

序号	公告号/宗地编号	区域	土地属性	占地面积	容积率	出让底价	成交价格	受让方
1	[2012]网挂037号	岳麓	住宅;商服	199204	4.69	264045	264045	湖南保利房地产开发有限公司
2	[2012]网挂066号	岳麓	住宅;商服	181742	3.34	165380	165380	湖南中建信和梅溪湖置业有限公司
3	[2012]网挂057号	岳麓	住宅;商服	182496	3.00	125923	142290	中国水电建设集团房地产（长沙）有限公司
4	[2012]网挂049号	岳麓	住宅;商服	155937	3.80	118386	118386	中铁房地产集团长沙置业有限公司
5	[2012]网挂063号	开福	商服	19221	——	72183	93783	湖南盛世金融城置业有限公司
6	[2012]网挂023号	岳麓	住宅;商服	130589	2.95	78931	78931	长沙梅溪湖实业有限公司
7	[2012]网挂016号	岳麓	住宅;商服	99634	3.70	74406	74406	亿丰置业有限公司
8	[2012]网挂064号	开福	商服	23071	——	70660	72060	绿地地产集团长沙置业有限公司
9	[2012]网挂038号	岳麓	住宅;商服	45603	5.00	61565	61565	湖南保利房地产开发有限公司
10	[2012]网挂035号	岳麓	住宅	74073	3.50	53148	53148	湖南永进合能房地产开发有限公司
11	[2012]网挂007号	岳麓	住宅;商服	49696	4.00	47708	47708	恒大地产集团长沙置业有限公司
12	[2012]网挂019号	岳麓	住宅;商服	73688	3.03	44718.9	44718.9	长沙市万科房地产开发有限公司
13	[2012]网挂010号	岳麓	住宅;商服	33727	6.00	43002	43002	楷林（长沙）置业有限公司
14	[2012]网挂045号	开福	住宅;商服	51615	3.50	41550	41550	湖南珠江实业投资有限公司
15	网挂[2012]42号	望城	住宅;商服;综合	67298	12.00	38977	38977	天空城市投资有限公司
16	[2012]网挂030号	岳麓	住宅;商服	57925	2.83	37680	37680	深圳市鼎诚达贸易有限公司
17	[2011]网挂041号	雨花	住宅;商服 公建配套	67143	4.00	35020	35020	长沙兴旺房地产开发有限公司 湖南兴苏置业有限公司
18	[2012]网挂048号	岳麓	住宅	48524	3.60	34938	34938	湖南和泓房地产开发有限公司
19	[2012]网挂055号	岳麓	住宅;商服	60421	3.50	31721	31721	湖南荣盛房地产开发有限公司
20	[2012]网挂060号	雨花	商服	15027	7.00	23252	29232	湖南中隆国际地产开发有限公司

资料来源：中国房地产决策咨询系统（CRIC）

表2-152　2012年广州市经营性用地成交总价前二十明细表

单位：平方米、万元

序号	公告号/宗地编号	区域	土地属性	占地面积	容积率	出让底价	成交价格	受让方
1	穗国房挂出告字[2012]12号/9	番禺	商服	120442	5.00	341087	341087	奥园集团有限公司 广东奥园置业有限公司
2	穗开国土出告字[2012]28号/CPPQ-A1-2	萝岗	住宅	157152	2.00	120065	165000	广州城建开发南沙房地产有限公司
3	穗开国土出告字[2012]25号/SDK-D-3	萝岗	住宅	115671	2.50	126082	136500	广州市万科房地产有限公司
4	穗国房挂出告字[2012]8号/D4-B2	天河	商服	9570	4.95	49014	132200	恒大地产集团有限公司
5	穗开国土出告字[2012]27号/SDK-A-2	萝岗	住宅	90545	2.50	100098	125000	广州城建开发南沙房地产有限公司
6	穗国房挂出告字[2012]13号/1	白云	住宅	113813	1.01	114900	114900	广州珠江实业集团有限公司
7	穗国房挂出告字[2012]12号/3	白云	住宅	33334	3.50	73735	106915	广州华枫投资有限公司
8	穗国房挂出告字[2012]12号/AF010114	荔湾	住宅	36404	3.00	72377	104946	广州珠江实业集团有限公司
9	穗南国土出告字[2012]第4号/2012NJY-8	南沙	住宅	99641	2.00	35370	65500	广州富力地产股份有限公司
10	穗国房挂出告字[2012]4号/1	白云	住宅	32891	3.00	61311	61311	广州天朗商贸有限公司
11	穗国房挂出告字[2012]6号/1	天河	住宅	17304	3.00	36277	52602	李燕如
12	穗开国土出告字[2012]36号/ZSCN-A7	萝岗	商服	194657	3.30	50940	50940	诚锐有限公司
13	穗国房挂出告字[2012]8号/1、2、3	南沙	住宅;商服;公建配套	131118	2.44	39918	39918	CVH(CHINA)INVESTMENT TWO PTE. LTD.
14	穗国房挂出告字[2012]12号/2	白云	住宅	12006	3.50	26733	38762	广东保利房地产开发有限公司
15	穗国房挂出告字[2012]8号/AT030548	天河	商服	30995	3.00	30530	38000	广州市万科房地产有限公司
16	穗开国土出告字2012]66号/ZSCN-D2-1	萝岗	住宅	198922	2.00	31924	31924	广州知识城投资开发有限公司
17	增国房挂牌告[2012]01号/83001201A11147	增城市	商服	109553	3.20	30600	30600	广州增城万达广场有限公司
18	穗国房挂出告字[2012]10号/J11-SJ01	花都	住宅;商服	28994	3.50	22028	30500	广州市广都房地产有限公司 熊文辉
19	穗开国土出告字2012]57号/ ZSCN-C1-3	萝岗	住宅	191580	1.8	28726	28726	广州知识城投资开发有限公司
20	穗南国土出告字[2012]第4号/2012NJY-5	南沙	商业;公建配套	68833	2	27440	27440	广州南方电力、番电电力、增电电力、城北电力、从化输变电公司

资料来源：中国房地产决策咨询系统（CRIC）

表2-153　2012年深圳市经营性用地成交总价前二十明细表

单位：平方米、万元

序号	公告号/宗地编号	区域	土地属性	占地面积	容积率	出让底价	成交价格	受让方
1	深土交告[2012]15号/T107-0028	南山	住宅;商服	53662	11.14	265300	265300	华润深圳湾发展有限公司 华润置地（深圳）发展有限公司 华润万家（深圳）发展有限公司
2	深土交告[2012]21号/A122-0341	宝安	住宅	151787	1.20	——	200000	中海地产集团有限公司
3	深土交告[2012]20号/G12201-0299	龙岗	住宅;商服;公建配套	159657	2.75	98400	122400	招商局地产控股股份有限公司
4	深土交告[2012]24号/T204-0134	南山	住宅	14788	7.44	94700	94700	华润置地（深圳）发展有限公司
5	深土交告[2011]28号/A002-0037	宝安	商服	5431	6.00	69400	69400	深圳市宝安区投资管理有限公司
6	深土交告[2012]6号/T107-0015	南山	商服	5567	8.50	54100	54100	广东喜之郎集团有限公司
7	深土交告[2012]7号/A002-0042	宝安	商服	7666	7.20	53800	53800	深圳农村商业银行股份有限公司
8	深土交告[2012]13号/A004-0100	宝安	住宅	——	——	52000	52000	深圳市鸿荣源房地产开发有限公司
9	深土交告[2011]27号/T107-0025	南山	商服	2893	13.70	36700	36700	中建钢构有限公司
10	协议出让公示(T305-0089)	南山	住宅	42794	7.83	36048	36048	华润置地（深圳）有限公司
11	协议出让公示(T305-0072)	南山	商服	21973	16.15	34312	34312	华润置地（深圳）有限公司
12	深土交告[2012]10号/G11340-8011	龙岗	住宅	31457	3.00	30300	30300	金地（集团）股份有限公司
13	宝能置业南山地块	南山	住宅	75848	4.70	25897	25897	深圳宝能置业有限公司
14	协议出让公示(T306-0036)	南山	住宅	46476	5.70	22987	22987	华润置地（深圳）有限公司
15	深土交告[2012]23号/A805-0050	宝安	住宅;商服	5882	4.00	8000	13600	深圳市金众房地产有限公司
16	深土交告[2012]8号/A511-0029	宝安	办公	29014	2.17	11600	11600	深圳市光明新城物业发展有限公司
17	协议出让公示(T305-0071)	南山	住宅	20389	6.57	9060	9060	华润置地（深圳）有限公司
18	大鹏街道办佳兆业房地产开发项目土地	龙岗	商业	48256	2.70	8877	8877	深圳市大鹏佳兆业房地产开发有限公司
19	深土交告[2012]10号/T404-0049	南山	住宅;工业	9350	9.60	3673	3673	深圳市残友集团股份有限公司
20	协议出让公示(T306-0017)	南山	商业	4066	8.61	2844	2844	华润置地（深圳）有限公司

资料来源：中国房地产决策咨询系统（CRIC）

表2-154　2012年南宁市经营性用地成交总价前二十明细表

单位：平方米、万元

序号	公告号/宗地编号	区域	土地属性	占地面积	容积率	出让底价	成交价格	受让方
1	后营(2009)1072号/2010-109	青秀	住宅;商服	189253	4.0	141000	180000	深圳市万科房地产有限公司
2	后营(2009)1072号/2010-107	青秀	住宅;商服	197258	4.0	147000	178000	深圳市万科房地产有限公司
3	后营(2009)1072号/2010-108	青秀	住宅;商服	169522	4.0	122000	156000	广西荣和企业集团有限责任公司
4	南宁(2012)29期/GC2012-069	青秀	住宅;办公商服	114615	5.8	114672	115016	大连万达商业地产股份有限公司
5	后营(2009)1072号/2010-110	青秀	住宅;商服	107247	4.0	71000	104000	厦门建发房地产集团有限公司
6	南宁(2012)46号/GC2012-107	邕宁	住宅	141345	2.5	50248	85867	广西桂嘉汇房地产集团有限公司
7	南宁(2012)14期/GC2012-027	良庆	住宅;办公商服	173317	2.5	82600	82672	广西城建投资集团有限公司
8	南宁(2012)37期/GC2012-093	西乡塘	住宅;其他	63438	4.5	37016	80884	广西人和投资有限公司
9	南宁(2012)36期/GC2012-090	兴宁	住宅;商服	61367	3.5	31021	68117	南宁联发置业有限公司
10	南宁(2012)37期/GC2012-094	西乡塘	住宅	60038	4.5	33591	64841	南宁中海宏洋房地产有限公司
11	南宁(2012)31号/GC2012-073	青秀	住宅	26805	4.0	33734	64333	南宁市龙光房地产开发有限公司
12	南宁(2011)45期/GC2011-119	青秀	住宅	130082	3.5	62244	62244	南宁市房惠廉房地产有限责任公司
13	南宁(2012)11期/GC2012-022	江南	住宅;商服	59950	3.2	30485	45412	广西中旭房地产开发有限公司
14	南宁(2012)4期/GC2012-010	西乡塘	住宅;商服	27373	5.0	24635	45165	李骏
15	南宁(2012)15期/GC2012-028	江南	住宅;商服	81848	4.0	43953	43953	南宁城市建设投资集团有限责任公司
16	南宁(2012)47期/GC2011-109	青秀	办公	15370	6.4	36819	36819	广西北部湾银行股份有限公司
17	南宁(2012)41期/GC2012-095	江南	住宅;商服	34536	4.0	24814	34450	南宁市龙光房地产开发有限公司
18	南宁(2012)11期/GC2012-021	江南	住宅;商服	42553	3.8	25787	33191	广西利澳地产有限公司
19	南宁(2012)10期/GC2012-018	西乡塘	住宅;办公商服	70566	3.0	26250	26250	德泰集团有限公司
20	南宁(2012)30期/GC2012-072	良庆	办公;商服	26664	5.5	21638	21638	广西龙光汇达高速公路投资有限公司

资料来源：中国房地产决策咨询系统（CRIC）

表2-155　2012年北海市经营性用地成交总价前十五明细表

单位：平方米、万元

序号	公告号/宗地编号	区域	土地属性	占地面积	容积率	出让底价	成交价格	受让方
1	北告字[2012]4号/2012GC04005号	海城	住宅;商服;其他	130312	3.5	39100	39100	北海银滩开发投资股份有限公司
2	北告字[2012]4号/2012GC04004号	海城	住宅;商服;其他	113539	3.5	37470	37470	广西镒建房地产开发有限责任公司
3	北告字[2012]10号/2012GC10012号	银海	住宅;商服	85072	3.5	27440	27440	北海东峰房地产开发有限公司
4	北告字[2012]8号/2012GC08009号	海城	商服	209573	3.5	24070	24070	北海尚源居房地产开发有限公司
5	北告字[2012]15号/2012GC15027号	海城	商服	77333	3.0	17900	17900	北海湾春投资开发有限公司
6	北告字[2012]15号/2012GC15028号	海城	商服	125163	2.0	17815	17815	广西旅游投资集团沿海投资开发有限公司
7	北告字[2012]13号/2012GC13020号	银海	住宅	53630	4.0	16580	16580	广西中良诚信投资有限公司
8	合浦县国有土地使用权协议出让公示2012013	合浦县	住宅	47705	——	3821	3821	北海迪安房地产有限公司
9	合国土资挂告字[2012]5号/原炮竹厂内5号地块	合浦县	住宅;其他	45250	3.8	3735	3735	合浦县城市建设投资发展有限公司
10	北告字[2012]12号/2012GC12016号	海城	住宅	9733	4.5	3380	3380	广西显达房地产开发有限公司
11	合国土资挂告字[2011]7号	合浦县	住宅;其他	22518	5.0	2530	2530	合浦港荣置业投资有限公司
12	北告字[2012]10号/2012GC10013号	海城	住宅;商服	4761	5.0	1610	2520	北海市凯润房地产有限责任公司
13	合国土资拍告字[2012]12号/1号	合浦县	商服	13268	2.0	1500	2080	朱婉玲、佘起远、陈耀东、陈耀南、佘起荣、冯瑞海、叶华群、骆小珍、庞世梅、韩秀初、蔡正威、庞昌艺
14	北告字[2012]12号/2012GC12019号	银海	住宅	5749	3.5	1685	1860	广西北海市金鸡房地产开发有限公司
15	合告土资挂告字[2012]5号	合浦县	住宅;其他	20647	2.6	1710	1710	合浦县城市建设投资发展有限公司

资料来源：中国房地产决策咨询系统（CRIC）

表2-156　2012年海口市经营性用地成交总价前二十明细表

单位：平方米、万元

序号	公告号/宗地编号	区域	土地属性	占地面积	容积率	出让底价	成交价格	受让方
1	[2012]3号/3	秀英	商服	306343.67	1.20	108850	108900	海南中汇宏基实业投资有限公司
2	[2012]34号/A0201、A0301、A0701	秀英	住宅;商服	122804.19	1.39	78500	78510	恒大地产（集团）海南有限公司
3	[2012]36号/36	秀英	住宅;商服	109157	1.00	53925	53936	南京栖霞建设股份有限公司
4	[2012]16号/16	秀英	住宅	212656	3.20	53908	53908	海南鼎圣置业有限公司
5	[2012]27号/11、12、15	美兰	商服	107842.34	2.05	——	53600	海口大成置业有限公司
6	[2012]2号/2、2	秀英	住宅	145556.13	3.00	35134	35177	海口投源实业开发有限公司
7	[2012]17号/1702	秀英	住宅;商服	16976.41	4.94	13361	19269	陈秀峰
8	[2011]19号/1202	秀英	住宅	31148.96	3.77	18824	18965	海南日报房地产开发有限公司
9	[2012]30号/ZD-06、X-15	秀英	住宅;商服	157467.31	1.27	15180	15196	海南骏豪实业有限公司
10	[2012]17号/1704	秀英	住宅;商服	17099.25	4.29	12414	14301	陈秀峰
11	[2011]22号/X-06、X-08、X-18	龙华	住宅;商服	162072.52	1.90	——	14188	海南骏豪实业有限公司
12	[2012]35号/35	美兰	住宅	92145.77	1.80	13665	13674	海口市城建集团海口盛泰房地产有限公司
13	[2012]30号/ZD-05、11-06、11-08、11-09、11-10、11-11、11-15	秀英	住宅;商服	123544.71	1.47	11786	11799	海南观澜湖房地产开发有限公司
14	[2012]6号/1701	秀英	住宅	16475.04	4.08	11658	11665	完颜旭晨
15	[2012]6号/1703	秀英	住宅	16453.3	3.86	11507	11513	河南省置地房地产集团有限公司
16	[2012]13号/13	美兰	住宅	20107.43	2.20	7130	7158	海南佳元房地产开发有限公司
17	[2011]22号/X-02、X-05	龙华	住宅;商服	76647.91	1.90	——	6698	海南骏豪实业有限公司
18	[2011]22号/X-11、X-21	龙华	住宅;商服	73642.8	1.80	——	6488	海南骏豪实业有限公司
19	[2012]22号/22(5)	琼山	住宅;商业	7803	2.50	5694	5697	斯正华
20	[2012]5号/5	秀英	住宅	33455	3.50	5644	5647	海口投源实业开发有限公司

资料来源：中国房地产决策咨询系统（CRIC）

表2-157　2012年三亚市经营性用地成交总价前十五明细表

单位：平方米、万元

序号	公告号/宗地编号	区域	土地属性	占地面积	容积率	出让底价	成交价格	受让方
1	三土环资告字[2012]21号/SY2012-21	崖城镇	商服	240459	0.97	96586	115420	北京城建投资发展股份有限公司
2	三土环资告字[2012]13号/SY2012-13	海棠湾镇	商服	196527	0.40	——	94059	贵州茅台酒厂（集团）置业投资发展有限公司
3	三土环资告字[2012]22号/SY2012-22	崖城镇	住宅	226609	0.83	86482	93700	海南三亚湾新城开发有限公司
4	三土环资告字[2012]24号/D-3-4号地块	海棠湾镇	商服	134093	0.40	66363	76433	国美控股集团有限公司
5	三土环资告字[2012]5号/SY2012-05	海棠湾镇	商服	100969	0.40	——	48171	海南阳光鑫海发展有限公司
6	三土环资告字[2012]14号/SY2012-14/A10	河东	商服	65269	0.50	——	28172	海南申亚置业有限公司
7	三土环资告字[2012]14号/SY2012-14/A14	河东	商服	60716	0.50	——	25489	海南申亚置业有限公司
8	三土环资告字[2012]14号/SY2012-14/C-08-1	河东	商服	44151	0.50	——	17976	海南申亚置业有限公司
9	三土环资告字[2012]2号/SY2012-02	河东	住宅	14423	4.00	——	16025	三亚中铁置业有限公司
10	三土环资告字[2012]1号/SY2012-01	河东	商服	12383	4.50	——	14856	海南阳光颐和发展有限公司
11	三土环资告字[2012]8号/SY2012-08	河东	住宅	14381	3.50	——	13002	三亚博大精益房地产开发有限公司
12	三土环资告字[2012]14号/SY2012-14/C-12-2	河东	商服	30744	0.50	——	12476	海南申亚置业有限公司
13	三土环资告字[2012]11号/SY2012-11	河东	住宅;商服	19313	1.32	——	11229	三亚（首都机场）投资开发有限公司
14	三土环资告字[2012]9号/SY2012-09	凤凰镇	住宅	22930	1.20	——	7028	三亚槟榔河实业有限公司
15	三土环资告字[2012]7号/SY2012-07	河东	住宅	3093	2.90	——	371	三亚城投置业有限公司

资料来源：中国房地产决策咨询系统（CRIC）

表2-158　2012年重庆市经营性用地成交总价前二十明细表

单位：平方米、万元

序号	公告号/宗地编号	区域	土地属性	占地面积	容积率	出让底价	成交价格	受让方
1	渝国土房管告字[2012]30号/12122	江北	商服	29126	18.88	110934	174000	新加坡OUE集团文华酒店
2	渝国土房管字[2012]36号/ 201212152	南岸	住宅;商服公建配套	128342	3.32	117020	172000	重庆蓝光和骏置业有限公司
3	渝国土房管字[2012]21号/ 201212088	沙坪坝	住宅;商服	175000	4.00	161000	162000	万科（重庆）房地产有限公司 成都金色四季投资有限公司
4	渝国土房管告字[2012]7号/ 201212040	渝北	商服;公建配套	244442	3.02	147669	147669	重庆商社中天物业、重庆百货大楼股份公司、重庆商社汽车贸易公司
5	渝国土房管告字[2012]37号/201212154	渝北	住宅	166910	2.50	120176	139000	重庆中渝物业发展有限公司
6	渝国土房管字[2012]17号/ 201212076	九龙坡	住宅;商服	113815	4.83	134851	136000	重庆保利地产
7	渝国土房管告字[2012]2号/ 201212016	渝北	住宅	167179	3.00	115373	115373	重庆渝高科技产业（集团）股份有限公司、重庆高科集团公司
8	渝国土房管字[2012]22号/ 201212089	渝北	住宅;公建配套	295389	1.97	113660	113660	定邦有限公司
9	渝国土房管字[2012]22号/ 201212092	渝北	住宅;商服	198827	2.66	109237	109237	重庆恒弘投资有限公司 重庆光亮房地产开发有限公司
10	渝国土房管告字[2012]39号/201212176	渝北	住宅;商服	150851	3.27	108604	109000	重庆金科地产
11	渝国土房管字[2012]10号/ 201212057	江北	住宅	60004	4.00	108520	108520	重庆市江北嘴置业有限公司
12	渝国土房管告字[2012]14号/12073	渝北	住宅	143648	2.50	107745	107745	重庆盈普投资有限公司
13	渝国土房管告[2011]42号/33-1-104号	渝中	住宅;商服	39243	7.22	106264	106264	重庆财信房地产开发有限公司
14	渝国土房管字[2012]22号/ 201212090	渝北	住宅	191013	2.66	103175	103175	重庆恒弘投资有限公司 重庆光亮房地产开发有限公司
15	渝国土房管告字[2012]4号/ 201212029	渝北	商服;公建配套	136792	3.02	101501	101501	重庆高科集团有限公司
16	渝国土房管字[2012]35号/ 201212148	渝北	住宅;商服	159793	2.50	75583	97500	重庆融创置业有限公司
17	渝国土房管字[2012]22号/ 201212091	渝北	住宅	194264	1.88	95936	95936	重庆恒弘投资有限公司 重庆光亮房地产开发有限公司
18	渝国土房管字[2012]41号/ 201212185	江北	商服	46793	2.22	94208	94208	鸿兆实业集团（重庆）公司、澳品商贸公司、凯拉姆特实业公司、基业建材设备公司
19	渝国土房管字[2011]46号/ 201111140	江北	商服	46793	2.22	103956	94208	鸿兆实业集团（重庆）公司、澳品商贸公司、凯拉姆特实业公司、基业建材设备公司
20	渝国土房管字[2012]36号/ 201212149	渝北	住宅;商服	104394	2.50	93955	93955	重庆棕榈泉长青置业有限公司

资料来源：中国房地产决策咨询系统（CRIC）

表2-159 2012年成都市经营性用地成交总价前二十明细表

单位：平方米、万元

序号	公告号/宗地编号	区域	土地属性	占地面积	容积率	出让底价	成交价格	受让方
1	成国土挂告[2012]5号/JJ01(211/252):2012-25	城东	住宅;商服	70829	4.90	174053	174053	乐天地产（成都）香港有限公司
2	成国土拍告[2012]45号/GX21(252/211):2012-268	城南	住宅;商服	87822	3.00	118559	171252	成都万科置业有限公司
3	成国土拍告[2012]5号/GX07(252/211):2012-37	城南	住宅;商服	102309	4.30	154032	167675	中海地产有限公司
4	成国土挂告[2012]18号/JJ03(211/252):2012-84	城东	商服	298463	4.53	148060	148060	绿地集团成都置业有限公司
5	成国土拍告[2012]48号/GX27(252/211):2012-291	城南	住宅;商服	56898	3.00	71692	132289	中大房地产集团有限公司
6	成国土挂告[2012]12号/WH05(211/252):2012-51	城西	住宅;商服	97004	4.00	72753	128627	成都龙湖地产发展有限公司
7	成国土挂告[2012]40号/CH12(211/252):2012-181	城东	住宅;商服	96091	4.96	115386	115386	成都传媒集团
8	成国土拍告[2012]24号/JJ05(252/211):2012-134	城东	住宅;商服	65199	3.25	78487	108396	华润置地（成都）有限公司
9	成国土拍告[2012]32号/PX12(252/211):2012-183	郫县	住宅;商服	86265	4.00	54347	98601	四川蓝光和骏实业股份有限公司
10	成国土拍告[2012]46号/LQ09(252/211):2012-280	龙泉	住宅;商服	99609	6.00	82177	95923	成都国嘉志得置业有限公司
11	成国土挂告[2012]55号/JJ08(211/252):2012-262	城东	住宅;商服	56684	3.67	71684	93917	四川华宇房地产开发有限公司
12	成国土挂告[2012]26号/GX12(211/252):2012-109	城南	住宅;商服	60698	5.80	91040	91040	成都复地明珠置业有限公司
13	成国土挂告[2012]26号/GX11(211/252):2012-108	城南	住宅;商服	59271	5.80	88899	88899	成都复地明珠置业有限公司
14	成国土挂告[2012]42号/SL18(252/211):2012-187	双流	住宅;商服	199333	4.00	83720	83720	成都信腾投资有限公司
15	成国土拍告[2012]10号/CH02(252/211):2012-58	城东	住宅;商服	37926	4.50	68266	83625	成都成华和骏置业有限公司
16	成国土挂告[2012]43号/SL19(252/211):2012-190	双流	住宅;商服	199071	4.00	83610	83610	成都信蜀投资有限公司
17	成国土拍告[2012]13号/SL10(252/211):2012-76	双流	住宅;商服	120570	3.50	61491	78853	成都鼎诚达房地产开发有限公司
18	成国土拍告[2012]45号/GX21(252/211):2012-267	城南	住宅;商服	48345	3.00	65265	74838	成都万科置业有限公司
19	成国土拍告[2012]2号/CH22(252/211):2011-126	城北	住宅;商服	39137	4.20	66785	74535	成都和骏投资有限公司
20	成国土拍告[2012]24号/QY03(252/211):2012-131	城西	住宅;商服	49766	3.60	52315	74172	四川长虹置业有限公司

资料来源：中国房地产决策咨询系统（CRIC）

表2-160 2012年贵阳市经营性用地成交总价前二十明细表

单位：平方米、万元

序号	公告号/宗地编号	区域	土地属性	占地面积	容积率	出让底价	成交价格	受让方
1	黔筑高新土招告字[2012]03号/金阳2012-02	金阳新区	商服	773112	2.00	77700	77700	贵阳西南国际商贸城有限公司
2	黔筑高新土招告字[2012]09号/金阳2012-03	金阳新区	住宅;商服	266481	2.90	56970	63400	中国中铁置业集团有限公司
3	筑土出告字[2011]10号/G(11)52	南明	办公;商服;公建配套	56281	6.00	60160	60160	贵阳新喜达屋酒店投资有限公司 贵阳国贸广场商贸有限公司
4	筑公资告[2012]地字第12号/G(12)97	南明	住宅;商服	56118	10.00	40000	49300	首钢贵阳特殊钢有限责任公司
5	筑地交告字[2012]第4号/G(12)68	南明	住宅;商服	52367	5.00	40000	48120	首钢贵阳特殊钢有限责任公司
6	黔筑高新土招告字[2012]09号/金阳2012-04	金阳新区	住宅;商服	242847	2.15	38880	43300	中国中铁置业集团有限公司
7	黔筑高新土招告字[2012]09号/金阳2012-06	金阳新区	住宅;商服	188133	2.20	38070	42400	中国中铁置业集团有限公司
8	黔筑高新土招告字[2011]12号/高新2011-04	金阳新区	住宅;商服	93867	5.00	37300	37300	贵州盐业集团房地产开发公司、七冶房地产开发公司、贵阳高科控股集团公司
9	黔筑高新土招告字[2012]15号/2012-14	金阳新区	住宅;商服	96830	3.50	34800	34800	贵州盘江房地产开发有限责任公司贵阳分公司
10	黔筑高新土招告字[2012]09号/金阳2012-05	金阳新区	住宅;商服	209600	1.50	28620	31900	中铁置业集团有限公司
11	黔筑高新土招告字[2011]11号/2011-05地块	金阳新区	住宅;办公;商服	60211	5.50	29200	29200	贵阳高科控股集团有限公司 贵州金浩田房地产开发有限公司联合体
12	筑公资告[2012]地字第6号/G(12)81	云岩	住宅;商服	82558	4.50	28775	28775	贵阳万科房地产有限公司 深圳市劲嘉房地产开发有限公司
13	筑土出告字[2012]第1号/G(12)01	南明	住宅;商服	76178	5.00	15000	27230	贵州海明房地产开发有限公司
14	筑土出告字[2012]08号/G(11)42	云岩	住宅;商服	9038	7.66	20800	26260	贵阳市城投房地产开发有限公司
15	黔筑白经国土挂告字[2011]15号/B(10)06	白云	住宅;商服	161123	2.60	24235	24235	贵阳高科科技置业发展有限公司
16	筑土出告字[2012]第17号/G(12)34	南明	住宅;商服;公建配套	44897	7.02	18120	22865	贵州中凯瑞房地产开发有限公司
17	筑公资告[2012]地字第9号/G(12)91	南明	商服	40071	5.00	18000	22685	贵州太升房地产开发有限公司
18	黔筑白经国土挂告字[2011]15号/B(11)16	白云	住宅	136154	3.50	22480	22480	贵阳品筑置业有限公司
19	筑地交告字[2012]第1号/G(12)46	乌当	商服;公建配套	117842	1.10	16288	20570	中天城投集团乌当房地产开发有限公司
20	黔筑白经国土挂告字[2011]15号/B(11)15	白云	住宅	123797	3.5	20430	20430	贵阳品筑置业有限公司

资料来源：中国房地产决策咨询系统（CRIC）

表2-161　2012年昆明市经营性用地成交总价前二十明细表

单位：平方米、万元

序号	公告号/宗地编号	区域	土地属性	占地面积	容积率	出让底价	成交价格	受让方
1	昆国土[2012]1129号/J2012-012-A1、A2、A3、A4、A5、A6、A7、A8、A9、A10	官渡	住宅;商服公建配套	417919	4.08	230521	230521	云南浙万置业有限公司
2	昆国土[2012]0817-2号/J2012-016-B、C1、C2、D1、D2、E1、E2、F1、F3、G2	盘龙	住宅;商服公建配套	209160	4.76	97586	97586	云南凯华房地产有限公司
3	昆国土[2012]1130-2号/J2010-053-A1、D	西山	住宅	69991	3.94	82945	82945	云南碧鸡集团房地产开发有限公司
4	昆国土[2012]0813-1号/J2012-007-01、03、04、05、06、07、08	五华	住宅;商服公建配套	136699	4.70	82817	82817	昆明建发房地产开发有限公司
5	昆国土[2012]0117号/J2011-041-A2	五华	住宅	52746	5.50	80713	80713	云南昆都国际房地产开发有限公司
6	昆国土[2012]0117号/J2011-041-A3	五华	住宅;商服	51881	5.10	79387	79387	云南昆都国际房地产开发有限公司
7	昆国土[2012]0813-2号/J2012-005-A1、A2、A3、A4、A5	五华	住宅;商服公建配套	107228	4.08	70478	70478	昆明万启房地产开发有限公司
8	昆国土[2012]0905-2号/J2012-004-（01、02、03）	五华	住宅;商服	69229	3.93	69467	69467	云南煤化房地产开发有限公司
9	昆国土[2012]1120号/J2009-053-3、4	五华	住宅	113217	4.38	68316	68316	昆明怡宁房地产开发有限公司
10	昆国土[2012]0921-1号/KCD2012-14、15	呈贡	住宅	283209	1.37	63723	63723	昆明滇池国家旅游度假区国有资产投资经营管理有限责任公司
11	昆国土[2012]0723号/KC2008-47-1	五华	住宅	38974	4.40	49691	63600	中海地产集团有限公司
12	昆国土[2012]1120号/J2012-009-A1、A2、A3、A4、A5、A6、A7、A8	盘龙	住宅;商服公建配套	81031	5.33	63587	63587	云南奥斯迪百爵房地产开发公司
13	昆国土[2012]1101-1号/KCXS2012-34	五华	住宅	65028	3.00	39016	63300	云南汉都房地产开发有限公司
14	昆国土[2012]0428号/KC2011-83-A1	西山	商服	39276	4.31	61856	61856	昆明万达房地产有限公司
15	昆国土[2012]0410号/J2011-044-3	官渡	住宅;商服	59278	3.73	50145	50145	昆明晓安拆迁经营有限责任公司
16	昆国土[2012]0821号/J2012-010-2、5、6、7	盘龙	住宅;商服公建配套	101694	4.90	50016	50016	昆明千益丰房地产开发经营公司
17	昆国土[2012]0720-2号/J2011-045-A1-4	西山	商服	37189	6.82	49958	49958	昆明螺蛳湾投资发展股份有限公司
18	昆国土[2012]0428号/KC2011-83-A2	西山	商服	30970	11.51	48783	48783	昆明万达房地产有限公司
19	昆国土[2012]1120号/J2012-003-A1、A2	五华	住宅;商服	106915	4.64	48587	48587	云南德润城市投资发展有限公司
20	昆国土[2012]0613号/KCGD2012-3-A18	官渡区	住宅	199644	1.10	48513	48513	云南金色之源房地产开发有限公司

资料来源：中国房地产决策咨询系统（CRIC）

表2-162 2012年西安市经营性用地成交总价前二十明细表

单位：平方米、万元

序号	公告号/宗地编号	区域	土地属性	占地面积	容积率	成交价格	受让方
1	西土出告字[2012]138号/CB2-8-29-1	城东	住宅;商服	175387	3.91	120080	西安唐安房地产开发有限公司
2	西土出告字[2012]138号/CB2-8-29-4	城东	住宅;商服	53812	4.00	120080	西安唐泽房地产开发有限公司
3	西土出告字[2012]128号/CA6-8-18	长安	住宅;商服;公建配套综合;其他	229178	3.81	70000	西安万科企业有限公司
4	西土出告字[2012]139号/CB2-8-29-2	城东	住宅;商服;公建配套	158725	3.00	68600	西安唐明宫置业有限公司
5	西土出告字[2012]2号/JK2-12-19	城北	住宅;商服	130476	3.72	63100	广州金地房地产开发有限公司 陕西保利荣安房地产开发有限公司
6	西土出告字[2012]14号/CB3-1-71	城东	住宅;商服;公建配套	184923	2.50	58104	西安泛华宏运置业有限公司
7	西土出告字[2012]45号/QJ6-2-6	城南	住宅;商服	99160	3.50	58006	西安绿德置业有限公司
8	西土出告字[2012]45号/QJ6-2-2	城南	住宅;商服	98781	3.50	57786	陕西圣迪特房地产开发公司
9	西土出告字[2012]17号/CA6-(6)-13	长安	住宅;商服;公建配套	132445	3.50	56000	悦达华美（西安）置业公司
10	西土出告字[2012]111号	城北	商服;公建配套	141823	5.92	55610	西安铁路北客站广场建设运营有限公司
11	西土出告字[2012]27号/QJ10-8-422	城北	住宅	62079	4.00	54010	陕西昊乐府房地产开发公司
12	西土出告字[2012]107号/QJ6-2-4	城南	住宅;商服	93464	3.50	45355	陕西华商豪盛置业有限公司
13	西土出告字[2012]39号/QJ8-7-3	城南	住宅;商服	83194	3.50	43954	西安欣荣佳房地产开发公司
14	西土出告字[2012]122号/CA6-9-12	长安	住宅;商服;公建配套	65769	3.48	42000	陕西盟发房地产开发有限公司
15	西土出告字[2012]136号/QJ6-5-2	高新	住宅;商服	58319	3.50	40760	中大中方信控股有限公司
16	西土出告字[2012]36号/CB3-4-87	城东	住宅;商服;公建配套	119616	2.50	38140	西安尚和置业有限公司
17	西土出告字[2012]168号/CB3-2-123	城东	住宅;商服	140308	2.00	37850	西安丰钜房地产开发有限责任公司
18	西土出告字[2012]78号/FD2-9-3	城西	住宅;商服	95770	3.60	37600	西安华润置地发展有限公司
19	西土出告字[2012]46号/QJ10-8-429-1	城北	商服	28172	5.50	37190	陕西乐蒂置业有限公司
20	西土出告字[2012]70号/QJ6-5-2	城南	住宅;商服	66053	4.00	34983	永信投资管理有限公司

资料来源：中国房地产决策咨询系统（CRIC）

表2-163　2012年兰州市经营性用地成交总价前五明细表

单位：平方米、万元

序号	公告号/宗地编号	区域	土地属性	占地面积	容积率	出让底价	成交价格	受让方
1	2012年6号公告/G1215	安宁	住宅;商服	78533	3.80	43900	44000	海亮地产控股集团有限公司
2	2012年3号公告/G1203	城关	办公;商服;综合	14793	6.50	16000	16300	甘肃远志置业投资管理有限公司
3	2012年2号公告/G1109	七里河	住宅;商服	13266	3.50	9500	14600	甘肃天河房地产开发有限公司
4	2012年5号公告/G1205	城关	住宅;商服	6838	6.73	7400	10000	甘肃昶荣房地产开发有限公司
5	2012年4号公告/G1116	城关	办公;工业	29272	1.20	1400	1550	兰州沃德爱礼商贸有限公司

资料来源：中国房地产决策咨询系统（CRIC）

表2-164　2012年西宁市经营性用地成交总价前十六明细表

单位：平方米、万元

序号	公告号/宗地编号	区域	土地属性	占地面积	容积率	出让底价	成交价格	受让方
1	2012年2号公告城北区2012C-4号地块	城北	住宅;商服	57436	4.5	18610	18610	西宁金座房地产开发有限公司
2	2012年第7号公告城西区2012C-13号地块	城西	住宅;商服	156281	2.5	17980	17980	西宁伟业房地产开发有限公司
3	2012年2号公告城北区2011C-10号地块	城北	住宅;商服	122952	4.5	12227	12227	西宁汇吉房地产开发有限公司
4	2012年第8号公告城北区2012C-14号地块	城北	住宅;商服	52028	3.5	10245	10245	青海威隆房地产有限公司
5	2012年1号公告城北区2012C-1号地块	城北	住宅;商服	30248	4.5	6720	6720	青海广利机电科工贸有限责任公司
6	2012年1号公告城北区2011C-11号地块	城北	住宅	50893	3.0	5917	5917	青海省盈佳房地产开发有限公司
7	2012年5号公告城北区2012C-2号地块	城北	住宅;商服	54351	2.5	5830	5830	西宁城投朝阳物流园开发建设有限公司
8	2012年第8号公告城东区2012C-15号公告	城东	住宅;商服	27844	3.5	3645	5000	青海三兴房地产开发有限公司
9	2012年2号公告城北区2012C-3号地块	城北	住宅;商服	12402	3.5	3606	3606	西宁城辉建设投资有限公司
10	2012年第7号公告城西区2012C-11号地块	城西	住宅;商服	20784	4.0	3205	3205	西宁博奥房地产开发有限公司
11	2012年3号公告城东区2012C-8号地块	城东	住宅;商服	12756	4.5	2010	2010	青海华谊房地产开发有限责任公司
12	2012年3号公告城东区2012C-6号地块	城东	住宅	7202	4.5	1670	1670	青海百力房地产开发有限公司
13	2012年3号公告城东区2012C-9号地块	城东	住宅;商服	7404	3.5	1160	1160	西宁博奥房地产开发有限公司
14	2012年3号公告海湖新区2012C-10号地块	海湖新区	住宅	4453	3.5	1115	1115	青海省房地产开发公司
15	2012年3号公告城北区2012C-7号地块	城北	住宅;商服	7424	5.7	1030	1030	青海民惠实业有限公司
16	2012年3号公告城北区2012C-5号地块	城北	住宅	2721	4.0	700	700	青海晟祥房地产有限公司

资料来源：中国房地产决策咨询系统（CRIC）

表2-165 2012年银川市经营性用地成交总价前二十明细表

单位：平方米、万元

序号	公告号/宗地编号	区域	土地属性	占地面积	容积率	成交价格	受让方
1	宁国土资交告字[2012]162号/银地(挂)字[2012]-41号	金凤	商服	60387	6.80	23065	绿地集团西安置业有限公司
2	宁国土资交告字[2012]067号/银地(挂)字[2012]-12号	西夏	住宅;商服	120067	4.50	22513	大连万达商业地产股份有限公司
3	宁国土资交告字[2012]069号/银地(挂)字[2012]-04号	金凤	住宅;商服	197135	2.75	21586	宁夏银基房地产开发有限责任公司
4	宁国土资交告字[2012]117号/银地(挂)字[2012]-07号	金凤	住宅	187257	2.75	20505	宁夏荣过房地产开发有限公司
5	宁国土资交告字[2012]069号/银地(挂)字[2012]-05号	金凤	住宅;商服	176529	2.75	19330	宁夏建工集团房地产开发有限公司
6	宁国土资交告字[2012]187号/银地(挂)字[2012]-63号	金凤	住宅;商服	66545	4.25	17120	北京新华联置地有限公司
7	宁国土资交告字[2012]117号/银地(挂)字[2012]-02号	金凤	住宅	153747	2.50	16836	宁夏新材房地产开发有限公司
8	宁国土资交告字[2012]162号/银地(挂)字[2012]-42号	金凤	住宅	138205	1.50	16046	上海绿地集团西安置业有限公司
9	宁国土资告字[2012]079号/银地(挂)字[2012]-13号	金凤	商服	29788	5.70	14745	宁夏悦海新天地房地产开发有限公司
10	宁国土资交告字[2012]217号/银地(挂)字[2012]-75号	西夏	住宅;商服	163412	1.75	12469	上海绿地集团西安置业有限公司
11	宁国土资交告字[2012]069号/银地(挂)字[2012]-06号	金凤	住宅;商服	105970	2.75	11604	宁夏住宅建设发展(集团)有限公司
12	宁国土资交告字[2012]069号/银地(挂)字[2012]-03号	金凤	住宅;商服	94471	2.75	10345	银川建发集团股份有限公司
13	宁国土资交告[2012]034号/银地(挂)字[2011]-110号	兴庆	住宅;商服	121316	3.50	9068	宁夏通和房地产开发有限公司
14	宁国土资交告字[2012]212号/银地(挂)字[2012]-70号	西夏	商服	212583	0.80	8929	宁夏鸿河投资置业有限公司
15	宁国土资交告字[2012]067号/银地(挂)字[2012]-11号	金凤	住宅;商服	38500	5.50	8663	大连万达商业地产股份有限公司
16	宁国土资交告字[2012]069号/银地(挂)字[2012]-08号	金凤	住宅;商服	66939	2.75	7330	宁夏银基房地产开发有限责任公司
17	宁国土资交告字[2012]074号/贺地(挂)字-[2012]1号	贺兰县	商服	266666	1.80	6825	银川奥特莱斯投资有限公司
18	宁国土资交告字[2012]216号/银地(挂)字[2012]-49号	金凤	住宅;商服	32882	2.50	6750	宁夏荣达房地产开发有限公司
19	宁国土资交告字[2012]239号/银地(挂)字[2012]-66号	兴庆	商服	223327	1.50	6700	宁夏华尊立达房地产开发集团有限公司
20	宁国土资交告[2012]034号/银地(挂)字[2011]-112号	兴庆	住宅;商服	38947	1.80	6426	宁夏中房实业集团股份有限公司

资料来源：中国房地产决策咨询系统（CRIC）

表2-166　2012年乌鲁木齐市经营性用地成交总价前二十明细表

单位：平方米、万元

序号	公告号/宗地编号	区域	土地属性	占地面积	容积率	出让底价	成交价格	受让方
1	市国土[2012]11号/2011-C-113	水磨沟	商服	37787	5.50	22105	22145	新疆白天鹅房地产开发有限公司
2	市国土[2012]4号/2011-C-115	水磨沟	商服	33196	6.00	19420	19460	新疆友好（集团）股份有限公司 新疆友好华骏房地产开发有限公司
3	市国土[2012]4号/2011-C-114	水磨沟	商服	26459	6.00	15480	15520	新疆友好（集团）股份有限公司 新疆友好华骏房地产开发有限公司
4	市国土[2012]11号/2011-C-123	水磨沟	商服	20555	4.80	12025	15200	新疆中融城投资有限公司
5	市国土[2012]4号/2011-C-121	水磨沟	商服	25148	5.00	14710	14750	新疆联合利丰房地产开发有限责任公司
6	市国土[2012]10号/2011-C-122	水磨沟	商服	25022	5.00	14640	14680	乌鲁木齐房地产开发（集团）有限公司
7	市国土[2012]11号/2012-C-072	沙依巴克	住宅;商服	24150	2.50	8240	13200	新疆大得房地产开发有限责任公司
8	市国土[2012]5号/2007-C-096-Ⅱ	米东	住宅;商服	179214	2.50	11560	11600	新疆中建地产有限公司
9	市国土[2012]5号/2012-C-039	沙依巴克	住宅;商服	173041	2.50	11010	11050	新疆百新佳城房地产开发有限公司
10	市国土[2012]11号/2009-C-007-03-B	沙依巴克	住宅	20078	2.50	6780	10220	新疆大得房地产开发有限责任公司
11	市国土[2012]06号/2010-C-334	水磨沟	住宅	153333	3.00	8465	8505	新疆盛阳世纪房地产开发有限公司
12	市国土[2012]2号/2011-C-118	水磨沟	商服	13799	6.10	8075	8115	乌鲁木齐晚报社
13	市国土[2012]2号/2011-C-119	水磨沟	商服	11459	6.70	6705	6745	伊泰新疆能源有限公司
14	市国土[2012]5号/2007-C-096-Ⅲ	米东	住宅;商服	91466	2.00	5640	5680	新疆中建地产有限公司
15	市国土[2012]5号/2011-C-071-A	新市	住宅;商服	41358	4.48	5115	5155	新疆华泰博远房地产开发有限公司
16	市国土[2012]3号/2010-C-175-A	新市	住宅;商服	58301	1.75	4850	4880	新疆鑫泰投资（集团）房地产开发公司
17	市国土[2012]3号/2009-C-112	新市	住宅;商服	73954	3.00	4820	4850	新疆金辉房地产开发有限责任公司
18	市国土[2012]6号/2010-C-333	水磨沟	住宅	65732	3.00	4745	4775	新疆盛阳世纪房地产开发有限公司
19	市国土[2012]8号/2010-C-188	新市	住宅;商业	81266	2.5	3865	3895	新疆瑞成房地产开发有限公司
20	市国土[2012]5号/2011-C-071-B	新市	住宅;商业	30093	4.48	3725	3755	新疆华泰博远房地产开发有限公司

资料来源：中国房地产决策咨询系统（CRIC）

十五、四十个城市商品房预售证列表

表2-167　2012年北京市供应面积前二十商品房预售许可证列表

单位：套、平方米

序号	预售证号	项目名称	区域	物业属性	时间	套数	面积
1	京房售证字(2012)限15号	福润四季家园	朝阳	限价房	09/30	3562	259024
2	京房售证字(2012)限4号	上庄馨瑞嘉园	海淀	限价房	03/22	3211	249083
3	京房售证字(2012)经7号	康泽佳苑	房山	经济适用房	05/31	4136	215958
4	京房售证字(2012)104号	国风美仑家园	通州	普通住宅	06/07	1716	155979
5	京房售证字(2012)113号	珺悦中心	大兴	酒店式公寓	06/15	1687	155799
6	京房售证字(2012)146号	中海油大厦	朝阳	办公	07/21	2	147128
7	京房售证字(2012)75号	珺悦中心	大兴	酒店式公寓	05/05	1391	140675
8	京房售证字(2012)限26号	顺悦家园	顺义	限价房	12/22	1813	138843
9	京房售证字(2012)限6号	嘉泰园	朝阳	限价房	05/20	1775	137405
10	京房售证字(2012)限16号	温泉凯盛家园	海淀	限价房	10/11	2008	134690
11	京房售证字(2012)262号	睿府嘉园	房山	普通住宅	11/16	1252	132033
12	京房售证字(2012)149号	美唐家园	昌平	普通住宅	07/22	1146	110528
13	京房售证字(2012)275号	林奥嘉园	朝阳	普通住宅	12/01	938	109991
14	京房售证字(2012)限12号	双合家园	朝阳	限价房	08/15	1276	106701
15	京房售证字(2012)253号	航城信远中心	顺义	办公	11/04	1287	106494
16	京房售证字(2012)24号	东亚嘉创中心	大兴	酒店式公寓	03/07	1210	106228
17	京房售证字(2012)265号	紫芳园五区	丰台	普通住宅	11/22	459	106121
18	京房售证字(2012)150号	梧桐嘉苑	门头沟	普通住宅	07/22	1132	105716
19	京房售证字(2012)231号	誉皇殿	顺义	别墅	10/10	254	101071
20	京房售证字(2012)248号	创智中心	顺义	办公	10/28	1279	98399

备注：郑州、温州、石家庄、呼和浩特数据缺失。

资料来源：中国房地产决策咨询系统（CRIC）

表2-168　2012年天津市供应面积前二十商品房预售许可证列表

单位：套、平方米

序号	预售证号	项目名称	区域	用途	时间	套数	面积
1	2012-0642	雅颂居	河东	普通住宅	08/24	1126	173783
2	2012-0667	合安园	津南	普通住宅	09/06	1305	122937
3	2012-0996	融汇广场	南开	办公	12/20	350	121994
4	2012-0797	春阳南里	大港	经济适用房	10/18	1244	121658
5	2012-0659	爱国东里	大港	经济适用房	10/18	1232	120619
6	2012-0796	春阳北里	大港	经济适用房	10/18	1216	118990
7	2012-0794	奉献北里	大港	经济适用房	10/18	1188	116286
8	2012-0795	奉献南里	大港	经济适用房	10/18	1128	110228
9	2012-0910	求实里	大港	经济适用房	11/22	1072	105016
10	2012-0819	天娇里	武清	普通住宅	10/18	888	104958
11	2012-0252-001	瑞龙中心	塘沽	办公	05/16	312	104373
12	2012-0612	领雅苑	北辰	动迁安置房	08/14	1192	95431
13	2012-0614	风雅苑	北辰	动迁安置房	08/14	1110	94976
14	2012-0764	百利商业中心	津南	商业	11/02	191	93054
15	2012-0605	荣水园	津南	动迁安置房	08/10	1060	86431
16	2012-0897	春晓花园	南开	动迁安置房	11/09	821	77537
17	2012-0470-001	万海大厦	河东	办公	07/02	469	76471
18	2012-0594	菊芳园	静海	普通住宅	08/09	840	75567
19	2012-0609	裕达花园	南开	动迁安置房	08/14	608	66150
20	2012-0669	恒富大厦	塘沽	酒店式公寓	09/06	366	65191

资料来源：中国房地产决策咨询系统（CRIC）

表2-169　2012年太原市供应面积前二十商品房预售许可证列表

单位：套、平方米

序号	预售证号	项目名称	区域	用途	时间	套数	面积
1	(2012)并商房预售字第0099号	恒大山水城	迎泽	普通住宅	12/11	1800	224026
2	(2012)并商房预售字第0083号	奥龙湾	杏花岭	普通住宅	10/23	1057	135845
3	(2012)并商房预售字第0056号	澳林滨河花园	晋源	普通住宅	08/22	812	129885
4	(2012)并商房预售字第0074号	富力城三期	杏花岭	普通住宅	09/26	1128	124452
5	(2012)并商房预售字第0097号	金域阅山	万柏林	普通住宅	12/03	1086	123272
6	(2012)并商房预售字第0035号	中正花园二期	迎泽	普通住宅	06/21	1267	121687
7	(2012)并商房预售字第0061号	天玺公馆	万柏林	普通住宅	08/30	478	117512
8	(2012)并商房预售字第0085号	星河湾	小店	普通住宅	10/25	389	110653
9	(2012)并商房预售字第0010号	海棠湾	小店	普通住宅	03/02	1008	107175
10	(2012)并商房预售字第0057号	绿地世纪城三期	晋源	普通住宅	08/24	1007	95695
11	(2012)并商房预售字第0055号	恒大华府	小店	普通住宅	08/17	575	94481
12	(2012)并商房预售字第0072号	绿地世纪城三期	晋源	普通住宅	09/26	929	88760
13	(2011)并商房预售字第0014号	阳光揽胜国际	小店	普通住宅	04/10	708	87936
14	(2012)并商房预售字第0025号	兰亭御湖城	晋源	普通住宅	04/28	789	76365
15	(2012)并商房预售字第0038号	和泰紫园	小店	普通住宅	07/04	488	71008
16	(2012)并商房预售字第0019号	万科金域国际	万柏林	普通住宅	04/20	714	70436
17	(2012)并商房预售字第0063号	棕榈佳园	杏花岭	普通住宅	09/04	442	65936
18	(2012)并商房预售字第0028号	万水澜庭	万柏林	普通住宅	05/23	444	61484
19	(2012)并商房预售字第0045号	万科紫台	迎泽	普通住宅	07/17	376	61195
20	(2012)并商房预售字第0030号	金基·泰和苑	杏花岭	普通住宅	06/11	573	59275

资料来源：中国房地产决策咨询系统（CRIC）

表2-170 2012年沈阳市供应面积前二十商品房预售许可证列表

单位：套、平方米

序号	预售证号	项目名称	区域	用途	时间	套数	面积
1	12003	沈铁・和谐佳园	和平	经济适用房	01/10	3556	322387
2	12456	名流印象二期	浑南新区	普通住宅	09/27	2760	254169
3	12056	美好愿景二期	铁西	普通住宅	03/21	2480	228343
4	12120	碧桂园凤凰城一期	苏家屯	普通住宅	04/24	2041	161279
5	12280	五洲商品展贸城	苏家屯	商业	07/12	4538	158399
6	12303	未来域	东陵	普通住宅	07/25	1318	139410
7	12202	文华苑	浑南新区	普通住宅	05/30	2242	135740
8	12141	中海城	于洪	普通住宅	05/04	1328	130198
9	12614	西湖俪景	于洪	普通住宅	12/07	1833	124381
10	12211	恒大江湾	浑南新区	普通住宅	06/06	768	124302
11	12070	华发新城	浑南新区	普通住宅	03/29	878	124201
12	12440	中海国际社区	和平	普通住宅	09/20	943	115653
13	12475	新世界花园(B区)	和平	普通住宅	10/16	765	114757
14	12283	绿城沈阳全运村	东陵	普通住宅	07/13	779	110929
15	12027	世茂・五里河(住宅)	和平	普通住宅	02/21	568	101107
16	12008	东北世贸广场	沈河	商业	01/17	6	100666
17	12613	恒大雅苑	皇姑	普通住宅	12/07	1013	100626
18	12014	金水花城三期	浑南新区	普通住宅	01/20	932	100246
19	12397	中海・寰宇天下三期	皇姑	普通住宅	09/07	852	99926
20	12413	红橡公馆	于洪	普通住宅	09/14	924	99190

资料来源：中国房地产决策咨询系统（CRIC）

表2-171 2012年大连市供应面积前二十商品房预售许可证列表

单位：套、平方米

序号	预售证号	项目名称	区域	用途	时间	套数	面积
1	大高房预许字第 20120025号	大连高新万达广场	甘井子	商业	12/22	181	224403
2	大房预许字第20120052号	远洋・钻石湾预估	甘井子	普通住宅	06/26	1701	214252
3	大房预许字第20120016号	枫丹丽城	甘井子	普通住宅	04/21	1822	169726
4	大房预许字第20110101号	北府名苑	甘井子	普通住宅	07/07	1086	111152
5	大房预许字第20110118号	泉水润泽园	甘井子	普通住宅	03/17	1257	106614
6	大房(开)预(销)许字第2012044号	亿锋广场	开发区	普通住宅	08/25	1725	105997
7	大房预许字第20120071号	华业・玫瑰东方二期	沙河口	普通住宅	09/23	943	94985
8	大房预许字第20120107号	宇圣明珠	甘井子	普通住宅	12/12	1273	93502
9	大房预许字第20120081号	星光耀广场	中山	普通住宅	09/29	358	85271
10	大旅房预许字第20100028号	华通和平海岸五期	旅顺口	普通住宅	03/15	1049	84602
11	大房预许字第20120099号	保利西山林语预估	甘井子	普通住宅	07/29	744	81150
12	大房预许字第20120025号	东北亚国际品牌商品交易中心	中山	商业	06/09	1142	80811
13	大高房预许字第20120010号	第8区	甘井子	普通住宅	09/08	920	77432
14	大金房预(销)许字第2012019号	华润海中国四期	开发区	普通住宅	08/25	759	75984
15	大金房预许字第2010010号	自然天城	金州	普通住宅	04/26	1180	75018
16	大房预许字第20110113号	悦泰福里	西岗	普通住宅	01/13	816	75008
17	大高房预许字第20110026号	国宝星月湾	旅顺口	普通住宅	07/08	478	71086
18	大高房预许字第20120015号	万达海公馆	甘井子	普通住宅	09/15	283	70806
19	大旅房预许字第20120012号	中庚香海金鼎	旅顺口	普通住宅	09/19	991	66656
20	大金房预(销)许字第2012070号	海脉未来城	金州	普通住宅	12/09	1017	64736

资料来源：中国房地产决策咨询系统（CRIC）

表2-172　2012年长春市供应面积前二十商品房预售许可证列表

单位：套、平方米

序号	预售证号	项目名称	区域	用途	时间	套数	面积
1	长房售证(2012)第218号	金色世界湾	南关	普通住宅	09/13	2937	375308
2	长房售证(2012)第244号	文庭雅苑	高新南区	普通住宅	09/27	1343	164111
3	长房售证(2012)第137号	林溪雅筑	二道	普通住宅	07/19	828	152336
4	长房售证(2012)第132号	宽城万达广场	宽城	办公	07/12	2913	135787
5	长房售证(2012)第354号	北湾新城	高新北区	普通住宅	12/20	1401	135412
6	长房售证(2012)第377号	六合一方	经开	普通住宅	12/28	1264	133335
7	长房售证(2012)第068号	中海·蘭庭	高新南区	普通住宅	05/22	1084	132450
8	长房售证(2012)第223号	万龙丽水湾	高新南区	普通住宅	09/17	1090	116803
9	长房售证(2012)第182号	恒大名都	高新南区	普通住宅	08/20	942	112074
10	长房售证(2012)第313号	华大城	宽城	普通住宅	11/14	1414	102400
11	长房售证(2012)第253号	万龙丽水湾	高新南区	普通住宅	09/28	946	97509
12	长房售证(2012)第021号	保利香槟	净月	普通住宅	03/16	714	82974
13	长房售证(2012)第092号	橡树湾	南关	普通住宅	06/07	746	82264
14	长房售证(2012)第075号	天一地矿花园	朝阳	普通住宅	05/23	859	80195
15	长房售证(2012)第200号	力旺美林	南关	普通住宅	08/31	758	79011
16	长房售证(2012)第365号	汉森香榭里	高新南区	普通住宅	12/26	724	78584
17	长房售证(2012)第270号	嘉惠红山郡	经开	普通住宅	10/24	1093	77407
18	长房售证(2012)第330号	郡望安石	宽城	普通住宅	12/03	856	76745
19	长房售证(2012)第239号	御景名都	二道	普通住宅	09/26	1024	74720
20	长房售证(2012)第185号	汉森香榭里	高新南区	普通住宅	08/23	798	74604

资料来源：中国房地产决策咨询系统（CRIC）

表2-173　2012年哈尔滨市供应面积前二十商品房预售许可证列表

单位：套、平方米

序号	预售证号	项目名称	区域	用途	时间	套数	面积
1	0373	滨江凤凰城二期	道外	普通住宅	06/20	4225	271098
2	0847	宝宇天邑澜湾	道外	普通住宅	02/13	1351	256669
3	0909	宝宇天邑澜湾	道外	普通住宅	10/31	2131	220961
4	0891	清河湾	道里	普通住宅	10/18	1847	172742
5	0881	哈尔滨星光耀广场	道里	普通住宅	08/29	881	139263
6	0879	保利清华颐园	南岗	普通住宅	08/31	1490	135509
7	0918	悦城	南岗	普通住宅	12/14	1176	126525
8	0711-1	海富第五大道二期	道里	普通住宅	12/18	1178	114059
9	0881	哈尔滨星光耀广场	道里	办公	08/29	1972	105971
10	0885	恒祥城三期	南岗	普通住宅	08/31	1279	103681
11	0902	金安向日葵	道里	普通住宅	11/01	816	101876
12	0897	富力江湾新城	道里	普通住宅	10/16	366	88072
13	0892	湖景春晓	道里	普通住宅	09/22	861	78574
14	0886	黑龙江现代文化艺术产业园	南岗	普通住宅	08/31	794	74110
15	0911	鲁商松江新城	南岗	普通住宅	11/28	352	72171
16	0915	碧水湾	平房	普通住宅	12/28	1128	69843
17	016	湘江悦	香坊	普通住宅	09/29	888	67115
18	0887	柒零捌零	南岗	普通住宅	09/26	890	64612
19	201100020	恒大绿洲	松北	普通住宅	11/14	480	63192
20	0916	碧水湾	平房	普通住宅	12/28	800	61728

资料来源：中国房地产决策咨询系统（CRIC）

表2-174 2012年上海市供应面积前二十商品房预售许可证列表

单位：套、平方米

序号	预售证号	项目名称	区域	用途	时间	套数	面积
1	沪房地松字2012第016790号	祥东苑	松江	配套商品房	11/01	2102	225066
2	嘉定房管(2012)预字0546号	汇丰凯苑	嘉定	动迁安置房	12/13	2430	224396
3	浦东新区房管(2012)预字0223号	祝安苑	南汇	配套商品房	09/04	2194	213884
4	沪房地闵字2012第001073号	爱博三村	闵行	配套商品房	02/26	2202	211021
5	松江房管(2011)预字0329号	新凯城	松江	配套商品房	06/15	2978	207562
6	浦东新区房管(2011)预字1250号	南汇航头镇基地7号	南汇	配套商品房	11/11	2812	200356
7	浦东新区房管(2012)预字0380号	心圆西苑	浦东	配套商品房	09/28	2276	188733
8	沪房地浦字2012第011770号	高行绿洲庭安苑	浦东	动迁安置房	11/17	2364	174996
9	浦东新区房管(2012)预字0043号	星晓家园	浦东	配套商品房	03/20	2032	171300
10	浦东新区房管(2012)预字0385号	心圆东苑	浦东	配套商品房	09/28	1960	162078
11	浦东新区房管(2012)预字0436号	凌桥景园	浦东	配套商品房	11/28	1740	153388
12	崇明房管(2012)预字0270号	陈家镇配套商品房四期	崇明	配套商品房	07/16	1524	152239
13	嘉定房管(2012)预字0185号	远香舫	嘉定	配套商品房	06/10	1382	149965
14	闵行房管(2012)预字0356号	浦江馨都	闵行	动迁安置房	09/28	1984	142440
15	崇明房管(2012)预字0244号	新城明月苑	崇明	动迁安置房	09/01	1391	140138
16	徐汇房管(2012)预字0150号	华滨家园	徐汇	配套商品房	05/04	1508	134203
17	沪房地浦字2012第023085号	川杨竹苑	浦东	配套商品房	07/21	1476	129945
18	黄浦房管(2012)预字0103号	中福花苑	黄浦	动迁安置房	12/25	1845	126356
19	浦东新区房管(2012)预字0110号	浦发东绣苑	浦东	配套商品房	04/20	1516	124327
20	闵行房管(2011)预字0479号	浦润苑	闵行	配套商品房	11/30	1389	116075

资料来源：中国房地产决策咨询系统（CRIC）

表2-175 2012年南京市供应面积前二十商品房预售许可证列表

单位：套、平方米

序号	预售证号	项目名称	区域	用途	时间	套数	面积
1	2012100054	莲花新城嘉园	建邺	经济适用房	06/01	3323	272048
2	2012200135	江宁万达广场	江宁	商业	12/27	62	114704
3	2012300080	北外滩水城	浦口	普通住宅	09/20	820	100894
4	2012100092W	世茂外滩新城	下关	普通住宅	09/12	654	97521
5	2012300034	北外滩水城	浦口	普通住宅	05/26	763	86974
6	2012400026	汇锦水岸城	六合	普通住宅	09/27	647	80201
7	2012400036	梧桐世家	六合	普通住宅	11/24	860	75895
8	2012100014W	阅景龙江国际公寓	鼓楼	普通住宅	01/22	616	69911
9	2012500038	恒大金碧天下国际花园	溧水县	普通住宅	12/23	592	68926
10	2012100145	新地中心二期	建邺	办公	12/16	245	68156
11	2012300026	北外滩水城	浦口	普通住宅	04/28	666	68034
12	2012100129W	金润国际广场	建邺	商业	11/07	1	65676
13	2012200008	天御溪岸花园	江宁	普通住宅	03/05	476	65467
14	2012400021	璟湖广场	六合	办公	08/15	643	63750
15	2012300021	北外滩水城	浦口	普通住宅	04/14	622	63516
16	2012300011	万锦花园	浦口	普通住宅	03/04	554	63470
17	2012100148W	滨江云阙公寓	建邺	酒店式公寓	12/29	328	61763
18	2012100145	新地中心二期	建邺	其他	12/16	2	61531
19	2012200082	碧堤湾畔花园	江宁	普通住宅	09/10	281	59590
20	2012400032	丰盛凤凰府	六合	动迁安置房	10/27	654	58732

资料来源：中国房地产决策咨询系统（CRIC）

表2-176　2012年无锡市供应面积前二十商品房预售许可证列表

单位：套、平方米

序号	预售证号	项目名称	区域	用途	时间	套数	面积
1	(2012)惠预销准字第14号	明发国际新城	惠山	普通住宅	05/03	1292	147218
2	(2012)惠预销准字第30号	赛格电子市场	惠山	商业	09/07	6198	113001
3	(2012)预销准字第036号	无锡金融中心	滨湖	办公	07/04	163	98637
4	(2012)预销准字第063号	时代上城	南长	普通住宅	07/31	772	85414
5	(2012)锡山预销准字第32号	友谊大厦	锡山	商业	10/08	511	84408
6	(2012)惠预销准字第42号	五洲国际装饰城	惠山	商业	11/20	2806	81173
7	(2012)惠预销准字第21号	理想城市花园	惠山	普通住宅	06/14	768	78597
8	(2012)预销准字第021号	南方不锈钢交易中心	新区	办公	04/28	1224	77937
9	(2012)惠预销准字第8号	洛城·水韵园	惠山	普通住宅	02/21	549	76504
10	(2012)预销准字第008号、锡房市场[2012]107号	融智大厦	新区	办公	03/16	511	72326
11	(2012)锡山预销准字第33号	东城壹品花园	锡山	普通住宅	11/08	540	70024
12	(2012)惠预销准字第25号	龙湖悠山花苑	惠山	别墅	07/25	335	69133
13	(2012)预销准字第086号	天域景园	北塘	普通住宅	09/20	522	67849
14	(2012)预销准字第053号	世贸国际公寓	南长	办公	08/16	544	66921
15	(2012)预销准字第098号	紫郡花园	新区	普通住宅	10/10	556	65241
16	(2012)预销准字第094号	上品花园	新区	普通住宅	09/27	671	63635
17	(2012)锡山预销准字第3号	世纪锦园	锡山	普通住宅	04/01	520	61494
18	(2012)预销准字第041号	蠡湖香樟园	滨湖	普通住宅	06/08	270	61104
19	(2012)预销准字第060号	尚东雅园	新区	普通住宅	07/27	606	60196
20	(2012)惠预销准字第47号	溪畔橡园	惠山	普通住宅	12/07	543	60053

资料来源：中国房地产决策咨询系统（CRIC）

表2-177　2012年苏州市供应面积前二十商品房预售许可证列表

单位：套、平方米

序号	预售证号	项目名称	区域	用途	时间	套数	面积
1	苏房预金2012019号	宝祥苑	金阊	动迁安置房	03/07	3160	235612
2	苏房预园2012054号	东方之门	园区	酒店式公寓	04/20	341	110959
3	苏房预相2012029号	花好月圆	相城	普通住宅	03/21	811	102544
4	苏房预园2012072号	橙郡	园区	普通住宅	05/16	953	98587
5	苏房预园2012089号	中海国际社区橙郡	园区	普通住宅	06/15	836	93381
6	苏房预相2012237号	繁花中心商业	相城	商业	12/20	288	86533
7	苏房预金2012143号	中海御景湾	金阊	普通住宅	08/30	772	85453
8	苏房预金2012176号	和泰家园	金阊	动迁安置房	09/27	884	84196
9	苏房预相2012184号	北桥国际家具材料城	相城	商业	10/11	306	78031
10	苏房预园2012177号	鼎立蝴蝶湾	园区	普通住宅	09/27	618	77831
11	苏房预园2012216号	滨江苑	园区	普通住宅	11/22	578	75269
12	苏房预园2012106号	圆融星座办公	园区	办公	07/13	224	74487
13	苏房预园2012048号	路劲主场森邻公馆	园区	普通住宅	04/06	695	74266
14	苏房预相2012237号	繁花中心	相城	酒店式公寓	12/20	500	72854
15	苏房预园2012096号	凤凰国际书城办公	园区	办公	06/20	391	67462
16	苏房预金2012095号	中海御景湾	金阊	普通住宅	06/20	660	66395
17	苏房预吴2012240号	万科城	吴中	普通住宅	12/25	621	64078
18	苏房预园2012071号	绿城御园	园区	别墅	05/09	76	61569
19	苏房预园2012215号	中央景城三期	园区	普通住宅	11/20	451	60747
20	苏房预新2012224号	旭辉华庭	新区	普通住宅	12/04	639	59411

资料来源：中国房地产决策咨询系统（CRIC）

表2-178 2012年杭州市供应面积前二十商品房预售许可证列表

单位：套、平方米

序号	预售证号	项目名称	区域	用途	时间	套数	面积
1	20120068	和家园御和园	西湖	普通住宅	07/23	468	86271
2	20123013	观澜时代国际花园云邸	下沙	普通住宅	06/08	474	85342
3	20123039	碧桂园	下沙	普通住宅	12/15	974	83285
4	20120119	百大绿城西子国际	江干	办公	10/29	253	79344
5	20120050	泛海国际中心	江干	办公	06/11	86	75683
6	20124005	半岛水岸华庭	滨江	普通住宅	03/23	646	73638
7	20120037	武林国际公寓	下城	普通住宅	05/27	312	65251
8	20120067	九润公寓	江干	普通住宅	07/19	544	64864
9	20120115	同人精华大厦	西湖	酒店式公寓	10/26	1381	64253
10	20120083	桂花金座	余杭	普通住宅	07/09	507	62121
11	20120058	桦枫居	下城	普通住宅	07/12	602	60253
12	2012031	义蓬购物中心商办楼	萧山	商业	05/17	1346	59071
13	2012094	空港国际花苑	萧山	普通住宅	11/13	467	56342
14	20120127	连城国际花园	余杭	普通住宅	08/31	537	55542
15	20120085	田园牧歌公寓麓云苑	拱墅	普通住宅	09/08	431	53249
16	20120019	青枫墅园	余杭	普通住宅	03/26	549	51674
17	20120027	滨江·金色黎明	江干	普通住宅	04/13	449	51418
18	20125002	天阳云筑	之江开发	普通住宅	05/17	466	50358
19	20120111	文溪鼎园	西湖	普通住宅	10/22	475	49370
20	20120185	香醍溪岸花苑	余杭	普通住宅	11/01	428	48645

资料来源：中国房地产决策咨询系统（CRIC）

表2-179 2012年宁波市供应面积前二十商品房预售许可证列表

单位：套、平方米

序号	预售证号	项目名称	区域	用途	时间	套数	面积
1	甬科房预许字2012第004号	港隆时代广场	科技园	商业	09/19	335	158901
2	镇房预许字2012第002号	保利城	镇海	普通住宅	04/26	1128	149610
3	北房预许字2012第012号	环球·东方港城花园	北仑	普通住宅	11/01	932	142711
4	甬科房预许字2012第005号	东海景花苑二期	科技园	普通住宅	12/24	644	140450
5	北房预许字2012第013号	锦绣千丈	北仑	普通住宅	11/01	1129	138564
6	北房预许字2012第015号	凯旋华庭二期	北仑	普通住宅	11/28	594	94181
7	鄞房预许字2012第026号	君和院	鄞州	普通住宅	11/24	904	91555
8	鄞房预许字2012第501号	海润佳园	鄞州	经济适用房	05/14	1199	91460
9	北房预许字2012第003号	大同新村	北仑	动迁安置房	06/19	918	89359
10	甬科房预许字2012第001号	东海景花苑一期	科技园	别墅	05/14	175	88849
11	鄞房预许字2012第017号	金色城市二期	鄞州	普通住宅	08/15	736	88778
12	鄞房预许字2012第012号	宜家花园	鄞州	普通住宅	07/03	716	87832
13	甬房预许字2012第002号	钰鼎园	江北	普通住宅	06/05	632	85431
14	江北北区房预许字2007第013号	逸嘉新园(6#-2)北区	江北	经济适用房	05/29	970	84076
15	镇房预许字2012第011号	万科城	镇海	普通住宅	11/12	660	76206
16	甬房预许字2012第007号	宁波财富中心	江东	办公	08/09	132	73535
17	北房预许字2012第008号	龙湖·滟澜海岸	北仑	普通住宅	09/27	648	72594
18	甬房预许字2012第014号	星河花园	江东	普通住宅	11/02	484	68290
19	镇房预许字2012第003号	公元世家	镇海	普通住宅	05/08	602	67814
20	甬房预许字2012第007号	青林湾二期	海曙	普通住宅	07/03	421	60076

资料来源：中国房地产决策咨询系统（CRIC）

表2–180 2012年合肥市供应面积前二十商品房预售许可证列表

单位：套、平方米

序号	预售证号	项目名称	区域	用途	时间	套数	面积
1	20120045	明发商业广场	庐阳	商业	03/14	333	177052
2	20120517	之心城	蜀山	商业	09/26	10	121817
3	20100796	华侨广场	庐阳	商业	06/01	31	109483
4	20120641	新地中心	政务	办公	11/17	523	90849
5	20120004	东方广场	包河	商业	01/13	19	79321
6	20120517	之心城	蜀山	办公	09/26	390	72688
7	20120466	安粮城市广场	蜀山	普通住宅	09/13	1256	71309
8	20120046	明发商业广场	庐阳	商业	03/14	1053	61935
9	20120258	翡丽时代广场	庐阳	办公	06/20	302	59908
10	20120577	大溪地现代城六期	蜀山	普通住宅	10/18	512	55165
11	20120082	凯旋门小区	政务	普通住宅	03/30	264	52042
12	20120450	滨湖时代广场	滨湖	办公	09/12	366	50680
13	20120734	左岸名苑	瑶海	普通住宅	12/24	452	50076
14	20120216	置地广场	政务	普通住宅	06/05	305	50054
15	20120729	中翔商业中心	滨湖	办公	12/21	742	49429
16	20120076	金色梧桐公寓	瑶海	普通住宅	03/23	495	48868
17	20120501	优山美地广场	高新	普通住宅	09/25	682	48313
18	20120428	合肥百乐门名品广场	经济	办公	08/25	300	47577
19	20120729	中翔商业中心	滨湖	商业	12/21	28	46899
20	20120043	国贸天琴湾	政务	普通住宅	03/14	396	45830

资料来源：中国房地产决策咨询系统（CRIC）

表2–181 2012年福州市供应面积前二十商品房预售许可证列表

单位：套、平方米

序号	预售证号	项目名称	区域	用途	时间	套数	面积
1	20123570	福州国际金融中心	台江	办公	11/09	293	79675
2	20123550	福州海峡水产品交易中心及商务配套	马尾	其他	09/04	2	73258
3	20123504	名城银河湾	马尾	普通住宅	04/09	609	71084
4	20123540	东二环泰禾城市广场	晋安	办公	07/27	1534	68437
5	20123577	后坂新城三区(东浦新苑)	仓山	限价房	11/05	704	67374
6	20123483	名城银河湾	马尾	普通住宅	02/16	582	66121
7	20123569	远东丽景	晋安	动迁安置房	10/08	722	60918
8	20123604	后坂新城一区(后坂小区)	仓山	动迁安置房	12/04	648	60687
9	20123498	泰禾城市广场	晋安	办公	03/27	1390	60008
10	20123507	世欧王庄	晋安	普通住宅	04/13	370	53770
11	20123477	融侨外滩二期	仓山	车库/车位	01/17	1681	52061
12	20123584	世欧王庄	晋安	普通住宅	11/06	328	51094
13	20123619	恒丰大厦	台江	办公	12/19	159	50711
14	20123506	三盛国际公园	晋安	普通住宅	04/13	365	49379
15	20123610	华浦华尔街	台江	办公	12/11	240	49235
16	20123525	宇洋中央金座	台江	办公	06/21	223	48874
17	20123489	三盛国际公园	晋安	普通住宅	03/08	356	47710
18	20123532	东二环泰禾城市广场	晋安	办公	07/16	1014	45250
19	20123527	东二环泰禾城市广场	晋安	办公	06/27	986	44126
20	20123522	融侨外滩二期	仓山	普通住宅	06/15	188	43617

资料来源：中国房地产决策咨询系统（CRIC）

表2-182　2012年厦门市供应面积前二十商品房预售许可证列表

单位：套、平方米

序号	预售证号	项目名称	区域	用途	时间	套数	面积
1	20120036	海峡交流中心	思明	办公	06/01	326	178591
2	20120049	泰地海西中心	海沧	办公	07/11	1467	175098
3	20120070	和谐天下	同安	普通住宅	09/25	326	143818
4	20120009	世茂海峡大厦	思明	办公	03/13	902	117374
5	20120049	泰地海西中心	海沧	车库/车位	07/11	2686	108783
6	20120036	海峡交流中心	思明	车库/车位	06/01	2205	91714
7	20120039	新景七星公馆	思明	普通住宅	06/07	402	91061
8	20120033	观音山国际商务营运中心	思明	办公	05/18	116	88147
9	20120078	新景龙郡	湖里	普通住宅	09/29	714	81540
10	20120075	过云溪	海沧	普通住宅	12/26	760	80534
11	20120097	万科城	海沧	普通住宅	12/14	696	68794
12	20120044	建发中央湾区	湖里	普通住宅	08/11	514	68372
13	20120036	海峡交流中心	思明	商业	06/01	1	65463
14	20120005	海峡国际社区	思明	普通住宅	02/20	272	64253
15	20120031	厦门国际物流中心	湖里	办公	05/17	271	63507
16	20120062	万科城	海沧	普通住宅	08/24	636	61561
17	20120030	水晶湖郡	集美	普通住宅	06/27	478	59664
18	20120088	万科金域华府	集美	普通住宅	12/14	524	56853
19	20120092	新景城市天骄	同安	普通住宅	12/31	640	55982
20	20120044	建发中央湾区	湖里	普通住宅	07/02	433	55510

资料来源：中国房地产决策咨询系统（CRIC）

表2-183　2012年南昌市供应面积前二十商品房预售许可证列表

单位：套、平方米

序号	预售证号	项目名称	区域	用途	时间	套数	面积
1	2012-0004	象湖桃源	南昌县	普通住宅	01/17	2515	261308
2	2012-0073	月星国际建材家居生活广场	南昌县	商业	08/23	2551	201270
3	2012-0037	恒大城	南昌县	普通住宅	05/15	1167	132870
4	2012-0101	恒大绿洲	英雄经济技术开发区	普通住宅	10/19	864	122479
5	2012-0106	银亿上尚城	南昌县	普通住宅	10/25	1144	113049
6	2012-0041	力高国际城	南昌县	普通住宅	05/29	1069	106160
7	[2012]21282	绿地中央广场	红谷滩	办公	11/16	438	106091
8	[2012]21281	绿地中央广场	红谷滩	办公	11/16	439	105384
9	2012-0114	澄湖春天	南昌县	普通住宅	11/14	1116	81116
10	2012-0016	恒大绿洲	英雄经济技术开发区	普通住宅	03/19	578	81089
11	[2012]20341	力高滨江国际	西湖	办公	03/13	777	69792
12	2012-0009	银亿上尚城	南昌县	普通住宅	2/16	526	67315
13	[2012]21413	南昌万达中心	红谷滩	办公	12/13	396	64324
14	2012-0102	江铃·底特律新城	南昌县	普通住宅	10/19	880	63919
15	[2012]20608	世茂天城	红谷滩	商业	05/25	6	54506
16	[2012]21151	泰豪科技广场	高新技术产业开发区	办公	10/12	914	50624
17	[2012]20336	滨江一号	西湖	办公	03/09	470	48500
18	2012-0018	银亿上尚城	南昌县	普通住宅	03/26	381	46113
19	2012-0090	星洲国际	南昌县	普通住宅	09/21	506	45925
20	[2012]21280	南昌万达中心	红谷滩	办公	11/16	368	44165

资料来源：中国房地产决策咨询系统（CRIC）

表2-184 2012年济南市供应面积前二十商品房预售许可证列表

单位：套、平方米

序号	预售证号	项目名称	区域	用途	时间	套数	面积
1	济建预许2012199号	卓越时代广场	历下	普通住宅	06/29	2627	88742
2	济建预许2012254号	奥体酒店配套建设项目	历下	办公	07/28	341	79818
3	济建预许2012304号	龙奥金座	历下	办公	09/03	221	62138
4	济建预许2012270号	中建文化城二期	历下	办公	11/20	527	53409
5	济建预许2012263号	鲁商国奥城	历下	办公	08/13	258	52437
6	济建预许2012400号	祥泰广场	市中	办公	11/12	303	48593
7	济建预许2012503号	恒大帝景项目	历下	普通住宅	11/30	138	46690
8	济现备字2012001号	中铁・汇展国际	高新	其他	01/20	127	46455
9	济建预许2012208号	奥体酒店配套建设项目	历下	办公	09/17	25	43959
10	济建预许2012502号	恒大帝景项目	历下	普通住宅	11/30	186	40616
11	济建预许2012357号	保利中心C地块	槐荫	普通住宅	11/01	829	40020
12	济建预许2012219号	名士豪庭	历下	普通住宅	07/10	328	38206
13	济建开预许字第(2012)C0009号	恒大绿洲B地块	长清	普通住宅	07/16	372	37282
14	济建预许2012460号	龙奥9号	历下	普通住宅	12/07	567	37248
15	济建预许2012335号	盛福片区B2-3地块	历下	普通住宅	09/20	840	36761
16	济建预许2012085号	盛福片区B2-3地块	历下	办公	04/13	854	36409
17	济建预许2012135号	绿地缤纷城	槐荫	办公	06/19	192	34935
18	济建预许2012062号	名泉春晓F地块	天桥	普通住宅	03/22	301	33411
19	济建预许2012218号	绿地普利中心	市中	办公	07/10	180	33111
20	济建预许2012149号	凯旋项目东地块	槐荫	普通住宅	05/19	344	32137

资料来源：中国房地产决策咨询系统（CRIC）

表2-185 2012年青岛市供应面积前二十商品房预售许可证列表

单位：套、平方米

序号	预售证号	项目名称	区域	用途	时间	套数	面积
1	即房(2012)注字026	坊子街回迁安置项目	即墨市	动迁安置房	08/24	1727	166421
2	青房注字(2012)第005号	财富中心	市南	办公	04/17	481	161850
3	南房注字(2012)第032号	月亮湾	胶南市	普通住宅	07/25	1226	127649
4	青房地权备字2012第286号	东方城购物中心	城阳	商业	09/17	295	117467
5	平房注字(2012)364号	平度豪德财富商贸物流城	平度市	商业	11/27	1007	110074
6	青房注字(2012)第045号	香山美墅	市北	普通住宅	10/09	631	108517
7	南房注字(2012)第019号	海上罗兰	胶南市	普通住宅	05/14	1029	105292
8	南房注字(2012)第014	金融广场	胶南市	普通住宅	06/08	882	102014
9	青房注字(2011)第009变1号	青岛国际贸易中心	市南	酒店式公寓	05/25	395	98692
10	南房注字(2012)第024	金融广场	胶南市	办公	08/21	814	95359
11	南房注字(2012)第026	湾上	胶南市	普通住宅	08/02	464	94214
12	即房(2012)注字011	利群集团即墨广场	即墨市	商业	07/26	714	90822
13	青房注字(2012)第020号	联城.海岸锦城	四方	普通住宅	06/22	936	89616
14	青房注字(2012)第061号	青岛印象・山	市北	普通住宅	11/22	490	87044
15	青经房注字(2012)第011号	中冶・文沁苑	四方	经济适用房	10/25	1339	86932
16	青房注字(城12)第18	中铁丹山住宅项目二期	城阳	普通住宅	06/07	940	84977
17	即房(2012)注字001	通济农民经济适用房小区	即墨市	经济适用房	07/12	827	78495
18	南房注字(2011)第066	东方至尊	胶南市	普通住宅	01/06	617	76724
19	青房注字(2012)第050号	海岸华府	李沧	普通住宅	09/29	959	75549
20	即房(2012)注字050	万科东郡一期	即墨市	普通住宅	10/20	746	73580

资料来源：中国房地产决策咨询系统（CRIC）

表2-186　2012年武汉市供应面积前二十商品房预售许可证列表

单位：套、平方米

序号	预售证号	项目名称	区域	用途	时间	套数	面积
1	武房开预售[2012]129号	卓尔生活城	黄陂	普通住宅	05/31	1202	110945
2	武房开预售[2012]392号	天宇盛世滨江	硚口	普通住宅	09/01	1005	109799
3	武房开预售[2012]172号	福星惠誉・福星城二期	江汉	普通住宅	05/31	1060	108034
4	武房开预售[2012]459号	兰亭珑府	汉阳	普通住宅	10/01	436	101170
5	武房开预售[2012]360号	金域天下花园(B地块)	洪山	普通住宅	09/01	1092	97352
6	武房开预售[2012]226号	世茂锦绣长江	汉阳	普通住宅	06/01	515	91258
7	武房开预售[2012]451号	观澜高尔夫公馆	经济技术开发区	普通住宅	10/01	1003	90574
8	武房开预售[2012]301号	复地东湖国际	武昌	普通住宅	08/01	620	85709
9	武房开预售[2012]390号	龙阳1号	汉阳	普通住宅	09/01	832	84416
10	武房开预售[2012]376号	星汇云锦	硚口	普通住宅	09/01	616	81037
11	武房开预售[2012]270号	华侨城	武昌	普通住宅	07/30	408	80020
12	武房开预售[2012]49号	菩提苑	江夏	普通住宅	03/30	644	78454
13	武房开预售[2012]311号	光谷新世界中心B地块	东湖高新	普通住宅	09/01	711	77828
14	武房开预售[2012]70号	百步亭现代城三区	江岸	普通住宅	03/30	701	75876
15	武房开预售[2012]67号	凯乐桂园	洪山	普通住宅	03/30	750	75351
16	武房开预售[2012]283号	百瑞景	武昌	普通住宅	07/30	640	73658
17	武房开预售[2012]246号	福星惠誉水岸国际	武昌	普通住宅	07/30	640	73621
18	武房开预售[2012]86号	福星惠誉.福星城二期	江汉	普通住宅	04/30	662	72651
19	武房开预售[2012]464号	万锦江城	江岸	普通住宅	11/01	694	72157
20	武房开预售[2012]135号	积玉桥万达广场	武昌	普通住宅	05/31	252	70560

资料来源：中国房地产决策咨询系统（CRIC）

表2-187　2012年长沙市供应面积前二十商品房预售许可证列表

单位：套、平方米

序号	预售证号	项目名称	区域	用途	时间	套数	面积
1	2012-0113	喜盈门城市生活广场	雨花	商业	04/20	2284	192034
2	2012-0458	保利国际广场	天心	办公	11/09	773	130047
3	2012-0167	泊富商业广场(办公)	开福	办公	05/15	1113	122195
4	2012-0167	泊富国际广场	开福	办公	12/07	1113	122191
5	XD12-0049	奥克斯广场	岳麓	其他	12/27	105	114620
6	2012-0265	华晨世纪广场(商业)	雨花	商业	07/11	410	111472
7	2011-0686	保利国际广场	天心	办公	12/13	1887	105463
8	2012-0113	喜盈门城市生活广场	雨花	其他	04/20	71	104679
9	2012-0167	泊富商业广场(商业)	开福	商业	05/15	173	94698
10	2012-0167	泊富国际广场	开福	商业	12/07	352	94667
11	2012-0596	顺天国际金融中心	雨花	办公	11/26	723	90159
12	XD11-0357	绿地中央广场	岳麓	办公	08/29	548	86126
13	2012-0565	开福万达广场	开福	办公	11/14	380	84106
14	2012-0025	华远华中心	天心	普通住宅	11/16	282	79493
15	2012-0027	建发汇金国际	天心	办公	03/12	1615	78268
16	2012-0027	建发汇金国际	天心	办公	10/18	1609	76737
17	2012-0453	南湖一号	天心	普通住宅	09/27	1198	68585
18	2012-0028	水岸山城	浏阳	普通住宅	04/24	639	68093
19	2012-0253	星城荣域园	天心	商业	10/11	476	61447
20	2012-0115	喜盈门城市生活广场	雨花	办公	04/20	1200	59396

资料来源：中国房地产决策咨询系统（CRIC）

表2-188 2012年广州市供应面积前二十商品房预售许可证列表

单位：套、平方米

序号	预售证号	项目名称	区域	用途	时间	套数	面积
1	20120274	汇悦台	天河	普通住宅	05/16	419	149569
2	20120808	雅居乐富春居	萝岗	普通住宅	11/23	475	143871
3	20120923	嘉裕花园	天河	普通住宅	12/27	909	141927
4	20120194	珠江帝景苑帝灏轩	海珠	普通住宅	04/24	672	114283
5	20120536	云峰花园	花都	普通住宅	08/22	1045	111808
6	20120736	番禺万达广场	番禺	酒店式公寓	10/24	1868	105413
7	20120803	新光城市花园	番禺	普通住宅	11/22	1122	102611
8	20120824	碧桂园山湖湾	南沙	普通住宅	11/30	1041	96975
9	20120940	富基广场	海珠	普通住宅	12/29	760	85855
10	20120093	新都盛世名门宏城汇	增城市	普通住宅	03/16	1438	85245
11	20120204	保利水晶花园	花都	普通住宅	05/09	661	84458
12	20120634	富力 盈通大厦办公	天河	办公	09/20	452	78796
13	20120532	从化金泉山庄	从化市	别墅	08/21	206	77713
14	20120328	雅尚苑	番禺	普通住宅	06/05	767	71905
15	20120495	可逸江畔花园	番禺	普通住宅	09/14	463	70784
16	20120850	珠光御景山水花园	从化市	普通住宅	12/07	603	70742
17	20120802	金沙湾花园五区	番禺	普通住宅	11/22	522	68705
18	20120445	华翠园(时代城)	花都	普通住宅	07/19	600	68283
19	20120153	祈福聚龙堡	花都	普通住宅	11/26	786	67062
20	20120222	自由人花园	花都	普通住宅	10/08	504	66460

资料来源：中国房地产决策咨询系统（CRIC）

表2-189 2012年深圳市供应面积前二十商品房预售许可证列表

单位：套、平方米

序号	预售证号	项目名称	区域	用途	时间	套数	面积
1	深房许字(2012)龙岗044号	佳兆业城市广场	龙岗	普通住宅	12/27	2291	227985
2	深房许字(2012)龙岗032号	融湖世纪花园	龙岗	普通住宅	11/06	1922	201638
3	深房许字(2012)福田008号	东海国际中心	福田	普通住宅	11/02	954	191165
4	深房许字(2012)龙岗017号	中海阅景花园	龙岗	经济适用房	08/08	2888	189787
5	深房许字(2012)宝安007号	中洲华府	宝安	普通住宅	04/28	954	140758
6	深房许字(2012)宝安010号	莱蒙水榭春天	宝安	普通住宅	06/07	1406	139249
7	深房许字(2012)宝安006号	星河盛世花园	宝安	普通住宅	04/26	1642	135854
8	深房许字(2012)福田003号	深业泰然大厦	福田	办公	05/30	263	130145
9	深房许字(2012)宝安021号	勤诚达和园	宝安	普通住宅	09/04	1187	125550
10	深房许字(2012)宝安016号	中粮锦云	宝安	普通住宅	07/20	1126	119778
11	深房许字(2012)坪山008号	中粮一品澜山花园	龙岗	普通住宅	10/10	1018	99264
12	深房许字(2012)宝安019号	绿景公馆	宝安	普通住宅	08/10	817	98608
13	深房许字(2012)龙华003号	绿景公馆	宝安	普通住宅	11/30	1249	97530
14	深房许字(2012)宝安013号	芷峪澜湾	宝安	普通住宅	06/20	918	96402
15	深房许字(2012)宝安005号	星河盛世花园	宝安	普通住宅	04/26	720	96031
16	深房许字(2012)坪山001号	深业东城国际	龙岗	普通住宅	01/05	1030	86808
17	深房许字(2012)龙岗036号	万科公园里花园	龙岗	普通住宅	11/23	918	86757
18	深房许字(2012)龙岗008号	振业城	龙岗	普通住宅	05/28	452	86031
19	深房许字(2012)福田005号	兰江山第花园	福田	普通住宅	07/26	465	82666
20	深房许字(2012)龙岗035号	THE TOWN 乐城	龙岗	普通住宅	11/22	996	82212

资料来源：中国房地产决策咨询系统（CRIC）

表2-190 2012年南宁市供应面积前二十商品房预售许可证列表

单位：套、平方米

序号	预售证号	项目名称	区域	用途	时间	套数	面积
1	南房预字(2012)第128号	龙凤首缘	青秀	限价房	10/17	2957	232992
2	南房预字(2012)第099号	长湖景苑	青秀	普通住宅	08/23	1224	207193
3	南房预字(2012)第008号	富乐新城	江南	动迁安置房	01/21	1554	115102
4	南房预字(2012)第103号	东盟和城	江南	普通住宅	08/29	1025	84696
5	南房预字(2012)第086号	安吉丽城	西乡塘	普通住宅	07/27	658	82723
6	南房预字(2012)第115号	荣和・山水绿城三期	兴宁	普通住宅	09/18	870	75293
7	南房预036字(2012)第036号	金象五区・瑞和家园	良庆	普通住宅	04/09	618	73572
8	南房预字(2012)第152号	东盟和城	江南	普通住宅	11/28	702	72688
9	南房预字(2012)第070号	嘉和城	兴宁	普通住宅	06/11	546	59919
10	南经房预字(2011)12号	中房・碧翠园	江南	经济适用房	03/07	680	57342
11	南房预字(2012)第052号	荣和MOCO社区	西乡塘	普通住宅	04/28	710	54061
12	南经房预字(2012)9号	龙光・普罗旺斯六期	江南	普通住宅	09/19	448	53936
13	南房预字(2012)第034号	瀚林山水源	兴宁	普通住宅	04/05	525	49834
14	南房预字(2012)第010号	童乐嘉园	西乡塘	普通住宅	02/20	420	48963
15	南房预字(2012)第074号	隆源雅居	西乡塘	普通住宅	06/19	434	46975
16	南房预字(2012)第164号	东盟中央城	青秀	普通住宅	12/21	459	45658
17	南房预字(2012)第159号	荣和・大地	青秀	别墅	12/03	103	45551
18	南房预字(2012)第035号	瀚林御景	西乡塘	普通住宅	04/09	498	45022
19	南房预字(2012)第045号	天健・国际公馆	青秀	普通住宅	04/26	727	43766
20	南房预字(2012)第028号	翡翠园Ⅱ区	青秀	普通住宅	03/30	306	42153

资料来源：中国房地产决策咨询系统（CRIC）

表2-191 2012年北海市供应面积前二十商品房预售许可证列表

单位：套、平方米

序号	预售证号	项目名称	区域	用途	时间	套数	面积
1	北建房预字第2012036号	润和花园	海城	普通住宅	08/30	1136	90301
2	北建房预字第2012052号	穗丰金湾	海城	普通住宅	11/29	690	69864
3	北建房预字第2012032号	蓝山上湾小区	银海	普通住宅	10/26	666	59367
4	北建房预字第2012033号	嘉和冠山海东区爱丁堡	银海	普通住宅	08/20	685	49603
5	北建房预字第2012037号	金域熙城	银海	普通住宅	09/04	724	48860
6	北建房预字第2012050号	东方之珠花园	海城	普通住宅	11/26	479	47976
7	北建房预字第2012022号	瑞海花园	海城	普通住宅	06/05	513	46684
8	北建房预字第2012059号	恒大御景半岛	银海	普通住宅	12/21	512	45596
9	北建房预字第2012056号	中南明珠花园	海城	普通住宅	12/12	474	44925
10	北建房预字第2012024号	未来城	海城	普通住宅	06/19	485	37949
11	北建房预字第2012062号	北海市经济适用房成都路小区	海城	普通住宅	12/20	480	35747
12	北建房预字第2012021号	桐洋家园	银海	普通住宅	09/14	406	35318
13	北建房预字第2012058号	桐洋家园	银海	普通住宅	12/18	382	33793
14	北建房预字第2012047号	美和家园	银海	普通住宅	11/07	406	33089
15	北建房预字第2012001号	百丰花园	海城	普通住宅	01/09	354	32801
16	北建房预字第2012026号	北海国际新城	海城	普通住宅	07/18	418	30295
17	北建房预字第2012032号	蓝山上湾小区	银海	普通住宅	08/20	198	26207
18	北建房预字第2012041号	桐洋家园	银海	普通住宅	10/16	270	23766
19	北建房预字第2012051号	北海市经济适用房成都路小区	海城	经济适用房	11/26	336	23490
20	北建房预字第2012042号	金工生活园	海城	普通住宅	10/22	297	23169

资料来源：中国房地产决策咨询系统（CRIC）

表2-192　2012年海口市供应面积前二十商品房预售许可证列表

单位：套、平方米

序号	预售证号	项目名称	区域	用途	时间	套数	面积
1	20120011	五源河公寓	秀英	经济适用房	03/31	2952	376040
2	20120079	永秀花园	秀英	经济适用房	11/26	3187	340804
3	20120033	海南大厦	美兰	办公	06/15	687	129214
4	20120060	海长流一期	秀英	普通住宅	09/25	1110	110056
5	20120041	国贸城市花园	龙华	普通住宅	08/13	1146	108779
6	BZ20110007	凤翔花园A地块经济适用住房	琼山	经济适用房	03/19	1653	100958
7	20120072	南海・幸福城	龙华	普通住宅	10/18	854	91266
8	20120046	蓝城印象一期	秀英	普通住宅	09/04	538	85189
9	20120062	和风・鑫苑	美兰	经济适用房	09/28	535	80447
10	20120008	中信・台达国际一期工程	琼山	普通住宅	03/15	832	69351
11	20120085	帝景海岸	美兰	普通住宅	12/26	613	66226
12	20120045	和信广场	龙华	普通住宅	09/04	557	64463
13	BZ20120003	海南广播电视总台职工集资住宅楼	龙华	经济适用房	09/27	392	63502
14	20120005	高尔夫学院、运动中心及赛事公寓	秀英	普通住宅	01/19	612	61102
15	20120024	碧海丹城一期	龙华	限价房	05/03	436	51944
16	20120077	海岸雅居	美兰	普通住宅	11/02	568	51024
17	20120056	椰海雅苑	龙华	普通住宅	09/18	318	49887
18	20120083	海口观澜湖旅游风情小镇国际企业家园	秀英	普通住宅	12/14	545	49403
19	20120055	滨海新天地一期(29#地块)	秀英	普通住宅	09/18	542	49000
20	20120012	滨江度假城	琼山	普通住宅	04/11	529	45210

资料来源：中国房地产决策咨询系统（CRIC）

表2-193　2012年三亚市供应面积前二十商品房预售许可证列表

单位：套、平方米

	预售证号	项目名称	区域	用途	时间	套数	面积
1	三房预许字[2012]027号	航天•云海台	崖城镇	普通住宅	12/11	1373	114809
2	三房预许字[2009]052号	三亚湾美丽新海岸(三期)	河西	普通住宅	01/20	1686	93828
3	三房预许字[2012]032号	和泓・假日阳光	田独镇	普通住宅	12/27	1194	81476
4	三房预许字[2012]024号	三亚美丽之冠大酒店	河东	酒店式公寓	11/23	1699	72853
5	三房预许字[2012]030号	温泉谷度假村及休闲养生中心	田独镇	别墅	12/10	278	60900
6	三房预许字[2012]022号	鲁能三亚湾美丽五区	凤凰镇	普通住宅	10/20	727	59348
7	三房预许字[2012]017号	万科湖心岛一期	田独镇	普通住宅	09/14	908	57204
8	三房预许字[2011]042号	丽冠雅居一期	河东	普通住宅	01/14	616	52811
9	三房预许字[2011]033号 三房预许字[2012]003号	25度阳光E#、D#	河东	普通住宅	01/31	.548	48160
10	三房预许字[2012]010号	和泓•假日阳光	田独镇	普通住宅	10/13	795	45842
11	三房预许字[2012]009号	三亚宝宏度假休闲广场	河东	酒店式公寓	06/08	340	39706
12	三房预许字[2012]006号	凤凰岛国际养生度假中心	河西	酒店式公寓	05/11	439	39346
13	三房预许字[2012]002号	嘉宝花园二期商住楼	河东	普通住宅	01/14	442	37958
14	三房预许字[2012]029号	红树林度假会展酒店	河东	酒店式公寓	12/09	570	35122
15	三房预许字[2012]021号	鲁能三亚湾美丽三区二期	凤凰镇	别墅	10/20	163	31671
16	三房预许字[2012]004号	三中铁月川	河东	办公	03/12	42	29400
17	三房预许字[2012]008号	国际康体养生中心	田独镇	普通住宅	05/04	276	20360
18	三房预许字[2012]034号	四季龙湾产权式酒店	河东	酒店式公寓	12/30	268	19010
19	三房预许字[2012]020号	海立方度假公馆	凤凰镇	普通住宅	10/12	191	16936
20	三房预许字[2012]025号	时代海岸“香榭左岸”	河东	普通住宅	11/21	207	16369

资料来源：中国房地产决策咨询系统（CRIC）

表2-194　2012年重庆市供应面积前二十商品房预售许可证列表

单位：套、平方米

序号	预售证号	项目名称	区域	用途	时间	套数	面积
1	(2012)431	江北嘴金融城2号	江北	办公	07/20	507	256877
2	(2012)449	同景国际城香溪美岸	南岸	普通住宅	07/27	2202	211457
3	(2012)632	湖岸家园	沙坪坝	普通住宅	11/22	1353	193441
4	(2012)928	金融街融景城	江北	普通住宅	12/21	876	141929
5	(2012)469	爱加欧郡	渝北	普通住宅	10/17	1077	132688
6	(2012)324	环球金融中心	渝中	办公	06/08	590	110380
7	(2012)470	英利国际广场	渝中	商业	08/31	103	99096
8	(2012)246	美利山公园城市	渝北	普通住宅	05/11	920	91170
9	(2012)689	金融街融景城	江北	办公	10/24	455	89272
10	(2012)096	国际社区	南岸	普通住宅	03/20	930	80590
11	(2012)580)	万科城	渝北	普通住宅	09/10	772	80195
12	(2012)391	融创金茂时代	渝北	办公	06/29	489	78419
13	(2012)908	雍林雅苑	北碚	普通住宅	12/19	529	78009
14	(2012)016	东阳村经济适用房	北碚	经济适用房	01/13	856	76465
15	(2012)453	山与城	南岸	别墅	07/27	369	75424
16	(2012)406	黄桷山居・山语映象	南岸	普通住宅	07/12	886	75207
17	(2012)790	金隅大成时代都汇	南岸	普通住宅	11/16	799	75097
18	(2012)232	恒大雅苑	九龙坡	普通住宅	05/07	504	71801
19	(2012)915	财信广场	江北	办公	12/20	51	70781
20	(2012)677	融科橡树澜湾	渝北	普通住宅	09/27	719	68886

资料来源：中国房地产决策咨询系统（CRIC）

表2-195　2012年成都市供应面积前二十商品房预售许可证列表

单位：套、平方米

序号	预售证号	项目名称	区域	用途	时间	套数	面积
1	12042	川大文星花园	双流	普通住宅	07/07	1832	212249
2	12091	雅居乐花园	双流	普通住宅	10/26	599	200452
3	12104	温哥华花园	双流	普通住宅	11/12	1595	160399
4	8900	东方希望天祥广场	城南	办公	06/29	1411	151566
5	1354	中塑成都国际贸易中心	新都	商业	06/20	2165	150277
6	12115	城南之星	双流	办公	12/03	1508	147844
7	1338	香江全球家居CBD	新都	商业	05/10	1221	145170
8	1043	千禧河畔国际社区	温江	普通住宅	12/01	1281	131663
9	8870	新世纪环球中心	城南	办公	06/13	681	128871
10	1055	天来国际广场	温江	普通住宅	12/31	900	123750
11	8792	新世纪环球中心	城南	办公	04/20	596	123232
12	9457	金沙鹭岛	城西	普通住宅	12/03	1012	121479
13	12007	佳兆业上品	双流	普通住宅	02/16	954	116285
14	9231	蜀都中心	城南	办公	08/14	360	112781
15	9231	蜀都中心	城南	办公	07/23	360	111126
16	9030	成都国际科技节能大厦	城南	办公	08/14	740	109913
17	8770	仁和春天国际花园	城南	普通住宅	04/13	720	107575
18	9365	卓锦城	城东	普通住宅	12/01	1106	103433
19	1049	千禧河畔国际社区	温江	普通住宅	12/31	1200	99150
20	1050	洲际银海湾	温江	普通住宅	12/31	1056	96888

资料来源：中国房地产决策咨询系统（CRIC）

表2-196　2012年贵阳市供应面积前二十商品房预售许可证列表

单位：套、平方米

序号	预售证号	项目名称	区域	用途	时间	套数	面积
1	2012085	贵阳西南国际商贸城一期地面工程	金阳新	商业	11/13	27004	1478238
2	2012095	五里冲项目L1区	南明	普通住宅	10/20	5650	677907
3	2012128	花果园项目	南明	普通住宅	12/29	7856	636096
4	2012016	花果园	南明	普通住宅	03/24	5444	481545
5	2012057	花果园项目R-1区	南明	办公	06/29	8916	463383
6	2012023	花果园五里冲项目T2区	南明	普通住宅	04/24	5276	450259
7	2012051	花果园项目S2区	南明	普通住宅	06/24	5670	446261
8	2012052	花果园项目S1区	南明	普通住宅	06/20	3388	428265
9	2012037	未来方舟G1,F6组团	云岩	普通住宅	06/01	3385	423560
10	2012029	彭家湾花果园项目F区	南明	办公	05/07	6000	387621
11	2012050	花果园项目T1区	南明	普通住宅	06/24	3258	337747
12	2012054	花果园项目U2区	南明	普通住宅	06/25	3941	322491
13	2012053	花果园项目U1区	南明	普通住宅	06/26	3908	316934
14	2012057	花果园项目R-1区	南明	普通住宅	06/29	2464	308724
15	2012053	花果园项目U1区	南明	普通住宅	06/25	3040	239534
16	2012094	五里冲项目L2区	南明	普通住宅	10/20	2984	237533
17	2012056	花果园项目R-2区	南明	办公	12/13	4968	219242
18	2012019	中大国际广场A区	云岩	普通住宅	05/24	2200	206539
19	2012124	五里冲项目J区	南明	普通住宅	12/17	2510	204450
20	2012118	花果园项目M区	南明	办公	12/13	456	202465

资料来源：中国房地产决策咨询系统（CRIC）

表2-197　2012年昆明市供应面积前二十商品房预售许可证列表

单位：套、平方米

序号	预售证号	项目名称	区域	用途	时间	套数	面积
1	预许昆字2012022号	东盟森林小区	呈贡	普通住宅	03/29	2944	301431
2	预许昆字2012004号	春城慧谷小区	五华	普通住宅	01/05	2362	289813
3	预许昆字2012013号	溪畔丽景小区	盘龙	普通住宅	01/18	2709	259158
4	预许昆字2012048号	润城小区	西山	办公	05/25	1302	213662
5	预许昆字2012095号	滇池龙岸	官渡	别墅	09/05	744	205267
6	预许昆字2012050号	果林湖畔小区	官渡	别墅	06/14	542	197674
7	预许昆字2012101号	同德广场	盘龙	普通住宅	09/18	1490	195745
8	预许昆字2012058号	丽水雅苑	盘龙	普通住宅	06/21	1562	186019
9	预许昆字2012009号	红星宜居广场	西山	普通住宅	01/12	1603	171208
10	预许昆字2012076号	昆明玉器城	盘龙	普通住宅	08/02	1545	170437
11	预许昆字2012060号	大方居	呈贡	普通住宅	07/04	1494	164276
12	预许昆字2012010号	金尚俊园	盘龙	普通住宅	01/13	1531	160073
13	预许昆字2012079号	东骧神骏・万泰住宅小区	官渡	普通住宅	08/22	1578	156975
14	预许昆字2012026号	昆明宏盛达月星商业中心	西山	办公	04/06	2614	154408
15	预许昆字2012140号	新河居小区	西山	普通住宅	12/24	1087	142966
16	预许昆字2012122号	金坤尚城Ⅱ	西山	普通住宅	11/09	1256	140293
17	预许昆字2012078号	金坤尚城	西山	普通住宅	08/07	1258	138114
18	预许昆字2012045号	春城时光花园.	官渡	普通住宅	05/22	1116	133711
19	预许昆字2012035号	第三城.映象欣城C区	官渡	办公	04/26	1782	131640
20	预许昆字2012146号	建发曦城・菁雅苑	五华	普通住宅	12/28	1308	129326

资料来源：中-国房地产决策咨询系统（CRIC）

表2-198 2012年西安市供应面积前二十商品房预售许可证列表

单位：套、平方米

序号	预售证号	项目名称	区域	用途	时间	套数	面积
1	2012013	西安华南城	城东	商业	03/16	11111	416598
2	2012069	联盟新城	城南	普通住宅	06/29	3104	265444
3	2012099	天伦・御城龙脉	城南	普通住宅	05/25	2301	216945
4	2012090	西安大明宫万达广场(商业)	城北	商业	05/17	79	201109
5	2012254	西安首创国际城	城北	普通住宅	12/14	1676	176662
6	2012058	曲江公馆・和园	城南	普通住宅	11/02	733	165809
7	2012053	西安万锦城3A期	城东	普通住宅	06/21	1700	157153
8	2012090	西安大明宫万达广场(办公)	城北	办公	05/17	1543	152160
9	2012168	东晋桃源・缙福源	城北	普通住宅	08/30	1120	144766
10	2012005	丰和坊K公馆	城西	商业	01/19	1565	144298
11	2012005	丰和坊K公馆	城西	商业	02/02	1551	140607
12	2012069	联盟新城	城南	普通住宅	04/25	1758	135566
13	2012109	曲江・明珠	城南	普通住宅	06/13	1184	133926
14	2012001	东泰城市之光	城南	普通住宅	01/15	1418	130784
15	2012058	曲江公馆・和园	城南	普通住宅	10/25	567	130253
16	2012024	中海・紫御华府	城南	普通住宅	10/25	1103	125778
17	2012092	汇通太古城	城北	普通住宅	05/22	1083	125653
18	2011188	金业・观湖大第	城北	普通住宅	03/28	1292	124587
19	2012177	华府御城	城西	普通住宅	09/08	1328	121950
20	2011013	中国铁建・梧桐苑	城南	普通住宅	1/11	898	119292

资料来源：中国房地产决策咨询系统（CRIC）

表2-199 2012年兰州市供应面积前二十商品房预售许可证列表

单位：套、平方米

序号	预售证号	项目名称	区域	用途	时间	套数	面积
1	兰房商预字(2012)第33号	阳光怡园	安宁	普通住宅	11/02	1921	223726
2	兰房商预字(2012)第055号	格林小镇	城关	普通住宅	12/06	590	87476
3	兰房商预字(2012)第40号	天庆・国际新城	七里河	普通住宅	10/11	746	85021
4	兰房商预字(2012)第034-1号	安宁・亚泉湾商住小区	安宁	普通住宅	10/16	848	83584
5	兰房商预字(2012)第033号	鸿运・润园	城关	普通住宅	12/18	450	68781
6	兰房商预字(2012)第018-1号	仁恒・美林郡	七里河	普通住宅	08/03	645	68687
7	兰房商预字(2012)第045号	银滩雅苑	安宁	普通住宅	12/08	425	59264
8	兰房商预字(2012)第048号	亚太国际公馆	城关	普通住宅	12/18	549	58203
9	兰房商预字(2012)第042号	元森"北新时代"	城关	普通住宅	11/08	476	56851
10	兰房商预字(2012)第032-1号	兰怡・幸福里	安宁	普通住宅	09/17	556	53746
11	兰房商预字(2012)第003号	云祥花苑	城关	普通住宅	03/13	384	49510
12	兰房商预字(2012)第016号	天居安宁住宅小区	安宁	普通住宅	06/06	532	46875
13	兰房商预字(2012)第028号	天庆格林小镇	城关	普通住宅	08/07	382	45980
14	兰房商预字(2012)第051号	加莱・印象	安宁	普通住宅	12/08	437	45811
15	兰房商预字(2012)第022号	昶荣・水岸华庭	城关	普通住宅	09/05	430	45150
16	兰房商预字(2012)第030号	中海凯旋门	安宁	普通住宅	08/29	329	36321
17	兰房商预字(2012)第007号	北新时代	城关	普通住宅	03/10	360	35731
18	兰房商预字(2012)第025号	中鹏玥园住宅小区	西固	普通住宅	11/02	324	35036
19	兰房商预字(2012)第040号	中海凯旋门	安宁	普通住宅	10/16	262	33256
20	兰房商预字(2012)第001号	祥瑞人家	城关	普通住宅	03/01	310	29976

资料来源：中国房地产决策咨询系统（CRIC）

表2-200　2012年西宁市供应面积前二十商品房预售许可证列表

单位：套、平方米

序号	预售证号	项目名称	区域	用途	时间	套数	面积
1	2012房预售证第162号	盈吉・时代大厦	城东	普通住宅	09/07	359	49234
2	2012房预售证第182号	佳豪国际广场	城西	普通住宅	10/16	361	40725
3	2012房预售证第182号	佳豪国际广场	城西	商业	10/16	351	39399
4	2012房预售证第163号	杰鑫苑商住楼	城东	普通住宅	09/07	323	32191
5	2012房预售证第048号	夏都景苑	城西	普通住宅	04/26	280	32076
6	2012房预售证第060号	上品苑	城中	普通住宅	05/11	346	31156
7	2012房预售证第063号	玉珠花园	城西	普通住宅	05/24	255	31002
8	2012房预售证第199号	新三江花园小区	城中	普通住宅	11/15	264	30447
9	2012房预售证第108号	盛达・国际新城	海湖新	普通住宅	07/12	255	30106
10	2012房预售证第059号	盛达・国际新城	海湖新	普通住宅	05/22	256	28724
11	2012房预售证第079号	恒邦・紫荆城	城西	普通住宅	06/07	205	27354
12	2012房预售证第110号	新千国际广场	城东	其他	07/18	504	26293
13	2012房预售证第049号	紫薇丽都	城西	普通住宅	04/27	350	26256
14	2012房预售证第128号	省委海湖住宅小区	海湖新	普通住宅	07/26	192	26079
15	2012房预售证第214号	怡馨花园	城南新	普通住宅	12/07	222	25118
16	2012房预售证第156号	省委海湖住宅小区	海湖新	普通住宅	08/31	162	24866
17	2012房预售证第213号	怡馨花园	城南新	普通住宅	12/07	219	24759
18	2012房预售证第120号	省委海湖住宅小区	海湖新	普通住宅	07/26	180	24659
19	2012房预售证第127号	省委海湖住宅小区	海湖新	普通住宅	07/26	180	24620
20	2012房预售证第191号	泛泰依山郡二期	城东	普通住宅	11/02	241	24267

资料来源：中国房地产决策咨询系统（CRIC）

表2-201　2012年银川市供应面积前二十商品房预售许可证列表

单位：套、平方米

序号	预售证号	项目名称	区域	用途	时间	套数	面积
1	2011151	城市公元	兴庆	普通住宅	03/05	128	19250.21
2	2011152	银川财富大厦		办公	03/05	31	17831.53
3	2011149	华府万和城	金凤	普通住宅	03/05	153	16651.16
4	2009500	宁夏立达国际机电城		商业	10/24	6	14094.17
5	2011199	长信春天	兴庆	普通住宅	03/05	12	13259.47
6	2011170	湖畔嘉苑		普通住宅	03/05	145	10638.51
7	2011150	华府万和城	金凤	普通住宅	03/05	72	10005.2
8	2011169	湖畔嘉苑		普通住宅	03/05	112	8125.08
9	2005462	宁夏日用百货副食批发市场综合楼		商业	05/03	9	8111.53
10	2011162	城市公元	兴庆	普通住宅	03/05	72	7910.56
11	2011153	银川财富大厦		办公	03/05	23	7898.26
12	2011190	兴业家园		商业	03/05	10	7611.37
13	2011180	湖畔嘉苑		普通住宅	03/05	108	7533.22
14	2011174	湖畔嘉苑		普通住宅	03/05	108	7532.21
15	2011179	湖畔嘉苑		普通住宅	03/05	94	7123.36
16	2011157	共享家园		普通住宅	03/05	70	7085.11
17	2010402	宁夏银川医药批发市场		商业	09/29	37	6801.79
18	2011163	福满苑	金凤	普通住宅	03/05	76	6630.08
19	2011183	兴业家园		普通住宅	03/05	60	6494.21
20	2011181	兴业家园		普通住宅	03/05	60	6328.03

资料来源：中国房地产决策咨询系统（CRIC）

表2-202　2012年乌鲁木齐市供应面积前二十商品房预售许可证列表

单位：套、平方米

序号	预售证号	项目名称	区域	用途	时间	套数	面积
1	新建房许字2012000074号	和谐苑	天山	普通住宅	02/23	272	38515
2	新建房许字2012000234号	昊元上品	新市	普通住宅	06/19	120	29167
3	新建房许字2012000237号	昊元上品	新市	普通住宅	06/19	120	29167
4	新建房许字2012000236号	昊元上品	新市	普通住宅	06/19	120	29167
5	新建房许字2012000235号	昊元上品	新市	普通住宅	06/19	120	29167
6	新建房许字2012000422号	E阳臻品	天山	办公	09/21	133	27311
7	新建房许字2012000269号	昊元上品	新市	普通住宅	07/03	168	27193
8	新建房许字2012000233号	昊元上品	新市	普通住宅	06/19	168	27193
9	新建房许字2012000232号	昊元上品	新市	普通住宅	06/19	162	26512
10	新建房许字2012000407号	昊元上品	新市	普通住宅	09/15	162	26397
11	新建房许字2012000388号	中石华庭	水磨沟	普通住宅	08/22	287	25541
12	新建房许字2012000443号	杰邦・七号公馆	新市	普通住宅	09/28	192	24155
13	新建房许字2012000615号	SOHO新时代	沙依巴克	普通住宅	11/30	320	24080
14	新建房许字2012000353号	呈信・朗悦盛境	新市	普通住宅	07/31	195	23482
15	新建房许字2012000354号	呈信・朗悦盛境	新市	普通住宅	07/31	198	23026
16	新建房许字2012000450号	卫星路商住小区写字楼	新市	办公	09/29	148	22600
17	新建房许字2012000381号	领世华府	新市	普通住宅	08/21	252	22153
18	新建房许字2012000075号	新洲公寓	新市	普通住宅	02/23	236	21867
19	新建房许字2012000382号	领世华府	新市	普通住宅	08/21	248	21650
20	新建房许字2012000423号	秀城	沙依巴克	普通住宅	09/21	184	21635

十六、历年地方财政收入和土地出让金情况

表2-203　近十年我国地方财政收入和土地出让金比较

单位：亿元，%

年份	地方财政收入	增幅	土地出让金	增幅	出让金收入占地方财政收入比重
2001	7803.30	——	1295.89	——	16.6
2002	8515.00	9.1	2416.79	86.5	28.4
2003	9849.98	15.7	5421.00	124.3	55.0
2004	11893.37	20.7	6412.00	18.3	53.9
2005	15100.76	27.0	5884.00	-8.2	39.0
2006	18303.58	21.2	7676.89	30.5	41.9
2007	23572.62	28.8	11947.95	55.6	50.7
2008	28649.79	21.5	9600.00	-19.7	33.5
2009	32581.00	13.7	15910.20	65.7	48.8
2010	35382.97	8.6	29000	70.4	76.6
2011	52400	48.1	31500	8.6	60.1
2012	61077	16.2	26900	-14.6	44.0

资料来源：2011.1.13，《南方周末》，采自国土资源部、国家统计局、财政部和其它媒体

十七、2012年房地产上市公司股票价格涨跌幅排名

表2-204　沪市房地产企业股价涨跌幅排行榜

单位：元、%

排名	证券代码	证券简称	2011年收盘价	2012年收盘价	涨跌幅	最高价	最低价
1	600340	华夏幸福	16.05	42.54	165.08	42.68	16.05
2	600684	珠江实业	7.58	19.43	156.40	21.57	6.62
3	600113	浙江东日	4.58	10.07	119.87	17.41	4.25
4	600067	冠城大通	6.09	10.63	74.48	10.85	5.72
5	600393	东华实业	4.25	7.34	72.71	9.89	3.84
6	900950	新城B股	0.50	0.86	71.24	0.86	0.48
7	600745	中茵股份	6.00	10.24	70.67	12.55	5.44
8	600748	上实发展	5.12	8.59	67.73	8.9	4.89
9	600094	大名城	4.15	6.95	67.47	7.81	4.27
10	600766	*ST园城	8.70	14.50	66.69	15.67	8.09
11	600048	保利地产	10.00	16.54	65.35	16.56	9.48
12	600675	中华企业	3.73	5.83	56.41	6.29	3.54
13	600077	宋都股份	7.85	12.06	53.63	15.16	7.42
14	600515	海岛建设	4.00	6.12	53.00	7.03	3.43
15	600743	华远地产	3.37	5.05	49.85	5.2	3.09
16	600732	上海新梅	4.70	6.98	48.51	9.16	4.22
17	600256	广汇股份	20.58	29.50	43.35	31.284	18.43
18	600383	金地集团	4.95	7.09	43.19	7.46	4.69
19	600463	空港股份	4.91	7.03	43.18	7.48	4.48
20	600606	金丰投资	4.59	6.57	43.15	11.32	4.27
21	600490	*ST合臣	25.85	36.98	43.04	39.625	23.11
22	600777	新潮实业	3.60	5.14	42.78	5.46	3.26
23	600533	栖霞建设	3.28	4.68	42.68	5.26	3.03
24	600665	天地源	3.55	5.04	41.97	5.38	3.32
25	600240	华业地产	7.46	10.58	41.85	11.33	6.82
26	600638	新黄浦	7.13	10.10	41.65	11.48	6.48
27	600615	丰华股份	6.65	9.40	41.35	12.4	5.69
28	600376	首开股份	9.59	13.41	39.83	14.46	8.49
29	600082	海泰发展	3.37	4.69	39.17	6.34	3.06
30	600064	南京高科	9.03	12.37	36.99	12.64	8.7
31	600239	云南城投	6.44	8.70	35.09	10.05	5.92
32	600639	浦东金桥	6.77	9.08	34.12	9.66	6
33	601668	中国建筑	2.91	3.90	34.02	3.93	2.85
34	600185	格力地产	5.20	6.96	33.85	7.29	4.61
35	600679	金山开发	6.03	8.06	33.67	13.11	5.38

（续表）

排名	证券代码	证券简称	2011年收盘价	2012年收盘价	涨跌幅	最高价	最低价
36	600170	上海建工	8.87	11.72	32.07	19.29	6.11
37	600053	中江地产	5.90	7.63	29.32	8	5
38	600007	中国国贸	9.12	11.62	27.41	11.91	8.69
39	600208	新湖中宝	3.42	4.31	26.02	4.93	3.04
40	600167	联美控股	7.75	9.73	25.55	13.6	6.73
41	600643	爱建股份	6.40	7.93	23.91	10.07	5.45
42	600052	浙江广厦	3.42	4.23	23.68	6.52	3.03
43	600246	万通地产	3.20	3.94	23.12	4.42	2.95
44	600322	天房发展	3.21	3.94	22.74	4.28	3.05
45	600266	北京城建	12.39	15.09	21.79	16.22	10.2
46	600658	电子城	6.44	7.84	21.74	9.03	5.68
47	600223	鲁商置业	4.67	5.67	21.41	7.19	3.45
48	600325	华发股份	7.23	8.60	18.95	10.18	6.63
49	600753	东方银星	5.50	6.53	18.73	7.69	4.82
50	600724	宁波富达	6.28	7.45	18.63	8.6	5.89
51	600649	城投控股	6.02	7.11	18.12	8.07	5.81
52	600175	美都控股	2.71	3.19	17.75	3.98	2.5
53	600545	新疆城建	5.37	6.21	15.64	7.65	4.86
54	600657	信达地产	3.73	4.29	15.01	5.19	3.31
55	600823	世茂股份	10.45	11.86	13.49	12.8	8.49
56	600755	厦门国贸	3.91	4.43	13.30	6.92	3.65
57	601588	北辰实业	2.73	3.08	12.82	3.22	2.55
58	600704	物产中大	7.84	8.76	11.73	12.56	6.324
59	600620	天宸股份	3.19	3.56	11.60	5.16	2.96
60	600568	中珠控股	18.03	20.05	11.18	27.9	14.24
61	600872	中炬高新	4.17	4.60	10.31	6.08	3.77
62	600621	上海金陵	4.31	4.75	10.21	6.48	3.85
63	600153	建发股份	6.38	7.03	10.19	8.5	4.9
64	600614	鼎立股份	10.61	11.68	10.08	17.66	9.98
65	600215	长春经开	4.28	4.69	9.58	5.8	3.9
66	600683	京投银泰	4.69	5.10	8.74	7.09	3.25
67	600736	苏州高新	4.39	4.76	8.43	6.71	3.81
68	600173	卧龙地产	3.79	4.07	7.39	5.5	3.18
69	600733	S*ST前锋	12.82	13.71	6.94	18.98	11.04
70	600767	运盛实业	3.76	4.00	6.38	5.84	3.38
71	600663	陆家嘴	11.33	12.05	6.35	14.5	9.51
72	600895	张江高科	6.79	7.22	6.33	9.2	6.14
73	600881	亚泰集团	4.74	5.02	5.91	6.91	4.18
74	600648	外高桥	9.31	9.71	4.30	10.94	6.45

（续表）

排名	证券代码	证券简称	2011年收盘价	2012年收盘价	涨跌幅	最高价	最低价
75	600158	中体产业	5.60	5.82	3.93	8.14	4.54
76	600247	成城股份	3.92	4.03	2.81	5.75	3.61
77	600716	凤凰股份	5.06	5.18	2.37	7.05	4.37
78	600225	天津松江	4.48	4.58	2.23	5.98	3.36
79	600773	西藏城投	11.35	11.51	1.45	16.42	9.6
80	600734	实达集团	3.60	3.59	−0.28	5.3	3.09
81	600846	同济科技	4.37	4.30	−1.60	6.69	3.56
82	600807	天业股份	7.36	7.16	−2.72	9.55	5.23
83	600576	万好万家	7.76	7.55	−2.77	11.26	6.11
84	600162	香江控股	5.04	4.90	−2.78	6.56	3.83
85	600159	大龙地产	3.40	3.29	−3.24	4.33	2.73
86	600641	万业企业	4.54	4.31	−5.07	6.09	3.55
87	600791	京能置业	4.84	4.57	−5.58	5.39	3.7
88	600634	ST澄海[注1]	9.60	8.71	−9.27	11.5	6.93
89	600555	九龙山	3.75	3.32	−11.47	4.57	2.7
90	600252	中恒集团	10.62	9.13	−14.03	13.26	7.62
91	600177	雅戈尔	9.38	7.90	−15.78	11.1	6.48
92	600008	首创股份	5.20	4.37	−15.96	5.83	3.83
93	600306	商业城	12.36	9.91	−19.82	14.8	7.6
94	600051	宁波联合	8.78	7.01	−20.16	11.7	5.9
95	600759	正和股份	6.69	5.32	−20.48	8.16	3.83
96	600200	江苏吴中	9.10	7.20	−20.88	11.51	5.69
97	600687	刚泰控股[注2]	20.50	15.55	−24.15	21.35	12.9
98	600503	华丽家族	7.10	4.65	−34.51	8.54	3.88
99	600133	东湖高新[注3]	9.67	5.55	−42.61	10.49	4.44

注1：ST澄海于2011年4月2日至2012年7月2日停牌，“2011年收盘价”为2012年7月3日开盘价；

注2：刚泰控股于2011年4月30日至2012年6月26日停牌，“2011年收盘价”为2012年6月27日开盘价；

注3：东湖高新于2011年4月30日至2012年2月20日停牌，“2011年收盘价”为2012年2月21日开盘价。

数据来源：上海证券交易所

表2–205　深市房地产企业股价涨跌幅排行榜

单位：元、%

排名	证券代码	证券简称	2011年收盘价	2012年收盘价	涨跌幅	最高价	最低价
1	000671	阳光城	6.35	15.52	144.49	15.85	5.70
2	000043	中航地产	6.30	14.92	136.83	15.10	6.17
3	000631	顺发恒业	3.82	7.28	90.58	7.78	3.33
4	000014	沙河股份	4.90	8.50	73.47	10.99	4.44
5	000024	招商地产	18.00	30.09	67.17	30.30	17.20
6	000567	海德股份	5.05	8.30	64.36	9.21	4.69
7	000961	中南建设	8.42	13.72	62.95	14.20	7.34

（续表）

排名	证券代码	证券简称	2011年收盘价	2012年收盘价	涨跌幅	最高价	最低价
8	002146	荣盛发展	8.80	14.11	60.34	14.28	7.47
9	002016	世荣兆业	5.45	8.67	59.08	11.60	5.14
10	000006	深振业A	4.10	6.47	57.93	6.92	3.92
11	000732	泰禾集团	5.14	7.95	54.67	8.09	4.86
12	002244	滨江集团	7.09	10.91	53.85	11.23	6.23
13	000511	银基发展	2.48	3.80	53.23	4.40	2.28
14	000608	阳光股份	3.83	5.83	52.22	5.87	3.52
15	000718	苏宁环球	5.24	7.93	51.34	9.05	4.90
16	000042	深长城	13.75	20.50	49.09	22.50	13.07
17	000517	荣安地产	5.11	7.61	48.92	9.58	4.54
18	000040	宝安地产	3.45	5.11	48.12	5.44	3.21
19	000979	中弘股份	5.45	8.00	46.79	9.76	4.92
20	000150	宜华地产	3.30	4.84	46.67	4.90	2.96
21	000736	中房地产	7.05	10.28	45.82	14.25	6.25
22	000526	银润投资	6.55	9.48	44.73	10.51	5.91
23	000036	华联控股	2.47	3.49	41.30	4.76	2.27
24	000537	广宇发展	5.35	7.35	37.38	8.48	5.09
25	000002	万科A	7.47	10.25	37.22	10.39	7.06
26	000926	福星股份	7.08	9.55	34.89	10.60	6.78
27	000534	万泽股份	4.06	5.45	34.24	7.36	3.57
28	000797	甲国武夷	3.85	5.14	33.51	5.85	3.66
29	002208	合肥城建	5.58	7.19	28.85	8.28	5.13
30	000616	亿城股份	3.20	4.11	28.44	4.45	3.02
31	000563	陕国投A	10.15	13.00	28.08	17.39	9.10
32	002133	广宇集团	4.58	5.84	27.42	6.96	4.19
33	000502	绿景控股	4.89	6.22	27.20	8.28	4.42
34	000046	泛海建设	4.32	5.46	26.39	5.69	3.47
35	000029	深深房A	3.26	4.11	26.07	4.70	3.04
36	000863	三湘股份[注1]	6.00	7.51	25.17	10.01	5.21
37	002305	南国置业	5.16	6.40	24.03	6.65	4.53
38	000638	万方地产	6.00	7.43	23.83	8.10	5.25
39	000656	金科股份	11.80	14.60	23.73	15.24	8.40
40	000558	莱茵置业	3.30	4.03	22.12	6.03	2.83
41	000897	津滨发展	2.36	2.88	22.03	3.89	2.10
42	000981	银亿股份	7.99	9.50	18.90	12.41	7.40
43	000514	渝开发	4.63	5.50	18.75	6.91	4.31
44	000679	大连友谊	6.11	7.21	18.00	7.67	5.15
45	000011	深物业A	6.17	7.19	16.53	9.58	5.32
46	000031	中粮地产	3.80	4.39	15.53	5.19	3.56

（续表）

排名	证券代码	证券简称	2011年收盘价	2012年收盘价	涨跌幅	最高价	最低价
47	000632	三木集团	3.13	3.60	15.02	4.35	2.91
48	000573	粤宏远A	3.81	4.38	14.96	4.86	3.40
49	000965	天保基建	7.18	8.23	14.69	8.78	6.27
50	000402	金融街	6.05	6.85	13.22	7.21	5.58
51	000931	中关村	4.94	5.59	13.16	7.72	4.50
52	000090	深天健	6.85	7.59	10.80	10.27	6.12
53	000540	中天城投	6.37	7.04	10.52	9.30	5.61
54	000594	国恒铁路	2.07	2.25	8.70	3.18	1.97
55	000668	荣丰控股	7.59	8.14	7.25	9.38	6.61
56	000620	新华联	5.02	5.37	6.97	6.73	4.23
57	000711	天伦置业	11.71	12.33	5.29	16.42	9.05
58	000069	华侨城A	7.14	7.50	5.04	7.92	5.19
59	000918	嘉凯城	3.88	4.07	4.90	5.51	3.19
60	000667	名梳置业	2.18	2.25	3.21	2.63	1.86
61	000546	光华控股	6.93	7.14	3.03	9.26	5.55
62	000428	华天酒店	4.13	4.25	2.91	5.64	3.60
63	000056	*ST国商	13.98	14.16	1.29	20.68	10.92
64	000685	中山公用	14.28	14.31	0.23	17.26	7.86
65	000909	数源科技	6.67	6.68	0.15	8.22	5.52
66	000836	鑫茂科技	4.50	4.47	−0.67	5.65	3.84
67	000505	ST珠江	2.95	2.90	−1.69	3.76	2.35
68	000673	ST当代	6.10	5.96	−2.30	7.14	3.22
69	000628	高新发展	7.30	6.96	−4.66	9.48	5.17
70	000506	中润资源	8.64	7.83	−9.38	11.90	6.76
71	000809	铁岭新城	20.69	18.63	−9.96	28.77	11.85
72	002077	大港股份	6.60	5.94	−10.00	8.12	4.63
73	002059	世博股份	9.75	8.00	−17.95	12.03	6.39
74	000009	中国宝安	10.90	8.80	−19.27	14.77	7.29
75	000005	世纪星源注2	4.25	2.97	−30.12	4.62	2.41

注1：三湘股份于2007年4月21日至2012年8月2日停牌，“2011年收盘价”为2012年8月3日开盘价；

注2：世纪星源于2011年4月30日至2012年4月23日停牌，“2011年收盘价”为2012年4月24日开盘价。

数据来源：深圳证券交易所

表2-206　港市内地房地产企业涨跌幅排行榜

单位：元、%

排名	证券代码	证券简称	2011年收盘价	2012年收盘价	涨跌幅	最高价	最低价
1	01383	太阳世纪集团	0.177	0.880	397.18	3.580	0.127
2	03900	绿城中国	3.370	14.200	321.36	14.280	3.020
3	01918	融创中国	1.610	6.000	272.67	6.050	1.600
4	00754	合生创展	4.030	12.380	207.20	12.960	3.610
5	00535	星狮地产	0.165	0.435	163.64	0.500	0.152
6	00917	新世界中国	1.550	3.720	140.00	3.930	1.540
7	00604	深圳控股	1.390	3.140	125.90	3.340	1.350
8	01813	合景泰富	2.620	5.820	122.14	6.000	2.550
9	00813	世茂房地产	6.630	14.620	120.51	16.000	6.200
10	00123	越秀投资	1.120	2.450	118.75	2.560	1.080
11	02868	首创置业	1.530	3.220	110.46	3.280	1.420
12	02777	富力地产	6.140	12.900	110.10	13.400	5.800
13	00017	新世界发展	6.260	12.020	92.01	13.200	6.220
14	01124	沿海家园	0.290	0.550	89.66	0.630	0.215
15	00173	嘉华国际	1.970	3.730	89.34	3.970	1.940
16	01224	中渝置地	1.440	2.720	88.89	2.890	1.260
17	01777	花样年	0.680	1.280	88.24	1.310	0.660
18	00817	方兴地产	1.500	2.790	86.00	2.910	1.390
19	00588	北辰实业	1.150	2.100	82.61	2.120	1.120
20	00119	保利香港	3.370	6.060	79.82	6.090	3.000
21	01638	佳兆业集团	1.340	2.400	79.10	2.700	1.320
22	00688	中国海外	12.980	23.100	77.97	24.250	12.080
23	00832	建业地产	1.550	2.740	76.77	2.830	1.410
24	00960	龙湖地产	8.780	15.180	72.89	15.980	7.550
25	00004	九龙仓集团	35.100	60.600	72.65	61.500	34.400
26	01109	华润置地	12.480	21.100	69.07	22.250	11.640
27	03883	中国奥园	0.870	1.460	67.82	1.470	0.850
28	03377	远洋地产	3.600	5.790	60.83	5.970	2.820
29	00272	瑞安房地产	2.360	3.750	58.90	4.090	2.290
30	01238	宝龙地产	1.040	1.650	58.65	1.750	0.980
31	00683	嘉里建设	25.700	40.250	56.61	41.000	25.300
32	03383	雅居乐	6.960	10.900	56.61	11.500	6.370
33	00337	盛高置地	1.290	1.980	53.49	2.200	1.260
34	00755	上海证大	0.124	0.189	52.42	0.209	0.111
35	01098	路劲基建	4.450	6.770	52.13	6.800	4.300
36	00014	希慎兴业	25.500	37.250	46.08	38.000	25.250
37	00012	恒基地产	38.600	54.700	41.71	57.900	37.000

（续表）

排名	证券代码	证券简称	2011年收盘价	2012年收盘价	涨跌幅	最高价	最低价
38	02007	碧桂园	2.910	4.060	39.52	4.080	2.510
39	00101	恒隆地产	22.100	30.800	39.37	31.200	21.600
40	02009	金隅股份	5.160	7.040	36.43	8.350	4.520
41	00028	天安中国	3.970	5.250	32.24	5.250	3.480
42	03333	恒大地产	3.220	4.250	31.99	5.030	2.800
43	00001	长江实业	92.550	119.000	28.58	122.400	86.000
44	00563	上实城市开发	1.400	1.800	28.57	2.050	1.120
45	00363	上海实业控股	21.550	27.250	26.45	28.200	20.050
46	00083	信和置业	11.060	13.940	26.04	14.940	10.100
47	00013	和记黄埔	65.050	80.900	24.37	82.400	61.800
48	00410	SOHO中国	5.170	6.220	20.31	6.380	4.650
49	01966	中骏置业	1.590	1.910	20.13	1.960	1.490
50	00016	新鸿基地产	97.350	116.200	19.36	122.000	85.300
51	00258	汤臣集团	1.830	2.180	19.13	2.250	1.410
52	01168	百仕达控股	0.580	0.690	18.97	0.780	0.450
53	01838	中国地产	2.080	2.440	17.31	2.730	2.060
54	01207	上置集团	0.345	0.395	14.49	0.510	0.250
55	01628	禹洲地产	1.970	2.250	14.21	2.300	1.440
56	00672	众安房产	1.060	1.140	7.55	1.360	0.740
57	00845	恒盛地产	1.360	1.460	7.35	1.860	1.000
58	00884	旭辉集团[注1]	1.330	1.400	5.26	1.440	1.250
59	00127	华人置业	12.500	13.080	4.64	13.260	8.300
60	00846	明发集团	2.340	2.300	-1.71	3.120	1.930
61	01663	汉港房地产	0.820	0.800	-2.44	0.950	0.660
62	01036	万科置业海外[注2]	15.300	12.680	-17.12	36.500	5.630
63	00169	恒力商业地产	0.400	0.300	-25.00	0.500	0.250
64	00059	天誉置业	0.980	0.650	-33.67	1.000	0.500

注1：2012年12月23日在香港上市，“2011年收盘价”为2012年12月23日开盘价格；

注2：原“南联地产控股”，2013年1月更名为“万科海外置业”。

数据来源：香港证券交易所

表2-207　海外上市内地房地产企业涨跌幅排行榜

单位：元、%

排名	证券代码	证券简称	2011年收盘价	2012年收盘价	涨跌幅	最高价	最低价
1	NYSE:XIN	鑫苑置业	1.750	3.580	104.57	3.950	1.740
2	SGX:K17	吉宝置业	2.220	4.030	81.53	4.260	2.220
3	SGX:Z25	仁恒置地	0.955	1.520	59.16	1.590	0.955
4	NASDAQ:CHLN	中华地产	1.000	1.300	30.00	2.060	0.950
5	SGX:B2X	元邦地产	0.085	0.072	-15.29	0.128	0.050
6	SGX:Y34	阳光控股	0.060	0.031	-48.33	0.068	0.026

十八、2012年企业销售排行榜

表2-208　2012年度中国房地产开发企业销售面积TOP50

单位：万平方米

排名	企业名称	2011年销售面积	排名	企业名称	2011年销售面积
1	恒大地产	1536	26	新城控股	185.4
2	万科地产	1298.9	27	蓝光实业	179
3	绿地集团	1180	28	金科集团	175.8
4	保利地产	898	29	中天城投	166.1
5	碧桂园	764	30	首创置业	163
6	中海地产	746.7	31	建业地产	160
7	万达集团	738.7	32	首开股份	142.9
8	宏立城	550	33	中南建设	139.3
9	华润置地	467	34	九龙仓	135
10	世茂房地产	410.7	35	复地集团	128.9
11	龙湖地产	369.4	36	和记黄埔	128.1
12	华夏幸福	331.4	37	融侨集团	125
13	荣盛发展	322.8	38	旭辉集团	118
14	雅居乐	321.4	39	恒盛地产	115
15	富力地产	300	39	鲁能地产	115
16	金地集团	293.3	41	金融街	113.1
17	佳兆业	265	42	金辉集团	112
18	绿城中国	260	43	路劲基建	110.3
19	远洋地产	254.7	44	北京城建	103.1
20	保利香港	249	45	越秀地产	103
21	招商地产	244.5	46	大华集团	96
22	中信地产	232	47	苏宁环球	89.7
23	中国铁建	216	48	合景泰富	89.6
24	中国中铁	210.5	49	卓越置业	85.3
25	融创中国	200	50	广汇股份	82.7

资料来源：中国房地产决策咨询系统（CRIC）

表2-209　2012年度中国房地产开发企业销售金额TOP50

单位：亿元

排名	企业名称	2012年销售金额	排名	企业名称	2012年销售金额
1	万科地产	1418	26	荣盛发展	183
2	绿地集团	1078	27	金融街	180
3	保利地产	1018	28	和记黄埔	176
4	中海地产	935	29	佳兆业	173
5	恒大地产	923	30	金科集团	171
6	万达集团	905	31	新城控股	163
7	绿城中国	510	32	北京城建	162
8	华润置地	500	33	九龙仓	154
9	碧桂园	475	34	复地集团	150
10	世茂房地产	460	35	中粮集团	143
11	龙湖地产	400	36	蓝光实业	125
12	招商地产	356	36	首创置业	125
12	融创中国	356	38	越秀地产	123
14	金地集团	352	39	合景泰富	120
15	富力地产	340	40	大华集团	117
16	远洋地产	310	41	厦门建发	112
17	雅居乐	308	42	恒盛地产	111
18	宏立城	245	43	中南建设	110
19	中信地产	236	44	旭辉集团	106
20	华夏幸福	232	44	仁恒置地	106
20	保利香港	232	46	路劲基建	105
22	首开股份	215	47	合生创展	104
23	中国铁建	213	48	滨江集团	103
24	中国中铁	199	48	建业地产	103
25	融侨集团	190	50	金辉集团	102

资料来源：中国房地产决策咨询系统（CRIC）

03 CHAPTER

市场篇

导/读 INTRODUCTION

由于国家宏观经济主要指标增幅缓缓回落，最终触底企稳的宏观经济背景，2012年房地产政策调控和产业发展处于相对平稳期。房地产市场经历了上半年的低迷，下半年特别是第四季度呈现回暖态势，全年房地产开发投资额、商品房销售面积和销售金额均创下历史新高。

《年鉴》采用的均是国家统计局公布的“快报”数据。而每年下半年国家统计局都会对上年度的“快报”数据作出修正调整形成“年报”，因此《年鉴》中一些同比数据的文字表述（国家统计局用今年“报快”比对去年“年报”）与图表（根据历年“快报”数据形成）会有差异，敬请注意。

本篇除了介绍了全国土地市场和全国新建商品房市场情况，还首次添加了北京、上海、广州、深圳、天津、重庆等六个主要城市存量住房市场的发展情况。这部分内容采用了中原集团的研究成果。本篇还增添了京、沪、穗三省市的房地产产业和市场综合情况，采用了北京住建委、上海统计局、广东省房协的研究成果。

一、土地市场

（一）全国土地市场供求情况

1．全国土地供应情况

2012年5月，国土资源部公布《2012年全国住房用地供应计划公告》，提出2012年全国住房用地计划供应17.26万公顷。8月国土资源部调整了全年供地计划，调整后的住房用地供应计划全国合计总量为15.93万公顷。其中保障性安居工程计划用地为4.76万公顷。较2011年全国住房用地计划实际落实量（13.59万公顷）增加17.2%，较前5年年均实际供应量（8.73万公顷）增加82.5%。调整后的住房用地计划总量与历年实际计划完成相比，为历史计划完成量最大年份的117.3%。调整后的保障性安居工程计划用地，比年初预测需求量高72.5%。调整后的住房用地计划中，保障性住房、棚户区改造和中小套型普通商品住房用地占计划供应总量的78.8%。

表3-1　全国经营性土地供应按建筑面积区域分布情况

单位：万公顷、%

	2010年	2011年	2012年
全国住房供地计划	18.47	21.80	15.93
供地计划实际完成	12.54	13.59	10.92
供地完成率	67.9	62.3	68.5

数据来源：国土资源部

2．全国土地购置情况

2012年，全国土地购置面积35667万平方米，同比下降19.5%。随着房地产市场活跃以及前期土地购置面积减少影响，年末待开发土地面积增长进一步放缓，全年待开发土地面积40197万平方米，同比仅增长0.1%。

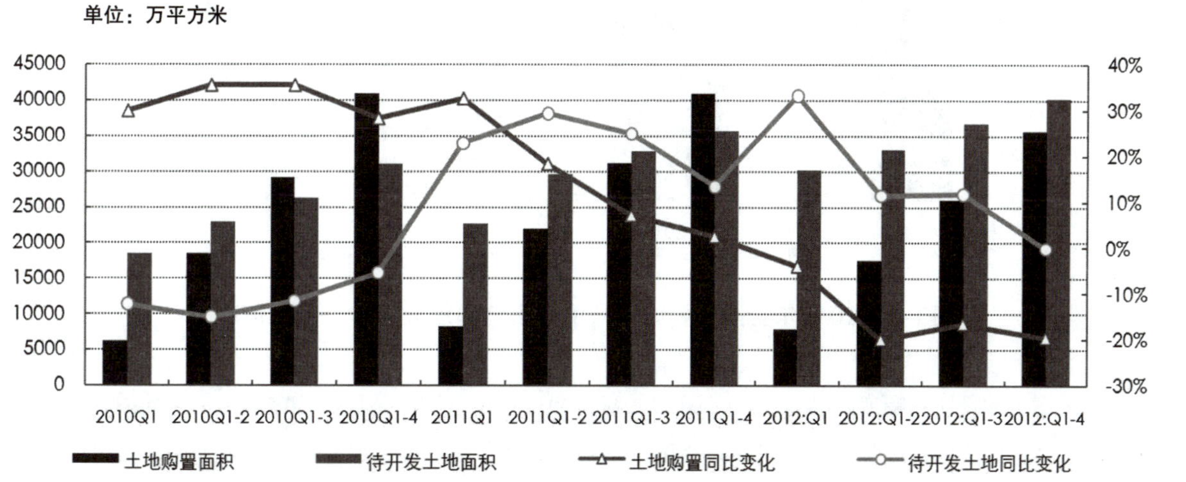

图3-1　2010~2012年全国季度累计土地购置及待开发土地面积情况

数据来源：国家统计局

2012年全年土地成交价款7410亿元，同比下降16.7%。

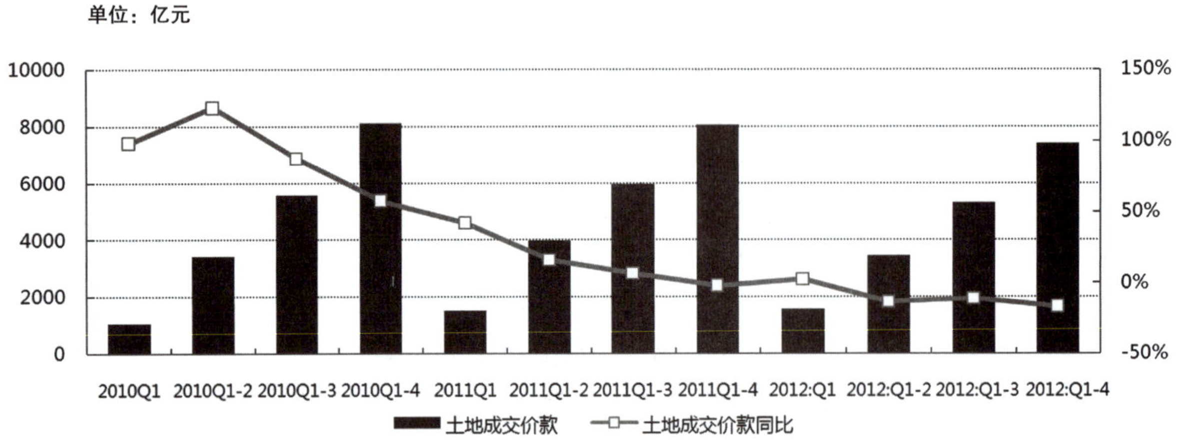

图3-2　2010~2012年全国季度累计土地成交价款及同比变化情况

数据来源：国家统计局

3．土地成交价格

国土资源部各季度公布的“全国主要城市地价动态监测报告”显示，全年土地价格呈逐季上升趋势。第四季度全国105个主要监测城市综合地价为3129元／平方米，商服、住宅、工业地价分别为5843元／平方米、4620元／平方米和670元／平方米。

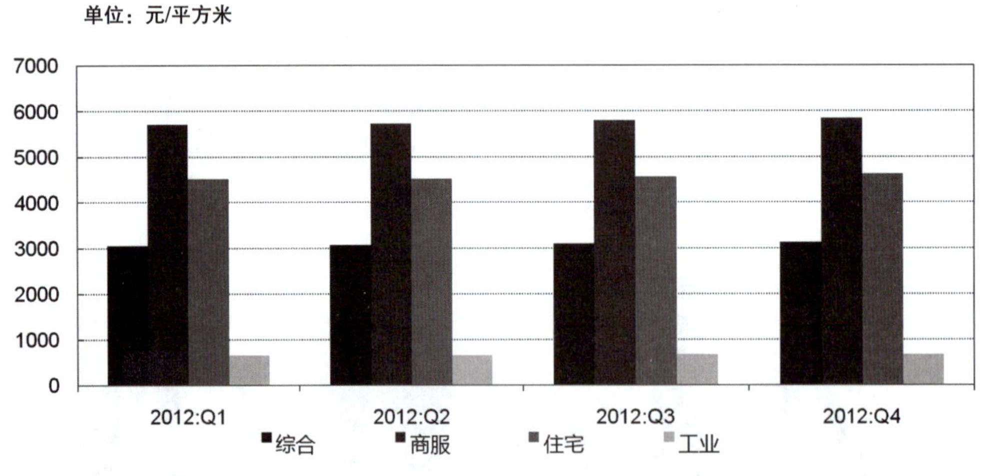

图3-3　2012年全国主要城市分用途土地季度成交价格变化情况

数据来源：国土资源部

从各分用途土地环比增幅变化看，2010年第四季度、2011年第一季度是环比增幅最高值。此后，随着房地产调控政策的从严，环比增幅逐步下滑，在2011年第四季度或2012年第一季度到达底部；其中，住宅用地2012年第一季度首次出现绝对值环比下滑。此后，随着土地市场的回暖，环比增幅呈稳步上升趋势。

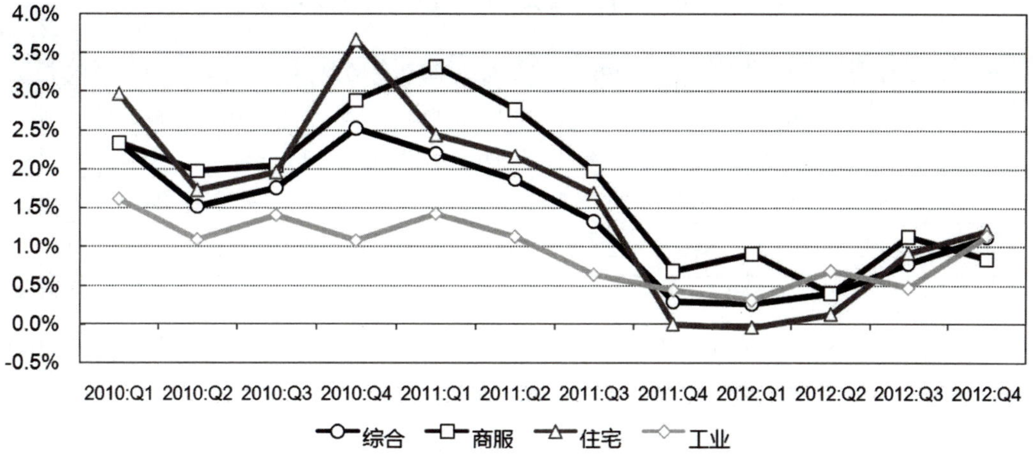

图3-4　2010~2012年全国主要城市分用途土地季度成交价格环比变化情况

数据来源：国土资源部

从土地成交价款、土地购置面积看，2012年全国土地成交均价[注1] 2078元/平方米，同比增长5.8%。从全年土地价格走势上看，基本呈缓慢上升趋势，仅上半年土地成交均价略有回落。年末随着商品房市场成交好转及土地市场重新活跃，土地价格小幅升高，部分区域如长三角和珠三角的部分城市土地市场表现活跃，溢价率水平上升明显。

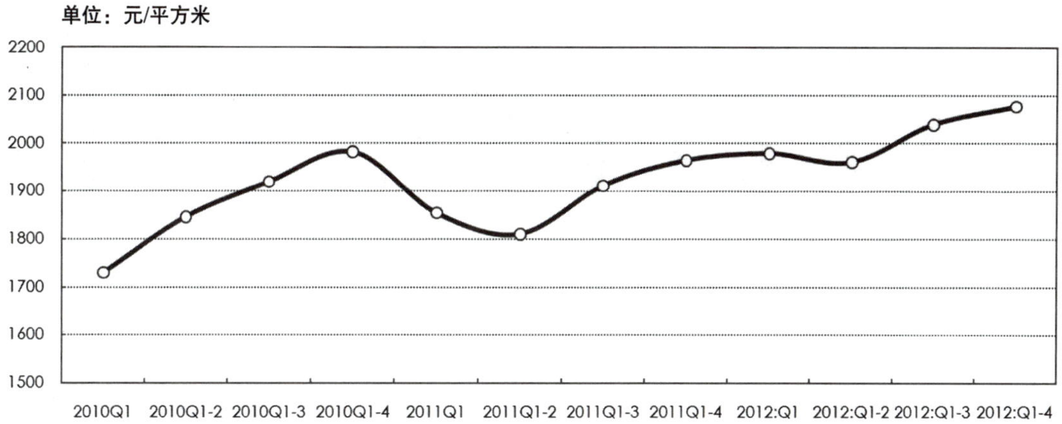

图3-5　2010~2012年全国季度累计土地成交均价变化情况

数据来源：国家统计局

4. 土地成交结构分析

第四季度三区域土地购置面积出现了不同幅度上涨，其中东部和西部地区环比涨幅较大，中部地区环比仅微涨0.8%。中部土地购置面积已经连续三个季度保持上涨。在同比方面，东部地区和中、西部地区差异明显，第四季度东部地区土地购置面积同比降幅加大，而中部和西部地区均呈上涨局面。

注1 土地成交均价=土地成交总价款/土地购置总面积

表3-2　2012年三区域季度土地购置面积情况

单位：万平方米、%

	2012:Q1			2012:Q2			2012:Q3			2012:Q4		
	面积	环比	同比	面积	环比	同比	面积	环比	同比	面积	环比	同比
东部地区	3716	-30.8	-20.3	4364	17.4	-25.20	3485	-20.1	-9.70	4305	23.5	-19.9
中部地区	2185	-9.9	16.8	2726	24.7	-35.30	2879	5.6	4.80	2902	0.8	19.7
西部地区	1958	-1.8	18.8	2595	32.5	-29.50	2127	-18.0	-20.20	2426	14.1	21.7

数据来源：国家统计局

各区域全年土地购置面积均较2011年出现萎缩，走势在年末出现分化。2012年东部地区土地购置面积15869万平方米，同比下降24.8%，降幅较前三季度扩大5.3个百分点；中部地区土地购置面积10691万平方米，同比下降17.0%，降幅较前三季度扩大5.2个百分点；西部地区9107万平方米，同比下降12%，不过降幅较前三季度减少4.4个百分点。

单位：万平方米

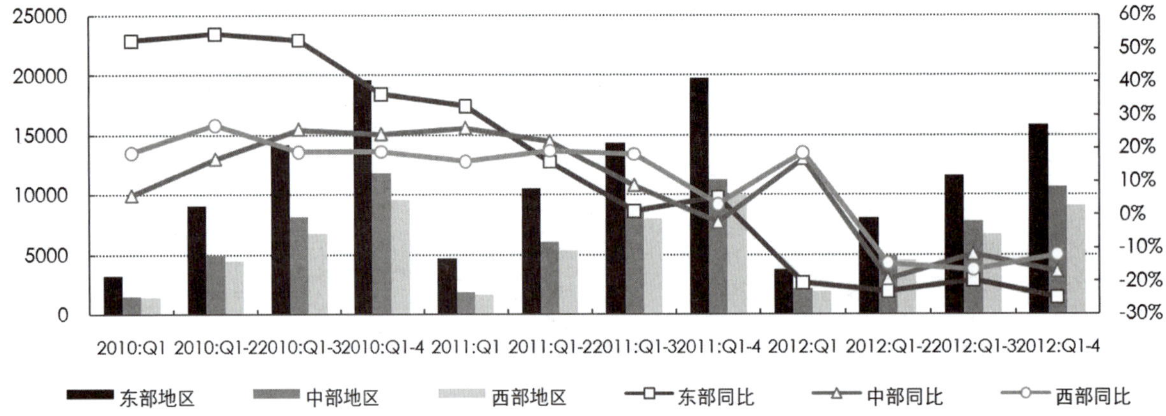

图3-6　2010~2012年三区域季度累计土地购置面积情况

数据来源：国家统计局

2012年三区域土地成交价款同比均出现下降，土地购置面积下降是主因。在全年成交价款变化上，东部地区全年同比降幅加大，西部地区由正转负，而中部地区同比降幅有所回缩，好于东部和西部地区。

表3-3　2012年三区域土地累计成交价款季度情况

单位：亿元、%

	2012:Q1		2012:Q1-2		2012:Q1-3		2012:Q1-4	
	总金额	同比	总金额	同比	总金额	同比	总金额	同比
东部地区	920.39	-9.9	1890.01	-16.8	2895.94	-14.4	4047.23	-21.9
中部地区	340.05	41.6	791.76	-18.9	1280.03	-12.3	1810.76	-13.7
西部地区	294.96	15.3	759.14	5.4	1133.49	1.2	1551.65	-4.1

数据来源：国家统计局

2012年各区域土地成交均价出现了不同程度的上涨，仅东部地区上半年成交均价略有下降，其中西部地区土地成交均价较年初上涨13.1%，涨幅最大。土地价格的不断上涨，将会直接带动未来房价的上涨，不利于房价稳定。

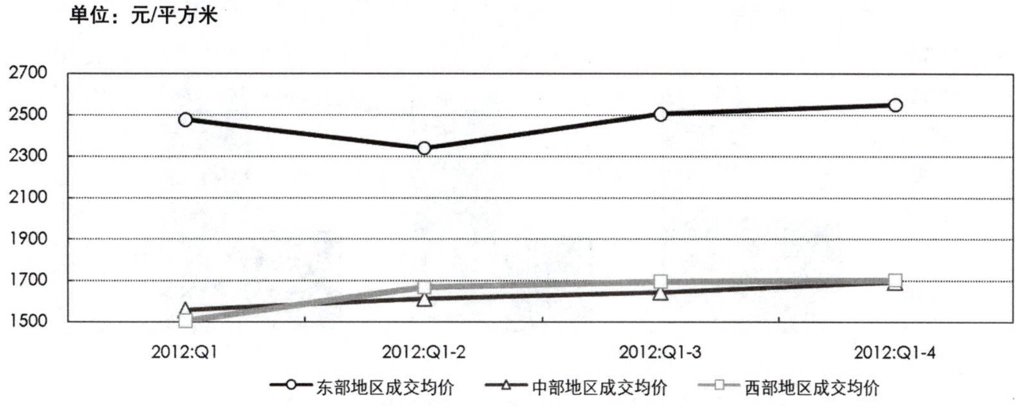

图3-7　2012年三区域季度累计土地成交均价变化情况

数据来源：国家统计局

（二）三十个重点城市土地市场分析

2012年全年，全国三十个重点城市[注2] 土地供应总量及成交总量均出现微涨，但土地成交总金额同比下跌，土地平均楼板价为近三年来的最低值，回过头看2012年应是企业抄底拿地的好时机。从土地供应、成交节奏来看，第一及第二季度供应和成交持续低迷，三季度开始供应力度加大，成交量也随之显著攀升。“先低后高”是近几年土地市场的规律。2012年上述现象尤为突出，供应量及成交量在四季度集中释放的态势非常明显。从成交溢价率看，底价成交几乎贯穿了整个2012年，各月底价成交占比都在80%以上，高溢价率地块的占比较去年有所下降，调控政策对于控制高溢价率地块产生了一定的效果。

1．土地供应：推地总量同比小幅上涨，中西部成为供应重点区域

（1）供应总量同比增长4.45%，下半年为推地高峰

从近三年的全国土地供应总量走势情况来看，2010年和2012年的土地供应总量较高，2011年供应总量偏低。2012年的土地供应占地面积为25969万平方米，同比增长4.45%；建筑面积为62535万平方米，同比增长4.56%；供应土地幅数为5182幅，同比增长2.3%。

供应量同比上涨幅度超过了供应幅数的同比上涨幅度，可以看出2012年土地供应的单幅总面积较2011年有所

注2　全国30个重点城市

华北：北京、天津、太原

东北：大连、沈阳、长春

华东：上海、杭州、南京、南昌、厦门、合肥、苏州、无锡、常州、宁波、扬州、青岛、济南

中南：广州、深圳、海口、南宁、武汉、长沙、郑州

西南：重庆、成都、贵阳

西北：西安

上升，主要原因为 2011年地方政府为激发企业拿地积极性，适当降低地块总价，推地的单幅规模较2010年有明显下降，而到了2012年单幅地块的规模较2011年出现了回升。

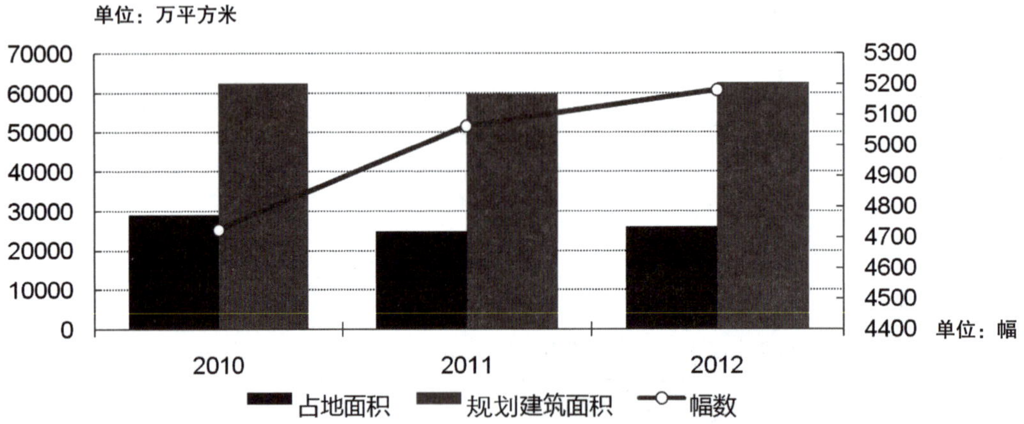

图3-8　全国30个重点城市经营性土地年度供应量情况

数据来源：中国房地产决策咨询系统（CRIC）

从2012年全国土地市场的月度供应节奏来看， 1月份1059万平方米的供地规模为全年最低点，当月的同比降幅达到36%。总体来看，2012年的第一及第二季度土地供应均处低潮期，除2月份出现同比微幅上涨外，其他月份供应量均低于2011年同期。进入下半年后，地方政府明显加大了推地的力度，月平均供应量为2738万平方米。下半年的11月份达到了全年土地供应的最高值，单月土地供应的建筑面积为5523万平方米，同比上涨78%。结合前两年的土地供应节奏来看，近三年来，土地供应基本都是集中在下半年放量。

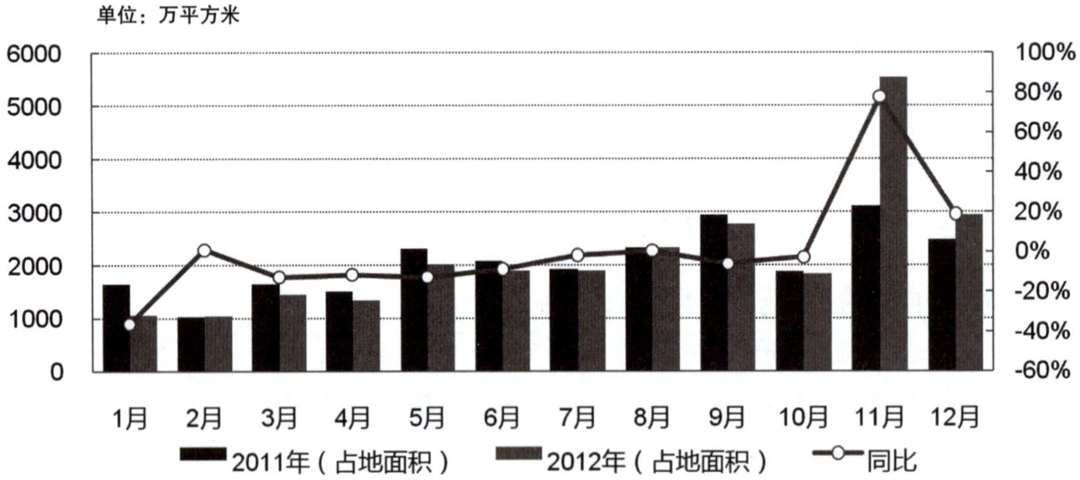

图3-9　2011~2012年全国30个重点城市经营性土地月度供应量情况

数据来源：中国房地产决策咨询系统（CRIC）

（2）供应结构以综合用地为主，纯住宅用地占比持续下降

在2012年的土地供应结构分布上，综合类地块供应占比仍占据主流，总建筑面积占总供应量的53.9%左右，与

2011年相比微幅上升。纯住宅用地占比较2011年有所回落，为25.7%，下降2.4个百分点，纯住宅用地供应逐年收缩已经成为趋势，预计2013年其比例仍会继续下降。另外，纯商业用地的占比由2011年的18.3%提升到20%，出现了较为明显的上涨。

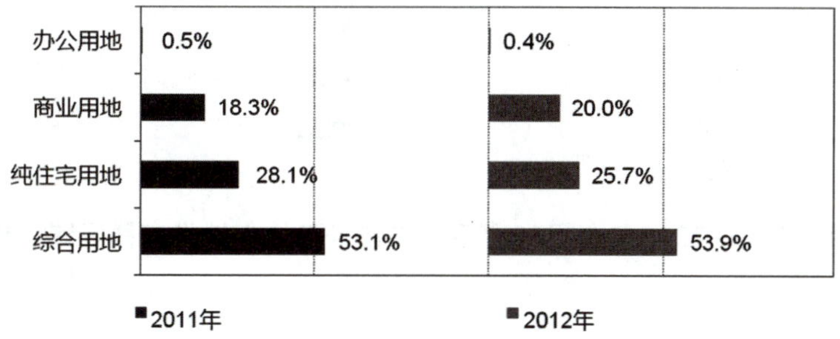

图3-10　2011~2012年全国30个重点城市经营性土地供应量用途结构情况

数据来源：中国房地产决策咨询系统（CRIC）

（3）华东占区域供应比重的首位，中西部区域占比显著提升

从2012年全国土地供应的区域分布情况来看，华东区域占据首位，土地供应的占地面积是9910万平方米，与去年同期的供应同比上升了11%。其次是东北区域，土地供应总占地面积为4098万平方米，但与去年同期相比下降了30%。在所有区域中，西南及西北地区同比上涨幅度较大，其中西北区域同比上涨幅度均达到62%。华东，华北等地区重点城市土地供应高峰已经逐渐过去，尤其是华东区域土地资源愈发稀缺，而随着中西部城镇化步伐的加快，中西部的重点城市正在迎来土地供应高峰。

表3-4　全国经营性土地供应面积按区域分布情况

单位：万平方米、%

区域	2011年（占地面积）	2012年（占地面积）	同比
华北	3636	2735	-25
东北	5825	4098	-30
华东	8895	9910	11
中南	3179	3982	25
西南	2555	3992	56
西北	772	1252	62

数据来源：中国房地产决策咨询系统（CRIC）

2012年华东区域供应占全国总量的38%，较2011年小幅上涨2%。中南区域及西南区域供应分别占全国总量的15%，均较去年有小幅上升。华北及东北区域，占比情况较去年有所回落，其中东北区域供应量占全国总量的16%，下降了7个百分点。

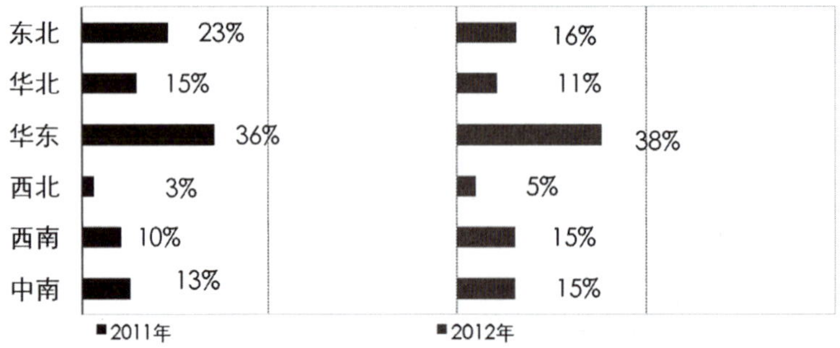

图3-11　2011~2012年全国30个重点城市经营性土地供应量区域结构情况

数据来源：中国房地产决策咨询系统（CRIC）

2．土地成交：成交总量同比小幅上升，华东区域成交量贡献最大

（1）成交总建筑面积小幅上涨，第四季度是土地成交量的高峰

从2010年至今的全国土地成交总量走势情况来看，成交总量基本持平，没有出现明显的波动，2012年是近三年中成交总建面积最高的一年。2012年的土地成交占地面积为20860万平方米，同比下降2%；建筑面积为50966万平方米，同比上涨1.2%；成交土地幅数为4140幅，与2011年基本持平。近三年来，土地成交总规模变化不大，但是在2011年土地成交幅数较2010年出现了明显的增长，这说明成交地块单幅规模下降，小体量的地块在市场上更受青睐。

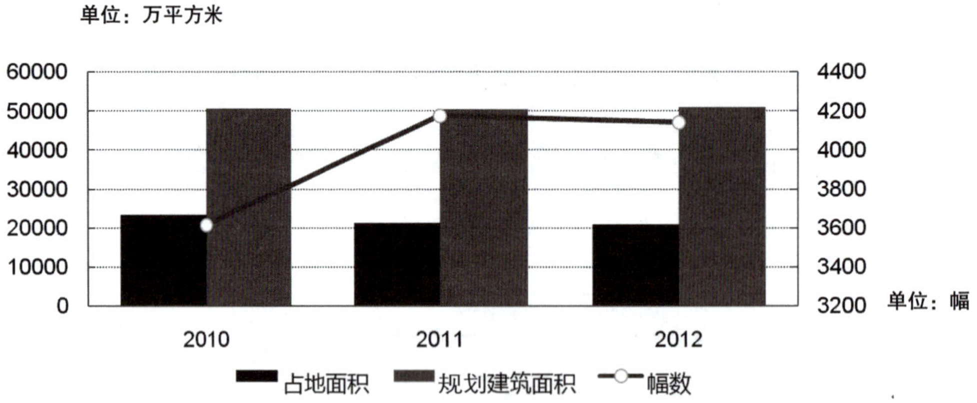

图3-12　全国30个重点城市经营性土地年度成交情况

数据来源：中国房地产决策咨询系统（CRIC）

从2012年全国土地市场的月度成交走势来看，前7月成交情况总体低迷，进入8月以来出现明显回暖，第四季度是全年土地成交的高峰期。其中，12月份4196万平方米的土地成交量是全年最高值，占全年土地成交的20.1%，同比上涨46%。从第三季度土地供应量开始加大，优质地块集中入市，带动了企业的拿地热情。同时政府换届后，并没有更严厉的调控政策出台，企业对未来市场预期看好，在加上四季度销售集中回款，企业现金流相对宽裕，

种种原因使得四季度出现成交高峰。纵观近三年来的成交走势，成交高峰均出现在三，四季度。

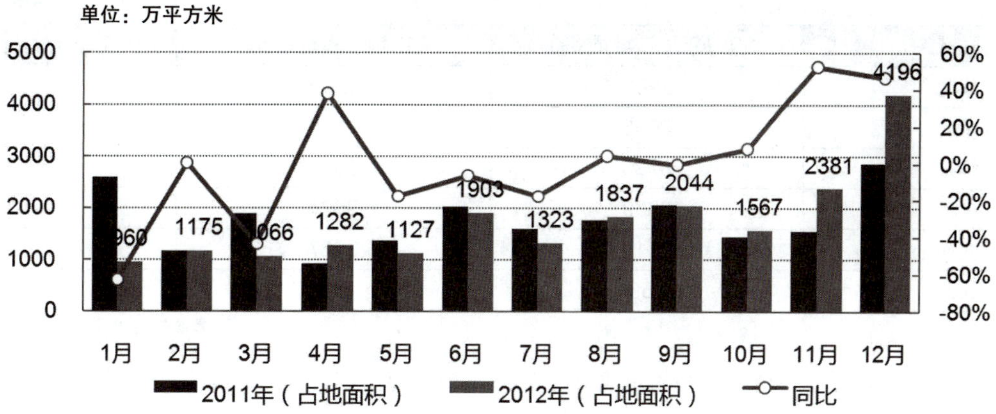

图3-13　2011~2012年全国30个重点城市经营性土地月度成交情况

数据来源：中国房地产决策咨询系统（CRIC）

（2）综合属性地块是成交主力，商业用地占比上升

2012年的土地成交结构中，综合属性地块是成交的主力，规划总建筑面积占比从2011年的49.7%提升到54%。纯住宅用地成交占为25%，与2011年相比出现大幅下降，纯住宅用地在供应层面显现出逐年递减的态势，映射到成交上也开始逐渐收缩。商业用地的占比近几年持续攀升，从2011年的17.9%达到21.1%。

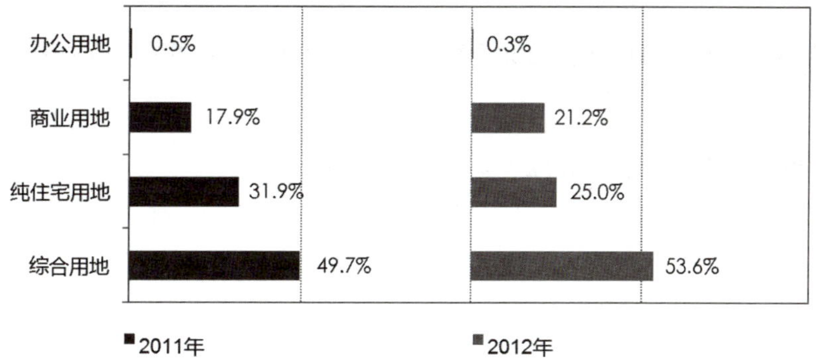

图3-14　2011~2012年全国30个重点城市经营性土地成交量用途结构情况

数据来源：中国房地产决策咨询系统（CRIC）

（3）华东区域仍占主导地位，中西部区域土地成交热度上升

从2012年全国土地成交的区域分布情况来看，华东区域仍占据强势地位，但同比较2011年下降2%。华北及东北地区成交总量同比也较去年有所下降，其中华北下降最为明显，降幅达28%。上涨比较明显的是中南、西南、西北等区域，其中，中南区域同比上升70%，主要是由于武汉在年末有多幅大体量的地块成交，推升了中南区总体的成交量。

表3-5　全国30个重点城市经营性土地成交区域分布情况

单位：万平方米、%

区域	2011年（占地面积）	2012年（占地面积）	同比
华北	3203	2292	-28
东北	2662	2145	-19
华东	8780	8621	-2
中南	2069	3524	70
西南	2319	3387	46
西北	659	892	35

数据来源：中国房地产决策咨询系统（CRIC）

从区域贡献度方面来看，华东成交量占总成交量的41%；其次是中南，其在2012年占比大幅攀升，华北及东北区域成交量占总量的比重出现明显下降。无论是供应还是成交，华北和东北区域在2012年都出现了一定程度的收缩，而华中及西部区域土地市场热度正在逐渐上升。从2012年的成交比重看，中西部区域占全国成交总量近40%以上。

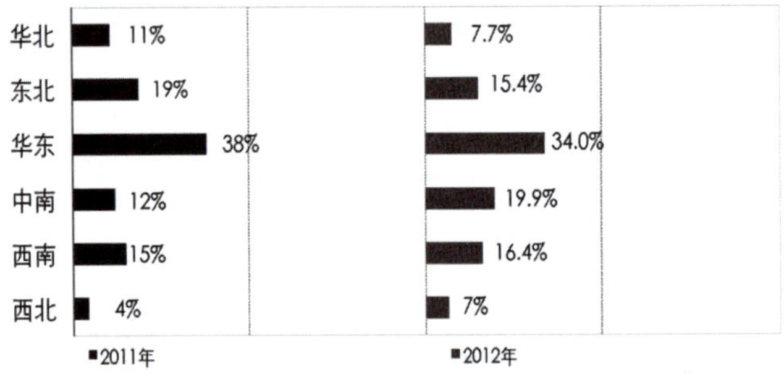

图3-15　2011~2012年全国30个重点城市经营性土地成交量区域结构情况

数据来源：中国房地产决策咨询系统（CRIC）

（4）2012年土地流标率总体维持低位

从2012年全年来看，土地流标率总体维持低位，仅今年1月和5月出现了流标率高于15%的情况，下半年土地成交回暖后，流标率一直控制在15%以下，在7月和12月流标率甚至在3%以下。

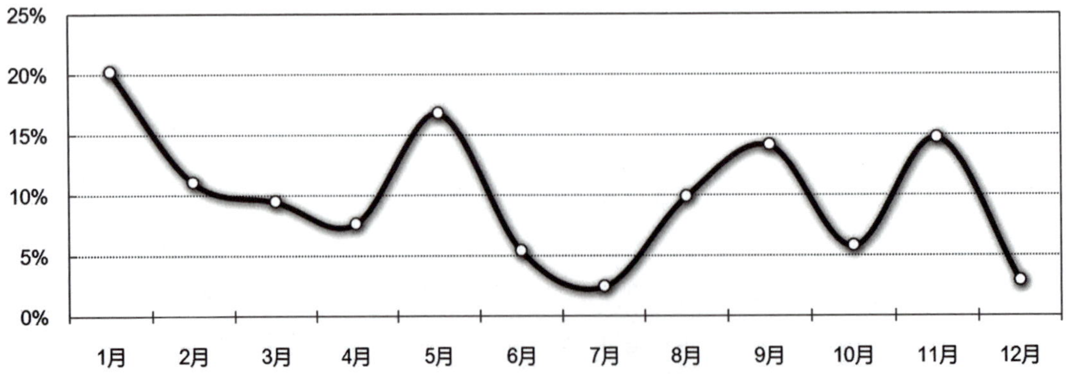

图3-16　2012年全国30个重点城市经营性土地成交流标率情况

数据来源：中国房地产决策咨询系统（CRIC）

3. 土地成交价格：土地成交总额同比下跌，高溢价地块占比收缩

（1）总金额较2011年同期下降3.3%

2012年全国经营性土地的成交总额为10052亿元，同比下跌3.3%。从近三年的土地成交金额来看，呈现明显的逐年下降态势，这也说明地方政府的土地收入逐年缩水，从侧面反映出地方政府对土地财政的依赖度在下降。2012年平均楼板价为1972元/平方米，为近年来单价最低。

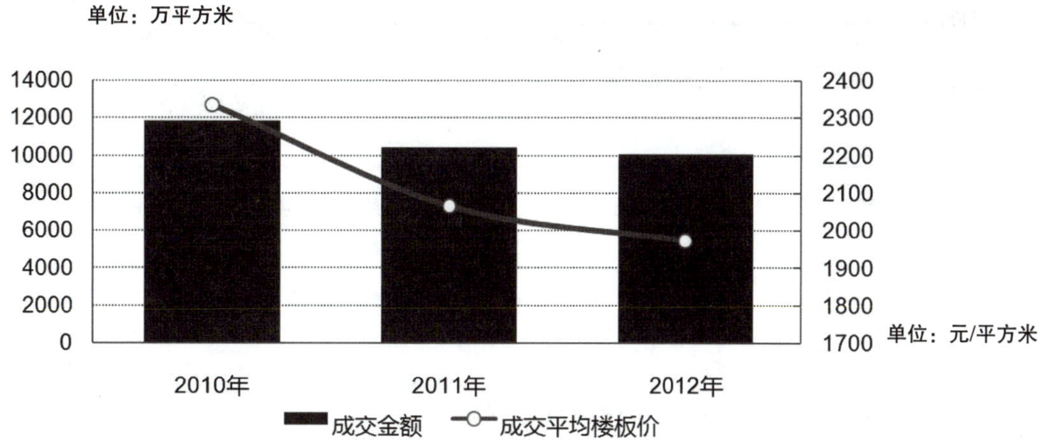

图3-17 全国经营性土地年度成交金额、成交楼板价走势情况

数据来源：中国房地产决策咨询系统（CRIC）

从2012年全国土地市场的月度成交总金额走势来看，由于土地成交集中在下半年放量，下半年的土地成交金额远远高出上半年。成交金额顶峰出现在12月份，月度2227亿元的总金额占全年土地成交总额的22%，同比上涨74%。从楼板价的月度走势来看，全年的土地楼板价走势相对平稳，没有出现大的波动；且与2011年相比，土地成本处于低谷，尤其是前9个月其实是企业抄底拿地的好时机。进入第四季度后，随着成交的全面回暖，楼板价开始上扬，在12月份达到2012年的峰值。

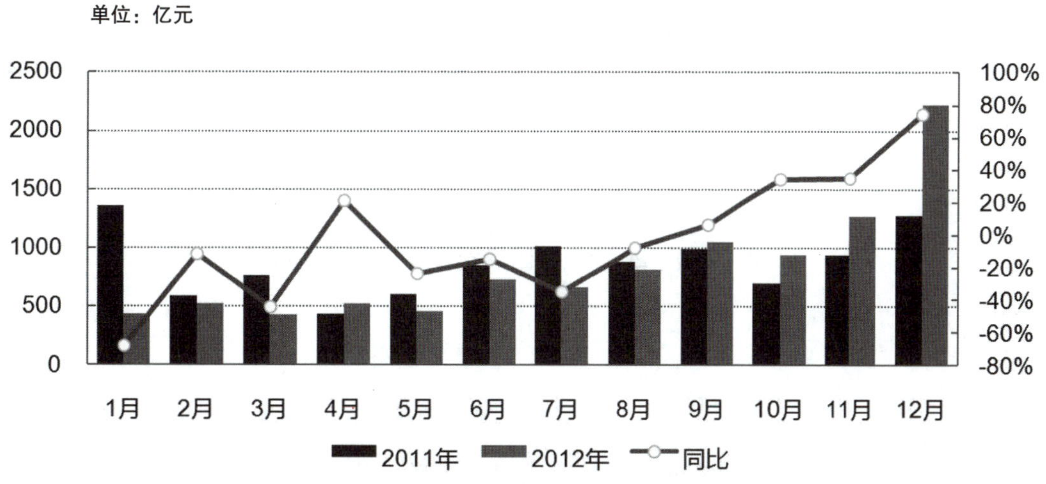

图3-18 全国经营性土地月度成交金额走势情况

数据来源：中国房地产决策咨询系统（CRIC）

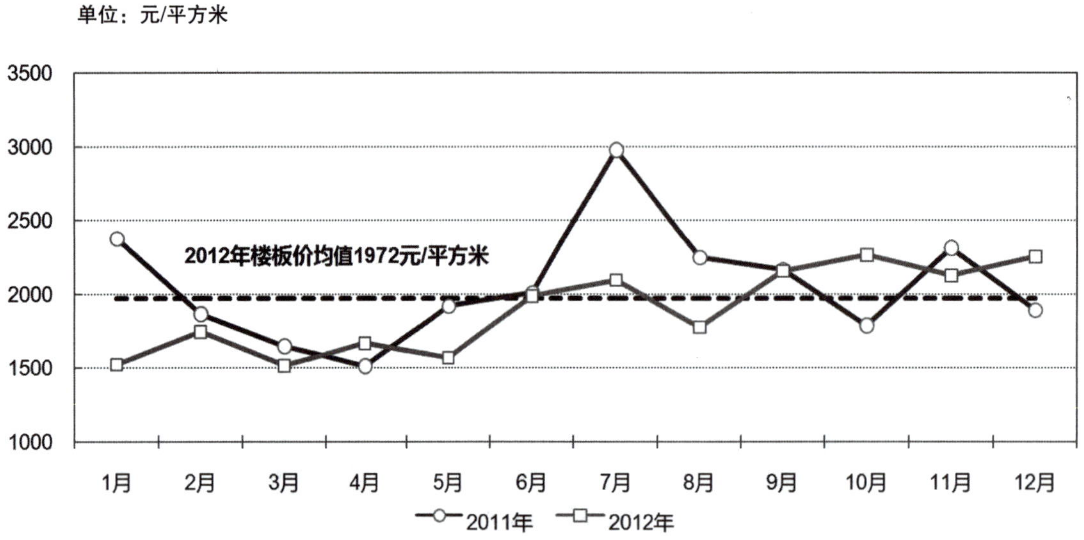

图3-19　全国经营性土地月度楼板价走势情况

数据来源：中国房地产决策咨询系统（CRIC）

（2）底价成交贯穿2012 高溢价地块占比收缩

从成交溢价率方面来看，除6月外，每个月的底价成交占比都在80%以上。除12月外，溢价率超过50%的高溢价地块占比控制在10%以下，总幅数较2011年有明显收缩。

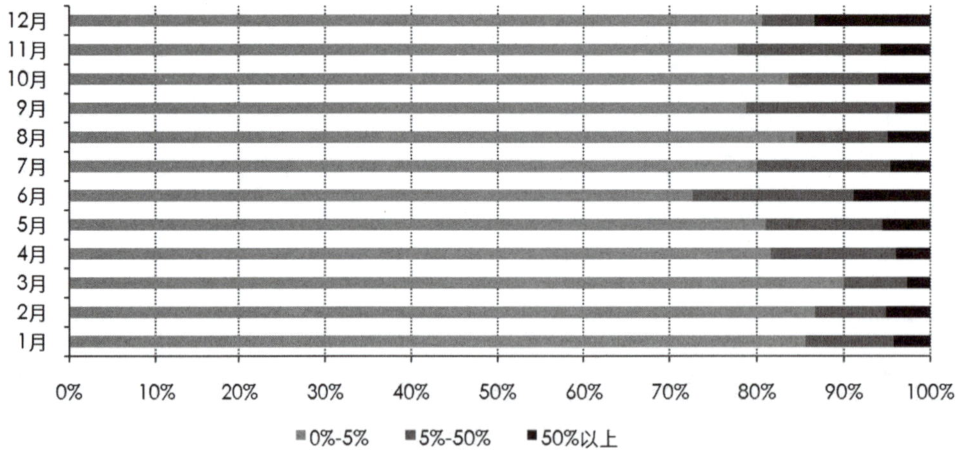

图3-20　2012年全国经营性土地溢价率情况

数据来源：中国房地产决策咨询系统（CRIC）

（三）土地成交排行榜

1．全国经营性用地成交总成交金额TOP20排行榜

表3-6　2012年全国经营性土地总价前二十排行榜

单位：亿元

排名	城市	土地名称	土地用途	土地价格	受让人
1	上海	虹口区海门路55号地块	办公;商业	56.80	上海国际港务（集团）股份有限公司 威旺置业有限公司
2	南京	2012年第13号 下关区 NO.2012G50	住宅;商业	56.20	中冶集团（南京老城改造建设投资公司）
3	上海	徐汇区漕河泾社区278a-05、278b-02、278b-04南站商务区地块	办公;商业	54.31	上海万科房地产公司、上海玖致酒店管理公司、广州港捷企业管理公司
4	天津	津南天（挂）2012-117号	住宅;商业	46.20	北京顺义新城建设开发有限公司
5	上海	2012年129号公告徐汇区滨江XH129B-02、XH129D-01地块	住宅;办公;商业	45.00	上海保利建锦房地产有限公司 信保（天津）股权投资基金管理有限公司
6	沈阳	2012-019 金廊7-1、19.20-1地块	商业	35.26	沈阳华强金廊城市广场置业有限公司
7	北京	北京市西城区月坛南街地块三	商业;综合	34.25	金融街控股股份有限公司
8	广州	2012挂-1029	商业	34.11	奥园集团公司、广东奥园置业公司
9	上海	杨浦区平凉街道22、23街坊地块	住宅;办公;商业	32.59	上海盛垣房地产开发有限公司
10	天津	津西卫(挂)2012-066号	住宅;商业	29.70	中海地产集团有限公司
11	北京	北京市西城区月坛南街地块二	商业;综合	29.50	金融街控股股份有限公司
12	大连	中山区大城(2012)-35号	住宅;公建配套	29.09	亿达集团公司、住友不动产株式会社
13	上海	2012年177号公告黄浦区594（北块）、596街坊地块	办公;商业	27.70	上海外滩滨江综合开发有限公司 中国太平洋财产保险股份有限公司
14	深圳	深土交告（2012）15号 南山区T107-0028	住宅;商业	26.53	华润置地（深圳）发展有限公司 华润万家（深圳）发展有限公司
15	长沙	[2012]网挂037号岳麓区岳麓大道与潇湘大道交汇处西南角地块	住宅;商业	26.40	湖南保利房地产开发有限公司
16	北京	海淀区万柳地区居住用地项目	住宅	26.30	北京赫华恒瑞房地产开发有限公司
17	北京	朝阳区来广营乡土地储备项目A4和B4地块二类居住用地	住宅;商业;综合	23.70	招商局地产（北京）有限公司 大连盈致企业管理有限公司
18	杭州	杭政储出[2012]16号	住宅;公建配套	23.52	杭州龙嘉房地产开发有限公司
19	南京	NO.2012G01栖霞区迈皋桥街道金陵塑胶厂地块	住宅;商业	23.35	南京金浦东部房地产开发有限公司
20	苏州	姑苏区桐泾路西、金门路南	住宅	23.20	新辉置业有限公司

数据来源：中国房地产决策咨询系统（CRIC）

2．全国经营性用地成交单价TOP20排行榜

表3-7　2012年全国经营性土地单价前二十排行榜

单位：元/平方米

排名	城市	土地名称	土地属性	楼板价	受让方
1	北京	京土整储挂（朝）[2012] 026号北京市朝阳区霞光里5号、6号商业金融用地	商业;综合	37875	北京宝鸿天城房地产开发有限公司
2	上海	2012年177号公告黄浦区594（北块）、596街坊地块	办公;商业	34494	上海外滩滨江综合开发有限公司，中国太平洋财产保险股份有限公司
3	北京	北京市海淀区万柳地区居住用地项目	住宅	33831	万柳居住用地项目公司
4	广州	天河区珠江新城D4-B2地块	商业	32968	恒大地产集团有限公司
5	北京	西城区月坛南街地块三	商业;综合	30429	金融街控股股份有限公司
6	上海	黄浦江沿岸综合开发E18单元1-12地块	商业	28983	上海申电投资有限公司
7	上海	2012年129号公告徐汇区滨江XH129B-02、XH129D-01地块	住宅;办公商业	27055	上海保利建锦房地产有限公司，信保（天津）股权投资基金管理有限公司
8	北京	北京市东城区香河园3号居住及商业金融用地项目	住宅;商业综合	25749	南昌市政公用投资控股有限责任公司
9	上海	2012年27号公告杨浦区五角场街道313街坊地块	办公;商业	25163	石家庄联邦伟业房地产开发集团有限公司
10	西安	西土出告字[2012]71号临潼区QJ15-（2）-2号地块	商业	24302	西安曲江临潼旅游商业发展有限公司
11	上海	2012年187号公告虹口区海门路55号地块	办公;商业	23330	上海国际港务（集团）股份有限公司 威旺置业有限公司
12	上海	虹口区东大名路1060号地块	办公;商业	23000	绿地地产集团有限公司
13	杭州	杭政储出[2012]55号上城区（南星单元D-02地块）	住宅;公建配套	22491	杭州市房地产开发集团有限公司
14	上海	2012年84号公告浦东新区黄浦江沿岸E20地块（E-4-2地块）	办公;商业	22240	上海万得信息技术股份有限公司
15	上海	2012年154号公告浦东新区浦兴社区Y000902编制单元19-04	住宅	21682	华控有限公司
16	北京	京土整储招（西）[2012] 058号西城区北京市西城区月坛南街地块二商业金融用地项目	商业;综合	20640	金融街控股股份有限公司
17	北京	京土整储挂（朝）[2012]035号朝阳区孙河乡北甸西村二类居住用地	住宅;商业综合	20158	北京通瑞万华置业有限公司
18	上海	2012年46号公告杨浦区1街坊地块	办公;商业	20113	建发房地产集团、厦门建发集团公司、厦门建发股份公司
19	上海	闸北区470街坊6丘地块	住宅	20029	上海象屿置业有限公司
20	上海	2012年60号公告浦东新区上海世博会地区B片区B03A-02号地块	办公	19395	中国黄金集团公司

数据来源：中国房地产决策咨询系统（CRIC）

二、新房市场

（一）全年市场分析

1. 房地产开发投资

2012年全国房地产开发投资总额71804亿元，同比增长16.2%，虽低于往年20%~30%的增幅，但符合国家经济转型发展的要求且与国家GDP增速放缓相一致，全年投资总额再创历史新高。其中，住宅投资总额49374亿元，同比增长11.4%；办公楼投资和商业营业用房投资同比增长分别为31.6%和25.4%，远远高于住宅投资增长幅度。

表3-8　2012年全国房地产开发季度累计投资情况

单位：亿元、%

	2012:Q1			2012:Q1-2			2012:Q1-3			2012:Q1-4		
	数额	同比	占比	数额	同比	占比	数额	同比	占比	数额	同比	占比
房地产投资	10927.17	23.5	100.00	30609.83	16.6	100.00	51045.93	15.4	100.00	71804	16.2	100.00
#住宅	7443	19	68.11	20878.57	12	68.21	35126.17	10.5	68.81	49374	11.4	68.76
#办公楼	518	43.4	4.74	1408.75	31.9	4.60	2371.47	36.1	4.65	3367	31.6	4.69
#商业营业用房	1420	34.2	13.00	3974.6	26.3	12.98	6589.15	25.3	12.91	9312	25.4	12.97
*东部地区	6592.59	20.6	60.33	17809.01	15.4	58.18	29173.45	14.5	57.15	40541	13.9	56.46
*中部地区	2078.26	25.7	19.02	6327.77	16.9	20.67	10943.65	16.2	21.44	15763	18.3	21.95
*西部地区	2264.32	30.5	20.72	6473.05	19.9	21.15	10928.83	17.1	21.41	15500	20.4	21.59

数据来源：国家统计局

2012年第四季度房地产开发投资总额20758亿元，较第三季度略有增长，为全年各季度最高，实现了连续三个季度稳定增长。住宅、办公楼、商业营业用房等分项指标也是四季度最高。这一态势与中国宏观经济四季度企稳回暖基本相符。中国房地产的投资回升和中国宏观经济的回暖是相互作用的。

从区域发展看，中、西部地区房地产投资同比增幅都明显大于东部地区。

从投资结构看，各分类市场的占比在季度累计数据中变化不大；投资占比的变化，东部地区随着季节的累计推进，占比逐步由一季度的60.33%回落到年末的56.46%，中部和西部地区相应占比则逐季上升。

表3-9　2008~2012年全国房地产开发投资情况

单位：亿元、%

	2008年		2009年		2010年		2011年		2012年	
	数额	同比	数额	同比	数额	同比	数额	同比	数额	同比
房地产投资	30580	20.9	36232	16.1	48267	33.2	61740	27.9	71804	16.2
#住宅	22081	22.6	25619	14.2	34038	32.9	44308	30.2	49374	11.4
#办公楼	1112	7.4	1378	18.1	1807	31.2	2544	40.7	3367	31.6
#商业营业用房	3200	14.9	4172	24.4	5599	33.9	7370	30.5	9312	25.4

数据来源：国家统计局

从历年数据演变看，2008年为3万亿元，2010年为4.83万亿元，2011年为6.17万亿，2012年房地产开发投资额为7.18万亿元。在2012年增加的房地产开发投资中，保障性安居工程的因素在下降，同时商业地产投资和办公楼投资因素在上升。房地产投资仍然是我国全社会固定资产投资的重要组成部分。

表3-10 2012年及第四季度房地产开发投资指标区域对比

单位：亿元、%

		2012年第四季度			2012年度			
		北上广深	40个重点城市	全国		北上广深	40个重点城市	全国
开发投资	金额	2379.86	11211.56	20758.07	金额	7642.09	39055.79	71803.79
	环比	10.7	3.0	1.6	同比	7.6	17.6	16.2
#住宅开发投资	金额	1372.80	7245.73	14247.83	金额	4382.14	25373.02	49374.21
	环比	15.6	0.7	0.0	同比	0.7	11.3	11.4

数据来源：国家统计局

全国40个重点城市（主要是直辖市、省会城市和计划单列城市）房地产开发投资总额是39055.79亿元，同比增长17.1%；住宅开发投资总额是25373.02亿元，同比增长11.3%。

从全年角度看，虽然北上广深四个一线城市开发投资及住宅开发投资的同比增幅要远低于40个重点城市的增幅及全国整体增幅；但第四季度，四个一线城市房地产开发投资及住宅开发投资的环比增幅遥遥领先于40个重点城市及全国，同时40个重点城市的增幅高于全国。这说明，下半年特别是第四季度，一线城市包括部分二线城市房地产投资热情开始显现，开发投资与商品房销售的好转共同推动了整体房地产市场的回暖。

2. 商品房建设

2012年，房地产开发企业房屋施工面积573418万平方米，比上年增长13.2%；其中，住宅施工面积428964万平方米，增长10.6%。房屋新开工面积177334万平方米，下降7.3%；其中，住宅新开工面积130695万平方米，下降11.2%。房屋竣工面积99425万平方米，增长7.3%；其中，住宅竣工面积79043万平方米，增长6.4%。

表3-11 2012年四个季度房屋建设情况

单位：万平方米、%

		2012:Q1			2012:Q2			2012:Q3			2012:Q4		
		面积	环比	同比	面积	环比	同比	面积	环比	同比	面积	环比	同比
新开工面积	全国	39946	-5.6	0.3	52433	31.3	-12.0	42634	-18.7	-11.8	42320	-0.7	0.0
	#住宅	29427	-6.7	-5.2	39190	33.2	-14.5	31051	-20.8	-17.4	31027	-0.1	-1.7
	#办公楼	1287	-2.4	21.6	1531	19.0	-10.5	1478	-3.5	16.0	1690	14.4	28.3
	#商业营业用房	5047	5.5	26.0	6325.	25.3	-5.1	5521	-12.7	5.9	5183	-6.1	8.4
竣工面积	全国	17880	-61.0	39.3	15378	-14.0	4.4	17308	12.5	8.9	48858	182.3	6.7
	#住宅	14325	-61.1	40.0	12394	-13.5	4.8	13890	12.1	8.6	38434	176.7	4.3
	#办公楼	360	-66.9	-1.9	301	-16.5	-17.1	360	19.6	-1.0	1295	259.7	19.1
	#商业营业用房	1919	-57.3	46.7	1630	-15.1	4.3	1766	8.3	5.1	4911	178.2	9.3

数据来源：国家统计局

2012全年，房屋施工面积和房屋竣工面积都实现了正增长，但房屋新开工面积出现了同比负增长，不利于后续房地产市场的价格稳定。

表3-12　2012年全国房屋季度累计施工面积情况

单位：万平方米、%

	2012:Q1		2012:Q1-2		2012:Q1-3		2012:Q1-4	
	面积	同比	面积	同比	面积	同比	面积	同比
房屋施工面积	409221	25.0	475614	17.2	525377	14.0	573418	13.2
#住宅	307653	22.2	357392	15.0	393777	11.5	428964	10.6
#办公楼	14092	36.9	15973	24.3	17621	21.0	19434	21.5
#商业营业用房	45707	28.4	53577	18.8	59969	17.1	65814	17.6

数据来源：国家统计局

3．商品房销售

2012年，商品房销售面积111304万平方米，同比增长1.8%，增幅比2011年回落2.6个百分点，但绝对量依然创历史新高；其中，住宅销售面积增长2%，办公楼销售面积增长12.4%，商业营业用房销售面积下降1.4%。商品房销售额64456亿元，增长10%，增速比2011年回落1.1个百分点，再创历史新高；其中，住宅销售额增长10.9%，办公楼销售额增长12.2%，商业营业用房销售额增长4.8%。

40个重点城市中，商品房销售面积、销售额同比分别上涨8.3%、15.5%，累计季度同比涨幅呈逐季扩大趋势。全年28个城市商品房销售面积同比上涨，太原、温州涨幅均超50%；12城市同比下滑，西宁以33.3%的降幅居首。商品房销售额方面，29城市同比上涨，太原以50%涨幅居首；11城市同比下滑，北海以22.5%降幅居首。

表3-13　2012年40个重点城市季度累计商品房销售及增长情况

单位：万平方米、亿元、%

	2012:Q1		2012:Q1-2		2012:Q1-3		2012:Q1-4	
	面积/金额	同比	面积/金额	同比	面积/金额	同比	面积/金额	同比
商品房销售面积	6075.30	-14.0	16150.19	-1.2	27532.15	6.1	42728.48	8.3
商品房销售额	4641.55	-18.7	13050.48	0.2	22722.79	9.7	35168.57	15.5

数据来源：国家统计局

表3-14　2012年全年季度商品房分类销售情况

单位：万平方米、亿元、%

	2011:Q1			2012:Q2			2012:Q3			2012:Q4		
	面积	环比	同比	面积	环比	同比	面积	环比	同比	面积	环比	同比
全国	15239	-60.6	-13.6	24725	62.2	-7.7	28477	15.2	6.0	42863	50.5	10.9
#住宅	13387	-60.0	-15.5	21960	64.0	-8.3	25538	16.3	7.3	37583	47.2	12.4
#办公楼	387	-43.3	11.4	464	19.9	3.7	518	11.5	-2.4	885	70.8	29.6
#商业营业用房	1108	-65.9	5.9	1722	55.4	0.4	1783	3.6	-4.2	3146	76.3	-3.3
*东部地区	7351	-55.5	-17.5	12316	67.5	-6.5	14055	14.1	12.9	19502	38.8	18.0

（续表）

	2011:Q1			2012:Q2			2012:Q3			2012:Q4		
*中部地区	3704	−68.3	−7.3	6176	66.7	−7.4	7369	19.3	6.1	12892	75.0	10.2
*西部地区	4185	−59.9	−11.7	6234	49.0	−10.2	7054	13.2	−5.6	10468	48.4	0.4
	金额	环比	同比	金额	环比	同比	金额	环比	同比	金额	环比	同比
全国	8672	−56.2	−14.6	14642	68.8	1.4	17040	16.4	15.7	24102	41.4	21.7
#住宅	7099	−55.4	−17.5	12224	72.2	1.4	14465	18.3	20.2	19679	36.0	23.6
#办公楼	402	−44.2	−10.2	638	58.8	5.7	666	4.5	−8.8	1068	60.3	48.1
#商业营业用房	1017	−61.3	10.5	1534	50.9	2.2	1616	5.4	−2.1	2834	75.4	7.7
*东部地区	5215	−51.5	−19.9	8915	71.0	2.3	10468	17.4	21.1	13815	32.0	28.4
*中部地区	1592	−65.9	−1.9	2796	75.6	2.8	3269	16.9	13.6	5363	64.0	14.7
*西部地区	1865	−57.3	−7.6	2931	57.1	−2.5	3301	12.6	3.1	4925	49.1	12.7

数据来源：国家统计局

2012年全国商品房销售金额的增长幅度大于销售面积增长幅度8.2个百分点；全年住宅销售金额的增长幅度大于销售面积增长幅度8.9个百分点。

商品房销售金额增幅大于销售面积增幅，表明商品房的市场价格依然上涨，同比涨幅为8%，比2011年房价涨幅提高了1.1个百分点（2011年商品房销售均价同比增幅为6.9%）。2012年房价上涨的主要推动力是首套自住购房需求和首套改善住房需求的持续释放；另外，地价的稳步上涨也起到一定推动作用。

表3-15　2012年及第四季度商品房销售数据区域对比

单位：万平方米、亿元、%

	2012年第四季度				2012年度			
		北上广深	40个重点城市	全国		北上广深	40个重点城市	全国
商品房交易	面积	2092.27	15196.33	42862.59	面积	5701.16	42728.48	111303.65
	环比	41.3	33.5	50.5	同比	14.6	7.6	1.8
	金额	3093.25	12445.78	24102.33	金额	8762.90	35168.57	64455.79
	环比	24.3	28.7	41.4	同比	14.4	14.2	10.0
商品住宅交易	面积	1651.51	13124.65	37583.49	面积	4692.95	37393.16	98467.51
	环比	33.1	29.5	47.2	同比	16.8	8.8	2.0
	金额	2360.11	10054.31	19679.30	金额	6946.61	28982.95	53467.18
	环比	16.7	23.1	36.0	同比	20.5	16.8	10.9

数据来源：国家统计局

根据表3-15所列四个一线城市、40个重点城市和全国范围的商品房销售总量及增幅情况，可以得出如下数据关系：

一是40个重点城市的商品房和商品住房销售量增幅都大于全国商品房和商品住房销售量增幅，差距是5.8~6.8个百分点，一线城市增幅更大；二是40个重点城市的商品房和商品住房销售金额增幅都大于全国商品房和商品住房销售金额增幅，差距是4.2~5.9个百分点，一线城市增幅更大；三是全国商品房均价增幅为8%，40重点城市商品房均价增幅为6.1%，一线城市增幅为0；四是全国商品住房均价增幅为8.7%，40个重点城市商品住房均价增幅为7.4%，一线城市增幅为3.2%。

结论是2012年一线城市商品房市场呈现销售面积和金额高增长，但房价平稳的态势；40个重点城市（主要为直辖市、省会城市和计划单列市）的市场发展速度要高于全国。在房地产调控政策效用递减及刚性需求不断释放的情况下，一二线城市市场率先启动，并在第四季度将回暖传递到全国范围内。

值得注意的是，2012年40城市与全国的商品房销售数量关系与2011年是截然相反的，这也体现出政策多发期和政策执行期市场走势与特点的差异性。

4. 商品房价格

全年全国各城市新建商品住宅价格走出一个下跌城市由多变少，上涨城市由少变多的过程。以国家统计局公布的70个城市为例：环比房价前后半年表现差异十分明显，六月份之前仅少数城市房价环比上涨，六月份房价环比下降、持平、上涨城市数大体相当，7月份房价环比上涨城市数量明显增多，8、9、10月上涨城市数量略有回落，但11、12月上涨城市数量为53、54个。房价环比上涨城市也由前期的一、二线城市逐步向三、四线城市蔓延，房价上涨幅度也出现逐步提高的现象。

再根据销售金额和销售面积测算，2012年商品房销售均价同比去年上涨7.7%；2012年住宅销售均价同比去年上涨8.4%。商品房和住宅价格的上涨幅度高于CPI增长幅度，大致与GDP增长幅度相当，低于我国城镇居民人均可支配收入实际增长9.6%幅度。

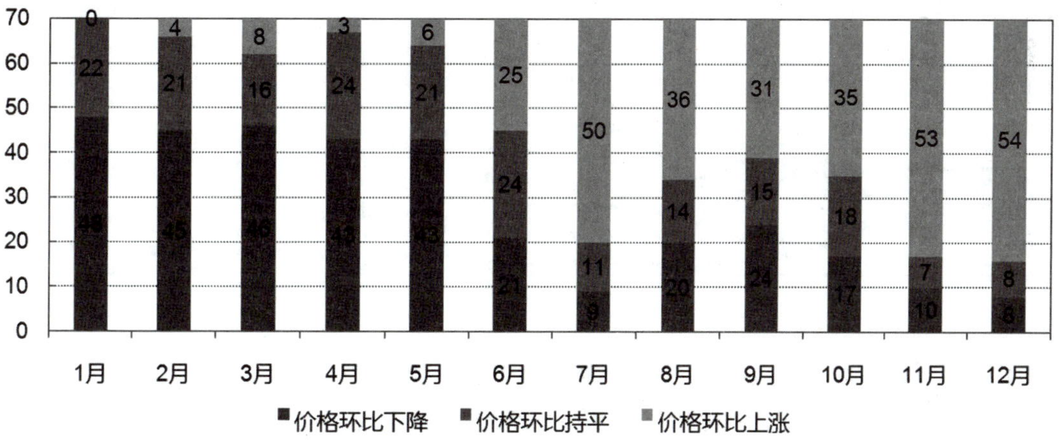

图3-21　70大中城市新建商品住宅环比价格上涨、下降和持平城市个数变化情况

数据来源：国家统计局

5. 银行贷款

中国人民银行数据显示，房地产贷款增速有所回升。其中保障性住房开发贷款增量占比提高，保障房信贷支持力度继续加大。

2012 年年末，全国主要金融机构（含外资）房地产贷款余额12.1万亿元，同比增长12.8%，增速自5 月份以来逐月回升，但仍比上年末低1.1个百分点。房地产贷款余额占各项贷款余额的19.8%，比上年末低0.3个百分点。其中，个人住房贷款余额7.5万亿元，同比增长12.9%，比上年末低1.9个百分点；房产开发贷款余额3.0万亿元，同比增长10.7%，比上年末低6.4个百分点；地产开发贷款余额8630亿元，同比增长12.4%，而2011年末为同比下降7.9%。2012年新增房地产贷款13465 亿元，同比多增897亿元。房地产贷款新增额占各项贷款新增额的17.4%，比2011年全年水平低0.1个百分点。

保障房信贷支持力度继续加大。截至2012年年末，全国保障性住房开发贷款余额为5711亿元，占全部住房开发贷款余额25.1%。2012年新增保障性住房开发贷款1796亿元，占全部住房开发贷款新增额的89.3%。此外，利用住房公积金贷款支持保障性住房建设试点工作稳步推进，截至2012年年末，已按进度发放住房公积金贷款50420.9亿元，支持了40个城市162个保障房建设项目，收回贷款本金58.1亿元。

6. 开发企业到位资金

2012年房地产开发企业到位资金总量96538亿元，比上年增长12.7%，增速比2011年回落4.8个百分点。其中国内贷款14778亿元，较上年增长13.2%，全年增速呈现前低后高态势；2012年开发企业利用外资402亿元，下降48.8%，尽管年末同比降幅出现收窄，但外资增长依然没有得到改善；全年自筹资金39083亿元，增长11.7%，进入下半年后由于市场销售好转以及货币信贷政策的松动，自筹资金增长开始趋于平稳，房地产开发企业对自筹资金需求有所缓和；其他资金42275亿元，增长14.7%，其他资金来源在上半年同比一直处于下降状态，不过随着市场销售的复苏增长速度开始加快并在年末出现大幅提升。

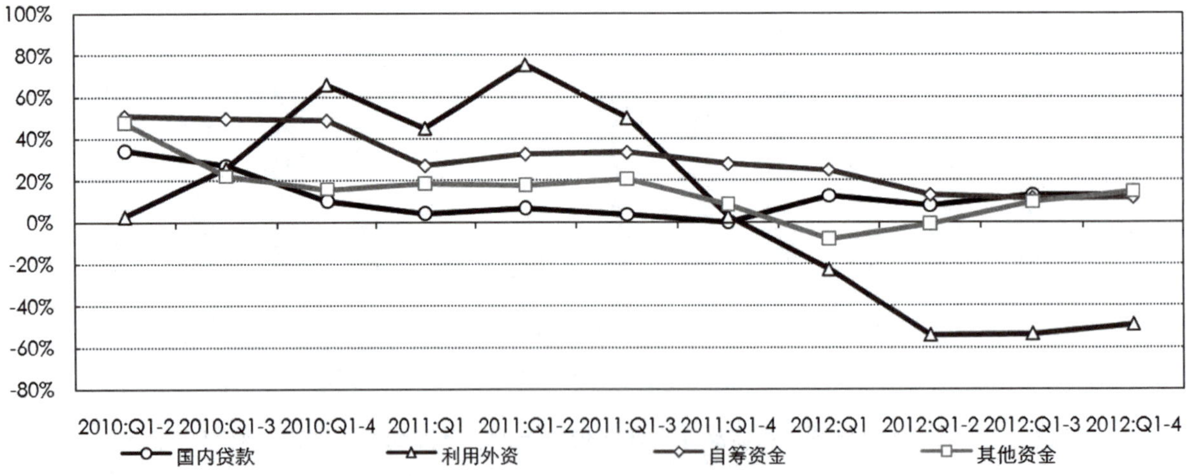

图3-22　2010~2012年房地产开发企业季度累计到位资金来源同比情况

数据来源：国家统计局

在各项资金来源结构上，2012年与2011年相比变化幅度有限，国内贷款和其他资金比例较2011年出现小幅提升，利用外资和自筹资金比重小幅下降。不过从全年各季度的走势上看，在国内信贷货币政策出现松动背景下，国内贷款比重不断走低，反映出房地产开发企业对国内贷款依赖度的下降；在自筹资金方面，2012年下半年自筹资金比重开始下降，反映出下半年房地产资金状况开始好转，对外融资不再那么急迫；其他资金所占比例持续升高，这一变化于与房地产市场销售回升趋势基本相符。

表3-16　2011~2012年房地产开发资金来源季度累计结构情况

单位：%

	2011:Q1-2	2011:Q1-3	2011:Q1-4	2012:Q1	2012:Q1-2	2012:Q1-3	2012:Q1-4
国内贷款	17.1	15.7	15.1	20.7	17.5	16.1	15.3
利用外资	1.1	1.1	1.0	0.5	0.5	0.5	0.4
自筹资金	40.2	41.2	41.0	42.7	42.9	41.7	40.5
其他资金	41.6	41.9	43.0	36.0	39.1	41.7	43.8

数据来源：国家统计局

7. 全国房地产景气指数

2012年全国房地产景气指数一直在100以下的不景气区间徘徊，实际为延续了2011年指数持续回落的态势，今年指数最高点为2月份，指数为97.89，此后一路下跌，9月份到达谷底，指数为94.39。国房景气指数在前两个季度呈现逐步下行并探底的走势，三季度基本处于历史低位，四季度整体呈现回升态势，房地产行业回稳趋势确立。虽然12月份小幅波动，但不改整体上行态势。

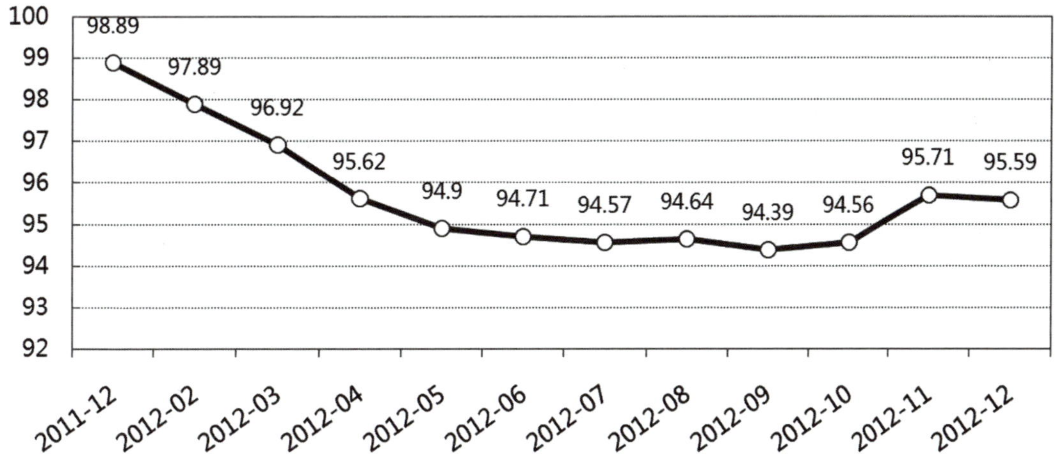

图3-23　2011年12月~2012年12月国房景气指数走势图

数据来源：国家统计局

（二）市场回暖分析

一是企业实施“高周转”和“销售以价换量”策略的成功运用。2012年上半年不少企业根据政府的调控政策走向并针对市场的观望情况，采取了“以价换量”的策略，扩大了市场份额，提高房企生存和发展能力。实践表明2012年成功的企业大都采取了相对低价和高周转的方针。

二是宏观经济逐步稳定，货币信贷环境好于上一年度。由于2012年前三个季度全国经济走低，政府采取了各种稳经济、促内需、保增长的政策措施，房地产企业身受其利。房地产投资从二季度末开始加大投资力度，六月份市场销售呈现一波高潮，这一态势一直稳定推进到年末，先与国民经济一个季度多一点的时间触底回暖。

三是在房价趋于相对稳定后，未来市场预期发生变化。房地产市场价格既没有出现暴涨也没有出现暴跌的情况，加上通货膨胀正成为日常生活一部分的现实，刚性和改善性需求在积累一段时间后得到集中性释放，整个市场由冷清变为回暖。特别是在十八大后，尤其是新型城镇化成为新一届领导人的主要工作思路和发展方向，提振了人们对中国经济和房地产业趋好的信心，市场预期发生明显趋好变化。开发企业也从“抱团取暖”变为“聆听春天的脚步声”。

四是紧缩性房地产调控政策效应递减。总体看限购、限贷、限价政策原则没有放松，保障房建设也在加快推进。但是2012年全年房地产调控政策相对往年没有推出新的重大调控政策，相对往年具体政策也没有多轮频发。一些地方政府结合本地实际情况，对于首套住房需求和改善性需求推出了一些符合宏观经济发展要求的合理举措。随着时间的推延，原有的调控政策效应开始递减，如随着时间的推移，原有被限购的人中符合购房条件人群相应增加。

（三）存在的问题

首先，房价上涨压力仍然存在。

2012年全国70大中城市房价总体呈现前低后高但又可控的整体发展态势。房价环比上涨的城市数总体趋于增加，少数城市房价上涨压力增大。特别是北京、上海、广州、深圳等一线城市，南京、武汉等二线城市房价环比涨幅居前，且第四季度各月的涨幅有递增的态势。但房价变动情况也不平衡，一些三、四线城市由于库存压力增大，销售相对缓慢，房价涨幅又相对轻微甚至下降。由于国民经济开始触底回暖，加上新型城镇化建设的推进，人们对市场房价的预期有所抬升，因此房价上升的压力依然存在。

其次，土地实际落实供应量少。

多年来，我国一方面年度计划土地供应量不少，但实际完成计划的不足，而不少房地产开发企业反映土地指标和供应量高度紧缺。一方面存在土地滞销流拍的现象，另一方面土地招牌挂当中溢价土地时有出现。这表明我国的土地供应和土地需求存在着用途结构失衡，区域间失衡和阶段性失衡的问题。

土地的运营和供应直接关系到当地经济的发展，也涉及当期政府的土地收益和房地产市场的发展。从目前情况看，土地购置面积同比的较大幅度下降，直接影响到未来市场商品房的供应和价格走势。

再次，部分三四线城市和中小房企商品房去化压力大。

前两年房地产调控政策对一、二线城市的住房市场效果明显，导致一批房地产企业从住宅开发转向商业地产开发，从一、二线城市转向三、四线城市。但是商业地产开发客观上存在着需求比例，三、四线城市的住房市场也有一个需求总量问题。我国东北、西北和西南地区的一批城市，已经出现商业地产过量开发的现实问题。不少三、四线城市由于产业支撑力度不够，新增人口及住房需求有限，也出现了阶段性的商品住宅投资超前。加上一些地方政府缺乏住房建设规划，从而导致在购买力还有限的情况下，形成大量商品房空置。

在市场竞争日益激烈的背景下，开发企业面临的局面也有所不同。大企业加强了策略调整，更加注重周转率、现金流和风险控制，同时发挥人才聚集优势，实现了顺势发展。而一些中小企业由于受到资金、人才、品牌、地域等多方面的制约，在市场竞争中日益困难。

三、存量住房市场

在调控政策的引导之下，2012年六个主要城市（北京、上海、广州、深圳、天津、成都）存量住房市场表现平稳，“旺季不旺、淡季不淡”。

2012年第一季度，市场延续了2011年的低潮走势；随着首套房贷利率的下调，第二季度起六城市成交量开始回升，成交价格亦止跌；下半年成交量呈现小幅波动，而价格则维持小幅升势，市场已经在当前的政策环境下达到阶段平衡。

（一）市场量价走势

1. 自住需求释放，成交筑底回升

自2010年三轮市场调控以来，各主要城市存量住房成交迅速转入低谷。此后在限购及限贷的影响下，成交量持续低迷。至2012年1月，恰逢春节，成交量创2007年以来单月新低。春节后随着信贷获取难度降低，首套房贷利率优惠的重启，多城市相继上调公积金贷款额度以及调低公积金首付比例等诸多政策利好出现，2011年积压的刚性购房需求得以释放，存量住房市场成交量筑底回升。

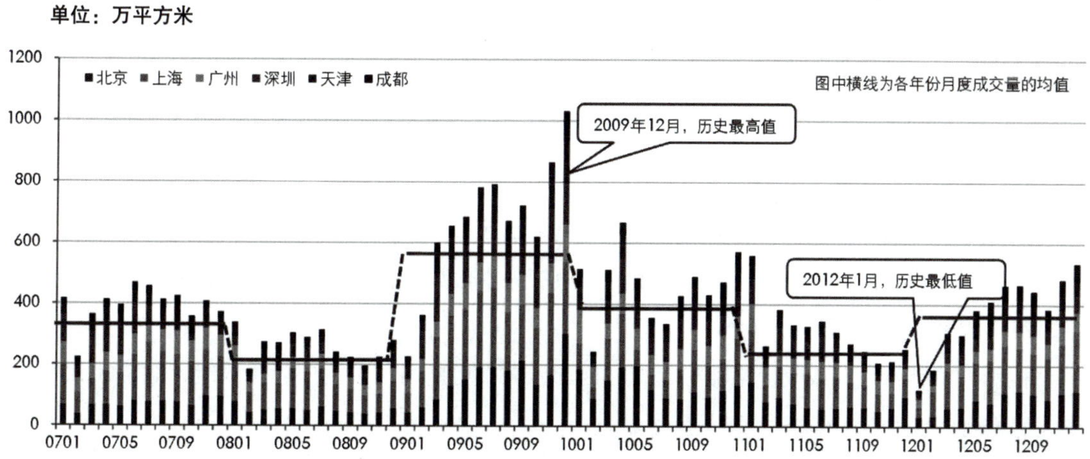

图3-24　2007~2012年六大城市存量住房成交量走势图

数据来源：中原集团研究中心

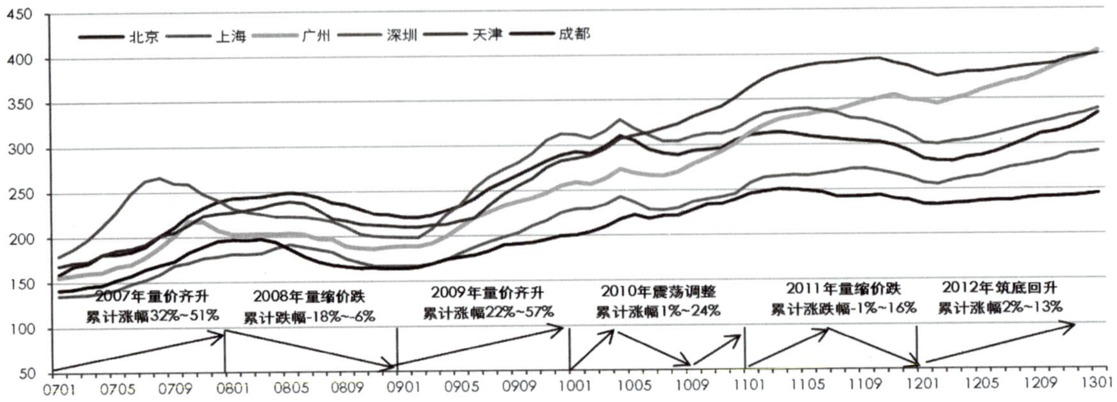

图3-25　2007~2012年六大城市存量住房市场价格指数走势图

数据来源：中原集团研究中心

从全年来看，继2010年和2011年成交量连续两年回落后，2012年触底反弹，但反弹幅度相对较小。2012年六城市存量住房成交面积较2011年增长22%；但尚不及2010年的水平，和2009年峰值相比仍有约4成的下滑。

2. 投资投机受抑，价格涨幅趋缓

由于投机、投资需求被挤出市场，价格过快上涨的态势被迅速遏制。2011年4月后受存量住房成交量的持续低迷及开发商降价促销力度加大的影响，各主要城市存量住房价格指数相继开始下跌。北京、深圳两地价格指数累计跌幅高达10%~12%；其他城市亦在2011年年底出现回调。2012年春节后随着楼市的回暖，存量住房价格指数开始止跌回升。截至2012年11月底，北京、上海、广州三地存量住房价格指数已超越历史峰值，而深圳、天津和成都价格指数较历史峰值仍有6~13个点的差距。

从全年来看，2009年六城市存量住房价格指数累积涨幅高达22%~57%，2010年累积涨幅在1%~24%之间；2011年累积涨幅在-1%~16%之间；2012年前11个月累计涨幅在2%~12%之间。2010至2012年六城市存量住房价格指数累计涨幅明显放缓，部分城市价格甚至出现下跌。

3. 租金平稳上扬，租金回报率平稳

租赁市场以实际居住需求为基础，主要是受经济发展、居民收入、房价、税费、通货膨胀、外来人口和毕业生就业等因素的影响，因此租金走势相对平稳。根据中原领先指数数据显示，2010年至2012年期间，六城市存量住房租金指数每年的累积涨幅均不超过10%。

由于受调控影响，存量住房成交价格涨幅趋缓，因此六城市租金回报率下探趋势放缓，截至2012年11月底，六城市存量住房租金回报率基本和2011年5月持平。

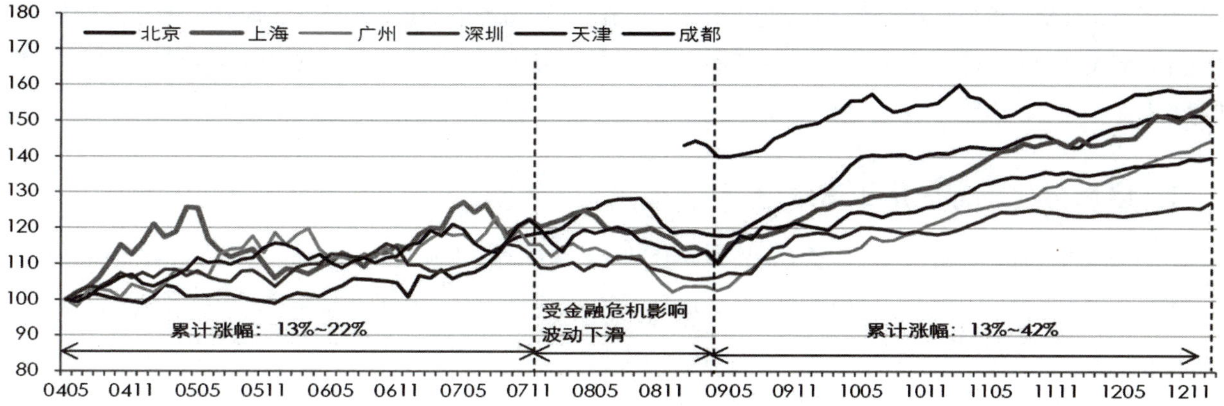

图3-26　2004年5月~2012年12月CLI存量住房租金指数月度走势

数据来源：中原集团研究中心

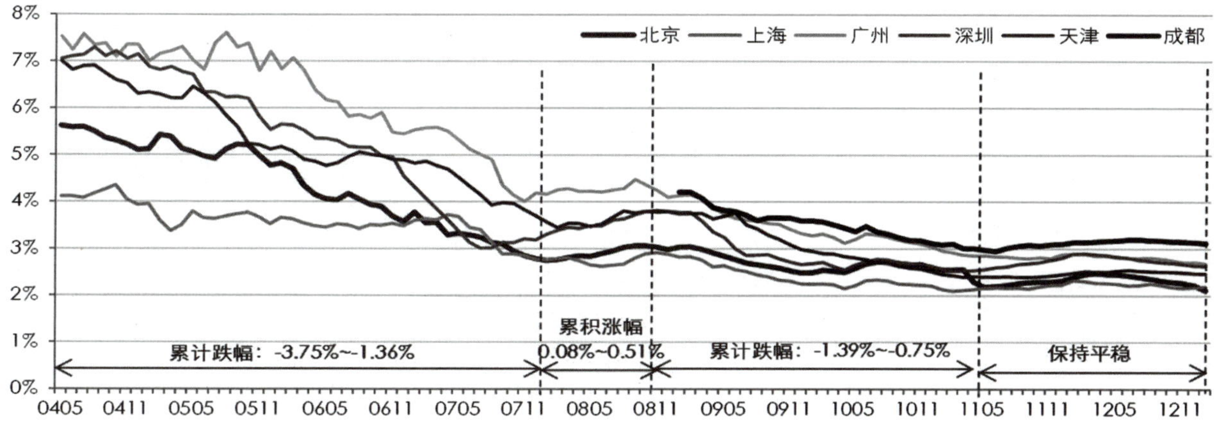

图3-27　2004年5月~2012年12月存量住房租金回报率月度走势

数据来源：中原集团研究中心

（二）市场结构分析

1. 城市分化，一线城市价格回升明显

由于城市发展阶段和存量住房市场成熟程度的差异，造成了各城市之间存量住房市场在2012年表现显著不同。一线城市的新房供应相对更为稀缺，尤其是在中心区，存量住房成交占有较高比重，因此存量住房价格变现更为坚挺，回升幅度较为显著。

根据中原集团数据显示，2012年初至今，北京、上海、广州三地价格指数累计回升幅度已超过10%，深圳为

8.9%，相比之下天津和成都的价格指数回升幅度尚不足4%。

由于存量住房房价的坚挺，造成了存量住房需求的流失，受此影响北京、广州和深圳的存量住房成交占比均有下降，而天津和成都的存量住房占比则有所回升。上海的情况比较特别，由于2010年存量住房市场严重萎缩，近两年则逐步复苏，存量住房占比连续回升。

2. 区域分化，郊区房源遭遇分流

在同一城市内部，则由于区域位置上的资源配套以及新房市场的供应量均有差异，也造成了存量住房市场的不同表现。其中，中心区凭借良好的配套资源，加之新房供应相对稀缺，因此存量住房占比相对稳定，价格亦相对坚挺；次中心区新房和存量住房并重，存量住房占比有所下滑，价格有一定的松动；郊区新房供应较大且降价项目较多，因此郊区存量住房占比回落的幅度明显高于中心区和次中心区，而且价格下跌的幅度也相对较大。

以北京为例，2012年全市存量住房占比较2011年有所回落，中心区、次中心区、郊区存量住房占比分别回落了0.2、4.4、11.7个百分点，以郊区存量住房占比回落的幅度最大。价格方面，在2010至2011年间北京10区存量住房价格指数全面下跌，其中属于郊区的亦庄和通州的累计跌幅最大；而中心区存量住房价格指数累计跌幅相对最小。在今年春节后北京10区价格指数全面上涨，中心区和次中心区的价格指数累计涨幅亦高于郊区1¯2个百分点。

表3-17　CLI中原领先指数数据摘要

单位：%

	当前指数	年初低点	回升幅度
北京	317	281	12.9
上海	289	255	13.0
广州	392	344	13.7
深圳	331	300	10.3
天津	395	375	5.3
成都	241	233	3.8

数据来源：中原集团研究中心

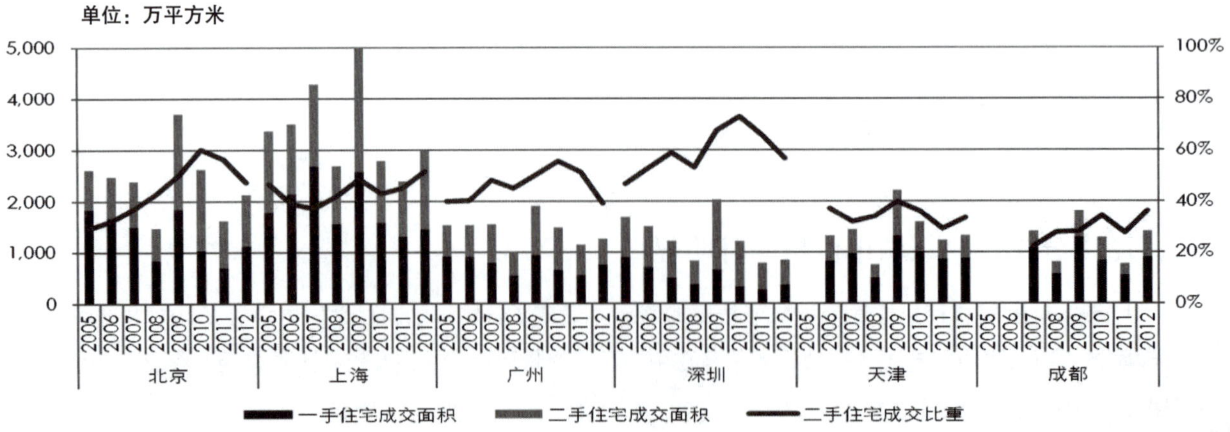

图3-28　2005~2012年六大城市存量住房成交占比

数据来源：中原集团研究中心

3. 需求分化，普通住宅成交活跃

根据中原调研数据显示，2012年北京、上海、深圳三地首次置业需求约占5~6成，改善型需求约占2~3成，投资性需求仅占1成左右。

从成交结构来看，低总价的中小户型占据成交的主体。数据显示，2012年前10个月，北京、上海、广州、深圳、天津五城市单套面积在90平方米以下的存量住房成交占比分别为55%、61%、63%、65%、83%，而且这一比重较前几年有不同程度的增加。

此外，根据中原统计2012年前10个月上海存量住房成交套数TOP100楼盘中有85个楼盘是处于中环外的普通住宅项目，在这100个项目中有4成为低总价的老公房，这些老公房主要位于宝山、浦东和闵行三个区域，单价基本在20000元/平方米左右。

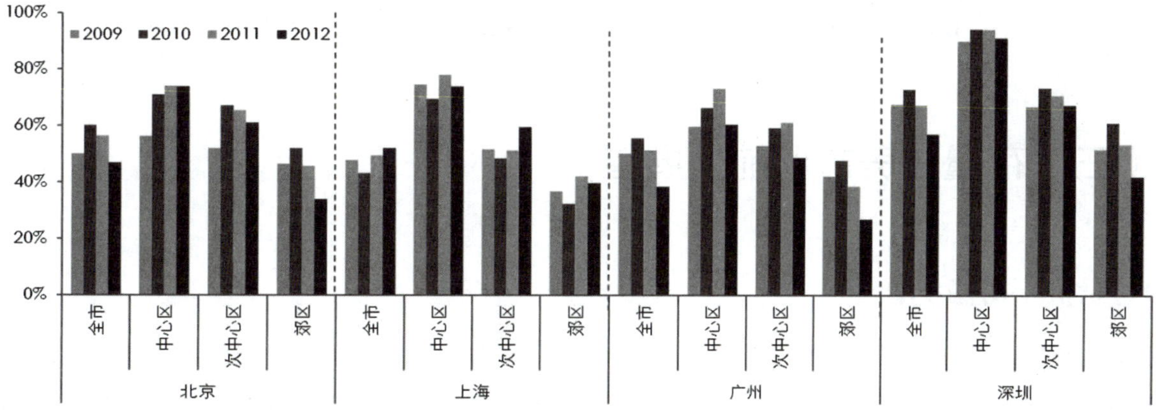

图3-29　2009~2012年四大城市分区域存量住房成交面积占比情况

数据来源：中原集团研究中心

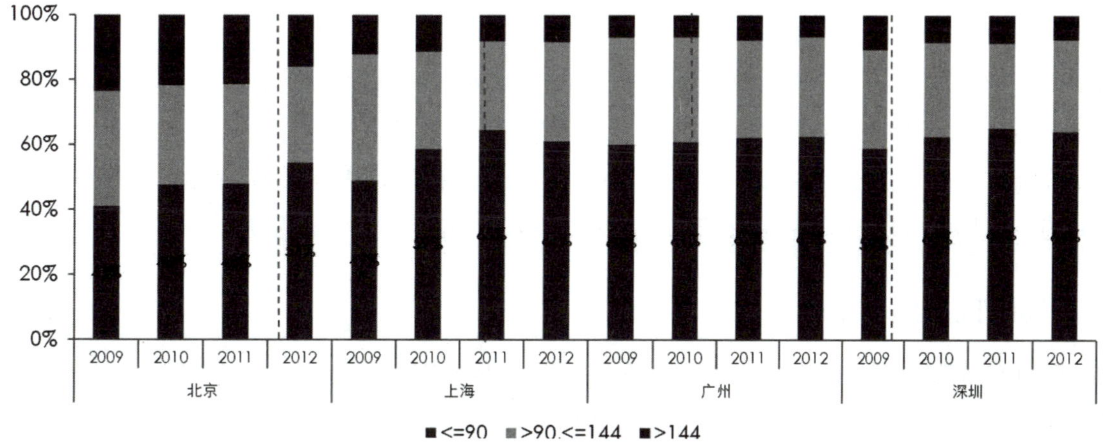

图3-30　2009~2012年四大城市分面积段存量住房成交面积占比情况

数据来源：中原集团研究中心

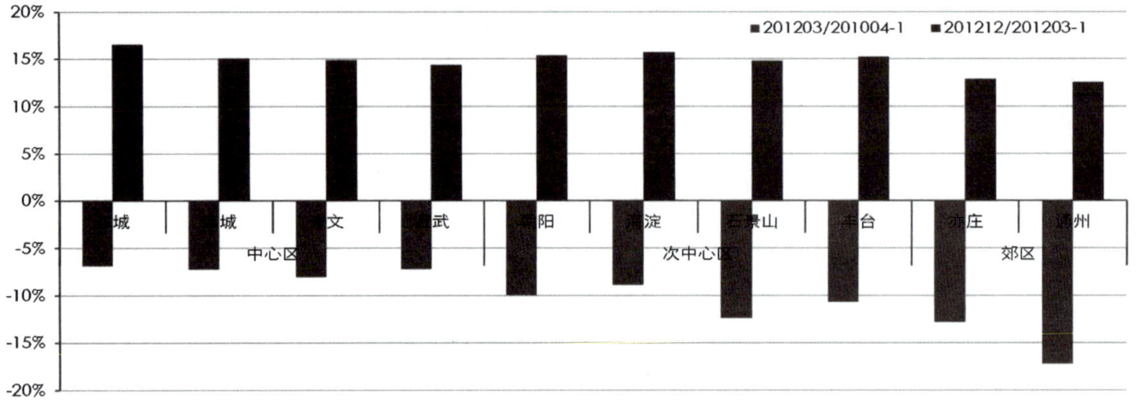

图3-31 2010~2012年北京分区域存量住房价格指数累计涨跌幅

数据来源：中原集团研究中心

（三）存量住房市场前景展望

1. 量价平衡稳步增长

在房地产调整政策的预调微调的引导之下，2012年主要城市的房地产市场走势平稳。从目前的政策动向来看，2013年维持现有政策力度的可能性较大，并仍会根据市场的变化采取一些微调的手段来稳定市场。预计2013年主要城市存量住房市场仍会维持平稳态势。

鉴于政策对自住需求的鼓励，2013年的成交量会较2012年有所增加，预计六城市全年存量住房成交量较2012年增长1~2成。市场需求仍以自住需求为主，带有投资性质的改善型需求和纯投机性需求将继续受限。在物业类型上，中低价位的普通住宅会占据成交量的主体。

价格方面，随着2012年下半年楼市的回暖，存量住房价格已止跌回升。加之，开发商以价换量现象逐步减少，价格微涨的项目比例增加，存量住房业主降价的压力进一步减小。自7月以来六城市存量住房报价指数呈波动调整的态势，显示出业主心态较为平稳；截至11月底，上海、广州和深圳三地中原经理指数分别为68%、74%和64%，显示出经理人对后市成交价格依然看涨。预计2013年存量住房价格指数仍将小幅上涨。

2. 市场阶段放缓，未来发展前景广阔

2010至2012年间受到调控的影响，国内主要城市存量住房发展势头有所放缓，特别是国内一线城市存量住房成交量和成交占比均有下降。这只是阶段性的调整和放缓，长期来看存量住房市场的发展空间依然广阔。

近几年国内主要城市中心城区可出让住宅用地日益稀少、商品房供应逐渐向郊区扩展，与此同时大量新建商品房交易后不断进入存量房市场。加之，存量住房在交通、生活配套等资源一般均好于新房，而且可供选择较多，不仅有小面积、低总价的公房，亦有近年落成的新式商品房。因此存量住房市场活跃程度有望继续提高。

表3-18　2010~2012年六大城市存量住房成交面积

单位：万平方米

	2010年	2011年	2012年
北京	1580	914	1067
上海	1200	1079	1622
广州	825	588	521
深圳	887	519	504
天津	574	360	472
成都	441	255	524

数据来源：中原集团研究中心

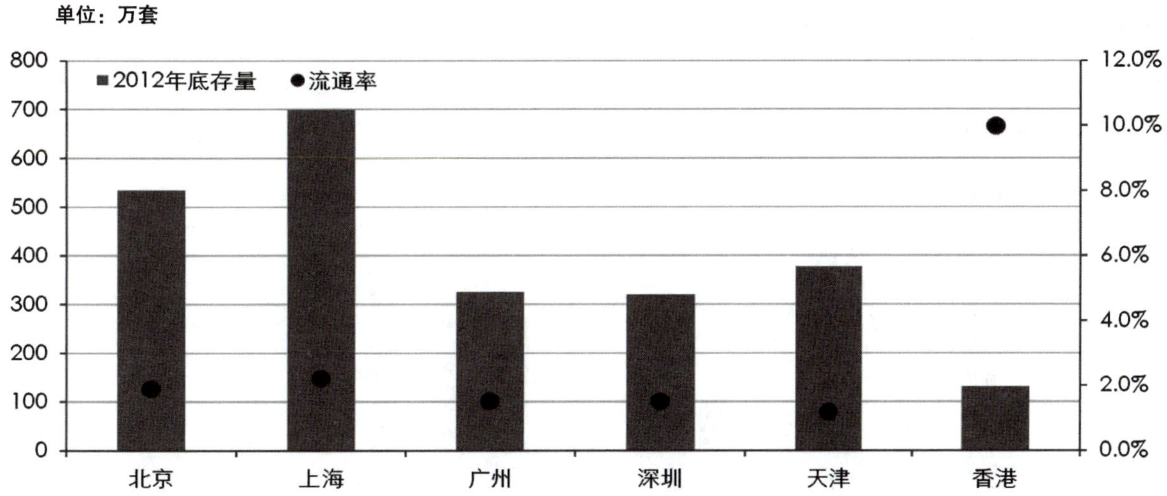

图3-32　2012年五城市存量及流通率和香港的对比

数据来源：中原集团研究中心

和房地产市场发展成熟的国家和地区相比，国内存量住房成交占比和存量住房流通率这两项指标仍有待提高。在房地产市场发展较为成熟的欧美发达国家，存量住房成交面积占比在80%以上；我国香港的存量住房成交面积占比也高达90%。反观国内，仅一线城市存量住房成交面积占比在50%以上，其他二三线城市存量住房成交面积占比在40%以下。国内主要城市的存量住宅市场的流通率亦较低。京沪穗深津五城市存量住房的流通率尚不足2.0%，而香港的流通率为10.0%。长远而言，主要城市存量住房市场仍有较大发展空间。

（本文由中原集团提供）

四、北京房地产市场分析与展望

（一）2012年北京市房地产市场情况回顾

2012年，北京市房地产开发投资继续保持增长，项目到位资金增长明显；商品房施工面积增加、新开工面积大幅下降。新建商品住房成交增加、库存去化，成交均价同比下降但年底波动较大；土地成交面积减少，地价上涨。

1. 房地产开发投资小幅增长，项目到位资金增长明显

2012年，全市完成房地产开发投资3153.4亿元，比上年增长3.9%。其中，住宅完成投资1628亿元，下降8.5%；写字楼完成投资384.8亿元，增长5.8%；商业及服务业等经营性用房完成投资275.9亿元，下降7%。房地产开发投资中，建安工程投资为1383.1亿元，比上年增长12%，占全市房地产开发投资比重为43.9%。

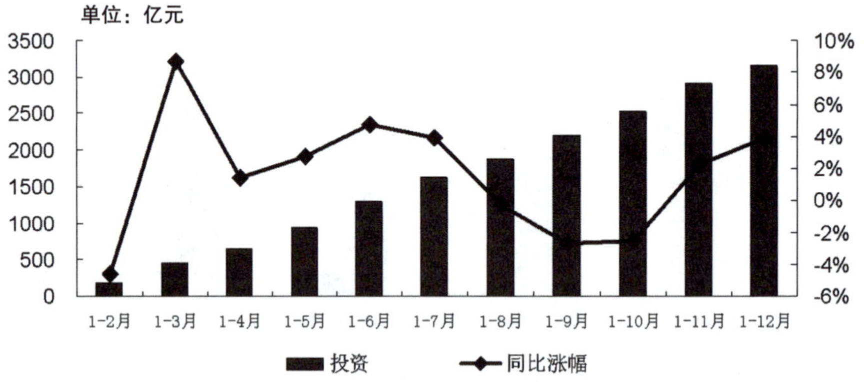

图3-33　2012年北京房地产开发累计投资额及同比变化情况

2012年，全市房地产开发项目本年到位资金为6112.4亿元，比上年增长14.1%。其中，金融贷款为1498.4亿元，增长28.3%；自筹资金为1626.1亿元，下降6.9%；定金及预收款为2086.8亿元，增长37.5%。

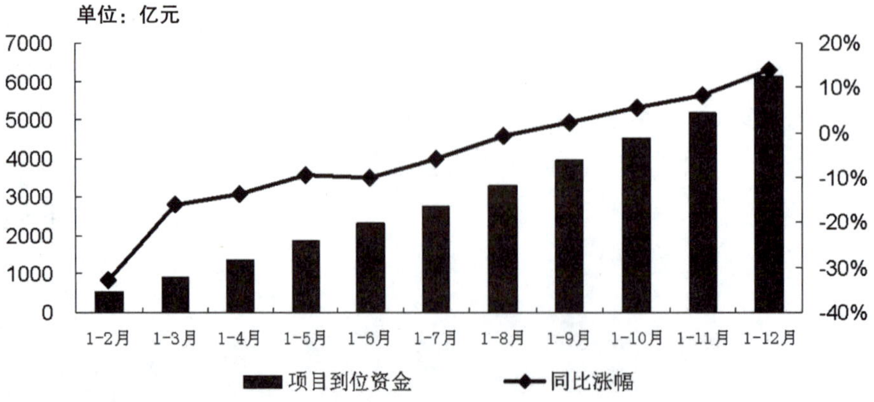

图3-34　2012年北京房地产开发项目累计到位资金及同比变化情况

2. 商品房施工面积增加，新开工面积下降显著

截至2012年12月末，全市商品房施工面积为13122.5万平方米，比上年增长8.8%。其中，住宅施工面积为7510.4万平方米，增长4.8%；写字楼为1711.9万平方米，增长20.3%；商业及服务业等经营性用房为1236.9万平方米，增长4.2%。

全市商品房新开工面积为3224.2万平方米，比上年下降24.1%。其中，住宅新开工面积为1627.5万平方米，下降37.3%；写字楼为536.8万平方米，增长9.7%；商业及服务业等经营性用房为325.6万平方米，增长6.3%。

全市商品房竣工面积为2390.9万平方米，比上年增长6.5%。其中，住宅竣工面积为1522.7万平方米，增长15.7%；写字楼为226.8万平方米，下降7.5%；商业及服务业等经营性用房为240.1万平方米，增长3.3%。

3. 商品住房新增供应增加，库存去化

2012年，全市商品房新增供应面积为2058.2万平方米，比上年下降3.1%。其中，商品住房1106.5万平方米、8.8万套，套数增长6.5%；写字楼为292.9万平方米，下降19.3%；商业及服务业等经营性用房为159.6万平方米，下降16.3%。从商品住房供应结构看，套型面积在90平方米以下、90¯140平方米供应套数占比分别为39%、40.1%，比上年分别提高了0.9个、1.4个百分点；五环外供应套数占比为85.6%，比上年提高了1.6个百分点。

截至12月末，全市新建商品住房库存756.1万平方米、5.1万套，略低于常态水平。其中，套型面积在90平方米以下、90¯140平方米的分别为1.5万套、2.1万套，分别占29.4%和41.2%。

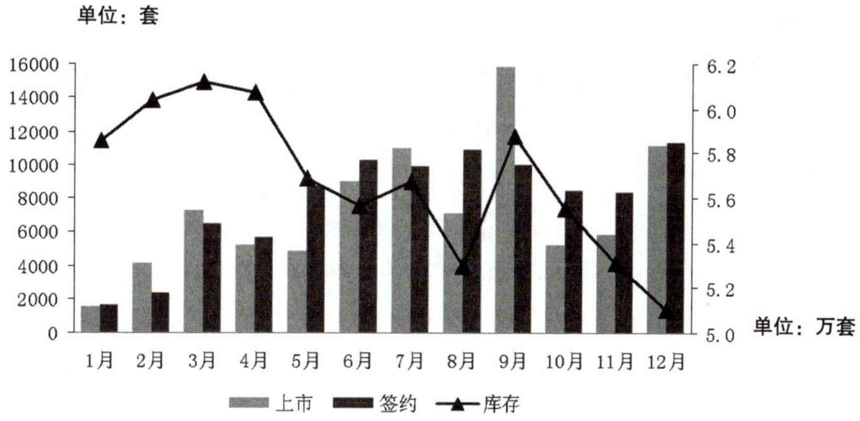

图3-35　2012年新建商品住房上市、签约和库存情况

4. 商品住房成交面积大幅增加

根据网签数据，2012年，全市新建商品房签约面积为1918.7万平方米，比上年增长23.9%。其中，商品住房1124万平方米、9.4万套，套数增长60.4%；写字楼为286.9万平方米，增长31%；商业及服务业等经营性用房为151.4万平方米，下降16%。结构上，套型面积在90平方米以下、90¯140平方米成交套数占比分别为39.2%、40.5%，比上年分别下降了4.3个百分点和提高了4.7个百分点；五环外成交套数占比为85.3%，比上年提高了3.1个百分点。

全市存量住房签约面积为1429.5万平方米，比上年增长7.7%。其中，二手住房1200.8万平方米、13.6万套，

套数增长24.5%。结构上，套型面积在90平方米以下、90¯140平方米成交套数占比分别为62.6%、29.1%，比上年分别提高了5.1个百分点和下降了1个百分点；城六区成交套数占比为63.9%，比上年提高了1.3个百分点。

从月度变化看，10月份以来，商品住房市场升温，其中二手住房市场成交更为活跃，12月份签约1.7万套，创调控新政以来的新高。主要是二手住房多集中在五环内，相比新房位置优越、市政配套设施完善，且承载了教育、医疗等非居住需求，成为具备一定支付能力的购房人置业首选。另外，随着次新房、大户型房源挂牌增多，部分"卖小买大、卖旧买新"改善性需求也进入存量住房市场。

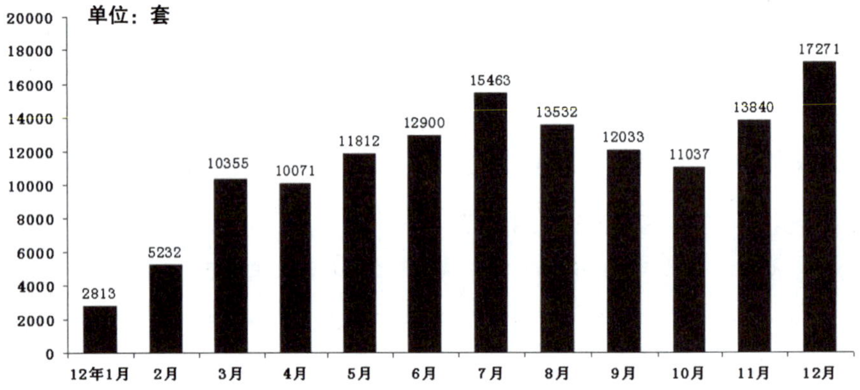

图3-36　2012年北京市二手住房各月签约套数

5．新建商品住房成交均价同比下降，房价年底波动较大

2012年，全市新建商品住房成交均价20711元/平方米，比上年下降7.6%，月度间受结构性因素影响波动较大。从结构上看，140平方米以下户型成交均价1.73万元／平方米，比上年下降3.2%；五环外成交均价1.76万元／平方米，比上年下降2.1%。

新建商品住房价格指数方面，前5个月环比、同比均保持下降；6月至10月环比开始上涨，但涨幅稳定在0.3%以内，同比降幅不断收窄；11、12月份环比涨幅扩大为0.8%、1%，同比转为增长，涨幅为0.9%、2%。二手住房价格指数方面，前2个月环比、同比均保持下降；3月至11月环比开始上涨，但涨幅稳定在0.4%以内，同比降幅不断收窄；12月份环比涨幅扩大为1%，同比转为增长，涨幅为1.6%。

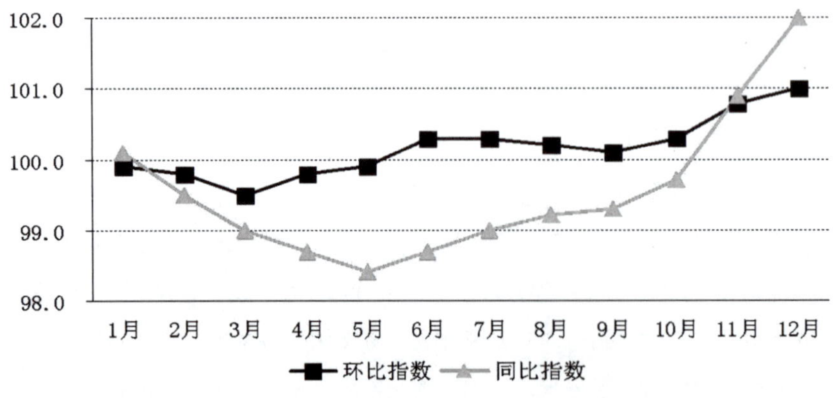

图3-37　2012年北京市新建商品住房价格指数情况

6．商品住房用地成交面积减少．均价上涨

据市土地储备中心网站数据，全市商品住房用地成交规划建筑面积608万平方米，比上年减少34.6%；平均楼面地价6484元/平方米，比上年上涨27.4%。从时序上看，成交的月度波动较大，有好几个月份断档。

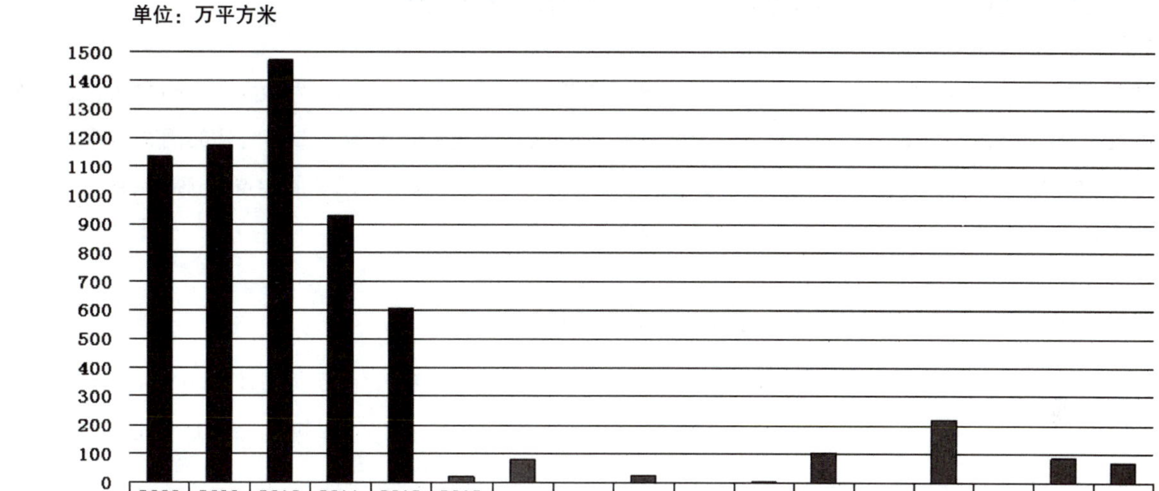

	2008年	2009年	2010年	2011年	2012年	2012年1月	2月	3月	4月	5月	6月	7月	8月	9月	10月	11月	12月
规划建筑面积	1135	1172	1471	930	608	20	80	0	25	0	4	105	0	220	0	86	68

图3-38　2008年以来北京市商品住房用地成交情况

（二）市场监管情况

2012年，北京市在继续坚持房地产市场调控政策不动摇的同时，进一步加大市场监管力度，持续保持执法高压态势，确保调控政策顺利实施。

1．不断完善住房限购执行机制

进一步完善购房资格自动审核机制，在实现资格审核系统与市地税、市人力社保部门信息联网的基础上，2012年实现了与公安部门个人信息联网，确保限购政策有效落实。此外，12月17日，市住建委、人力社保局联合发布，补缴社保在购房资格审核中不予认可，限购政策执行机制不断完善。

2．规范存量住房市场交易秩序

出台《关于进一步加强住房交易合同管理的通知》，堵塞存量房交易“阴阳合同”产生的税收漏洞；动态调整存量房最低计税价格，强化税收调控。

3．加强市场执法检查

组织了全市范围的预售资金监管专项执法、住房限购执行情况专项执法、房地产经纪行业联合专项整治，累

计检查商品房预售项目1030个(次)；检查房地产经纪机构（含分支）2647家。此外，还对40个楼盘销售现场进行了暗访和组织执法。

（三）2013年北京房地产市场形势展望

决定住房市场运行的主要因素，一是内部因素，主要作用于供应端，土地供应是核心和源头；二是外部因素，主要作用于需求端，人口增加是根本，货币供应是动力；三是预期因素，影响内外部因素作用的幅度和速度，具有双向杠杆作用。2013年，综合以下影响北京房地产市场运行的主要因素的特点，预计房地产市场总体面临“供应偏紧、需求旺盛、房价上涨压力较大”的形势。

1. 土地出让持续大幅减少，供应形势严峻

2010年以来，北京居住用地出让规模持续大幅减少，而且月度间波动大。初步估计，2012年北京出让居住用地规划建筑面积仅可形成商品住房供应3.5万套左右，不足当年成交量9.4万套的四成。结合已拿地未开工、已开工未入市在途项目，乐观预计2013年可上市商品住房约9万套，供应形势总体偏紧。

2. 人口流入．货币超发，需求仍然旺盛

人口快速增长是住房需求旺盛的根本原因。北京作为首都，优质公共资源聚集，企业总部、科研院所云集，对外来人口的吸引力强。近年北京市常住人口增长呈规模大、增速快、素质高的特点。2006~2011年年均增加84万人，比2001~2006年多93.4%。新增人口普遍教育良好，收入增长预期强，愿意在京长期居住工作。

货币供应猛增，推动需求增加。近年商品住房需求、价格均与货币供应增长呈明显正相关，且货币供应变化领先于房地产市场变化，2012年末我国广义货币（M2）达97.5万亿，比2008年末增加1.05倍，同期北京市新建商品住房成交均价上涨86.5%。当前美欧日三大经济体均放松货币政策，国内城镇化、稳增长及近年的大量项目都需要资金支持，机构、专家普遍预测今年M2增速要高于去年。因此，住房需求继续保持较强增长动力。

3. 预期转变，加剧市场短期供求紧张的矛盾

国内宏观经济向好、收入倍增计划、国内货币政策放宽预期较强等因素，使得对房地产市场信心增加，各方普遍认为房价将继续上涨，加上部分媒体炒作供应紧张、“房价暴涨”等，市场预期出现转变，需求持续释放，进一步加大了房价上涨的压力。

（本文由北京市住房和城乡建设委员会提供）

五、上海房地产市场分析与展望

近年来，为促进房地产市场长期稳定健康发展，国家出台了一系列宏观调控政策，从金融、土地、财税等各方面加强规范管理，坚决抑制地价、房价过快上涨。2012年，上海市委、市政府从房地产市场发展实际出发，继续坚决贯彻落实好中央和地方的各项房地产市场调控政策措施，严格执行住房限贷限售政策。由于上海对房地产调控力度不减、政策不变，大大抑制了投资及投机性需求，调控取得了一定的成果。

（一）2012年上海房地产市场回顾

1. 房地产开发情况

（1）房地产开发投资较快增长

2012年，上海房地产开发完成投资2381.36亿元，比上年增长5.7%，房地产开发投资占全社会固定资产投资的45.3%，比上年提高2.5个百分点。

从商品房类型看，商品住宅投资1451.94亿元，比上年下降0.9%，占房地产开发投资的61%；办公楼投资262.85亿元，增长15.3%，占11%；商业营业用房投资293.75亿元，增长16.8%，占12.3%。

从投资主体看，股份制房地产企业投资规模较大。上海国有房地产企业投资314.52亿元，比上年增长0.6%；非国有房地产企业投资2066.83亿元，增长11.3%。在非国有房地产企业中，股份制企业投资983.05亿元，增长7.7%；港澳台地区企业投资166.04亿元，下降13.7%；外商企业投资 1 4.38亿元，增长11.2%；而私营房地产企业投资709.09亿元，增长31.1%。

受保障性住房建设力度加大的影响，90平方米以下商品住宅投资632.67亿元，比上年增长24.7%，占全部商品住宅投资的43.6%，比上年提高7.3个百分点。

（2）房地产建设总规模略有扩大

2012年，上海商品房施工面积13249.97万平方米，比上年增长1.7%。其中商品住宅施工面积8315.68万平方米，下降1.6%。

受前2年房地产市场销售低迷、土地市场不景气的影响，2012年，上海商品房新开工面积2724.05万平方米，比上年下降26.9%。其中商品住宅新开工面积1563.39万平方米，下降37.8%。

商品房竣工面积小幅下降。2012年，上海商品房竣工面积2305.06万平方米,比上年下降3.3%。其中商品住宅竣工面积1609.13万平方米，下降2.2%。

（3）项目建设资金到位情况较好

在央行年内2次下调存款准备金率各0.5个百分点和2次下调存贷款基准利率等政策影响下，房地产开发企业本年到位资金规模较大，整体资金到位情况较好。但由于前2年上海商品房销售面积持续下降，房地产开发企业上年末结余资金仍呈下降态势。2012年，上海房地产开发企业到位资金合计5316.93亿元，比上年增长6.7%，到位资金规模是房地产开发投资的2倍多。其中,上年末结余资金1348.42亿元，比上年下降12.5%；本年到位资金3968.51亿元，增长15.2%。从本年资金来源渠道看，4大类资金“三升一降”（见表3-19）。

表3-19 2012年上海房地产企业本年到位资金情况

单位：亿元、%

指 标	本年到位资金	增长	比重
本年资金来源小计	3968.51	15.2	100.0
国内贷款	975.78	14.6	24.6
利用外资	26.12	-30.8	0.7
自筹投资	1385.96	8.3	34.9
其他资金	1580.66	24.0	39.8
#定金及预付款	1064.68	23.0	26.8
#个人按揭贷款	236.13	45.7	6.0

另据人民银行上海总部统计数据，截至2012年末，上海中资商业银行人民币房地产贷款余额9705.01亿元，比上年同期增长7.1%。其中房地产开发贷款余额4102.60亿元，增长11.9%；个人购房贷款余额5075.86亿元，增长3.3%。

同时，随着商品住宅销售面积由降转升，上海住房公积金贷款呈上升态势。2012年末，上海公积金贷款余额1420.5亿元，比上年同期增长18.1%。住房公积金当年发放额410.38亿元，增长54.8%。

2. 商品房销售情况

2012年，上海为巩固房地产市场调控成果，保持房地产价格合理稳定，分别于7月底和9月中旬重申严格执行限购令，稳定市场预期。在各项政策措施的作用下，上海房地产市场上的投机投资需求得到有效遏制，但在供应增加、开发商“以价换量”、及央行货币信贷政策调整等因素的作用下，自住性和改善性住房需求入市加快，全年商品房销售面积有所回升。

（1）新建商品房销售面积增长趋稳

在一系列房地产调控政策的作用下，2012年前几个月商品房销售面积持续下降。但随着房地产价格企稳，供应增加，购房需求逐步释放，自5月份起，上海商品房当月销售量有所回升，10月份开始扭转了累计销售面积同比下降态势。2012年，上海商品房销售面积1898.46万平方米，比上年增长6%,增幅逐步趋稳（见表3-19）。其中商品住宅销售面积1592.63万平方米，增长6.2%。

预售登记数据显示，2011年1月份上海市限购政策实施后，外地人士在沪购买市场化商品住房面积占比连续下降。据统计，2010年至2012年外地人士在沪购买市场化商品住房面积占比分别为24.1%、21.2%和17.9%，2012年是2007年以来首次出现外地人士占比低于20%。

（2）存量房登记面积由降转升

自2012年年初以来，上海存量房登记面积呈连续下降态势，但下降幅度不断收窄，并于年底扭转了下降态势。据市房地产交易中心统计，2012年，上海存量房登记面积1446.77万平方米，比上年增长3.4%。其中，存量住宅登记面积1136.17万平方米，增长7.3%。

表3-20　2012年上海新建及存量商品房、商品住宅销售情况

单位：万平方米、%

月份	新建商品房		存量房		新建商品住宅		存量住宅	
	销售面积	增长	交易面积	增长	销售面积	增长	交易面积	增长
1~2月	202.99	−13.9	107.09	−66.4	178.27	−8.4	74.39	−69.0
1~3月	316.47	−14.8	181.42	−58.9	275.20	−9.9	124.09	−63.7
1~4月	442.58	−15.9	268.63	−50.5	392.70	−8.0	191.65	−54.1
1~5月	624.63	−10.7	404.34	−37.5	556.67	−0.9	286.83	−42.5
1~6月	793.66	−8.8	529.47	−31.1	702.87	−1.2	378.33	−35.7
1~7月	953.98	−7.8	667.70	−25.1	844.24	−1.6	493.99	−27.6
1~8月	1093.31	−7.8	821.23	−19.6	962.89	−0.8	629.56	−19.9
1~9月	1229.94	−5.9	976.59	−12.4	1083.91	2.0	756.33	−12.2
1~10月	1426.30	0.6	1107.60	−7.8	1213.28	6.0	866.30	−6.2
1~11月	1609.58	7.5	1280.59	−2.3	1368.68	13.0	999.51	−0.1
1~12月	1898.46	6.0	1446.77	3.4	1592.26	6.2	1136.17	7.3

3．新建商品住宅平均销售价格情况

2012年的房地产市场仍处于调控总体不放松的环境，在继续落实差别化住房信贷政策的同时，宏观调控政策方面出现了一些微调（如普通住宅总价标准上调和首套房贷款利率曾下调至8.5折等），推升了部分成交量，但同时仍严格抑制投资及投机需求，保证了刚性需求人群的利益。

2012年，上海新建商品住宅平均销售价格13870元/平方米。从区域分布看，全市新建商品住宅中，内环线以内区域销售面积35.19万平方米，占全市新建商品住宅的2.2%；内外环线之间区域销售面积338.28万平方米，占21.2%；外环线以外区域销售面积1219.16万平方米，占76.6%。全年各环线区域新建商品住宅平均销售价格分别为：内环线以内为55518元/平方米，内外环线之间为20667元/平方米，外环线以外为10782元/平方米。

从剔除共有产权住房和动迁安置住房等保障性住房后的市场化新建商品住宅的区域分布看，内环线以内区域销售面积35.19万平方米，占全市市场化新建商品住宅的4.3%；内外环线之间区域销售面积205.15万平方米，占25.1%；外环线以外区域销售面积577.82万平方米，占70.6%。全年各环线市场化新建商品住宅平均销售价格分别为：内环线以内为55518元/平方米，内外环线之间为29281元/平方米，外环线以外为16541元/平方米。

4．2012年上海房地产市场存在问题

（1）从短期看房地产企业去库存压力仍较大

近年来，上海严格执行中央和市级的各项房地产调控政策，投资及投机性住房需求基本得到遏制，取得了一定的调控成果。但由于限贷和限购两项政策也遏制了部分资金紧张购房者的自住需求和改善性住房需求，使短期内房地产企业库存上升。至2012年底，上海房地产企业待售面积1663.43万平方米，其中住宅待售面积766.32万平方米，比上年增长16.9%。

另据市房地产交易中心统计，至2012年末，上海新建商品住房网上可售面积为995万平方米，比上年末增加20万平方米，较2012年9月底的高点减少71万平方米。二手存量住房网上挂牌面积为1519万平方米，比上年末减少303万平方米。2012年，上海市场化新建商品住房网上新增供应面积为891万平方米，比上年减少18%，2008年以来首次低于1000万平方米。

（2）房地产市场对金融依赖过大

2012年，上海房地产开发建设中，企业自有资金660.69亿元，占本年到位资金的16.6%；国内贷款975.78亿元，占24.6%；个人按揭贷款236.13亿元，占6%，而后两项合计占比高于企业自有资金比重14个百分点。

（3）从中长期看商品住宅供需矛盾依然存在

各项调控政策的贯彻落实虽然有效抑制了投资投机购房需求，将市场还与有自住需求的购房者，但由于自“十一五”以来上海年均商品房住宅销售面积大于竣工面积（见表3-21），且新开工面积也呈现下降态势，而且在可售面积中90平方米以下的占比较低，从中长期看上海商品住宅后续供需矛盾依然存在，特别是“刚需型”产品。

表3-21　2006~2012年上海商品住宅竣工和销售情况

单位：万平方米、%

年 份	竣工		销售	
	面积	增长	面积	增长
2006	2699.11	-1.5	2615.49	-8.1
2007	2752.45	2.0	3279.17	25.4
2008	1763.33	35.9	1965.86	-40.1
2009	1508.81	-14.4	2928.04	48.9
2010	1396.05	-7.5	1685.35	-42.4
2011	1549.66	11.0	1473.72	-12.6
2012	1609.13	-2.2	1592.63	6.2

（4）住房保障工作有待进一步完善

自1987年开始实施住房解困工程，启动市场经济条件下住房保障工作以来，上海正逐步建立起为中低收入家庭提供住房的保障制度。但截至目前，已有的住房保障机制仍存在保障性住房准入门槛较高、覆盖面较小、项目建设资金筹措困难等问题。而近年来不断加大的建设力度，也使上海保障性安居工程的供应规模达到一定水平，如何使各类保障性住房供需适配也是急需解决的问题之一。

（二）2013年上海房地产市场展望

2013年，是上海“十二五”规划实施的关键一年，也是上海经济结构调整的关键一年。目前，上海经济增长态势趋于稳定，各项房地产调控政策效果明显，为上海房地产市场稳定健康发展奠定了良好的基础。

1．房地产开发投资将保持适度规模

保障性安居工程建设仍将保持一定规模。根据“十二五”规划，上海将新增各类保障性住房100万套，预计2013年保障性住宅投资将保持一定规模，保障房投资的增加将有效缓解市场化投资减少的局面。

市区两级大项目建设规划落实。根据“十二五”规划，迪士尼项目、虹桥商务区、后世博园区及浦东、奉贤、徐汇等区旅游商务项目建设，将促进周边区域的房地产需求增加、刺激商业地产、提升房产档次；同时各项目周边相关市政配套、居住环境的改善，以及区域就业人群的显著增加，也会促进区域住宅市场的发展，能够确保上海房地产开发投资保持适度规模。

但由于调控政策下货币政策收紧，企业融资、拿地难度不断增大，同时受2010年以来房地产市场销售低迷的影响，在交易量萎缩情况下，开发商大多更趋保守，调整施工进度，拉长开发周期。因此预计2013年上海房地产开发投资在保持适度规模下，投资额同比将持平。

2．商品住房销售趋于稳定

对于2013年商品住房销售走势预判，主要考虑了以下几个方面：一是宏观经济方面，2012年年底召开的中央经济工作会明确2013年经济工作总基调仍是“稳中求进”；二是房地产调控方面，中央经济工作会强调要继续坚持房地产市场调控政策不动摇；三是货币政策方面，中央经济工作会提出将继续实施稳健的货币政策；四是供求方面，可售总量仍处于相对高位，需求仍然比较强劲，改善型需求比重可能增加；五是市场预期发生改变。总体预判，预计2013年全市商品住房销售趋于稳定。

（三）促进上海房地产市场健康发展的政策建议

1．保持合理的住房投资规模，防止后期房价反弹

目前，上海房地产市场新开工面积下降、土地出让减少、人们购房预期也在逐渐改变，同时上海又是人口导入城市，每年新增住房需求旺盛。随着中国城市化进程的不断推进，后期上海房地产市场极有可能出现住房供应减少、需求增加的局面，房价存在反弹压力。因此，建议进一步加大住宅土地供应力度，适当提高商品住宅容积率，从而提高土地利用效率，增加有效供应。

2．保持调控政策稳定性，并能逐步向市场化手段完善

近几年来，为了房地产市场的健康稳定发展，国家和各级地方政府根据市场发展状况，制定了一系列针对房地产市场的调控政策。但由于宏观经济及房地产市场发展的不平衡，造成近年来出台各项政策后，又出台多次补充性解释，给房地产企业（特别是中介服务企业）的正常经营造成一定困扰。同时，以“限购”为代表的调控政策在遏制房价过快上涨的过程中起到了不可替代的作用，但是在实施过程中也存在不足。因此从长远看，为了房

地产市场的长期稳定发展，应该用市场化调控手段逐步替代带有行政色彩的调控手段。

3. 重视非居住用房的建设和发展

上海作为国际化大都市，对房地产项目的开发、建设和管理不仅限于住宅，办公楼、商业用房等经营性物业的建设也必须达到国际先进水平。目前，上海的办公、商业楼宇市场普遍存在缺乏统一等级分类标准、配套服务不够完善等问题。因此，2013年我们在稳定住房价格、继续保持房地产市场调控成果的同时，也要重视办公楼、商业用房等经营性物业的规划、建设和管理。

4. 适时调整保障性住房建设和供应计划，并完善后续管理及退出机制

根据上海“十二五”保障性住房建设总体目标，建议有关部门在充分调查摸底的基础上，统筹安排“十二五”期间的保障性年度供应量、优化配置、平衡各类保障性住房的需求，建立房源用途调整机制。在实施房源用途调整时，同时考虑不用类型房源的适配性，合理安排、有机衔接。根据大型居住社区建设的规模，进一步重视建设配套，切实按规划完善和落实配套建设。要加强部门间的沟通协调，及时研究解决在交通、电力、供排水、教育、医疗等方面建设中遇到的问题。要加强保障性住房后续管理工作，切实制订完善保障房居住的退出机制，可采取居民公示、跟踪调查、动态管理、社会监督等多种方式，确保保障政策真正惠及困难群体。

（本文由上海市统计局提供）

六、广东房地产市场分析与展望

（一）市场运行概况

1. 房地产开发投资

受房地产调控政策持续影响，2012年上半年房地产开发投资同比增速快速回落，1¯7月跌至全年最低点8.7%；之后，在宏观经济逐步探底反弹和商品房销售市场回暖的带动下，投资增速企稳小幅回升。全年广东房地产开发企业共完成开发投资5352.79亿元，同比增长11.3%，比上半年略微提高1.3个百分点。

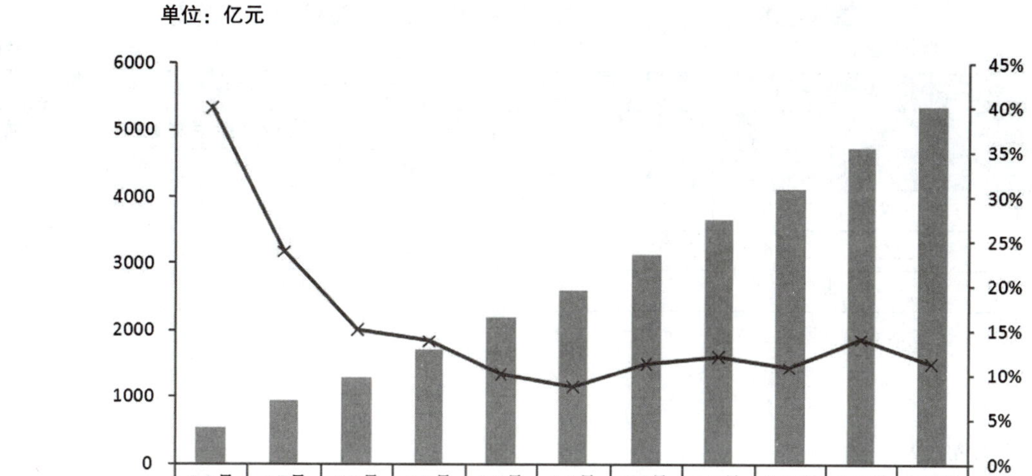

	1-2月	1-3月	1-4月	1-5月	1-6月	1-7月	1-8月	1-9月	1-10月	1-11月	1-12月
2012年投资额	546.84	945.12	1276.16	1708.84	2193.39	2593.92	3143.00	3672.09	4133.02	4745.23	5352.79
2012年同比	40.0%	23.9%	15.1%	13.8%	10.0%	8.7%	11.3%	12.1%	10.8%	14.0%	11.3%

图3-39　2012年广东房地产开发投资走势

数据来源：广东省统计局

其中，住宅投资增速于年初高位回落，第二季度后趋于平稳，全年完成投资3704.98亿元，增长7.3%；占总投资的69.2%，同比下降2.6个百分点。办公楼投资增速基本处于下降状态，至年终反弹，全年完成投资234.83亿元，增长12.6%；商业营业用房投资增速呈现震荡小幅下行，全年增长22.3%。办公楼和商业营业用房合计完成投资782.29亿元，同比增长19.2%，增幅比住宅投资高11.9个百分点；占总投资比重14.6%，同比提高1个百分点。数据反映，2012年广东非住宅用途的房地产投资增速明显高于住宅投资。根据当前政策环境及行业发展趋势，今后房地产多元化开发将是行业转型升级的方向之一，除了商业地产，养老、文化、教育、园区等主题地产也值得关注。

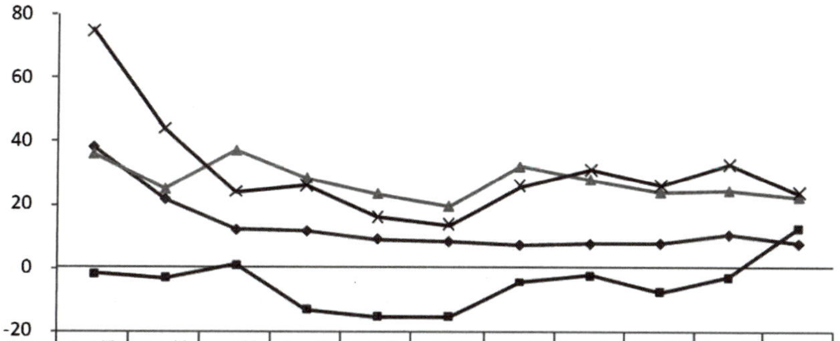

	1-2月	1-3月	1-4月	1-5月	1-6月	1-7月	1-8月	1-9月	1-10月	1-11月	1-12月
商品住宅	38.3	21.6	11.8	11.3	8.9	8.0	7.0	7.3	7.4	10.1	7.3
办公楼	-1.9	-3.3	0.8	-13.1	-15.3	-15.5	-4.5	-2.4	-7.6	-2.9	12.6
商业营业用房	36.0	24.8	37.0	28.4	23.4	19.4	31.9	27.9	23.8	24.3	22.3
其他	75.0	43.9	23.8	25.9	15.9	13.4	25.7	30.8	25.9	32.4	23.5

图3-40　2012年广东房地产完成开发投资同比增速走势按用途分

数据来源：广东省统计局

表3-22　2011、2012年广东房地产完成投资情况按用途分

单位：亿元、%

年份		完成投资总额							
		商品住宅		办公楼		商业营业用房		其他	
			占比		占比		占比		占比
2011	4809.91	3453.04	71.8	208.63	4.3	447.63	9.3	700.62	14.6
2012	5352.79	3704.98	69.2	234.83	4.4	547.45	10.2	865.52	16.2
同比增长	11.3	7.3	-2.6	12.6	0.1	22.3	0.9	23.5	1.6

注：2012年为广东省统计局快报数，之前年份为年报数

数据来源：广东省统计局

2. 开发资金来源

2012年，全省房地产开发企业本年资金来源小计7918.27亿元，同比增长15.1%，比上年度低4.8个百分点。其中，全年国内贷款1507.53亿元，增长23.1%；利用外资29.06亿元，下降60.4%；自筹资金2414.64亿元，增长12.1%；其他资金（销售回笼资金）3967.04亿元，增长15.8%。其中，得益于销售回笼资金单月多达543.66亿元的佳绩，12月到位资金944.92亿元，环比增长3.5%，再创当年单月新高。

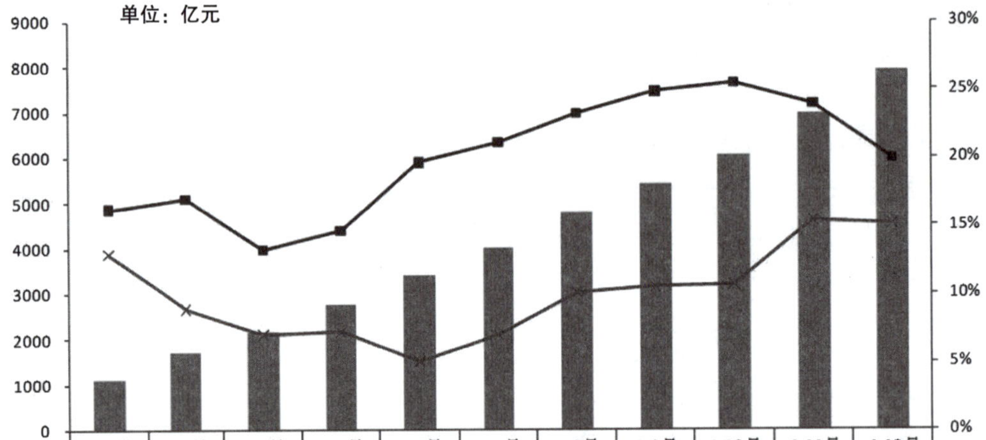

	1-2月	1-3月	1-4月	1-5月	1-6月	1-7月	1-8月	1-9月	1-10月	1-11月	1-12月
2012年到位资金	1127.48	1727.84	2182.92	2777.83	3420.18	4023.44	4764.43	5397.91	6060.82	6973.35	7918.27
2011年同比(%)	16.2	17.0	13.3	14.6	19.7	21.1	23.2	24.8	25.4	23.9	19.9
2012年同比(%)	13.0	8.8	7.0	7.2	4.9	6.9	10.1	10.5	10.6	15.4	15.1

图3-41　2011、2012年广东房地产企业本年到位资金小计对比

注：2012年为广东省统计局快报数，之前年份为年报数

数据来源：广东省统计局

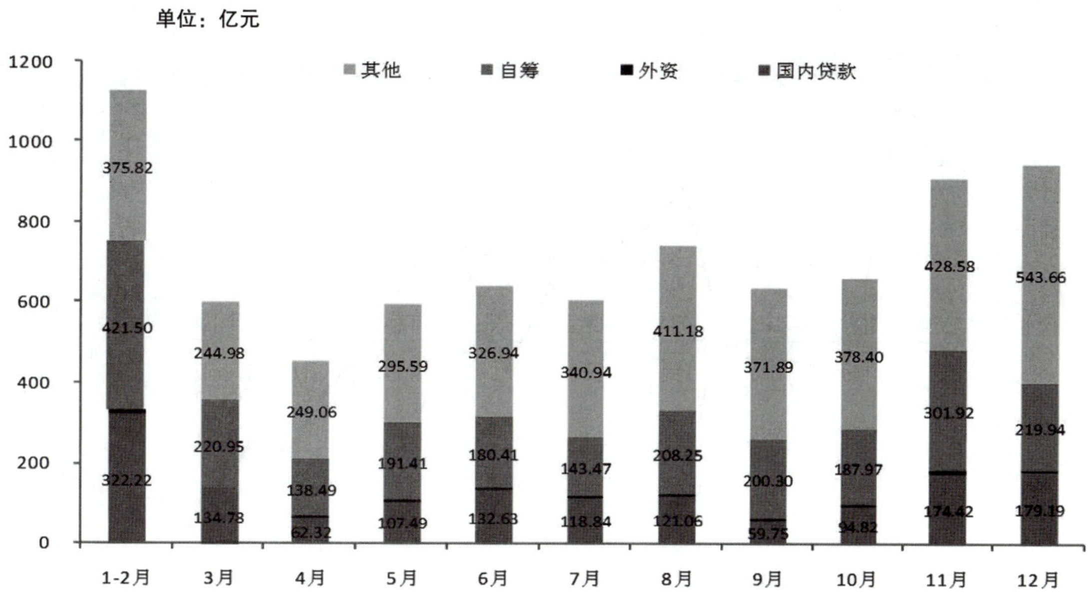

图3-42　2012年各月广东房地产企业到位资金情况

注：2012年为广东省统计局快报数，之前年份为年报数

数据来源：广东省统计局

表3-23　2011、2012年广东房地产资金到位情况

单位：亿元、%

年份		本年到位资金小计					
		国内贷款	利用外资	自筹资金	其他		
						定金及预收	个人按揭
2011	6877.82	1224.22	73.38	2153.46	3426.77	2079.60	921.29
2012	7918.27	1507.53	29.06	2414.64	3967.04	2547.73	1121.20
同比增长	15.1	23.1	-60.4	12.1	15.8	22.5	21.7

注：2012年为广东省统计局快报数，之前年份为年报数

数据来源：广东省统计局

从各项资金的走势看，国内贷款全年增速呈平稳略降趋势，在行业资金状况并不宽裕的背景下，说明央行适度宽松的货币政策对房地产领域的放贷审批仍较严格；自筹资金增速走势与国内贷款大致相似，但回落幅度更为明显，反映出企业的资金压力逐步缓解；销售回笼资金增速自下半年开始由负转正，并带动到位资金总体增速稳步提升。从资金来源结构看，2012年度国内贷款占到位资金19.0%，自筹资金占30.5%，其他资金占到位资金50.1%。全年的资金来源结构变化显示，得益于商品房销售市场的逐步回暖，企业自筹资金及国内贷款所占比重均有明显下降，而其他资金所占比重则大幅上升，企业总体资金状况得到明显改善。

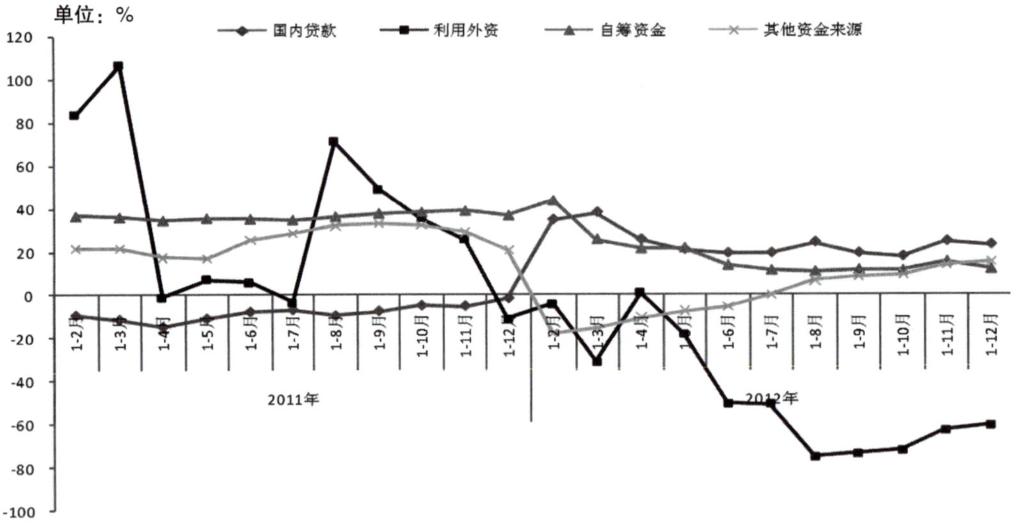

图3-43 2011~2012年广东房地产企业部分资金来源同比增速走势

注：2012年为广东省统计局快报数，之前年份为年报数

数据来源：广东省统计局

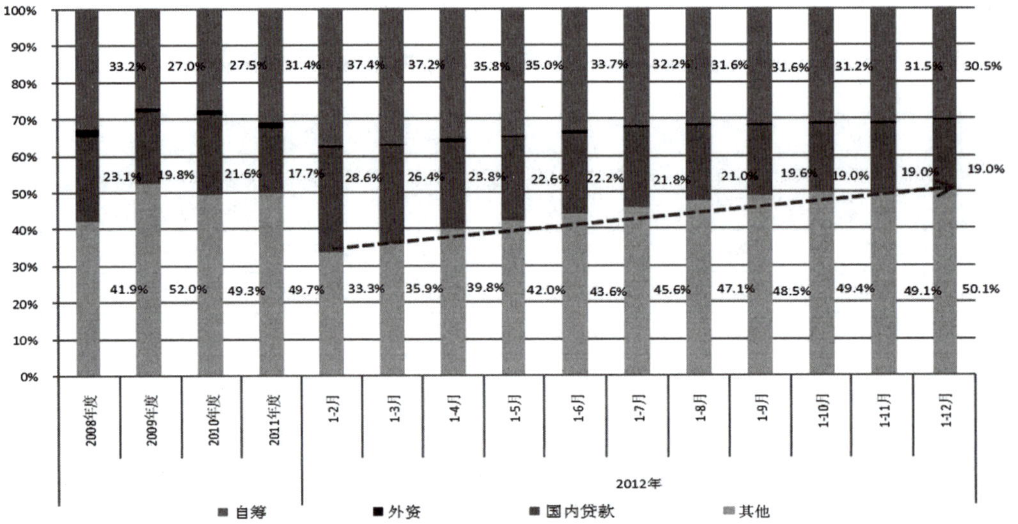

图3-44 2008~2012年广东房地产企业资金来源结构

注：2012年为广东省统计局快报数，之前年份为年报数

数据来源：广东省统计局

3．土地购置

2012年，房地产企业的开发投资意愿相对较弱，土地购置面积大幅下降。截至2012年期末，全省房地产待开发土地面积4122.82万平方米，同比略降0.3%。其中，2012年购置土地面积1805.44万平方米，同比下降25.9%；土地成交价款591.85亿元，增长13.7%。从全年走势看，土地购置面积和土地成交价款同比增速均呈震荡下滑趋势。尽管下半年多数企业对竞拍土地的热情较高，但从全年各月数据看，大半数月份的土地购置面积均少于上年同期，且各月数据波动幅度较大，说明土地市场冷热不均。

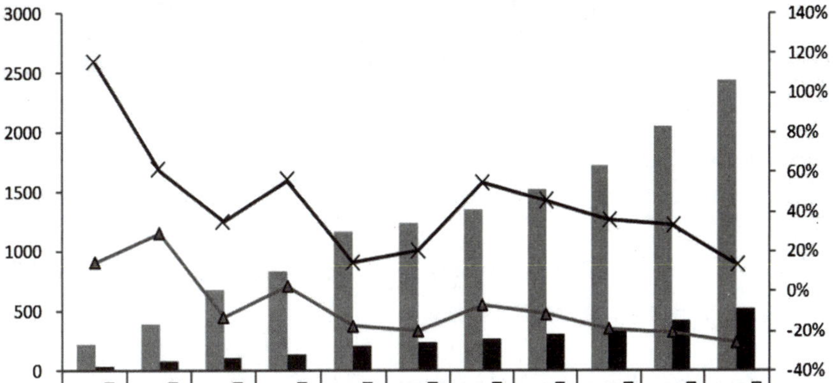

	1-2月	1-3月	1-4月	1-5月	1-6月	1-7月	1-8月	1-9月	1-10月	1-11月	1-12月
土地购置面积（万㎡）	217.95	387.48	670.08	834.02	1165.54	1239.49	1346.61	1521.06	1722.01	2045.70	2436.64
土地成交价款（亿元）	30.08	72.88	99.65	131.52	195.57	227.48	258.68	301.53	334.26	414.51	520.66
土地购置面积同比(%)	14.7	29.3	-13.0	2.7	-17.5	-20.0	-6.8	-11.5	-18.8	-20.5	-25.9
土地成交价款同比(%)	115.2	61.4	35.0	56.2	14.4	20.3	54.6	45.7	36.0	33.1	13.7

图3-45　2012年广东房地产企业购置土地情况

注：2012年为广东省统计局快报数，之前年份为年报数

数据来源：广东省统计局

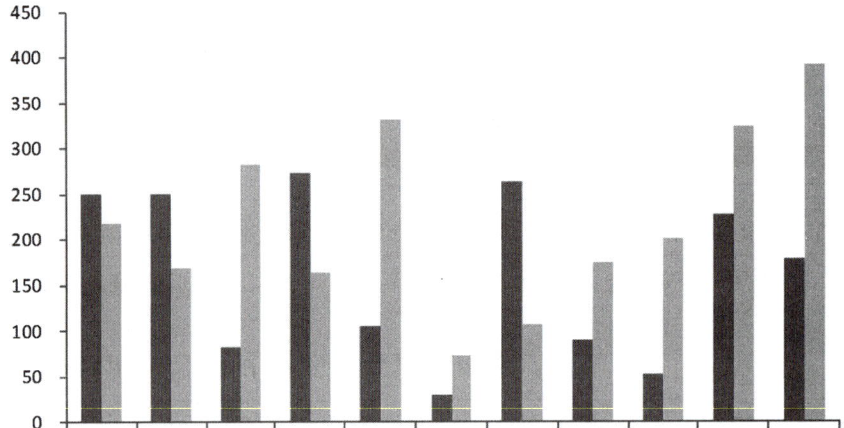

	1-2月	3月	4月	5月	6月	7月	8月	9月	10月	11月	12月
■土地购置面积（2012）	250.00	251.06	82.22	273.27	105.48	29.92	263.04	90.75	52.77	227.75	179.19
■土地购置面积（2011）	217.95	169.53	282.60	163.94	331.52	73.95	107.12	174.46	200.95	323.69	390.94

图3-46　2011、2012年各月广东房地产企业购置土地面积情况

注：2012年为广东省统计局快报数，之前年份为年报数

数据来源：广东省统计局

从2009年以来广东房地产企业购置土地情况看，平均每年购置面积2064万平方米，而2004¯2008年平均每年购置面积为2787万平方米，反映出近年土地购置面积呈缩量走势。与此同时，土地购置均价则有明显上升，尤其是2012年，同比涨幅超过50%，说明房地产企业获取土地的成本大幅上升。

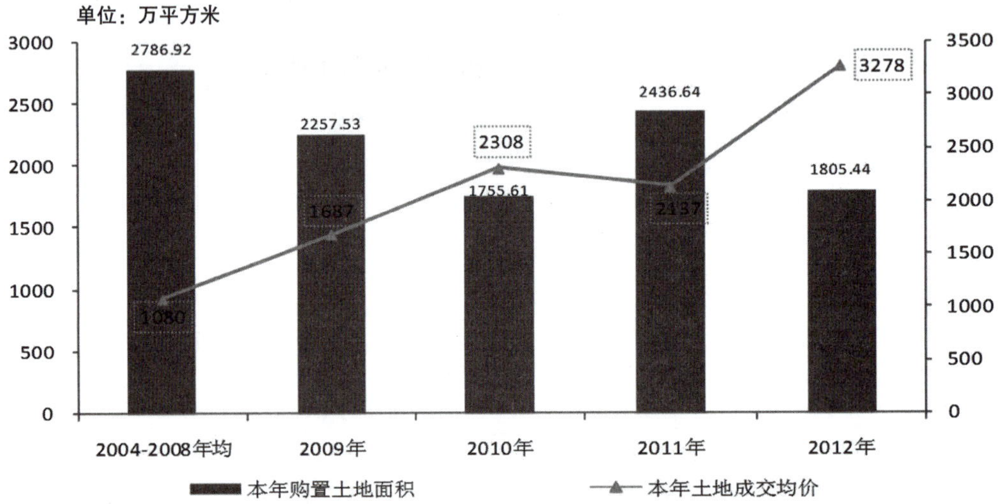

图3-47　2004~2012年广东房地产企业购置土地面积情况

注：2012年为广东省统计局快报数，之前年份为年报数

数据来源：广东省统计局

从土地储备情况看，2010年期末的待开发土地面积约为4000万平方米，比2009年期末减少508万平方米，降幅为11.2%；之后基本保持平稳，但地域布局有较大变化。2009年期末，广州、深圳二市待开发土地面积占全省总量的28.2%；除广州、深圳以外的珠三角七市占58.5%；珠三角九市合计占全省待开发土地面积86.7%的份额。之后

三年，广深二市待开发面积持续下降，所占份额也急速降至2012年期末的12%。土地储备情况的变化，反映出广深两个中心城市受土地资源限制，其开发量将逐渐萎缩；珠三角其他城市群和粤北山区今后的开发量将在新型城镇化、城际轨道网络建设和产业、劳动力双转移等因素的共同推动下，进一步提高所占份额。

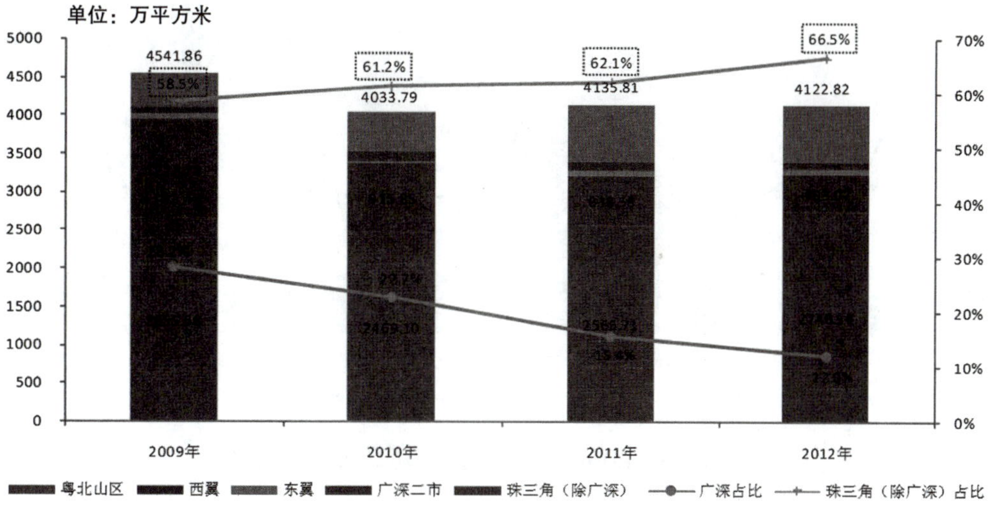

图3-48　2009~2012年广东各地区房地产土地待开发面积情况

注：2012年为广东省统计局快报数，之前年份为年报数

数据来源：广东省统计局

4. 商品房建设

从施工建设情况看，2012年全省商品房施工面积3.93亿平方米，同比增长8.7%，增速处于近十年的低位。其中，本年新开工面积1.06亿平方米，同比下降11.6%，比上年度大幅回落32.6个百分点；本年竣工面积6356.12万平方米，同比增长3.5%。与前两年相比，2012年商品房施工面积、新开工面积和竣工面积同比增速均有明显下降。

表3-24　广东各类商品房建设数据表

单位：万平方米、%

年份	类型	合计	住宅	办公楼	商业营业	其他
2011	施工面积	36137.07	27377.88	1171.30	2979.52	4608.37
	新开工面积	12013.99	9273.40	304.83	897.89	1537.87
	竣工面积	6140.56	4884.18	175.13	431.79	649.47
2012	施工面积	39296.27	29253.24	1176.38	3355.53	5511.13
	新开工面积	10615.73	7840.26	288.94	998.18	1488.35
	竣工面积	6356.12	4918.16	159.63	473.58	804.75
同比增长	施工面积	8.7	6.8	0.4	12.6	19.6
	新开工面积	-11.6	-15.5	-5.2	11.2	-3.2
	竣工面积	3.5	0.7	-8.9	9.7	23.9

注：2012年为广东省统计局快报数，之前年份为年报数

数据来源：广东省统计局

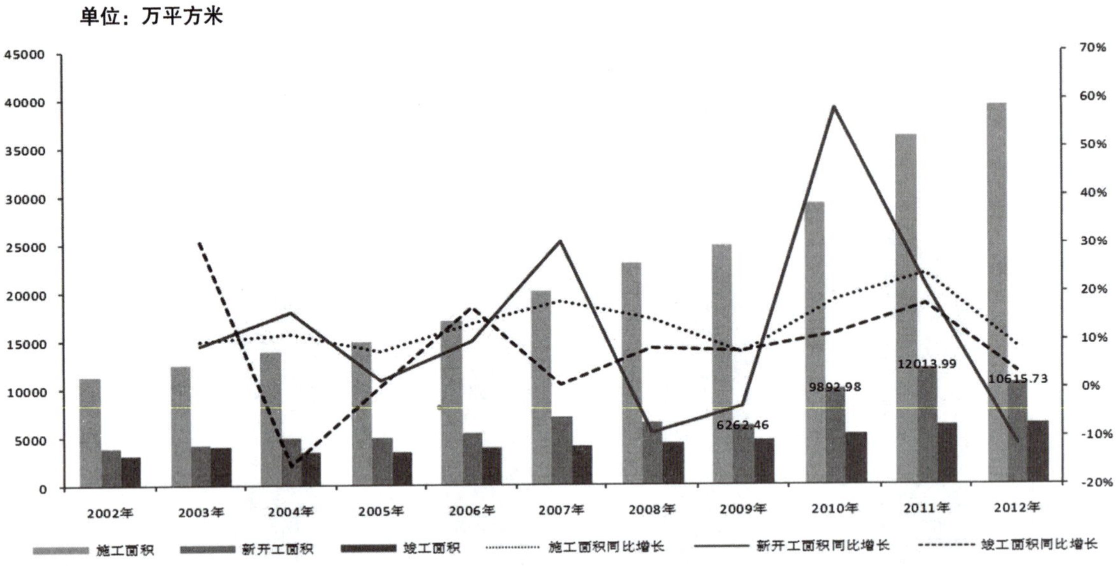

图3-49　2002~2012年广东商品房建设情况

注：2012年为广东省统计局快报数，之前年份为年报数

数据来源：广东省统计局

假设商品房项目的建设周期为两年，即从新开工到竣工的建设过程需两年时间，将当年的竣工面积（Sn）与两年前的新开工面积（Sn-2）的比值视为竣工率，则2012年的竣工率仅为64.2%，同比大幅下降33.9个百分点，说明2011、2012年的施工进度不甚畅顺。由此推断，2010年大幅增加的新开工面积仍有超过三成未竣工，预计相当一部分将成为2013年的潜在供应。加上2011、2012年总计超过2.26亿平方米的新开工面积陆续达到预售条件，2013年将是商品房的供应高峰期，可预售的供应量预计超过1亿平方米。

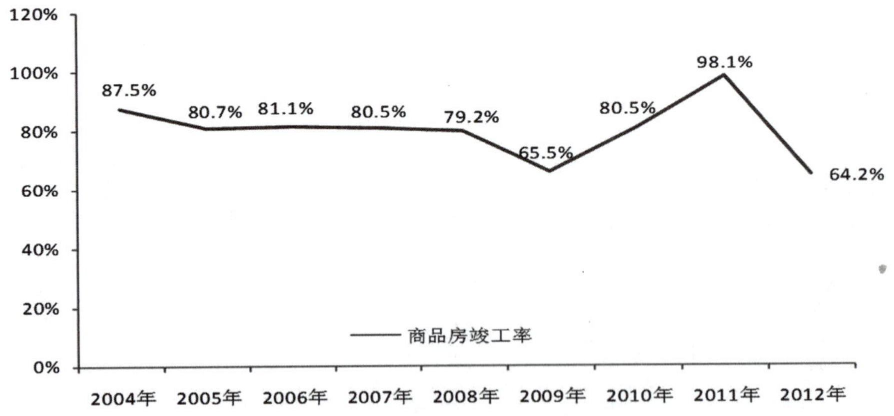

图3-50　2004~2012年广东商品房建设项目竣工率走势

注：2012年为广东省统计局快报数，之前年份为年报数

数据来源：广东省统计局

5．商品房交易

2012年广东商品房销售市场呈先抑后扬走势。在政策环境较为严厉的年初，开发企业普遍采取积极的降价促销策略，逐渐打破僵局；之后，在央行降息、地方政策微调、市场预期转变等多重因素的共同作用下，以首次置业为主的刚性需求不断出手入市，销售市场逐步回暖，销售面积降幅持续收窄，1-10月再次转正后连续三月维持正增长。全年全省商品房销售面积7898.99万平方米，同比增长6.3%，增幅分别比上半年和三季度提高17.1个和7.7个百分点；商品房销售额6407.81亿元同比增长9.5%，增幅分别比上半年和三季度提高16.8和8.9个百分点。销售均价方面，第一季度同比出现下降，之后重新上涨，但涨幅较小且稳中趋降，全年商品房销售均价8112元/平方米，同比上涨3.0%；商品住宅均价7668元/平方米，上涨1.4%。

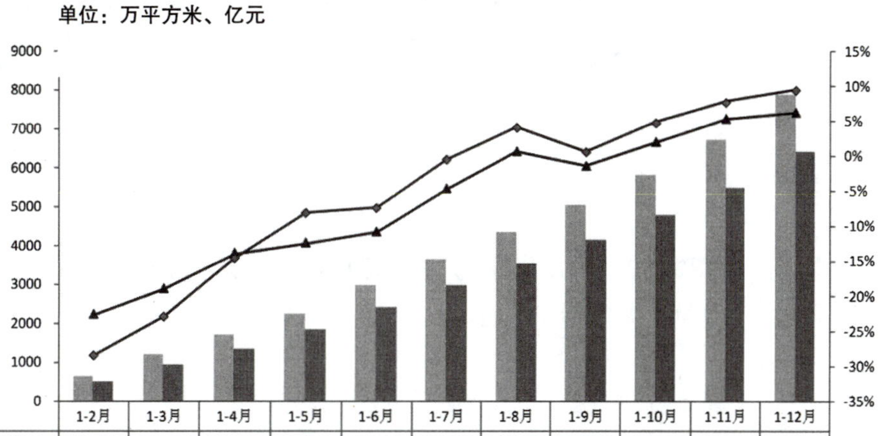

	1-2月	1-3月	1-4月	1-5月	1-6月	1-7月	1-8月	1-9月	1-10月	1-11月	1-12月
商品房销售面积	621.95	1196.66	1700.25	2249.39	2977.00	3639.46	4347.77	5066.48	5814.90	6728.29	7898.99
商品房销售金额	485.53	921.67	1341.23	1823.62	2398.18	2967.30	3561.16	4147.91	4769.06	5476.37	6407.81
商品房面积同比(%)	-22.6	-19.0	-13.9	-12.4	-10.8	-4.6	0.7	-1.4	2.1	5.4	6.3
商品房金额同比(%)	-28.5	-22.9	-14.5	-8.0	-7.3	-0.4	4.1	0.6	4.8	7.7	9.5

图3-51　2012年广东商品房销售面积、销售额情况

注：2012年为广东省统计局快报数，之前年份为年报数

数据来源：广东省统计局

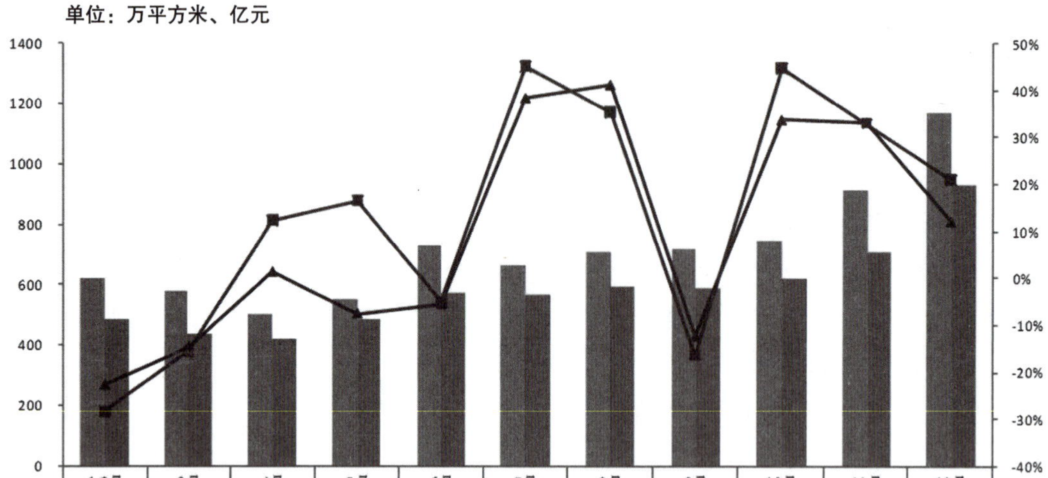

	1-2月	3月	4月	5月	6月	7月	8月	9月	10月	11月	12月
销售面积	621.95	574.72	503.59	549.14	727.60	662.46	708.32	718.71	748.42	913.39	1170.70
销售金额	485.53	436.14	419.56	482.39	574.56	569.12	593.85	586.76	621.14	707.31	931.44
面积同比(%)	-22.6	-14.6	1.3	-7.5	-5.4	38.3	41.1	-12.3	33.7	33.2	12.1
金额同比(%)	-28.5	-15.6	12.2	16.5	-5.0	45.1	35.2	-16.4	44.7	33.0	21.0

图3-52　2012年各月广东商品房销售面积、销售额情况

注：2012年为广东省统计局快报数，之前年份为年报数

数据来源：广东省统计局

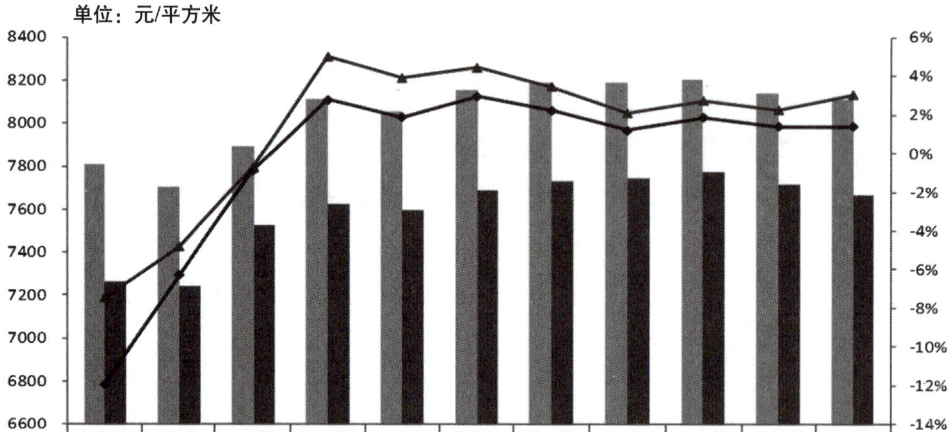

	1-2月	1-3月	1-4月	1-5月	1-6月	1-7月	1-8月	1-9月	1-10月	1-11月	1-12月
商品房均价	7807	7702	7888	8107	8056	8153	8191	8187	8201	8139	8112
住宅均价	7262	7240	7526	7622	7595	7685	7731	7744	7770	7715	7668
商品房均价同比(%)	-7.5	-4.9	-0.8	5.0	3.9	4.4	3.4	2.0	2.7	2.2	3.0
住宅均价同比(%)	-12.0	-6.3	-0.9	2.8	1.9	3.0	2.2	1.2%	1.9	1.4	1.4

图3-53　2012年广东商品房、商品住宅销售均价走势

注：2012年为广东省统计局快报数，之前年份为年报数

数据来源：广东省统计局

从供求关系看，2012年全省商品房批准预售面积9587.26万平方米，同比增长16.1%；实际销售率（销售面积/ 批

准预售面积）为82.4%，同比下降7.5个百分点。其中，办公楼批准预售面积下降14.1%，销售率同比提高13.3个百分点；住宅、商业营业用房和其他用房的销售率同比均出现不同幅度的回落，其中商业营业用房销售率仅为58.5%。

表3-25　2011、2012年广东商品房供求情况对比

单位：万平方米、%

项目		合 计				
			#住宅	#办公楼	#商业营业	#其他
2011年	批准预售面积	8260.59	7413.37	181.49	488.80	176.93
	实际销售面积	7427.87	6706.60	140.73	320.55	259.99
	销售率	89.9	90.5	77.5	65.6	146.9
2012年	批准预售面积	9587.26	8583.54	155.87	615.94	231.90
	同比增长	16.1	15.8	-14.1	26.0	31.1
	实际销售面积	7898.99	7157.63	141.47	360.57	239.32
	同比增长	6.3	6.7	0.5	12.5	-8.0
	销售率	82.4	83.4	90.8	58.5	103.2

注：2012年为广东省统计局快报数，之前年份为年报数

数据来源：广东省统计局

从住宅各户型的供求情况看，剔除别墅和高档公寓，2012年新增供应主要是中小户型，其中90平方米以下住宅批准预售面积1938.21万平方米，同比增长9.9%；90-140平方米住宅3692.46万平方米，大幅增长31.6%；140平方米以上住宅2223.97万平方米，仅小幅增长2.7%。从市场接受程度看，90平方米以下的小户型极为畅销，2011、2012年销售率分别达到98.9%和95.6%；90-140平方米的中等户型住宅供求两旺，批准预售和实际销售分别大幅增长31.6%和32.2%；140平方米以上的大户型住宅销售不畅，销售面积同比下降11.0%，销售率同比回落13.4个百分点。别墅和高档公寓的销售情况与大户型住宅相似，批准预售面积小幅增长7.4%，实际销售面积下降16.5%，销售率74.1%，同比回落21.2个百分点。

表3-26　2011、2012年广东商品住宅供求情况对比

单位：万平方米、%

项目		住宅合计				
			普通住宅			#别墅、高档公寓
			90平方米以下	90-140平方米	140平方米以上	
2011年	批准预售面积	7413.37	1763.79	2806.25	2164.85	678.49
	实际销售面积	6706.60	1744.78	2138.65	2176.56	646.60
	销售率	90.5	98.9	76.2	100.5	95.3
2012年	批准预售面积	8583.54	1938.21	3692.46	2223.97	728.90
	同比增长	15.8	9.9	31.6	2.7	7.4
	实际销售面积	7157.63	1853.31	2827.75	1936.35	540.21
	同比增长	6.7	6.2	32.2	-11.0	-16.5
	销售率	83.4	95.6	76.6	87.1	74.1

注：2012年为广东省统计局快报数，之前年份为年报数

数据来源：广东省统计局

从商品房待售面积看,**单位：万平方米**末，全省待售面积为3452.87万平方米，同比增长21.8%。从全年待售面积的变动情况看，虽然8月之后同比增速有所回落，但绝对量仍略有增长，说明去库存压力未减。其中，2012年期末的住宅待售面积同比增加385.47万平方米，而2011年期末又比2010年期末净增622.38万平方米，两年合计增加超过1000万平方米，可见2011年开始实施的限购、限贷等调控政策对商品住宅市场的抑制作用之大。

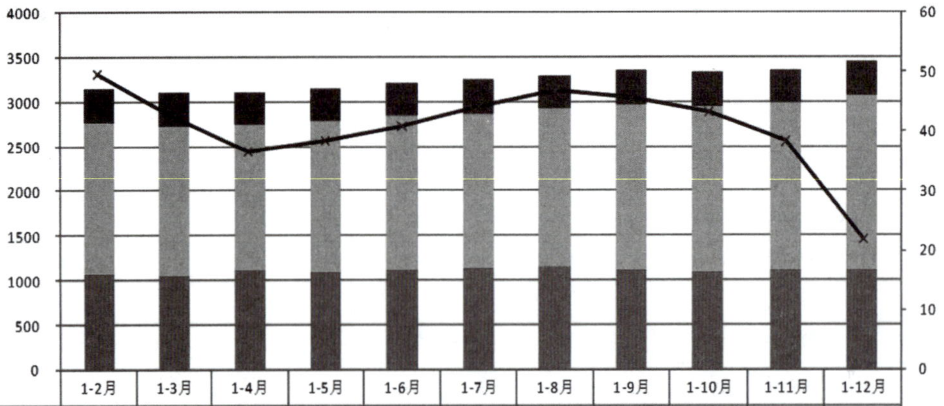

	1-2月	1-3月	1-4月	1-5月	1-6月	1-7月	1-8月	1-9月	1-10月	1-11月	1-12月
3年以上	384.83	384.20	368.43	371.16	366.26	373.83	368.33	375.31	378.27	370.35	379.34
1-3年	1695.95	1680.07	1619.62	1701.36	1732.82	1737.90	1767.09	1873.69	1872.18	1878.77	1952.41
1年以内	1074.92	1041.15	1120.08	1081.17	1117.14	1139.00	1154.87	1103.79	1085.15	1110.71	1121.12
总待售同比(%)	49.5	42.4	36.5	38.4	40.8	44.1	46.6	45.4	43.2	38.2	21.8

图3-54　2012年广东商品房待售面积变动情况

注：2012年为广东省统计局快报数，之前年份为年报数

数据来源：广东省统计局

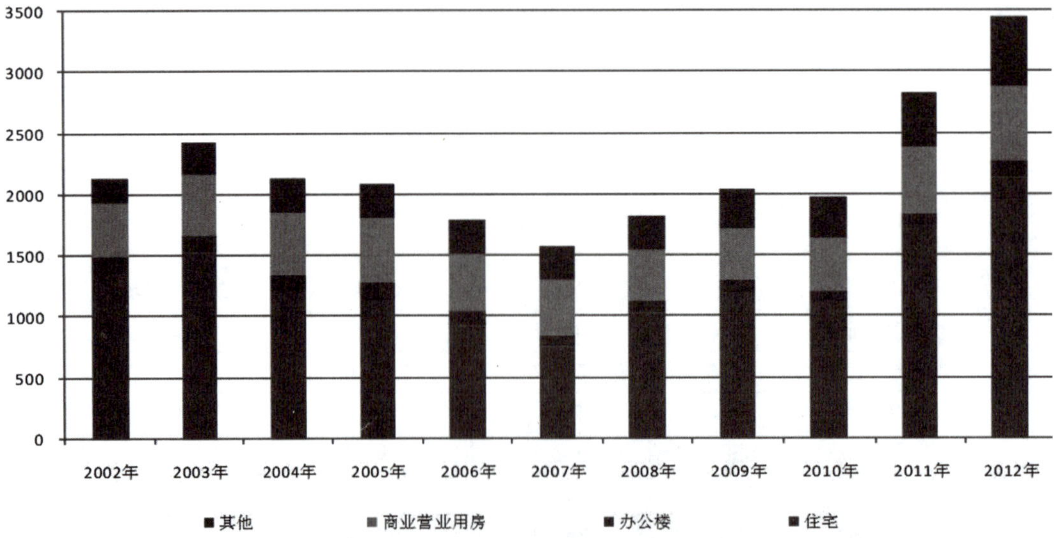

图3-55　2002~2012年广东商品房待售面积变动情况

注：2012年为广东省统计局快报数，之前年份为年报数

数据来源：广东省统计局

（二）结论

1. 关于开发投资

2012年房地产开发投资增速高位回落，其中住宅全年投资增速明显低于非住宅用途投资增速，房地产开发业态将呈现多元化发展。

2. 关于资金状况

房地产到位资金同比增速自下半年逐月回升，自筹资金增速在销售回笼资金增速稳步提高的情况下高位回落，资金结构不断优化，行业整体资金压力明显减缓。

3. 关于土地市场

土地购置情况呈量降价升态势。与此同时，土地储备格局发生了较大变化，广州、深圳两个中心城市的土地储备量以及占全省储备总量比重均快速下降。

4. 关于开发建设

商品房施工面积、新开工面积和竣工面积同比增速均有所回落，但基于此前两年大幅增长的新开工面积，2013年可供预售的商品房仍超1亿平方米。

5. 关于房屋销售

商品房销售率同比下降而待售面积持续上升，供求关系较为宽松。全年销售市场先抑后扬，下半年明显复苏，呈现量升价稳的态势。

综上所述，2012年广东商品房销售市场逐步回暖，但库存量的持续增加也是不争的事实，尤其是大户型、别墅和高档公寓等住宅产品更是供过于求，总体较为宽松的供求关系仍将在新的一年持续，房价保持平稳的概率较大。加上2013年将是商品房的供应高峰期，新增可预售面积预计将超过1亿平方米，且待售面积处于历年最高，可能进一步加剧供过于求的局面。为此，建议开发企业继续采取积极的营销策略，尽量减少库存，加快销售回笼资金。另一方面，当前企业资金压力已明显减缓，开发企业可考虑适度追加投资，但鉴于土地资源有限，土地购置成本增加，且国家对住宅市场的调控政策没有放松，必须在发展策略上注重转型升级，即注重产品结构多元化和经营模式转变。

（三）机构预测

合富辉煌：从供应量和结构来看，2013年整体市场无论是量或价都将产生推升作用。预计2013年广州商住市场整体向好，成交量保持较高水平，与2012年水平相当（略高于750万m^2）。价格保持上升态势，实际涨幅高于

2012年，在数据上表现平稳缓步上升。

广州经纬：量稳价微升，刚需盘仍是成交主力。进入2013年，成交量预计与上年持平，刚需客户在市场主体中仍占绝对地位，刚需盘依然是成交主力。价格方面，因多数发展商资金回笼理想，降价让利动力普遍不足，预计将有5%¯10%的涨幅。

满堂红：在主管部门的层层设防下，2013年广州房价大幅上涨的可能性不大。五一楼市将维持成交量上升、价格微涨的势态，预计上半年十区成交量同比增长幅度将超过三成，全年成交量将增长一成五左右，价格涨幅在10%左右。

戴德梁行：2013年，无论在一线城市的近郊还是珠三角其他城市的新区或繁华路段，将有更多的商业综合体项目陆续兴建，市场需要警惕因无序开发而引起的产品同质化恶性竞争。而在广东的其他城市，得益于产业转移带来的人群聚集，住宅和小型商业综合体物业的投资和需求将有明显增加。

（本文由广东省房协市场研究部、华南理工大学建筑学院建设经济管理与房地产研究所、广东省统计局固定资产投资统计处共同提供）

CHAPTER 04

城市篇

导读 INTRODUCTION

中国城市是房地产产业和市场的主要承载平台。中国城市因其行政地位、人口规模和产业结构，房地产在不同城市间呈现出较大差异性。本篇选取了四十个重点城市，对各城市建设规模、市场变化、成交结构、项目销售排行等情况做了简介。四十个重点城市主要是直辖市、省会城市和计划单列市，这些城市房地产对全国和区域有着引领者和风向标的地位作用。

本篇中采用的国家统计局、中国房地产决策咨询系统（CRIC）的数据之间存在差异，主要源于数据采集方式、渠道、时点不同。大多数情况下，两套数据所反映出的市场走势是基本一致的。

一、北京房地产市场情况

1. 2008~2012年房地产行业数据

表4-1　北京2008~2012年房地产行业数据表

类别	指标	2008年	2009年	2010年	2011年	2012年
宏观	GDP（亿元）	11115	12153	14113.6	16251.9	17801.0
	同比增幅（%）	9.10	10.20	10.20	8.10	7.70
	进出口总额（亿美元）	2716.9	2147.9	3016.6	3895.8	4079.2
	同比增幅（%）	40.77	-20.94	40.44	29.15	4.71
	固定资产投资（亿元）	3848.5	4858.4	5493.5	5910.6	6462.8
	同比增幅（%）	-2.98	26.24	13.07	7.59	9.30
	社会消费品零售总额（亿元）	4645.5	5309.9	6229.3	6900.3	7702.8
	同比增幅（%）	21.13	14.30	17.31	10.77	11.63
行业	房地产开发投资（亿元）	1908.7	2337.7	2901.1	3036.3	3153.4
	同比增幅（%）	-4.36	22.48	24.10	4.66	3.90
	商品房新开工面积（万平方米）	2337.2	2246.6	2974.2	4246.1	3224.2
	同比增幅（%）	-8.61	-3.88	32.39	42.76	-24.10
	商品房施工面积（万平方米）	10014.3	9719.1	10300.9	12065.4	13122.5
	同比增幅（%）	-4.06	-2.95	5.99	17.13	8.80
	商品房竣工面积（万平方米）	2558	2678.6	2386.7	2245.2	2390.9
	同比增幅（%）	-11.54	4.71	-10.90	-5.93	6.50
土地	土地购置面积（万平方米）	823.44	625.01	858.7	507	305.99
	同比增幅（%）	-162.60	-62.60	37.40	-41.00	-39.65
	土地购置金额（亿元）	639	587.7	1292.7	1301.2	1102.69
	同比增幅（%）	-0.88	-8.03	119.96	0.66	-15.26
市场	商品房销售面积（万平方米）	1335.4	2362.3	1639.5	1440	1943.7
	同比增幅（%）	-38.65	76.90	-30.60	-12.17	35.00
	商品房销售金额（亿元）	1658.3	3259.7	2915.4	2425.8	3308.56
	同比增幅（%）	-34.06	96.57	-10.56	-16.79	36.39

数据来源：北京统计局

表4-2　北京2008~2012年土地市场与商品住宅市场运行情况

类别	指标	2008年	2009年	2010年	2011年	2012年
土地	土地供应量（万平方米）	703.43	1896.09	2819.14	1823.18	1255.99
	土地成交量（万平方米）	1296.21	1668.25	2117.38	1517.83	902.50
	土地成交金额（亿元）	460.93	888.69	1471.73	959.93	599.28
市场	商品住宅供应量（万平方米）	1328.48	1152.12	1177.20	1013.77	947.14
	商品住宅成交量（万平方米）	907.04	2037.08	1195.65	868.71	1310.16
	商品住宅成交均价（元/平方米）	12877	14340	20342	21761	20534

数据来源：中国房地产决策咨询系统（CRIC）

2. 综述：政策环境好于2011年，市场成交明显回升

2012年，房地产市场调控依旧从紧，但政策面总体上要好于2011年。央行的两次降息，北京对个人购买五年或五年以上的普通住房免征营业税，对契税也有所下调，这一系列的措施为楼市回暖提供了基础。在刚性需求集中释放的带动下，部分改善型需求接连入市，尽管北京2012年商品住宅市场平均房价低于上年，但按月度趋势看，依然呈现逐月稳中有升的态势。

3. 投资建设：投资增速低位运行，新开工面积大幅减少

2012年，北京全市完成房地产开发投资3153.4亿元，比上年增长3.9%，增速进一步回落。其中，住宅完成投资1628亿元，下降8.5%。商品房施工面积为13122.5万平方米，比上年增长8.8%。受持续调控影响，商品房新开工面积大幅下降24.1%，为3224.2万平方米。商品房竣工面积则走出连续两年负增长态势，同比上涨6.5%。

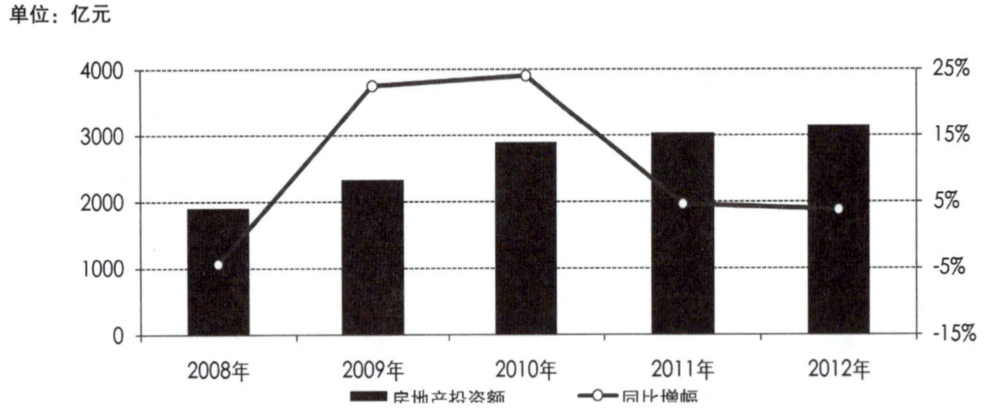

图4-1　2008~2012年北京房地产投资额年度走势及同比增幅图

数据来源：国家统计局

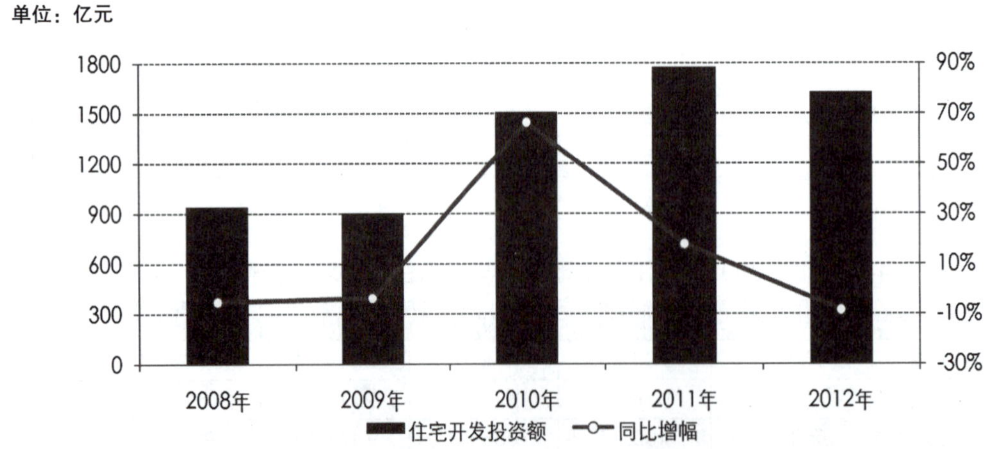

图4-2　2008~2012年北京住宅开发投资额年度走势及同比增幅图

数据来源：国家统计局

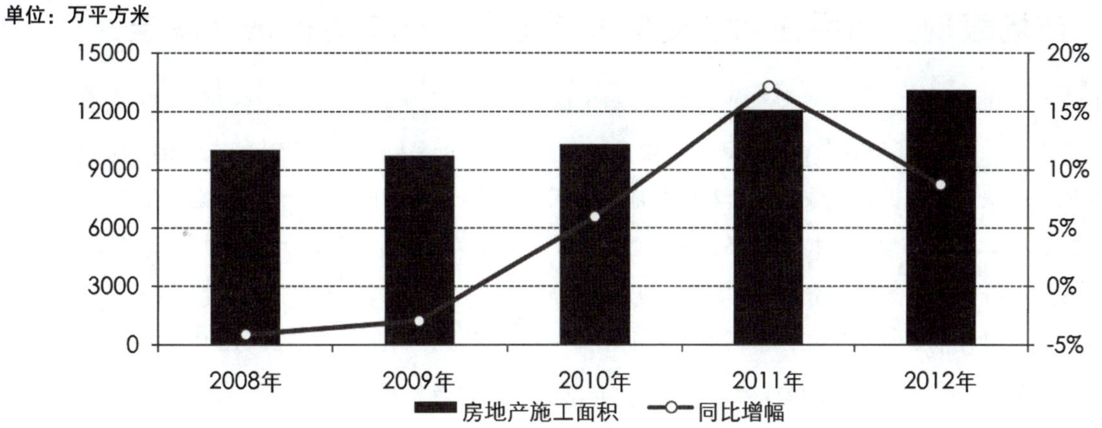

图4-3 2008~2012年北京房地产施工面积及同比增幅图

数据来源：国家统计局

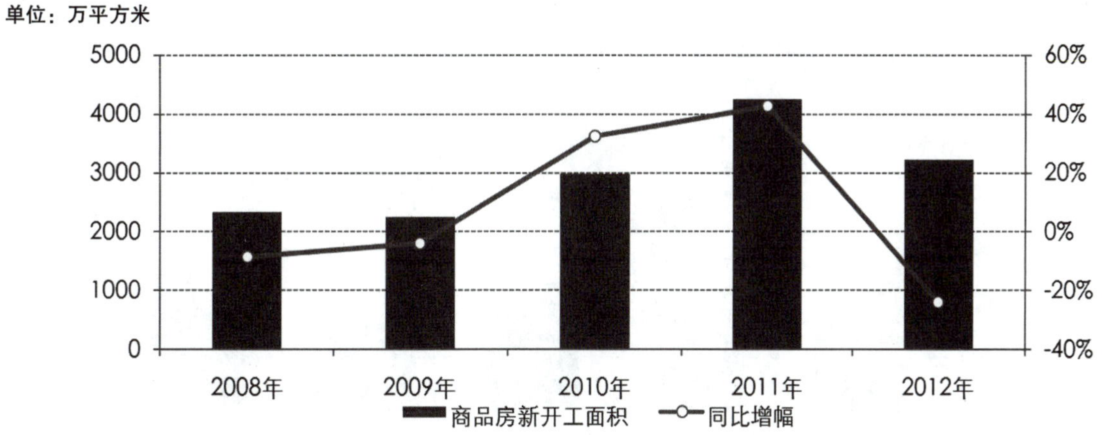

图4-4 2008~2012年北京商品房新开工面积及同比增幅图

数据来源：国家统计局

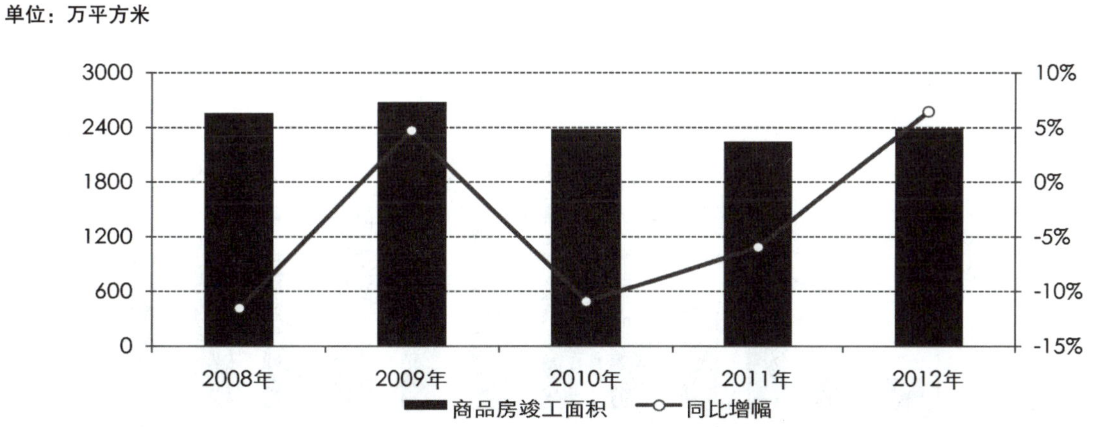

图4-5 2008~2012年北京商品房竣工面积及同比增幅图

数据来源：国家统计局

4. 市场表现：商品住宅成交量大幅上升，成交均价低开高走

2012年度，北京市商品住宅成交面积达到了1310.16万平方米，大幅上涨了51%。全年基本可以分为四个阶段：第一阶段是1¯2月，正值春节，加上政策环境仍偏严厉，市场交易依旧处于低迷状态；第二阶段是3¯6月，政策面出现松动迹象，且多数企业依然延续着降价跑量的策略，市场刚需开始集中释放，推动交易量快速攀升；第三阶段是7¯10月，由于市场销售持续良好，大多数企业资金压力得到明显缓解，而之前持续跑量所导致的利润大量流失逼使企业价格策略逐渐保守，但购房者一方依旧停留在“不降价，无销售”的惯性思维，市场交投展开新一轮博弈，交易量较前期有所下降，市场进入一个相对平稳的阶段；第四阶段是11¯12月，市场出现年底翘尾行情，原因在于相当一部分购房需求担忧明年市场进一步回暖进而加快入市。

从房价的角度来看，北京市场今年房价呈出低开高走的态势。尽管全年均价较2011年仍有所下滑，但从月度走势上来看，房价上升的趋势依旧十分明显。2012年上半年，北京商品住宅成交均价持续上扬但总体仍处低位，主要是由于2011年下半年来房企“以价换量”的销售策略拉低了北京的整体均价，但随着房企业绩的逐渐好转，资金链逐渐宽裕，房企普遍对在售项目进行了价格的回调，导致下半年来房价总体上出现稳中有升的局面。

单位：万平方米，元/平方米

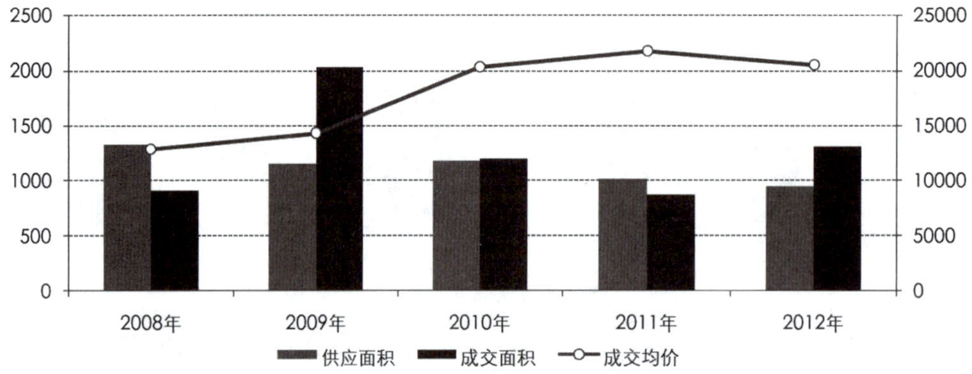

图4-6 2008~2012年北京商品住宅供求及均价走势图

数据来源：中国房地产决策咨询系统（CRIC）

单位：万平方米，元/平方米

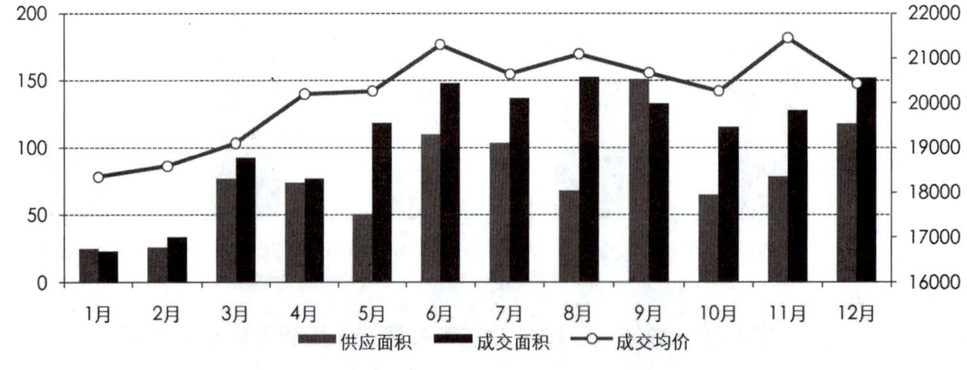

图4-7 2012年各月度北京商品住宅供求及均价走势图

数据来源：中国房地产决策咨询系统（CRIC）

5. 成交结构：中小户型处主导地位，通州成交占比提升最明显

2012年，中小户型成交占比处于主导地位，其中90平方米以下的小户型产品成交比重达31%，90-120平方米户型为24%，而代表改善型需求的120-140平方米占比也有所提升，但高端大户型受持续的限购等调控政策的影响成交占比继续回落。

从区域成交结构来看，成交依旧集中于大兴区、昌平区、通州区、顺义区等郊县，成交占比较去年同期均有不同幅度的增加，其中通州涨幅最大，成交占比较去年提升了4个百分点。而朝阳区由于地段优势越发凸显，房价水平日益上涨，导致其成交占比明显回落。

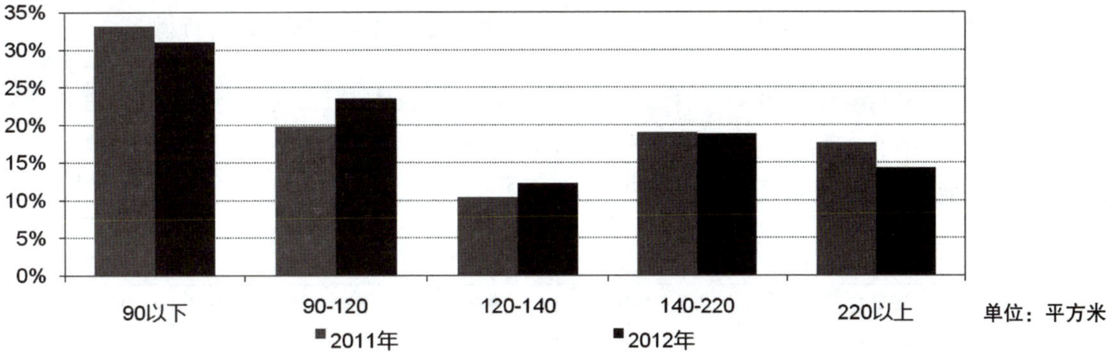

图4-8　2011年、2012年北京商品住宅面积段成交结构图

数据来源：中国房地产决策咨询系统（CRIC）

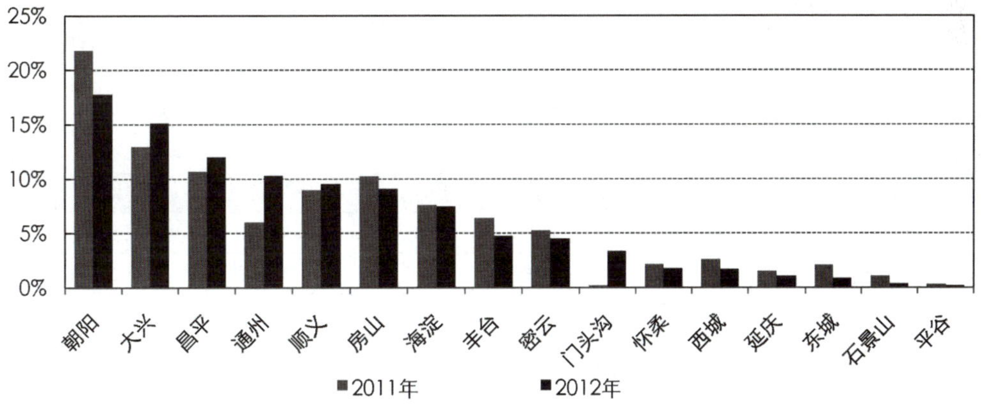

图4-9　2011年、2012年北京商品住宅区域成交结构图

数据来源：中国房地产决策咨询系统（CRIC）

6. 项目排行榜：郊区中低档楼盘领跑市场，高端项目成交有所起色

从项目排行榜来看，尽管楼市调控始终从紧，但今年的政策面总体要好于2011年，尤其是在央行两次降息的刺激下，项目成交明显回暖。

从成交面积排行榜来看，郊区的中低档项目成为成交的热点。刚性需求的集中释放直接带动了中低档项目成交量的提升。在此影响下，改善型需求，甚至是高端投资产品成交也有所回暖，典型的如北京金茂府项目，其自2011年4月首次开盘以来，每次开盘均价均上调5000元/平方米，即便是在严厉的限购政策下依然能开盘即售罄，而在今年楼市总体回暖的带动下，像西山壹号院、保利国际广场等均获得了不错的业绩。

表4-3　2012年北京商品住宅项目成交面积TOP10排行榜

单位：万平方米，亿元，元/平方米

排行	项目名称	区域	档次	成交面积	成交金额	成交均价	开发商
1	中国铁建・梧桐苑	门头沟	中低档	28.67	38.97	13590	中铁房地产
2	中弘・北京像素	朝阳	中档	19.20	34.90	18174	中弘地产
3	鲁能七号院	顺义	中低档	18.25	23.77	13019	鲁能置业
4	龙湖・时代天街	大兴	中低档	17.12	22.30	13028	龙湖地产
5	润泽庄园	朝阳	中高档	16.38	43.29	26434	北京运通
6	首开・熙悦山	房山	中低档	14.48	20.75	14331	首开股份
7	绿地新都会・国际花都	房山	中低档	14.01	18.63	13298	绿地集团
8	中海尚湖世家	昌平	中档	13.92	24.00	17238	中海地产
9	中粮万科长阳半岛	房山	中档	13.31	21.10	15847	万科&中粮
10	绿地・国际花都	密云	中低档	12.50	12.04	9632	绿地集团

数据来源：中国房地产决策咨询系统（CRIC）

表4-4　2012年北京商品住宅项目成交金额TOP10排行榜

单位：亿元，万平方米，元/平方米

排行	项目名称	区域	档次	成交金额	成交面积	成交均价	开发商
1	金茂府	朝阳	高档	56.32	11.14	50568	方兴地产
2	西山壹号院	海淀	高档	47.49	10.69	44436	融创中国
3	润泽庄园	朝阳	中高档	43.29	16.38	26434	北京运通
4	保利国际广场	朝阳	高档	41.59	10.26	40549	保利地产
5	中国铁建・梧桐苑	门头沟	中低档	38.97	28.67	13590	中铁房地产
6	中信城	宣武	高档	36.45	7.75	47017	中信房地产
7	招商嘉铭・珑原	昌平	中高档	36.18	10.93	33089	招商地产
8	中弘・北京像素	朝阳	中档	34.90	19.20	18174	中弘地产
9	中海九号公馆	丰台	高档	32.58	9.30	35027	中海地产
10	首城国际中心	朝阳	高档	26.61	7.18	37091	北京城建

数据来源：中国房地产决策咨询系统（CRIC）

二、天津房地产市场情况

1. 2008~2012年房地产行业数据

表4-5 天津2008~2012年房地产行业数据表

类别	指标	2008年	2009年	2010年	2011年	2012年
宏观	GDP（亿元）	6354.38	7500.8	9108.83	11190.99	12746.4
	同比增幅（%）	16.5	16.5	17.40	16.40	12.80
	进出口总额（亿美元）	805.39	639.44	822.01	1033.91	1156.2
	同比增幅（%）	12.6	−20.6	28.80	25.90	11.80
	固定资产投资（亿元）	3404.09	5006.32	6511.42	7510.67	8850
	同比增幅（%）	42.5	47.1	30.10	31.10	18.00
	社会消费品零售总额（亿元）	2000.34	2430.83	2902.55	3395.06	3921.43
	同比增幅（%）	24.5	21.5	19.40	18.70	15.50
行业	房地产开发投资（亿元）	653.72	735.18	866.64	1080.04	1260
	同比增幅（%）	29.37	12.46	17.90	24.60	16.70
	商品房新开工面积（万平方米）	2440.24	2555.5	2911.66	3484.21	2565.19
	同比增幅（%）	15.42	4.72	13.94	19.7	−22.2
	商品房施工面积（万平方米）	5704.27	6052.16	7160.74	9075.39	9864.22
	同比增幅（%）	17.94	6.10	18.32	26.74	6.8
	商品房竣工面积（万平方米）	1769.23	1902.06	2098.55	2105.32	2542.75
	同比增幅（%）	2.63	7.51	10.33	0.3	20.9
土地	土地购置面积（万平方米）	512.76	444.78	652.46	596.59	299.75
	同比增幅（%）	−44.05	−13.26	46.69	−8.56	−49.76
	土地购置金额（亿元）	100.34	88.37	134.08	85.15	138.39
	同比增幅（%）	47.06	−11.93	51.72	−36.5	67.1
市场	商品房销售面积（万平方米）	1252.04	1590.02	1564.52	1643.11	1661.69
	同比增幅（%）	−19.34	26.99	−1.60	8.50	4.2
	商品房销售金额（亿元）	753.16	1094.85	1282.43	1473.11	1365.53
	同比增幅（%）	−16.25	45.37	17.10	14.90	−2.1

数据来源：国家统计局

表4-6 天津2008~2012年土地市场与商品住宅市场运行情况

类别	指标	2008年	2009年	2010年	2011年	2012年
土地	土地供应量（万平方米）	5407.61	7729.26	7869.35	7495.25	6688.96
	土地成交量（万平方米）	5514.14	7173.19	7005.89	7404.64	6111.70
	土地成交金额（亿元）	423.62	763.76	893.80	828.74	666.17
市场	商品住宅供应量（万平方米）	1003.83	980.81	1268.49	1536.41	1034.86
	商品住宅成交量（万平方米）	500.26	1329.66	1024.79	886.51	888.83
	商品住宅成交均价（元/平方米）	6918	7414	9297	9347	10061

数据来源：中国房地产决策咨询系统（CRIC）

2. 综述：刚需入市促市场回温，年底呈现翘尾行情

在宏观经济利好和政策严控高压下，2012年天津楼市先抑后扬。年初持续2011年末的低迷状态，随着刚需的入市，楼市探底回升，在经历了探底、筑底、复苏之后，年底成交量走高，成功“翘尾”。2012年全年，天津商品住宅新增供应面积1034.86万平方米，新增供应套数92648套；成交套数102003套，较上年上涨11.96%，成交面积1050.46万平，较上年上涨10.89%；年度成交均价10331元/平方米，较上年上涨6.01%。在商品住宅市场回温的同时，商办产品并未如预期中的火热，整体供需双双大幅下滑，市场存量持续增加，市场重新回归住宅产品。

3. 投资建设：投资额增速放缓，库存高企下有意识减速

从年度数据来看，2012年天津房地产开发投资同比增速出现放缓，全年房地产累计开发投资额1260亿元，同比增幅回落至16.66%。全年新开工面积为2565.19万平，同比下滑22.2%。在天津商品住宅市场 库存已经高达2000万平方米的背景下，2012年出现的这种开发投资明显放缓的现象是一种有意识的理性的减速。

单位：亿元

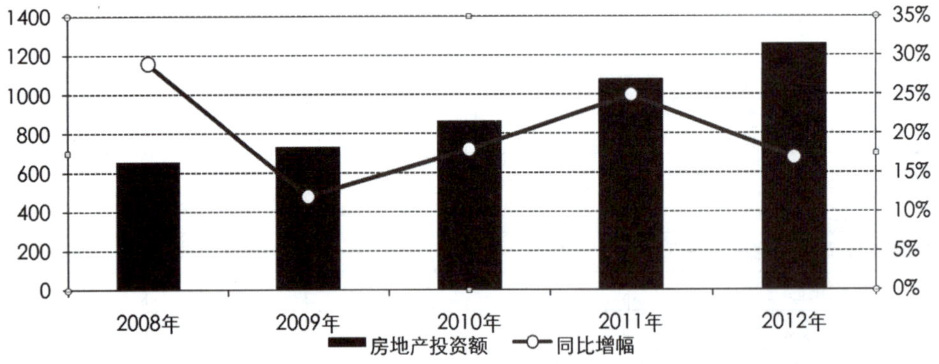

图4-10　2008~2012年天津房地产投资额年度走势及同比增幅图

数据来源：国家统计局

单位：亿元

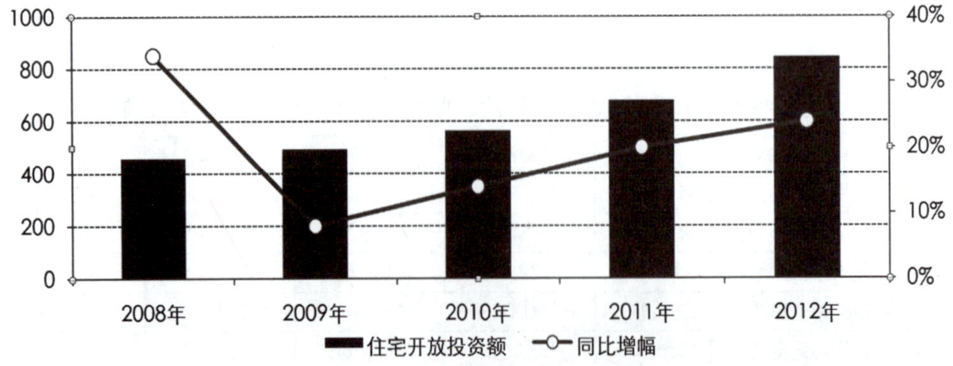

图4-11　2008~2012年年天津住宅开发投资额年度走势及同比增幅图

数据来源：国家统计局

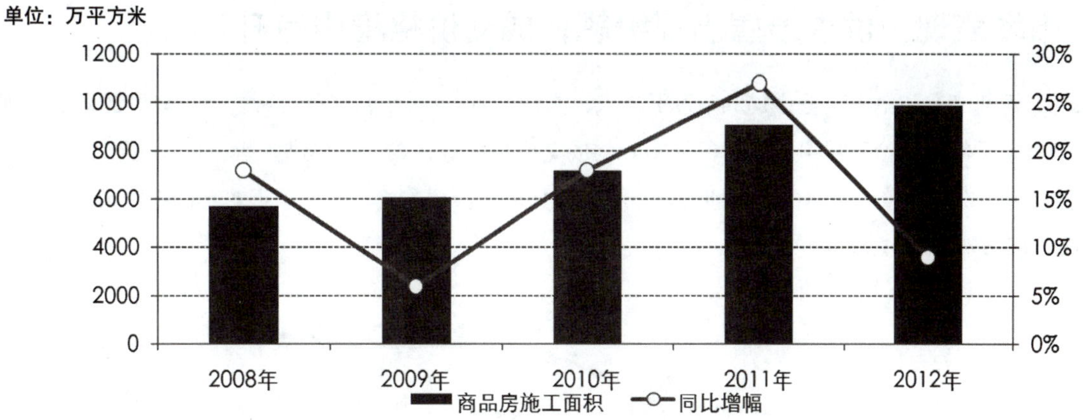

图4-12　2008~2012年天津房地产施工面积及同比增幅图

数据来源：国家统计局

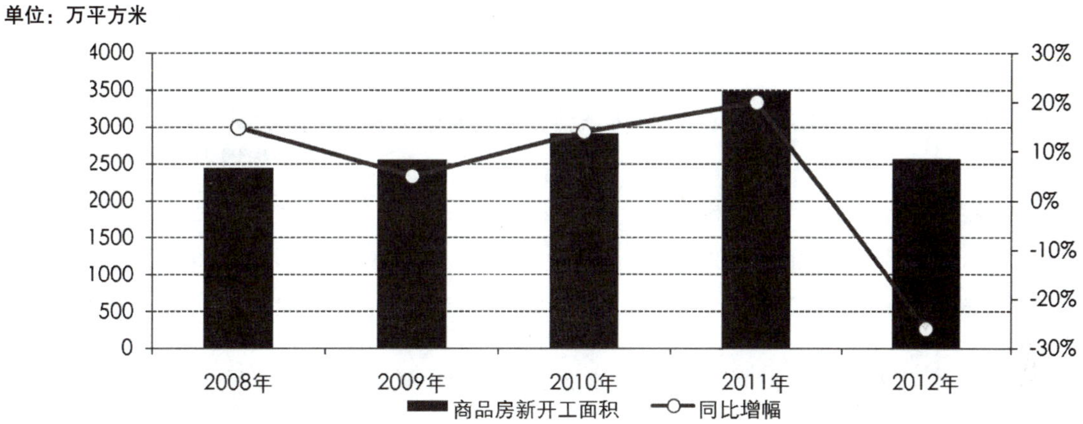

图4-13　2008~2012年天津商品房新开工面积及同比增幅图

数据来源：国家统计局

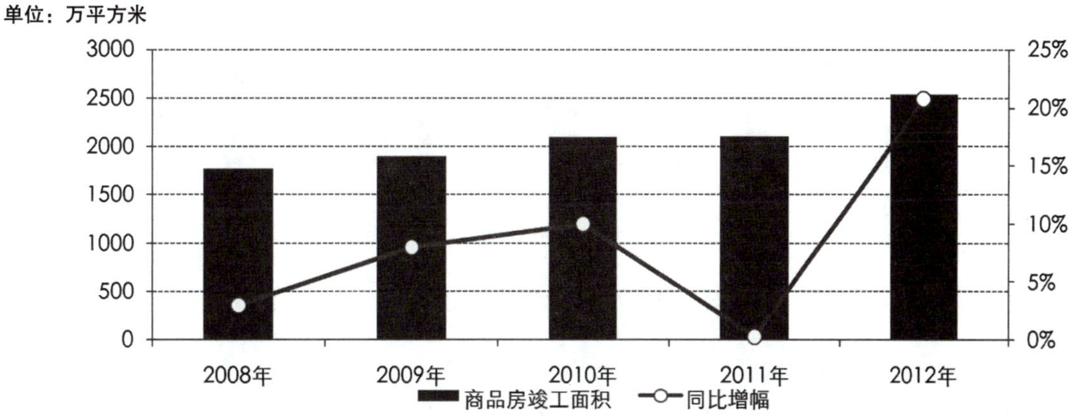

图4-14　2008~2012年天津商品房竣工面积及同比增幅图

数据来源：国家统计局

4．市场表现：供求矛盾出现缓解，成交价格稳中有升

2012年，天津商品住宅供应量为1034.9万平方米，成交量为888.8万平方米，供求矛盾有明显缓解，供求比值更趋合理，全年虽然“降价”呼声不停，但从实际的成交价格来看，成交价格仍有所上扬，主要是由于市内六区高价格保持坚挺，保证了整体价格的稳定性，全年价格为10061元/平方米，创下了近几年的新记录。

单位：万平方米，元/平方米

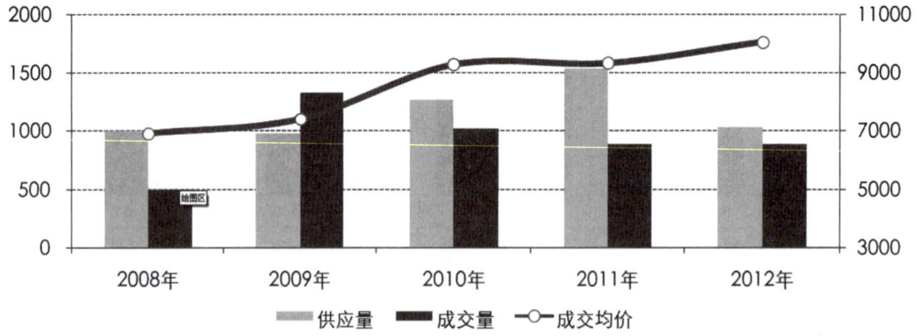

图4-15　2008~2012年天津商品住宅供求及均价走势图

数据来源：中国房地产决策咨询系统（CRIC）

从月度成交走势来看，2012年天津楼市在经历探底、筑底、复苏之后，年底成交量大幅走高，成功“翘尾”。2012年全年，天津新增供应面积1034.86万平方米，新增供应套数92648套，成交商品住宅102003套，较上年上涨12.0%；成交面积1050.46万平方米，较上年上涨10.9%；年度成交均价10331元/平方米，较上年上涨6.0%。

单位：万平方米，元/平方米

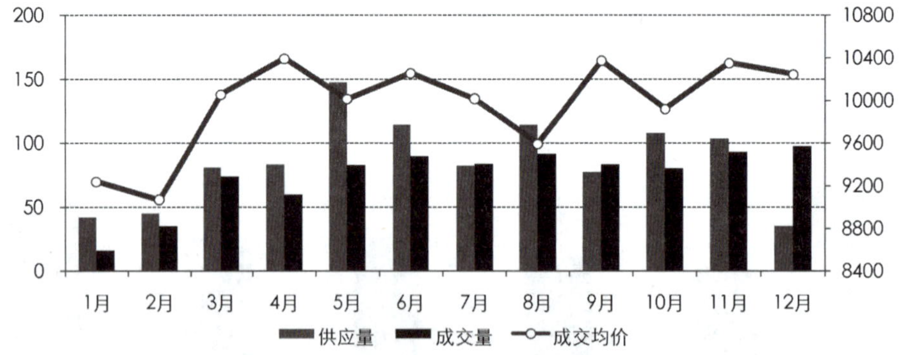

图4-16　2012年各月度天津商品住宅供求及均价走势图

数据来源：中国房地产决策咨询系统（CRIC）

5．成交结构：环城四区占比最大，市内六区增速最快

全年市内六区成交量占比22%，环城四区占到33%，滨海新区占比20%，远郊区县占比25%。

2012年各区域成交量与2011年相比却有明显的回温，其中市内六区成交230.69万平方米，较2011年成交量增

长63.0%；环城四区成交350.02万平方米，较2011年成交量增长5%；滨海新区成交205.60万平方米，较2011年成交量增长22%；远郊区县成交264.15万平方米，较2011年成交量环比减少13%。

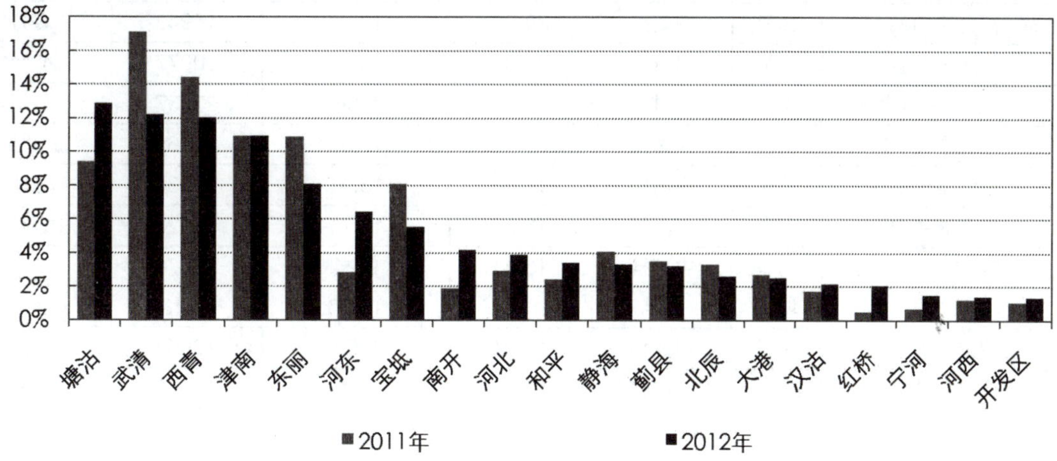

图4-17 数据来源：中国房地产决策咨询系统（CRIC）

6. 项目排行榜：中高端项目再现热销，进一步验证天津市场回暖

从项目排行榜来看，2012年天津市场中热销的楼盘中出现了中高端和大户型项目。典型项目如天津大都会，该项目均价达20977元/平方米，位列成交面积排行榜第7位，成交金额榜第二位。中高端项目的热销，也表明天津市场已毫无争议地步入回暖的上升通道。

表4-7 2012年天津商品住宅项目成交面积TOP10排行榜

单位：万平方米，亿元，元/平方米

排行	项目名称	区域	档次	成交面积	成交金额	成交均价	开发商
1	远洋城	塘沽	中档	19.2	15.20	7913	远洋地产
2	富力津门湖	西青	中高档	18.92	28.28	14943	富力地产
3	北宁湾	河北	中高档	17.98	21.87	12165	赢超房地产
4	金地紫云庭	河东	中高档	13.91	17.43	12536	金地集团
5	盛世天下	武清	中低档	13.47	9.36	6948	奥克斯地产
6	保利玫瑰湾	东丽	中高档	13.43	14.84	11053	保利地产
7	天津大都会	和平	高档	13.03	27.33	20977	盛世鑫和
8	路劲屿东城	河东	中高档	12.45	14.36	11530	路劲地产
9	融创中央学府	津南	中高档	12.2	12.43	10190	融创集团
10	首创爱这城	津南	中档	12.18	9.60	7883	首创置业

数据来源：中国房地产决策咨询系统（CRIC）

表4-8　2012年天津商品住宅项目成交金额TOP10排行榜

单位：亿元，万平方米，元/平方米

排行	项目名称	区域	档次	成交金额	成交面积	成交均价	开发商
1	富力津门湖	西青	中高档	28.28	18.92	14943	富力地产
2	天津大都会	和平	高档	27.33	13.03	20977	盛世鑫和
3	天津仁恒海河广场	南开	高档	22.46	8.96	25057	仁恒地产
4	北宁湾	河北	中高档	21.87	17.98	12165	赢超房地产
5	金地紫云庭	河东	中高档	17.43	13.91	12536	金地集团
6	振业城中央	河东	中高档	15.55	10.71	14520	振业房地产
7	天津红星国际广场	河东	中高档	15.41	9.24	16676	华运商贸
8	远洋城	塘沽	中档	15.2	19.20	7913	远洋地产
9	招商钻石山	南开	中高档	15.04	8.50	17691	招商地产
10	保利玫瑰湾	东丽	中高档	14.84	13.43	11053	保利地产

数据来源：中国房地产决策咨询系统（CRIC）

三、石家庄房地产市场情况

1. 2008~2012年房地产行业数据

表4-9 石家庄2008~2012年房地产行业数据表

类别	指标	2008年	2009年	2010年	2011年	2012年
宏观	GDP（亿元）	2838.4	3001	3401	4083	4500
	同比增幅（%）	11.00	5.73	13.33	20.04	10.40
	进出口总额（亿美元）	69.9	55.0846	109.74	141.70	129.5
	同比增幅（%）	36.26	-21.20	99.22	29.12	-8.80
	固定资产投资（亿元）	1727	2436.4	2958	3106.6	3673.3
	同比增幅（%）	24.20	41.08	21.41	5.02	21.40
	社会消费品零售总额（亿元）	1005.2	1190.55	1409.9	1663	1894.8
	同比增幅（%）	22.40	18.44	18.42	17.95	15.90
行业	房地产开发投资（亿元）	280.4	373.98	538.00	789.86	833.21
	同比增幅（%）	41.95	33.37	43.86	46.81	5.49
	商品房新开工面积（万平方米）	427.90	1121.98	1047.59	1821.97	1138.86
	同比增幅（%）	19.98	162.21	-6.63	73.92	-37.49
	商品房施工面积（万平方米）	1571.47	2345.33	4251.48	4967.99	4677.18
	同比增幅（%）	70.49	49.24	81.27	16.85	-5.85
	商品房竣工面积（万平方米）	291.34	291.50	499.05	1088.11	870.93
	同比增幅（%）	32.44	0.06	71.20	118.03	-19.96
土地	土地购置面积（万平方米）	232.06	252.62	706.85	448.60	274.23
	同比增幅（%）	24.54	8.86	192.15	-36.53	-38.87
	土地购置金额（亿元）	34	59.73	71.89	74.30	73.59
	同比增幅（%）	-32.00	75.68	23.65	3.35	-0.96
市场	商品房销售面积（万平方米）	292.65	340.66	469.30	900.27	768.73
	同比增幅（%）	-20.72	16.41	36.03	91.83	-14.61
	商品房销售金额（亿元）	78.39	129.55	182.16	433.09	379.06
	同比增幅（%）	-21.88	65.26	37.30	137.75	-12.48

数据来源：国家统计局

表4-10 石家庄2008~2012年土地市场与商品住宅市场运行情况

类别	指标	2008年	2009年	2010年	2011年	2012年
土地	土地供应量（万平方米）	289.87	280.99	542.34	901.97	1407.38
	土地成交量（万平方米）	195.02	335.69	682.70	698.29	964.36
	土地成交金额（亿元）	12.815	20.06	79.80	97.87	137.12

数据来源：中国房地产决策咨询系统（CRIC）

2. 综述：房地产开放投资微涨，商品房销售面积、销售额同比下滑

2012年，虽然房地产市场政策面环境较2011年有所好转，但石家庄市场热度明显冷却。全年房地产开发投资额同比微涨，增幅较上年明显下滑；商品房新开工、施工、竣工面积以及商品房销售面积、销售额均较上年下滑。

3. 投资建设：商品房新开工面积明显下滑

2012年，石家庄房地产开发投资833.21亿元，同比微涨5.6%。商品房施工面积略微下滑，同比下滑为6%，商品房新开工面积同比大幅下滑37.5%，竣工面积同比下降幅度也达两成。

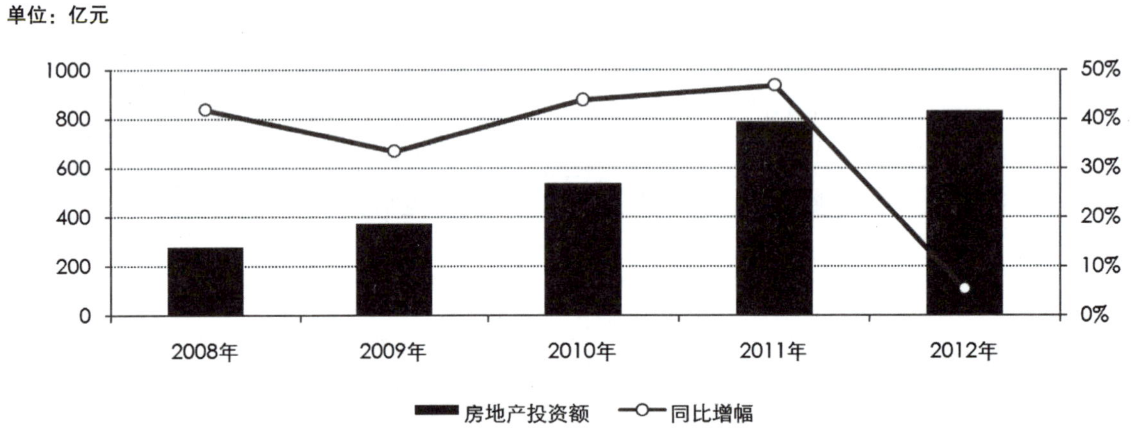

图4-18　2008~2012年石家庄房地产投资额年度走势及同比增幅图

数据来源：国家统计局

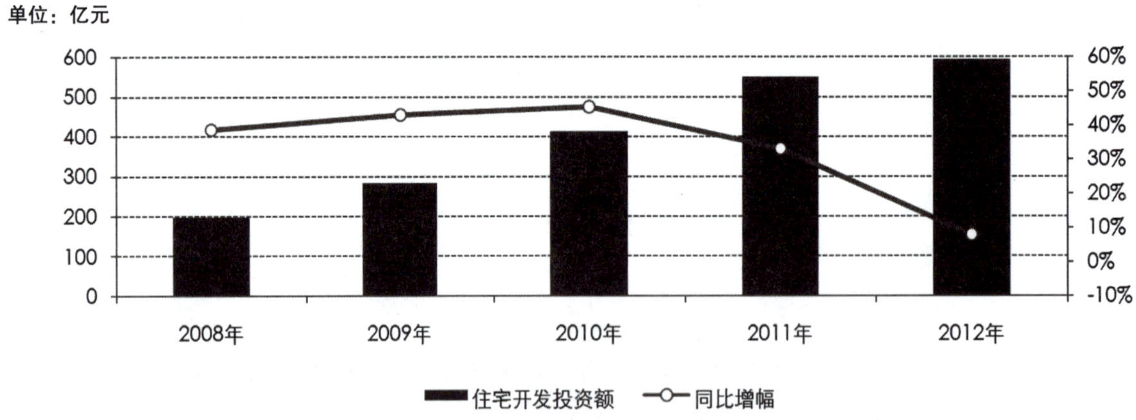

图4-19　2008~2012年石家庄住宅开发投资额年度走势及同比增幅图

数据来源：国家统计局

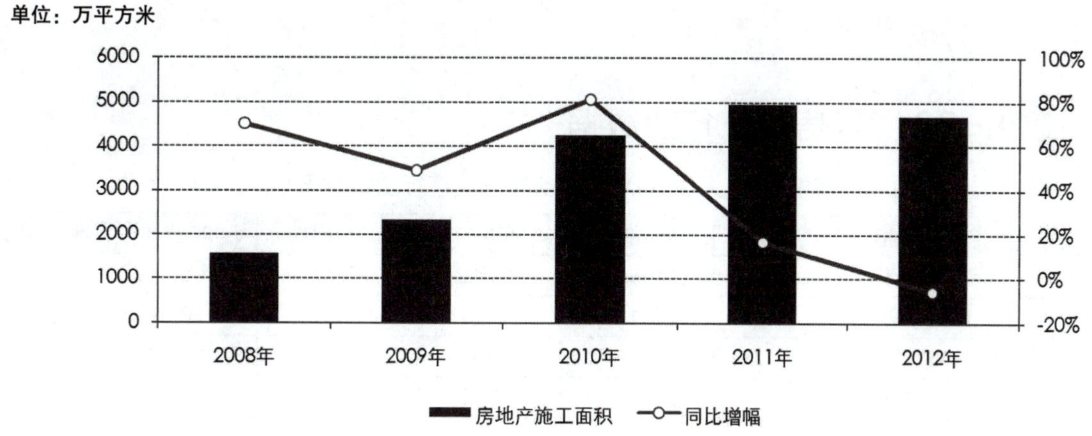

图4-20　2008~2012年石家庄房地产施工面积及同比增幅图

数据来源：国家统计局

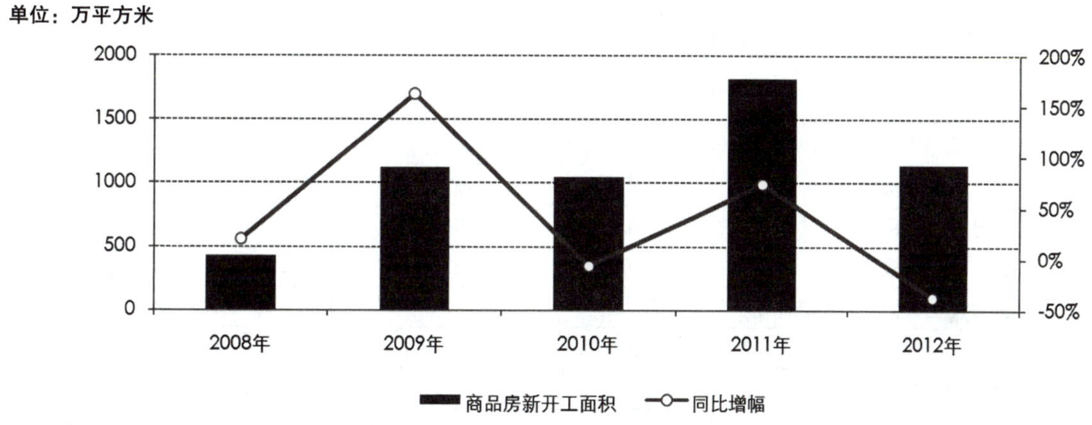

图4-21　2008~2012年石家庄商品房新开工面积及同比增幅图

数据来源：国家统计局

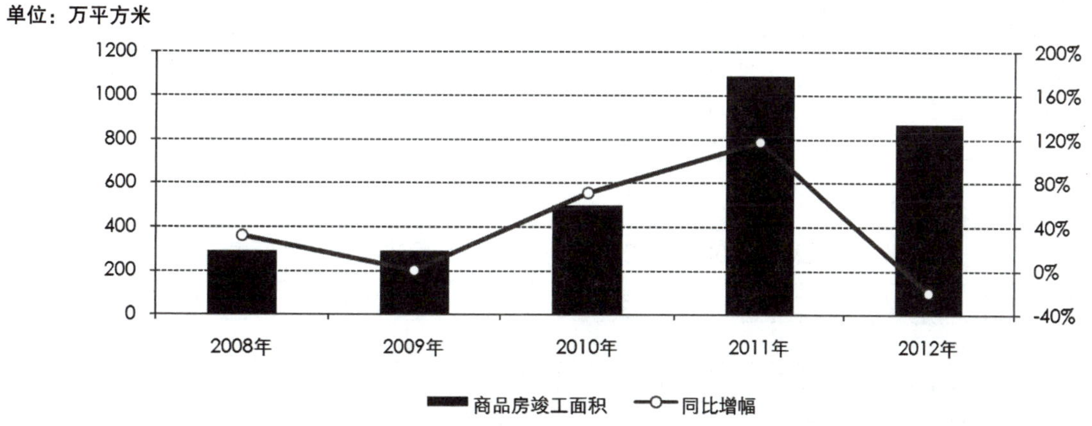

图4-22　2008~2012年石家庄商品房竣工面积及同比增幅图

数据来源：国家统计局

四、太原房地产市场情况

1. 2008~2012年房地产行业数据

表4-11　太原2008~2012年房地产行业数据表

类别	指标	2008年	2009年	2010年	2011年	2012年
宏观	GDP（亿元）	1468.09	1545.24	1778.05	2080.12	1610.14
	同比增幅（%）	8.10	2.60	15.07	16.99	9.80
	进出口总额（亿美元）	93.86	59.12	79.12	85.34	84.74
	同比增幅（%）	15.80	-37.10	33.60	7.90	-0.70
	固定资产投资（亿元）	702.64	782.02	916.48	1024.14	719.57
	同比增幅（%）	21.80	11.30	17.19	11.75	30.00
	社会消费品零售总额（亿元）	619.95	721.7	825.85	973.29	833.02
	同比增幅（%）	20.20	16.40	17.97	17.85	-14.41
行业	房地产开发投资（亿元）	121.6	165.01	241.09	312.08	359.24
	同比增幅（%）	28.24	35.70	46.11	29.44	15.11
	商品房新开工面积（万平方米）	246.37	444.65	687.02	704.23	821.8
	同比增幅（%）	11.55	80.48	54.51	2.51	16.69
	商品房施工面积（万平方米）	1314.67	1780.36	2366.52	2859.89	3651.05
	同比增幅（%）	12.62	35.42	32.92	20.85	27.66
	商品房竣工面积（万平方米）	154.25	149.83	129.58	226.37	230.94
	同比增幅（%）	34.60	-2.87	-13.51	74.69	2.02
土地	土地购置面积（万平方米）	240.76	181.6	193.67	143.85	88.34
	同比增幅（%）	70.98	-24.57	6.65	-25.7	-41.4
	土地购置金额（亿元）	31.69	37.23	40.51	48.44	35.05
	同比增幅（%）	80.47	17.48	8.81	19.58	-27.64
市场	商品房销售面积（万平方米）	169.17	183.04	258.82	206.16	324.81
	同比增幅（%）	4.56	8.20	41.40	-20.35	57.55
	商品房销售金额（亿元）	65.56	87.71	186.37	146.51	221.05
	同比增幅（%）	5.40	33.79	112.48	-21.39	50.88

数据来源：国家统计局

表4-12　太原2008~2012年土地市场与商品住宅市场运行情况

类别	指标	2008年	2009年	2010年	2011年	2012年
土地	土地供应量（万平方米）	498.14	1354.79	862.4	626.25	1430.01
	土地成交量（万平方米）	428.84	912.37	549.52	443.73	725.55
	土地成交金额（亿元）	35.03	64.07	53.89	41.08	44.86
市场	商品住宅供应量（万平方米）	——	——	——	164.22	118.55
	商品住宅成交量（万平方米）	133.47	217.43	263.98	231.79	201.98
	商品住宅成交均价（元/平方米）	5003	5062	8121	7709	8002

数据来源：中国房地产决策咨询系统（CRIC）

2. 综述：政策环境好转，市场企稳回升

2012年持续的市场调控对太原的房地产市场带来很大冲击，在限购、限价政策下，投机性需求得到有效抑制，销售主要集中在刚需购房上。另外，随着货币政策逐渐宽松，房企融资难度开始下降，融资总量有小幅上升；同时推动了购房者入市，下半年的销售出现大幅上升。2012年太原一手商品住宅市场表现出以下特征：成交前低后高，以价换量推动销售，刚需占据市场主力。

3. 投资建设：住宅开发投资同比基本持平，新开工面积明显上涨

2012年，太原房地产住宅开发投资同比基本持平，投资额以商办用地建设为主导。截至2012年房地产累计开发投资额359.24亿元，同比增幅15.11%。商品房施工面积有所反弹，较2011年同期小幅上涨；商品房新开工面积增速较去年大幅上升；竣工面积同比增幅大幅降低，为2.02%。

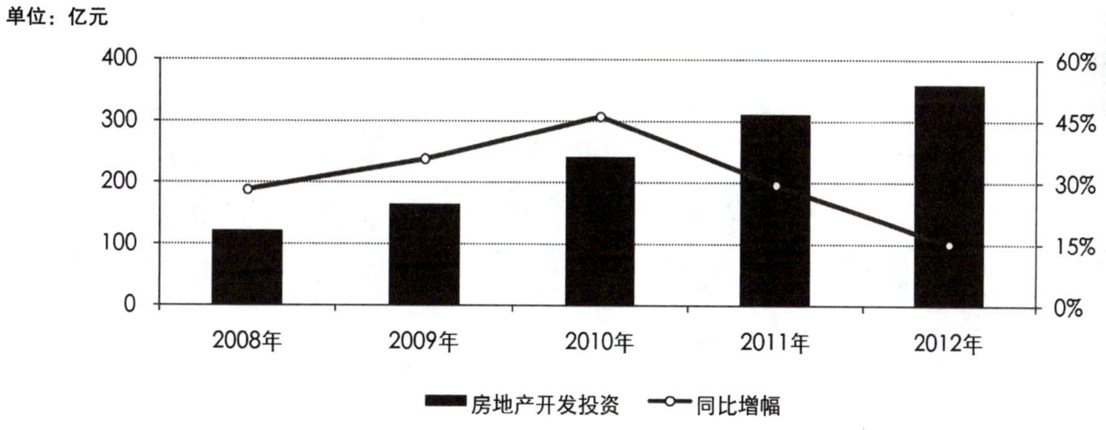

图4-23　2008~2012年太原房地产投资额年度走势及同比增幅图

数据来源：国家统计局

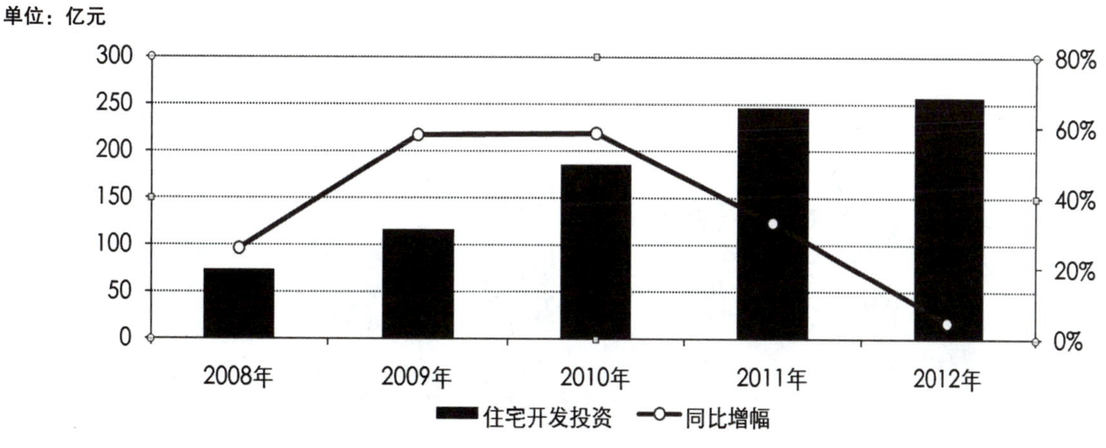

图4-24　2008~2012年太原住宅开发投资额年度走势及同比增幅图

数据来源：国家统计局

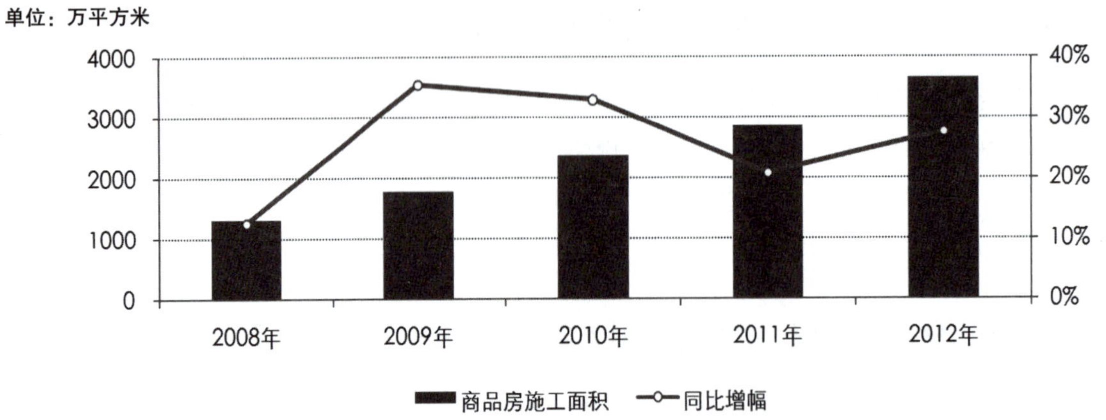

图4-25　2008~2012年太原房地产施工面积及同比增幅图

数据来源：国家统计局

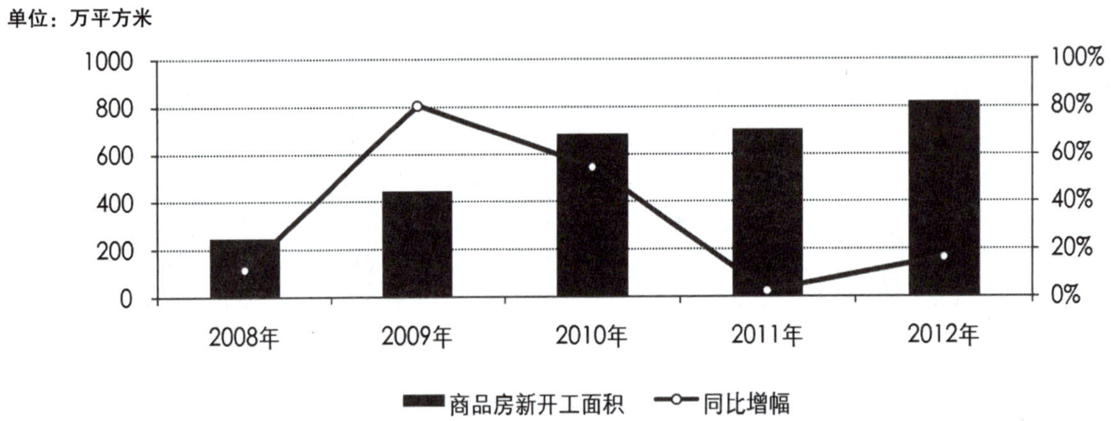

图4-26　2008-2012太原商品房新开工面积及同比增幅图

数据来源：国家统计局

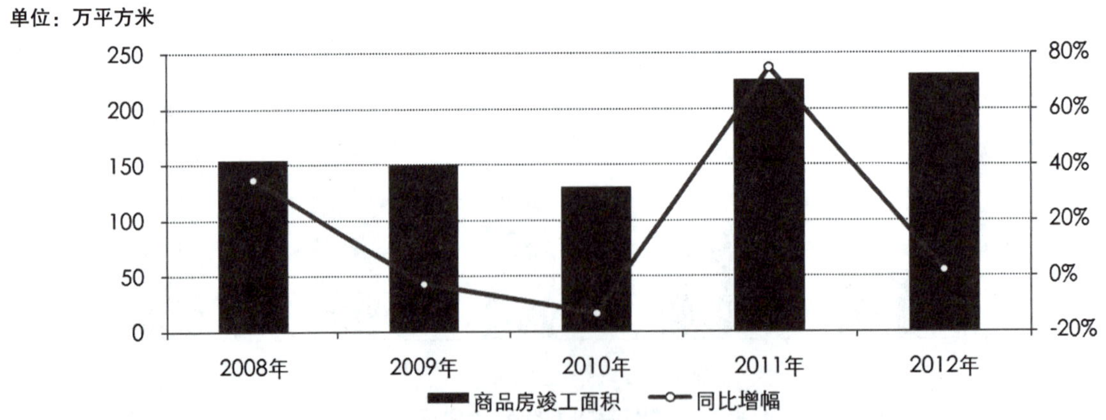

图4-27　2008~2012年太原商品房竣工面积及同比增幅图

数据来源：国家统计局

4. 市场表现：商品住宅成交量下滑，成交价格微涨

2012年，太原市商品住宅成交面积201.98万平方米，环比下滑12.86%。商品住宅成交均价为7984元/平方米，较上年上涨3.88%。刚需客户是2012年支撑整个市场的主流客户群，其次为改善型客户，一部分投资客户退出住宅市场转向商业、办公市场。客户对产品认识有较大提高，专业性越来越强，购房回到谨慎理性的状态。

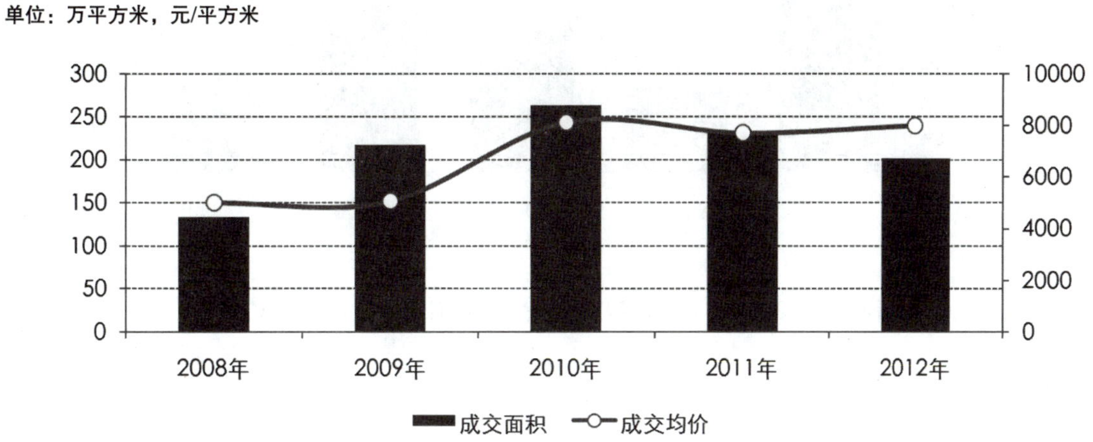

图4-28　2008~2012年太原商品住宅供求及均价走势图

数据来源：中国房地产决策咨询系统（CRIC）

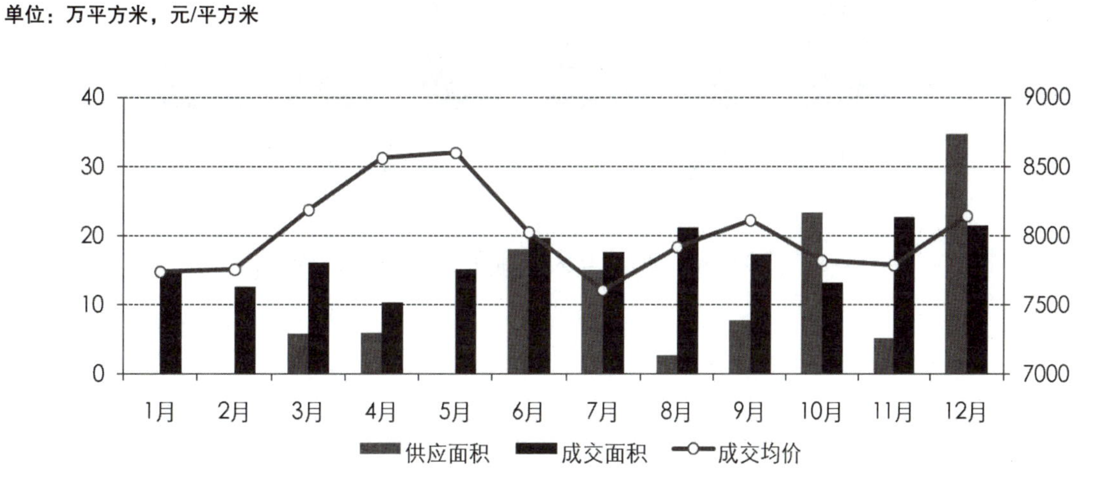

图4-29　2012年各月度太原商品住宅供求及均价走势图

数据来源：中国房地产决策咨询系统（CRIC）

5. 成交结构：中高端户型成交大幅下滑，小店、万柏林两区地位稳固

2012年，中小户型成交占比出现明显提高，其中90平方米以下的小户型产品成交比重为37.98%，90¯120平方米户型为12.36%，主要市场刚性需求巨大，而高端大户型受限购等调控的影响成交大幅回落。

从区域成交结构来看，成交依旧集中于万柏林、小店区，成交占比较去年虽有下降，但仍保持高位。房地产企业的降价促销策略，带动了业绩销售的提升，热门区域高端楼盘受到限购因素影响会有所下降。

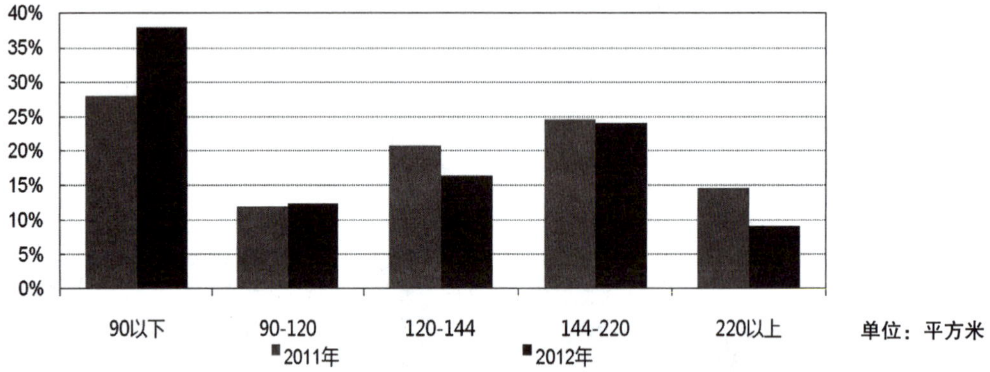

图4-30　2011年、2012年太原商品住宅面积段成交结构图

数据来源：中国房地产决策咨询系统（CRIC）

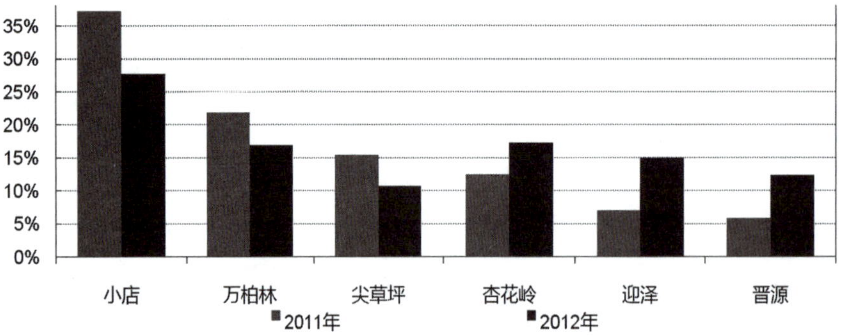

图4-31　2011年、2012年太原商品住宅区域成交结构图

数据来源：中国房地产决策咨询系统（CRIC）

五、呼和浩特房地产市场情况

1. 2008~2012年房地产行业数据

表4-13　呼和浩特2008~2012年房地产行业数据表

类别	指标	2008年	2009年	2010年	2011年	2012年
宏观	GDP（亿元）	1316.37	1643.99	1865.71	2177.26	2525.6
	同比增幅（%）	13.6	15.9	13.49	11.30	16.0
	进出口总额（亿美元）	8.97	7.1	15.1	20.25	17.01
	同比增幅（%）	-4.3	-21.2	113.00	34.40	-16.0
	固定资产投资（亿元）	640.5	800.8	881.2	1031.68	938.1
	同比增幅（%）	10	25	12.70	17.10	28.00
	社会消费品零售总额（亿元）	533.16	641.21	756.6	890.05	1022.25
	同比增幅（%）	23.76	20.27	18.7	17.6	14.9
行业	房地产开发投资（亿元）	177.07	178.29	254.35	344.49	447.99
	同比增幅（%）	36.39	0.69	42.66	35.44	30.04
	商品房新开工面积（万平方米）	578.34	483.15	1263	1837.73	1345.1
	同比增幅（%）	-21.33	-16.46	158.82	45.51	-26.81
	商品房施工面积（万平方米）	1787.12	1832.92	2461.13	3531.92	4442.06
	同比增幅（%）	14.04	2.56	33.92	43.51	25.77
	商品房竣工面积（万平方米）	252.61	456.25	462.78	404.98	357.98
	同比增幅（%）	16.78	80.61	0.37	-12.49	-11.61
土地	土地购置面积（万平方米）	351.01	224.97	412.23	215.86	109.44
	同比增幅（%）	-1.37	-35.91	81.62	-47.64	-49.30
	土地购置金额（亿元）	20.84	21.4	30.71	41.50	56.31
	同比增幅（%）	-1.56	2.69	43.49	35.14	35.69
市场	商品房销售面积（万平方米）	331.08	374.99	471.60	576.37	478.18
	同比增幅（%）	46.57	0.13	25.8	22.1	-17.04
	商品房销售金额（亿元）	90.45	146.03	193.51	240.20	260.38
	同比增幅（%）	54.25	61.45	32.5	24.0	8.40

数据来源：国家统计局

2. 投资建设：投资额总量继续走高，但增速放缓

2012年，呼和浩特房地产开发投资同比增速继续下行。全年房地产累计开发投资额447.99亿元，同比增幅30%，较上年涨幅下降5个百分点。商品房施工面积同比继续上涨，但涨幅有所下降；新开工面积、竣工面积均同比下滑。

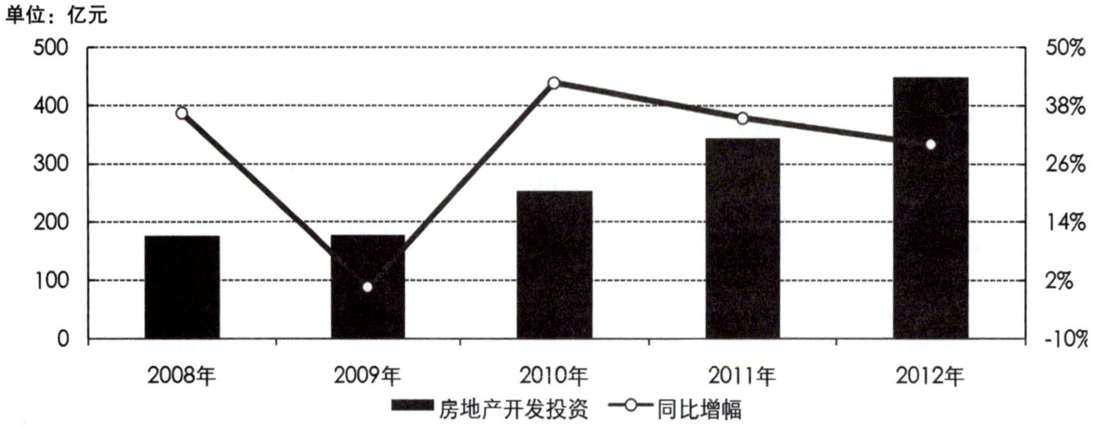

图4-32　2008~2012年呼和浩特房地产投资额年度走势及同比增幅图

数据来源：国家统计局

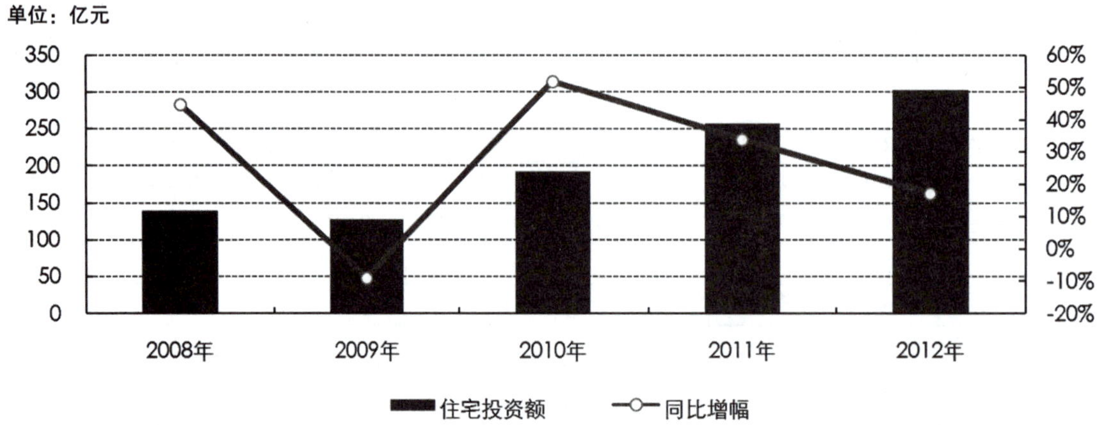

图4-33　2008~2012年呼和浩特住宅投资额年度走势及同比增幅图

数据来源：国家统计局

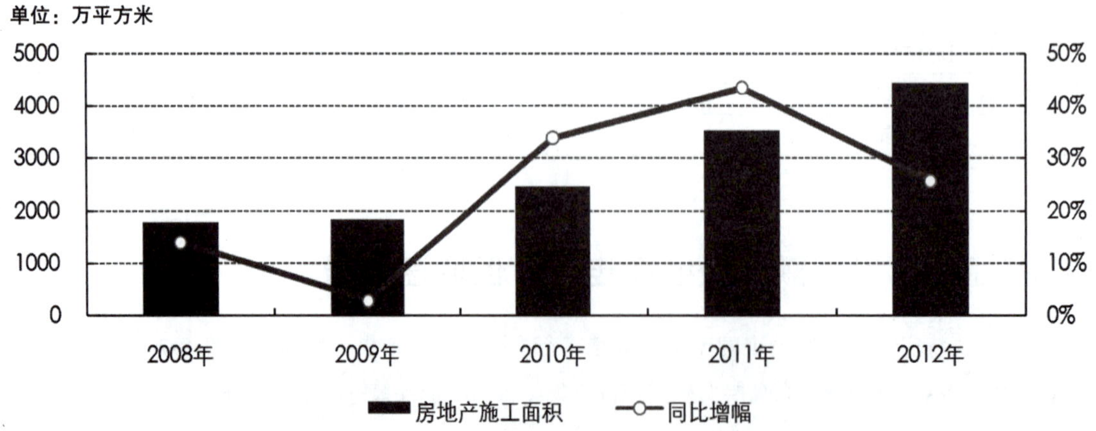

图4-34　2008~2012年呼和浩特商品房施工面积及同比增幅图

数据来源：国家统计局

单位：万平方米

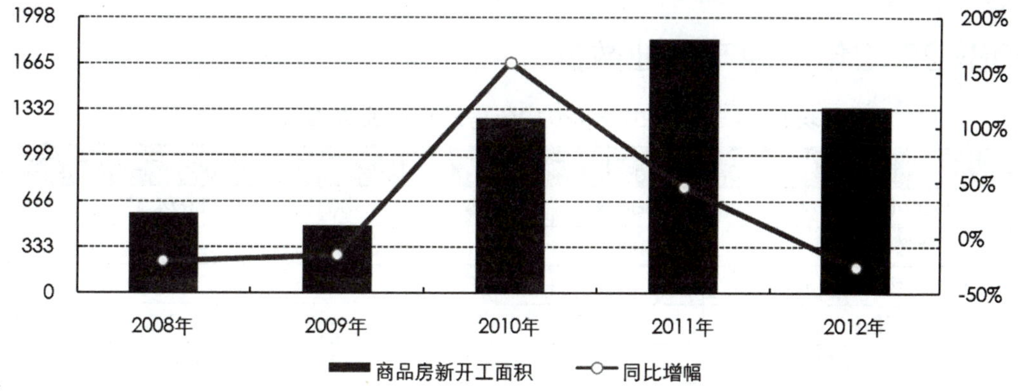

图4-35　2008~2012年呼和浩特商品房新开工面积及同比增幅图

数据来源：国家统计局

单位：万平方米

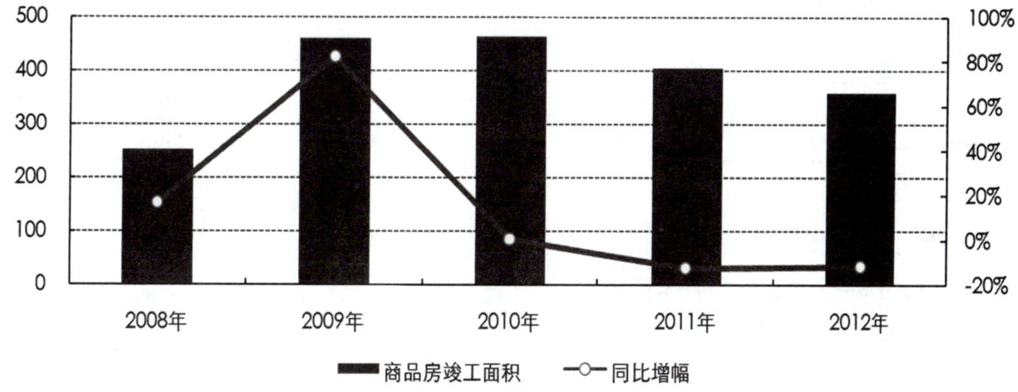

图4-36　2008~2012年呼和浩特商品房竣工面积及同比增幅图

数据来源：国家统计局

六、沈阳房地产市场情况

1. 2008~2012年房地产行业数据

表4-14　沈阳2008~2012年房地产行业数据表

类别	指标	2008年	2009年	2010年	2011年	2012年
宏观	GDP（亿元）	3860.50	4359	5017	5914.9	6700
	同比增幅（%）	16.3	12.9	14.1	12.3	11.0
	进出口总额（亿美元）	71.30	66	78.6	106.2	112
	同比增幅（%）	17.5	-7.9	19.5	35.2	5.7
	固定资产投资（亿元）	3008.70	3676	3529.88	4560.6	5181.5
	同比增幅（%）	27.4	22.2	36.2	29.2	15.0
	社会消费品零售总额（亿元）	1505.50	1779	2065.9	2426.9	2798.0
	同比增幅（%）	22.2	18.1	18.5	17.5	15.3
行业	房地产开发投资（亿元）	1010.91	1188.7	1632.13	1684.72	1942.96
	同比增幅（%）	38.4	17.6	37.3	3.2	15.3
	商品房新开工面积（万平方米）	2364.82	2451.1	3662.6	2951.48	3822.17
	同比增幅（%）	-19.1	3.6	49.4	-19.4	29.5
	商品房施工面积（万平方米）	5848.51	6847.89	8858.7	10289.91	11002.63
	同比增幅（%）	16.5	17.1	29.4	16.2	6.9
	商品房竣工面积（万平方米）	1291.65	1293.55	1393.2	2017.68	2066.37
	同比增幅（%）	0.1	0.1	7.70	44.8	2.4
土地	土地购置面积（万平方米）	1549.85	475.73	1314.00	755.89	810.35
	同比增幅（%）	-19.7	-69.3	176.2	-42.5	7.2
	土地购置金额（亿元）	149.99	154.92	237.29	201.74	310.85
	同比增幅（%）	32.0	3.3	53.2	-15.0	54.1
市场	商品房销售面积（万平方米）	1465.05	1532.93	1746.5	2178.15	2469.65
	同比增幅（%）	0.2	4.6	13.9	24.7	13.4
	商品房销售金额（亿元）	604.69	684.36	945	1281.93	1561.13
	同比增幅（%）	12.1	13.2	38.1	35.7	21.8

数据来源：国家统计局

表4-15　沈阳2008~2012年土地市场与商品住宅市场运行情况

类别	指标	2008年	2009年	2010年	2011年	2012年
土地	土地供应量（万平方米）	3401.60	8744.55	4836.16	7680.32	5987.70
	土地成交量（万平方米）	1678.58	4369.25	3617.02	5626.22	4423.64
	土地成交金额（亿元）	137.88	318.53	363.65	650.55	577.76
市场	商品住宅供应量（万平方米）	815.49	883.85	1416.41	1784.18	1480.54
	商品住宅成交量（万平方米）	724.69	1291.69	1388.78	1373.91	1128.72
	商品住宅成交均价（元/平方米）	4656.88	4845.28	5512.55	6383.02	7133.48

数据来源：中国房地产决策咨询系统（CRIC）

2. 综述：政策环境有所好转，刚需小幅释放

2012年出，差别化的信贷政策让首套自住型购房的客户获得优惠，企业适时的“以价换量”拉动了年初成交量的回升。进入下半年，刚性需求稳步释放，临近年底市场呈现“翘尾”，销量大幅回升，而价格将继续呈小幅增长的趋势。

3. 投资建设：开发投资、建设规模持续上升

2012年，沈阳房地产开发投资同比持续增加。全年房地产累计开发投资额1942.96亿元，同比增幅上升15.3%，增幅较上年扩大12.1个百分点；其中住宅开发投资额为1331.43亿元，同比小幅增加5.4%。商品房施工面积持续上升，其同比小幅增长6.9%；商品房新开工面积增速较去年有大幅提升29.5%；竣工面积则上升至2066.37万平方米，同比增长2.4%。

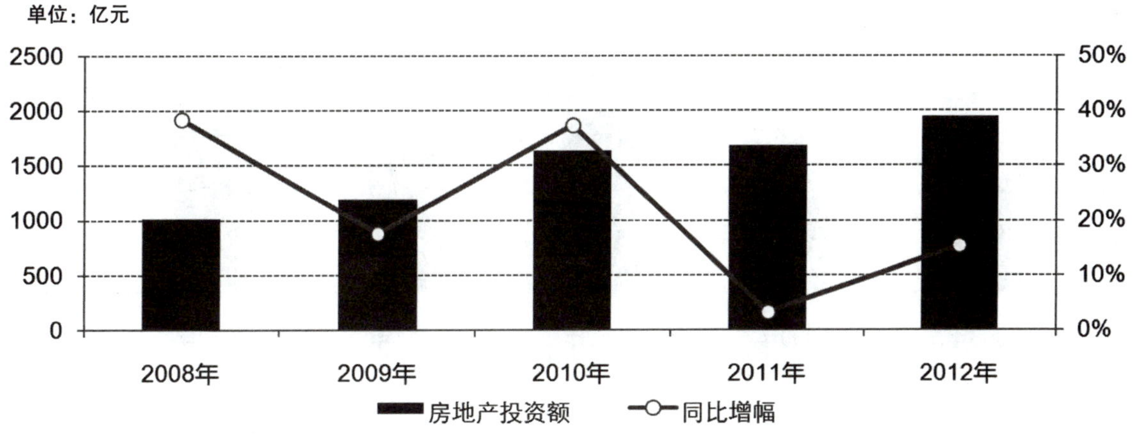

图4-37　2008~2012年沈阳房地产投资额年度走势及同比增幅图

数据来源：国家统计局

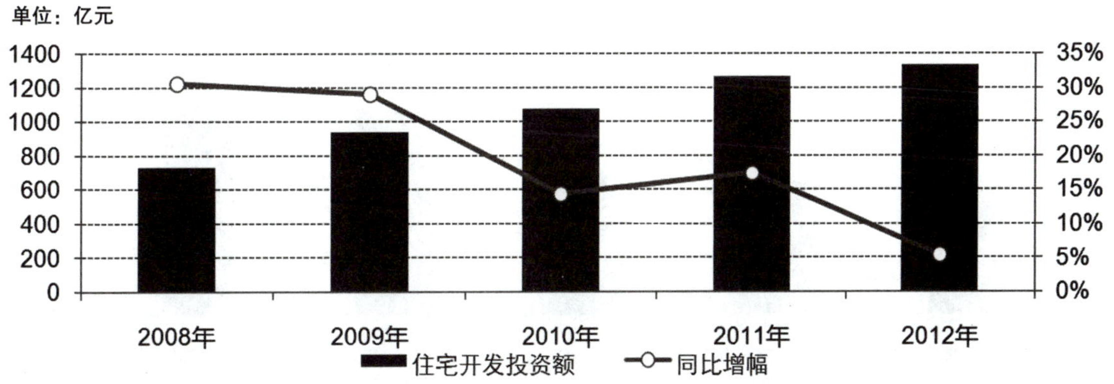

图4-38　2008~2012年沈阳住宅开发投资额年度走势及同比增幅图

数据来源：国家统计局

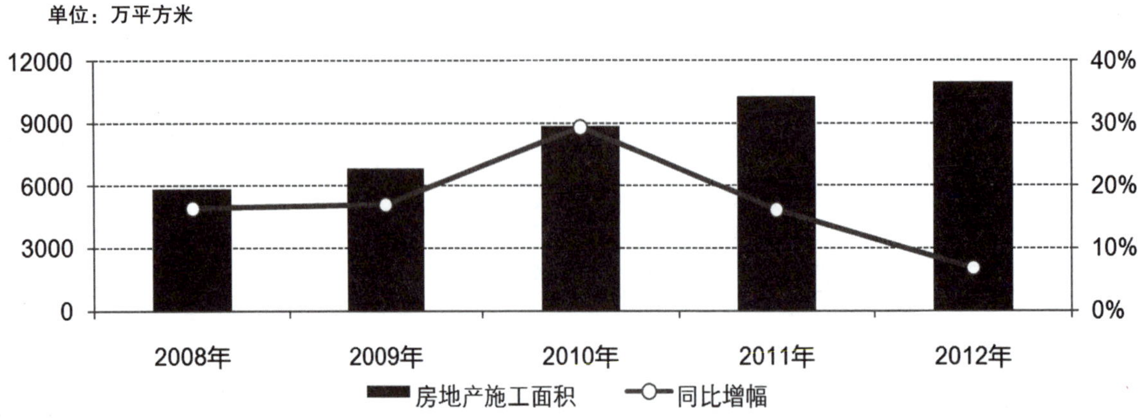

图4-39　2008~2012年沈阳房地产施工面积及同比增幅图

数据来源：国家统计局

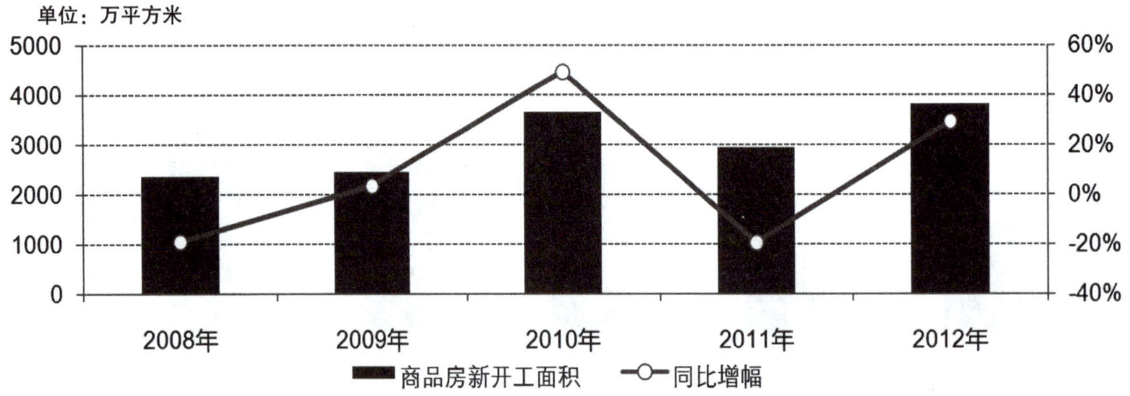

图4-40　2008~2012年沈阳商品房新开工面积及同比增幅图

数据来源：国家统计局

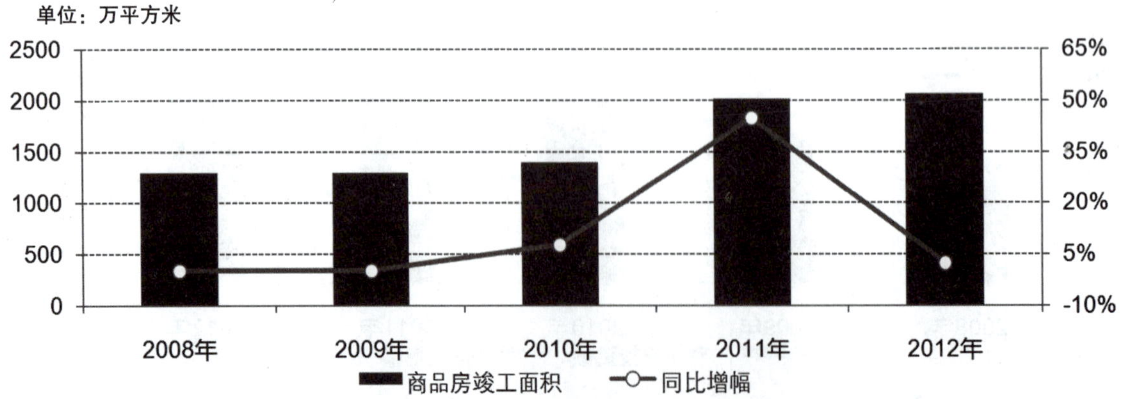

图4-41　2008~2012年沈阳商品房竣工面积及同比增幅图

数据来源：国家统计局

4．市场表现：商品住宅供应及价格波动明显

2012年商品住宅供应量为1480.54万平方米，较上年下降17.02%；成交量为1128.72万平方米，较上年下降17.85%；供求比为1.31。沈阳商品住宅成交均价为7133元/平方米，较上年上升11.76%。月度变化上，市场在经历年初的低谷之后，商品住宅成交量在企业的“以价换量”策略之下，稳步回升，成交价格也有所下滑。8月后，随着市场的持续回暖，成交价格有所上涨。进入年底，成交量有所上涨，呈现“翘尾”之势。

单位：万平方米，元/平方米

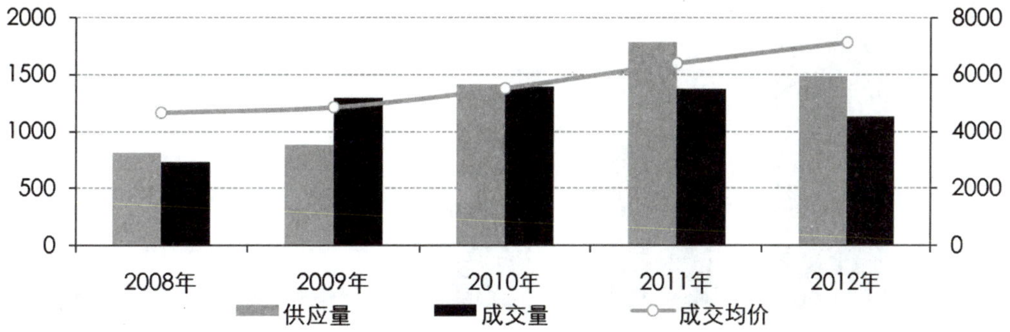

图4-42　2008~2012年沈阳商品住宅供求及均价走势图

数据来源：中国房地产决策咨询系统（CRIC）

单位：万平方米，元/平方米

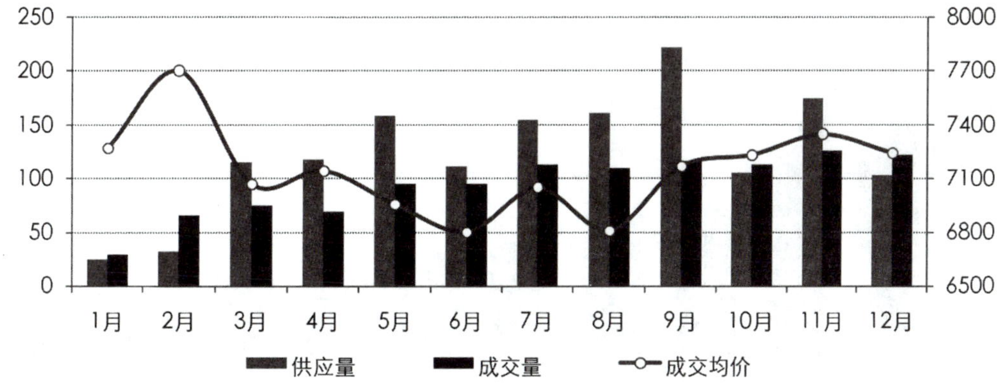

图4-43　2012年各月度沈阳商品住宅供求及均价走势图

数据来源：中国房地产决策咨询系统（CRIC）

5. 成交结构：刚需户型成为市场成交主力

2012年沈阳市商品住宅成交主力面积段为70-90平方米，成交量为312.64万平方米，占总量的28%，其次为120¯170平方米，成交量为191.76万平方米，占总量的17%。70¯90平方米为二房户型，户型方正、得房率高，比较适合刚性客群，而120¯170平方米为三房改善型居多。

区域方面，铁西区、沈北新区和浑南新区仍然为全市成交主力区域，其中铁西区占比较去年小幅下降3%，沈北新区及浑南新区则出现略微上升1-2个百分点。

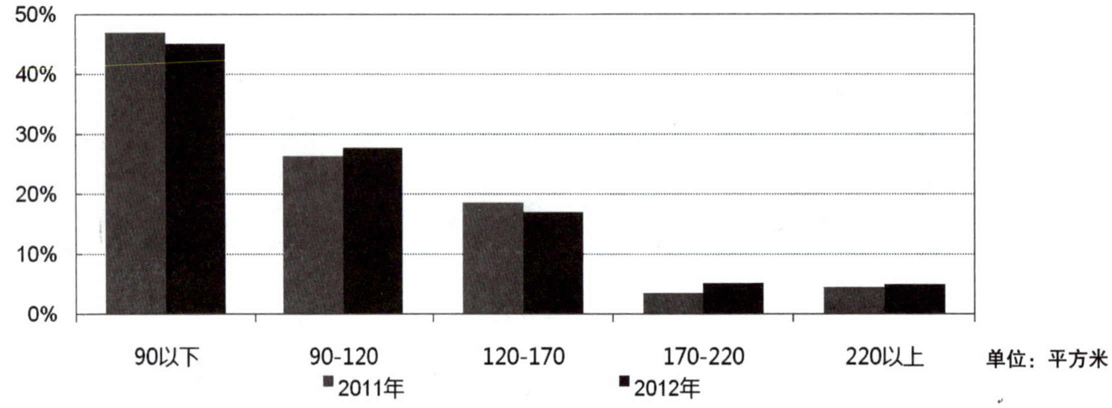

图4-44 2011年、2012年沈阳商品住宅面积段成交结构图

数据来源：中国房地产决策咨询系统（CRIC）

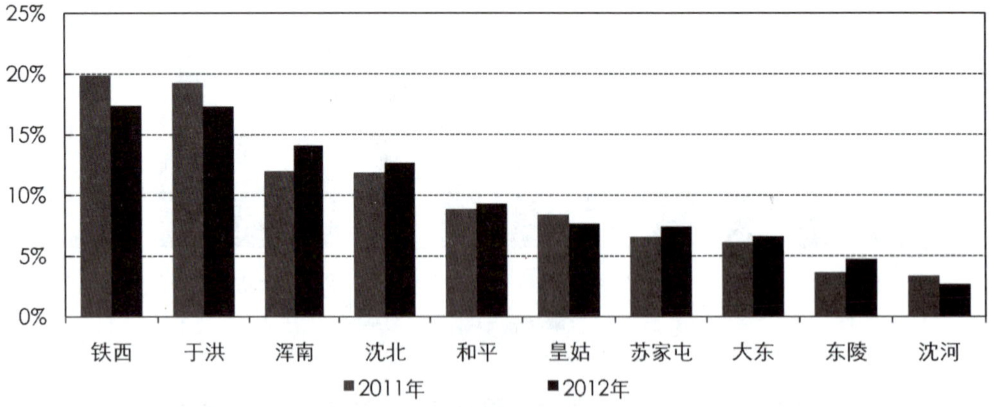

图4-45 2011年、2012年沈阳商品住宅区域成交结构图

数据来源：中国房地产决策咨询系统（CRIC）

6. 项目排行榜：中低档产品领跑市场，中高档产品表现突出

2012年，碧桂园及中海地产的两个中档刚需产品成为沈阳市场表现最抢眼的项目，分别同时占据面积榜和金额榜的前两位，体现在市场回暖趋势下，长期观望之后的巨大市场需求使得刚需产品释放速度相比高端产品具有明显优势，同时伴随个别产品适时折扣进一步促进项目完成成交佳绩。

表4-16　2012年沈阳商品住宅项目成交面积TOP10排行榜

单位：万平方米，亿元，元/平方米

排行	项目名称	区域	档次	成交面积	成交金额	成交均价	开发商
1	碧桂园·银河城	于洪	中低档	35.64	20.19	5664	碧桂园
2	中海·寰宇天下	皇姑	中档	25.74	21.07	8188	中海地产
3	奥园国际新城	苏家屯	中档	24.56	12.41	5053	奥园新城置业
4	中海城	于洪	中档	19.71	11.46	5812	中海地产
5	中海国际社区	和平	中高档	16.39	13.11	8000	中海地产
6	碧桂园凤凰城	苏家屯	中低档	15.11	6.65	4402	碧桂园
7	恒大绿洲	于洪	中档	14.95	8.99	6013	恒大地产
8	保利溪湖林语	皇姑	中档	14.10	7.33	5195	保利地产
9	荣盛·幸福大道	铁西	中档	13.86	6.77	4881	荣盛幸福大道
10	恒大名都	苏家屯	中低档	12.67	7.19	5676	恒大地产

数据来源：中国房地产决策咨询系统（CRIC）

表4-17　2012年沈阳商品住宅项目成交金额TOP10排行榜

单位：亿元，万平方米，元/平方米

排行	项目名称	区域	档次	成交金额	成交面积	成交均价	开发商
1	中海·寰宇天下	皇姑	中档	21.07	25.74	8188	中海地产
2	碧桂园·银河城	于洪	中低档	20.19	35.64	5664	碧桂园
3	中海·龙湾	和平	中高档	17.14	18.46	9285	中海地产
4	金地·名京	铁西	中高档	15.33	14.20	10796	金地集团
5	天地大厦	和平	中档	14.64	7.06	20737	万达集团
6	新世界花园	和平	高档	14.08	8.18	17213	新世界中国
7	远洋天地	和平	中高档	12.21	12.40	9847	远洋地产
8	中海城	于洪	中档	11.46	19.71	5814	中海地产
9	华润橡树湾	于洪	中高档	9.84	12.59	7816	华润置地
10	恒大绿洲	于洪	中档	8.99	14.95	6013	恒大地产

数据来源：中国房地产决策咨询系统（CRIC）

七、大连房地产市场情况

1. 2008~2012年房地产行业数据

表4-18　大连2008~2012年房地产行业数据表

类别	指标	2008年	2009年	2010年	2011年	2012年
宏观	GDP（亿元）	3858.2	4417.7	5158.1	6150.1	7002.8
	同比增幅（%）	16.5	14.5	15.3	19.2	13.9
	进出口总额（亿美元）	470.41	422.41	521.1	600.1	625.6
	同比增幅（%）	23.7	-10.2	23.5	15.2	4.2
	固定资产投资（亿元）	2513.4	3273.5	5084.3	4580.1	5624.4
	同比增幅（%）	30.2	30.2	55.4	-9.9	22.8
	社会消费品零售总额（亿元）	1182.6	1396.7	1639.8	1924.8	2224
	同比增幅（%）	20.3	18.1	18.5	17.4	15.5
行业	房地产开发投资（亿元）	495.8	578.9	1104	1107.5	1396.5
	同比增幅（%）	21.6	16.8	90.7	0.3	26.1
	商品房新开工面积（万平方米）	1112.07	1131.91	1837.3	1464.64	1615.12
	同比增幅（%）	-6.4	1.8	32.4	-20.3	10.3
	商品房施工面积（万平方米）	3328.63	3489.06	5060.5	6201.04	6213.43
	同比增幅（%）	21.1	4.8	45.0	22.5	0.2
	商品房竣工面积（万平方米）	748.6	549.7	571	949.38	750.00
	同比增幅（%）	74.8	-26.6	3.87	66.3	-21.0
土地	土地购置面积（万平方米）	205	427.04	624.31	588.51	509.69
	同比增幅（%）	-42.2	108.3	46.2	-5.7	-13.4
	土地购置金额（亿元）	45.86	85.72	121.28	114.4	203.13
	同比增幅（%）	8.6	86.9	41.5	-5.7	77.6
市场	商品房销售面积（万平方米）	821.93	1152.68	1215.3	910.24	1076.36
	同比增幅（%）	-0.8	40.2	5.4	-25.1	18.3
	商品房销售金额（亿元）	474.57	720.32	856	732.85	861.47
	同比增幅（%）	2.9	51.8	18.8	-14.4	17.6

数据来源：国家统计局

表4-19　大连2008~2012年土地市场与商品住宅市场运行情况

类别	指标	2008年	2009年	2010年	2011年	2012年
土地	土地供应量（万平方米）	755.49	3018.97	7308.34	6393.66	4180.94
	土地成交量（万平方米）	1615.90	2682.84	7185.03	5298.73	3560.67
	土地成交金额（亿元）	214.30	358.01	1359.90	682.66	488.99
市场	商品住宅供应量（万平方米）	718.14	365.03	492.78	436.35	348.22
	商品住宅成交量（万平方米）	436.69	841.13	723.08	485.85	495.93
	商品住宅成交均价（元/平方米）	6343.19	7324.95	9277.91	10485.62	10224.51

数据来源：中国房地产决策咨询系统（CRIC）

2. 综述：调控政策平稳，市场整体回暖

2012年大连市房地产市场延续了2011年的调控政策，同时出台部分政策来缓解调控下冷淡的房地产市场，如首次置业按揭优惠、放宽大连市落户政策等，使得全年的房地产市场相对平稳，供应略大于成交，出现基本持平的局面。

3. 投资建设：开发投资、新开工面积均较上年上涨

2012年，大连房地产开发投资同比增速较上年增加25.8个百分点。全年房地产累计开发投资额1396.52亿元，同比增幅达到26.1%，其中商品住宅投资额为1055.41亿元，同比上升21.35%；商品房施工面积同比小幅提高0.2%，与2011年基本持平；商品房新开工面积同比提升10.3%；竣工面积则持续大幅下跌，下跌幅度达到21%。

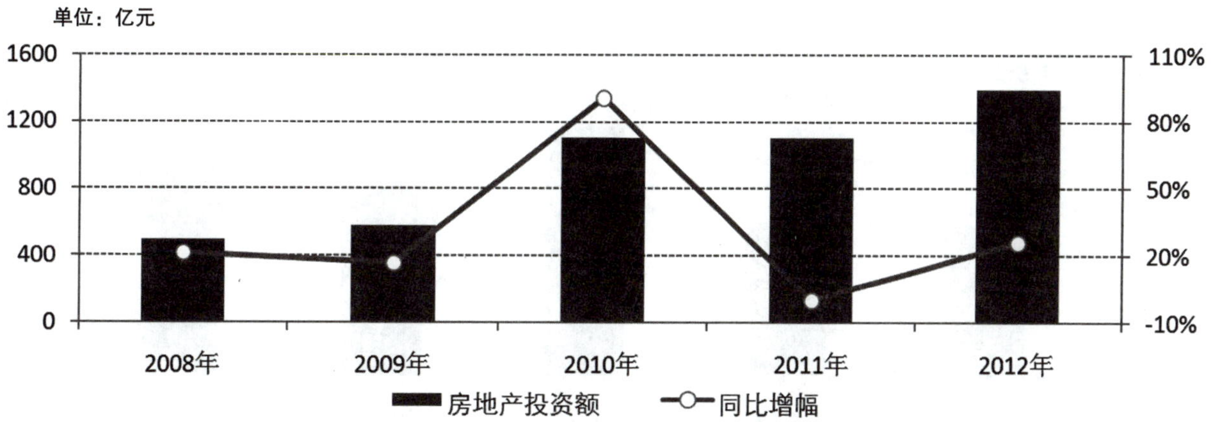

图4-46　2008~2012年大连房地产投资额年度走势及同比增幅图

数据来源：国家统计局

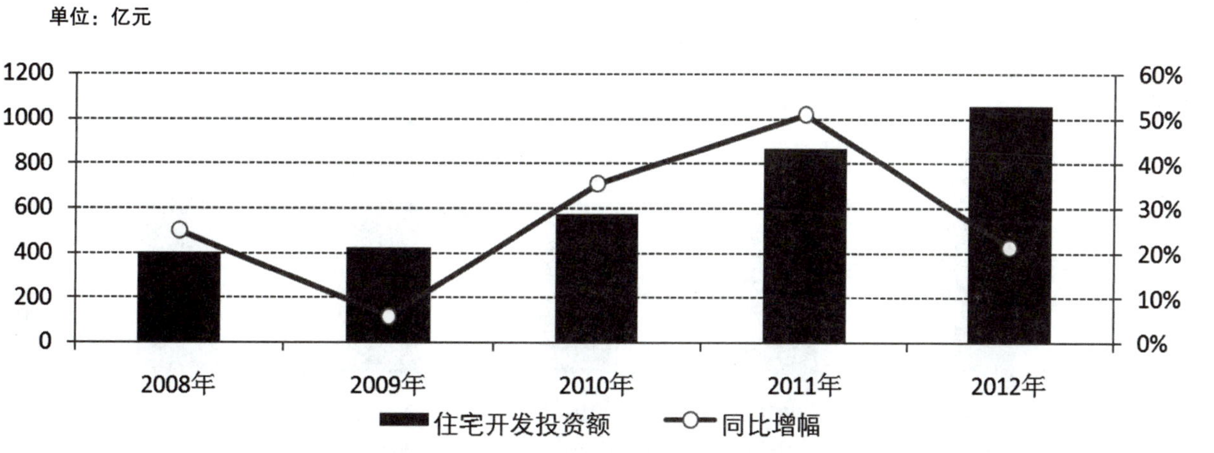

图4-47　2008~2012年大连商品住宅投资额年度走势及同比增幅图

数据来源：国家统计局

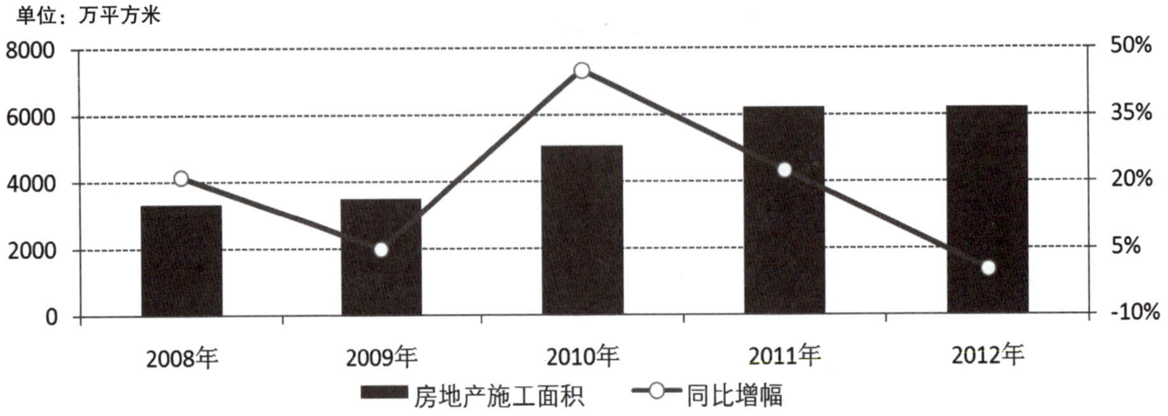

图4-48　2008~2012年大连房地产施工面积及同比增幅图

数据来源：国家统计局

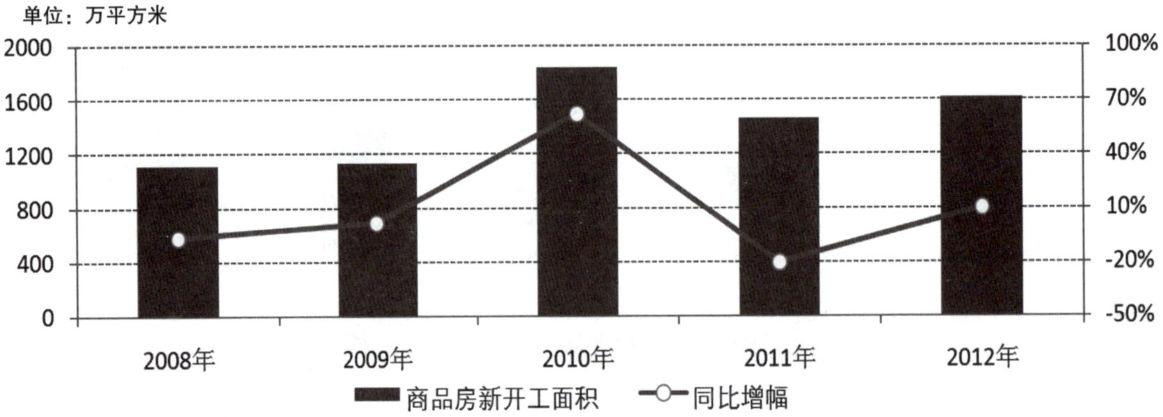

图4-49　2008~2012年大连商品房新开工面积及同比增幅图

数据来源：国家统计局

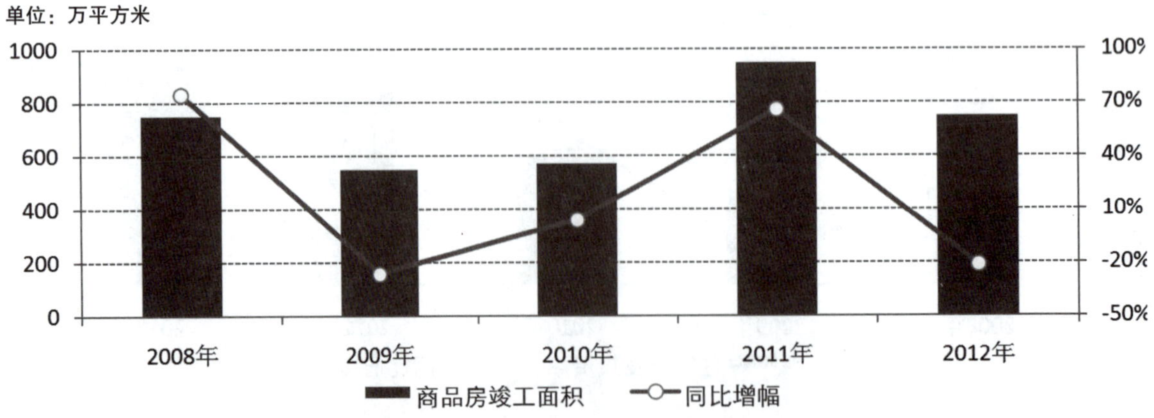

图4-50　2008~2012年大连商品房竣工面积及同比增幅图

数据来源：国家统计局

4. 市场表现：成交量回稳，均价略降

2012年商品住宅供应量378.96万平方米，较上年下降34.75%；成交量495.93万平方米，较上年上涨1.46%。通过供求比方面可以看出，经过2012年持续的房地产调控政策，使得供应量有一定程度下降，在确定明年调控政策持续的背景下，有一定需求量的释放，成交量较去年上涨。

年内供应量有较大波动，供应量主要集中在三季度。10月是大连秋交会时间，秋交会前后供应量跟随并出现一定的涨幅。商品住宅市场较去年市场有小幅上涨，在地方政策的变相宽松下略有回温。三季度后成交量一直较稳定，年底现“翘尾”行情。全年商品住宅成交均价达10225元/平方米，较上年下降2.27%，调控政策初见成效。

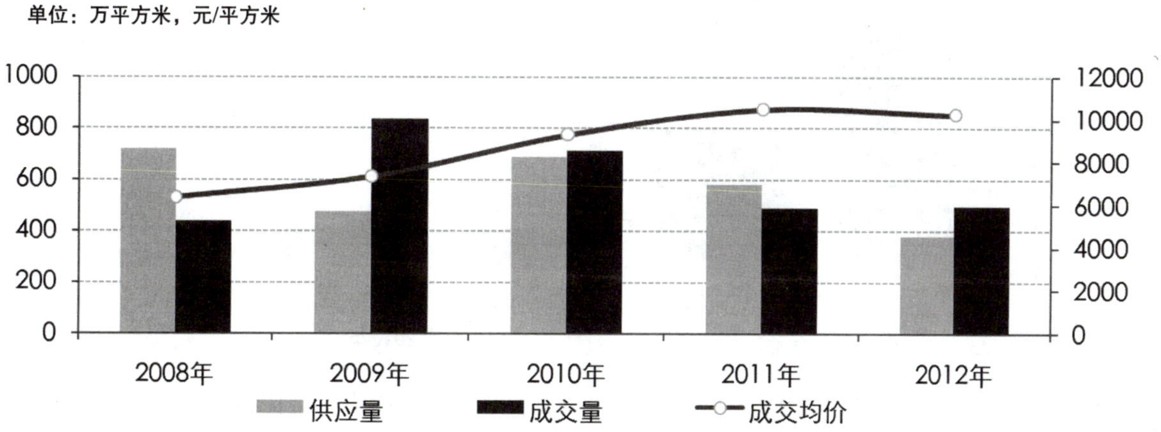

图4-51　2008~2012年大连商品住宅供求及均价走势图

数据来源：中国房地产决策咨询系统（CRIC）

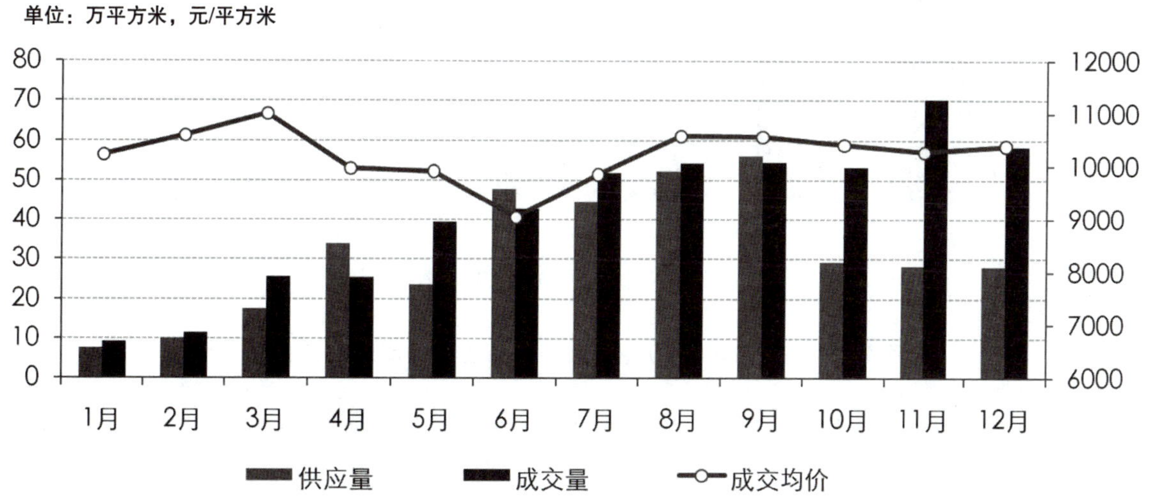

图4-52　2012年各月度大连商品住宅供求及均价走势图

数据来源：中国房地产决策咨询系统（CRIC）

5. 成交结构：刚需为主力，舒适改善产品逐渐增长，郊区成交迅猛

2012年，大连市商品住宅70¯90平方米产品由于总价位偏低成为畅销产品，而90¯130平方米由于户型舒适、投资价值高以及改善性需求充足等因素促使其产品同样成交量较大。

从区域成交结构来看，成交依旧集中于甘井子区、开发区和金州区，成交占比较去年同期均有小幅增加。个案价格调整是促进区域成交逆市放量的主要原因，从而获得较优的市场反应。其中金州区成交受政府对原有区域的重新规划利好影响，增加了开发商和购房者在该区域投资的信心。

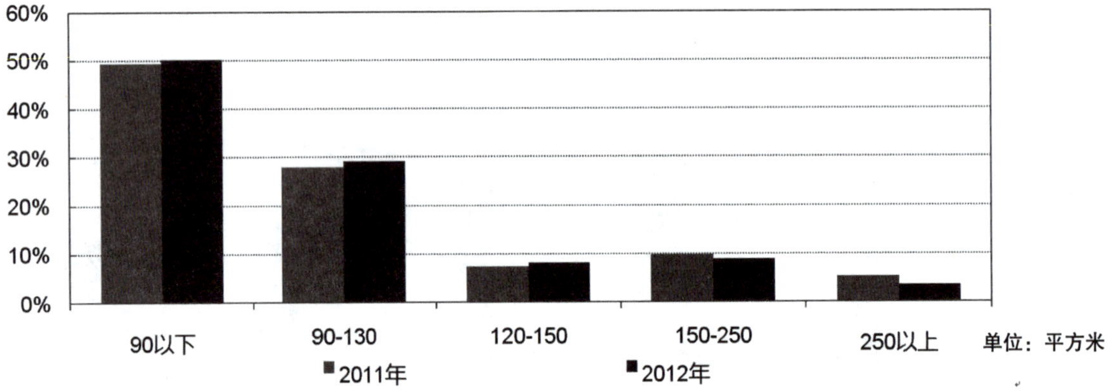

图4-53　2011年、2012年大连商品住宅面积段成交结构图

数据来源：中国房地产决策咨询系统（CRIC）

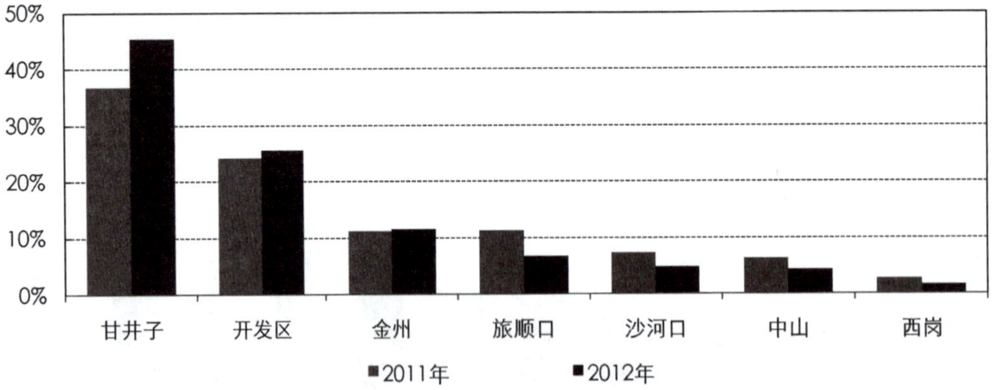

图4-54　2011年、2012年大连商品住宅区域成交结构图

数据来源：中国房地产决策咨询系统（CRIC）

6. 项目排行榜：品牌海景刚需产品受市场热捧

由成交面积排行榜表单可以看出，低价格段产品及品牌开发商开发的项目占据了榜单的半壁江山。大连占据山海资源优势，更多开发商选择了海景、山景宜居作为产品的主要营销手段。而外来品牌开发商的进入，加剧了大连市场的竞争，从某种程度上提高了产品规划及产品品质，且价格方面也不乏有一定的优势，成为了刚性需求及投资客户的购房首选。

通过项目成交金额排行榜可以看出，品牌开发商项目及刚需刚改产品成为购房者最为追逐的购买目标。而外来开发商占据比例的不断提高已预示了大连市房地产市场已慢慢走向更成熟的发展阶段。

表4-20　2012年大连商品住宅项目成交面积TOP10排行榜

单位：万平方米，亿元，元/平方米

排行	项目名称	区域	档次	成交面积	成交金额	成交均价	开发商
1	红星海・世界观	开发	中档	20.65	19.26	9328	远洋地产
2	远洋・钻石湾	甘井子	中高档	17.87	25.73	14400	远洋地产
3	远洋时代城	开发	中低档	13.36	8.58	6422	远洋地产
4	华润・海中国	开发	中档	13.17	10.12	7688	华润置地
5	泉水润泽园	甘井子	中档	12.64	11.10	8779	运泽房地产
6	中海紫御观邸	甘井子	中高档	10.91	12.85	11784	中海地产
7	金色阳光家园	甘井子	中档	9.42	8.30	8805	金广集团
8	大华锦绣华城	甘井子	中高档	7.80	9.56	12254	大华集团
9	远洋广场	甘井子	中档	7.59	8.56	11290	远洋地产
10	金润花园	金州	中低档	7.49	5.12	6830	辽大房地产

数据来源：中国房地产决策咨询系统（CRIC）

表4-21　2012年大连商品住宅项目成交金额TOP10排行榜

单位：亿元，万平方米，元/平方米

排行	项目名称	区域	档次	成交金额	成交面积	成交均价	开发商
1	远洋・钻石湾	甘井子	中高档	25.73	17.87	14400	远洋地产
2	红星海・世界观	开发	中档	19.26	20.65	9328	远洋地产
3	中海紫御观邸	甘井子	中高档	12.85	10.91	11784	中海地产
4	亿达春田	甘井子	中高档	11.12	7.26	15327	亿达集团
5	泉水润泽园	甘井子	中档	11.10	12.64	8779	运泽房地产
6	东方圣克拉	甘井子	中高档	10.20	6.79	15021	软件园股份
7	华润・海中国	开发	中档	10.12	13.17	7688	华润置地
8	第五郡	甘井子	高档	9.80	5.55	17658	亿达集团
9	大华锦绣华城	甘井子	中高档	9.56	7.80	12254	大华集团
10	远洋时代城	开发	中低档	8.58	13.36	6422	远洋地产

数据来源：中国房地产决策咨询系统（CRIC）

八、长春房地产市场情况

1. 2008~2012年房地产行业数据

表4-22　长春2008~2012年房地产行业数据表

类别	指标	2008年	2009年	2010年	2011年	2012年
宏观	GDP（亿元）	2561.9	2848.6	3329.0	4003.1	4456.6
	同比增幅（%）	16.50	15.00	15.3	13.30	12.0
	进出口总额（亿美元）	87.9	85.5	132.2	173.4	196.8
	同比增幅（%）	26.50	-2.70	54.7	31.2	13.5
	固定资产投资（亿元）	1818.8	2300.3	3001.5	2433.4	3172.9
	同比增幅（%）	34.70	26.50	31.00	-18.9	30.4
	社会消费品零售总额（亿元）	945.7	1089.4	1286.7	1512.2	1739.6
	同比增幅（%）	21.50	15.20	18.10	17.50	15.00
行业	房地产开发投资（亿元）	352.89	443.93	542.76	666.42	649.65
	同比增幅（%）	35.99	25.80	22.26	22.78	-2.52
	商品房新开工面积（万平方米）	1116.26	1217.29	1283.89	1980.83	1539.1
	同比增幅（%）	-7.43	9.05	5.47	54.28	-22.30
	商品房施工面积（万平方米）	2183.48	2377.10	3089.42	4087.87	5123.72
	同比增幅（%）	8.62	8.87	29.97	32.32	25.34
	商品房竣工面积（万平方米）	482.42	580.66	963.73	748.06	913.87
	同比增幅（%）	-9.36	20.36	65.97	-22.38	22.17
土地	土地购置面积（万平方米）	435.38	485.17	499.55	722.13	749.73
	同比增幅（%）	-31.31	11.44	2.96	44.56	3.82
	土地购置金额（亿元）	42.77	54.25	86.63	137.74	174.05
	同比增幅（%）	-4.23	26.84	59.69	59.00	26.36
市场	商品房销售面积（万平方米）	571.41	715.72	863.08	880.95	908.00
	同比增幅（%）	12.37	25.26	20.59	2.07	3.07
	商品房销售金额（亿元）	198.98	296.42	446.91	540.16	503.05
	同比增幅（%）	20.35	48.97	50.77	20.87	-6.87

数据来源：国家统计局

表4-23　长春2008~2012年土地市场与商品住宅市场运行情况

类别	指标	2008年	2009年	2010年	2011年	2012年
土地	土地供应量（万平方米）	398.58	840.8	3151.73	3475.27	2611.07
	土地成交量（万平方米）	717.37	778.17	2892.33	2677.29	2093.51
	土地成交金额（亿元）	42.29	90.31	291.13	272.35	204.82
市场	商品住宅供应量（万平方米）	477.60	313.36	349.39	500.52	477.30
	商品住宅成交量（万平方米）	443.92	757.79	614.65	534.76	618.49
	商品住宅成交均价（元/平方米）	3690	4091	5210	6090	5987

数据来源：中国房地产决策咨询系统（CRIC）

2. 综述：市场调控趋缓，刚需仍是主力

2012年房地产调控使长春的房地产市场销售受到冲击，受气候影响，年初销售并不理想，多数楼盘通过降价促销来吸引购房者，销售也主要集中在刚需购房上。年中随着货币政策趋于宽松，首套房贷成本开始下降，购房者也开始出手购买，销售出现一定程度的回升。2012年长春房地产市场整体依然以中低端项目为主打，刚需占据主要市场，企业“以价换量”推动销售业绩提升。

3. 投资建设：开发投资、商品房新开工面积较上年下降

2012年，受国家宏观调控政策持续影响，房地产投资有所回落。全年房地产开发投资649.65亿元，下降2.52%。房屋新开工面积1539.1万平方米，较上年下滑近22.3%，企业并不看好短期市场前景，也为房地产业后续发展带来隐忧。

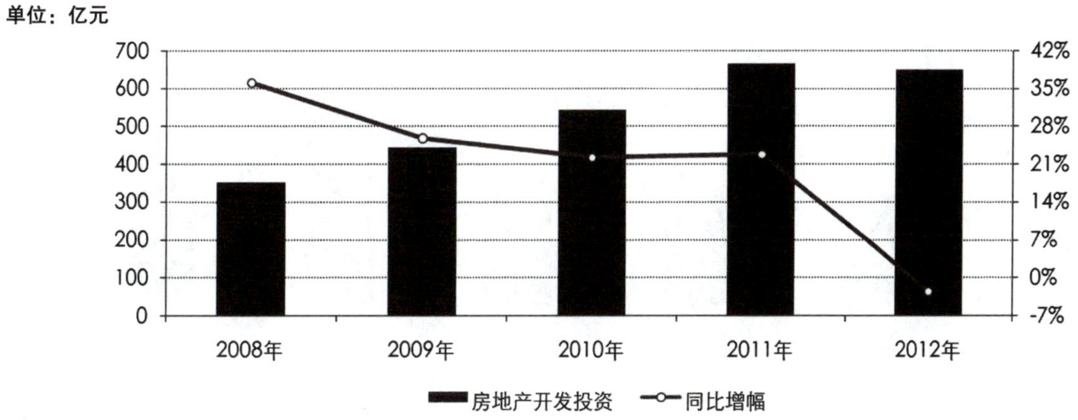

图4-55　2008~2012年长春房地产投资额年度走势及同比增幅图

数据来源：国家统计局

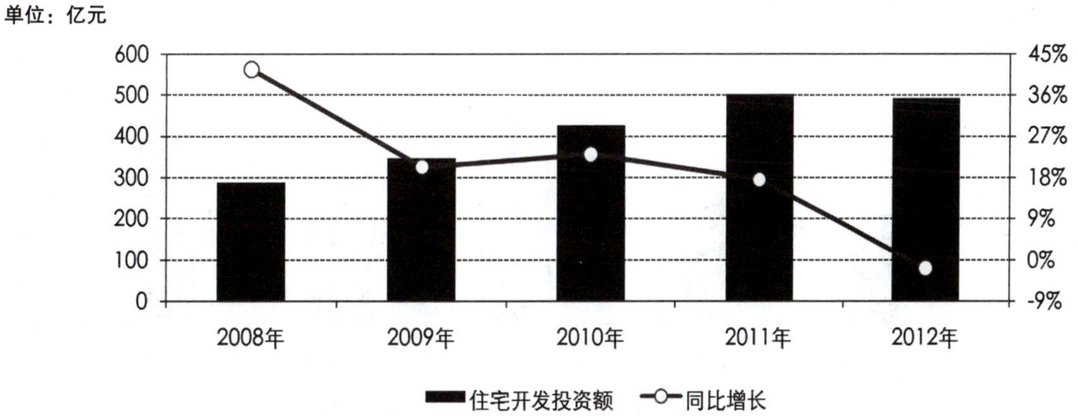

图4-56　2008~2012年长春住宅开发投资额年度走势及同比增幅图

数据来源：国家统计局

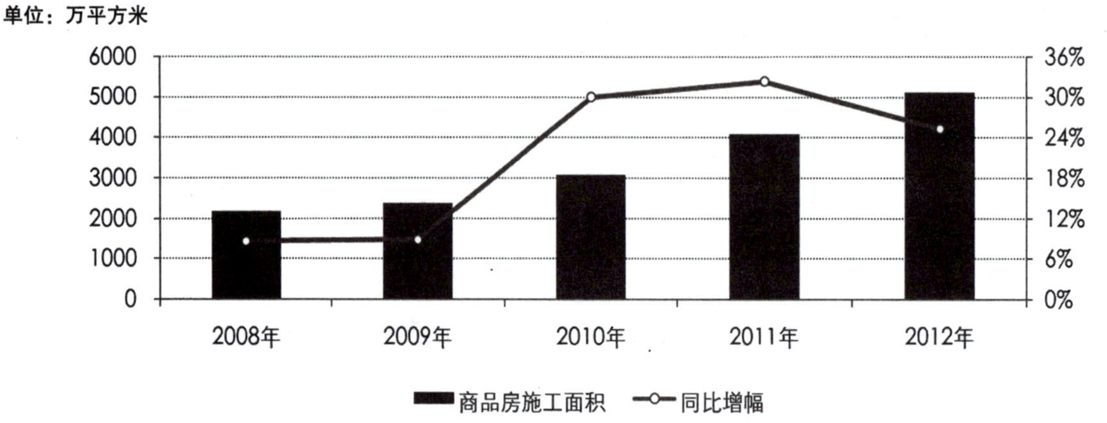

图4-57 2008~2012年长春房地产施工面积及同比增幅图

数据来源：国家统计局

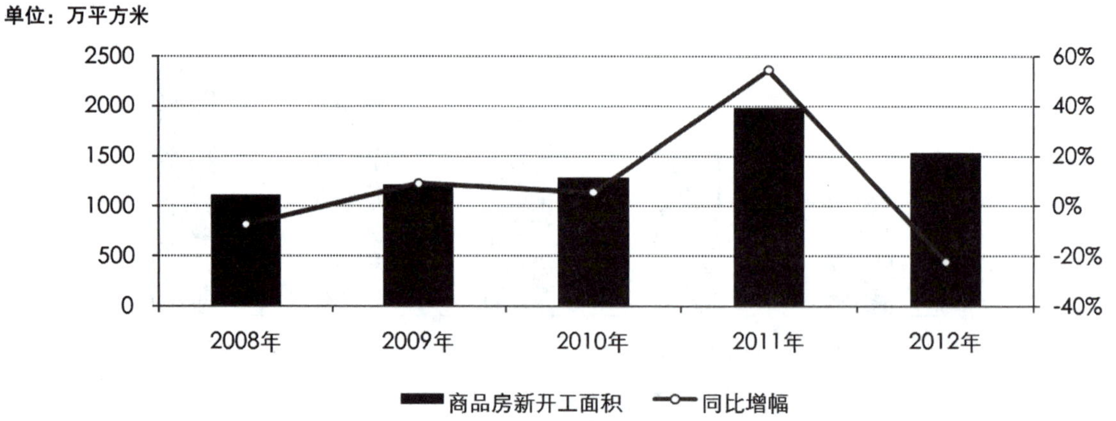

图4-58 2008~2012年长春商品房新开工面积及同比增幅图

数据来源：国家统计局

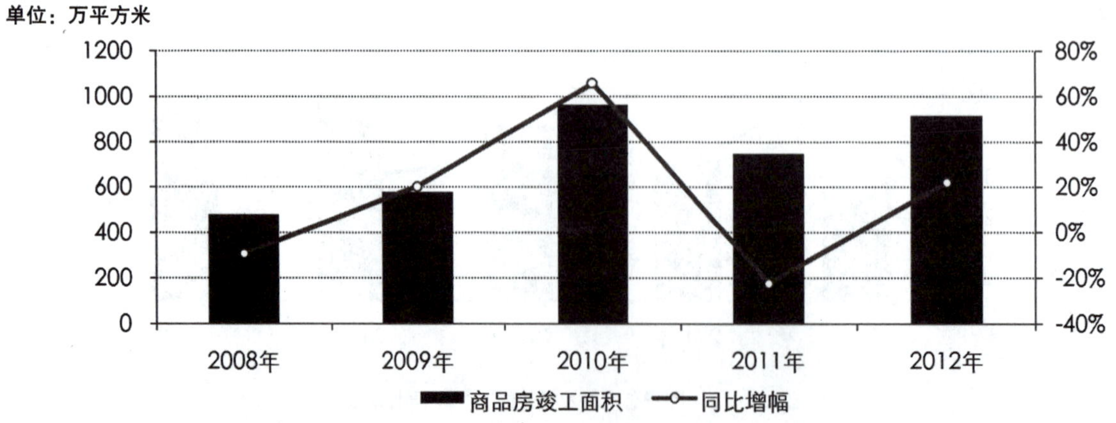

图4-59 2008~2012年长春商品房竣工面积及同比增幅图

数据来源：国家统计局

4. 市场表现：商品住宅供应量、成交量均集中在下半年

受冬歇期、春节长假及相关政策调控影响，1¯2月新品上市量很小，进入3月份，新增供应量稍有起色，6月份房交会的开幕使供应量出现第一次“井喷”，达到58.16万平方米。供应高峰集中在下半年，主要以第四季度为主，其中12月供应量达到年度峰值，突破90万平方米。

上半年市场成交量呈平稳上涨态势，并未出现较大幅度波动，6月份商品住宅成交量达到56.52万平方米。进入下半年，成交量在经历7、8月的平稳后，再度攀升。其中9月份成交量达到最高值，达到81.18万平方米。

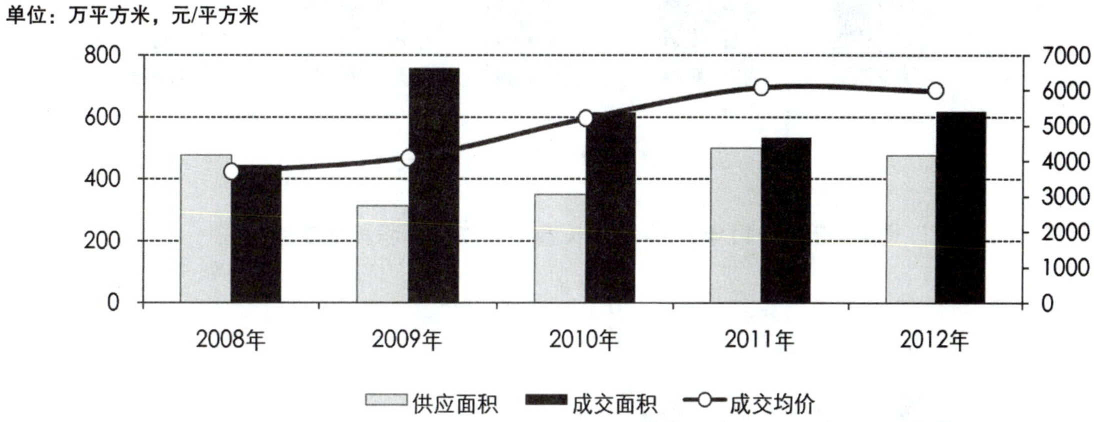

图4-60　2008~2012年长春商品住宅供求及均价走势图

数据来源：中国房地产决策咨询系统（CRIC）

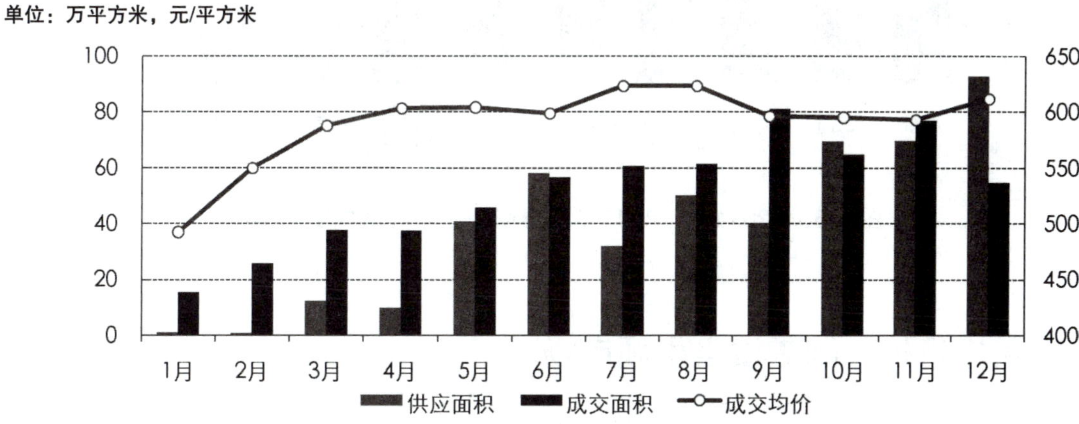

图4-61　2012年各月度长春商品住宅供求及均价走势图

数据来源：中国房地产决策咨询系统（CRIC）

5. 成交结构：中小户型占据主力，郊区销售占比上升

2012年，中小户型成交占比依旧处于主导地位，其中90平方米以下的小户型产品成交比重为30.36%，90¯120平方米户型为32.72%，主要市场刚性需求巨大。

从区域成交结构来看，成交依旧集中于二道、高新、经开、净月等地区，成交占比较去年略有起伏。房地产调控使各个区域的销售受到一定影响，受到地铁计划的影响，地铁周边区域的销售情况要好于其他地区。

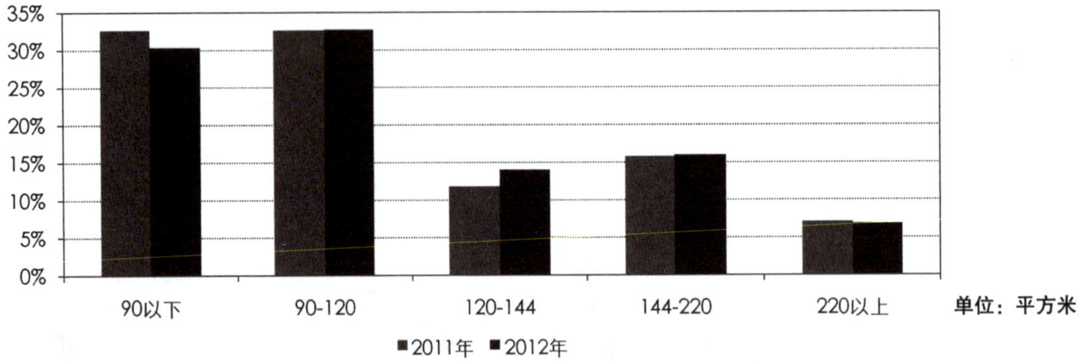

图4-62　2011年、2012年长春商品住宅面积段成交结构图

数据来源：中国房地产决策咨询系统（CRIC）

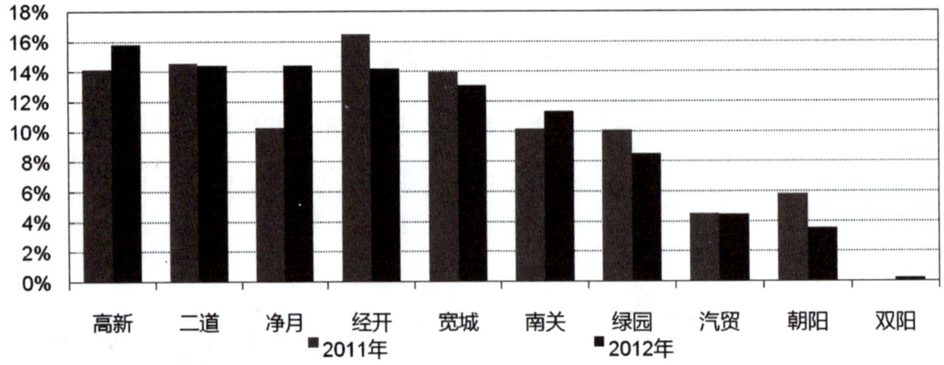

图4-63　2011年、2012年长春商品住宅区域成交结构图

数据来源：中国房地产决策咨询系统（CRIC）

6. 项目排行榜：刚需楼盘引领市场

从项目排行榜来看，在楼市调控的压力下，“以价换量”、刚需项目受热捧。此次调控，绝大多数高端客户由于限购政策直接退出市场，高端项目成交持续低迷。成交面积主要集中在中低端产品上，占据了多数席位。同时，降价促销的项目受追捧。

表4-24　2012年长春商品住宅项目成交面积TOP10排行榜

单位：万平方米，亿元，元/平方米

排行	项目名称	区域	档次	成交面积	成交金额	成交均价	开发商
1	首地首城	经开	低档	18.59	8.47	4555	吉林首地
2	中信城	净月	中低档	18.55	13.20	7117	中信集团
3	万龙丽水湾	高新南区	低档	14.38	5.65	3930	万龙集团
4	林溪雅筑	二道	低档	13.20	5.73	4336	天顺置业
5	恒大御景	南关	中低档	12.61	9.40	7457	恒大地产
6	保利香槟	净月	低档	12.20	6.86	5622	保利地产
7	复地净月国际	净月	低档	10.78	6.33	5872	复地集团
8	亚泰梧桐公馆	经开	中低档	10.67	7.53	7053	亚泰地产
9	新星宇和邑	经开	低档	10.66	5.06	4741	新星宇房产
10	恒大绿洲	高新南区	低档	10.03	5.88	5866	恒大地产

数据来源：中国房地产决策咨询系统（CRIC）

表4-25　2012年长春商品住宅项目成交金额TOP10排行榜

单位：亿元，万平方米，元/平方米

排行	项目名称	区域	档次	成交金额	成交面积	成交均价	开发商
1	中信城	净月	中低档	13.20	18.55	7117	中信集团
2	恒大御景	南关	中低档	9.40	12.61	7457	恒大地产
3	首地首城	经开	低档	8.47	18.59	4555	吉林首地
4	万科柏翠园	朝阳	高档	8.10	4.77	16985	万科集团
5	亚泰梧桐公馆	经开	中低档	7.53	10.67	7053	亚泰地产
6	保利香槟	净月	低档	6.86	12.20	5622	保利地产
7	中海紫御华府	经开	中低档	6.86	6.86	10001	中海地产
8	万科惠斯勒小镇	净月	中档	6.56	5.78	11347	万科集团
9	远洋戛纳小镇	净月	低档	6.38	9.18	6947	远洋集团
10	复地净月国际	净月	低档	6.33	10.78	5872	复地集团

数据来源：中国房地产决策咨询系统（CRIC）

九、哈尔滨房地产市场情况

1. 2008~2012年房地产行业数据

表4-26　哈尔滨2008~2012年房地产行业数据表

类别	指标	2008年	2009年	2010年	2011年	2012年
宏观	GDP（亿元）	2868.18	3258.1	3664.85	4243.4	4550.1
	同比增幅（%）	13.2	13	15.40	12.30	10.0
	进出口总额（亿美元）	36.4	36.9	44	51.18	53.3
	同比增幅（%）	21.6	1.3	18.50	16.60	4.2
	固定资产投资（亿元）	1341.3	1892.1	2651.9	3012.0	3950.0
	同比增幅（%）	30.2	41.1	40.20	32.10	31.1
	社会消费品零售总额（亿元）	1263.99	1507.85	1770.2	2070.4	2394.6
	同比增幅（%）	22.01	19.29	18.80	17.40	15.7
行业	房地产开发投资（亿元）	215.76	278.75	360.74	562.00	789.04
	同比增幅（%）	15.12	29.19	29.41	55.79	40.40
	商品房新开工面积（万平方米）	833.99	1151.94	1589.49	2466.68	1827.9
	同比增幅（%）	24.20	38.12	37.53	55.19	-25.90
	商品房施工面积（万平方米）	1610.76	1922.84	2911.04	4528.17	5577.06
	同比增幅（%）	6.74	19.37	51.10	55.55	23.16
	商品房竣工面积（万平方米）	467.28	529.32	500.78	526.75	1095.82
	同比增幅（%）	-33.08	13.28	-5.39	5.19	108.03
土地	土地购置面积（万平方米）	348.12	375.83	388.58	678.45	334.63
	同比增幅（%）	9.63	7.96	3.07	74.60	-50.68
	土地购置金额（亿元）	60.16	53.09	54.1	99.25	85.94
	同比增幅（%）	106.03	-11.75	1.90	83.46	-13.41
市场	商品房销售面积（万平方米）	586.13	704.06	881.75	953.10	1195.28
	同比增幅（%）	-21.74	20.12	25.2	8.1	25.41
	商品房销售金额（亿元）	222.34	297.59	468.26	529.31	659.51
	同比增幅（%）	-2.78	33.84	57.4	12.6	24.60

数据来源：国家统计局

表4-27　哈尔滨2008~2012年土地市场与商品住宅市场运行情况

类别	指标	2008年	2009年	2010年	2011年	2012年
土地	土地供应量（万平方米）	993.94	1634.07	2857	2438	941
	土地成交量（万平方米）	1027	1454	2,424	2,148	781
	土地成交金额（亿元）	0.47	122	183	253	61
市场	商品住宅供应量（万平方米）	175	308	422	621	824
	商品住宅成交均价（元/平方米）	4411	5248	5430	6865	7250

数据来源：中国房地产决策咨询系统（CRIC）

2. 综述：成交回暖，刚需受惠

经历了2011年的政策高压后，2012年的哈尔滨楼市经历了适度的回暖。在降价促销后，刚性需求被激发，同时也带动了一部分改善及高端住宅的需求。在此影响下，2012年哈尔滨一手商品住宅市场表现出以下四大特征：以价换量、成交回暖、刚需受惠、自住主导。

3. 投资建设：投资额增速放缓，新开工面积下滑

2012年，哈尔滨房地产开发投资同比增速有所放缓。全年房地产累计开发投资额789.04亿元，同比增幅回落至40.4%。商品房施工面积继续上升，但增速较上年下滑32.4个百分点。商品房新开工面积1827.9万平方米，同比下滑25.9%。

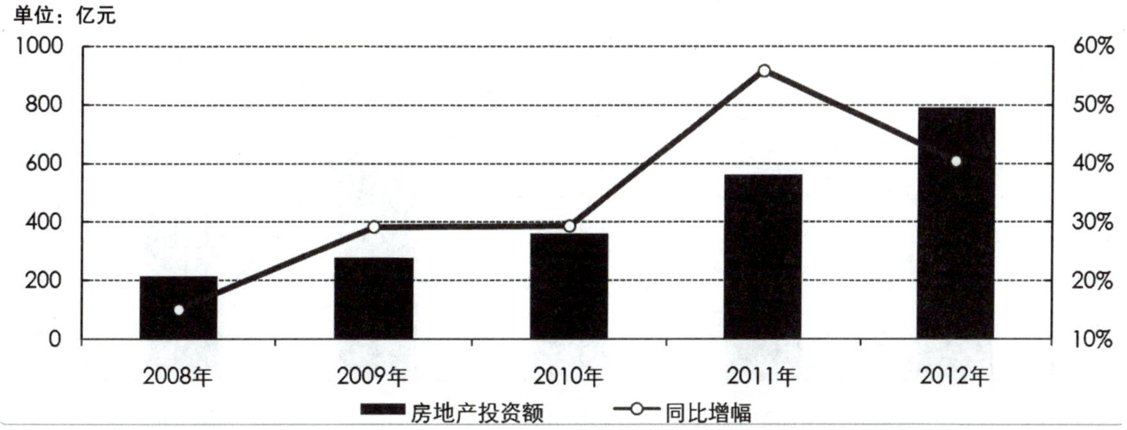

图4-64　2008~2012年哈尔滨房地产投资额年度走势及同比增幅图

数据来源：国家统计局

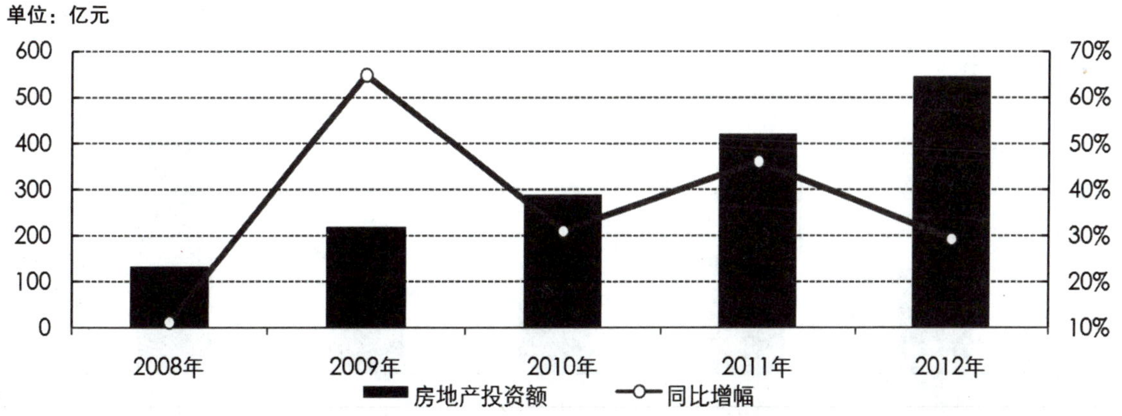

图4-65　2008~2012年哈尔滨住宅开发投资额年度走势及同比增幅图

数据来源：国家统计局

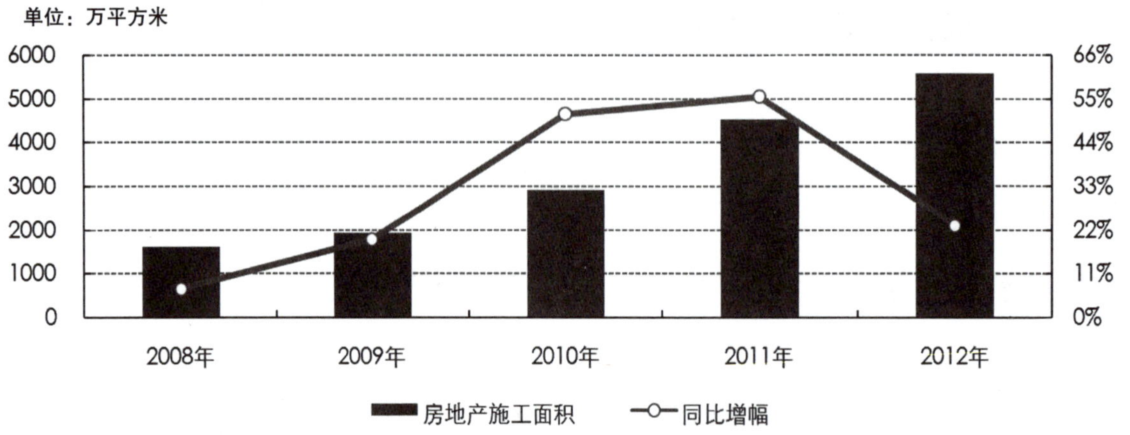

图4-66　2008~2012年哈尔滨房地产施工面积及同比增幅图

数据来源：国家统计局

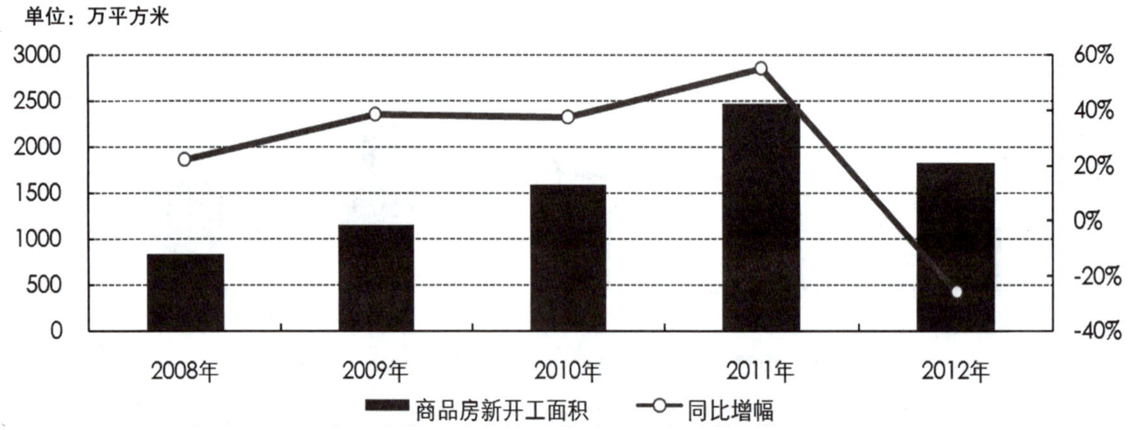

图4-67　2008~2012年哈尔滨商品房新开工面积及同比增幅图

数据来源：国家统计局

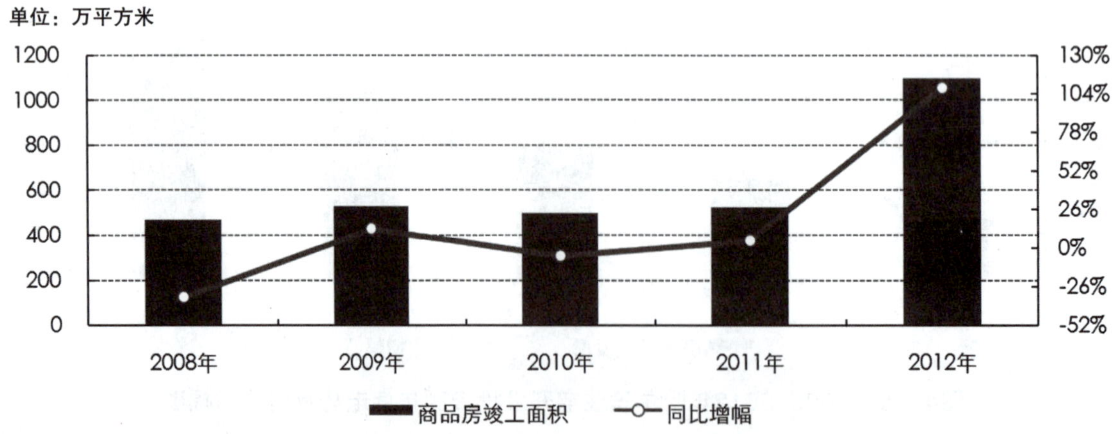

图4-68　2008~2012年哈尔滨商品房竣工面积及同比增幅图

数据来源：国家统计局

4. 市场表现：商品住宅成交量温和上升

2012年度哈尔滨商品住宅走势呈现年中、年末两头终冲刺的现象，7月和11月销售情况良好，成交面积分别达113万平方米和217万平方米。

2月开始，在降价促销的浪潮中，哈尔滨的成交情况开始转好，2月和3月分别成交38.67、54.90万平方米，成交增长较快。进入年末后企业为了冲刺全年业绩，在营销上继续加码，表现在成交量上的再次活跃，11月成交了217万平方米。

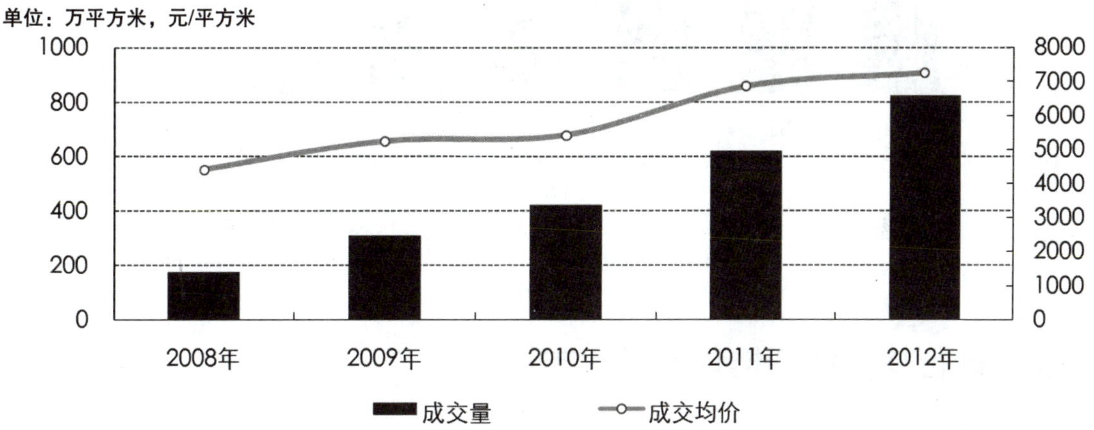

图4-69 2008~2012年哈尔滨商品住宅成交量价走势图

数据来源：中国房地产决策咨询系统（CRIC）

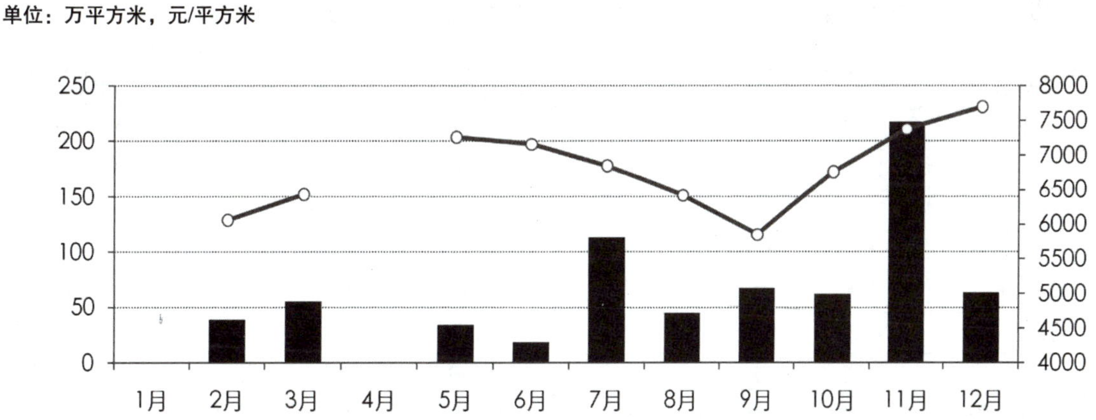

图4-70 2012年各月度哈尔滨商品住宅成交量价走势图

数据来源：中国房地产决策咨询系统（CRIC）

5. 成交结构：道里区、南岗区、松北区地位稳固

从区域成交结构来看，成交依旧集中于道里区、南岗区、松北区、道外区这几个区域。其中道里区2012年的

成交占比达37%、南岗区占比达20%、松北区为16%、道外区也有13%；个案价格调整是促进区域成交逆市放量的主要原因，且均获得较优的市场反应。

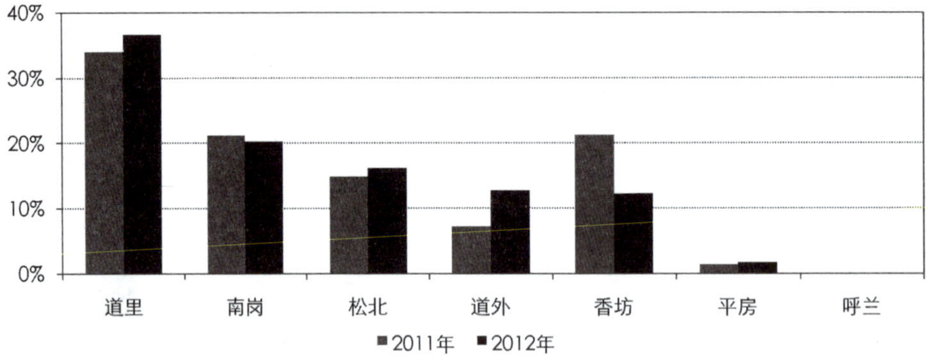

图4-71　2011年、2012年哈尔滨商品住宅区域成交结构图

数据来源：中国房地产决策咨询系统（CRIC）

6．项目排行榜：中低档项目领跑市场

从项目排行榜来看，在楼市调控中中低端项目销售情况良好，这表明在目前限购压力下，投资性需求得到了有效的抑制，刚需及改善类住房需求得到很好的满足。

表4-28　2012年哈尔滨商品住宅项目成交面积TOP10排行榜

单位：万平方米，亿元，元/平方米

排行	项目名称	区域	档次	成交面积	成交金额	成交均价	开发商
1	熙郡印象	道里	中低档	68.88	45.11	6549	好民居建设投资
2	恒祥城	道里	中低档	36.64	24.06	6568	恒祥泰和房地产开发
3	滨江凤凰城	道外	中低档	36.34	19.90	5476	光太房地产开发
4	康泰嘉园	道里	中低档	29.77	13.14	4413	好民居建设投资
5	盛和世纪	道里	中档	21.32	19.27	9037	重庆盛和建设有限公司
6	世茂滨江新城	松北	中低档	16.34	11.51	7044	哈尔滨世茂滨江新城开发
7	恒盛豪庭	道里	中档	16.09	13.06	8121	哈尔滨阳光滨海置业
8	群力观江国际	道里	中档	15.09	13.32	8824	黑龙江省高盛投资发展有限公司
9	南棵绿荫	道外	中低档	14.10	8.10	5745	哈尔滨新一房地产开发
10	松浦观江国际	松北	中低档	12.38	8.49	6856	黑龙江省高盛投资发展有限公司

数据来源：中国房地产决策咨询系统（CRIC）

表4-29 2012年哈尔滨商品住宅项目成交金额TOP10排行榜

单位：亿元，万平方米，元/平方米

排行	项目名称	区域	档次	成交金额	成交面积	成交均价	开发商
1	熙郡印象	道里	中低档	45.11	68.88	6549	好民居建设投资
2	恒祥城	道里	中低档	24.06	36.64	6568	恒祥泰和房地产开发
3	滨江凤凰城	道外	中低档	19.90	36.34	5476	光太房地产开发
4	盛和世纪	道里	中档	19.27	21.32	9037	重庆盛和建设有限公司
5	群力观江国际	道里	中档	13.32	15.09	8824	黑龙江省高盛投资发展有限公司
6	康泰嘉园	道里	中低档	13.14	29.77	4413	好民居建设投资
7	恒盛豪庭	道里	中档	13.06	16.09	8121	哈尔滨阳光滨海置业
8	世茂滨江新城	松北	中低档	11.51	16.34	7044	哈尔滨世茂滨江新城开发
9	南郡香醍雅诺	南岗	中档	9.42	11.08	8504	哈尔滨南郡房地产开发
10	哈西万达广场	南岗	中高档	9.41	10.71	8791	大连万达

数据来源：中国房地产决策咨询系统（CRIC）

十、上海房地产市场情况

1. 2008~2012年房地产行业数据

表4-30 上海2008~2012年房地产行业数据表

类别	指标	2008年	2009年	2010年	2011年	2012年
宏观	GDP（亿元）	14069.87	15046.45	16872.42	19195.69	20101.33
	同比增幅（%）	9.70	8.20	9.9	8.2	7.5
	进出口总额（亿美元）	3221.38	2777.31	3688.69	4374.36	4367.58
	同比增幅（%）	13.84	-13.79	32.8	18.6	-0.2
	固定资产投资（亿元）	4829.45	5273.33	5317.67	5067.09	5254.38
	同比增幅（%）	8.32	9.19	0.8	0.3	3.7
	社会消费品零售总额（亿元）	4577.23	5173.24	6036.86	6777.11	7387.32
	同比增幅（%）	18.17	13.02	17.5	12.3	9
行业	房地产开发投资（亿元）	1366.87	1464.18	1980.68	2170.31	2381.36
	同比增幅（%）	4.54	7.12	35.3	9.6	9.7
	商品房新开工面积（万平方米）	2586.57	2490.63	3030.59	3644.06	2724.05
	同比增幅（%）	14.87	-3.71	21.7	20.2	-25.2
	商品房施工面积（万平方米）	10390.67	9961.60	11295.03	12983.32	13249.97
	同比增幅（%）	-3.49	-4.13	13.4	14.9	2.1
	商品房竣工面积（万平方米）	2475.04	2104.98	1941.25	2240.62	2305.06
	同比增幅（%）	-26.78	-14.95	-7.8	15.4	2.9
土地	土地购置面积（万平方米）	271.47	185.30	432.44	562.76	300.62
	同比增幅（%）	91.93	-31.74	133.4	30.1	-46.58
	土地购置金额（亿元）	187.00	214.85	449.27	418.1	390.53
	同比增幅（%）	42.73	14.89	109.1	-6.9	-6.59
市场	商品房销售面积（万平方米）	2296.12	3372.45	2055.53	1771.30	1898.46
	同比增幅（%）	-37.86	46.9	-39.0	-14.1	7.2
	商品房销售金额（亿元）	1895.45	4330.22	2959.94	2568.88	2669.49
	同比增幅（%）	-38.65	128.45	-31.6	-13.8	3.92

数据来源：国家统计局

表4-31 上海2008~2012年土地市场与商品住宅市场运行情况

类别	指标	2008年	2009年	2010年	2011年	2012年
土地	土地供应量（万平方米）	669.8	2015.7	2350.7	2750.82	1765.68
	土地成交量（万平方米）	1059.41	1378.9	2446.8	2685.59	1584.43
	土地成交金额（亿元）	364.52	975.69	1471.6	1186.69	885.19
市场	商品住宅供应量（万平方米）	1260.21	1376.96	1099.00	1067.48	887.42
	商品住宅成交量（万平方米）	907.65	1890.63	929.20	729.14	934.25
	商品住宅成交均价（元/平方米）	13659	15874	21999	22424	22594

数据来源：中国房地产决策咨询系统（CRIC）

2. 综述：调控三次收紧，无碍刚需带领市场走向回暖

2012年上海房地产市场经历了三轮政策收紧的过程，从2月外地户籍居民持长期居住证满三年可以购买第二套房被叫停，到6月非沪籍人士补缴社保购房者一律不予过户，再到7月上海市政府发布《进一步严格执行房地产市场各项调控政策》通知，一次次强调着调控不松。但2012年初上海调整普通住宅标准其实早已预示着只要不触及限购红线的政策微调将带领市场逐渐回暖。另一方面，央行的两次降准降息也极大的释放了资金的流动性，大大降价的刚需客的购房成本，随着刚需的集中释放，改善型需求的逐渐入市，上海楼市逐渐走上了上行通道。

3. 投资建设：投资增速维持低位，新开工增速创2006年以来新低

从投资规模来看，虽受调控影响，但上海房地产开发投资额则并无减少的迹象。自2008年以来，房地产开发投资额及住宅开发投资额均呈现上升的局面，但增幅下降明显。商品房施工面积同比增速也大幅降低。商品房新开工面积大降25.2%，增速为2006年以来新低。竣工面积基本与上年持平，同比微涨2.90%。

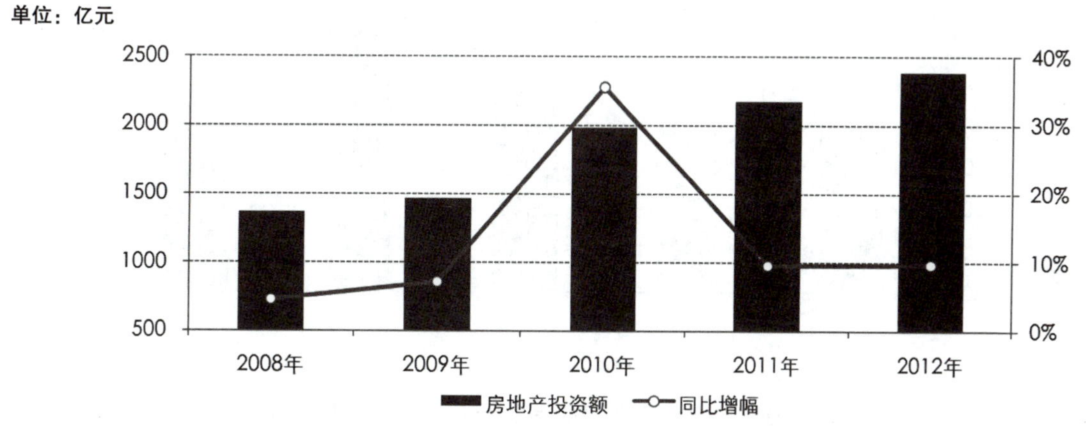

图4-72　2008~2012年上海房地产投资额年度走势及同比增幅图

数据来源：国家统计局

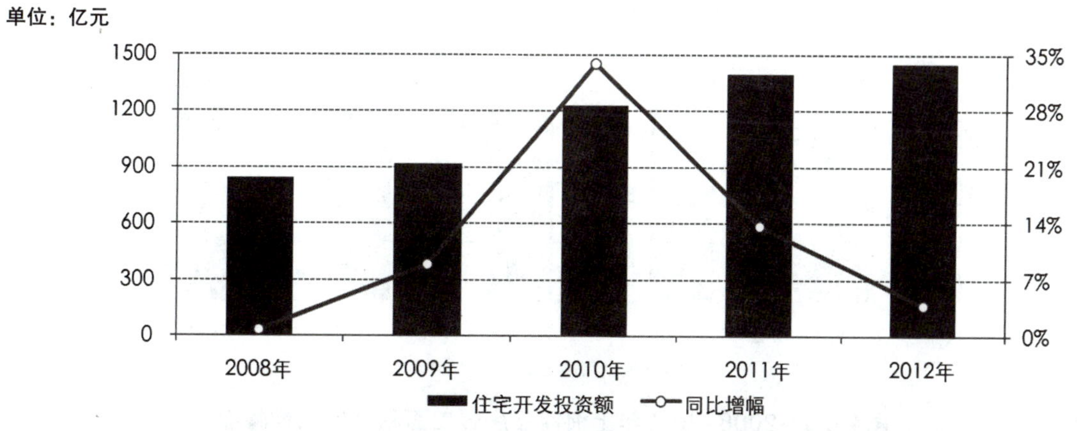

图4-73　2008~2012年上海住宅开发投资额年度走势及同比增幅图

数据来源：国家统计局

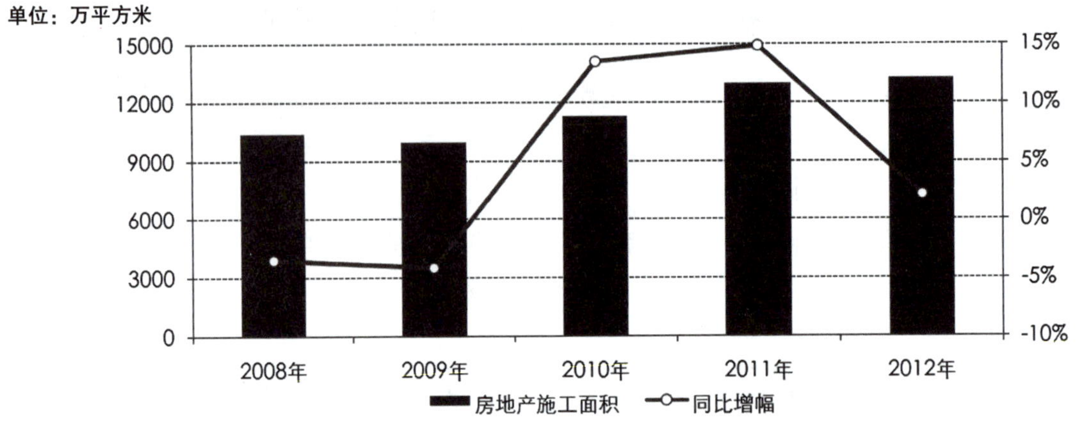

图4-74　2008~2012年上海房地产施工面积及同比增幅图

数据来源：国家统计局

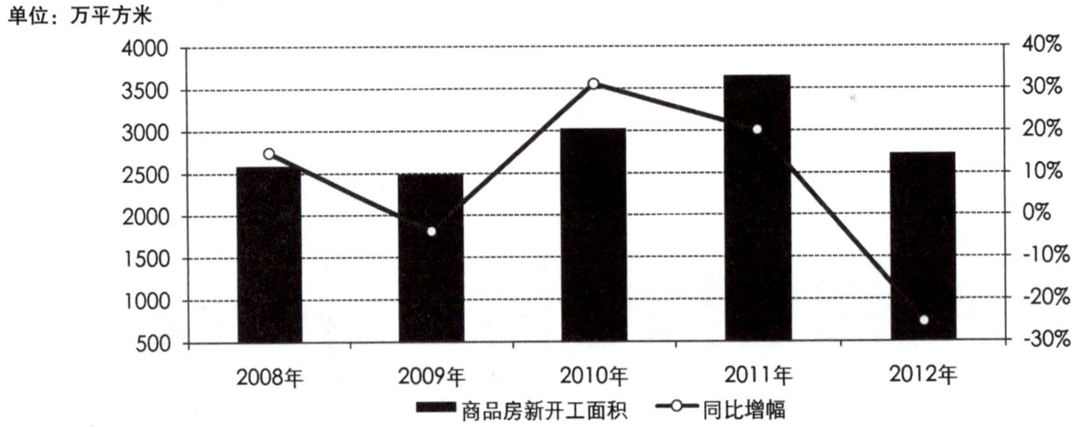

图4-75　2008~2012年上海商品房新开工面积及同比增幅图

数据来源：国家统计局

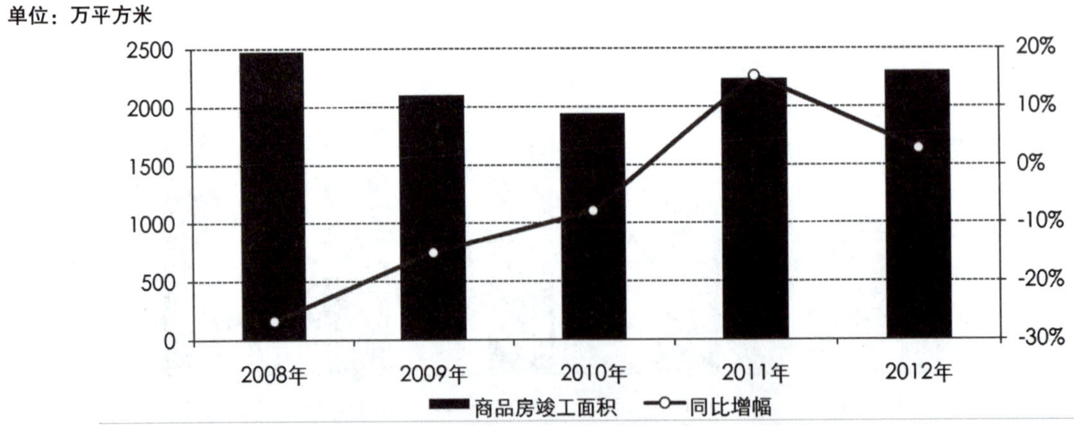

图4-76　2008~2012年上海商品房竣工面积及同比增幅图

数据来源：国家统计局

4. 市场表现：政策三次纠偏始终从紧，市场成交总体仍要好于2011年

2012年上海房地产市场的政策面总体还是偏紧的，一年内对调控政策进行了三次纠偏。尽管政策面总体偏紧，但是针对刚需的政策微调依然对楼市起到了强有力的推动作用。再加上央行两次降准降息，极大地释放了资金流动性，楼市随即进入上行通道。

2012年全年，上海一手商品住宅新增供应887万平方米，同比减少了16.7%；成交累计934万平方米，同比增加了28.4%；供求比1∶1.05，实现供求平衡。

分月度来看，2012年3月起，上海商品住宅市场需求尤其是刚需开始释放，成交量同比、环比均出现大幅上升，上升趋势较为明显。6月首次突破百万平方米。年末11月、12月更是出现翘尾行情，12月月度成交量达到118万平方米，成为新“国八条”出台以来月度成交峰值。

单位：万平方米，元/平方米

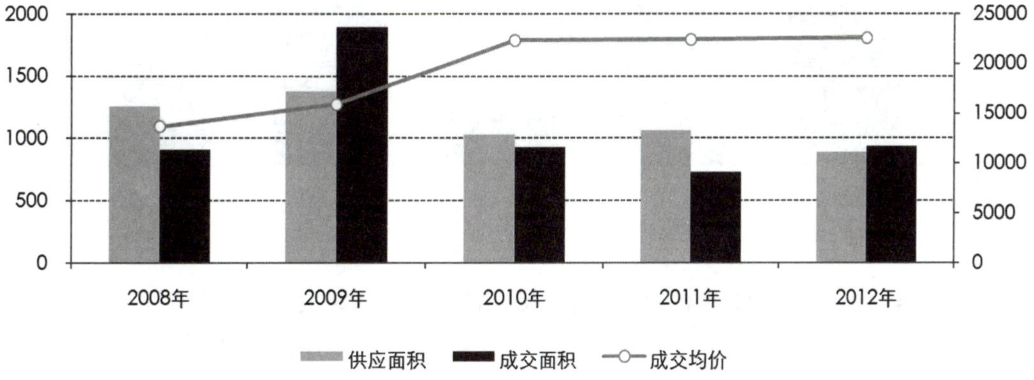

图4-77　2008~2012年上海商品住宅供求及均价走势图

数据来源：中国房地产决策咨询系统（CRIC）

单位：万平方米，元/平方米

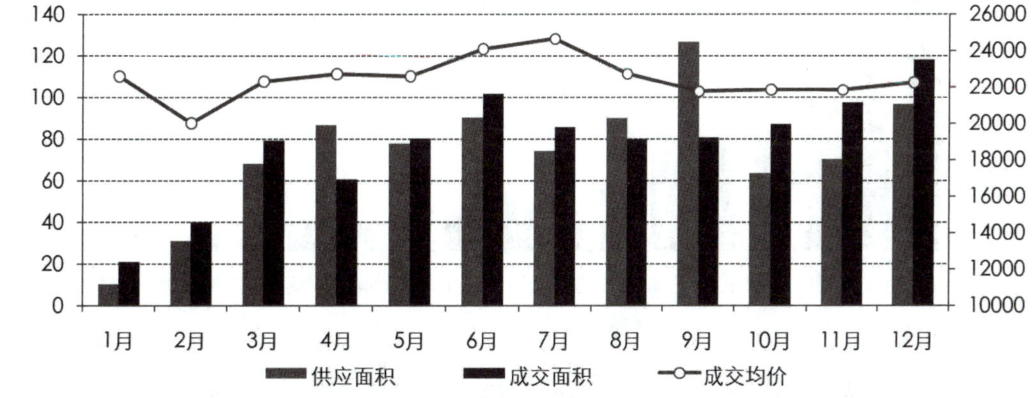

图4-78　2012年各月度上海商品住宅供求及均价走势图

数据来源：中国房地产决策咨询系统（CRIC）

5. 成交结构：中高端户型成交占比有所提升，嘉定、浦东市场最热门

2012年，刚需引领了市场的回暖，中小户型成交量依旧处于主导地位，占比超过50%；但其比例较2011年出现下滑，而中高端大户型产品的成交比例则有所上升，可见在刚需的带动下，上海改善型产品成交也要明显好于2011年。

从区域成交结构来看，成交依旧集中于外环线，嘉定、浦东、闵行等郊县成交占比较去年同期有所增加，成为上海住宅市场最热门的板块，原因即在于这几个区县未来规划均较为完整，且基础设施配套相对完善，轨道交通便捷，无论对于自住还是投资均较为理想。

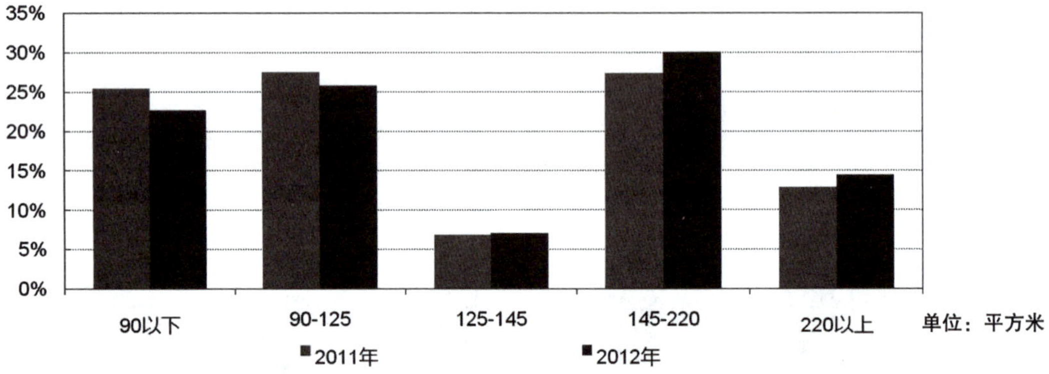

图4-79　2011年、2012年上海商品住宅面积段成交结构图

数据来源：中国房地产决策咨询系统（CRIC）

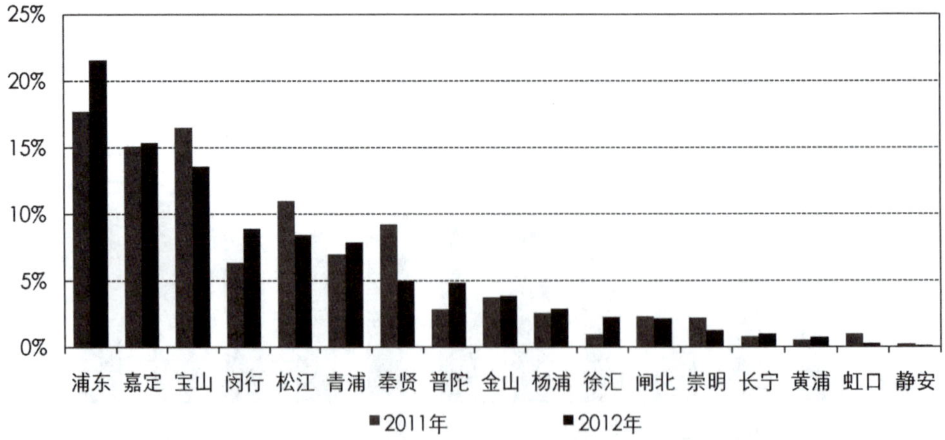

图4-80　2011年、2012年上海商品住宅区域成交结构图

数据来源：中国房地产决策咨询系统（CRIC）

6. 项目排行榜：上半年郊区降价楼盘领跑市场，下半年高端项目销售渐起色

2012年上半年，上海市场基本还是以"以价换量"为主，如保利叶语就是上海2012年以来第一个降价销售的楼盘，该项目将原毛坯房源改为精装，单价还下调了2000元/平方米，当月成交金额就达4亿多，凭借持续的降价促销，一举奠定了上海市场销售面积冠军的宝座。而在销售面积排行榜中，其他项目也基本有或多或少的降价优惠措施，如旭辉澜悦湾更是第一个降到万元以下的楼盘。

2012年下半年，随着刚需集中入市带动市场快速回暖，改善型需求也开始陆续入市，典型的项目如中海紫御豪庭，其原本地王项目却低价销售，取得了非常不错的销售业绩。而纵观成交金额榜，豪宅占据了近半，且这些豪宅多半也有降价销售，如绿地滨江国际中心基本达到了8折，而星河湾也有85折优惠。

表4–32　2012年上海商品住宅项目成交面积TOP10排行榜

单位：万平方米，亿元，元/平方米

排行	项目名称	区域	档次	成交面积	成交金额	成交均价	开发商
1	保利叶语	宝山	中档	17.13	32.42	18927	保利地产
2	中海紫御豪庭	普陀	高档	11.48	44.76	38985	中海地产
3	保利茉莉公馆	闵行	中高档	11.27	27.05	24003	保利地产
4	大华锦绣华城	浦东	中高档	10.48	28.49	27199	大华集团
5	新浦江城	闵行	中档	9.69	20.01	20650	华侨城
6	绿地新里崴廉公馆	嘉定	中档	9.65	16.58	17181	绿地集团
7	滨河华城	宝山	中档	9.43	19.59	20772	大华集团
8	布鲁斯小镇	南汇	中低档	9.08	11.54	12700	绿地集团
9	旭辉澜悦湾	宝山	中低档	9.03	8.90	9847	旭辉集团
10	万科金色华亭	松江	中低档	8.10	11.90	14692	万科地产

数据来源：中国房地产决策咨询系统（CRIC）

表4–33　2012年上海商品住宅项目成交金额TOP10排行榜

单位：亿元，万平方米，元/平方米

排行	项目名称	区域	档次	成交金额	成交面积	成交均价	开发商
1	绿地滨江国际中心	徐汇	高档	48.65	7.62	63881	绿地集团
2	中海紫御豪庭	普陀	高档	44.76	11.48	38985	中海地产
3	保利叶语	宝山	中档	32.42	17.13	18927	保利地产
4	大华锦绣华城	浦东	中高档	28.49	10.48	27199	大华集团
5	仁恒·森兰雅苑	浦东	高档	28.11	7.43	37822	仁恒置地
6	保利茉莉公馆	闵行	中高档	27.05	11.27	24003	保利地产
7	浦东星河湾	浦东	高档	26.36	4.63	56996	星河湾
8	上海星河湾花园	闵行	高档	23.45	6.54	35842	星河湾
9	万源城	闵行	高档	22.67	6.36	35665	上海城开
10	尚海湾豪庭	徐汇	高档	22.34	4.53	49329	恒盛地产

数据来源：中国房地产决策咨询系统（CRIC）

十一、南京房地产市场情况

1. 2008~2012年房地产行业数据

表4-34 南京2008~2012年房地产行业数据表

类别	指标	2008年	2009年	2010年	2011年	2012年
宏观	GDP（亿元）	3775.00	4230.26	5010.36	6145.52	7201.57
	同比增幅（%）	12.10	11.50	13.1	12.0	11.7
	进出口总额（亿美元）	405.92	337.45	456.01	573.44	552.35
	同比增幅（%）	12.10	-16.9	35.1	25.8	-3.7
	固定资产投资（亿元）	2154.17	2668.03	3306.05	4010.03	4683.45
	同比增幅（%）	15.30	23.9	23.9	21.3	16.8
	社会消费品零售总额（亿元）	1651.82	1961.58	2267.77	2670.30	3080.58
	同比增幅（%）	19.70	18.80	18.5	17.8	15.4
行业	房地产开发投资（亿元）	508.17	595.68	748.35	871.43	971.96
	同比增幅（%）	13.95	17.22	25.6	16.4	11.5
	商品房新开工面积（万平方米）	937.04	1157.46	1702.26	2082.05	1462.31
	同比增幅（%）	-14.03	23.52	47.1	19.6	-30.4
	商品房施工面积（万平方米）	4098.63	4366.07	4517.97	5664.23	6050.06
	同比增幅（%）	14.40	6.53	3.5	23.9	7.2
	商品房竣工面积（万平方米）	1058.58	1422.53	1039.57	1169.09	1699.73
	同比增幅（%）	55.00	34.38	-26.9	12.5	45.4
土地	土地购置面积（万平方米）	269.58	284.92	150.80	41.96	120.60
	同比增幅（%）	-48.05	5.69	-47.1	-72.2	187.4
	土地购置金额（亿元）	121.92	125.82	220.19	212.21	205.24
	同比增幅（%）	3.39	3.20	75.0	-3.6	-3.3
市场	商品房销售面积（万平方米）	699.34	1187.27	823.17	767.70	950.87
	同比增幅（%）	-38.54	69.77	-30.7	-6.7	23.9
	商品房销售金额（亿元）	355.88	853.07	787.38	714.72	960.98
	同比增幅（%）	-41.03	139.71	-7.7	-9.2	34.5

数据来源：国家统计局

表4-35 南京2008~2012年土地市场与商品住宅市场运行情况

类别	指标	2008年	2009年	2010年	2011年	2012年
土地	土地供应量（万平方米）	555.10	1456.05	1741.12	2337.66	4084.00
	土地成交量（万平方米）	748.66	1351.76	1622.85	1914.47	3568.56
	土地成交金额（亿元）	139.78	241.22	586.11	422.92	453.03
市场	商品住宅供应量（万平方米）	770.32	666.69	681.44	740.08	748.44
	商品住宅成交量（万平方米）	496.94	1179.77	589.81	449.88	770.83
	商品住宅成交均价（元/平方米）	6497	7525	10916	10991	10967

数据来源：中国房地产决策咨询系统（CRIC）

2. 综述：2012年市场筑底回稳，商品住宅成交均价同比持平

进入2012年后，南京二手房市场成交量率先反弹。其后新建商品房销售开始发力，大量刚需购房者入场。进入下半年，改善购房者入场，高端住宅热销，“金九银十”成交量基本平稳，11、12月份成交量依然处于较高水平。数据显示，2012年南京住宅成交73125套，同比2011多31946套、上涨77.58%，成交均价为10967元平米，与上年持平。

3. 投资建设：开发投资同比增幅下滑，新开工面积大幅下降

2012年，南京房地产开发投资进一步上涨，房地产累计开发投资额即达到971.96亿元，较上年上涨11.5%。住宅开发投资额与去年保持持平，同比微涨3.6%，开发投资的上涨主要由开发商对商业、办公等物业类型的投资增加所致。商品房新开工面积大幅下降，由2011年的2082.05万平方米下降至2012年的1462.31万平方米，降幅达30.4%。商品房竣工面积大幅上升，达到1699.73万平方米，同比增长45.39%。

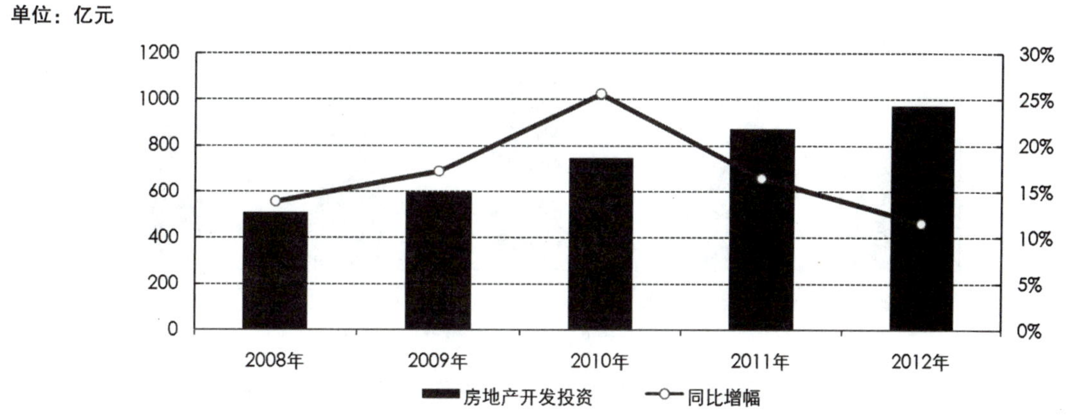

图4-81　2008~2012年南京房地产投资额年度走势及同比增幅图

数据来源：国家统计局

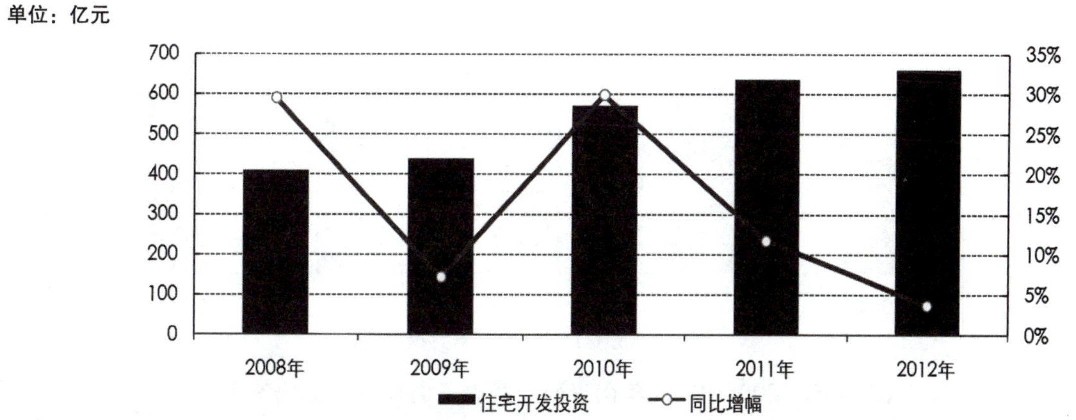

图4-82　2008~2012年南京住宅开发投资额年度走势及同比增幅图

数据来源：国家统计局

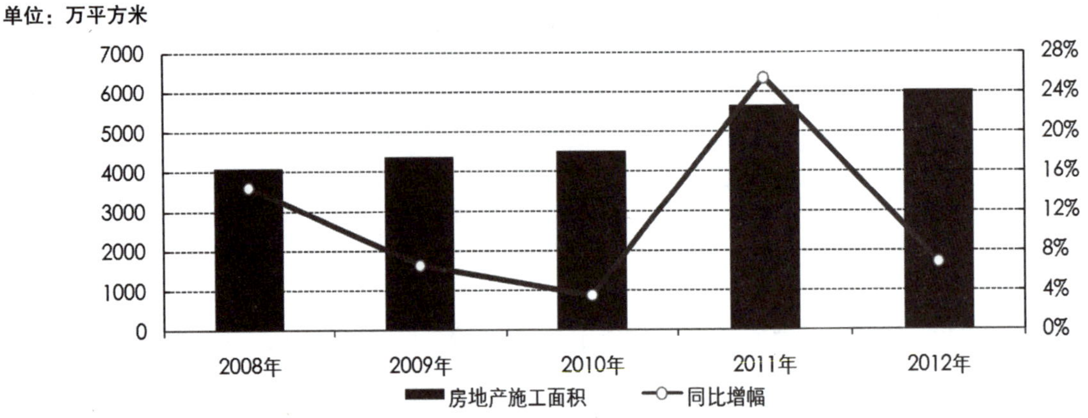

图4-83　2008~2012年南京房地产施工面积及同比增幅图

数据来源：国家统计局

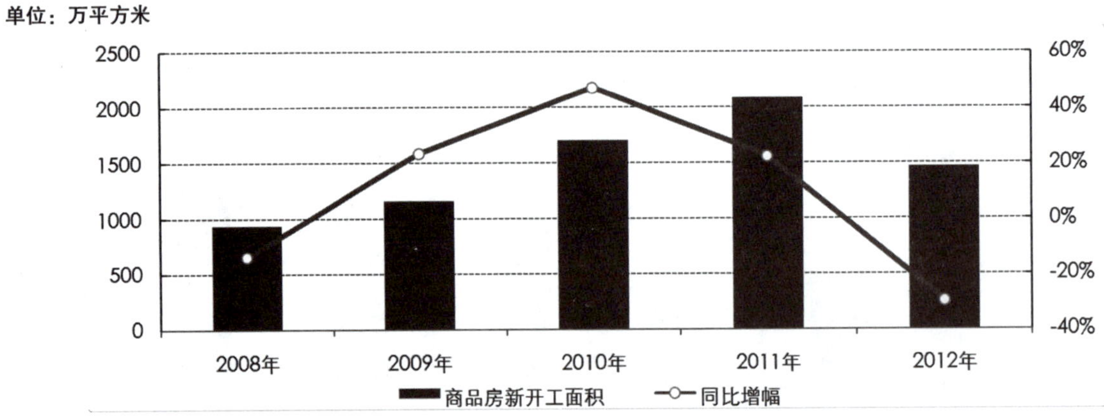

图4-84　2008~2012年南京商品房新开工面积及同比增幅图

数据来源：国家统计局

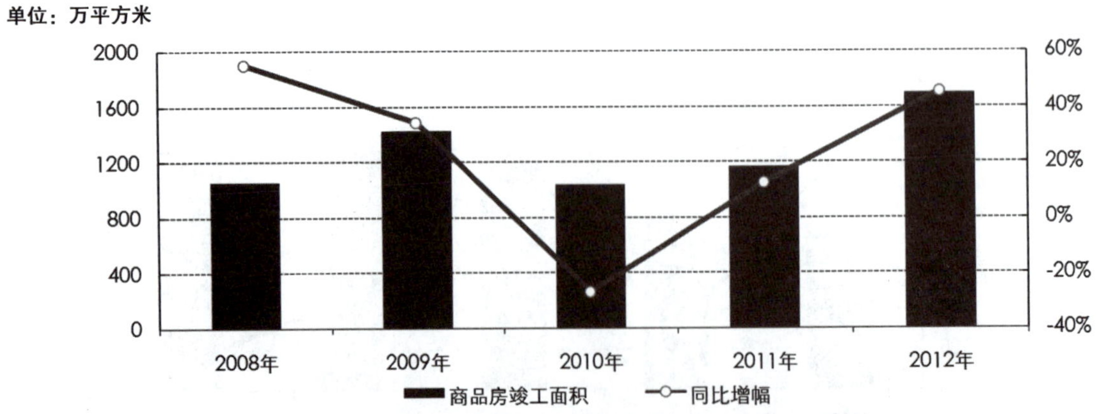

图4-85　2008~2012年南京商品房竣工面积及同比增幅图

数据来源：国家统计局

4．市场表现：三月起市场逐渐回稳，全年供求比基本持平

2012年南京房地产市场筑底回稳，从3月开始成交量逐渐上升，7月91.1万平方米的成交面积为年内最高。9¯12月销量一直处于高位平稳水平。供应之最出现在9月，供应量达130.39万平方米，较8月上升了182.78%。而2012年全年的成交量较去年上涨了71.34%，达到了770.83万平方米。从供应方面看，近几年南京供应量基本持平，2012年全年的供求比也几乎为1。

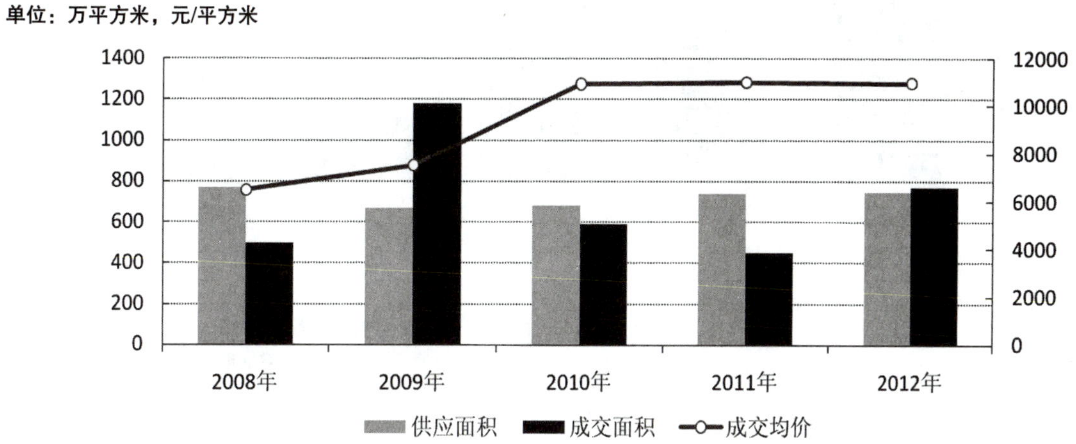

图4-86　2008~2012年南京商品住宅供求及均价走势图

数据来源：中国房地产决策咨询系统（CRIC）

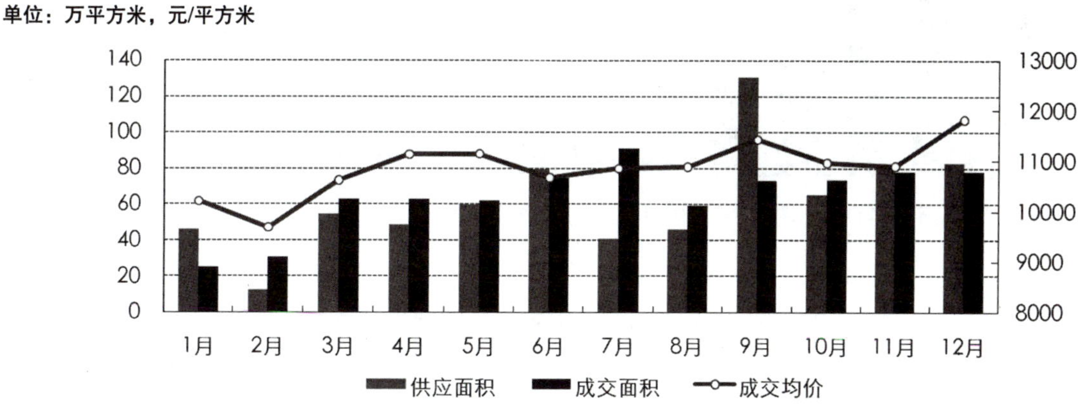

图4-87　2012年各月度南京商品住宅供求及均价走势图

数据来源：中国房地产决策咨询系统（CRIC）

5．成交结构：各面积段均匀去化，江宁、浦口区成交占比继续增多

2012年南京市从面积段成交结构来看，90平方米以下的小户型产品成交比重为28%，较2011年的30%略有减少。而90¯110平方米以及110¯150平方米的成交占比分别为23%和35%，三个面积段的产品在南京出现了三足鼎立

的场面。

从区域成交结构来看，2011年占比较大的江宁、浦口区域成交占比在2012年进一步增大，这两个区域成交总和占南京市总成交量的47%之多。而白下区成交量占比甚至不到1%。

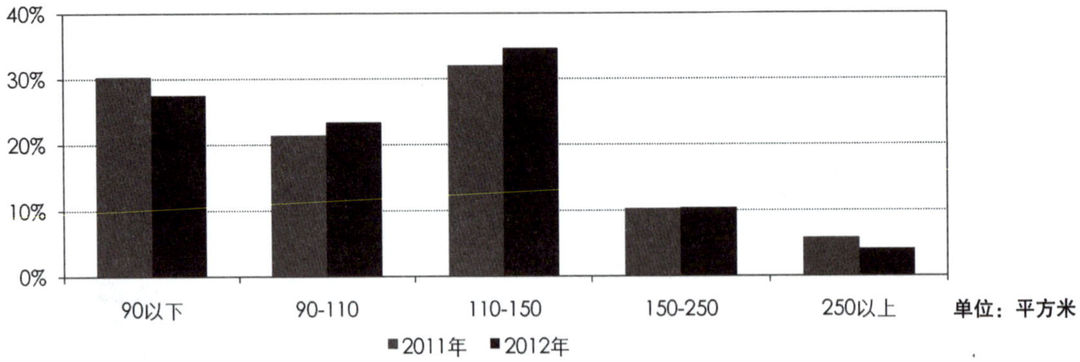

图4-88　2011年、2012年南京商品住宅面积段成交结构图

数据来源：中国房地产决策咨询系统（CRIC）

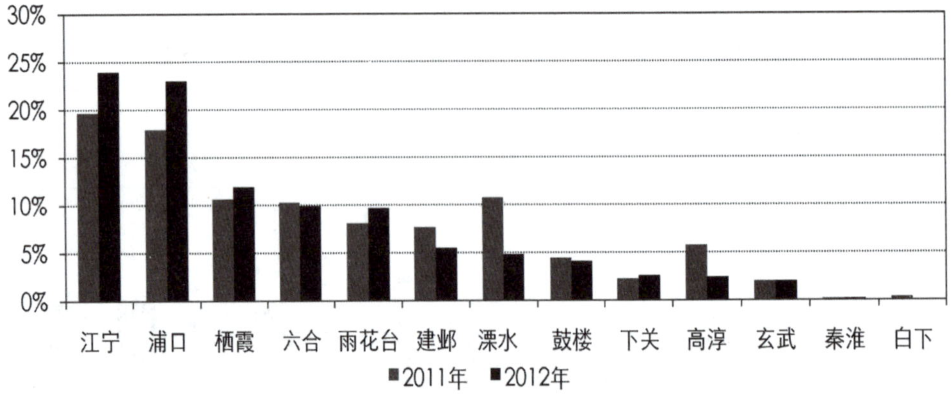

图4-89　2011年、2012年南京商品住宅区域成交结构图

数据来源：中国房地产决策咨询系统（CRIC）

6. 项目排行榜：中档产品销量领跑市场

领跑南京市场的项目以中档产品为主，金地自在城作为城南板桥新城进入的第一个项目，随着规划利好和相对较高的性价比，及项目面向年青人的策略等，受到市场热捧，全年销量32.38万平方米，成为南京最热销的楼盘。

表4-36　2012年南京商品住宅项目成交面积TOP10排行榜

单位：万平方米，亿元，元/平方米

排行	项目名称	区域	档次	成交面积	成交金额	成交均价	开发商
1	金地自在城	雨花台	中档	32.38	27.73	8564	金地集团
2	北外滩水城	浦口	中档	31.87	24.47	7678	浦东房地产
3	旭日上城	浦口	中档	23.38	18.89	8082	红太阳房地产
4	荣盛龙湖半岛	六合	中低档	14.39	7.86	5462	华欧舜都
5	中海凤凰西街	鼓楼	高档	14.25	36.89	25898	中海地产
6	仁恒江湾城	建邺	高档	12.63	29.08	23030	仁恒地产
7	金域蓝湾	江宁	中高档	11.56	16.06	13891	万科地产
8	万科金色领域	栖霞	中高档	11.10	12.20	10995	万科地产
9	荣盛花语馨苑	六合	中低档	11.09	6.47	5837	华欧舜都
10	东郊小镇	江宁	中档	11.05	9.20	8325	百胜麒麟

数据来源：中国房地产决策咨询系统（CRIC）

表4-37　2012年南京商品住宅项目成交金额TOP10排行榜

单位：亿元，万平方米，元/平方米

排行	项目名称	区域	档次	成交面积	成交金额	成交均价	开发商
1	中海凤凰西街	鼓楼	高档	14.25	36.89	25898	中海地产
2	仁恒江湾城	建邺	高档	12.63	29.08	23030	仁恒地产
3	金地自在城	雨花台	中档	32.38	27.73	8564	金地集团
4	北外滩水城	浦口	中档	31.87	24.47	7678	浦东房地产
5	旭日上城	浦口	中档	23.38	18.89	8082	红太阳房地产
6	金域蓝湾	江宁	中高档	11.56	16.06	13891	万科地产
7	保利紫晶山	栖霞	中高档	8.97	15.03	16755	保利地产
8	中航樾府	江宁	中高档	10.34	13.39	12951	峻景房地产
9	托乐嘉花园	江宁	中高档	10.94	13.34	12197	筑诚置业
10	复地新都国际	下关	中高档	7.70	12.74	16557	复地集团

数据来源：中国房地产决策咨询系统（CRIC）

十二、无锡房地产市场情况

1. 2008~2012年房地产行业数据

表4-38 无锡2008~2012年房地产行业数据表

类别	指标	2008年	2009年	2010年	2011年	2012年
宏观	GDP（亿元）	4460.62	4991.72	5758	6880.15	7568.15
	同比增幅（%）	15.0	11.9	15.3	19.5	10.0
	进出口总额（亿美元）	560.28	439.45	612.23	724.47	707.75
	同比增幅（%）	9.5	-21.6	39.3	18.3	-2.3
	固定资产投资（亿元）	1877.02	2387.56	2985.65	3169.18	3618.07
	同比增幅（%）	12.1	27.2	25.1	6.1	14.2
	社会消费品零售总额（亿元）	1340.5	1542.69	1809.08	2122.72	2427.94
	同比增幅（%）	21.5	15.1	9.6	17.3	14.4
行业	房地产开发投资（亿元）	449.71	463.37	612.67	872.99	971.3
	同比增幅（%）	18.93	3.04	32.20	42.49	11.26
	商品房新开工面积（万平方米）	1233.41	1331.24	1752.54	1927.76	1680.85
	同比增幅（%）	14.58	7.93	29.90	10.00	-12.81
	商品房施工面积（万平方米）	3333.96	3260.25	4474.59	5162.64	5568.89
	同比增幅（%）	22.97	-2.21	37.24	15.38	7.87
	商品房竣工面积（万平方米）	711.39	719.77	1001.65	813.33	814.05
	同比增幅（%）	-3.54	1.18	47.80	-18.80	0.09
土地	土地购置面积（万平方米）	-	173.42	192.23	240.46	248.3
	同比增幅（%）	-	-	10.8	25.1	3.26
	土地购置金额（亿元）	-	145.341	145.34	238.8	171.75
	同比增幅（%）	-	-	104.3	64.30	-28.08
市场	商品房销售面积（万平方米）	537.35	1007.93	1010.3	654.41	923.73
	同比增幅（%）	-30.0	87.6	0.2	-35.23	41.15
	商品房销售金额（亿元）	288.85	631.25	776.49	567.92	775.1
	同比增幅（%）	-17.7	118.5	16.6	-26.86	36.48

数据来源：国家统计局

表4-39 无锡2008~2012年土地市场与商品住宅市场运行情况

类别	指标	2008年	2009年	2010年	2011年	2012年
土地	土地供应量（万平方米）	362.24	861.96	1768.93	1261.52	1855.28
	土地成交量（万平方米）	752.31	942.12	1437.34	1415.03	1599.34
	土地成交金额（亿元）	98.32	198.29	394.46	246.16	164.10
市场	商品住宅供应量（万平方米）	599.62	386.78	639.88	723.67	622.37
	商品住宅成交量（万平方米）	299.34	710.41	587.76	363.05	578.03
	商品住宅成交均价（元/平方米）	6005.83	6504.95	8203.44	8678.02	7730.35

数据来源：中国房地产决策咨询系统（CRIC）

2. 综述：政策环境好转，商品住宅成交量上涨

调控政策仍坚持从紧取向，支持合理性住房需求为主要方向。在地方政府微调调控政策、首套住房贷款优惠、利息下调、企业“以价换量”等因素共同作用之下，2012年无锡房地产市场基本面有所好转。商品住宅在降价作用下成交表现较为突出，大大改善了去年供大于求环境达到供求平衡，价格筑底后平稳，市场进入稳定期。

3. 投资建设：投资额持续增加，新开工面积有所下滑

2012年，无锡房地产开发投资同比继续增长，但同比涨幅明显下滑。全年房地产累计开发投资额971.3亿元，同比增幅为11.26%，其中住宅开发投资额为613.28亿元，同比小幅上涨5.2%。商品房施工面达到5568.89万平方米，同比2011年增加7.87%；新开工面积达到1680.85万平方米，同比2011年减少12.81%；竣工面积面积达到814.05万平方米，同比微量上升0.09%。

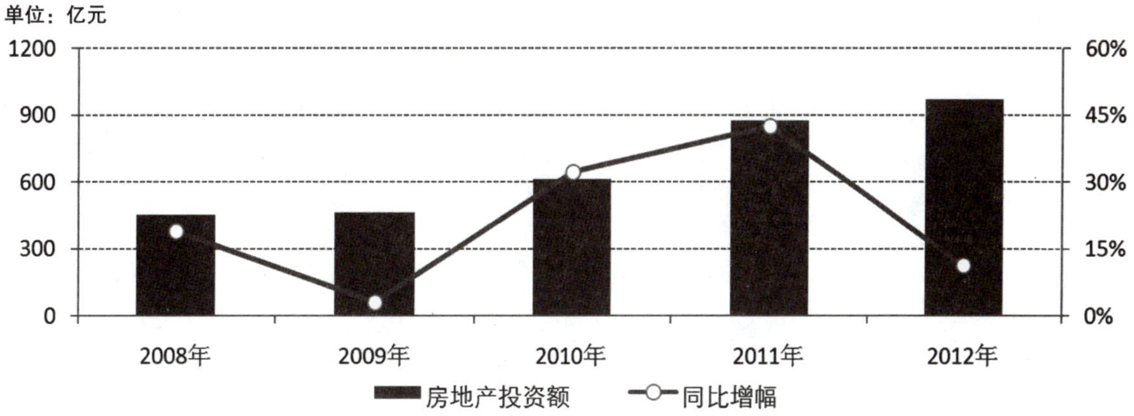

图4-90　2008~2012年无锡房地产投资额年度走势及同比增幅图

数据来源：国家统计局

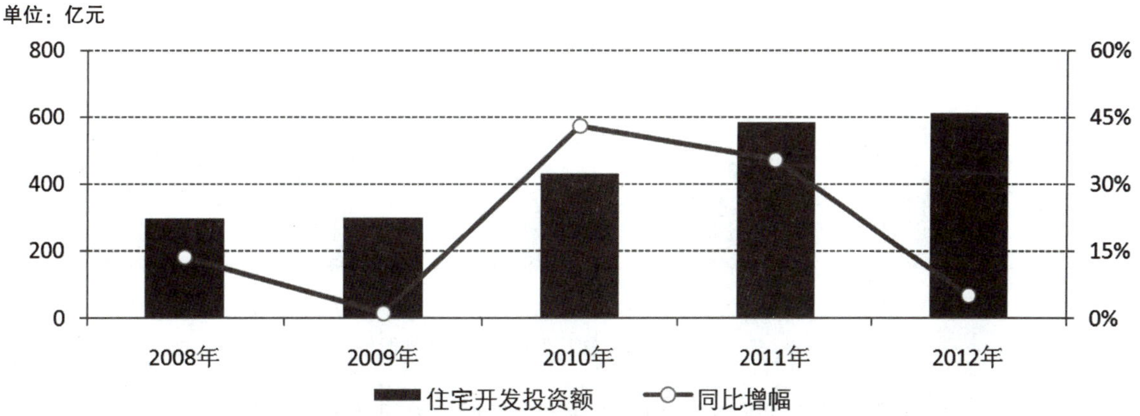

图4-91　2008~2012年无锡商品住宅投资额年度走势及同比增幅图

数据来源：国家统计局

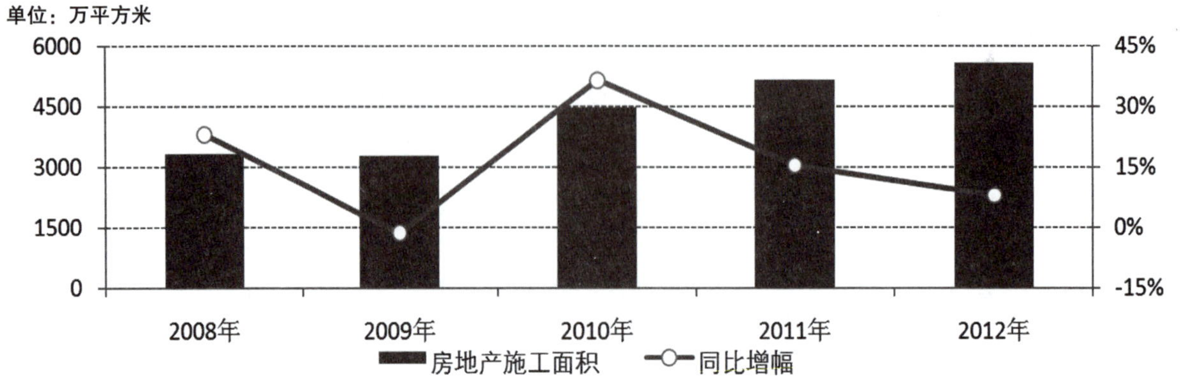

图4-92　2008~2012年无锡房地产施工面积及同比增幅图

数据来源：国家统计局

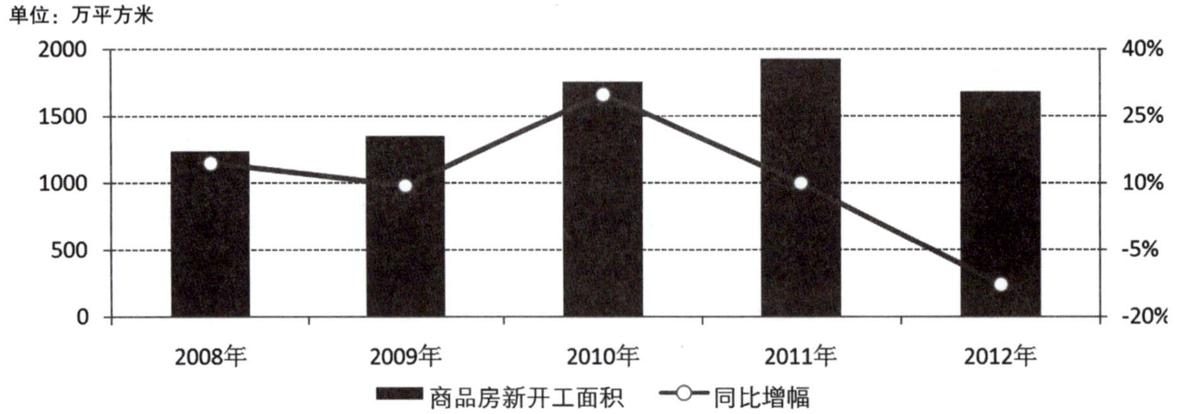

图4-93　2008~2012年无锡商品房新开工面积及同比增幅图

数据来源：国家统计局

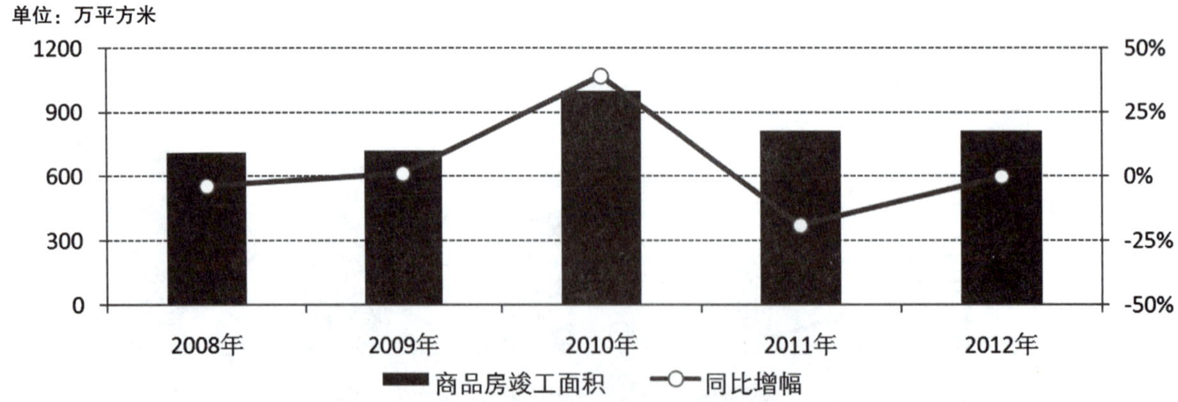

图4-94　2008~2012年无锡商品房竣工面积及同比增幅图

数据来源：国家统计局

4. 市场表现：商品住宅供求平衡，价格小幅下滑

2012年无锡商品住宅供应量为557.86万平方米，同比减少20.39%，2012年开发商以消化库存为主，所以新增供应有所减少；商品住宅成交量为556.21万平方米，较上年增加59.94%，基本达到2010年的成交水平；商品住宅成交均价为7734元/平方米，较上年下跌10.94%，价格也基本回落至2010年的水平。全年住宅市场基本实现供求平衡，基本达到2010年的成交水平，价格也基本回落至2010年的水平，调控政策效果明显。

单位：万平方米，元/平方米

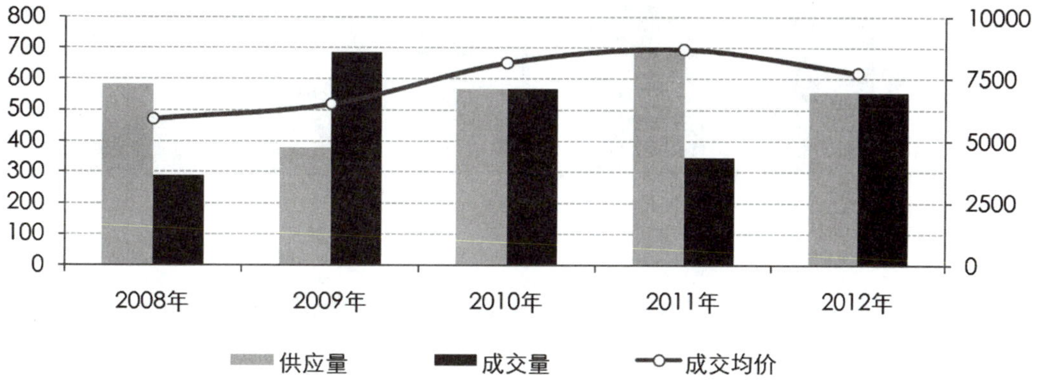

图4-95　2008~2012年无锡商品住宅供求及均价走势图

数据来源：中国房地产决策咨询系统（CRIC）

单位：万平方米，元/平方米

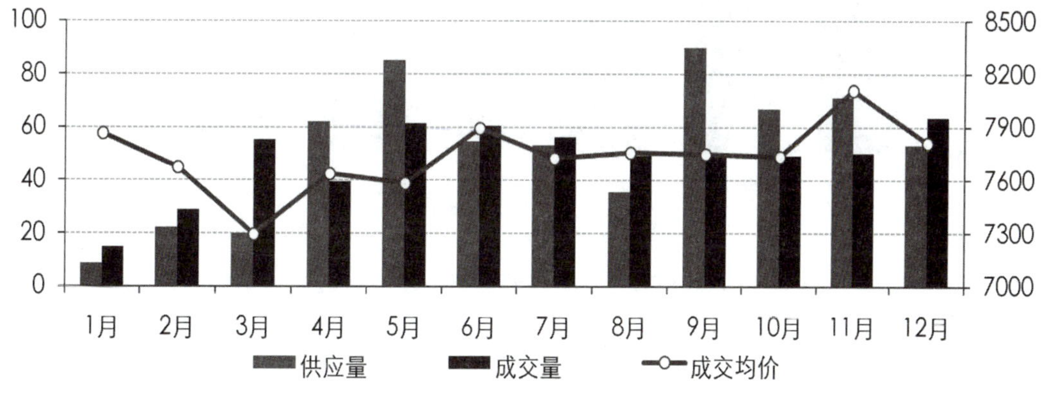

图4-96　2012年各月度无锡商品住宅供求及均价走势图

数据来源：中国房地产决策咨询系统（CRIC）

5. 成交结构：刚需产品供求大幅提升，滨湖、惠山、新区三区鼎立

政策高压下价格的下降使得刚需房源的出货量达历史最高水平。2012年无锡商品住宅成交结构中，90平方米以下房源的成交量达到130.58万平方米，同比增加93.67%，成交量达到历史之最；120-144平方米的成交量最高

达到184.92万平方米，与限购前2010年的成交水平相当。200平方米以上的大户型产品占比则有所下滑。

从区域成交结构来看，2012年滨湖、惠山、新区三区域成交占比均超20%，占前三甲。对比变化看，滨湖区占比较2011年下滑4个百分点，惠山、新区两区占比与上年持平。

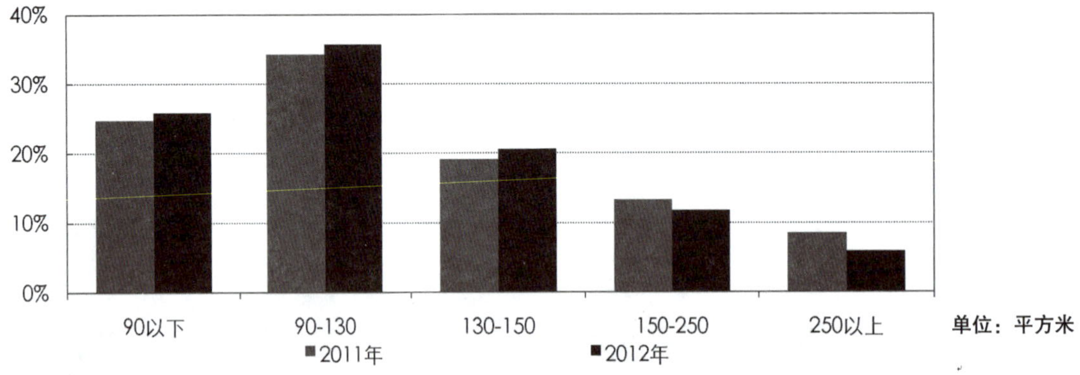

图4-97　2011年、2012年无锡商品住宅面积段成交结构图

数据来源：中国房地产决策咨询系统（CRIC）

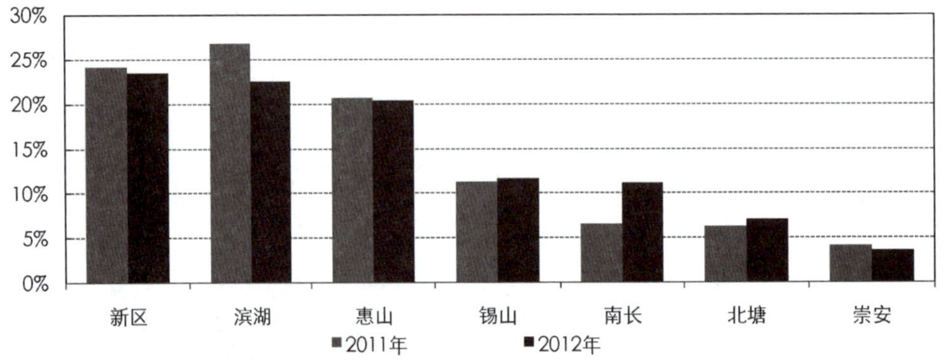

图4-98　2011年、2012年无锡商品住宅区域成交结构图

数据来源：中国房地产决策咨询系统（CRIC）

6. 项目排行榜：融创天鹅湖成交面积、成交金额两榜居首

2012年无锡商品住宅市场占据成交面积、成交金额两榜首位的均为融创天鹅湖。项目位于滨湖新城，区域配套的完善，项目保值、增值能力凸显，加上项目本身良好的产品品质和性价比，都成为项目获胜的关键。

表4-40 2012年无锡商品住宅项目成交面积TOP10排行榜

单位：万平方米，亿元，元/平方米

排行	项目名称	区域	档次	成交面积	成交金额	成交均价	开发商
1	融创·天鹅湖	滨湖	中高档	16.92	15.14	8951	融创中国
2	太湖国际社区	滨湖	中高档	16.69	14.91	8936	华润置地/新鸿基
3	融创理想城市	惠山	中低档	13.09	8.40	6416	融创中国
4	时代上城	南长	中档	12.96	10.35	7983	九龙仓
5	金科世界城	南长	中档	11.48	9.66	8418	金科房地产
6	万科酩悦	滨湖	中高档	11.21	11.77	10498	万科地产
7	洛城·橙郡	惠山	中高档	11.20	5.71	5097	华广置业
8	中邦城市	新区	中档	11.14	6.15	5525	中邦集团
9	栖霞瑜憬湾	滨湖	中高档	10.99	9.63	8766	栖霞建设
10	明发国际新城	惠山	中低档	10.77	6.23	5789	明发集团

数据来源：中国房地产决策咨询系统（CRIC）

表4-41 2012年无锡商品住宅项目成交金额TOP10排行榜

单位：亿元，万平方米，元/平方米

排行	项目名称	区域	档次	成交金额	成交面积	成交均价	开发商
1	融创·天鹅湖	滨湖	中高档	15.14	16.92	8951	融创中国
2	太湖国际社区	滨湖	中高档	14.91	16.69	8936	华润置地/新鸿基
3	绿城·蠡湖香樟园	滨湖	高档	13.05	6.06	21513	绿城中国
4	万科酩悦	滨湖	中高档	11.77	11.21	10498	万科地产
5	时代上城	南长	中档	10.35	12.96	7983	九龙仓
6	金科世界城	南长	中档	9.66	11.48	8418	金科房地产
7	绿城·玉兰花园	滨湖	高档	9.65	9.02	10709	绿城中国
8	栖霞瑜憬湾	滨湖	中高档	9.63	10.99	8766	栖霞建设
9	融创理想城市	惠山	中低档	8.40	13.09	6416	融创中国
10	万科金域缇香	新区	中高档	8.22	8.67	9483	万科地产

数据来源：中国房地产决策咨询系统（CRIC）

十三、苏州房地产市场情况

1. 2008~2012年房地产行业数据

表4-42　苏州2008~2012年房地产行业数据表

类别	指标	2008年	2009年	2010年	2011年	2012年
宏观	GDP（亿元）	6701.29	7740.20	9228.91	10716.99	12000
	同比增幅（%）	18	16	19.0	16.0	12.0
	进出口总额（亿美元）	2285.26	2014.46	2740.76	3008.62	2776.29
	同比增幅（%）	12	-12	10.0	9.7	2.0
	固定资产投资（亿元）	2611.12	2064.83	3,617.82	4,502.02	4822.52
	同比增幅（%）	10	-21	19.5	24.4	17.2
	社会消费品零售总额（亿元）	1551.46	2026.84	2026.84	2402.02	2910.9
	同比增幅（%）	24	31	31.0	19.0	14.7
行业	房地产开发投资（亿元）	718.08	724.34	935.8	1199.13	1263.36
	同比增幅（%）	19	1	29.0	28.0	5.0
	商品房新开工面积（万平方米）	2124	2190	2757.34	2120.08	2060.51
	同比增幅（%）	4	3	71.3	-19.4	-2.8
	商品房施工面积（万平方米）	7036.91	7542	8019.55	8218.73	8403.89
	同比增幅（%）	15	7	13.8	2.2	5.0
	商品房竣工面积（万平方米）	1481.24	1520	1594.70	1280.55	1827.56
	同比增幅（%）	-21	3	-15.1	-27.3	21.0
土地	土地购置面积（万平方米）	-	342.57	430.93	186.60	352.43
	同比增幅（%）	-	-	23.2	-56.7	88.7
	土地购置金额（亿元）	-	147.83	223.57	324.10	257.85
	同比增幅（%）	-	-	60.6	41.8	-20.0
市场	商品房销售面积（万平方米）	1007.36	2181.01	1453.54	1155.92	1466.29
	同比增幅（%）	-47	132	-38.0	-23.7	21.0
	商品房销售金额（亿元）	573.42	1506.84	1184.35	1049.19	1336.43
	同比增幅（%）	41	162	-21.4	-15.9	22.0

数据来源：国家统计局

表4-43　苏州2008~2012年土地市场与商品住宅市场运行情况

类别	指标	2008年	2009年	2010年	2011年	2012年
土地	土地供应量（万平方米）	838.9	1282	665.4	527.8	497.68
	土地成交量（万平方米）	919.8	937.8	528.55	669.27	507.67
	土地成交金额（亿元）	107	282.4	322.45	477.23	318.8
市场	商品住宅供应量（万平方米）	330	645	541.46	639	586.13
	商品住宅成交量（万平方米）	191	722	503.07	403.12	640.99
	商品住宅成交均价（元/平方米）	7986	7802	11233	12329	11219

数据来源：中国房地产决策咨询系统（CRIC）

2. 综述：以价换量成交均价下降

2012年新出台的政策相对较少，上半年整体市场相对平静，房价上涨势头得到抑制。在企业“以价换量”策略之下，成交量显著回升，成交均价小幅下调。结构上看，中小户型的产品仍旧占据主导地位，高端项目成交出现小幅回落。

3. 投资建设：房地产投资额小幅提升，住宅投资额、房屋新开工面积同比微跌

2012年苏州累计房地产开发投资额1263.36亿元，同比增长5%。其中住宅投资851.65亿元，同比减少3%，所占比重67.4%。2012年苏州市房地产开发企业房屋施工面积8403.89万平方米，同比增长5%；房屋新开工面积2060.51万平方米，同比微跌2.8%；房地产开发企业房屋竣工面积1827.56万平方米，同比上升21%；

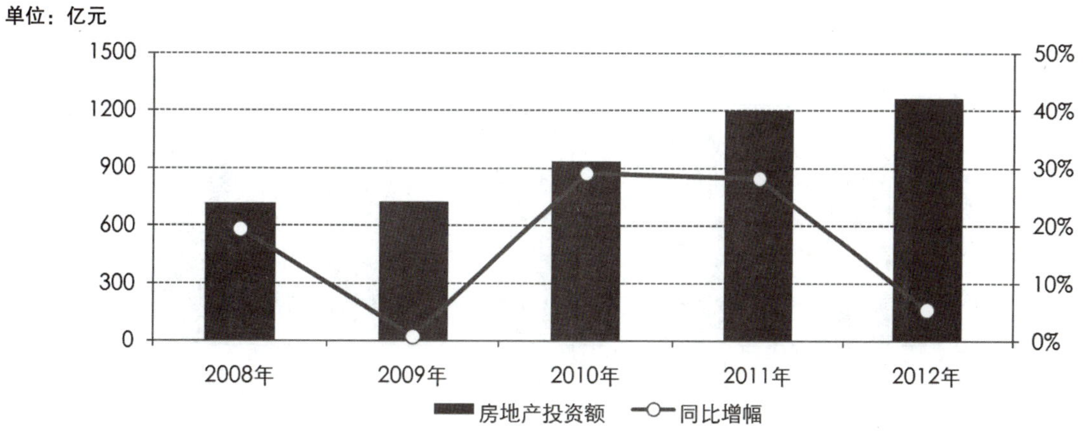

图4-99　2008~2012年苏州房地产投资额年度走势及同比增幅图

数据来源：国家统计局

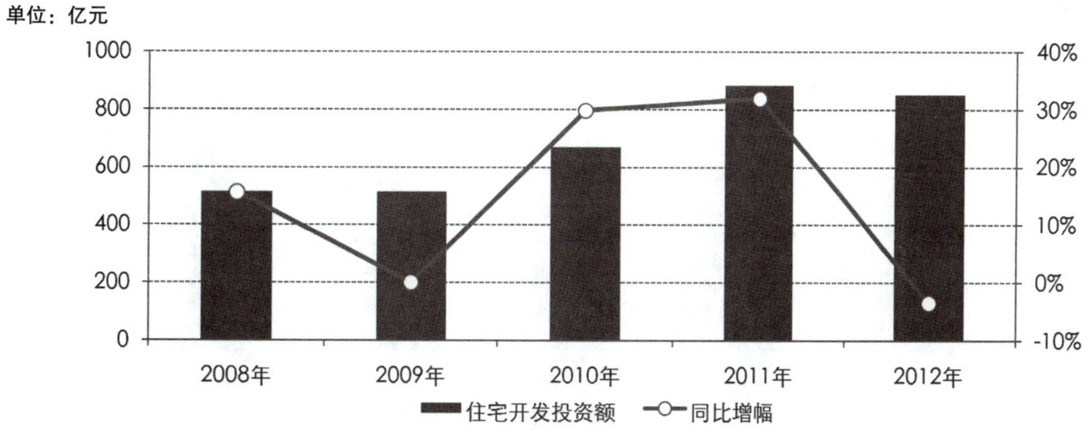

图4-100　2008~2012年苏州住宅开发投资额年度走势及同比增幅图

数据来源：国家统计局

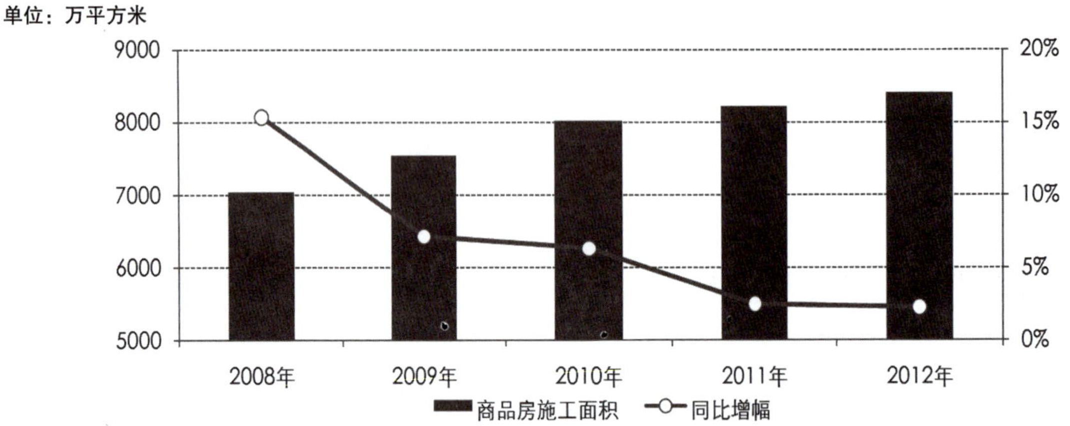

图4-101　2008~2012年苏州房地产施工面积及同比增幅图

数据来源：国家统计局

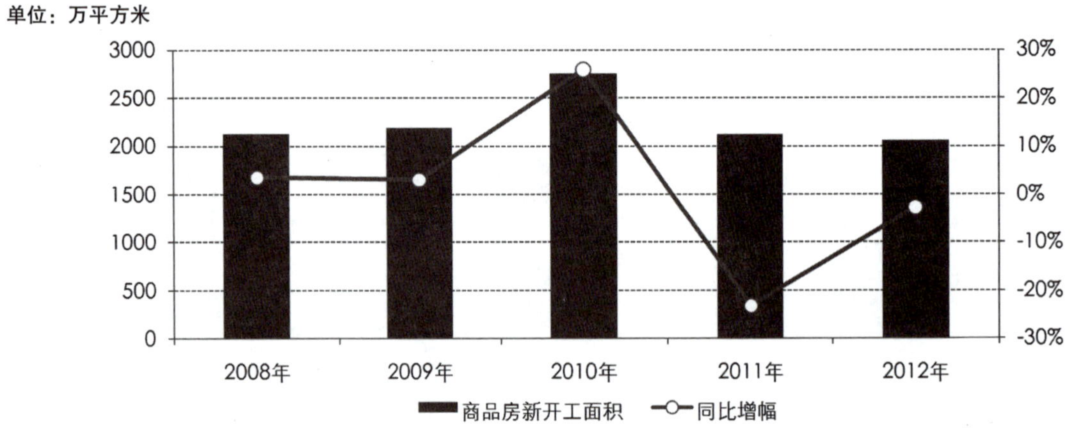

图4-102　2008~2012年苏州商品房新开工面积及同比增幅图

数据来源：国家统计局

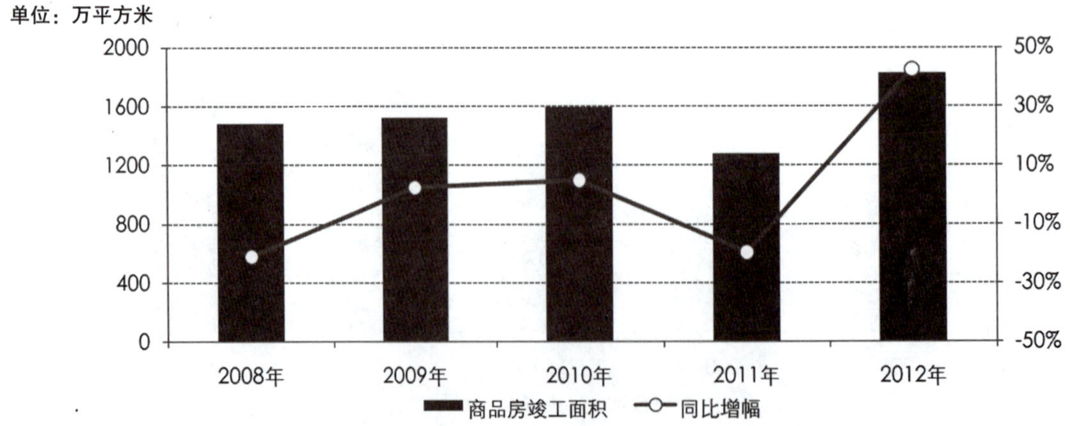

图4-103　2008~2012年苏州商品房竣工面积及同比增幅图

数据来源：国家统计局

4. 市场表现：商品住宅成交量大幅回升，成交价格下调

2012年商品房住宅成交均价为11219元/平方米，相比2011年有所下降。2012年住宅月度成交价格在年初有所下滑，之后基本保持平稳。2012年政策层面仍然趋紧，年中降价促销项目较多，整年以刚需成交为主，整体成交价格保持在10500¯11500元/平方米的水平上运行。

全年商品住宅供应面积为660.59万平方米，同比增加4.10%，主要集中在3、9月份。商品住宅成交面积为643.97万平方米，同比增加59.94%。从市场月度走势来看，1、2月份成交平淡，3¯8月份月度成交维持在60万平方米左右，9¯10月份略显一般，11¯12月份市场现“翘尾”行情。

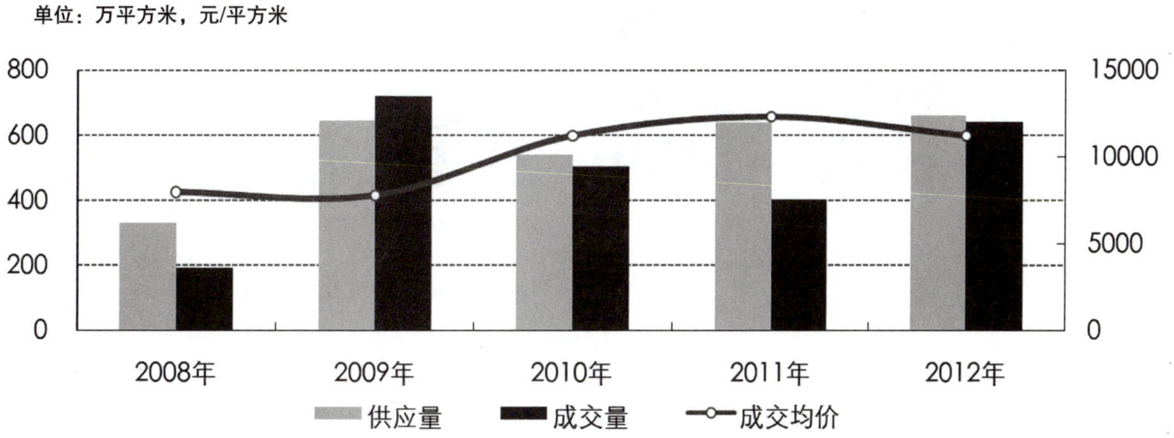

图4-104　2008~2012年苏州商品住宅供求及均价走势图

数据来源：中国房地产决策咨询系统（CRIC）

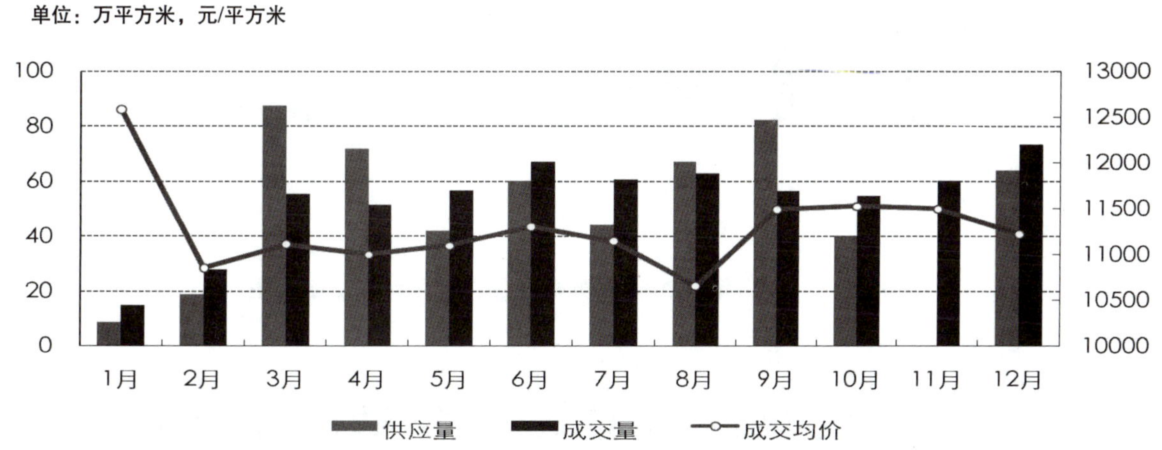

图4-105　2012年各月度苏州商品住宅供求及均价走势图

数据来源：中国房地产决策咨询系统（CRIC）

5. 成交结构：中小户型面积占比最高，别墅产品占比下滑

2012年90以下、90¯144平方米之间面积段累计占比达到70%以上，其中90¯144平方米面积段成交占比最高。而144¯200平方米改善型住房成交稳定在15%左右，200平方米以上大面积公寓、别墅成交量均出现小幅度下滑。

从区域成交结构来看，集中在园区、吴中区。与2011年相比，园区、吴中区的成交量继续放大；新区则因为新增项目较少，成交量同比下滑明显；相城区成交占比近三年维持在15%左右，比较稳定。

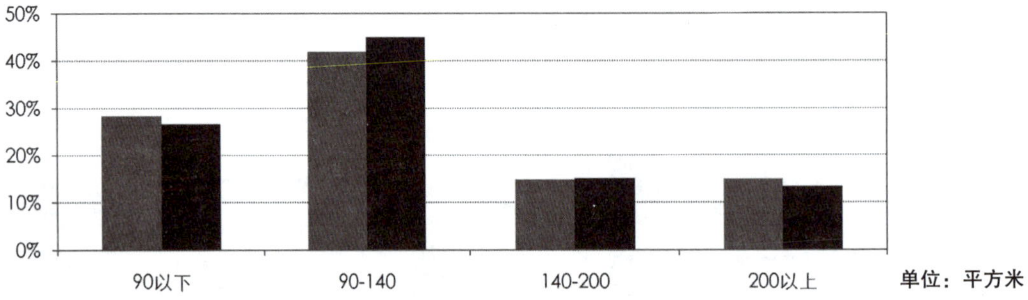

图4-106　2011年、2012年苏州商品住宅面积段成交结构图

数据来源：中国房地产决策咨询系统（CRIC）

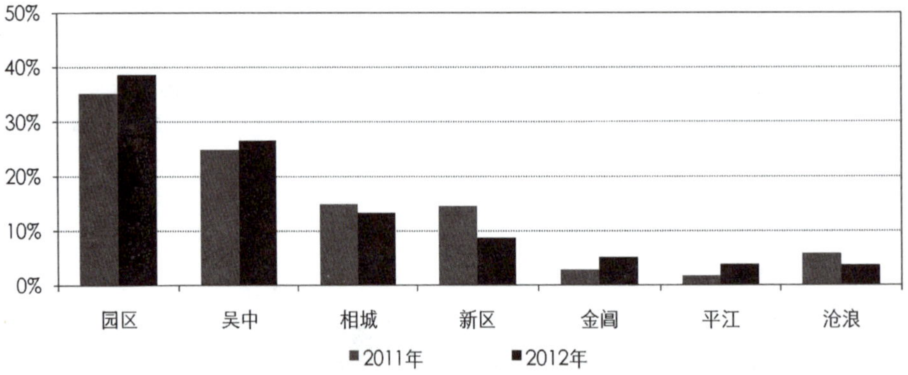

图4-107　2011年、2012年苏州商品住宅区域成交结构图

数据来源：中国房地产决策咨询系统（CRIC）

6. 项目排行榜：中小户型产品销售旺，知名开发商项目受青睐

从排行榜方面来看，2012年上榜项目主要以刚需小户型项目为主，吴中区热点项目较多，尤其是园区，由于近年来交通，生活配套等日趋完善，青剑湖板块、湖东板块和湖北板块都非常活跃。以中海国际社区为例，其2012年主推60¯120平方米中小户型产品，凭借优秀的产品和低总价的优势，成为苏州年度面积和金额的双榜首。

另外，知名开发商的项目受到市场的高度青睐，除中海集团中海国际社区外，招商小石城，世茂运河城，新

城金郡和绿城御园等优质项目都取得了良好的销售成绩，知名房企的市场认可度较高，旗下项目占据了面积及金额排行榜的大部分席位。

表4-44　2012年苏州商品住宅项目成交面积TOP10排行榜

单位：万平方米，亿元，元/平方米

排行	项目名称	区域	档次	成交面积	成交金额	成交均价	开发商
1	中海国际社区	园区	中档	27.85	29.66	10648	中海集团
2	招商·小石城	吴中	中低档	19.95	15.88	7961	招商地产
3	时代上城	园区	中档	19.63	21.42	10910	九龙仓集团
4	隽御凤凰城二期	园区	中档	16.48	15.90	9650	隽御地产
5	雅戈尔太阳城	园区	中档	15.50	15.73	10147	雅戈尔地产
6	阿卡迪亚	园区	中档	14.94	13.59	9100	协信圆融
7	世茂运河城	沧浪	中档	13.95	14.25	10209	世茂集团
8	新城金郡	吴中	中档	12.99	10.53	8110	新城地产
9	中海御景湾	金阊	中档	12.64	10.33	8171	中海集团
10	中梁天御	平江	中档	12.46	15.39	12349	金梁置业

数据来源：中国房地产决策咨询系统（CRIC）

表4-45　2012年杭州商品住宅项目成交金额TOP10排行榜

单位：亿元，万平方米，元/平方米

排行	项目名称	区域	档次	成交金额	成交面积	成交均价	开发商
1	中海国际社区	园区	中档	29.66	27.85	10648	中海集团
2	时代上城	园区	中档	21.42	19.63	10910	九龙仓集团
3	玲珑湾花园	园区	中高档	18.07	9.12	19824	万科集团
4	绿城御园	园区	高档	16.93	4.96	34138	绿城集团
5	隽御凤凰城二期	园区	中档	15.90	16.48	9650	隽御地产
6	招商·小石城	吴中	中低档	15.88	19.95	7961	招商地产
7	雅戈尔太阳城	园区	中档	15.73	15.50	10147	雅戈尔地产
8	中梁天御	平江	中档	15.39	12.46	12349	金梁置业
9	世茂运河城	沧浪	中档	14.25	13.95	10209	世茂集团
10	中海独墅岛	吴中	高档	13.96	6.48	21553	中海集团

数据来源：中国房地产决策咨询系统（CRIC）

十四、杭州房地产市场情况

1. 2008~2012年房地产行业数据

表4-46　杭州2008~2012年房地产行业数据表

类别	指标	2008年	2009年	2010年	2011年	2012年
宏观	GDP（亿元）	4781.16	5098.66	5945.82	7019.06	7803.98
	同比增幅（%）	16.6	6.6	17.0	18.0	11.0
	进出口总额（亿美元）	480.65	404.2	523.55	639.71	616.83
	同比增幅（%）	10.7	-15.9	30.0	22.0	-3.0
	固定资产投资（亿元）	1980.50	2291.65	2753.13	3105.16	3722.75
	同比增幅（%）	17.6	15.7	20.0	13.0	19.9
	社会消费品零售总额（亿元）	1558	1805	2167	2550	2944.63
	同比增幅（%）	20.2	15.9	18.3	19.2	15.5
行业	房地产开发投资（亿元）	615.41	704.68	956.20	1302.27	1600.37
	同比增幅（%）	19.0	15.0	36.0	36.0	23.0
	商品房新开工面积（万平方米）	1254	1081.12	1929.08	2490.57	1816.03
	同比增幅（%）	7.0	-14.0	78.0	29.0	-27.0
	商品房施工面积（万平方米）	4987.39	5121.49	6227.05	7739.69	8299.84
	同比增幅（%）	4.0	3.0	22.0	24.0	7.0
	商品房竣工面积（万平方米）	1030.63	763.95	1100.18	1135	1055.09
	同比增幅（%）	9.0	-26.0	44.0	3.0	7.0
土地	土地购置面积（万平方米）	425.72	375.67	435.90	226.57	112.39
	同比增幅（%）	-19.4	-11.8	17.4	-45.8	-70.0
	土地购置金额（亿元）	190.66	243.83	408.98	520.55	684.02
	同比增幅（%）	17.7	27.9	67.7	27.3	31.5
市场	商品房销售面积（万平方米）	716.38	1441.18	988.34	829.81	1092.5
	同比增幅（%）	-38	101	-32.1	-16.0	48.8
	商品房销售金额（亿元）	612.13	1511.45	1396.77	1083.92	1469.27
	同比增幅（%）	-30.0	147.0	-9.1	-22.4	35.0

数据来源：国家统计局

表4-47　杭州2008~2012年土地市场与商品住宅市场运行情况

类别	指标	2008年	2009年	2010年	2011年	2012年
土地	土地供应量（万平方米）	630.04	1504.03	865.68	536.48	490.66
	土地成交量（万平方米）	618.71	1359.85	688.71	516.99	462.22
	土地成交金额（亿元）	325.91	1088.69	787	574.84	610.17
市场	商品住宅供应量（万平方米）	412	–	501.9	761.2	899.83
	商品住宅成交量（万平方米）	216	648	747.5	382.9	820.58
	商品住宅成交均价（元/平方米）	14784	14522	18643	16631	15956

数据来源：中国房地产决策咨询系统（CRIC）

2. 综述：市场回暖态势明显，刚需释放支撑成交放量

2012年虽然调控的影响在持续，但并没有继续加码，在这种大背景下，杭州市场总体呈现出全面复苏的态势，供应成交均大幅攀升。2012年杭州一手商品住宅市场表现出以下特征：成交复苏、刚需主导、价格筑底后回升。

3. 投资建设：房地产投资额稳步提升，商品房新开工及竣工面积下降

2012年，杭州市完成房地产开发投资1600.37亿元，比去年增长23.0%。住宅开发投资额1004.22亿元，同比增长26%。商品房施工面积为8299.84万平方米，同比上涨7 %。商品房新开工面积为1816.03万平方米，同比下降27%。商品房竣工面积为1055.09万平方米，同比下降7%。

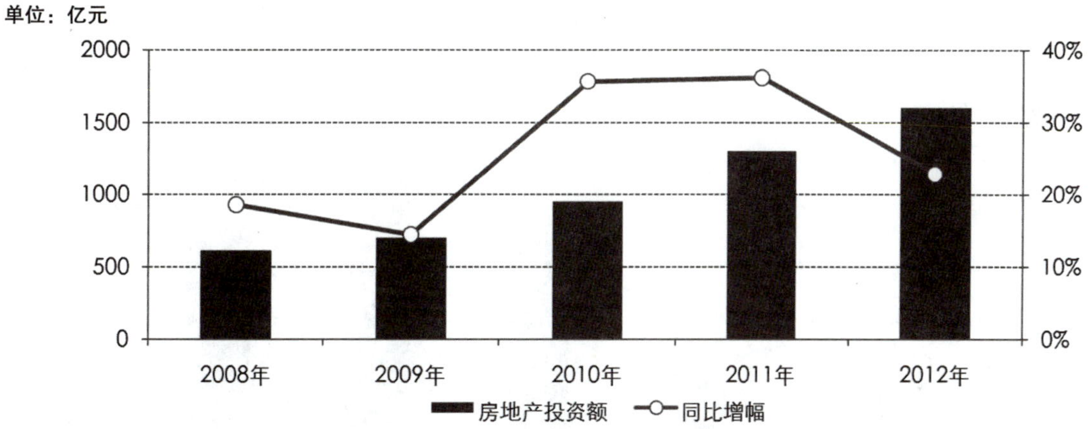

图4-108　2008~2012年杭州房地产投资额年度走势及同比增幅图

数据来源：国家统计局

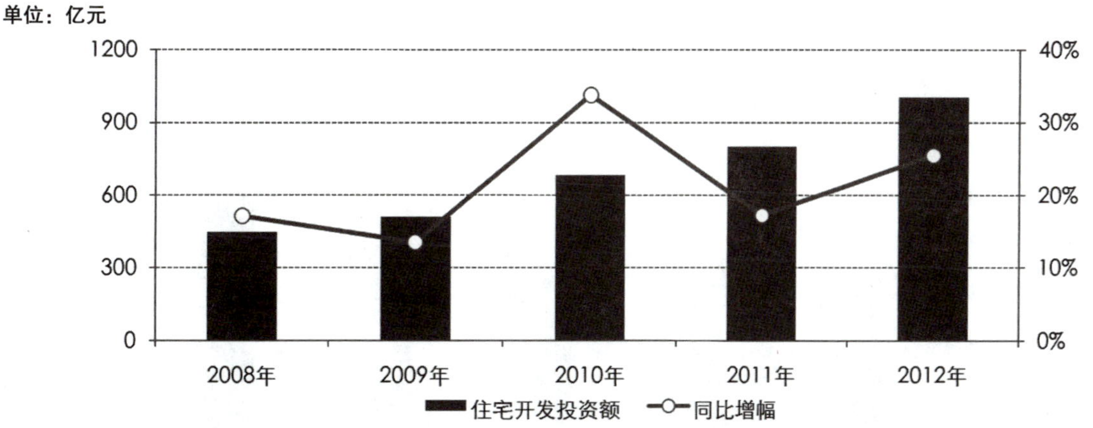

图4-109　2008~2012年杭州住宅开发投资额年度走势及同比增幅图

数据来源：国家统计局

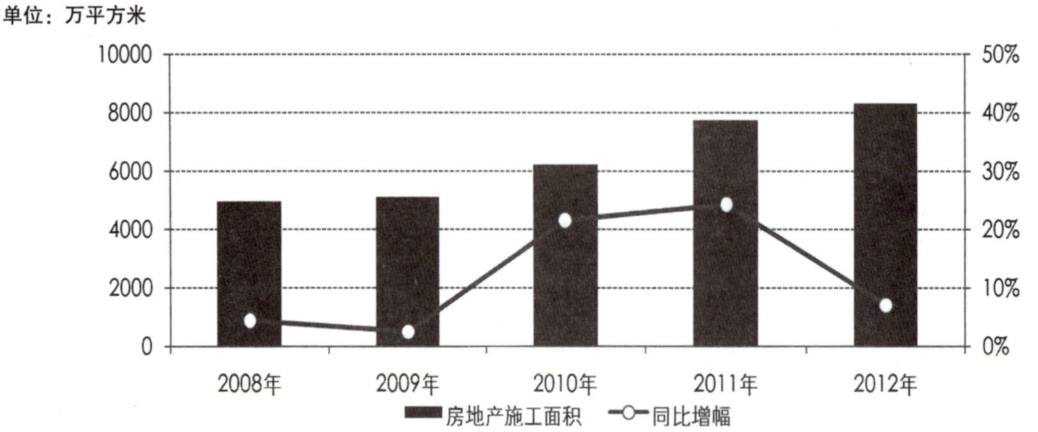

图4-110　2008~2012年杭州房地产施工面积及同比增幅图

数据来源：国家统计局

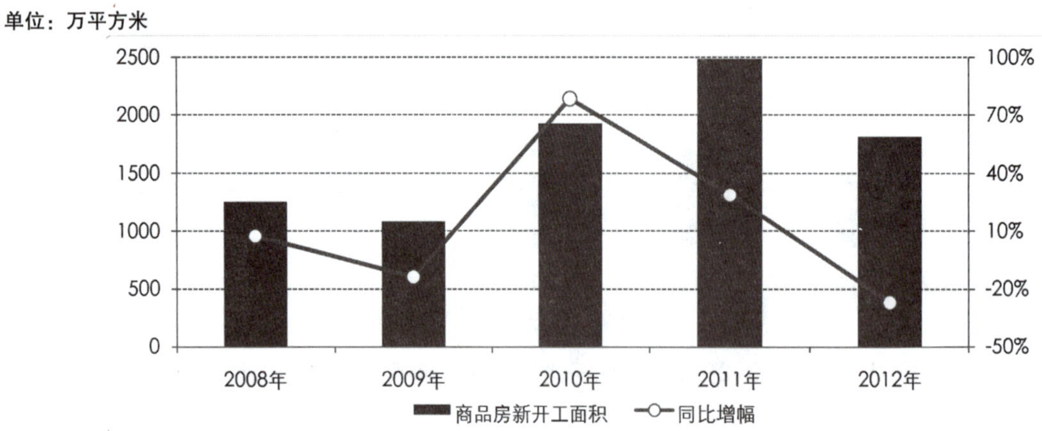

图4-111　2008~2012年杭州商品房新开工面积及同比增幅图

数据来源：国家统计局

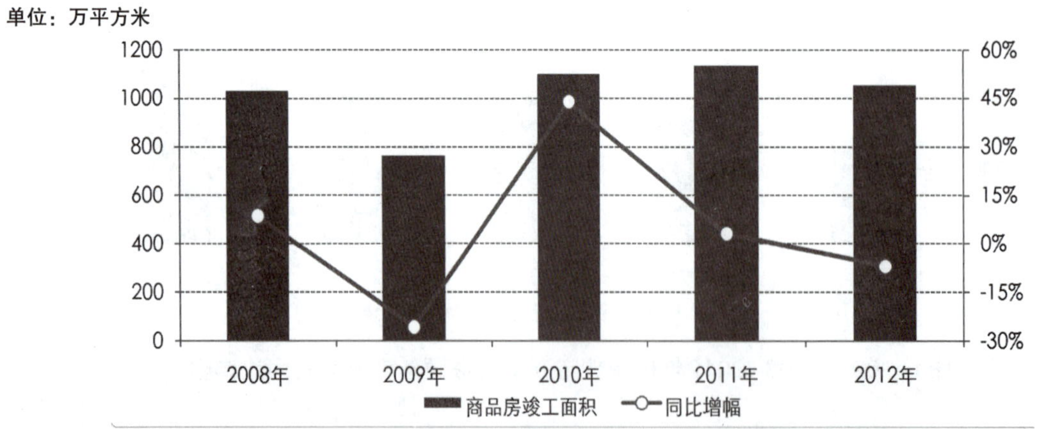

图4-112　2008~2012年杭州商品房竣工面积及同比增幅图

数据来源：国家统计局

4. 市场表现：商品住宅供应量、成交量双涨，月度价格走势探底回归

2012年度杭州市商品住宅价格呈现”探底回升”U字态势，年尾价格基本回归年初水平。

全年供求比例基本均衡，整体去化较好，不过总库存仍然较大。2012年商品住宅总体供应量为899.83万平方米，同比上涨18.18%；普通住宅仍是供应主流产品，酒店式公寓受到普通住宅市场挤压，整体供应量较上年明显萎缩。成交方面，商品住宅成交大幅回暖，自3月份始保持较高成交水平，全年共成交820.58万平方米，同比大幅上涨113.36%

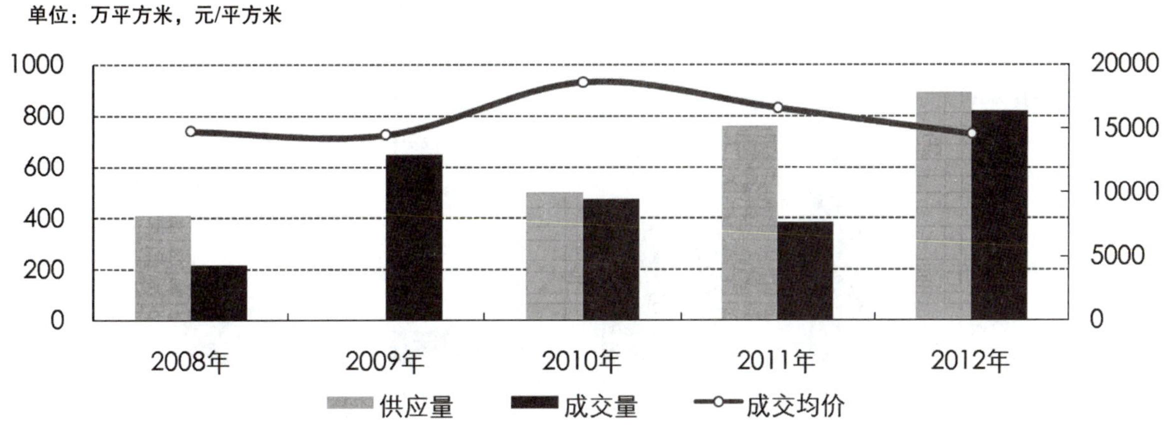

图4-113　2008~2012年杭州商品住宅供求及均价走势图

注：2009年供应量暂缺。

数据来源：中国房地产决策咨询系统（CRIC）

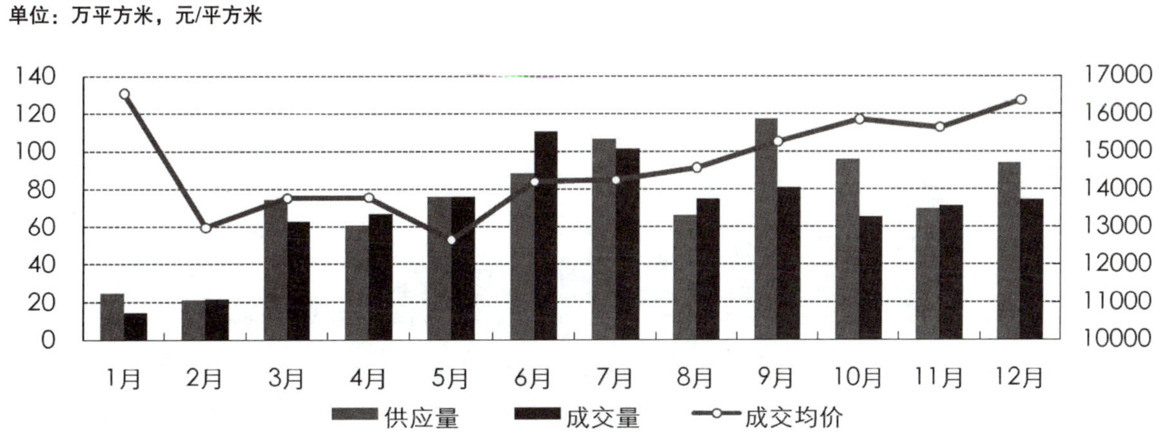

图4-114　2012年各月度杭州商品住宅供求及均价走势图

数据来源：中国房地产决策咨询系统（CRIC）

5. 成交结构：刚需释放小户型成交比重上升，余杭是主要成交区域

2012年，中小户型成交占比依旧处于主导地位，90平方米以下的小户型产品成交比重为49%，比2011年上升了5个百分点；90¯140平方米户型为31%；高端大户型受限购等调控的影响成交出现回落，180平方米以上成交占比由2011年的15%下降到12%。

从区域成交结构来看，近两年来，成交比较集中的区域是余杭区，萧山区。其中余杭区近两年的成交占比均在30%以上。拱墅区和江干区成交占比较2011年有一定程度的提升，另外滨江区今年有寰宇天下等多个楼盘入市，且去化较好，区域成交占比由2011年的5%提升到8%。

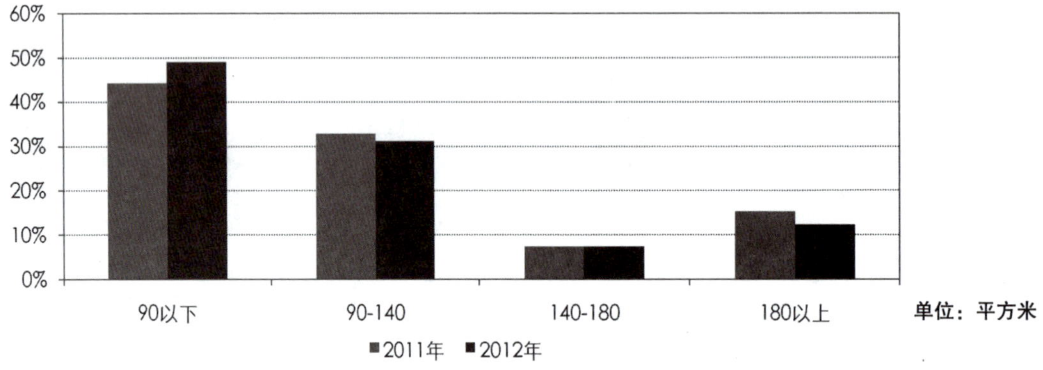

图4-115　2011年、2012年杭州商品住宅面积段成交结构图

数据来源：中国房地产决策咨询系统（CRIC）

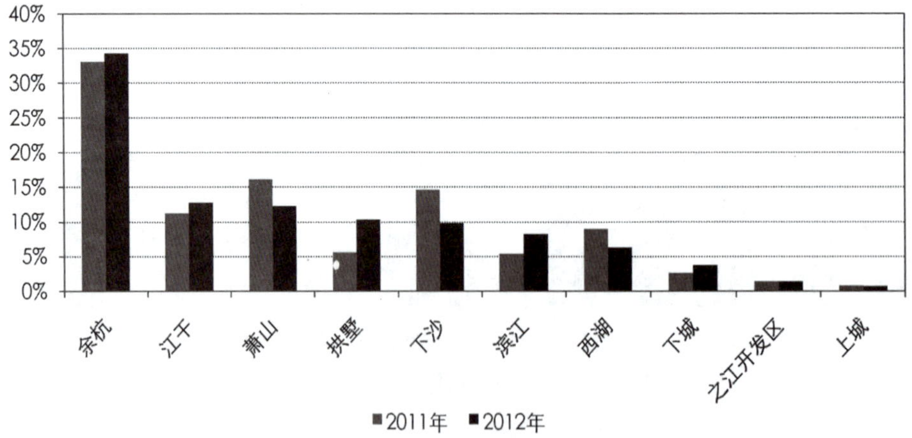

图4-116　2011年、2012年杭州商品住宅区域成交结构图

数据来源：中国房地产决策咨询系统（CRIC）

6. 项目排行榜：多数项目低价入市跑量，景观资源成就优势

2012年在调控大背景下，很多上榜项目采取的销售策略是低价入市赢得市场。如寰宇天下在今年3月份果断推出80~90平方米小户型产品，单价回落，产品获得热销，紧接着将C区“齐家90”精装改毛坯，以低总价抢夺刚需客源，项目持续热销使得该项目成为本年度金额与面积的双榜首。

另外经济型别墅项目获得热销，如龙湖滟澜山等；拥有景观及区位优势的项目仍旧受到市场青睐，如寰宇天下，钱塘帝景等项目，虽然均价相对较高，但因为区域未来发展看好，同时拥有稀缺的滨江景观资源，均取得了良好的销售业绩。

表4-48 2012年杭州商品住宅项目成交面积TOP10排行榜

单位：万平方米，亿元，元/平方米

排行	项目名称	区域	档次	成交面积	成交金额	成交均价	开发商
1	寰宇天下	滨江	中高档	21.64	42.45	19618	中海集团
2	良渚文化村	余杭	中档	17.79	26.37	14820	万科地产
3	金地自在城	西湖	中档	16.63	24.39	14672	金地集团
4	滨江金色黎明	江干	中档	15.46	25.12	16247	滨江城东
5	龙湖滟澜山	下沙	中高档	15.40	23.47	15236	龙湖地产
6	宋都东郡国际	下沙	中低档	12.38	11.86	9576	永都房地产
7	半岛国际	滨江	中高挡	12.34	24.11	19542	滨盛置业
8	滨江曙光之城	江干	中高档	12.14	21.17	17447	曙光之城
9	开元广场	萧山	中档	11.74	18.38	15665	开元世纪
10	钱塘帝景	滨江	高档	10.62	21.54	20284	海墅房地产

数据来源：中国房地产决策咨询系统（CRIC）

表4-49 2012年杭州商品住宅项目成交金额TOP10排行榜

单位：亿元，万平方米，元/平方米

排行	项目名称	区域	档次	成交金额	成交面积	成交均价	开发商
1	寰宇天下	滨江	中高档	42.45	21.64	19618	世茂世盈
2	良渚文化村	余杭	中档	26.37	17.79	14820	万科地产
3	滨江金色黎明	江干	中档	25.12	15.46	16247	滨江城东
4	金地·自在城	西湖	中档	24.39	16.63	14672	金地集团
5	半岛国际	滨江	中高档	24.11	12.34	19542	滨盛置业
6	龙湖滟澜山	下沙	中高档	23.47	15.40	15236	龙湖地产
7	钱塘帝景	滨江	高档	21.54	10.62	20284	海墅房地产
8	滨江曙光之城	江干	中档	21.17	12.14	17447	曙光之城
9	西溪蝶园	西湖	高档	19.85	8.52	23301	万科集团
10	开元广场	滨江	中档	18.38	11.74	15665	开元世纪

数据来源：中国房地产决策咨询系统（CRIC）

十五、宁波房地产市场情况

1. 2008~2012年房地产行业数据

表4-50　宁波2008~2012年房地产行业数据表

类别	指标	2008年	2009年	2010年	2011年	2012年
宏观	GDP（亿元）	3964.05	4214.6	5125.82	6010.48	6524.7
	同比增幅（%）	10.1	8.6	12.4	10.0	7.8
	进出口总额（亿美元）	678.4	608.1	829.0	981.9	965.7
	同比增幅（%）	20.07	-10.3	36.3	18.4	-1.6
	固定资产投资（亿元）	1728	2004.2	2206.5	2385.5	2901.4
	同比增幅（%）	8.1	15.9	10.1	8.1	21.6
	社会消费品零售总额（亿元）	1238	1434.4	1704.5	2018.9	2329.3
	同比增幅（%）	19.6	15.9	19.2	18.5	15.4
行业	房地产开发投资（亿元）	307.75	374.51	557.27	712.87	884.35
	同比增幅（%）	-8	22	49	27.9	24.3
	商品房新开工面积（万平方米）	764.03	812.03	1406.02	1886.78	1470.51
	同比增幅（%）	-25	6	73.1	29.0	-22.0
	商品房施工面积（万平方米）	3057.97	3104.34	3820.7	5295.63	6080.51
	同比增幅（%）	10	2	23	39	15
	商品房竣工面积（万平方米）	777.69	665.08	649.04	881.05	839.91
	同比增幅（%）	23	-4	-2	36	-5
土地	土地购置面积（万平方米）	164.94	196.14	286.72	220.44	57.33
	同比增幅（%）	7.8	18.9	46.0	-23.0	-74
	土地购置金额（亿元）	79.16	108.6	218.81	175.31	258.08
	同比增幅（%）	-41.8	37.2	101	-19.9	45.0
市场	商品房销售面积（万平方米）	434.12	815.18	639.56	641.25	590.22
	同比增幅（%）	-43.4	87.8	-22.0	0.3	-8.0
	商品房销售金额（亿元）	320.56	732.98	775.39	678.91	663.39
	同比增幅（%）	-33.5	128.7	5.8	-12.8	14.2

数据来源：国家统计局

表4-51　宁波2008~2012年土地市场与商品住宅市场运行情况

类别	指标	2008年	2009年	2010年	2011年	2012年
土地	土地供应量（万平方米）	231.64	896.94	472.23	506.89	420.9
	土地成交量（万平方米）	249.22	695.26	472.23	377.06	322.1
	土地成交金额（亿元）	93.77	381.68	412.71	283.18	367.8
市场	商品住宅供应量（万平方米）	322	221	376	368.45	308.48
	商品住宅成交量（万平方米）	193	444	247.74	171.9	272.48
	商品住宅成交均价（元/平方米）	8282	9854	15331	14514	13545

数据来源：中国房地产决策咨询系统（CRIC）

2. 综述：市场复苏，刚需集中释放

2012年，在调控政策未放松的大背景下，宁波一手商品住宅市场表现出两方面特征：一是"以价换量"促进刚需释放，市场复苏，价格触底；二是高端市场不温不火，但刚需及改善型需求逐渐释放，经济型别墅和稀缺地段的中高档产品受到热捧。

3. 投资建设：房地产投资额增速回落，商品房新开工面积同比大幅下降

2012年，宁波房地产投资额达884.35亿元，与去年同比增长24.3%。国家对保障性住房的投入逐年加大，这在很大程度上也增加了房地产投资额；2012年下半年房地产市场开始复苏，开发商资金链得到缓解，拿地热情不断高涨，对房地产市场投资再次扩大。全年商品房新开工面积为1470.51万平方米，同比减少22%。商品房施工面积为6080.51万平方米，同比上涨15%；商品房竣工面积为839.91万平方米，同比减少5%。

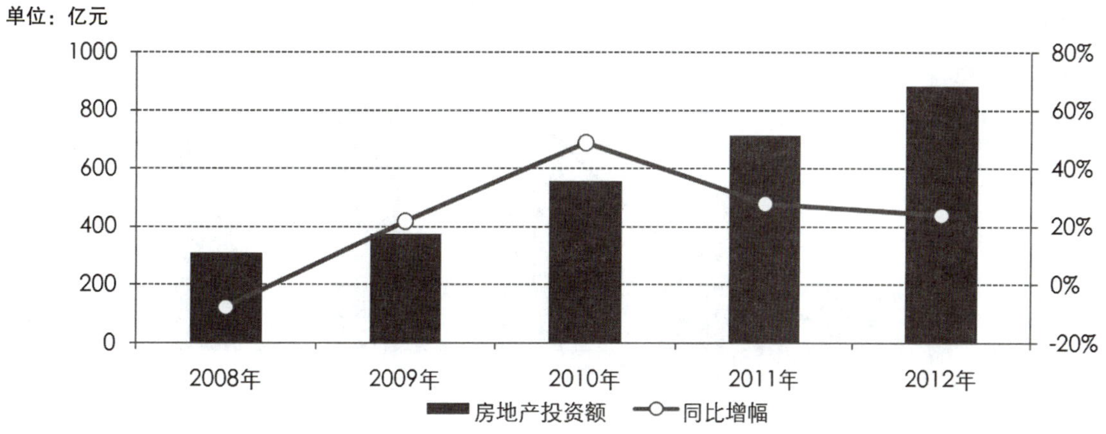

图4-117　2008~2012年宁波房地产投资额年度走势及同比增幅图

数据来源：国家统计局

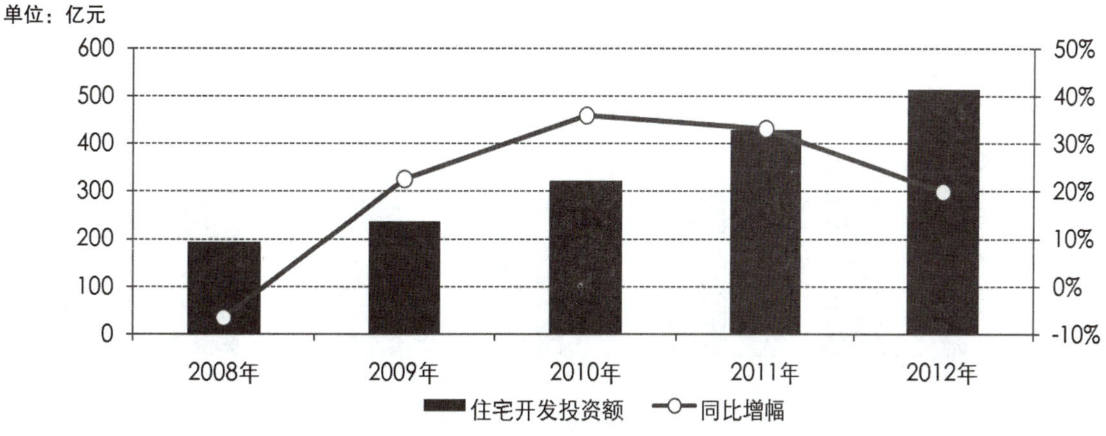

图4-118　2008~2012年宁波住宅开发投资额年度走势及同比增幅图

数据来源：国家统计局

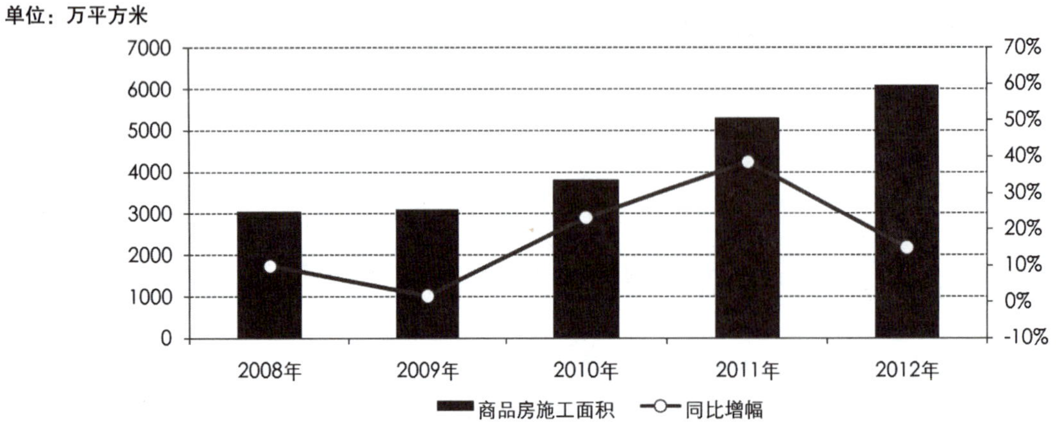

图4-119　2008~2012年宁波房地产施工面积及同比增幅图

数据来源：国家统计局

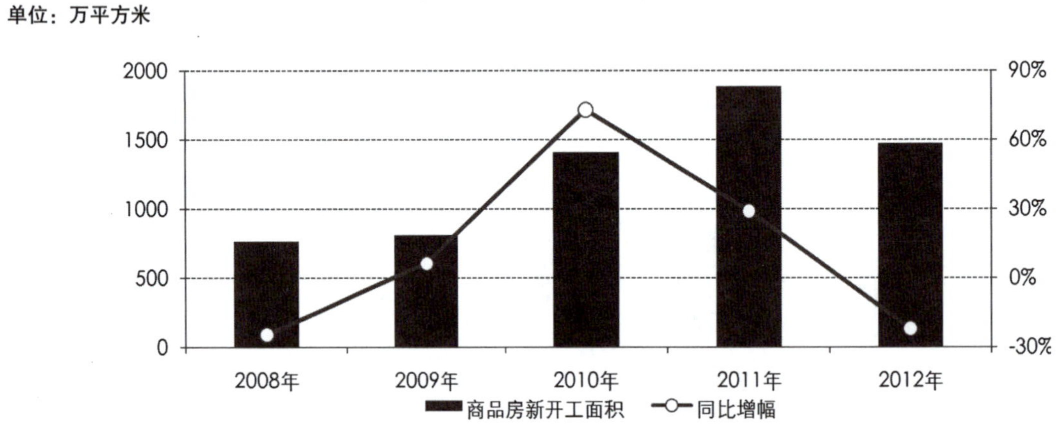

图4-120　2008~2012年宁波商品房新开工面积及同比增幅图

数据来源：国家统计局

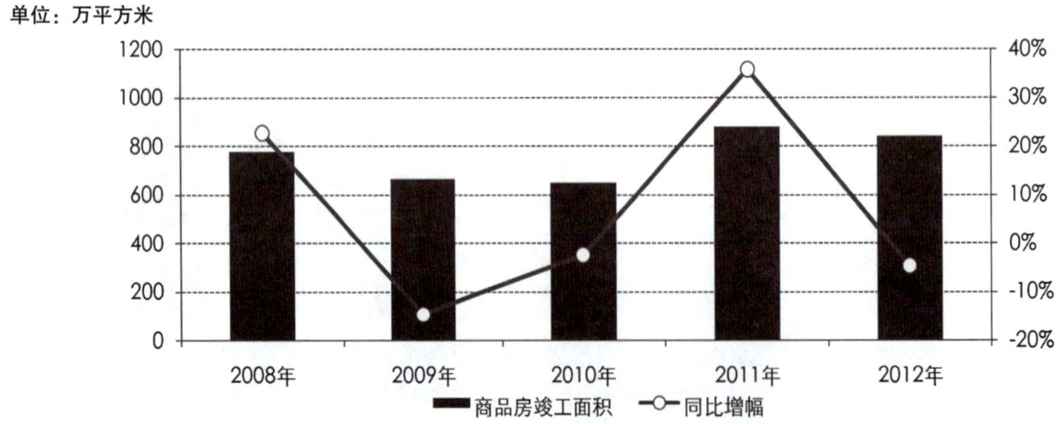

图4-121　2008~2012年宁波商品房竣工面积及同比增幅图

数据来源：国家统计局

4. 市场表现："以价换量"刚需释放，成交均价同比下滑

2012年商品住宅供应量308.5万平方米，同比减少16.28%，较连续五年平均319.2万平方米低10.7万平方米，月均供应量25.71万平方米。在政策影响下，以价换量效果明显，成交量272.5万平方米，同比上涨58.5%。比连续五年平均成交量265.8万平方米高6.7万平方米，月均成交量22.7万平方米。

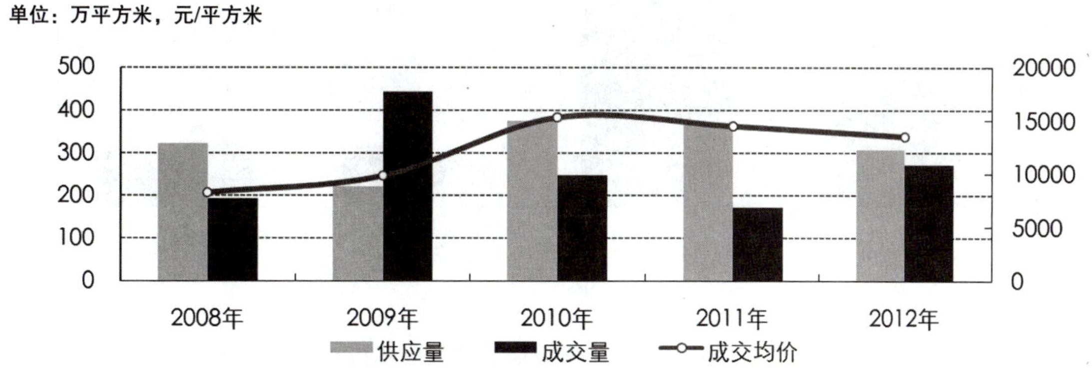

图4-122　2008~2012年宁波商品住宅供求及均价走势图

数据来源：中国房地产决策咨询系统（CRIC）

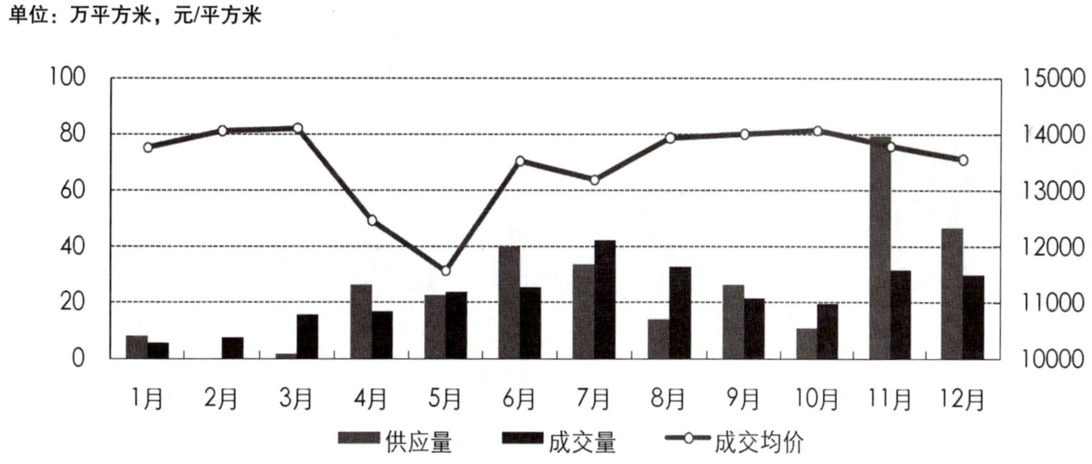

图4-123　2012年各月度宁波商品住宅供求及均价走势图

数据来源：中国房地产决策咨询系统（CRIC）

5. 成交结构：小户型成交大幅下滑，鄞州区镇海区为成交热点区域

从面积成交结构来看，90平方米以下的产品明显萎缩，占比为33.76%；90¯140平方米的改善型产品涨幅明显。在限购限贷的政策下，市场价格做进一步调整，银行利率下调降低按揭门槛，导致多购房者跳过90以下的小户型，而直接选择90¯140平方米的户型；而非普宅类140平方米以上及别墅项目相比上年也有所上涨，但市场比重变动不大。

从区域成交结构来看，鄞州区、北仑区、镇海区是主要的成交区域，其中鄞州区是近几年的成交热点区域，2012年区域成交占比达到36%。

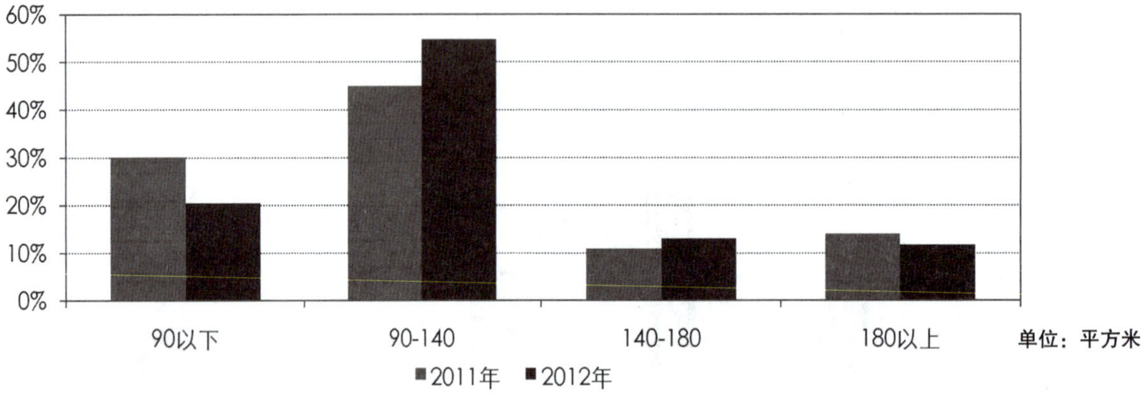

图4-124　2011年、2012年宁波商品住宅面积段成交结构图

数据来源：中国房地产决策咨询系统（CRIC）

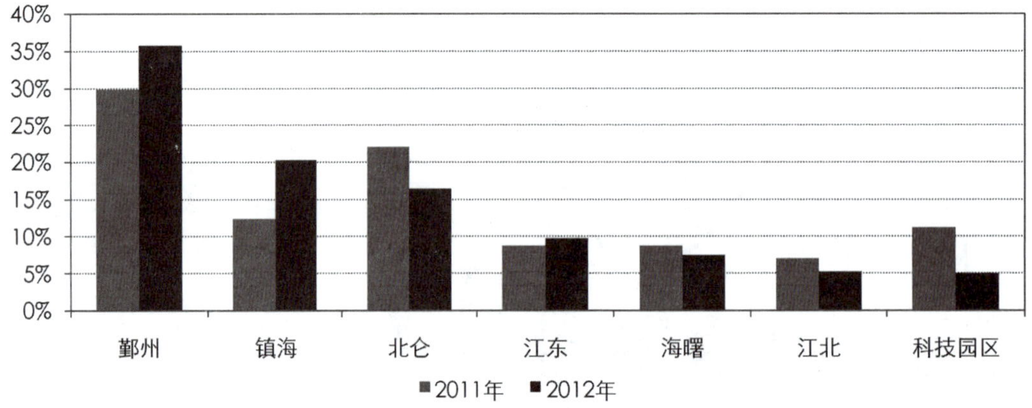

图4-125　2011年、2012年宁波商品住宅区域成交结构图

数据来源：中国房地产决策咨询系统（CRIC）

6. 项目排行榜：稀缺地段楼盘受追捧，经济型别墅产品去化较好

从项目排行榜来看，项目成交呈现了以下特点：经济型别墅产品去化旺，城市稀缺地段项目受追捧。

纵观2012年别墅市场，成交量同比明显提升，其中经济型别墅发挥着绝对力量。华润中海凯旋门，龙湖滟澜海岸、等经济型别墅成为别墅市场的佼佼者。区域分布上，近些年宁波大力发展周边板块，而城市绝版地段项目因其位置稀缺所以被高度关注。地处传统老城区海曙区的青林湾7期、江北区的苏园和三江口地段的荣合公馆，成为这一列项目的代表，中高档的产品品质加上突出的高性价比使项目受到市场热捧。

表4-52 2012年宁波商品住宅项目成交面积TOP10排行榜

单位：万平方米，亿元，元/平方米

排行	项目名称	区域	档次	成交面积	成交金额	成交均价	开发商
1	保利城	镇海	中档	12.11	11.86	9794	保利地产
2	青林湾	海曙	中档	11.25	18.23	16210	宁波房地产股份有限公司
3	华润凯旋门	北仑	高档	11.12	13.27	11925	华润置地/中海地产
4	世茂世界湾	北仑	中档	10.05	7.88	7844	世茂集团
5	中海雍城世家	鄞州	高档	9.22	14.35	15567	中海地产
6	国骅宜家花园	鄞州	中档	8.86	11.89	13422	宁波东方建设开发有限公司
7	万科城	镇海	中档	8.64	10.48	12129	万科集团
8	印象外滩	鄞州	高档	6.80	11.96	17599	宁波布利杰置业
9	荣安府	鄞州	高档	5.73	14.33	25015	荣安房地产
10	拉菲庄园	镇海	中档	5.52	6.44	11671	镇海维科房地产

数据来源：中国房地产决策咨询系统（CRIC）

表4-53 2012年宁波商品住宅项目成交金额TOP10排行榜

单位：亿元，万平方米，元/平方米

排行	项目名称	区域	档次	成交金额	成交面积	成交均价	开发商
1	青林湾	海曙	中档	18.23	11.25	16210	宁波房地产
2	中海·雍城世家	鄞州	高档	14.35	9.22	15567	中海地产
3	荣安府	鄞州	高档	14.33	5.73	25015	荣安房地产
4	华润中海凯旋门	北仑	高档	13.27	11.12	11925	华润/中海地产
5	印象外滩	鄞州	高档	11.96	6.80	17599	布利杰置业
6	国骅·宜家花园	鄞州	中档	11.89	8.86	13422	宁波东方建设开发有限公司
7	保利城	镇海	中档	11.86	12.11	9794	保利地产
8	雅戈尔长岛花园	江北	高档	10.87	3.45	31524	雅戈尔置业
9	万科城	镇海	中档	10.48	8.64	12129	万科集团
10	维科上院	海曙	中档	9.03	3.85	23422	维科置业

数据来源：中国房地产决策咨询系统（CRIC）

十六、温州房地产市场情况

1. 2008~2012年房地产行业数据

表4-54 温州2008~2012年房地产行业数据表

类别	指标	2008年	2009年	2010年	2011年	2012年
宏观	GDP（亿元）	2424.29	2527.34	2925.04	3350.87	3650.06
	同比增幅（%）	12.29	4.25	15.74	14.56	8.93
	进出口总额（亿美元）	139.93	132.79	170.94	215.72	204.38
	同比增幅（%）	14.26	-5.11	28.73	26.20	-5.30
	固定资产投资（亿元）	758.44	837.78	925.98	1751.52	2110.34
	同比增幅（%）	2.91	10.46	10.53	89.20	37.00
	社会消费品零售总额（亿元）	1082.95	1264.72	1498.10	1643.52	1929.29
	同比增幅（%）	19.47	16.79	18.45	18.10	9.10
行业	房地产开发投资（亿元）	219.39	253.34	270.50	480.55	687.06
	同比增幅（%）	13.97	15.47	6.77	77.66	42.97
	商品房新开工面积（万平方米）	——	566.98	544.11	1021.05	945.84
	同比增幅（%）	——	——	-4.03	87.66	-7.37
	商品房施工面积（万平方米）	2395.70	2320.20	2504.10	3226.07	3745.92
	同比增幅（%）	-2.63	-3.15	7.93	28.83	16.11
	商品房竣工面积（万平方米）	594.10	341.10	306.30	417.58	348.36
	同比增幅（%）	12.12	-42.59	-10.20	36.33	-16.58
土地	土地购置面积（万平方米）	——	72.30	18.38	123.46	60.37
	同比增幅（%）	——	——	-74.57	571.58	-51.10
	土地购置金额（亿元）	——	25.76	102.34	177.14	342.89
	同比增幅（%）	——	——	297.32	73.09	93.57
市场	商品房销售面积（万平方米）	173.33	313.96	228.46	135.51	202.86
	同比增幅（%）	-41.70	81.13	-27.23	-40.68	49.70
	商品房销售金额（亿元）	152.82	426.54	307.31	229.09	354.52
	同比增幅（%）	-32.20	179.11	-27.95	-25.50	54.75

数据来源：国家统计局

表4-55 温州2008~2012年土地市场与商品住宅市场运行情况

类别	指标	2008年	2009年	2010年	2011年	2012年
土地	土地供应量（万平方米）	136.19	286.20	696.16	627.76	——
	土地成交量（万平方米）	132.62	300.88	451.23	597.68	45.42
	土地成交金额（亿元）	42.53	121.06	185.34	105.39	1.67
市场	商品住宅成交量（万平方米）	——	170.24	125.40	90.54	175.02

数据来源：中国房地产决策咨询系统（CRIC）

2. 综述：实体经济危机显现，行业发展步伐受困

受限于实体经济的低迷及前期房地产市场的过快发展影响，2012年温州市房地产行业发展迎来了发展瓶颈，负增长的进出口规模使得城市的持续性发展面着前所未有的挑战，反映在楼市行业数据上，房地产开发投资增幅大幅放缓，城市土地出让规模萎缩，新开工及竣工面积均有不同程度的下滑，年内市场成交虽有所回暖，但相对于高企的房地产在建规模而言，依然难言乐观。

3. 投资建设：投资增速大幅放缓，施工总量仍在上升

2012年，温州市政府有意识地对过热的房地产市场投资进行调控，转而加大实体经济的投资，年内房地产投资增速由2011年的151%大幅下降至1%。与此同时，新开工面积及竣工面积均有不同程度的减少，但由于新开工面积仍高于竣工面积，因此施工总量仍在上升。

单位：亿元

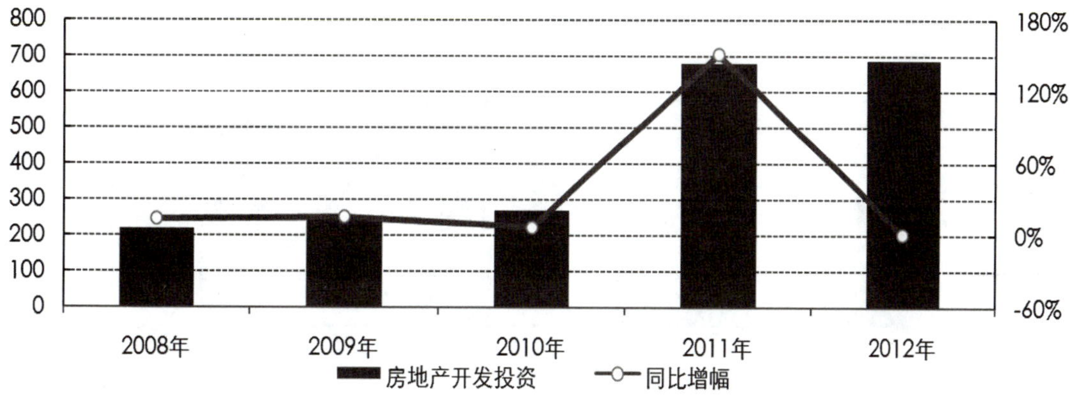

图4-126　2008~2012年温州房地产投资额年度走势及同比增幅图

数据来源：国家统计局

单位：亿元

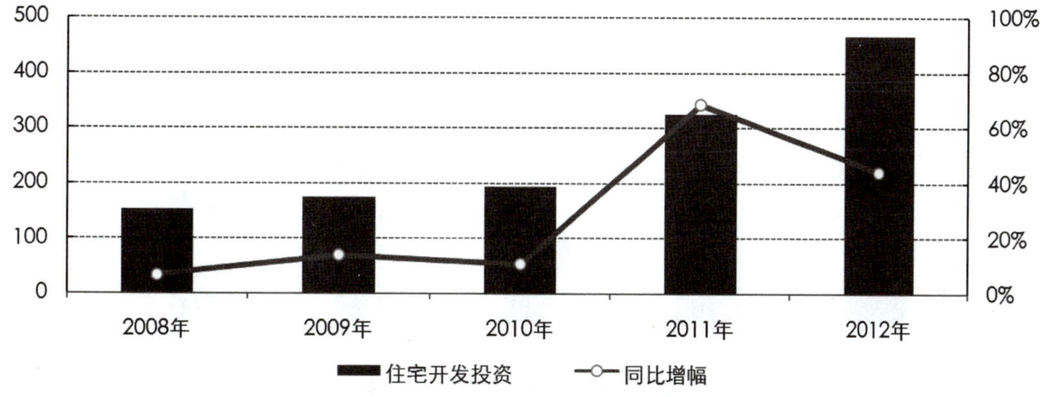

图4-127　2008~2012年温州住宅开发投资额年度走势及同比增幅图

数据来源：国家统计局

单位：万平方米

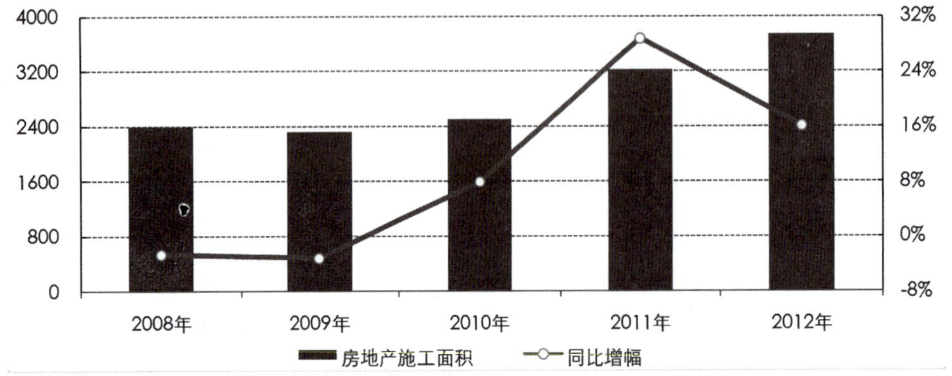

图4-128　2008~2012年温州房地产施工面积及同比增幅图

数据来源：国家统计局

单位：万平方米

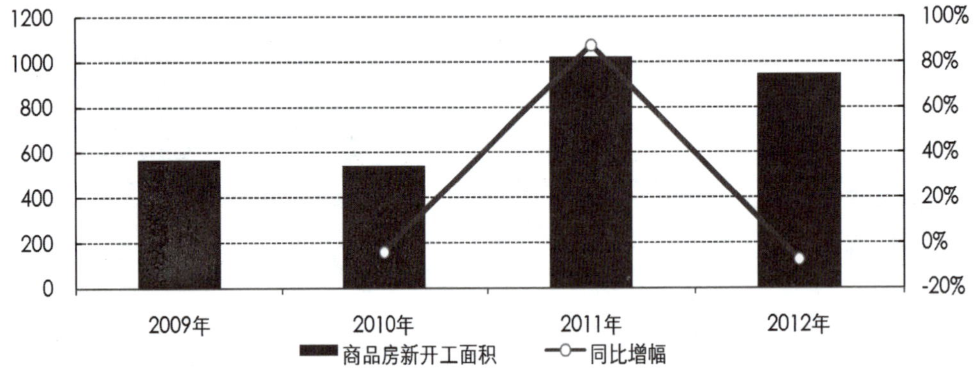

图4-129　2009-2012年温州商品房新开工面积及同比增幅图

数据来源：国家统计局

单位：万平方米

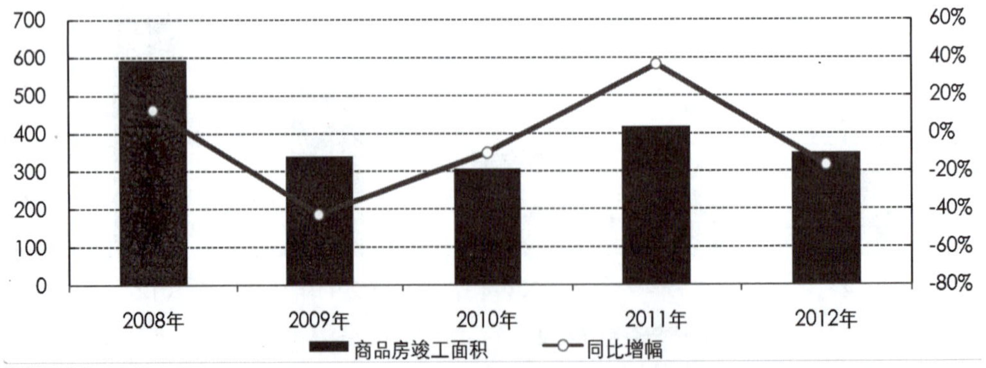

图4-130　2008~2012年温州商品房竣工面积及同比增幅图

数据来源：国家统计局

4. 市场表现：商品住宅成交反弹，成交量快速回升

2012年温州市商品住宅市场成交走势总体向好，并在年底迎来了市场需求井喷，成交量快速拉升。

虽然年内温州继续执行从严的限购政策，但国内房地产市场的整体回暖，以及4月份出台的城中村改造建设的意见，行业走势有所提振。就市场成交表现来看，经历了年初的成交低谷之后，市场需求逐步释放，全市商品住宅成交量逐月上升，并在年底突破了30万平方米，全年成交面积达到175万平方米，超过2009年的历史高点。

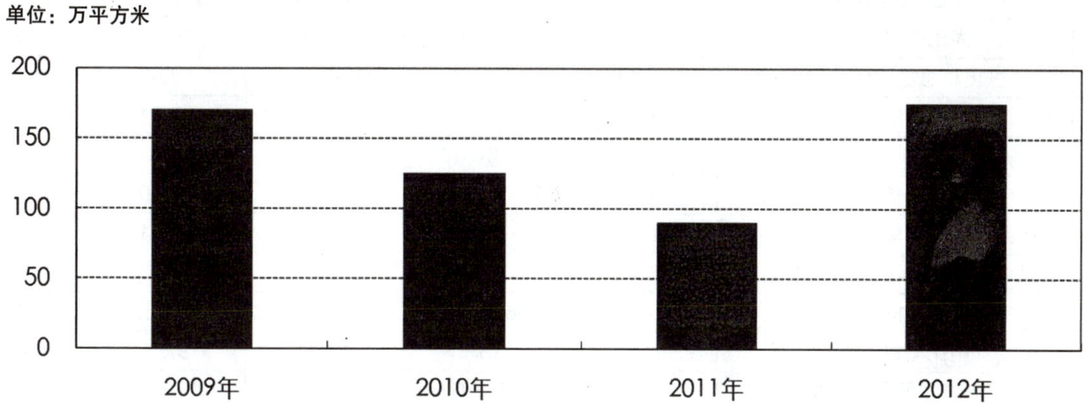

图4-131 2009-2012年温州商品住宅成交面积走势图

数据来源：中国房地产决策咨询系统（CRIC）

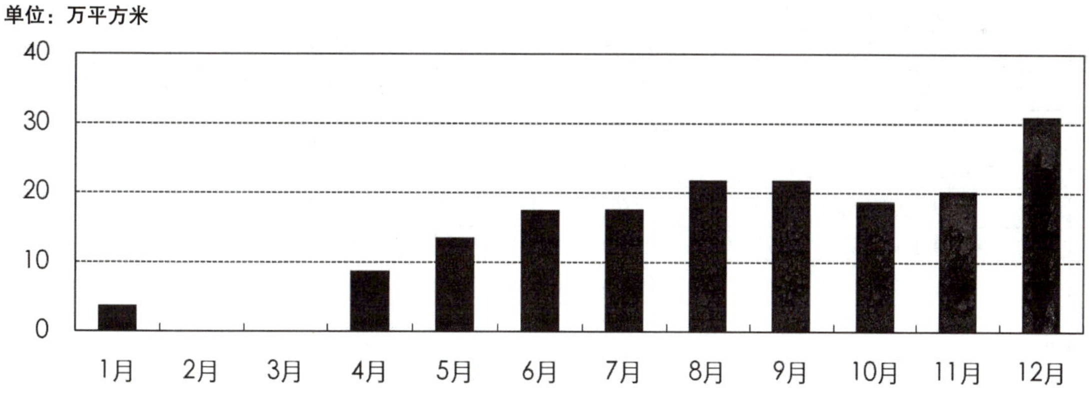

图4-132 2012年各月度温州商品住宅成交面积走势图

数据来源：中国房地产决策咨询系统（CRIC）

十七、合肥房地产市场情况

1. 2008~2012年房地产行业数据

表4-56　合肥2008~2012年房地产行业数据表

类别	指标	2008年	2009年	2010年	2011年	2012年
宏观	GDP（亿元）	1776.86	2102.13	2701.61	3636.62	4164.3
	同比增幅（%）	17.2	17.3	17.50	15.40	13.60
	进出口总额（亿美元）	77.08	64.28	99.6	123.1	176.42
	同比增幅（%）	23.4	-16.6	54.90	23.61	43.30
	固定资产投资（亿元）	1840.34	2468.42	3066.97	3386.28	4001.10
	同比增幅（%）	40.3	34.3	24.20	26.80	23.70
	社会消费品零售总额（亿元）	617.21	700.6	839.02	1111.12	1293.62
	同比增幅（%）	25.5	19.6	19.80	32.43	16.70
行业	房地产开发投资（亿元）	567.16	670.36	802.65	880.29	913.8
	同比增幅（%）	46.9	18.5	19.73	9.67	3.81
	商品房新开工面积（万平方米）	1152.17	1477.09	1750.70	1893.4	1488.75
	同比增幅（%）	9.53	28.2	18.52	8.15	-21.37
	商品房施工面积（万平方米）	3808.63	4751.29	5338.63	5645.79	6071.64
	同比增幅（%）	21.22	24.75	12.36	5.75	7.54
	商品房竣工面积（万平方米）	411.63	600.55	794.61	654.89	921.02
	同比增幅（%）	-31.81	45.9	32.31	-17.58	40.64
土地	土地购置面积（万平方米）	288.71	324.46	325.54	449.69	476.41
	同比增幅（%）	-40.09	12.38	0.33	38.14	5.94
	土地购置金额（亿元）	89.98	102.78	199.71	178.33	138.16
	同比增幅（%）	17.70	14.23	94.31	-10.71	-22.53
市场	商品房销售面积（万平方米）	921.90	1297.95	1004.91	1246.60	1242.48
	同比增幅（%）	-10.35	40.79	-22.58	24.05	-0.33
	商品房销售金额（亿元）	333.65	548.77	593.34	788.75	764.86
	同比增幅（%）	-2.46	64.47	8.12	32.93	-3.03

数据来源：合肥统计局

表4-57　合肥2008~2012年土地市场与商品住宅市场运行情况

类别	指标	2008年	2009年	2010年	2011年	2012年
土地	土地供应量（万平方米）	973.76	1095.05	1798.71	1773.57	3021.41
	土地成交量（万平方米）	754.05	1061.31	1365.10	1471.17	2648.54
	土地成交金额（亿元）	65.16	177.73	240.63	202.70	299.48
市场	商品住宅供应量（万平方米）	846.45	882.17	814.56	711.01	807.20
	商品住宅成交量（万平方米）	672.49	1097.99	754.28	451.88	810.99
	商品住宅成交均价（元/平方米）	3780	4402	6117	6854	6470

数据来源：中国房地产决策咨询系统（CRIC）

2. 综述：刚需带领市场走向回暖，政策扶持商业地产发展获契机

2012年，尽管房地产市场调控始终从紧，但在央行两次降息及刚需集中爆发的带动下，合肥商品住宅市场销售出现大幅回涨，涨幅高达79%，甚至高于2009年。与此同时，合肥的房地产开发投资增速却一直在持续下滑，商品房新开工面积增速更是创下了2006年以来的新低，这为市场的未来供应埋下隐患。为此，合肥市政府出台了《关于促进存量商业用地升级改造提高土地利用效率的意见》。《意见》规定，至2012年底，合肥市城市规划区内的商业、工业、办公、综合等存量国有建设用地，土地使用权人可自行升级改造发展成商服项目，不用再像以往一样须先退地再招拍挂拿地。大大提高了土地审批的效率。此外，在土地出让金补缴方面，对于总投资在5亿元以上的大型商业综合体(不含办公、写字楼、商品住宅)和五星级酒店项目，按物业自持比例，在地价上给予五至七折优惠。也为合肥商业地产的发展提供了契机。

3. 投资建设：投资增速持续下滑，新开工增速创2006年以来新低

从投资规模来看，受调控影响，2012年合肥房地产开发投资增速保持下滑态势，仅为3.8%，为2006年以来的新低。商品房施工面积同比增速也处于低位；商品房新开工面积更是大降21.4%；竣工面积同比上涨了40.6%，达到了921万平方米，创历史新高。

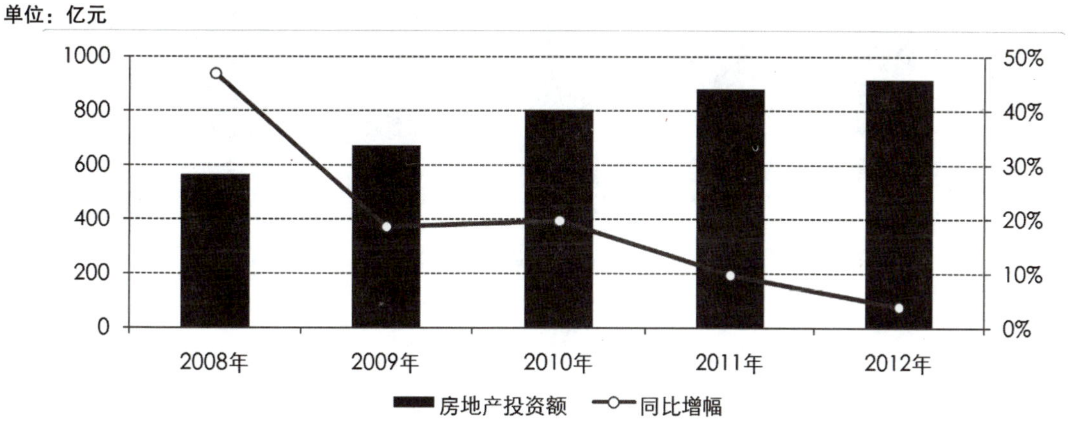

图4-133　2008~2012年合肥房地产投资额年度走势及同比增幅图

数据来源：合肥统计局

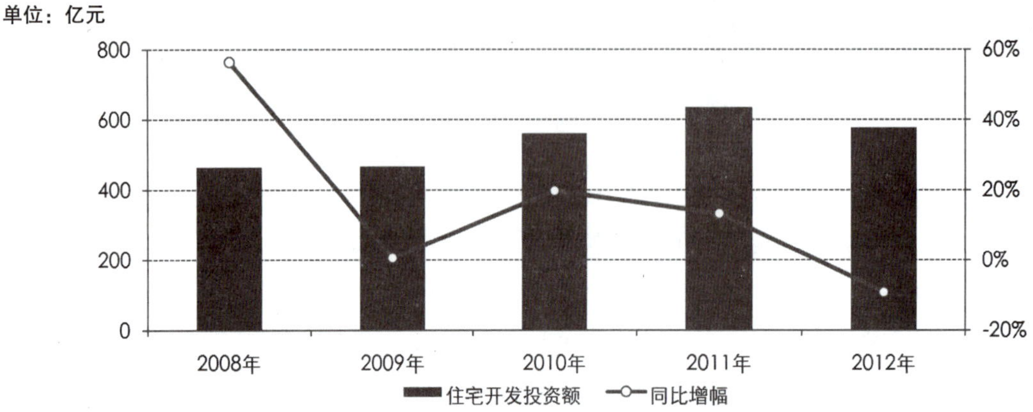

图4-134　2008~2012年合肥住宅开发投资额年度走势及同比增幅图

数据来源：合肥统计局

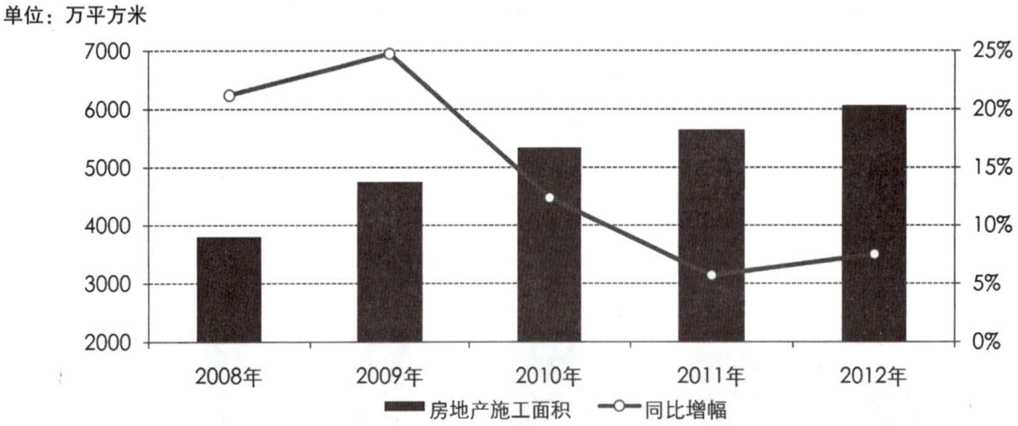

图4-135　2008~2012年合肥房地产施工面积及同比增幅图

数据来源：合肥统计局

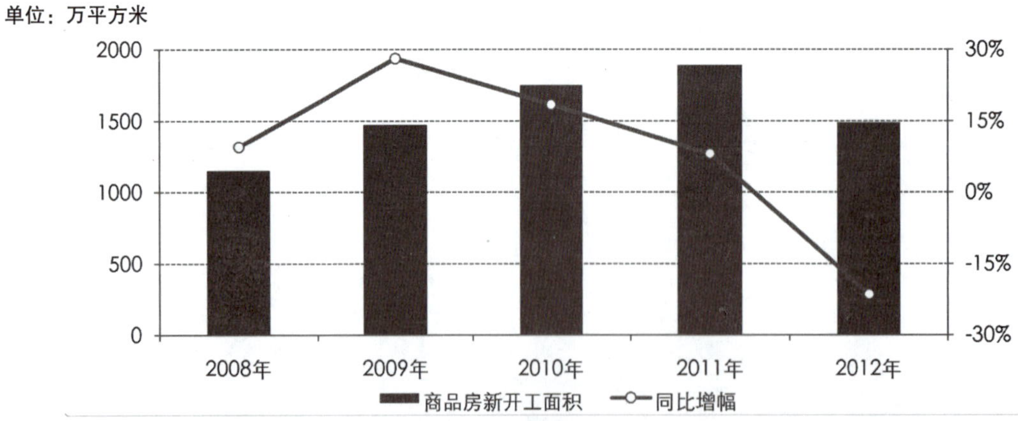

图4-136　2008~2012年合肥商品房新开工面积及同比增幅图

数据来源：合肥统计局

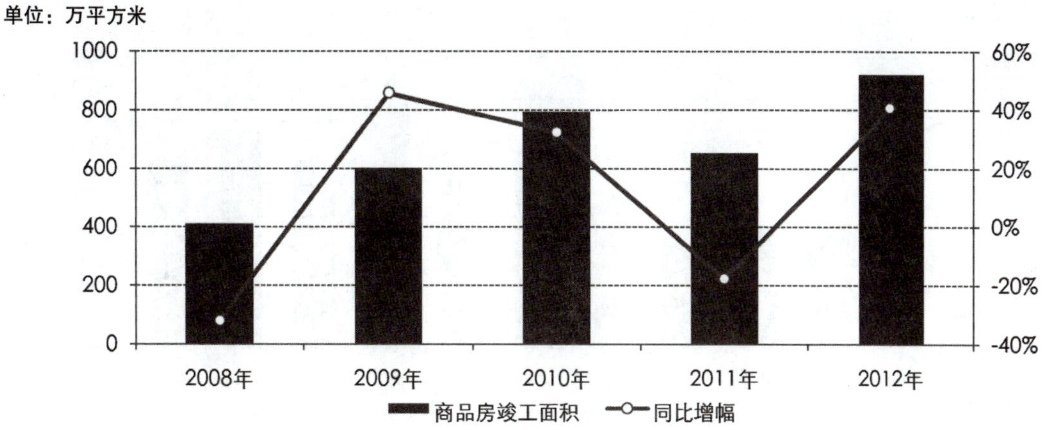

图4-137　2008~2012年合肥商品房竣工面积及同比增幅图

数据来源：合肥统计局

4. 市场表现：刚需爆发，2012合肥商品住宅市场大幅回涨

2012年商品房总成交960.65万平方米，同比上涨46.51%，近三年来首次同比上涨。与此同时，成交均价并未随之上涨，全年成交均价同比微跌1.7%，市场在调控下逐渐回归到了理性状态。今年成交的上涨主要受企业以价换量、宽松货币政策及调控政策效力减弱等三方面因素影响。

从月度走势来看，全年商品住宅市场经历了四阶段：三月反弹初现小阳春、七月逆市淡季不淡、金九银十成色不足高位盘整、年末翘尾冬季不太冷。

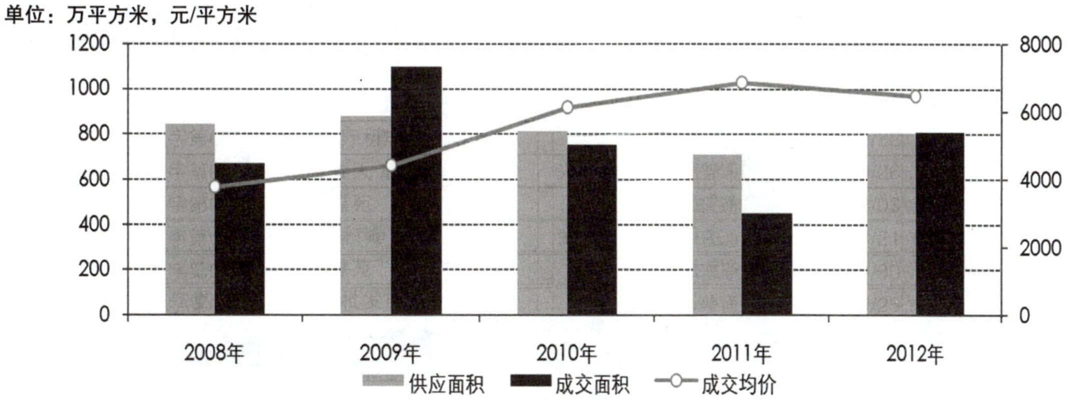

图4-138　2008-2012年合肥商品住宅供求及均价走势图

数据来源：中国房地产决策咨询系统（CRIC）

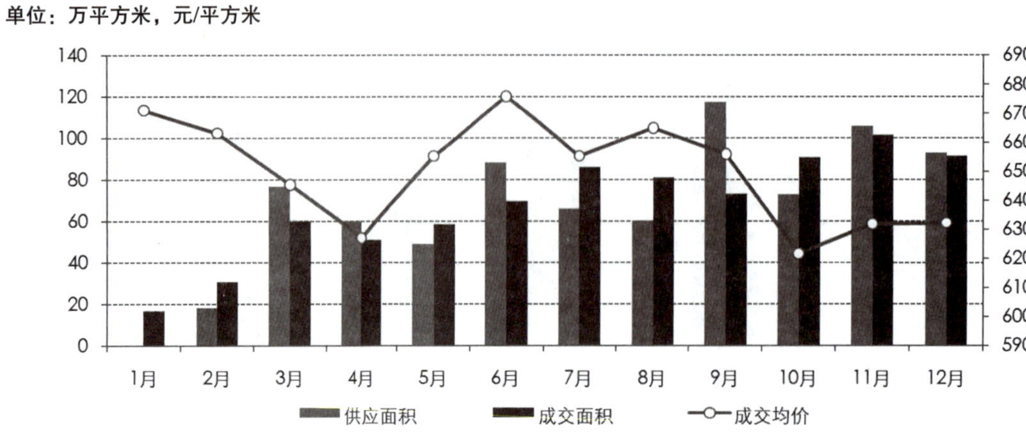

图4-139 2012年各月度合肥商品住宅供求及均价走势图

数据来源：中国房地产决策咨询系统（CRIC）

5. 成交结构：中小户型为市场的绝对主力，蜀山、庐阳市场最热门

2012年，刚需引领了市场的回暖，中小户型成交量依旧处于主导地位，占比达到了70%，与2011年持平。另外，120~140平方米区间段的改善型产品的成交比例也有所上升，可见在刚需的带动下，合肥改善型产品成交也要明显好于去年。

从区域成交结构来看，成交依旧集中于蜀山区、庐阳区、瑶海区和包河区等，成交占比较去年同期有所增加，成为合肥住宅市场最热门的板块，原因即在于这几个区规划均较为完整，且基础设施配套相对完善，轨道交通便捷，无论对于自住还是投资均较为理想。另外，高新区、经济区等地方也逐渐成为合肥住宅市场的新兴之地。

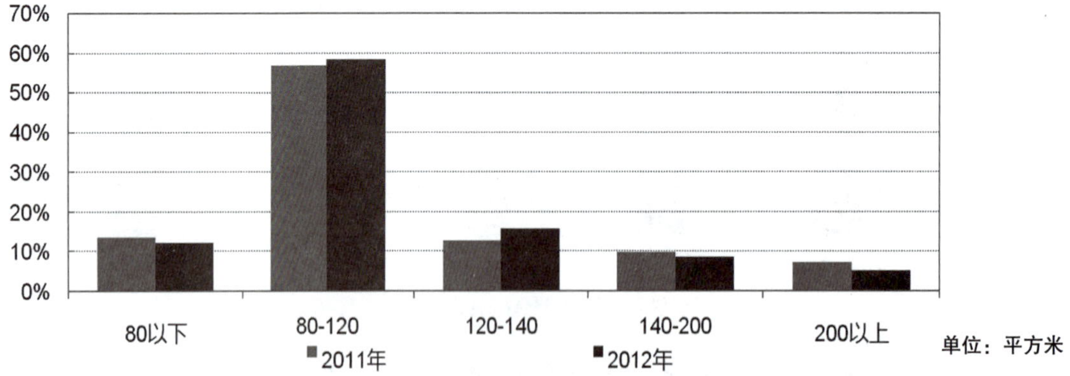

图4-140 2011年、2012年合肥商品住宅成交面积段结构图

数据来源：中国房地产决策咨询系统（CRIC）

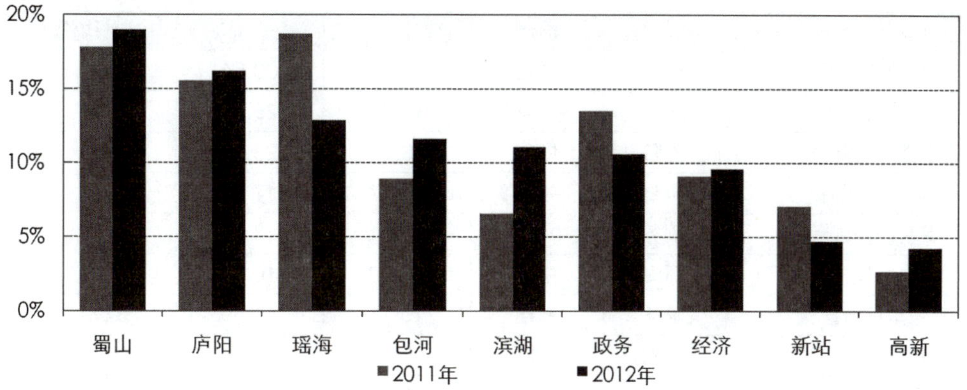

图4-141　2011年、2012年合肥商品住宅区域成交结构图

数据来源：中国房地产决策咨询系统（CRIC）

6．项目排行榜：蓝鼎集团独领风骚，品牌房企优势明显

2012年，蓝鼎集团凭借蓝鼎星河府和蓝鼎滨湖假日两个项目摘下了合肥商品住宅成交面积和金额的双料冠亚军，两项目均以超高的性价比取胜。除此之外，进入榜单的基本都是大型房企，如中铁、华润、中海、保利、恒大等等，说明在调控从严之际，品牌房企凭借品牌实力在市场上具有明显的优势。

表4-58　2012年合肥商品住宅项目成交面积TOP10排行榜

单位：万平方米，亿元，元/平方米

排行	项目名称	区域	档次	成交面积	成交金额	成交均价	开发商
1	蓝鼎星河府	包河	中档	30.54	19.02	6229	蓝鼎集团
2	蓝鼎·滨湖假日	滨湖	中高档	25.51	17.92	7023	蓝鼎集团
3	中铁·国际城	庐阳	中档	23.13	13.81	5971	中铁房地产
4	华润橡树湾	庐阳	中档	17.37	11.57	6662	华润置地
5	北城世纪城	长丰县	低档	16.34	6.94	4250	世纪金源
6	中海原山	蜀山	中档	16.10	10.83	6725	中海地产
7	恒盛皇家花园	庐阳	中低档	15.78	8.27	5239	恒盛地产
8	保利香槟国际	政务	中高档	13.95	10.91	7818	保利地产
9	恒大城	瑶海	中低档	13.61	7.02	5156	恒大地产
10	合肥华润万象城	政务	高档	11.59	10.16	8771	华润置地

数据来源：中国房地产决策咨询系统（CRIC）

表4-59　2012年合肥商品住宅项目成交金额TOP10排行榜

单位：亿元，万平方米，元/平方米

排行	项目名称	区域	档次	成交金额	成交面积	成交均价	开发商
1	蓝鼎星河府	包河	中档	19.02	30.54	6229	蓝鼎集团
2	蓝鼎・滨湖假日	滨湖	中高档	17.92	25.51	7023	蓝鼎集团
3	中铁・国际城	庐阳	中档	13.81	23.13	5971	中铁房地产
4	华润橡树湾	庐阳	中档	11.57	17.37	6662	华润置地
5	保利香槟国际	政务	中高档	10.91	13.95	7818	保利地产
6	中海原山	蜀山	中档	10.83	16.10	6725	中海地产
7	合肥华润万象城	政务	高档	10.16	11.59	8771	华润置地
8	恒盛皇家花园	庐阳	中低档	8.27	15.78	5239	恒盛地产
9	滨湖万科城	滨湖	中高档	7.82	10.65	7342	万科集团
10	旭辉御府	滨湖	中档	7.68	11.50	6676	旭辉集团

数据来源：中国房地产决策咨询系统（CRIC）

十八、福州房地产市场情况

1. 2008~2012年房地产行业数据

表4-60 福州2008~2012年房地产行业数据表

类别	指标	2008年	2009年	2010年	2011年	2012年
宏观	GDP（亿元）	2284.16	2604.04	3123.41	3734.78	4218.29
	同比增幅（%）	13.00	14.00	19.94	19.57	12.95
	进出口总额（亿美元）	203.47	178.49	245.86	347.25	281.95
	同比增幅（%）	9.20	-12.28	37.74	41.24	-11.94
	固定资产投资（亿元）	1248.90	1646.72	2317.44	2720.28	3234.78
	同比增幅（%）	24.70	31.85	40.73	17.38	18.91
	社会消费品零售总额（亿元）	1134.37	1338.64	1624.28	1896.77	2259.03
	同比增幅（%）	20.60	18.01	21.34	16.78	19.10
行业	房地产开发投资（亿元）	309.80	361.80	670.69	956.45	972.27
	同比增幅（%）	-17.70	16.79	85.38	42.61	1.65
	商品房新开工面积（万平方米）	530.73	553.14	1451.48	1630.50	1509.05
	同比增幅（%）	-35.58	4.22	162.41	12.30	-7.45
	商品房施工面积（万平方米）	2520.39	2635.06	3599.46	4989.92	5704.68
	同比增幅（%）	3.64	4.55	36.60	38.63	14.32
	商品房竣工面积（万平方米）	329.15	485.90	345.81	588.93	534.33
	同比增幅（%）	-30.57	47.62	-28.83	70.30	-9.27
土地	土地购置面积（万平方米）	105.98	295.89	332.39	286.14	214.32
	同比增幅（%）	-49.79	179.19	12.34	-13.91	-25.10
	土地购置金额（亿元）	60.93	89.77	292.42	389.53	229.70
	同比增幅（%）	-63.30	47.33	225.74	33.21	-41.03
市场	商品房销售面积（万平方米）	344.10	690.13	597.83	622.18	841.50
	同比增幅（%）	-46.70	100.56	-13.37	4.07	35.50
	商品房销售金额（亿元）	194.98	457.22	502.99	627.81	941.49
	同比增幅（%）	-41.70	134.50	10.01	24.81	49.96

数据来源：国家统计局

表4-61 福州2008~2012年土地市场与商品住宅市场运行情况

类别	指标	2008年	2009年	2010年	2011年	2012年
土地	土地供应量（万平方米）	-	267.29	1476.35	697.68	171.14
	土地成交量（万平方米）	103.62	250.36	763.56	496.06	182.77
	土地成交金额（亿元）	40.10	100.80	318.59	224.55	66.29
市场	商品住宅供应量（万平方米）	-	236.67	183.36	291.00	211.85
	商品住宅成交量（万平方米）	132.73	426.07	187.75	187.53	252.43
	商品住宅成交均价（元/平方米）	7557	8164	11942	14231	14188

数据来源：中国房地产决策咨询系统（CRIC）

2. 综述：供应总量持续低迷，住宅市场供不应求

虽然福州市整体经济形势依然向好，但自限购政策全面推广以来，经历了2009年成交高位之后，严厉的调控政策使得福州市房地产市场规模持续低迷，就市场表现来看，连续两年商品住宅成交总额均低于200万平方米。直至2012年，住宅市场成交才在全国回暖的大势中达到了250万平方米；但是受到供应萎缩的限制，商品住宅市场供不应求，相比前期高点仍有不小的差距。

3. 投资建设：投资增速持续放缓，施工面积同比上升

2012年，受持续市场调控影响，福州市房地产开发投资增速继续下滑，全年房地产开发投资额累计972.27亿元，仅较上一年增长了不足20亿元；其中，住宅开发投资额628.48亿元，同比下滑8.6%。施工面积持续上升，同比增加15.4%。新开工规模有所放缓，全年同比下滑7.45%。

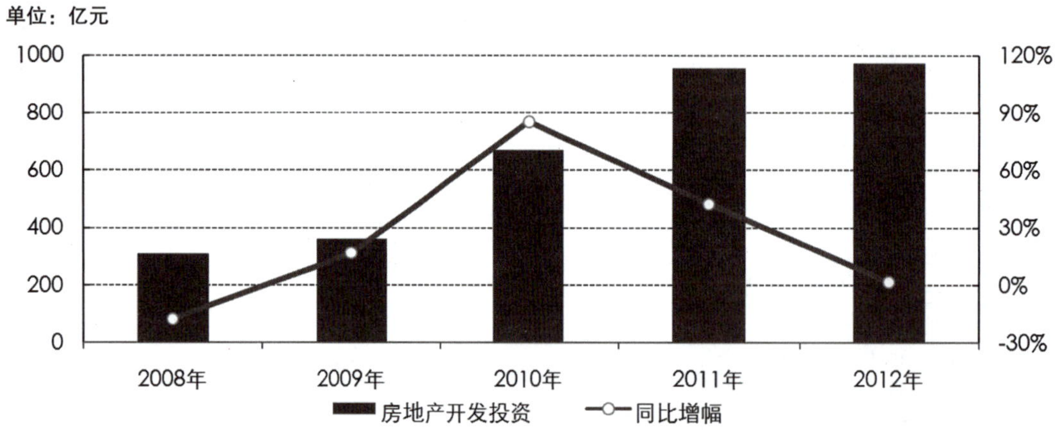

图4-142　2008~2012年福州房地产投资额年度走势及同比增幅图

数据来源：国家统计局

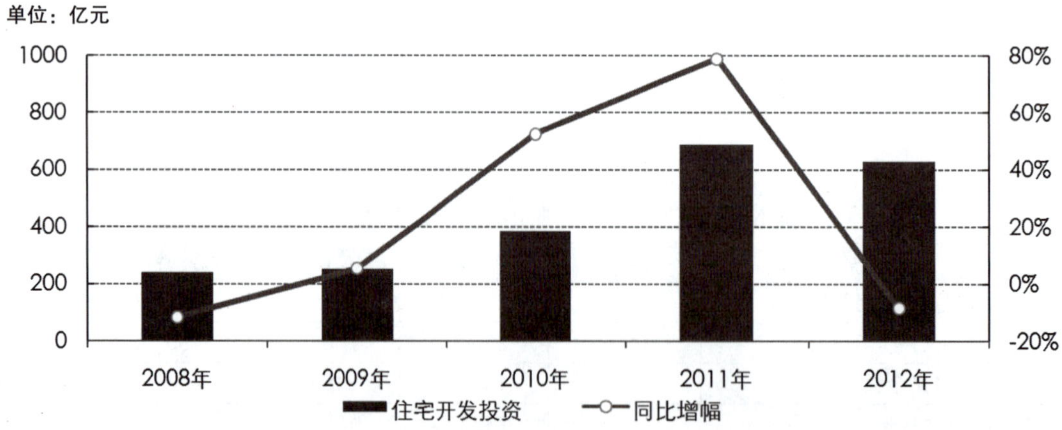

图4-143　2008~2012年福州住宅开发投资额年度走势及同比增幅图

数据来源：国家统计局

单位：万平方米

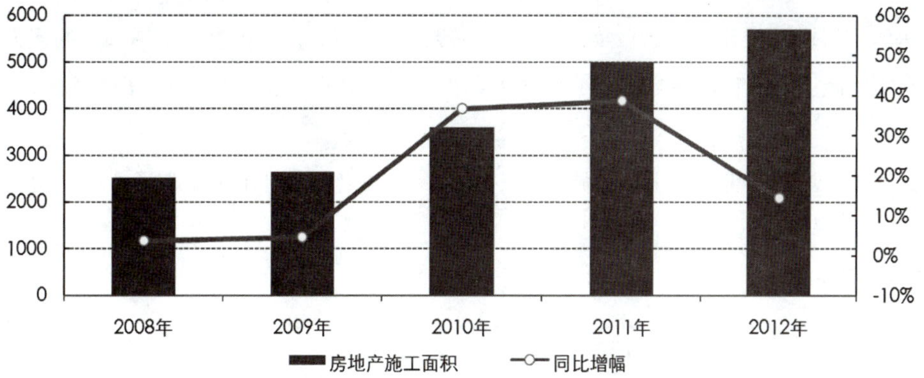

图4-144　2008~2012年福州房地产施工面积及同比增幅图

数据来源：国家统计局

单位：万平方米

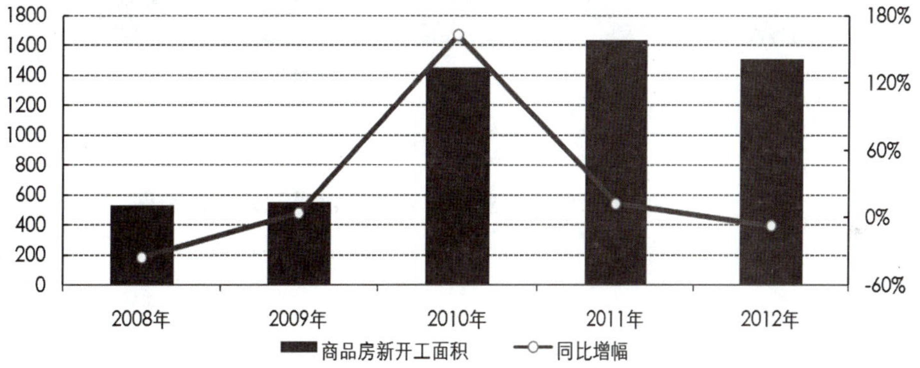

图4-145　2008-2011年福州商品房新开工面积及同比增幅图

数据来源：国家统计局

单位：万平方米

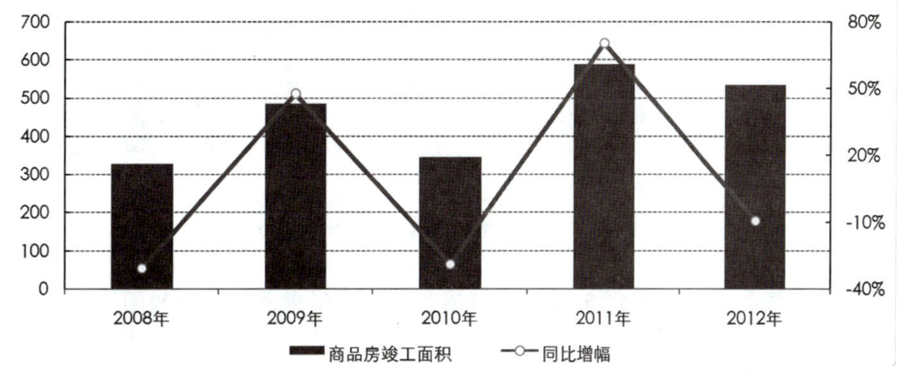

图4-146　2008~2012年福州商品房竣工面积及同比增幅图

数据来源：国家统计局

4. 市场表现：商品住宅成交放量，供应总量仍旧低迷

2012年整体房地产市场政策环境较2011年已经有所好转，在政策、企业优惠、市场预期的多方作用之下，福州商品住宅市场有所回暖。全年商品住宅成交面积252.43万平方米，同比上涨34.6%；成交均价为14188元/平方米，与上年基本持平。

月度变化上，住宅市场成交量呈现上半年波动，下半年高位放量态势，下半年市场成交均价也在成交回暖推动之下，有较大幅度的上升。

单位：万平方米，元/平方米

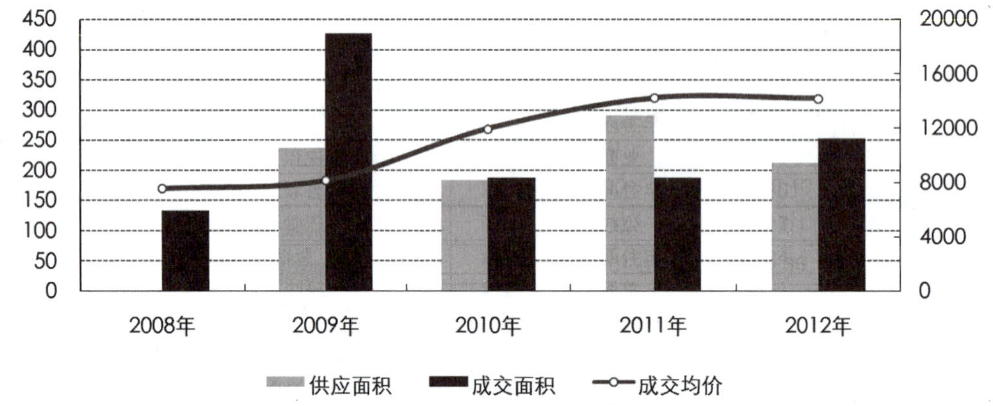

图4-147 2008~2012年福州商品住宅供求及均价走势图

注：2008年供应数据缺。

数据来源：中国房地产决策咨询系统（CRIC）

单位：万平方米，元/平方米

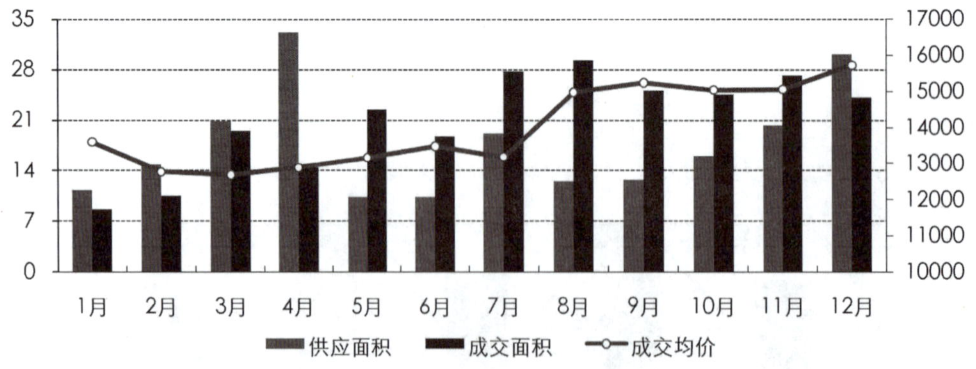

图4-148 2012年各月度福州商品住宅供求及均价走势图

数据来源：中国房地产决策咨询系统（CRIC）

5. 成交结构：中大户型成交占比大幅上升，马尾区成交量快速增加

2012年，福州市中等户型成交依旧处于主导地位，在各面积段中占比最高，较2011年小幅上升3%；小户型成交占比大幅减少，较上一年同期下降了10个百分点，而130¯150平方米的中大户型大幅上涨8%。

从成交区域结构来看，仓山区依然占据着最大的成交比例，但是到了2012年，随着市政建设的逐步完善，城市范围的逐步扩大使得商品住宅成交区域分布也愈加趋向于分散，年内马尾区成交面积占比即达到34%，大幅上升19个百分点。

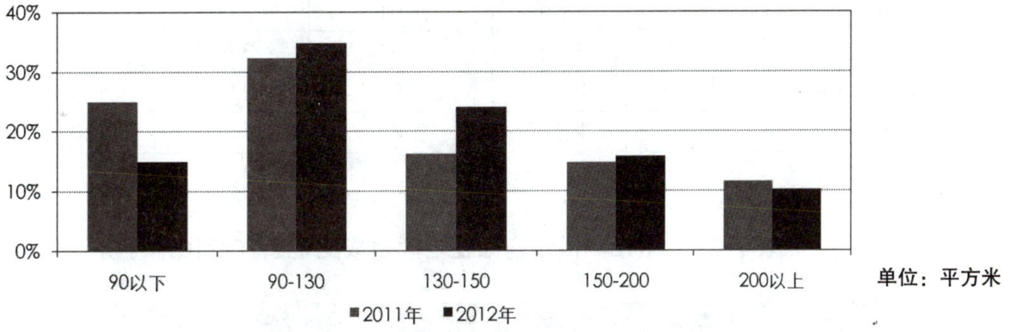

图4-149　2010年、2011年福州商品住宅面积段成交结构图

数据来源：中国房地产决策咨询系统（CRIC）

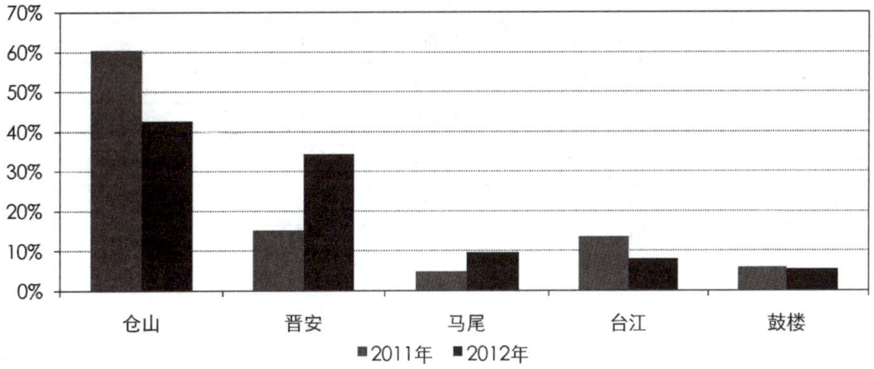

图4-150　2011年、2012年福州商品住宅区域成交结构图

数据来源：中国房地产决策咨询系统（CRIC）

6. 项目排行榜：城区大盘领跑市场，中高端项目受到热捧

项目排行榜显示，在供应不足的情况下，福州市城区大盘受到了购房者更多的关注。而中高端项目更是以其不可复制的景观及区位优势得到消费者认可，项目成交领跑全市，如融侨外滩。

表4-62 2012年福州商品住宅项目成交面积TOP10排行榜

单位：万平方米，亿元，元/平方米

排行	项目名称	区域	档次	成交面积	成交金额	成交均价	开发商
1	阳光凡尔赛宫	台江	中档	2.49	4.15	16648	阳光城集团
2	保利香槟国际	晋安	中档	2.42	3.71	15364	保利地产
3	华润橡树湾	仓山	中低档	2.23	2.48	11081	华润置地
4	世欧王庄	晋安	中档	2.21	4.10	18541	世欧房地产
5	泰禾红峪	仓山	中档	2.13	2.59	12150	泰禾集团
6	融侨外滩	仓山	中高档	2.01	4.27	21289	融侨集团
7	世欧澜山	晋安	中档	2.01	3.60	17942	世欧房地产
8	融信澜郡	鼓楼	中档	1.97	3.60	18296	融信集团
9	三盛国际公园	晋安	中低档	1.71	2.04	11988	三盛房地产
10	中庚香山春天	晋安	中低档	1.38	1.80	13042	中庚实业

数据来源：中国房地产决策咨询系统（CRIC）

表4-63 2012年福州商品住宅项目成交金额TOP10排行榜

单位：亿元，万平方米，元/平方米

排行	项目名称	区域	档次	成交金额	成交面积	成交均价	开发商
1	融侨外滩	仓山	中高档	4.27	2.01	21289	融侨集团
2	阳光凡尔赛宫	台江	中档	4.15	2.49	16648	阳光城集团
3	世欧王庄	晋安	中高档	4.10	2.21	18541	世欧房地产
4	保利香槟国际	晋安	中档	3.71	2.42	15364	保利地产
5	世欧澜山	晋安	中档	3.60	2.01	17942	世欧房地产
6	融信澜郡	鼓楼	中档	3.60	1.97	18296	融信集团
7	万科广场	台江	中高档	2.64	1.30	20218	万科地产
8	泰禾红峪	仓山	中低档	2.59	2.13	12150	泰禾集团
9	华润橡树湾	仓山	中低档	2.48	2.23	11081	华润置地
10	万科金域中央	台江	中高档	2.47	1.20	20628	万科地产

数据来源：中国房地产决策咨询系统（CRIC）

十九、厦门房地产市场情况

1. 2008~2012年房地产行业数据

表4-64　厦门2008~2012年房地产行业数据表

类别	指标	2008年	2009年	2010年	2011年	2012年
宏观	GDP（亿元）	1560.02	1623.21	2060.07	2535.8	2817.07
	同比增幅（%）	11.10	8.00	15.30	23.30	12.1
	进出口总额（亿美元）	453.89	433.14	570.37	701.67	744.91
	同比增幅（%）	14.10	-4.50	31.70	23.00	6.2
	固定资产投资（亿元）	928.32	882.12	1009.99	1126.28	1332.64
	同比增幅（%）	-0.10	5.30	14.50	11.70	18.1
	社会消费品零售总额（亿元）	418.92	488.62	685	810.69	881.91
	同比增幅（%）	15.70	15.30	21.00	18.35	10.2
行业	房地产开发投资（亿元）	323.96	294.59	396.13	436.31	518.88
	同比增幅（%）	-6.30	-9.90	34.47	10.14	18.4
	商品房新开工面积（万平方米）	421.57	249.27	421.56	1073.07	817.57
	同比增幅（%）	-58.10	-42.90	211.48	154.55	-22.7
	商品房施工面积（万平方米）	3367.26	3094.96	3088.527	3592.7	3579.73
	同比增幅（%）	18.60	-8.09	-0.21	16.32	-0.36
	商品房竣工面积（万平方米）	618.27	711.08	433.63	605.41	422.41
	同比增幅（%）	63.30	13.80	-8.83	39.62	-30.23
土地	土地购置面积（万平方米）	157.41	210.45	309.92	52.16	188.91
	同比增幅（%）	32.67	33.70	47.27	-83.17	262.17
	土地购置金额（亿元）	130.34	132.56	250.34	185.58	198.15
	同比增幅（%）	-27.11	1.70	88.85	-25.87	8.9
市场	商品房销售面积（万平方米）	408.04	529.29	426.77	438.26	615.34
	同比增幅（%）	-18.01	35.90	-19.37	2.69	40.41
	商品房销售金额（亿元）	238.86	420.82	379.12	448.10	755.67
	同比增幅（%）	37.67	76.18	-9.91	18.19	68.64

数据来源：国家统计局

表4-65　厦门2008~2012年土地市场与商品住宅市场运行情况

类别	指标	2008年	2009年	2010年	2011年	2012年
土地	土地供应量（万平方米）	206.02	784.26	905.75	640.11	689.41
	土地成交量（万平方米）	180.79	788.20	882.01	585.92	681.41
	土地成交金额（亿元）	51.36	295.74	298.3	138.18	158.89
市场	商品住宅供应量（万平方米）	1260.21	1376.96	1031.91	1065.79	887.42
	商品住宅成交量（万平方米）	907.65	1890.63	929.20	727.84	934.25
	商品住宅成交均价（元/平方米）	13659	15874	22370	22413	22594

数据来源：中国房地产决策咨询系统（CRIC）

2. 综述：调控影响开始减弱，市场逐渐回暖

2012年持续的市场调控对厦门的房地产市场带来很大冲击，在限购、限价政策下，投机性需求得到有效抑制，销售主要集中在刚需购房上。另外，随着货币政策逐渐宽松，下半年的销售出现大幅上升。2012年厦门一手商品住宅市场表现出以下特征：成交前低后高，以价换量推动销售，刚需占据市场主力。

3. 投资建设：开发投资同比上扬，新开工面积同比下滑

2012年，厦门房地产开发投资额达518.82亿元，同比上涨18.4%，涨幅较上年扩大8个百分点。住宅开发投资289.49亿元，同比上涨16.5%，涨幅较上年缩小4个百分点，表明商办市场在今年开始发力。商品房施工面积、新开工面积、竣工面积均较上年回落，其中新开工面积同比下滑近22.7%。

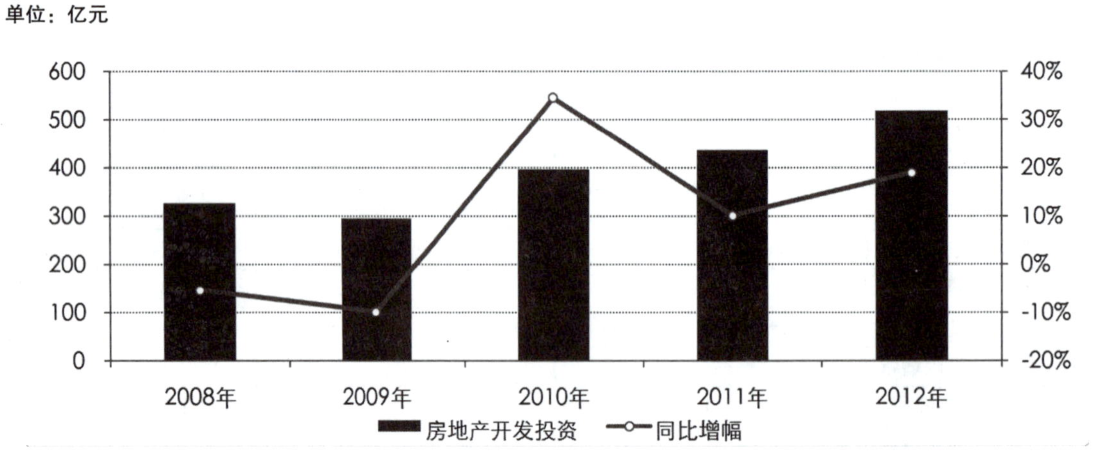

图4-151　2008~2012年厦门房地产投资额年度走势及同比增幅图

数据来源：国家统计局

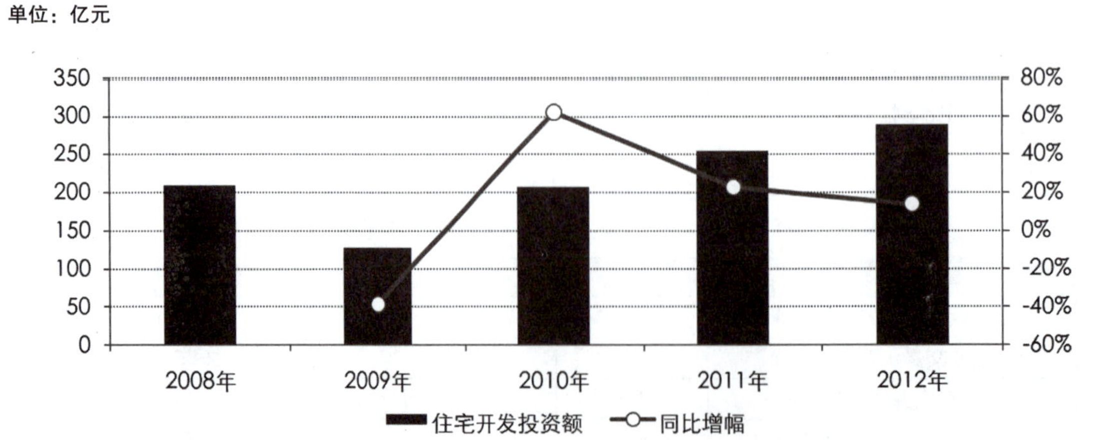

图4-152　2008~2012年厦门住宅开发投资额年度走势及同比增幅图

数据来源：国家统计局

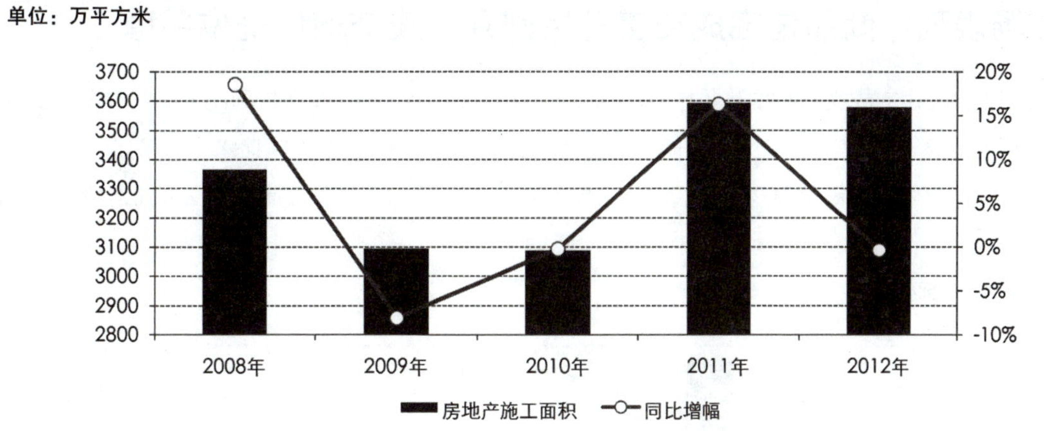

图4-153　2008~2012年厦门房地产施工面积及同比增幅图

数据来源：国家统计局

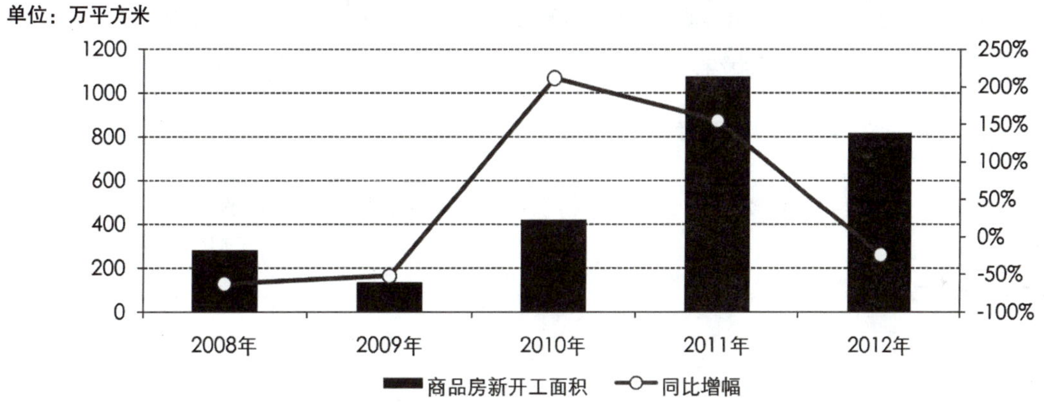

图4-154　2008~2012年厦门商品房新开工面积及同比增幅图

数据来源：国家统计局

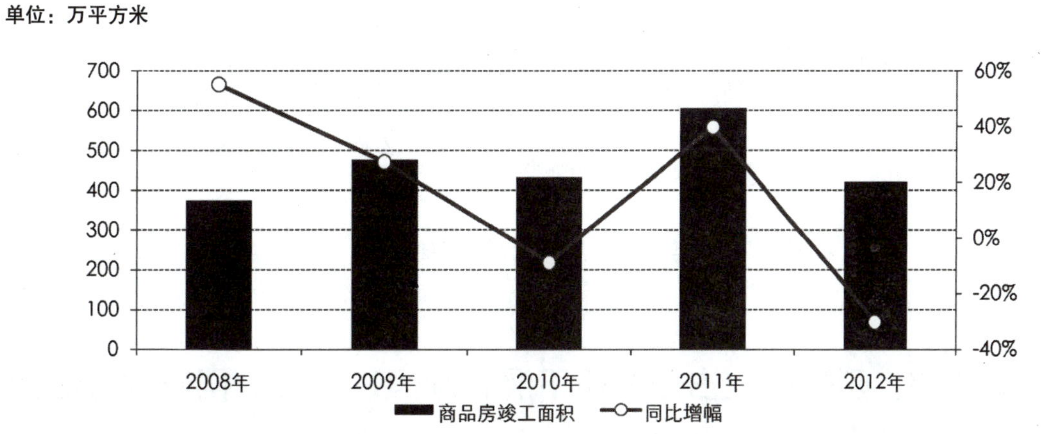

图4-155　2008~2012年厦门商品房竣工面积及同比增幅图

数据来源：国家统计局

4. 市场表现：商品住宅成交量开始回升，成交均价高位平稳

2012年厦门市商品住宅成交934.25万平方米，同比上涨28.4%，为2009年来首次同比上涨，市场回暖明显。

从月度表现看，第一季度厦门市房地产的成交量逐月上涨，但均低于上年同期水平。第二、三季度市场成交量虽有所起伏，但整体位于高位震荡状态。进入第四季度，市场现“翘尾”行情，成交大幅上扬，12月成交大118.50万平方米，为全年最高。

单位：万平方米，元/平方米

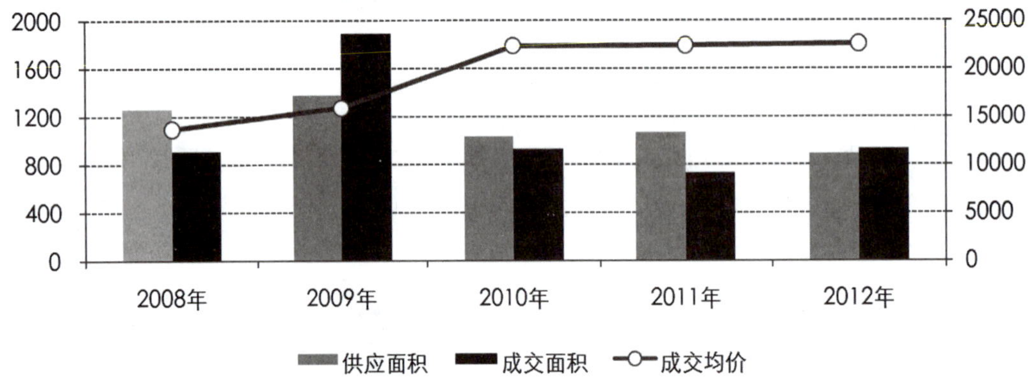

图4-156　2008~2012年厦门商品住宅供求及均价走势图

数据来源：中国房地产决策咨询系统（CRIC）

单位：万平方米，元/平方米

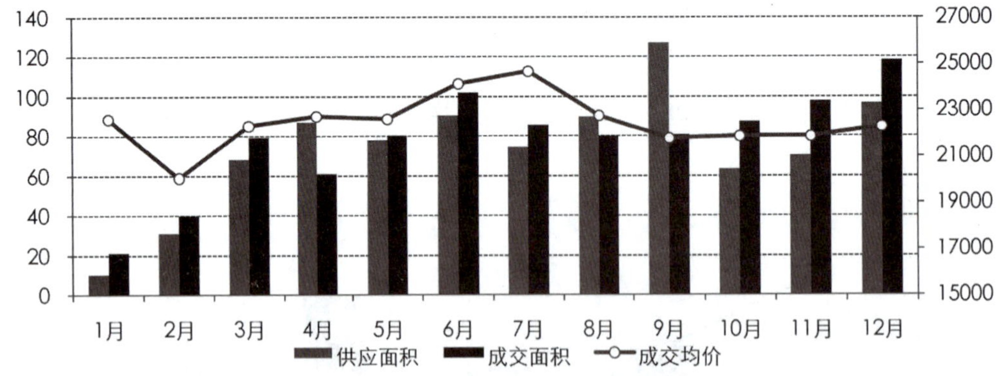

图4-157　2012年各月度厦门商品住宅供求及均价走势图

数据来源：中国房地产决策咨询系统（CRIC）

5. 成交结构：刚需户型占比有所下滑，湖里、集美、同安地位稳固

2012年，中小户型成交占比依旧处于主导地位，120平方米一下户型占52.1%，份额较上年4.7%。源于“限购”政策在经过一年之后，效力减弱。在企业促销等因素的作用之下，改善需求随着市场的回暖入市。

从区域成交结构来看，成交依旧集中于湖里、集美、同安等区域，成交占比较去年同期互有涨跌。个案价格调整是促进区域成交逆市放量的主要原因，本地知名企业主动降价以换取销量回升，且均获得较优的市场反应。

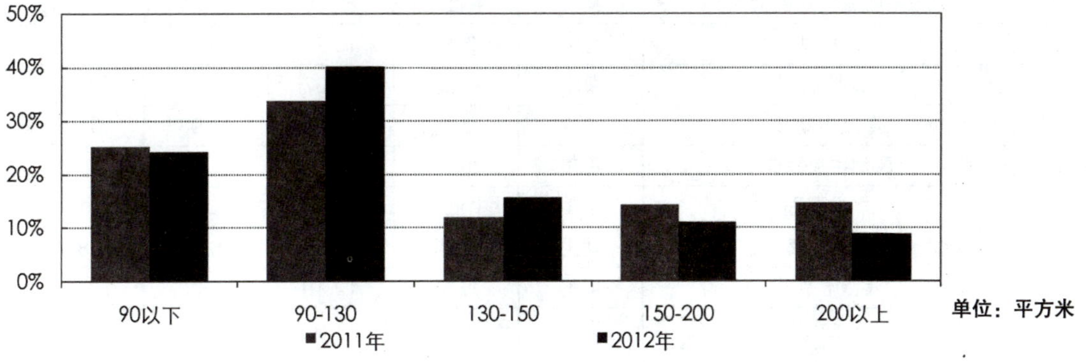

图4-158　2011年、2012年厦门商品住宅面积段成交结构图

数据来源：中国房地产决策咨询系统（CRIC）

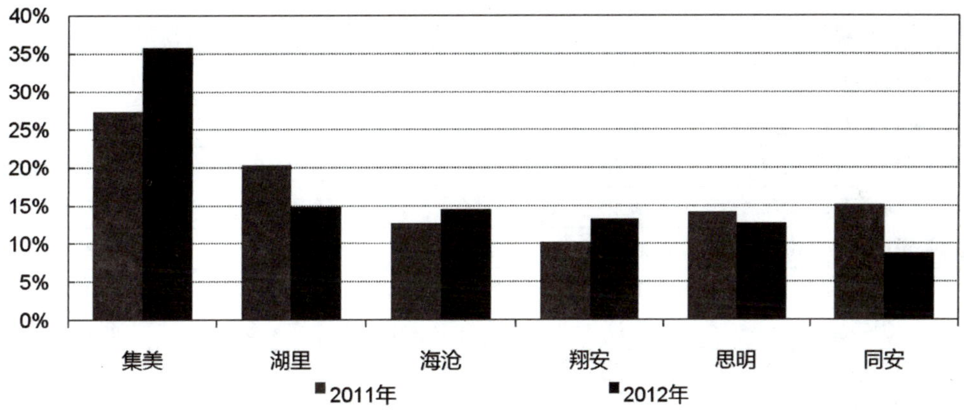

图4-159　2011年、2012年厦门商品住宅区域成交结构图

数据来源：中国房地产决策咨询系统（CRIC）

6. 项目排行榜：刚需降价引领市场，高端楼盘年中好转

从项目排行榜来看，在楼市调控的压力下，项目成交呈现了以下两个特点：以价换量、高端发力。

2012年第一季度，市场上的主要楼盘都进行了大规模降价，降幅达15~30%，其中不乏大牌开发企业，也促成了相关项目成交的好转。调控之下，多数高端客户退出市场，高端项目成交在今年上半年受到较大影响。下半年的货币政策促成了销售情况的改善，高端住宅成交开始放量，在成交金额榜前三位中，高端项目占了2位，说明了高端项目依然存在很大的上升空间。

表4-66　2012年厦门商品住宅项目成交面积TOP10排行榜

单位：万平方米，亿元，元/平方米

排行	项目名称	区域	档次	成交面积	成交金额	成交均价	开发商
1	中航城国际社区	集美	中低档	22.86	28.21	12339	中航地产
2	万科城	海沧	低档	16.22	15.93	9818	万科集团
3	禹洲尊海	海沧	中低档	15.37	18.72	12174	厦门禹州
4	海投天湖城	海沧	低档	15.24	15.98	10485	海沧集团
5	禹洲中央海岸	集美	低档	13.19	12.45	9439	厦门禹州
6	水晶湖郡	集美	中低档	13.08	15.92	12171	厦门建设
7	建发中央湾区（海西首座）	湖里	高档	12.84	26.78	20855	兆裕房产
8	海上五月花	集美	低档	12.10	13.00	10743	中联盛
9	万科金域华府	集美	低档	11.92	13.24	11103	万科集团
10	联发杏林湾1号	集美	低档	11.68	12.43	10638	联发集团

数据来源：中国房地产决策咨询系统（CRIC）

表4-67　2012年厦门商品住宅项目成交金额TOP10排行榜

单位：亿元，万平方米，元/平方米

排行	项目名称	区域	档次	成交金额	成交面积	成交均价	开发商
1	中航城国际社区	集美	中低档	28.21	22.86	12339	中航地产
2	建发中央湾区（海西首座）	湖里	高档	26.78	12.84	20855	兆裕房产
3	国贸天琴湾（国贸天域）	湖里	高档	25.43	9.15	27801	厦门国贸
4	禹洲尊海	海沧	中低档	18.72	15.37	12174	厦门禹州
5	源昌君悦山（源昌山庄）	思明	中档	18.51	9.89	18720	明发集团
6	海投天湖城	海沧	低档	15.98	15.24	10485	海沧集团
7	万科城	海沧	低档	15.93	16.22	9818	万科集团
8	水晶湖郡	集美	中低档	15.92	13.08	12171	厦门建设
9	世茂湖滨首府	湖里	高档	15.86	7.86	20183	世茂房地产
10	厦禾裕景	思明	中高档	14.21	4.82	29500	裕景地产

数据来源：中国房地产决策咨询系统（CRIC）

二十、南昌房地产市场情况

1. 2008~2012年房地产行业数据

表4-68　南昌2008~2012年房地产行业数据表

类别	指标	2008年	2009年	2010年	2011年	2012年
宏观	GDP（亿元）	1660.08	1837.5	2207.11	2688.87	3000.52
	同比增幅（%）	15.00	13.10	14.0	13.0	12.5
	进出口总额（亿美元）	34	34.73	53.04	78.84	82.87
	同比增幅（%）	6.40	2.20	52.4	48.6	5.20
	固定资产投资（亿元）	1086.05	1546.88	1935.60	2002.66	2623.03
	同比增幅（%）	34.00	42.40	32.0	26.1	31.0
	社会消费品零售总额（亿元）	528.89	634.43	764.94	950.74	1116.54
	同比增幅（%）	24.00	20.00	20.8	19.8	18.4
行业	房地产开发投资（亿元）	163.3	198.25	230.15	279.66	344.36
	同比增幅（%）	30.02	21.40	16.29	21.5	23.14
	商品房新开工面积（万平方米）	517.92	359.87	509.1	862.96	1015.50
	同比增幅（%）	-19.53	-30.52	41.47	69.76	17.68
	商品房施工面积（万平方米）	1825.93	1782.03	2146.18	2609.87	3123.29
	同比增幅（%）	19.69	-2.40	20.43	21.63	19.67
	商品房竣工面积（万平方米）	331.06	365.21	399.12	440.23	417.92
	同比增幅（%）	-10.77	10.32	9.29	11.79	-5.08
土地	土地购置面积（万平方米）	100.41	153.27	164.45	208.93	129.45
	同比增幅（%）	-26.39	52.64	7.3	27.05	-38.04
	土地购置金额（亿元）	20.39	18.24	46	59.92	33.92
	同比增幅（%）	9.10	-10.54	152.2	30.26	-43.4
市场	商品房销售面积（万平方米）	335.48	494.69	520.84	498.80	689.86
	同比增幅（%）	-29.96	47.46	5.29	-4.17	38.30
	商品房销售金额（亿元）	116.11	186.72	237.80	294.45	442.82
	同比增幅（%）	-31.87	60.81	27.36	24.66	50.39

数据来源：国家统计局

表4-69　南昌2008~2012年土地市场与商品住宅市场运行情况

类别	指标	2008年	2009年	2010年	2011年	2012年
土地	土地供应量（万平方米）	938.46	1054.78	1357.00	1960.38	1759.49
	土地成交量（万平方米）	740.52	859.33	1165.01	1482.88	1333.02
	土地成交金额（亿元）	60.93	55.98	138.20	150.83	144.75
市场	商品住宅供应量（万平方米）	285.15	202.06	287.34	313.70	431.70
	商品住宅成交量（万平方米）	178.96	429.93	310.48	231.03	436.30
	商品住宅成交均价（元/平方米）	4887	4645	6198	7707	6946

数据来源：中国房地产决策咨询系统（CRIC）

2. 综述：总体形势好转，市场回暖迹象明显

2012年一季度，受政策影响及房地产传统淡季，南昌房企负债率高企，资金链出现紧绷现象，各地政府推地节奏也明显放缓。开发商为缓和资金压力，纷纷以价换量，促使刚需客户成批释放，共同助推了4-8月的成交市场。随着资金链的改善，企业策略转为对利润的追求。从9月开始优惠减少，甚至出现上涨，使得“金九”、“银十”差强人意，11月成交量环比下滑，但在今年的最后一波行情中市场集中发力，成交陡升。

3. 投资建设：开放投资涨幅继续扩大，竣工面积同比下滑

2012年，南昌的房地产投资额达到344.36亿元，同比上涨23%。商品房施工面积、新开工面积同比均保持上涨，但涨幅较上年下滑；竣工面积则同比下滑6.3%。

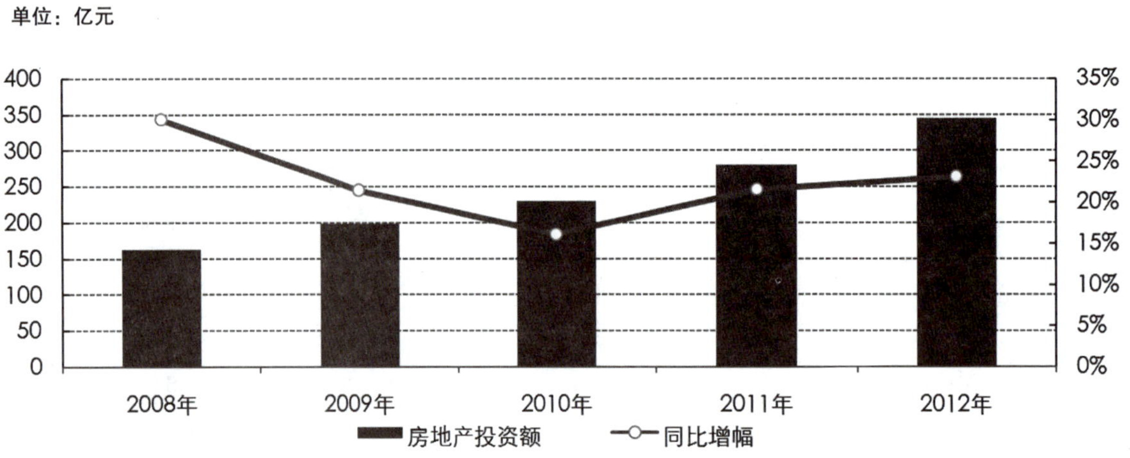

图4-160　2008~2012年南昌房地产投资额年度走势及同比增幅图

数据来源：国家统计局

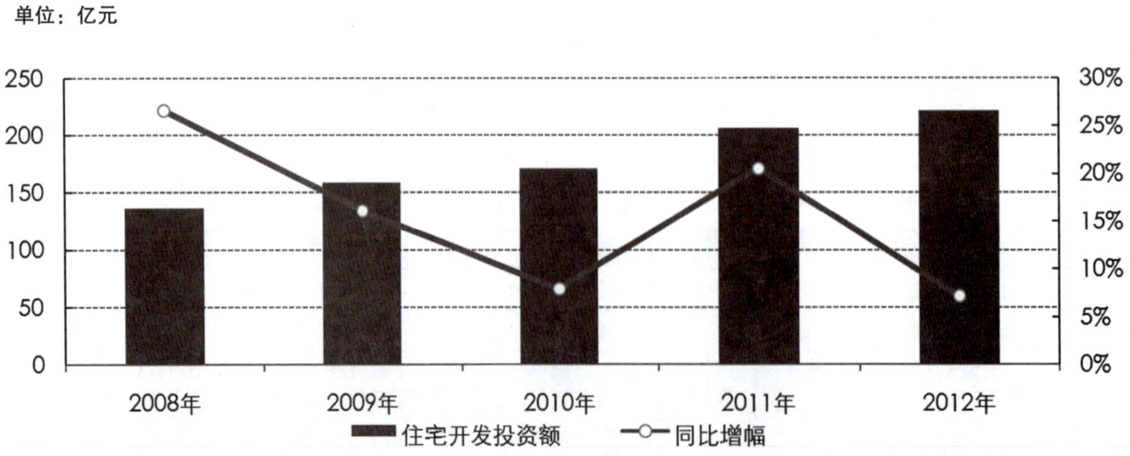

图4-161　2008~2012年南昌住宅开发投资额年度走势及同比增幅图

数据来源：国家统计局

单位：万平方米

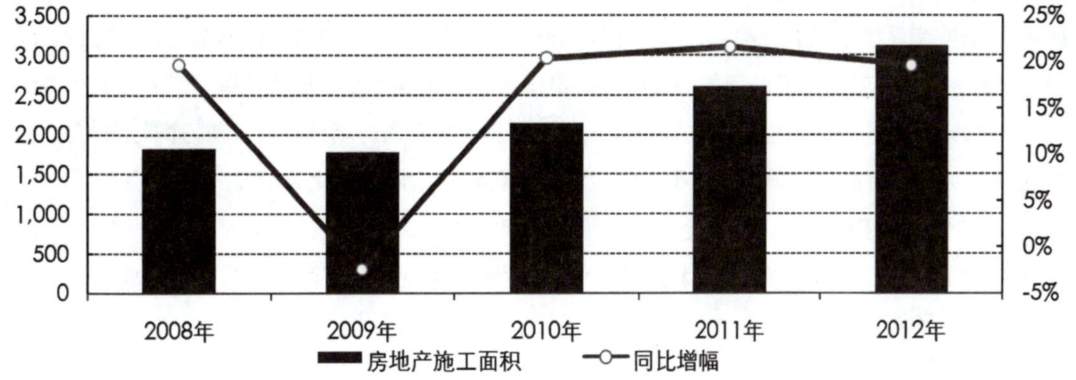

图4-162　2008~2012年南昌房地产施工面积及同比增幅图

数据来源：国家统计局

单位：万平方米

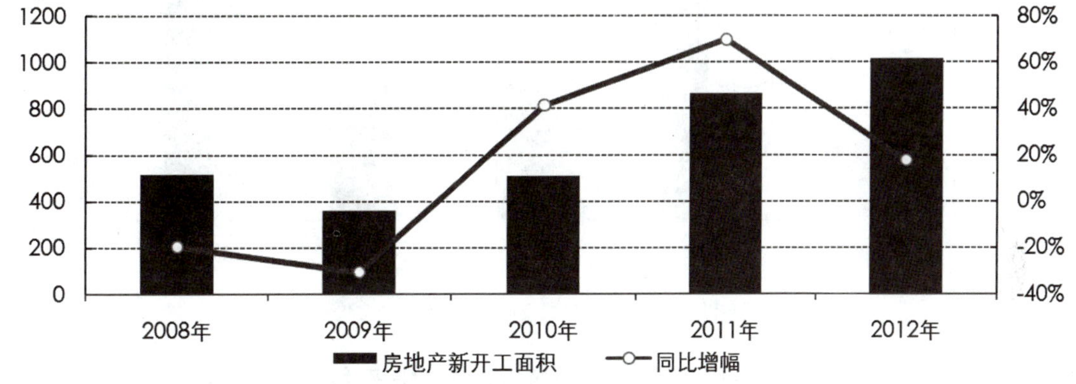

图4-163　2008~2012年南昌商品房新开工面积及同比增幅图

数据来源：国家统计局

单位：万平方米

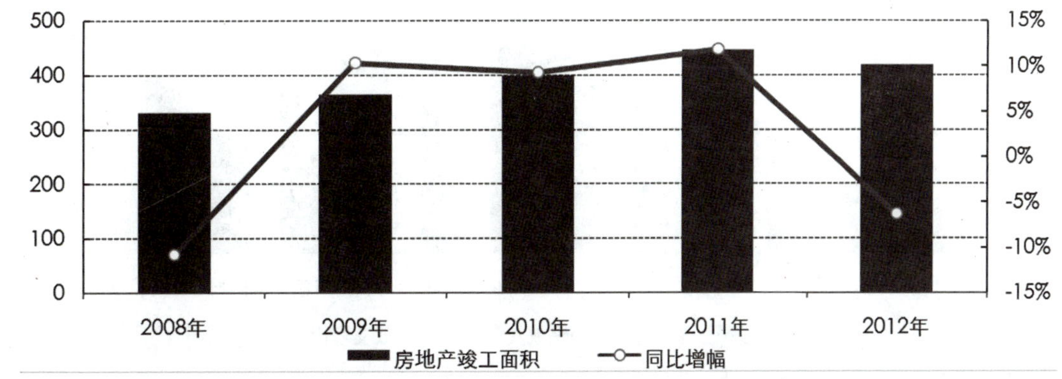

图4-164　2008~2012年南昌商品房竣工面积及同比增幅图

数据来源：国家统计局

4. 市场表现：商品住宅成交量年度“翘尾”，成交均价有所下降

2012年第一季度南昌楼市成交量触底，量价止跌回升，楼市逐渐回暖。在2月份春节后，成交量逐渐攀升，至7月达到高峰。下半年成交略有下滑，但依旧维持在高位运行，并且在年底出现“翘尾”，主要因为各大开发商年底冲量，12月推盘活动增多。而新增供应整体而言一直与成交保持平衡，紧随其后，双方同时在7月达到高峰，供求呈现库存去化态势，至年底库存量依然处于高位，2013年仍将处于库存去化周期内。

2012年年初在严厉政策调控下，部分企业降价销售。回笼资金，同时产品结构发生变化，刚需房源占据主导市场，价格相对较低。与此同时低价的内销房等定向性房源入市再度拉低了南昌楼市的整体成交均价，因此出现同比去年价格下降的现象。

单位：万平方米，元/平方米

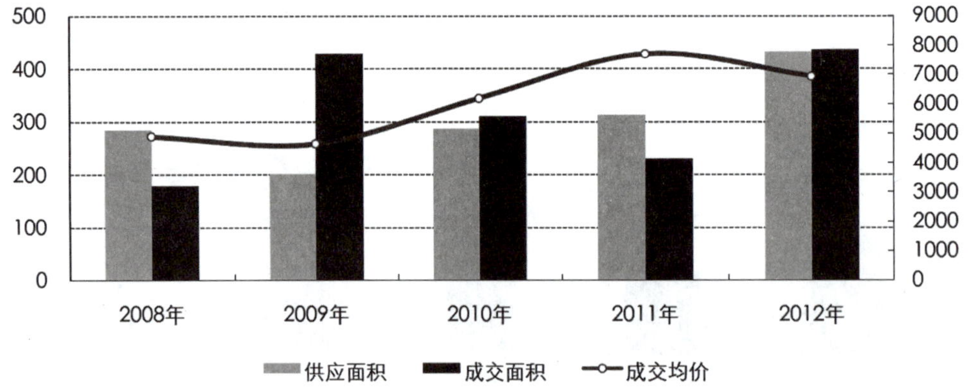

图4-165 2008~2012年南昌商品住宅供求及均价走势图

数据来源：中国房地产决策咨询系统（CRIC）

单位：万平方米，元/平方米

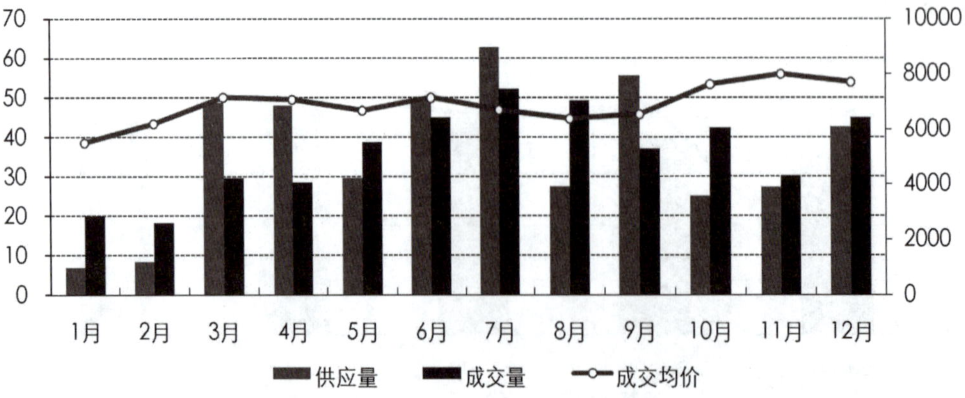

图4-166 2012年各月度南昌商品住宅供求及均价走势图

数据来源：中国房地产决策咨询系统（CRIC）

5. 成交结构：刚需和改善型户型是成交主力，高新区占比上升较快

2012年，南昌80¯90平方米的刚需户型和120¯150平方米的改善型户型是成交主力。2012年初楼市遇冷，各大开发商相继转换思路，产品由大面积户型和别墅产品转为刚需房源，首置首改类房源曾一度占据市场的80%以上，在2月份央行下调存款准备金率和6、7月份两次降息等货币政策放宽的影响下，刚需持续入市，成交量持续攀升。

从各区域的成交情况来看，本年排名前三的分别是高新区、红谷滩区和西湖区，分别为113.42万平方米、85.72万平方米和73.02万平方米。南昌1号地铁线贯穿高新区和红谷滩，给沿线楼盘带来巨大优势，而高新区平均价格低于红谷滩，又受供应量影响，高新区占据榜首，红谷滩屈居第二，西湖区价格较高，优势亦不明显，产品同质化最为严重，排在第三。青山湖区在售楼盘较少，今年新开盘项目在建筑面积5万平方米以上的仅有万科城和洪城东公馆两个，成交量排在第四。

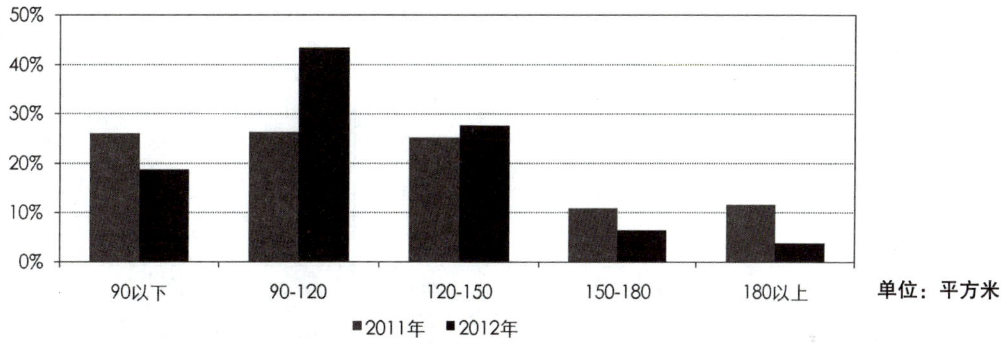

图4-167　2011年、2012年南昌商品住宅面积段成交结构图

数据来源：中国房地产决策咨询系统（CRIC）

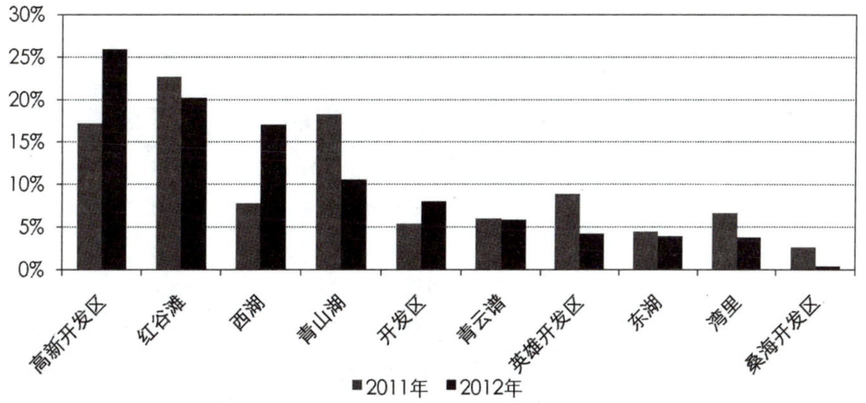

图4-168　2011年、2012年南昌商品住宅区域成交结构图

数据来源：中国房地产决策咨询系统（CRIC）

6. 项目排行榜：高新区名企大盘引领榜单，高性价比项目跑赢大市

从项目排行榜来看，南昌楼市各大名企的竞争极为激烈，比如恒大、绿地、保利、世茂等多家全国性房企的典型项目占据强势地位。

从上榜项目分布较多的高新区来看，全年供应主要集中在内销房龙江花园、保利香槟、恒大名都和绿地新都会等大牌房企楼盘较多。随着地铁一号线的开通，高新区楼盘趋热，各项目价值得到提升，带动成交的同时也提升了供应量。这也是该区域上榜项目分布较多的一大因素。

表4-70　2012年南昌商品住宅项目成交面积TOP10排行榜

单位：万平方米，亿元，元/平方米

排行	项目名称	区域	档次	成交面积	成交金额	成交均价	开发商
1	银亿上尚城	南昌县	中低档	25.33	11.3	4462	银亿房地产
2	恒大城	南昌县	中档	20.87	11.06	5299	恒大地产
3	恒大绿洲	英雄开发区	中档	18.59	8.94	4810	恒大地产
4	力高国际城	南昌县	中档	16.94	8.23	4857	万和房地产
5	绿地海域香廷	红谷滩区	高档	16.47	13.31	8079	绿地集团
6	保集半岛	南昌县	中档	14.74	7.78	5277	保集房地产
7	保利香槟国际	高新开发区	中档	14.34	9.01	6281	保利置业
8	南昌恒大名都	高新开发区	中档	13.42	8.91	6642	恒大地产
9	景城名郡	南昌县	中档	13.38	7.3	5454	赣泰房地产
10	绿地新都会	高新开发区	中高档	12.43	8.46	6808	绿地集团

数据来源：中国房地产决策咨询系统（CRIC）

表4-71　2012年南昌商品住宅项目成交金额TOP10排行榜

单位：亿元，万平方米，元/平方米

排行	项目名称	区域	档次	成交金额	成交面积	成交均价	开发商
1	绿地海域香廷	红谷滩	高档	13.31	16.47	8079	绿地集团
2	银亿上尚城	南昌县	中低档	11.3	25.33	4462	银亿房地产
3	恒大城	南昌县	中档	11.06	20.87	5299	恒大地产
4	国贸天琴湾	西湖区	中高档	9.43	11.98	7876	国贸地产
5	保利香槟国际	高新开发区	中档	9.01	14.34	6281	保利置业
6	恒大绿洲	英雄开发区	中档	8.94	18.59	4810	恒大地产
7	南昌恒大名都	高新开发区	中档	8.91	13.42	6642	恒大地产
8	绿地新都会	高新开发区	中高档	8.46	12.43	6808	绿地集团
9	力高国际城	南昌县	中档	8.23	16.94	4857	万和房地产
10	世茂天城	红谷滩	高档	8.15	7.35	11086	世茂新发展

数据来源：中国房地产决策咨询系统（CRIC）

二十一、济南房地产市场情况

1．2008~2012年房地产行业数据

表4-72　济南2008~2012年房地产行业数据表

类别	指标	2008年	2009年	2010年	2011年	2012年
宏观	GDP（亿元）	3006.77	3340.91	3910.53	4406.29	4812.68
	同比增幅（%）	17.32	11.11	17.00	12.70	9.5
	进出口总额（亿美元）	80.27	56.57	74.38	104.15	91.5
	同比增幅（%）	29.09	-29.53	31.44	40.02	-12.1
	固定资产投资（亿元）	1415.33	1655.37	1987.44	1934.34	2186.1
	同比增幅（%）	22.89	16.96	20.06	-2.67	20.4
	社会消费品零售总额（亿元）	1356.68	1617.87	1725.5	2023.1	2323.6
	同比增幅（%）	22.98	19.25	6.65	17.25	14.9
行业	房地产开发投资（亿元）	274.12	332.56	484.5	527.16	664.01
	同比增幅（%）	41.88	21.32	45.69	8.80	25.96
	商品房新开工面积（万平方米）	482.75	504.56	971.81	1220.82	1243.38
	同比增幅（%）	21.24	4.52	92.61	25.62	1.85
	商品房施工面积（万平方米）	1571.51	2130.54	2363.53	3520.89	3819.44
	同比增幅（%）	28.93	35.57	10.94	48.97	8.48
	商品房竣工面积（万平方米）	172.20	467.22	245.75	594.54	492.25
	同比增幅（%）	-23.96	171.32	-47.40	141.93	-17.20
土地	土地购置面积（万平方米）	222.32	128.14	531.98	193.81	272.72
	同比增幅（%）	2.21	-42.36	315.16	-63.5	42.2
	土地购置金额（亿元）	95.96	95.92	159.84	108.35	162.02
	同比增幅（%）	190.26	-0.04	66.64	-32.2	49.1
市场	商品房销售面积（万平方米）	361.42	439.77	531.49	594.06	659.56
	同比增幅（%）	13.61	21.68	20.86	11.77	20.16
	商品房销售金额（亿元）	154.45	215.79	332.64	398.59	450.64
	同比增幅（%）	29.13	39.72	54.15	19.83	12.8

数据来源：国家统计局

表4-73　济南2008~2012年土地市场与商品住宅市场运行情况

类别	指标	2008年	2009年	2010年	2011年	2012年
土地	土地供应量（万平方米）	853.57	986.42	3151.73	3475.27	2611.07
	土地成交量（万平方米）	651.23	914.36	2892.33	2677.29	2093.51
	土地成交金额（亿元）	105.67	185.07	291.13	272.35	204.82
市场	商品住宅供应量（万平方米）	136.39	307.74	349.39	500.52	477.30
	商品住宅成交量（万平方米）	96.80	322.17	614.65	534.7637	618.49
	商品住宅成交均价（元/平方米）	5579	5776	5210	6090	5987

数据来源：中国房地产决策咨询系统（CRIC）

2. 综述：市场供求保持平稳，成交均价下滑

2012年商品住宅市场供求情况整体呈现平稳态势。自3月份开始，成交量、价出现一定的回升，表现出回暖复苏情形。成交价格全年振荡上行，但在国家调控政策的影响下，全年均价低于2011年的价格水平，调控结果初显。

3. 投资建设：投资额大幅上升，商品房竣工面积下滑

2012年济南市房地产开发投资额664.01亿元，较去年同期有较大幅度的增长，达25.96%。住宅开发投资411.92亿元，同比上涨10.1%。商品房施工面积小幅上涨，商品房新开工面积增速较去年基本持平，而竣工面积则出现一定程度下滑。跌幅率达到了17.20%

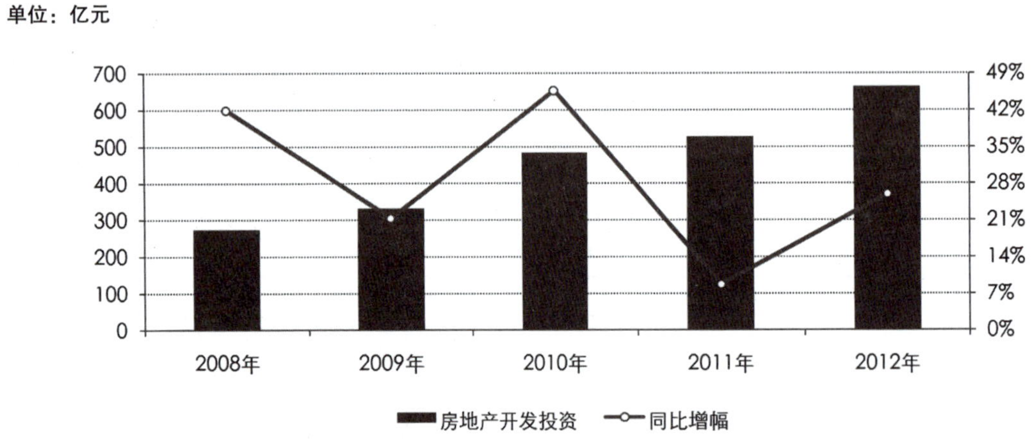

图4-169　2008~2012年济南房地产开发投资额年度走势及同比增幅图

数据来源：国家统计局

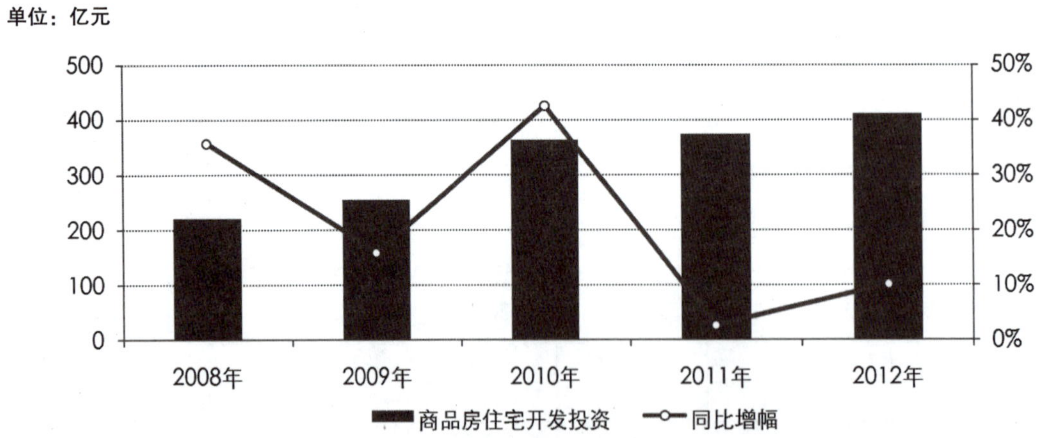

图4-170　2008~2012年济南商品房住宅开发投资额年度走势及同比增幅图

数据来源：国家统计局

单位：万平方米

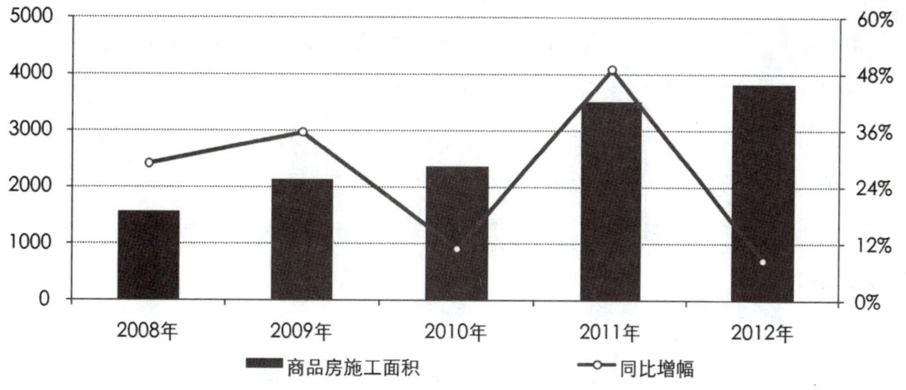

图4-171　2008~2012年济南房地产施工面积及同比增幅图

数据来源：国家统计局

单位：万平方米

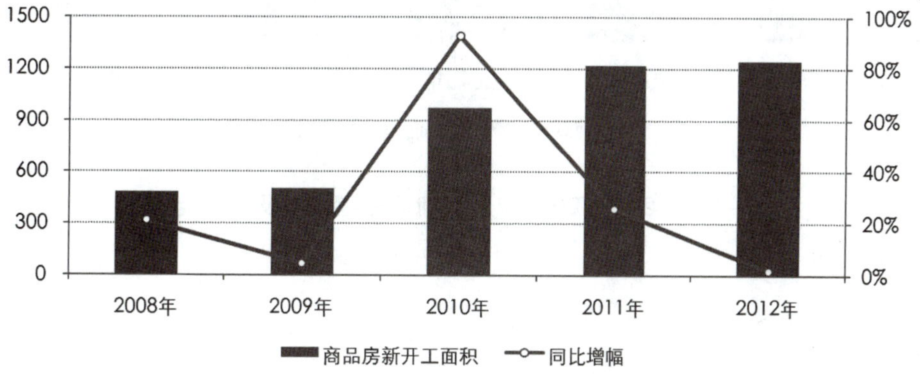

图4-172　2008~2012年济南商品房新开工面积及同比增幅图

数据来源：国家统计局

单位：万平方米

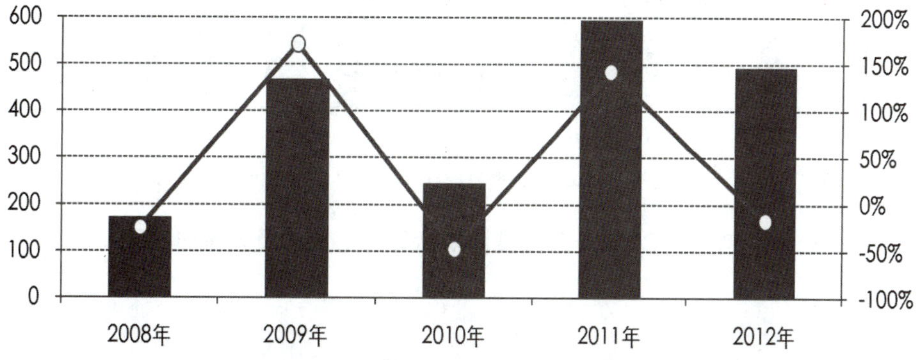

图4-173　2008~2012年济南商品房竣工面积及同比增幅图

数据来源：国家统计局

4. 市场表现：商品住宅成交量同比持平，价格微跌

2012年，济南市商品住宅成交量达到540.42万平方米，较上年增长3.0%。政策调控之下，同比涨幅大幅放缓。全年成交均价7514元/平方米，同比下滑2.4%。月度变化上，商品住宅成交量、供应量、成交均价呈现逐渐上升态势。从今年市场变化看，济南房地产市场受限购影响不明显，原因一方面是济南房地产市场还处于发展阶段，市场容量较小，刚需是市场主力，限购政策对其影响相对较小；另一方面，近年来，大型项目对于济南市场的支撑尤为明显，比如中海、恒大、绿地等，该类项目多位于城市近郊，性价比较高，且品牌优势明显。

单位：万平方米，元/平方米

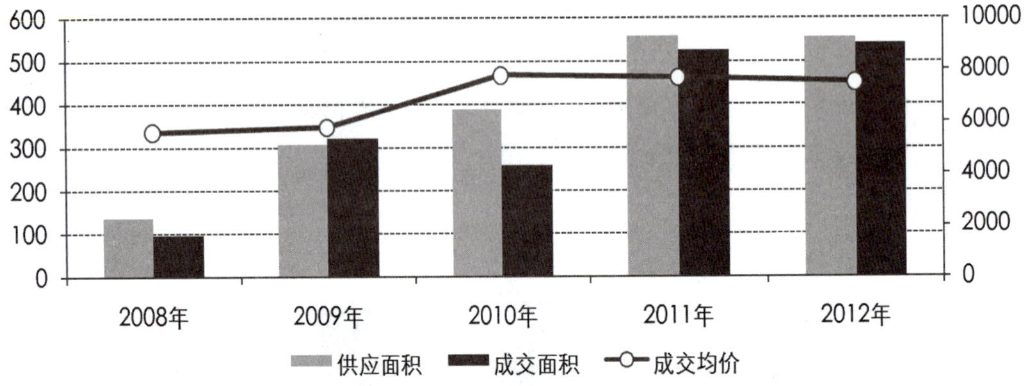

图4-174 2008~2012年济南商品住宅供求及均价走势图

数据来源：中国房地产决策咨询系统（CRIC）

单位：万平方米，元/平方米

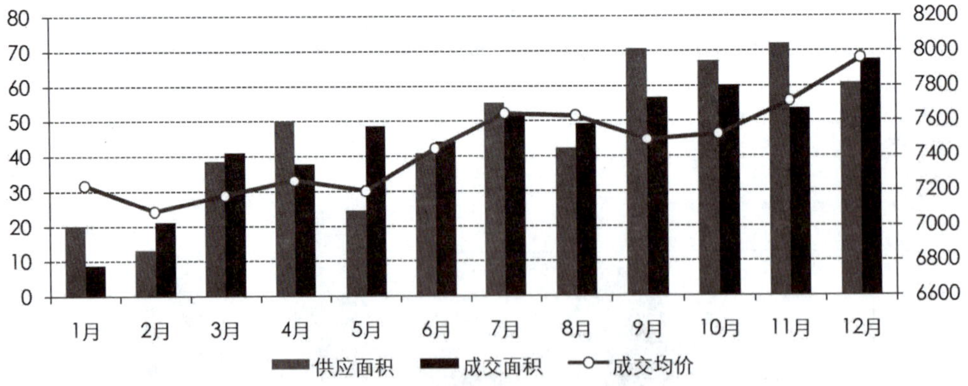

图4-175 2012年各月度济南商品住宅供求及均价走势图

数据来源：中国房地产决策咨询系统（CRIC）

5. 成交结构：刚需、改善户型成交上扬，区域发展趋于均衡

2012年，济南市商品住宅120平方米以下户型的成交占比有所上扬，占比提高4%，中高端户型产品成交占比有所下滑，刚需和首次改善需求共同支撑市场。

区域结构看，槐荫、历城、历下、市中四区鼎立，一改2011年历下区一枝独秀的态势。历下区、槐荫区、市中区供应量较大，三个区域供应量占全市62%。槐荫区作为济南市“西进”战略的首站，随着土地的不断供应，市场开始发展起来，吸引众多开发商纷纷入驻。长清区属于城市发展相对空白区域，房地产市场发展起步较晚，因此供应量明显不敌其他区域；而高新区区域范围较小，经过近几年的开发，区域目前在售项目已明显减少，供应量不足。

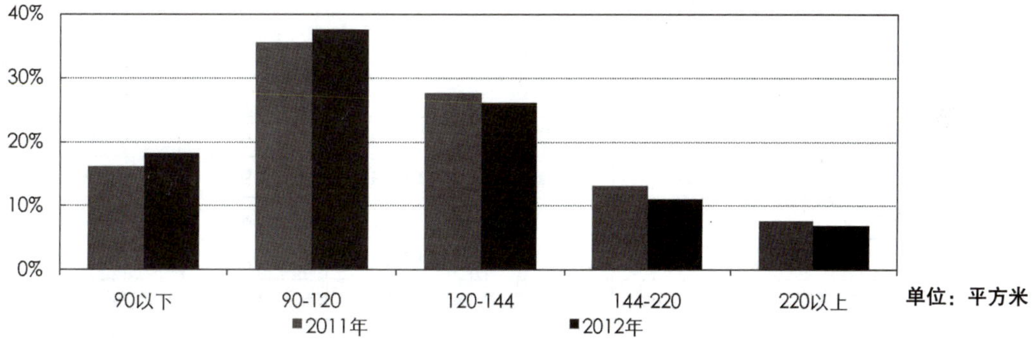

图4-176　2011年、2012年济南商品住宅面积段成交结构图

数据来源：中国房地产决策咨询系统（CRIC）

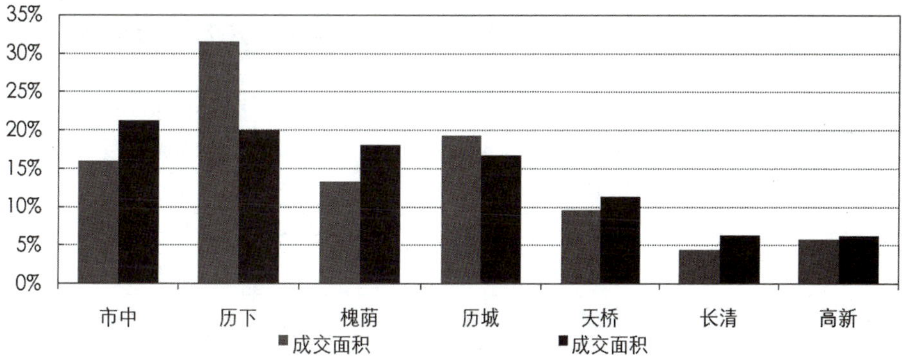

图4-177　2011年、2012年济南商品住宅区域成交结构图

数据来源：中国房地产决策咨询系统（CRIC）

6. 项目排行榜：销售主力集中在郊区

济南市商品住宅的主力客群以刚需、首改为主，一方面随着济南城市化进程的逐步推进，外来人口数量不断增加，住房的需求日益旺盛；另一方面随着家庭结构的改变，首改客群不断累积。

济南主力在售楼盘项目一部分位于城市近郊区，价格优势突出，对购房者选择住房有一定的刺激作用，从而提高成交量。

表4-74 2012年济南商品住宅项目成交面积TOP10排行榜

单位：万平方米，亿元，元/平方米

排行	项目名称	区域	档次	成交面积	成交金额	成交均价	开发商
1	中海国际社区	市中	中高档	51.51	41.29	8016	中海地产
2	绿地国际花都	槐荫	中低档	23.44	13.33	5685	绿地集团
3	鲁能领秀城	市中	中高档	20.72	17.69	8536	山东鲁能
4	天鸿·万象新天	历城	中低档	19.79	12.13	6131	天鸿集团
5	鑫苑名家	天桥	中高档	14.11	11.61	8230	鑫苑置业
6	泉景天沅	市中	中高档	13.99	11.97	8558	绿地集团
7	恒大城	历城	中低档	12.71	8.08	6362	恒大地产
8	绿地·滨河国际城	天桥	中低档	12.31	7.45	6049	绿地集团
9	中海·奥龙观邸	历下	中高档	11.00	10.86	9866	中海地产
10	恒大绿洲	长清	中低档	10.81	5.32	4920	恒大地产

数据来源：中国房地产决策咨询系统（CRIC）

表4-75 2012年济南商品住宅项目成交金额TOP10排行榜

单位：亿元，万平方米，元/平方米

排行	项目名称	区域	档次	成交金额	成交面积	成交均价	开发商
1	中海国际社区	市中	中低档	41.29	51.51	8016	中海地产
2	鲁能领秀城	市中	中档	17.69	20.72	8536	山东鲁能
3	绿地国际花都	槐荫	中低档	13.33	23.44	5685	绿地集团
4	天鸿·万象新天	历城	中低档	12.13	19.79	6131	天鸿集团
5	泉景天沅	市中	中档	11.97	13.99	8558	绿地集团
6	鑫苑名家	天桥	中低档	11.61	14.11	8230	鑫苑置业
7	中海·奥龙观邸	历下	中档	10.86	11.00	9866	中海地产
8	名士豪庭	历下	中档	8.40	8.34	10067	南益地产
9	南益·名泉春晓	天桥	中低档	8.30	10.40	7987	南益地产
10	恒大城	历城	中低档	8.08	12.71	6362	恒大地产

数据来源：中国房地产决策咨询系统（CRIC）

二十二、青岛房地产市场情况

1. 2008~2012年房地产行业数据

表4-76 青岛2008~2012年房地产行业数据表

类别	指标	2008年	2009年	2010年	2011年	2012年
宏观	GDP（亿元）	4436.18	4890.3	5666.19	6615.6	7302.11
	同比增幅（%）	13.2	10.2	12.9	16.8	10.4
	进出口总额（亿美元）	536.37	448.5	570.6	721.5	732
	同比增幅（%）	17.3	-16.4	27.2	26.4	1.5
	固定资产投资（亿元）	2019.00	2458.9	3022.50	3502.5	4153.9
	同比增幅（%）	23.5	21.8	22.9	15.9	18.6
	社会消费品零售总额（亿元）	1464.80	1744.0	1902.7	2232.9	2564.5
	同比增幅（%）	22.2	19.1	18.7	17.4	14.9
行业	房地产开发投资（亿元）	373.14	459.48	602.44	782.72	932.10
	同比增幅（%）	15.8	23.1	31.1	29.9	19.1
	商品房新开工面积（万平方米）	1143.5	1329.88	1712.39	1813.09	1763.15
	同比增幅（%）	-10.6	16.3	28.8	5.9	-2.8
	商品房施工面积（万平方米）	3704.72	4309.94	5058.40	5690.39	6497.69
	同比增幅（%）	14.9	16.3	17.4	12.5	14.2
	商品房竣工面积（万平方米）	657.27	814.24	1020.51	905.86	1211.57
	同比增幅（%）	2.6	23.9	25.3	-11.2	33.7
土地	土地购置面积（万平方米）	357.82	301.83	478.81	684.29	240.06
	同比增幅（%）	-39.3	-15.6	58.6	42.9	-64.9
	土地购置金额（亿元）	53.95	103.36	149.24	196.04	263.65
	同比增幅（%）	-6.3	91.6	44.4	31.4	34.5
市场	商品房销售面积（万平方米）	769.15	1261.86	1360.69	1027.95	950.92
	同比增幅（%）	-7.7	64.1	7.8	-24.5	-7.5
	商品房销售金额（亿元）	390.28	703.67	895.29	771.04	766.07
	同比增幅（%）	-9.9	80.3	27.2	-13.9	-0.6

数据来源：国家统计局

表4-77 青岛2008~2012年土地市场与商品住宅市场运行情况

类别	指标	2008年	2009年	2010年	2011年	2012年
土地	土地供应量（万平方米）	2229.07	2754.35	5429.18	3922.54	4994.56
	土地成交量（万平方米）	890.99	2117.47	3744.92	4122.24	3610.75
	土地成交金额（亿元）	148.68	325.50	458.94	395.42	399.12
市场	商品住宅供应量（万平方米）	670.24	624.88	1036.11	1122.77	904.82
	商品住宅成交量（万平方米）	220.29	775.35	924.91	710.18	891.33
	商品住宅成交均价（元/平方米）	5173.77	6511.21	7304.99	7407.64	7974.78

数据来源：中国房地产决策咨询系统（CRIC）

2. 综述：调控松动，市场逐渐回暖

2012年整体市场政策的基调是持续调控不放松，但是迫于宏观经济形势和地方财政状况，政策层面呈现逐步宽松的趋势，对成交有一定的推动作用。在闯关“限购”“限贷”等调控红线失败后，购房标准、公积金等成为政策微调的主流。在“降准”“降息”的信号过后，政策相对空白，青岛市各类需求入场，交易热度逐步回升。另外，青岛行政区划进行调整：撤销青岛市市北区、四方区，设立新的青岛市市北区，以原市北区、四方区的行政区域为新的市北区的行政区域。

3. 投资建设：投资额持续增加，新开工面积小幅下降

2012年，青岛房地产开发投资同比持续增加。全年房地产累计开发投资额932.1亿元，同比增幅上升19.1%。其中，住宅开发投资额为595亿元，同比小幅增加4.2%。商品房施工面积同比增长14.2%，商品房新开工面积较去年小幅下降2.8%；竣工面积则上升至1211.57万平方米，同比大幅增长33.7%。

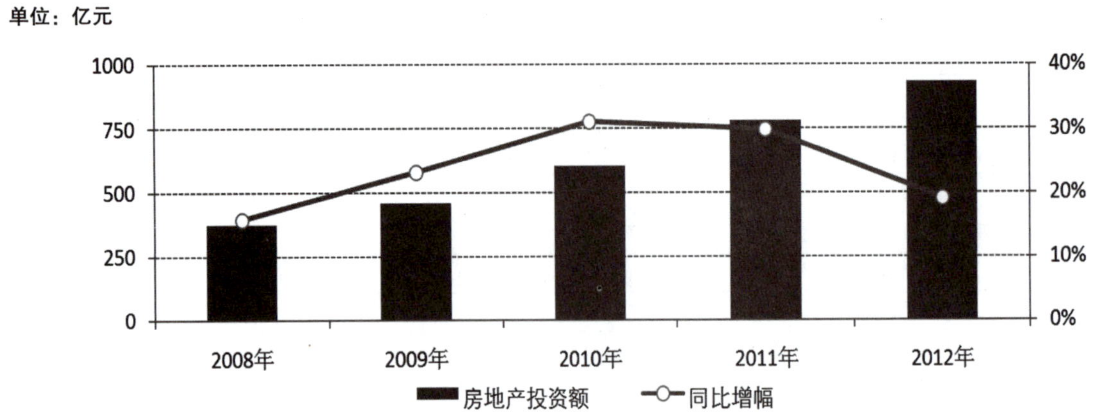

图4-178　2008~2012年青岛房地产投资额年度走势及同比增幅图

数据来源：国家统计局

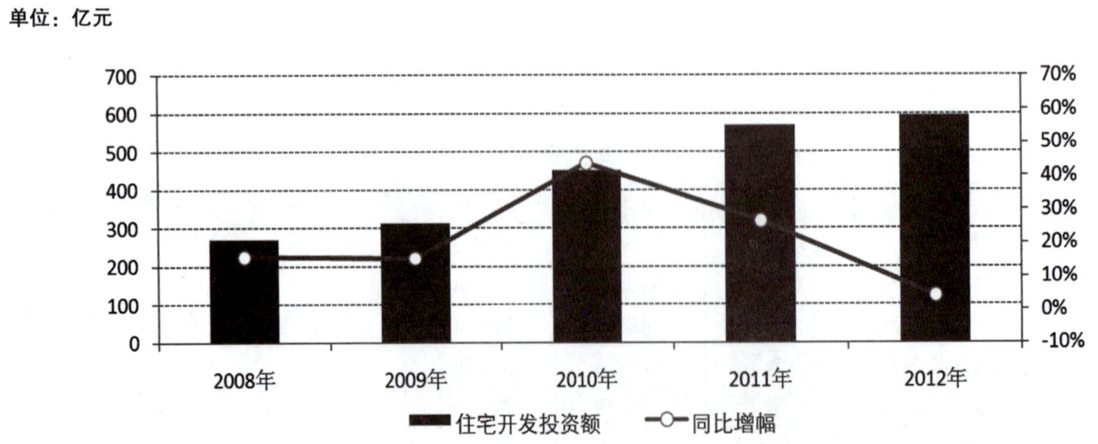

图4-179　2008~2012年青岛住宅开发投资额年度走势及同比增幅图

数据来源：国家统计局

单位：万平方米

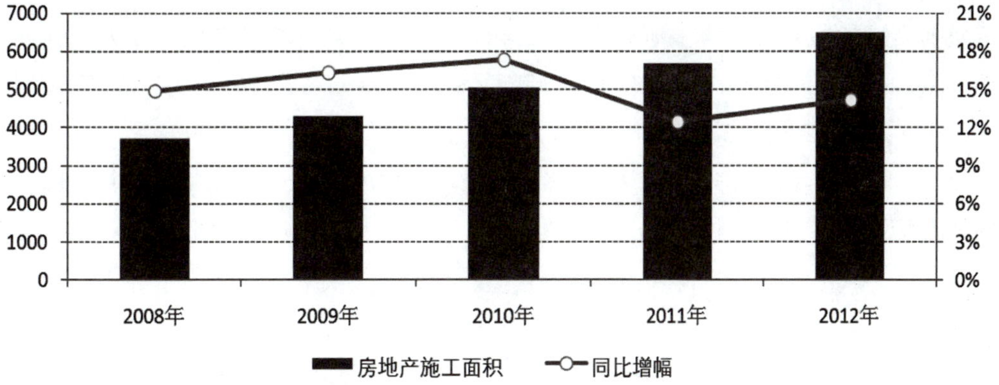

图4-180　2008~2012年青岛房地产施工面积及同比增幅图

数据来源：国家统计局

单位：万平方米

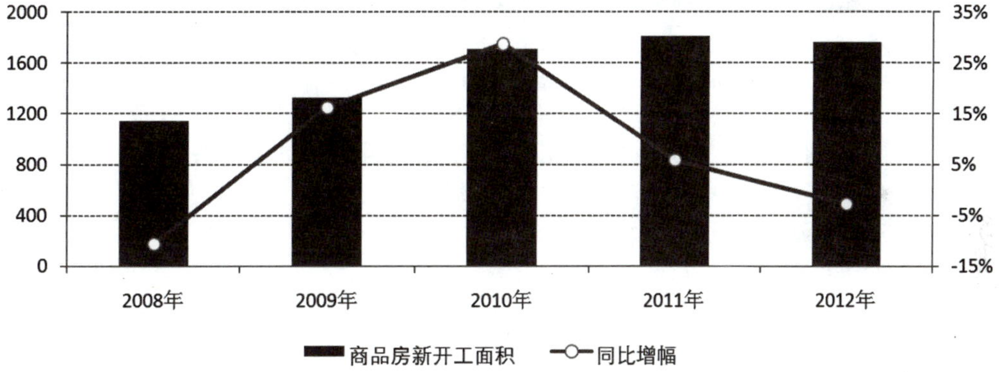

图4-181　2008~2012年青岛商品房新开工面积及同比增幅图

数据来源：国家统计局

单位：万平方米

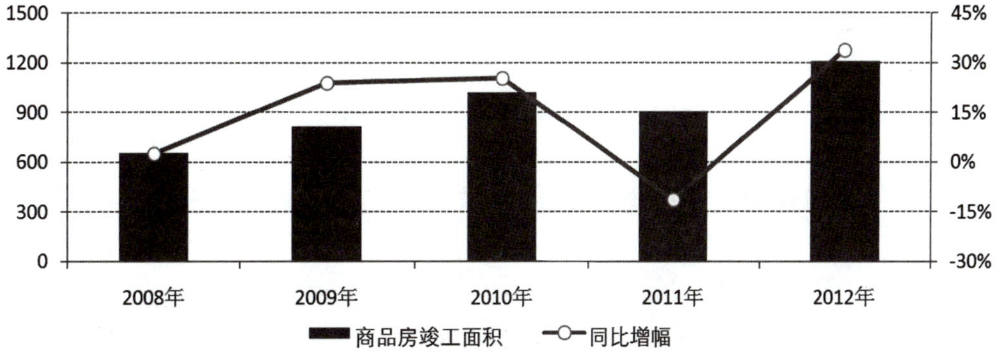

图4-182　2008~2012年青岛商品房竣工面积及同比增幅图

数据来源：国家统计局

4. 市场表现：商品住宅供求平衡，成交均价有所上扬

2012年青岛商品住宅供应量较上年有所下滑，为1040万平方米；成交量较上年上涨22.2%，达967万平方米，全年供求基本平衡。成交均价7507元/平方米，同比上涨11.15%，源于市区、郊区等中高端项目降价热销促使成交均价结构性上涨，市场回暖迹象显现。

月度变化上，2012年来商品住宅成交量逐月稳步回升，8月112.1万平方米达全年第一个高峰；此后随着中央派出督查组消息的传出，市场成交有所下滑；10月后，成交“翘尾”，12月164.9万平方米成交量为全年最高。

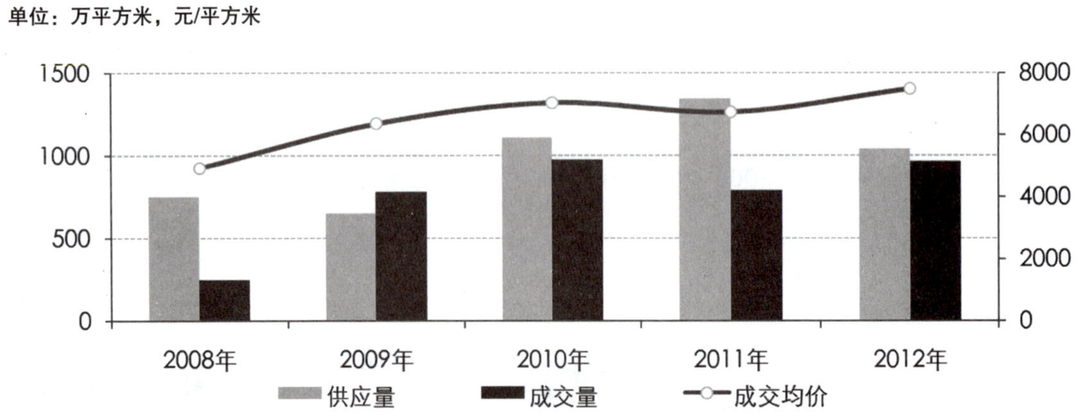

图4-183　2008~2012年青岛商品住宅供求及均价走势图

数据来源：中国房地产决策咨询系统（CRIC）

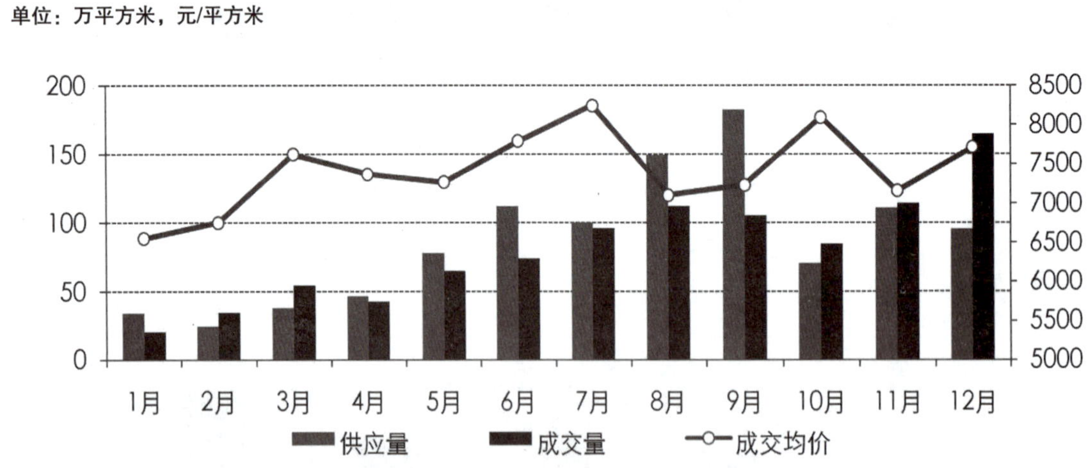

图4-184　2012年各月度青岛商品住宅供求及均价走势图

数据来源：中国房地产决策咨询系统（CRIC）

5. 成交结构：刚需及首改户型成为市场成交主力

2012年青岛市商品住宅成交主力面积段为70¯90平方米以及90¯120平方米，成交量分别为290.1万平方米和293.3万平方米，各占总量34.3%、32.5%。

2012年市内八区商品住宅总成交量518.57万平方米，约占全市总量的53.17%；五市总成交456.67万平方米，约占全市总量的46.83%。胶南成交143.38万平方米，为五市之首，也是全市成交冠军区域；城阳区成交139.50万平方米，居全市第二名；李沧区以130.42万平方米的成交量位居全市第三名。

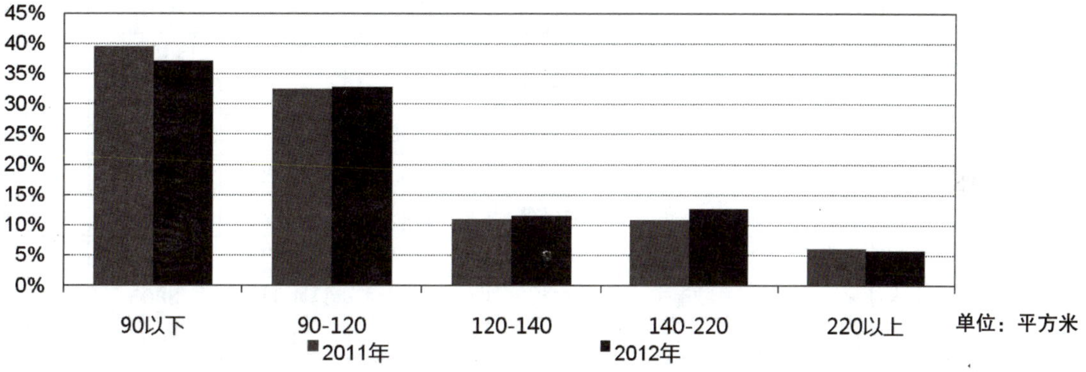

图4-185　2011年、2012年青岛商品住宅面积段成交结构图

数据来源：中国房地产决策咨询系统（CRIC）

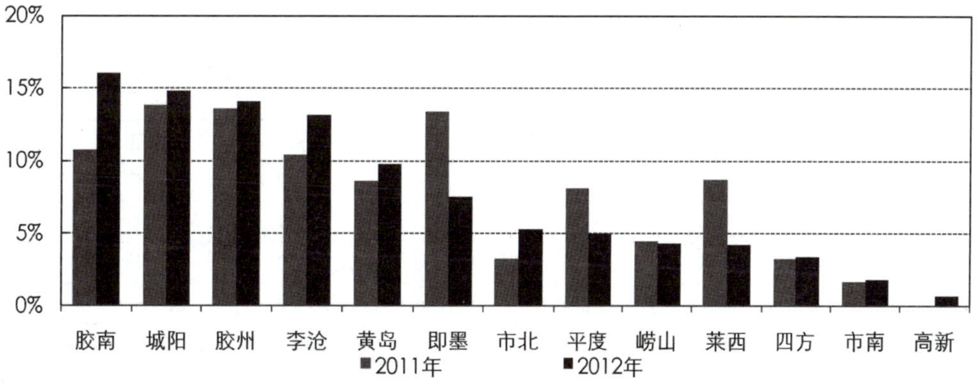

图4-186　2011年、2012年青岛商品住宅区域成交结构图

数据来源：中国房地产决策咨询系统（CRIC）

6. 项目排行榜：中高档产品占据榜单半壁江山

2012年，中高档产品成为青岛市场表现最抢眼的项目，占据金额榜的半壁江山，在面积榜中表现也较为突出。在市场回暖趋势下，刚需释放的同时，青岛改善型需求也得到大量释放，品牌开发商中高端项目的品牌聚客优势也相当明显。

表4-78 2012年青岛商品住宅项目成交面积TOP10排行榜

单位：亿元，万平方米，元/平方米

排行	项目名称	区域	档次	成交面积	成交金额	成交均价	开发商
1	中海国际社区	李沧	中低档	19.62	15.13	7709	中海地产
2	保利海上罗兰	胶南市	中高档	18.26	21.08	11544	保利地产
3	晓港名城	市北	中高档	16.24	20.61	12692	和记黄埔
4	青岛风景	胶州市	中低档	15.76	5.5	3490	凯峰星城置业
5	中南世纪城	李沧	中档	13.89	10.22	7358	中南建设
6	时代城	李沧	中低档	12.43	8.77	7056	嘉凯城房地产
7	青岛李沧万达广场	李沧	中低档	11.24	10.49	9328	万达地产
8	山水新城	胶南市	中档	11.59	4.41	3805	灵山湾开发建设
9	滟澜海岸	城阳	中高档	11.09	9.60	8658	龙湖地产

数据来源：中国房地产决策咨询系统（CRIC）

表4-79 2012年青岛商品住宅项目成交金额TOP10排行榜

单位：亿元，万平方米，元/平方米

排行	项目名称	区域	档次	成交面积	成交金额	成交均价	开发商
1	保利海上罗兰	胶南市	中高档	18.26	21.08	11544	保利地产
2	晓港名城	市北	中高档	16.24	20.61	12692	和记黄埔
3	中海国际社区	李沧	中低档	19.62	15.13	7709	中海地产
4	远洋风景	崂山	中高档	9.10	13.54	14887	远洋地产
5	鲁商中心	市南	中档	4.35	12.47	28664	鲁商地产
6	万科城	四方	中高档	8.93	11.40	12765	万科地产
7	万科生态城	李沧	中高档	9.17	10.64	11611	万科地产
8	华润中心	市南	高档	3.75	10.53	28115	华润置地
9	青岛李沧万达广场	李沧	中低档	11.24	10.49	9328	万达地产
10	滟澜海岸	城阳	中高档	11.09	9.60	8658	龙湖地产

数据来源：中国房地产决策咨询系统（CRIC）

二十三、郑州房地产市场情况

1. 2008~2012年房地产行业数据

表4-80 郑州2008~2012年房地产行业数据表

类别	指标	2008年	2009年	2010年	2011年	2012年
宏观	GDP（亿元）	3004	3300.4	4000	4912.7	5547
	同比增幅（%）	12.2	12	13.00	13.20	12.00
	进出口总额（亿美元）	42.7	36	51.6	160	358.3
	同比增幅（%）	35.4	−15.7	43.30	210.10	124.00
	固定资产投资（亿元）	1772.7	2289.1	2757	3002.5	3669.8
	同比增幅（%）	29.7	29.1	20.80	24.30	22.10
	社会消费品零售总额（亿元）	1206.2	1434.8	1678	1987.1	2289.9
	同比增幅（%）	23.2	18.9	19.00	18.40	15.20
行业	房地产开发投资（亿元）	429.95	513.83	775.16	923.64	1095.1
	同比增幅（%）	43.91	19.51	50.86	19.2	18.20
	商品房新开工面积（万平方米）	1370.06	1443.96	1811.77	1790.67	2169.34
	同比增幅（%）	−2.14	5.39	25.47	−1.2	16.7
	商品房施工面积（万平方米）	4864.18	5207.27	6255.49	7425.82	8253.94
	同比增幅（%）	32.02	7.05	25.22	18.7	10.5
	商品房竣工面积（万平方米）	691.78	642.97	944.62	1485.98	1449.83
	同比增幅（%）	3.96	−7.06	46.91	57.3	−8.2
土地	土地购置面积（万平方米）	434.39	424.4	717.95	216.4	349.86
	同比增幅（%）	77.80	−2.30	69.17	−69.86	61.67
	土地购置金额（亿元）	92.36	78.7	140.1	97.25	114.05
	同比增幅（%）	1.45	−0.15	78.02	−30.59	20.9
市场	商品房销售面积（万平方米）	699.64	1200.61	1558.72	1556.7	1441.87
	同比增幅（%）	−36.27	71.60	29.83	−0.13	−7.38
	商品房销售金额（亿元）	279.49	515.2	772.7	887.96	901.62
	同比增幅（%）	−28.76	84.34	49.98	14.92	1.53

数据来源：国家统计局

表4-81 郑州2008~2012年土地市场与商品住宅市场运行情况

类别	指标	2008年	2009年	2010年	2011年	2012年
土地	土地供应量（万平方米）	1090.74	961.16	1761.87	1823.9	2387.15
	土地成交量（万平方米）	945.20	1145.55	1553.71	1348.43	2076.1
	土地成交金额（亿元）	65.67	75.54	110.17	145.18	211.07
市场	商品住宅供应量（万平方米）	—	111.21	194	—	—
	商品住宅成交量（万平方米）	511.93	912.86	879.97	406.49	691.9
	商品住宅成交均价（元/平方米）	4208	4756	5847	6989	6884

数据来源：中国房地产决策咨询系统（CRIC）

2. 综述：市场筑底回升，成交量上扬

2012年整体政策环境趋于宽松，加上《中原经济区规划》的批复，区域价值有所提升。全年市场在政策、企业促销、市场预期等多方作用下，实现筑底回升，商品住宅成交量较上年显著回升。

3. 投资建设：投资额保持增长，新开工面积止跌回升

2012年，郑州房地产开发投资1095.1亿元，同比上涨18.2%，涨幅与上年持平。商品房施工面积、新开工面积同比涨幅均超10%，竣工面积则同比下滑近8.2%。

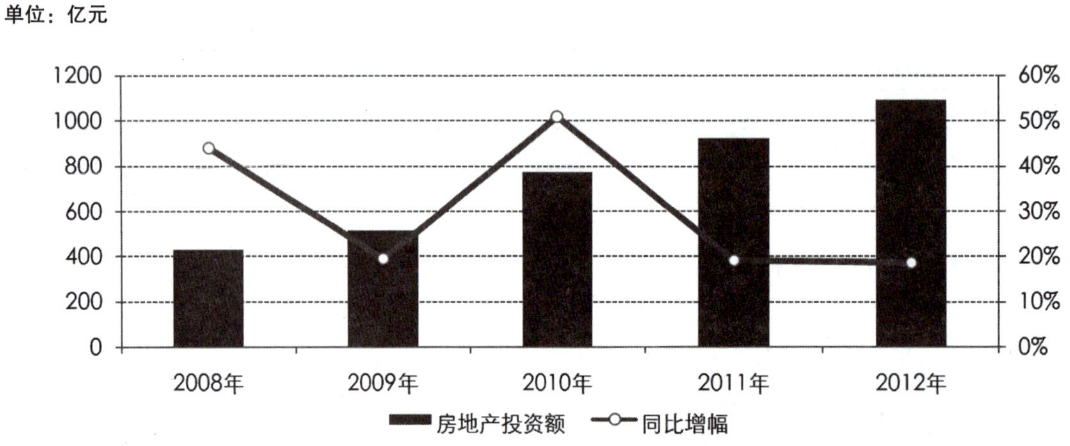

图4-187　2008~2012年郑州房地产投资额年度走势及同比增幅图

数据来源：国家统计局

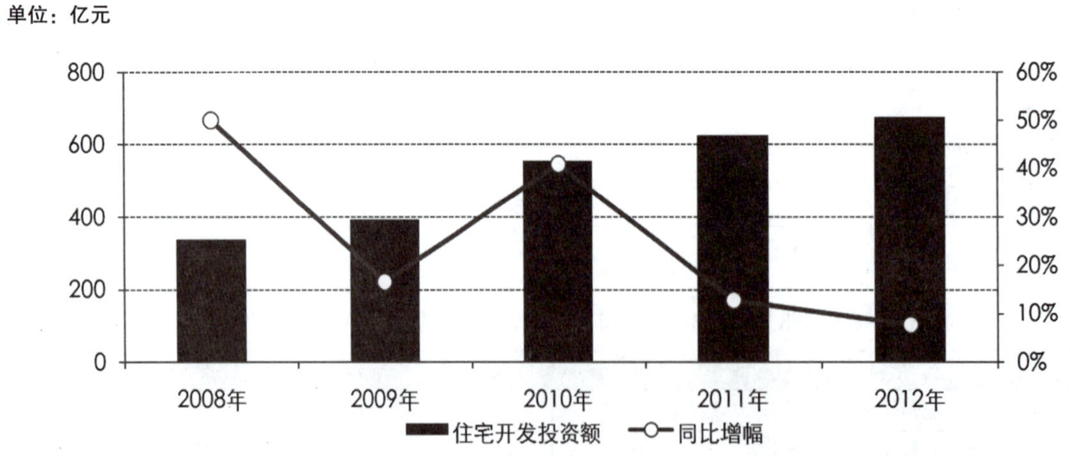

图4-188　2008~2012年郑州住宅开发投资额年度走势及同比增幅图

数据来源：国家统计局

单位：万平方米

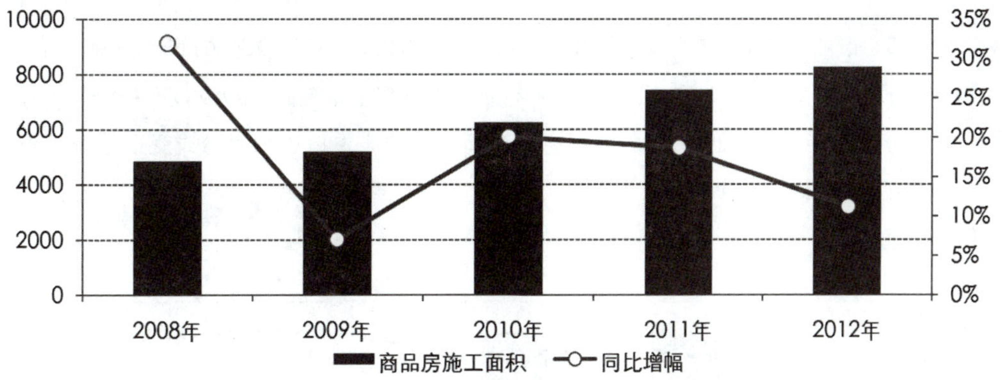

图4-189　2008~2012年郑州房地产施工面积及同比增幅图

数据来源：国家统计局

单位：万平方米，%

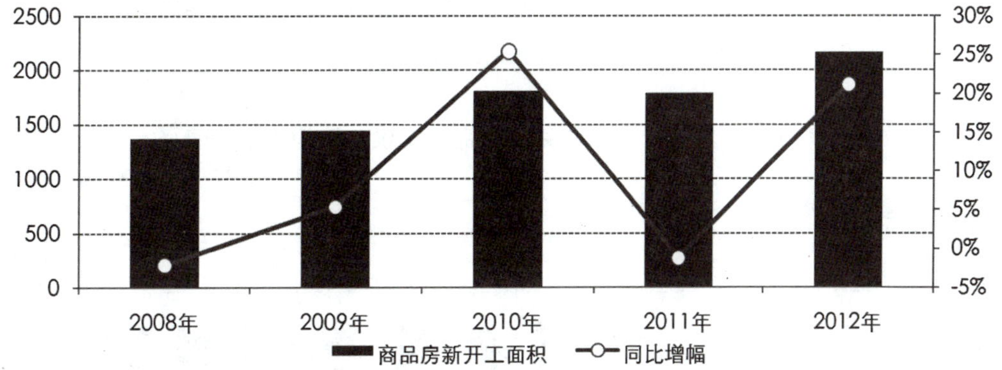

图4-190　2008~2012年郑州商品房新开工面积及同比增幅图

数据来源：国家统计局

单位：万平方米

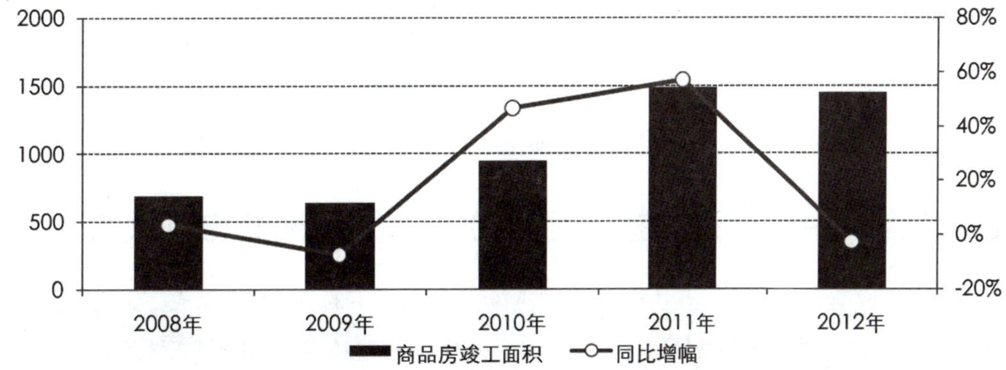

图4-191　2008~2012年郑州商品房竣工面积及同比增幅图

数据来源：国家统计局

4. 市场表现：成交量同比大幅上涨，年底呈现“翘尾”行情

2012年各月度，郑州市商品住宅成交量为710.09万平方米，整体成交情况较之2011年增长43.71%。从1¯12月成交走势来看，1¯8月成交量持续上升，在8月份商品住宅成交量达到全年最高的77.96万平方米；9月份开始，成交量有所下滑，10月份成交量全年最低，57.67万平方米；而传统的淡季11、12月份成交量则相对较高，分别是73.14万平方米、68.70万平方米。

单位：万平方米，元/平方米

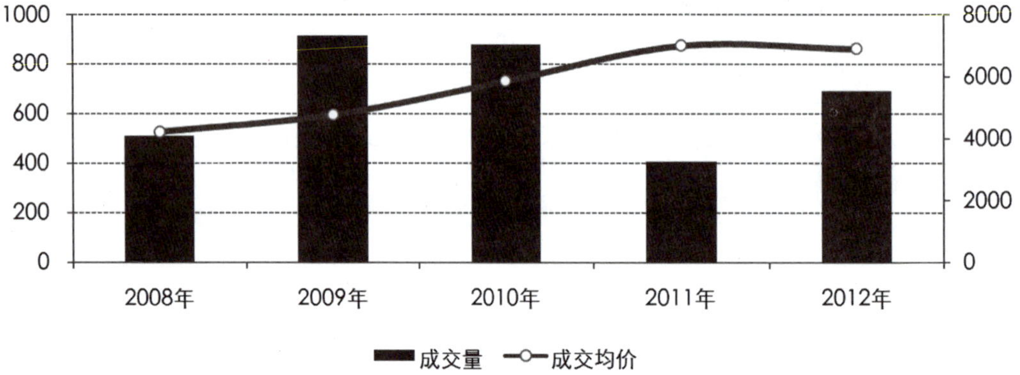

图4-192　2008~2012年郑州商品住宅供应及均价走势图

数据来源：中国房地产决策咨询系统（CRIC）

单位：万平方米，元/平方米

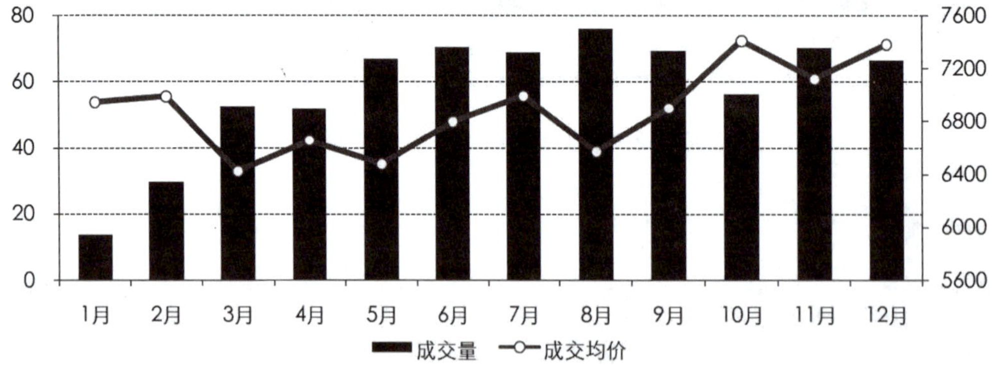

图4-193　2012年各月度郑州商品住宅供求及均价走势图

5. 成交结构：中小户型占据主导地位，二七区成交份额最大

2012年，中小户型成交占比依旧处于主导地位，其中90平方米以下的小户型产品成交比重为48%，90¯130平方米户型为33%，源于市场刚性需求快速释放，高端大户型受限购等调控的影响成交继续回落。

2012年商品住宅成交以二七区最多，成交面积占成交总量的22%，成交套数占成交总量的23%，区域内橄榄

城、正商城、升龙城成交量较大，拉动了整体区域的成交量；其次为金水区，区域内普罗旺世、升龙凤凰城等项目成交量较大，成交面积、套数所占市场份额分别为21%、22%。

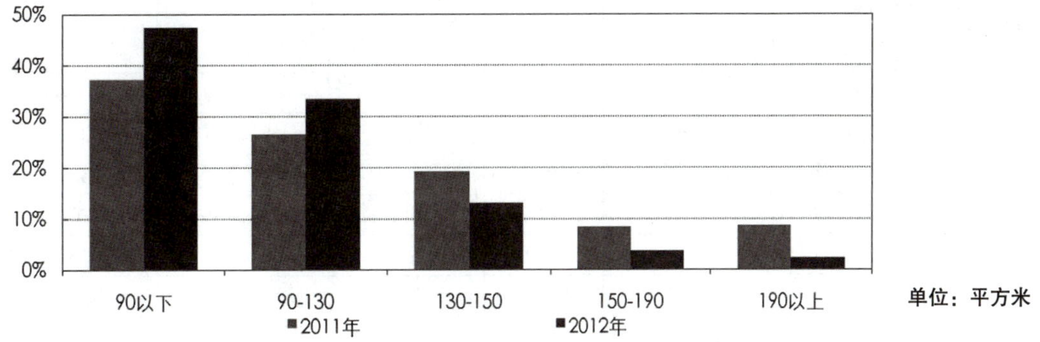

图4-194　2011年、2012年郑州商品住宅面积段成交结构图

数据来源：中国房地产决策咨询系统（CRIC）

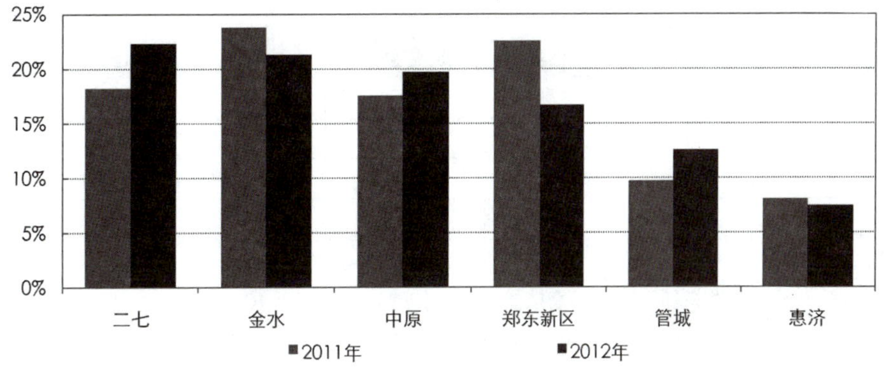

图4-195　2011年、2012年郑州商品住宅区域成交结构图

6. 项目排行榜：普罗旺世拿下成交金额冠军

在郑州2012年住宅销售排行榜中，普罗旺世以21.68万平方米的销售面积和18.61亿元的摘得销售金额榜冠军。项目位于郑州市北区，金水区核心位置，随着郑州市“北扩东移”战略的实施，北区将有更加飞速的发展；而金水区辖区范围内经济繁荣，交通便利，设施先进，功能完善，拥有得天独厚的区位优势。

表4-82　2012年郑州商品住宅项目成交面积TOP10排行榜

单位：万平方米，亿元，元/平方米

排行	项目名称	区域	档次	成交面积	成交金额	成交均价	开发商
1	橄榄城	二七	中低档	22.09	13.91	6295	亚新集团
2	普罗旺世	金水	中高档	21.81	18.61	8529	信和置业
3	正商城	二七	中低档	21.33	13.50	6326	正商地产
4	升龙城	二七	中低档	17.66	12.20	6911	升龙集团
5	锦艺国际华都	中原	中档	17.43	13.31	7636	翰园置业
6	升龙·凤凰城	金水	中档	16.08	11.58	7204	升龙集团
7	中原新城	中原	中低档	15.76	10.14	6435	升龙集团
8	蓝堡湾	金水	中高档	15.09	12.94	8577	金基不动产
9	新里.卢浮公馆	郑东新	中档	14.55	11.49	7895	绿地集团
10	阳光城	管城	中低档	14.38	9.94	6910	鼎盛置业

数据来源：中国房地产决策咨询系统（CRIC）

表4-83　2012年郑州商品住宅项目成交金额TOP10排行榜

单位：亿元，万平方米，元/平方米

排行	项目名称	区域	档次	成交金额	成交面积	成交均价	开发商
1	普罗旺世	金水	中高档	18.61	21.81	8529	信和置业
2	橄榄城	二七	中低档	13.91	22.09	6295	亚新集团
3	正商城	二七	中低档	13.50	21.33	6326	正商地产
4	锦艺国际华都	中原	中档	13.31	17.43	7636	翰园置业
5	蓝堡湾	金水	中高档	12.94	15.09	8577	金基不动产
6	永威翡翠城	郑东新	高档	12.21	10.73	11376	凯华地产
7	升龙城	二七	中低档	12.20	17.66	6911	升龙集团
8	升龙·凤凰城	金水	中档	11.58	16.08	7204	升龙集团
9	新里.卢浮公馆	郑东新	中档	11.49	14.55	7895	绿地集团
10	中原新城	中原	中低档	10.14	15.76	6435	升龙集团

数据来源：中国房地产决策咨询系统（CRIC）

二十四、武汉房地产市场情况

1. 2008~2012年房地产行业数据

表4-84　武汉2008~2012年房地产行业数据表

类别	指标	2008年	2009年	2010年	2011年	2012年
宏观	GDP（亿元）	3960.08	4560.62	5515.76	6756.20	8003.82
	同比增幅（%）	15.1	13.7	14.7	12.5	11.5
	进出口总额（亿美元）	139.77	114.73	180.50	227.90	203.54
	同比增幅（%）	40.3	-18.2	57.6	25.9	-11.0
	固定资产投资（亿元）	2252.05	3001.1	3753.17	4255.16	5031.25
	同比增幅（%）	30	33.3	25.1	22.1	20.0
	社会消费品零售总额（亿元）	1850.05	2164.09	2523.20	2959.04	3432.43
	同比增幅（%）	21.8	17	19.5	18.0	16.0
行业	房地产开发投资（亿元）	570.36	778.59	1017.40	1274.17	1574.86
	同比增幅（%）	24.06	36.51	30.7	25.2	23.6
	商品房新开工面积（万平方米）	1447.28	1651.17	2626.27	2097.84	2123.27
	同比增幅（%）	23.27	14.09	59.1	-20.1	1.2
	商品房施工面积（万平方米）	3798.10	4487.38	5068.42	5961.06	6862.97
	同比增幅（%）	18.86	18.15	12.9	17.6	15.1
	商品房竣工面积（万平方米）	869.83	945.05	919.40	1064.06	1054.45
	同比增幅（%）	-6.81	8.65	-2.7	15.7	-0.9
土地	土地购置面积（万平方米）	321.15	228.78	274.55	251.28	456.95
	同比增幅（%）	-36.14	-28.76	20.0	-8.5	81.8
	土地购置金额（亿元）	56.63	103.92	219.43	285.39	247.40
	同比增幅（%）	-25.52	83.51	111.2	30.1	-13.3
市场	商品房销售面积（万平方米）	732.07	1086.99	1207.97	1323.51	1576.11
	同比增幅（%）	-35.52	48.48	11.1	9.2	18.6
	商品房销售金额（亿元）	350.01	579.22	694.73	955.86	1157.51
	同比增幅（%）	-33.91	65.49	19.9	37.3	21.1

数据来源：国家统计局

表4-85　武汉2008~2012年土地市场与商品住宅市场运行情况

类别	指标	2008年	2009年	2010年	2011年	2012年
土地	土地供应量（万平方米）	627.06	2549.27	3984.29	4925.72	5422.85
	土地成交量（万平方米）	291.36	1436.41	4456.18	3061.24	5196.79
	土地成交金额（亿元）	61.95	286.29	806.98	539.71	904.67
市场	商品住宅供应量（万平方米）	940.11	594.07	1057.40	1108.07	1057.05
	商品住宅成交量（万平方米）	449.77	1061.24	902.60	825.96	1085.61
	商品住宅成交均价（元/平方米）	5253	5501	6852	7425	7152

数据来源：中国房地产决策咨询系统（CRIC）

2. 综述：调控效果显现，住宅均价同比下滑

2012年武汉市房地产市场主要凸显了如下三个特点：稳价格。2012年武汉商品住宅成交均价为7152元/平方米，较2011年下滑3.68%,价格上涨势头得到抑制；抑投资。调控以来商品住宅炒房现象基本消失殆尽，投资性购房需求处于极低的水平，并成功引导集中在住宅领域的购房资金流向商业、办公领域，促进城市商业商务全新升级，城市面貌由此发生巨大变化；调结构。连续三年一级市场全面放量，逐步解决供需矛盾问题。

3. 投资建设：开发投资额保持上涨，新开工面积触底回升

2012年，武汉市房地产开发投资继续回升，共完成投资1574.86亿元，增长23.60%，增幅比2011年同期下降1.6个百分点。住宅开发投资额完成991.41亿元，同比增长44.79%，保持了自2010以来增速逐渐上升趋势，投资总额保持平稳上涨。商品房新开工面积2123.27万平方米，较上年微涨1.2%，扭转2011年同比下滑的态势。

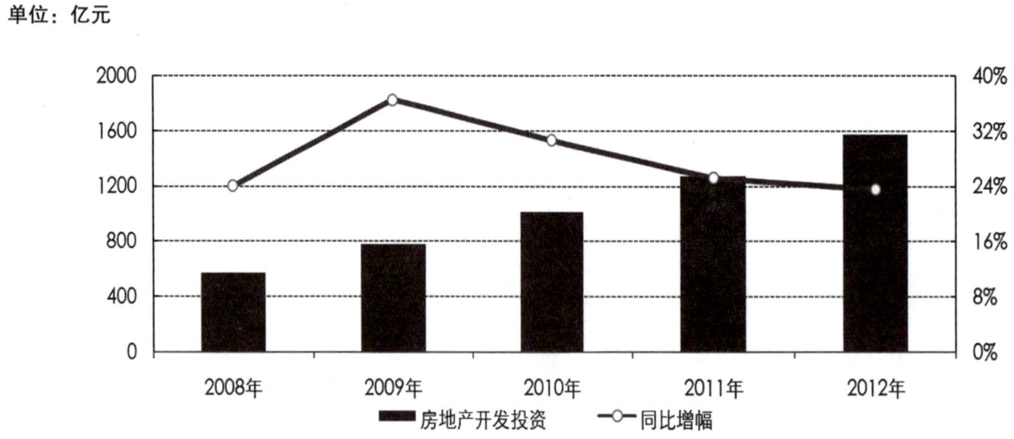

图4-196 2008~2012年武汉房地产投资额年度走势及同比增幅图

数据来源：国家统计局

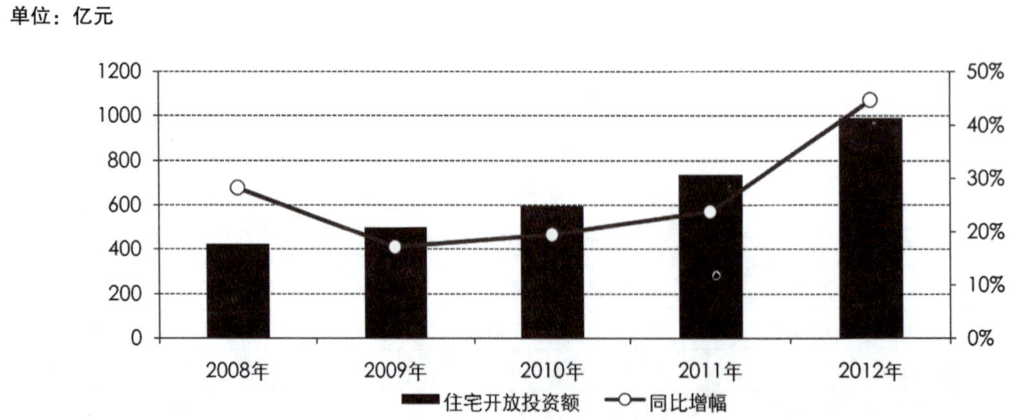

图4-197 2008~2012年武汉住宅开发投资额年度走势及同比增幅图

数据来源：国家统计局

单位：万平方米

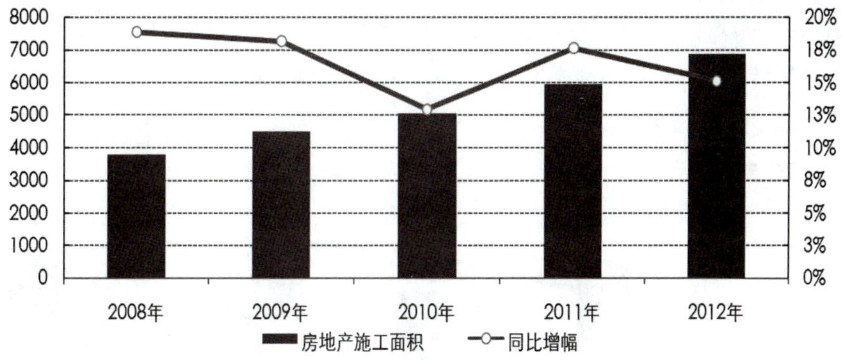

图4-198　2008~2012年武汉房地产施工面积及同比增幅图

数据来源：国家统计局

单位：万平方米

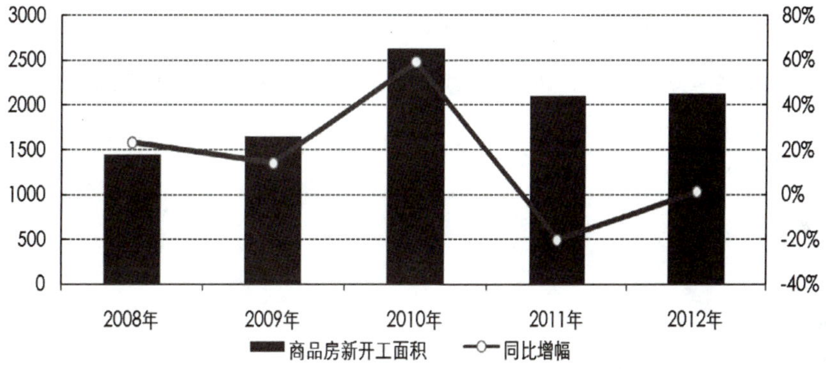

图4-199　2008~2012年武汉商品房新开工面积及同比增幅图

数据来源：国家统计局

单位：万平方米

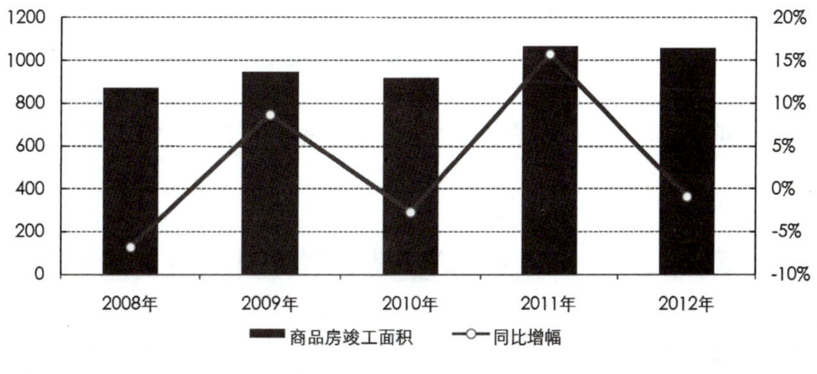

图4-200　2008~2012年武汉商品房竣工面积及同比增幅图

4. 市场表现：商品住宅供求平衡，均价六年来首次小幅下滑

2012年武汉市商品住宅市场供应下滑，成交上涨，供求基本平衡。全年商品住宅成交面积1085万平方米，较上年大幅上涨31.5%，扭转前两年连续下滑的趋势。成交均价7152元/平方米，较上年下滑3.68%，为2007年以来，住宅价格首次同比下滑，调控效果显现。

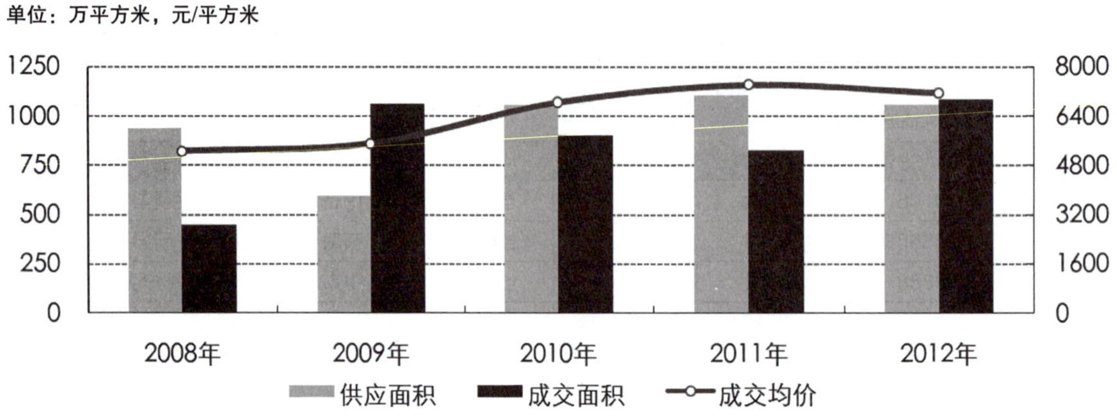

图4-201　2008~2012年武汉商品住宅供求及均价走势图

数据来源：中国房地产决策咨询系统（CRIC）

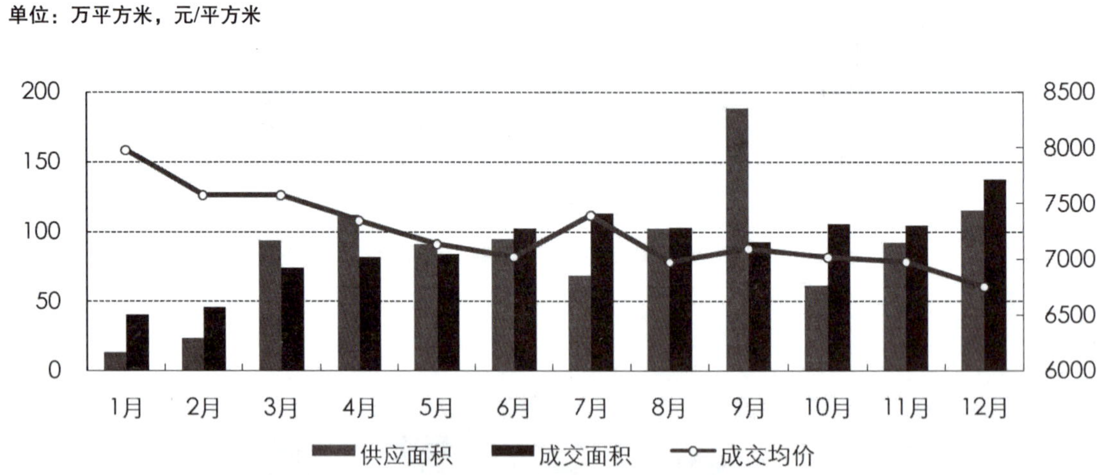

图4-202　2012年各月度武汉商品住宅供求及均价走势图

数据来源：中国房地产决策咨询系统（CRIC）

5. 成交结构：刚需、改善型户型受捧，洪山区成交量占比跃升第一

2012年武汉市从面积段成交结构来看，90平方米以下的刚需小户型产品成交比重为30%，较2011年的33%略有减少；而90¯120平方米的改善型户型成交占比为40%，这两种户型一共占武汉商品住宅成交面积的70%。

从区域成交结构来看，2012年洪山区商品住宅成交量占全市的16%，较2011年上升了4个百分点，而2011年占

比最高的黄陂区今年下降至13%。

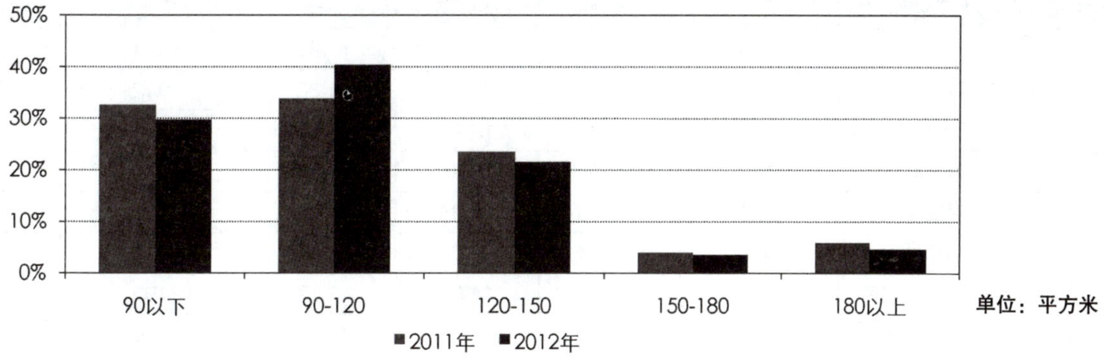

图4-203　2011年、2012年武汉商品住宅面积段成交结构图

数据来源：中国房地产决策咨询系统（CRIC）

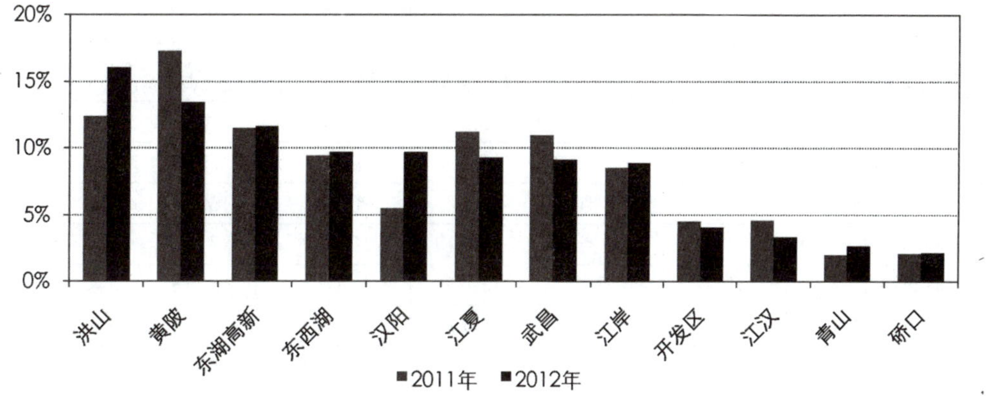

图4-204　2011年、2012年武汉商品住宅区域成交结构图

数据来源：中国房地产决策咨询系统（CRIC）

6．项目排行榜：热销项目多以价换市，中档项目占主流

领跑武汉市场的项目以中档产品为主，热销项目多以价换市，成交面积排行榜第一的恒大绿洲项目2012年全年成交面积达23.58万平方米；而武汉华侨城项目以23.68亿元的成交总金额位列成交金额排行榜榜首，成为唯一上榜的高端项目。

表4-86　2012年武汉商品住宅项目成交面积TOP10排行榜

单位：万平方米，亿元，元/平方米

排行	项目名称	区域	档次	成交面积	成交金额	成交均价	开发商
1	恒大绿洲	蔡甸	中低档	23.58	10.95	4644	恒大地产
2	万科金色城市	洪山	中档	20.62	14.32	6942	万科地产
3	百万兰亭	汉阳	中档	19.20	15.20	7915	广电房地产
4	保利・心语	洪山	中档	18.86	13.51	7166	保利地产
5	菩提苑	江夏	中低档	15.94	8.27	5186	海兴房地产
6	福星城	江汉	中高档	15.67	13.03	8318	福星惠誉
7	保利中央公馆	洪山	中高档	14.36	11.77	8195	保利地产
8	百步亭-现代城	江岸	中高档	11.97	9.81	8195	安居工程
9	汉口湖畔	黄陂	中低档	11.89	5.27	4430	榕源房地产
10	星悦城	江岸	中档	11.70	8.40	7177	星科房地产

数据来源：中国房地产决策咨询系统（CRIC）

表4-87　2012年武汉商品住宅项目成交金额TOP10排行榜

单位：亿元，万平方米，元/平方米

排行	项目名称	区域	档次	成交金额	成交面积	成交均价	开发商
1	武汉华侨城	武昌	高档	23.68	11.12	21291	华侨城实业
2	百万兰亭	汉阳	中档	15.20	19.20	7915	广电房地产
3	万科金色城市	洪山	中档	14.32	20.62	6942	万科地产
4	保利・心语	洪山	中档	13.51	18.86	7166	保利地产
5	福星惠誉福星城	江汉	中高档	13.03	15.67	8318	福星惠誉
6	保利中央公馆	洪山	中高档	11.77	14.36	8195	保利地产
7	恒大绿洲	蔡甸	中低档	10.95	23.58	4644	恒大地产
8	百步亭-现代城	江岸	中高档	9.81	11.97	8195	安居工程
9	复地・东湖国际	武昌	中高档	8.78	7.06	12437	复地集团
10	万科汉阳国际	汉阳	中高档	8.71	10.45	8335	万科地产

数据来源：中国房地产决策咨询系统（CRIC）

二十五、长沙房地产市场情况

1. 2008~2012年房地产行业数据

表4-88　长沙2008~2012年房地产行业数据表

类别	指标	2008年	2009年	2010年	2011年	2012年
宏观	GDP（亿元）	3000.98	3744.76	4547.06	5619.33	6399
	同比增幅（%）	15.1	14.7	15.50	14.50	13.87
	进出口总额（亿美元）	51.68	41.18	60.89	74.89	86.83
	同比增幅（%）	26.9	-20.3	47.90	23.10	15.94
	固定资产投资（亿元）	1873.33	2441.78	3192.57	3510.24	4011.96
	同比增幅（%）	29.6	30.3	30.70	26.10	14.29
	社会消费品零售总额（亿元）	1273.87	1524.91	1812.08	2125.91	2454.71
	同比增幅（%）	22.8	19.7	20.00	18.00	15.47
行业	房地产开发投资（亿元）	469.47	497.36	683.98	887.47	1034.35
	同比增幅（%）	13.68	5.94	37.52	29.75	16.55
	商品房新开工面积（万平方米）	1632.69	1781.3	2302.41	2328.38	1824.23
	同比增幅（%）	20.06	9.10	29.25	1.13	-21.65
	商品房施工面积（万平方米）	4220.1	6172.75	6687.29	7685.55	7376.26
	同比增幅（%）	29.04	46.27	8.34	14.93	-4.02
	商品房竣工面积（万平方米）	745.38	1314.71	1392.55	1452.40	1402.27
	同比增幅（%）	6.50	76.38	5.92	4.30	-3.45
土地	土地购置面积（万平方米）	965.48	392.6	288.48	341.95	311.15
	同比增幅（%）	-0.80	-59.34	-26.52	18.53	-9.01
	土地购置金额（亿元）	79.03	60.53	102.35	160.39	141.91
	同比增幅（%）	-7.98	-23.41	69.09	56.71	-24.8
市场	商品房销售面积（万平方米）	822.59	1407.3	1680.21	1500.17	1526.93
	同比增幅（%）	-16.50	71.08	19.39	-10.72	1.78
	商品房销售金额（亿元）	273.36	513.58	742.33	882.07	931.56
	同比增幅（%）	-16.11	87.88	44.54	18.82	5.61

数据来源：国家统计局

表4-89　长沙2008~2012年土地市场与商品住宅市场运行情况

类别	指标	2008年	2009年	2010年	2011年	2012年
土地	土地供应量（万平方米）	1017.00	1013.08	1553.35	1675.26	2349.00
	土地成交量（万平方米）	1473.23	815.86	998.15	1442.17	2180.69
	土地成交金额（亿元）	89.95	58.12	155.09	212.56	269.93
市场	商品住宅供应量（万平方米）	—	—	1413.39	1198.56	1108.77
	商品住宅成交量（万平方米）	—	—	1179.43	837.19	1071.76
	商品住宅成交均价（元/平方米）	—	—	5003	6806	6462

数据来源：中国房地产决策咨询系统（CRIC）

2. 综述：限购政策较为宽松，整体量升价跌

2012年长沙楼市从政策层面来说，仍然是全国限购城市中最松的一个：只限一手不限二手，范围仅在一环以内。但即使这样，2012年的楼市仍然出现了量升价跌的现象，尤其是10月以后，这一趋势更加明显。

3. 投资建设：各项指标悉数放缓，或对未来供应产生消极影响

2012年长沙的房地产行业数据同比增幅较2011年均出现了明显的下滑，其中商品房新开工、施工和竣工面积三项指标全部出现了负增长。尽管2012年的政策面相比2011年已经"温柔"了很多，但是从开发商投资热情来看，长沙整个房地产行业仍较较低迷，或将对2013的年的供应产生消极影响。

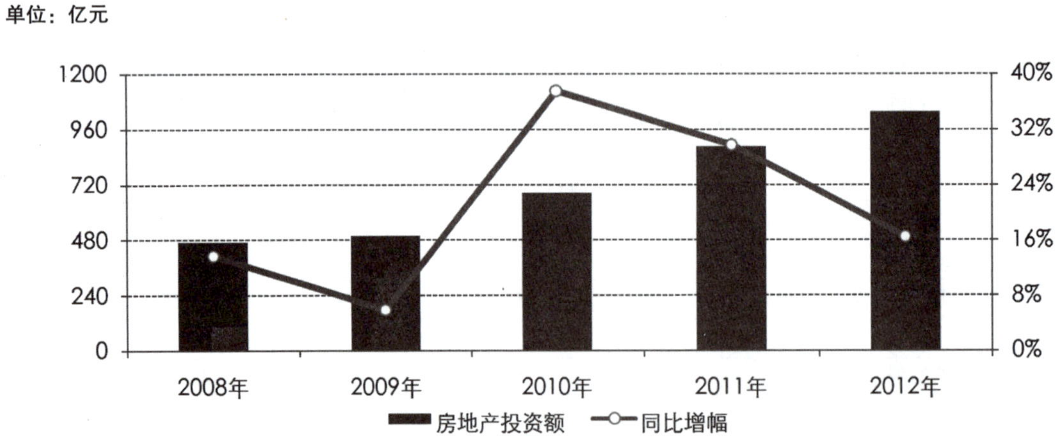

图4-205　2008~2012年长沙房地产投资额年度走势及同比增幅图

数据来源：国家统计局

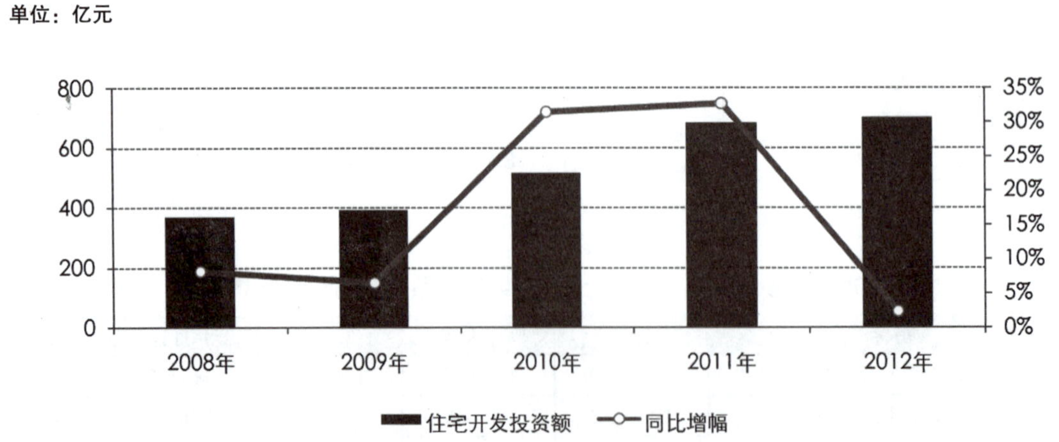

图4-206　2008~2012年长沙住宅开发投资额年度走势及同比增幅图

数据来源：国家统计局

单位：万平方米

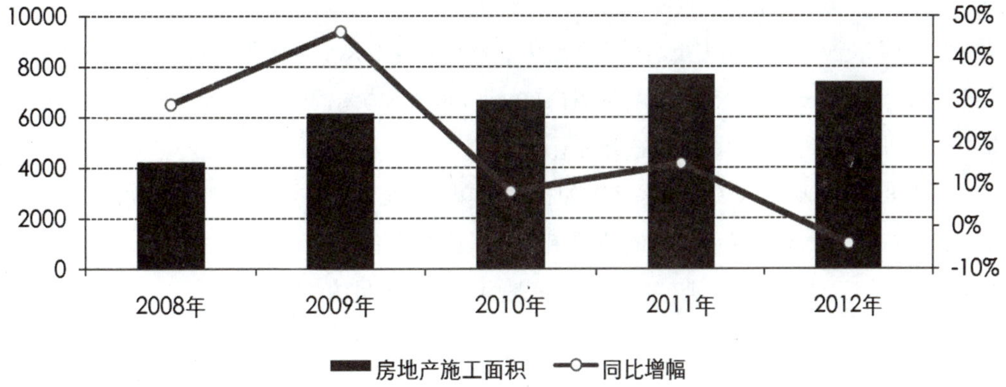

图4-207　2008~2012年长沙房地产施工面积及同比增幅图

数据来源：国家统计局

单位：万平方米

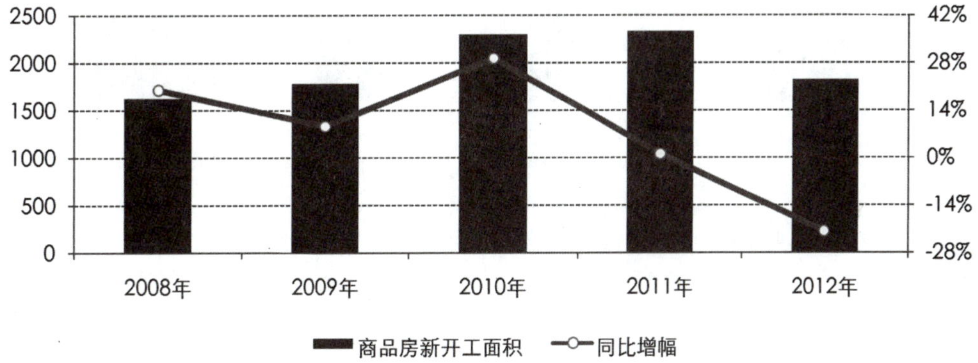

图4-208　2008~2012年长沙商品房新开工面积及同比增幅图

数据来源：国家统计局

单位：万平方米

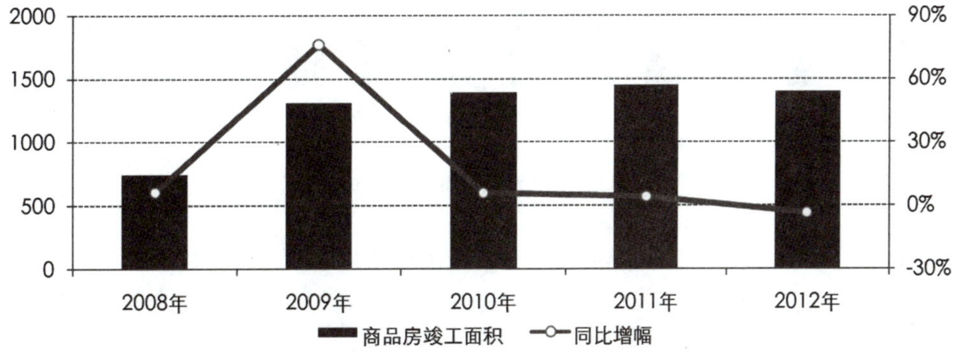

图4-209　2008~2012年长沙商品房竣工面积及同比增幅图

数据来源：国家统计局

4. 市场表现：降价走量促成年底“翘尾”

从整体看，2012年长沙的商品住宅市场呈现了量升价跌的现象。从供应数据来看，自2010年调控以来，市场供应较2009年明显下滑，2010~2012年成交量维持在1000~1500万平方米的区间。2012年商品住宅供应量1109万平方米、成交量1072万平方米，市场供求失衡态势有所改变。

分月看，长沙从8月起开始进入了一个去库存的相对高峰，传统的“金九银十”有所回落，11~12月出现了一波明显的年底“翘尾”，这与全国主要城市的情况相一致。从均价来看，10~12月连续3个月均价呈现单边下行的走势，从这个角度来说，上述年底的这波“翘尾”行情是企业降价走量的结果。

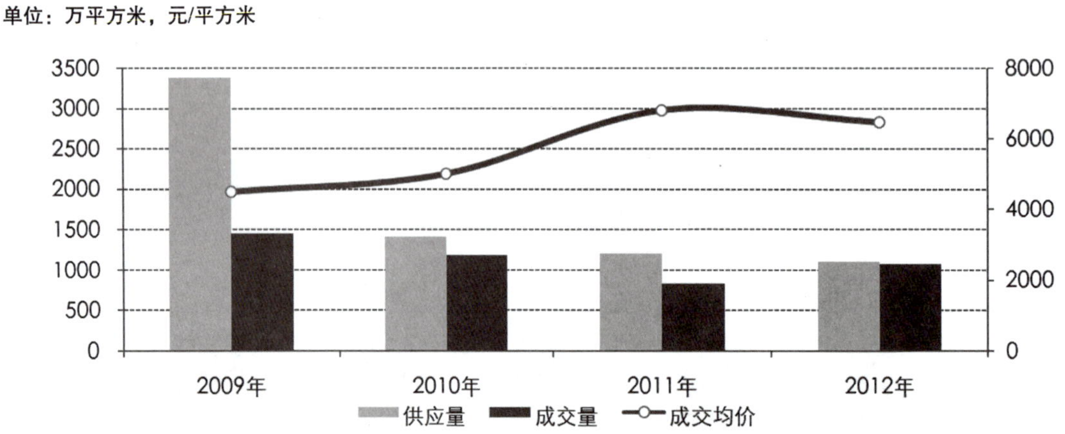

图4-210 2009~2012年长沙商品住宅供求及均价走势图

数据来源：中国房地产决策咨询系统（CRIC）

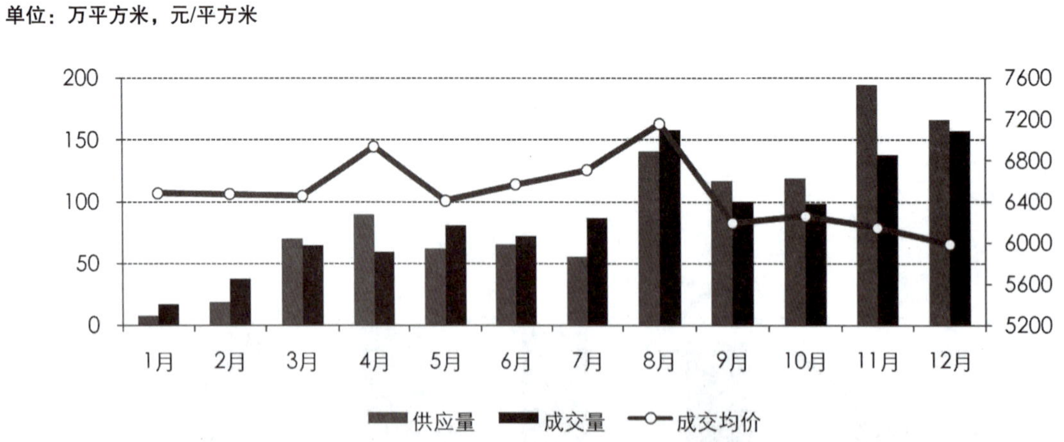

图4-211 2012年各月度长沙商品住宅供求及均价走势图

数据来源：中国房地产决策咨询系统（CRIC）

5. 成交结构：中等户型为成交主力，传统主城区仍为成交主力

从成交户型面积来看，2013年长沙商品住宅市场仍然以中小户型为主，其中90平以下的占比28%，90ˉ130平的占比44%，可见初次改善型客户在2012年的长沙楼市中已经开始占据主导地位。

从区域成交结构来看，长沙的成交版图开始向郊县扩张，长沙县、浏阳、宁乡这三个区域的成交占比相比2011年显著加大。但是从绝对值来看，传统的主城区如雨花区和岳麓区仍然是成交的重点。

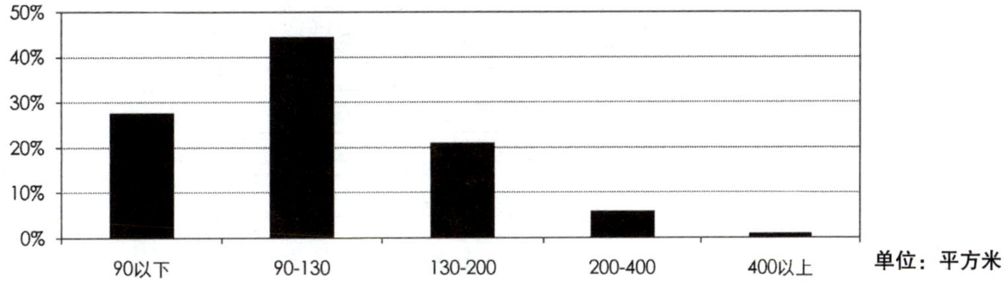

图4-212　2012年长沙商品住宅面积段成交结构图

数据来源：中国房地产决策咨询系统（CRIC）

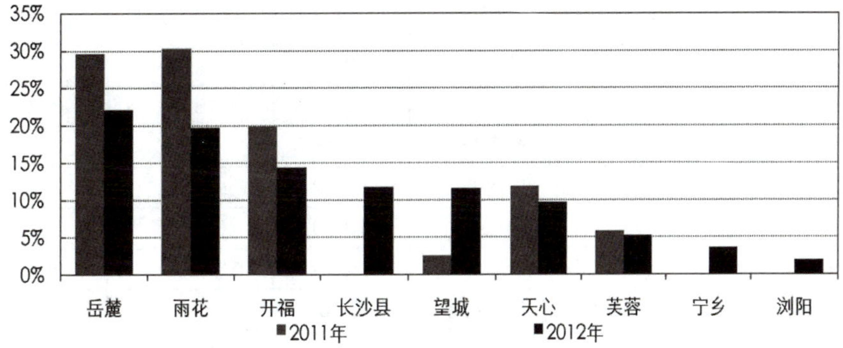

图4-213　2011年、2012年长沙商品住宅区域成交结构图

数据来源：中国房地产决策咨询系统（CRIC）

6. 项目排行榜：中档项目为成交主力，价格优势促进成交

从面积榜单看，入榜项目的售价区间以5200ˉ6600元/平方米的项目居多。其中位列面积榜单第一的保利麓谷林语，作为大河西区唯一的资源性大盘，除了资源、配套和项目本身的优势以外，其首付一成的价格策略，大大增加了刚需客户的购买力。

表4-90　2012年长沙商品住宅项目成交面积TOP10排行榜

单位：万平方米，亿元，元/平方米

排行	项目名称	区域	档次	成交面积	成交金额	成交均价	开发商
1	保利·麓谷林语	岳麓	中低档	26.12	13.81	5288	保利地产
2	华润·凤凰城	长沙县	中低档	19.65	10.30	5243	华润置地
3	水岸新都	长沙县	中低档	19.33	8.40	4344	佳兆业集团
4	新城国际花都	望城	中低档	18.96	7.25	3826	新城地产
5	中海国际社区	岳麓	中档	18.30	12.17	6649	中海地产
6	北辰新河三角洲	开福	中高档	16.01	13.97	8726	北辰房地产
7	万科城	开福	中高档	15.92	11.32	7109	万科集团
8	万科·金域华府	雨花	中高档	14.63	11.48	7848	万科集团
9	五矿·万境水岸	雨花	中档	13.31	8.72	6549	五矿地产
10	融科·东南海	雨花	中档	12.54	8.17	6514	融科置地

数据来源：中国房地产决策咨询系统（CRIC）

表4-91　2012年长沙商品住宅项目成交金额TOP10排行榜

单位：亿元，万平方米，元/平方米

排行	项目名称	区域	档次	成交金额	成交面积	成交均价	开发商
1	北辰新河三角洲	开福	中高档	13.97	16.01	8726	北辰房地产
2	保利·麓谷林语	岳麓	中低档	13.81	26.12	5288	保利地产
3	长沙开福万达广场	开福	高档	12.75	9.25	13790	万达集团
4	中海国际社区	岳麓	中档	12.17	18.30	6649	中海地产
5	万科·金域华府	雨花	中高档	11.48	14.63	7848	万科集团
6	万科城	开福	中高档	11.32	15.92	7109	万科集团
7	华润·凤凰城	长沙县	中低档	10.30	19.65	5243	华润置地
8	五矿·万境水岸	雨花	中档	8.72	13.31	6549	五矿地产
9	水岸新都	长沙县	中低档	8.40	19.33	4344	佳兆业集团
10	融科·东南海	雨花	中档	8.17	12.54	6514	融科置地

数据来源：中国房地产决策咨询系统（CRIC）

二十六、广州房地产市场情况

1. 2008~2012年房地产行业数据

表4-92　广州2008~2012年房地产行业数据表

类别	指标	2008年	2009年	2010年	2011年	2012年
宏观	GDP（亿元）	8215.82	9112.76	10604.48	12303.12	13551.21
	同比增幅（%）	12.30	11.50	13.0	11.0	10.5
	进出口总额（亿美元）	819.52	767.37	1037.68	1161.72	1171.31
	同比增幅（%）	11.50	-6.40	35.32	12.0	0.83
	固定资产投资（亿元）	2104.56	2659.85	3263.57	3413.58	3758.37
	同比增幅（%）	12.90	22.30	22.70	10.0	10.1
	社会消费品零售总额（亿元）	3140.13	3647.76	4476.38	5243.02	5977.27
	同比增幅（%）	21.00	16.20	23.80	17.13	15.2
行业	房地产开发投资（亿元）	762.43	817.34	983.66	1306.74	1370.45
	同比增幅（%）	8.33	7.20	20.35	32.84	4.88
	商品房新开工面积（万平方米）	1193.92	1073.79	1955.49	2143.32	1554.34
	同比增幅（%）	-21.92	-10.06	82.11	9.61	-27.48
	商品房施工面积（万平方米）	5500.37	5505.56	6464.12	7704.34	7845.62
	同比增幅（%）	26.47	0.09	17.41	19.19	1.83
	商品房竣工面积（万平方米）	943.76	961.24	1094.59	1263.2	1290.79
	同比增幅（%）	10.55	1.85	13.87	15.40	2.18
土地	土地购置面积（万平方米）	186.37	565.64	156.9	338.85	142.97
	同比增幅（%）	-33.57	203.50	-72.26	115.97	-57.81
	土地购置金额（亿元）	113.17	140.79	154.31	204.83	159.10
	同比增幅（%）	4.50	24.41	9.60	32.74	-22.33
市场	商品房销售面积（万平方米）	1079.68	1375.42	1405.13	1251.48	1333.13
	同比增幅（%）	-26.73	27.39	2.16	-10.93	6.52
	商品房销售金额（亿元）	955.86	1286.15	1674.99	1583.19	1754.75
	同比增幅（%）	-21.54	34.55	30.23	-5.48	10.84

数据来源：国家统计局

表4-93　广州2008~2012年土地市场与商品住宅市场运行情况

类别	指标	2008年	2009年	2010年	2011年	2012年
土地	土地供应量（万平方米）	1842.86	2550.81	2570.42	2528.96	2584.99
	土地成交量（万平方米）	1149.87	2354.82	2025.33	1381.66	1695.21
	土地成交金额（亿元）	82.22	616.01	401.55	297.58	273.54
市场	商品住宅供应量（万平方米）	1139.65	966.06	1065.99	1191.19	1149.22
	商品住宅成交量（万平方米）	302.62	1122.82	946.92	877.5279	1173.87
	商品住宅成交均价（元/平方米）	11359	9452	11692	12038	12701

数据来源：中国房地产决策咨询系统（CRIC）

2. 综述：市场持续回暖，刚需带动整体销售

2012年，在市场调控政策持续下，第一季度的房地产市场整体低迷，在二季度降准，降低贷款利率的利好刺激下，房地产市场逐渐复苏，改善型需求开始入市，销售大幅上升。随着融资难度的下降，企业也在下半年加大了总投资力度。2012年广州一手商品住宅市场表现出以下特征：房价稳中微升，年底翘尾明显。

3. 投资建设：开发投资同比微增，新开工面积同比大幅下滑

2012年，广州市房地产开发投资同比增速较上年大幅下滑，同比仅微增4.9%；住宅投资比重呈同步增长态势，写字楼和商业营业用房的投资比重则较为稳定。商品房施工面积保持水平，较去年同期略有提高，商品房新开工面积增速较去年有大幅回落，降幅达27.48%，同时竣工面积出现回升。

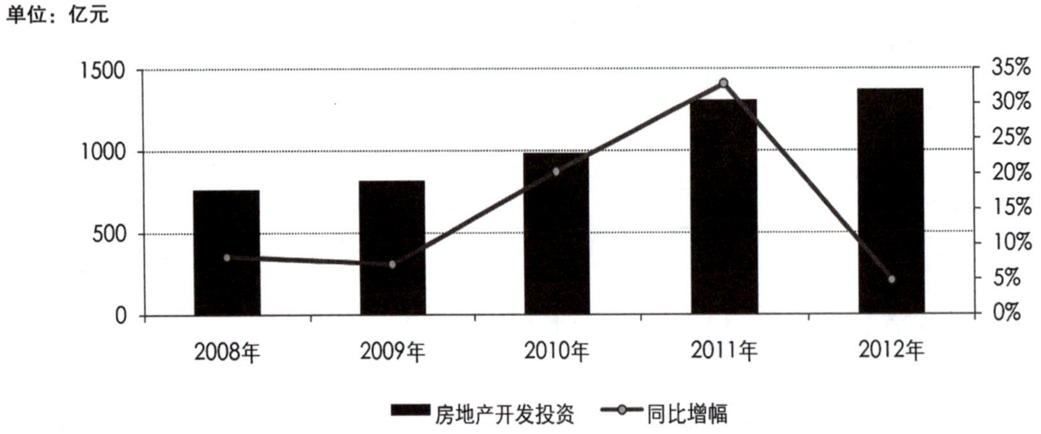

图4-214 2008~2012年广州房地产投资额年度走势及同比增幅图

数据来源：国家统计局

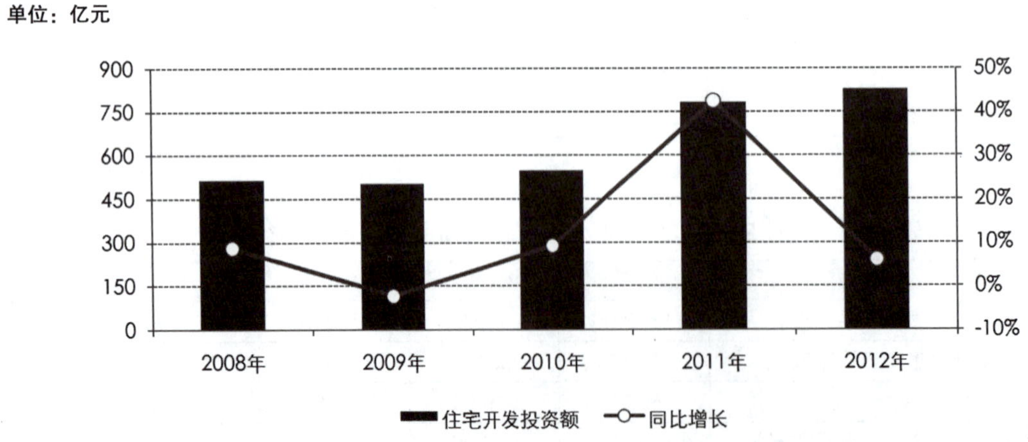

图4-215 2008~2012年广州住宅开发投资额年度走势及同比增幅图

数据来源：国家统计局

单位：万平方米

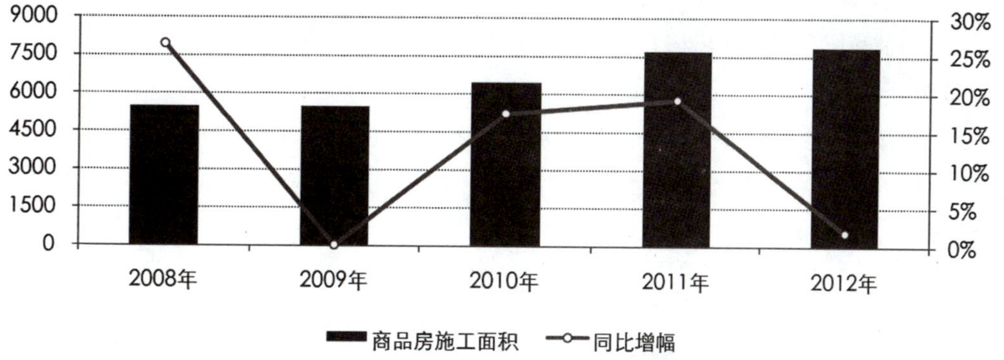

图4-216　2008~2012年广州房地产施工面积及同比增幅图

数据来源：国家统计局

单位：万平方米

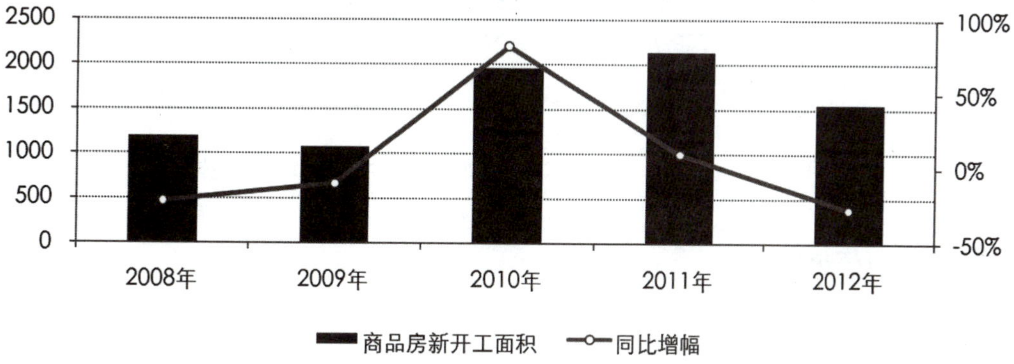

图4-217　2008~2012年广州商品房新开工面积及同比增幅图

数据来源：国家统计局

单位：万平方米

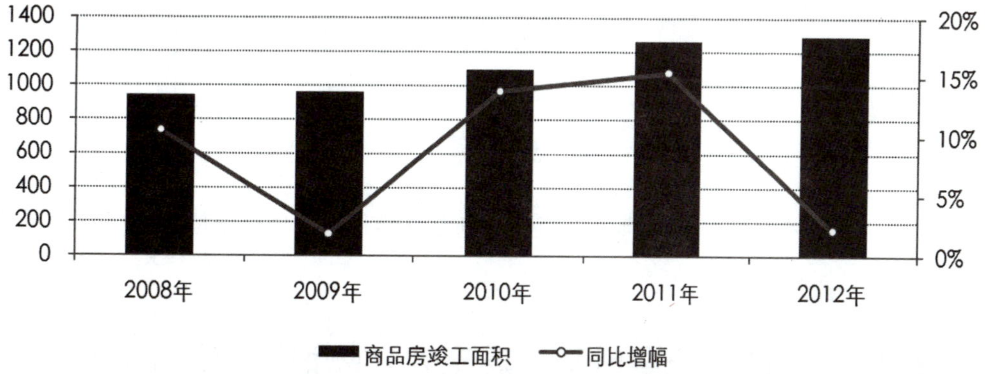

图4-218　2008~2012年广州商品房竣工面积及同比增幅图

数据来源：国家统计局

4. 市场表现：商品住宅成交量、成交均价均有回升

2012年度广州市商品住宅成交面积达1173.87万平方米，自2009年以来首次实现上涨。成交价格12701元/平方米，同比微涨5.5%。

月度变化上，市场在一季度后快速回升；5¯9月成交量变化较为平稳，维持在100万平方米附近；进入第四季度，成交快速上涨，呈现“翘尾”行情，12月144.37万平方米的成交面积为年内最高。

单位：万平方米，元/平方米

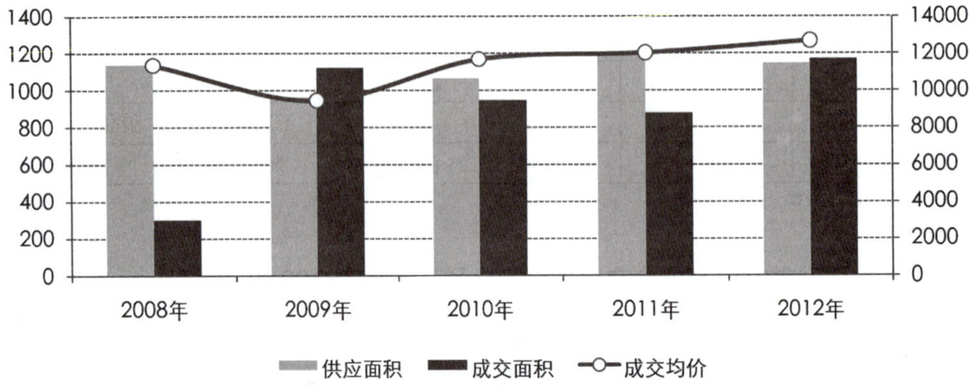

图4-219　2008~2012年广州商品住宅供求及均价走势图

数据来源：中国房地产决策咨询系统（CRIC）

单位：万平方米，元/平方米

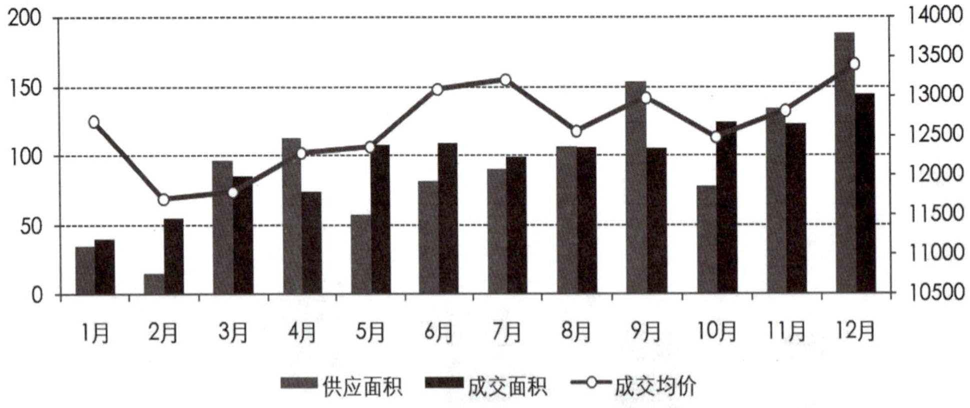

图4-220　2012年各月度广州商品住宅供求及均价走势图

数据来源：中国房地产决策咨询系统（CRIC）

5. 成交结构：中低端户型成交占据主力，热销区域集中在郊区

2012年，中小户型成交占比依旧处于主导地位，其中90平方米以下的小户型产品成交比重为20.67%，90-120

平方米户型为43.51%，主要市场刚性需求巨大，而高端大户型受限购等调控的影响成交量有一定下滑。

从区域成交结构来看，成交依旧集中于花都、番禺、增城等城市交通延伸地区，成交占比较去年同期有所增加。这些地区由于首置、首改客户入市的积极，很大程度上带动不少品牌刚需大盘的旺销，推动了地区性的销售火爆。

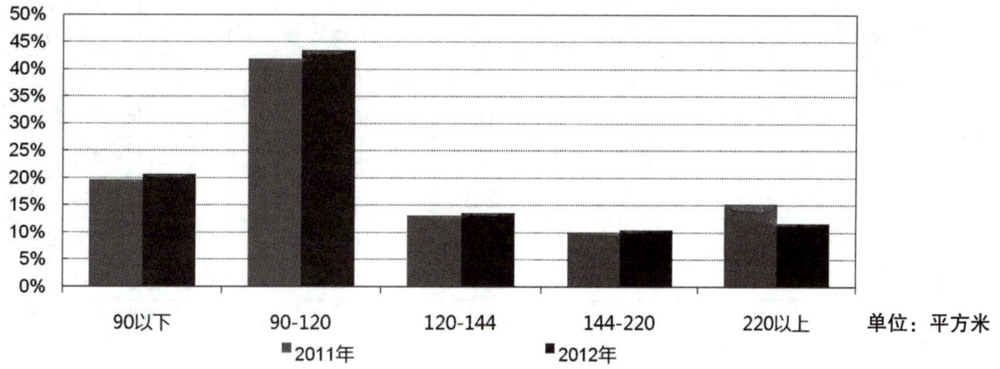

图4-221　2011年、2012年广州商品住宅面积段成交结构图

数据来源：中国房地产决策咨询系统（CRIC）

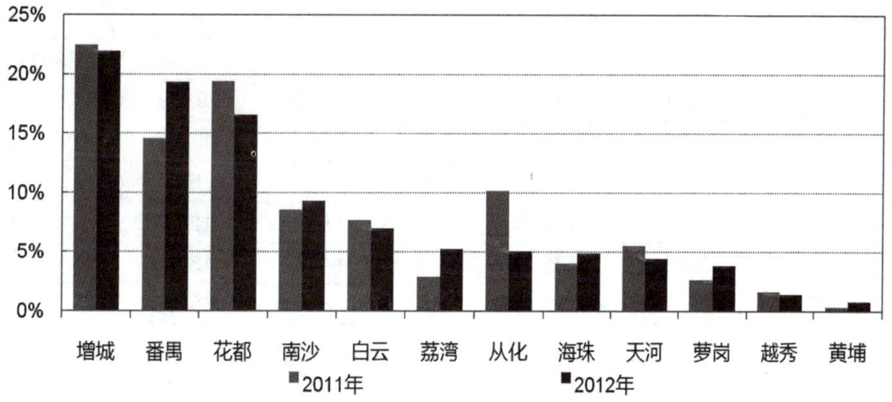

图4-222　2011年、2012年广州商品住宅区域成交结构图

数据来源：中国房地产决策咨询系统（CRIC）

6. 项目排行榜：郊区降价楼盘领跑市场

从项目成交金额和面积榜来看，今年的热销项目主要集中在中低端项目上，而且都是市郊区域，这些区域由于交通和环境的改善，开始受到购房者的注意，销售随之开始上升。中低档楼盘作为销售主力，占据了榜单的大半。

表4-94　2012年广州商品住宅项目成交面积TOP10排行榜

单位：万平方米，亿元，元/平方米

排行	项目名称	区域	档次	成交面积	成交金额	成交均价	开发商
1	碧桂园凤凰城	增城市	中低档	27.38	25.00	9132	碧桂园
2	翡翠绿洲	增城市	低档	22.52	16.44	7299	香江控股
3	保利西海岸	白云	中低档	21.51	36.47	16951	保利地产
4	锦绣御景国际花园	增城市	中档	21.21	17.07	8050	敏捷集团
5	保利东江首府	增城市	低档	18.94	17.79	9393	保利地产
6	万科东荟城	萝岗	中低档	18.11	23.82	13152	万科集团
7	锦绣半岛	番禺	中低档	17.44	22.41	12850	敏捷集团
8	富力金港城	花都	低档	17.04	11.75	6897	富力地产
9	南沙滨海花园	南沙	低档	16.26	12.08	7430	越秀地产
10	花都雅居乐花园	花都	低档	15.24	12.40	8135	雅居乐

数据来源：中国房地产决策咨询系统（CRIC）

表4-95　2012年广州商品住宅项目成交金额TOP10排行榜

单位：亿元，万平方米，元/平方米

排行	项目名称	区域	档次	成交金额	成交面积	成交均价	开发商
1	保利琶洲湾	海珠	中高档	41.41	14.18	29207	保利地产
2	保利西海岸	白云	中档	36.47	21.51	16951	保利地产
3	天銮广场	天河	高档	27.92	5.59	49905	富力地产，合景泰富
4	碧桂园凤凰城	增城市	低档	25.00	27.38	9132	碧桂园
5	万科东荟城	萝岗	中低档	23.82	18.11	13152	万科集团
6	雅居乐剑桥郡	番禺	中低档	23.54	14.75	15958	雅居乐
7	锦绣半岛	番禺	中低档	22.41	17.44	12850	敏捷集团
8	广州番禺万达广场	番禺	中低档	20.43	14.95	13661	万达集团
9	保利公园九里	荔湾	中低档	20.41	12.93	15783	保利地产
10	新光城市花园	番禺	中低档	17.93	9.35	19179	万科集团

数据来源：中国房地产决策咨询系统（CRIC）

二十七、深圳房地产市场情况

1. 2008~2012年房地产行业数据

表4-96 深圳2008~2012年房地产行业数据表

类别	指标	2008年	2009年	2010年	2011年	2012年
宏观	GDP（亿元）	7806.54	8201.23	9510.91	11000.00	12950.08
	同比增幅（%）	15.39	5.06	16.0	15.7	17.7
	进出口总额（亿美元）	2999.55	2701.55	3468.00	4033.00	4667.90
	同比增幅（%）	4.30	-9.93	28.4	16.3	12.8
	固定资产投资（亿元）	1467.6	1709.15	1994.70	2136.39	2314.43
	同比增幅（%）	9.10	16.46	13.8	10.1	8.3
	社会消费品零售总额（亿元）	2251.82	2598.68	3000.76	3520.87	4008.78
	同比增幅（%）	17.60	15.40	17.2	17.8	13.9
行业	房地产开发投资（亿元）	440.49	437.46	458.47	590.21	736.84
	同比增幅（%）	-4.46	-0.69	4.8	28.7	24.8
	商品房新开工面积（万平方米）	752.60	492.40	470.96	628.47	905.24
	同比增幅（%）	-14.13	-34.57	-4.4	33.4	44.0
	商品房施工面积（万平方米）	3276.30	3112.36	2939.94	3082.46	3216.69
	同比增幅（%）	3.65	-5.00	-5.5	4.8	4.35
	商品房竣工面积（万平方米）	629.73	402.01	344.43	343.36	425.75
	同比增幅（%）	-0.12	-36.16	-14.3	-0.3	31.0
土地	土地购置面积（万平方米）	28.67	30.42	13.87	39.30	97.34
	同比增幅（%）	-15.92	6.10	-54.4	183.3	147.7
	土地购置金额（亿元）	65.98	45.25	60.99	111.03	129.77
	同比增幅（%）	6.04	-31.42	34.8	82.0	16.9
市场	商品房销售面积（万平方米）	466.71	762.15	465.59	512.15	525.83
	同比增幅（%）	-15.92	63.30	-38.9	10.0	3.0
	商品房销售金额（亿元）	591.09	1113.88	892.55	1084.97	1030.10
	同比增幅（%）	-24.21	88.45	-19.9	21.6	16.8

数据来源：国家统计局

表4-97 深圳2008~2012年土地市场与商品住宅市场运行情况

类别	指标	2008年	2009年	2010年	2011年	2012年
土地	土地供应量（万平方米）	912.52	815.42	906.04	899.63	835.04
	土地成交量（万平方米）	752.09	610.59	1007.50	833.30	764.61
	土地成交金额（亿元）	125.93	132.86	184.87	194.04	129.32
市场	商品住宅供应量（万平方米）	663.01	463.24	377.03	380.60	518.01
	商品住宅成交量（万平方米）	409.34	636.98	318.56	274.35	382.38
	商品住宅成交均价（元/平方米）	13231	15441	20585	19434	19257

数据来源：中国房地产决策咨询系统（CRIC）

2. 综述：政策面稍显缓和，市场整体筑底回稳

2012年年初，开发商持续的低价营销效果开始显现，部分刚需客户受低价吸引开始入市置业，成交量企稳回升。政策方面，地方政府纷调整住房公积金等政策刺激成交，存准率和利率下调释放了流动性，降低了购房者的资金成本。预期的转变和实质性利好政策的出台，刺激市场成交持续回暖。从年中开始，市场上行趋势已经确定，成交量持续上扬，房价上涨的压力逐渐加大。

3. 投资建设：投资继续上涨，商品住宅开发投资额创新高

2012年，深圳房地产开发投资进一步上涨，房地产累计开发投资额即达到736.84亿元，同比上涨24.84%；其中，住宅开发投资额达到了474.60亿元。商品房施工面积、新开工面积、竣工面积均同比上涨，其中新开工面积涨幅超过40%。

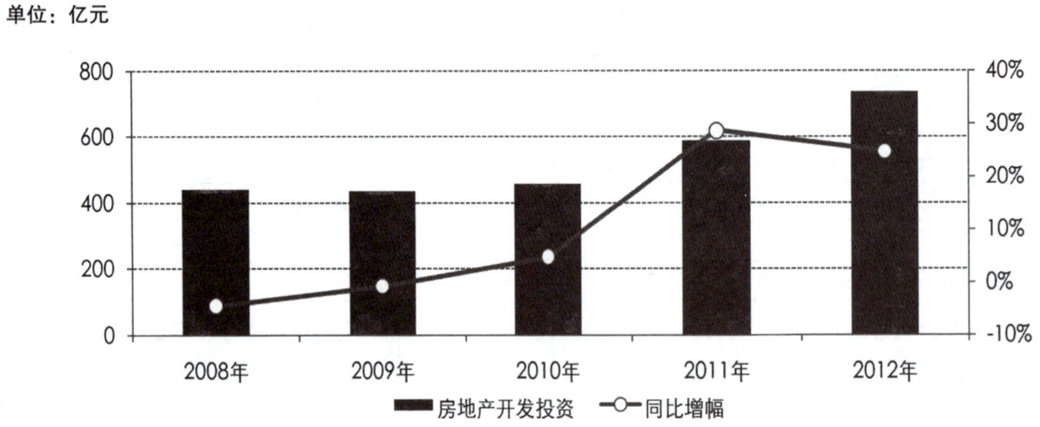

图4-223　2008~2012年深圳房地产投资额年度走势及同比增幅图

数据来源：国家统计局

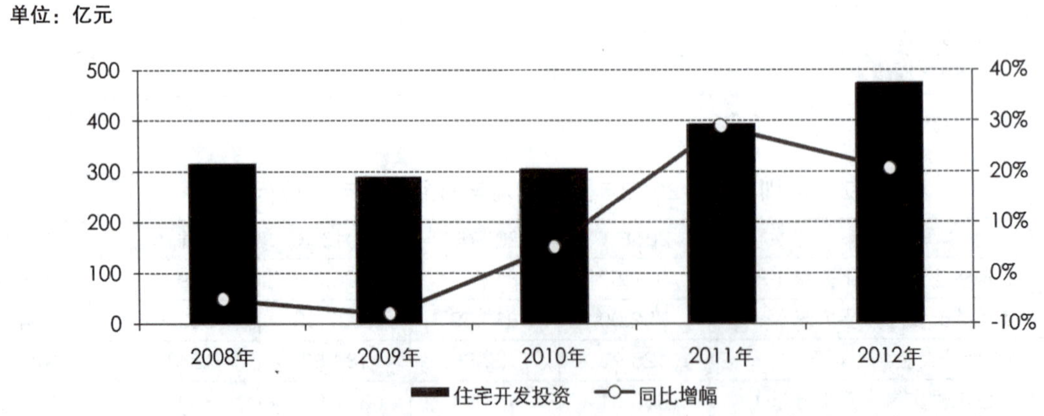

图4-224　2008~2012年深圳住宅开发投资额年度走势及同比增幅图

数据来源：国家统计局

单位：万平方米

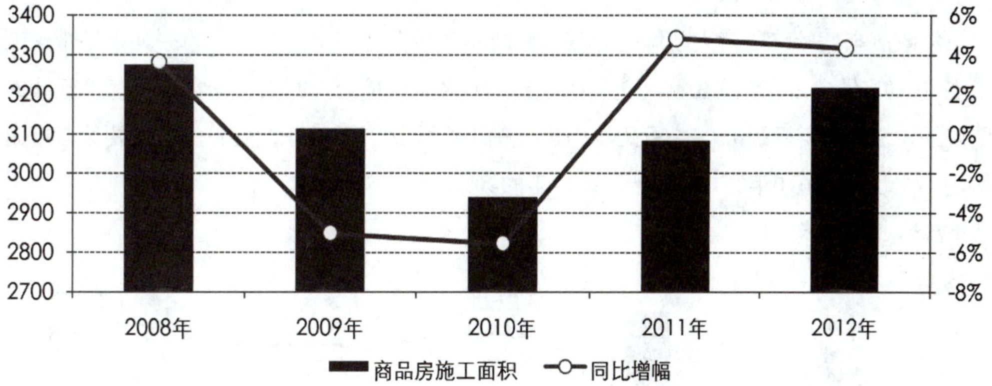

图4-225　2008~2012年深圳房地产施工面积及同比增幅图

数据来源：国家统计局

单位：万平方米

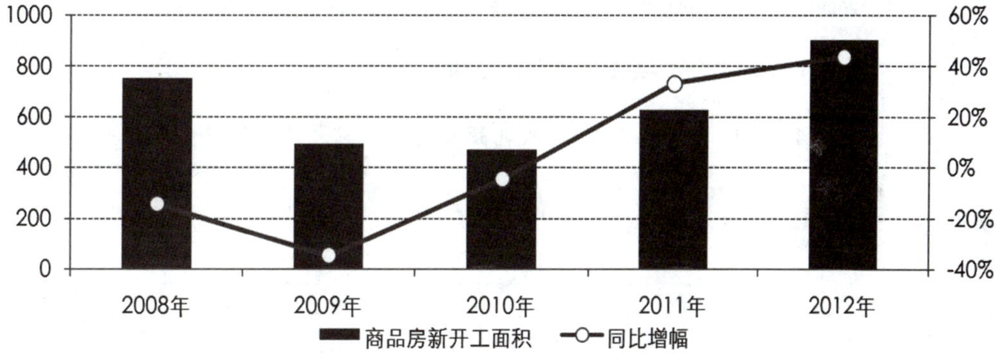

图4-226　2008~2012年深圳商品房新开工面积及同比增幅图

数据来源：国家统计局

单位：万平方米

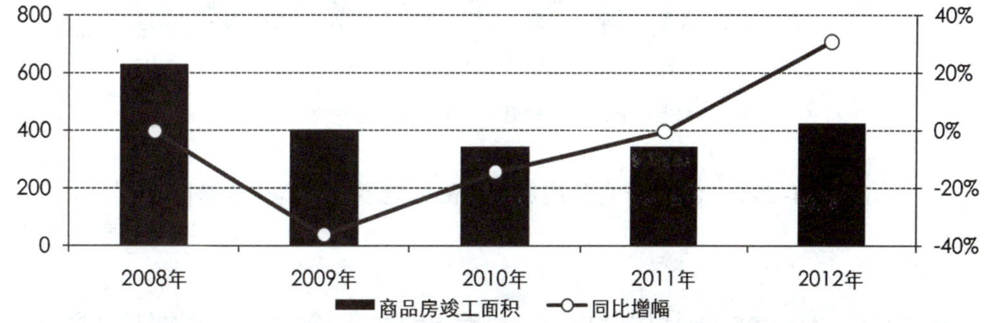

图4-227　2008~2012年深圳商品房竣工面积及同比增幅图

数据来源：国家统计局

4. 市场表现：全年供求比为1.51，成交均价小幅回落

2012年，虽然政府态度始终坚持当前调控力度“坚决不放松”，但也总算能够为深圳市场带来喘息的机会。成交量在5月开始恢复，供应量也随之上涨，全年供求比达1.51。从房价方面来看，2012年房价延续2011年的下滑趋势，但跌幅明显放缓，全年微跌0.9%。近两年房价小幅下行除楼市调控外，还有一个重要原因就是龙岗、宝安区成交量在全市所占比例由2010年的70%上升至2012年的80%。

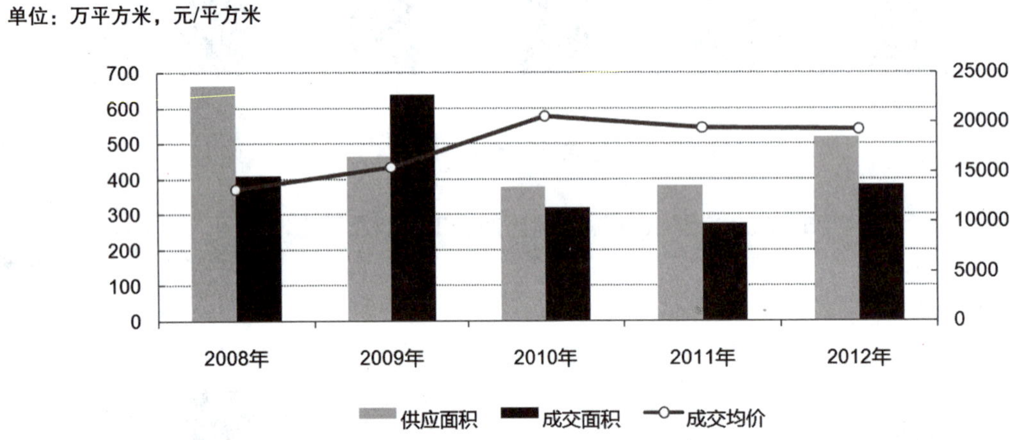

图4-228　2008~2012年深圳商品住宅供求及均价走势图

数据来源：中国房地产决策咨询系统（CRIC）

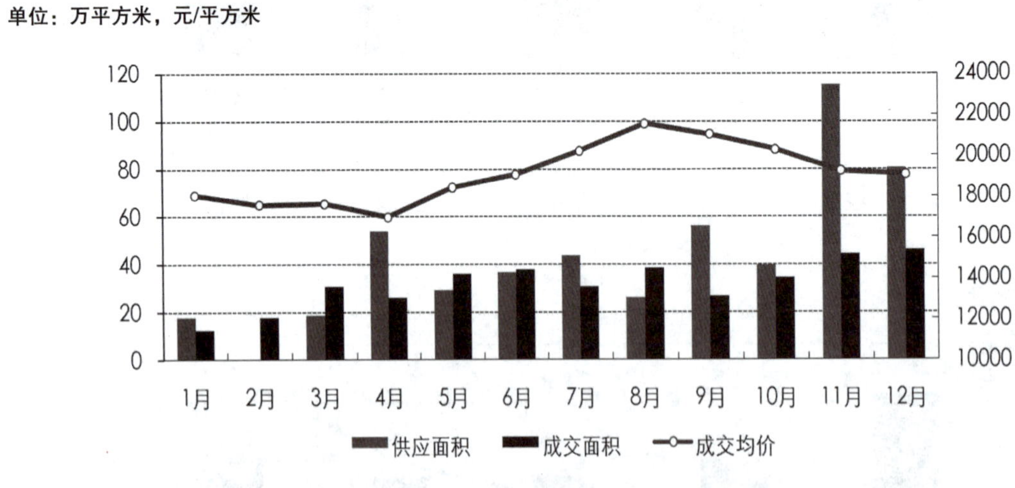

图4-229　2012年各月度深圳商品住宅供求及均价走势图

数据来源：中国房地产决策咨询系统（CRIC）

5. 成交结构：中小户型成交仍占主导地位，宝安、龙岗区成交居多

2012年，中小户型成交占比依旧处于主导地位，其中90平方米以下的小户型产品成交比重为58%，120¯144平

方米户型为17%，主要市场刚性需求巨大。从区域成交结构来看，成交依旧集中于宝安区、龙岗区；其中宝安区成交面积占全市的比例从2011年的37%进一步上升至48%。

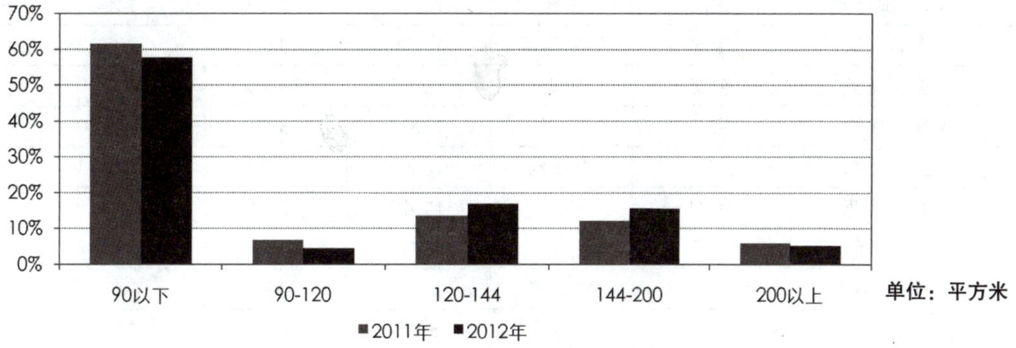

图4-230　2011年、2012年深圳商品住宅面积段成交结构图

数据来源：中国房地产决策咨询系统（CRIC）

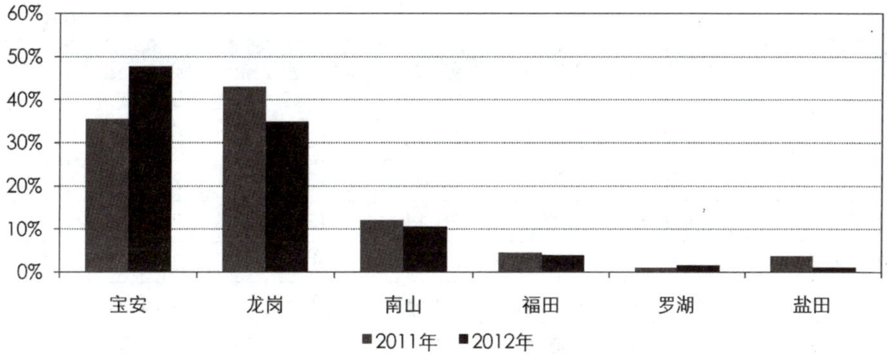

图4-231　2011年、2012年深圳商品住宅区域成交结构图

数据来源：中国房地产决策咨询系统（CRIC）

6. 项目排行榜：郊区降价楼盘领跑市场，中档产品成宠儿

从项目排行榜来看，在楼市调控的压力下，以价换量项目受追捧。领跑深圳市场的项目大多仍旧是宝安区、龙岗区的中端项目，这些项目对应刚性需求和改善需求，性价比较高，2012年深圳尚品住宅成交面积排行榜前十的均为此类项目。此次调控，使得绝大多数高端客户由于限购政策直接退出市场，使得高端项目总体成交持续低迷；但是，性价比较高的高档项目仍旧受到青睐，尤其是折扣力度较大的项目。

表4-98　2012年深圳商品住宅项目成交面积TOP10排行榜

单位：万平方米，亿元，元/平方米

排行	项目名称	区域	档次	成交面积	成交金额	成交均价	开发商
1	和黄御峰园	龙岗	中档	14.57	17.43	11961	和记黄埔
2	中洲华府	宝安	中档	13.98	29.05	20783	中洲房地产
3	星河盛世	宝安	中档	13.81	29.70	21506	星河房地产
4	莱蒙水榭春天	宝安	中档	13.03	26.11	20030	水榭花都
5	花半里清湖	宝安	中低档	12.85	16.70	12991	恒和基
6	招商果岭花园	宝安	中档	11.43	17.51	15310	招商地产
7	公馆1866	宝安	中档	9.49	20.84	21957	正兴隆
8	万科翡丽郡	宝安	中低档	8.44	10.73	12707	万科地产
9	万科金域东郡	龙岗	中低档	8.13	9.54	11733	万科地产
10	万科第五园	龙岗	中高档	8.11	20.00	24649	万科地产

数据来源：中国房地产决策咨询系统（CRIC）

表4-99　2012年深圳商品住宅项目成交金额TOP10排行榜

单位：亿元，万平方米，元/平方米

排行	项目名称	区域	档次	成交金额	成交面积	成交均价	开发商
1	纯水岸	南山	高档	35.39	6.89	51363	华侨城
2	星河盛世	宝安	中高档	29.70	13.81	21506	星河房地产
3	中洲华府	宝安	中档	29.05	13.98	20783	中洲房地产
4	莱蒙水榭春天	宝安	中档	26.11	13.03	20030	水榭花都
5	公馆1866花园	宝安	中档	20.84	9.49	21957	正兴隆
6	招商雍景湾	南山	中高档	20.68	6.86	30153	招商地产
7	万科第五园	龙岗	中高档	20.00	8.11	24649	万科地产
8	阳光海滨花园	南山	中高档	19.86	5.83	34095	阳光海滨
9	招商果岭花园	宝安	中档	17.51	11.43	15310	上涨地产
10	和黄御峰园	龙岗	中低档	17.43	14.57	11961	和记黄埔

数据来源：中国房地产决策咨询系统（CRIC）

二十八、南宁房地产市场情况

1. 2008~2012年房地产行业数据

表4-100　南宁2008~2012年房地产行业数据表

类别	指标	2008年	2009年	2010年	2011年	2012年
宏观	GDP（亿元）	1316.21	1492.38	1800.43	2211.51	2503.60
	同比增幅（%）	14.50	15.00	14.2	13.5	12.3
	进出口总额（亿美元）	18.71	27.88	22.13	25.10	41.47
	同比增幅（%）	45.47	49.34	-20.62	13.90	65.17
	固定资产投资（亿元）	693.44	1043.91	1483.02	1950.86	2517.61
	同比增幅（%）	23.78	50.54	51.79	31.55	28.14
	社会消费品零售总额（亿元）	631.68	757.01	905.93	1073.2	1255.59
	同比增幅（%）	22.51	19.84	20	18.46	17.00
行业	房地产开发投资（亿元）	199.3	226.73	317.50	377.16	362.73
	同比增幅（%）	6.32	13.76	40.04	18.79	-7.6
	商品房新开工面积（万平方米）	541.07	701.86	967.56	857.62	693.21
	同比增幅（%）	-19.14	29.72	37.86	-11.36	-20.6
	商品房施工面积（万平方米）	2190.07	2620.22	3147.52	3608.46	3747.04
	同比增幅（%）	3.48	19.64	20.77	14.64	5.2
	商品房竣工面积（万平方米）	436.57	439.71	519.41	512.45	664.53
	同比增幅（%）	4.00	0.72	18.13	-1.34	17.7
土地	土地购置面积（万平方米）	282.77	149.40	189.58	161.52	101.34
	同比增幅（%）	-19.32	-47.17	26.9	-14.80	-37.26
	土地购置金额（亿元）	33.57	28.88	42.46	73.32	55.52
	同比增幅（%）	-23.48	-13.97	47.0	72.68	-27.3
市场	商品房销售面积（万平方米）	484.79	731.74	666.48	696.48	629.01
	同比增幅（%）	-22.91	50.94	-8.72	4.50	-9.69
	商品房销售金额（亿元）	191.32	333.45	342.84	370.63	377.59
	同比增幅（%）	-10.62	74.29	3.11	8.11	1.88

数据来源：国家统计局

表4-101　南宁2008~2012年土地市场与商品住宅市场运行情况

类别	指标	2008年	2009年	2010年	2011年	2012年
土地	土地供应量（万平方米）	543.84	1859.18	1894.21	1426.31	3455.96
	土地成交量（万平方米）	402.64	1517.84	1504.41	1103.49	2257.77
	土地成交金额（亿元）	21.21	104.69	174.40	88.15	208.16
市场	商品住宅供应量（万平方米）	483.02	457.38	483.95	416.43	373.87
	商品住宅成交量（万平方米）	375.73	690.29	402.85	348.20	400.92
	商品住宅成交均价（元/平方米）	3918	4941	6301	6567	7427

数据来源：中国房地产决策咨询系统（CRIC）

2. 市场综述：政策面趋缓，企业开发信心依然不足

2012年以来整个行业大环境发生了转变，政策面明显趋缓，商品住宅成交面积较上年有所上涨。同时，也能发现，当前南宁房企开发信心明显不足，全年开放投资、住宅开发投资及新开工面积均较上年有所下滑，未来市场供应将受影响。

3. 投资建设：开发投资、新开工面积同比下滑

2012年，南宁市房地产开发投资362.73亿元，同比下跌7.6%；住宅开发投资253.98亿元，同比下滑5.6%。商品房施工面积3747.04万平方米，同比增长3.84%。南宁市商品房竣工面积664.53万平方米，同比增长29.68%。商品房新开工面积为693.21万平方米，同比大幅下降20.6%。

单位：万平方米

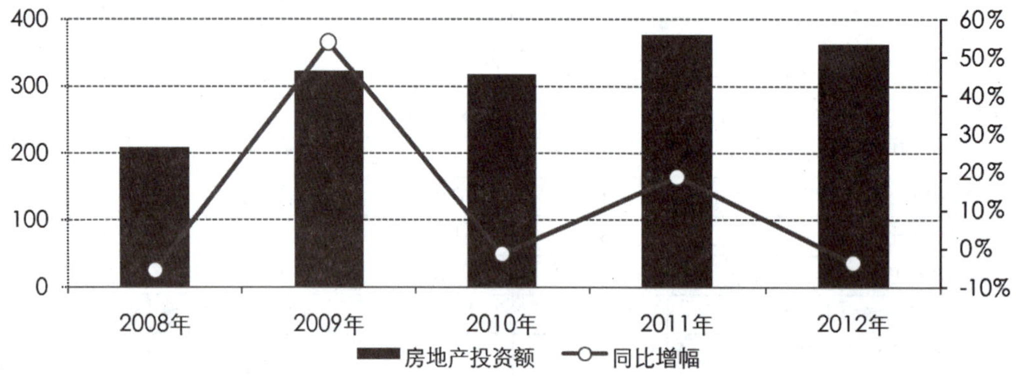

图4-232　2008~2012年南宁房地产投资额走势及同比增幅图

数据来源：国家统计局

单位：万平方米

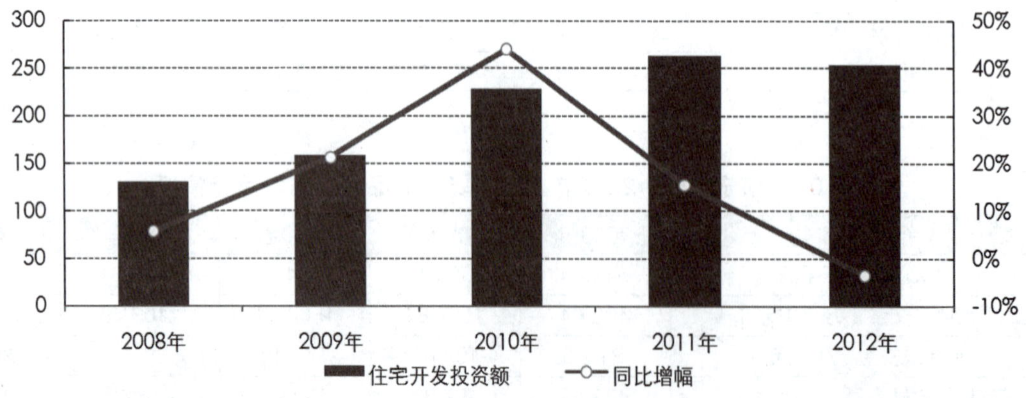

图4-233　2008年-2012年南宁住宅开发投资额年度走势及同比增幅图

数据来源：国家统计局

单位：万平方米

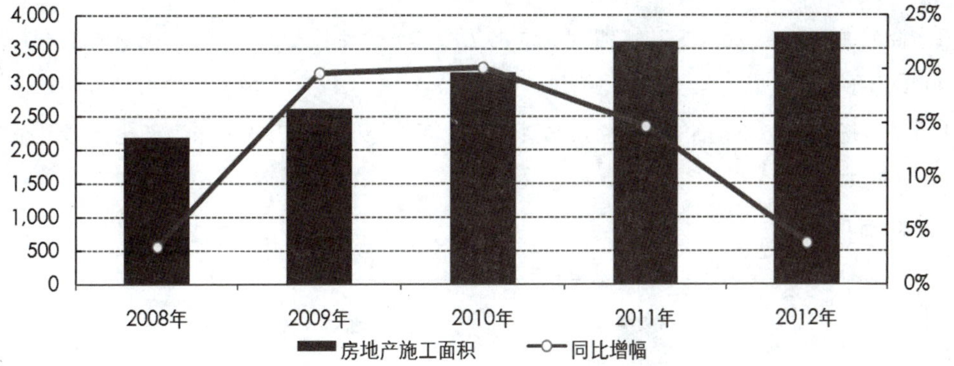

图4-234　2008年-2012年南宁房地产施工面积及同比增幅图

数据来源：国家统计局

单位：万平方米

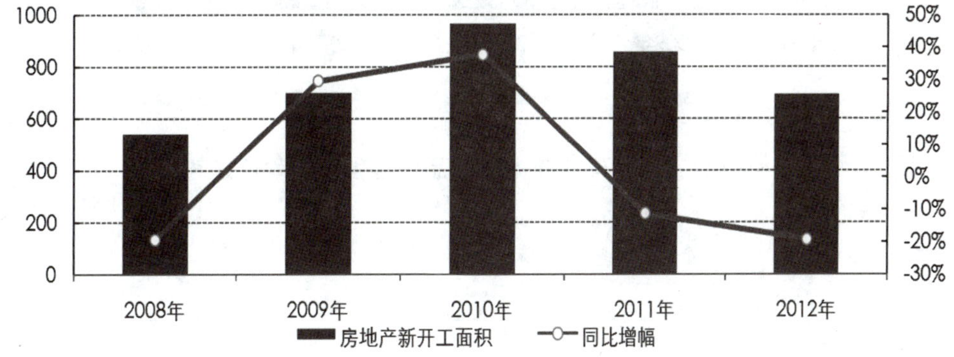

图4-235　2008年-2012年南宁商品房新开工面积及同比增幅图

数据来源：国家统计局

单位：万平方米

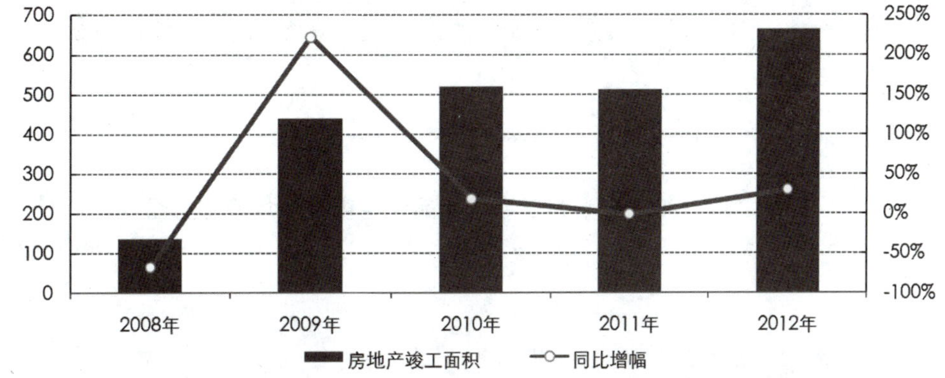

图4-236　2008年-2012年南宁商品房竣工面积及同比增幅图

数据来源：国家统计局

4. 市场表现：商品住宅成交量、成交均价均上涨

2012年，南宁商品住宅新增商品住宅供应量为373.87万平方米，环比下跌10.2%；成交量回升明显，全年商品住宅成交总量400.92万平方米，较上年上升15.14%。

从月度变化看，市场在经过年初的沉寂之后，5月份成交面积为 45.89万平方米，环比大幅上涨近100%；6月后，市场呈现高位震荡态势。

单位：万平方米，元/平方米

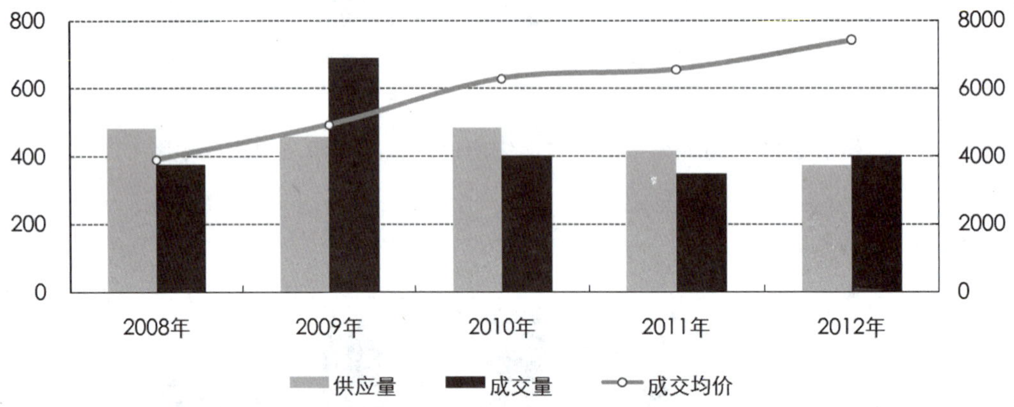

图4-237 2008~2012年南宁商品住宅供求及均价走势图

数据来源：中国房地产决策咨询系统（CRIC）

单位：万平方米，元/平方米

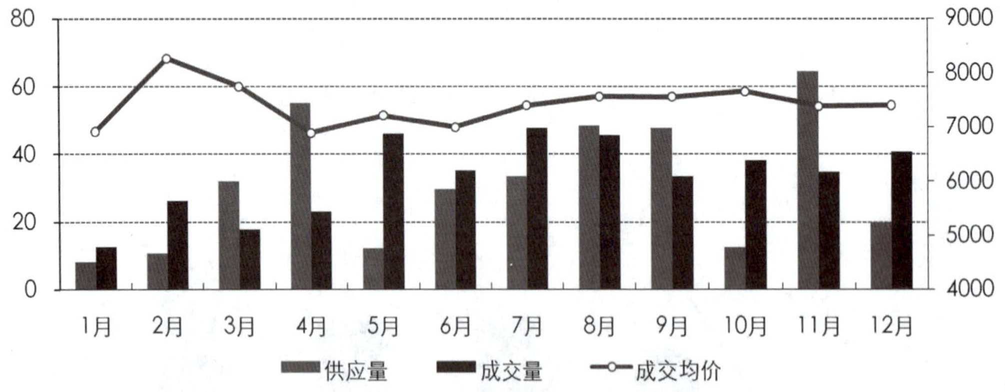

图4-238 2012年各月度南宁商品住宅供求及均价走势图

数据来源：中国房地产决策咨询系统（CRIC）

5. 成交结构：70~90平方米产品继续受热，青秀区是成交主力

2012年，首置与首改产品占整体销售的70%左右。其中，70¯90平方米总成交130.39万平方米，占总量1/3。

从成交区域来看，近两年来，商品住宅都集中成交在青秀区，青秀区作为中高档产品集中区域，直到进入6月之后政策放松下，改善型和投资型客户开始试探性入市，成交情况才出现明显好转。另外，西乡塘区和兴宁区的成交占比也在不断上升；其中，西乡塘区新晋项目成为主力楼盘，特别是瀚林御景、瀚林新城两个楼盘表现突出。

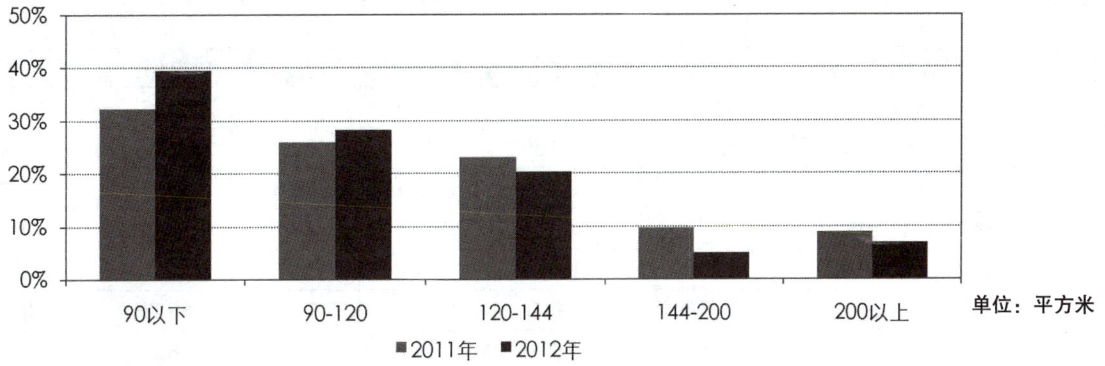

图4-239　2011年、2012年南宁商品住宅面积段成交结构图

数据来源：中国房地产决策咨询系统（CRIC）

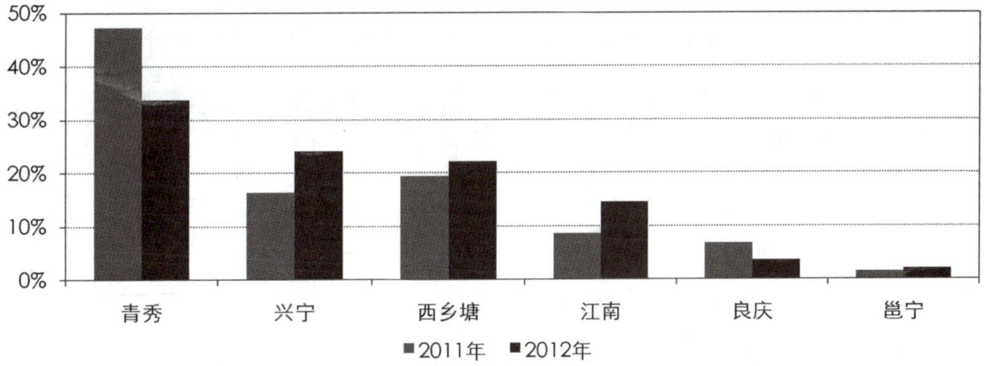

图4-240　2011年、2012年南宁商品住宅区域成交结构图

数据来源：中国房地产决策咨询系统（CRIC）

6. 项目排行榜：刚需产品为市场主力，中高档项目陷入沉寂

从项目成交金额榜中可以看出，占据榜单TOP10的项目多以兴宁区和西乡塘区两大刚需区域为主，而往年一向销量强势的青秀区已淡出榜单。究其原因，在于中央对市场调控的制约了改善型客户的入市，同时金融性政策

的放松也促使了刚需型力量的释放。

另外，上榜项目均价以6001¯7000元/平方米为主，中高档项目屈指可数。从2011年限购以来，2012年中高档项目出现了前所未有的沉寂，特别是上半年，刚需市场如火如荼，而中高档项目却“鸦雀无声”，形成了强烈的对比。虽然至下半年政策放松，情况有所缓解，但仍抵不过刚需市场的声势浩大，只有华润凭借品牌影响以高端豪宅跻身TOP榜前10，可见2012年的南宁楼市已然是刚需产品的天下，形成明显的市场倾斜，而这种情况可能会随着市场的逐渐规范有所缓和。

表4-102　2012南宁商品住宅项目成交面积TOP10排行榜

单位：万平方米，亿元，元/平方米

排行	项目名称	区域	档次	成交面积	成交金额	成交均价	开发商
1	荣和·山水绿城	兴宁	中档	17.24	11.52	6686	广西荣和企业
2	龙光·普罗旺斯	江南	中档	14	8.88	6340	龙光房地产
3	盛天东郡	兴宁	中档	13.11	8.98	6851	盛尧房地产
4	江宇·世纪城	兴宁	中低档	12.18	7.17	5892	明东实业
5	荣和MOCO社区	西乡塘	中档	12.06	8.06	6681	广西荣和企业
6	瀚林御景	西乡塘	中档	12	7.87	6558	瀚和房地产
7	保利城	江南	中档	11.69	7.78	6657	保利置业
8	嘉和城	兴宁	中档	11.06	7.61	6881	嘉和置业
9	龙光·水悦龙湾	西乡塘	中档	10.93	6.99	6400	龙光金骏房地产
10	瀚林山水源	兴宁	中档	9.69	6.15	6345	金瀚房地产

数据来源：中国房地产决策咨询系统（CRIC）

表4-103　2012年南宁商品住宅项目成交金额TOP10排行榜

单位：亿元，万平方米，元/平方米

排行	项目名称	区域	档次	成交金额	成交面积	成交均价	开发商
1	华润中心	青秀	高档	20.77	8.91	23319	华润置业
2	荣和·山水绿城	兴宁	中档	11.52	17.24	6686	广西荣和企业
3	盛天东郡	兴宁	中档	8.98	13.11	6851	盛尧房地产
4	龙光·普罗旺斯	江南	中档	8.88	14	6340	龙光金骏房地产
5	荣和MOCO社区	西乡塘	中档	8.06	12.06	6681	广西荣和企业
6	瀚林御景	西乡塘	中档	7.87	12	6558	瀚和房地产
7	保利城	江南	中档	7.78	11.69	6657	保利置业
8	嘉和城	兴宁	中档	7.61	11.06	6881	嘉和置业
9	保利童心缘	青秀	中高档	7.38	7.86	9390	保利置业
10	江宇·世纪城	兴宁	中低档	7.17	12.18	5892	明东实业

数据来源：中国房地产决策咨询系统（CRIC）

二十九、北海房地产市场情况

1. 2008~2012年房地产行业数据

表4-104　北海2008~2012年房地产业数据表

类别	指标	2009年	2010年	2011年	2012年
经济	GDP（亿元）	317.71	401.41	496.6	630.8
	同比增幅（%）	16.00	17.60	18.20	27.02
	进出口总额（亿美元）	7.96	13.7	17.1	20.8
	同比增幅（%）	12.10	72.27	24.95	21.64
	固定资产投资（亿元）	321.85	485.26	603.1	725.4
	同比增幅（%）	60.60	50.80	26.10	20.28
	社会消费品零售总额（亿元）	95.4	108	127.3	146.5
	同比增幅（%）	19.09	18.89	17.9	15.1
行业	房地产开发投资（亿元）	58.12	97.34	135.4	176.17
	同比增幅（%）	—	67.50	39.10	30.11
	商品房新开工面积（万平方米）	217.6	408.43	495.41	441.06
	同比增幅（%）	—	87.7	21.3	-10.97
	商品房施工面积（万平方米）	423.46	841.83	1304.32	1397.75
	同比增幅（%）	—	98.8	46.30	7.16
	商品房竣工面积（万平方米）	47.03	9.03	95.65	251.49
	同比增幅（%）	—	-80.8	959.25	162.93
土地	土地购置面积（万平方米）	90.00	61.73	169.57	63.49
	同比增幅（%）	—	31.4	315.42	-62.56
	土地购置金额（亿元）	10.67	20.91	36.27	44.10
	同比增幅（%）	—	96.1	234.45	21.59
市场	商品房销售面积（万平方米）	175.55	179.58	161.52	133.76
	同比增幅（%）	—	2.30	-10.06	-17.19
	商品房销售金额（亿元）	57.32	76	72.91	58.84
	同比增幅（%）	—	32.38	-3.7	-22.5

数据来源：国家统计局

表4-105　北海2008~2012年土地市场与商品住宅市场运行情况

类别	指标	2009年	2010年	2011年	2012年
土地	土地供应量（万平方米）	386.30	487.48	545.22	931.39
	土地成交量（万平方米）	234.32	320.82	552.36	475.33
	土地成交金额（亿元）	12.84	19.67	15.78	23.57
市场	商品住宅供应量（万平方米）	—	—	227.03	122.25
	商品住宅成交量（万平方米）	—	—	119.39	153.67
	商品住宅成交均价（元/平方米）	—	—	6051	5598

数据来源：中国房地产决策咨询系统（CRIC）

2. 综述：开发投资热力不减，住宅市场有所回暖

2012年北海房地产市场呈现开发企业投资热力不减，市场需求观望的局面。全年房地产开发投资总额仍呈增长态势，施工面积、竣工面积上涨，新开工面积有所下滑。受调控影响开发商推案谨慎，全年商品住宅供应量大幅下滑；成交量同比有所上涨，市场有所回暖。

3. 投资建设：开放投资明显上涨，新开工面积同比下滑

2012年，北海房地产开发投资额达到176.17亿元，同比大涨30.1%，但涨幅较上年同期有所下滑。全年房地产新开工面积为441.06万平方米，同比下滑9.2%。商品房施工面积为1397.75万平方米，同比上涨7.6%；商品房竣工面积为251.49万平方米，同比大幅上涨126.9%。

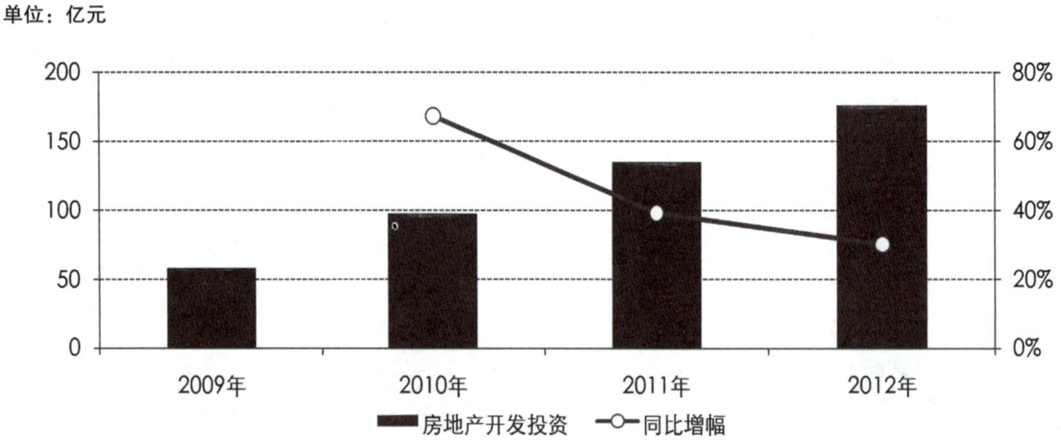

图4-241　2009-2012年北海房地产投资额年度走势及同比增幅图

数据来源：国家统计

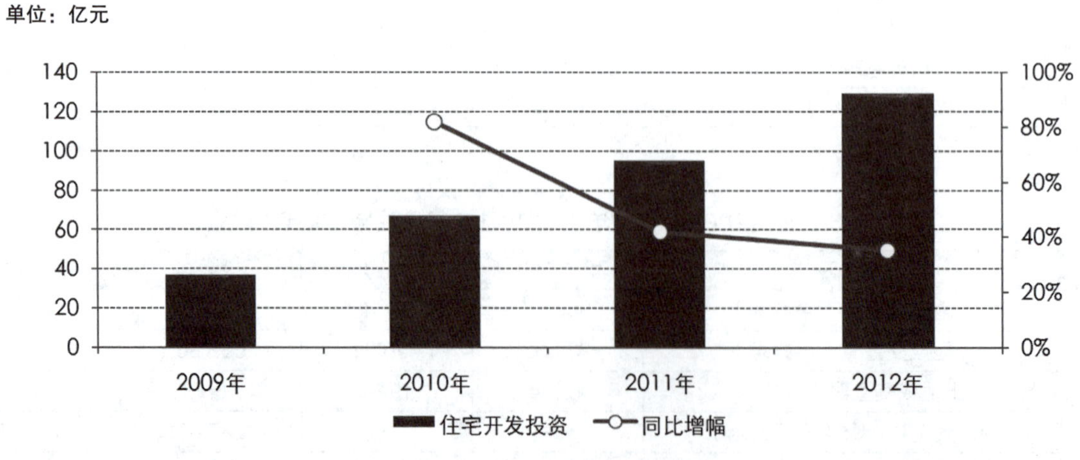

图4-242　2009-2012年北海住宅开发投资额年度走势及同比增幅图

数据来源：国家统计局

单位：万平方米

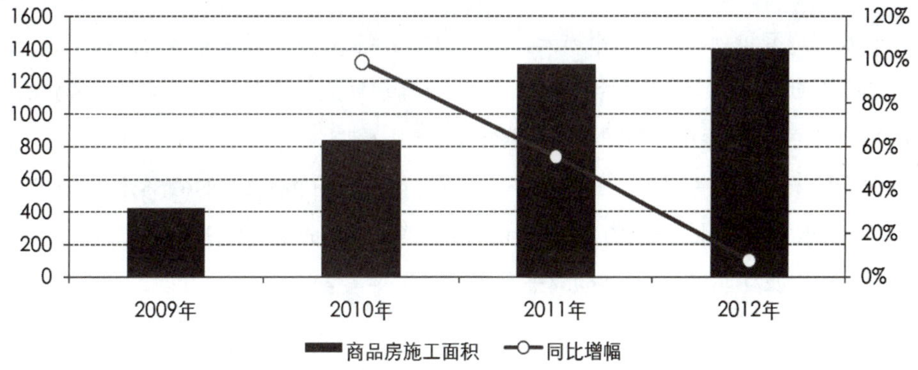

图4-243　2009-2012年北海房地产施工面积及同比增幅图

a数据来源：国家统计局

单位：万平方米

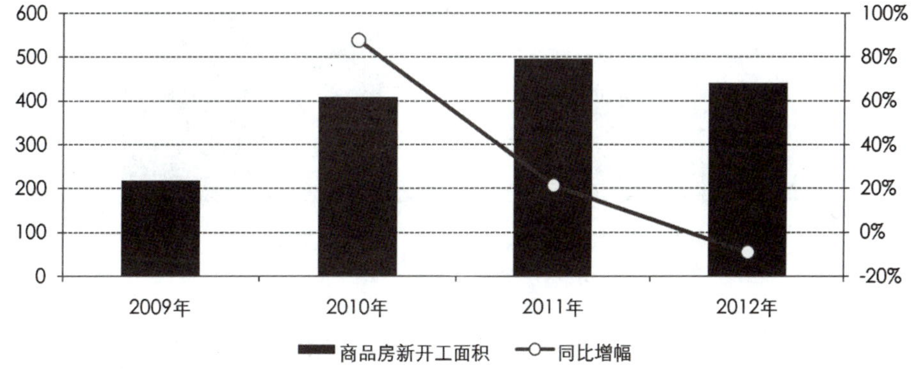

图4-244　2009-2012年北海商品房新开工面积年度走势及同比增幅图

数据来源：国家统计局

单位：万平方米

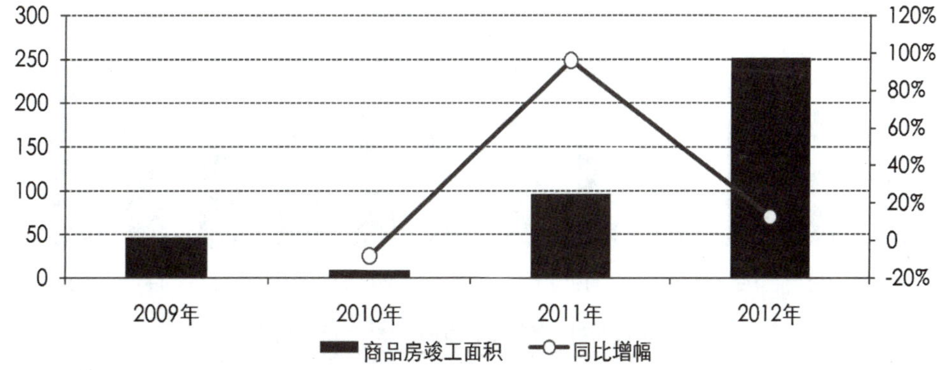

图4-245　2009-2012年北海商品房竣工面积年度走势及同比增幅图

数据来源：国家统计局

4. 市场表现：住宅市场供不应求，但成交价格下跌

2012年北海商品住宅成交量为153.67万平方米，较2011年上涨28.7%。从全年成交走势来看，成交量在上半年快速回升，5月17.35万平方米的成交面积为年内最高。6月后需求释放开始放缓，成交量下滑到8月的10.77万平方米；9月后市场逐步回升，年底成交量小幅回涨，但依然低于5月。

从商品住宅成交均价来看，全年呈现波浪形态势。商品住宅成交价格从1月的6155元/平方米，不断降价至5月的5376元/平方米，跌幅达到3%；而5月随着房地产开发商促销房产，成交均价下调至7月5371元/平方米；之后价格开始回升，但仍持续小幅波动，11月为5586元/平方米。

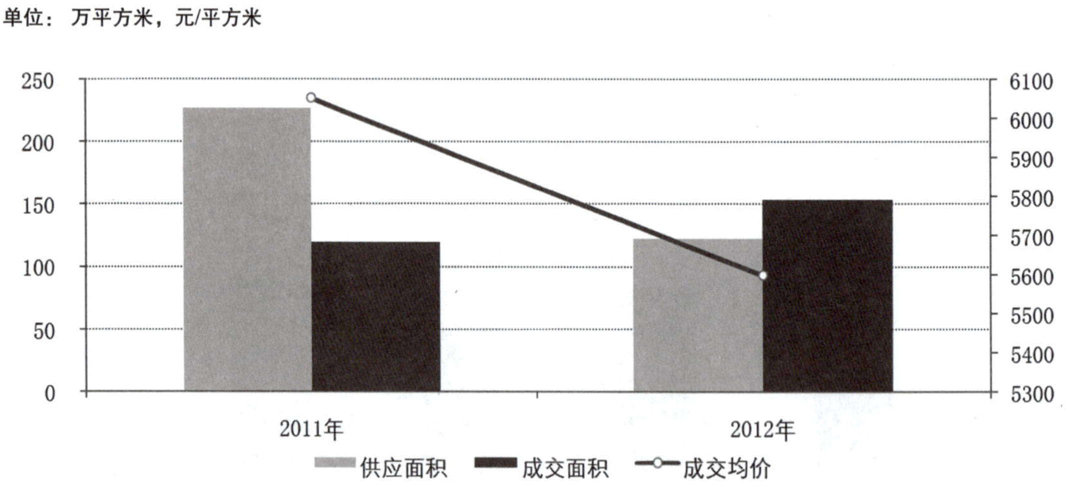

图4-246 2011年-2012年北海商品住宅供求价走势图

数据来源：中国房地产决策咨询系统（CRIC）

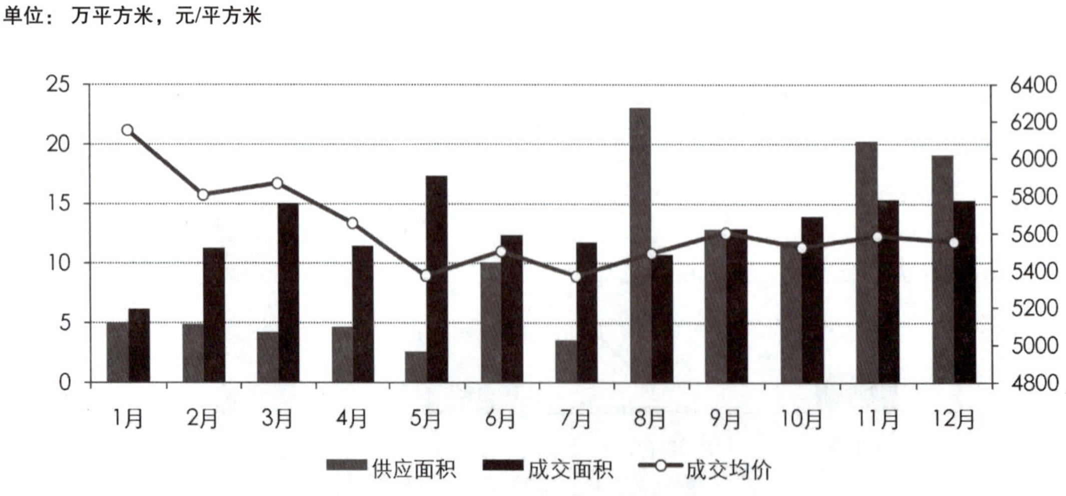

图4-247 2012年各月度北海商品住宅供求价走势图

数据来源：中国房地产决策咨询系统（CRIC）

5. 成交结构：90平方米以下户型占主流，海城成交遥遥领先

2012年，北海住宅成交中占比最大的是依然是90平方米以下产品，占成交总量的62%，刚性需求仍为市场成交主力，其次是90¯120平方米面积段的，占成交总量的21%。

从区域成交结构来看，商品住宅成交的仍以海城区最多，占成交总量的61%；其次银海区成交面积占成交总量的38%左右。此外，合浦县和铁山港的成交情况和供应基本相同，属于关注较为薄弱的区域。

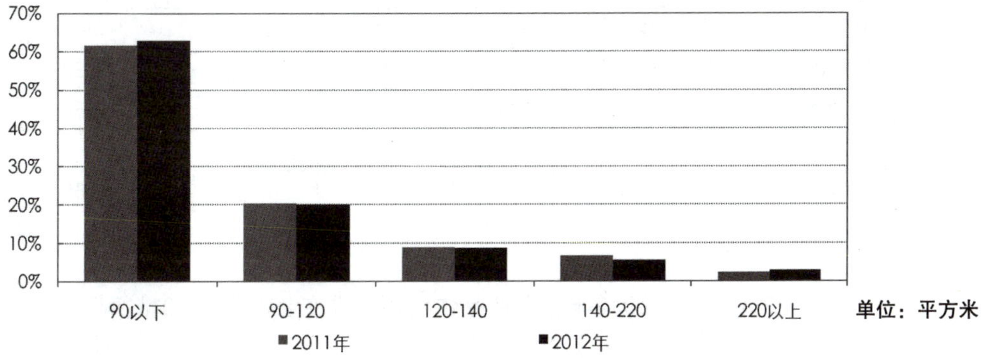

图4-248　2011年、2012年北海商品住宅面积段成交结构图

数据来源：中国房地产决策咨询系统（CRIC）

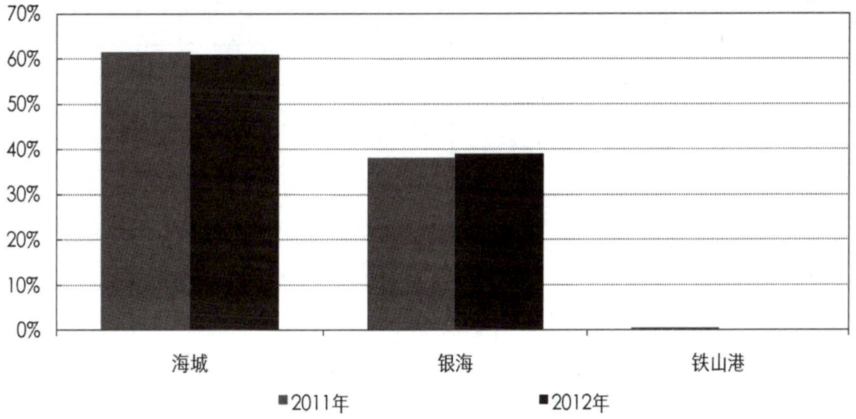

图4-249　2011年、2012年北海商品住宅区域成交结构图

数据来源：中国房地产决策咨询系统（CRIC）

6. 项目排行榜：中低档项目占据主力地位

从2012年北海商品住宅项目排行榜来看，海城区和银海区表现突出，有较多项目进入排行榜前十名。这些项目普遍表现出以下特点：首先，该地区成交价格普遍适合百姓的生活需求价格，成交均价合理，配套设施完善；其次，这些地区属于新开发房地产项目，有较高的建筑水准，吸引广大消费者前去购买。

表4-106　2012年北海商品住宅项目成交面积TOP10排行榜

单位：万平方米，亿元，元/平方米，

排行	项目名称	区域	档次	成交面积	成交金额	成交均价	开发商
1	北海恒大御景半岛	银海	中高档	8.72	8.10	9290	恒大地产
2	东峰新城	海城	中低档	7.37	3.26	4419	北海房地产
3	同和泊湾	海城	中低档	5.29	1.69	3200	广西建工
4	金癸・领海郡	银海	中低档	4.69	2.52	5367	金癸房地产
5	九州家园	银海	中低档	4.53	2.21	4878	兖矿东联
6	金领阳光	海城	中档	4.36	2.61	5989	万基城房地产
7	银滩桐洋国际大厦	海城	中低档	3.56	1.90	5333	桐洋房地产
8	白金瀚宫	银海	中档	3.55	1.98	5569	三新物业
9	大山现代城	海城	中低档	3.48	1.62	4663	大山房地产
10	海语城	海城	中档	3.48	2.14	6168	龙腾房地产

数据来源：中国房地产决策咨询系统（CRIC）

表4-107　2012年北海商品住宅项目成交金额TOP10排行榜

单位：亿元，万平方米，元/平方米

排行	项目名称	区域	档次	成交金额	成交面积	成交均价	开发商
1	北海恒大御景半岛	银海	中高档	8.10	8.72	9290	恒大地产
2	东峰新城	海城	中低档	3.26	7.37	4419	北海房地产
3	森海豪庭	银海	中高档	2.85	3.06	9312	金昌集团
4	金领阳光	海城	中档	2.61	4.36	5989	万基城房地产
5	金癸・领海郡	银海	中低档	2.52	4.69	5367	金癸房地产
6	九州家园	银海	中低档	2.21	4.53	4878	兖矿东联
7	海语城	海城	中档	2.14	3.48	6168	龙腾房地产
8	白金瀚宫	银海	中档	1.98	3.55	5569	三新物业
9	银滩万泉城	银海	中档	1.90	3.03	6286	厦门建设
10	银滩桐洋国际大厦	海城	中低档	1.90	3.56	5333	桐洋房地产

数据来源：中国房地产决策咨询系统（CRIC）

三十、海口房地产市场情况

1. 2008~2012年房地产行业数据

表4-108　海口2008~2012年房地产行业数据表

类别	指标	2008年	2009年	2010年	2011年	2012年
宏观	GDP（亿元）	443.18	489.55	590.55	712.75	820.58
	同比增幅（%）	10.40	10.80	17.50	12.30	9.40
	进出口总额（亿美元）	36.14	38.1	39.45	39.4	42.16
	同比增幅（%）	19.10	5.60	3.6	-0.3	0.7
	固定资产投资（亿元）	219.1	277.03	352.6	404.6	510.38
	同比增幅（%）	20.50	25.10	27.30	26.20	29.2
	社会消费品零售总额（亿元）	234.75	277.20	326.94	387.18	436.26
	同比增幅（%）	24.00	18.50	21.20	18.10	12.7
行业	房地产开发投资（亿元）	71.25	78	103.8	145.14	175.66
	同比增幅（%）	18.55	9.47	33.10	39.80	21.03
	商品房新开工面积（万平方米）	196.3	206.02	240.7	433.77	261.97
	同比增幅（%）	-1.86	4.95	17.0	80.0	-39.61
	商品房施工面积（万平方米）	650.04	673.24	874.2	1189.5	1591.5
	同比增幅（%）	-5.35	3.57	29.90	36.10	33.79
	商品房竣工面积（万平方米）	109.5	80.03	111.4	33.17	307.42
	同比增幅（%）	-15.78	-26.91	39.20	-70.22	826.80
土地	土地购置面积（万平方米）	172.51	72.75	53.91	18.94	34.9
	同比增幅（%）	76.25	-57.83	-26.0	-65.0	84.0
	土地购置金额（亿元）	5.65	4.71	4.89	4.99	5.62
	同比增幅（%）	-54.03	-16.64	4.0	2.0	13.0
市场	商品房销售面积（万平方米）	168.93	190.68	209.76	225.55	266.95
	同比增幅（%）	-2.35	12.88	10.0	8.0	18.0
	商品房销售金额（亿元）	77.29	102.35	168.12	150.08	182.09
	同比增幅（%）	26.52	32.42	64.0	-11.0	21.0

数据来源：国家统计局

表4-109　海口2008~2012年土地市场与商品住宅市场运行情况

类别	指标	2008年	2009年	2010年	2011年	2012年
土地	土地供应量（万平方米）	138.76	373.11	142.43	220.24	584.23
	土地成交量（万平方米）	376.23	351.78	140.60	155.64	580.56
	土地成交金额（亿元）	29.08	43.40	16.42	22.52	62.26
市场	商品住宅供应量（万平方米）	191.36	195.02	214.6	364.87	197.78
	商品住宅成交量（万平方米）	170.47	231.34	175.43	139.33	181.61
	商品住宅成交均价（元/平方米）	4183	5091	7641	8849	7280

数据来源：中国房地产决策咨询系统（CRIC）

2. 综述：房地产市场逐渐回暖，四季度成交向好

2012年，海口市刚性与改善性需求得到有效释放，房地产市场逐步回暖，商品房销售增幅较大，房价稳中有降，交易秩序更加规范，不同类型商品房成交结构趋向优化，房地产市场总体呈平稳发展态势。得益于部分项目促销折扣力度加大，商品住宅成交面积同比大幅增长。尤其是第四季度，进入海口传统楼市旺季，成交进一步向好。

3. 投资建设：房地产开发速度进一步加快，施工、竣工面积同比大幅上涨

2012年全年，海口房地产开发投资额达到175.66亿元，同比增长21.03%。纵观近几年房地产开发投资额，都保持着20%~30%的增长速度，加之国际旅游岛的开发建设，预计2013年房地产开发投资额将继续增长。商品房施工面积为1591.50万平方米，同比上涨33.79%，同比涨幅保持高位。商品房新开工面积为261.97万平方米，同比下跌39.61%，主要受调控政策影响。商品房竣工面积为307.42万平方米，同比大幅上涨826.8%。

单位：亿元

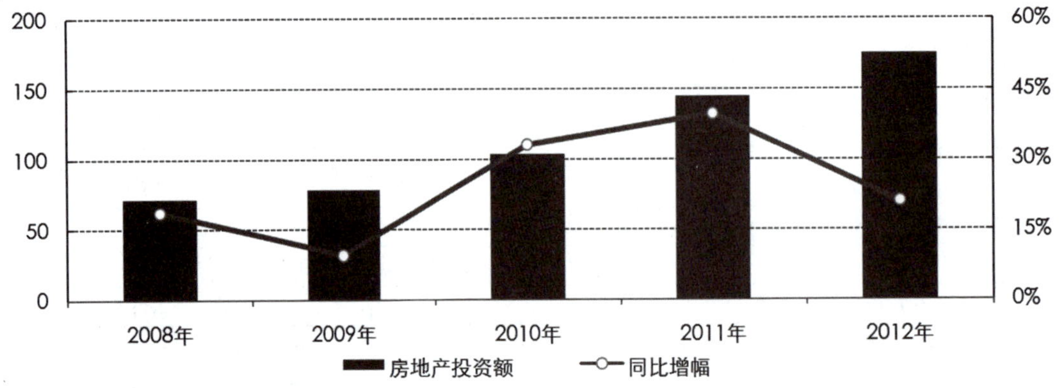

图4-250　2008~2012年海口房地产投资额年度走势及同比增幅图

数据来源：国家统计局

单位：亿元

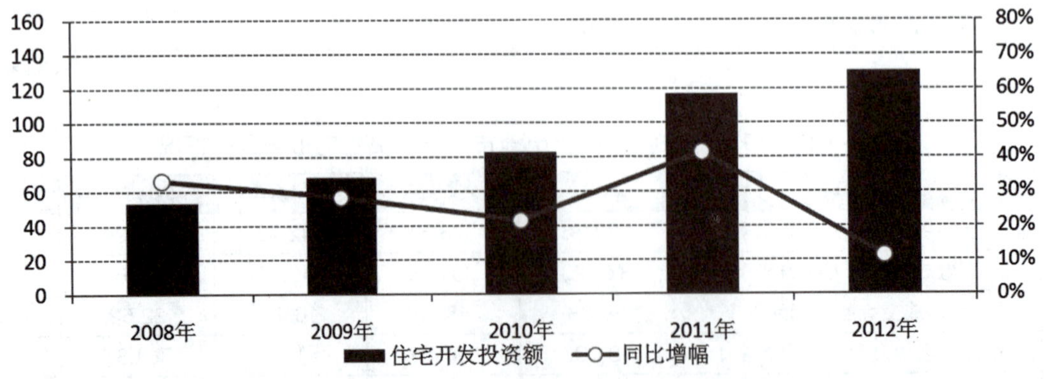

图4-251　2008~2012年海口住宅开发投资额年度走势及同比增幅图

数据来源：国家统计局

单位：万平方米

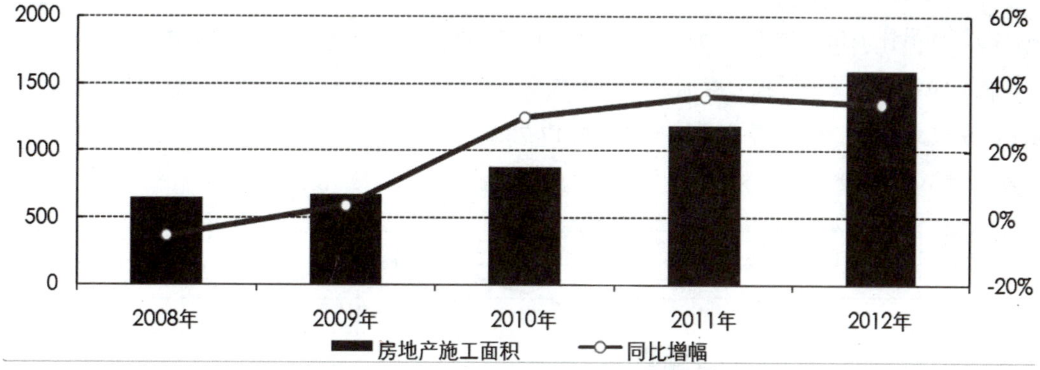

图4-252　2008~2012年海口房地产施工面积及同比增幅图

数据来源：国家统计局

单位：万平方米

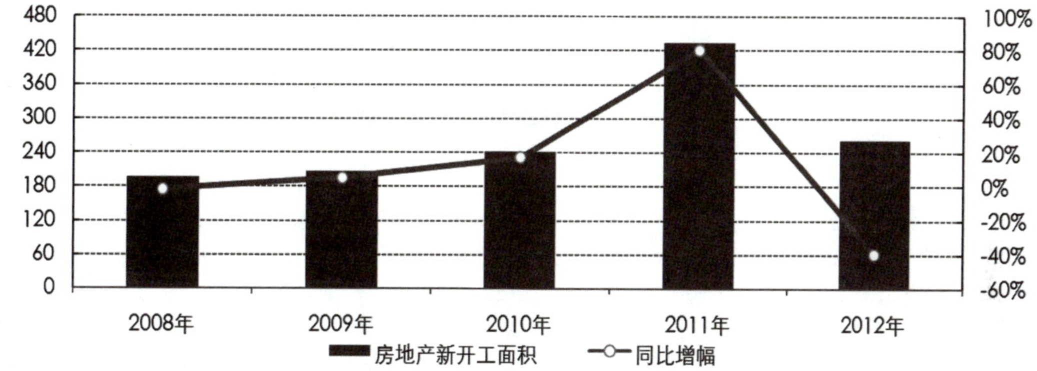

图4-253　2008~2012年海口商品房新开工面积及同比增幅图

数据来源：国家统计局

单位：万平方米

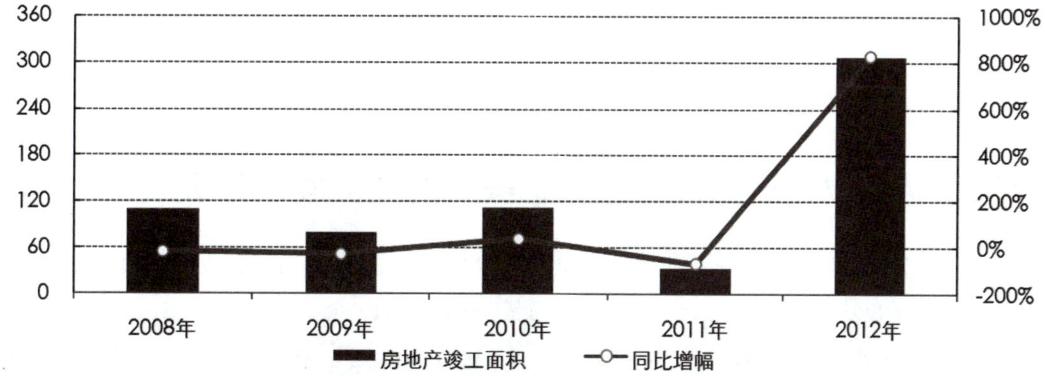

图4-254　2008~2012年海口商品房竣工面积及同比增幅图

数据来源：国家统计局

4．市场表现：供应缩量，成交大涨，价格下行明显

2012年，海口商品住宅市场供求波动较大。全年增供应197.78万平方米，同比下降45.79%。从商品住宅成交情况来看，得益于部分项目促销折扣力度加大，全年成交面积181.61万平方米，同比大幅增长30.35%。受调控影响，全年商品住宅成交均价7280元/平方米，同比下降17.73%。

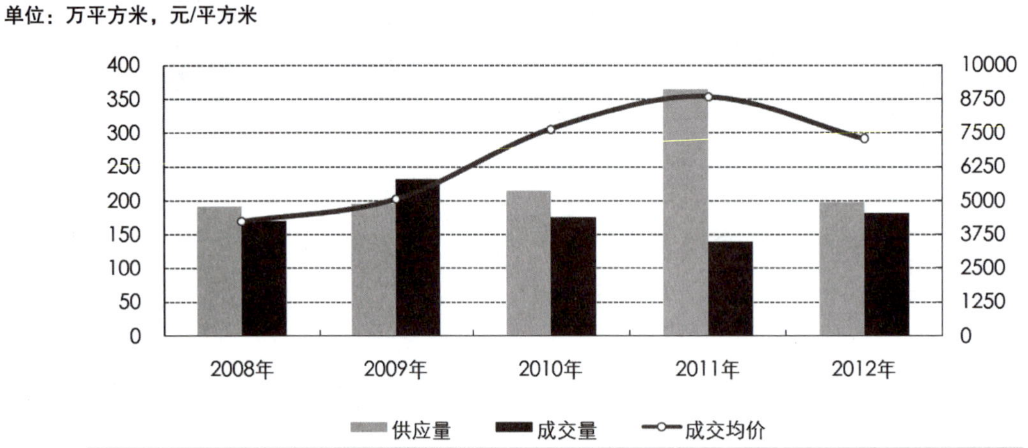

图4-255 2008~2012年海口商品住宅供求及均价走势图

数据来源：中国房地产决策咨询系统（CRIC）

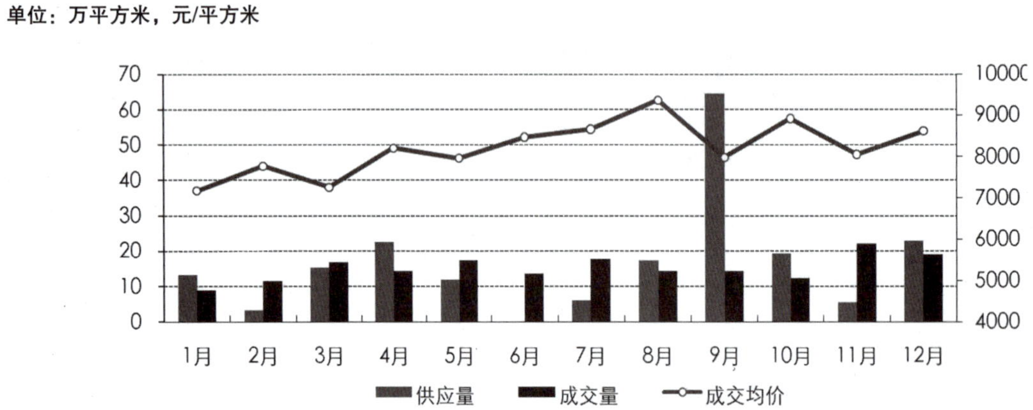

图4-256 2012年各月度海口商品住宅供求及均价走势图

5．成交结构：以三房和二房为主，美兰区成交面积最大

2012年，海口住宅成交中占比最大的是120¯140和140¯220平方米面积段，两者相加成交面积占成交总量的近六成；其次是90平以下和90¯120平面积段，分别占成交总量的17.8%和17.4%。

成交区域分布中，美兰区成交面积最大为65.5万平方米，成交面积占比36%，琼山区和秀英区成交面积相差不大，占成交总量均为22%；龙华区则由于供应量相对较小，占成交总量19%。

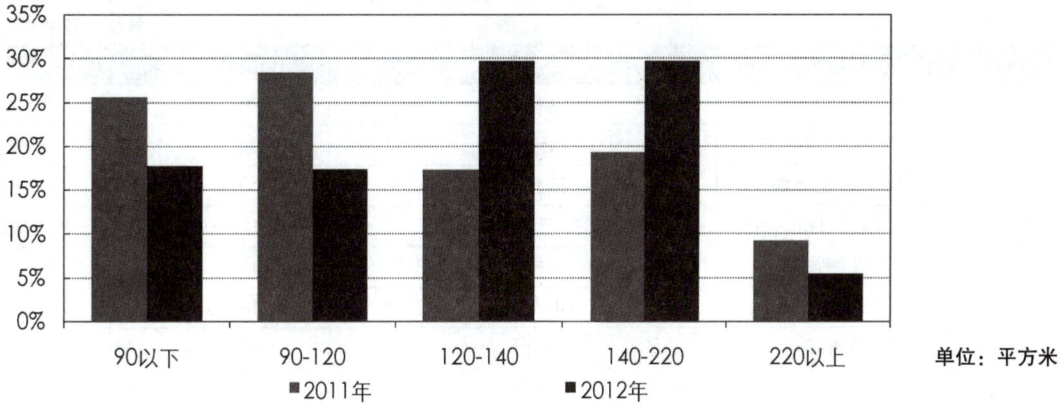

图4-257　2011年、2012年海口市商品住宅面积段成交结构图

数据来源：中国房地产决策咨询系统（CRIC）

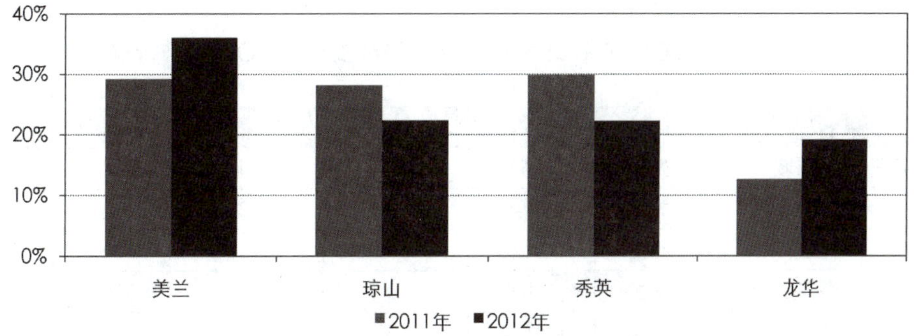

图4-258　2011年、2012年海口市商品住宅区域成交结构图

数据来源：中国房地产决策咨询系统（CRIC）

6. 项目排行榜：上榜项目集中在琼山、美兰区，中低档项目为成交主力

从项目排行榜来看，海口楼市重点项目集中在琼山和美兰两个区域；另外，在调控背景下，市场需求以刚需为主，而刚性需求购买力相对较低，对价格因素比较敏感，因此导致上榜项目以9000元以下中低档产品成交为主。

表4-110 2012年海口商品住宅项目成交面积TOP10排行榜

单位：万平方米，亿元，元/平方米

排行	项目名称	区域	档次	成交金额	成交面积	成交均价	开发商
1	达凯·祥和家园	秀英	低档	3.87	7.26	5328	海南达凯房地产
2	南海·幸福城	龙华	中低档	4.47	5.94	7524	海南合甲房地产
3	南国·威尼斯城	琼山	低档	2.90	5.18	5609	海南南国置业
4	绿色佳园·江畔人家	琼山	中低档	3.98	5.12	7758	海南佳元房地产
5	滨江海岸	美兰	中档	3.91	4.43	8829	海南德坤房地产
6	滨江帝景	琼山	中档	2.94	4.18	7045	广东广物房地产
7	椰海雅苑	龙华	中低档	2.17	3.88	5597	海南盛世开泰
8	翡翠水城	琼山	中档	2.70	3.72	7267	海南联华房地产
9	中信台达国际	琼山	中高档	2.86	3.40	8415	中信地产
10	新世界花园	美兰	中高档	2.96	3.37	8776	新世界发展

数据来源：中国房地产决策咨询系统（CRIC）

表4-111 2012年海口商品住宅项目成交金额TOP10排行榜

单位：亿元，万平方米，元/平方米

排行	项目名称	区域	档次	成交金额	成交面积	成交均价	开发商
1	南海·幸福城	龙华	中高档	4.47	5.94	7524	海南合甲房地产
2	观澜湖	秀英	高档	4.08	2.38	17118	深圳观澜湖房地产
3	绿色佳园·江畔人家	琼山	中高档	3.98	5.12	7758	海南佳元房地产
4	滨江海岸	美兰	中高档	3.91	4.43	8829	海南德坤房地产
5	达凯·祥和家园	秀英	中低档	3.87	7.26	5328	海南达凯房地产
6	海阔天空·国瑞城	美兰	高档	3.62	2.72	13304	海南海航国瑞投资
7	椰岛广场	龙华	高档	3.03	2.88	10527	海南省椰岛房地产
8	新世界花园	美兰	中高档	2.96	3.37	8776	新世界发展
9	海南之心	美兰	高档	2.94	2.90	10140	海南优联投资发展
10	滨江帝景	琼山	中档	2.94	4.18	7045	广东广物房地产

数据来源：中国房地产决策咨询系统（CRIC）

三十一、三亚房地产市场情况

1. 2008~2012年房地产行业数据

表4-112　三亚200~2012年房地产行业数据表

类别	指标	2008年	2009年	2010年	2011年	2012年
宏观	GDP（亿元）	144.31	174.85	230.79	284.57	330.75
	同比增幅（%）	16.80	17.20	20.20	14.20	16.23
	进出口总额（亿美元）	0.77	0.47	0.53	1.00	1.03
	同比增幅（%）	15.00	-38.10	12.00	88.30	3.00
	固定资产投资（亿元）	151.58	211.39	305.24	358.3	430.34
	同比增幅（%）	38.20	39.50	44.40	27.20	20.11
	社会消费品零售总额（亿元）	38.77	50.9	63.7	86.01	104.8
	同比增幅（%）	26.50	25.30	25.00	30.80	21.85
行业	房地产开发投资（亿元）	76.18	58.11	132.84	178.84	238.45
	同比增幅（%）	48.30	28.50	35.70	34.60	33.33
	商品房新开工面积（万平方米）	—	135.01	189.04	206.96	297.44
	同比增幅（%）	—	—	40.02	6.97	43.72
	商品房施工面积（万平方米）	400.8	515.79	584.95	636.53	899.52
	同比增幅（%）	17.10	28.70	13.40	8.82	41.32
	商品房竣工面积（万平方米）	66.6	119.18	130.03	86.85	161.73
	同比增幅（%）	7.90	79.10	9.10	-33.21	86.22
土地	土地购置面积（万平方米）	—	—	22.98	14.75	80.63
	同比增幅（%）	—	—	—	-35.82	446.64
	土地购置金额（亿元）	—	8.88	13.67	20.31	33.88
	同比增幅（%）	—	—	53.94	48.58	66.81
市场	商品房销售面积（万平方米）	109.69	114.51	140.83	163.69	180.03
	同比增幅（%）	17.60	4.39	22.99	16.23	9.98
	商品房销售金额（亿元）	—	127.24	243.88	209.25	209.24
	同比增幅（%）	—	—	91.67	-14.20	0.00

数据来源：国家统计局

表4-113　三亚2008~2012年土地市场与商品住宅市场运行情况

类别	指标	2008年	2009年	2010年	2011年	2012年
土地	土地供应量（万平方米）	160.19	352.70	109.16	345.31	181.56
	土地成交量（万平方米）	154.20	158.58	112.87	214.40	173.10
	土地成交金额（亿元）	45.02	37.42	48.56	64.26	76.69
市场	商品住宅供应量（万平方米）	—	—	25.72	106.18	105.36
	商品住宅成交量（万平方米）	—	—	23.09	90.06	77.10
	商品住宅成交均价（元/平方米）	—	—	21544	26430	26754

数据来源：中国房地产决策咨询系统（CRIC）

2. 综述：投资信心开始恢复

2012年以来，随着政策面的趋于宽松，三亚房地产开发企业开放信心有所上涨，开发投资依然保持30%以上的同比增速，新开工面积较上年有明显回升。

3. 投资建设：开发投资保持高速增长，建设规模上涨明显

2012年，三亚房地产开发投资继续保持高速增长，全年房地产累计开发投资额238.45亿元，同比上涨33.3%；其中，住宅开发投资183.19亿元。商品房施工面积、新开工面积、竣工面积涨幅均较上年明显扩大，其中商品房竣工面积同比大涨86.2%。

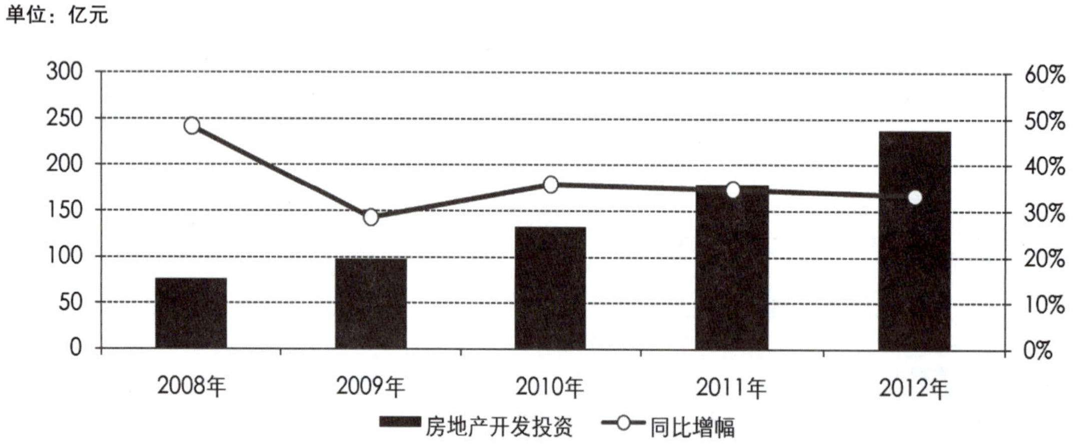

图4-259 2008~2012年三亚房地产投资额年度走势及同比增幅图

数据来源：国家统计局

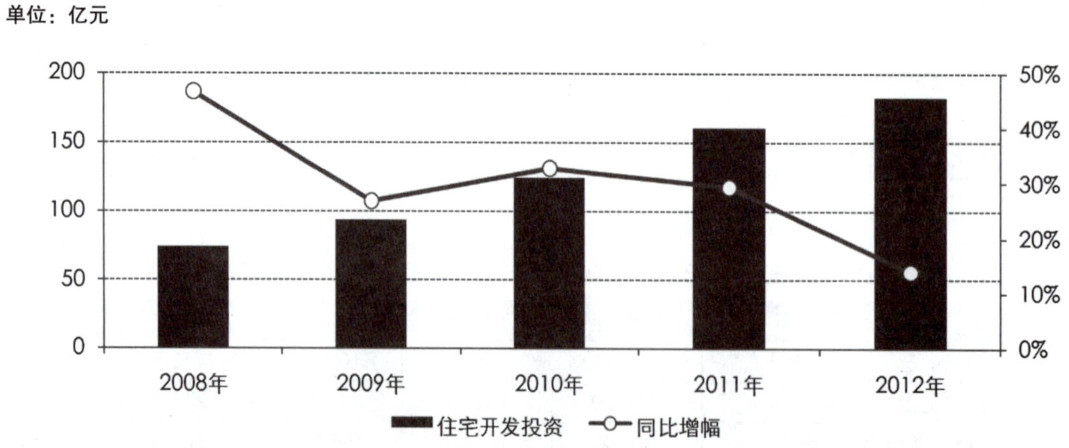

图4-260 2008~2012年三亚住宅开发投资额年度走势及同比增幅图

数据来源：国家统计局

单位：万平方米

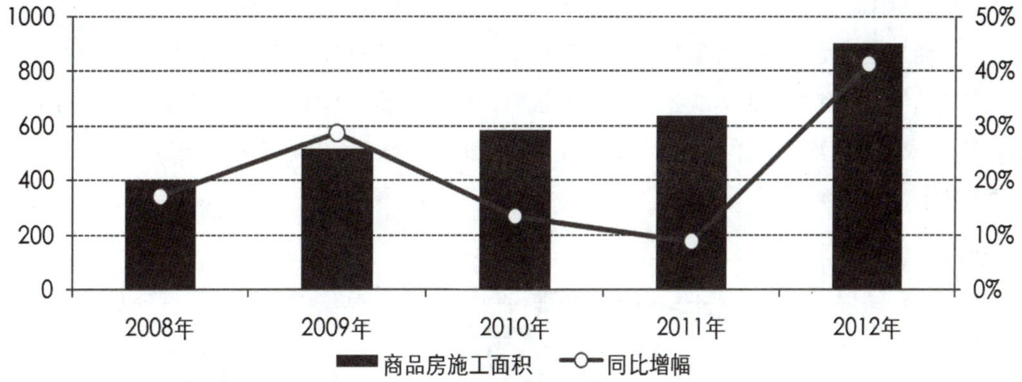

图4-261　2008~2012年三亚房地产施工面积及同比增幅图

数据来源：国家统计局

单位：万平方米

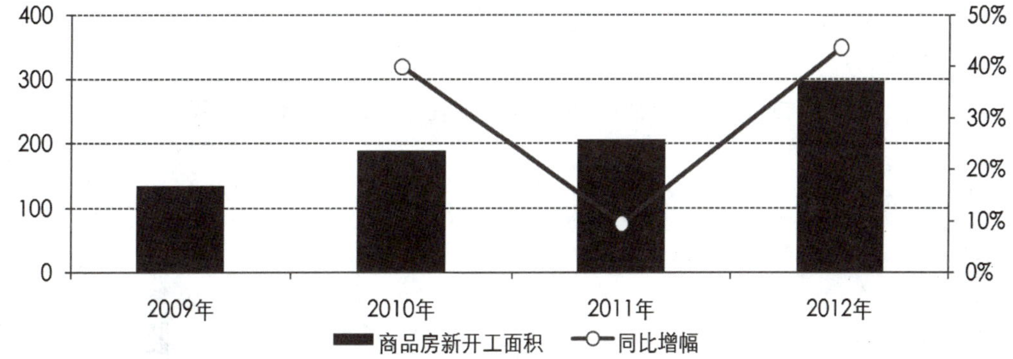

图4-262　2008~2012年三亚商品房新开工面积及同比增幅图

数据来源：国家统计局

单位：万平方米

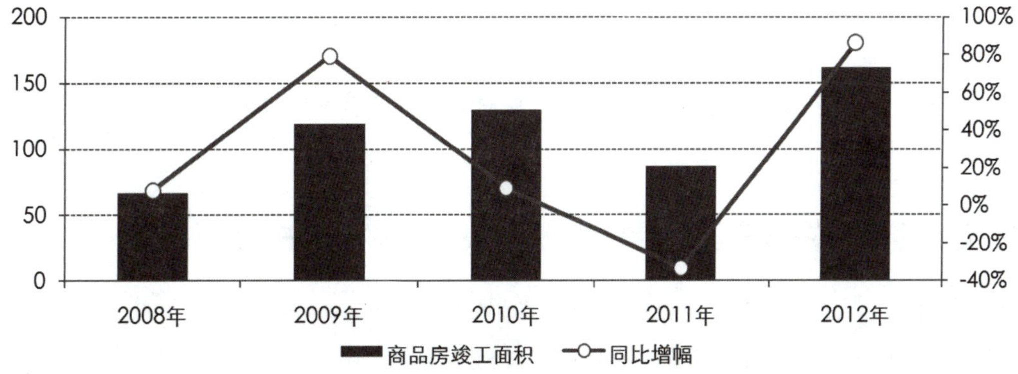

图4-263　2008~2012年三亚商品房竣工面积及同比增幅图

数据来源：国家统计局

4. 市场表现：商品住宅“量跌价稳”，成交季节性特点明显

2012年，三亚商品住宅呈“量跌价稳”态势，全年商品住宅成交面积77.1万平米，较上年下跌14.4%；成交均价26754元/平方米，与上年基本持平。从各月看，供应主要集中在1月、10月、12月，三月共供应76.6万平方米，占总供应量72.3%。成交量呈现明显季节性特点，集中在三亚的旅游旺季——春冬两个季节。

单位：万平方米，元/平方米

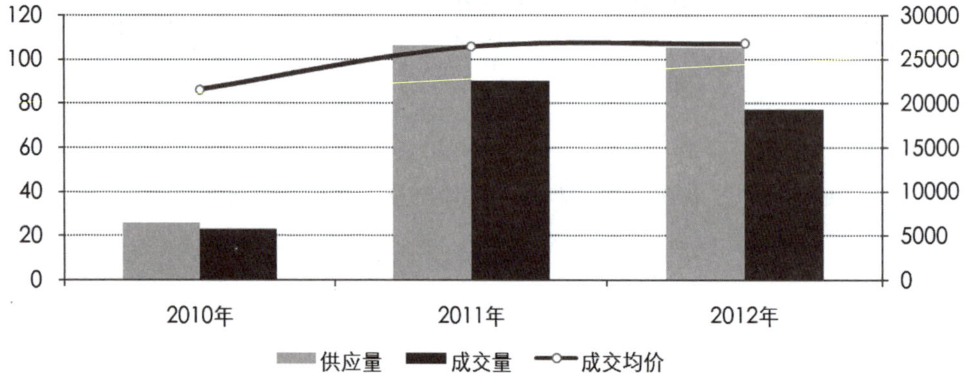

图4-264　2010-2012年三亚商品住宅供求及均价走势图

数据来源：中国房地产决策咨询系统（CRIC）

单位：万平方米，元/平方米

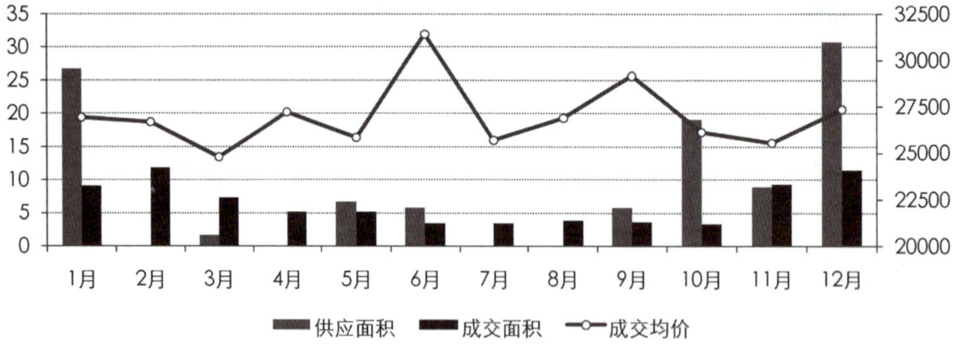

图4-265　2012年各月度三亚商品住宅供求及均价走势图

数据来源：中国房地产决策咨询系统（CRIC）

5. 成交结构：中小户型受青睐，河东区依然是主力

成交面积结构上看，120平方米以下户型依然是市场成交主流。其中90平方米以下占40.83%，90ˉ120平方米占26.51%。区域上，河东区依然占主流，占比达56%，但较上年同期下跌了12%百分点。

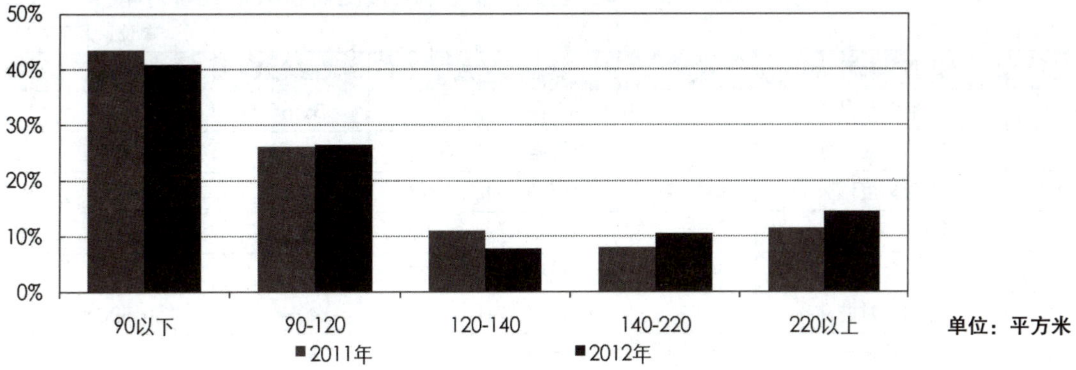

图4-266　2011年、2012年三亚商品住宅面积段成交结构图

数据来源：中国房地产决策咨询系统（CRIC）

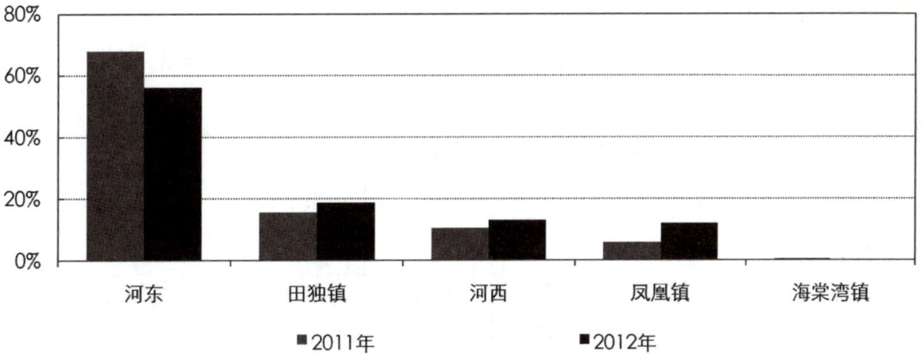

图4-267　2011年、2012年三亚商品住宅区域成交结构图

数据来源：中国房地产决策咨询系统（CRIC）

6. 项目排行榜：中低档降价楼盘领跑市场，高端项目成交低迷

综合成交面积、成交金额两榜，多数上榜项目为中低档项目，高档、中高档仅三项目上榜。限购政策使得绝大多数高端客户被挤出市场，高端项目成交持续低迷，其成交受影响程度远胜中低端市场。新政以来，三亚中低端市场表现突出，尤其在河东区、河西区为主的部分中低档房产以价格优惠、地质环境好，广受消费者的好评。

表4-114　2011年三亚商品住宅项目成交面积TOP10排行榜

单位：万平方米，亿元，元/平方米

排行	项目名称	区域	档次	成交面积	成交金额	成交均价	开发商
1	半山半岛	河东	中档	8.87	35.55	40083	三亚鹿回头
2	鲁能·三亚湾新城	凤凰镇	中低档	8.57	18.62	21732	山东鲁能
3	万科森林度假公园	田独镇	中低档	6.17	14.16	22973	万科集团
4	翠屏·凤凰水城	河西	中档	5.55	16.93	30506	凤凰新城
5	半岛蓝湾	河东	中低档	4.25	7.52	17671	润丰建设
6	海润·桃花岛	河东	中低档	3.13	4.57	14596	海南天佑
7	25度阳光	河东	中低档	2.87	5.55	19360	嘉鹏置业
8	亚龙湾会·公主郡	田独镇	中高档	2.77	12.81	46255	中粮集团
9	中铁子悦薹	河东	中低档	2.39	6.68	28011	中国中铁
10	丽冠雅居	河东	中低档	2.07	3.73	18013	泰坤地产

数据来源：中国房地产决策咨询系统（CRIC）

表4-115　2011年三亚商品住宅项目成交金额TOP10排行榜

单位：亿元，万平方米，元/平方米

排行	项目名称	区域	档次	成交金额	成交面积	成交均价	开发商
1	半山半岛	河东	中档	35.55	8.87	40083	三亚鹿回头
2	鲁能·三亚湾新城	凤凰镇	中低档	18.62	8.57	21732	山东鲁能
3	翠屏·凤凰水城	河西	中档	16.93	5.55	30506	凤凰新城
4	万科森林度假公园	田独镇	中低档	14.16	6.17	22973	万科集团
5	亚龙湾会·公主郡	田独镇	中高档	12.81	2.77	46255	中粮集团
6	亚龙湾·石溪墅	田独镇	高档	9.55	1.62	59010	中粮集团
7	半岛蓝湾	河东	中低档	7.52	4.25	17671	润丰建设
8	中铁子悦薹	河东	中低档	6.68	2.39	28011	中国中铁
9	瑞吉别墅	田独镇	高档	6.24	0.64	98153	中粮集团
10	25度阳光	河东	中低档	5.55	2.87	19360	嘉鹏置业

数据来源：中国房地产决策咨询系统（CRIC）

三十二、重庆房地产市场情况

1. 2008~2012年房地产行业数据

表4-116 重庆2008~2012年房地产行业数据表

类别	指标	2008年	2009年	2010年	2011年	2012年
宏观	GDP（亿元）	5793.66	6530.01	7925.58	10011.37	11459.00
	同比增幅（%）	14.50	14.90	17.1	16.4	13.6
	进出口总额（亿美元）	95.21	77.09	124.26	292.18	532.04
	同比增幅（%）	27.88	-19.04	61.26	135.14	82.2
	固定资产投资（亿元）	4045.25	5317.92	6934.80	7685.87	9380.00
	同比增幅（%）	27.95	31.46	30.4	10.83	22.9
	社会消费品零售总额（亿元）	2147.12	2479.01	2938.60	3487.81	3961.19
	同比增幅（%）	25.48	15.46	18.5	18.7	16.0
行业	房地产开发投资（亿元）	991.00	1238.91	1620.26	2015.09	2508.35
	同比增幅（%）	16.60	25.02	30.8	24.37	24.5
	商品房新开工面积（万平方米）	3508.62	3813.68	6312.64	6824.36	5813.48
	同比增幅（%）	-1.33	8.69	65.53	8.11	-14.81
	商品房施工面积（万平方米）	11639.27	13052.60	17138.50	20397.24	22009.03
	同比增幅（%）	10.02	12.14	31.30	19.01	7.9
	商品房竣工面积（万平方米）	2367.94	2907.05	2626.59	3424.33	3990.63
	同比增幅（%）	5.10	22.77	-9.65	30.37	16.5
土地	土地购置面积（万平方米）	1164.41	1227.79	1354.93	1676.12	2183.07
	同比增幅（%）	-32.99	5.44	10.36	23.71	30.25
	土地购置金额（亿元）	178.72	238.11	371.44	374.76	384.16
	同比增幅（%）	21.74	33.23	55.99	0.89	2.51
市场	商品房销售面积（万平方米）	2872.19	4002.89	4314.39	4533.50	4522.40
	同比增幅（%）	-19.16	39.37	7.78	5.08	-0.25
	商品房销售金额（亿元）	800.00	1377.76	1846.94	2146.09	2297.35
	同比增幅（%）	-17.30	72.22	34.05	16.20	7.0

数据来源：重庆统计局

表4-117 重庆2008~2012年土地市场与商品住宅市场运行情况

类别	指标	2008年	2009年	2010年	2011年	2012年
土地	土地供应量（万平方米）	1089.24	2586.54	2633.12	2593.18	3607.13
	土地成交量（万平方米）	997.46	2363.77	2014.98	2184.65	2924.55
	土地成交金额（亿元）	102.00	410.98	444.03	588.38	663.62
市场	商品房供应量（万平方米）	669.57	673.67	904.20	877.51	938.62
	商品房成交量（万平方米）	981.68	2363.79	2189.97	1542.17	2271.96
	商品房成交均价（元/平方米）	4935	4344	6003	6982	6700

数据来源：中国房地产决策咨询系统（CRIC）

2. 综述：政策微调显成效，市场整体持续回暖

2012年重庆房地产市场在调控政策僵持的局面下，出现“破寒冬，入暖春”的良好局势。一方面宏观调控经过一年之后，未出台其他后续政策，市场反应出现疲软期。另一方面今年央行两度下调存贷款基准利率，同时部分银行再现首套房贷款利率优惠，给房地产市场带来重大利好。再辅以重庆公积金政策的调整，多方因素致重庆楼市走出了持续回暖的2012年。

3. 投资建设：投资增速保持平稳，新开工面积大幅下滑

2012年，重庆房地产开发投资同比增速与去年基本持平，仍达到24.5%，全年房地产累计开发投资额2508.35亿元。商品房施工面积持续上升，但同比增速较去年大幅下滑，商品房新开工面积更是较去年同期下滑了14.81%。而竣工面积则同比增长了16.5%，达到3990.63万平方米。

单位：亿元

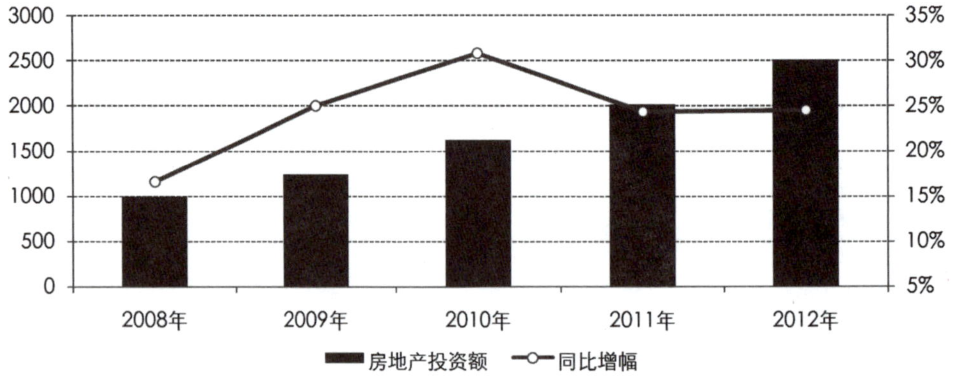

图4-268　2008~2012年重庆房地产投资额年度走势及同比增幅图

数据来源：重庆统计局

单位：亿元

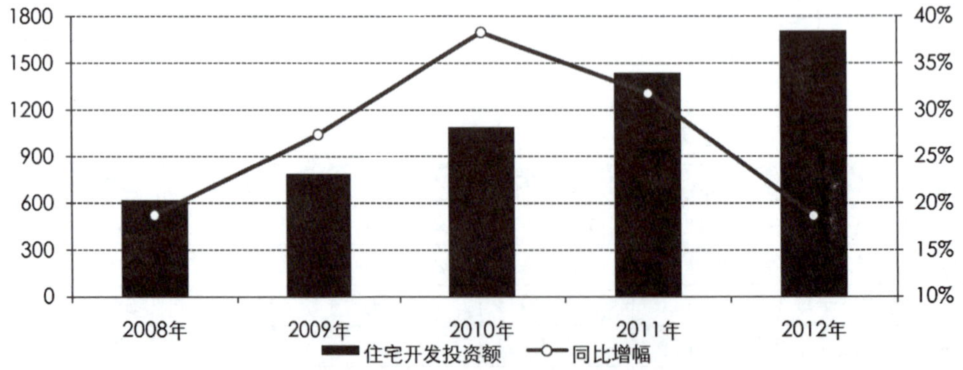

图4-269　2008~2012年重庆住宅开发投资额年度走势及同比增幅图

数据来源：重庆统计局

单位：万平方米

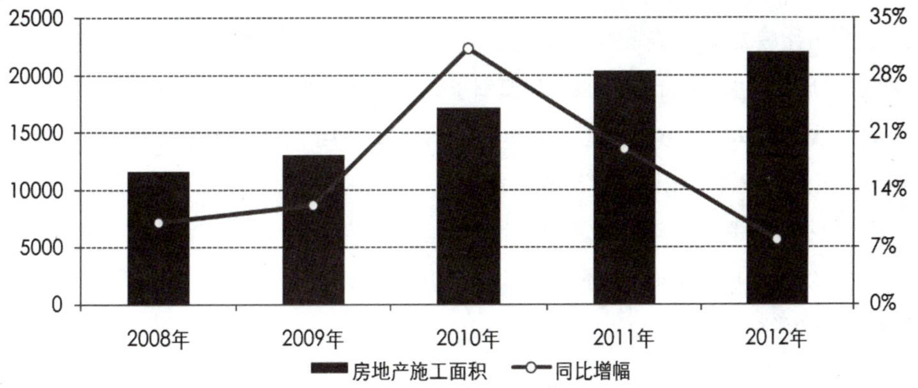

图4-270　2008~2012年重庆房地产施工面积及同比增幅图

数据来源：重庆统计局

单位：万平方米

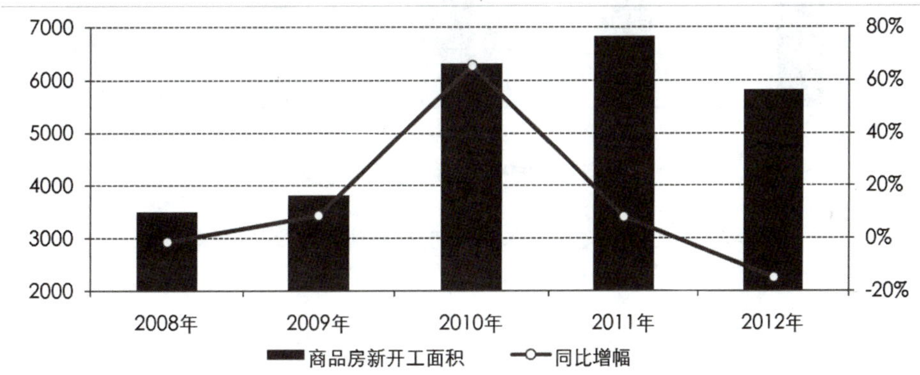

图4-271　2008~2012年重庆商品房新开工面积及同比增幅图

数据来源：重庆统计局

单位：万平方米

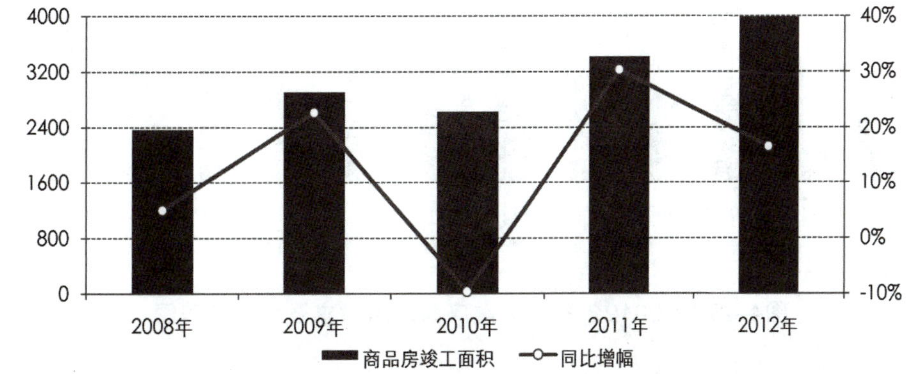

图4-272　2008~2012年重庆商品房竣工面积及同比增幅图

数据来源：重庆统计局

4. 市场表现：公积金调整助刚需爆发，全年成交量逼近历史高位

2012年5月底，重庆市住房公积金管理中心调整了公积金贷款政策，变相松动了楼市调控政策。在年初市场氛围如此严峻之下，公积金开闸对重庆楼市僵局的缓和起到了极大的调节作用，企业和购房者双双受益。

全年重庆商品房成交2271.96万平方米，同比上升47.3%，与2009年的历史最高位接近，全年市场逐步回暖。2011年末到2012年初，大量开发商采用以价换量的销售策略，积累了大量客源和人气，传统春节结束之后，刚需购房者逐渐入市，抓住时机购房置业，成交量开始大幅提升。同时年初开始，国家虽然一再强调坚持调控主调，但实际并未出台相关法令政策，并两度降息降准，刺激更多购房者入市。

单位：万平方米，元/平方米

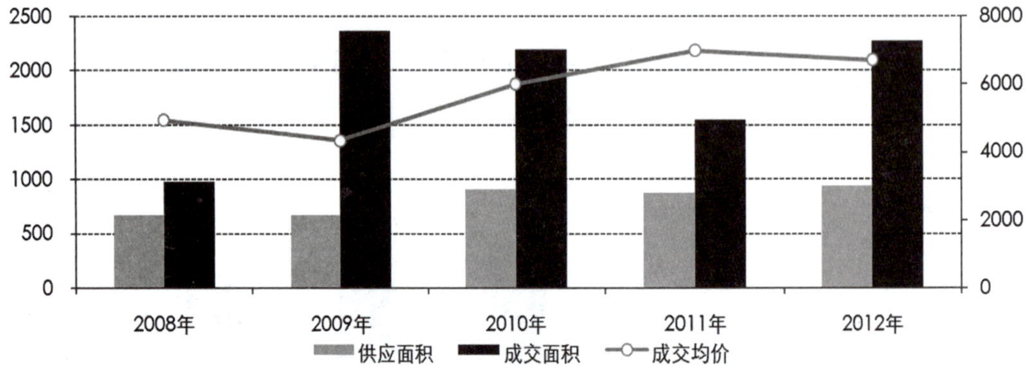

图4-273　2008~2012年重庆商品房供求及均价走势图

注：数据为重庆本市。

数据来源：中国房地产决策咨询系统（CRIC）

单位：万平方米，元/平方米

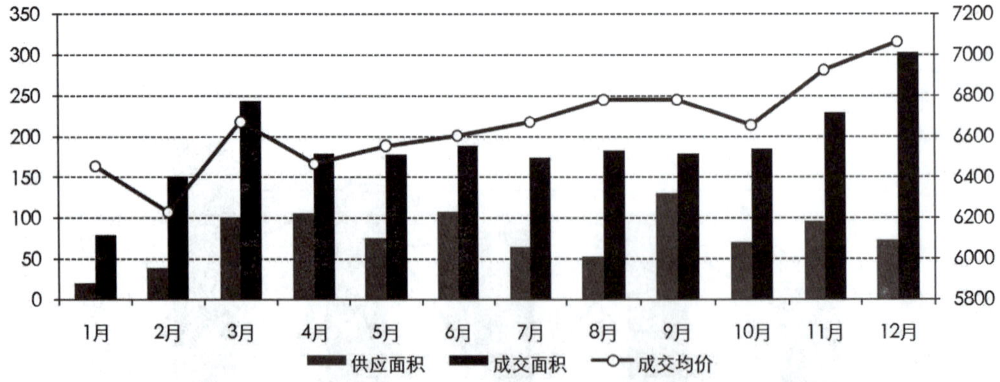

图4-274　2012年各月度重庆商品房供求及均价走势图

注：数据为重庆本市。

数据来源：中国房地产决策咨询系统（CRIC）

5. 成交结构：渝北区占市场主导地位，沙坪坝、北碚新区成交旺盛

从区域对比看，2012年市场成交仍然集中在传统的五大区，渝北区、沙坪坝区、江北区、南岸区、九龙坡区。其中渝北区市场主导地位依然明显，市场占比达到25%，比市场占比第二位高出12个百分点。但渝北区、南岸区等市场份额较去年有所减少，被沙坪坝区和北碚区挤占，这两个区域成交占比均上升了2个百分点，北碚新城等新兴区域成交旺盛。

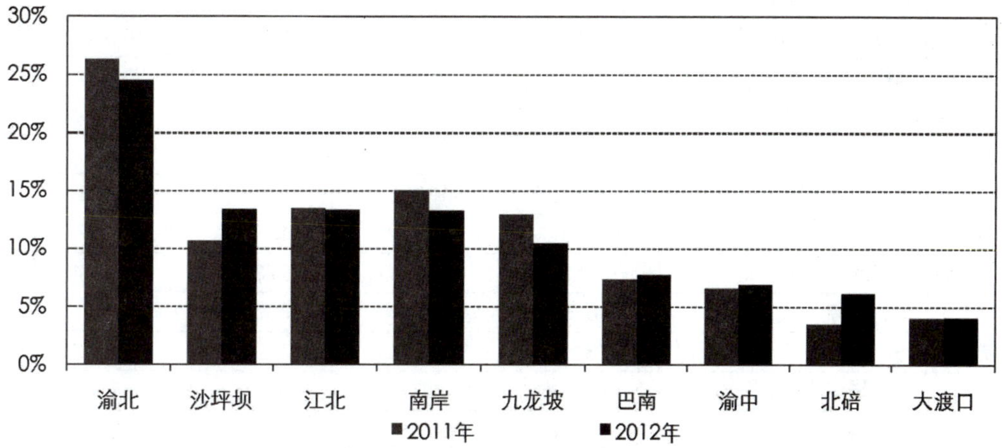

图4-275　2011年、2012年重庆商品房区域成交结构图

数据来源：中国房地产决策咨询系统（CRIC）

三十三、成都房地产市场情况

1. 2008~2012年房地产行业数据

表4-118　成都2008~2012年房地产行业数据表

类别	指标	2008年	2009年	2010年	2011年	2012年
宏观	GDP（亿元）	3901	4502.6	5551.3	6854.6	8138.9
	同比增幅（%）	12.10	15.4	15.0	15.2	18.7
	进出口总额（亿美元）	154.1	178.6	246.6	379.1	475.4
	同比增幅（%）	62.00	15.9	38.6	53.9	25.4
	固定资产投资（亿元）	3012.9	4025.9	4255.4	5006	5890.1
	同比增幅（%）	25.80	33.6	5.7	19.2	17.7
	社会消费品零售总额（亿元）	1621.9	1950	2417.6	2861.3	3317.7
	同比增幅（%）	19.50	20.2	18.8	18.4	16.0
行业	房地产开发投资（亿元）	912.51	945.14	1278.3	1595.64	1889.23
	同比增幅（%）	0.3	3.6	35.3	24.8	18.4
	商品房新开工面积（万平方米）	1784.37	1413.62	2698.23	3188.42	3568.87
	同比增幅（%）	-14.2	-20.8	90.9	18.2	11.9
	商品房施工面积（万平方米）	7391.8	8317.09	9778.9	12664.51	14150.98
	同比增幅（%）	12.5	12.5	17.6	29.5	11.7
	商品房竣工面积（万平方米）	964.75	1636.85	1577.86	1573.20	2107.73
	同比增幅（%）	-9.1	69.7	-3.6	-0.3	34.0
土地	土地购置面积（万平方米）	278.81	217.8	218.25	195.79	152.71
	同比增幅（%）	-47.3	-21.9	0.21	-10.3	-22.0
	土地购置金额（亿元）	229.1	146.98	231.26	244.41	320.45
	同比增幅（%）	-21.9	-35.8	57.3	5.7	31.1
市场	商品房销售面积（万平方米）	1273.54	2693.1	2006.51	2713.45	2844.09
	同比增幅（%）	-43.2	111.5	-8.6	35.2	4.8
	商品房销售金额（亿元）	626.71	1329	1519.3	1811.32	2072.84
	同比增幅（%）	-34.5	112.1	14.30	19.2	14.4

数据来源：国家统计局

表4-119　成都2008~2012年土地市场与商品住宅市场运行情况

类别	指标	2008年	2009年	2010年	2011年	2012年
土地	土地供应量（万平方米）	3295.74	6540.27	8127.43	3382.56	4912.95
	土地成交量（万平方米）	3824.43	5497.90	6927.94	3377.21	4508.90
	土地成交金额（亿元）	188.35	450.03	675.77	393.92	606.78
市场	商品住宅供应量（万平方米）	1051.77	1978.94	1838.88	2369.07	2063.27
	商品住宅成交量（万平方米）	815.65	2826.82	2024.10	1753.40	2385.94
	商品住宅成交均价（元/平方米）	4952.26	5100.72	6332.14	6736.01	6293.80

数据来源：中国房地产决策咨询系统（CRIC）

2. 综述：调控政策放缓，市场整体成交稳定

2012年，房产调控依然，国家积极巩固调控成果，继续实施差别化信贷和税收政策以及限购政策。本年政策调控的显著特点是继续通过抑制投资投机购房，增加土地和住房的有效供应，来遏制房价的过快上涨，调控后市场观望情绪加浓，投资客所剩无几。随着央行的两次降息以及开发商陆续推出“以价换量”的营销手段，成都楼市出现回暖迹象。

3. 投资建设：投资额持续增长连创新高

2012年，成都房地产开发投资同比增速小幅放缓，但是投资额达到了一个新高峰。今年累计开发投资额1889.23亿元，同比增长18.4%，增长速度略为减缓；其中，商品住宅开发投资额为1171.16亿元，同比上升12.64%。商品房施工面积持续上升，同比涨幅为11.7%；商品房新开工面积增速较去年上升11.9%；竣工面积则触底强势反弹，同比涨幅达到34.0%。

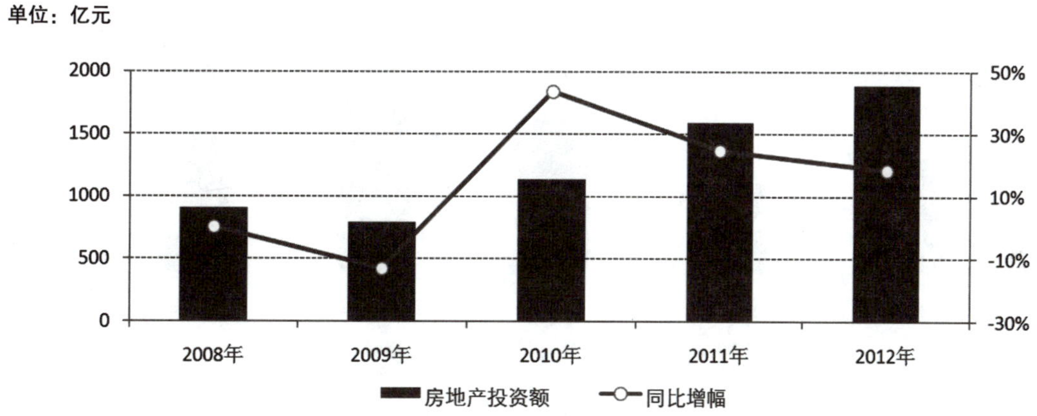

图4-276　2008~2012年成都房地产投资额年度走势及同比增幅图

数据来源：国家统计局

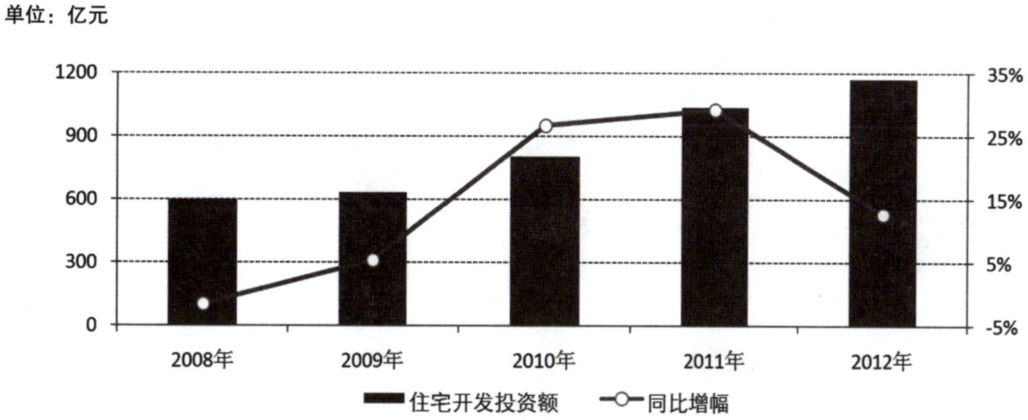

图4-277　2008~2012年成都商品住宅投资额年度走势及同比增幅图

数据来源：国家统计局

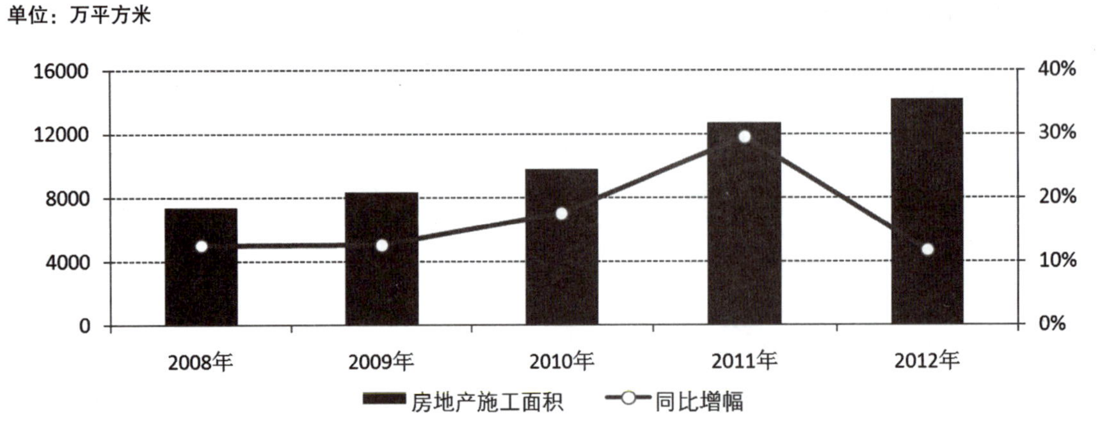

图4-278 2008~2012年成都房地产施工面积及同比增幅图

数据来源：国家统计局

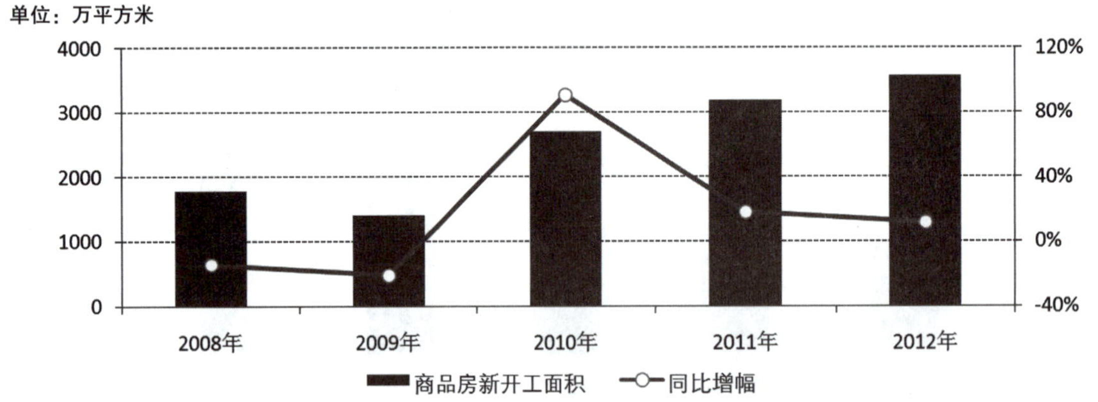

图4-279 2008~2012年成都商品房新开工面积及同比增幅图

数据来源：国家统计局

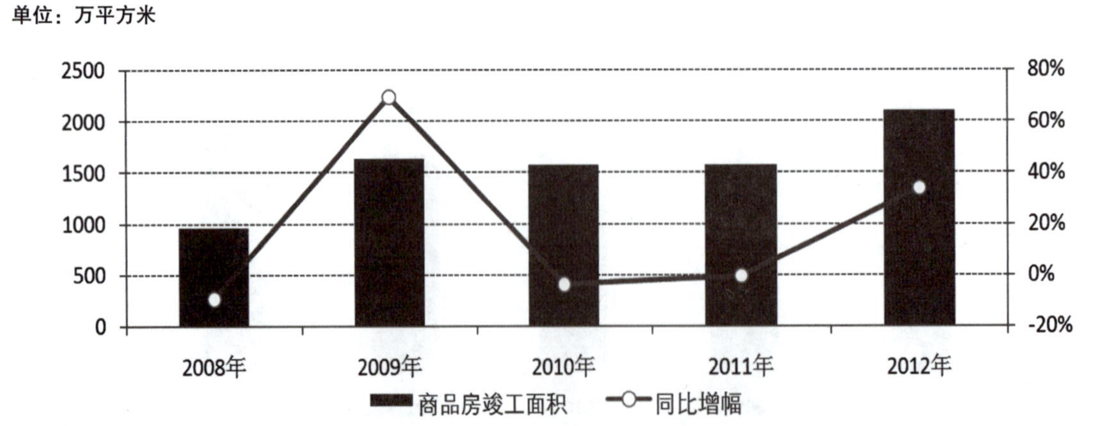

图4-280 2008~2012年成都商品房竣工面积及同比增幅图

数据来源：国家统计局

4. 市场表现：商品住宅供应量、成交量均起伏不定，年底明显“翘尾”

2012年商品住宅市场逐渐回暖，中期出现小幅波动，年末供应大幅上扬带动成交增长。从2012年成都市商品住宅月度供求对比数据来看，2012年1-3月，成交大于供应，4月由于春节房交会的推动，各大开发商在4月积极推出新楼盘，加大供应，造成4月供应大于成交量。5-8月，成交继续大于供应。9-12月，呈现供应大于成交的态势。从整年来看，1月份为供应量最小，为32.31万平方米；12月为成交量最大值，为395.97万平方米。

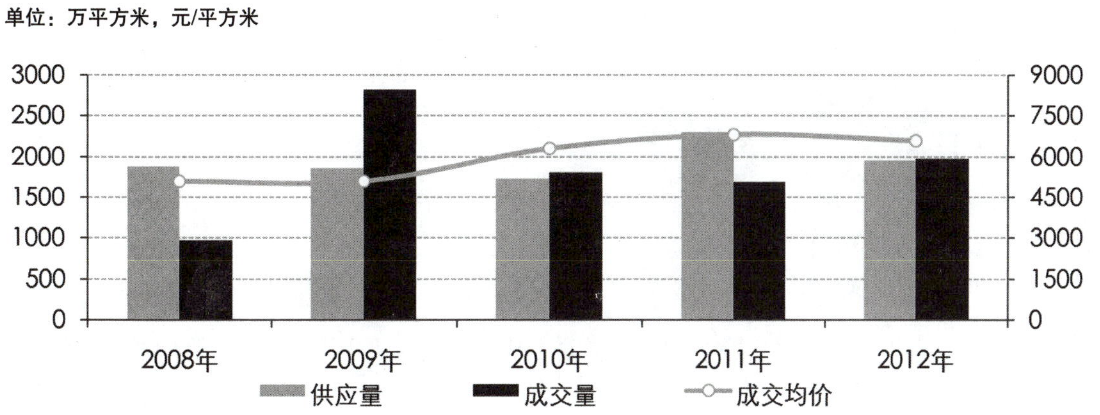

图4-281　2008~2012年成都商品住宅供求及均价走势图

数据来源：中国房地产决策咨询系统（CRIC）

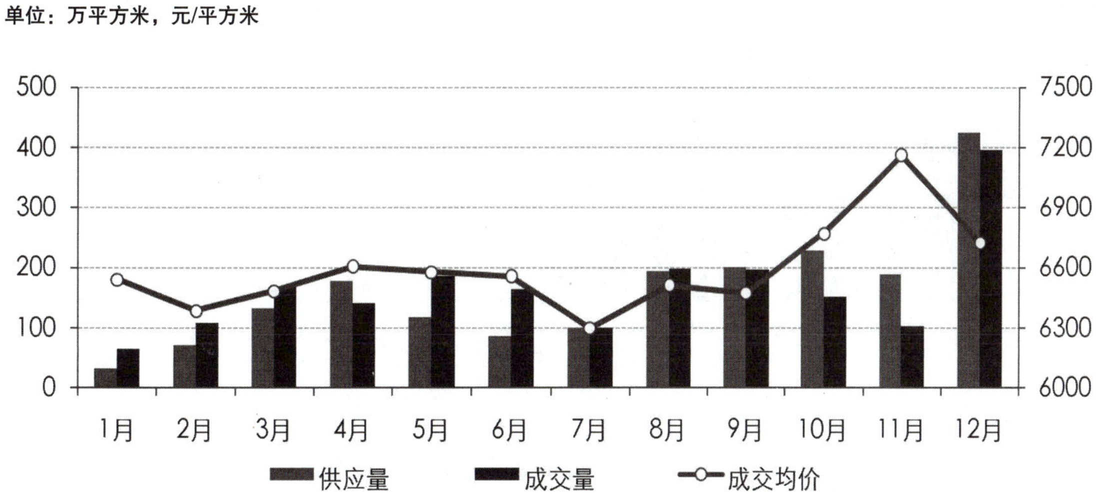

图4-282　2012年各月度成都商品住宅供求及均价走势图

数据来源：中国房地产决策咨询系统（CRIC）

5. 成交结构：刚需户型仍为主力，城北区域成交上升最快

从2012年度成都市各面积段商品住宅成交套数占比来看，70~90平方米面积段是绝对的主力，占比为37%；其次是90~110平方米面积段，两个主力面积段成交占比与2011年基本相同。

与2011年成都市商品住宅成交量区域分布相比，2012年双流、郫县、龙泉、城西、城中占比下降，其中下降最大的为双流。温江、新都、城北、城东、城南区域占比上升，其中上升最大的是城北。城北上升主要原因是受到“北改”的政策影响，一直被认为脏乱差的城北一改常态，因旧城改造，成为价值洼地，未来升值潜力巨大。

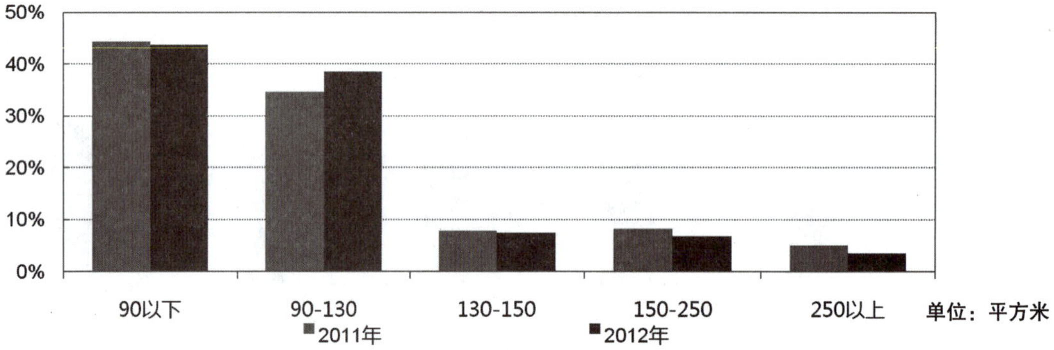

图4-283　2011年、2012年成都商品住宅面积段成交结构图

数据来源：中国房地产决策咨询系统（CRIC）

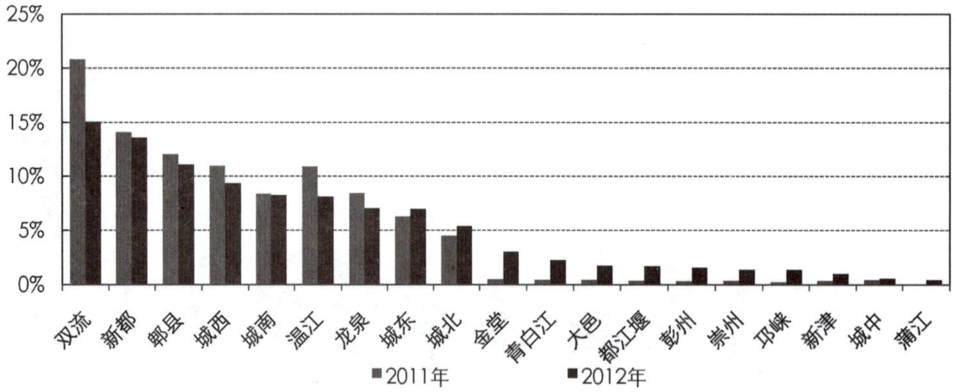

图4-284　2011年、2012年成都商品住宅区域成交结构图

数据来源：中国房地产决策咨询系统（CRIC）

6. 项目排行榜：郊县给力，刚需户型受追捧，大户型受冷落

首置首改是今年市场成交主力，在主城区价格越来越高的情况下，郊县以其价格优势受青睐。加之城市的外拓，地铁线路的开工，郊县项目的升值潜力有所上升，使得在成交面积、成交金额两榜上，郊县占据多席。与需求相适应的刚需户型受追捧，大户型遇冷。

表4-120 2012年成都商品住宅项目成交面积TOP10排行榜

单位：万平方米，亿元，元/平方米

排行	项目名称	区域	档次	成交面积	成交金额	成交均价	开发商
1	佳兆业上品	双流	中档	31.07	15.91	5122	佳兆业
2	合能四季城	郫县	中档	25.94	11.88	4579	新合能房地产
3	中德英伦联邦	双流	中档	22.05	17.64	7998	中德世纪置业
4	南城都汇	城南	高档	18.11	15.62	8625	和记黄埔
5	北欧知识城	新都	中档	17.34	9.81	5657	北新知识城置业
6	绿地国际花都	郫县	中档	16.85	8.63	5121	绿地集团
7	绿地世纪城	城北	中档	16.23	10.72	6604	绿地集团
8	中海锦城	城西	中档	16.14	10.65	6601	中海地产
9	万科海悦汇城	双流	中高档	16.01	11.85	7404	万科地产
10	保利心语花园	城南	高档	16.01	12.90	8060	保利地产

数据来源：中国房地产决策咨询系统（CRIC）

表4-121 2012年成都商品住宅项目成交金额TOP10排行榜

单位：亿元，万平方米，元/平方米

排行	项目名称	区域	档次	成交金额	成交面积	成交均价	开发商
1	成都金牛万达广场	高新	高档	15.62	25.88	16569	万达集团
2	中海城南1号	皇姑	高档	12.62	16.08	12745	中海地产
3	南城都汇	城南	高档	18.11	15.62	8625	和记黄埔
4	华侨城纯水岸	金牛	高档	12.40	15.13	12202	华侨城
5	华润二十四城	成华	高档	11.70	14.47	12368	华润置地
6	保利心语花园	城南	高档	16.01	12.90	8060	保利地产
7	华润凤凰城	高新	高档	11.66	11.94	10238	华润置地
8	万科海悦汇城	双流	中高档	16.01	11.85	7404	万科地产
9	绿地世纪城	城北	中档	16.23	10.72	6604	绿地集团
10	中海锦城	城西	中档	16.14	10.65	6601	中海地产

数据来源：中国房地产决策咨询系统（CRIC）

三十四、贵阳房地产市场情况

1. 2008~2012年房地产行业数据

表4-122 贵阳2008~2012年房地产行业数据表

类别	指标	2008年	2009年	2010年	2011年	2012年
宏观	GDP（亿元）	811.05	902.61	1121.8	1383	1700
	同比增幅（%）	13.10	13.30	14.30	17.10	17
	进出口总额（亿美元）	22.52	18.11	22.75	37.69	50.51
	同比增幅（%）	33.10	-19.60	25.70	65.60	34
	固定资产投资（亿元）	601.57	782.64	682.02	1600.5	2482.56
	同比增幅（%）	20.20	30.10	25.10	57.10	55.1
	社会消费品零售总额（亿元）	343.53	412.72	484.7	584.3	683.19
	同比增幅（%）	23.00	20.10	19.60	20.50	16.9
行业	房地产开发投资（亿元）	170.1	210.33	310.47	467.36	901.03
	同比增幅（%）	25.62	23.65	47.6	50.5	95.7
	商品房新开工面积（万平方米）	771.33	719.08	1350.31	1079.28	1615.88
	同比增幅（%）	32.83	-6.77	86.3	-20.17	49.72
	商品房施工面积（万平方米）	2480.02	3088.57	3982.84	4794.03	5664.10
	同比增幅（%）	28.10	24.54	28.95	20.37	18.15
	商品房竣工面积（万平方米）	324.49	740.05	532.60	621.72	584.50
	同比增幅（%）	20.64	128.07	-28.03	16.73	-5.99
土地	土地购置面积（万平方米）	273.56	184.28	596.11	331.54	197.17
	同比增幅（%）	-39.67	-32.64	223.48	-44.38	-40.53
	土地购置金额（亿元）	15.32	18.59	32.35	28.18	65.24
	同比增幅（%）	-25.63	21.34	74.02	-12.89	138.1
市场	商品房销售面积（万平方米）	412.56	818.16	801.56	828.29	1023.84
	同比增幅（%）	-5.51	98.31	-2.03	3.33	23.61
	商品房销售金额（亿元）	129.85	307.49	353.46	417.18	496.17
	同比增幅（%）	2.43	136.80	14.95	18.03	18.93

数据来源：国家统计局

表4-123 贵阳2008~2012年土地市场与商品住宅市场运行情况

类别	指标	2008年	2009年	2010年	2011年	2012年
土地	土地供应量（万平方米）	1105.54	1420.80	1548.23	3154.74	2571.07
	土地成交量（万平方米）	1024.84	1135.90	1163.51	2754.07	2158.87
	土地成交金额（亿元）	33.30	31.30	79.34	129.28	122.24
市场	商品住宅供应量（万平方米）	768.83	550.65	814.72	566.39	758.89
	商品住宅成交量（万平方米）	190.09	698.27	533.33	430.75	658.30
	商品住宅成交均价（元/平方米）	3732	3777	4530	5109	4695

数据来源：中国房地产决策咨询系统（CRIC）

2. 综述：超大盘引领贵阳市场

2012年是政策主要是延续和巩固调控成效，政府宣誓调控决心的一年。对贵阳本地政策来说，更偏重于加快城市旧城及棚户区改造，大力推进贵阳城市发展和扩容步伐，提高城市城市化进程。市场方面，一、二级市场均同比出现不同程度的上涨，大规模大体量楼盘垄断楼市，花果园项目更是再次成为全国销售面积及金额排名的冠军，“贵阳效应”还将持续。

3. 投资建设：地产投资保持高速增长

2012年，贵阳房地产开发投资901.03亿元，比上年增长95.7%；其中住宅开发投资568.49亿元。房屋交易活跃，施工、竣工速度保持增长，但增速略有下滑，新开工面积扭跌为涨。全市房地产施工面积5664.1万平方米，比上年增长18.15%；房地产新开工面积为1615.88万平方米，比上年增长49.72%；房地产竣工面积584.5万平方米，比上年下降5.99%。

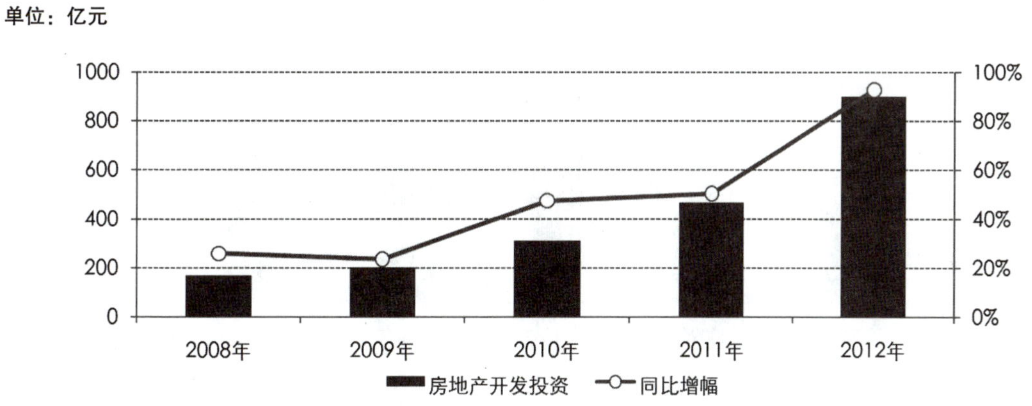

图4-285　2008~2012年贵阳房地产投资额年度走势及同比增幅图

数据来源：国家统计局

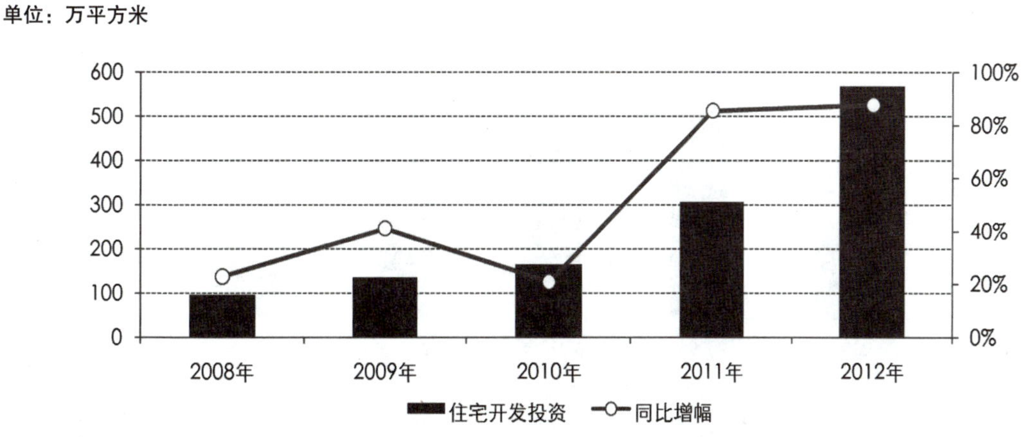

图4-286　2008~2012年贵阳住宅开发投资额年度走势及同比增幅图

数据来源：国家统计局

单位：万平方米

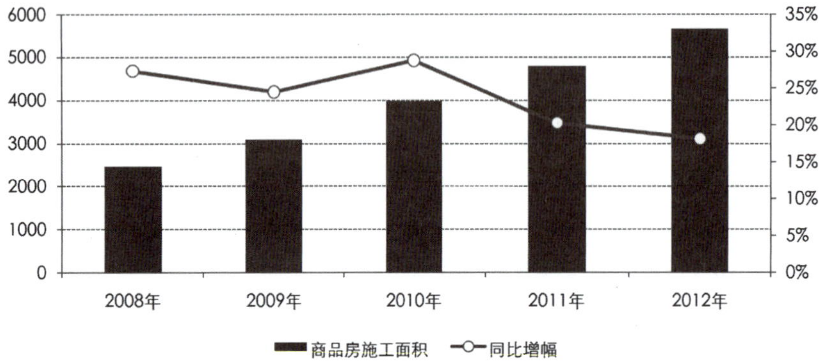

图4-287　2008~2012年贵阳房地产施工面积及同比增幅图

数据来源：国家统计局

单位：万平方米

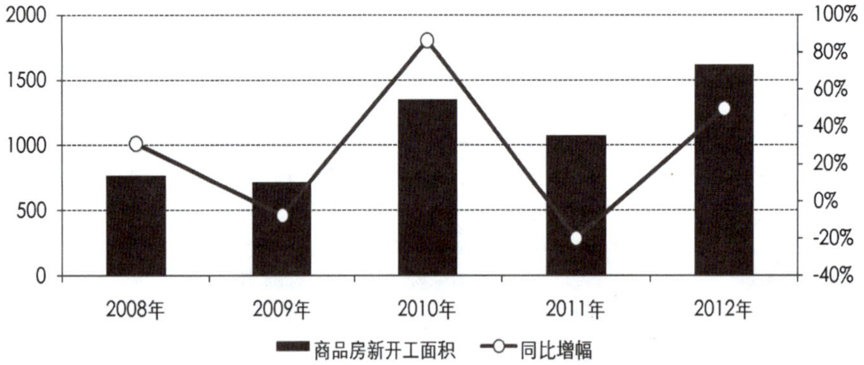

图4-288　2008-2011年贵阳商品房新开工面积及同比增幅图

数据来源：国家统计局

单位：万平方米

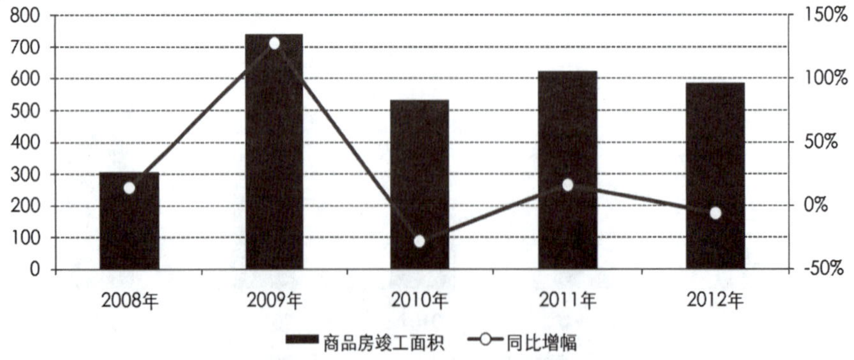

图4-289　2008~2012年贵阳商品房竣工面积及同比增幅图

数据来源：国家统计局

4. 市场表现：整体走势平稳，旺季不旺，淡季不淡

在调控政策的引导之下，2012年贵阳住宅市场表现平稳，“旺季不旺、淡季不淡”是2012年楼市的主要特征。商品住宅供应量主要集中在6、10、12月，主要受到花果园项目集中上市影响，该项目单月供应量分别达到97.58、83.71和78.41万平方米。成交方面，随着首套房贷利率的下调，成交量在第二季度开始回升；下半年成交量呈现小幅波动，而价格则维持高位平稳，并在年底有小幅升势，市场在当前的政策环境下达到阶段性平衡。

单位：万平方米，元/平方米

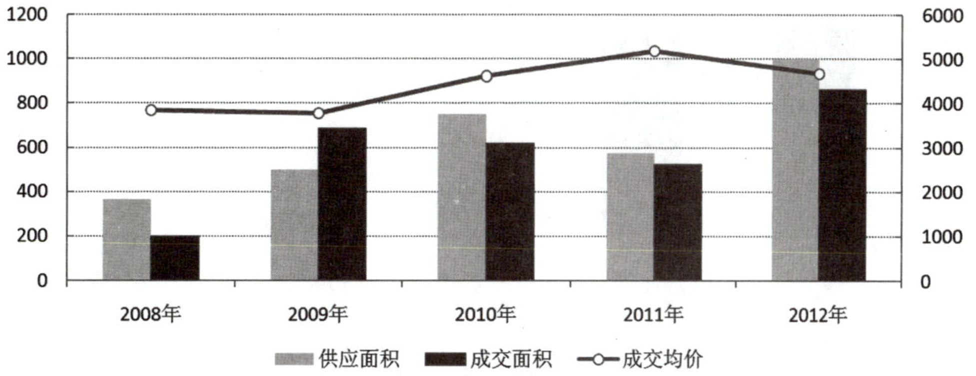

图4-290　2008~2012年贵阳商品住宅供求及均价走势图

数据来源：中国房地产决策咨询系统（CRIC）

单位：万平方米，元/平方米

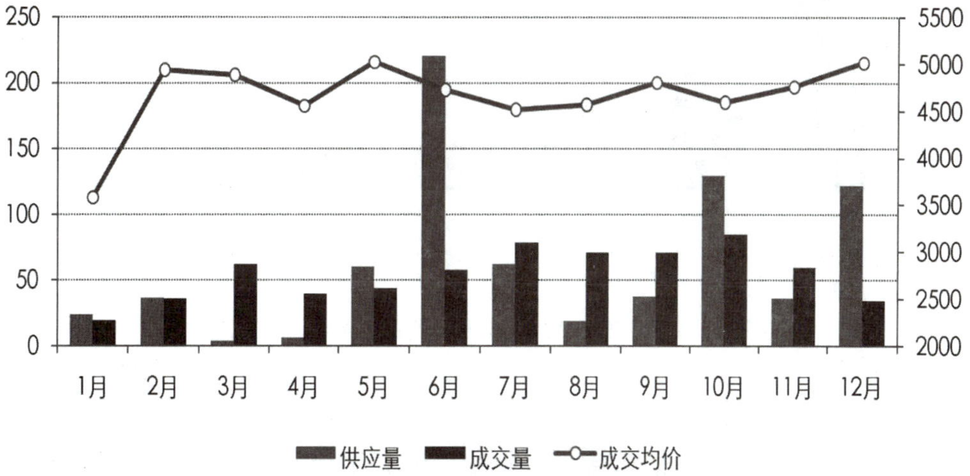

图4-291　2012年各月度贵阳商品住宅供求及均价走势图

数据来源：中国房地产决策咨询系统（CRIC）

5. 成交结构：中高档产品热销，两城区成为绝对成交主力

2012年，由于限购政策的持续，以及政策微调支持首置首改需求，主流刚需和改善型产品备受青睐，占比持续提升。50¯70平方米产品占13%，70¯90平方米产品占比达到28%，90-110平方米的产品成交面积占总量的22%。

区域方面，南明区为成交主力，市场占比达到44%，同比去年同期上升22个百分点；云岩区市场占比紧随其后，为23%，同比上涨8个百分点；金阳新区销量优势不在，市场份额下滑至11%，位列第三。

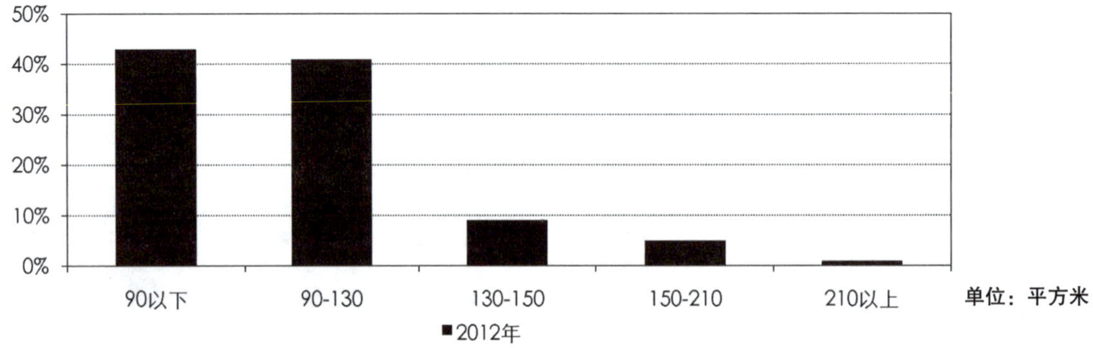

图4-292　2012年贵阳商品住宅面积段成交结构图

数据来源：中国房地产决策咨询系统（CRIC）

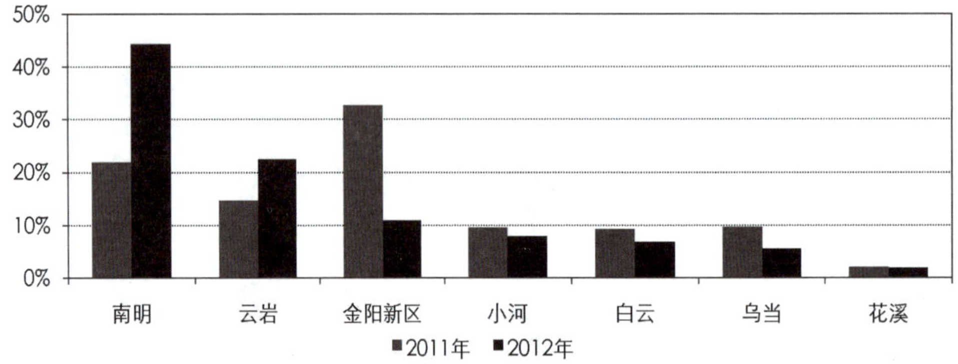

图4-293　2011年、2012年贵阳商品住宅区域成交结构图

数据来源：中国房地产决策咨询系统（CRIC）

6. 项目排行榜：超大盘花果园引领贵阳市场，年成交超300万平方米

从项目排行榜来看，贵阳项目最大的特点是超级大盘占市场成交比例较大，在成交面积榜和成交金额榜上，花果园始终占据首位。在年初市场淡季，花果园和未来方舟两个大盘低价跑量率先引领了贵阳楼市，撑起了贵阳楼市的半边天。两项目都为超大盘，凭借优越的区位、交通条件，完善的配套，超低价销售抢占了贵阳本地和贵

州省内大部分购房客户。

表4-124 2012年贵阳商品住宅项目成交面积TOP10排行榜

单位：万平方米，亿元，元/平方米

排行	项目名称	区域	档次	成交金额	成交面积	成交均价	开发商
1	花果园	南明	中低档	144.61	334.22	4327	宏立城
2	中天未来方舟	云岩	中低档	32.24	78.50	4107	中天城投
3	美的・林城时代	金阳新区	中档	13.11	19.65	6672	美的房地产
4	一鸣宽城国际项目地块	小河	中低档	4.52	18.56	2436	贵州一鸣房地产
5	恒大城	白云	中低档	7.45	17.31	4303	恒大地产
6	中铁逸都国际	金阳新区	中档	7.64	13.19	5794	中铁置业
7	绿地伊顿公馆	白云	低档	4.40	12.41	3547	绿地集团
8	保利公园2010	乌当	高档	10.43	11.93	8742	保利香港
9	保利・云山国际	云岩	中档	5.66	10.79	5242	保利香港
10	中天会展城	金阳新区	中低档	4.29	10.44	4110	中天城投

数据来源：中国房地产决策咨询系统（CRIC）

表4-125 2012年贵阳商品住宅项目成交金额TOP10排行榜

单位：亿元，万平方米，元/平方米

排行	项目名称	区域	档次	成交金额	成交面积	成交均价	开发商
1	花果园	南明	中低档	144.61	334.22	4327	宏立城
2	中天未来方舟	云岩	中低档	32.24	78.50	4107	中天城投
3	美的・林城时代	金阳新区	中档	13.11	19.65	6672	美的房地产
4	保利公园2010	乌当	高档	10.43	11.93	8742	保利香港
5	中铁逸都国际	金阳新区	中档	7.64	13.19	5794	中铁置业
6	恒大城	白云	中低档	7.45	17.31	4303	恒大地产
7	万科劲嘉金域华府	小河	中档	6.06	10.17	5961	万科地产
8	保利・云山国际	云岩	中档	5.66	10.79	5242	保利香港
9	保利溪湖	花溪	中高档	5.54	8.69	6377	保利香港
10	中渝第一城	金阳新区	中高档	4.69	6.13	7651	中渝置地

数据来源：中国房地产决策咨询系统（CRIC）

三十五、昆明房地产市场情况

1. 2012年昆明房地产行业数据表

表4-126 昆明2008~2012年房地产行业数据表

类别	指标	2008年	2009年	2010年	2011年	2012年
宏观	GDP（亿元）	1605.39	1808.65	2120.37	2509.58	3011.14
	同比增幅（%）	12	12.8	14.00	14.00	14.1
	进出口总额（亿美元）	73.08	56.3	101.09	120.22	144.10
	同比增幅（%）	9.3	-22.9	79.00	18.30	20.1
	固定资产投资（亿元）	1053.16	1600.66	2160.88	2701.11	—
	同比增幅（%）	28.8	51.9	35.00	25.00	—
	社会消费品零售总额（亿元）	700.74	864.61	1060.19	1271.73	1493.80
	同比增幅（%）	23.1	23.4	22.60	20.00	17.5
行业	房地产开发投资（亿元）	261.83	369.43	440.68	625.97	919.07
	同比增幅（%）	16.51	41.09	19.30	42.10	46.8
	商品房新开工面积（万平方米）	629.63	1092.02	1300.62	1914.67	2453.07
	同比增幅（%）	-19.84	73.44	19.10	48.4	28.1
	商品房施工面积（万平方米）	2011.11	2694.49	3547.49	4184.81	5885
	同比增幅（%）	8.86	33.98	33.10	19.1	40.63
	商品房竣工面积（万平方米）	445.64	690.14	590.78	515.46	629.63
	同比增幅（%）	32.03	54.86	-14.40	-12.80	22.15
土地	土地购置面积（万平方米）	649.29	536.97	325.72	350.65	466.95
	同比增幅（%）	55.52	-17.30	-39.34	7.65	33.17
	土地购置金额（亿元）	48.49	72.93	48.33	58.94	141.04
	同比增幅（%）	11.11	50.40	-33.74	21.96	105.4
市场	商品房销售面积（万平方米）	560.16	821.93	1242.48	1114.92	1051.35
	同比增幅（%）	-38.63	46.73	51.17	-10.27	-5.70
	商品房销售金额（亿元）	215.05	317.96	455.06	525.84	603.97
	同比增幅（%）	-24.92	47.85	43.12	15.55	14.86

数据来源：国家统计局

表4-127 昆明2008~2012年土地市场与商品住宅市场运行情况

类别	指标	2008年	2009年	2010年	2011年	2012年
土地	土地供应量（万平方米）	1480.80	1343.42	2612.07	8796.76	7049.97
	土地成交量（万平方米）	1354.18	1108.62	2171.58	6794.65	3722.42
	土地成交金额（亿元）	56.39	71.45	395.71	937.43	416.02
市场	商品房供应量（万平方米）	—	—	—	—	890.2
	商品房成交量（万平方米）	—	698.52	604.03	619.33	719.50
	商品房成交均价（元/平方米）	—	5399	6320	3948	—

数据来源：中国房地产决策咨询系统（CRIC）

2. 综述：政策微调拉动需求入市

2012年，在中央未出台新调控政策背景之下，昆明市房地产政策也与多数地方政府一样，在不违背国家大政策的原则下对调控政策进行了“微调”，包括首套房的差别化的信贷政策、普通住宅标准调整，还有近期公积金贷款政策的微调。在政策预期宽松的背景之下，全年房地产开发投资加速上涨，商品住宅成交量再创新高。

3. 投资建设：投资额继续保持高速增长，建设规模继续上扬

2012年昆明房地产依然保持高速增长，全年开发投资额为919.07亿元，同比增长46.8%；其中，住宅开发投资585.99亿元。商品房施工面积、新开工面积、竣工面积均保持同比上涨，其中仅新开工面积同比增幅较上年下滑。

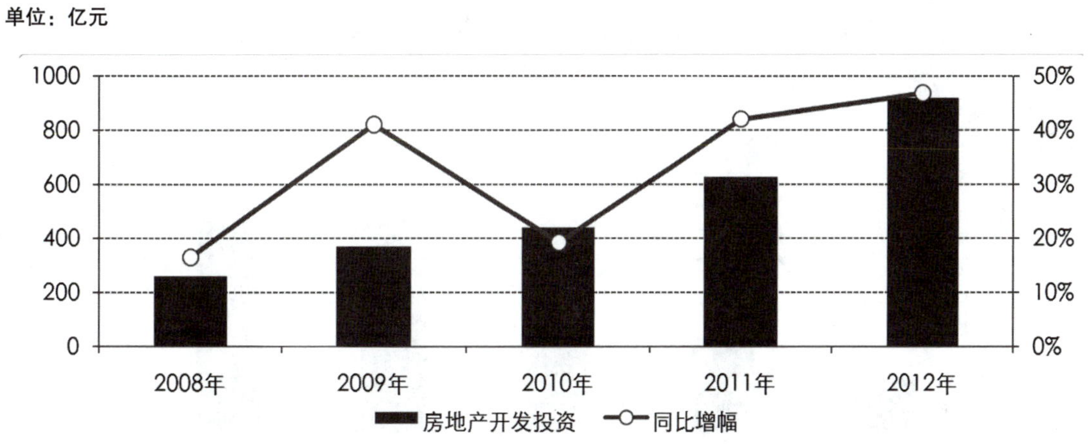

图4-294　2008~2012年昆明房地产投资额年度走势及同比增幅图

数据来源：国家统计局

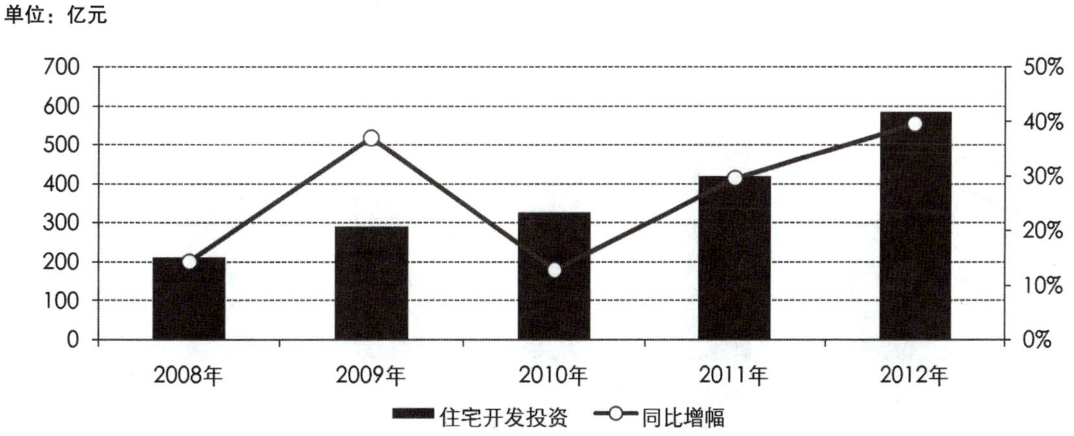

图4-295　2008~2012年昆明住宅开发投资额年度走势及同比增幅图

数据来源：国家统计局

单位：万平方米

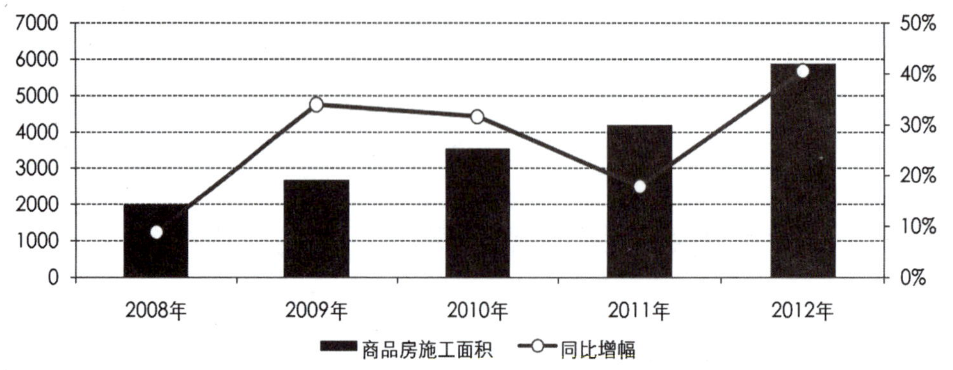

图4-296　2008~2012年昆明房地产施工面积及同比增幅图

数据来源：国家统计局

单位：万平方米

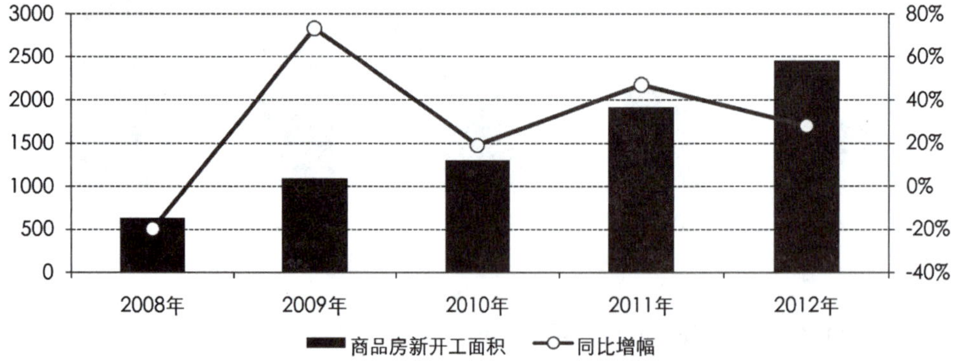

图4-297　2008~2012年昆明商品房新开工面积及同比增幅图

数据来源：国家统计局

单位：万平方米

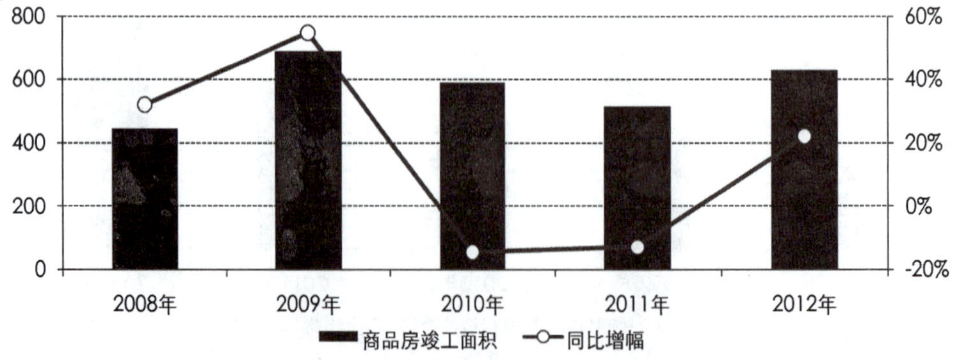

图4-298　2008~2012年昆明商品房竣工面积及同比增幅图

数据来源：国家统计局

4. 市场表现：成交量逐步回升，年底现“翘尾”行情

2012年昆明商品住宅市场供应在1、7、9月份达到年度高峰，3个月合计供应281.6万平方米，占全年供应量47%。成交方面，从年初开始逐渐走高，在7、8月份形成高点后逐渐回落，11‾12月成交反弹，呈现年底“翘尾”行情。价格方面，昆明各区域商品住宅成交价格在8000‾9000元/平方米区间，其中西山区受低密度住宅成交拉动，成交价格8518元/平方米；呈贡区距离主城区较远，成交价格最低；其余各区域成交价格都在7700元/平方米。

单位：万平方米，元/平方米

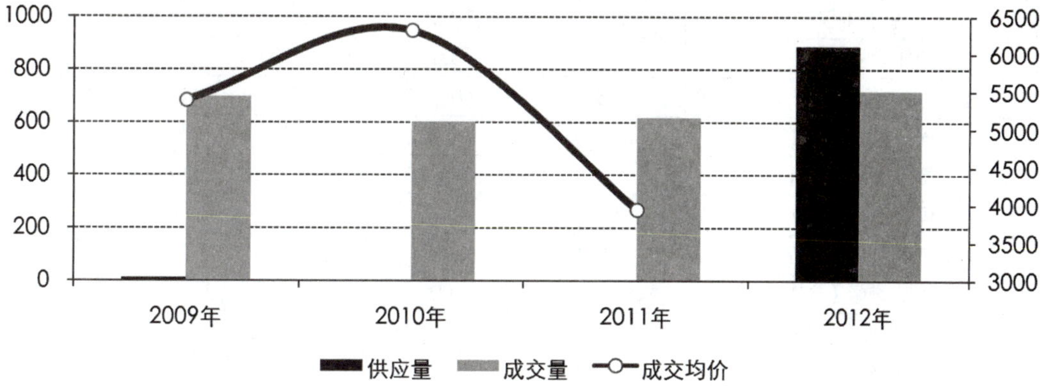

图4-299　2009~2012年昆明商品房供求及均价走势图

数据来源：中国房地产决策咨询系统（CRIC）

单位：万平方米，元/平方米

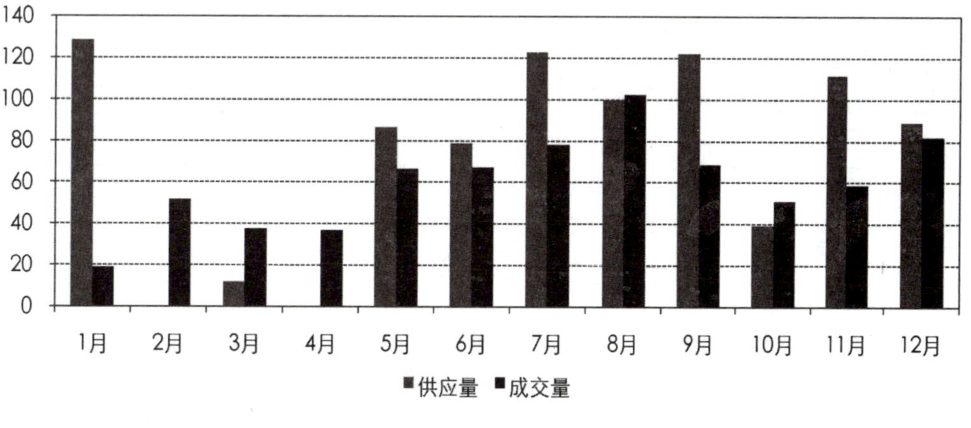

图4-300　2012年各月度昆明商品房供求走势图

数据来源：中国房地产决策咨询系统（CRIC）

三十六、西安房地产市场情况

1. 2008~2012年房地产行业数据

表4-128 西安2008~2012年房地产行业数据表

类别	指标	2008年	2009年	2010年	2011年	2012年
宏观	GDP（亿元）	2190.04	2719.1	3241.49	3864.21	4369.37
	同比增幅（%）	15.6	14.5	14.50	19.21	13.07
	进出口总额（亿美元）	70.4	72.55	103.82	125.79	130.14
	同比增幅（%）	31.3	3.4	43.20	21.00	3.46
	固定资产投资（亿元）	1906.19	2500.13	3250.56	3352.12	4243.43
	同比增幅（%）	32.8	31.2	30.00	3.12	26.59
	社会消费品零售总额（亿元）	1154.3	1381.12	1611.04	1935.18	2236.06
	同比增幅（%）	25.3	19.7	18.90	20.12	15.55
行业	房地产开发投资（亿元）	540.1	696.34	842.34	1002.67	1269.93
	同比增幅（%）	39.44	28.93	21.00	19.00	27.5
	商品房新开工面积（万平方米）	900.3	1693.38	2043.82	2280.07	2796.83
	同比增幅（%）	23.74	88.09	20.70	11.60	22.66
	商品房施工面积（万平方米）	3526.47	5708.63	6697.39	8215.57	9893.11
	同比增幅（%）	20.94	61.88	17.30	22.70	20.42
	商品房竣工面积（万平方米）	353.88	542.81	463.65	633.97	1063.7
	同比增幅（%）	-26.78	53.39	-14.60	36.70	67.78
土地	土地购置面积（万平方米）	327.29	227.36	395.18	230.54	168.66
	同比增幅（%）	50.25	-30.53	73.81	-41.66	-26.84
	土地购置金额（亿元）	66.06	54.39	87.45	59.02	88.65
	同比增幅（%）	73.20	-17.67	60.78	-32.51	50.20
市场	商品房销售面积（万平方米）	758.84	1256.02	1587.81	1796.03	1532.90
	同比增幅（%）	-9.00	65.52	26.40	13.11	-13.3
	商品房销售金额（亿元）	317.56	488.55	707	1100.6	1016.97
	同比增幅（%）	12.69	53.84	44.71	55.67	-7.60

数据来源：国家统计局

表4-129 西安2008~2012年土地市场与商品住宅市场运行情况

类别	指标	2008年	2009年	2010年	2011年	2012年
土地	土地供应量（万平方米）	941.27	1634.87	1805.53	3606.86	5779.10
	土地成交量（万平方米）	852.32	1499.84	1761.03	2948.01	4407.55
	土地成交金额（亿元）	60.01	121.81	165.52	255.56	334.93
市场	商品住宅供应量（万平方米）	—	999.52	546.06	—	1479.36
	商品住宅成交量（万平方米）	542.20	1260.08	930.96	248.99	989.95
	商品住宅成交均价（元/平方米）	4608	4930	6207	—	5978

数据来源：中国房地产决策咨询系统（CRIC）

2. 综述：企业开发信心恢复

2012年在支持首次购房需求，货币政策适度宽松政策支持之下，西安房地产市场快速反弹，商品住宅成交呈现“量价齐升”态势。企业开发信心恢复，全年房地产投资额、商品房新开工面积加速上涨。

3. 投资建设：投资额、建设规模持续上涨

2012年西安商品房投资额为1281.9亿元，同比增长28%，增速较去年同期上升9个百分点；住宅开发投资额为1003.85亿元，同比增长20.1%。商品房新开工、施工和竣工面积均较去年同期上涨，其中竣工面积同比涨67.8%。

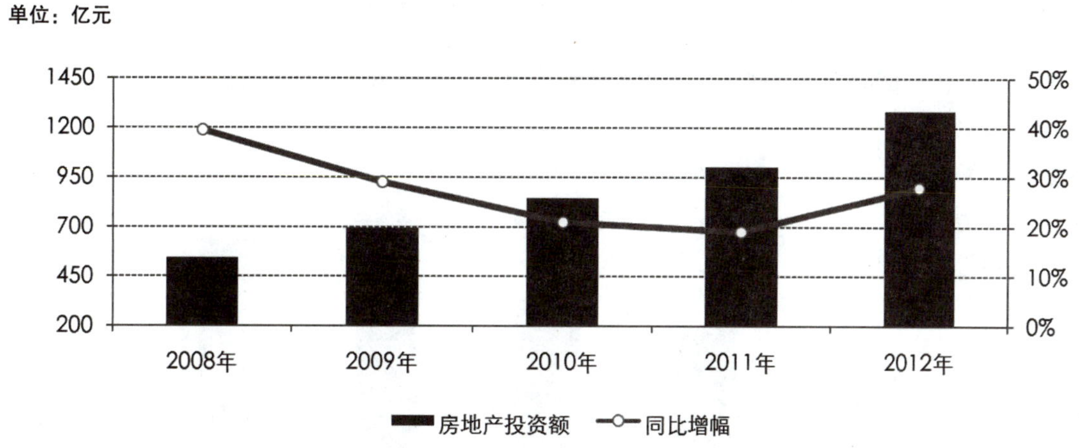

图4-301 2008~2012年西安房地产投资额年度走势及同比增幅图

数据来源：国家统计局

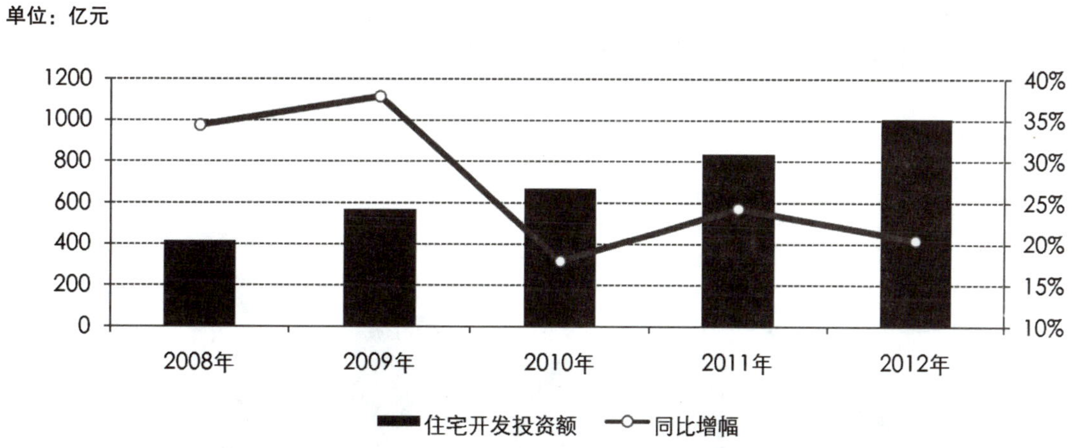

图4-302 2008~2012年西安住宅开发投资额年度走势及同比增幅图

数据来源：国家统计局

单位：万平方米

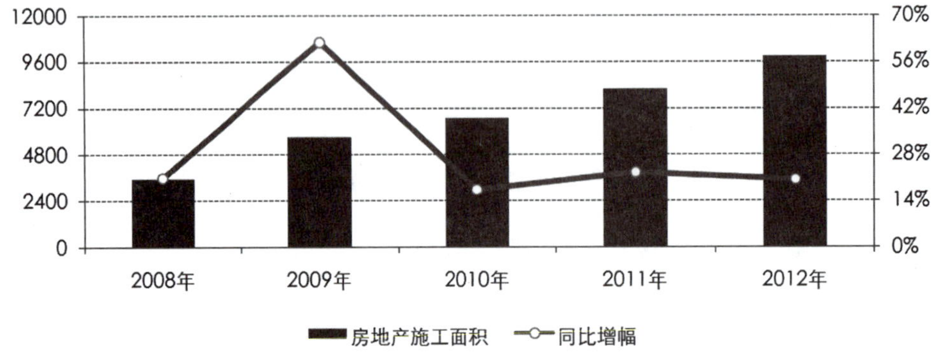

图4-303 2008~2012年西安房地产施工面积及同比增幅图

数据来源：国家统计局

单位：万平方米

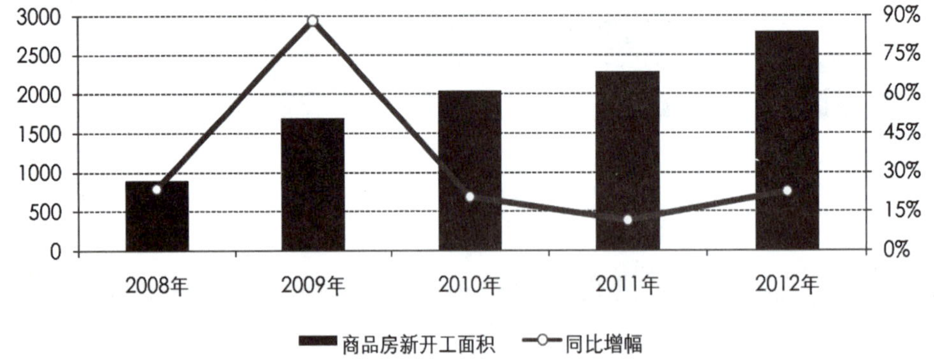

图4-304 2008~2012年西安商品房新开工面积及同比增幅图

数据来源：国家统计局

单位：万平方米

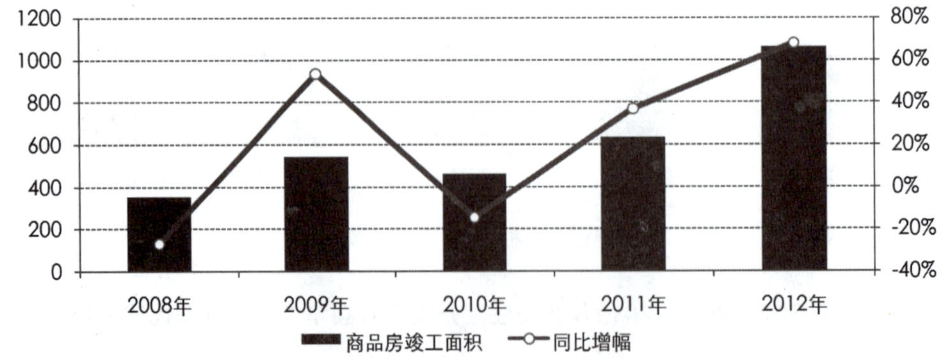

图4-305 2008~2012年西安商品房竣工面积及同比增幅图

数据来源：国家统计局

4. 市场表现：商品住宅成交快速回升

2012年西安商品住宅成交面积990万平方米，较上年同期大幅上涨。月度呈小幅震荡上行的轨迹。从2012年底至2013年2月份，市场达到冰点；而春节后，多方因素影响下刚需释放，整体市场由底部逐渐上升；第二轮需求释放是在6月后，市场总体回暖确定，部分改善性客户开始进入市场，形成淡季不淡，旺季平稳的销售局面。价格上，全年成交价格6840元/平方米，较2011年上涨6.6%。

单位：万平方米，元/平方米

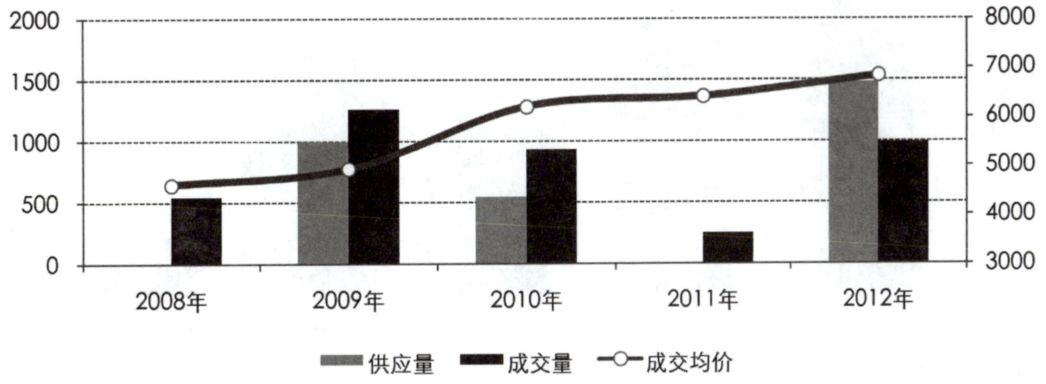

图4-306　2008~2012年西安商品住宅供求及均价走势图

注：2008年、2011年供应面积暂缺

数据来源：中国房地产决策咨询系统（CRIC）

单位：万平方米，元/平方米

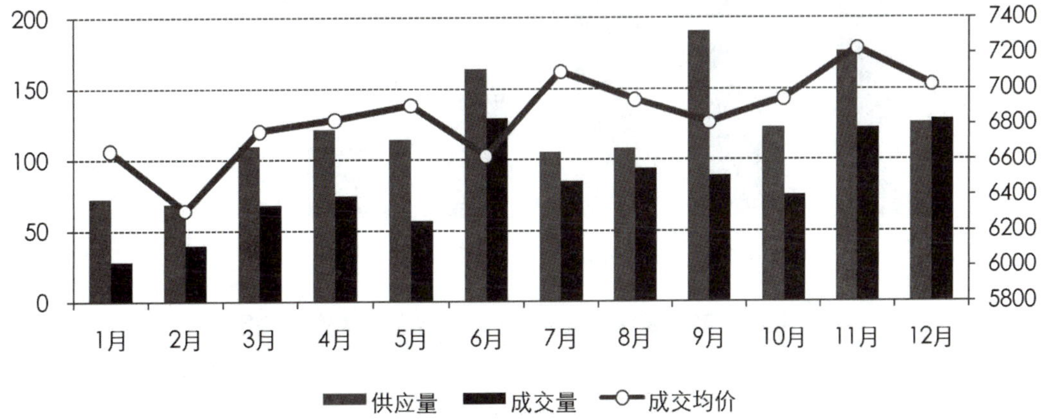

图4-307　2012年各月度西安商品住宅供求及均价走势图

数据来源：中国房地产决策咨询系统（CRIC）

5. 成交结构：中大户型成交占比达24%，成交依然集中在老城区

2012年，中小户型成交占比依旧处于主导地位，其中90平方米以下的中小户型产品成交比重为29.5%，90¯120平方米户型为30.3%，市场刚性需求巨大。从区域成交结构来看，2012年西安商品住宅的成交仍然集中以长安、城内为主的老城区。高新区的成交份额仅为0.03%，居住氛围依然有待培育。

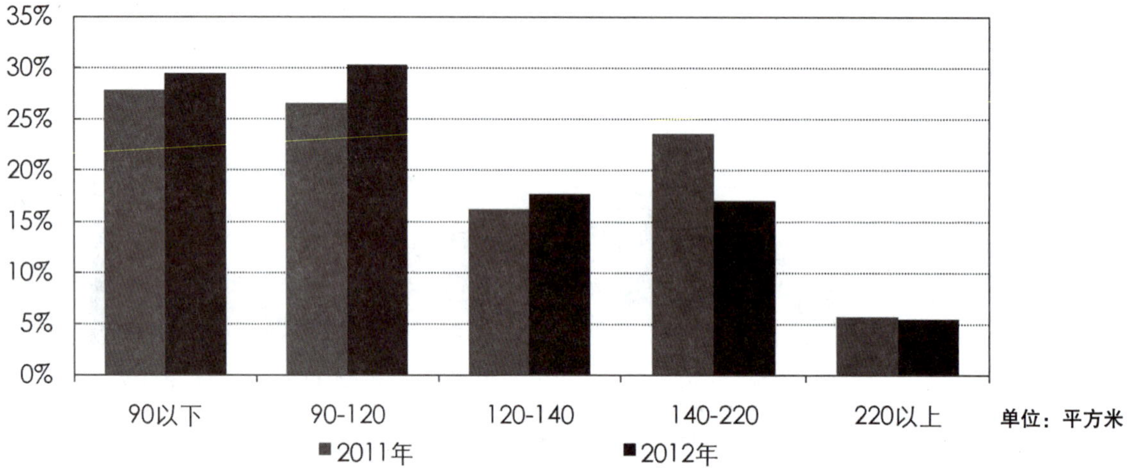

图4-308　2012年西安商品住宅面积段成交结构图

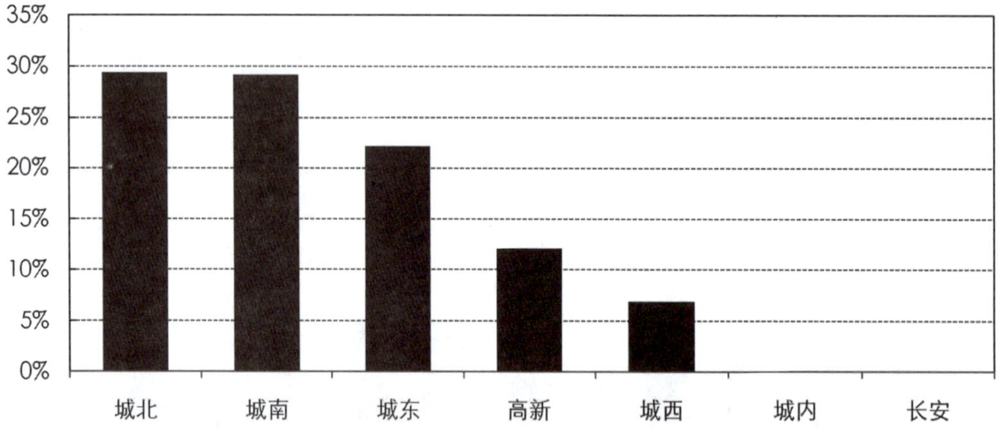

图4-309　2012年西安商品住宅区域成交结构图

数据来源：中国房地产决策咨询系统（CRIC）

6. 项目排行榜：外埠知名企业榜上题名，高端项目崭露头角

根据商品住宅销售面积TOP10看来，项目中多为外埠知名品牌房企，这些企业抓紧销售机会，主推首置、首改产品，推售价格先低后缓慢上调至区域同等水平是其热销的主要原因。从排行榜来看，本土中端项目增多，主要为天朗、海荣等项目低价走量热销。从金额榜单来看，高端项目也在2012年取得了热销，典型项目如金地湖城

大境和中海御湖公馆，均价达10000元/平方米以上。

表4-130　2012年西安商品住宅项目成交面积TOP10排行榜

单位：万平方米，亿元，元/平方米

排行	项目名称	区域	档次	成交面积	成交金额	成交均价	开发商
1	中铁铂丰尚都城	城南	低档	22.98	9.03	3931	中铁房地产
2	海璟台北湾	城北	中档	21.82	11.46	5250	海荣集团
3	东泰城市之光	城南	中高档	19.90	12.92	6493	东泰投资
4	盛恒·御锦城	城东	中档	17.98	9.99	5558	盛恒地产
5	天朗·大兴郡	城北	中档	15.88	9.00	5666	天朗地产
6	绿地国际生态城	城东	中高档	14.83	11.12	7502	绿地集团
7	天朗·御湖	城北	中档	14.75	8.80	5970	天朗地产
8	华清学府城	城东	中档	14.01	8.20	5855	建大科教
9	龙湖香醍国际社区	城东	中高档	13.95	9.26	6638	龙湖地产
10	浐灞半岛	城东	中档	13.51	7.73	5723	中新荣景

数据来源：中国房地产决策咨询系统（CRIC）

表4-131　2012年西安商品住宅项目成交金额TOP10排行榜

单位：亿元，万平方米，元/平方米

排行	项目名称	区域	档次	成交金额	成交面积	成交均价	开发商
1	金地湖城大境	城南	高档	16.32	10.64	15334	金地集团
2	东泰城市之光	城南	中高档	12.92	19.90	6493	东泰投资
3	海璟台北湾	城北	中档	11.46	21.82	5250	海荣集团
4	中海御湖公馆	城南	高档	11.35	11.39	9966	中海地产
5	绿地国际生态城	城东	中高档	11.12	14.83	7502	绿地集团
6	盛恒·御锦城	城东	中档	9.99	17.98	5558	盛恒地产
7	中海紫御华府	城南	中高档	9.97	13.31	7491	中海地产
8	龙湖香醍国际社区	城东	中高档	9.26	13.95	6638	龙湖地产
9	中铁铂丰尚都城	城南	低档	9.03	22.98	3931	中铁房地产
10	天朗·大兴郡	城北	中档	9.00	15.88	5666	天朗地产

数据来源：中国房地产决策咨询系统（CRIC）

三十七、兰州房地产市场情况

1. 2008~2012年房地产行业数据

表4-132　兰州2008~2012年房地产行业数据表

类别	指标	2008年	2009年	2010年	2011年	2012年
宏观	GDP（亿元）	846.28	925.98	1100.39	1360.0	1564.41
	同比增幅（%）	11.5	9.4	12.8	23.6	15.0
	进出口总额（亿美元）	7.15	4.87	10.6	18.8	21
	同比增幅（%）	0.0	-31.9	117.2	77.4	12.0
	固定资产投资（亿元）	431.98	506.18	660.69	950.57	1239.18
	同比增幅（%）	20.5	17.2	30.5	43.9	30.4
	社会消费品零售总额（亿元）	395.04	469.77	545.11	639.70	749.12
	同比增幅（%）	17.0	18.9	18.5	17.4	17.1
行业	房地产开发投资（亿元）	92.51	98.61	118.28	159.67	209.74
	同比增幅（%）	24.3	6.6	19.9	35.0	31.4
	商品房新开工面积（万平方米）	259.77	395.08	406.19	385.21	656.05
	同比增幅（%）	30.0	52.1	2.8	-5.2	70.3
	商品房施工面积（万平方米）	991.45	1256.06	1467.21	1686.7	2342.49
	同比增幅（%）	0.8	26.7	16.8	15.0	38.9
	商品房竣工面积（万平方米）	144	215.09	206.97	175.97	168.28
	同比增幅（%）	-36.9	49.4	-3.8	-15.0	-4.4
土地	土地购置面积（万平方米）	122.9	197.09	119.71	100.44	64.11
	同比增幅（%）	-23.6	60.4	-39.3	-16.1	-36.2
	土地购置金额（亿元）	15.56	16.18	16.26	22.16	23.09
	同比增幅（%）	7.2	4.0	0.5	36.3	4.2
市场	商品房销售面积（万平方米）	178.35	241.89	228.21	184.61	190.35
	同比增幅（%）	-33.7	35.6	-5.7	-19.1	3.1
	商品房销售金额（亿元）	55.4	87.36	96.51	82.37	108.45
	同比增幅（%）	-30.6	57.7	10.5	-14.6	31.7

数据来源：国家统计局

表4-133　兰州2008~2012年土地市场与商品住宅市场运行情况

类别	指标	2008年	2009年	2010年	2011年	2012年
土地	土地供应量（万平方米）	254.23	555.37	490.22	332.41	265.72
	土地成交量（万平方米）	216.62	477.67	442.19	171.02	120.76
	土地成交金额（亿元）	15.33	22.04	33.72	28.85	10.02
市场	商品住宅供应量（万平方米）	134.77	84.53	116.02	119.64	150.32
	商品住宅成交量（万平方米）	95.89	98.91	92.88	80.06	104.86
	商品住宅成交均价（元/平方米）	3800.80	4844.73	6048.81	6309.95	6780.71

数据来源：中国房地产决策咨询系统（CRIC）

2. 综述：政策平稳期，市场触底反弹

2012年，兰州房地产市场在政策平静期度过。区域扶持政策逐步推出，主要为新区、新城等新兴区域。总体而言，2012年兰州房地产市场政策面趋于稳定，前期调控政策效力逐步被消化，商品住宅成交较上年明显上涨，市场触底反弹。

3. 投资建设：投资额持续高速增长，房地产开发力度剧增

2012年，兰州房地产开发投资同比持续高速增长。全年房地产累计开发投资额209.74亿元，同比增幅达到31.4%，其中住宅开发投资额为131.72亿元，同比大幅增加47.9%。商品房施工面积同比增长38.9%，商品房新开工面积增速较去年陡增70.3%；竣工面积则为168.28万平方米，同比小幅下降4.4%。

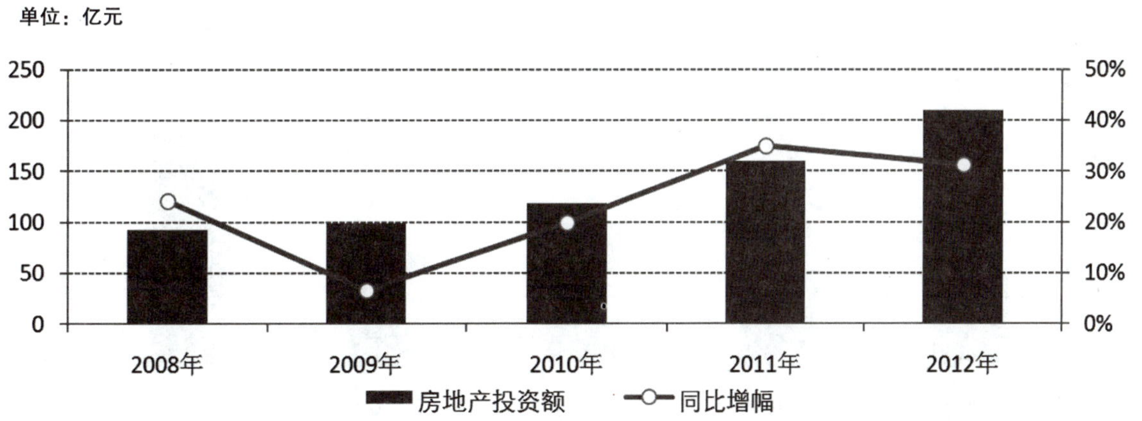

图4-310　2008~2012年兰州房地产投资额年度走势及同比增幅图

数据来源：国家统计局

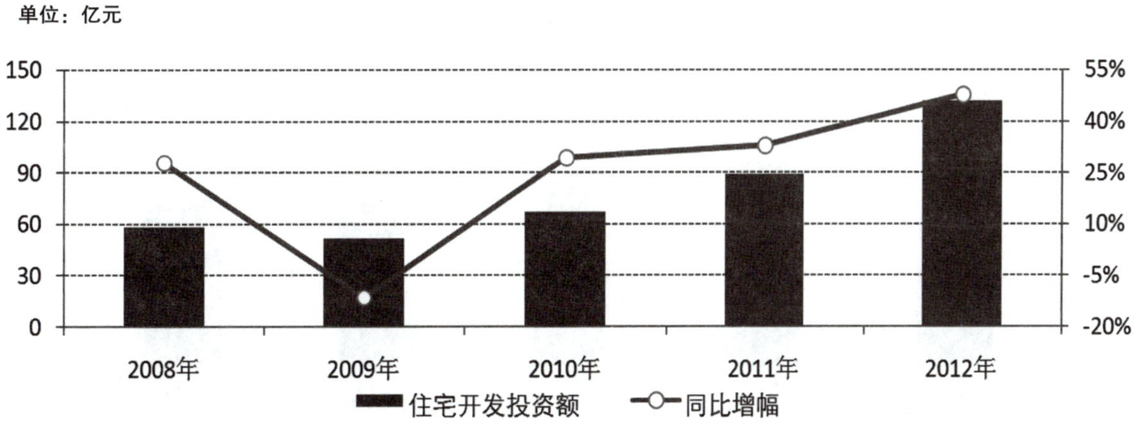

图4-311　2008~2012年兰州住宅开发投资额年度走势及同比增幅图

数据来源：国家统计局

单位：万平方米

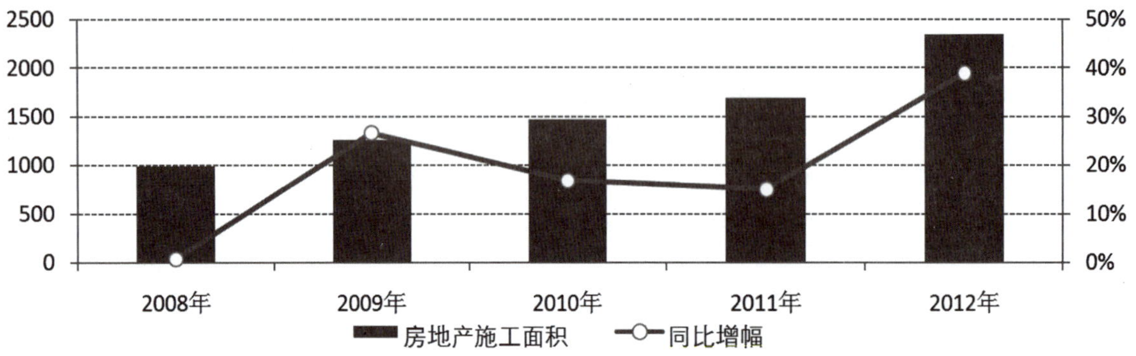

图4-312　2008~2012年兰州房地产施工面积及同比增幅图

数据来源：国家统计局

单位：万平方米

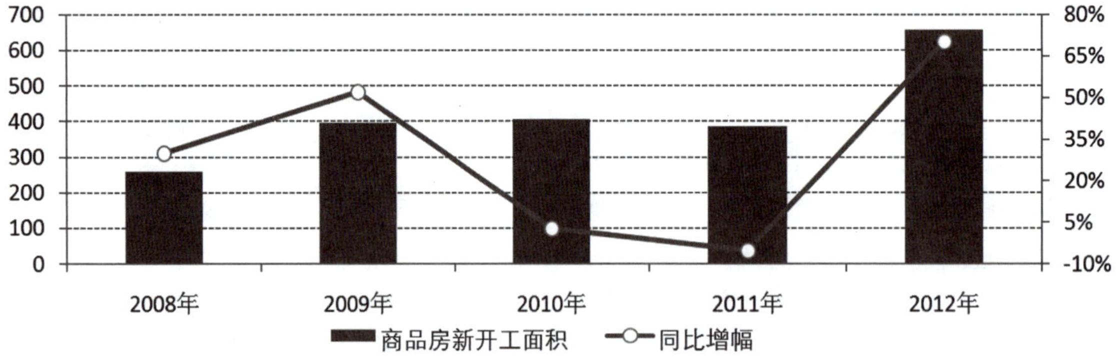

图4-313　2008~2012年兰州商品房新开工面积及同比增幅图

数据来源：国家统计局

单位：万平方米

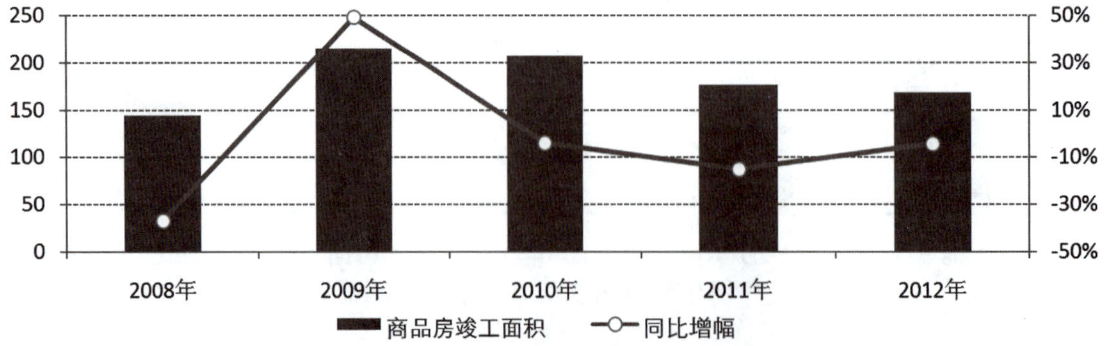

图4-314　2008~2012年兰州商品房竣工面积及同比增幅图

数据来源：国家统计局

4. 市场表现：商品住宅供求平稳上升，年末行情明显“翘尾”

2012年兰州市商品住宅供应量150.32万平方米，成交量104.86万平方米。成交量在2011年缩减至80万平方米的情况下，2012年强势反弹，在未计算入欣欣茗园（经适房）近20万平方米去化量的情况下，成交量达到105万平方米。全年成交量的上升和突破主要在下半年和四季度产生。

单位：万平方米，元/平方米

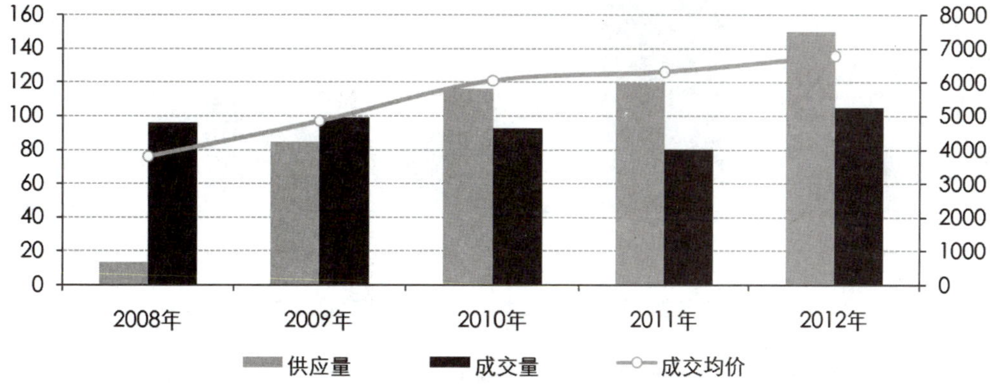

图4-315　2008~2012年兰州商品住宅供求及均价走势图

数据来源：中国房地产决策咨询系统（CRIC）

单位：万平方米，元/平方米

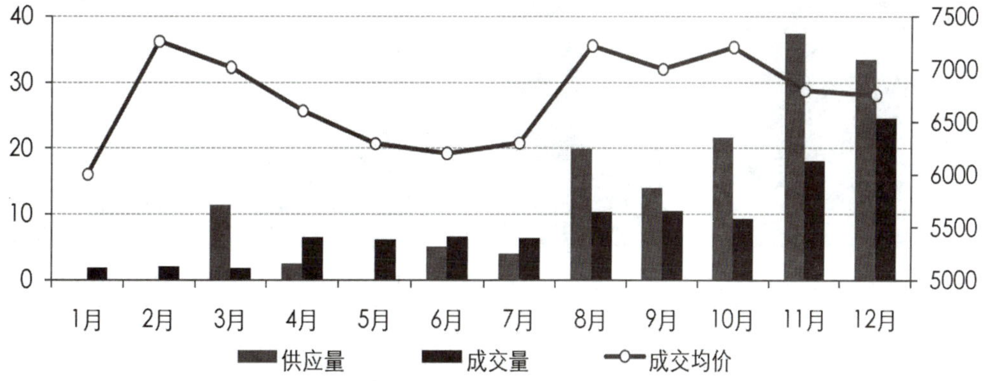

图4-316　2012年各月度兰州商品住宅供求及均价走势图

数据来源：中国房地产决策咨询系统（CRIC）

5. 成交结构：刚需为主力，改善型逐渐受宠，安亭市场表现抢眼

2012年兰州商品住宅供应成交结构中90¯120刚需及首改产品是市场主力，占比接近50%。同时，120平方米以下产品占比较2011年均有所减少，120平方米以上产品占比相对增加，可以看出兰州刚需房需求缩小的同时，改善

型需求逐渐上升。

区域方面，安亭和城关为市场主力成交区域，分别占比达到41%及42%，其中安亭成交面积较2011年猛增26%，相比之下七里河则下降17%，为跌幅最大区域。

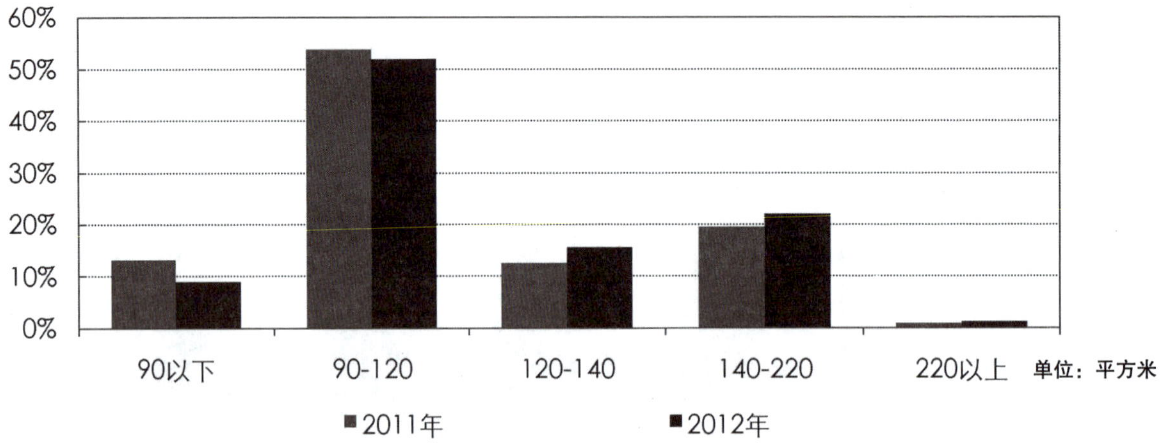

图4-317 2011年、2012年兰州商品住宅面积段成交结构图

数据来源：中国房地产决策咨询系统（CRIC）

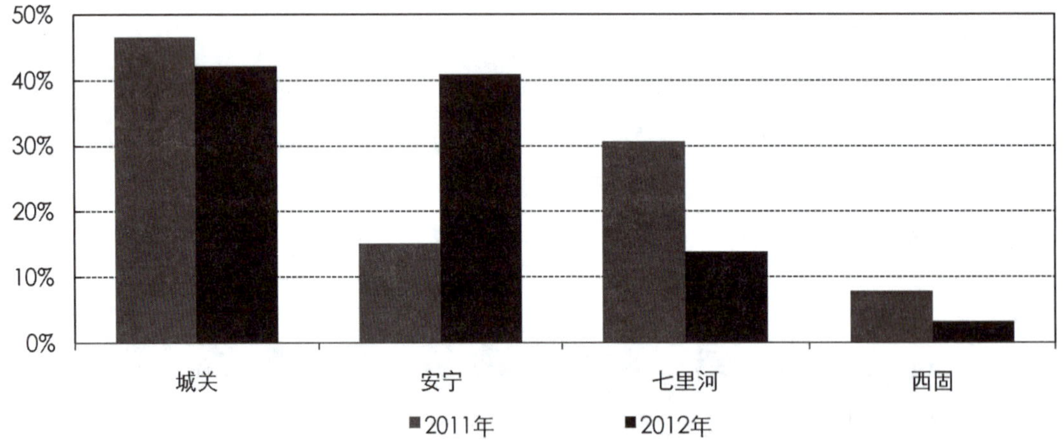

图4-318 2011年、2012年兰州商品住宅区域成交结构图

数据来源：中国房地产决策咨询系统（CRIC）

6. 项目排行榜：刚需产品为主导，改善产品回暖丰富市场需求

安宁、城关、七里河板块项目包揽2012年兰州成交面积和金额TOP10榜单的所有项目，其中安宁项目占据5个。中档产品成为兰州市场表现最抢眼的项目，主导金额和面积榜单。表明在市场回暖趋势下，市场刚需释放加

速，可以注意到，部分改善型中高端产品市场表现也十分可观，预见未来市场需求的多元化将剧增。

表4-134　2012年兰州商品住宅项目成交面积TOP10排行榜

单位：亿元，万平方米，元/平方米

排行	项目名称	区域	档次	成交面积	成交金额	成交均价	开发商
1	阳光怡园	安宁	中档	16.45	10.36	6301	高阳房地产
2	中海凯旋门	安宁	中档	7.62	5.50	7218	中海地产
3	天庆格林小镇	城关	中档	6.59	6.09	9241	天庆房地产
4	元森·北新时代	城关	中档	6.58	3.79	5754	元森房地产
5	雁滩家园	城关	中档	3.55	2.39	6717	居正房地产
6	中和山水兴城	安宁	中高档	3.45	2.06	5955	中和房地产
7	天居锦河丹堤	安宁	中高档	3.41	2.44	7158	天居房地产
8	九洲城	城关	中低档	3.06	1.04	5195	创成实业
9	仁恒·美林郡	七里河	中档	2.73	2.51	9197	仁恒置地
10	中集·幸福里	安宁	中低档	2.56	1.77	6899	兰怡房地产

数据来源：中国房地产决策咨询系统（CRIC）

表4-135　2012年兰州商品住宅项目成交金额TOP10排行榜

单位：亿元，万平方米，元/平方米

排行	项目名称	区域	档次	成交面积	成交金额	成交均价	开发商
1	阳光怡园	安宁	中档	16.45	10.36	6301	高阳房地产
2	天庆格林小镇	城关	中档	6.59	6.09	9241	天庆房地产
3	中海凯旋门	安宁	中档	7.62	5.50	7218	中海地产
4	元森·北新时代	城关	中档	6.58	3.79	5754	元森房地产
5	仁恒·美林郡	七里河	中档	2.73	2.51	9197	仁恒置地
6	天居锦河丹堤	安宁	中高档	3.41	2.44	7158	天居房地产
7	雁滩家园	城关	中档	3.55	2.39	6717	居正房地产
8	中和山水兴城	安宁	中高档	3.45	2.06	5955	中和房地产
9	中广·宜景湾[尚城]	城关	中档	2.48	1.90	7683	天正房地产
10	中集·幸福里	安宁	中低档	2.56	1.77	6899	兰怡房地产

数据来源：中国房地产决策咨询系统（CRIC）

三十八、西宁房地产市场情况

1. 2008~2012年房地产行业数据

表4-136 西宁2008~2012年房地产行业数据表

类别	指标	2008年	2009年	2010年	2011年	2012年
宏观	GDP（亿元）	422.2	501.1	628.3	770.7	851.09
	同比增幅（%）	23.3	18.7	25.4	22.7	10.4
	进出口总额（亿美元）	6.29	4.44	6.67	8.16	9.34
	同比增幅（%）	——	-29.4	50.2	22.3	14.5
	固定资产投资（亿元）	221.3	312	403	528.01	700.48
	同比增幅（%）	23.7	41.0	29.2	31.0	32.7
	社会消费品零售总额（亿元）	169.99	201.6	231.76	271.29	317.46
	同比增幅（%）	22.3	18.6	15.0	17.1	17.0
行业	房地产开发投资（亿元）	44.72	63.84	95.40	117.29	160.14
	同比增幅（%）	41.5	42.8	49.4	22.9	36.5
	商品房新开工面积（万平方米）	226.92	405.98	552.06	347.44	637.09
	同比增幅（%）	-12.4	78.9	36.0	-37.1	82.0
	商品房施工面积（万平方米）	587.96	723.64	1146.00	1276.21	1479.95
	同比增幅（%）	9.5	23.1	58.4	11.4	15.2
	商品房竣工面积（万平方米）	210.39	146.23	195.75	417.57	361.04
	同比增幅（%）	30.6	-30.5	33.9	113.3	-16.4
土地	土地购置面积（万平方米）	75.37	135.17	87.91	99.74	162.31
	同比增幅（%）	-15.3	79.3	-35.0	13.5	62.7
	土地购置金额（亿元）	5.51	17.24	8.86	17.19	37.03
	同比增幅（%）	17.5	212.9	-48.6	94.1	115.4
市场	商品房销售面积（万平方米）	108.31	154.7	217.10	260.83	177.04
	同比增幅（%）	-22.4	42.8	40.3	20.1	-33.3
	商品房销售金额（亿元）	31.41	44.85	72.25	95.18	83.53
	同比增幅（%）	-7.0	42.8	61.1	31.7	-13.8

数据来源：国家统计局

表4-137 西宁2008~2012年土地市场与商品住宅市场运行情况

类别	指标	2010年	2011年	2012年
市场	商品住宅供应量（万平方米）	—	60.09	201.74
	商品住宅成交量（万平方米）	—	49.38	232.08
	商品住宅成交均价（元/平方米）	—	4830	4644

数据来源：中国房地产决策咨询系统（CRIC）

2. 综述：市场回暖趋势增强，商品住宅成交量大幅上扬

回顾2012年，这是房地产市场由动荡转向平稳的一年，从2月份开始，随着各地政策微调不断上演，金融政策放宽，各地楼市出现“小阳春”；而且这种现象从一线城市传播至二线城市，带来多城市市场成交上扬的共鸣。西宁也是受益的城市之一，这一年，该市项目成交实现突围，整体市场走势向好。

3. 投资建设：投资力度有所提升，新开工面积加速

2012年，西宁房地产开发投资同比增速大幅提升，全年房地产累计开发投资额160.14亿元，同比增幅上升至36.5%。商品房施工面积小幅上扬，增幅在16%左右，自2007年一直保持增长。商品房新开工面积在经历2011年低谷后显著回升，同比增幅达到82.0%。不过，竣工面积则由正转负，增幅有所回落，同比下滑了13.5%。

单位：亿元

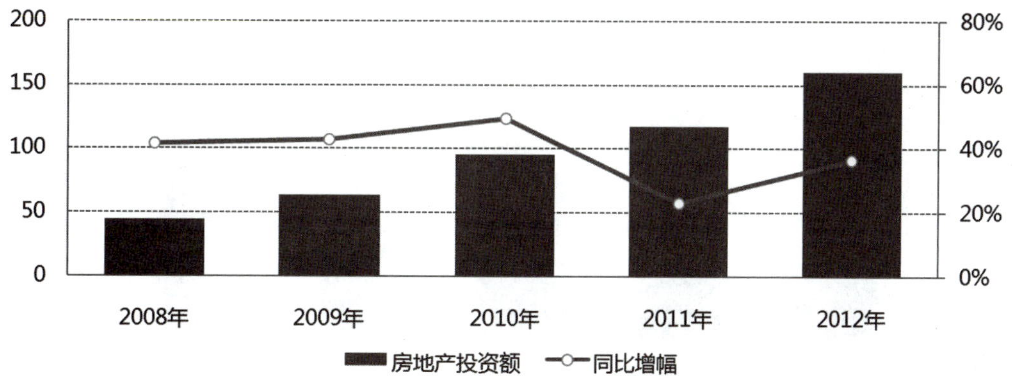

图4-319　2008~2012年西宁房地产投资额年度走势及同比增幅图

数据来源：国家统计局

单位：亿元

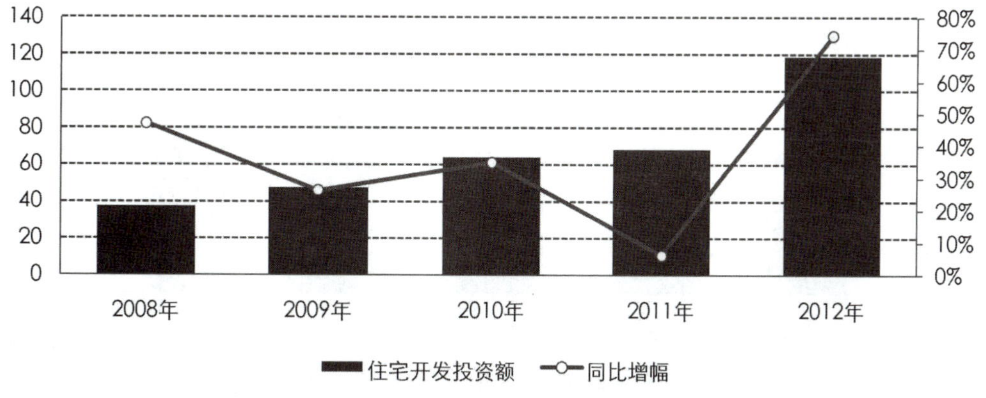

图4-320　2008~2012年西宁住宅开发投资额年度走势及同比增幅图

数据来源：国家统计局

单位：万平方米

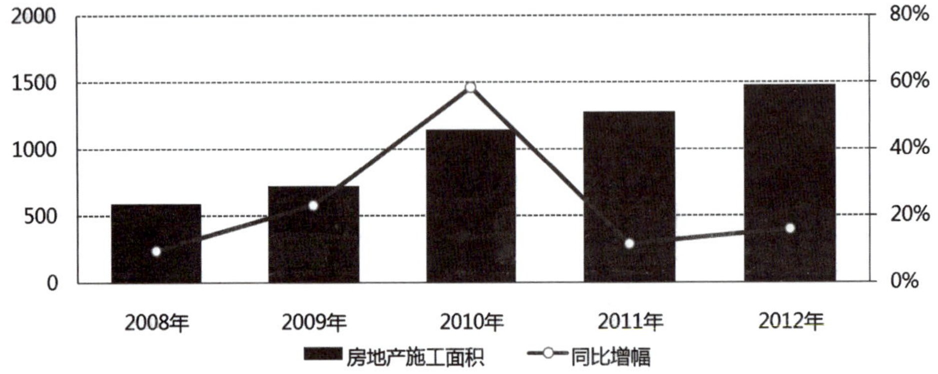

图4-321　2008~2012年西宁房地产施工面积及同比增幅图

数据来源：国家统计局

单位：万平方米

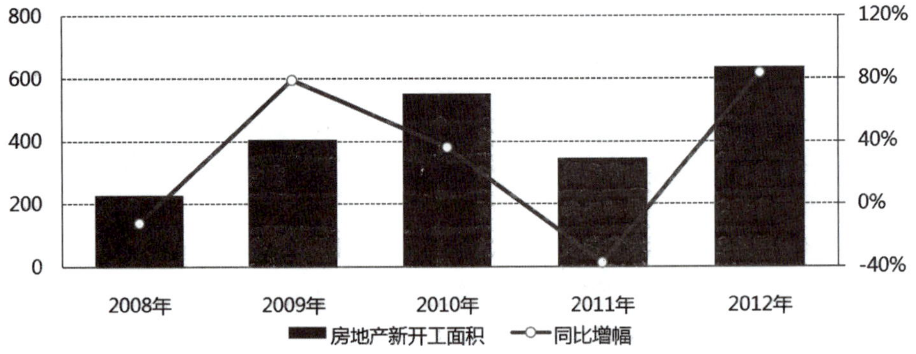

图4-322　2008~2012年西宁商品房新开工面积及同比增幅图

数据来源：国家统计局

单位：万平方米

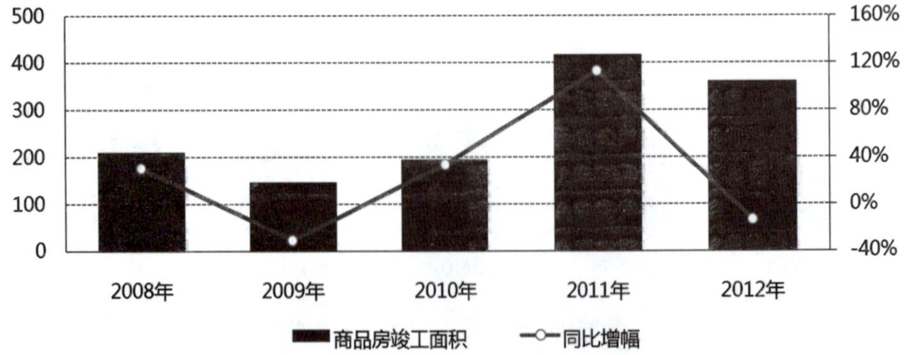

图4-323　2008~2012年西宁商品房竣工面积及同比增幅图

数据来源：国家统计局

4．市场表现：商品住宅供应量、成交量走高，均价有所下降

2012年，西宁商品住宅成交面积大涨3倍有余，整体呈现量升价跌态势。近年来，虽调控基调未变，但政策微调却频频出现，为项目去化带来“窗口期”，市场成交大幅上扬是必然。均价同比下滑，与当下房企迎合刚需置业，积极以低单价，低总价房源贴近主流置业有关。

西宁市商品住宅市场整体先抑后扬，上半年市场低位徘徊，下半年市场回暖明显。均价在6月份达到最高，而8月份处于最低值，随后逐渐上扬。

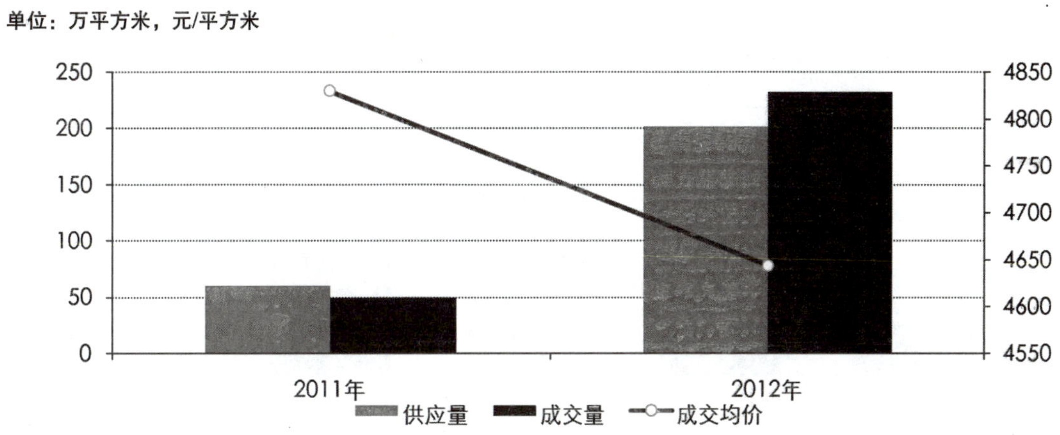

图4-324　2011~2012年西宁商品住宅供求及均价走势图

数据来源：中国房地产决策咨询系统（CRIC）

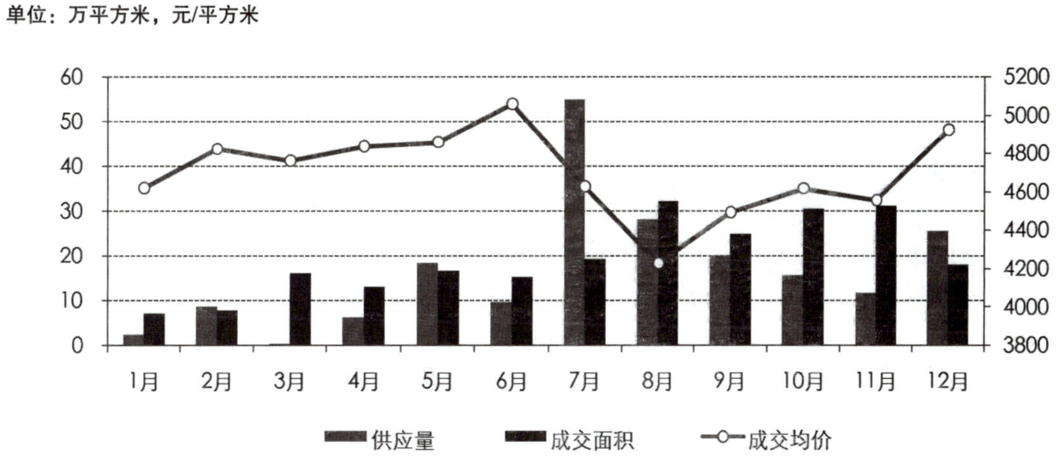

图4-325　2012年各月度西宁商品住宅供求及均价走势图

数据来源：中国房地产决策咨询系统（CRIC）

5. 成交结构：大户型房源成交下滑明显，城东、城西依然是主力区域

从户型成交结构来看，2012年，中小户型取代大户型成为市场成交主力。其中90平方米以下的小户型产品成交比重增加9个百分点，90¯120平方米户型则增加了25个百分点，原因在于信贷向刚性需求倾斜，同时市场刚性需求巨大，刚需客户入市，推动中小户型销售暴涨。

从区域成交结构来看，成交依旧集中于城东及城市西两大区域。作为西宁的两个老城区，城东区、城西区向来是城市人口、教育资源等的集中地，布局的项目较多，而且主要面向主流置业人群，是区域房地产市场繁荣的一大因素。

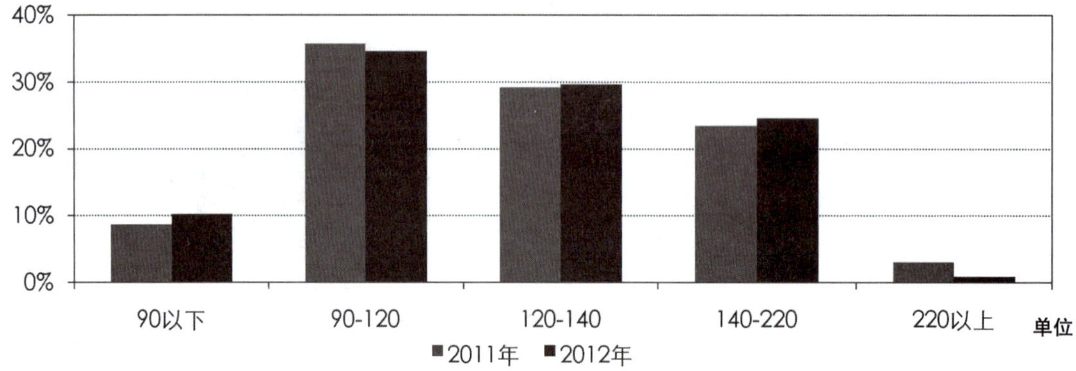

单位：平方米

图4-326　2011年、2012年西宁商品住宅面积段成交结构图

数据来源：中国房地产决策咨询系统（CRIC）

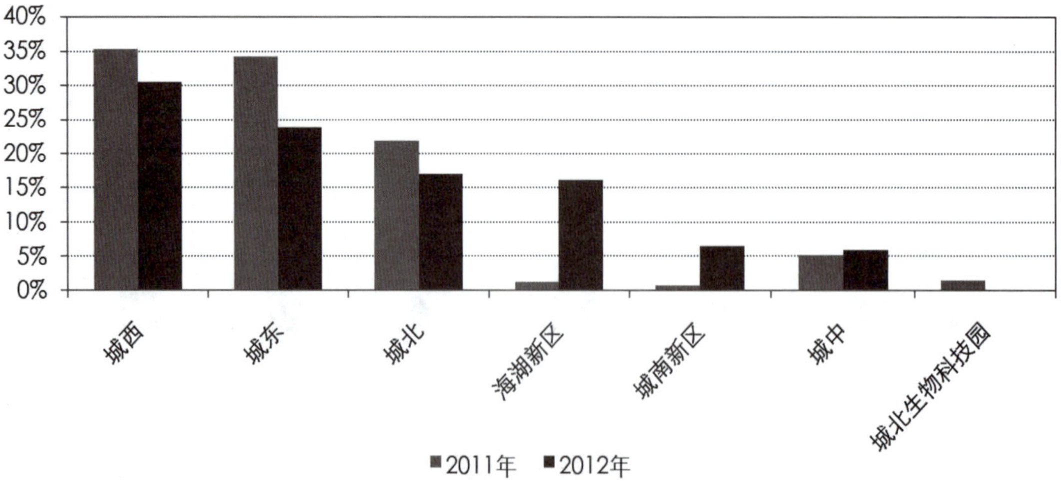

图4-327　2011年、2012年西宁商品住宅区域成交结构图

数据来源：中国房地产决策咨询系统（CRIC）

6. 项目排行榜：新兴区域项目领跑市场，高档项目成交低迷

从项目排行榜来看，在调控政策与市场回暖双重因素作用下，区域上，成交较好的项目集中于海湖区域；档次上，主要是中档与中低档项目，高档项目缺失。

表4-138　2012年西宁商品住宅项目成交面积TOP10排行榜

单位：万平方米，亿元，元/平方米

排行	项目名称	区域	档次	成交面积	成交金额	成交均价	开发商
1	省委海湖住宅小区	海湖新区	中低档	28.07	7.89	2809	住房建设发展
2	恒邦·紫荆城	城西	中低档	16.8	5.87	3493	恒邦房地产
3	黄河花园住宅小区	城南新区	中低档	10.54	4.22	4000	亿民房地产
4	景岳公寓	城北	中档	9.61	4.16	4327	辰泰房地产
5	金座晟锦住宅小区	城西	中档	9.2	4.42	4798	金座房地产
6	恒大名都	城北	中高档	7.33	4.98	6804	恒大地产
7	安泰华庭	海湖新区	中档	6.66	3.36	5037	安泰房地产
8	西城名邸	海湖新区	中档	5.21	3.07	5881	乾峰房地产
9	国土花苑	城东	中低档	5.07	1.31	2586	九零六勘查
10	九洲·海湖星城	海湖新区	中档	5.05	2.21	4373	九洲富强房地产

数据来源：中国房地产决策咨询系统（CRIC）

表4-139　2012年西宁商品住宅项目成交金额TOP10排行榜

单位：亿元，万平方米，元/平方米

排行	项目名称	区域	档次	成交金额	成交面积	成交均价	开发商
1	省委海湖住宅小区	海湖新区	中低档	7.89	28.07	2809	住房建设发展
2	恒邦·紫荆城	城西	中低档	5.87	16.8	3493	恒邦房地产
3	恒大名都	城北	中高档	4.98	7.33	6804	恒大地产
4	金座晟锦住宅小区	城西	中档	4.42	9.2	4798	金座房地产
5	黄河花园住宅小区	城南新区	中低档	4.22	10.54	4000	亿民房地产
6	景岳公寓	城北	中档	4.16	9.61	4327	辰泰房地产
7	安泰华庭	海湖新区	中档	3.36	6.66	5037	安泰房地产
8	夏都府邸	城中	中档	3.07	4.44	6909	中房集团
9	西城名邸	海湖新区	中档	3.07	5.21	5881	乾峰房地产
10	宝光翡翠华庭	城中	中高档	2.69	3.4	7907	宝光房地产

数据来源：中国房地产决策咨询系统（CRIC）

三十九、银川房地产市场情况

1. 2008~2012年房地产行业数据

表4-140　银川2008-2012年房地产行业数据表

类别	指标	2008年	2009年	2010年	2011年	2012年
宏观	GDP（亿元）	514.1	578.1	769.4	974.79	1110
	同比增幅（%）	25.8	12.4	33.10	26.70	13.8
	进出口总额（亿美元）	12.7	6.66	9.98	12.1	13.64
	同比增幅（%）	——	-47.6	49.80	21.20	12.70
	固定资产投资（亿元）	365.7	492.1	648.7	733.85	918.73
	同比增幅（%）	24.9	34.6	31.80	13.10	25.20
	社会消费品零售总额（亿元）	155.77	185.48	225.14	274.47	316.02
	同比增幅（%）	21.6	19.1	21.40	21.90	15.10
行业	房地产开发投资（亿元）	78.61	99.6	160.82	176.19	275.7
	同比增幅（%）	25.3	26.7	61.50	9.56	56.48
	商品房新开工面积（万平方米）	512.33	683.12	959.43	949.78	1002.13
	同比增幅（%）	17.5	33.3	40.40	-1.01	5.51
	商品房施工面积（万平方米）	1034.02	1283.90	1605.26	2141.05	2948.53
	同比增幅（%）	23.5	24.2	25.00	33.38	37.71
	商品房竣工面积（万平方米）	402.83	525.71	458.18	525.27	744.38
	同比增幅（%）	10.6	30.5	-12.80	14.64	41.71
土地	土地购置面积（万平方米）	72.18	175.12	106.85	162.36	179.55
	同比增幅（%）	-59.2	142.6	-39.00	51.95	10.59
	土地购置金额（亿元）	4.58	12.67	12.75	14.64	30.74
	同比增幅（%）	-53.7	176.5	0.60	14.82	109.97
市场	商品房销售面积（万平方米）	307.73	511.4	536.1	390.35	450.26
	同比增幅（%）	-8.4	66.2	4.80	-27.19	15.35
	商品房销售金额（亿元）	87.02	180.15	210.63	176.63	205.97
	同比增幅（%）	7.6	107.0	16.90	-16.14	16.61

数据来源：国家统计局

表4-141　银川2010~2012年土地市场与商品住宅市场运行情况

类别	指标	2010年	2011年	2012年
土地	土地供应量（万平方米）	2452.82	1513.2	3042.81
	土地成交量（万平方米）	1038.95	764.84	2154.4
	土地成交金额（亿元）	80.7	36.73	45.5
市场	商品房供应量（万平方米）	—	—	—
	商品房成交量（万平方米）	—	46.33	64.34
	商品房成交均价（元/平方米）	—	5720	6342

数据来源：中国房地产决策咨询系统（CRIC）

2. 综述：市场走势趋利，项目成交迎来“小阳春”

2012年2月份开始，随着各地政策微调不断上演，首套房贷款利率下调，刺激刚需置业者积极入市，房地产销售迎来利好，带动楼市回暖。以刚需群体为主要客群的银川房地产市场，也在2012年中呈上扬趋势，全市商品房成交同比有较大涨幅。

3. 投资建设：开发投资保持快速增长，新开工面积低速增长

2012年，银川房地产开发投资同比增速大幅提升，全年房地产累计开发投资额275.70亿元，同比增幅达56.5%，较去年同期增加近47个百分点。商品房施工面积持续增加，同比增长37.7%，同时竣工面积也有41.7%的增幅。不过，相较于以上指标的高增长，新开工面积扭转下滑趋势，但同比也仅上涨5.5%。

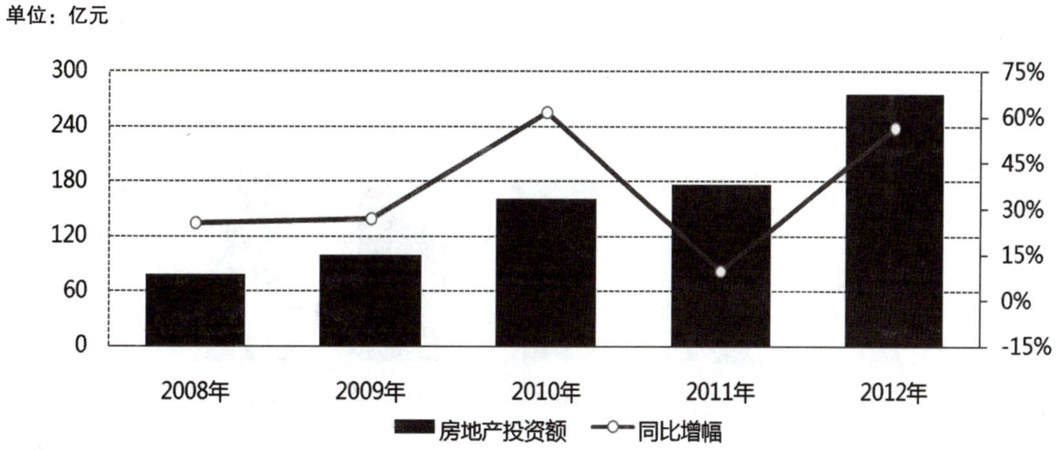

图4-328　2008~2012年银川房地产投资额年度走势及同比增幅图

数据来源：国家统计局

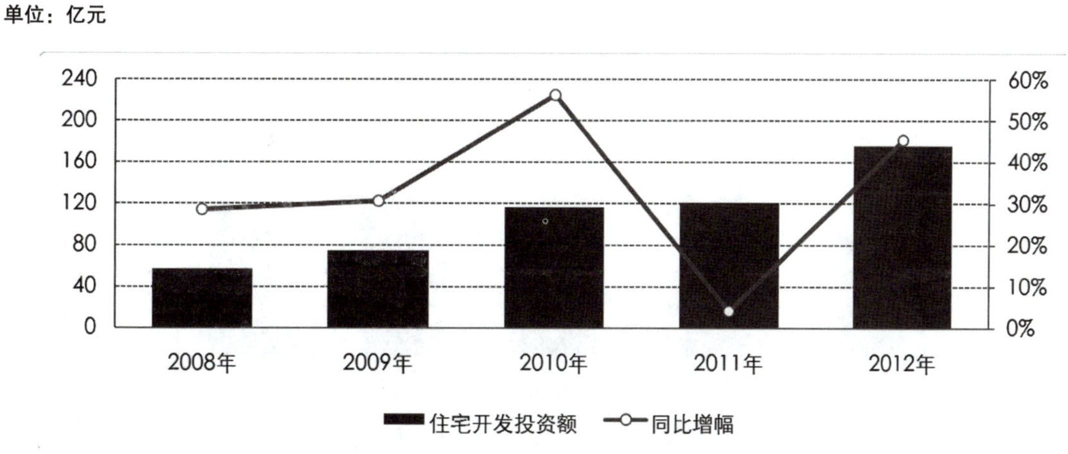

图4-329　2008~2012年银川住宅开发投资额年度走势及同比增幅图

数据来源：国家统计局

单位：万平方米

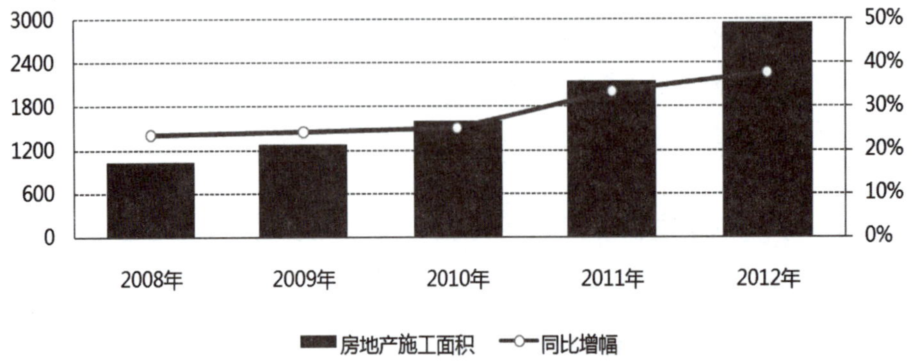

图4-330　2008~2012年银川房地产施工面积及同比增幅图

数据来源：国家统计局

单位：万平方米

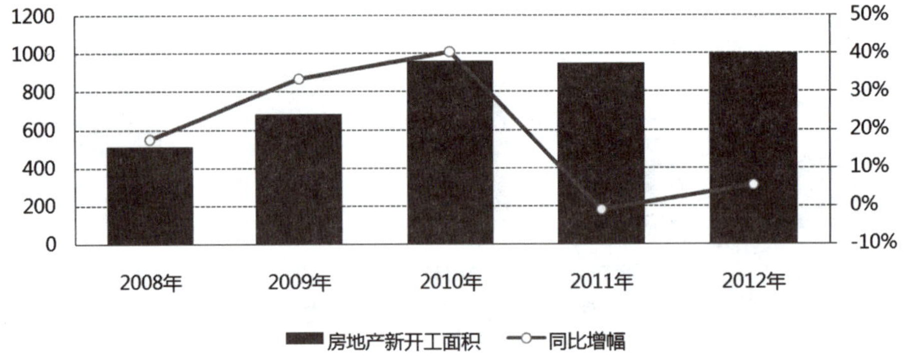

图4-331　2008~2012年银川商品房新开工面积及同比增幅图

数据来源：国家统计局

单位：万平方米

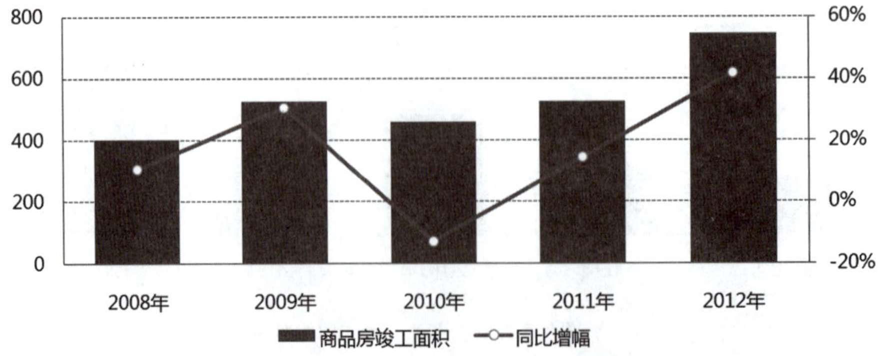

图4-332　2008~2012年银川商品房竣工面积及同比增幅图

数据来源：国家统计局

4. 市场表现：商品房成交转好，均价随市上扬

对2012年度银川市商品住宅供求走势进行分析，可以看到，整体呈现出中间高、两头稍低趋势。同时，均价处于小幅波动，年初时价格比较高，从二季度开始，价格逐渐平稳，保持在6000-7000元/平方米左右。

2012年商品住宅成交量64.34万平方米，较上年年上涨40%。成交增加是市场环境趋好的结果，与2011年限购、限贷、房产税等一系列调控政策压顶的市场环境相比，2012年虽调控基调未变，但政策微调却频频出现，为项目去化带来“窗口期”，从而为各类房源顺势销售、成交上扬提供契机。

单位：万平方米，元/平方米

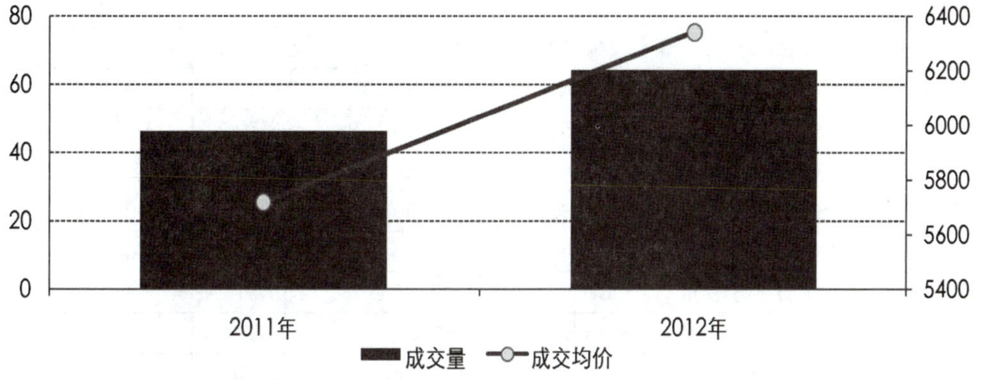

图4-333　2011-2012年银川商品房成交量及均价走势图

数据来源：中国房地产决策咨询系统（CRIC）

单位：万平方米，元/平方米

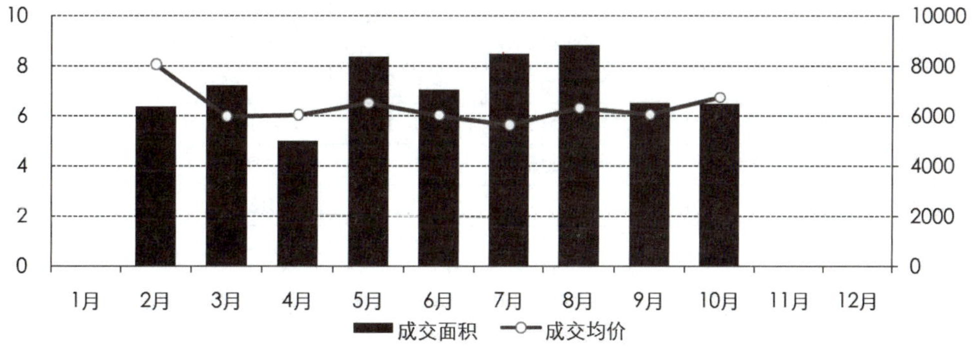

图4-334　2012年各月度银川商品房成交量及均价走势图

注：1月、11月、12月成交数据缺。

数据来源：中国房地产决策咨询系统（CRIC）

四十、乌鲁木齐房地产市场情况

1. 2008~2012年房地产行业数据

表4-142　乌鲁木齐2008~2012年房地产行业数据表

类别	指标	2008年	2009年	2010年	2011年	2012年
宏观	GDP（亿元）	1020.00	1095.00	1311	1700	2060
	同比增幅（%）	15.00	9.50	21.46	29.67	17.3
	进出口总额（亿美元）	52.28	36.83	59.85	90.00	103.97
	同比增幅（%）	38.60	-29.60	62.51	50.37	15.2
	固定资产投资（亿元）	366.00	412.05	500.1	635	1010
	同比增幅（%）	18.00	12.56	21.35	26.97	59.0
	社会消费品零售总额（亿元）	418.64	473.00	563.70	690.00	834.00
	同比增幅（%）	25.94	13.00	19.07	22.41	20.87
行业	房地产开发投资（亿元）	100.35	104.95	145.64	189.28	220.69
	同比增幅（%）	22.69	4.58	38.77	29.96	16.59
	商品房新开工面积（万平方米）	471.80	530.38	719.71	546.95	650.04
	同比增幅（%）	-5.33	12.42	35.70	-24.00	18.85
	商品房施工面积（万平方米）	1044.00	1288.66	1499.77	1710.37	2390.52
	同比增幅（%）	14.06	23.43	16.38	14.04	39.77
	商品房竣工面积（万平方米）	395.71	398.88	253.90	303.90	650.78
	同比增幅（%）	19.74	0.80	-36.35	19.69	102.3
土地	土地购置面积（万平方米）	127.27	56.92	108.69	105.92	93.82
	同比增幅（%）	-42.28	-55.28	19.98	-2.55	-11.42
	土地购置金额（亿元）	10.88	7.48	9.94	11.96	9.06
	同比增幅（%）	-24.55	-31.25	212.46	20.37	-24.25
市场	商品房销售面积（万平方米）	263.63	479.15	431.80	439.80	371.61
	同比增幅（%）	-40.95	81.75	-19.64	1.85	-15.50
	商品房销售金额（亿元）	86.27	168.21	196.40	229.79	209.56
	同比增幅（%）	-28.03	94.98	6.05	17.00	-8.80

数据来源：国家统计局

2. 综述：政策影响之下，市场持续低迷

2012年以来，整体政策的大环境并没有明显放松，部分政策的微调也未给乌鲁木齐房地产市场带来明显改变，全年市场表现不甚理想，成交量同比小幅回落，商品房销售额及销售面积同比均有一定程度的下跌。

3. 投资建设：投资额增速放缓，商品房施工面积提升

2012年，乌鲁木齐房地产开发投资同比增速略有回落。全年房地产累计开发投资额220.69亿元，同比上涨16.59%。商品房施工面积持续上升，同比增速较上年提升了25个百分点；竣工面积2390.52万平方米，同比大增102.3%；商品房新开工面积为650.04万平方米，同比上涨19%。

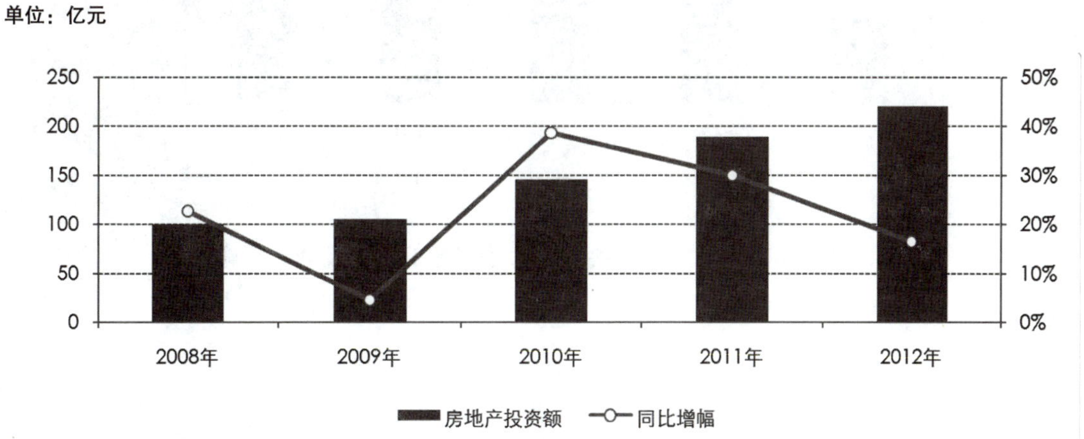

图4-335 2008~2012年乌鲁木齐房地产投资额年度走势及同比增幅图

数据来源：国家统计局

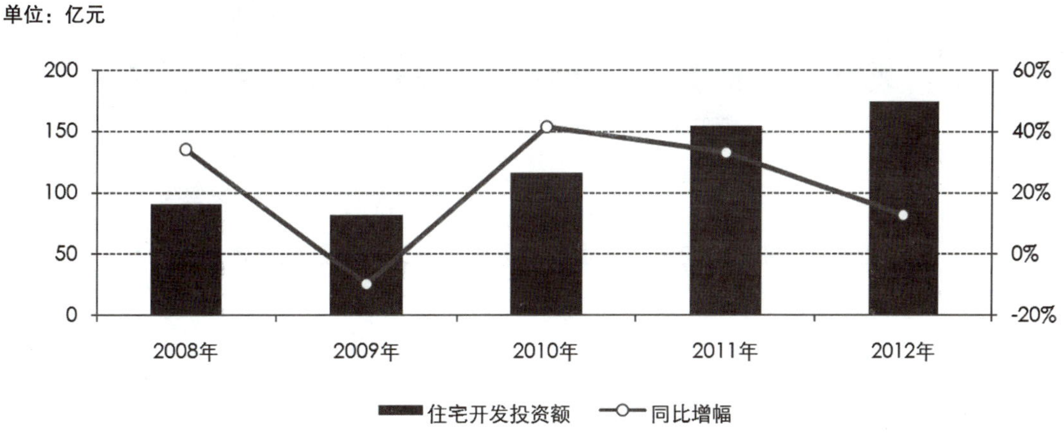

图4-336 2008~2012年乌鲁木齐住宅开发投资额年度走势及同比增幅图

数据来源：国家统计局

单位：万平方米

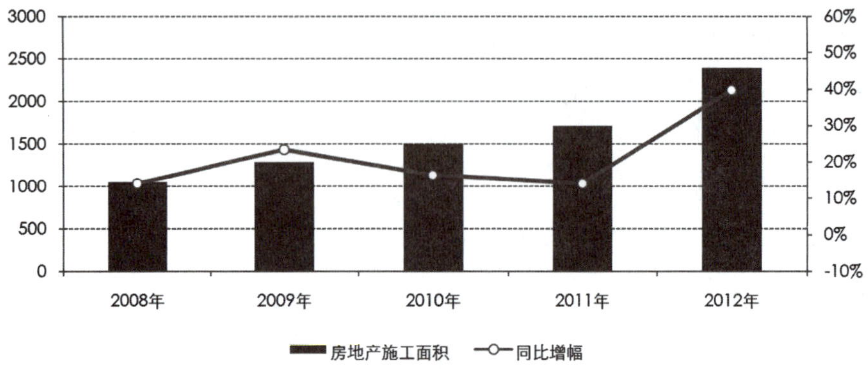

图4-337　2008-2012年乌鲁木齐房地产施工面积及同比增幅图

数据来源：国家统计局

单位：万平方米

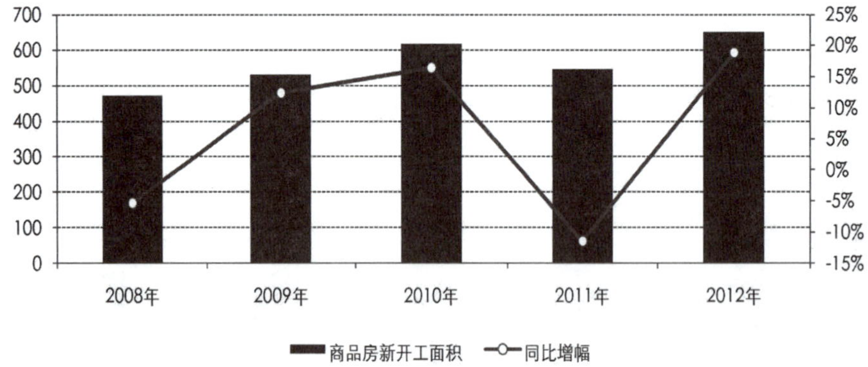

图4-338　2008~2012年乌鲁木齐商品房新开工面积及同比增幅图

数据来源：国家统计局

单位：万平方米

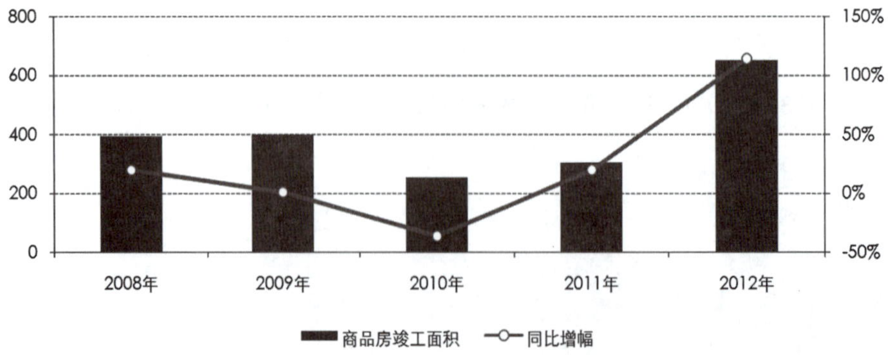

图4-339　2008~2012年乌鲁木齐商品房竣工面积及同比增幅图

数据来源：国家统计局

05 CHAPTER

企业篇

导/读 INTRODUCTION

中国房地产开发企业是中国房地产行业的主力军。房地产企业的生存和发展状况直接决定了中国房地产业的未来趋势。本篇以各个企业单篇的格式简略介绍了它们的历史沿革、经营动态、销售业绩、城市布局、重点项目、财务数据等内容。

被选择介绍的企业一部分是中国房地产企业中的强者，一部分是快速增长的潜力型企业，一部分是具有经营特色的企业。希望通过对这些企业的展示，为业界的提供发展借鉴。

一、2012~2013年度中国房地产开发企业测评榜单

发布机构：中国房地产研究会　中国房地产业协会　中国房地产测评中心

表5-1　2013中国房地产企业500强测评榜单

排名	企业名称	排名	企业名称
1	万科企业股份有限公司	39	上海城开（集团）有限公司
2	恒大地产集团	40	重庆协信控股（集团）有限公司
3	保利房地产（集团）股份有限公司	41	建发房地产集团有限公司
4	大连万达集团股份有限公司	42	福建正荣集团有限公司
5	中国海外发展有限公司	43	海亮地产控股集团有限公司
6	绿地控股集团有限公司	44	禹洲地产股份有限公司
7	龙湖地产有限公司	45	龙光地产控股有限公司
8	华润置地有限公司	46	融信（福建）投资集团有限公司
9	世茂房地产控股有限公司	47	景瑞地产（集团）股份有限公司
10	富力地产股份有限公司	48	浙江佳源房地产集团有限公司
11	碧桂园控股有限公司	49	浙江昆仑置业集团有限公司
12	绿城房地产集团有限公司	50	上海三盛宏业投资集团
13	金地（集团）股份有限公司	51	荣盛房地产发展股份有限公司
14	融创中国控股有限公司	52	首创置业股份有限公司
15	招商局地产控股股份有限公司	53	联发集团有限公司
16	远洋地产控股有限公司	54	中粮地产（集团）股份有限公司
17	佳兆业集团控股有限公司	55	金融街控股股份有限公司
18	北京首都开发控股（集团）有限公司	56	阳光城集团股份有限公司
19	新城控股集团有限公司	57	颐和地产集团
20	华夏幸福基业股份有限公司	58	上海证大房地产有限公司
21	金科地产集团股份有限公司	59	越秀地产股份有限公司
22	雅居乐地产控股有限公司	60	宁波奥克斯置业有限公司
23	复地（集团）股份有限公司	61	SOHO中国有限公司
24	中信房地产股份有限公司	62	恒盛地产控股有限公司
25	融侨集团股份有限公司	63	合生创展集团有限公司
26	建业住宅集团（中国）有限公司	64	宝龙地产控股有限公司
27	北京金隅嘉业房地产开发有限公司	65	奥宸地产（集团）有限公司
28	天津住宅建设发展集团有限公司	66	中骏置业控股有限公司
29	亿达集团有限公司	67	新欧鹏地产集团
30	江苏中南建设集团股份有限公司	68	朗诗集团股份有限公司
31	路劲地产集团有限公司	69	上置集团有限公司
32	北京城建投资发展股份有限公司	70	上海城建置业发展有限公司
33	农工商房地产（集团）股份有限公司	71	合景泰富地产控股有限公司
34	卓越置业集团有限公司	72	中建地产
35	广州时代地产集团有限公司	73	南京栖霞建设股份有限公司
36	旭辉控股（集团）有限公司	74	花样年控股集团有限公司
37	沿海绿色家园集团	75	厦门海投房地产有限公司
38	重庆隆鑫地产（集团）有限公司	76	新湖中宝股份有限公司

（续表）

排名	企业名称	排名	企业名称
77	西安紫薇地产开发有限公司	119	北京住总集团有限公司
78	雨润控股集团有限公司	120	蓝鼎控股集团
79	天朗控股集团	121	中国奥园地产集团股份有限公司
80	宁夏亘元房地产开发有限公司	122	昆明城建房地产开发股份有限公司
81	上海建工房产有限公司	123	广州市敏捷投资有限公司
82	四川蓝光和骏实业股份有限公司	124	深圳市星河房地产开发有限公司
83	金辉集团有限公司	125	莱蒙国际集团有限公司
84	浙江祥生房地产开发有限公司	126	鑫苑（中国）置业有限公司
85	深业集团有限公司	127	雅戈尔集团股份有限公司
86	新疆华源实业（集团）有限公司	128	华远地产股份有限公司
87	上海城投置地（集团）有限公司	129	五矿建设有限公司
88	中锐地产集团	130	北京融科智地房地产开发有限公司
89	君华集团有限公司	131	世纪金源集团有限公司
90	广西荣和集团	132	珠海华发实业股份有限公司
91	鸿坤地产集团	133	阳光100集团有限公司
92	重庆泽京房地产开发有限公司	134	上海绿洲投资控股集团有限公司
93	天山房地产开发有限公司	135	正源房地产开发有限公司
94	上海鹏欣房地产(集团)有限公司	136	美的地产发展集团
95	龙记地产集团股份有限公司	137	中体产业集团股份有限公司
96	泉舜集团有限公司	138	广州广电房地产开发集团
97	武汉中央商务区城建开发有限公司	139	盛高置地（控股）有限公司
98	上海市上投房地产有限公司	140	广东中颐投资集团有限公司
99	天同宏基集团股份有限公司	141	深圳香江控股股份有限公司
100	大华（集团）有限公司	142	南益地产集团有限公司
101	贵州宏立城集团	143	昆明诺仕达企业（集团）有限公司
102	鲁能置业集团有限公司	144	中华企业股份有限公司
103	中铁置业集团有限公司	145	厦门国贸地产有限公司
104	中渝置地控股有限公司	146	东渡国际（集团）有限公司
105	星河湾地产控股有限公司	147	宁波房地产股份有限公司
106	杭州滨江房产集团股份有限公司	148	黑龙江宝宇房地产开发（集团）公司
107	方兴地产（中国）有限公司	149	福星惠誉房地产有限公司
108	天津泰达建设集团有限公司	150	广东珠江投资股份有限公司
109	瑞安房地产有限公司	151	置信房地产开发有限公司
110	浙江置业房产集团有限公司	152	沈阳宏发房屋开发有限公司
111	明发集团有限公司	153	河南正商置业有限公司
112	苏宁环球股份有限公司	154	同景集团有限公司
113	升龙投资集团有限公司	155	成都万华房地产开发有限公司
114	云南俊发房地产有限责任公司	156	新疆广汇房地产开发有限公司
115	冠城大通股份有限公司	157	深圳华强新城市发展有限公司
116	金泰地产集团	158	北京和裕房地产开发有限公司
117	中天城投集团股份有限公司	159	天津市房地产发展（集团）股份有限公司
118	润地利房地产投资集团有限公司	160	中冶置业有限责任公司

（续表）

排名	企业名称	排名	企业名称
161	厦门象屿建设集团有限责任公司	203	合肥华邦集团有限公司
162	鲁商置业股份有限公司	204	广州云星房地产开发集团有限公司
163	浙江中大集团股份有限公司	205	莱茵达置业股份有限公司
164	名流置业集团股份有限公司	206	天津广宇发展股份有限公司
165	河南正弘置业有限公司	207	河北卓达房地产集团有限公司
166	和昌地产集团	208	柏庄控股集团有限公司
167	北京万通地产股份有限公司	209	昆明星耀集团有限公司
168	厦门经济特区房地产开发集团有限公司	210	天阳置业有限公司
169	上海三湘股份有限公司	211	合肥城建发展股份有限公司
170	百步亭集团有限公司	212	安徽安粮地产有限公司
171	嘉凯城集团股份有限公司	213	中国房地产开发集团公司
172	淮矿地产有限责任公司	214	荣安地产股份有限公司
173	金都房产集团有限公司	215	浙江金昌房地产集团有限公司
174	亿城集团股份有限公司	216	武汉地产开发投资集团有限公司
175	保亿置业集团有限公司	217	绿都控股集团有限公司
176	深圳市振业（集团）股份有限公司	218	海信房地产股份有限公司
177	坤和建设集团有限公司	219	上海大名城企业股份有限公司
178	上海中星（集团）有限公司	220	南京市城市建设开发（集团）有限责任公司
179	北京北辰实业股份有限公司	221	苏州工业园区建屋发展集团有限公司
180	泰禾集团股份有限公司	222	当代投资集团有限公司
181	安徽高速地产集团有限公司	223	信达地产股份有限公司
182	北京国华置业有限公司	224	天泰集团股份有限公司
183	华南城控股有限公司	225	广宇集团股份有限公司
184	中惠熙元房地产集团有限公司	226	云南城投置业股份有限公司
185	广东珠光集团有限公司	227	深圳市光耀地产集团有限公司
186	湖北长城建设实业有限公司	228	顺发恒业股份公司
187	云南金马源房地产开发（集团）有限公司	229	长甲地产控股有限公司
188	重庆晋愉地产（集团）股份有限公司	230	华光地产集团
189	北京科技园建设（集团）股份有限公司	231	翠屏国际控股有限公司
190	银城地产集团股份有限公司	232	上海宝华企业集团有限公司
191	青建集团股份公司	233	广州珠江实业开发股份有限公司
192	福建三盛房地产开发有限公司	234	郑州亚新房地产开发有限公司
193	德信控股集团有限公司	235	江苏亚东建设发展集团有限公司
194	成都森宇实业集团有限公司	236	绿景地产股份有限公司
195	滕州市房地产综合开发公司	237	广西瀚林地产开发有限公司
196	云南龙宇房地产开发有限公司	238	山东创业房地产开发有限公司
197	江苏吴中地产集团有限公司	239	泛海建设集团股份有限公司
198	杭州开元房地产集团有限公司	240	中山大信置业有限公司
199	浙江广厦股份有限公司	241	西安海荣房地产集团有限公司
200	厦门住宅建设集团有限公司	242	南京红太阳房地产开发有限公司
201	宁波银亿房地产开发有限公司	243	大连友谊（集团）股份有限公司
202	江苏常发地产集团有限公司	244	天地源股份有限公司

（续表）

排名	企业名称	排名	企业名称
245	中弘地产股份有限公司	287	合肥百协置业有限公司
246	杭州宋都房地产集团有限公司	288	上海万业企业股份有限公司
247	上海金丰投资股份有限公司	289	北京建工集团有限责任公司
248	南京新港高科技股份有限公司	290	深圳市合正房地产集团有限公司
249	北京华业地产股份有限公司	291	武汉城投房地产开发有限公司
250	厦门新景地集团有限公司	292	大连金广集团
251	长沙房产（集团）有限公司	293	杭州欣盛房地产开发有限公司
252	长春市万龙房地产开发有限责任公司	294	长春宝雍阁房地产开发有限责任公司
253	河南美景置业有限公司	295	安徽置地投资有限公司
254	利海地产有限公司	296	山东众成地产集团有限公司
255	方圆地产控股有限公司	297	昆明银海房地产开发有限公司
256	中航地产股份有限公司	298	北京天润置地集团有限公司
257	中新苏州工业园区置地有限公司	299	吉林亚泰房地产开发有限公司
258	天津松江股份有限公司	300	安徽信旺房地产集团
259	郑州市永威置业有限公司	301	南京金轮房地产开发有限公司
260	深圳市长城投资控股股份有限公司	302	天津市先行房地产开发有限公司
261	苏州新区高新技术产业股份有限公司	303	美林基业集团有限公司
262	浙江中天房地产集团有限公司	304	广西盛天集团
263	宁波维科置业有限公司	305	上海外高桥保税区开发股份有限公司
264	中房集团南宁房地产开发公司	306	天津赡成实业有限公司
265	郑州康桥房地产开发有限责任公司	307	深圳市物业发展（集团）股份有限公司
266	中茵股份有限公司	308	杭州华元房地产集团有限公司
267	上海陆家嘴金融贸易区开发股份有限公司	309	天津津滨发展股份有限公司
268	恒力房地产发展（集团）有限公司	310	深圳中洲集团有限公司
269	安徽新华房地产集团	311	合肥拓基房地产开发有限责任公司
270	四川省国嘉地产有限公司	312	东莞市光大房地产开发有限公司
271	中梁地产集团有限公司	313	成都志达房地产开发有限公司
272	中国武夷实业股份有限公司	314	高山流水集团公司
273	上海保集（集团）有限公司	315	博泰投资集团有限公司
274	长春新星宇房地产开发有限责任公司	316	阳光新业地产股份有限公司
275	浙江郡原地产股份有限公司	317	厦门创兴置业股份有限公司
276	江苏阳光置业发展有限公司	318	广州东华实业股份有限公司
277	江苏美好置地有限公司	319	洪客隆地产集团
278	浙江金龙房地产投资集团有限公司	320	广东海骏达置业投资集团有限公司
279	辰兴房地产发展股份有限公司	321	卧龙地产集团股份有限公司
280	江苏华厦融创置地集团有限公司	322	上海刚泰置业有限公司
281	恒通建设集团有限公司	323	众安房产有限公司
282	远大集团置业投资有限公司	324	中国宝安集团股份有限公司
283	福建中庚实业集团有限公司	325	湖南鑫远集团有限公司
284	沈阳格林豪森房地产开发有限公司	326	郑州绿都地产集团有限公司
285	吉林省强华房地产开发有限公司	327	江阴市长江房地产开发公司
286	苏宁置业有限公司	328	华丽家族股份有限公司

（续表）

排名	企业名称	排名	企业名称
329	中房重实地产股份有限公司	371	国兴融达地产股份有限公司
330	上海新长宁（集团）有限公司	372	广西万昌房地产开发有限公司
331	甘肃天庆房地产集团有限公司	373	长春融创置地有限公司
332	广西江宇房地产有限责任公司	374	康大时代房地产开发有限公司
333	北京国瑞兴业地产有限公司	375	深圳市宏发投资有限公司
334	广州市番禺祈福新邨房地产有限公司	376	东莞宏远工业区股份有限公司
335	吉林大禹股份有限公司	377	河南金林置业有限公司
336	上海中邦置业（集团）有限公司	378	美都控股股份有限公司
337	浙江省赞成集团有限公司	379	江苏九洲投资集团有限公司
338	江西恒茂房地产开发有限公司	380	力旺集团有限公司
339	宁夏中房实业集团股份有限公司	381	京能置业股份有限公司
340	成都市武侯区桂溪房地产开发公司	382	上海同济科技实业股份有限公司
341	福建金帝集团有限公司	383	广州力迅投资有限公司
342	江苏奕淳集团有限公司	384	合肥滨湖投资控股集团有限公司
343	无锡市华夏房地产开发有限公司	385	扬州京华城中城生活置业有限公司
344	南方东银置地有限公司	386	北京市大龙伟业房地产开发股份有限公司
345	无锡市民生房地产开发有限公司	387	中润资源投资股份有限公司
346	宝业集团股份有限公司	388	江苏武房集团有限公司
347	海航置业控股（集团）有限公司	389	江苏凤凰置业投资股份有限公司
348	南昌红谷置业投资有限公司	390	河南亚星置业集团
349	云南浩宇房地产开发集团有限公司	391	陕西金泰恒业房地产有限公司
350	安徽省金大地房屋开发有限公司	392	无锡红豆置业有限公司
351	江苏高成房地产开发有限公司	393	山东天业恒基股份有限公司
352	东莞市新世纪房地产开发有限公司	394	大连海昌集团有限公司
353	明园集团有限公司	395	江苏省盐阜建设集团有限公司
354	恒利房地产开发有限公司	396	成都人居置业有限公司
355	上海张江高科技园区开发股份有限公司	397	泰华房地产（中国）有限公司
356	广东元邦房地产开发有限公司	398	深圳市天健房地产开发实业有限公司
357	广西汇东置业发展有限公司	399	江苏万润房地产公司
358	上海正阳投资集团有限公司	400	厦门古龙集团房地产有限公司
359	苏州圆融发展集团有限公司	401	大唐国际重庆产业集团公司
360	北京润丰房地产开发有限公司	402	天誉置业（控股）有限公司
361	重庆渝开发股份有限公司	403	汉飞投资控股集团有限公司
362	侨鑫集团有限公司	404	北京中关村科技发展（控股）股份有限公司
363	江西中江地产股份有限公司	405	北京韩建集团有限公司
364	天津市红磡房地产开发有限公司	406	葛洲坝海集房地产开发有限公司
365	江苏华广置业有限公司	407	深圳市富通房地产集团有限公司
366	天津天保基建股份有限公司	408	福建三木集团股份有限公司
367	新华联不动产股份有限公司	409	江苏新能源置业集团有限公司
368	青岛城市建设集团股份有限公司	410	沈阳银基发展股份有限公司
369	武汉南国置业股份有限公司	411	宁波国骅集团有限公司
370	棕榈泉控股有限公司	412	天津鸿正集团有限公司

（续表）

排名	企业名称	排名	企业名称
413	大连新星房地产开发集团有限公司	457	山西中正房地产开发有限公司
414	宁波宁兴房地产开发集团有限公司	458	华瀚投资集团有限公司
415	安徽伟星置业有限公司	459	青岛城投房地产开发有限公司
416	西安经发地产有限公司	460	德成控股集团有限公司
417	广西红日东升投资有限公司	461	上海中房置业股份有限公司
418	成都硕成实业发展有限公司	462	郑州中方园建设发展股份有限公司
419	长春经开（集团）股份有限公司	463	沙河实业股份有限公司
420	厦门港务地产有限公司	464	天津海泰科技发展股份有限公司
421	沈阳鑫丰房地产开发有限公司	465	成都阳明房地产有限责任公司
422	昆明佳达利房地产开发经营有限公司	466	武汉美联地产有限公司
423	成都兴元房地产开发有限公司	467	恒达中泰集团有限公司
424	成都高新发展股份有限公司	468	徐州华美房地产开发有限公司
425	永泰房地产（集团）有限公司	469	辽宁渥尔夫房地产开发有限公司
426	广西嘉和置业集团有限公司	470	江西天使房地产开发有限公司
427	上海亿丰企业集团有限公司	471	厦门滕王阁房地产开发有限公司
428	天津美震房地产开发有限公司	472	经纬置地有限公司
429	上海中环投资开发（集团）有限公司	473	天津弘泽建设集团有限公司
430	北京方恒置业股份有限公司	474	大连阿尔滨集团有限公司
431	东建集团	475	天津天一建设集团有限公司
432	中山市南盛房地产开发有限公司	476	深圳茂业（集团）股份有限公司
433	安徽中环地产有限公司	477	西藏城市发展投资股份有限公司
434	西安协和置业有限责任公司	478	浩华地产集团公司
435	鸿荣源集团	479	杭州高运房地产开发有限公司
436	厦门源昌房地产开发有限公司	480	河南银基房地产开发有限公司
437	青特集团有限公司	481	金桥房地产开发股份有限公司
438	河南城开集团	482	青岛百通城市建设集团股份有限公司
439	大连润德房地产开发有限公司	483	三正房地产开发有限公司
440	沈阳富禹房屋开发有限公司	484	长春国信投资集团有限公司
441	江苏华利地产集团有限公司	485	成都市华兴住宅房地产开发有限公司
442	重庆喜地山置业有限公司	486	郑州中部大观地产股份有限公司
443	河南天伦地产集团有限公司	487	青岛隆海集团有限公司
444	长春泰恒房屋开发有限公司	488	深圳经济特区房地产（集团）股份有限公司
445	TCL房地产有限公司	489	常州金新房地产建设发展有限公司
446	烟台新潮实业股份有限公司	490	湖北玠生投资有限公司
447	华盛麓峰投资控股有限公司	491	辽宁浙商置业发展有限公司
448	深圳市鸿基（集团）股份有限公司	492	合肥江南房地产开发有限公司
449	济南银丰房地产开发有限公司	493	云南经典房地产开发有限公司
450	上海中建房产（集团）有限公司	494	山东日广投资集团
451	田禾集团	495	长春高新房地产开发有限责任公司
452	武汉高科房地产开发有限公司	496	重庆南方集团有限公司
453	云南堃驰房地产有限公司	497	江西世纪风情实业有限公司
454	江苏金洋房地产开发有限公司	498	长春华大房地产开发有限责任公司
455	辽宁威利企业集团	499	山东丁豪房地产开发有限公司
456	山东省三名投资有限公司	500	吉林省东兴建设开发集团有限公司

二、2012中国房地产上市公司综合实力百强测评榜单

发布机构：中国房地产研究会 中国房地产业协会 中国房地产测评中心

表5-2 2012中国房地产上市公司综合实力百强

名次	企业简称	企业代码	名次	企业简称	企业代码
1	万科	000002.SZ	37	恒盛地产	00845.HK
2	恒大地产	03333.HK	38	方兴地产	00817.HK
3	中海外	00688.HK	39	北京城建	600266.SH
4	保利地产	600048.SH	40	瑞安房地产	00272.HK
5	华润置地	01109.HK	41	宝龙地产	01238.HK
6	龙湖地产	00960.HK	42	中粮地产	000031.SZ
7	碧桂园	02007.HK	43	盛高置地	00337.HK
8	世茂房地产	00813.HK	44	沿海家园	01124.HK
9	富力地产	02777.HK	45	雅戈尔	600177.SH
10	金地集团	600383.SH	46	中华企业	600675.SH
11	远洋地产	03377.HK	47	深圳控股	00604.HK
12	招商地产	000024.SZ	48	禹洲地产	01628.HK
13	雅居乐地产	03383.HK	49	花样年控股	01777.HK
14	SOHO中国	00410.HK	50	新湖中宝	600208.SH
15	佳兆业集团	01638.HK	51	陆家嘴	600663.SH
16	金科股份	000656.SZ	52	滨江集团	002244.SZ
17	融创中国	01918.HK	53	城投控股	600649.SH
18	华夏幸福	600340.SH	54	中骏置业	01966.HK
19	绿城中国	03900.HK	55	上海证大	00755.HK
20	保利香港	00119.HK	56	广汇股份	600256.SH
21	首开股份	600376.SH	57	福星股份	000926.SZ
22	建业地产	00832.HK	58	天房发展	600322.SH
23	新世界中国	00917.HK	59	万通地产	600246.SH
24	合景泰富	01813.HK	60	嘉凯城	000918.SZ
25	华侨城	000069.SZ	61	上置集团	01207.HK
26	首创置业	02868.HK	62	明发集团	00846.HK
27	荣盛发展	002146.SZ	63	北京北辰实业股份	00588.HK
28	新城B股	900950.SH	64	苏宁环球	000718.SZ
29	路劲基建	01098.HK	65	栖霞建设	600533.SH
30	中南建设	000961.SZ	66	中国奥园	03883.HK
31	合生创展集团	00754.HK	67	莱蒙国际	03688.HK
32	金隅股份	02009.HK	68	鲁商置业	600223.SH
33	越秀地产	00123.HK	69	天地源	600665.SH
34	金融街	000402.SZ	70	银亿股份	000981.SZ
35	上实城市开发	00563.HK	71	中渝置地	01224.HK

（续表）

名次	企业简称	企业代码	名次	企业简称	企业代码
36	仁恒置地	Z25.SI	72	中航地产	000043.SZ
73	泛海建设	000046.SZ	87	华远地产	600743.SH
74	宁波富达	600724.SH	88	荣安地产	000517.SZ
75	华发股份	600325.SH	89	中弘股份	000979.SZ
76	宋都股份	600077.SH	90	张江高科	600895.SH
77	华南城	01668.HK	91	中国宝安	000009.SZ
78	信达地产	600657.SH	92	格力地产	600185.SH
79	天安	00028.HK	93	同济科技	600846.SH
80	中天城投	000540.SZ	94	京投银泰	600683.SH
81	鑫苑置业	XIN.US	95	广宇集团	002133.SZ
82	阳光城	000671.SZ	96	深物业	000011.SZ
83	亿城股份	000616.SZ	97	浙江广厦	600052.SH
84	深振业	000006.SZ	98	合肥城建	002208.SZ
85	冠城大通	600067.SH	99	众安房产	00672.HK
86	苏州高新	600736.SH	100	津滨发展	000897.SZ

三、2012房地产开发企业品牌价值测评榜单

发布机构：中国房地产研究会 中国房地产业协会 中国房地产测评中心

表5-3　2012中国房地产开发企业品牌价值20强

排名	企业名称	品牌价值（亿元）
1	中国海外发展有限公司（中海地产）	252.77
2	恒大地产集团有限公司	248.64
3	万科企业股份有限公司	247.95
4	保利房地产（集团）股份有限公司	214.98
5	广州富力地产股份有限公司	152.61
6	绿地控股集团有限公司	132.53
7	碧桂园控股有限公司	129.65
8	龙湖地产有限公司	125.43
9	绿城房地产集团有限公司	118.75
10	华润置地有限公司	117.59
11	世茂房地产控股有限公司	115.32
12	金地（集团）股份有限公司	113.45
13	招商局地产控股股份有限公司	112.57
14	融创中国控股有限公司	106.76
15	佳兆业集团控股有限公司	106.14
16	远洋地产控股有限公司	98.34
17	金科地产集团股份有限公司	94.50
18	新城控股集团有限公司	88.70
19	融侨集团股份有限公司	80.17
20	华夏幸福基业投资开发股份有限公司	75.58

表5-4　2012中国房地产开发企业品牌价值成长性10强

排名	企业名称
1	天朗控股集团
2	路劲地产集团有限公司
3	上海城开（集团）有限公司
4	阳光城集团股份有限公司
5	宁夏亘元房地产开发有限公司
6	江苏中南建设集团股份有限公司
7	旭辉集团股份有限公司
8	龙记地产集团股份有限公司
9	山东创业房地产开发有限公司
10	海亮地产控股集团有限公司

表5-5　2012中国房地产开发企业品牌价值专业特色10强

品牌简称	企业名称	专业领域
宝龙地产	宝龙地产控股有限公司	商业地产
华侨城	深圳华侨城控股股份有限公司	旅游地产
华夏幸福	华夏幸福基业投资开发股份有限公司	产业地产
华源集团	新疆华源实业（集团）有限公司	康居地产
金泰恒业	陕西金泰恒业房地产有限公司	科学地产
融创中国	融创中国控股有限公司	综合地产
三盛宏业	上海三盛宏业投资集团	园林地产
天朗地产	天朗控股集团	城系开发
沿海家园	沿海绿色家园有限公司	绿色地产
紫薇地产	西安紫薇地产开发有限公司	民生地产

表5-6　2012中国房地产开发企业品牌价值华北10强

区域排名	企业名称
1	路劲地产集团有限公司
2	SOHO中国有限公司
3	金融街控股股份有限公司
4	中信房地产股份有限公司
5	海尔地产集团有限公司
6	方兴地产（中国）有限公司
7	北京首都开发控股（集团）有限公司
8	天津泰达建设集团有限公司
9	北京城建投资发展股份有限公司
10	金泰地产集团

表5-7 2012中国房地产开发企业品牌价值华东10强

区域排名	企业名称
1	恒盛地产控股有限公司
2	杭州滨江房产集团股份有限公司
3	农工商房地产（集团）股份有限公司
4	江苏中南建设集团股份有限公司
5	浙江佳源房地产集团有限公司
6	上海证大房地产有限公司
7	阳光城集团股份有限公司
8	金都房产集团有限公司
9	长甲地产控股有限公司
10	浙江祥生房地产开发有限公司

表5-8 2012中国房地产开发企业品牌价值华南10强

区域排名	企业名称
1	雅居乐地产控股有限公司
2	星河湾地产控股有限公司
3	合景泰富地产控股有限公司
4	深圳华侨城控股股份有限公司
5	深业集团有限公司
6	花样年集团（中国）有限公司
7	禹洲地产股份有限公司
8	融信(福建)投资集团有限公司
9	莱蒙国际集团有限公司
10	厦门海投房地产有限公司

表5-9 2012中国房地产开发企业品牌价值华中10强

区域排名	企业名称
1	建业住宅集团（中国）有限公司
2	升龙投资集团有限公司
3	福星惠誉房地产有限公司
4	鑫苑（中国）置业有限公司
5	河南正商置业有限公司
6	武汉地产开发投资集团有限公司
7	河南正弘置业有限公司
8	河南亚新投资集团
9	长沙房产（集团）有限公司
10	百步亭集团有限公司

表5-10　2012中国房地产开发企业品牌价值西南10强

区域排名	企业名称
1	重庆隆鑫地产（集团）有限公司
2	协信地产控股有限公司
3	四川蓝光和骏实业股份有限公司
4	中天城投集团股份有限公司
5	云南城投置业股份有限公司
6	贵州宏立城集团
7	广西荣和企业集团有限责任公司
8	成都森宇实业集团有限公司
9	云南俊发房地产有限责任公司
10	重庆喜地山置业有限公司

表5-11　2012中国房地产开发企业品牌价值西北10强

区域排名	企业名称
1	天朗控股集团
2	宁夏亘元房地产开发有限公司
3	西安紫薇地产开发有限公司
4	新疆华源实业（集团）有限公司
5	天地源股份有限公司
6	新疆广汇房地产开发有限公司
7	陕西金泰恒业房地产有限公司
8	龙记地产集团股份有限公司
9	宁夏中房集团
10	甘肃天庆房地产集团有限公司

四、中国部分优秀房地产开发企业介绍

1. 万科企业股份有限公司

（1）企业简介

万科企业股份有限公司成立于1984年5月，1988年进入房地产行业，1991年成为深圳证券交易所第二家上市公司，1993年将大众住宅开发确定为公司核心业务。是目前中国也是全球最大的专业住宅开发企业，业务覆盖珠三角、长三角、环渤海三大城市经济圈以及中西部地区，共计60个大中城市。

公司坚持“为普通人盖好房子”、“盖有人住的房子”的理念，相继推出了包括第五食堂、万物仓、幸福驿站在内的一系列服务创新。此外，万科成功收购了香港上市公司南联地产控股有限公司75%的股权，为今后国际化业务的探索和开展创造了更为便利的条件。

2012年，公司坚持主流市场定位，积极促进销售，推盘节奏契合市场景气变化，取得良好的销售业绩。截止

2012年年末，公司规划中项目按万科权益计算的建筑面积合计 3947 万平方米，较年初3277 万平方米有所增长，可满足未来两到三年的开发需求。

（2）财务数据

表5-12　2009~2012年销售业绩

	2009年	2010年	2011年	2012年
销售金额（亿元）	634	1081	1215	1412
销售面积（万m^2）	664	885	1075	1296
销售均价（元/m^2）	9558	12214	11302	10895

数据来源：企业官网，CRIC

表5-13　2008~2012年财务指标

财务指标	2008年	2009年	2010年	2011年	2012年
资产负债率（%）	67	67	75	77	78
净负债率（%）	33	20	18	24	30
三费费用率（%）	10	7	9	8	6
总资产年度周转次数	0.34	0.37	0.29	0.28	0.31
存货年度周转次数	0.29	0.39	0.27	0.25	0.28
净利润增长率（%）	-13	39	37	31	35
营业利润率（%）	16	18	24	22	15
销售毛利率（%）	39	29	41	40	37

数据来源：企业公开财务报表

表5-14　历年进入城市

年份	2001年前	2001	2002	2003	2004	2005	2006	2007	2008	2009	2010	2011	2012
进入城市	北京 天津 沈阳 上海 深圳 成都	长春 南京 南昌 武汉	佛山	鞍山 大连 广州 中山	昆山 东莞 无锡	苏州 镇江 珠海	青岛 杭州 宁波 长沙 厦门	福州 惠州 海口	合肥 西安 重庆 富阳	烟台 三亚	吉林、唐山 廊坊、抚顺 扬州、嘉兴 昆明、贵阳 乌鲁木齐 温州、南通 清远	秦皇岛 晋中 太原 芜湖 莆田	南充 济南 郑州 南宁 徐州 营口

数据来源：企业官网，CRIC

表5-15　2012年重点新增土地储备

城市	宗地名称	属性	成交时间	占地面积（万m^2）	规划建筑面积（万m^2）	成交总价（亿元）	楼板价（元/m^2）
南充	下中坝9-1号及9-2号	商住	04	18.2	52.10	6.17	1184
合肥	BH2012-10号地块	商住	05	20.2	56.4	12.22	2167
重庆	沙坪坝区凤鸣山地	商住	07	19.8	79.00	16.20	2314

（续表）

城市	宗地名称	属性	成交时间	占地面积（万m^2）	规划建筑面积（万m^2）	成交总价（亿元）	楼板价（元/m^2）
上海	上海虹桥商务区 11 号	商住	08	11.3	17.80	20.30	11404
上海	松江国际生态商务区14号	住宅	08	5.80	14.40	7.90	5473
合肥	庐阳区 N1211地块	商住	09	19.87	55.63	13.11	2357
合肥	庐阳区N1210地块	住宅	09	17.63	48.47	10.58	2181
佛山	佛顺（挂）2012-037 号	商住	09	11.32	45.29	15.80	3489
北京	北京经济技术开发区河西区X86R1地块	住宅	09	5.78	14.46	14.43	9982
长沙	滨江新城B7地块	商住	10	32.56	116.00	32.56	2807
厦门	2012JP05地块	综合	10	13.79	71.00	15.18	2138
贵阳	云岩区地块	商住	10	34.79	92.67	10.06	1086
上海	虹桥商务区核心区一期03号	商服	11	3.22	14.25	14.80	10383

数据来源：CRIC

表5-16　2012年重点新开盘项目

项目名称	城市	开盘日期	建筑面积（万m^2）	销售面积（万m^2）	销售均价（元/m^2）
万科·龙湾花园	温州	01/04	17.97	0.89	30486
万科春河里	沈阳	04/15	43.00	4.25	19330
万科·金域华府	西安	05/06	48.00	8.29	6836
万科朗润园	大连	05/26	23.00	0.87	9897
万科城市花园	珠海	05/27	23.60	1.57	7042
万科城	厦门	06/24	51.77	11.71	9509
金第万科·朗润园	北京	07/26	17.32	4.21	24155
万科金域中央	福州	07/28	13.08	1.42	19394
万科广场	福州	08/11	44.81	1.87	20035
万科天香园	南昌	08/26	41.10	5.85	7485
万科金色御府	广州	09/16	6.36	3.40	15090

数据来源：CRIC

2. 恒大地产集团有限公司

（1）企业简介

恒大地产集团1996年开始经营房地产，2009年在香港联交所主板上市。目前集团已经发展成为以住宅产业为主，集商业、酒店、体育及文化产业为一体的特大型企业集团。

恒大集团已在中国120多个主要城市拥有大型项目200多个，覆盖住宅、商业、酒店及旅游综合体等多个产品系列。2012年，恒大品牌价值达到248.6亿元，连续三年位居全国第一；2012年，恒大累计实现销售额923.2亿元，完成全年计划115.4%；累计销售面积1548.5万平方米，位居全国第一；向各级政府纳税135亿元。十多年来，恒大还为中国慈善公益事业捐款超21亿元，连续五年获得国家民政部颁发的“中华慈善奖”。

截至2012年底，在全国122个城市拥有229个项目，一线城市6个，二线城市93个，三线城市130个；土地储备平均成本约为人民币724元/平方米。成本低廉的土地储备、广阔的城市布局，令恒大的战略纵深更加扩大，规模优势更加明显，持续发展能力和抗风险能力更加提升。

（2）财务数据

表5-17　2009~20112年销售业绩

	2009年	2010年	2011年	2012年
销售金额（亿元）	307	527	808	923
销售面积（万m²）	580	831	1220	1548
销售均价（元/m²）	5293	6342	6623	5963

数据来源：企业官网，CRIC

表5-18　2008~2012年财务指标

财务指标	2008年	2009年	2010年	2011年	2012年
资产负债率（%）	70	79	80	81	83
净负债率（%）	99	-1.5	53	68	70
三费费用率（%）	30	33	6	7	9
总资产年度周转次数	14	12	55	44	0.31
存货年度周转次数	0.32	0.15	0.83	0.62	0.53
净利润增长率（%）	-41	77	618	47	-22
净利率（%）	19	21	19	20	14
销售毛利率（%）	44	34	29	33	28

数据来源：企业公开财务报表

表5-19　历年进入城市

年份	2001年前	2006	2007	2008	2009	2010	2011	2012
进入城市	广州	武汉、重庆 天津、沈阳 启东、佛山	成都、太原 西安、南京 昆明、长沙 合肥、包头	贵阳 洛阳 清远	彭山、海口 石家庄 南昌、郑州 南宁、鄂州	中山、云浮、宜昌、南充、自贡 鞍山、营口、盘锦、抚顺、淮安 丹阳、宿迁、曲靖、运城、遵义 铜陵、淮北、浏阳、郴州、信阳 舞钢、安阳、新乡、景德镇、新余	芜湖、安宁 盐城、六安 东莞、连云港 嘉兴、乌兰浩特	呼和浩特 乌鲁木齐 深圳、上海 东营、绍兴 无锡

数据来源：企业官网，CRIC

表5-20　2012年重点新增土地储备

城市	宗地名称	属性	成交时间	占地面积（万m²）	规划建筑面积（万m²）	成交总价（亿元）	楼板价（元/m²）
沈阳	皇姑2011-08-2 皇姑08地块2	商住	03	15.95	39.88	5.5	1380
沈阳	皇姑2011-08-1　皇姑08地块1	商住	03	7.96	20.72	2.87	1385
济南	西客站片区安置一区南侧七-1地块	商业	03	1.89	9.47	1.39	1470
济南	西客站片区安置一区南侧七-2地块	住宅;	03	5.32	15.97	3.43	2149

（续表）

城市	宗地名称	属性	成交时间	占地面积（万m^2）	规划建筑面积（万m^2）	成交总价（亿元）	楼板价（元/m^2）
济南	原省体育训练中心B地块（2012-G012）	商业	03	1.28	6.38	1.88	2940
济南	西客站核心区体育公园东侧地块A地块	商业	03	10.86	76	7.87	1035
济南	原省体育训练中心A地块（2012-G011）	住宅	03	10.37	31.1	13.99	4500
济南	西客站片区安置一区南侧八-1地块	商业	03	2.18	9.82	1.51	1533
济南	西客站片区安置一区南侧八-2地块	住宅	03	10.85	30.38	6.84	2250
长沙	含光、银观、潇湘、观沙岭路围合地块	商住	04	4.97	19.88	4.77	2400
广州	天河区珠江新城D4-B2地块	商业	06	0.96	4.01	13.22	32968
沈阳	2012-017 欧博城东-2地块	商住	06	5.05	12.11	2.55	2109
武汉	（2012年）7号汉阳区前进村B包地块	商住	08	6.92	31.82	6.48	2035
石家庄	[2012]129号长安区[2012]037号	商住	08	5.82	18.67	3.44	1842
海口	秀英A0201、A0301、A0701号地块	商住	12	12.3	17.07	7.85	4599

数据来源：CRIC

表5-21　2012年重点新开盘项目

项目名称	城市	开盘日期	建筑面积（万m^2）	销售面积（万m^2）	销售均价（元/m^2）
恒大名都	南昌	01/3	42.12	14.14	6898
恒大名都二期	太原	03/25	40.84	27.06	9668
恒大御景半岛	天津	04/30	26.75	5.25	6191
恒大城	南昌	05/27	136.8	20.87	5299
恒大绿洲	太原	05/12	200	93.75	6614
恒大名都5期	长沙	07/7	81.91	62.80	4491
恒大城	合肥	08/11、09/02、11/22	75.00	49.65	5433
恒大名都	长春	08/26	34.68	5.96	6423
恒大雅苑	济南	10/28	66.00	9.03	6834
恒大华府二期	太原	10/7	59.12	0.79	26818
恒大帝景	济南	12/2	37.00	1.31	15754
恒大上水城	太原	12/9	81.00	1.63	6500
恒大雅苑一期	沈阳	12/9	20.72	3.08	5902

数据来源：CRIC

3. 保利房地产(集团)股份有限公司

（1）企业简介

保利房地产（集团）股份有限公司是中国保利集团控股的大型国有房地产上市公司，是中国保利集团房地产业务的主要运作平台。公司成立于1992年，2002年完成股份制改造，开始实施全国化战略。公司业务拓展到包括房地产开发、建筑设计、工程施工、物业管理、销售代理以及商业会展、酒店经营等相关行业。

2012年，公司坚持以一、二线中心城市为主的战略布局和等量拓展原则，已在全国43个城市完成布局。全年，公司新增40个项目，新增容积率面积1319万平方米，总地价447亿元，平均楼面地价3386元/平方米；全年新开工面积1410万平方米，竣工943万平方米，在建3726万平方米；截止2012年末，公司待开发的4278万平方米，其中，约9%在一线城市，62%在二线，29%在三、四线。

（2）财务数据

表5-22　2009~2012年销售业绩

	2009年	2010年	2011年	2012年
销售金额（亿元）	434	662	732	1017
销售面积（万m^2）	527	688	650	901
销售均价（元/m^2）	8235	9622	11262	11287

数据来源：企业官网，CRIC

表5-23　2008~2012年财务指标

财务指标	2008年	2009年	2010年	2011年	2012年
资产负债率（%）	71	70	79	78	78
净负债率（%）	109	49	123	119	115
三费费用率（%）	5	11	4	5	7
总资产年度周转次数	0.33	0.32	0.30	0.27	0.31
存货年度周转次数	0.27	0.29	0.28	0.23	0.26
净利润增长率（%）	87	32	37	34	35
净利润率（%）	20	17	15	16	15
销售毛利率（%）	41	37	34	37	36

数据来源：企业公开财务报表

表5-24　历年进入城市

年份	2005前	2006	2007	2008	2009	2010	2011	2012
进入城市	广州、长沙、北京 上海、重庆、武汉 沈阳、岳阳、佛山、包头	成都	杭州 长春	天津、南昌 青岛、丹东	大连 阳江 南京	东莞、中山、珠海、嘉兴 营口、绍兴、无锡、连云港 常州、福州、厦门、南通	郑州、慈溪 德阳、贵阳 合肥、通化 石家庄	西安 三亚

数据来源：企业官网，CRIC

表5-25　2012年重点新增土地储备

城市	宗地名称	属性	成交时间	占地面积（万m^2）	规划建筑面积（万m^2）	成交总价（亿元）	楼板价（元/m^2）
武汉	关山村GZ（2011）008号	商住	01	17.09	71.82	20.11	2800
西安	JK2-6-7、JK2-12-19	商住	02	13.04	48.54	6.31	1300
成都	青羊区万家湾四组地块	住宅	05	5.41	16.22	4.69	2891
沈阳	沈河区2012-005号	商住	06	18.79	46.96	10.35	2204
重庆	N22 -1/02号和N25-1-2/04号	商住	06	11.39	54.98	13.6	2474
北京	大兴区亦庄新城X1-1A组团B03R1-1地块	住宅	09	5.81	10.67	10.6	9934

（续表）

城市	宗地名称	属性	成交时间	占地面积（万m^2）	规划建筑面积（万m^2）	成交总价（亿元）	楼板价（元/m^2）
北京	大兴区生物医药基地东配套区	综合	09	16.78	19.52	13.8	7070
北京	大兴区X1-1A组团B03R1-2地块	综合	09	17.53	20.28	20.2	9961
上海	浦东新区A10-1、A10-2、A10-3地块	商住	10	7.51	12.01	21.24	17679
上海	XH129B-02、XH129D-01地块	商住	10	6.65	16.63	45	27055
南京	栖霞区NO.2012G37	住宅	10	8.77	17.73	8.14	4592
长沙	滨江新城B7南地块	商住	10	4.56	22.8	6.16	2700
福州	仓山区2012-06号地块	住宅	10	14.13	25.43	13.6	5347
西安	曲江新区曲江立交西南角地块	商住	10	8.31	29.12	5.63	1935
广州	2012挂-1029	住宅	11	1.2	3.15	3.88	12325
杭州	普福区块R21-02地块	综合	11	4.24	10.18	9.47	9299
西安	城西区FD2-9-6号地块	商住	11	5.92	21.92	2.14	974
广州	萝岗区（CPPQ-A1-2）	住宅	11	15.71	31.43	16.5	5250
成都	双流县（SL22 (252/211):2012-200）	商住	11	11.29	33.87	5.66	1670
青岛	青岛市崂山区香港东路23号	综合	12	2.69	7.08	4.43	13040
重庆	重庆九龙坡区大杨石组团N标准分区地块	商住	12	7.19	35.74	8.68	2429
武汉	关山村009号-K19地块	住宅	12	9.8	42.15	9.96	2400
沈阳	和平区MR2012-04	商住	12	18.1	45.25	5.9	1303
成都	赵家社区1、2组，三元社区6组地块	商住	12	5.38	21.53	3.7	1718

数据来源：CRIC

表5-26　2012年重点新开盘项目

项目名称	城市	开盘日期	建筑面积（万m^2）	销售面积（万m^2）	销售均价（元/m^2）
保利百合花园	成都	11/24	20.76	0.97	11421
保利叶之林	上海	09/30	25.60	0.64	22005
保利公园九里	武汉	09/15	87.06	3.84	8088
保利百合	郑州	08/25	20.71	11.17	6824
保利花半里	重庆	06/22	62.13	7.81	7686
保利霞飞郡	杭州	05/16	19.00	6.03	21157
保利香槟国际	合肥	04/21	17.39	13.95	7818

数据来源：CRIC

4. 大连万达集团股份有限公司

（1）企业简介

大连万达集团股份有限公司，创建于1988年，是目前国内最大的商业地产城市综合体开发与运营管理的专业性房地产开发公司。公司专注开发以“万达广场”命名的城市综合体，汇集大型商业中心、高级酒店、写字楼、公寓、住宅和公共空间等多种建筑功能、业态的大型综合性建筑群。在市场竞争中万达集团逐渐形成了自己独有的核心竞争优势，拥有完整的产业链、突出的资源获取能力、独特的订单地产模式，成熟的盈利模式等，凭借这些优势，万达集团成功的在全国范围实现了万达城市综合体产品模式的快速复制，成为目前国内唯一实现全国布局的城市综合体投资和运营企业。

2012年万达资产达到3000亿元，同比2011年增长50%。收入1416.8亿元，完成年计划的122%，同比增长34.8%；在中国经济明显放缓的情况下，收入依然保持三成以上的增长，非常难能可贵。新增持有物业387万平方米，同比增长43%；累计持有物业1290万平方米，万达已成为全球规模第二的不动产企业。新发展项目22个，购买土地折合楼面面积1308万平方米，土地储备总面积5037.7万平方米。

（2）财务数据

表5-27　历年进入城市

年份	2002前	2003	2006	2007	2008	2009	2010	2011	2012
进入城市	大连	南京	西安、无锡 苏州、重庆 成都	上海、青岛 太原、北京	太仓、济南 唐山、大连 沈阳	银川、广州、武汉 宁波、福州、合肥 长春、呼和浩特 昆明、宜昌、天津	长青、漳州、江阴 晋江、兰州、南昌 泉州、常州、郑州 廊坊、长沙、厦门 泰州、淮安	徐州、东莞 天津、宜兴 温州、哈尔滨	绵阳、烟台 常州、石家庄 佛山、芜湖 丹东

数据来源：企业官网，CRIC

表5-28　2012年重点新增土地储备

城市	宗地名称	属性	成交时间	占地面积（万m^2）	规划建筑面积（万m^2）	成交总价（亿元）	楼板价（元/m^2）
上海	松江区国际生态商务区9号	办公、商业	01	9.27	23.17	6.21	2680
广州	增城荔城街夏街83001201A11147地块	商业	03	10.96	35.06	3.06	873
武汉	白鹭、中北、天鹅、东湖、西岭路围合地块	住宅、商业	04	5.13	27.06	4.6	1700
昆明	西山区KC2011-83-A1地块	商业	05	3.93	16.93	6.18	3654
昆明	西山区KC2011-83-A2地块	商业	05	3.10	35.65	4.88	1369
南宁	青秀区GC2012-069号地块	住宅、办公、商业	09	11.46	66.48	11.50	1730

数据来源：企业官网，CRIC

表5-29　2012年重点新开盘项目

项目名称	城市	开盘日期	建筑面积（万m^2）	销售面积（万m^2）	销售均价（元/m^2）
长春宽城万达广场	长春	03/24	18	11.4	7437
广州番禺万达广场	广州	08/17	19	17.80	13366
万达·大连金石国际度假区	大连	09/15	22	3.5	7523
沈阳奥体万达广场	沈阳	09/19	18.95	0.36	11946
武汉东湖万达广场	武汉	11/24	155	1.62	18777

数据来源：企业官网，CRIC

5. 中国海外发展有限公司

（1）企业简介

中国海外发展有限公司1979年成立于香港，并于1992年在香港联交所上市。2007年入选香港恒生指数成份股，是首家入选恒指的中资地产股。2010年公司在香港资本市场开创性地完成对一家港股上市公司的并购，该公司已正式更名为中国海外宏洋集团有限公司，该公司专注于三线经济活跃城市，以中高端住宅精品、具有综合用途的项目开发为主。

2012年，中海地产全年销售额再创历史新高并超额完成八月份上调至1000亿港元的目标，达港币1115.2亿元，同比增长28.1%。全年内地地产表现出色，完成销售额港币1043.2亿元，同比增长23.2%。年内，集团在内地14个城市包括新进入的昆明，共购入19幅土地，新增可供发展楼面面积662万平方米。2012年恰逢中海地产上市20周年纪念，中国海外主席孔庆平先生2012年8月23日表示："凭借上市的契机，中国海外驶上了产业经营与资本经营相结合的快车道，同时通过分拆承建业务以中国建筑国际上市，以及近年来并购重组中国海外宏洋和远东环球集团两家香港上市公司，中国海外实现了在资本市场的大四喜，总市值达2000亿港元左右。"

（2）财务数据

表5-30　2009~2012年销售业绩

	2009年	2010年	2011年	2012年
销售金额（亿元）	388	545	707	906
销售面积（万m^2）	477	530	558	729
销售均价（元/m^2）	8140	10278	12669	12428

数据来源：企业官网，CRIC

表5-31　2008~2012年财务指标

财务指标	2008年	2009年	2010年	2011年	2012年
资产负债率（%）	62	63	64	60	67
净负债率（%）	47	22	23	33	21
三费费用率（%）	11	4	5	5	4
总资产年度周转次数	0.25	0.37	0.32	0.29	0.32
存货年度周转次数	0.35	0.74	0.52	0.51	0.60
净利润增长率（%）	20	50	67	19	25
净利率（%）	19	18	22	25	29
销售毛利率（%）	46	33	42	45	42

数据来源：企业公开财务报表

表5-32 历年进入城市

年份	2002前	2003	2004	2005	2006	2007	2008	2010	2011	2012
进入城市	北京、上海、广州、深圳、成都	长春、南京、西安、中山	苏州、佛山	宁波	重庆、杭州	珠海、大连、青岛、沈阳、天津	济南	桂林、银川、呼和浩特	南昌、长沙、烟台、吉林、合肥、南宁、武汉、厦门、兰州	赣州、昆明

数据来源：企业官网，CRIC

表5-33 2012年重点新增土地储备

城市	宗地名称	属性	成交时间	占地面积（万m²）	规划建筑面积（万m²）	成交总价(亿元)	楼板价（元/m²）
成都	剑南大道北段以东，交子大道以南地块	住宅;商业	04	10.23	44.01	16.77	3810
天津	津西卫(挂)2012-066号	商住	07	8.00	22.80	29.70	13026
昆明	五华区KC2008-47-1（3）地块	住宅	08	3.90	17.15	6.36	3709
吉林	丰满区项目	/	08	3.68	68.80	5.17	751
杭州	三堡单元40号	住宅用地	10	2.87	10.05	19.32	19217
杭州	三堡单元41号	住宅用地	10	2.93	10.26	19.88	19378
杭州	三堡单元42号	商住用地	10	2.62	10.49	16.67	15901
沈阳	皇姑区2012-053 昆山路南地块	商住用地	10	2.31	8.78	2.02	2303
南通	港闸区项目	住宅用地	10	19.97	76.24	32.89	4314
深圳	宝安区A122-0341地块	住宅	11	15.18	18.21	20.00	10983
武汉	月湖大道、龙灯堤路（2012）173号地块	住宅;商业	12	4.88	17.56	9.66	5503
杭州	杭政储出[2012]57号西湖区	住宅;公建	12	7.33	14.66	13.22	9014
厦门	集美区项目	住宅;商业	12	7.88	16.14	3.08	1909
南宁	新际路、高新大道GC2012-094号地块	住宅	12	6.00	27.02	6.48	2400

数据来源：CRIC

表5-34 2012年重点新开盘项目

项目名称	城市	开盘日期	建筑面积（万m²）	销售面积（万m²）	销售均价（元/m²）
万锦熙岸	南京	03/04	33.67	10.81	9075
紫御华府	西安	03/17	59	13.4	7595
苏黎世家	北京	03/31	4.66	3.44	32843
富华里	珠海	04/21	10	2.82	13379
寰宇天下	厦门	04/27	16.14	9.84	13198
桃花源	珠海	05/26	12	4.65	13146
雍翠峰	南宁	05/26	18.33	2.2	6240
紫御豪庭	上海	05/27	31.26	11.48	38985
蘭庭	长春	06/03	30	6.12	5456
寰宇天下三期	沈阳	06/30	29.8	3.98	9000
紫金苑	长春	06/30	20.89	1.88	11895
凯旋门	兰州	08/26	35.23	7.62	7218
嶺湖墅	合肥	09/27	4.48	0.48	10033
誉城	广州	10/14	9.99	8.35	13643
云麓公馆	广州	11/27	1.68	0.6	38707
寰宇天下四期	沈阳	12/08	10.4	3.68	10084

数据来源：CRIC

6. 上海绿地（集团）有限公司

（1）企业简介

绿地集团成立于1992年7月18日。1997年3月，绿地集团按照现代企业制度要求成功完成改制，一跃成为上海市房地产行业龙头企业，房地产销售面积和销售金额一直稳居上海市前列。2001年起，绿地集团开始走向全国，大力实施全国化战略，并形成了目前“房地产主业突出，能源、金融等相关产业并举发展”的产业布局。

绿地集团开发项目遍及全国70座城市。绿地集团房地产主业2012年销售金额达到1050.78亿元，首次突破千亿，仅次于万科，位列全国第二；房地产预销售面积达到1180万平方米，位列全国第三位。年内，随着绿地韩国旅游健康城开工建设，绿地集团正式开启海外投资发展新征程，并即将赴澳大利亚、泰国等进行城市综合开发。

（2）财务数据

表5-35　历年进入城市

年份	2002	2003	2004	2005	2006	2007	2008	2009	2010	2011	2012
进入城市	牡丹江、吉林、抚顺 沈阳、本溪、廊坊 延安、新乡、盐城 滁州、蚌埠、常熟 上海、安庆、黄山 诸暨、苏州	扬州 南京	成都	长春 徐州	南昌	芜湖 太原	太仓 呼和浩特 昆山、银川 贵阳、合肥	济南 淮安 北京 常州 天津	长沙、南通 广州、武汉 西安、大连 连云港 郑州、无锡	重庆、海口 哈尔滨 嘉兴、镇江	佛山 大同

数据来源：企业官网，CRIC

表5-36　2012年重点新增土地储备

城市	宗地名称	属性	成交时间	占地面积（万m^2）	规划建筑面积（万m^2）	成交总价（亿元）	楼板价（元/m^2）
大连	大金(2012)-16号地	住宅	05	11.54	28.8	4.4	1525
大连	大金(2012)-17号地	住宅	05	8.11	16.2	2.6	1591
济南	2012-G053	住宅	05	3.5	17.9	2.3	1265
上海	虹口区东大名路1060号地块	商办	06	0.97	3.9	8.9	23000
合肥	南二环路与宿松路西	商办	06	7.77	52.1	4.7	898
上海	嘉定区崇文西路以北、沈徐路以东地块	住宅	06	9.62	21.2	1.7	818
成都	锦江粮丰村、龙泉驿东洪村、洪柳村地块	综合	07	29.85	135.1	14.8	1096
上海	南桥新城08单元B-01-03,B-01-06区域地块	商住	09	8.28	14.9	8.3	5568
银川	宁国土[12]162号、金凤字[12]-41号地块	商业	09	6.04	41.1	2.3	562
上海	嘉定顾浦河东、吴淞江北地块	住宅	11	8.91	20.5	10.3	5002
上海	松江区荣乐西路6号A地块	住宅	11	6.5	10.4	5.8	5578
上海	松江区荣乐西路6号B地块	住宅	11	3.67	5.9	3.3	5584

数据来源：企业官网，CRIC

表5-37　2012年重点新开盘项目

项目名称	城市	开盘日期	建筑面积（万m²）	销售面积（万m²）	销售均价（元/m²）
绿地未来城	南昌	07/29	17.66	6.82	5285
绿地世纪城三期	太原	08/25	18.79	1.95	11494
绿地新里爱丽舍公馆	济南	09/29	15.61	1.73	6253
绿地滨湖国际花都	合肥	10/14	11.92	6.77	5586
绿地时代名邸	上海	10/20	23.00	2.34	9673
绿地滨江汇	广州	10/26	3.05	1.20	25722
白云绿地中心	广州	11/25	2.98	9.14	29577

数据来源：企业官网，CRIC

7. 龙湖地产有限公司

（1）企业简介

龙湖地产有限公司创建于1994年，业务领域涉及地产开发、商业运营和物业服务三大板块。自2004年起实施“区域聚焦、多业态”战略后，进入全国化扩张阶段，并于2009年在香港联交所主板挂牌上市。截至2012年12月，公司业务已拓展至17个城市，覆盖长三角、环渤海、珠三角、中西部区域。未来10~15年，龙湖地产将持续推进“产品聚焦+加大区域纵深+增持商业”三大核心战略。

龙湖在2012年保持高周转，加快周转速度，多个项目实现了快速开盘。未来3年龙湖预计每年至少有一个区域型购物中心开业，用15年左右的时间将商业利润占比从不到5%提升到30%，经营面积将达200万平方米。

（2）财务数据

表5-38　2009~2012年销售业绩

	2009年	2010年	2011年	2012年
销售金额（亿元）	183.59	333.2	382.65	401.3
销售面积（万m²）	188.50	245.41	328.6	418
销售均价（元/m²）	9740	13577	11645	9600

数据来源：企业官网，CRIC

表5-39　2008~2012年财务指标

财务指标	2008年	2009年	2010年	2011年	2012年
资产负债率（%）	88	69	76	75	74
净负债率（%）	288	20	44	43	48
三费费用率（%）	18	7	5	6	6
总资产年度周转次数	0.16	0.30	0.26	0.29	0.25
存货年度周转次数	0.25	0.58	0.43	0.48	0.44
净利润增长率（%）	-56	525	101	38	67
净利率（%）	9	22	33	29	25
销售毛利率（%）	26	29	34	41	40

数据来源：企业公开财务报表

表5-40　历年进入城市

年份	2004前	2005	2007	2009	2010	2011	2012
进入城市	重庆	成都、北京	西安、上海	无锡、沈阳、杭州 青岛、常州	大连、烟台、玉溪、无锡 沈阳、杭州、青岛	宁波	绍兴、厦门 泉州

数据来源：企业官网，CRIC

表5-41　2012年重点新增土地储备

城市	宗地名称	属性	成交时间	占地面积（万m^2）	规划建筑面积（万m^2）	成交总价（亿元）	楼板价（元/m^2）
成都	武侯区晋阳二、六组地块	商住	06	9.7	38.8	12.86	3315
大连	大城(2012)-2号地	住宅	07	6.28	18.84	16.52	8767
重庆	201212089	住宅	8	29.54	58.12	11.37	1956
重庆	北部新区A64-2/03；A67-2/03、3/03；A68-1/03、2/03；A69-1/03	商住	8	18.99	52.98	10.92	2062
重庆	201212090	住宅	8	19.1	50.85	10.32	2029
重庆	201212091	住宅	8	19.43	36.58	9.59	2623
杭州	杭政储出[2012]16号	住宅	8	7.73	24.75	23.52	9504
北京	孙河乡北甸西村二类居住用地	商住	9	10.49	7.29	14.7	20158

数据来源：CRIC

表5-42　2012年重点新开盘项目

项目名称	城市	开盘日期	建筑面积（万m^2）	销售面积（万m^2）	销售均价（元/m^2）
蔚澜香醍	上海	03/18	14	6.3	16170
紫云台	重庆	04/22	63	14.81	8024
紫都城	沈阳	08/25	31.8	5.63	6283
源著	沈阳	08/26	38.57	1.53	4292
水晶郦城	西安	09/2	15.64	4.24	5535
滟澜山三期	杭州	11/01	34	1.41	16286
嘉屿城	厦门	12/01	52.97	0.6	19334
悠山郡	青岛	12/01	42	1.19	11001

数据来源：CRIC

8. 华润置地有限公司

（1）企业简介

华润置地有限公司成立于1996年11月，1997年进入房地产行业，将“住宅开发+投资物业+增值服务”确定为公司核心业务模式，是目前中国内地最具实力的综合型地产开发商之一。从2010年3月8日起香港恒生指数有限公司把华润置地纳入恒生指数成分股，成为香港蓝筹股之一。目前公司已覆盖中国内地39个城市。

2012年华润置地销售业绩稳步提升，投资物业规模进一步扩大，增值服务得到进一步推广和创新。集团基本形成了比例合理、分布得当、总体规模基本可满足未来发展的土地储备基础。未来集团将继续发挥在土地资源和财务资源获取上的优势，在加快现有土地开发周期的同时，有选择性、低成本、适度地增持土地，在业务发展需要和财务稳健之间保持最佳的平衡。

（2）财务数据

表5-43　2009~2012年销售业绩

	2009年	2010年	2011年	2012年
销售金额（亿元）	245	225	366	502
销售面积（万m^2）	195	223	300	457
销售均价（元/m^2）	12564	10090	12200	10985

数据来源：企业官网，CRIC

表5-44　2008~2012年财务指标

财务指标	2008年	2009年	2010年	2011年	2012年
资产负债率（%）	54.73	61.58	62.37	63.25	66
净负债率（%）	46.0	21.0	56.3	68.3	50
三费费用率（%）	11.8	9.62	7.98	12.2	10
总资产年度周转次数	0.16	0.20	0.22	0.23	0.22
存货年度周转次数	0.24	0.39	0.41	0.36	0.32
净利润增长率（%）	6.4	138	54.7	12.6	2
净利润率（%）	22.9	29.2	28.5	23.0	25
销售毛利率（%）	35.7	35.9	39.5	39.6	38

数据来源：企业公开财务报表

表5-45　历年进入城市

年份	2001前	2002	2004	2005	2006	2007	2008	2009	2010	2011	2012
进入城市	北京、上海	成都 深圳	武汉 合肥	杭州 无锡	大连、宁波 长沙、苏州 重庆	沈阳 厦门 天津	绵阳	福州 青岛 南通 鞍山	长春、常州、海南、济南 南昌、南京、南宁、泰州 唐山、徐州、扬州、郑州 淄博、哈尔滨	南京、常州 盐城、惠州 威海、皇岛 日照、赣州	西安 温州

数据来源：企业官网，CRIC

表5-46　2012年重点新增土地储备

城市	宗地名称	属性	成交时间	占地面积（万m^2）	规划建筑面积（万m^2）	成交总价（亿元）	楼板价（元/m^2）
济南	兴隆片区A-3地块	住宅	03	15.00	39.00	5.74	1471
济南	兴隆片区B-1地块	住宅	03	15.23	18.27	5.25	2879
沈阳	长白岛2012-1号地块	商住	05	4.69	22.50	5.42	2410
深圳	南山区T107-0028	商住	08	5.37	49.00	26.53	5414

（续表）

城市	宗地名称	属性	成交时间	占地面积（万m^2）	规划建筑面积（万m^2）	成交总价（亿元）	楼板价（元/m^2）
西安	城西区FD2-9-2号地块	商业	08	5.73	26.35	1.69	641
西安	城西区FD2-9-1号地块	商业	08	7.89	36.30	2.33	642
武汉	洪山区地块	住宅	08	6.86	20.75	4.01	1933
武汉	洪山区地块	住宅	08	3.84	11.65	2.45	2103
西安	城西区FD2-9-3号地块	商住	08	9.58	34.48	3.76	1091
西安	城西区FD2-9-4号地块	商住	08	3.14	11.31	1.23	1088
成都	锦江区地块	商住	09	6.52	21.21	10.84	5110
深圳	高新区地块-01	商业	10	2.2	35.49	3.43	967
深圳	高新区地块-02	住宅	10	2.04	13.40	0.91	676
深圳	高新区地块-03	商业	10	0.4	4.02	0.28	708
深圳	高新区地块-04	住宅	10	4.28	33.51	3.60	1076
深圳	高新区地块-05	住宅	10	4.65	26.49	2.30	868

数据来源：CRIC

表5-47　2012年重点新开盘项目

项目名称	城市	开盘日期	建筑面积（万m^2）	销售面积（万m^2）	销售均价（元/m^2）
幸福里	南宁	02/25	37.00	6.15	8344
置地广场	大连	03/22	60.00	1.19	8556
橡树湾	南昌	03/31	27.53	1.76	11711
橡树湾	长春	06/24	9.23	5.18	6989
欢乐颂	哈尔滨	07/27	30.47	5.67	6682
橡树湾	长沙	08/18	37.20	3.82	28146
LaVie峰锦	成都	10/20	14.00	6.33	9440
橡树湾二期	福州	10/21	10.51	7.05	8433
幸福里	沈阳	10/31	15.00	6.36	11872
中央公园	济南	11/25	27.00	13.14	23795

数据来源：CRIC

9. 世茂房地产控股有限公司

（1）企业简介

世茂房地产控股有限公司成立于1994年，于2006年7月5日于香港交易所主板上市。集团业务重点为在中国大陆经济发达或极具发展潜力的城市，发展大型及高质素的综合房地产项目，包括住宅、酒店、零售及商用物业。集团在中国正在开发的项目逾50个，分布于三十七个大、中城市。

集团从2012年年底不懈地进行内部管理提升工作，将全国各区域进行了重新划分，细分为苏沪区、杭州区、宁波区、中南区、西部区、东北区、环渤海区等七个区域加上旅游地产以及上海世茂股份有限公司，区域的总部均位于区域中心城市，以缩短管理半径。同时，原本独立的开发与营销两个团队开始融合，营销团队融入到各区域公司中的产品研发、项目施工、客户服务、销售等环节之中。

（2）财务数据

表5-48　2009~2012年销售业绩

	2009年	2010年	2011年	2012年
销售金额（亿元）	225	305	307	460.97
销售面积（万m^2）	250	253	239	409
销售均价（元/m^2）	9000	12055	12845	11271

数据来源：企业官网，CRIC

表5-49　2008~2012年财务指标

财务指标	2008年	2009年	2010年	2011年	2012年
资产负债率（%）	59	62	69	70	69
净负债率（%）	66	52	68	82	56
三费费用率（%）	25	12	11	10	10
总资产年度周转次数	0.16	0.29	0.25	0.23	0.23
存货年度周转次数	0.40	0.71	0.65	0.58	0.65
净利润增长率（%）	-62	54	16	4	2
净利率（%）	9	14	17	17	23
销售毛利率（%）	47	36	39	41	34

数据来源：企业公开财务报表

表5-50　历年进入城市

年份	2005以前	2006	2007	2009	2010	2011	2012
进入城市	上海、北京、昆山、常熟、武汉、绍兴 芜湖、南京、福州、烟台、嘉兴、常州 洛阳、苏州、徐州、杭州、哈尔滨	沈阳	泰州、宁波、咸阳 大连、牡丹江	无锡、青岛 天津、成都 厦门	广州 南昌 长沙	文昌、晋江 平潭、胶南 济南	南通

数据来源：企业官网，CRIC

表5-51　2012年重点新增土地储备

城市	宗地名称	属性	出让时间	占地面积（万m^2）	规划建筑面积（万m^2）	成交总价(亿元)	楼板价（元/m^2）
上海	松江区千新公路二号地块	住宅	08	9.95	9.45	9.65	10211
南通	经济技术开发区R12035地块	住宅	11	13.04	28.5	4.58	1606
苏州	吴中区木渎镇金山北路西、渔洋街南	住宅	12	8.12	9.75	5.2	5334

数据来源：CRIC

表5-52　2012年重点新开盘项目

项目名称	城市	开盘日期	建筑面积（万m^2）	销售面积（万m^2）	销售均价（元/m^2）
海峡大厦	厦门	03/24	33.8	7.05	31564
湿地公元二期	天津	03/25	——	1.06	17089

（续表）

项目名称	城市	开盘日期	建筑面积（万m^2）	销售面积（万m^2）	销售均价（元/m^2）
茂悦府	天津	05/06	36	2.08	11206
玉锦湾	成都	06/23	39	2.09	14731
诺沙湾	青岛	07/29	6	2.92	13876

数据来源：CRIC

10. 广州富力地产股份有限公司

（1）企业简介

广州富力地产股份有限公司成立于1994年，集房地产设计、开发、工程监理、销售、物业管理、房地产中介等业务为一体，是中国综合实力最强的房地产企业之一。总部设于广州市。2002年开始布局全国。

2012年富力始终保持审慎的经营态度，严格控制现金流。公司实现协议销售额322亿元，销售面积288万平方米，较去年分别增长13%及32%。在土地储备方面，公司一直专注于一线城市，但因未来内地房地产仍以刚性需求为主，而二三线城市需求较大，故富力有计划地加大了二三线城市的发展，其中尤以新进入城市杭州为代表。同时，在产品结构上，富力发展了更多的中小户型单位以适合首次置业客户。

（2）财务数据

表5-53　2009~2012年销售业绩

	2009年	2010年	2011年	2012年
销售金额（亿元）	241.97	322.46	300.4	342
销售面积（万m^2）	233.29	247.41	226.38	297
销售均价（元/m^2）	10372	13033	13270	11515

数据来源：企业官网，CRIC

表5-54　2008~2012年财务指标

财务指标	2008年	2009年	2010年	2011年	2012年
资产负债率（%）	72.7	74.4	74.2	73.0	73
净负债率（%）	123.2	97.6	94.4	85.9	86
三费费用率（%）	10.7	10.2	10.1	11.2	11
总资产年度周转次数	0.28	0.30	0.34	0.34	0.33
存货年度周转次数	0.45	0.52	0.72	0.69	0.64
净利润增长率（%）	-41	-7	50	11	17
净利率（%）	13.0	11.4	14.4	16.4	19
销售毛利率（%）	33.9	31.6	37.7	41.7	41

数据来源：企业公开财务报表

表5-55　历年进入城市

年份	2000以前	2006	2007	2009	2011	2012
进入城市	广州、北京、天津、西安 重庆、海口、惠州	陵水	太原、沈阳、昆山 上海、成都	从化	哈尔滨	大同、香河 临高、杭州

数据来源：企业官网，CRIC

表5-56　2012年重点新增土地储备

城市	土地名称	用途	出让时间	占地面积（万m²）	规划建筑面积（万m²）	成交总价(亿元)	楼盘价（元/m²）
北京	通州马驹桥镇C-06-2、C-12地块	住宅;办公;商业	09	9.36	15.18	8	5269
北京	通州马驹桥镇C-06-1地块	住宅;办公;商业	09	14.07	17.39	9.8	5637
广州	南沙区2012NJY-8地块	住宅;	10	9.96	19.93	6.55	3287
杭州	余政储出【2012】51号	住宅;商业	11	9.60	19.19	7.63	3976
杭州	余政储出【2012】52号	住宅;	11	4.40	8.8	4.66	5293
北京	大兴庞各庄镇6号地PGZ01-11地块	商业;综合;	11	15.76	9.8	2.84	2896

数据来源：CRIC

表5-57　2012年重点新开盘项目

项目名称	城市	开盘日期	建筑面积（万m²）	销售面积（万m²）	均价（元/m²）
嘉誉湾	上海	03/11	36	1.93	39556
富力童话时光	北京	08/11	25	6.92	12663
富力津门湖四期	天津	08/11	20	2.36	13914
富力城三期	太原	09/29	16.2	0.74	7333

数据来源：CRIC

11. 碧桂园集团

（1）企业简介

碧桂园集团创建于1992年，2007年香港联交所主板上市。下辖国家一级资质建筑公司、国家一级资质物业管理公司、甲级资质设计院等专业公司；涉及酒店、教育、等多个行业，旗下已有30余家挂牌五星级标准酒店开业。截至2012年底，集团已经拥有118个项目处于不同的开发阶段(其中广东省项目67个)。2012年碧桂园完善企业内部管理系统，特别是提升和完善了客户服务方面，在2012年3月成立客户关系管理中心，将围绕“业主至上，为客户实现价值”的宗旨开展工作，以不断提升客户满意度和公司美誉度。

（2）财务数据

表5-58　2009~2012年销售业绩

	2009年	2010年	2011年	2012年
销售金额（亿元）	232	329	432	476
销售面积（万m²）	475	600	687	764
销售均价（元/m²）	4884	5483	6288	6230

数据来源：企业官网，CRIC

表5-59 2008~2012年财务指标

财务指标	2008年	2009年	2010年	2011年	2012年
资产负债率（%）	61.33	66.56	69.03	71.98	72
净负债率（%）	40.9	53.3	41.4	57.2	54
三费费用率（%）	16.64	9.51	6.51	7.39	9
总资产年度周转次数	35.41	30.90	35.34	36.69	0.34
存货年度周转次数	0.64	0.68	1.08	0.84	0.72
净利润增长率（%）	-66.34	50.25	103.10	35.20	18
净利率（%）	9.0	12.1	16.7	16.8	16
销售毛利率（%）	44.7	26.4	32.4	34.5	37

数据来源：企业公开财务报表

表5-60 历年进入城市

年份	2006前	2007	2008	2009	2010	2011	2012
进入城市	广州、佛山、江门、阳江、韶关、肇庆、惠州、长沙、满洲里	通辽、泰州、沈阳、鞍山、武汉、咸宁、巢湖、池州、黄山、芜湖、呼伦贝尔盟、兴安盟	茂名、清远、长沙、益阳、随州、安庆、绥化、重庆	荆门、天津	云浮、东莞、中山、河源、镇江、滁州、玉林	开平	南通

数据来源：企业官网，CRIC

表5-61 2012年重点新增土地储备

城市	宗地名称	属性	成交时间	占地面积（万m^2）	规划建筑面积（万m^2）	成交总价（亿元）	楼板价（元/m^2）
沈阳	洪区YHXC2012-10 于洪新城37-2号地块	住宅;商业	10	4.17	8.34	1.5	1804
沈阳	于洪区YHXC2012-08 于洪新城34-2号地块	住宅	10	1.39	3.39	0.61	1803
沈阳	于洪区YHXC2012-09 于洪新城35-2号地块	住宅;商业	10	3.03	6.67	1.2	1805
武汉	东湖高新区春和路以北、花山大道以西A地块	住宅	12	13.26	14.44	2.17	1500
武汉	东湖高新区春和路以北、花山大道以西B地块	住宅	12	15.57	13.88	1.67	1200
武汉	东湖高新区春和路以北、花山大道以西A地块	住宅	12	8.8	9.91	1.49	1501
武汉	东湖高新区春和路以北、花山大道以西B地块	住宅	12	15.84	14.14	1.7	1200

数据来源：CRIC

表5-62 2012年重点新开盘项目

项目名称	城市	开盘日期	建筑面积（万m^2）	销售面积（万m^2）	销售均价（元/m^2）
生态城	武汉	11/03	28.00	2.93	6470
天玺湾	广州	12/15	10.97	2.21	11021
天玺湾	广州	12/15	10.97	2.21	11021

数据来源：CRIC

12. 绿城中国控股有限公司

（1）企业简介

绿城房地产集团有限公司1995年1月成立开始，2006年7月在香港上市。2005年绿城开始介入安置房和保障房项目，目前总规模已超900万平方米。

2012年绿城深化了与其他企业的合作。6月份绿城与九龙仓达成战略性投资合作，涉及资金约51亿元港币，投资交易完成后，九龙仓将持有绿城24.6%的股权，成为绿城的第二大股东。同月，绿城与融创中国就搭建高端地产平台公司达成合作协议，绿城将旗下上海、苏州、无锡、常州及天津区域的9个优质的地产项目的相应股权注入合作公司。同时，2012年绿城积极调整自身的战略经营方向，从积极扩张转变为稳健运营，在持续提升产品品质和服务质量的前提下，从市场终端入手，改变营销模式，建立经纪人销售制度，并引入战略投资者改善资本结构，降低负债水平，既可借鉴双方优势，发挥协同作用，又能进一步提升公司品牌价值及核心竞争力。

（2）财务数据

表5-63 2009~2012年销售业绩

	2009年	2010年	2011年	2012年
销售金额（亿元）	532	542	353	546
销售面积（万m^2）	362	279	175	260
销售均价（元/m^2）	14700	19403	20171	21000

数据来源：企业官网，CRIC

表5-64 2008~2012年财务指标

财务指标	2008年	2009年	2010年	2011年	2012年
资产负债率（%）	76	84	88	86	94
净负债率（%）	175	136	187	94	49
三费费用率（%）	17	22	18	11	7
总资产年度周转次数	18	15	11	17	0.30
存货年度周转次数	18	17	12	18	0.63
净利润增长率（%）	-44	93	75	115	47
净利润率（%）	9	13	17	19	17
销售毛利率（%）	28	27	31	34	30

数据来源：企业公开财务报表

表5-65 历年进入城市

年份	2004前	2005~2006	2007	2008	2009	2010	2011	2012
进入城市	杭州、上虞、海宁、北京、上海、合肥、长沙、青岛	昆山、温州、宁波、南京、南通、临安、桐庐、乌鲁木齐、舟山、新昌	台州、郑州、湖州、绍兴、济南、无锡、长兴、淳安、德清	慈溪、大连、诸暨、象山、陵水	天津、苏州、富阳、丽水	荆州、三亚、唐山、新泰、启东、常州	沈阳、信阳、莱芜	桐乡、建德

数据来源：企业官网，CRIC

表5-66　2012年重点新增土地储备

城市	宗地名称	属性	成交时间	占地面积（万m^2）	规划建筑面积（万m^2）	成交总价（亿元）	楼板价（元/m^2）
上海	唐镇新市镇A-03-11地块	住宅	07	7.30	10.92	16.44	15054
上海	唐镇5街坊180/1丘地块	住宅	09	6.02	7.2	8.34	11583
上海	外高桥南部国际社区A10-1—3地块	商住	10	7.50	12.01	21.24	17678
大连	中山区不朽巷住宅地块	住宅	11	8.57	24	20.28	8450

数据来源：CRIC

表5-67　2012年重点新开盘项目

项目名称	城市	开盘日期	建筑面积（万m^2）	销售面积（万m^2）	销售均价（元/m^2）
西子田园牧歌	杭州	01/02	1.57	0.01	21888
翡翠湖玫瑰园	合肥	03/22	0.64	0.26	26700
绿城御园	上海	04/21	2.88	0.20	43329
百合花园	济南	05/13	1.35	0.10	9000
慧园	杭州	06/21	1.22	0.14	20847
玉园	杭州	07/20	1.68	0.43	21464
翡翠城	杭州	08/05	0.68	0.73	14478
桃花源	杭州	08/05	0.50	0.07	45163
新华园	杭州	09/08	1.33	0.31	39506
国际金融城	武汉	12/29	1.69	0.71	12000

数据来源：CRIC

13. 金地(集团)股份有限公司

（1）企业简介

金地(集团)股份有限公司成立于1988年，1993年开始正式经营房地产。2001年4月，在上海证券交易所正式挂牌上市。2010年，金地集团确立“以住宅业务为核心，以商业地产和金融业务为两翼，做中国最有价值的国际化企业集团”的一体两翼发展战略。经过二十多年发展，金地集团已经建立华南、华东、华北、华中、西北、东北、东南7大区域的全国化扩张格局，已进入全国23座城市。

纵观2012年，金地审时度势，把握市场节奏，快速补充适销的刚需类可售资源，并从组织框架、产品流程等方面提高周转率，为弱市竞争赢得销量奠定积极基础。另一方面，金地房地产金融业务平台也取得了显著成果，人民币基金投资规模扩大。同时，企业还积极加强融资创新的尝试，发行12亿人民币三年期无抵押优先级债券，成为A 股地产公司海外发债首个成功案例。

（2）财务数据

表5-68　2009~2012年销售业绩

	2009年	2010年	2011年	2012年
销售金额（亿元）	211	283	309	341.5
销售面积（万m^2）	196.69	229	224	287.4
销售均价（元/m^2）	10728	12358	13795	11882

数据来源：企业官网，CRIC

表5-69　2008~2012年财务指标

财务指标	2008年	2009年	2010年	2011年	2012年
资产负债率（%）	70	70	71	71	73
净负债率（%）	81	46	51	42	48
三费费用率（%）	12	9	7	8	11
总资产年度周转次数	0.32	0.27	0.31	0.29	0.12
存货年度周转次数	0.24	0.22	0.28	0.27	0.11
净利润增长率（%）	-17	77	62	19	137
净利率（%）	11	16	16	16	11
销售毛利率（%）	43	37	38	39	33

数据来源：企业公开财务报表

表5-70　历年进入城市

年份	2001前	2001	2002	2003	2004	2005	2006	2007	2009	2010	2011	2012
进入城市	深圳	北京	佛山	上海	武汉	珠海 东莞 天津	广州 西安 宁波	南京 杭州	绍兴	沈阳、大连 烟台、常州 长沙	淮安 鞍山 扬州	余姚

数据来源：企业官网，CRIC

表5-71　2012年重点新增土地储备

城市	宗地名称	属性	成交时间	占地面积（万m^2）	规划建筑面积（万m^2）	成交总价（亿元）	楼板价（元/m^2）
武汉	东湖新区关山村P(2011)260号	商住	01	11.99	46.61	12.00	2575
武汉	东湖新区关山村P(2011)261号	住宅	01	11.14	43.20	10.32	2389
沈阳	浑南新区滨河东项目	商住	08	6.14	18.42	2.53	1374
余姚	四明西路北侧、黄郎闸江西侧地块	住宅	08	5.83	10.49	5.20	4875
沈阳	浑南新区锦城项目	商住	09	1.01	23.97	4.24	1769
西安	唐华路[2012]70号城南区QJ8-7-2	商住	09	5.18	15.54	2.73	1757
西安	唐华路[2012]70号城南区QJ8-7-4	商住	09	4.12	17.16	2.17	1265
西安	雁翔路[2012]70号城南区QJ6-5-2	商住	09	6.61	26.42	3.50	1325
北京	通州商务园项目	——	09	8.78	17.76	3.38	1903
深圳	坪山新区G11340-8011项目	住宅	11	2.95	9.45	3.03	3206
武汉	东湖新区曙光村K1-1-2地块	住宅;商业	12	11.73	47.51	14.66	3086

数据来源：CRIC

表5-72　2012年重点新开盘项目

项目名称	城市	开盘日期	建筑面积（万m^2）	销售面积（万m^2）	销售均价（元/m^2）
艺境	武汉	04/07	42.00	5.91	6591
湖城大境五期	西安	04/21	51.00	0.49	19477
明悦	南京	05/27	19.87	8.06	9795
名京三期	沈阳	07/22	25.00	9.95	10728
艺华年	上海	07/28	21.35	4.15	17648
檀溪	沈阳	08/05	26.47	8.25	7813
名峰	深圳	09/23	11.80	2.04	15081
艺境	大连	09/23	46.00	6.80	8961
东凌广场	广州	11/10	6.44	6.24	7600
艺境	扬州	12/16	26.00	0.02	6319

数据来源：CRIC

14. 融创中国控股有限公司

（1）企业简介

融创中国控股有限公司是一家专业从事住宅及商业地产综合开发的企业。2012年6月，融创中国与绿城联手，宣布组建合营公司上海融创绿城控股有限公司，在上海、苏州等地就9 个项目进行合作。自合作以来，双方各自发挥自身优势，在强强联合下，合作的项目，包括上海玉兰花园、上海黄埔湾和苏州御园等均于2012 年创出理想销售成绩，项目每平方米均价亦创新高。

纵观2012全年，融创的土地储备达到约1,360万平方米，其中权益土地储备为约829万平方米。2012年融创业绩各项财务数据均稳步攀升，特别是净负债率更大幅度降低至79%，而现金流更升至人民币122.6亿元，较去年同期飙升217%。另外，融创融创中国在2012年达成预定合同金额356亿元，其中，合约销售金额315.6亿元，同比增速达78%。

（2）财务数据

表5-73　2010~2012年销售业绩

	2010年	2011年	2012年
销售金额（亿元）	83.38	192.1	356.4
销售面积（万m^2）	72.86	119.4	200
销售均价（元/m^2）	11438	16089	17800

数据来源：企业官网，CRIC

表5-74　2008~2012年财务指标

财务指标	2008年	2009年	2010年	2011年	2012年
资产负债率（%）	89	81	70	78	83
净负债率（%）	319	54	31	109	79
三费费用率（%）	10	6	6	8	5
总资产年度周转次数	0.36	0.5	0.52	0.43	0.40
存货年度周转次数	0.49	0.83	0.74	0.41	0.73
净利润增长率（%）	22	28	39	33	10
净利率（%）	14	18	23	23	13
销售毛利率（%）	31	28	43	34	26

数据来源：企业公开财务报表

表5-75　2003~2011年进入城市

年份	2003	2004	2007	2010	2011
进入城市	天津	重庆	北京、无锡、苏州	宜兴	上海、常州、杭州

数据来源：企业官网，CRIC

表5-76　2012年重点新增土地储备

城市	宗地名称	属性	出让时间	占地面积（万m^2）	规划建筑面积（万m^2）	成交价(亿元)	楼盘价（元/m^2）
天津	津滨北塘（挂）2012-04号	住宅	04	1.45	1.74	0.69	3981
天津	津滨北塘（挂）2012-02号	商业	04	1.62	2.91	0.79	2711
天津	津滨北塘（挂）2012-06号	住宅;商业	04	1.39	1.66	0.66	3981
天津	津滨北塘（挂）2012-05号	住宅	04	1.34	1.61	0.64	3978
天津	津滨北塘（挂）2012-03号	商业	06	1.72	3.1	0.84	2723
上海	浦东新区唐镇新市镇A-03-11地块	住宅	07	7.28	10.92	16.44	15054
天津	津滨北塘（挂）2012-08号	住宅	07	1.56	1.87	0.75	3990
天津	津滨北塘（挂）2012-10号	住宅	07	1.49	1.79	0.71	3986
天津	津滨北塘（挂）2012-09号	住宅	07	1.44	1.73	0.69	3987
北京	京土整储挂（兴）[2012] 046号	住宅	09	5.81	10.67	10.6	9934
上海	浦东新区唐镇5街坊180/1丘地块	住宅	09	6.02	7.22	8.34	11544
上海	浦东新区A10-1、A10-2、A10-3地块	住宅;商业	10	7.51	12.01	21.24	17678
杭州	余政储出[2012] 56号	住宅	11	5.94	7.72	6.21	8047
重庆	渝北F30/1/02、F32/1/02、F60/1/02地块	住宅;商业	11	15.98	39.95	9.75	2440.52
重庆	国土房管告字46号J8/1/04号、I17/1/3/03地块	住宅;商业	12	9.18	13.33	4	3001

数据来源：CRIC

表5-77 2012年重点新开盘项目

项目名称	城市	开盘日期	建筑面积（万m^2）	销售面积（万m^2）	销售均价（元/m^2）
融创伊顿庄园	重庆	5/9	37.55	9.52	8073.15
融创金贸时代	重庆	6/15	45	10.08	9796.51
融创玖玺国际	重庆	8/24	32	3.41	12850
海河大观	天津	10/27	9.00	3.46	24926.46
亚奥金茂悦	北京	10/27	13.70	5.30	30254.54
望京·金茂府	北京	12/8	8.68	0.54	44887.18

数据来源：CRIC

15. 招商地产控股股份有限公司

（1）企业简介

招商局地产控股股份有限公司成立于1984年4月，集开发销售、租赁经营、物业管理于一体、物业品种齐全的大型国有房地产开发企业。1993年公司A股在深圳证券交易所上市、B股在新加坡证券交易所上市。

目前业务覆盖珠三角、长三角、环渤海三大城市经济圈以及中西部地区，截至2012年底招商地产已进入城市共计22个。2012年，招商地产以“千亿销售百亿利润”为中长期目标，推行“狼性文化”，积极调整产品结构，加速周转，借集团成立140周年庆的东风进行全国性营销活动，同时通过推动“大部制”建设提升管理效率，不断优化权责流程，推动知识管理、企业文化建设、产品标准化等一系列卓有成效的管理工作，使公司迎来跨越式发展的新阶段。

（2）财务数据

表5-78 2009~2012年销售业绩

	2009年	2010年	2011年	2012年
销售金额（亿元）	157	143	210	356
销售面积（万m^2）	123	102	122	245
销售均价（元/m^2）	12764	14019	17213	14531

数据来源：企业官网，CRIC

表5-79 2008~2012年财务指标

财务指标	2008年	2009年	2010年	2011年	2012年
资产负债率（%）	56.51	61.79	64.65	69.53	73
净负债率（%）	30.62	–4.56	17.14	31.40	19
三费费用率（%）	12.90	4.72	4.47	4.55	6
总资产年度周转次数	0.11	0.24	0.26	0.22	0.27
存货年度周转次数	0.10	0.22	0.24	0.16	0.21
净利润增长率（%）	–8.63	60.67	41.58	33.37	29
净利润率（%）	30.6	17.3	18.0	21.9	13
销售毛利率（%）	41.3	41.2	39.8	52.4	49

数据来源：企业公开财务报表

表5-80 历年进入城市

年份	2003前	2004	2005	2006	2007	2008	2009	2010	2011	2012
进入城市	深圳、广州、惠阳 上海、天津	苏州	南京、天津 乌鲁木齐	杭州	佛山 重庆	北京、青岛 哈尔滨	成都	厦门、 南京	镇江、武汉 海口	常州、长春 昆山、西安

数据来源：企业官网，CRIC

表5-81 2012年重点新增土地储备

城市	宗地名称	属性	成交时间	占地面积（万m^2）	规划建筑面积（万m^2）	成交总价（亿元）	楼板价（元/m^2）
北京	朝阳来广营A4和B4地块	住宅	02	10.7	18.9	23.7	12523
天津	津滨开（挂）2011-18号	住宅	04	3.3	4.4	1.5	3479
天津	津滨开（挂）2011-19号	住宅	04	3.8	5.7	2.2	3835
天津	津滨开（挂）2011-16号	住宅	04	3.3	5.9	4.1	6966
天津	津滨开（挂）2011-17号	住宅	04	3.8	6.8	4.7	6947
上海	青浦徐泾海天花园西侧地块	住宅	09	5.4	7.2	8.9	12254
深圳	龙岗区G12201-0299地块	住宅	11	16	37.9	12.2	3226
天津	津滨开（挂）2012-16号	住宅	11	1.7	2.3	0.6	2507
天津	津滨开（挂）2012-15号	住宅	11	2.3	3.2	0.9	2907
天津	津滨开（挂）2012-13号	住宅	11	3.2	4.6	1.4	3010
天津	津滨开（挂）2012-14号	住宅	11	3.7	5.6	1.6	2830

数据来源：CRIC

表5-82 2012年重点新开盘项目

项目名称	城市	开盘日期	建筑面积（万m^2）	销售面积（万m^2）	销售均价（元/m^2）
招商依云郡	天津	01/20	23	3.84	8713
静观萃园	上海	03/17	10	0.23	29840
招商华侨城曦城	深圳	05/03	2.81	1.24	40978
招商钻石山	天津	06/09	5.8	5.18	17315
招商雍华府	武汉	06/30	13.76	3.01	7701
招商·雍华府	成都	07/15	23	4.66	8386
招商伍兹公寓	深圳	09/23	2.65	0.93	56456
万科壹海城	深圳	10/28	9.10	4.54	33122

数据来源：CRIC

16. 远洋地产控股有限公司

（1）企业简介

远洋地产创立于1993年，并于2007年9月28日在香港联合交易所主板上市。公司业务范围涉及中端至高端住宅、高级写字楼、零售物业、酒店式公寓开发、房地产销售及相关业务、工程及园林建设、物业管理、酒店及会所经营等。

远洋地产控股有限公司全资持有境内的远洋地产有限公司和境外的远洋地产（香港）有限公司，下属有19家项目公司及2个项目部，共有50余个处于不同开发阶段的项目，公司总土地储备超过2000万平方米，其中75%位于环渤海地区。

2012年是远洋地产第三部发展战略实施第三年，按照年初确定的“严控成本、加快周转、区域深耕、创新业务”年度发展思路，公司实现了销售额、营业收入和净利润的持续增长，全面超额完成了经营业绩目标。2012年，远洋地产实现协议销售额人民币311亿元，同比增长15%，提前两个月达成目标。

（2）财务数据

表5-83　2009~2012年销售业绩

	2009年	2010年	2011年	2012年
销售金额（亿元）	143.16	216.03	270.05	311
销售面积（万m^2）	144	166	209.6	254.7
销售均价（元/m^2）	9942	13014	12884	12210

数据来源：企业官网，CRIC

表5-84　2008~2012年财务指标

财务指标	2008年	2009年	2010年	2011年	2012年
资产负债率（%）	58.9	61.6	64.3	64.9	67
净负债率（%）	35.5	14.2	46.0	60	42
三费费用率（%）	12.8	10.7	8.6	10.1	9
总资产年度周转次数	0.16	0.17	0.18	0.20	0.24
存货年度周转次数	0.26	0.33	0.26	0.29	0.35
净利润增长率（%）	-19	13	49	7	52
净利率（%）	20.2	12.5	12.1	7.8	14
销售毛利率（%）	43.5	30.1	30.1	31.5	27

数据来源：企业公开财务报表

表5-85　历年进入城市

年份	2003前	2004	2006	2007	2009	2010	2011
进入城市	北京	天津	大连、中山	沈阳、杭州	重庆	上海、青岛、成都、三亚 长春、海口、黄山	抚顺、深圳、秦皇岛 武汉、镇江

数据来源：企业官网，CRIC

表5-86　2012年重点新增土地储备

城市	宗地名称	属性	成交时间	规划建筑面积（万m^2）	成交总价（亿元）	楼板价（元/m^2）
大连	中华路三号A地块	住宅、商业	12	39.80	12.21	3068
大连	中华路三号B地块	住宅、商业	12	44.21	14.21	3213
抚顺	远洋城II期	住宅、商业	12	25.32	0.8	316
深圳	盛平项目	住宅、商业、办公	12	41.97	12.14	2893

数据来源：CRIC

表5-87　2012年重点新开盘项目

项目名称	城市	开盘日期	建筑面积（万m^2）	销售面积（万m^2）	均价（元/m^2）
万和公馆	北京	06/09	11.33	3.81	50865
钻石湾	大连	06/26	168.9	18.07	14589
自然	青岛	07/15	13.02	6.3	13229
蓝钻	沈阳	08/31	7.53	0.68	8979
悦庭	上海	09/15	24.79	4.21	17127
心里	杭州	09/22	12.29	3.56	16624
新干线荣域花园	深圳	12/15	8.23	0.01	15436

数据来源：CRIC

17. 佳兆业集团控股有限公司

（1）企业简介

佳兆业集团于1999年成立。2009年12月，佳兆业集团在香港上市。集团主营业务涉及地产开发、城市更新、商业运营、酒店管理、物业服务等多元领域，产品覆盖普通住宅、别墅、旅游、大型城市综合体等。

目前佳兆业建基于深圳，已延伸至珠三角、长三角、环渤海、成渝及中部等中国五大主要经济区域，业务覆盖全国29个重要城市，项目开发近73个。

2012年，佳兆业集团营业额为119.6亿元，同比增加10.3%，纯利增加15.9%，达到1.7亿元；合约销售及建筑面积约为173.4亿元和257.7万平方米，分别按年增长13.4%和18.3%。集团透过政府公开招标和拍卖及挂牌出售以及透过收购股权于二手市场购入共计21幅土地，投入金额45.2亿元，总土地储备达到2390万平方米，足够未来5年的开发需求。

社会责任方面，企业2012年，企业慈善事业从关注公共设施、城市配套、教育文化等领域，深入到社会弱势群体。企业慈善捐款合计人民币1780万元，资助过的慈善公益项目累计达到近50个，捐资逾3亿元人民币。名列《福布斯》中文版发布的“2012年中国慈善榜“的TOP50。

（2）财务数据

表5-88　2009~2012年销售业绩

	2009年	2010年	2011年	2012年
销售金额（亿元）	55	74	147	173
销售面积（万m^2）	63	69	222	265
销售均价（元/m^2）	8763	10663	6622	6528

数据来源：企业官网，CRIC

表5-89　2008~2012年财务指标

财务指标	2008年	2009年	2010年	2011年	2012年
资产负债率（%）	77	63	62	71	75
净负债率（%）	182	42	31	77	67
三费费用率（%）	14	13	8	8	12
总资产年度周转次数	0.26	0.30	0.35	0.32	0.24
存货年度周转次数	0.37	0.56	0.7	0.46	0.7
净利润增长率（%）	-19	13	49	7	9
净利率（%）	13	8	18	15	17
销售毛利率（%）	28	28	39	30	35

数据来源：企业公开财务报表

表5-90　历年进入城市

年份	2001前	2005	2007	2009	2010	2011	2012
进入城市	深圳	广州	惠州	江阴、东莞、杭州佛山、沈阳	太仓、南充、常州、鞍山株洲、葫芦岛、顺德	成都、珠海、潍坊武汉、辽阳、本溪	上海、丹东、盘锦营口泰州、长沙重庆

数据来源：企业官网，CRIC

表5-91　2012年重点新增土地储备

城市	宗地名称	属性	成交时间	占地面积（万m^2）	规划建筑面积（万m^2）	成交总价（亿元）	楼板价（元/m^2）
成都	双流县东升街道三支渠南片区永福社区地块	商住	06	12.06	42.2	7.89	1869
上海	奉贤区庄行镇B-08-02区域地块	住宅	06	8.09	8.44	4.05	4800
上海	嘉定区马陆镇28-01地块	住宅	06	2.33	5.83	4.07	6990
成都	青羊区马厂社区1、2组界内地块	商住	10	6.09	17.06	6.75	3955
上海	嘉定区澄浏公路以东、胜竹东路以北地块	商住;办公	11	6.89	13.77	2.75	2000
深圳	佳兆业房地产开发项目土地	商业	12	4.83	13.08	0.89	679

数据来源：CRIC

表5-92　2012年重点新开盘项目

项目名称	城市	开盘日期	建筑面积（万m^2）	销售面积（万m^2）	销售均价（元/m^2）
君汇上品	广州	01-01	3.12	2.93	21758
佳兆业金域天下	武汉	09-16	35.18	5.16	6231
佳兆业中心	沈阳	09-22	30	0.97	13518
天时花园	深圳	12-01	13.79	1.6	19555

数据来源：CRIC

（3）联系方式

地址：深圳市罗湖区人民南路嘉里中心3306室　　邮编：518001

电话：0755-25181818　　传真：0758-25181868　　公司主页：www.kaisagroup.com

18. 北京首都开发控股（集团）有限公司

（1）企业简介

北京首都开发控股（集团）有限公司于2005年12月10日正式成立是在北京市国资委主导下以房地产开发和经营为主营业务的市属国有大型企业集团。

北京首都开发股份有限公司已进入全国10多个城市，初步形成了立足北京、辐射全国的区域布局和住宅开发与物业经营协调互动的产业布局。

北京首开2012年营业收入为126.755亿元人民币，同比增长40.18%，利润总额20.003亿元，同比下降15.71%；全年实现销售面积133万平方米，签约金额177亿元，均比上一年增长55%左右。

2012年，首开集团树立了“责任·地产”的企业理念，把企业责任放在战略高度，持续加大保障房建设力度，全年共计竣工保障房30.3万平方米，销售面积3.9万平米，签约额2亿元。

（2）财务数据

表5-93　2009~2012年销售业绩

	2009年	2010年	2011年	2012年
销售金额（亿元）	144	139	164	215
销售面积（万m^2）	80	87	121	143
销售均价（元/m^2）	14304	16035	13554	15035

数据来源：企业官网，CRIC

表5-94　2008~2012年财务指标

财务指标	2008年	2009年	2010年	2011年	2012年
资产负债率（%）	82	71	75	79	82
净负债率（%）	180	19	76	115	119
三费费用率（%）	16	18	18	22	26
总资产年度周转次数	0.26	0.19	0.20	0.17	0.07
存货年度周转次数	0.29	0.23	0.20	0.12	0.05
净利润增长率（%）	69	58	48	43	19
净利率（%）	10	17	17	21	9
销售毛利率（%）	34	35	47	54	47

数据来源：企业公开财务报表

表5-95　历年进入城市

年份	2001前	2005	2006	2007	2008	2009	2010	2011
进入城市	北京、深圳	苏州、海门 重庆	文登	长沙、烟台 天津、武汉	扬州	厦门、太原 沈阳	贵阳、绵阳、成都 桂林、福州	廊坊

数据来源：企业官网，CRIC

表5-96　2012年重点新增土地储备

城市	宗地名称	属性	成交时间	占地面积（万m^2）	规划建筑面积（万m^2）	成交总价（亿元）	楼板价（元/m^2）
北京	大兴生物医药基地12号地、15号地块	商住;综合	09	16.78	19.52	13.8	7070
北京	顺义新城12街区西马坡政策性住房项目	商住;综合	09	38.32	49.38	12.9	2617
沈阳	沈北新区蒲河大道北侧-149地块	商住	11	16.14	32.27	3.2	999
北京	通州台湖镇4/1/014、4/1/015、4/1/019地块	商住;办公	12	7.00	11.94	6.4	5359
北京	通州区台湖镇4-1-017、4-1-010地块	商住;办公	12	7.03	9.13	7.8	8541
沈阳	沈北新区蒲河大道北侧-115地块	商住	12	17.44	34.88	3.4	965

数据来源：CRIC

表5-97　2012年重点新开盘项目

项目名称	城市	开盘日期	建筑面积（万m^2）	销售面积（万m^2）	销售均价（元/m^2）
首开领翔国际	厦门	2011/08/06	33.93	14.95	8427
首信祥和苑	北京	11/04	7.3	1.19	15373
紫芳园五区	北京	11/22	40	13.33	33772
首创·新悦都	北京	12/2	30.31	3.78	14677
首开同馨家园	北京	12/20	23.65	7.17	7299

数据来源：CRIC

19. 新城控股集团有限公司

（1）企业简介

新城控股集团有限公司创立于1996年，主要致力于开发优质住宅物业和多用途综合楼项目。旗下住宅地产和商业地产主要分布在中国最富裕的长三角东部沿海、沪宁地区，并逐步向价值潜力不断提升的中西部城市拓展延伸，营造出更宜居的城市生活空间，缔造更具活力的城市商业综合体。目前，公司凭借其优质的品牌、标准化的开发程序和快速资产周转模式，已成功将业务版图从长三角南京、常州、无锡、苏州和上海拓展至湖南长沙、湖北武汉等泛长三角区域。近三年来，年均住宅销售规模在14863套以上，2012年公司实现销售面积185.4万平方米，销售金额163亿元，销售业绩行业排名50强中排第31位。

新城控股主要从事优质物业开发，以中等层级客户为重点，提供迎合中产阶层客户不同偏好和需求的多种物业。公司开发各种住宅物业，包括高层公寓、多层公寓、联排别墅和独栋别墅。同时，公司还开发并运营多用途的城市综合体项目，包括写字楼、零售店、酒店式公寓和其他配套设施。

2012年，新城控股针对复杂的市场环境，加强房地产行业发展趋势、区域市场的研究，结合公司项目特点、目标客户，采取积极的销售策略，达成了公司销售目标。公司产品标准化进一步固化和提升，不断完善相关产品线的标准化产品研发、标准化技术研究和标准化的实施。

（2）财务数据

表5-98　2009~2012年销售业绩

	2009年	2010年	2011年	2012年
销售金额（亿元）	56.51	110.56	129.68	162.8
销售面积（万m^2）	97	124.88	122.01	185.4
销售均价（元/m^2）	5825	8853	10629	9268

数据来源：企业官网，CRIC

表5-99　历年进入城市列表

年份	2003前	2004	2005	2007	2009	2011	2012
进入城市	上海	常州	南京	无锡、苏州	南京	长沙、昆山	武汉

数据来源：企业官网，CRIC

表5-100　2012年重点新增土地储备

城市	宗地名称	属性	成交时间	占地面积（万m^2）	规划建筑面积（万m^2）	成交总价（亿元）	楼板价（元/m^2）
武汉	汉阳区江堤中路168号地块	住宅	04	6.03	15.09	3.6	2380
上海	宝山区月浦镇沈巷社区1号地块（C-2）	商住	11	6.49	10.38	3.4	3298
上海	嘉定区嘉定新城A06-2地块	商住	12	3.22	6.44	4.9	7604
上海	嘉定区马陆镇茹水南路以西、叶城路以南地块	住宅	12	3.84	8.44	5.0	5865
上海	嘉定区嘉定新城A06-1地块	商住	12	4.86	9.71	7.6	7802

数据来源：CRIC

表5-101　2012年重点新开盘项目

项目名称	城市	开盘日期	建筑面积（万m^2）	销售面积（万m^2）	销售均价（元/m^2）
华东家艺中心	无锡	04/29	15.05	4.32	14116
香溢澜桥一期	常州	06/10	13.58	9.56	7779
香溢紫郡	昆山	06/22	10.34	5.62	6704
新城御景湾	常州	11/24	8.88	5.19	8544

数据来源：CRIC

（3）联系方式

地址：上海市普陀区中山北路3000号长城大厦23楼　　邮编：200063

电话：021-32522988　　传真：021-32522998　　公司主页：www.futureholdings.com.cn

20. 雅居乐地产控股有限公司

（1）企业简介

雅居乐地产控股有限公司成立于1985年，公司于2005年在香港联合交易所主板上市，公司业务覆盖范围已扩展至全国多个区域，广泛分布于全国28个城市和地区，土地储备总建筑面积合计约3246万平方米。

2012年雅居乐开始尝试通过溢价和周转模式，用品牌战略创造自己的优势。一直是在一线城市郊区、二线城市等区域布局。有机会的话，公司不排除继续在华南区域找有潜质的地块去竞投。在商业地产方面，雅居乐主要是做商业配套，包括在其住宅项目建设社区。雅居乐立志于开发高端地产项目，通过现在的旅游地产项目辅助高端地产项目，更好的在当下房地产市场获得一席之地。

2012年，公司新开工建筑面积及竣工建筑面积分别为358万平方米及396万平方米。全年，公司斥资27.94亿元，在惠州、重庆、西安、郑州、海南省及云南省等地收购了总建筑面积达613 万平方米的土地；截止2012年12月31日公司在全国 29个城市及地区拥有总建筑面积达3492万平方米的土地储备；公司土地成本仅为1148元/平方米，相当于2012 年签约均价的12.2%。

（2）财务数据

表5-102　2009~2012年销售业绩

	2009年	2010年	2011年	2012年
销售金额（亿元）	226	323	315	331
销售面积（万m^2）	279	283	311	324
销售均价（元/m^2）	8100	11413	10129	10216

数据来源：企业官网，CRIC

表5-103　2008~2012年财务指标

财务指标	2008年	2009年	2010年	2011年	2012年
资产负债率（%）	61	66	71	71	70
净负债率（%）	54	55	50	62	64
三费费用率（%）	11	10	6	5	7
总资产年度周转次数	0.29	0.32	0.36	0.30	0.35
存货年度周转次数	0.57	1.40	0.71	0.64	0.68
净利润增长率（%）	159	–63	221	–18	–2
净利润率（%）	25	15	20	22	17
销售毛利率（%）	37	39	46	54	41

数据来源：企业公开财务报表

表5-104　历年进入城市

年份	2007前	2008	2009	2010	2011	2012
进入城市	沈阳、陵水、重庆、上海、恩平、顺德南海、中山、广州、南京、惠州、河源	从化	佛山、常州	南京、天津、澄迈	西安、定安	文昌、郑州、瑞丽

数据来源：企业官网，CRIC

表5-105　2012年重点新增土地储备

城市	宗地名称	属性	成交时间	占地面积（万m²）	规划建筑面积（万m²）	成交总价（亿元）	楼板价（元/m²）
文昌	月亮湾地块	商住	03	35.64	29.81	2.70	898
重庆	大渡口区商住地块	商住	05	11.93	34.82	6.96	2000
郑州	郑州中牟县地块	商住	06	8.37	19.67	0.86	438
瑞丽	卯喊路延长线北侧、麻科村南侧等7幅	商住	09	26.4	73.19	1.98	271
惠州	惠阳区淡水街道新桥村银坑地段	商住	12	103	248.00	5.40	218
腾冲	云南省腾冲县地块	商住	12	95	161.00	2.40	149

数据来源：CRIC

表5-106　2012年重点新开盘项目

项目名称	城市	开盘日期	建筑面积（万m²）	销售面积（万m²）	销售均价（元/m²）
雅居乐城南源著	广州	04/29	11.83	12.36	11387
沈阳雅居乐花园	沈阳	06/30	40	2.78	6588
雅居乐小院流溪	广州	10/27	13.48	6.18	9254
藏龙御景	南京	11/18	11.52	0.89	19705
雅居乐富春山居	广州	12/15	24.44	0.64	25426

数据来源：CRIC

21. 复地（集团）股份有限公司

（1）企业简介

1992年开始房地产开发业务和管理业务。2004年，复地在香港联交所主板上市；2011年5月复星主动要约收购复地，复地放弃上市公司地位。目前，复地开发项目已经形成了“城市副中心、大型国际化、价值型生活社区”、“城市中心，海派国际高档居住区”、“都市近郊，大型低密度庭院式低层住宅”、“城市中心，街区型集成综合体”和“城市特色产业带之核心产业CBD”等五类成熟开发产品线。复星集团自2010年起正式提出由多产业公司到投资集团，除了拓展原有的医药、钢铁矿业、地产等产业领域，复星在资产管理业务方面增长也很快。

2012年复星集团荣获国际权威杂志《财资》杂志颁发的“3A 企业大奖－2012年最具潜力中国企业之市场开拓先锋企业奖”及“2012年最佳企业管治金奖”，分别表扬集团成功利用其品牌形象，抓紧市场的投资机会，以及表扬集团在企业管治水平上已获得的市场广泛认同。

（2）财务数据

表5-107　历年进入城市

年份	2000前	2002	2003	2004	2005	2006	2008	2010	2011	2012
进入城市	上海	北京、武汉	南京	无锡	重庆、天津	杭州	成都、长春	大连、太原	富阳、长沙	大同

数据来源：企业官网，CRIC

表5-108 2012年重点新增土地储备

城市	土地名称	用途	出让时间	占地面积（万m²）	规划建筑面积（万m²）	成交价(亿元)	楼盘价（元/m²）
上海	普陀区真如城市副中心A1、A2地块	住宅;办公;商业	02	9.43	27.73	17	6130
武汉	洪山区光霞村地块	住宅;商业	08	13.71	47.27	7.83	1657
成都	号高新区裕民片区地块	住宅;商业	09	5.93	34.38	8.89	2586
成都	高新区裕民片区1地块	住宅;商业	09	6.07	35.21	9.1	2586

数据来源：企业官网，CRIC

表5-109 2012年重点新开盘项目

项目名称	城市	开盘日期	建筑面积（万m²）	销售面积（万m²）	均价（元/m²）
复地崑玉国际	长沙	07-29	10	2.76	10659
哥德堡森林四期	长春	09-29	10.48	0.14	9326
复地悦城	杭州	11-04	14.09	1.79	8799
复地御钟山	南京	11-17	33.35	0.1	26821
万科海上传奇	上海	12-23	28.92	4.19	28409

数据来源：企业官网，CRIC

22. 中信房地产股份有限公司

（1）企业简介

中信地产包括中信房地产股份有限公司及其下属各子公司，成立于1979年。1986年，中信房地产公司成立，2007年中信集团整合旗下房地产业务，重组成立了中信房地产股份有限公司，涉及业务包括住宅、商业、旅游地产。自成立以来，中信地产在30多个城市累计开发房地产项目接近100个，竣工面积超过1000万平方米。

2012年，中信地产不仅在公司内部推行绿色办公制度，倡导员工增强环保意识、节约资源，更持续在各地项目上开展绿色社区创建活动。例如在东莞同沙生态公园举行了“中信会2012同沙生态公园健康骑行”活动，共计200多名中信会会员及准业主参与。

（2）财务数据

表5-110 历年已进入城市

年份	2001	2003	2005	2006	2007	2008	2009	2010	2011	2012
进入城市	北京、深圳、惠州 汕头、佛山	大连	苏州	长沙、成都 长春	海南 珠海	天津 中山	广州	重庆、南昌	青岛、上海	东莞

数据来源：企业官网，CRIC

表5-111　2012年重点新增土地储备

城市	宗地名称	属性	成交时间	占地面积（万m^2）	规划建筑面积（万m^2）	成交总价（亿元）	楼板价（元/m^2）
东莞	石排镇2012WG050	商住	11	4.70	8.45	0.92	1084
东莞	石排镇2012WG049	商住	11	8.49	16.13	2.45	1516
北京	顺义新城第13街区13-0802地块	商业;综合	12	5.68	10.50	2.81	2681

数据来源：企业官网，CRIC

表5-112　2012年重点新开盘项目

项目名称	城市	开盘日期	建筑面积（万m^2）	销售面积（万m^2）	销售均价（元/m^2）
森林湖	苏州	02/25	17.2	6.4	11463
台达国际	海口	03/24	62.85	3.4	8415
城四期	长春	04/20	30	8.36	6079
半岛云邸	三亚	12/09	12	0.73	31017

数据来源：企业官网，CRIC

23. 融侨集团股份有限公司

（1）企业简介

融侨集团股份有限公司于1989年成立，融侨地产致力于推动城市发展过程中成片区域的改造和重点项目建设，立足于福州，向外扩展至近20个城市。2012年融侨凭借品牌优势，继续以“深耕福州，布局全国”的战略进行全国化扩张，2012年在武汉，苏州等新增土地储备。与此同时，融侨依托融侨会和物业公司，通过一系列主题品牌活动及业主组织，在促进文化传承、邻里和谐、绿化环保、慈善助学等多方面履行企业公民职责，2012年，融侨品牌价值达到80.17亿元，是唯一一家入围中国房企品牌价值20强榜单的福建房企。

（2）财务数据

表5-113　历年进入城市

年份	2000	2001	2005	2006	2007	2009	2010
进入城市	福州、福清	重庆	武汉、西安	南京	合肥	天津、沈阳、北京 上海、苏州	无锡、淮安、扬州、盐城、连云港 哈尔滨

数据来源：企业官网，CRIC

表5-114　2012年重点新增土地储备

城市	宗地名称	属性	成交时间	占地面积（万m^2）	规划建筑面积（万m^2）	成交总价（亿元）	楼板价（元/m^2）
武汉	武昌区柴林头村B包地块	商住	08	18.94	87	16.7	1925
武汉	武昌区柴林头村A包地块	商住	08	6.37	30	6.7	2225
苏州	吴中经济开发区越溪街东、越城西路南	商住	12	3.53	6	2.58	3000

数据来源：企业官网，CRIC

表5-115 2012年重点新开盘项目

项目名称	城市	开盘日期	建筑面积（万m²）	销售面积（万m²）	销售均价（元/m²）
融侨观邸	天津	04/27	10.33	3.64	357
融侨锦江悦府	福州	10/24	30.33	0.58	43

数据来源：企业官网，CRIC

24. 建业地产股份有限公司

（1）企业简介

建业地产股份有限公司成立于1992年，公司于2008年6月6日在香港联合交易所有限公司主板上市。目前，该公司已进入河南省的近40个城市，共完成开发总建筑面积约800万平方米。优良的战略模型和广阔的战略空间为建业带来了持续平稳的发展势头，企业的资产规模不断扩大，土地储备面积近3000万平方米，评估产值已达1500亿元。2012年，建业全年开发量及在建量均近400万平方米，年销售面积逾150万平方米。全省客户规模逾5万户。

2013年，建业将真正进入战略的纵深阶段。这一阶段的经营任务是：用4年左右的时间，即到2016年底前后，在巩固和扩大地级城市市场优势的基础上，战略性地进入40~50个县级城市，使县级市场的开发规模达到200万平方米以上；在此过程中，用2-3年时间，重新确立企业在郑州市场的优势地位，并逐步扩大在地级市场的领先优势，实现“省会城市——地级城市——县级城市”三级市场开发规模的基本平衡。

（2）财务数据

表5-116 2009~2012年销售业绩

	2009年	2010年	2011年	2012年
销售金额（亿元）	35.9	54.9	81.2	103.5
销售面积（万m²）	86.4	110	133	158
销售均价（元/m²）	4155	4991	6118	6549

数据来源：企业官网，CRIC

表5-117 2008~2012年财务指标

财务指标	2008年	2009年	2010年	2011年	2012年
资产负债率（%）	57.3	67.3	75.6	74.1	76.9
净负债率（%）	2.3	11.1	43.6	40.5	44.7
三费费用率（%）	9.4	12.6	11.1	12.3	14.0
总资产年度周转次数	0.50	0.31	0.21	0.38	0.29
存货年度周转次数	0.67	0.52	0.71	0.77	0.80
净利润增长率（%）	284.0	-34.6	35.5	28.1	17.1
净利润率（%）	20.3	15.6	12.8	11.2	13.7
销售毛利率（%）	38.4	34.7	34.2	38.8	35.4

数据来源：企业公开财务报表

表5-118　2012年重点新增土地储备

城市	项目名称	属性	成交时间	规划建筑面积（万m^2）	楼板价（元/m^2）
安阳	中华路项目	住宅;商业	01	481	30.78
周口	五彩路项目	住宅;商业	01	455	21.12
郑州	环球美食城第一批	住宅;商业	05	54.35	283
驻马店	和兴路项目	住宅;商业	06	26.15	317
濮阳	东浦路项目	住宅;商业	06	20.83	919
新乡	纬一路项目	住宅;商业	07	28.98	782
南阳	健康路项目	住宅;商业	07	33.78	924
平顶山	舞钢铁山大道项目	住宅;商业	09	16.64	490
焦作	青龙大道项目	住宅;商业	11	10.24	410

数据来源：企业公开数据

表5-119　重点项目介绍

项目名称	城市	开盘日期	建筑面积（万m^2）	销售面积（万m^2）	销售均价（元/m^2）
郑汴联盟新城	郑州	2004/11/28	67	39.59	13691
洛阳高尔夫	洛阳	2008/6/28	49	30.01	4966
济源壹号城邦	济源	2010/6/9	43	21.67	4311
商丘联盟新城	商丘	2010/8/7	34	15.47	5615
漯河壹号城邦	漯河	2010/8/28	66	16.820	4187
南阳森林半岛	南阳	2011/4/23	83	20.34	5306
许昌森林半岛	许昌	2011/5/28	25	8.05	4835
郑州贰号城邦	郑州	2012/06/23	25	7.93	13425
郑州五栋大楼	郑州	2012/09/30	16	3.94	11292

（3）联系方式

地址：中国河南省郑州市建业路建业城市花园88号会所　邮编：450004

电话：0371-66516000　传真：0371-66515003　公司主页：http://www.centralchina.com/

25. 江苏中南建设集团股份有限公司

（1）企业简介

江苏中南建设集团股份有限公司创立于1988年，目前拥有各类员工50000余人、总资产690亿元，下设建设、房地产、工业、土木工程四大产业集团，下辖1家上市公司、125家子分公司，拥有国家建筑工程总承包特一级资质的城市综合运营商。先后成功运作中南世纪城系列住宅项目、南通中央商务区、盐城中央商务区、淮安生态新城等大型综合体项目。迄今为止，中南集团已囊获了鲁班奖17项，詹天佑奖4项，国家优质工程奖5项，以及扬子杯、长城杯、白玉兰杯、泰山杯等省级优质工程奖47项，市级奖项100多项，并先后入选“中国企业500强”，“中国上市房企30强”、“中国房地产开发企业50强”、“中国建筑与城市贡献力特别大奖”、“中国地产最佳城市运营商”等多项桂冠。

中南以“造城专家”为战略定位，遍及住宅、商业、旅游、文化、养老及工业地产等，而且始终坚持专业至上、品质如一。如今中南房产已搭建起了集设计、开发、混凝土、园林景观、防水、物业、销售代理、商业、酒店于一身的专业配套体系。未来，中南将紧紧围绕“城市化、城镇化”政策导向，以城中城、综合体为主打造城市化产品，以卫星城建设及绿色、生态、低碳、环保及旅游文化等为要素打造城镇化产品。

中南建设集团股份有限公司2012年公司实现营业收入130.35亿元，同比增长5.95%；营业利润15.80亿元，同比增长12.60%，年底公司总资产478.38亿元，同比增长42.51%。

（2）财务数据

表5-120　2009~2012年销售业绩

	2009年	2010年	2011年	2012年
销售金额（亿元）	43.3	53.35	84.50	115
销售面积（万m^2）	69.11	71.74	105.38	150
销售均价（元/m^2）	6265	7437	8018	7666

数据来源：企业提供

表5-121　历年进入城市

年份	2006	2007	2010	2012
进入城市	镇江	南通、海门、常熟	广饶、菏泽、吴江、盐城	潜江、东营、苏州、泰安、沈阳、安庆

数据来源：企业提供

表5-122　2012年重点新开盘项目

项目名称	城市	开盘日期	建筑面积（万m^2）	销售面积（万m^2）	销售均价（元/m^2）
世纪城	常熟	03/16	130	16.3	12762
世纪城	吴江	04/14	67	10.97	9500
世纪花城	南通	04/21	125	13.5	9046
中央商务区	南通	05/09	245	2.92	17305

数据来源：企业提供

（3）联系方式

地址：江苏省海门市常乐镇　　电话：0513-82738800

传真：0513-82603488　　网址：http://www.zhongnanjianshe.cn

26. 北京城建投资发展股份有限公司

（1）企业简介

北京城建投资发展股份有限公司是由北京城建集团有限责任公司1998年独家发起，向社会公开发行A股股票募集的、以房地产为主业的地产商。公司总部设在北京。目前企业业务集中在北京，同时在重庆、合肥、淮安、石家庄、廊坊等城市有开发项目。截止2012年底，股份公司总资产达到300.09亿元，所有者权益达到84.34亿元。

2012年，北京城建在北京、重庆、成都三地推出高端住宅“北京城建·龙樾”产品系列，实现了北京城建地产产品的升级换代。为实现项目运作高效化，北京城建不断开展产品系列化研究工作，总结提炼产品的核心价值特征来提升企业品牌价值。未来，北京城建将凭借大股东北京城建集团的品牌和资源优势，继续专注于住宅产品。

（2）财务数据

表5-123　2009~2012年销售业绩

	2009年	2010年	2011年	2012年
销售金额（亿元）	47.9	64.21	65.07	162
销售面积（万m^2）	34.90	43.60	44.13	103.1
销售均价（元/m^2）	13725	14728	14745	15713

数据来源：企业官网，CRIC

表5-124　2008~2012年财务指标

财务指标	2008年	2009年	2010年	2011年	2012年3Q
资产负债率（%）	66	67	69	70	71.9
净负债率（%）	66	36	26	36	17
三费费用率（%）	8	6	8	11	9
总资产年度周转次数	0.23	0.27	0.28	0.26	0.26
存货年度周转次数	0.23	0.27	0.27	0.17	0.21
净利润增长率（%）	-1	168	70	-8	28
净利润率（%）	13	24	30	25	21
销售毛利率（%）	43	42	41	58	48

数据来源：企业公开财务报表

表5-125　历年进入城市

年份	2005前	2006	2009	2010	2011	2012
进入城市	北京、上海	重庆	石家庄、淮安	成都	合肥、天津	三亚

数据来源：企业官网，CRIC

表5-126　2012年重点新增土地储备

城市	宗地名称	属性	成交时间	占地面积（万m^2）	规划建筑面积（万m^2）	成交总价（亿元）	楼板价（元/m^2）
北京	北京经济技术开发区河西区X83R1地块	住宅	09	8.15	16.30	16.27	9983
三亚	崖城镇E/01、E/02、E/03、E/05、E/09号地块	商业	11	24.05	23.32	11.54	4938

数据来源：CRIC

表5-127　2012年重点新开盘项目

项目名称	城市	开盘日期	建筑面积（万m^2）	销售面积（万m^2）	销售均价（元/m^2）
北京城建·N次方	北京	01/15	6.45	2.69	19013
京城国际	合肥	06/16	22.80	1.14	5177
北京城建·世华蓉湾	成都	07/15	83.93	3.00	5104
香堤澜湾	燕郊	07/22	24.24	1.96	5242
北京城建·福润四季	北京	09/30	33.16	24.28	9000
北京城建·世华龙樾	北京	10/27	78.21	2.54	33180
城建·琨廷	北京	11/04	5.00	2.17	9977

数据来源：CRIC

27. 卓越集团

（1）企业简介

卓越集团是经过国家工商总局核准成立的跨行业、跨地区的外商投资集团公司，正式成立于1996年，主要从事房地产开发、物业管理、不动产担保等业务。集团总部位于深圳市福田中心区，经十七年发展，卓越集团已成长为立足深圳，在中国具有领先地位的大型商业及住宅综合性地产开发集团。

卓越集团以“货如轮转，商住并举”为发展战略，藉CBD商务标杆和城市人居引领者定位，有效抵御风险，在一线及高GDP高增长城市不断推出商务和住宅系列产品，目前为深圳CBD商务开发规模最大企业。截至2012年9月，集团已开发房地产面积600万平方米，现有总资产约500亿港元。2012年集团房地产销售业绩突破百亿，成为全国房地产销售规模50强。

旗下商务产品涵盖高档写字楼、酒店、商场、商务公寓等多种产品类型，住宅产品囊括别墅、联排别墅、花园洋房、高层等多种产品。已开发的成熟产品线有：以卓越·世纪中心为代表的卓越商务系列、以卓越·蔚蓝海岸为代表的卓越蔚蓝系列，以卓越·维港为代表的卓越城市上居系列、以卓越·浅水湾为代表的卓越城市豪宅系列等产品线。

目前，卓越集团已进入深圳、上海、北京、广州、杭州、武汉、长沙、青岛、东莞、连云港等12大城市，土地储备近1000万平方米。同时，卓越集团还为旗下所有物业提供优质的卓越物业服务，形成了卓越商务“金钥匙”、卓越住宅“英式管家”、卓越住宅“五心服务”等服务模式，为其所有客户提供了优质有保障的后续服务。

2012年卓越集团全年销售额达到102亿，累计销售面积86.3万平方米，首次迈入中国房地产开发企业百亿军团。

（2）发展战略

2011年，卓越集团制定了“3年综合实力达到TOP30，2014年销售规模突破200亿元”的战略目标，聚焦四大核心经济圈具有高GDP增长和高经济辐射力的一、二线核心城市，先区域聚焦，再新城市拓展。

2011~2015年战略主题为：在四大核心经济圈的核心城市实现辐射式扩张，逐步成为各中心城市市场领导者；采取商用和住宅双元业态模式，为每一个核心城市树立CBD商务新标杆；通过独创设计、品牌整合效应和商业运营增值打造核心竞争力，并持续延展土地获取、项目运作和融资优势；成为战略中心型组织，通过管理创新推动战略有效执行。

（3）重点项目

独立项目：深圳世纪中心、深圳岗厦项目

深圳公司：卓越城、维港名苑、惠州蔚蓝海岸、龙华金立居

东莞公司：东莞蔚蓝城邦、东莞国香项目

长沙公司：长沙蔚蓝海岸、湖南麓山别墅

青岛公司：青岛卓越世纪中心、青岛西海岸、青岛蔚蓝群岛

上海公司：上海青浦工业园、上海卓越世纪中心、连云港蔚蓝海岸

杭州公司：杭州时代广场

北京公司：北京海鶄落湖

（4）联系方式

地址：深圳市福田中心区卓越大厦22层　　邮编：518000

电话：0755-82877000　　传真：0755-82912456　　E-mail:webmaster@excegroup.com

28. 旭辉集团股份有限公司

（1）企业简介

旭辉控股（集团）有限公司成立于2000年8月，2012年末在香港上市。总部设在上海。集房地产开发、建筑施工、商业管理、物业服务于一体，具有“中国房地产开发企业一级资质”，“中国物业服务企业一级资质”，系“中国房地产协会城市开发专业委员会”和“中国城市房地产开发商策略联盟”会员单位。

自成立以来，旭辉以长跑者的稳健姿态步入公众视野。截至2012年底，已拥有49个物业项目，三个主要区域：长三角、环渤海及中西部，开发项目覆盖上海、北京、苏州、合肥、天津、重庆、长沙、镇江、嘉兴、廊坊、唐山等11个城市；涵盖住宅、商务办公、商业综合体等多种物业种类；拥有总建筑面积约623万平方米的土地储备。

旭辉集团于2012年12月23日成功在香港联合交易所主板上市，集资16.69亿港元。是自2011年首季度实施房地产调控措施效果显现以来，成功登陆香港首次公开发售市场的第一家主流房地产开发商。2012年，旭辉集团实现合同销售额为人民币95.44亿元，同比增长75.5%。

（2）财务数据

表5-128 2010~2012年销售业绩

	2010年	2011年	2012年
销售金额（亿元）	63	54	95
销售面积（万m^2）	66.2	54.1	103
销售均价（元/m^2）	9503	10050	9300

数据来源：企业官网，CRIC

表5-129 历年进入城市列表

年份	2005前	2006	2007	2008	2011
进入城市	上海、北京、福州、厦门	嘉兴、苏州	长沙、重庆、合肥、镇江	廊坊	唐山、天津

数据来源：企业官网，CRIC

表5-130 2012年重点新增土地储备

城市	宗地名称	属性	成交时间	占地面积（万m^2）	规划建筑面积（万m^2）	成交总价（亿元）	楼板价（元/m^2）
上海	宝山区潘泾路东侧地块	住宅	07	6.44	20.4	5.2	2801
天津	滨海工业办公项目一期	工业	08	26.23	30.8	0.86	279
上海	嘉定区刘家河地块	住宅	09	3.76	10.4	2.83	3266
天津	旭辉・世纪水岸	住宅	09	6.5	18.6	–	–
苏州	G84地块	住宅	10	4.29	12.5	4.3	3440
苏州	G88地块	商住	10	5.56	12.5	1.93	1544
上海	南翔37-1地块	商办	11	1.06	3.3	0.99	4656
上海	南翔37-2地块	商办	11	1.08	3.3	0.73	2700
天津	滨海工业办公项目二期	工业	11	16.85	16.9	0.55	325
上海	闵行区龙柏20C-08-01地块	住宅	12	0.32	0.7	0.67	13249
上海	闸北区336街坊18丘地块	商办	12	3.14	11.2	7.04	6150
苏州	G104地块	商住	12	9.39	30.5	7.1	2328

数据来源：CRIC

表5-131 重点开盘项目

项目名称	城市	开盘日期	建筑面积（万m^2）	销售面积（万m^2）	销售均价（元/m^2）
旭辉・澜悦湾	上海	2011/11	13.6	9	9,909
旭辉・御府（一期）	合肥	2012/03	13.1	9.4	6,554
旭辉・御府	长沙	2012/06	34.4	7.6	5,571
旭辉・浦江国际	上海	2012/09	18.8	1.4	18,419
旭辉・空港中心	北京	2012/11	12.1	2.6	11,632
旭辉・华庭	苏州	2012/12	32.2	2.5	8,124
旭辉・御锦	北京	2013/05	16.9	–	–

数据来源：CRIC

（3）联系方式

地址：上海市长宁区通协路288弄旭辉虹桥国际3号楼　　邮编：200335

电话：021-60701010　　　　传真：021-60701999

邮箱：office@cifi.com.cn　　公司主页：www.cifi.com.cn

29. 沿海绿色家园有限公司

（1）企业简介

沿海国际控股有限公司始创于1990年，1997年10月香港联交所上市，主要致力于住宅和商业地产的开发投资业务。形成了“塞洛城”、“丽水佳园”和“沿海国际中心”三个主要的房地产品牌，分别定位于住宅和商用物业。

（2）财务数据

表5-132　2009~2012年销售业绩

	2009年	2010年	2011年	2012年
销售金额（亿元）	45	58	47	49
销售面积（万m^2）	53	51	43	49
销售均价（元/m^2）	8491	11373	10930	10000

数据来源：企业官网，CRIC

表5-133　2008~2012年财务指标

财务指标	2008年	2009年	2010年	2011年	2012年
资产负债率（%）	78	80	80	72	75
净负债率（%）	85	78	86	85	83
三费费用率（%）	14	12	15	10	30
总资产年度周转次数	0.20	0.23	0.20	0.04	0.07
存货年度周转次数	0.35	0.45	0.36	0.82	0.12
净利润增长率（%）	-42	-9	-14	247	63
净利润率（%）	3	5	-4	8	7
销售毛利率（%）	29	21	29	33	31

注：企业年度会计审核时间为每年3月31日

数据来源：企业公开财务报表

表5-134　历年进入城市

年份	2001前	2001	2003	2004	2006	2007
进入城市	鞍山、福州、青岛、上海、深圳、武汉、厦门、香港	北京	东莞、唐山	南昌、洛阳	成都、大连	苏州

数据来源：企业官网，CRIC

表5-135　2012年重点新增土地储备

城市	宗地名称	属性	成交时间	占地面积（万m^2）	规划建筑面积（万m^2）	成交总价（亿元）	楼板价（元/m^2）
鞍山	千山中路北、莘英路东地块	住宅	11	1.98	4.95	0.82	1648

数据来源：CRIC

表5-136　2012年重点新开盘项目

项目名称	城市	开盘日期	建筑面积（万m^2）	销售面积（万m^2）	销售均价（元/m^2）
沿海丽水佳园四期	东莞	02/11	9.02	6.31	5809.17
沿海赛洛城（六期）	武汉	09/08	12.54	1.18	5781.56
沿海馨庭	佛山	10/28	2.17	0.90	9218.17

数据来源：CRIC

30. 上海城开（集团）有限公司

（1）企业简介

上海城开（集团）有限公司成立于1996年，是一家集房地产投资、开发、经营及相关服务为一体的中外合资企业集团，由上海实业控股有限公司旗下上海实业城市开发集团有限公司和徐汇区国有资产监督管理委员会共同投资，具有国家一级资质的房地产开发企业，房地产项目管理流程通过ISO9001：2008质量管理体系认证。上海城开连续七年荣列“中国房地产百强企业——成长性TOP10”，是“上海市文明单位”。“上海城开”品牌标志被评为“上海市著名商标”。

公司始终致力于探索城市核心区域的运营，从单一住宅到城市综合体，从稳居上海到全国布局，从项目开发到资本运营的发展思路，并确定了以上海为核心，辐射长三角及内地重点二线城市的布局规划。在房地产开发经营的核心业务方面，已形成城市公寓、城市大型生态社区、城市商业综合体、城市安居地产等四大产品体系。

表5-137　2010~2012城市布局

	2010年	2011年	2012年
开展业务城市	上海、无锡、昆山、合肥 重庆、长沙、郑州	上海、无锡、昆山、合肥、重庆、长沙 郑州	上海、无锡、昆山、重庆、长沙

表5-138　2010~2012年销售业绩

	2010年	2011年	2012年
销售面积（万m^2）	14.69	8.31	7.99
销售金额（亿元）	17.93	15.57	20.66

（2）重点项目

“万源城”位于上海市闵行区古美板块，东邻莲花路，西接合川路、南至顾戴路、北达平南路，距离中环线约700米，是上海“十五”规划中的大型重点住宅基地。项目总用地面积约94.31万平方米，总建筑面积约130万平方米，其中住宅面积约77万平方米，地下面积近40万平方米，公建配套约10余万平方米，规划导入人口逾2万人。项目产品涵盖：国际公寓、独栋别墅、花园洋房、大平层豪宅、现代商业、总部办公、绿地公园，融生活、商业、文化教育、商务休闲等功能于一体。

“城开中心”地处徐汇、闵行交界板块，临近上海轨道交通1号线莲花路站、中环线、沪闵高架，交通便利，同时3公里生活半径内约60万常住人口，与徐家汇商务区和漕河泾新兴技术开发区相距约8公里。项目总建筑面积约51万平方米，规划有约18万平方米甲级写字楼，约4万平方米五星级酒店及超10万平方米大型商业聚合体，南侧还将同步建设5万平方米城市公园。

“上海晶城”是经由上海市住房保障和房屋管理局认定的经济适用住房，被列入2009年上海市重大工程的大型保障性住宅项目，位于闵行区梅陇镇，总占地约36.8万平方米，项目总规划建筑面积达到约60万平方米。整个项目由18至33层的高层建筑组成，建成后将形成一个包囊教育、医疗、社区服务等设施的大型综合性经济适用住房社区。

（3）联系方式

地址：上海市虹桥路3号港汇中心二座42F　　邮编：200030

电话：021-2412 9999　　传真：021-2412 9898　　公司主页：http://www.udcn.com/

31. 建发房地产集团有限公司

（1）企业简介

建发房地产集团有限公司系厦门建发集团旗下的专业房地产开发企业，创立于1980年，目前资产总额超过780亿元、年营业收入超过910亿元。作为建发集团的核心组成部分，建发房产就涉足当时尚处于启蒙时期的中国房地产业，是福建省最早与外商合资、合作开发房地产的企业之一。

早在1980年，作为建发集团的核心组成部分，建发房产就涉足当时尚处于启蒙时期的中国房地产业，是福建省最早与外商合资、合作开发房地产的企业之一。建发房产从厦门出发，精耕福建，目前已逐步拓展至上海、成都、长沙、福州、漳州、泉州、龙岩、建阳等城市，成功开发了数十个高品质房地产项目，产品涉及城市核心精品、高端别墅、近郊大盘、商业地产、高端写字楼、城市综合体、大型公建等。建发房产还积极承建城市安居保障工程、构筑绿色节能建筑，并以房地产开发为核心在上、下游行业开拓出区域内领先的物业管理和土地一级运营业务，形成了旗下拥有三十余家全资及控股企业的专业房地产开发集团。

建发房产先后被评为福建省著名商标、金融资信AAA级企业等省级企业荣誉，并获得2012中国房地产50强、2012中国房地产开发企业综合发展10强、中国房地产地方公司品牌价值TOP10、中国值得尊敬的房地产品牌企业、中国房地产信息化应用十强、全国“守合同，重信用”企业、中华慈善突出贡献单位奖等多项国家级殊荣。

2012年位列中国企业500强第133名、中国服务业500强第45名，“2012中国企业效益200佳”第170位。并连续多年位居福建省企业集团100强首位。

表5-139　城市布局

年份	2010前	2011	2011
进入城市	厦门、上海、成都、长沙、福州、漳州、龙岩	建阳	泉州

数据来源：企业提供

（2）联系方式

地址：厦门市思明区鹭江道52号海滨大厦3楼

电话：0597-2263366　　　传真：0597-2113366　　公司主页：http://www.cndrealty.com/home

32. 福建正荣集团有限公司

（1）企业简介

正荣集团创立于1998年，是一家以房地产综合开发为主，资产经营和资本运作并举的大型投资企业集团，旗下有全资、控股和参股企业十余家，拥有国家一级房地产开发资质。 目前正荣集团总资产约300亿元，净资产100亿元，开发建设及规划项目近30个。

在房地产开发领域，集团形成了“在城乡结合部的新城区大规模城镇化发展”及“在城市核心地段的高端地产发展”两类开发模式，确立了“高端路线，多业态复合式发展”的产品策略。

在基础设施投资建设方面，集团充分把握国家投资体系改革的先机，率先投资大型基础设施项目，投资建设了莆田万亩围垦建设工程、莆秀高速公路、宜春明月南路立交桥等省、市重点项目并获得特许经营权，积极服务地方经济建设。

在资产经营管理方面，集团在商业运营、高速公路运营、围垦养殖运营等方面实行稳健的投资战略和高效的资产管理运营，目前已开发王庄商业项目、正荣·时代广场、赣西第一街、正荣商业广场等多个商业项目和正荣集团综合楼、红谷现代城写字楼等写字楼项目，以及莆秀高速公路和澄峰围垦养殖等运营项目，推动区域经济均衡、健康发展。

创立15年来，始终践行企业公民的责任，长期关注教育、文化传承、传统建筑保护、济困赈灾等领域，并积极探索公益新模式，形成了“爱故乡计划”、“桥畔计划”和“正荣微公益”三大品牌公益项目，受到地方政府和社会的一致好评。2013年，由正荣集团董事局主席欧宗荣先生捐资设立的福建省正荣公益基金会正式成立。

（2）2012年企业发展综述

2012年是正荣集团满载盛誉、浓墨重彩、全力以赴、收获颇丰的一年。集团连续八年跻身“中国房地产开发企业百强”，2012年中国房地产500强跃居第48位，获得了 “2012中国物业服务综合实力50强”、“福建省红十字人道金质奖章” “2012年度公益创新奖和项目奖”等多项荣誉称号。

2012年与龙岩市市政府签订了总投资额达200亿元的《战略合作框架协议》，标志着正荣布局闽西南取得了阶段性的成果；在福州竞得福州大学城片区总面积达170亩的综合体用地，拟为福州打造一座高端城市综合体；在莆田和南平，两座“正荣财富中心”正崛地而起，即将成为两地的新城市中心。

（3）企业发展战略

作为一家中国房地产50强企业，15年来正荣集团长期深耕于福建、江西两省。正荣集团制定新三年战略发展规划，将项目区域布局由东南沿海向全国迈进。2013年2月7日，正荣集团竞得长沙市两幅综合地块，为其2013年的全国性战略布局迈出了坚实的一步，此番进军长沙，也为2013年正荣集团走向全国迈出了里程碑式的关键一步。

（4）联系方式

地址：福建省福州市五四路158号环球广场20层　邮编：350001

电话：0591-87877233　传真：0591-87876833　公司主页：http://www.zhenro.com/

33. 海亮地产控股集团有限公司

（1）企业简介

海亮集团有限公司创办于1989年8月，总部位于浙江省诸暨市，现已发展成以铜加工、金属贸易、有机农业、节能环保、能源矿产、基础教育、股权投资、房地产为主体的国际化大型民营企业集团。其产品线包括精品住宅、都市综合体、星级酒店、专业市场等。目前集团总资产约413.3亿元，拥有（控股）80余家子公司，位列中国企业500强第157位，中国民营企业500强第17位，浙江省百强企业第9位。

2003年初，海亮正式进入房地产行业，并从2008年起连续六年荣登中国房地产百强企业榜；2013年，海亮地产综合实力位居中国房地产开发企业50强第43位、中国房地产开发企业成长速度10强第4位。

（2）2012年企业发展综述

2012年是海亮地产实现快速发展的一年，总资产超200亿，销售额增加了109%，回款额增加了66.5%，营业额增加了341%，实现了全面大幅增长，部分城市业绩指标已超越当地标杆公司，行业地位显著提升。通过施行全国化的战略扩张，2012年海亮地产已在上海、重庆、浙江、江苏、安徽、江西、山东、内蒙古、甘肃、宁夏、西藏等十多个省市自治区，拥有50余个项目，已逐步形成了全国化战略布局。

（3）重点项目

银川“海亮国际社区”位于北塔湖畔，项目总占地面积达1200亩；社区内配备6.5万平方米园林、10万平方米商业集群、1万平方米社区幼儿园及七千平方米运动会所。

诸暨“浦阳江一号”地处诸暨市城东中心区，总建筑面积30万平方米。周边公园环绕，项目由91套排屋以及

806套公寓组成。

合肥“海亮九玺”项目位于高新区，由别墅和70~160平方米高层组成。总建筑面积62万平方米，项目容积率2.6。

内蒙古“海亮广场”位于呼和浩特市中山路，项目分为两期开发建设，总建设规模约130多万平方米。一期为公寓，二期为豪宅、国际公寓、精英SOHO。

（4）联系方式

地址：上海市普陀区中江路118弄22号海亮大厦2201室　邮编：200063

电话：021-62091553　传真：021-62102137

邮箱：hailiang@hlland.com.cn　公司主页：www.hlland.com.cn

34. 龙光地产控股有限公司

（1）企业简介

龙光地产控股有限公司是一家专注于中高端住宅市场的房地产开发企业，旗下拥有二十多家下属公司，2012年度公司实现销售金额逾百亿元。

目前已在广东、广西、四川、海南四大基地成功开发了40多个房地产项目。公司坚持高效能运营开发理念，建立了涵盖土地拓展、规划设计、工程建设、营销策划等全流程产业链，形成了“快速流转”开发模式，以具较高附加值的创新产品引领市场，凭借“稳健投资”的理念确保企业健康稳步发展，具备较强的综合实力和市场竞争力。2012年度公司实现销售金额逾百亿元，入选中国房地产企业销售额排行前50强。公司于2011年、2012年连续被评为“中国房地产百强企业”以及“2011年中国房地产百强企业融资能力TOP10”、“2012年中国房地产百强企业盈利性TOP10”，连续十年获得“广东地产资信二十强”。

龙光地产十分重视人才的引进与培养，一直将吸引人才、培育人才、最大限度地发挥人才的作用作为企业的一项战略任务。公司从2003年开始实施职业经理人制度，并建立了LPP(高管)、MPP(中管)、TPP(基层)优才培养机制。公司推行以结果为导向的绩效考核激励机制，鼓励多劳多得、共创价值，提供具有市场竞争力的薪酬水平和发展机会，致力于为广大员工创造实现职业理想和个人价值的良好平台。

（2）城市布局

目前龙光地产的住宅产业主要布局在成都、南宁、广州、惠州、东莞、深圳、中山、汕头、佛山、珠海、三亚等十一个城市，布局主要集中在经济较为发达的珠三角地区。非住宅产业主要集中在南宁、深圳和汕头三个城市内。截至2012年龙光地产的土地储备面积已经达到800万平方米，为企业今后一段时期内的发展提供了保证。

（3）重点项目

“尚海阳光”位于汕头东区，拥有完善的城市道路网络，区外交通便利，环境优越，配套完善；区内活水园林，

40层高楼，下沉式广场，室内恒温，配有大型露天泳池，读卡入户，六重安防系统，金钥匙管家一站式服务。

“龙光城”规划总建筑面积为500万平方米，涵盖了联排水景别墅、湖景独立别墅、园林景观多层洋房、高层小高层住宅、公寓、大型集中商业风情商业街、酒店、高级会所等种类，拥有2万平方米五星级大酒店和5800平方米酒店会所。

“龙光普罗旺斯”总占地586亩，总建筑面积100多万平方米，蝶式半围合建筑格局，配有大型康体会所、动态景观泳池、5000平米欧洲风情商业广场，临街骑楼欧洲风情街，小学、幼儿园体育公园等。

深圳龙光世纪大厦和南宁普罗旺斯商铺是龙光自持物业，前者是深圳市宝安区高档写字楼之一，后者现承租方为广西南城百货股份有限公司，用于经营零售商业百货超市。

（4）联系方式

地址：深圳市宝安中心区兴华路南侧龙光世纪大厦B座20楼　邮编：518103

电话：8528 8815　　传真：8528 8889

邮箱：ranmc@logan.com.cn　　公司主页：www.loganestate.com

35. 融信（福建）投资集团有限公司

（1）企业简介

融信（福建）投资集团有限公司成立于2003年9月，具有国家一级房地产开发资质。目前，在福州、漳州、厦门已累计取得土地超3000亩，总投资额超500亿元，品牌价值突破25亿元。2013年，荣登“2013中国房地产开发企业50强”榜单，位列46强，较去年进步19名。

融信集团先后在福州金山成功开发“融信第一城”、“融信三味舒屋”、“融信西班牙”、“融信宽域”等经典楼盘；同时，先后斥巨资在福州金山核心区域开发“世欧彼岸城”、福州东部新城开发“世欧上江城”等楼盘。

2009年，融信进入海西首府的多个片区，拍下市中心原锅炉厂地块新“地王”，开发都市中心养生项目“世欧澜山”；后以60亿拍下占地381亩的福州“总价地王”，未来将建成福州最大商业综合体“世欧Park”；随后，融信又入股莆田农村商业银行，并拿下漳州167亩融信五星级酒店高层项目“融信·澜园”。

融信集团始终以“和美至善”为品牌理念，成就责任企业公民。首创全国首家“和美社区”，并将“和和美美，关爱一生”作为社区文化和服务理念。作为“2012中国房地产开发企业责任地产10强”，融信集团长期致力公益事业，开创安心农场，带领市民们走进大自然，耕种绿色有机蔬菜，用行动帮助社会弱势群体；带领孩子们参与“大手拉小手，一起种棵树”绿色行动，传播爱绿护绿传播绿色的公益理念；为偏远山区校园筑建“阳光图书馆”，让每一个孩子都获得阅读学习的权利……截至目前，融信集团已累计向社会捐资逾亿元。

（2）2012年企业发展综述

2012年8月，融信集团以3.08亿竞得闽侯沿江稀缺地块；10月，融信集团成功摘得厦门海沧桥南海滨珍稀地块，未来打造一个45万平方米的五星酒店、SOHO综合体项目；12月，融信集团先以7.8亿元，竞得仓山区三环路东侧海峡湾边大桥以北海峡奥体中心面积202.18亩商住用地，后以4.19亿、3.63亿竞得福建省平潭综合实验区宗地2012G020、2012G021两块优质地块，正式进驻平潭综合实验区。

（3）重点项目

“融信·澜郡”位于福州鼓楼乌山西路旁，毗邻闽江北CBD，项目内不含任何商业，是市中心唯一的纯居住区。项目内规划了15栋现代风格建筑，采用LOW—E玻璃幕墙。

“融信世欧·王庄”位处福州城区东部，晋安区长乐中路两侧，总占地381亩，是福州市东扩南进的重要节点，也是目前福州城区规模最大的旧城改造项目，整个项目共分为12个地块，总建筑面积约162万平方。项目规划建设数十栋40~55层的住宅楼及大规模商业综合体。

“融信·澜园”位于漳州城市中轴线上的碧湖核心区位。项目北靠规划中的新市政府，南临3000多亩碧湖生态公园，西接浦头港瞰万达广场，东面与文化广场、国际会展中心毗邻。项目规划了11栋百米摩天豪宅、五星级酒店、两栋甲级写字楼和商业配套；其中9栋摩天豪宅高度均接近150米，是目前漳州最高建筑群。

（4）联系方式

地址：福州市五一南路1号联信中心12F　　邮编：350009

电话：0591-83276360　　传真：0591-83335235

邮箱：hmh@fjrongxin.com　　公司主页：www.rongxingroup.com

36. 景瑞地产（集团）股份有限公司

（1）企业简介

景瑞地产（集团）股份有限公司始创于1993年9月。历经多年探索和实践，景瑞地产现已发展成为一家业务涵盖房地产开发、建筑装饰装修、商业运营及物业管理的全国化品牌地产开发集团，具备房地产开发企业国家一级资质，并多次获得“中国房地产开发企业百强”、“中国房地产百强运营效率TOP10”等荣誉。

随着企业的不断发展与壮大，景瑞地产切实贯彻“深耕长三角，产品价值领先”这一发展战略，定位核心区域的主流精英客群，坚持贯彻客户-土地-产品的高度匹配。从2005年始，全面布局长三角区域。

景瑞地产围绕“打造高性价比领先产品的全国性中高端专业住宅供应商”这一企业战略定位，景瑞在对现有产品进行提炼梳理与升级优化的基础上，已经形成“御蓝湾”中高端产品系列及“望府”高端产品系列。

（2）发展战略

景瑞地产，立足上海。随着企业的不断发展与壮大，景瑞地产切实贯彻“深耕长三角，产品价值领先”这一发展战略，从2005年始，全面布局长三角区域。截至2013年2月，景瑞已先后进入苏州、常州、南通、泰州、扬州、杭州、宁波、绍兴、舟山、湖州等10个长三角区域城市。同时，企业已进入重庆、天津，策略性布点西南、环渤海区域。截至2013年，景瑞13城23盘同步开发中。

景瑞地产以客户为导向，坚持标准化产品线复制，打造高性价比产品，并提供优质服务，享有极高的客户忠诚度和口碑。围绕“打造高性价比领先产品的全国性中高端专业住宅供应商”这一企业战略定位，景瑞在对现有产品进行提炼梳理与升级优化的基础上，已经形成“御蓝湾”中高端产品系列及“望府”高端产品系列。

（3）重点项目介绍

景瑞在原有地中海风格的基调上融入自己的见解，专注于在细节品质上的细腻处理，试图还原和体现一种传统地中海建筑的手艺精神，给予居住者原色原味的地中海风情。在景瑞，这样的地中海建筑以及建筑所呈现的生活方式，已形成中高端产品线“御蓝湾系”。

代表作品：苏州景瑞·荣御蓝湾、苏州景瑞·翡翠湾、泰州景瑞·荣御蓝湾；舟山景瑞·豪布斯卡、湖州景瑞·西西那堤。

“泰州景瑞·荣御蓝湾”是以叠加别墅和高层公寓为主的33万方混合性小区。项目紧邻泰州市行政中心、泰州文化中心、泰州大剧院、万达广场，生活、交通配套十分便利。

“湖州景瑞·西西那堤”拥有合院别墅、湖景公寓、云鼎公馆官邸三种物业形态，占据高端商业聚集的西南新区CBD核心，毗邻湘几漾湖和400亩湖景公园，属原生公园地产。

景瑞地产“望府系”，为景瑞地产项目中的高端产品系列。望府系在选址上优先考虑城市山水资源，同时兼有城市繁华便捷的区域。

代表作品：常州景瑞·望府、南通景瑞·望府；绍兴景瑞·望府、湖州景瑞·望府。

江苏常州景瑞·望府踞天宁、新北双城核心，毗邻常州市政府和天宁区政府，前往常州老城区交通十分便利。望府作为区域内唯一精装纯高层公寓，与周边的龙湖、九龙仓等众多大牌开发商项目形成优势汇集，共同提升了该区域的居住和投资价值。

江苏“南通景瑞·望府”总建筑面积约33万平方米，位于南通规划重点发展区域——能达商务区核心，地理位置卓越，交通便利。小区自身拥有5000平方米双会所，并毗邻星湖101大型商业综合体，为居民带来了极大的生活便利，提升了区域内的总体住宅品质。

浙江“绍兴景瑞·望府”系景瑞顶级高端别墅产品，位于柯岩旅游风景区，香林大道和高尔夫路交叉口，周边景致优美。项目总建筑面积56万平方米，并与周边自然环境融为一体，同时还用有5万平方米的高端商业综合体景瑞天城。

（4）联系方式

地址：上海市成都北路333号招商局广场东楼22-23楼　邮编：200041

电话：021-52980000　传真：021-52981881　公司主页：www.jingruis.com

37. 浙江佳源房地产集团有限公司

（1）企业简介

浙江佳源房地产集团有限公司始创于1995年，是一家以房地产开发为核心业务，以规划设计、建筑施工、物业服务、酒店管理、商业管理等为配套产业，同时拥有国家房地产开发、建筑工程施工总承包与物业管理一级资质的集团型企业。截至2013年1月末，集团控股与参股企业达79家，其中房产企业46家，配套企业33家，已累计开发各类商住办房产项目81个，累计开发面积逾1000万平方米，开发区域涵盖全国36个城市，开发物业包括了公寓、别墅、酒店、社区商业以及新市镇商业综合体等。

经过多年发展，集团逐步培育起了独具特色的核心竞争力。即准确的产品定位能力、成熟的多项目管理能力、快速复制的标准化作业和完善的售后服务体系，并凭借自身在区域布局、产品定位、业务创新等方面的突出表现，自2009年以来已连续四年入围中国房地产百强企业，全国百强排名逐年稳步上升，在2012中国房地产开发企业100强中，佳源集团位居第51位。

2012年，佳源集团优化调整了自己的管理模式，通过严控成本提高了自己的核心竞争力，重视新项目的建设与销售，及时加强了土地拓展，取得了远超往年的土地储备，为今后的长远发展奠定了基础。

表5-140　城市布局

年份	2010前	2010	2011	2012
进入城市	杭州、富阳、嘉兴、桐乡、海宁、南浔、上海、泰兴、扬州、江都、宿迁、泗阳、连云港、巢湖、庐江、邵阳、新邵、百色、灵山、抚顺、成都、洛阳、大理、深圳、即墨	姜堰、海盐、长兴	衡阳、濮院、王江泾、抚顺、青岛	海宁、嘉善、安吉、武义、常州、合肥、蚌埠

数据来源：企业提供

（2）重点项目

“嘉兴东方都市”总用地面积约245亩，建筑面积近40万平方米，东至亚欧路，西面为三环东路，南北各有一条天然河流，并利用自然水系元素，开挖了长约950米的护城河贯穿整个小区，将项目自然分为南北两个区域。南面为单体别墅区，共有61栋单体别墅，北面为高层区，规划有18幢高层，户型面积93~310平方米，共计可容纳2000户家庭居住，可以满足不同家庭需求。

（3）联系方式

地址：浙江嘉兴中环南路69号　　邮编：314050

电话：0573-89977902　　传真：0573-82509855-805　　邮箱：sec@zjjiayuan.com.cn

公司主页：www.zjjiayuan.com.cn

38. 浙江昆仑置业集团有限公司

（1）企业简介

浙江昆仑置业集团成立于1993年，拥有房地产开发一级资质。2008年至2012年，昆仑置业连续五年荣膺“中国房地产百强企业”称号，并在2011年、2012年连续两年在“博鳌·21世纪房地产论坛”上荣获“年度最具投资价值地产公司”大奖，标志着集团在综合实力、规模性、成长性、盈利性、抗风险能力、运营效率以及社会责任感等方面，皆已跻身全国一流企业之列。

（2）2012年企业发展综述

2012年，昆仑置业一方面进一步加大在商业地产领域的开发力度，另一方面向中高档住宅领域进一步开拓和发展；同时，昆仑置业也在积极地参与各类政府代建项目。

2012年，昆仑置业集团全年在建开发量突破600万方，其中住宅开发量合计达200多万方，住宅开发在建项目8个，新开工16.66万方，待开工33.6万方。分别进入杭州、上海、天津、南京、湖州、温州、金华、绍兴、铜陵、镇江、昆山、贵州等12个城市。

2012年下半年，昆仑注册成立浙江昆仑建设管理有限公司和浙江昆仑商业投资管理有限公司，并组建了专业的代建及商业运营团队，代建及商业运营作为重要业务板块开始规模化发展。其中代建业务新取得温州项目2个，江苏丹阳项目1个，贵州项目1个，新承接代建面积总计达190余万方，目前在建代建业务量总计达375万方。另外商业投资管理公司在2012年12月正式注册成立，全面开始公司化运作，现合计商业项目面积达22万方。

（3）企业发展战略

城市综合体、中高端住宅、代建业务并进是昆仑独特的发展模式，其中代建是作为优先级的发展方向。

自2010年首次介入保障房代建以来，昆仑广泛承接各保障性住房及市政公共配套设施的建设管理，目前代建开发面积375万方；其次昆仑的商业代建依靠昆仑控股多元化的产业背景优势，而昆仑商业代建的优势更加明显，也得到了迅猛的发展，它拥有国家房地产开发一级资质、国家施工总承包特级企业、建筑行业设计甲级、国家一级资质的物业管理公司和成熟的商业运营公司，形成了完善的产业链结构。

未来5年，昆仑在商品房开发及拿地上会着力于增加企业的抗风险能力，开发领地会由东部向中西部城市转移，特别是一些经济强市，将会是主要拿地城市。

（4）重点项目

“杭州昆仑公馆”建筑面积约19万平方米。项目采用围合点式布局的5幢100米的高层建筑，形成风格鲜明的市中心经典建筑群。

（5）联系方式

地址：杭州市庆春路42号兴业银行大厦12楼

电话：0571—28058999　　传真：0571-28058918　　公司主页：http://www.xsjtkunlunzy.cnom

39. 上海三盛宏业投资集团

（1）企业简介

上海三盛宏业投资集团正式成立于2002年9月20日，注册地为上海松江。主要业务为房地产、海洋运输、生物科技、建设产业等。2010年8月其控股的中昌海运股份有限公司在国内主板市场实现上市。2008年、2009年连续两年被中国民营企业联合会评为“中国民营企业500强”。房地产业是三盛宏业的主要投资业务之一，截至目前共投资下属房地产公司19家，分布于上海、浙江、江苏、广东、山东、安徽、沈阳等地。。其独创的“颐景园”品牌具有中西合璧的特色，在全国享有较高的知名度和美誉度。

（2）发展历程

公司1997年底进入杭州，开发了第一个房地产项目——杭州颐景园，“颐景园”房产品牌就此建立。1999年，三盛宏业在总结了经验教训的基础上，提出了管理科学化、现代化、程序化、规范化”，并编制了《管理大纲》。2000年三盛宏业进军上海。2002年集团总部正式迁入上海。同年，上海三盛宏业投资集团正式成立。随后集团经营规模不断扩大，销售经营收入快速增长。自此，三盛宏业已在大都市上海站稳了脚跟，并为进一步加快发展打下了深厚的基础。2003年，三盛宏业成功拍得广东佛山南海地块，标志着房地产开发已从长江三角洲进军珠江三角洲。三盛宏业房地产业走向全国迈出了实质性步伐。2003到2007年间三盛宏业又相继进驻了山东、安徽、江苏等地；2009年，成功布局东北，签下了沈阳沈北一千亩地。

（3）企业文化

三盛宏业重视企业文化建设，以中国优秀传统文化为根基，吸收现代西方企业管理的基本思想，初步建立了三盛宏业企业文化体系。三盛宏业崇尚高度的社会责任感，并努力将公司打造成为遵纪守法、恪守道义、热心公益的阳光企业。公司历年来捐献社会慈善事业的资金近3000万元人民币。

（4）管理模式与经营策略

三盛宏业采用“扁平化”管理模式，以促进社会进步为已任，以企业效益为中心，以完善企业激励机制为动力，以成本控制和品牌建设为突破口，以现代企业制度建设和执行力为保障，以资本运作为杠杆；以产品品质和服务提升为重点，提高企业综合素质，使企业再上一个台阶，实现“健康、快速、持久发展”的战略目标。同时在发展战略上，一直遵循实事求是的原则，注重科学决策，坚持稳健发展。重视对内外部形势的分析，并采用科学的“反周期运行”。坚持走合作发展之路，通过强强联合，实现优势互补。未来的三盛宏业产业布局将分为四大战略板块，即房地产、海运、生物医药及资本运营。

在一个较长时期内，房地产业前景依然看好。但是随着形势的不断变化，房地产市场已呈现出空间不平衡、时间不平衡、业态不平衡的新特点，且这种新特点仍在不断加剧。空间不平衡，即在不同地域、城市的房地产市场会呈现不同的态势，一线城市房价过高、市场过热，二、三线城市的楼市则会比较稳健；时间不平衡，即在一年内的不同时段，楼市走势会呈现出一条高低起伏的曲线；业态不平衡，即商业地产、写字楼、住宅、酒店等各种业态在不同的时间会表现出不一样的态势。针对上述市场新特点，三盛宏业采取积极有效的经营策略妥善应对：针对“时间不平衡”，实施科学的“反周期运行”；针对“空间不平衡”，在二、三级城市积极寻找投资机会，同时不轻易放弃已有项目开发城市的市场；针对 “业态不平衡”，加快业态结构调整，发展商业地产项目、旅游地产项目，并在政策性保障住房项目等实现突破。

（5）联系方式

地址：上海市松江区九亭镇虬泾路126（A）号　　邮编：201615

电话：0086-21-67635800　　传真：0086-21-67635680

40. 首创置业股份有限公司

（1）企业简介

首创置业股份有限公司成立于1995年，自成立以来在北京地区累计开发规模超过400万平方米，总投资超过300亿元。目前已进入全国四大区域九个城市，土地储备规模超过1000万平方米。 首创置业主要以发展中高档住宅为主，高档商用物业开发为辅。

2012年，在经济结构调整、房地产行业调整的情况下，集团加快战略转型，不断优化产业结构，以“全价值、全生活”的品牌理念引领行业发展。在上半年中，集团根据“聚焦核心城市圈，实现重点发展”的土地储备战略，重点增加了环渤海和长三角区域的土地储备，与北京、天津、沈阳、昆山、湖州、秦皇岛等地，新增土地储备286万平方米。

（2）财务数据

表5-141　2009~2012历年销售业绩

	2009年	2010年	2011年	2012年
销售金额（亿元）	107	125	110	22.6
销售面积（万m^2）	102	119	118	25.7
销售均价（元/m^2）	10490	10504	9322	8793

数据来源：企业官网，CRIC

表5-142 2008~2012年财务指标

财务指标	2008年	2009年	2010年	2011年	2012年
资产负债率（%）	68	70	75	78	84
净负债率（%）	41	35	26	82	99.
三费费用率（%）	3	3	2	3	6
总资产年度周转次数	0.25	0.25	0.23	0.21	0.21
存货年度周转次数	0.67	0.66	0.43	0.33	0.38
净利润增长率（%）	5	17	19	11	9
净利润率（%）	16	17	17	17	15
销售毛利率（%）	34	34	37	35	22

数据来源：企业公开财务报

表5-143 历年进入城市

年份	2007前	2009	2010
进入城市	北京、天津、沈阳、太原、苏州、无锡、西安、成都	广州	上海

数据来源：企业官网，CRIC

表5-144 2012年重点新增土地储备

城市	宗地名称	属性	成交时间	占地面积（万m²）	规划建筑面积（万m²）	成交总价（亿元）	楼板价（元/m²）
北京	房山线长阳西站4号地01-04-04等地块二类居住、商业金融用地	住宅;商业	01	30.31	30.31	8.78	2896
昆山	昆山开发区昆嘉路北侧地块	住宅;商业	05	18.4	40.48	5.92	1464
昆山	昆山开发区景王路南侧地块	住宅;商业	05	10.74	26.86	3.25	1210
昆山	昆山开发区东城大道东侧地块（首创）	住宅;商业	05	15.65	34.43	4.89	1420
昆山	锦溪镇江浦路西侧地块	住宅;商业	06	19.76	19.76	2.35	1190
昆山	锦溪镇江浦路东侧地块	住宅;商业	06	15.88	15.88	1.91	1200
昆山	锦溪镇五保湖南侧地块（首创青旅）	住宅;商业	06	19.37	19.37	2.29	1180

数据来源：CRIC

表5-145 2012年重点新开盘项目

项目名称	城市	开盘日期	建筑面积（万m²）	销售面积（万m²）	销售均价（元/m²）
首创国际城三期	沈阳	05/12	14.00	0.94	7060
首创·新悦都	北京	12/02	22.38	3.35	14619

数据来源：CRIC

41. 联发集团有限公司

（1）企业简介

联发集团有限公司成立于1983年10月，现注册资本18亿元人民币，总资产近180亿元人民币。历经30年的发展，作为品质生活创造者和区域繁荣建设者，公司开发区域已涵盖厦门、桂林、南昌、南宁、重庆、武汉、天津、扬州和鄂州等9个城市，截至2012年底，开发面积近700万平方米，土地储备超500万平方米，并逐步形成滚动发展与自主运营相结合的合理有效布局，持有物业面积近85万平方米，成为以房地产和物业租赁为核心业务的大型房地产运营商。集团位列中国房地产百强、福建企业百强、厦门企业百强，拥有房地产开发一级资质。

站在全国性拓展的全新起点，联发集团将继续用真诚的心与客户、合作伙伴携手同行，努力践行“创造品质生活”的使命，为成为中国知名的房地产运营商而不懈努力。

（2）2012年企业发展综述

2012年，面对持续调控的宏观环境和瞬息万变的市场形势，联发积极主动，抢抓机遇，各项经营和品牌影响力再上新台阶，发展势头良好。全年房地产业务实现销售总面积61万平方米合同总收入60亿元，土地储备超过500万平方米，确保了房地产主业的可持续健康发展。租赁业务稳步增长，新增多处优质资源，持有物业面积近85万平方米，全年租金收入超过1.5亿元，增值服务得到了很高的提升，物业服务专业化、标准化程度和服务质量不断提升。公司的“联客会”平台以真诚融洽客户关系，得到了广大业主的喜爱。客户满意度进一步提升，客户对联发总体满意度达到了86%比上年提升了6个百分点。

（3）企业发展战略

房地产业务：坚持高周转率滚动开发的经营策略。建立完善的运营体系，全面提升运营能力，以加速周转为重点，扩大现金流平台；科学系统地规划区域布局。深耕现有城市，提升在当地市场占有率，并逐步辐射到周边城市。并在发展中做到区域聚合、有效联动，初步形成全国布局；坚持适度超前、滚动开发的土地储备策略；抓好产品研发，重点提升产品设计和策划水平，推进产品标准化，促进产品的技术进步，全面提升产品品质；加强质量和成本的控制；尝试市场化代建业务，建立代建专业化队伍，充分利用代建项目资源，使之与房地产项目有机结合。

物业租赁业务：在集中主要资源做大房地产业务的同时，保持较合理的资源配比，并择机盘活部分物业资产；持有型物业的增加主要是承接房地产开发中的商业配套项目，并实行以战略合作为主的商业运营方式；提升对持有型物业的专业策划和资产整合能力，加大现有持有型物业的出租力度，实现资源共享，提高盈利能力；适时改造现有湖里厂房项目，增加租赁项目的租金单价水平。

增值服务：联发物业公司以为主业和业主提供优质物业服务为核心，不断优化物业公司组织架构，完善物业服务管理体系，提高服务质量和专业技术水平，不断满足主业全国布局与高端物业的服务需求；联发集团通过加大对物业公司与联客会平台等方面的投入和支持力度，促进服务水平的同时，使之真正成为“为主业品牌增值的重要组成部分”。

（4）重点项目介绍

联发“杏林湾一号”，为联发滨海系产品代表作之一。项目位于杏林大桥桥头南侧，与厦门岛仅有一桥之隔，与岛内的东渡港隔海相望。项目是50万平方米的一线临海大社区，景观为近100%的全海景设计，户型南北通

（续表）

财务指标	2008年	2009年	2010年	2011年	2012年
总资产年度周转次数	0.20	0.15	0.17	0.17	0.14
存货年度周转次数	0.88	0.21	0.19	0.18	0.18
净利润增长率（%）	-48	32	33	12	-14
净利率（%）	19	22	22	21	18
销售毛利率（%）	50	39	45	44	34

数据来源：企业公开财务报表

表5-152　历年进入城市

年份	2001前	2001	2007
进入城市	北京	天津、南昌、惠州	重庆

数据来源：企业官网，CRIC

表5-153　2012年重点新增土地储备

城市	宗地名称	属性	成交时间	占地面积（万m²）	规划建筑面积（万m²）	成交总价（亿元）	楼板价（元/m²）
天津	津和大（挂）2012-041号	商住	06	2.75	21.1	17.5	8313
北京	月坛南街地块二商业金融用地项目	商业;综合	09	1.85	14.3	29.5	20640
北京	月坛南街地块三商业金融、体育用地项目	商业;综合	09	1.62	11.3	34.2	30428.9

数据来源：CRIC

表5-154　2012年重点新开盘项目

项目名称	城市	开盘日期	建筑面积（万m²）	销售面积（万m²）	销售均价（元/m²）
金融街·融景城	重庆	04/29	170	6.06	9830
金融街（南开）中心	天津	08/26	29.5	4.48	26207
金融街·融汇二期	北京	12/01	25.28	6.47	15890

数据来源：CRIC

44. 阳光城集团股份有限公司

（1）企业简介

阳光城集团股份有限公司1995年始创于福州，2012年管理总部迁至上海。作为一家业务涵盖房地产开发、物业管理、商业运营的全国化品牌地产开发集团，阳光城集团坚持“风险分散、规模集中、城市领先”的运营原则，着力打造和提升企业的投资、营运及产品能力，精准把控市场节点，实现资金的快速周转和产品的高溢价。经过多年产品专业打造及提炼，阳光城集团逐步形成包括住宅和商业两大类产品体系，涵盖全方位生活所需。

截至2012年12月，阳光城集团已进入全国多个省市，集团土地总储备突破600万方，储备货值超过600亿。同时，凭借快速提升的企业综合实力及品牌价值，获得2012中国房地产开发企业品牌价值成长性10强第四、华东10强企业等荣誉、2013中国房地产百强企业、2013年房地产开发企业运营效率10强第二名。

2012年，阳光城集团凭借企业高周转表现及全国品牌知名度的提升，成功入选“2012年度中国房地产卓越100榜”，并紧随恒大、世纪金源入选“2012年度中国房地产社会贡献卓越榜”前三甲。在赢得消费市场全方位肯定的同时，阳光城作为高成长性上市公司的价值亦得到资本市场的关注与认可，至2012年12月底，阳光城市值突破80亿，年内股票收盘价涨幅达152%。

（2）财务数据

表5-155　2008~2012年财务指标

财务指标	2008年	2009年	2010年	2011年	2012年
资产负债率（%）	74.1	62.3	53.4	67.1	76.4
三费费用率（%）	5.5	3.32	3.0	6.2	6.1
总资产年度周转次数	0.38	0.74	0.69	0.34	0.37
存货年度周转次数	0.47	0.86	0.75	0.62	0.56
净利润增长率（%）	246.5	200.9	209.2	-44.3	78.9
净利润率（%）	14.4	8.1	17.34	8.9	9.8
销售毛利率（%）	8.1	20.07	35.6	27.8	25.6

数据来源：企业公开财务报表

表5-156　历年进入城市

年份	2010前	2010	2010	2012
进入城市	福州、西安	兰州	太原	上海、厦门、龙岩

数据来源：企业官网，CRIC

表5-157　重点项目介绍

项目名称	城市	开盘日期	建筑面积（万m^2）	销售面积（万m^2）	销售均价（元/m^2）
丹宁顿小镇	福州	2009/03	12.43	12.43	7687.85
阳光城新界	福州	2011/10	18.05	17.50	11000
阳光城时代广场	福州	2012/11	6.08	——	20800

数据来源：企业官网，CRIC

（3）联系方式

地址：中国上海浦东新区金新路99号8楼　　邮编：201206

电话：021-20800211　　传真：021-20800300　　网址：www.yango.com.cn

45. 上海证大房地产有限公司

（1）企业简介

上海证大房地产有限公司创办于1994年并在港交所挂牌上市，具备各类物业开发、经营和物业管理经验，目前公司总资产已达200个亿。开发和管理的商业、住宅项目布局大长江三角洲、东北、环渤海和海南四大地区，项目囊括高端住宅、写字楼、商业物业等多种类型，拥有土地储备超600万平方米。

（2）开发理念

文化艺术与商业地产的完美融合：注重商业地产与地区文化的整合。从拿地到开发，再到经营，将项目与地区人文历史充分对接，突破传统商业地产的价值理念，使商业地产与人文观念进行完美嫁接。

多维空间的利用提供高品质生活方式：证大先进的开发模式，是包含了可售型物业、持有型物业、商业中心和文化产业的全新综合型、一站式的城市文化商业综合体。通过多维空间的利用，为现代城市居民提供高品质的生活方式。

（3）战略综述

公司未来3-5年以主力产品“证大大拇指广场”进行高速全国性战略扩张，预计开发15个大拇指广场，布局上海、扬州、青岛、南通、海门、廊坊、济南、烟台、南京，预期总建筑面积300万平方米，总投资金额300亿元。大拇指战略整合了商业、商务等多业态和功能复合型商业中心，是集购物、休闲、餐饮、文化、娱乐等多功能为一体的城市商业文化综合体，经营模式包含可售型物业、持有型物业、商业中心和文化产业。

（4）重点项目介绍

上海朱家角“西镇大拇指广场”规划集精装别墅、精装公寓、文化酒店、娱乐天地于一体的高尚休闲文化地标。18万平方米水乡慢生活综合体，带动朱家角成为沪上继新天地、大宁国际、碧云社区板块之后的新型城市名片。

（5）联系方式

地址：上海市浦东新区长柳路58号2　　邮编：200135

电话：021-33927888　　　　传真：021-33927400

46. 越秀地产股份有限公司

（1）企业简介

越秀地产股份有限公司成立于1983年，1992年在香港上市，目前，房地产业务范围逐渐由开始的广州地区逐步扩展至全国9个城市。

2012年，成功将旗下优质商业项目广州国际金融中心注入越秀房地产投资信托基金，为本集团带来约49亿元的现金回笼，并减少约45亿元的银行负债，大幅降低了净负债率。利用“越秀地产+越秀房产基金”这个独特的互动平台，确立了“地产开发+商业运营+资本运作”的创新发展模式，缩短商业物业的投资回报期，加快了资金周转速度。

（2）财务数据

表5-158　2009~2012年销售业绩

	2009年	2010年	2011年	2012年
销售金额（亿元）	59	94	80	123
销售面积（万m^2）	49.6	52	37	103
销售均价（元/m^2）	11895	18076	21621	11941

数据来源：企业官网，CRIC

表5-159　2008~2012年财务指标

财务指标	2008年	2009年	2010年	2011年	2012年
资产负债率（%）	50	66	68	66	67
净负债率（%）	32	41	42	46	37
三费费用率（%）	30	15	17	15	22
总资产年度周转次数	0.07	0.12	0.13	0.17	0.12
存货年度周转次数	0.51	0.97	0.28	0.29	0.21
净利润增长率（%）	-33	-129	496	437	-51
净利率（%）	31	-5	17	55	32
销售毛利率（%）	38	35	33	42	48

数据来源：企业公开财务报表

表5-160　历年进入城市

年份	2008前	2009	2010	2011	2012
进入城市	广州	中山、烟台	武汉、临安、佛山	沈阳	青岛

数据来源：企业官网，CRIC

表5-161　2012年重点新增土地储备

城市	宗地名称	属性	成交时间	占地面积（万m^2）	规划建筑面积（万m^2）	成交总价（亿元）	楼板价（元/m^2）
广州	从化市江埔街江村地段（2012-J7）地块）	住宅	06	5.83	16.33	1.64	1109
广州	广州开发区开源大道以南SDK-A-2地块	住宅	09	9.05	15.48	12.5	4422
广州	萝岗区CPPQ-A1-2地块	住宅	10	15.71	32.34	16.5	3820
武汉	2012年9号江岸区塔子湖地块	住商	10	14.18	31.43	12.01	2974
武汉	2012年10号江岸区塔子湖地块	住商	11	6.87	22.64	5.68	3032
沈阳	和平区CB2012-3 长白五路北地块	住商	11	4.55	48	4.0	2508

数据来源：CRIC

表5-162　2012年重点新开盘项目

项目名称	城市	开盘日期	建筑面积（万m^2）	销售面积（万m^2）	销售均价（元/m^2）
星汇云锦	中山	03/03	11.43	10.77	5469.37
财富公馆	广州	03/10	5.24	5.67	17924.9
星汇文瀚	广州	06/19	7.92	6.29	18005.68
可逸锦苑	广州	07/17	1.96	1.77	25165.84
越秀可逸江畔	广州	08/10	10.65	3.24	12334.15
越秀可逸阳光	广州	08/19	8.48	2.66	11395.4
可逸隽轩	广州	09/14	0.7	0.24	21246.55
星汇云锦	武汉	09/28	51.09	0.011	14642.96
星汇文宇	广州	12/13	4.59	1.47	17502.39

数据来源：CRIC

47. 恒盛地产控股有限公司

（1）企业简介

恒盛地产控股有限公司成立于1996年。2006年于新加坡上市，主要从事中国经济高增长地区领先的房地产发展商。目前集团在全国13个城市，共有31个发展项目。

2012年，恒盛地产重点关注一线主要城市，并且开始加速二、三线城市的开发工程。集团会在销售现金流许可和流动性安全的情况下，适度增加一些成本较低、周转快并能满足刚性需求的土地项目。集团计划长期持有大部分商业物业，以获取稳定的租金收入，通过改善财务管理，令市场对公司重拾信心。

2012年，公司住宅竣工总面积128万平方米，新开工面积约75万平方米。全年公司无新增土地储备，至2012年末，公司土地储备面积仍为1618万平方米，能满足未来5年开发所需；公司土地储备的21.8%位于一线城市，78.2%位于二三线城市；平均土地成本为1302元/平方米。

（2）财务数据

表5-163　2009~2012年销售业绩

	2009年	2010年	2011年	2012年
销售金额（亿元）	67	127	133	110
销售面积（万m^2）	66	115	157	115
销售均价（元/m^2）	10152	11043	8471	9565

数据来源：企业官网，CRIC

表5-164 历年财务指标

财务指标	2008年	2009年	2010年	2011年	2012年
资产负债率（%）	93	55	64	64	63
净负债率（%）	——	50	70	69	69
三费费用率（%）	11	9	9	8	8
总资产年度周转次数	0.30	0.29	0.20	0.19	0.16
存货年度周转次数	0.46	0.49	0.38	0.37	0.31
净利润增长率（%）	1061	89	53	-39	-51
净利润率（%）	32	38	19	18	13
销售毛利率（%）	42	48	51	42	23

数据来源：企业公开财务报表

表5-165 历年进入城市

年份	2004前	2005	2006	2007	2008	2009	2010	2011
进入城市	上海、天津、无锡、沈阳 南京、苏州、南通	呼和浩特	吴江	南昌 昆山	宁波 长沙	杭州、海门	哈尔滨、长春、唐山 北京、合肥	大连

数据来源：企业官网，CRIC

表5-166 2012年重点新开盘项目

项目名称	城市	开盘日期	建筑面积（万m^2）	销售面积（万m^2）	销售均价（元/m^2）
恒盛豪庭	上海	12/26	23.20	2.94	21718

数据来源：CRIC

48. 宝龙地产控股有限公司

（1）企业简介

宝龙地产控股有限公司2009年在香港上市。公司现有38个物业开发项目分布于全国22个增长迅速的城市，其中有26座城市综合体。

2012年公司确定以“稳健经营、精益求精”为经营方针，地产开发以“技术管理、工程质量、成本控制、产品升级”四个提升为主线，商业经营以“提升价值，打造品牌”为方针，经过全体同仁的共同努力，全年共实现收入58.72亿元，同比增长11.8%；合约销售额约65.19亿元，超过60亿元销售目标，同比增加18.9%。净利润录得人民币22.13亿元，核心净利润上升7.2%至约9.68亿元。

（2）财务数据

表5-167 2009~2012年销售业绩

	2009年	2010年	2011年	2012年
销售金额（亿元）	29.02	62.15	54.8	65
销售面积（万m^2）	39.5	87.4	81.2	82.8
销售均价（元/m^2）	7347	7111	6749	7850

数据来源：企业官网，CRIC

表5-168　2008~2012年财务指标

财务指标	2008年	2009年	2010年	2011年	2012年
资产负债率（%）	22.69	14.95	52.43	27.51	59
净负债率（%）	85	——	19.9	55.2	58
三费费用率（%）	80.65	74.79	78.38	74.45	13
总资产年度周转次数	0.18	0.28	0.18	0.15	0.16
存货年度周转次数	0.51	1.25	0.91	0.61	0.44
净利润增长率（%）	0	-50	-3	128	-35
净利率（%）	59	29.5	28.5	65	39
销售毛利率（%）	45.13	55.76	54.20	43.83	40

注：*2009年12月31日为净现金状况，故并无资本负债比率

数据来源：企业公开财务报表

表5-169　历年进入城市

年份	2003	2010	2011
进入城市	福建	天津、重庆、上海、天津、山东、河南、安徽	浙江、江苏

数据来源：企业官网，CRIC

表5-170　2012年重点新增土地储备

城市	土地名称	属性	占地面积（万m^2）	规划建筑面积（万m^2）	成交价(亿元)	楼板价（元/m^2）
上海	青浦区华新镇新府中路东侧地块	住宅;办公;商服	17.28	26.53	9.95	3750
上海	浦东新区曹路新市镇A4-8、A4-9、A4-13地块	办公;商服	7.12	17.79	6.10	3429
天津	津滨商（挂）2010-1号	商服	7.34	11.00	1.41	1277
天津	津滨旅管（挂）2010-02号	住宅	17.59	26.39	3.05	1154
天津	津滨旅管（挂）2010-03号	住宅	17.43	26.14	3.02	1154
天津	津滨旅管（挂）2010-04号	商服	8.40	8.40	1.14	1360
天津	津滨旅管（挂）2010-05号	商服	9.43	9.43	1.28	1360

数据来源：CRIC

表5-171　2012年重点新开盘项目

项目名称	城市	开盘日期	建筑面积（万m^2）	销售面积（万m^2）	销售均价（元/m^2）
宝龙城市广场二期	洛阳	2011/4/23	50.27	10.87	6346.11
宝龙国际中心	天津	2011/11/20	4.3	1.39	21728.81
宝龙城市广场	杭州	2011/11/9	29.7	4.19	12566
宝龙御湖官邸	厦门	2012/01/19	5.33	0.89	28134.91

数据来源：CRIC

49. 中骏置业控股有限公司

（1）企业简介

中骏置业控股有限公司成立于1996年，2010年2月在香港上市，主要业务包括房地产开发、商业运营和物业服务等。目前公司已将业务从福建省拓展至环渤海和珠三角地区的9个城市。产品领域涉及了普通住宅、写字楼、高层公寓、花园洋房、别墅、综合商业及大型城市综合体等多种业态。

2012年，集团物业发展的重点区域依然在福建大本营。年内新开工物业主要包括位于泉州的财富中心世界城和国际金融中心天峰，位于厦门的四季阳光和天誉，以及位于漳州的蓝湾香郡二期，合计开工总规划建筑面积约97万平方米。

（2）财务数据

表5-172　2009~2012年销售业绩

	2009年	2010年	2011年	2012年
销售金额（亿元）	31.98	36	46	60
销售面积（万m^2）	38.73	48	51	67
销售均价（元/m^2）	8257	7500	9020	8979

数据来源：企业官网，CRIC

表5-173　2008~2012年财务指标

财务指标	2008年	2009年	2010年	2011年	2012年
资产负债率（%）	89	73	56	61	61
净负债率（%）	211	65	25	51	89
三费费用率（%）	29	23	7	12	21
总资产年度周转次数	0.07	0.08	0.43	0.29	0.05
存货年度周转次数	0.15	0.18	0.94	0.75	0.09
净利润增长率（%）	-76	541	52	-21	-106
净利率（%）	2	14	22	17	12
销售毛利率（%）	39	50	39	41	43

数据来源：企业公开财务报表

表5-174　历年进入城市

年份	2005前	2006	2007	2010
进入城市	厦门、泉州、福州、漳州	北京、深圳	临汾	鞍山、唐山

数据来源：企业官网，CRIC

表5-175　2012年重点新增土地储备

城市	宗地名称	属性	出让时间	占地面积（万m^2）	规划建筑面积（万m^2）	成交总价(亿元)	楼板价（元/m^2）
泉州	鲤城区2012-31号地块	住宅;办公;商业	12	3.67	11.03	3.01	2730

数据来源：CRIC

表5-176　2012年重点新开盘项目

项目名称	城市	开盘日期	建筑面积（万m^2）	销售面积（万m^2）	销售均价（元/m^2）
中骏四季阳光	厦门	07/21	13.54	10.41	10872.95

数据来源：CRIC

50. 朗诗集团股份有限公司

（1）企业简介

朗诗集团股份有限公司成立于2001年12月24日，是一家从事绿色科技地产及相关产业的专业性房地产开发公司。朗诗地产从南京发展起来，初期一直以南京为中心深耕长三角区域，2010年开始，朗诗地产开始进军成都、武汉等，进入城市共计9个。

2012年，朗诗集团董事长田明宣布公司将从一家具有科技特色的房地产公司，转型为以绿建科技能力为核心，集绿色地产开发、绿色科技服务、绿色养老产业以及绿色金融服务为主要内容的绿色集团。这是未来五年朗诗集团的战略。

表5-177　历年进入城市

时间	2005前	2006	2007	2008	2010
进入城市	南京	无锡	杭州、苏州、常州	上海	绍兴、武汉、成都

数据来源：企业官网，CRIC

表5-178　2012年重点新增土地储备

城市	宗地名称	属性	成交时间	占地面积（万m^2）	规划建筑面积（万m^2）	成交总价（亿元）	楼板价（元/m^2）
苏州	夷浜路南、科营路东	商住	05	3.21	3.85	0.96	2500
苏州	青澄路南、科智路东	商住	05	4.82	7.23	1.37	1900
苏州	青澄路北、科成路西	商住	05	3.21	3.85	0.96	2500
无锡	新区XDG(XQ)-2012-4号	商住	09	2.01	4.03	1.10	2722
南京	栖霞区NO.2012G31	住宅	09	13.30	12.44	10.80	8682
杭州	余政储出【2012】35号	商住	10	3.95	10.26	3.28	3196
武汉	光谷六路以东，神墩二路以南	住宅	10	13.88	38.87	4.87	1253
南京	浦口区 NO.2012G70	住宅	12	4.62	10.17	2.2	2162
苏州	吴中区木渎镇金枫路西、胥江河南	住宅	12	5.65	11.31	4.12	3644
南京	江宁区 NO.2012G75	住宅	12	7.46	21.23	15.2	7161

数据来源：企业官网，CRIC

表5-179　2012年重点新开盘项目

项目名称	城市	开盘日期	建筑面积（万m^2）	销售面积（万m^2）	销售均价（元/m^2）
朗诗·虹桥绿郡	上海	08/26	2.61	0.32	50922
朗诗未来街区	苏州	11/17	9.20	2.22	9063
朗诗·未来树	上海	11/18	10.44	1.95	13125

数据来源：企业官网，CRIC

51. 上海城建置业发展有限公司

（1）公司简介

上海城建置业发展有限公司是上海城建集团全资子公司，拥有房产开发一级资质，获评2012年中国房地产百强企业“百强之星”，位列上海市房地产开发50强企业第16位。

开发建设的楼盘曾先后荣获“上海最受欢迎楼盘综合金奖”、“十大国际品质楼盘”、“建设部中国住宅经典示范楼盘”、“上海市优秀住宅金奖”、“上海市四高优秀住宅小区”、“首届上海十大经典全装修示范楼盘”、“首届全国新时代优秀规划建筑设计方案全国优秀商务楼金奖”、“上海市白玉兰奖”、“中国建筑工程鲁班奖”等多项殊荣。

（2）企业发展

公司秉承“质量第一，诚信至上”的核心价值观，以“专业化、纵深化、市场化”的发展理念，先后开发建设了古北瑞仕花园、金桥瑞仕花园、悠和家园、瑞和新苑、沪东商业中心、城建国际中心、城建地产大厦、瑞和宜山大厦、瑞和国顺大厦等100多万平方米的优秀住宅和高档写字楼。至今，公司累计开发面积近1250万平方米，在市场上逐步形成了以中档商品房为主的“瑞和”及以高档精装修住宅为主的“瑞仕”两大品牌。

目前公司在建的楼盘有浦江大型居住社区保障房项目、青浦华新及徐泾北配套商品房项目、嘉定云翔大型居住社区经适房项目、大宁瑞仕花园、安亭瑞仕华庭、无锡渔港瑞仕花园、无锡蠡湖瑞仕花园、上海城建大厦、城建路桥研发中心等，共计开发面积达370多万平方米。

（3）项目介绍

“大宁瑞仕花园”位于闸北大宁板块，东傍彭越浦河道，南临延长中路，西至沪太路，北靠老沪太路。项目总规划用地面积51250平方米，由13栋中高层精装修住宅组成。项目在景观设计上，融合了中西文化和古今园林的手法。项目景观水系由北向南，在中心景观带形成一条贯穿于整个小区。项目已经获得住建部双A级性能认定、上海市节能示范小区、建设部A级住宅预审证书、“上海市节能示范小区”、上海市“四高”优秀小区等荣誉。

“安亭瑞仕华庭”位于上海安亭国际汽车城核心板块，毗邻1200余亩国际级颖奕高尔夫球场和约1150亩开放式汽车博览公园，项目采用新古典主义建筑风格，独有双车位设计的专属私家地下车库直接入户，外立面全部采用石材干挂。联排别墅户型面积在226平方米到270平方米之间，一层客厅挑高6.3米每户赠送约105—135平方米的阳光地下室并附带下沉式庭院。项目自身还拥有着约2万平方米醇熟商业配套。

（4）联系方式

地址：上海市南丹东路161号　　邮编：200030

电话：021-64877000　　传真：021-64879559　　网址：www.sucgfc.com

52. 合景泰富地产控股有限公司

（1）企业简介

合景泰富地产控股有限公司成立于1995年。总部设在广州，其房地产开发项目涵盖顶级豪宅、大型国际别墅社区、优质住宅屋苑、超甲级写字楼、国际品牌星级酒店、酒店式公寓和大型购物中心。2007年7月，在香港上市。此后，集团的发展进一步扩大，先后开拓了华南、华东、西南、华北及海南等地的市场，在北京、天津、成都、苏州、上海、海南等多个地区共有超过34个处于不同发展阶段的物业项目。

公司在土地储备方面坚守严谨审慎策略。截至2012年10月31日，集团土地储备总量为9.7百万平方米。涵盖7个城市及地区，分别位于广州、成都、苏州、上海、天津、北京及海南，比例分别为45%、15%、11%、10%、8%、3%和8%，能够满足未来5至6年的发展需求。

2012年，集团推行多元化的产品组合策略，在销售现有中高档产品的同时，加快中档项目的布局，特别是不受限购及限贷影响的商业项目，如写字楼、服务式公寓、商铺等。同时集团调整产品结构，满足刚需及改善类需求。同时，集团于2012年10月底前先后购入5幅分别位于广州、上海、苏州等地的优质地块，包括广州生物岛二期，上海奉贤南桥地块，苏州工业园地块，苏州高铁新城地块以及广州知识城地块，土储面积增加至970万平方米，为集团未来5~6年的发展储备充足的资源。

（2）财务数据

表5-180　2009~2012年销售业绩

	2009年	2010年	2011年	2012年
销售金额（亿元）	41.10	72.21	98.15	122.01
销售面积（万m^2）	50.98	78.41	91.77	93
销售均价（元/m^2）	8062	9209	10695	13119

数据来源：企业官网，CRIC

表5-181　2008~2012年财务指标

财务指标	2008年	2009年	2010年	2011年	2012年
资产负债率（%）	58	64	71	69	69
净负债率（%）	50	48	48	62	64
三费费用率（%）	17	11	9	9	10
总资产年度周转次数	0.08	0.17	0.22	0.24	0.40
存货年度周转次数	0.12	0.26	0.46	0.48	0.44
净利润增长率（%）	-86	97	78	34	16
净利润率（%）	23	17	17	21	25
销售毛利率（%）	53	38	42	44	37

数据来源：企业公开财务报表

表5-182　历年进入城市

年份	1995	2007	2008	2010
进入城市	广州	成都、苏州、佛山	上海	天津、北京、海南

数据来源：企业官网，CRIC

表5-183　2012年重点新开盘项目

项目名称	城市	开盘日期	建筑面积（万m^2）	销售面积（万m^2）	销售均价（元/m^2）
嘉誉湾	上海	03/11	36.00	2.03	39671
合景领峰	上海	05/27	11.59	2.12	18362
合景叠翠峰	苏州	11/24	15.99	1.41	9016

数据来源：CRIC

（3）联系方式

地址：广州市珠江新城华夏路8号合景国际金融广场 邮编：510623

电话：020 8550 0800/8500 0700　　　　传真：020 8550 0798/8550 0699

53. 中国建筑股份有限公司

（1）企业简介

中国建筑股份有限公司于2007年12月10日正式创立，并于2009年7月29日在上海证券交易所成功上市。中国建筑是中国最大的建筑房地产综合企业集团，中国最大的房屋建筑承包商，长期位居中国国际工程承包业务首位，是发展中国家和地区最大的跨国建筑公司以及全球最大的住宅工程建造商。企业经过6年发展，已在全国30多个城市开展地产业务。

公司房地产业务积极应对、稳中求进，2012年全年新增土地储备约1,508 万平方米，期末拥有土地储备约6,717 万平方米。2012年，公司行业地位和社会影响力均大幅提升，公司在《财富》杂志“世界五百强”的排名恰好是第100 位，位居全球建筑企业第1 位、我国中央企业第5 位、中国内地企业第9 位。

（2）财务数据

表5-184　2009~2012年销售业绩

	2009年	2010年	2011年	2012年
销售金额（亿元）	395	442	422	557
销售面积（万m^2）	454	399	325	467
销售均价（元/m^2）	8700	11078	12985	11927

数据来源：企业官网，CRIC

表5-185 2008~2012年财务指标

财务指标	2008年	2009年	2010年	2011年	2012年
资产负债率（%）	85	70	74	77	78
净负债率（%）	77	-29	8	38	57
三费费用率（%）	4	3	3	3	3.5
总资产年度周转次数	1.09	1.05	1.07	1.07	0.47
存货年度周转次数	4.03	4.50	4.25	3.63	1.13
净利润增长率（%）	-34	96	62	31	10
净利率（%）	2	3	4	4	4
销售毛利率（%）	11	12	12	12	12

数据来源：企业公开财务报表

表5-186 历年进入城市

年份	2007~2008	2009	2010	2011	2012
进入城市	重庆、沈阳、成都、宁波	武汉、佛山	长春	贵阳	苏州、乌鲁木齐

数据来源：企业官网，CRIC

54. 花样年控股集团有限公司

（1）企业简介

花样年控股集团有限公司于1996年开始开展房地产业务，2009年在香港上市。目前业务发展主要聚焦于成渝经济区、珠江三角洲、长江三角洲及京津都市圈四大区域。

2012年，面对不断变化的市场环境，花样年积极推进企业整体战略转型，未来将整合内外部资源，在金融、社区网络、物业国际、地产、商业管理、酒店管理、文化旅游、养生养老八大板块实现战略转型，逐步成为以金融为驱动、以服务为平台、专注于生活空间及体验的金融控股集团。

（2）财务数据

表5-187 2009~2012年销售业绩

	2009年	2010年	2011年	2012年
销售金额（亿元）	25	39	70	80
销售面积（万m^2）	35	38	75	96
销售均价（元/m^2）	6966	10183	9389	8349

数据来源：企业官网，CRIC

表5-188　2008~2012年财务指标

财务指标	2008年	2009年	2010年	2011年	2012年
资产负债率（%）	71	64	68	67	73
净负债率（%）	34	——	69	71	66
三费费用率（%）	24	13	12	12	8
总资产年度周转次数	0.26	0.3	0.33	0.33	0.25
存货年度周转次数	0.31	0.54	0.58	0.55	0.55
净利润增长率（%）	17	279	160	26	8
净利润率（%）	8	15	22	22	18
销售毛利率（%）	40	42	43	43	40

注：*2009年12月31日为净现金状况，故并无资本负债比率

数据来源：企业公开财务报表

表5-189　历年进入城市

年份	2002前	2005	2006	2010
进入城市	成都	宜兴	重庆、杭州	南京、天津、桂林、大理、无锡

数据来源：企业官网，CRIC

表5-190　2012年重点新增土地储备

城市	宗地名称	属性	成交时间	占地面积（万m^2）	规划建筑面积（万m^2）	成交总价（亿元）	楼板价（元/m^2）
成都	郫县郫筒镇望丛村3社，菊松村6社地块	住宅、商业、服务	07	10.79	48.53	4.61	950

数据来源：CRIC

表5-191　2012年重点新开盘项目

项目名称	城市	开盘日期	建筑面积（万m^2）	销售面积（万m^2）	销售均价（元/m^2）
福年广场	深圳	04/21	4.68	1.47	36854

数据来源：CRIC

55. 新湖中宝股份有限公司

（1）企业简介

新湖中宝股份有限公司是浙江省最大的A股上市公司之一。公司主营地产、金融及其他投资。目前在全国20余个城市开发30多个房地产项目，总开发和储备面积达3000万平方米，规模和实力居行业前列。地产为新湖中宝主业，是新湖成熟的业务板块，以“价值地产”为理念，深刻把握大势，合理选择时机，准确定位产品，不断提升品质，创造了“新湖地产”的良好品牌，获得了“中国房地产最具竞争力企业”、“中国地产20年最具影响力企业”、“中国最具价值地产上市公司”等称号。

公司还广泛涉足金融领域，形成了成规模的金融股权投资，目前是盛京银行、成都农村商业银行、吉林银

行、湘财证券、新湖期货等金融机构的主要股东，隐含着巨大的增值潜力和价值。

在追求市值最大化的战略目标下，新湖中宝稳健高速成长，并入选“沪深300指数”、“上证180指数”成分股，2007~2011年连续多年被评为中证“金牛百强”和“金牛地产十强”。

（2）发展战略

中国正处在一个经济高速成长的历史阶段，经济增长、人口红利、城市化进程、地少人多的特殊国情都决定了地产业必将在较长时期内繁荣。新湖中宝采取了以下发展战略。

有远见地拿地：在一个区域市场即将启动前获取土地；有节奏地拿地：在地产周期的低谷拿地，从不高价拿地；准确产品定位。新湖地产产品主要定位为二类，一是符合城市主流人群需求的大众精品；二是满足中高端人群更新换代及第二居所需求的低密度住宅；不断提升品质；先进的理念、进取的精神、勤奋的实践，成就了新湖地产的品牌价值。

新湖的产品开发是根据目标客户的市场细分来推出产品，并通过住宅技术集成、关注细节品质等不断提升产品品质。经过10多年的开发，旗下各房地产企业开发的名盘共同托起了“新湖地产”品牌。

表5-192　2008~2012年财务指标

财务指标	2008年	2009年	2010年	2011年	2012年
资产负债率（%）	63.3	69.5	68.4	67.9	70.1
净负债率（%）	72.9	33.7	42.4	86.9	76.0
三费费用率（%）	11.4	8.9	7.4	11.9	9.5
总资产年度周转次数	0.29	0.36	0.32	0.21	0.24
存货年度周转次数	0.34	0.49	0.47	0.29	0.28
归属于母公司净利润增长率（%）	102.7	4.6	34.7	-9.8	64.1
净利润率（%）	24.7	19.2	21.3	21.8	23.6
销售毛利率（%）	32.1	30.8	31.7	27.3	37.9

数据来源：企业公开财务报表

（3）重点项目

国际公寓系列：城市核心区高端公寓品牌，以技术创新、智能化与低碳环保为设计理念的新品公寓。主要有上海新湖·青蓝国际公寓、杭州新湖·武林国际公寓、丽水新湖国际公寓、九江新湖·庐山国际公寓。

香格里拉系列：拥有城市一线山水人文资源住宅，低层、低密度的高端别墅品牌。有天津新湖·香格里拉、杭州新湖·香格里拉、兰溪新湖·香格里拉、桐乡新湖·香格里拉。

明珠城系列：城市规模性社区的整体营造，以人性化的设计为理念。有上海新湖明珠城、沈阳新湖明珠城、苏州新湖明珠城、九江新湖明珠城。

（4）联系方式

地址：浙江省杭州市西湖区西溪路128号新湖商务大厦　邮编：310007

电话：0571-97395053　传真：0571-97395053　公司主页：http://www.600208.net

56. 雨润控股集团有限公司

（1）企业简介

雨润控股集团是一家集食品、物流、商业、旅游、房地产、金融和建设于一体的民营企业集团。集团旗下已有雨润食品（1068.HK）、南京中商（600280.SH）两家上市公司。

作为雨润控股集团旗下的雨润地产囊括了物流地产、旅游地产、住宅地产、商业地产等不同地产业态。开发项目遍布华东、东北、中西部重点城市，已经形成全国布局、重点突破的发展态势，并积极向海外拓展业务，是以开发高档住宅、城市综合体及旅游地产等高端产品线为主的大型房地产企业集团。

雨润控股集团各不同业态的地产项目2012年在建面积426万平方米，项目遍布南京、苏州、黄山、九华山、海南、白山、徐州、安庆、哈尔滨、大冶、铜陵、西安、青岛、成都、淮安、鞍山等大中型城市；竣工面积约200万平方，实现销售40亿元，持有面积近120万平方米用于商业、酒店、办公、文化娱乐等经营项目；土地储备待开发建筑面积2500万平方米，为雨润地产持续发展提供了有力支撑。

近年来，雨润以国际化的长远眼光，在区域重点城市突破性发展新型城市商业综合体，提供购物、办公、住宿、餐饮、文化、娱乐、休闲、健身等一站式服务。

雨润地产战略布局全国，目前在建项目20多个，并计划从2012年到2015年跻身业界认可的国内一流房地产开发企业。

（2）财务数据

表5-193　历年进入城市列表

年份	2010前	2010	2011	2012
进入城市	上海、南京、苏州、黄山、海南、白山 徐州、安庆、哈尔滨、天津、武汉、中山 南昌、石家庄、九华山	大冶、铜陵、西安 青岛、成都	千岛湖、淮安、鞍山 沈阳、宿迁、威海	常州、长春、汝州 如皋、如东、丰县

数据来源：企业提供

表5-194　2010~2012年土地及在建

	2010年	2011年	2012年
期末待开发土地建筑面积（万m^2）	1200	1600	2500
本期竣工建筑面积（万m^2）	100	150	200

数据来源：企业提供

表5-195 2010~2012年销售业绩

	2010年	2011年	2012年
销售面积（万m^2）	33	40	58
销售金额（亿元）	20	28	40

数据来源：企业提供

（3）2012年企业发展综述

2012年， 雨润控股集团各不同业态的地产项目2012年在建面积426万平方，项目遍布南京、苏州、黄山、九华山、海南、白山、徐州、安庆、哈尔滨、大冶、铜陵、西安、青岛、成都、淮安、鞍山等大中型城市；竣工面积约200万平方，实现销售40亿元，持有面积近120万方用于商业、酒店、办公、文化娱乐等经营项目；土地储备待开发建筑面积2500万平方米，为雨润地产持续发展提供了有力支撑。

（4）重点项目介绍

南京“星雨华府”建筑面积近28万平方米，位于南京河西核心地段，交通便利、商业配套完善。截至2012年已经实现销售40多亿元。

南京“雨润国际广场”建筑面积近22万平方米，是一座集商业、会展、娱乐、休闲、美食等多功能为一体的超大型城市综合体，是南京河西新城的又一地标性建筑。

铜陵“雨润国际广场”总投资13.8亿元，建筑高度170米，总建筑面积26万平方米，总投资15亿元，建成后将成为皖江第一高楼和铜陵市的地标建筑。

徐州“中央国际广场”集五星级酒店、甲级写字楼、酒店服务公寓、影院、真冰溜冰场、中餐西餐、精品超市、高档购物中心于一体，提供购物、休闲、办公、住宿、餐饮、文化、娱乐、健身等一站式、体验式服务，是淮海经济区最大的城市综合体项目。

常州“雨润国际广场”项目总投资达55亿元，总占地面积约17万平方米，总建筑面积约120万平方米，地上总建筑面积约93万平方米，规划一栋逾180米高的办公与酒店塔楼，2栋约170米高豪华住宅，2栋约100米高商住两用SOHO，11栋约100米高精品住宅和规模约50万平方米的6层高商业裙楼，是一座集合了大型购物中心、五星级酒店、高品质住宅、高级写字楼、多媒体影城、KTV、电玩城、餐饮等众多现代商业和居住形态于一体的超大型城市综合体。

（5）联系方式

地址：南京市建邺区雨润大街10号 邮编： 210041

电话：025-52270000 传真：025-52270000 公司主页： www.yurun.com

57. 天朗控股集团

（1）企业简介

天朗控股集团2001年创建于西安，经过十余年的发展创新，今天的天朗控股已发展成为跨区域、跨行业投资运营，涵盖投资、资本、地产、物业、产业、商业、文化、旅游、现代农林九大业态的全国性企业集团。2010年，天朗系统总结出“城系开发模式”，是基于城市层面进行资源整合运营，在多层面、多角度对城市区域板块进行集中式统筹开发，整合固有资源，补足欠缺配套，优化商业、商务、教育、文化、医疗、交通等资源，将区域资源进行整合、对区域价值进行提升。在西安，单体开发量均超过百万平方米的蔚蓝城、高新港、新都汇和大兴郡四大城系一经过推出，即受到业界的强烈关注和市场的热切追捧。

随着企业不断发展，天朗集团开始全面布局环渤海、长三角、珠三角、华中、西南、海南、海西等中国一线热点经济圈。2011年，天朗将“城系开发模式”快速复制全国，业务扩展至北京、上海、天津、长春、西安、济南、海南、成都、厦门等15个城市和地区，其中济南、成都、昆山、厦门等项目已进入开发建设阶段，实现了由区域迈向全国的战略转型。

目前，天朗以国际化的发展理念，创新性的发展模式，丰富而卓越的整合运营管理能力，进一步强化产业集群优势，不断实现企业跨跨越式成长，同时全面谋求资本市场，启动香港IPO上市计划。

（2）2012年企业发展综述

2012年，天朗以西安全行业销售排名第一的佳绩，跻身中国房地产百强企业，确立了西部房企龙头地位。同时，天朗对“城系开发模式”进行全面升级，系统总结出 “投资及资本融通、开发建设管理、产业综合运营”三大核心能力，并在充分尊重城市区域文脉的基础上，大胆引入实体产业经济，以业态的合理化布局为支撑，整合各项功能服务配套为保障，逐步形成了以“产业、商业、文化、旅游”四大产业为核心的产业运营集群，通过“主题文化商业小镇、主题性产业园区（文创科技文化产业主题性总部基地）”两大产业运营形态，实现了跨区域、跨行业的产业优化与驱动，在改善城市生活环境的同时，拉动区域板块经济价值的全面提升，推动中国城市化进程的可持续健康发展。

（3）企业发展战略

企业战略目标：中国城市发展运营商——中国房地产转型升级的领跑者

发展模式：三大核心能力为驱动、城系开发为基础，形成多元化城市产业运营模式。

以中国城市健康、可持续发展为目标，整合多元化产业资源优势，以“投资及资本融通、开发建设管理、产业综合运营”三大核心能力推动，城系开发模式为基础，以“产业、商业、文化、旅游”四大产业为核心的产业运营集群为核心，通过“主题文化商业小镇、主题性产业园区(文创园、科技文化产业园、主题性总部基地)”两大产业运营形态，实现了跨区域、跨行业的产业优化与产业驱动，在改善城市生活环境的同时，拉动区域板块经济价值的全面提升。未来天朗还将继续拓展北京、天津、无锡、昆明、杭州等中国20多个大中型城市。

（4）重点项目介绍

江苏昆山正在开发建设的“海峡两岸贸易合作区”，通过整合海峡两岸优势资源，将天朗核心产业集群进行合理布局，以两岸商业贸易为平台，两岸文化交流为依托，旅游和购物为两翼，政策和金融为支撑，将集团内部资源和台湾商业、商品、商贸及文化资源进行融合，将昆山海峡两岸贸易合作区打造成为海峡两岸商业贸易综合区、台湾民族文化的体验区、台湾商品在中国内地的展示和金融贸易平台；做到了体验一体化、旅游一体化、消费一体化、商旅一体化、会议一体化。

在南京开发建设的“天朗·文化科技创意产业园”，意图建设成为中国民用半导体领域的高科技聚集地，同时在园区配建主题文化商业小镇；在园区整体运营过程中天朗还将设立产投基金，以“负责到底”的态度持续关注其运营，并建立会议中心和信息发布系统， 甚至帮助园区企业建立营销系统等园区企业发展保障体系，全面助力园区内产业经济的健康、持续发展。

在西安大兴新区打造的大兴郡，突出展示了天朗控股在城市化进程中参与旧城改造层面的卓著成效。项目总开发量为130万平方米，通过大汉会馆、汉艺术馆、梨园宫、汉文化街以及诸多文化功能建筑的复原、打造，注入文化产业及主题性商业街区，在城市核心区域的整体运营中，对集中开发区域内的资源进行整合，实现集中商业、单体商业和社区配套商业的三级延展。

（5）联系方式

地址：西安市莲湖区大庆路3号蔚蓝国际A座22楼　邮编：710082

电话：029-88653831 88653832　　网址：www.titan21.com

58. 上海建工房产有限公司

（1）企业简介

上海建工房产有限公司是上海建工集团股份有限公司的核心成员企业，成立于1999年。具有国内最高的一级房地产开发资质，注册资金9亿元。现有职工230人左右，年开发量超过300万平方米。

公司以科学发展观为统领，坚定贯彻“全面、协调、可持续”的房地产发展战略；坚持以行业政策和市场需求为导向，坚持以提高房地产盈利能力为中心，坚持以建设创新型房地产开发企业为方向；着力推进房地产开发经营结构转型升级和发展方式转变，着力提升房地产规模能级和效益能级，着力提高房地产核心竞争力，努力建设诚信卓越、更具活力和竞争力的一流房地产开发企业。

公司原以住宅开发为主，主要开发地域在上海。近年来，为适应市场调控和自身发展要求，公司逐步优化了产品结构和地域结构，加大了工业地产和商业地产的开发力度，并进入了徐州市场。多年来，成功开发了徐汇·龙兆苑、佳龙花园、上海滩·新昌城、海尚佳园、大唐国际公寓、上海滩·大宁城、浦江颐城、浦江坤庭、徐州汉源国际华城、嘉定工业园、虹桥商务楼、大唐商务楼、文定路创意园区等一大批经典楼盘和工业、商业地产。

根据中央和市政府加大保障性住房建设力度的要求，公司近年来还积极参加保障性住房开发建设，已先后有宝山顾村海尚菊苑、三门路海尚逸苑、康桥海上康庭、海尚乐苑、曹路海尚东苑等5个项目累计80万平方米保障性住房交付使用，目前在建的保障性住房主要有周康航大型居住社区、浦东航头和宣桥地块保障房以及北翟路公租房等项目，面积约250万平方米左右，待建的松江佘山北地块保障房约70万平方米。

在开发经营规模逐步扩大的同时，公司也注重树立起良好的经营信誉。在上海建工集团“和谐为本，追求卓越”的文化理念引领下，以“弘扬建工品牌，建筑一流房产，创造更多价值”为企业使命，始终坚持“市场为导向、用户是根本”的经营理念，发扬“崇尚科学、勇于创新、善于协作、争创一流”的企业精神，不懈追求“建筑、艺术、生活”的和谐相融，用心规划、精心建设、诚信经营、尽心服务、精益求精地为全社会和广大消费者创造美好和谐的空间，努力实现“放心房、买放心”的品牌境界。

公司是上海房地产行业中最早通过ISO9001质量管理体系认证的企业之一，2011年，进入上海市房地产开发企业前六强，2012年荣获上海市五一劳动奖状、全国住房城乡建设系统先进集体和全国保障性安居工程建设先进单位等荣誉称号，连续第九年被评为上海市重点工程立功竞赛优秀公司，一大批楼盘获上海市最高质量奖项“白玉兰”奖、国家最高质量奖项“鲁班奖”以及房地产综合类最高奖项——上海市优秀住宅综合金奖。

（2）联系方式

地址：上海市东大名路666号　　邮编：200080

电话：021-55886262　　传真：210-35312030

邮箱：sjgfc@sjgfc.com　　公司主页：http://www.sjgfc.com

59. 四川蓝光和骏实业股份有限公司

（1）企业简介

四川蓝光和骏实业股份有限公司成立于1998年5月，企业以成、渝、昆为核心的西南经济圈，拓展北京、上海、广州等一线城市，公司的特色小户型住宅项目蓝光COCO系列。

2012年，蓝光销售业绩显著提升，奠定了其成都房地产企业的龙头地位。企业2012年积极增加土地储备，在以西部地区为重点的基础上，逐渐实现全国化布局。未来企业的投资重点将继续向环渤海、长三角、西部三个区域集中，同时进一步提高产品创新能力，打造更具执行力和拼搏精神的团队，以实现更高的复合增长率及产品溢价能力。

（2）财务数据

表5-196　历年进入城市

年份	2007前	2008	2010	2011	2012
进入城市	成都	重庆	乐山、北京	嘉兴	昆明

数据来源：企业官网，CRIC

表5-197　2012年重点新增土地储备

城市	宗地名称	属性	成交时间	占地面积（万m^2）	规划建筑面积（万m^2）	成交总价（亿元）	楼板价（元/m^2）
成都	青羊区清波村6组	商住	03	2.9	7.53	2.76	3660
成都	新都区大丰街道高堆社区	商住	06	6.76	19.59	3.56	1816
成都	青羊区四威南路3号	商住	06	3.6	11.08	6.14	5540
成都	青白江区凤凰大道以北、凤凰西二路北延线以西	商住	07	2.07	10.34	0.47	450
昆明	西山区KC2011-107	住宅	09	2.41	7.23	2.80	3862
成都	郫县犀浦镇龙吟村5、6社	商住	10	8.63	34.50	9.86	2858
重庆	南岸区弹子石组团D分区	商住	11	12.83	42.65	17.20	4033

数据来源：企业官网，CRIC

表5-198　2012年重点新开盘项目

项目名称	城市	开盘日期	建筑面积（万m^2）	销售面积（万m^2）	销售均价（元/m^2）
蓝光·空港国际城	成都	03/24	154.00	10.37	4367
蓝光彩云府	重庆	04/22	9.78	5.32	5517
蓝光COCO金沙	成都	07/14	11.00	3.77	8364
蓝光COCO时代	成都	09/16	21.75	5.24	9121
蓝光COCO蜜城	成都	10/19	17.19	1.63	11597
蓝光花满庭2期	成都	11/17	4.60	3.67	5352

数据来源：企业官网，CRIC

60. 浙江祥生房地产开发有限公司

（1）企业简介

浙江祥生房地产开发有限公司成立于1995年，是绍兴市首家拥有房地产开发一级资质的企业，业已形成了以浙江为中心，华中、华东区域为重点的全国布局，项目遍及上海、浙江、湖北、江苏、辽宁、福建、江西等地。公司拥有较强的多业态综合开发能力，业态涵盖公寓、别墅、城市综合体、酒店等。公司高品质开发路线已升级为精品战略，并致力于成熟产品的标准化。目前，公司已完成总建筑面积约500万平方米的商住物业开发，在建面积200多万平方米，并有充足的土地储备以保证企业快速发展。

多年来，祥生房产荣获了诸多荣誉：如“十一五”浙江省房地产品牌30强、“十二五”全国房地产五十强企业、连续三年入选中国房地产百强企业、连续两年获评“浙江省住宅产业十大领军企业”，并荣获“促进住宅科技发展进步贡献奖”等。

今后，祥生房产将以客户需求为中心，打造高品质的产品与服务，为客户创造理想的生活方式和文化价值，努力成为中国最具竞争力的房企之一。

（2）财务数据

表5-199 城市布局

年份	2010前	2010	2011	2012
进入城市	姜堰、泰兴、上海、诸暨、扬州、武汉、洪湖、抚州、岫岩、慈溪	舟山	仙桃	南平

数据来源：企业提供

表5-200 2010~2012年土地及在建

	2010年	2011年	2012年
期末待开发土地建筑面积（万m^2）	117.55	211.31	335.03
本期竣工产品建筑面积（万m^2）	65.52	130.97	119.08

数据来源：企业提供

表5-201 2010~2012年销售业绩

	2010年	2011年	2012年
销售面积（万m^2）	77.03	38.25	40.44
销售金额（亿元）	25.71	32.70	30.17

数据来源：企业提供

（3）企业发展战略

近期发展战略：未来3至5年内，完善企业信息化管控模式；实现房地产开发为龙头、多业并举的产业格局；加强与政府合作，积极参与保障房建设；加快区域拓展；梳理产品类型，整合标准化产品体系；实现地产品牌于与集团多元品牌的有效嫁接。

中长期发展战略：完善全国市场布局；简化标准化产品体系；完善品牌组合体系；继承综合优势，共享增值；实现向全国大型品牌房地产企业集团的蜕变。

远期目标：在中国房地产业占据领先者地位，做值得社会信赖与尊敬的百年企业。

（4）重点项目

“祥生·君城“位于浙江省诸暨市，建设用地13.48万平方米，总建筑面积近50万平方米。住区中步行街、中心花园、游泳池和健身会所配套齐全。

“祥生·柏景湾“位于湖北省武汉市东西湖区，建筑面积约50余万平方米。项目定位为主题公园生态社区，推行“伴水而居，以湖为家”的人居理念，以水为链，以湖为中心，辅以杭派园林景观。项目一期已竣工售謦，二期正在建设之中。

“祥生·御江湾“位于上海市杨浦区新江湾城，建筑面积约10万平方米。项目临近五角场商圈，紧靠复旦大学，毗邻江湾滨水休闲中心、新江湾城公园。周边自然景观丰富，配套设施齐全。

（5）联系方式

地址：浙江省诸暨市暨阳街道苎萝东路195号祥生新世纪广场商务楼14层　邮编：311800

电话：0575-87016788　　传真：0575-87010599　邮箱：fcoffice@xsjt.cn

61. 深圳控股有限公司

（1）企业简介

深圳控股有限公司隶属于深业集团有限公司，是华南地区中高档房地产开发商，于1997年在香港上市，大股东深圳市政府持有44.4%的股权。集团以房地产和基础设施、物流运输为主业，同时涉足金融、现代农业、高科技制造等领域。

深圳控股2012年营业额增加17%至85.7亿港元，净资本负债比率为84.9%，现金结存高达73亿港元。实现全国范围内住宅合同销售额61亿元，同比增长33.5%，完成年度目标的102%。

截止2012年底深圳控股以布局华南、华中、华东及东北等区域共计10余座主要城市。截止到2012年6月30日止，深圳控股的土地储备建筑面积约为1150万平方米，同时，集团在深圳持有约60万平方米的投资物业。

（2）财务数据

表5-202　2009~2012年销售业绩

	2009年	2010年	2011年	2012年
销售金额（亿元）	43	41	31	33
销售面积（万m^2）	28	34	36	43
销售均价（元/m^2）	15628	12064	8611	7674

数据来源：企业官网，CRIC

表5-203　2008~2012年财务指标

财务指标	2008年	2009年	2010年	2011年	2012年
资产负债率（%）	44	34	37	40	41
净负债率（%）	73	37	48	72	84
三费费用率（%）	97	82	68	71	78
总资产年度周转次数	0.15	0.18	0.20	0.19	0.18
存货年度周转次数	0.38	0.48	0.49	0.39	0.37
净利润增长率（%）	-49	13	34	15	42
净利率（%）	21	18	20	21	25
销售毛利率（%）	42	33	36	36	36

数据来源：企业公开财务报表

表5-204　历年进入城市

年份	2001前	2005	2007	2010	2011
进入城市	深圳	武汉	沈阳、惠州、佛山、姜堰	成都、东莞、江阴、广州、佛山	泰州

数据来源：企业官网，CRIC

表5-205　2012年重点新增土地储备

城市	宗地名称	属性	成交时间	占地面积（万m^2）	规划建筑面积（万m^2）	成交总价（亿元）	楼板价（元/m^2）
惠州	惠城区GP2012-18地块	商住	2012/10	11.25	22.51	2.26	1002

数据来源：CRIC

62. 上海城投置地（集团）有限公司

（1）企业简介

上海城投置地（集团）有限公司是上海市城市建设投资开发总公司房地产板块的核心企业。随着上海城市建设的飞速发展，城投总公司在原上海城投置地有限公司的基础上，重新归并整合房地产板块各类资源，于2005年7月正式挂牌成立上海城投置地（集团）有限公司。2007年，在城投总公司国企体制改革、转型发展的强大助力下，城投置地集团正式注入上市公司，成为上海城投控股股份有限公司的全资子公司。

城投置地集团目前注册资本25亿元，总资产超过150亿元，拥有房地产开发一级资质，主要从事成片土地开发、保障性住房和普通商品房建设、历史建筑保留保护、现代科技园区开发和物业管理服务等，项目遍布上海各大区域，先后投资开发了新江湾城、露香园、松江泗泾大型居住社区、总竣工面积超过500万平方米。

（2）项目开发建设情况

① 成片土地开发

新江湾城位于上海中心城区的东北部，总占地面积为9.45平方公里，城投置地集团负责其中5平方公里的土地一级开发，是上海首个熟地开发项目。在新江湾城开发建设过程中，城投置地集团始终秉持“先地下、后地上；先环境、后建筑；先配套、后居住”的熟地开发模式。先进的开发、建设和管理理念使新江湾城荣获了上海市科技进步奖、管理创新成果奖以及多项技术专利等。

经过近10年的大开发，城投置地集团紧紧围绕新江湾城“国际化、智能化、生态化发展方向，着力推进大学校区、科技园区、公共社区有效互动，不断促进三区融合、创新发展，基本形成了南部——以铁狮门国际化商业项目为引领的现代商业商务功能区，西北部——以国际科技园区、一平方公里复旦大学江湾校区为依托的科教产业集聚区，中部——以生态低碳为基础、新江湾城首府为代表的国际化品质生活区等三大功能板块。

自2004年起，新江湾城吸引了无数战略投资者的目光，珠江投资、华润置地、浙江绿城、新加坡仁恒、美国汉斯和铁狮门等房地产巨鳄相继高调加入开发行列。新江湾城一跃成为继古北，联洋、碧云社区之后的“第三代国际社区”。

② 保障房建设

作为国有骨干企业，上海城投积极响应市委市政府号召，不遗余力地推进保障性住房建设。在1992年成立至今的20多年历程中，已先后建成超过500万平方米的动迁安置房、重大工程配套商品房、经济适用房、公共租赁房等各类保障性住房。“十一五”期间，城投置地集团通过与各大金融机构紧密合作，累计投入52亿元，建成共120万平方米、约2万套保障性住房，超过6万名市民百姓受惠。

“十二五”期间，城投置地集团将继续加大保障性住房建设力度，计划建设和筹措250万平方米、超过4万套保障性住房，为上海市民造出更多“理念新、品质高、质量好、配套全、环境美”的“满意房”。

③ 精品市场化项目

“新江湾城首府”项目是上海市中心拥有湿地生态资源的高端住宅项目，占地面积约68000平方米，总建筑面积约15万平方米，绿化率达35%，项目产品以联排花园住宅、精装修公寓为主。

“露香园“项目是城投置地集团推进上海旧区改造、提升老城厢城市面貌的重点工程，项目东部紧邻上海重要旅游区和商业区——豫园、城隍庙和外滩，总占地面积达15.48公顷。2009年开工建设的一期工程占地8.25公顷，总建筑面积约28万平方米，高区将新建高端住宅公寓、酒店式公寓、零售商业等；低区将新建市中心稀有别墅。

“湾谷”科技园项目位于新江湾城的西北部，紧邻复旦大学江湾新校区。项目总占地面积约27万平方米，规划总地上建筑面积约66万平方米。首批开发的南块一期工程，地上总建筑面积41万平方米，主要由多层独立总部办公楼、高层和小高层办公楼组成，并配置了餐饮、会务、银行、商业、邮局等功能以及先进的交通、智能信息等服务功能。根据项目定位的不断提升，园区未来目标建设成为科技与文化融合最佳示范区、科技与金融融合最佳实践区、上海市高技术产业创新集群和上海市创新战略功能区。

“吴淞路办公楼项目”项目是城投置地集团在外滩区域开发的地标性建筑，占地面积约1万平方米，总建筑面积约6万平方米，主楼高21层、辅楼高5层，外滩隧道地下部分从高层地下室穿过，2011年竣工。

（3）企业文化

城投置地集团秉承“让都市生活更美好”的企业精神，坚持“诚信、责任、专业、创新”的企业信条。经过多年的房地产开发实践，城投置地集团的品牌影响力、行业竞争力、社会美誉度得到进一步扩大，先后获得中国房地产开发企业500强（第87位）、责任地产10强，连续五届上海市房地产开发企业50强、上海市房地产开发诚信承诺先进单位、上海市房地产开发十大著名企业、上海市房地产开发关注品牌（商标），连续四届中国房地产百强企业——规模性TOP10、中国服务业企业500强、中国房地产企业200强、中国房地产诚信企业、上海市诚信经营先进单位等荣誉称号。

作为上海知名国有上市公司，城投置地集团主动承担和履行社会责任，投身社会公益事业，是上海市文明单位、上海市重大工程立功竞赛优秀公司、上海市职工最满意企业单位。

63. 中锐地产集团

（1）企业简介

中锐控股集团成立于1996年，是一家业务多元的现代企业集团，业务涵盖教育投资、住宅与商业地产开发等领域。集团总部设于上海，以长三角地区为发展中心，辐射全国。

中锐地产集团是中锐控股集团的核心成员企业之一，经过多年努力，已发展成为由10余家全资和控股企业组成的专业房地产开发集团，具有房地产企业国家一级开发资质。开发项目遍及上海、苏州、无锡、南京、徐州、宣城、张家港等城市，累计开发面积逾360万平方米，其中不乏一批具有影响力的高品质住宅、高端写字楼、商业设施和土地一级开发项目。

中锐地产集团多年跻身于中国房地产百强企业行列，并荣获“2011年博鳌·21世纪房地产论坛10年卓越成长企业大奖”、“2010中国房地产百强企业——运营效率TOP10”等荣誉。

（2）2012年企业发展综述

2012年，中锐地产在成功建设了3.5平方公里苏州国际教育园北区项目之后，启动建筑面积约70万平方米的徐州国际科教产业园项目，同时还积极参与二、三线城市优质地块的开发，在苏州市中心城区分别获取了位于平江新城2012-G-95商住地块、金阊新城苏地2012-G-3地块，规划总建筑面积约60万平方米。

2012年，中锐地产顺应市场变化趋势，主动开展了“五城联动”的主题活动，并取得了良好的销售业绩，超额完成全年销售目标，实现了企业经营效益的稳步增长。中锐地产集团凭借稳健的发展策略和优异的业绩表现再次跻身中国房地产百强企业行列，并荣获“2012中国房地产开发企业发展潜力10强”称号。

（3）重点项目介绍

“中锐·尚城国际”位于张家港的城西板块，拥有成熟的生活配套。项目总建筑面积约16万平方米。引入现代经典的芝加哥建筑风格，采用酒店式生态入户大堂，配有专属会所。所有住宅底层全部架空，作为邻里交流活动中心和非机动车停放区域，与景观环境融为一体。

“中锐·第一城”位于宣城市东南，毗邻宛溪河景观带及鳄鱼湖风景区，项目总建筑面积约56万平方米。规划中建设61栋建筑。项目采用“和谐共居”的理念进行规划设计，在规划中以“一心、两轴、四片”为结构，充分利用地块自身情况和周边自然条件，科学设计、合理布局，将景观最大化引入住宅区内部。

（4）联系方式

地址：上海市长宁区金钟路767-2号　　邮编：200335

电话：021-22192888　　传真：021-22192821

邮箱：editor@chiway.com.cn　　公司主页：http://www.chiwayland.com

64. 君华集团

（1）2012年企业发展综述

君华集团成立于1997年，多年来一直坚持“多元化的专业发展”战略，业务横跨房地产投资与开发、有色金属与煤炭贸易、汽车销售与服务和资本运作四大领域。2012年，君华集团再次实现跨越式发展，营业收入一举突破两百亿，雄厚的综合实力稳踞“广东省企业百强”，并跻身“2012年中国房地产百强”。

作为君华集团的核心业务，君华地产专注于人居生活品质的提升，注重产业协同与资源整合，坚持走精品化道路，在核心城市、核心地段打造行业精品，树立城市价值标杆，为君华集团带来持续增长的收益。2012年，君华地产进一步加快区域拓展，优化及细分产品系列，在售项目已成为所在区域的物业典范；在注重精品地产打造的同时，在服务上更汲取一流企业的精髓，为客户成就“有爱人生”家园。

进入2013年，君华集团提出了“有爱人生”的品牌主张，并将之贯彻落实到产品开发、物业服务、企业建设、社区文化、社会公益等多个方面。君华集团以“爱”为出发点，将对商业价值和社会责任的追求高度融合，从输出精品项目到引领品质生活方式，从履行企业社会责任到以爱回馈社会，并为实现成为“中国领先的、具有产业协同的投资型开发商”的企业愿景目标而矢志前进。

（2）企业发展战略

秉承“中国领先的、具有产业协同的投资型开发商”的企业愿景，君华集团实行“投资聚焦化、区域化，产品标准化、精品化，管理精细化、信息化”的企业发展战略。

投资拓展上，在资源整合和投资趋势研判并举的基础上，聚焦发展和区域深耕，坚定不移执行“以广州为中心，深耕珠三角核心城市，进行区域辐射，在广西核心城市取得领先地位，并择机在广州高铁沿线布局”的区域拓展策略。

产品建设上，君华集团坚定不移的走精品化道路，建立全流程造精品、复制精品、改良精品和创新精品的体系和机制，并在核心城市、核心地段打造行业精品，形成稳定的、标准化的产品体系。

管理体系上，在建立开放、简单、高效的管控体系下的同时，明晰管理架构、权责划分，再造业务流程，推行企业内部标准管理，深化项目管理的精细化，加强对项目全过程的信息化动态管理和控制。

（3）重点项目介绍

立业15年，精耕地产，君华集团形成了包括以江南世家为代表的城市高端别墅系列“世家系”、以天汇为代表的城央稀缺资源豪宅系列“天汇系”、以香柏广场为代表的城市价值体系列“香柏系”、以君华新城为代表的超大型一站式国际生活城邦系列“新城系”等在内的四大产品线。

2013年度重点项目：

“君华·番禺香柏广场”承启君华“香柏系”，君华·番禺香柏广场2013年全新升级巨献。项目位处广州市良路，为城市贵族精心打造一个建筑面积达17万平方米的低密度、高绿化率大型生态别墅高端社区，涵括别墅、高层洋房等，3200 m2豪华双会所、超大东南亚皇家艺术双园林、C-Square顶级购物中心等，成为品味阶层的私享之城，是广州中轴线上炙手可热的高端生活中心。

"君华新城"位于中山市博爱路，是珠江西岸首个世界级新型高端城市综合体，项目占地近1000亩，总建筑面积达200万平方米的超大体量。项目聘请全球顶级建筑设计公司美国RTKL提纲规划设计，以原生式地中海建筑文化打造国际城邦，聚合国际超五星级奢华酒店、全球顶级红酒博物馆私人会所、15万平方米国际商业街区、塞纳湖水舞水幕电影、国际教育体系等顶级配套资源，整合国际生活区打造珠江西岸首席高端综合体城邦。

（4）联系方式

地址：广州天河北路233号中信广场 5906　　邮编：510613

电话：020-38911638　　传真：020-38911618　　公司主页：http://www.junhua.net

65. 武汉中城地产开发有限公司

（1）企业简介

武汉中城地产开发有限公司是武汉中央商务区投资控股集团旗下的大型国有房地产企业，在武汉开发的精品住宅、商业地产、保障性住房等项目累计已达150万方，现已拥有九家控股子公司。近年来相继获得"中国最具品牌价值百强企业"、"中国房地产诚信单位"、"中国最具影响力房地产企业100强"等殊荣，2012年更跻身于中国房地产开发企业200强，跨入了中国房地产企业领先阵营。

目前，中城地产在武汉核心区域已实现覆盖高端住宅、综合商业、5A写字楼、精品酒店等多种物业形态约200万平方米的项目土地储备。

（2）2012年企业发展综述

2012年，中城地产开工及土地储备面积近100万方，市场在售的中城国际二期及中城国际三期，分别摘得"2012年武汉市汉口中心城区上半年销售冠军"及"2012年武汉市上半年销售冠军"的桂冠，年度销售总额位列武汉国有房地产开发企业前列。

在推进项目开工及销售的同时，中城地产更加快了土地储备及全国化扩张步伐：2012年除在武汉中心城区进行土地储备外，更在珠海、长沙、襄阳等中国经济最具活力的重点城市达成了项目意向合作，所储备开发项目也由单一的住宅物业，扩展为涵盖综合商业、商务写字楼、高端酒店、旅游休闲等更多元的物业项目。

凭借2012年出色的市场综合表现，中城地产赢得了"中国房地产开发企业200强"、"中国房地产诚信单位"、"中国最具影响力房地产企业100强"等诸多殊荣。

（3）企业发展战略

坚持"一二三四"战略：一是保证商业模式不变，"坚持绿色房地产开发为主线，兼顾商业地产开发，积极实施房地产产业链上的多元化发展”的综合开发经营；二是搭建武汉中央商务区内、外两个发展平台；三是塑造品质至上、品味领先、品牌一流三重口碑；四是强化渠道融资、多元化经营、多方面创新和多资源整合四种能力。未来，中城地产将以“依托武汉，做大中部，开拓全国”为发展目标，不断开拓新里程，力争成为以“绿色低碳、节能环保”为品牌特色的中国最有价值房地产企业。

（4）重点项目

“中城上城“位于汉口青年路与淮海路交汇处，为武汉中央商务区东部门户。其将建设成为集“甲级写字楼”、“五星级酒店式服务公寓”、“超五星级艺术酒店”、“高档街区式商业”为一体的都市综合体集群。

“中城国际“总建筑面积约20万平方米，位居大武汉内环核心，邻市府、距长江800米，其将汉口百年外滩的精致、品味、时尚进行了充分演绎。

“中城时代”总建筑面积约40万平方米，项目位于盘龙城，拥有湖泊生态资源。

（5）联系方式

地址：武汉市江汉区新华路218号浦发银行大厦22F　　邮编：430022

电话：027-85552786　　传真：027-85552789

邮箱：whzcdc@126.com　　公司主页：http://www.cbdcj.cn/

66. 上海市上投房地产有限公司

（1）企业简介

上海市上投房地产有限公司成立于1991年8月26日，注册资本现为7.7亿元人民币，公司前身为上海国际信托投资公司房产部。

早在20世纪80年代即投身刚起步的上海房地产开发建设，打造了许多上海第一批的涉外写字楼、公寓和酒店。20世纪90年代，公司参与大型居住区的开发建设和上海市区的商品住宅建设，建造了一批优秀住宅小区。公司还受托承建了市级和国家级重点工程项目——上海市财税综合大楼和上海国家会计学院。进入21世纪，公司以上海为中心，在长三角地区和环渤海地区开发投资了多个较大规模的住宅项目。公司自成立以来累计开发建筑面积近300多万平方米。

（3）开展业务城市

近几年，上投开始逐步走出上海地区，开始进行全国化布局，在城市选择上主要是在经济较为发达的京津地区和长三角地区。目前上投已经先后在天津、苏州、绍兴等城市开展业务，并确取得了良好效果。

（3）财务数据

表5-206 2010~2012年销售业绩

	2010年	2011年	2012年
销售面积（万m^2）	18.12	10.33	6.94
销售金额（亿元）	29.37	15.44	9.45

数据来源：企业提供

（4）2012年企业发展综述

2012年是上海市上投房地产公司战略转型的关键一年。上投房产公司根据集团公司“注重稳健、持续发展、提高系统协同和创新能力、增强盈利能力和综合实力”的工作指导思想，积极推进在建项目建设。

2012年公司下属开发项目在建施工面积18万平方米，竣工面积28.45万平方米。公司全年实现销售收入9.45亿元。公司下属上海新世纪房产服务有限公司2012年实现物业管理收入近2亿元，管理面积约300万平方米。公司开发的长宁八八金庭项目被评为2011年“上海市商品住宅销售第十二位”。上海天地行房地产营销公司被评为2011年“上海市营销代理企业20强”。

（5）企业发展战略

公司研究确定了在上海国际集团战略发展框架下房产公司中长期发展规划，明确了公司“投资开发双轮驱动”和“2+1”业务模式，积极研究房产和金融行业的协同运作模式。在内部管理方面，根据新战略规划完善公司管控机制和职能构架，提高风险管理能力。公司业务以上海为中心，布局长三角和天津地区。

在商业模式上，将依托母公司上海国际集团金融投资平台，加快房地产开发业务与金融业务的对接，逐步形成金融地产商业模式。在业务布局上，在继续投资开发中高端住宅产品的基础上，尝试投资其他房地产业务类别，积极寻找新的利润增长点；在区域布局上，将形成“以上海为中心，辐射长三角，最终面向全国”的区域布局路径。

（6）重点项目介绍

霞飞路63里弄项目位于天津市中北镇，占地18.5万平方米，总建筑面积24万平方米，未来社区的总户数会达到2500户左右，是一个集高层，多层和洋房多种建筑形式的中高端居住社区。

（7）联系方式

地址：上海市遵义路100号A栋22楼　　邮编：200051

电话：021-62371888　　传真：021-62372896

邮箱：zhouhaiping@sigchina.com　　公司主页：www.sig-fangchan.com

67. 大华集团股份有限公司

(1) 企业简介

大华集团初创于1988年。经过近20年发展，形成以大华（集团）有限公司为主体，40余家控股、参股子公司、分公司为骨干，20余家关联企业密切协作的房地产规模化经营的专业体系。2002年正式开始全国化布局。大华集团自2007年起还开展代建工作，积极参与政府公建项目与农居房工程建设，包括西溪湿地三期配套工程的西溪人家、西溪雅苑、西溪水岸、仓前镇农居工程仓溢·绿苑等，代建管理总建筑面积已超过160万平方米。

2012年浙江大华房地产集团荣获“2012年浙江省十大优秀代建开发商（保障房项目）”称号。十余年来，浙江大华集团在董事长陈振华的带领下，稳步发展，不断努力，积极投身于社会公益事业,走出了一条不断延伸的慈善之路。

(2) 财务数据

表5-207 2001~2007年进入城市

年份	2001	2002	2003	2004	2006	2007
进入城市	上海	武汉	南京	沈阳、马鞍山	大连、西安	烟台、海口

数据来源：企业官网，CRIC

表5-208 2012年重点新增土地储备

城市	宗地名称	属性	成交时间	占地面积（万m^2）	规划建筑面积（万m^2）	成交总价（亿元）	楼板价（元/m^2）
上海	宝山区罗店新镇B3-2地块	商业	10	3.72	4.47	2.34	5250

数据来源：企业官网，CRIC

表5-209 2012年重点新开盘项目明细

项目名称	城市	开盘日期	建筑面积（万m^2）	销售面积（万m^2）	销售均价（元/m^2）
蔚蓝假日二期	海口	05/01	4.1	0.35	15483
大华锦绣华城三期	大连	09/25	31.88	1.14	10757

数据来源：企业官网，CRIC

68. 中铁置业集团有限公司

(1) 企业简介

中铁置业集团有限公司是中国中铁股份有限公司的全资子公司，成立于2007年2月，注册资本金21亿元人民币。经营范围包括：房地产开发与经营、策划、咨询，建筑工程施工，市政工程，装饰装修，建筑材料销售，机械设备租赁，投资管理，物业管理及相关服务。

2012年，中铁置业对进一步深化管理提升作出安排部署，在集团层面的六项管理提升重点工作：一是强化战略管理，提升市场应对能力；二是强化区域管理，提升管控发展能力；三是强化资金管理，提升资本运作能力；四是强化成本管理，提升项目盈利能力；五是强化设计管理，提升产品竞争能力；六是强化营销管理，提升产品去化能力。2012年全年完成销售金额199亿元，210.5万平方米。

（2）财务数据

表5-210　历年进入城市

年份	2007	2008	2009	2010	2011	2012
进入城市	北京、长沙、长春、深圳 石家庄、宝鸡	西安、天津 贵阳、合肥	沈阳、海南 济南	广州、上海、余杭 厦门、青岛、兰州	烟台、成都、遵义、南宁 昆山、苏州、武汉、三亚 大连、昆明	杭州 贵州

数据来源：企业官网，CRIC

表5-211　2012年重点新增土地储备

城市	宗地名称	属性	成交时间	占地面积（万m²）	规划建筑面积（万m²）	成交总价（亿元）	楼板价（元/m²）
贵阳	金阳十二滩山地户外体育旅游休闲基地地块	综合	06/18	149.59	149.59	0.53	35
贵阳	金阳2012-06地块	综合	06/18	18.81	41.39	4.24	1024
贵阳	金阳2012-03地块	综合	06/18	26.65	77.28	6.34	820
贵阳	金阳2012-05地块	综合	06/18	20.96	31.44	3.19	1015
贵阳	金阳2012-04地块	综合	06/18	24.28	52.21	4.33	829
西安	城东区BQ4-12-31号地块	综合	10/22	1.69	59.18	1.52	257
苏州	高新区浒关镇大通路西、浒杨路北	综合	10/18	2.37	4.27	1.30	3056

数据来源：企业官网，CRIC

表5-212　2012年重点新开盘项目

项目名称	城市	开盘日期	建筑面积(m²)	销售面积(m²)	均价（元/m²）
滨湖名邸	合肥	04/21	7.70	6.74	6583
青岛中心	青岛	05/19	15.48	3.93	32302
逸都	烟台	05/20	29.00	3.19	6980
百瑞景三期	武汉	06/24	18.12	1.32	10559
瑞景颐城	成都	07/07	20.50	2.39	8005
逸都国际	济南	08/25	100.00	4.65	7214
丁香水岸	沈阳	09/08	37.52	1.51	5928
西岸国际花园三期	西安	09/22	7.00	0.29	4723

数据来源：企业官网，CRIC

69. 杭州滨江房产集团股份有限公司

（1）企业简介

杭州滨江房产集团股份有限公司成立于1992年，集房地产开发销售、商业地产置业、酒店旅业三大产业板块的大型集团公司，具有建设部一级开发资质。全国民营企业500强，中国房地产企业50强，长三角房地产领军企业。

2012年是滨江集团成立20周年，这一年，面对持续的宏观调控，滨江集团采取了一系列的经营策略积极备战。把经营目标从高端住宅转变成中、小型住房，以满足更多购房者的需求。公司将择时择机理性进行土地储备，进一步增强公司的可持续发展能力。

2012年，公司非募集资金投入总额达到59.5亿元；对外股权投资达6.6亿元，较上年的56.9亿元，大幅下降88.38%。截至2012年末，公司土地储备共计1,679,757平方米，其中杭州地区约占66%；规划建筑面积4,031,236平方米，杭州地区约占70%。

（2）财务数据

表5-213　历年销售业绩

	2009年	2010年	2011年	2012年
销售金额（亿元）	68	116	46	110
销售面积（万m^2）	32	42	15	52
销售均价（元/m^2）	21250	27619	30667	21154

数据来源：企业官网，CRIC

表5-214　历年财务指标

财务指标	2007年	2008年	2009年	2010年	2011年	2012年
资产负债率（%）	84	75	78	80	81	81
净负债率（%）	129	65	59	38	100	81
三费费用率（%）	4	6	5	5	10	10
总资产年度周转次数	0.39	0.21	0.17	0.26	0.11	0.05
存货年度周转次数	0.34	0.23	0.15	0.24	0.08	0.03
净利润增长率（%）	123	32	4	128	-45	-54
净利润率（%）	17	26	22	23	22	19
销售毛利率（%）	43	45	42	45	55	51

数据来源：企业公开财务报表

表5-215　历年进入城市

年份	2007	2010	2012
进入城市	绍兴	金华、上虞、萧山、镜湖、衢州	宁波

数据来源：企业官网，CRIC

表5-216　2012年重点新增土地储备

城市	宗地名称	属性	成交时间	占地面积（万m^2）	规划建筑面积（万m^2）	成交总价（亿元）	楼板价（元/m^2）
杭州	下中坝9-1号及9-2号	商住	11	4.52	11.30	5.42	6240
杭州	BH2012-10号地块	商住	11	6.06	15.15	7.27	6271

数据来源：CRIC

表5-217　2012年重点新开盘项目

项目名称	城市	开盘日期	建筑面积（万m^2）	销售面积（万m^2）	销售均价（元/m^2）
滨江·曙光之城	杭州	03/15	22.50	12.18	17464
滨江金色黎明	杭州	04/08	60.00	16.83	16279
湘湖壹号	杭州	06/16	20.00	1.54	39555
凯旋门	杭州	11/30	20.00	5.65	35893
武林壹号	杭州	12/06	47.09	0.71	75411

数据来源：CRIC

70. 浙江置业房产集团有限公司

（1）企业简介

浙江置业房产集团有限公司在中国绍兴，公司实施多元化经营战略，经营范围涉及房地产业、建筑景观绿化业、物业管理业、酒店服务业、酒类销售批发业等。目前，公司辖属已有浙江宏裕建设有限公司、浙江越泰房地产营销策划有限公司、绍兴市三和房地产开发有限公司、绍兴市置业物业管理有限公司、绍兴楼中楼大酒店、绍兴市樟园绿化有限公司、浙江绍兴东泽圣亨利酒业有限公司等多家子公司。集团公司以房地产为龙头，具备大型房地产开发综合能力，房产公司排入全国500强之列。

（2）发展历程

公司经过十二年的开发及建造，以“诚信置业”为经营理念，以诚为本，提供优质、高效的服务，赢得了社会各界良好的口碑，取得了令人瞩目的成绩。公司先后被评为“中国房地产著名品牌企业”、“浙江省房地产开发企业50强”、“浙江省AAA级信用企业”和“绍兴市十佳房地产品牌”、公司2005~2006年、2007~2008年、2009~2010年连续三届被评为 “中国房地产诚信企业”、2012年又获“中国房地产3A级诚信企业”的殊荣、公司2005~2011年连续六年被评为“中国房地产业500强企业”等多项荣誉。

置业集团将投入5个亿倾力打造杨汛桥中国医药馆，占地约1.1公顷，拟建建筑面积约1.5万m^2，容积率1.5左右。项目以中药养生为主，内设多个服务项目，中药房、专家医师坐堂、保健等项目。

（3）社会责任

浙江置业房产集团有限公司高速发展的同时，也不忘热心回报社会，自觉承担社会责任，积极参与慈善事业和各种社会公益活动，先后捐助与赞助社会公益事业：捐助环城河修建工程300万人民币；连续十年赞助江浙沪经典越剧大展演，总计1500万元人民币；为发展绍兴市慈善事业，建立冠名慈善救助基金1.2亿元人民币；支持绍兴红十字事业，捐助建立绍兴“红十字博爱基金”2000万人民币，为四川地震灾区捐款物近80万人民币；省下庆典款慷慨向市慈善总会捐赠50万元；向市育才小学、市聋哑学校这两所特殊教育学校共捐赠20万元爱心基金，用于关爱智障、听障等弱势群体；向浙江大学教育基金会捐赠人民币500万元，以支持绍兴市与浙江大学开展医学合作；2010年第六届世界合唱比赛捐赠125万元。多年来，浙江置业房产集团共捐款达1.5亿多人民币。在诚信经营的同时，也争做社会慈善的楷模。为构建和谐社会作出企业应有的贡献。

（4）重点项目介绍

“置业·峰泽景园”为中心城区和东南高档住区的交接点，交通便捷、环境优美、配套齐全。项目总占地面积约44000m^2，由三条天然水系环绕而成，形成天然的半岛型布局，并由16栋新古典主义建筑组成围合式布局，形成2个约1万平方米的中心景观庭院，项目户型主要为约130m^{2}和143m^{2}的平层和约168~260m^{2}的跃层组成。

“涂山花园”位于绍兴城市东首，禹陵路与涂山路的交汇处，小区依山傍水，设计风格在借鉴江南传统建筑的基础上，以园林绿化、植物造景的主题性为手法，实现建筑与景观的有序排列。总占地231811平方米，水域面积41162平方米，可建建筑面积220000平方米，绿化率高达46%，是绍兴标志性的水景园林社区。

（5）联系方式

地址：中国浙江省绍兴市越城区马臻路419号　　邮编：312000

电话：0575-85353568　　传真：0575-85129672

71. 明发集团有限公司

（1）企业简介

明发集团有限公司创始于1994年，从2002年开始将战略重点转向商业地产的开发和运营，2009年在香港上市。目前集团已经完成全国化布控，已进入城市共计13个。

集团2012年及2011年合约销售量分别约为人民币53.4亿元和人民币32.5亿元，增长约64.2%。2012年及2011年相应的总建筑面积分别为70.7万平及41.67万平，增长约69.7%。社会责任方面，集团于2012年向中国多家慈善组织捐出合约共约人民币320万元，以支援及资助各类慈善活动。

（2）财务数据

表5-218　2009~2012年销售业绩

	2009年	2010年	2011年	2012年
销售金额（亿元）	35.65	28.80	32.51	53.37
销售面积（万m^2）	69.23	31.95	41.67	70.7
销售均价（元/m^2）	5150	9013.3	7801.78	7548.80

数据来源：企业官网，CRIC

表5-219　2008~2012年财务指标

财务指标	2008年	2009年	2010年	2011年	2012年
资产负债率（%）	82	64	69	73	73
净负债率（%）	82	——*	44	79	41
三费费用率（%）	10	8	12	19	17
总资产年度周转次数	0.21	0.32	0.19	0.13	0.13
存货年度周转次数	0.41	0.95	0.47	0.32	0.33
净利润增长率（%）	39	-1	27	-29	10
净利率（%）	15	14	18	13	47
销售毛利率（%）	55	42	41	51	32

注：*2009年12月31日为净现金状况，故并无资本负债比率

数据来源：企业公开财务报表

表5-220　历年进入城市

年份	2001前	2002	2004	2005	2006	2007	2008	2010	2011
进入城市	厦门	南京	泉州	合肥	扬州	漳州	无锡	天津、沈阳、淮安	北京、上海、泰州

数据来源：企业官网，CRIC

表5-221　2012年重点新增土地储备

城市	宗地名称	属性	出让时间	占地面积（万m^2）	规划建筑面积（万m^2）	成交总价(亿元)	楼板价（元/m^2）
沈阳	和平区青年大街378号地块	商业	08	0.55	5.49	1.51	2760
沈阳	沈北开发大道北侧-133地块	住宅;商业	11	8.79	17.57	1.5	852
南京	浦口区NO.2012G55	商业	12	5.67	36.85	3.66	993
沈阳	沈北新区蒲河大道南侧-82地块	住宅;商业	12	11.72	23.44	2	852
沈阳	沈北新区`蒲河大道南侧-83地块	住宅;商业	12	5.52	11.04	0.94	852

数据来源：CRIC

表5-222　2012年重点新开盘项目

项目名称	城市	开盘日期	建筑面积（万m^2）	销售面积（万m^2）	销售均价（元/m^2）
明发摩尔城	淮安	01/11	20	5.06	4053
明发国际广场	泰州	12/28	4	1.31	3960

数据来源：CRIC

72. 中天城投集团

（1）企业简介

中天城投集团股份有限公司植根贵州三十余年，是贵州省第一家房地产类上市公司。公司以土地开发、地产运营、城市建设为主业，产品类型囊括了住宅、酒店、商业中心、工业园区、会议展览场馆等。

中天城投集团的品牌定位为——创领未来，也就意味着集团的发展将符合城市未来发展方向，并致力在城市建设的各专业领域成为创领者。2011年中天城投集团的发展紧跟贵州省十二五规划，在城市开发运营的同时，致力文化旅游会展、工业产业运营、矿业及新能源开发，形成以城市开发建设为核心，集居住、文化旅游、工业产业运营、生态能源为一体的集团化企业。

2012年集团继续保持高速扩张的趋势，企业负债率继续出现增高，现金流情况有所紧张，三季报显示中天城投净负债率高达322.8%。因此集团在年底时开始加快融资脚步，连续发行了4个信托产品，整个融资规模将达10.8亿元。

（2）财务数据

表5-223　2010~2012年销售业绩

	2010年	2011年	2012年
销售金额（亿元）	62	56	89
销售面积（万m^2）	152	106	156
销售均价（元/m^2）	4078	5283	5705

数据来源：企业官网，CRIC

表5-224　2008~2012年财务指标

财务指标	2008年	2009年	2010年	2011年	2012年Q3
资产负债率（%）	72.0	80.2	84.8	86.4	88.9
三费费用率（%）	12.2	9.8	7.0	13.0	9.5
总资产年度周转次数	0.41	0.36	0.36	0.22	0.05
存货年度周转次数	0.36	0.32	0.34	0.22	0.04
净利润增长率（%）	86.4	141.1	20.5	-5.4	-16.5
净利润率（%）	20.9	28.1	17.0	15.9	12.3
销售毛利率（%）	41.1	40.8	38.4	37.4	34.0

数据来源:企业公开财务报表

（3）联系方式

地址：贵州省贵阳市中华中路1号峰会国际大厦　邮编：550001　　电话：0851-5860976

73. 上海绿洲投资控股集团有限公司

（1）企业简介

上海绿洲投资控股集团有限公司成立于1988年，是以房地产开发为主业，集建筑施工装潢、实业投资、物业管理、商业贸易、仓储物流、酒店餐饮等产业多元化经营的大型国有企业，具有国家房地产开发一级资质。

1988年5月18日经上海市嘉定县人民政府批准，绿洲控股前身“嘉定县房产经营公司”正式启动房地产开发及经营业务。几度更名后在2009年11月，经上海市嘉定区人民政府批准正式变更为“上海绿洲投资控股集团有限公司”。集团现有10家全资子公司、4家控股子公司、8家参股公司，总资产39亿元的大型国有企业。

（2）2012年企业发展综述

2012年，绿洲控股集团建设项目主要为商品房、保障房项目和市政道路工程，产品涵盖高端住宅、别墅、办公楼等多种物业类型。年内建设的9个项目，施工总面积101.58万平方米，首次达到了施工面积破百万的目标，较去年增加52%。年内实现两个住宅项目和两条道路桥梁工程的竣工交付，交付总面积达32.18万平方米，突破企业年度项目交付的历史纪录。

2012年，绿洲控股新增两幅地块、计208亩保障房项目用地，可开发建设31万平方米住宅。未来，商品房和保障房开发并举的方针依然是企业的主要发展方向。

2012年，绿洲控股把品牌建设放在推动企业转型提升的突出位置，充分发挥品牌建设对企业内部管理提升的重要作用，通过以精品项目建设为依托，扎实推进企业品牌战略的实施。打造了以“绿洲香格丽花园”商品房和“汇丰凯苑”保障性住房为代表的区域性标杆楼盘，极大地提升了企业知名度和美誉度。

（3）企业发展战略

绿洲控股战略发展目标是发展成为长三角乃至全国有相当影响力的综合性房地产投资开发企业。未来形成以住宅地产及文化商业地产开发为主业，建筑施工及装潢、物业管理为辅业的“一主二辅”的发展格局；坚持区内区外两个市场共同发展的方向，充分利用集团作为区内房地产龙头企业的地位优势，进一步拓展业务规模，加大力度拓展区外市场；充分发挥主营业务的带动作用，做大产业规模，做强企业实力，把做大实业与做活资本有机结合起来，提高资本运作能力，为企业承接重大项目、丰富土地储备提供必要的资金平台；把品牌建设放在推动企业转型提升的突出位置，结合企业产品结构特点，依托统一的企业品牌来创建项目品牌，充分发挥品牌建设对企业产品价值提升的重要作用；内外互动战略。坚持区内区外两个市场共同发展的方向，充分利用集团作为区内房地产龙头企业的地位优势，进一步拓展业务规模，加大力度拓展区外市场。

（4）重点项目

“绿洲香格丽花园”位于嘉定区徐行镇东区，总建筑面积23万平方米，是一个由联排、叠加公寓和小高层三种建筑形态构成的地中海风情社区。小区容积率1.0，绿化率50%，总户数812户。“绿洲香格丽花园”在建设部A级住宅评审中，预审评定等级为2A级住宅，并在2013中国房地产500强测评中获得“2013中国房地产开发企业典型项目”称号。

“汇丰凯苑”位于嘉定新城中心区菊园西社区，总建筑面积28万平方米，是一个有21幢18层高层住宅、一个社区服务中心和配套幼儿园组成的大型保障房社区。小区容积率1.8，绿化率35%，总户数2430户。“汇丰凯苑”在第七届“上海市优秀住宅”评选中荣获房型设计奖和规划建筑奖，并获上海市“四高”优秀小区荣誉称号。

“华亭佳苑”系上海市农村宅基地置换试点项目之一，小区坐落于嘉定区华亭镇，总建筑面积为16万平方米，小区容积率0.97，绿化率35%。华亭佳苑”规划被誉为上海市农村宅基地置换典范以及上海郊区农民居住、环境发展规划样板。“华亭佳苑”在第五届“上海市优秀住宅”评选中获“节能环保奖”、“规划建筑奖”和“上海优秀保障性住房奖”，并获上海市 “四高”优秀小区荣誉称号和中国土木工程协会“詹天佑奖”住宅小区优秀工程质量奖。

（5）联系方式

地址：上海市嘉定区盘安路258号　　邮编：201800

电话：39929957　　传真：39928826

邮箱：LZKG555@126.COM　　公司主页：www.shoasisholding.com

74. 厦门国贸集团股份有限公司

（1）企业简介

厦门国贸集团股份有限公司始建于1980年12月，以流通整合服务与房地产开发为两大主业，并形成了产业群支撑体系。目前公司逐步形成和归纳了以“城市精品、城市山水和城市海景”为三大系列产品。

2012年，厦门国贸携手台开集团在金门投资建设的金门风狮爷一条街隆重亮相，这一长达398米的两岸最长免税商店街预计在2013年3月份试营业。在社会责任方面，2012年厦门国贸开展了三项公益活动：一是资助农民工子女集中的思明区文安小学组建跆拳道兴趣小组，丰富孩子们的课余生活；二是发动公司300多名党员个人捐款68000元在厦门市特殊教育学校建立了“国贸助学基金”；三是开展“爱与梦飞翔——六一关爱行动”。

（2）财务数据

表5-225　2009~2012年销售业绩

	2009年	2010年	2011年	2012年
销售金额（亿元）	8.23	10.24	37.36	67.14
销售面积（万m^2）	8.93	10.06	21.57	54.09
销售均价（元/m^2）	9216	10179	17320	12413

数据来源：企业官网，CRIC

表5-226　2008t~2012年财务指标

财务指标	2008年	2009年	2010年	2011年	2012年
资产负债率（%）	67	70	77	76	76
净负债率（%）	109	108	174	179	86
三费费用率（%）	5	4	3	3	4
总资产年度周转次数	1.79	1.62	1.87	2.2	1.85
存货年度周转次数	10.09	5.30	3.98	4.00	3.06
净利润增长率（%）	-17	36	45	3	-28
净利润率（%）	2	2	2	1	1
销售毛利率（%）	7	10	5	5	6

数据来源：企业公开财务报表

表5-227　历年进入城市

年份	2005前	2006	2008	2010
进入城市	南昌、厦门	合肥	芜湖	漳州

数据来源：企业官网，CRIC

表5-228　2012年重点新增土地储备

城市	宗地名称	属性	成交时间	占地面积（万m^2）	规划建筑面积（万m^2）	成交总价（亿元）	楼板价（元/m^2）
南昌	云锦路、玉兰路、红梅、雷池街围合地块	住宅	05	8.34	16.68	4.85	2910
厦门	思明区2012P08	办公;商业	10	1.36	6.71	1.62	2421

数据来源：CRIC

表5-229　2012年重点新开盘项目

项目名称	城市	开盘日期	建筑面积（万m^2）	销售面积（万m^2）	销售均价（元/m^2）
国贸润园	厦门	07/21	17.16	7.24	19175

数据来源：CRIC

75. 绿景集团

（1）2012年企业发展综述

绿景集团成立于1995年，是一家以房地产开发为主营业务的国际化人居产业集团，经营范围涵盖地产开发、资产经营、高新科技和社会医疗四大产业领域，四大板块优势互补、协调发展。

在主营的地产开发领域，多年来，绿景集团一直按照“集团化、品牌化、专业化”发展战略构思，积极实施“做强深圳、聚焦珠三角、推进全国化”的战略规划布局，以绿景花园、绿景新苑、绿景新洋房、绿景新美域、绿景蓝湾半岛、绿景中城天邑、凤凰山一号、NEO企业大道、绿景大公馆、绿景香颂、绿景公馆1866为代表，积极建设“绿色价值体系”。累计开发面积约600万平方米，完成投资近500亿元人民币，产品涵盖了城市精品公寓、CBD都市综合体、纯山海别墅豪宅、国际商业购物中心、地标性超甲级国际商务建筑群、五星级酒店等物业类型，成功跻身深圳市房地产综合实力前八强、华南品牌企业前十强及中国房地产百强企业之列。

在资产经营领域，由绿景集团旗下绿景资产管理公司负责经营管理的自有商业物业近80万平方米，每年租金收入近8亿元,未来5年管理总面积将超过120万平方米，预计年租金超过20亿元。绿景资产管理公司矢志开创人居产业新蓝海，为集团的长期可持续发展奠定了良好的基础。

在高新科技领域，集团旗下深圳市赋安安全系统有限公司坐落于深圳高新科技园南区，主营安防、消防产品的研发、生产、销售和施工，公司拥有数十项核心专利技术并屡获行业大奖。公司与美国GE、日本日探等国际500强高科技企业建立了紧密的合作关系，是中国安防产业的领跑者。

在社会医疗产业领域，集团旗下的绿景医疗管理公司创办了深圳岭南医院。在“大医精诚”的核心理念指导下，深圳岭南医院树立了良好的社会医疗品牌形象，并已成为深圳知名民营医疗企业品牌。公司计划继续加大社会医疗产业的投资，携手国际医疗合作伙伴，做强社会医疗产业。

在企业快速发展的同时，绿景集团积极回馈社会。多年来，在广东、江西、四川、贵州、甘肃乃至西藏的广袤土地上修桥筑路、捐资助学，累计捐款捐物约1.5亿元。2008年7月18日，绿景集团发起成立广东省绿景慈善基金会，为企业公民的制度化、可持续化建设奠定了良好的基础。

正因如此，绿景集团获得了社会各界的认可与支持，多次获得“中国质量承诺·诚信经营企业（品牌）”、“深圳地产资信10强”、“改革开放30年深圳地产十大领袖品牌企业”等荣誉与表彰。董事长黄康景先生也分别当选为深圳市政协委员、广东省人大代表，深圳市工商联副主席，荣膺“南粤慈善奖”，并入选“中国房地产新领军人物”及“改革开放30年深圳地产十大功勋人物”，更曾作为“光彩事业突出贡献奖”获得者受到党和国家领导人的接见。

绿景集团正以开拓创新、锐意进取的姿态，与社会各界合作伙伴一道，以“精诚，持续提升城市生活”作为企业使命，朝着”做中国最受信赖的国际化人居产业集团”的愿景目标奋勇前进！

（2）企业发展历程

绿景集团依靠敏锐的商业触觉，持续地进行产业架构和运营模式上的拓新，在做强房地产开发主营业务的同时，在社会医疗、高科技制造行业进行适度投资，由单一房地产开发向多元化、国际化、品牌化的方向发展，综合实力与品牌建设方面在国内甚至国际范围内取得一定的影响。

第一个十年（1984~1993）：依托建筑业，实现资源和经验的初步积累，在深圳建筑行业内取得良好的影响和地位，为第二个十年打好基础；

第二个十年（1994~2003）：依托房地产开发，实现有形财富资产和无形社会资产及企业发展管理能力进一步的积累和提升，在深圳房地产行业取得突出的地位；

第三个十年（2004~2013）：在做强房地产开发主营业务的同时，在社会医疗、高科技制造行业进行适度投资，由单一房地产开发向综合化、国际化、品牌化的方向发展，综合实力与品牌建设方面在国内甚至国际范围内取得一定的影响；

第四个十年（2014~2023）：绿景集团在房地产领域积极贯彻“做强深圳、聚焦珠三角、推进全国化”的区域扩张战略，实施“地产开发”与“资产经营”的双轮驱动，适时投资金融领域，按照“地产+金融”的发展模式推动集团新一轮发展，实现同行业内综合实力与品牌价值全国领先，做“中国最受信赖的国际化人居产业集团”。

（3）联系方式

地址：深圳市深南中路6011号NEO-A座55层　　邮编：518048

电话：0755-23625000　　传真：0755-23625001

公司主页：http://www.lvgemgroup.com.cn

76. 山东众成地产集团有限公司

（1）企业简介

山东众成地产集团有限公司创始于1987年，2003年改制为股份制企业。集团总部位于国家“黄蓝”战略中心城市——东营市，是具有国家一级房地产开发资质、以房地产开发为主业、以住宅小区开发为核心、涉及商业投资及运营的专业化房地产企业。在多年的发展探索中，众成努力做到企业发展与城市建设相协调，本着“建一个小区，创一批精品，上一个台阶”的原则，投资开发了金鸿花园、新居华府、锦程佳园、格林枫景、格林星城、靓都、潍坊中央生活城等20多个住宅小区，积极参与保障性住房建设，相继承建了东营市安居工程项目、金融小区、首期经济适用房、胜东锦苑和胜利花苑等安居工程。从开发能力、品牌知名度、设计创新能力、人才应用等方面在地区业内稳居首位，并进入全省前列，荣誉获得省级优秀住宅小区4个，国家级荣誉“广厦奖”1个。新竣工交付的格林星城申报批准了国家康居示范工程。

（2）开展业务城市

近几年，众成在站稳黄河三角洲开拓建设的同时，逐步走出了东营地区，面向全省开发建设，已经在潍坊、济南等城市开展业务。

（3）财务数据

表5-230　2010~2012销售业绩

	2010年	2011年	2012年
销售面积（万m^2）	45.62	47.65	46.56
销售金额（亿元）	22.78	23.91	25.14

（4）2012年企业发展综述

2012年房地产市场形势极不稳定，难以把握，在这种形势下，我们持续关注刚性市场需求，围绕重点在售项目，积极采取各种运营策略和营销手段，以完成全年目标为中心，以抓销售、抓质量、抓服务为重点，通过不懈的努力，取得了优异的经营业绩。

众成地产全年在建建筑面积65.07万平方米，新开工程面积29.8万平方米，竣工工程面积28.52万平方米。实现销售收入25.14亿元，同时公司获得了“省消费者满意单位”、“省信誉等级AAA级”等荣誉，在东营市第一届房地产开发十强企业评选中获得了第一名。

（5）企业发展战略

公司多年的良性发展积淀了优秀的、独到的企业文化内涵，“服务、诚信、社会责任”成为公司发展的基石，“与客户共发展，想得更远，做得更好”成为企业的核心价值观。公司强调凝聚力和团队精神，在努力追求品质与服务不断完美的同时，追求企业盈利与个人发展的同步协调。众成公司已经编制了以“拓展、关注、创新、 提高”为核心的中长期发展战略，众成人已经做好了准备，在东营市着手打造黄河水城，建设美丽的黄河三角洲的今天，站在全市地产业的制高点远观全省市场。在倡导现代居住理念、创造新时代居住空间的伟大事业中，众成人必将以崭新的工作模式、优质的服务质量再次作出自己应有的贡献。

（6）重点项目介绍

“格林星城”位于东营市东城区，东至胜利大街，西至胶州路，南至北一路，北至汾河路。该项目规划总用地面积10.53公顷，总建筑面积约21.17万平方米，地上建筑面积约16.57万平方米，绿地面积46500平方米，绿地率44%，容积率1.57；包括20栋住宅，以高层、小高层能为主，2座大型地下车库，1座集贸市场，4座会所。该项目是东营市首家国家康居示范工程。

（7）联系方式

地址：山东省东营市东城辽河路105号　　邮编：257091
电话：0546-8331888/8331388　　传真：0546-8327691
邮箱：sdzcdc@163.com　　公司主页：www.sdzcdc.com

77. 重庆喜地山置业有限公司

（1）企业简介

喜地山集团成立于1999年，总资产51亿，是一家集商业地产开发、金融、酒店、商业、百货为一体的综合型企业。集团旗下囊括喜地山国际控股有限公司、喜地山国际实业有限公司、重庆中润实业有限公司、重庆中润购物中心管理有限公司、喜地山国际大酒店、重庆喜地山美西百货、重庆金美西百货、重庆金港英华文化传媒有限公司等十几家独立运作的子公司。集团现有员工2000人，业务领域涉及地产开发、商业运营、金融、百货零售、广告传媒、国际贸易、酒店餐饮等多个版块。近年来，喜地山集团积极拓展国际业务平台，目前已在中国香港、英国分别注册分公司，意大利注册办事处。

（2）城市布局

喜地山业务范围主要集中在重庆地区内，截至2012年底集团开发面积超过30万平方米，其中住宅面积12万平方米、非住宅项目20多万平方米。

（3）2012年企业发展综述

2012年喜地山集团对自身和市场进行了分析，采取了一系列对策，集团取得了前所未有的骄人业绩。喜地山荣获“中国房地产开发企业500强”，“中国房地产企业品牌价值西南10强”，“重庆市优秀民营企业”称号，“Hillsun”商标继“喜地山”后再被认定为“重庆市著名商标”；喜地山国际大酒店获评温德姆集团亚太地区年度酒店、携程网2012年度最受欢迎酒店；金美西百货获评“欧美进口消费品重庆示范商城”、“东方国际广场”成功引进重庆首家六星级酒店——文华东方酒店。

（4）重点项目

“金港国际”位于重庆市渝北区，属于两江新区打造的核心CBD。项目总建筑面积近32万平方米，是集购物、奢侈品、餐饮、娱乐、休闲、酒店、办公、住宅于一体的城市建筑综合体，其中商业总面积约14万平方米。

“东方国际广场”位于江北嘴中央商务区核心地段，土地面积28.95亩，用途为商业及写字楼。总建筑规模19.36万平方米。其中五星级酒店11万平方米，商业及配套面积为107865平方米，购物中心集奢侈品专卖店、百货、餐饮、娱乐、SPA、超市为一体的现代、时尚、顶级的商业地产建筑综合型SHOPPINGMAIL。

（5）联系方式

地址：重庆市渝北区胜利路192号　　邮编：401120

电话：023-67666668　　邮箱：xds@cqxds.com　zrjt@cqzrjt.com

78. 保利置业集团有限公司

（1）企业简介

保利置业是中国保利集团公司海外唯一上市的房地产企业。2005年明确发展方向是在中国境内投资和开发房地产业务。保利置业集团有限公司获得母公司持续注入优质资产，公司房地产业务规模迅速扩大，逐步成为全国性房地产开发商，住宅及商业项目遍布20个一、二线主要城市，并与国内四个一线城市拥有优质投资物业。

2012年，公司新开工建筑面积约391万平方米，竣工面积327万平方米，均超额完成预定指标。但公司在项目拓展方面相对保守，全年通过收购和公开竞买的方式获取的项目仅4个，总建筑面积约90万平方米。截至2012年底，公司在建项目及土地储备逾44个，按建筑面积计算约2179万平方米，其中在建面积1069万平方米，储备面积约1114万平方米。

（2）财务数据

表5-231　2009~2012历年销售业绩

	2009年	2010年	2011年	2012年
销售金额（亿元）	80	114	158	234
销售面积（万m^2）	120	143	215	251
销售均价（元/m^2）	6667	7972	7706	9323

数据来源：企业官网，CRIC

表5-232　2008~2012年财务指标

财务指标	2008年	2009年	2010年	2011年	2012年
资产负债率（%）	68	58	68	72	72
净负债率（%）	50.8	2.2	58.8	93.2	94
三费费用率（%）	19	11	16	15	12
总资产年度周转次数	0.20	0.14	0.15	0.17	0.20
存货年度周转次数	0.28	0.44	0.20	0.21	0.27
净利润增长率（%）	-36	197	162	51	-74
净利润率（%）	8.3	11.3	25.0	22.8	15
销售毛利率（%）	24	23	41	40	30

数据来源：企业公开财务报表

表5-233　历年进入城市

年份	2002前	2003	2005	2007	2009	2010	2011
进入城市	上海、北京	广州	重庆、苏州、武汉	深圳、贵阳、南宁、哈尔滨济南、昆明、惠州	佛山柳州	杭州（湖州：德清）宁波	烟台、威海遵义

数据来源：企业官网，CRIC

表5-234　2012年重点新增土地储备

城市	宗地名称	属性	成交时间	占地面积（万m^2）	规划建筑面积（万m^2）	成交总价（亿元）	楼板价（元/m^2）
济南	槐荫区（2012-G030）	商服	03	1.93	11.79	2.08	1767
上海	杨浦区22、23街坊地块	综合	10	7.12	26.70	32.59	12205

数据来源：CRIC

表5-235　2012年重点新开盘项目

项目名称	城市	开盘日期	建筑面积（万m^2）	销售面积（万m^2）	销售均价（元/m^2）
香榭里公馆	烟台	05/13	30.00	5.13	6934
保利城	宁波	05/05	63.00	12.11	9794
水晶城	广州	05/26	17.11	9.13	8704
溪湖	贵阳	06/17	103.55	8.69	6377
悦城	上海	08/01	3.20	2.77	26240
天鹅语	上海	09/30	11.76	1.78	14544
星海屿	上海	11/24	27.30	1.14	17688

数据来源：CRIC

79. 中铁房地产集团有限公司

（1）企业简介

中铁房地产集团有限公司是世界500强企业——中国铁建股份有限公司的全资子公司，为国资委确定的16家以房地产作为主业的央企之一。2007年3月8日成立，专门从事房地产投资与开发业务，主要经营房地产开发建设、商品房销售、物业管理，兼营房地产项目策划、信息咨询、技术开发以及相关建筑材料、机械电器设备等业务。目前已在全国多个地方进行投资建设，总开发面积超过1416万平方米。

2012年， 在母公司中国铁建引导下，中铁房地产积极开拓市场，把经营的触角延伸到青岛市城区建设，为落实中国铁建与青岛市的战略合作打开一片新的天地。此外，公司还荣获中国首批房地产行业“企业信用评价AAA级信用企业”信用等级证书，更多反映企业通过自身行为所获得的社会信任度。

（2）财务数据

表5-236　2009~2012年销售业绩

	2009年	2010年	2011年	2012年
销售金额（亿元）	23	98	114	179
销售面积（万m^2）	28	124	124	169
销售均价（元/m^2）	8054	7895	9220	10611

数据来源：企业官网，CRIC

表5-237　2012年重点新增土地储备

城市	宗地名称	属性	成交时间	占地面积（万m^2）	规划建筑面积（万m^2）	成交总价（亿元）	楼板价（元/m^2）
西安	YT7-1-28-8	住宅	07	0.36	2.11	0.17	807
北京	房山区房山线长阳西站5号地	商住	07	29.99	21.45	7.81	3641
成都	青城山镇芒城村七、九组2	商住	09	6.58	7.24	1.30	1800
成都	青城山镇芒城村七、九组	商住	09	6.43	7.07	1.27	1800
上海	宝山区顾村镇宝安公路北侧1号地块	住宅	11	7.68	11.52	9.62	8350
杭州	53号江干区	综合	11	2.13	5.10	4.59	8987
天津	津北律(挂)2012-091号	商住	12	3.36	14.20	8.90	6268
北京	中关村科技园昌平园东区二期0303-04地块	综合	12	9.52	16.91	8.00	4732
杭州	萧政储出〔2012〕19号	住宅	12	5.16	11.36	8.49	7475

数据来源：企业官网，CRIC

表5-238　2012年重点新开盘项目

项目名称	城市	开盘日期	建筑面积（万m^2）	销售面积（万m^2）	销售均价（元/m^2）
金山	成都	01/01	18.00	14.54	4108
荔湾国际城	广州	03/12	8.11	7.62	17704
国际城三期	合肥	03/24	2.25	0.28	14345
骑士公馆	成都	05/14	19.14	1.79	9062

（续表）

项目名称	城市	开盘日期	建筑面积（万m^2）	销售面积（万m^2）	销售均价（元/m^2）
梧桐苑	北京	07/25	38.00	30.26	13121
国际城四期	合肥	09/01	10.36	5.09	6020
原香漫谷	北京	11/04	1.23	0.76	9070
马克公馆	成都	11/10	12.00	0.04	7900
西派国际	成都	11/17	24.00	0.13	17165
银滩雅苑	兰州	11/18	34.65	0.55	6975

数据来源：企业官网，CRIC

80. 方兴地产(中国)有限公司

（1）企业简介

方兴地产（中国）有限公司成立于2004年6月，2007年在香港上市。是中国中化集团公司旗下房地产开发企业。2011年方兴地产将推出以金茂品牌为核心的高端居住系列产品。公司目前已进入北京、上海、三亚、深圳、长沙、青岛、重庆、丽江和珠海等城市。

在2012年内，方兴地产坚持高端定位，走精品路线，坚持绿色理念，积极参与城市综合体开发，以开发促进持有，深耕一线城市，同时向具有辐射能力的二线区域中心城市以及具有旅游资源的区域积极拓展。通过“销售+持有”双轮驱动，实现“快速增长”和“可持续发展”，成为中国领先的高端地产开发商和运营商。截止2012年末，公司拥有可开发的建筑总面积为6,857,930平方米，其中，酒店经营建筑面积441,385平方米，物业租赁511,697平方米，物业开发面积5,904,848平方米。截至2012年底，方兴地产在全国共拥有约20处于不同开发阶段的物业开发项目。

（2）财务数据

表5-239　2009~2012年销售业绩

	2009年	2010年	2011年	2012年
销售金额（亿元）	38	10	56	138
销售面积（万m^2）	12	5	16	44
销售均价（元/m^2）	32172	20451	35424	31700

数据来源：企业官网，CRIC

表5-240　2008~2012年财务指标

财务指标	2008年	2009年	2010年	2011年	2012年
资产负债率（%）	60	55	57	63	58
净负债率（%）	26	48	18	41	42
三费费用率（%）	27	21	24	31	14
总资产年度周转次数	0.12	0.17	0.14	0.11	0.23
存货年度周转次数	0.94	2.03	3.01	0.63	0.85

（续表）

财务指标	2008年	2009年	2010年	2011年	2012年
净利润增长率（%）	-61	58	23	37	35
净利润率（%）	25	25	23	29	23
销售毛利率（%）	56	52	52	54	42

数据来源：企业公开财务报表

表5-241　历年进入城市

年份	2004	2005	2007	2009	2010	2011	2012
进入城市	上海	珠海	北京	深圳、	青岛、丽江	长沙	三亚

数据来源：企业官网，CRIC

表5-242　2012年重点新增土地储备

城市	宗地名称	属性	成交时间	占地面积（万m^2）	规划建筑面积（万m^2）	成交总价（亿元）	楼板价（元/m^2）
丽江	沙坪坝区凤鸣山地	商服	01	13.33	13.60	0.92	704
上海	下中坝9-1号及9-2号	商服	12	4.06	24.35	56.80	23330
合肥	BH2012-10号地块	住宅	12	8.6	25.81	23.20	8990

数据来源：CRIC

表5-243　2012年重点新开盘项目

项目名称	城市	开盘日期	建筑面积（万m^2）	销售面积（万m^2）	销售均价（元/m^2）
金茂湾	青岛	09/9	110.00	1.84	185
金茂梅溪湖	长沙	10/27	40.00	7.28	517
亚奥金茂悦	北京	10/27	13.70	5.07	400

数据来源：CRIC

81. 深圳华侨城股份有限公司

（1）企业简介

深圳华侨城股份有限公司，成立于1997年9月。2009年11月，华侨城集团主营业务实现整体上市。公司主要从事旅游及相关文化产业经营、房地产及酒店开发经营、电子及配套包装产品制造等产业的投资经营。目前华侨城以深圳为基点，业务扩展到北京、上海、天津、成都、泰州、昆明、西安、武汉等城市，形成了全国战略布局。

2012年，公司房地产业务继续突出主题地产特色，根据项目所在区域的市场需求特点，加强旅游、文化和都市娱乐资源的融入，充分发挥综合开发的整体竞争优势。同时继续推进产品标准化和设计标准化等工作，全面提高开发能力；采取积极措施，针对不同区域市场充分整合资源，实现快速销售。

(2) 财务数据

表5-244 2008~2012历年财务指标

财务指标	2008年	2009年	2010年	2011年	2012年
资产负债率(%)	50	63	70	71	70
净负债率(%)	55	35	91	113	72
三费费用率(%)	21	16	13	16	14
总资产年度周转次数	0.26	0.49	0.44	0.31	0.33
存货年度周转次数	1.35	1.1	0.59	0.32	0.32
净利润增长率(%)	45	59	79	-1	23
净利率(%)	33	17	19	19	18
销售毛利率(%)	47	46	51	53	52

数据来源：企业公开财务报表

表5-245 历年进入城市

年份	2000前	2001	2003	2008	2010
进入城市	深圳、	北京、上海	天津	成都、泰州、武汉、西安、昆明	东莞、中山、长沙、青岛、广州、南昌、厦门

数据来源：企业官网，CRIC

表5-246 2012年重点新增土地储备

城市	土地名称	用途	出让时间	占地面积(万m^2)	规划建筑面积(万m^2)	成交总价(亿元)	楼盘价(元/m^2)
北京	朝阳区来广营乡A4、B4地块	住宅;商业综合	02	10.7	18.93	23.7	12523

数据来源：CRIC

表5-247 2012年重点新开盘项目

项目名称	城市	开盘日期	建筑面积(万m^2)	销售面积(万m^2)	均价(元/m^2)
招商华侨城曦城六期	深圳	05/03	2.81	1.24	40976
武汉华侨城	武汉	05/11	162	11.28	21535
新浦江城五期	上海	06/09	8.85	4.92	21563
华侨城纯水岸十四期	深圳	07/07	6.61	3.69	54032
华侨城纯水岸十五期	深圳	07/07	17	1.35	67425
华侨城·天鹅堡	西安	09/29	61.58	1.82	5323

数据来源：CRIC

82. 长江实业(集团)股份有限公司

(1) 企业简介

长江实业(集团)有限公司成立于1950年，是一家地产发展及策略性投资公司。为香港规模最大的地产发展商之一。截至2012年末，长江集团旗下在香港上市之公司的总市值为9140亿港元。

2012年，集团在香港完工的项目有所减少，导致了物业销售业绩较去年同期有所下降，但集团正稳步推进业务，适时增加包括香港在内的优质土地的储备。2012年长实在大陆地区的业务有序开展，按照与地方政府签署的合约进行开发，整体发展进度相当理想。

（2）财务数据

表5-248　2009~2012年销售业绩

	2009年	2010年	2011年	2012年前6月
销售金额（亿港元）	215	293	381	155
销售面积（万m^2）	144	213	232	96
销售均价（元/m^2）	14909	13765	16430	16094

数据来源：企业官网，CRIC

表5-249　2008~2012年财务指标

财务指标	2008年	2009年	2010年	2011年	2012年
资产负债率（%）	21	18	19	17	16
净负债率（%）	16	9	4	8	7
三费费用率（%）	45	48	50	54	45
总资产年度周转次数	0.06	0.08	0.10	0.12	0.05
存货年度周转次数	0.26	0.39	0.50	0.61	0.13
净利润增长率（%）	-53	51	36	70	-53
净利润率（%）	80	82	83	109	88
销售毛利率（%）	182	65	61	56	69

数据来源：企业公开财务报表

表5-250　历年已进入城市列表

年份	2009前	2010	2012
进入城市	香港、九龙、新界、重庆、青岛、上海、沈阳、新加坡、伦敦、广州、珠海、深圳 北京、东莞、西安、长春	常州、大连、长沙	武汉

数据来源：企业官网，CRIC

表5-251　2012年重点新增土地储备

城市	宗地名称	属性	成交时间	占地面积（万m^2）	规划建筑面积（万m^2）	成交总价（亿元）	楼板价（元/m^2）
武汉	蔡甸区蔡甸街马鞍村地块	住宅	12	1.40	1.55	0.23	1501

数据来源：CRIC

表5-252　2012年重点新开盘项目

项目名称	城市	开盘日期	建筑面积（万m^2）	销售面积（万m^2）	销售均价（元/m^2）
和黄盈峰翠邸	深圳	10/20	14.11	4.59	15770
逸翠庄园	广州	10/20	4.64	3.03	11836
和黄盈峰翠邸	深圳	10/20	14.11	4.59	15770
和黄御峰园四期	深圳	10/25	9.89	8.94	10778

数据来源：CRIC

83. 上海实业发展股份有限公司

（1）企业简介

上海实业发展股份有限公司前身系成立于2003年。公司开发项目主要为中、高端物业。截止2012年末已进入城市共计10个。

年内，公司完成向周大福集团出售上海青浦区G地块的90%权益，获得可观的出售利润，并有效盘活资金，提升企业品牌。上实发展完成了出售青岛唐岛湾项目50%权益的交易，并于12月成功签订青岛国际啤酒城商业部分的合作协议，有效盘活国际啤酒城开发资金，提升项目价值。

（2）财务数据

表5-253　2008~2012年财务指标

财务指标	2008年	2009年	2010年	2011年	2012年
资产负债率（%）	76	79	82	65	62
净负债率（%）	75	123	114	28	19
三费费用率（%）	11	11	8	11	9
总资产年度周转次数	0.25	0.18	0.22	0.20	0.15
存货年度周转次数	0.51	0.30	0.32	0.32	0.18
净利润增长率（%）	76	-26	107	-22	96
净利率（%）	19	12	17	12	26
销售毛利率（%）	43	33	45	39	35

数据来源：企业公开财务报表

表5-254　历年进入城市

年份	2003前	2004	2005	2006	2007	2008
进入城市	上海	青岛	北京、天津	成都、大理	湖州、泉州、哈尔滨	重庆

数据来源：企业官网，CRIC

84. 和记黄埔有限公司

（1）企业简介

和记黄埔有限公司成立于1977年， 1978年1月上市，是香港交易所最大上市公司之一。目前公司已发展成跨国企业，在全球54个国家开展业务，在内地二十多个城市进行项目开发。

集团在2012年，持有多元化投资物业，包括约130万方办公、商业、工业与住宅项目，其中大部分位于香港。和记黄埔关于地产的开发及运营主要依赖于长江实业。

（2）财务数据

表5-255　2009~2012年销售业绩

	2009年	2010年	2011年	2012年前6月
销售金额（亿港元）	69.16	86.28	93.87	49.81
销售面积（万m^2）	44.67	50.21	55.65	31.15
销售均价（元/m^2）	15483	17183	16868	15992

数据来源：企业官网，CRIC

表5-256　历年进入城市

年份	1997前	1998	2002	2004	2005	2010	2012
进入城市	香港、九龙、新界、重庆、青岛 上海、沈阳、新加坡、伦敦	广州、珠海 深圳、北京	东莞	西安	长春	常州、大连、长沙	武汉

数据来源：企业官网，CRIC

表5-257　2012年重点新增土地储备

城市	宗地名称	属性	成交时间	占地面积（万m^2）	规划建筑面积（万m^2）	成交总价（亿元）	楼板价（元/m^2）
上海	市工业综合开发区2012023号地块	工业	07	8.01	15.67	0.54	343
武汉	蔡甸区蔡甸街马鞍村地块	住宅	12	1.4	1.55	0.23	1501

数据来源：CRIC

表5-258　2012年内地重点新开盘项目

项目名称	城市	开盘日期	建筑面积（万m^2）	销售面积（万m^2）	销售均价（元/m^2）
御沁园	上海	04/15	34.79	3.28	24314
御湖名邸	广州	09/09	3.24	2.47	23496
和黄御峰园四期	深圳	10/25	9.89	8.94	10778
和黄盈峰翠邸	深圳	10/20	14.11	4.59	15770
逸翠庄园	广州	10/20	4.64	3.03	11836

数据来源：CRIC

85. 新世界中国地产有限公司

（1）企业简介

新世界中国地产有限公司是新世界发展有限公司的在内地公司。项目分布于20个高增长城市，主要业务为发展可出售物业项目、投资出租物业项目、及经营度假村及酒店。目前，集团在内地拥有超过2700万平方米的土地储备，项目遍布20多个不同等级的重要枢纽城市，其中超过七成的住宅楼面面积是来自二线及三线城市。

2012年，面对楼市回归理性释放了庞大的刚性自住置业需求，集团提供一些贴近市场实际需要、较大众化的户型产品，开辟了良好的发展空间；面对近年经济迅速发展培育了经济实力雄厚的换楼需求，提供一些豪华、出类拔萃的多功能卓越产品，配合不断提高的生活品味。

（2）财务数据

表5-259　2009~2012年销售业绩

	2009年	2010年	2011年	2012年
销售金额（亿元）	81	114	130	137
销售面积（万m^2）	101	91	135	99
销售均价（元/m^2）	8004	12531	9630	13809

数据来源：企业官网，CRIC

表5-260　2008~2012年财务指标

财务指标	2008年	2009年	2010年	2011年	2012年
资产负债率（%）	38	41	43	45	47
净负债率（%）	32	41	27	23	29
三费费用率（%）	14	25	9	5	16
总资产年度周转次数	0.07	0.04	0.10	0.18	0.14
存货年度周转次数	0.07	0.25	0.37	0.32	0.24
净利润增长率（%）	71	−36	104	19	71
净利率（%）	57	63	42	23	26
销售毛利率（%）	32	34	24	31	45

注：企业年度会计审核时间为每年6月30日

数据来源：企业公开财务报表

表5-261　历年进入城市

年份	2001前	2001~2006	2007	2008	2010
进入城市	广州、天津、上海、合肥	沈阳、大连	贵阳、鞍山	长沙	北京、唐山、武汉、廊坊、佛山

数据来源：企业官网，CRIC

表5-262　2012年重点新增土地储备

城市	宗地名称	属性	成交时间	占地面积（万m^2）	规划建筑面积（万m^2）	成交总价（亿元）	楼板价（元/m^2）
武汉	硚口区解放大道306号，现62中地块	商服	12	0.79	3.58	2.05	5731.7
沈阳	和平区2012-054 新世界酒店地块	商服	12	0.77	7.67	6.48	8458

数据来源：CRIC

表5-263　2012年重点新开盘项目

项目名称	城市	开盘日期	建筑面积（万m^2）	销售面积（万m^2）	销售均价（元/m^2）
新世界花园二期B区	沈阳	10/31	62.00	6.88	19225.05

数据来源：CRIC

86. 仁恒置地集团有限公司

（1）企业简介

仁恒置地集团有限公司在1993年成立，2006年于新加坡交易所上市，是首家在新加坡上市的上海房地产公司。目前集团已在中国五大主要经济区内10个重点高增长城市扎根，分别是长三角的上海、南京和苏州、珠三角的珠海及深圳、中国西部的成都及贵阳、渤海湾的天津与唐山、海南省三亚。

2012年，仁恒置地积极扩展商业地产发展项目，保持销售额继续温和增长。仁恒置地依照市场需求，增加了中小户型产品库存，并且保证公司的产品质量，以过硬的标准，更加灵活的销售方式，以满足大众市场及改善型购房者的需要。公司改善公司业绩，提高了公司盈利的流动力。

（2）财务数据

表5-264　2009~2012年销售业绩

	2009年	2010年	2011年	2012年
销售金额（亿元）	115	87	63	108
销售面积（万m^2）	61	29	23	45
销售均价（元/m^2）	18852	30000	27391	24000

数据来源：企业官网，CRIC

表5-265　2008~2012年财务指标

财务指标	2008年	2009年	2010年	2011年	2012年
资产负债率（%）	22	20	26	16	55
净负债率（%）	38	-25	21	41	31
三费费用率（%）	9	7	8	10	10
总资产年度周转次数	0.23	0.40	0.19	0.19	0.06
存货年度周转次数	0.30	0.50	0.25	0.35	0.10
净利润增长率（%）	-33	562	30	-24	84
净利润率（%）	22	20	26	16	30
销售毛利率（%）	56	56	55	34	35

数据来源：企业公开财务报表

表5-266　历年进入城市

年份	2001	2002	2004	2009	2010
进入城市	上海、南京、贵阳	成都	天津、珠海、深圳、苏州	唐山	三亚

数据来源：企业官网，CRIC

87. 九龙仓集团有限公司

（1）企业简介

九龙仓集团有限公司始创于1886年，综合资产总值达港币2,818亿元，以发展中、港两地地产及基建业务为策略重点。集团为会德丰有限公司的附属公司。

2012年九龙仓核心盈利达到110亿港元，同比增加37%，应占盈利为470亿港元，同比增加55%。内地物业销售额达到150亿元人民币，同比增幅18%，高出既定目标50%，2013年目标位200亿元。

集团在内地于长沙、成都、重庆、苏州及无锡的五项发展中的国金中心项目，应占总楼面面积合计210万平方米。2012年集团在中国土地储备达到1800万平方米。2012年6月，中国业务的贡献已增至集团核心利益的22%。截止2012年底已进入全国包括香港在内共计17个城市，以华东、华南及中西部地区为主要区域。

（2）财务数据

表5-267　2009~2012年销售业绩

	2009年	2010年	2011年	2012年
销售金额（亿元）	53	85	132	154
销售面积（万m^2）	57	56	91	135
销售均价（元/m^2）	9287	15017	14505	11407

数据来源：企业官网，CRIC

表5-268　2008~2012年财务指标

财务指标	2008年	2009年	2010年	2011年	2012年
资产负债率（%）	23	21	20	24	20
净负债率（%）	21	18	19	21	22
三费费用率（%）	98	78	77	83	12
总资产年度周转次数	0.13	0.36	0.30	0.34	0.09
存货年度周转次数	0.92	0.98	0.65	0.50	0.64
净利润增长率（%）	-52	208	86	-14	55
净利率（%）	39	110	184	127	153
销售毛利率（%）	66	65	64	62	59

数据来源：企业公开财务报表

表5-269　历年已进入城市

年份	2001前	2002	2003	2005	2006	2007	2009	2010	2011
进入城市	北京、上海、重庆	武汉	大连	成都	无锡、苏州	常州、杭州 南京	天津	长沙、宁波	佛山

数据来源：企业官网，CRIC

表5-270　2012年重点新增土地储备

城市	宗地名称	属性	成交时间	占地面积（万m^2）	规划建筑面积（万m^2）	楼板价（元/m^2）
北京	朝阳来广营乡A4和B4地块	商住，综合	02	10.70	18.93	23.70
上海	浦东新区唐镇5街坊180/1丘地块	住宅	09	6.02	7.22	8.34
成都	双流县清河社区8组，公兴街道藕塘村5组地块	商住	11	7.44	22.32	3.85

数据来源：CRIC

表5-271　2012年重点新开盘项目

项目名称	城市	开盘日期	建筑面积（万m^2）	销售面积（万m^2）	销售均价（元/m^2）
北宁湾四期	天津	07/28	48.84	30.3	12860

数据来源：CRIC

88. 星河集团

（1）2012年企业发展综述

星河集团前成立于1989年，集团秉承“做市场先锋，走品牌之路”的经营理念，坚持打造“星河精品”，为客户提供“至诚服务”。2002年，公司被国家建设部评为房地产开发一类一级企业，2011年荣获行业大奖“中国蓝筹地产”最具发展潜力大奖,2012年荣获“中国房地产百强企业”称号。

星河集团除布局深圳外，还投资常州、惠州、广州、天津，在战略上形成了“多元化、跨产品、跨地域、跨产业”的发展格局，在模式上形成了“以房地产综合开发为首，以商业地产经营和金融投资为辅”的三元驱动。在房地产开发领域，星河现已形成了以“星河国际花园、星河丹堤花园”为代表的系列项目品牌。在商业地产领域，星河目前在深圳拥有高端家居购物中心“星河第三空间”、公园版休闲购物中心“福田COCOPARK ”以及5A级写字楼星河发展中心。在高端酒店领域，星河与万豪酒店集团合作在深圳福田CBD引入丽思卡尔顿酒店。在金融投资领域，星河目前已投资25亿元分别持有阳光保险、深圳创新投资集团以及深圳福田银座村镇银行的股份。

（2）企业发展战略

2011年，面对国家“十二五”规划的时代机遇与挑战，星河制定了符合自身特色的“十二五”规划，即中近期内坚持稳健增长，适当加速，实现强中做大目标；以地产开发为主，商业经营协同，战略性培育金融投资业务，形成业务协同；布局“3+2” 核心城市圈，坚持精品开发策略，保持稳定盈利；力争2015年前实现上市目标。

CHAPTER 06

保障篇

导/读 INTRODUCTION

2012年，全国城镇保障性安居工程基本建成600万套、新开工780万套，超额完成了年初确定的基本建成500万套、新开工700万套以上的目标任务，在建工程规模却创出历史新高。

一些地方在保障性安居工程建设和分配方面做出了积极探索，一些创新融资机制逐步得到应用。随着保障性安居工程建设的不断推进，未来保障性住房的重点也将由建设转向分配和管理。

本篇内容采用了住房和城乡建设部住房保障司、北京市住房和城乡建设委员会和上海市住房保障和房屋管理局提供的工作总结。

一、2012年我国保障性住房发展情况

2012年是保障性安居工程开工、竣工、分配、管理任务并重的一年。各部门、各地方贯彻党中央、国务院加快解决困难群众住房困难的决策部署，按照《国务院办公厅关于保障性安居工程建设和管理的若干意见》（国办发〔2011〕45号）的具体要求，强化责任落实，完善政策体系，加大投入力度，健全工作机制，着力加强保障性安居工程建设和管理，各项工作取得了积极成效。

1. 党中央、国务院高度重视住房保障工作

党中央、国务院把推进住房保障工作，加快解决群众住房困难问题，作为保障和改善民生的重要内容。2012年，党中央、国务院领导同志多次深入基层，考察调研困难群众住房和保障房建设情况，多次作出重要批示，要求加快完善住房保障政策体系，尽快解决群众住房困难问题。国务院李克强副总理主持召开2次全国性会议、2次部分地区座谈会（现场会），听取各方面的意见和建议，分析形势、解决问题，部署工作。

2012年2月份的保障性住房分配及质量管理督查工作座谈会，强调了统筹建设、质量和分配，要求既促开工又抓竣工，在确保质量安全的前提下加快建设进度；6月份的全国保障性安居工程座谈会，督促建设进度，部署提早谋划大规模入住等工作；8月份的保障性住房分配和运行现场会，研究加强保障性住房公平分配和可持续运营的措施；9月份的全国资源型城市及独立工矿区可持续发展和棚户区改造工作座谈会，强调攻难克坚，着力破解棚户区改造中的难题。

按照国务院会议的部署和要求，各省、市、县人民政府和各有关部门积极完善政策、细化措施，对扎实推进保障性安居工程建设，努力扩大竣工和交付使用规模，确保工程质量，确保公开公平公正分配均起到了积极的促进作用。

2. 保障性安居工程年度建设任务全面完成

2012年，全国城镇保障性安居工程基本建成600万套、新开工780万套，超额完成了年初确定的基本建成500万套、新开工700万套以上的目标任务。分类型看，保障性住房基本建成330万套、新开工450万套；各类棚户区改造住房基本建成270万套、新开工330万套。截至2012年底，全国累计用实物方式解决了3100万户城镇家庭的住房困难，保障性安居工程覆盖面达到12.5%。此外，全国还有500多万户城镇困难家庭享受了政府发放的廉租住房租赁补贴。分地区看，各省份均完成了年度任务。其中，黑龙江、湖南、安徽、河南、陕西5省的新开工量均超过40万套；黑龙江、湖南、陕西3省基本建成量均超过30万套。保障性安居工程的顺利推进，使1亿多居民改善了住房条件、增添了生活和奋斗的信心。

3. 保障性安居工程建设政策支持力度继续加大

2012年，各部门继续加大投入力度，完善支持政策，积极推进保障性安居工程建设。中央财政继续加大补助力度，全年下达补助资金共1800多亿元，包括补助配套基础设施建设390多亿元，第一批补助资金下达地方时间较

上年提前1个月。2012年末保障性安居工程贷款余额6655亿元，较年初新增2003亿元，增长43%，超过同期各项贷款平均增速28个百分点。

国土部门对保障房新增建设用地继续单列计划，并督导各地按需落实。国务院有关部门出台了一系列政策文件，明确财政、税收优惠政策，鼓励和吸引民间资本参与保障性安居工程建设。包括住房城乡建设部、发展改革委、财政部、国土资源部、税务总局、人民银行、银监会印发《关于鼓励民间资本参与保障性安居工程建设有关问题的通知》（建保〔2012〕91号），发展改革委、财政部出台《关于安排政府性资金对民间投资主体同等对待的通知》，财政部、国家税务总局印发《关于企业参与政府同意组织的棚户区改造支出企业所得税税前扣除政策有关问题的通知》（建保〔2012〕91号）等。林业、农业部门全力推进林区、垦区棚户区改造。中央纪委、监察部门组织督促检查，审计部门开展专项审计，统计部门推进规范统计，都做了大量卓有成效的工作。电监会、住房城乡建设部出台《关于做好保障性安居工程电力供应与服务工作的若干意见》，明确对保障性住房建设和经营，实行电力等基础设施建设费用优惠。国务院办公厅积极督促协调、各部门加强协作配合，对顺利完成目标任务起到了重要的作用。

各地方抓住土地供应、投融资、民间资本参与等关键环节，大胆创新，千方百计破解工作中的难题。经国土资源部批准，北京、上海两市开展集体建设用地建设公共租赁住房试点。各地积极优化土地供应结构，将一批新建保障房项目安排在交通便利、配套设施齐全的地块。上海、沈阳、深圳等地把一些公共租赁住房项目和地铁站点统筹建设，方便群众的生产与生活。很多城市把保障房项目周边的一些商业用地、商业项目纳入平台公司，支持平台公司非公开定向发行企业债券，努力拓展保障性安居工程融资渠道。不少地方出台贷款贴息和税收减免政策，支持通过委托代建、在商品住房项目中配建、建设一定的商业服务设施、支持企业或其他机构出资建设并持有运营等方式，扩大融资规模，以实现资金平衡。

4. 住房保障工作机制进一步健全

2012年，各级地方、各部门认真贯彻落实住房保障目标责任、监督检查、信息公开、信息化等各方面的工作要求，不断健全工作机制。

2011年12月22日，在国务院召开的全国住房保障工作座谈会上，住房城乡建设部代表保障性安居工程协调小组，与各地签订了目标责任书。各省份也及时将目标任务分解落实到了市县。陕西、河北、宁夏等省（自治区）均采取月度排名与年度考核相结合的方式，加强对地市的考核，对进度慢的城市进行约谈和问责。中央纪委及监察部、审计署等国务院有关部门，通过开展专项督促检查，加强了对保障性安居工程的监督检查。

2012年7月18日，住房城乡建设部发布《关于严格执行住房保障政策规定的通知》（建保〔2012〕105号），要求各地严格落实住房保障目标责任制、严格执行计划、统计、工程项目建设管理、工程质量安全管理、分配管理、使用管理的有关规定。按照《国务院办公厅2012年政府信息公开重点工作安排》（国办发〔2012〕26号）部署，住房城乡建设部召开了“住房保障和国有土地房屋征收补偿信息公开工作电视电话会议”，并印发了《关于做好2012年住房保障信息公开工作的通知》（建办保〔2012〕20号），督促各地切实做好保障性安居工程计划、项目、进度等信息公开，规范保障性住房申请、审核、分配及使用环节的信息公开，让群众及时了解情况、主动接受社会监督。

2012年，各省（自治区、直辖市）及新疆生产建设兵团均公开了城镇保障性安居工程建设计划和新开工、基本建成情况，各市、县普遍公开了年度建设计划、项目建设进度信息和开、竣工项目信息，已开工项目均在现场公开了基本信息。住房城乡建设部启动了住房保障监管信息系统建设，出台了《住房保障信息系统技术规范》（CJJ/T 196-2012）和《住房保障基础信息数据标准》（CJJ/T 197-2012）两个行业标准。各省市也都加快了住房保障信息化进程，广东、上海、北京等省市，由财政安排专项资金，率先建成了省级住房保障个人信息系统平台。

5. 保障性安居工程质量安全监管力度加大

住房是百年大计，必须坚持质量第一。保障房是政府主导建设的，必须坚守质量安全的“硬杠杠”。

2012年，按照党中央、国务院的要求，各部门、各地区健全质量管理体系，落实质量安全责任，采取积极措施加强保障房项目工程质量监管。北京、天津、上海、江苏、江西、宁夏、重庆、湖北等地，严把勘察设计、招标投标、材料供应、施工监理关，全面落实全过程质量管理责任。辽宁、广东、安徽、江苏等省完善了保障性住房建设全过程标准体系。上海规定不得随意压缩合理工期和造价，不得随意发包或指定分包。各地方高度重视保障性住房质量安全监管建章立制工作，比如山西、内蒙古、贵州分别组织编制了《保障性住房建设技术导则》、《保障性住房建设质量安全管理办法》、《关于进一步加强贵州省保障性安居工程质量和安全监管的意见》等，通过明确标准、细化要求，确保保障性住房质量安全监管有章可查，质量安全督查能取得实效。各省在部署市、县加强自查的基础上，采取督查、巡查与“拉网式”大检查相结合的方式，普遍组织了多轮质量安全检查。

5、6月间，住房城乡建设部组织了对全国30个省（区、市）（西藏、港澳台地区除外）保障房质量专项检查。从检查结果看，保障性住房工程质量总体是好的、可控的，工程结构也基本安全，仅个别项目质量监督把关不严，或有质量缺陷的问题。监督把关不严的主要表现是：勘察、设计等不严谨，进料、施工、监理没能严格执行相关标准；质量缺陷的主要表现是：有的混凝土构件尺寸偏差较大，有的存在漏水等质量通病。当然，这与现阶段我国整个建筑施工水平有很大关系。

6. 保障性住房公平分配和后续管理机制初步建立

公平公正分配是保障性安居工程的“生命线”，能否真正分配给符合条件的住房困难群众，关系到这项重大民生工程的成败。

2012年，按照《国务院办公厅关于保障性安居工程建设和管理的若干意见》（国办发〔2011〕45号）文件精神，中央及地方继续完善各类保障性住房管理规定，细化具体实施办法。住房城乡建设部发布《公共租赁住房管理办法》（住房和城乡建设部令2012年第11号），明确了公共租赁住房分配管理的原则和要求，强调以住房困难为确定住房保障对象的首要依据，依家庭收入不同核定具体保障方式和政策支持强度。不少城市明确了公共租赁住房管理的具体规定，建立健全申请、审核、公示等制度，由相关部门进行信息对比、严格把关，并采取轮候排序、电脑摇号等方式进行分配。湖北黄石市对公共租赁住房实行“市场租金、分档补贴、租补分离”，完善退出机制，促进项目可持续运营。

按照住房城乡建设部的要求，各地逐步建立了经济适用住房等购置型保障房上市交易收益调节机制。其中，上海、安徽铜陵等城市，在明确了政府与购房人资产份额的基础上，建立了上市交易所得价款按产权份额分享的收益调节机制。河北石家庄、吉林长春、福建厦门、海南海口、贵州遵义、青海西宁、新疆乌鲁木齐等城市，坚持公开透明、阳光操作，把待分房源、地理位置、拟选对象、分配过程、最终结果全面公开，建立投诉举报奖励制度，实行入户调查和定期回访，接受人大代表、政协委员以及新闻媒体的监督。

7. 保障性住房小区社会管理制度创新取得新进展

推进保障性安居工程，把好事办好，既要重建设，更要重后续管理。建设只是第一步，后续管理关系长远。

2012年，多地区积极创新保障性住房小区管理模式，探索政府行政管理与住房保障对象家庭自我管理良性互动机制，实现不同收入阶层居民和不同职业、文化背景群体的和谐相处。

重庆、浙江宁波、山东青岛、湖北武汉、云南昆明等城市，统筹推进保障性住房小区建设及社区服务，不断强化政府社会管理和公共服务职能。

广东广州、安徽芜湖、广西柳州、福建厦门、四川成都等城市，整合人口、就业、社保、民政、房管、卫生、文化等社会管理职能和服务资源，集中到社区开展公共服务，实现了各部门之间以及各部门与社区群众自治组织之间的有效衔接和良性互动。

四川成都市结合社区建设，发挥政府的主导作用，引导社会支持，鼓励居民自治，促进就业促进、老人关怀、残疾人帮扶、文化推进等公共服务、社会服务进入保障房小区，满足困难群众就业、教育、医疗、文化、养老及特殊关怀的需要。

安徽铜陵、江西九江、浙江宁波、江苏无锡在一些保障性住房小区周边，配置了优质的教育资源，使困难群众子女可以低成本接受良好的教育。

8. 住房保障政策顶层设计有序推进

全国城镇住房困难家庭的数量依然很多，住房保障面临的任务依然艰巨。

2012年，国家统计局公布了第六次全国人口普查结果，截至2010年底，城镇常住人口家庭中，人均住房建筑面积低于8平方米的还有1700多万户，自来水不入户的还有2800万户，厨房、厕所不全的还有5000万户。

2012年，在加快推进保障性安居工程建设的同时，探索推进了住房保障政策顶层设计。中央及地方继续加快住房保障立法工作。城镇住房保障立法已列入2012年国务院立法计划。按照立法计划安排，住房城乡建设部研究起草城镇住房保障条例，并征求了国务院有关部门和各省级住房城乡建设部门的意见。地方住房保障立法工作也在加快推进。天津市制定了《天津市基本住房保障管理办法》，于10月1日正式实施。

7月11日，国务院印发《国家基本公共服务体系“十二五”规划》，明确住房保障是政府向公民提供的基本公共服务，要求建立基本住房保障制度，维护公民居住权利，逐步满足城乡居民基本住房需求，实现住有所居。按照《国家基本公共服务体系“十二五”规划》及《国务院办公厅关于保障性安居工程建设和管理的指导意见》有关精神，住房城乡建设部下发《关于加快推进棚户区（危旧房）改造的通知》（建保〔2012〕190号），将对“城中村”、城镇危旧房改造和旧住宅小区纳入城市棚户区改造范围，并列为政府应提供的基本公共服务的内容。

辽宁、黑龙江、安徽等12省（区、市）也以政府规章的形式对住房保障做出全面规范。重庆、海南两地将住房保障条例列为人大立法计划；江苏、上海、福建等9省（市、区）加快了地方性法规或政府规章的制订工作。地方政府为规范保障房建设和运营所作的尝试，为国家层面住房保障立法提供了实践基础。

（本节内容由住房和城乡建设部住房保障司提供）

二、2012年全国保障性住房供地计划与完成情况

1．2012年全国住房用地供应计划

为加强房地产市场土地供应调控,国土资源部按照国务院相关文件规定，组织全国31个省（区、市）及新疆生产建设兵团编制了2012年住房用地供应计划，现予公告。

据各地上报汇总，2012年全国住房用地计划供应17.26万公顷，与2011年全国住房用地计划实际落实量（13.59万公顷）相比，增加21.3%，是前5年年均实际供应量（8.73万公顷）的近两倍。

2012年，全国计划供应保障性安居工程用地和中小套型商品房用地13.68万公顷，占全国住房用地供应计划的79.3%，比去年提高0.7个百分点。计划供应保障性安居工程用地5.01万公顷，占住房用地供应计划的29.1%，超过2011年1000万套保障性安居工程用地实际落实量（4.81万公顷），能够落实2012年“新开工700万套以上”保障性安居工程用地“应保尽保”的目标任务。

为做好2012年住房供地计划实施工作，国土资源部要求各级国土资源主管部门：

一是加强对不同地区住房市场形势研判分析工作，对房价上涨过快、计划实施缓慢的地区要督促指导，加快供应节奏、加大已供住房用地开发利用的督查力度。

二是合理增加普通商品住房用地，严格控制高档住宅用地，不得以任何形式安排别墅类用地。

三是对保障性安居工程建设用地特事特办、加快审批，优先安排使用存量土地，鼓励在商品住房小区多安排配建，以有利于方便群众生活和工作，减轻新建设施配套成本压力。继续对落实国家保障性安居工程建设用地情况实行目标责任考核，由地方各级国土资源主管部门主要负责同志负全责。

四是依托土地市场动态监测监管系统，进一步完善土地出让公告审核制度，掌握拟出让宗地的具体情况，及时制止违反单宗出让面积规定、捆绑出让、“毛地”出让和容积率低于1等违规出让行为。

五是市县国土资源主管部门要会同相关部门，充分运用土地市场动态监测监管平台，以按时开竣工为重点，做好住房用地供后开发利用中存在问题的预警、巡查、督办、反馈、通报工作，切实解决好已供土地开发利用中闲置土地、违法转让、擅自改变用途性质、违反合同条款建房等问题，实现土地的有效供应。同时，各派驻地方的国家土地督察局在例行督察等相关工作中加强对地方政府落实住房用地供应计划的监督检查。

表6-1　2012年全国住房用地供应计划

地区	供地总量			保障性住房用地		公共租赁房	
	合计	存量	增量	廉租房	经济适用房	划拨	出让
合　计	172565.39	74074.65	98490.73	6786.61	10372.87	4901.49	1600.53
北京市	1700.00	884.00	816.00	——	140.00	——	160.00
天津市	1658.00	622.00	1036.00	——	400.00	38.00	——
河北省	9491.78	4720.40	4771.38	344.66	265.29	234.72	176.19
山西省	3666.48	1154.43	2512.05	326.41	506.71	79.43	0.98
内蒙古	5262.26	2220.99	3041.27	146.27	271.32	85.25	38.46
辽宁省	11339.99	5297.44	6042.54	93.15	346.73	81.05	46.96
吉林省	3502.64	1820.31	1682.33	249.31	49.00	16.09	10.00
黑龙江省	6133.61	4027.62	2105.98	79.91	66.80	21.87	7.35
上海市	1000.00	500.00	500.00	——	100.00	30.00	20.00
江苏省	13370.23	6412.65	6957.58	113.12	874.39	145.05	116.93
浙江省	7886.64	2584.55	5302.09	37.48	196.83	137.36	20.01
安徽省	6632.02	2668.62	3963.40	419.11	833.46	318.34	358.38
福建省	2095.73	978.89	1116.84	26.59	76.59	48.35	39.75
江西省	3531.66	1458.74	2072.92	247.33	67.76	326.04	78.34
山东省	12682.02	6329.11	6352.91	66.57	663.96	196.36	127.28
河南省	17493.98	5985.51	11508.46	605.23	803.11	228.10	70.44
湖北省	6854.46	3061.45	3793.02	122.78	223.70	309.65	16.81
湖南省	5626.33	1782.80	3843.53	334.63	92.93	204.22	22.64
广东省	5601.46	3298.01	2303.45	71.90	302.30	82.99	20.73
广西省	2454.60	1886.03	568.57	95.88	105.27	83.31	12.05
海南省	2076.94	815.87	1261.07	15.27	271.34	29.12	10.30
重庆市	3292.80	1630.00	1662.80	41.10	445.90	348.20	——
四川省	9809.88	4600.72	5209.16	225.40	638.42	236.53	18.71
贵州省	5036.14	1994.11	3042.03	158.43	43.47	122.65	2.08
云南省	4697.74	1157.04	3540.70	252.96	107.31	554.40	152.97
西藏自治区	161.90	76.68	85.22	11.51	19.37	3.34	——
陕西省	5790.81	1360.25	4430.56	484.40	695.50	295.54	4.00
甘肃省	2192.31	582.48	1609.83	133.69	247.96	203.38	21.89
青海省	1498.37	386.03	1112.34	158.29	78.87	84.12	7.40
宁夏自治区	1367.01	492.39	874.62	127.34	85.38	92.87	27.24
新疆自治区	6737.70	2510.72	4226.98	894.62	1280.91	230.83	7.10
新疆兵团	1919.90	774.81	1145.09	903.27	72.29	34.36	5.55

注：不含我国港澳台地区数据

单位：公顷

保障性安居工程用地					商品住房用	中小套商品住房
	各类棚户区改造用地			限价商品房		
	廉租房	经济适用房	中小套商品住房			
22328.23	1810.86	6700.02	12488.25	4151.70	122423.94	86638.08
450.00	——	——	450.00	100.00	850.00	340.00
——	——	——	——	57.00	1163.00	814.00
1296.16	52.18	226.26	978.62	332.56	6842.19	4536.55
779.18	211.35	331.09	224.20	49.03	1924.73	1143.17
892.45	22.73	146.47	711.29	102.71	3725.81	2666.01
975.12	28.08	383.49	563.55	101.34	9695.64	7333.48
1150.51	110.09	236.84	780.07	20.12	2007.60	1439.78
2314.01	64.17	866.59	1345.02	62.68	3580.98	2803.56
450.00	——	——	450.00	——	400.00	100.00
1343.47	43.89	820.37	461.54	547.19	10230.09	6728.84
2999.79	——	860.54	1717.28	86.71	4408.46	2403.48
1363.41	66.21	440.46	792.12	234.39	3104.94	1672.80
305.58	0.49	116.26	111.31	130.28	1468.60	1036.54
516.39	132.98	180.13	194.10	10.50	2285.30	1403.65
1297.37	23.27	206.45	983.29	130.79	10199.70	6946.91
740.18	37.37	148.97	485.47	223.72	14823.19	12619.31
683.64	35.86	93.44	518.30	188.67	5309.22	3607.97
821.37	109.82	326.77	383.20	——	4150.54	2813.86
51.02	6.71	34.08	10.23	39.19	5033.33	3510.81
92.26	2.26	40.10	49.06	53.55	2012.29	1366.65
67.45	2.73	17.75	39.17	98.44	1585.01	1217.97
47.30	——	47.30	——	——	2410.30	2217.50
557.04	57.54	123.65	343.98	447.75	7686.01	5465.16
196.68	28.25	58.73	103.84	43.56	4469.26	3324.68
380.32	11.41	22.46	5.56	8.78	3241.00	2078.65
29.02	——	29.02	——	——	98.66	98.66
403.62	45.11	145.28	203.32	634.14	3273.62	2498.01
178.92	33.57	67.46	74.72	131.52	1274.95	854.55
211.61	107.45	32.46	71.70	——	958.10	658.91
133.98	12.35	67.80	53.83	22.07	878.13	536.98
1392.46	362.99	623.92	383.48	279.04	2652.75	1883.71
207.92	202.02	5.90	——	15.97	680.54	515.95

资料来源：国土资源部

2. 2012年全国住房用地供应完成情况

2012年，各地结合市场运行状况，在住房用地供应中积极统筹存量与增量土地，充分考虑可供能力，确保保障性安居工程用地应保尽保、保障性住房及棚户区改造和中小套型普通商品住房用地不低于住房建设用地总量70%，优先安排供应普通商品住房用地、严格限制低密度大套型住房项目用地，推进住房用地供应的信息公开，不断规范住房用地供应行为，引导土地市场平稳健康运行。有关情况如下：

2012年度住房用地实际供应量处历史高位，能够满足住房建设用地需求。2012年全国共落实住房用地11.49万公顷。虽然受到上半年土地市场偏冷、商品住房用地流标、流拍增加等因素影响，但实际供应量仅低于历史最高的2011年，仍高于其他各年度，是过去5年年均实际供应量(8.73万公顷)的1.3倍。按照1.5容积率计算，可建建筑面积超过17.2亿平方米，能够充分满足国家确定的“十二五”期间年均新建住房建筑面积10~11亿平方米的发展目标。加上以往年度已供在(待)开发住房用地，目前全国在建住房用地26.34万公顷，未开工住房用地10.79万公顷，能够满足市场后续建设需求。

保障性安居工程用地应保尽保，“三类住房”用地占比接近80%，供地结构更趋合理。2012年全国保障性安居工程用地落实量达到3.83万公顷，除满足中央下达新开工700万套以上保障性安居工程用地需求外，还支持了各地加大保障房建设的用地需求。全国落实“三类住房”用地9.17万公顷，占全年住房用地供应总量的79.8%，其中，吉林、安徽、重庆、西藏、甘肃、宁夏、新疆和兵团占比超过85%。

70个大中城市住房用地供应情况总体较好，部分热点城市供应量高于年度计划安排量。2012年70个大中城市住房用地落实量为4.15万公顷，高于前5年平均供应量（3.86万公顷）。上海、宁波、青岛等19个城市实际供应量均高于其年度计划安排量。

总体来看，2012年住房用地供应总量维持在历史高位，供地结构和节奏进一步优化，避免了土地供应总量、结构和价格大起大落，促进了房地产市场持续健康发展。

3. 2013年全国住房用地供应计划

为规范住房用地供应、合理引导市场预期、加强房地产市场土地供应调控，国土资源部按照国务院工作部署，组织全国31个省（区、市）及新疆生产建设兵团编制了2013年住房用地供应计划，现予公告:

据各地上报汇总，2013年全国住房用地计划供应15.08万公顷，是过去5年年均实际供应量（9.77万公顷）的1.5倍，其中“三类住房”用地计划占住房用地计划总量的79.4%，符合调控政策要求。

保障性安居工程用地计划供应4.15万公顷，能够充分满足2013年新开工630万套保障性安居工程用地应保尽保的要求。

商品住房用地计划供应10.92万公顷，占住房用地供应计划的72.4%，其中中小套普通商品住房用地计划供应7.82万公顷，占商品住房用地供应计划的71.6%。

70个大中城市住房用地计划供应5.03万公顷，是过去5年年均实际供应量（4.03万公顷）的1.2倍，“三类住房”用地计划占住房用地计划的79.1%。一线城市（北、上、广、深）计划同比增加2.8%。

为做好2013年住房供地计划实施工作，国土资源部要求各级国土资源主管部门采取有效措施，对今年“新开工630万套”保障性安居工程用地实现应保尽保。认真做好房地产市场形势分析，稳步推进商品住房用地供应，对房价较高、上涨较快的地区，适当增加并优先供应中小套型普通商品住房用地。7月，国土资源部将根据市场运行状况，组织各地调整住房用地供应计划并向社会公布。住房用地供应情况将及时向社会公开。

表6-2 2013年全国住房用地供应计划汇总表

地区	供地总量						
				保障性住房用地		公共租赁房	
	合计	存量	增量	廉租房	经济适用房	划拨	出让
合　计	150760.25	61486.50	89273.76	5710.05	7961.55	4769.74	1048.42
北京市	1650.00	840.00	810.00	——	135.00	——	155.00
天津市	1785.00	670.00	1115.00	——	381.00	4.00	——
河北省	5134.55	2248.25	2886.30	156.08	119.65	183.85	95.29
山西省	3284.27	1033.96	2250.31	175.84	277.31	233.03	4.70
内蒙古	3594.48	1468.71	2125.76	77.83	120.35	52.81	23.08
辽宁省	7406.61	4193.06	3213.54	51.07	72.51	40.69	1.16
吉林省	4616.10	2402.46	2213.63	251.51	52.00	21.24	14.50
黑龙江	4001.88	2443.04	1558.84	93.14	43.43	51.22	2.60
上海市	1000.00	500.00	500.00	——	50.00	30.00	20.00
江苏省	12015.86	5936.10	6079.75	99.04	869.48	138.17	92.50
浙江省	7021.33	2262.81	4758.52	16.65	83.75	65.12	31.24
安徽省	9104.29	3104.73	5999.56	294.33	1454.60	379.29	60.47
福建省	2101.43	982.48	1118.95	19.11	37.67	32.64	23.30
江西省	4410.67	1663.85	2746.81	194.38	87.21	319.33	72.01
山东省	11001.65	5509.14	5492.51	97.73	210.18	91.07	59.13
河南省	14919.71	3508.32	11411.40	441.85	596.42	400.27	106.79
湖北省	7921.29	3513.48	4407.80	88.17	175.16	191.65	21.29
湖南省	5188.46	1461.86	3726.60	104.03	15.85	319.32	21.69
广东省	5270.06	3008.74	2261.32	33.23	265.19	62.51	8.76
广西自治区	2346.45	1784.63	561.81	32.33	33.52	41.88	9.85
海南省	1088.40	256.62	831.77	7.90	86.20	21.47	1.30
重庆市	2720.25	667.00	2053.25	22.53	258.21	——	——
四川省	6830.09	3590.27	3239.82	176.77	264.02	109.09	20.62
贵州省	3771.46	1342.88	2428.59	187.10	1.37	425.36	——
云南省	3879.54	1142.51	2737.03	152.78	9.72	268.22	139.66
西 藏自治区	605.67	390.96	214.71	103.75	23.84	87.24	——
陕西省	4401.20	1153.32	3247.88	351.97	699.45	184.54	14.39
甘肃省	2372.20	593.28	1778.92	84.66	163.85	432.70	11.24
青海省	1229.82	384.55	845.28	209.36	84.57	58.44	——
宁夏自治区	1189.72	318.14	871.58	64.22	73.52	79.33	11.00
新疆自治区	6542.22	2297.85	4244.36	669.33	1195.83	402.27	26.85
新疆兵团	2355.61	813.47	1542.14	1453.35	20.67	42.98	——

注：不含我国港澳台地区数据

单位：公顷、%

保障性安居工程用地					商品住房用地	中小套商品住房	保障性安居工程和中小套型商品房用地占比
	各类棚户区改造用地			限价商品房			
	廉租房	经济适用房	中小套商品住房				
18075.87	1570.85	5482.33	10376.29	3977.48	109217.16	78210.53	79.4
445.00	——	——	445.00	65.00	850.00	370.00	70.9
——	——	——	——	30.00	1370.00	959.00	77.0
554.77	28.12	24.87	488.14	249.54	3775.35	2587.75	76.9
679.04	73.64	228.13	351.45	53.90	1860.46	1102.32	76.9
514.67	19.01	142.49	332.58	96.12	2709.63	2079.87	82.5
443.02	12.13	189.72	241.18	39.88	6758.28	5133.73	78.1
1753.26	78.31	563.32	1038.80	20.00	2503.59	1862.08	86.1
840.74	43.30	307.45	483.22	30.20	2940.56	2296.52	83.9
300.00	——	——	300.00	——	600.00	300.00	70.0
910.02	102.25	456.94	350.83	900.72	9005.94	5854.61	73.8
2368.88	——	800.24	1501.70	164.29	4291.39	2593.05	75.8
1424.70	60.08	424.18	865.91	266.60	5224.30	3183.70	77.6
218.02	6.79	86.24	108.53	170.62	1600.06	1134.41	77.8
675.78	130.39	365.13	154.07	3.00	3058.96	2007.83	76.2
1193.87	20.48	168.16	971.28	145.08	9204.61	6733.38	77.5
523.46	13.68	41.39	423.70	267.89	12583.03	10270.38	84.5
669.37	39.56	173.12	416.16	58.16	6717.48	4702.64	74.6
486.79	50.83	73.92	370.08	2.80	4237.98	3077.13	77.6
45.54	12.40	6.93	26.21	49.24	4805.58	3539.07	76.0
34.34	4.93	13.14	16.27	30.51	2164.01	1509.42	72.1
44.51	0.67	6.79	34.16	43.16	883.87	696.01	82.7
29.51	——	3.86	——	——	2410.00	2372.75	98.6
558.20	62.13	139.30	292.70	94.17	5607.22	4076.90	77.6
570.38	79.00	178.90	303.78	0.42	2586.83	1790.98	78.9
155.33	67.50	25.01	58.32	18.50	3135.33	2066.97	72.5
73.68	39.50	24.06	——	——	317.16	277.43	93.4
288.02	14.75	73.40	189.72	751.86	2110.96	1435.26	84.6
186.74	52.66	65.66	57.91	124.41	1368.60	960.05	82.8
432.51	36.27	302.21	94.03	——	444.94	269.12	85.7
162.27	16.07	90.00	54.48	60.30	739.08	472.97	77.6
1398.04	474.81	493.49	356.60	241.13	2608.77	1927.69	89.6
95.40	31.61	14.29	49.50	——	743.20	567.51	92.5

资料来源：国土资源部

三、全国各省、市、自治区保障性安居工程建设情况

1. 全国各省、市、自治区保障性安居工程建设计划及完成情况

表6-3　2012年全国各省、市、自治区保障性安居工程建设计划及完成情况

单位：万套

序号	地区	计划建设任务	实际建设情况	2013年计划任务
1	北京市	16	18	16
2	天津市	10.5	10.5	9
3	河北省	28.6	28.75	22
4	山西省	33.23	42.48	18
5	内蒙古	27.77	29.3	17.48
6	辽宁省	21.89	23	17.3
7	吉林省	35.38	31.48	33.87
8	黑龙江省	52	54.585	26
9	上海市	16.58	16.7	10.5
10	江苏省	27.5	32.8	23
11	浙江省	14.13	17	15
12	安徽省	40	40.92	40.14
13	福建省	16.17	20.4	10
14	江西省	23.1	30.38	32.24
15	山东省	30.51	30.51	23.56
16	河南省	40	43	40
17	湖北省	33.53	33.43	25.6
18	湖南省	38.77	41.3	33.3
19	广东省	14.39	15.44	7.84
20	广西自治区	24.1	25.99	13.89
21	海南省	7.19	8.41	4.62
22	重庆市	34.49	14.65	——
23	四川省	28	29.3	21
24	贵州省	10.04	10.25	30.68
25	云南省	40.32	30.38	40.32
26	西藏自治区	1.35	1.25	4.3
27	陕西省	43.6	41.77	33.7
28	甘肃省	11.845	12.54	15.54
29	青海省	3.54	3.54	5.53
30	宁夏自治区	9.3	10.03	5.1
31	新疆自治区	29.5	29.5	29.6

注：不包含我国港澳台地区数据；“实际建筑情况”湖北省为实物建房数量；滇、藏、陕三地不含租赁补贴户数。

资料来源：根据各地新闻和公告收集整理

2. 全国各省、市、自治区保障性安居工程建设详细情况

（1） 北京

2012年计划建设任务：新开工建设、收购各类保障性住房16万套，其中公开配租配售9万套，用于旧城区人口疏解、棚户区改造、重点工程建设拆迁等定向安置用房7万套；全年竣工各类保障性住房7万套。

2012年计划完成情况：新开工16万套，基本建成7万套；实际完成了建设收购18万套，基本建成10万套，配租配售93万套，全面超额完成任务。

来源：《北京日报》

（2） 天津

2012年计划建设任务：全市计划建设保障性住房10.5万套，其中建设公共租赁住房1.8万套，经济适用住房7.1万套，限价商品住房1.6万套。

来源：天津住房保障网

2012年计划完成情况：全年开工建设保障性住房10.5万套、竣工保障性住房7万套、新增租房补贴1万户的目标已经全部完成。

来源：新华网

（3） 河北

2012年计划建设任务：开工建设保障性住房和棚户区改造住房28.6万套，竣工15万套，新增租赁补贴1.3万户。

来源：《河北青年报》

2012年计划完成情况：全省共开工保障性住房和棚户区改造住房项目28.75万套，竣工16.42万套。

来源：新华社

（4） 山西

2012年计划建设任务：2012年城镇保障性住房建设任务为33.23万套，其中国家下达任务28.23万套。

来源：山西省住房和城乡建设厅

2012年计划完成情况：新开工保障房建设量为42.48万套。

来源：山西省人民政府网

（5） 内蒙古

2012年计划建设任务：全区各类保障性安居工程建设总任务为新开工27.77万套。

来源：内蒙古住房和城乡建设厅

2012年计划完成情况：内蒙古保障性安居工程实际开工29.3万套，基本建成13.8万套，完成投资480亿元，超额完成了国家下达的目标任务。

来源：新华网

（6） 辽宁

2012年计划建设任务：2012年，我省保障性安居工程工作总目标是完成21.89万套的保障任务，其中，新增租赁补贴1.29万户，廉租住房1.26万套，公共租赁住房5.83万套，经济适用住房1.85万套，限价商品住房0.16万套，城市棚户区7.53万套，国有林区棚户区0.21万套，国有垦区危房3.76万套；竣工16.5万套（含去年结转项目）。

来源：辽宁省住房和城乡建设厅

2012年计划完成情况：截至2012年12月底，全省已完成保障房23万套，加上结转项目，共完成保障房25.9万套；其中实物建房已开工25.6万套；全省已竣工19.2万套，均已超额完成国家下达给我省的任务。

来源：辽宁省住房和城乡建设厅

（7） 吉林

2012年计划建设任务：全年计划开工建设35.38万套，其中城市棚户区改造12万套，煤矿棚户区改造4.65万套，林业棚户区改造4.16万套，国有工矿棚户区改造3.2万套，廉租住房新增4万套，公共租赁住房建设1.2万套，国有垦区危房改造1.17万户，农村危房改造5万户。发放廉租住房租赁补贴30万户。

来源：中国吉林网

2012年计划完成情况：全省保障性安居工程超额完成了预定目标，开工建设31.48万套，开工率103.5%；竣工19万套，竣工率105.8%，提前两个月完成国家下达的开工建设任务。

来源：中国吉林网

（8） 黑龙江

2012年计划建设任务：全年计划开工建设保障性住房和棚户区改造住房52万套，同时改造农村泥草房22万户。

来源：新华网

2012年计划完成情况：截至2012年12月底，全省保障性安居工程开工545850套，开工率104.37%，完成投资811.9亿元，超额完成了年度总目标。

来源：《黑龙江日报》

（9） 上海

2012年计划建设任务：市保障性住房的总体目标为新开工和筹措1100万平方米，16.58万套，竣工9万套（户）；可供应770万平方米，11万套。其中共有产权保障房（经济适用住房）5.3万套，动迁安置房（限价商品房）4.28万套。另外，建设和筹措4万套公共租赁住房，城市旧区改造完成2.5万户。

来源：《文汇报》

2012年计划完成情况：2012年全市新开工建设和筹措各类保障性住房16.7万套，1292万平方米，竣工9.75万套、687万平方米。

来源：《2012年上海市国民经济和社会发展统计公报》

（10）江苏

2012年计划建设任务：国家安排的任务江苏保障房新增、新开工数量为27.5万套，竣工量为13万套。江苏则将前者自定为31.5万套，其中，10.5万套为公共租赁房（廉租房与之并轨建设），5.3万套为经济适用房，6.5万套为限价商品房，还有9.2万套为各类棚户区危旧房改造。

来源：《新华日报》

2012年计划完成情况：截至11月底，全省保障性安居工程已经开工建设保障性住房32.8万套，竣工15.3万套，提前完成年度目标任务。

来源：江苏省住房和城乡建设厅

（11）浙江

2012年计划建设任务：新开工建设保障性住房、棚户区改造住房共14.13万套，其中新增廉租住房0.29万套、公共租赁住房5.3万套，新建经济适用房1.35万套、限价商品住房0.6万套，城市棚户区改造6.25万套，林业棚户区改造0.16万套，垦区棚户区改造0.18万套。全年将竣工保障性住房、棚户区改造住房共6万套，新增发放廉租住房租赁补贴0.37万户。

来源：《浙江日报》

2012年计划完成情况：全省新开工保障性安居工程住房17万套，其中新增廉租住房货币补贴8645户，完成国家下达目标任务的117%。

来源：浙江省住房和城乡建设厅

（12）安徽

2012年计划建设任务：安徽省保障性住房建设的重点是公共租赁房和棚户区改造住房，建设数量分别是18.7万套和16万套，还将建设廉租房、经济适用房、限价商品住房共计4.3万套，并新增廉租房租赁补贴1万户。

来源：安徽省人民政府网站

2012年计划完成情况：共实施城镇保障性安居工程40.92万套，总量居全国第8位。其中，新增廉租住房租赁补贴1.4万户、实物建房39.52万套。

来源：《合肥晚报》

（13） 福建

2012年计划建设任务：国家下达保障性安居工程建设任务为，开工建设保障性住房、棚户区改造住房15.89万套，新增廉租住房货币补贴0.28万户，基本建成13万套。

来源：福建省住房和城乡建设厅

2012年计划完成情况：2012年我省保障房开工20.4万套超额完成目标任务。

来源：福建省住房和城乡建设厅

（14） 江西

2012年计划建设任务：新开工建设各类保障性住房23.1万套，力争30万套，建成18.22万套以上，完成农村困难群众危房改造 8 万户。

来源：新华社

2012年计划完成情况：保障性安居工程新开工建设30.38万套，竣工30.9万套。

来源：《2013年江西省政府工作报告》

（15） 山东

2012年计划建设任务：国家下达各类保障性安居工程任务30.51万套，其中新增廉租住房租赁补贴1万户，实物建设29.51万套，竣工11.8万套。

来源：山东省住房和城乡建设厅

2012年计划完成情况：截至9月底，山东省已开工各类保障性安居工程32.62万套，开工率110.5%;连同往年结转项目竣工11.94万套，竣工率101.2%。

来源：山东省人民政府

（16） 河南

2012年计划建设任务：开工建设保障性住房40万套。

来源：河南省住房和城乡建设厅

2012年计划完成情况：2012年全省开工建设保障性安居工程43万套，完成责任目标的107%，基本建成22.5万套，完成投资410亿元。

来源：《河南日报》

（17） 湖北

2012年计划建设任务：国家下达我省保障性安居工程目标 33.53万套（户），其中实物建房30.13万套。

来源：湖北省人民政府

2012年计划完成情况：2012年，湖北省新开工各类保障性住房33.43万套，竣工20.66万套，发放廉租住房租赁补贴3.85万户，完成农村危房改造14.6万户，全面超额完成年度目标任务。

来源：《湖北日报》

（18）湖南

2012年计划建设任务：2012年的年度目标任务是38.77万套、竣工15.15万套、新增发放廉租住房租赁补贴1万户。

来源：新华社

2012年计划完成情况：2012年前10个月，湖南保障性住房和各类棚户区改造开工建设41.3万套，基本建成39.3万套，分别完成年度计划的106%和101%，提前两个月完成国家下达的保障性住房开工和竣工任务。

来源：《潇湘晨报》

（19）广东

2012年计划建设任务：2012年国家下达实物建房任务为14.39万套，新增发放廉租房租赁补贴7600户。而根据各市责任书的汇总，全省实物建房任务为14.67万套，租赁补贴8363户，共约15.5万套。

来源：《南方日报》

2012年计划完成情况：截至11月底，全省新开工建设保障性安居工程154381套，完成年度目标任务的107.3%；发放租赁补贴9961户，完成年度目标任务的131.1%；竣工59984套，完成年度目标任务的181.8%。

来源：广东省住房和城乡建设厅

（20）广西

2012年计划建设任务：全面开工建设保障性住房24.1万套（户），竣工各类保障性住房和棚户区改造住房12万套（户）。

来源：《广西日报》

2012年计划完成情况：截至2012年12月31日,广西已开工建设保障性住房25.99万套,完成目标任务的107.86%。

来源：新华网

（21）海南

2012年计划建设任务：国家给海南省的保障性安居工程任务是7.19万套，海南自加压力，计划完成7.55万套，同时改造2.5万户农村危房、7400户库区危房。

来源：新华社

2012年计划完成情况：全年城镇开工建设保障性住房8.41万套，占计划的111.4%。其中，竣工7.17万套，占计划的134.6%。

来源：《2012年海南省经济和社会发展统计公报》

（22）重庆

2012年计划建设任务：国家下达重庆市的保障性安居工程建设目标任务为新开工保障性住房、棚户区（危旧房）改造住房共34.49万套，基本建成（含竣工）保障性住房、棚户区（危旧房）改造住房共23.19万套。

来源：重庆市房屋管理局

2012年计划完成情况：2012年实际新开工保障性安居工程14.65万套，完成国家下达14.39万套任务的102%。

来源：重庆市国土资源局网站

（23）四川

2012年计划建设任务：保障性住房建设和棚户区改造要开工28万套，竣工16万套。

来源：四川省省政府办公厅

2012年计划完成情况：截至11月底，四川省开工各类保障性住房29.3万余套（包括提前开工2013年计划项目1.3万余套），基本建成20万套，完成量分别为国家下达任务的104.6%和125%。

来源：《四川日报》

（24）贵州

2012年计划建设任务：2012年中央下达我省建设任务10.04万套，要求年内开工，年底竣工7.83万套（含续建项目）。

来源：贵州省人大常委会

2012年计划完成情况：开工建设城镇保障性住房10.25万套、竣工10.21万套，完成农村危房改造43.95万户。

来源：《贵州日报》

（25）云南

2012年计划建设任务：云南省与国家签订了2012年城镇保障性住房目标责任书为40.32万套（含10万户新增租赁补贴发放），并基本建成19.63万套以上。 来源：春城晚报

2012年计划完成情况：2012年云南省城镇保障性住房新开工30.38万套，占国家下达任务数的100.2%，其中公共租赁住房和廉租住房新开工27.53万套，占国家下达任务数的100.1%。

来源：中国人民银行昆明中心支行

（26）西藏

2012年计划建设任务：2012年西藏确定的13540套（户）保障房包括廉租房1200套，干部职工周转住房2640套，公共租赁住房5000套，城镇棚户区改造3000户，林区棚户区改造700户，新增租赁住房补贴1000户。

来源：《人民日报》

2012年计划完成情况：西藏全区1.25万套保障房项目基本建成，完成投资11.05亿元。

来源：中国西藏新闻网

（27） 陕西

2012年计划建设任务：计划开工建设城镇保障性安居工程43.6万套

来源：陕西省住房和城乡建设厅

2012年计划完成情况：新开工保障性住房41.77万套，竣工31.08万套。

来源：《2012年陕西国民经济和社会发展统计公报》

（28） 甘肃

2012年计划建设任务：将新建各类保障性住房11.845万套。国家下达保障性住房建设任务中，包括了新增廉租住房32271套，新增公共租赁住房29114万套，新建经济适用房17753套，新建限价商品房8239套，以及棚户区改造31073套。

来源：新华网

2012年计划完成情况：全省新开工建设保障性住房12.54万套，开工率达105%；主体竣工9.94万套；历年结转项目竣工19.97万套。

来源：新华网

（29） 青海

2012年计划建设任务：安排城镇保障性住房3.54万套，竣工5.17万套。

来源：青海省人民政府网站

2012年计划完成情况：2012年全年，青海省新开工建设城镇保障性住房3.54万套，竣工5.86万套，双双超额完成目标任务。

来源：新华社

（30） 宁夏

2012年计划建设任务：新开工建设各类保障性住房9.3万套。

来源：宁夏回族自治区政府办公厅

2012年计划完成情况：建设各类保障性住房8.9万套（户），新增发放廉租住房租赁补贴1.13万户，对8.4万户城市低收入住房困难家庭实施了廉租住房保障，3.1万户城市低收入家庭住上了保障房。

来源：《宁夏日报》

(31) 新疆

2012年计划建设任务：新建各类保障性住房和棚户区改造安置住房29.5万套,其中国有农牧场危房改造5.42万套，林区棚户区改造0.36万套。

来源:自治区住房和城乡建设厅办公室

2012年计划完成情况：29.5万套保障性住房全面开工。

来源：《新疆自治区2012年政府工作报告》

注：未包含我国港澳台地区数据

四、2012年保障性安居工程建设运行经验

上海 | shanghai

上海市共有产权保障住房制度的探索创新

为解决上海市城镇中低收入家庭的住房困难，2009年6月，上海市出台《上海市经济适用住房管理试行办法》，并先后制订了土地供应、住房建设、申请审核、供应分配、监督管理等20余项配套政策。上海市共有产权保障住房即为经济适用住房，并在此基础上发展创新，主要面向城镇中低收入住房困难家庭，运作机制更趋完善，保障范围更为广泛。为建立和发展可持续的共有产权保障住房制度，在体制机制方面进行了探索创新。

1. 实行"共有产权"的运作机制

"共有产权"机制，着重解决共有产权保障住房使用和收益分配的公平性问题，主要依据在共有产权保障住房中政府的各种投入（如：土地出让金、行政事业性收费及其他税费减免等）和购房人的购房款投入所占的不同比例，并考虑周边普通商品住房的房价，设定政府（住房保障机构）和购房人不同比例的产权份额，并由双方在购房时通过合同事先约定。在购房人自住时，住房保障机构让渡名下份额的"使用权"，使购房人享有完整的房屋"使用权"，帮助他们解决住房困难。购房人5年内不得转让房屋，5年后按规定上市转让的，住房保障机构有优先回购权，并规定购房人和保障机构按各自的产权份额分配上市转让收入。通过制度设计，既着重解决购房家庭在住房使用中的政府保障和上市收益分配的公平性问题，又形成住房保障体系与房地产市场体系的有效衔接，为以后有条件的家庭进一步改善住房创造基础。

2. 建立准入标准动态调整机制

为保证住房公共政策的公平公正，对全市居民家庭实行统一规定的准入条件，不对特殊职业、特殊身份等群体设置特殊照顾条件。考虑到共有产权保障住房的制度建立和房源建设在2007年底开始启动，申请供应有一个逐步推开的过程；因此具体的准入标准按照"先紧后松"的原则确定，根据市民收入、房地产市场情况、房源供应条件等因素，迄今已三次放宽准入标准，目前的主要条件为：家庭人均住房建筑面积15平方米以下，家庭人均月可支配收入5000元以下，家庭人均财产15万元以下，取得本市城镇户籍3年以上。上海市住房困难的中低收入家庭，包括落户的引进人才、青年职工等均纳入政策覆盖范围。

3. 探索建立住房和收入状况核查新机制

上海市探索建立了以信息化手段为依托的居民住房状况和经济状况核对新机制。近年来，先后成立了“房屋状况信息中心”和“居民经济状况核对中心”。申请家庭的住房状况，主要通过全市房地产交易登记系统和公有住房数据库系统进行核查；申请家庭的经济状况，主要通过民政、人保、税务、公安、交通等10多个管理部门信息综合比对的方式进行核查；其中，银行存款核查已覆盖上海市51家中资银行及外资银行；证券信息查询已实现沪、深两个证交所的信息全覆盖。依靠信息化的核查比对手段，结合诚信制度建设，申请家庭的住房和经济状况不符合条件的检出率有了大幅度提高，社会反响较好。

4. 实行严格的“三级审核、两次公示”制度

申请受理后，首先由街道（乡镇）住房保障机构负责初审核查，进行户口年限、婚姻情况、住房情况、经济状况等各方面条件的审核。初审核查合格后，在申请家庭户籍地和实际居住地进行首次公示。初审公示通过的，由区（县）住房保障机构复审核查。复审核查合格后，在指定媒体向社会进行第二次公示。复审公示通过的，由区（县）住房保障机构对申请家庭进行“资格”登录。登录后，进入轮候选房程序。在选房前，市住房保障机构还将对已经登录的申请家庭进行抽查审核。申请家庭的轮侯序号需采取公开摇号方式，通过计算机程序确定。选房配售工作依据申请家庭房源供应数量以及户型比例等，公开组织进行。

5. 实行集中建设和分散配建相结合

集中建设的共有产权保障住房项目，主要采用“政府主导、市场运作”的机制，通过项目法人招投标办法，确定具有良好资质和信誉的房地产开发企业开发建设。与此同时，根据上海建设用地稀缺的现状，努力推动配建模式。2010年7月，上海市政府出台《上海市经济适用住房配建暂行意见》（沪府〔2010〕46号），规定凡新出让土地开发建设的商品住宅项目，均应按照不低于该项目住宅建设总面积5%的比例配建共有产权保障住房。2012年10月，上海市政府又出台了《上海市人民政府办公厅转发市住房保障房屋管理局等五部门关于本市保障性住房配建实施意见的通知》（沪府办发〔2012〕61号），将配建的保障性住房种类扩展为共有产权保障住房、廉租住房或公共租赁住房，住房建成后无偿移交政府用于住房保障。

6. 探索完善供后管理相关工作机制

通过深入调研，2013年初，上海启动了强化共有产权保障住房供后管理的试点工作，积极探索建立分工负责、多方协同、快速反应的联合监管工作机制。

一是建立及时的发现机制。由分配供应区（县）的住房保障机构通过购买服务方式，委托物业服务单位开展日常巡查，及时发现问题，及时予以劝阻；通过设立派驻工作站，对发现的违规行为进行初步查处。

二是建立及时的处理机制。针对购房家庭违规行为的不同情况，采取分类处理措施：对违法搭建、破坏房屋承重结构、改变房屋使用性质等违反本市物业管理等相关规定的，由住房项目所在地房屋管理部门按物业管理等

相关规定处理；对擅自出租、出借、改变房屋使用性质等违反本市共有产权保障住房管理规定的，由分配供应区（县）的住房保障机构按规定进行处理。

三是建立联合查处机制，包括联合巡查和联席会议机制。联合巡查是指市、区（县）住房保障机构组织开展定期或不定期的专项巡查工作，进一步加强共有产权保障住房供后管理政策宣传和监督管理工作。联席会议是指由住房项目所在地住房保障机构牵头，相关部门共同参与，重点解决共性和难点问题，进一步深化违规行为查处工作。年内，供后管理试点将在全市面上推广，并将通过不断扩展和探索有效的工作方法和机制，加强机构队伍建设和财政支持，加快相关法律法规建设，进一步推进和完善共有产权保障住房供后管理工作。

（本节内容由上海住房保障和房屋管理局提供）

北京 | beijing

北京保障性住房建设和配租配售的经验和创新

2012年，北京一手抓工程建设和质量管理，一手抓保障性住房分配和使用管理，全力推进住房保障各项工作。通过强化住房保障，既改善了民生，优化了住房供应结构，也对商品住房价格起到一定的平抑作用。

1. 加快推进保障性住房建设

坚持规划选址、土地供应、资金保障、手续办理四个优先，加快保障性住房开工建设，重点推进已开工项目竣工和市政配套，加强工程质量管理。2012年，各类保障性住房实现新开工16.3万套、竣工8.0万套，分别完成2012年计划的102%、114%；保障性住房完成投资857.5亿元，比上年增长14.9%。加大建设力度的同时，全面落实工程质量终身责任制，进一步健全保障房工程质量监督机制，加强现场监督检查，积极推进公租房标准化设计和产业化建设。

2. 加强配租配售管理。

坚持“三级审核、两级公示”准入制度，确保分配管理公平、公正。自2008年以来，全市累计备案住房保障家庭30.2万户，公开摇号配租配售16万套；2012年，审核备案2.9万户，实现配租配售4.52万套，超额完成既定目标。在加快配租配售的同时构建使用监督、物业服务和社区管理“三位一体”的保障房管理服务模式。

3. 创新保障房融资机制。

市财政一次性注资100亿元，成立北京市保障性住房建设投资中心，发挥财政资金撬动和放大作用。发行私募债226.3亿元、企业债52亿元、新获批住房公积金贷款额度88.6亿元，有力地支持了保障性住房建设。

（本节内容由北京住房和城乡建设委员会提供）

2013

中国房地产年鉴

07 CHAPTER

金融篇

导/读 INTRODUCTION

房地产金融篇是首次增加的篇章，主要原因是房地产金融在房地产业发展过程中发挥了重大作用；房地产业资本和金融资本的结合正成为中国房地产发展当中的趋势特点；房地产企业的核心竞争力正从过去的拿地、设计、销售、物业管理走向融资能力和融资水平。

本篇采用了高通智库的研究成果，介绍了房地产信贷、股权融资、债券融资、房地产信托、私募基金和保障房融资等内容。

一、我国金融市场运行总体情况

我国金融市场继续保持平稳运行态势。截至2012年年末，广义货币(M2)余额97.42万亿元,同比增长13.8%，比上年末高0.2个百分点；狭义货币(M1)余额30.87万亿元,同比增长6.5%，比上年末低1.4个百分点；流通中货币(M0)余额5.47万亿元,同比增长7.7%。全年净投放现金3910亿元，同比少投放2251亿元。

2012年末，本外币贷款余额67.29万亿元，同比增长15.6%。人民币贷款余额62.99万亿元，同比增长15.0%。全年人民币贷款增加8.20万亿元，同比多增7320亿元。住户贷款增加2.52万亿元，其中，短期贷款增加1.19万亿元，中长期贷款增加1.33万亿元；非金融企业及其他部门贷款增加5.66万亿元，其中，短期贷款增加3.37万亿元，中长期贷款增加1.54万亿元，票据融资增加5301亿元。年末外币贷款余额6836亿美元，同比增长26.9%，全年外币贷款增加1451亿美元。

2012年末，本外币存款余额94.29万亿元，同比增长14.1%。人民币存款余额91.74万亿元，同比增长13.3%。全年人民币存款增加10.81万亿元，同比多增1.17万亿元。其中，住户存款增加5.71万亿元，非金融企业存款增加2.75万亿元，财政性存款减少1974亿元。年末外币存款余额4065亿美元，同比增长47.8%，全年外币存款增加1314亿美元。

受中国人民银行6月8日、7月6日连续两次下调存贷款基准利率并调整利率浮动区间等因素影响，金融机构对非金融企业及其他部门贷款利率总体下行。

表7-1　2012 年1~12 月金融机构人民币贷款各利率区间占比

月份	下浮	基准	上浮					
	(0.9，1.0)	1	小计	(1.0，1.1)	(1.1,1.3)	(1.3，1.5)	(1.5，2.0)	2.0以上
1	4.79	26.22	69	22.33	25.51	8.76	9.22	3.17
2	5.53	27.59	66.88	23.12	23.76	7.98	8.61	3.4
3	4.62	24.95	70.43	21.12	26.99	9.48	9.41	3.43
4	5.03	23.06	71.91	20.76	28.92	10.1	8.98	3.16
5	5.35	24.08	70.57	20.51	28.9	9.73	8.31	3.12
6	7.92	25.08	66.99	19.94	27.87	8.9	7.66	2.63
7	9.51	24.38	66.11	19.74	26.78	9.13	7.61	2.85
8	11.61	22.66	65.73	19.64	26.45	8.3	8.33	3.01
9	11.31	24.57	64.12	20.16	25.18	8.13	7.67	2.98
10	10.88	26.8	62.32	20.15	24.3	7.28	7.53	3.06
11	71.7	25.74	62.56	19.43	24.52	7.64	7.71	3.26
12	14.16	26.1	59.74	18.41	22.87	7.58	7.84	3.04

资料来源：中国人民银行

10家上市商业银行经营稳健，工农中建四大银行继续保持国内商业银行总资产、净利润的前列。民生银行、平安银行和招商银行的净利润增速名列前三。具体参考下表：

表7-2　10家上市银行2012年经营情况一览表

单位：万亿、亿元、%

银行	总资产	净利润	净利润增速	存贷比	不良贷款率	核心资本充足率	资本充足率
工商银行	17.54	2385.32	14.53	64.10	0.85	10.62	13.66
建设银行	13.97	1931.79	14.13	66.23	0.99	11.24	14.07
农业银行	13.24	1450.94	19	59.22	1.33	9.67	12.61
中国银行	12.68	1394.32	12.19	71.99	0.95	10.54	13.63
交通银行	5.27	583.73	15.05	72.71	0.92	11.24	14.07
招商银行	3.41	452.73	25.31	71.37	0.61	8.49	12.14
民生银行	3.21	375.63	34.54	71.93	0.76	8.13	10.75
浦发银行	3.15	341.86	25.29	72.21	0.58	8.97	12.45
中信银行	2.96	310.32	0.69	73.59	0.74	9.89	13.44
平安银行	1.61	134.03	30.39	70.64	0.95	8.59	11.37

数据来源:上市银行年报

2012年，债券市场快速发展，在实施国家宏观经济政策、优化资源配置、加大金融支持实体经济力度等方面发挥了重要作用。债券发行总量稳步扩大，公司信用类债券发行规模大幅增加，债券融资在直接融资中的比重增加显著；银行间市场交易活跃，货币市场利率下降；银行间市场债券指数上行，收益率曲线整体平坦化上移；机构投资者稳步增长，类型更加多元化；股票市场指数总体上行，市场交易量有所萎缩。

二、我国金融政策

1. 货币政策

2012年我国经济面临着复杂的外部与内部环境，一方面，全球经济继续在低谷徘徊，经济增速低于预期；另一方面，我国面临“稳增长”与“控通胀”的双重选择。在这样的大背景下，我国对货币政策的把握和执行富有成效。

中国人民银行继续实施稳健的货币政策，着力增强政策的前瞻性、针对性和灵活性，适时适度进行预调微调。再次下调存贷款基准利率并扩大贷款利率浮动区间。根据流动性供给格局的变化，连续开展逆回购操作，满足银行体系合理的流动性需求，引导市场利率平稳运行。引导金融机构继续优化信贷结构。继续稳步推进金融企业改革，进一步增强人民币汇率浮动弹性。

具体来看，第一季度，受外需较为疲弱等因素影响，外汇占款投放的流动性少于上年同期。央行一方面主动调减公开市场对冲操作量；另一方面适当发挥存款准备金工具的流动性调节作用，先后两次下调存款准备金率，并于6月和7月两次下调金融机构人民币存贷款基准利率。同时，继续完善差别准备金动态调整机制，发挥宏观审慎工具的逆周期调节功能。针对部分经济指标有所回调，一月份贷款相对少增的状况，适时调整了有关参数予以引导，支持金融机构加大对小型微型企业、“三农”等薄弱环节和国家重点在建续建项目的信贷投放。

在有效发挥公开市场的预调和微调功能方面，央行在外部经济环境复杂多变、市场预期有所波动的情况下，公开市场操作加强与其他货币政策工具的协调配合，保持操作利率大体平稳，有效引导市场预期。

从央行根据形势变化、启动不同流动性调控工具的思路出发，逆回购在2012年尤其是下半年吞吐流动性上扮演了非常重要的角色。央行密切监测国内外经济金融形势和银行体系流动性变化，根据不同时点银行体系流动性变化科学安排逆回购操作规模和频率，适时适度增加流动性供给，合理调节银行体系流动性水平。全年累计开展正回购操作9440 亿元，开展逆回购操作60380 亿元。同时，合理搭配7天期和14天期逆回购操作，适时增加28天期逆回购期限品种，积极应对季节性因素等引起的短期流动性供求波动。

第四季度以来，央行逆回购操作一改此前资金净投放，由“放”转“收”，借助操作量变化来调节市场流动性，旨在维护市场利率稳定，体现货币政策意图。据统计，10月15日至19日、10月22日至26日、11月5日至9日、11月12日至16日及11月19日至22日这五周，央行均通过逆回购进行了资金净回笼。

2. 金融政策

金融政策的结构性调整对房地产金融产生了一定影响。

首先，资产证券化的进程重启。

2012年5 月，经国务院批复同意，中国人民银行、中国银行业监督管理委员会、财政部共同下发了《关于进一步扩大信贷资产证券化试点有关事项的通知》，标志信贷资产证券化试点重新启动。9 月7 日，国家开发银行在全国银行间债券市场成功发行101.7 亿元信贷资产支持证券，是中国资产证券化项目重启第一单，也是迄今为止单笔规模最大的信贷资产证券化产品。华侨城A于2012年12月4日在深圳交易所发布了有关“欢乐谷主题公园入园凭证专项资产管理计划”的重大公告，标志着其资产证券化产品发行成功，开创了国内非公用企业发行资产证券化产品的先河。

第二，险资企业投资不动产的限制放松。

中国保监会于2012年7月25日发布《关于保险资金投资股权和不动产有关问题的通知》，进一步规范保险资金投资股权和不动产行为。《通知》在不动产投资方面大幅降低了对保险公司资质的要求，保险公司上一会计年度盈利且净资产不低于1亿元；取消上一会计年度盈利的规定，同时将净资产均调整为1亿元以上。此外，《通知》则规定，投资非自用性不动产的账面余额，不高于15%。

第三，新《基金法》将私募股权投资基金纳入监管。

2012年12月28日，修订后的《证券投资基金法》正式通过。修订后的证券投资基金法将非公开募集基金纳入管理范围，从法律上确立了其法定地位，并且规定私募基金未来将可以发行公募产品。新《基金法》为私募股权投资基金打开新的发展空间。

三、企业兼并收购情况

2012年房地产行业收购与并购案例数量较多。据清科研究中心的统计数据显示，2012年中国房地产行业共发生并购案例100起，涉及资金金额39.04亿美元，约合人民币242亿人民币。

2012年市场的回暖，似乎让行业感到最艰难的时期已过。然而，房企在出售项目股权、资产转让的动作并没有因为市场转好而有所放缓。两方面的事实指向了行业分化的加剧，行业的资源在不断流向龙头、优势企业；行业本就不平衡的天平在进一步倾斜，行业的资源再分配与结构重塑正在进行。

表7-3　2012年房企并购合作重要项目一览

单位：亿元

收购方	出让方	方式	金额	标的
万泽股份	万泽集团	股权转让	7.54	万泽地产47.75%股权;万泽天海100%股权
大名城	名城地产	股权收购	5.2	东福名城(常州)置业52%股权
交运股份	上海交运、久事、地产集团	公司收购	9.35	上海交运、上海久事及上海地产集团资产
宁波万兴	宁波联合	公司出售	0.05	宁波开发区蛟山房地产开发公司
武汉当代科技	武汉人福医药、武汉当代物业	公司收购	0.09	湖北南湖当代学生公寓物业有限公司
中航地产	岳阳金桥	公司收购	1.06	岳阳建桥投资置业有限公司
中电新能源置业	上海千博	股权收购	4.55	千博持有的海南大乐城开发控股有限公司20%股权
SOHO中国	绿城、华龙置业	收购股权	21.38	上海绿城广场置业有限公司100%的股权
申华控股	祥安置业	股权收购	1.86	西安万吉置业 69.96%股权
华海药业	银通房地产	股权转让	0.46	浙江华海银通置业有限公司40%股权
荣炜投资	华海药业	股权转让	0.31	浙江华海银通置业有限公司60%股权
融创中国	绿城	股权转让	1	转让湖滨置业51%股权（作价5100万元）； 作价4900万元出售上海静宇49%股权。
中弘投资	渝开发	股权转让	0.75	重庆会展置业15%股权
复地投资	渝开发	股权转让	2.3	朗福置业50%股权
重庆新城开发	渝开发	股权转让	1.21	捷程置业51%股权
华发股份	嘉华颐和投资	股权收购	0.06	大连华坤80%股权
光谷联合	东湖高新	股权转让	0.04	武汉学府2%股权
九通投资	瑞祥基业投资	股权转让	0.96	瑞祥基投100%股权
九通投资	瑞祥基业投资	股权转让	1.62	昌黎瑞祥100%股权
九通投资	瑞祥基业投资	股权转让	0.44	瑞祥投资100%股权
森河投资	亿城股份	股权转让	0.55	三亚河港置业有限公司90%股权
华普投资	武昌鱼;武华投资	股权转让	1.06	中地房产48%股权
东方华鼎	金花股份	股权收购	0.75	西安亿置置业100%股权
东方华鼎	金花股份	股权收购	2.0	西安亿业置业100%股权
申华控股	西安万吉	增资	1.86	西安万吉置业有限公司69.96%股权
乐安居地产	深国商	股权转让	0.9	深国商业管理100%股权
宝钢集团	东急;三菱商事;嘉华国际	股权转让	8.59	宝地置业剩余58.5%股权
当代科技产业集团	人福医药;当代物业	股权转让	1.43	武汉当代学生公寓98.46%股权
丰盛集团;新盟资产	大族激光	股权转让	3.87	阿勒玎投资100%股权
电子世界发展	华强集团	股权转让	4.84	丰盛大族49.90%股权
万科置业	永泰地产	股权收购	10.79	广场控股30%股权
得茂公司	Kompass International Limited; High Return Trading Limited	股权收购	3.62	南联地产79.26%股权
卧龙地产	安信信托	股权转让	2.33	侨福企业73.5%股权

（续表）

收购方	出让方	方式	金额	标的
卧龙地产	杭州工商信托	股权转让	0.98	五洲实业49.9%股权
市北集团	太平洋机电	股权转让	——	上海二纺机41.92%股权
浙江东霖	平安信托	股权收购	3.67	杭州恒都49%股权
隆鑫控股	久昌实业;沿海地产投资	股权转让	5.50	丰华股份24.37%股权
轻纺城	绍兴轻纺城	股权收购	24.16	轻纺城市场开发公司资产
辉煌商务	FCL (China) Pte. Ltd.	股权收购	16.54	星狮地产56.05%股权
嘉皇纸业	世纪运通投资公司;劲嘉股份	股权收购	0.27	万商物业100%股权
椰林湾投资公司	史作敏	股权转让	1.19	银润投资10.34%股权
华夏新保	万方地产	股权转让	0.75	北京华松70%股权
金马资管	明德投资	股权转让	105	沈阳公用58.8%股权
新华联置地	国兴嘉业;永隆集团	股权转让	1.01	新崇基100%股权
明香投资	深桑达	股权转让	2.81	桑达宝电100%股权
锐振公司	津滨发展	公司出售	3.85	天潇投资100%股权
凯利基金;西安豪盛	华商数码	股权转让	0.54	华商豪盛49%股权

资料来源：高通智库

四、房地产融资情况

2012年，房地产行业资金链整体偏紧，信贷总体对房地产没有放松。信托和基金继续发挥地产融资的重要作用，但更加重视风险防范；房企利用海外市场、股权转让等方式弥补资金缺口。与此同时，2012年保障房融资力度加大，贷款、发债较多地支持了保障房建设。

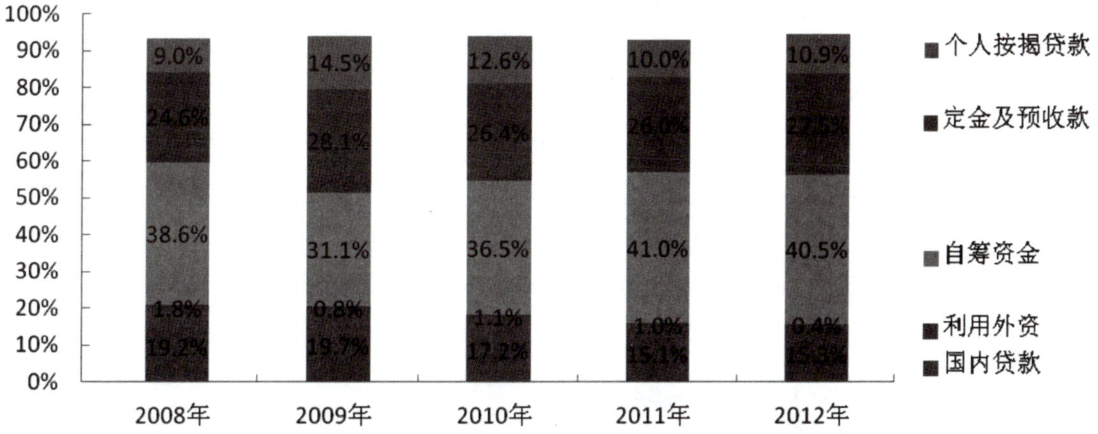

图7-1　房地产开发资金来源结构变化

资料来源：中国人民银行

2012年，房地产开发企业本年到位资金9.65万亿元，比上年增长12.7%，增速比1¯11月份回落1.4个百分点，比2011年回落4.8个百分点。其中，国内贷款1.48万亿元，增长13.2%；利用外资402亿元，下降48.8%；自筹资金3.9万亿元，增长11.7%；其他资金4.23万亿元，增长14.7%。在其他资金中，定金及预收款2.7亿元，增长18.2%；个人按揭贷款1.05万亿元，增长21.3%。销售相关的定金及预付款、个人按揭贷款增速均高于2010年、2011年，表明销售状况好转是开发企业资金状况在2012年好转的主要原因。

1. 房地产信贷

表7-4　2012年国内房地产贷款余额季度变化情况

	2012Q1	2012Q2	2012Q3	2012Q4
地产开发贷余额（亿）	7710	8037	8461	8630
房产开发贷款余额（万亿）	2.83	2.92	3.0	3.8
个人住房贷款余额（万亿）	7.30	6.9	7.2	7.5
保障性住房开发贷款余额（亿）	4306	4784	5215	5711
地产开发贷余额同比（%）	−0.8	0.8	7.3	12.4
房产开发贷款余额同比（%）	11.0	11.3	12.1	10.7
个人住房贷款余额同比（%）	12.1	10.2	12.0	12.9

数据来源：中国人民银行

2012年上半年，房地产信贷余额延续2011年增速回落的趋势，进入2季度后，随着市场成交回暖，个人住房信贷增速出现回升，推动了房地产贷款整体增速的抬升。

2012 年末，全国主要金融机构（含外资）房地产贷款余额12.1 万亿元，同比增长12.8%，增速自5 月份以来逐月回升，但仍比上年末低1.1 个百分点。房地产贷款余额占各项贷款余额的19.8%，比上年末低0.3 个百分点。其中，个人住房贷款余额7.5 万亿元，同比增长12.9%，比上年末低1.9 个百分点；房产开发贷款余额3.0 万亿元，同比增长10.7%，比上年末低6.4 个百分点；地产开发贷款余额8630 亿元，同比增长12.4%，而2011 年末为同比下降7.9%。2012 年新增房地产贷款13465 亿元，同比多增897 亿元。房地产贷款新增额占各项贷款新增额的17.4%，比2011 年全年水平低0.1 个百分点。

保障房信贷支持力度继续加大。截至2012 年年末，全国保障性住房开发贷款余额为5711 亿元，占全部住房开发贷款余额的25.1%。2012 年新增保障性住房开发贷款1796 亿元，占全部住房开发贷款新增额的89.3%。此外，利用住房公积金贷款支持保障性住房建设试点工作稳步推进，截至2012 年年末，已按进度发放住房公积金贷款50420.9 亿元，支持了40 个城市162 个保障房建设项目，收回贷款本金58.1 亿元。

（1）房地产开发贷款

2012年底房地产开发贷余额总量为3.8万亿，同比增长11%，占房地产贷款余额的比重达32.4%，占金融机构各类贷款的6.2%。其中，房产开发贷款余额 3 万亿元，同比增长10.7%，增速比上季度末低 1.4 个百分点，占房地产开发贷余额总量的78.9%。地产开发贷款余额 8630 亿元，同比增长 12.4%，增速比上季度末高 5.1个百分点，占房地产开发贷款的21.1%。纵向来看，房地产开发贷结构稳定，地产开发贷和房产开发贷的比例基本保持在2:8的水平。

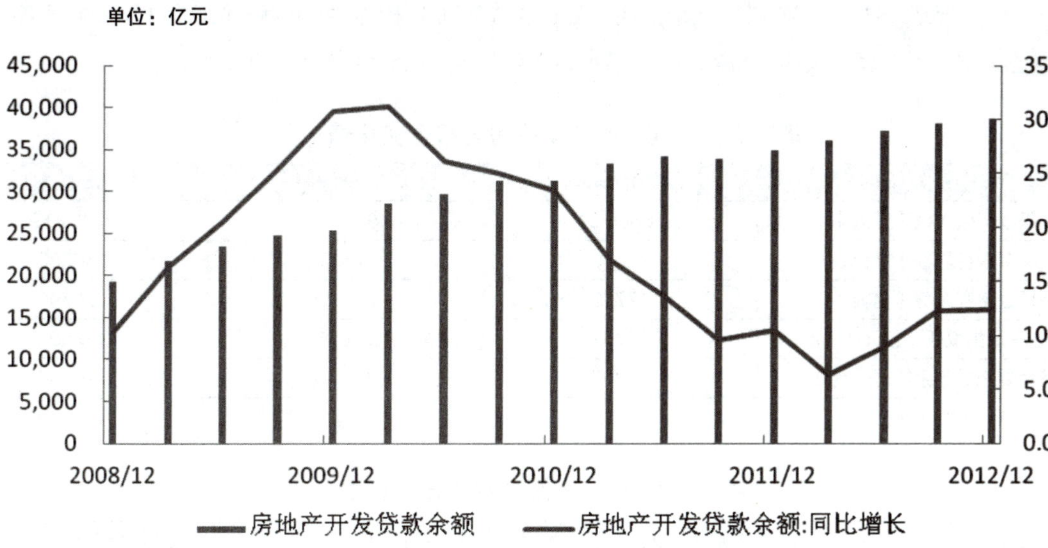

图7-2　房地产开发贷款变化趋势

数据来源：中国人民银行

2012年，随着贷款基准利率回落，房地产开发贷利率有所下降。实际上，房地产开发贷款利率会较基准贷款利率上浮30%。尽管利率下降，但房地产企业获取房地产开发贷难度较大。

（2）个人住房贷款

2012年个人住房贷款呈现出先降后升的态势。在中央与地方积极推进落实差别化信贷政策与央行降息过程中，个人住房贷款增速快速回升，对稳定房地产市场起到了积极作用。

个人购房贷款余额 8.1 万亿元，同比增长 13.5%，增速比上季度末高 0.9 个百分点；全年增加9610 亿元，同比增多23 亿元。

央行于2012年下调金融机构人民币存贷款基准利率，个人住房商业贷款利率随之下降。在差异化信贷政策支持下，银行普遍采取首套房贷贷款利率较基准利率下调15%的措施，满足合理的自住型购房需求。利率的下调，较大程度上减轻了购房者压力，促进了刚性购房需求入市，对稳定2012年房地产市场起到了关键性作用。

（3）住房公积金贷款

我国住房公积金覆盖面稳步提高，公积金缴存和提取稳定增长，住房公积金委托贷款稳步上升，为满足普通百姓的住房需求作出了重要贡献。截至2012年12月份，全国住房公积金实缴职工人数达10219.9万人，实缴总额5.04万亿元，缴存余额2.68万亿元，期末个人提取总额2.36万亿元，住房公积金委托贷款余额1.65万亿元。

4月9日，住房和城乡建设部启动了《住房公积金管理条例》的第二次修订工作。

6月8日，住建部下发关于调整住房公积金存贷款利率的通知,下调个人住房公积金存款利率。当年归集的个人住房公积金存款利率下调0.10个百分点，由0.50%下调至0.40%；上年结转的个人住房公积金存款利率下调0.25个百分点，由3.10%下调至2.85%。五年期以上个人住房公积金贷款利率下调0.20个百分点，由4.90%下调至4.70%；五年期以下（含五年）个人住房公积金贷款利率下调0.25个百分点，由4.45%下调至4.20%。

表7–5　2010~2012年住房公积金变化情况

住房公积金具体内容	2010年	2011年	2012年
住房公积金实缴人数（万人）	8606.3	9650.8	10219.9
住房公积金缴存总额（亿元）	32470	40577	50386
住房公积金缴存余额（亿元）	17713	21892	26795
住房公积金提取额（亿元）	14757	18685	23592
住房公积金委托贷款余额（亿元）	10900	12985	16652

资料来源：住建部

表7–6　2012年全国公积金运营情况

区域	实缴职工人数（万人）	缴存总额（亿元）	缴存余额（亿元）
东部	5414.9	30550	14986
中部	2617.6	9873	6037
西部	2187.5	9962	5772
总计	10219.9	50386	26795

资料来源：住建部

此外，开展利用住房公积金贷款支持保障性住房建设试点的城市，贷款利率按照五年期以上个人住房公积金贷款利率上浮10%执行。

下半年开展了对利用住房公积金贷款支持保障性住房建设试点城市开展定期巡查，督察其资金使用情况。10月17日，全国公积金支持保障房试点再扩大。由首批的29个城市扩围至93个城市，290个建设项目为新增试点项目，北京等18个城市为新增贷款额度城市。

在2012年年底举行的全国住房城乡建设工作会议上，住建部部长姜伟新表示，住房城乡建设部门将加快修订《住房公积金管理条例》争取明年年底前报国务院审议。同时，加快住房公积金监管信息系统建设，提高住房公积金服务质量。出台归集、提取、个人贷款、财务会计等业务规范，继续做好资金安全和使用管理工作。

2. 股权融资情况

（1）首次公开发行

2012年1月12日，开世中国控股有限公司在香港证券交易所主板上市，股票代码“01281.HK”，发行股票1.50亿股，每股发行价0.90港元，共募集资金1.35亿港元。开世中国控股有限公司2011年1月在开曼群岛注册成立，旗下控股大连市开世地产有限公司、莱恩（天津）门窗有限公司、大连市开世土石方工程有限公司。

第四季度，由于QE3的影响，房企境外融资窗口期打开。11月23日，旭辉集团股份有限公司正式在港交所挂牌上市。旭辉此次上市共发行12.55亿股，其中10%公开发售获超购19%，集资净额15.3亿港元。11月29日，新城控股正式在港交所挂牌。新城控股此次共发行14.18亿股，以每股招股价1.45港元计算，筹集资金20.56亿港元。

本次旭辉和新城上市总募集资金为35.86亿元，较09年上市的龙湖、恒大、金隅等企业的募资规模有明显的缩减。反映出调控下企业的策略调整，弱化短期上市对资本补充的功能，转而强调建立长久的融资平台，对接国际资本市场。

（2）增发募集资金

2012年2月29日，碧桂园通过配股集资约21.9亿港元。绿城中国6月份引入九龙仓作为战略投资者，通过向九龙仓配股及发行永久次级可赎回证券，为绿城带来了51亿港元现金收入。配股完成后，九龙仓持有绿城中国24.6%的股权，成为其第二大股东。

7月18日，中建国际以先旧后新方式，按每股7.57港元，向独立第三方配售3.0亿股股份，所得款项用作集团一般营运资金及资本开支。

9月19日，龙湖地产宣布拟以全面包销基准价11.88港元的价格，先旧后新的方式配股融资约4亿美元。

（3）增发收购资产

5月，招商地产公告，拟通过境外子公司入主H股动力实业，实现借壳上市。

5月14日，万科对外公告称，将投10.79亿港元收购在港上市的南联地产控股有限公司约74%的股份，至7月16日万科完成对南联地产的收购。同时，万科也表示考虑B股转换H股的可行性。

9月下旬，金地宣布以全资子公司辉煌商务作为购买方，以总价约16.54亿港元购买星狮地产大股东持有的星狮地产38.74万股，成为其最大单一股东。

3. 债券融资情况

随着推进保障房建设的政策不断落地，城投债发行数量与规模明显上升。二季度开始，面对经济下行压力不断加大，从中央到地方政府都开始积极调整政策方向，把“稳增长”放到突出位置，地方城市基础设施、交通、保障房等项目的上马速度加快。

但在紧控平台贷的情况下，银行贷款对地方政策微调无法形成支撑，银行间市场形成重要的代替渠道。统计数据显示，今年内地共发行与房地产相关债券54只，发行金额达568亿元，较2011年的16只和219亿元出现了大幅上升。从统计情况可以看到，中期票据的活跃，主要原因在于其利率低于银行同期贷款优惠利率，同时具有发行机制灵活、信息透明、发行成本和发行风险低等特点。此外，从8月份开始，交易商协会开始允许非金融企业发行资产支持票据。

表7-7　房企境内债券融资重要项目一览

单位：亿元、%

时间	房企	方式	年限	金额	利率
1月19日	中关村发展集团	私募债	5	9	5.75
2月12日	华侨城	私募中期票据	3	60	——
2月16日	中国金茂（集团）	一般短期融资券	1	7.5	——
3月20日	上海上实（集团）	一般短期融资券	1	10	——
3月22日	怀化城建	一般企业债	6	10	8
3月26日	北京保障房建投	非公开定向融资工具	5	60	5.2
3月27日	河北建投交通	企业债	10	14	6.0
4月11日	北京住总	非公开定向融资工具	2+1	12	6
4月12日	海安城建	企业债	6	15	8.35
4月20日	吉安城建	企业债	7	16	7.8
4月24日	温州安居房开发公司	企业债	7	12	7.65
4月25日	重庆地产（集团）	公司债	7	50	7.35
5月8日	徐州新盛建设	企业债	6	15	7.48
5月8日	镇江交通投资建设	企业债	7	18	7.29
5月17日	上海地产（集团）	公司债	5	28	6.12
5月18日	上海张江（集团）	公司债	5	7	5.6
5月22日	中国建筑	私募中期票据	3	30	5.4
5月25日	朝阳建设	企业债	7	16	7.3
5月29日	首开集团	公司债	7	16	5.95
5月30日	苏州工业园区地产管理有限公司	企业债	7	20	5.79
6月8日	常州武进城建	公司债	6	14	6.22
6月11日	江阴城建	企业债	7	9	7.2
6月12日	海恒投资	公司债	7	12	7.3
7月2日	天津津南城建	企业债	7	15	6.95
7月10日	仪征城建	企业债	7	8	7.78
7月11日	河北迁安兴源水务	公司债券	6	16	6.45
8月8日	南京公用控股(集团)	资产支持票据	5	10	5.85
8月8日	宁波城建投资控股	资产支持票据	1	2	5.30
			2	2	5.50
			6	2	5.70
8月8日	上海浦东路桥建设	资产支持票据	1	1.82	4.88
			2	2	5.25
			3	1.2	5.35
8月14日	天津生态城	公司债	7	12	6.76
8月16日	重庆地产集团	企业债	7	50	7.35
8月24日	天津房地产信托集团	资产支持证券	1	3.4	7.74
			2	3.6	6.25
			3	4	8.23
			4	4.4	6.75
			5	4.6	5.75
8月31日	青海国有资产投资管理	保障房私募债	5	50	6.28
9月6日	淮安开发控股	公司债	7	12	7.2

（续表）

时间	房企	方式	年限	金额	利率
9月10日	株洲高科	中期票据	7	10	7.5
9月11日	金隅股份	短融、中期票据	2	30	——
9月11日	金隅股份	短期融资券	1	76	——
9月11日	建发股份	中期票据	3	7	5.10
9月25日	江阴城建	非公开定向融资工具	1	10	5.98
9月25日	福州城建	企业债	6	10	6.2~6.5
10月10日	上海嘉定工业区开发（集团）	公司债	6	8	6.25~7.25
10月11日	农工商房地产（集团）	公司债	5	13	6.29
10月16日	金丰建设	中小企业私募债	3	2	8
10月19日	外滩投资开发（集团）	非公开定向融资工具	3	12	6.02
10月22日	金融街投资	公司债	7	19	5.18
10月23日	无锡新区经济发展集团公司	中期票据	5	11	6.1
10月24日	云南城投	企业债	6	5	7.15
10月26日	黑牡丹（集团）	中期票据	3	9	5.49
10月29日	国奥投资发展	公司债	6	4	6.89~7.89
10月30日	太仓恒通	公司债	7	10	7.45
11月6日	贵阳公共住宅建设投资有限公司	公司债	7	16	6.70
11月7日	江苏吴中	短期融资券	1	2	——
11月12日	江阴城投	非公开定向融资工具	3	10	6.7
11月13日	海恒投资	中期票据	5	9	——
11月27日	上海临港经济发展（集团）	中期票据	5	10	——
11月26日	南京城建	企业债	——	23	SHIBOR+0.5~1.5
11月29日	中关村自主创新示范区	建设债券	5	5	——
12月3日	北京市保障性住房建设投资中心	非公开定向融资工具	3	23	5.18
12月10日	上海临港经济发展（集团）	公司债	7	7	5.8~6.3
12月19日	诸暨城建	公司债	7	16	6.92

资料来源：高通智库

2012年，房地产企业积极利用境外融资平台进行债券融资。据不完全统计，前9个月房企境外借债约418亿人民币。而在美国第三轮量化宽松货币政策（QE3）推出之后，仅10月和11月上半月，内地房企向境外融资总额达31.2亿美元，折合成人民币约为194亿元。

2012年四季度出现的境外债券融资快速增长是多方面因素综合作用的结果。首先，QE3的推出加快了境外资本向亚洲新兴市场的流动。伴随着房地产市场的回暖，优质房地产企业的业绩稳步提升，增强了投资者信心。同时，“稳增长”政策减弱了投资者对于房地产政策的担忧。拥有境外融资平台的房地产企业，在房地产信贷受限的情况下，补充资本改善资金面的需求较强。总体而言，整体环境的改善，促成了2012年年末的境外债券融资集中的现象。

表7-8　房企境外债券融资重要项目一览

单位：亿元、%

时间	房企	方式	年限	金额	利率
2月15日	中国海外	美元债券	5	5	4.875
2月23日	华润置地	港元贷款	——	3	——
3月6日	雅居乐	港元贷款	1.5	3.85	——
3月14日	雅居乐	美元优先票据	5	7	9.875
3月16日	合景泰富	美元优先票据	5	4	13.25
4月5日	龙湖地产	港元银团贷款	3	24.3	——
4月11日	中国海外	港元俱乐部贷款	3	76	——
4月12日	建业地产	新加坡元优先票据	4	1.75	10.75
6月4日	SOHO中国	美元贷款	3	6.26	——
6月15日	远洋地产	美元银团贷款	3	6.26	——
6月18日	恒隆地产	美元上市票据	10	5	4.936
6月26日	华润置地	港元贷款	3	5	——
7月19日	金地	人民币无抵押优先债券	3	12	9.15
7月23日	中骏置业	定期贷款	3	4	——
7月25日	方兴地产	美元定期贷款	3	2	——
8月7日	华润置地	港元银团贷款	3	34	——
8月23日	富力地产	美元优先票据	4	2.38	10.875
9月3日	万达	美元双边贷款	——	4.9	——
9月11日	路劲基建	美元优先担保票据	5	3.5	9.88
9月13日	佳兆业	美元优先票据	5	2.5	12.88
9月14日	万达	短期融资券	——	4.5	——
10月9日	融创	美元优先票据	5	4	12.50
10月12日	龙湖	美元优先票据	7	4	6.875
10月10日	世茂	美元银团贷款	3	7	5.00
10月	华南城	美元优先票据	5	1.25	13.50
10月	中信泰富	美元中期票据	10	25	7.13
10月	禹州地产	美元优先票据	5	2.5	11.75
10月	方兴地产	美元担保票据	5	5	4.70
11月1日	SOHO中国	美元优先票据	5	6	5.75
		美元优先票据	10	4	7.13
11月8日	奥园地产	美元优先票据	5	1.25	13.875
11月14日	中骏置业	美元中期票据	5	2	11.5
11月14日	金地集团	美元中期票据	5	3.5	7.125
11月15日	中海地产	美元长期票据	10	7	3.95
		美元长期票据	20	3	5.35
11月22日	永泰地产	新元中期票据	10	1.7	4.25
11月23日	首创置业	中期有担保债券	3	20	7.6

资料来源：高通智库

4. 房地产信托情况

2012年，银监会继续加强房地产信托风险管理，严格落实房地产信托事前报备制度，各信托公司加大相关风险的防控力度。

表7-9 信托资金投资格局

信托资金投资领域	成立规模（亿元）	占比（%）	成立数量（个）	占比（%）	平均规模（亿元）	平均期限（年）	平均预期年收益率（%）
基础产业	2163.75	28.79	987	21.97	2.19	1.81	9.25
房地产	1641.05	21.83	699	15.57	2.35	1.91	10.15
工商企业	1234.5	16.42	758	16.86	1.63	1.52	9.19
金融	1156.79	15.39	977	21.75	1.18	2.23	8.05
其他	1319.95	17.57	1072	23.85	1.23	1.89	8.21
合计	7516.05	100	4493	100	1.67	1.87	9.17

资料来源：高通智库

虽然房地产信托规模在过去的几年中出现了快速的增长，但对整个行业的资金链影响依然有限。2012 年开发商新增资金96538 亿元，其中房地产信托只有 3163 亿元，信托占比只有 3.3%。

2012年房地产市场显著的结构特征是，一线城市房地产市场复苏的势头较二线城市的要强。能够进入一线城市房企实力较强，获得资金的渠道相对较广，这部分企业即便在二、三线城市布局，对信托资金的依赖程度不大。房地产信托的风险多集中在二、三线城市的中小房企项目上，中融信托的青岛项目即是一个缩影。

（1）信托融资

据信托业协会公布的数据显示，2012年四季度末，投向房地产领域的资金信托余额为6881亿元，与2011年持平。2012年累计新增房地产信托项目金额3163.2亿元，其中集合信托1496.5亿元，占比47.3%；单一信托1666.7亿，占比52.7%。

表7-10 房地产信托贷款变化

单位：亿元、%

时间	房地产信托余额	整体信托中占比
2011年1季度末	4868	15.58
2011年2季度末	6052	16.91
2011年3季度末	6798	17.24
2011年4季度末	6882	14.83
2012年1季度末	6867	13.46
2012年2季度末	6751	12.81
2012年3季度末	6765	11.34
2012年4季度末	6881	9.85

资料来源：中国信托业协会

截至2012年四季度末，投向房地产领域的资金信托余额在资金信托中的占比为9.85%，自2011年3季度17.24%的高点回落7.39个百分点。

从占比的快速下降，可以看出房地产信托的风险正在逐渐释放。不过房地产信托余额仍然处于历史高位，而2013年将迎来兑付顶峰，因此对于房地产信托，仍然要保持高度警惕。

（2）收益和期限

2012 年房地产信托收益率稳中趋降，从下半年开始房地产信托的平均预期收益率跌破10%。房地产信托收益率下降，一方面是因为货币政策放松，资金利率下降，今年以来一年期Shibor 下降了将近 1 个百分点，开发商的资金链有所好转；另一方面是因为楼市回暖，房价止跌回升，投资者对楼市的风险情绪有所好转，开发商融资的风险溢价有所降低，房地产与其他领域的信托融资成本差距缩小。

从 2008 年至2012年，房地产信托的平均期限基本都是在 1.6 年至 2.2年之间波动。2012 年 9 月房地产信托平均期限为 1.99 年，处于正常的波动区间。

（3）投资方式

从房地产信托的投资方式来看，2012 年贷款占比大幅增加，股权投资、组合运用占比大幅减少。2012 年贷款占比从 22.2%增加到41.7%，增加了 19.5 个百分点；股权投资占比从 38.1%降低到 19.3%，减少了 18.8 个百分点；组合运用占比从 12%降低到 3%，减少了 9 个百分点。

股权投资其实很多都是“假股权、真债权”，一般都是附带回售条款的股权投资，本质上其实还是贷款。贷款类信托的门槛一般都高于股权投资类信托。这些带回售条款的股权投资项目一般都达不到贷款项目的门槛。最近一年，由于房地产信托控制得更加严格，而且新增规模也更少了，筛选之后，就出现了贷款占比增加，股权投资占比下降的现象。

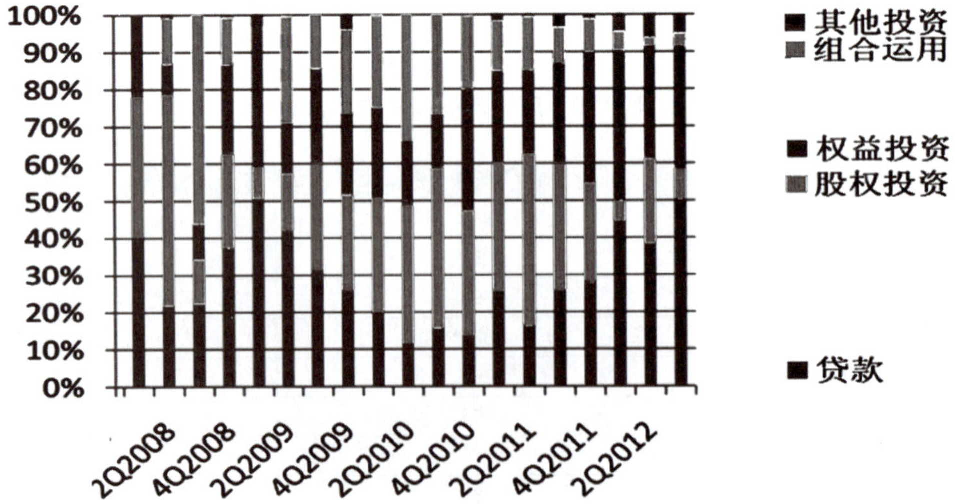

图7-3　房地产信托投资方式

数据来源：用益信托工作室

2012 年四季度，在房地产信托的各种投资方式中，贷款类成立了193 亿元，占比 39%，占比有所下降，不过仍然是占比最大的投资方式。

（4）产品发展趋势

房地产信托在经历了2012年的过快增长后，在政策和市场的双重压力下逐渐回归了理性。从目前情况来看，房地产信托的规模已经回到了正常的范围，但占比逐渐下降，短期内的发展趋势不确定性较大。但在我国发展新型城镇化的大背景下，未来房地产行业依然拥有广阔的发展前景。房地产市场的发展离不开融资方式的创新，房地产信托可抓住这一重大机遇，开拓市场份额，推动房地产业和信托业持续稳步发展。

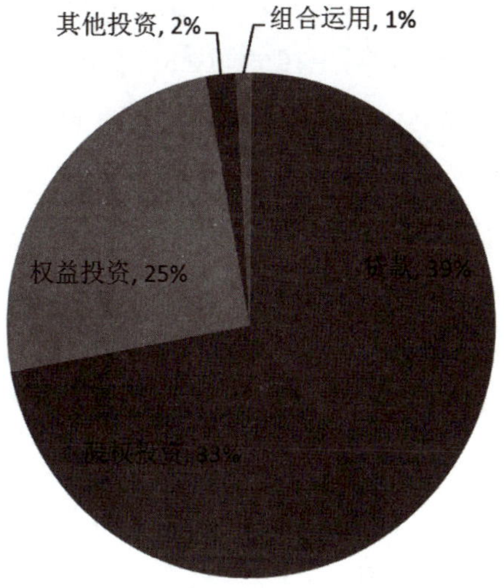

图7-4　房地产信托投资方式分布

数据来源：用益信托工作室

5. 房地产私募基金情况

房地产调控以来，房地产私募基金迎来了难得的发展机遇。银行信贷对房地产行业收紧，迫使企业积极拓宽融资渠道，房地产基金由于受监管程度低，募集与投资方式灵活，受到行业的青睐。

2010年房地产基金开始蓬勃发展，当年新募基金数量41支，募集规模163.75亿元。2011年新募基金数67支，总募集规模712.316亿元。2012年共计94只私募房地产投资基金完成募集，基金数量创出新高。

（1）募集金额与规模逐渐提升

2012年共有94只可投资于中国大陆的私募房地产投资基金完成募集，其中披露金额的90只基金共计募集59.55亿美元，新募基金总数较去年有较大涨幅，但募集金额相比上年仅有微幅提升。

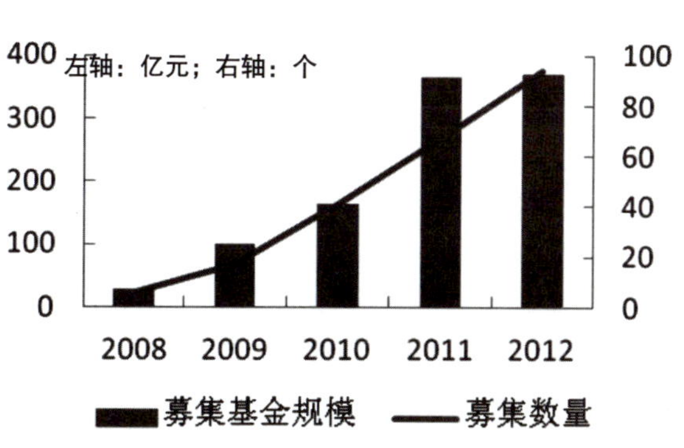

图7-5　房地产私募基金募集情况变化

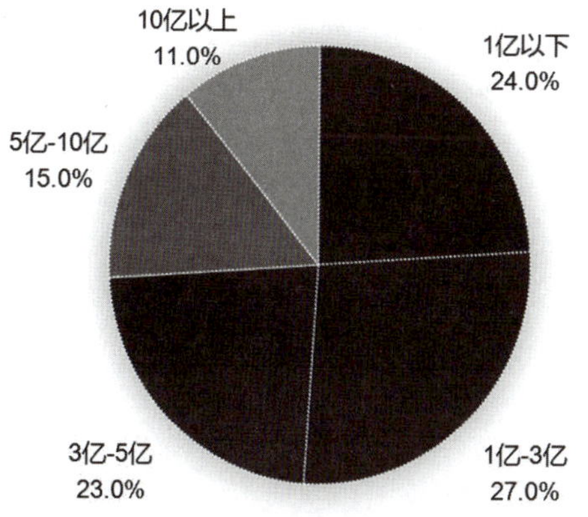

图7-6　基金规模分布情况

资料来源：高通智库

从基金规模来看，市场上半数的基金规模属于1亿至5亿元人民币的中等规模基金；规模小于1亿元人民币的小型基金占1/4；基金规模在5亿至10亿元人民币的基金占15%；超过10亿元人民币的大型基金占基金总数的11%左右。总体而言，目前市场上的基金以5亿以下的中小型基金为主。

（2）管理机构类型多样化

目前国内房地产私募基金的管理机构中，以独立品牌内资GP为主流，数量约占整个市场的52%，管理资金量占整个市场的55%。外资GP以美元基金为主，但还是有少量外资机构如铁狮门、普凯等募集了人民币基金，机构数量占整个市场份额的13%，管理资金量占整个市场的5%。同时，房地产商关联GP目前占据市场约三成的份额。金融机构关联GP数量占市场的8%，管理资金量占市场的12%。

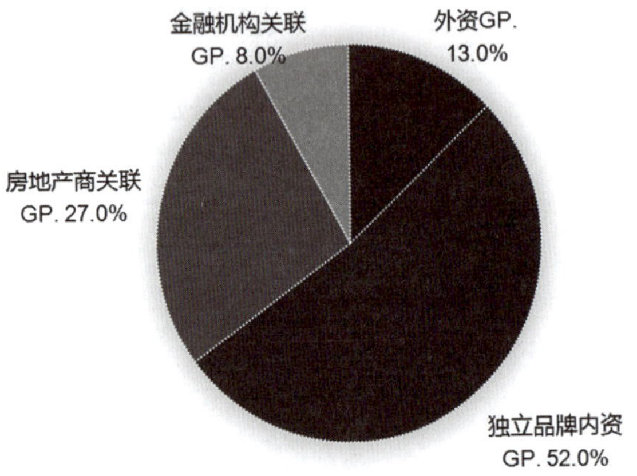

图7-7　机构数量（按管理机构类型）

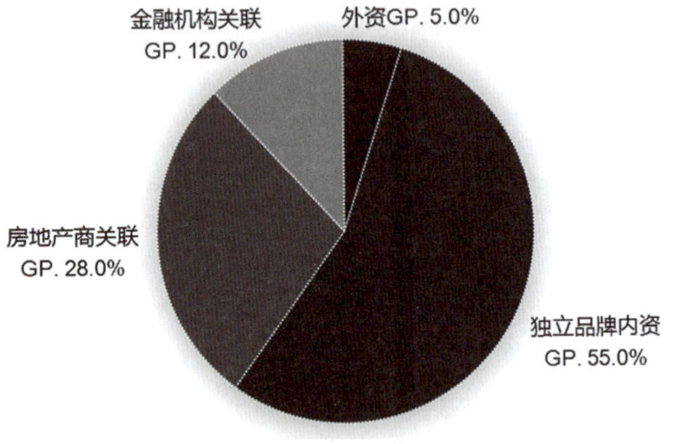

图7-8　管理资金规模（按管理机构类型）

资料来源：高通智库

（3）多种投资方式并行，偏重住宅产品

单位：个

总体而言，半数以上的房地产私募基金关注于住宅类地产或与住宅相关的综合性房地产开发。住宅类地产是目前国内大多数房地产私募基金的投资对象，有近半数的机构及管理资金关注于住宅类地产的投融资业务；而综合性的住宅-商业综合体投资也日益成为房地产私募投资策略中的一环，有1/3和1/4的管理资金关注于结合了商业性质的城市综合体开发；有20%的房地产基金关注于纯粹的商业地产；还有少部分市场机构关注于诸如工业地产、旅游地产、养老地产等细分产品。

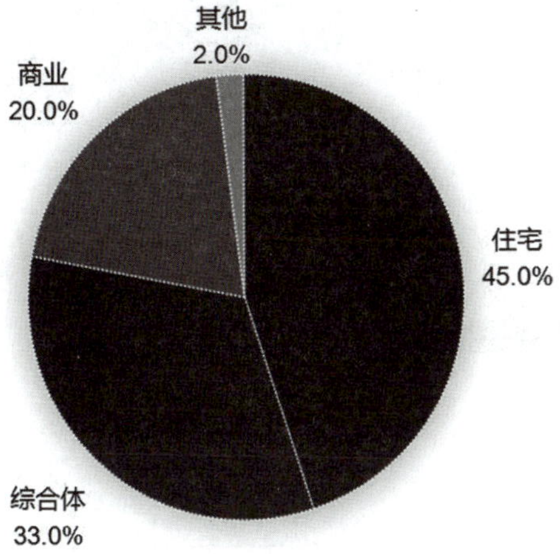

图7-9　机构数量（按投资方向）

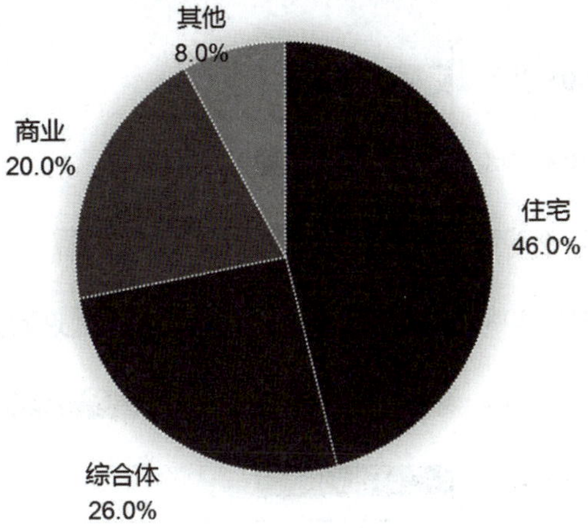

图7-10　管理资金规模（按投资对象）

资料来源：高通智库

目前国内房地产市场的基本投资方式是股权投资和债权投资，以及两种方式相混合的方式进行投资。目前以纯粹股权进行投资的机构数量占市场的24%，管理金额占41%;以股权和债权结合进行投资的机构数量占37%，管理资金量占到了总管理资金量的38%;单纯的夹层投资机构管理资金量占7%。

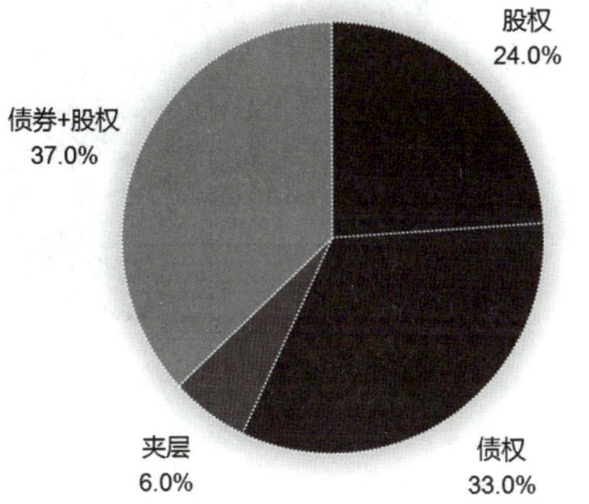

图7-11　机构数量（按投资方式）

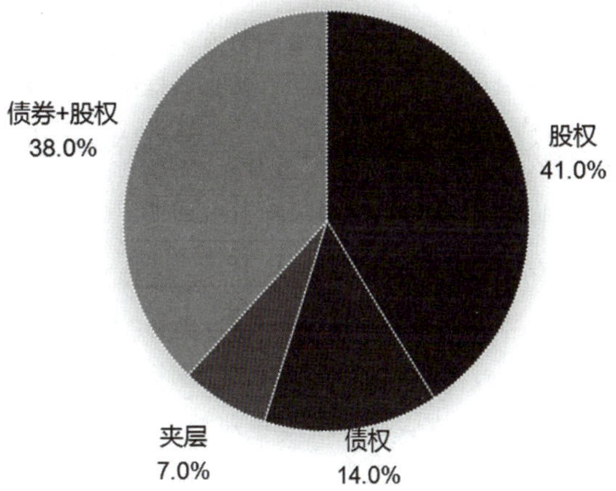

图7-12　管理资金规模（按投资方式）

资料来源：高通智库

（4）收益和期限受多方因素影响

虽然市场上的大多数房地产私募基金由于设立时间尚短，还没有体现出最终业绩，但是已经有部分基金实现了退出回报。有调研结果显示，市场上已实现退出的基金最好业绩回报水平高于50%，而当前最低业绩水平在7%¯9%左右。大多数股权类投资项目的回报率高于20%，集中在20%¯50%区间内。而债权类投资项目的回报率约在15%上下。

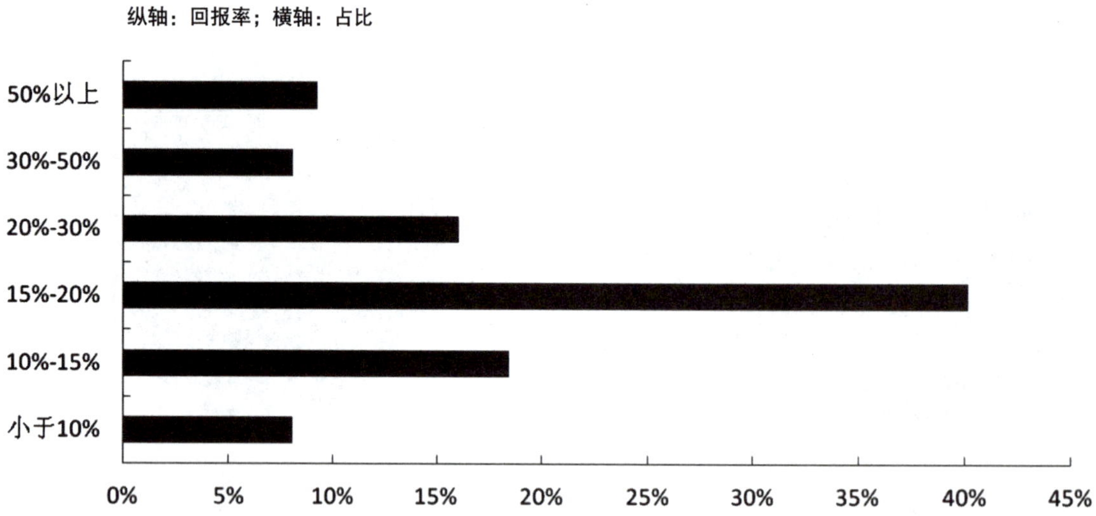

图7-13　2012年房地产私募基金回报率分布情况

资料来源：高通智库

当前，绝大部分(近90%)房地产私募基金都属于机会型策略，也即更多地通过参与到房地产开发过程，而不是持有和增值过程当中，以获取行业成长所带来的高额收益。房地产私募基金策略类型集中是由当前的国内房地产市场成熟程度、基金管理机构能力和经验，以及投资人投资利益驱动心态等因素密切相关。

但同时也需要看到，即便在机会型策略为主的前提下，债权投资的广泛存在使得房地产私募基金的主要收益模式还是债权性的优先收益为主，劣后性的股权投资收益为辅。基金的风险收益情况需要以投资方式进行区分。

房地产私募基金的基础仍然是住宅类地产，部分房地产基金已经开始尝试结合住宅和商业地产性质的城市综合体。商业地产、工业地产、旅游地产、养老地产、酒店地产等其他专业基金类型虽也有出现，但是在市场中不具有典型地位。

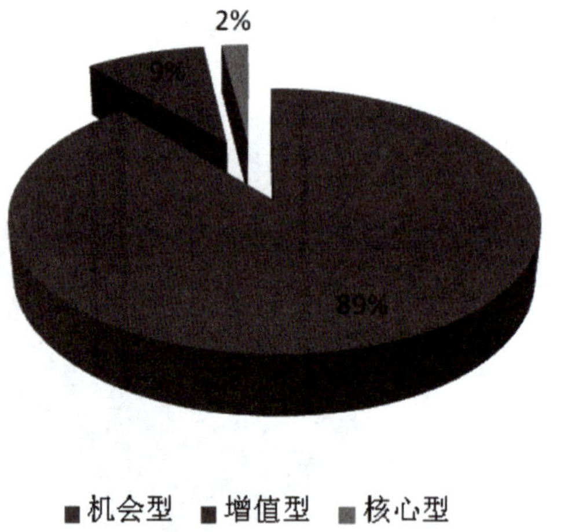

图7-14　2012年房地产私募基金策略类型

资料来源：高通智库

（5）发展趋势

当前房地产私募基金市场存在着如下一些特征与发展趋势。

第一，现阶段房地产基金的LP主要以散户为主，投资策略均为机会导向，从而决定了债权型投资方式的主导地位。

未来，机构投资人将会成为房地产私募基金未来主要的资金来源，并主导整个行业的迅速发展和成熟，基金投资期限延长，股权类投资将主导行业格局。

第二，目前，房地产基金管理机构与开发商存在着各种直接或间接附庸关系。

基金的独立性较弱，在项目过程当中更多成为开发商的融资渠道。未来，独立基金品牌在募资能力、投资标的优化筛选、独立管理和运营、业绩退出回报等各个方面都将具有竞争优势。且随着投资人资产配置思想的成熟，独立运作不存在利益输送关系的独立基金品牌更能获得机构投资人的青睐。

第三，当前的市场机构以债权投资和住宅类投资为主，市场分化趋势并不明显，各基金之间风险偏好集中且存在普遍性高风险特征。

未来市场投资策略必将向多元化发展，机会型、增值型、核心增益型和核心型形成稳定市场份额，股权投资、债权投资和夹层投资逐渐专业化，住宅地产、商业地产、工业地产等各种主题突出，形成更为丰富的多元化市场格局，满足投资人资产配置的需求。

最后，受到市场环境影响，当前房地产基金的退出方式主要以项目方回购或者散售为主，投资不确定性和收益水平受到较大影响。

未来，金融市场的发展势必惠及房地产基金的退出方式选择，REITs和机构投资人的大型收购将成为市场主要的退出方式。市场化的退出手段有利于形成房地产基金行业的整体优劣排名和专业化格局。

6. 民间资本情况

2012，民间资本投资房地产出现了新的形式与变化。据高和《2012年民间资本与房地产业研究总报告》指出，今年民间资本投资房地产特点主要有以下三个方面。

第一，民间资本对房地产的支持作用减弱。

造成这一效应减弱的原因来自于三个方面。

首先，由于今年以来煤炭行业不景气和实体企业状况不佳，民间资本规模相对缩减，难以抽出新的资金注入到房地产行业。

其二，受限购政策和房价上涨趋缓影响，目前住房投资投机行为已得到有效遏制，住宅的去投资化基本实现，新增民间资本没有条件也没有动力再投入限购城市的住房市场。

第三，目前房地产企业自筹资金增速放缓，从2011年的28%下降到2012上半年的10.3%。而自筹资金中除企业自有资金外，主要是房地产开发企业直接融资部分。自筹资金增速下降说明直接投向房地产开发的资金减少，房企直接融资难度加剧。

第二，民间资本仍关注房地产，目前主要以机会性投资为主。

面前我国投资渠道狭窄的外围环境没有实质性改善；已开放投资领域的收益与风险特性组合不能满足民间资本的投资需求。中长期看，我国仍处在城镇化快速发展的阶段，特大和大城市住房供需结构紧张的局势在短期内不会改变。因此，房地产投资仍是实现资产保值增值较安全的投资方式。

但由于住宅限购和限贷等政策调控，房价总体趋稳，无大涨大跌的风险，加之资金成本上升，使得投资投机的资金趋于谨慎观望。从目前的趋势看，即便2013年货币政策放松，房地产信贷收紧的可能性依然很大。在这种背景之下，民间资本投资房地产必然更加谨慎。从投资区域与投资对象上，都会偏向机会型。

第三，资金链断裂导致民间资本改变投资策略，部分投资从从短期套利变成长期保值性投资。

从鄂尔多斯和温州的案例中可以看到，实业、银行信贷、民间高利贷、房地产投资已经形成了交错复杂的资金链条，并在此基础上形成资金循环。许多高利贷的最后一环都是房地产，房价下行使得大量民间资本短期内难以实现，被固化在所投资房地产项目上。

未来房地产仍是民间资本投资的一个重要领域。但随着我国房地产市场正在走向常态化，投机性需求会被逐步挤出。民间资本对房地产的投资将趋于理性，从短期炒房变为长期保值性投资。

五、保障房融资情况

1. 保障房建设情况

根据安排，2012年全国计划新开工城镇保障性安居工程700万套以上，基本建成500万套。

2012年国民经济和社会发展统计公报数据显示，2012全年新开工建设城镇保障性安居工程住房781万套(户)，基本建成城镇保障性安居工程住房601万套。投资超过1.1万亿元。

2013年城镇保障性安居工程建设的任务是基本建成470万套，新开工630万套，未来一段时期内我国将继续加强保障房建设力度。

中央要求加大保障房建设资金支持，提前完成保障房建设目标，加大分配和退出信息公开力度，确保公开透明。1月，温家宝要求优化信贷结构，加强对国家重点在建续建项目和保障性住房建设。6月，住建部、发改委等7部委联合发文鼓励民间资本参与保障性安居工程建设。此外，住建部在3月和11月分别颁布有关保障房的通知和办法，提出建立健全监管机制，加强分配和运营管理，做好信息公开工作，主动接受社会监督；建立住房保障档案信息公开和查询制度，规范公开和查询行为，依法保障住房保障对象的合法权益。温家宝、李克强等领导在各地视察保障房工作时也都多次强调，要严格管理确保公平分配。

2. 现有融资渠道

2012年住建部、央行、财政部等多部委政策支持保障房资金，1月，财政部《关于切实做好2012年保障性安居工程财政资金安排等相关工作的通知》指出，切实落实资金来源，确保不留资金缺口。5月，住建部称，中央对与保障性安居工程的补助力度只增不减，同时，中央带地方发行的国债优先和倾斜用于保障性安居工程。6月，住建部、发改委等7部委联合发文鼓励民间资本参与保障房建设。

（1）信贷

随着保障性住房建设的全面推进和加速，保障房信贷支持力度继续加大。2012年，保障性住房开发贷款余额5711 亿元，同比增长46.6%，全年增加1796 亿元，占同期房产开发贷款增量的66.5%。

此外，利用住房公积金贷款支持保障性住房建设试点工作稳步推进，截至9 月末，第一批29 个试点城市已审批贷款419 亿元，占贷款总额度502 亿元的83.5%，按工程进度发放贷款314 亿元，支持了101个保障房项目。

（2）债券

保障房通过发行债券募集资金在今年得到了进一步发展。

1~5月份，发改委审批了500亿左右的企业债用于支持保障房建设。

1~8月末共发行保障房私募债127.3亿元，分别有北京市保障性住房建设投资中心、北京住总集团、北京控股集团有限公司和青海省国有资产管理有限公司在银行间市场发行。根据规划，北京市保障房私募债的总发行量为500亿。

青海省国有资产管理有限公司于8月31日发行了50亿元保障房私募债。

同月，首只保障房资产支持票据“天津市房地产信托集团第一期资产支持票据”通过中国银行间市场交易商协会核准，随后该产品成功发行。该产品通过证券化方式盘活存量资产，募集资金全部用于支持保障性住房建设。首期发行额为人民币20亿元，共分5档，产品期限为1~5年。

9月，发改委鼓励各地在企业债发行中积极稳妥开展金融产品创新，探索在保障房建设领域开展项目收益债试点。

（3）其他

2012年信托和保险资金继续进入保障房领域。

上半年，共发行41款保障房信托产品，规模共计90亿左右。

上半年，平安资产管理公司发起保障房债权投资计划，募集金额40亿元，投资期限5年，主要用于南京燕子矶新城公共租赁房项目建设，预期净收益率7.6%。

7月11日，全国社保基金签约投资无锡保障房10亿元信托贷款项目，专项用于支持无锡市锡山东庭及广石路北侧等两个地块的保障房项目建设，至此，全国社保基金已先后通过信托贷款方式投资保障房建设超过160亿元。

08
CHAPTER

大事记

导/读 INTRODUCTION

中国房地产业每年都发生诸多重大事件，引发企业、市场、政府和消费者的高度关注。这些事件不但在当年有着重大意义，也对产业的未来发展发挥着引领作用。

构成2012年中国房地产大事记内容主要包括：政府产业政策和法律法规、市场重要动态、行业重大活动、企业发展状况等。

本篇内容由北京中房研协技术服务有限公司编写。

2012
中国房地产大事记

01 开展集体建设用地建租赁房试点，解决土地资源不足问题

1月7日在全国国土资源工作会议上国土资源部徐绍史部长表示，对于商品住房价格较高、建设用地紧缺的直辖市和少数省会城市，由省级政府审核同意并报部批准后，可以开展集体建设用地建设租赁住房试点。集体土地被纳入后将有利于解决重点城市土地资源不足的问题，有利于城乡土地市场的统一。

02 总理发表重要文章要求法律赋予农民土地财产权利，确保农民土地权益

温家宝总理在2012年第2期《求是》杂志上发表《中国农业和农村的发展道路》一文。文章指出，土地承包经营权、宅基地使用权、集体收益分配权等，是法律赋予农民的财产权利，无论他们是否还需要以此来做基本保障，也无论他们是留在农村还是进入城镇，任何人都无权剥夺。推进集体土地征收制度改革，关键在于保障农民的土地财产权，分配好土地非农化和城镇化产生的增值收益。

03 部分城市相继上调普通住宅标准，保护首次置业刚需

2月16日，上海市房管、规土、财政、地税四部门联合发文，调整普通住房标准：明确自五层以上(含五层)的多高层住房以及不足五层的老式公寓、新式里弄、旧式里弄等；单套建筑面积在140平方米以下；按房屋实际成交总价算：坐落于内环线以内的低于330万元/套，内、外环线之间的低于200万元/套，外环线以外的低于160万元/套；满足以上条件的房屋均可被认定为普通住宅。此前已有武汉、北京、天津、厦门等城市上调普通住宅标准。

04 公布中国房地产开发企业500强，万科集团位列榜首

3月21日，中国房地产研究会、中国房地产业协会及中国房地产测评中心在北京联合发布了《2012中国房地产开发企业500强测评研究报告》。榜单显示，万科、恒大、万达中海、绿地、保利、龙湖、华润、世茂和富力分列一到十位。

05 第四届中国房地产科学发展论坛在上海召开，深入探讨我国保障性住房建设

由中国房地产研究会及中国房地产业协会主办的第四届中国房地产科学发展论坛于3月28日—29日在上海召开。本届主题为“完善保障制度，推进住有所居”，要求加强完善住房保障制度，切实解决百姓住有所居问题。住建部及上海市领导、中国房地产研究会、中国房地产业协会和全国部分省市、自治区建设厅、房管局领导参与了讨论。

06 一批城市提高公积金贷款上限，提升中低收入者购房能力

截至4月份，不少二、三线城市对公积金贷款上限进行了调整。其中，呼和浩特市单身职工贷款额度由30万元提高到40万元，双职工家庭贷款额度由40万元提高到50万元；南昌市对在市城区购房的，贷款最高限额由以前的40万元上调至50万元。沈阳、克拉玛依、滨州、蚌埠、郑州和信阳等城市的上调幅度普遍在15%至25%之间。

07 北京拓展保障房融资渠道，60亿元私募债发行成功

国家开发银行4月25日成功牵头承销北京市保障房60亿元私募债定向中期票据。这是目前全国发行规模最大的一笔保障房私募债，由北京保障房建设投资中心发行并承担债务，期限5年、发行利率5.2%。筹集资金将用于门头沟采空棚户区、石门营安置房等7个保障房项目，累计支持建设保障性住房247万平方米，惠及2.95万户中低收入家庭。

08 扬州市出台购买成品住房奖励政策

5月8日，扬州市财政局、扬州市住房保障和房产管理局发布《关于对个人购买成品住房进行奖励的通知》，通知中表明对个人新购买成品住房，根据面积不同给予不同房屋总价的奖励，最高奖励金额达到房屋合同价款6‰。

09 全国住房用地计划供地调整为15.93万公顷

国土资源部公布2012年全国住房用地计划供应为17.26万公顷，是前五年年均实际供应量（8.73万公顷）的近两倍。其中，保障性安居工程用地和中小套型商品住房用地计划占79.3%，拟供应13.69万公顷。计划供应保障性安居工程用地5.01万公顷，占住房用地供应计划的29.1%，超过2011年1000万套保障性安居工程用地实际量（4.81万公顷）。不过在8月15号，国土资源部对全年供地计划进行了调整，将全年住房供地计划由17.26调整为15.93万公顷，其中保障性安居工程计划用地为4.76万公顷。20个地区计划供应量相比年初目标有所下降。最终，2012年全国共落实住房用地11.49万公顷。

10 微调货币信贷政策，促进刚需入市

2012年中国人民银行两次降准、两次降息：2月24日和5月18日，两次分别下调存款准备金率0.5个百分点；6月8日和7月5日，分别下调贷款利率0.25个百分点和0.31个百分点。住房公积金贷款利率也相应下调，五年以下(含五年)由4.45%降至4%，五年以上由4.9%降至4.5%。与此同时，商业银行也对个人首套房贷款利率实施最低85折的优惠。全国有超过34个城市调整放松公积金政策，且多为二、三线城市。其中27个城市提高贷款额度，另有部分城市降低首付比例，其他城市还采取“异地互贷”、父母子女共同还贷、贴息、补贴租赁等措施促进房屋销售。

11 公布闲置土地处置办法，土地管理进一步明确

6月1日，国土资源部正式公布《闲置土地处置办法》，进一步明确对于闲置土地的认定以及处理办法，为各地处理闲置土地提供了依据。

12 住建部开展公积金贷款支持保障房建设试点工作

4月9日，住房和城乡建设部启动了《住房公积金管理条例》的第二次修订工作。6月8日，住建部下发关于调整住房公积金存贷款利率的通知,下调个人住房公积金存款利率。住建部还开展了利用住房公积金贷款支持保障性住房建设的试点，贷款利率按照五年期以上个人住房公积金贷款利率上浮10%执行，同时在下半年开展了对利用住房公积金贷款支持保障性住房建设试点城市开展定期巡查，督察其资金使用情况。

13 公布限制用地、禁止用地目录，规定住宅容积率不得低于1.0

6月19日，国土资源部会同国家发改委公布《限制用地项目目录（2012年本）》和《禁止用地项目目录（2012年本）》的通知。其中《限制目录》中增加了住宅项目容积率不得低于1.0（含1.0）的限定。

14 2012年中国-美国房地产高峰论坛成功召开

6月20日，首届中美房地产高峰论坛在北京开幕。论坛由中国房地产研究会、中国房地产协会和美国亚裔房地产协会共同举办，主题是”全球经济波动下的房地产：机遇、挑战与合作”。6月23日、6月26日在杭州、深圳还分别举办了分论坛，旨在促进中美房地产业专业人士的相互交流。

15 七部委共同出台政策，鼓励民间资本参与保障性安居工程建设

6月20日，由住房和城乡建设部、国家发展和改革委员会、财政部、国土资源部、中国人民银行、国家税务总局、中国银行业监督管理委员会等七部委，联合公布关于《鼓励民间资本参与保障性安居工程建设有关问题的通

知》。通知中明确列出民间资本参与保障性住房建设的优惠条件，引导民间资本进入保障房建设领域。

16 加快个人住房信息系统联网建设，6月底40多城市联网成功

建设部年初提出要继续加快个人住房信息系统建设，保证在2012年6月末前实现40个主要城市的联网。到6月30日全国已有40多个城市的住建部门完成了与住建部的个人住房信息联网。

17 6月中国房地产市场整体趋暖

国家统计局公布数据显示：6月份，70个大中城市中新建商品住宅（不含保障性住房）价格下降的城市有21个，持平的城市有24个，上涨的城市有25个。70个大中城市新建商品住宅价格比5月份上升了0.02%，房价在连续下跌8个月后首次出现正增长。房地产市场开始步入上行通道。

18 信托、保险资金和私募债继续进入保障房领域

2012年信托和保险资金继续进入保障房领域。上半年，共发行41款保障房信托产品，规模共计90亿左右。平安资产管理公司发起保障房债权投资计划，募集金额40亿元，投资期限5年，主要用于南京公共租赁房项目建设，预期净收益率7.6%。7月11日，全国社保基金签约投资无锡保障房10亿元信托贷款项目，专项用于支持无锡市保障房项目建设。至此，全国社保基金已先后通过信托贷款方式投资保障房建设超过160亿元。2012年1-5月份，发改委审批了500亿左右的企业债用于支持保障房建设。1-8月共发行保障房私募债127.3亿元，分别由北京市保障性住房建设投资中心、北京住总集团、北京控股集团有限公司和青海省国有资产管理有限公司在银行间市场发行。

19 颁布《公共租赁住房管理办法》，进一步完善保障房制度建设

7月15日，住房和城乡建设部公布的《公共租赁住房管理办法》在全国实施。该《办法》分总则、申请与审核、轮候与配租、使用与退出、法律责任、附则等共6章39条。《管理办法》的实施为各地公共租赁住房管理提供了指导，对各地公租房建设和管理有着很大推动作用。

20 两部委重申房地产市场调控不放松

7月19日，国土资源部、住房城乡建设部联合下发《关于进一步严格房地产用地管理巩固房地产市场调控成果的紧急通知》。要求坚持房地产市场调控不放松，各地要严格执行房地产市场调控政策，不得擅自调整放松要求。已放松的，要立即纠正。

21 国务院督察组督察全国楼市，各地楼市相对稳定

从7月下旬到8月上旬，国务院派出8个督查组，对16个省(市)贯彻落实国务院房地产市场调控政策措施情况开展专项督查。重点检查住房限购措施执行情况、差别化住房信贷政策执行情况、住房用地供应和管理情况、税收政策执行和征管情况等。督查组回京后得出的初步结论是："各地楼市相对稳定，情况比较乐观，市场不具备全面反弹的条件"。

22 南京重新执行"限涨令",严格规定涨幅不得超过5%

9月份南京部分楼盘在申请二期价格备案时被南京市物价局驳回，物价局要求其二期房源的备案价格，涨幅不得超过一期房源的5%。

23 修改行政审批项目，下放房地产预售许可审批权

9月23日，国务院发布《关于第六批取消和调整行政审批项目的决定》，取消和调整314项部门行政审批项目。其中，取消184项、下放117项、合并13项。"房地产预售许可"负责审批机构由原来"县级以上地方人民政府房地产管理部门"变更为"设区的市级、县级人民政府房地产管理部门"。

24 香港楼市推税务新政，抑制投资性购房需求

10月26日，香港特区政府针对楼市推出的新措施规定：所有外地人士、所有本地和外地注册的公司购买香港住宅，需缴付15%的买家印花税；提高额外印花税的税阶，适用期由两年变为三年，买入后首半年内出售单位的征收率增至20%，在半年至一年内为15%，一年至三年一概征收10%。

25 严格控制土地储备总规模和融资规模

11月5日，国土资源部、财政部、中国人民银行、中国银行业监督管理委员会等四部委联合发布《关于加强土地储备与融资管理的通知》。要求各地土地储备机构要加强对当地经济社会发展及土地市场形势分析，根据用地需求预测及市场调控的方向提出合理建议，严格控制土地储备总规模和融资规模；规范土地储备融资行为等。

26 广厦奖颁奖大会在京举行，共有73个项目获奖

中国房地产业协会、住房和城乡建设部住宅产业化促进中心共同组织开展的2011－2012年度"广厦奖"评选结果于11月22日揭晓，全国23个省、自治区、直辖市共73个房地产项目获得了2011－2012年度"广厦奖"殊荣。颁奖大会于11月22日在北京京西宾馆隆重举行。

27 国务院通过《土地法》修正草案，提高集体所有土地征收补偿标准

11月28日，国务院通过《中华人民共和国土地管理法修正案（草案）》，决定将草案提请全国人大常委会审议。在工业化城镇化加快的情况下，占地过快问题日益突出，不仅影响农村稳定，而且威胁粮食安全，必须推进改革、健全法制，严格约束占用耕地。草案"第47条"对农民集体所有土地征收补偿制度作了修改，提高集体所有土地征收补偿标准。12月24日，十一届全国人大常委会第三十次会议开始审议土地管理法修正案草案。

28 华侨城开创非公有企业发行资产证券化产品先河

华侨城A于2012年12月4日在深圳交易所发布了有关"欢乐谷主题公园入园凭证专项资产管理计划"的重大公告，标志着其资产证券化产品发行成功，开创了国内非公有企业发行资产证券化产品的先河。

29 第十四届住交会在深圳开幕，深入探讨房地产业发展前景

12月6日，2012年第十四届住交会在深圳会展中心开幕。中国住交会期间30余场论坛集中向观众分享了来自房地产企业、业界和研究学者的房地产最新研究成果。其中由中国房地产业协会和住交会组委会共同主办的"当前宏观经济形势与房地产市场发展趋势"报告会吸引了多方关注。

30 中央领导多次提及积极稳妥地推进城镇化是我国扩大内需的最大潜力所在

2012年9月，在省部级领导干部推进城镇化建设研讨班的学员座谈会上，李克强再次指出城镇化是我国扩大内需潜力之所在。11月8日，在中国共产党第十八次全国代表大会上，胡锦涛主席在报告中指出要坚持走中国特色新型城镇化道路，推动工业化和城镇化良性互动、城镇化和农业现代化相互协调。12月16日，中央经济工作会议将积极稳妥推进城镇化，着力提高城镇化质量作为2013年经济工作的六大任务之一。

31 旭辉、新城在香港上市，市场信号意义重大

11月末，旭辉集团和新城控股分别在香港联交所挂牌交易，这是内地房企业时隔16个月后再次赴港上市成功。不过两家企业均给出了较高的资产折让，来满足投资的需求，以确保上市成功。不过两家企业上市成功后，融资渠道得到了进一步拓宽。

32 中央经济工作会议重申坚持房地产市场调控不动摇

12月15日至16日，中央经济工作会议提出要继续坚持房地产市场调控政策不动摇。积极稳妥推进城镇化，着力提高城镇化质量。要继续加强保障性住房建设和管理，加快棚户区改造。

33 《证券投资基金法》正式通过，对房企私募基金发展影响重大

2012年12月28日，修订后的《证券投资基金法》正式通过。修订后的证券投资基金法将非公开募集基金纳入管理范围，从法律上确立了其法定地位，并且规定私募基金未来将可以发行公募产品。新《基金法》为私募股权投资基金打开新的发展空间。

34 全国保障性安居工程全年计划开工率、基本建成率超额完成

2012年全年，全国城镇保障性安居工程新开工770多万套，基本建成590多万套。截至10月底，保障房完成投资1.08万亿元。全国三十个省、直辖市和自治区（不含西藏）和新疆生产建设兵团均提前落实2012年下达的保障性安居工程任务所需用地，落实率超过100%。全年保障性住房开发贷款余额5711亿元，同比增长46.6%，全年增加1796亿元。2013年保障房的开工建设，住房城乡建设部提出不会低于500万套。

35 市场价格走势出现分化，部分城市不合理需求得到抑制

2012年第四季度，70个大中城市中呼和浩特、沈阳、杭州、宁波、青岛、南宁、海口及温州、金华、桂林、北海、三亚等25个城市新建商品住宅同比价格均为下降，说明市场走势出现分化，部分地区不合理需求得到抑制。未列入70个大中城市的是鄂尔多斯市，房地产发展投资严重超越人口规模，导致整个市场迎来“严寒”时节的动荡。

36 骨干房企销售业绩走高，千亿级企业扩容

2012年12月31日，“2012年度中国房企住宅销售排行榜TOP50”发布。其中：万科地产以1418亿元成交金额占据成交金额排行榜首位，绿地集团、保利地产紧随其后均破千亿大关；恒大地产以1536万平方米成交面积占据成交面积排行榜首位。

37 房地产投资和销售在宏观经济影响下，第四季度出现平稳回升

中国宏观经济经过连续下滑10个季度后，于2012年第四季度触底回稳。2012年全国房地产投资总额达71804亿元，同比增长16.2%；全国商品房销售面积达111304万平方米，同比增长1.8%；商品销售金额达64456亿元，同比增长10.0%。